westermann

Björn Flader, Christoph Hassenjürgen, Ralf Köper, Markus Lehmkuhl, Matthias Schuh,
Manfred Zindel

Industrie

2. und 3. Ausbildungsjahr für Industriekaufleute

Lernfelder 6, 7, 9, 11, 12 und 13

1. Auflage

Bestellnummer 12260

Die in diesem Produkt gemachten Angaben zu Unternehmen (Namen, Internet- und E-Mail-Adressen, Handelsregistereintragungen, Bankverbindungen, Steuer-, Telefon- und Faxnummern und alle weiteren Angaben) sind i. d. R. fiktiv, d. h., sie stehen in keinem Zusammenhang mit einem real existierenden Unternehmen in der dargestellten oder einer ähnlichen Form. Dies gilt auch für alle Kunden, Lieferanten und sonstigen Geschäftspartner der Unternehmen wie z. B. Kreditinstitute, Versicherungsunternehmen und andere Dienstleistungsunternehmen. Ausschließlich zum Zwecke der Authentizität werden die Namen real existierender Unternehmen und z. B. im Fall von Kreditinstituten auch deren IBANs und BICs verwendet.

Zusatzmaterialien zu Industrie – 2. und 3. Ausbildungsjahr für Industriekaufleute

Für Lehrerinnen und Lehrer

Lösungen zum Schulbuch: 978-3-427-12284-5
Lösungen zum Schulbuch Download: 978-3-427-12287-6
Lösungen zu den Lernsituationen: 978-3-427-12314-9
Lösungen zu den Lernsituationen Download: 978-3-427-12317-0

BiBox Einzellizenz für Lehrer/-innen (Dauerlizenz)
BiBox Klassenlizenz Premium für Lehrer/-innen und bis zu 35 Schüler/-innen (1 Schuljahr)
BiBox Kollegiumslizenz für Lehrer/-innen (Dauerlizenz)
BiBox Kollegiumslizenz für Lehrer/-innen (1 Schuljahr)

Für Schülerinnen und Schüler

Lernsituationen: 978-3-427-12290-6

BiBox Einzellizenz für Schüler/-innen (1 Schuljahr)
BiBox Einzellizenz für Schüler/-innen (4 Schuljahre)
BiBox Klassensatz PrintPlus (1 Schuljahr)

Druck und Bindung: Westermann Druck GmbH, Georg-Westermann-Allee 66, 38104 Braunschweig

ISBN 978-3-427-12260-9

Vorwort

Das Lehrbuch Industrie 2. und 3. Ausbildungsjahr für Industriekaufleute deckt die schulischen und prüfungsrelevanten Inhalte der Lernfelder 6, 7, 9, 11, 12 und 13 ab. Dabei folgt es den Vorgaben des KMK-Rahmenlehrplans (2023).

- Lernfeld 6: Leistungserstellung planen, steuern und kontrollieren
- Lernfeld 7: Logistik- und Lagerprozesse koordinieren, umsetzen und überwachen
- Lernfeld 9: Marketingkonzepte planen und umsetzen
- Lernfeld 11: Geschäftsprozesse an gesamtwirtschaftlichen Rahmenbedingungen ausrichten
- Lernfeld 12: Personalprozesse planen, steuern und kontrollieren
- Lernfeld 13: Betriebliche Problemlösungsprozesse innovativ durchführen

Zur Werkreihe zählen noch Band 1 (ISBN 978-3-427-12200-5) mit den Lernfeldern 1 bis 4 sowie ein getrennter Band (ISBN 978-3-427-37260-8), der die Lernfelder zum Rechnungswesen abdeckt (Lernfelder 5, 8 und 10).

Das Lehrbuch eignet sich für das selbstständige Erarbeiten, Nachvollziehen, Einordnen und Beurteilen rechtlicher Rahmenbedingungen des Wirtschaftens und gesamtwirtschaftlicher Zusammenhänge. Eine Vielzahl prüfungstypischer Aufgaben dient der Festigung der im Unterricht erarbeiteten Lerninhalte und schafft eine fundierte Basis zur Vorbereitung auf Klassenarbeiten und Prüfungen.

Das Lehrbuch bietet den Schülerinnen und Schülern im Unterricht und bei der Nachbearbeitung zu Hause

- kompakte und aktuelle Sachdarstellungen, die den Lehrplanvorgaben entsprechen,
- verschiedene themengerechte Darstellungsformen (Schaubilder, Tabellen), die die Anschaulichkeit sowie das Nachvollziehen wirtschaftlicher Zusammenhänge erleichtern, insbesondere bei den eher abstrakten Themen „Recht" und „Volkswirtschaft", die sich nicht immer unmittelbar in der betrieblichen Praxis widerspiegeln,
- viele Beispiele, durch die abstrakte Inhalte anschaulich dargestellt werden und die den Schülerinnen und Schülern den Bezug zu ihrem Handeln als Teil der Wirtschaft vermitteln,

sowie

- einen Fundus unterschiedlich komplexer und prüfungsrelevanter Aufgabenstellungen,

die kapitelübergreifend angeordnet sind.

Das Lehrbuch ist gleichermaßen Arbeitsbuch wie Nachschlagewerk. Es kann sowohl im fächerorientierten als auch im lernfeldorientierten Unterricht eingesetzt werden.

Für Verbesserungsvorschläge und Anregungen sind Autoren und Verlag stets dankbar.

Autoren und Verlag

LERNFELD 9 Marketingkonzepte planen und umsetzen

LERNFELD 11 Geschäftsprozesse an gesamtwirtschaftlichen Rahmenbedingungen ausrichten

Einleitung

Das Lernen an einem Beispielunternehmen

Dieses Lehrbuch dient vorrangig der selbstständigen Erarbeitung und Festigungung schulischer und prüfungsrelevanter Themen.

Lernen findet dann besonders intensiv statt, wenn sich die Lernenden mit Situationen auseinandersetzen können, die an die Praxis angelehnt und problemhaltig sind. Problemhaltig ist eine Situation im vorliegenden Fall dann,

- wenn sie zu Fragestellungen aus der Betriebswirtschaft und aus dem Unternehmensalltag führt, und
- wenn sie die Fragenden zu einer Entscheidung auffordert.

Den Hintergrund für ein solches Lernen bietet das in diesem Lehrbuch verwendete Beispielunternehmen Heidtkötter KG. Als solches soll die Heidtkötter KG den angehenden Industriekaufleuten Hilfestellungen bei der Erfassung und Lösung praxisrelevanter Fragen/Entscheidungen geben, mit denen sie in ihrem Beruf gegenwärtig und zukünftig in Berührung kommen. Es ist dabei nicht beabsichtigt, die Heidtkötter KG als Abbild einer komplexen Realität und eines umfassenden, schlüssigen „Datenkranzes“ zu konzipieren.

Die Heidtkötter KG

Unternehmenshistorie

Im Jahr 1949 gründeten die Brüder Anton und Joachim Heidtkötter das Familienunternehmen im ostwestfälischen Bielefeld mit dem Ziel, hochwertige Bürotische und -stühle aus ausgewählten Materialien anzubieten, die den Arbeitskomfort aller Kunden deutlich steigern sollten. Der natürliche Werkstoff Holz eignet sich hierzu ganz besonders. Auch heute noch werden weitere Werkstoffe wie Leder, Glas und Edelmetalle in der Produktion verwendet.

Das familiär geführte Unternehmen steht für Produkte von höchster Qualität und Beständigkeit. Seit der Gründung stehen Aspekte wie Markt- und Kundennähe, Verlässlichkeit und soziale Verantwortung – nicht nur gegenüber den Mitarbeiterinnen und Mitarbeitern – bei der Heidtkötter KG im Vordergrund.

Seit Januar des Jahres 1995 wird das Unternehmen von Klaus M. Heidtkötter geleitet, der es von seinem Vater Anton und dessen Bruder Joachim übernommen hat. Seitdem expandiert die Heidtkötter KG und eröffnete Produktionsstätten in Italien (1999) und Polen (2003).

Eckdaten

Firma	Heidtkötter Kommanditgesellschaft (KG)
Hauptsitz	Gütersloher Str. 111, 33647 Bielefeld
Gesellschafter und Anteile am Gesellschaftsvermögen	voll haftender Gesellschafter: Klaus M. Heidtkötter (6.600.000,00 € im 1. Geschäftsjahr) Teilhafterin: Anke Heidtkötter (3.800.000,00 € im 1. Geschäftsjahr)
Geschäftsführung	Klaus M. Heidtkötter
Mitarbeiterzahl	129 Mitarbeiterinnen und Mitarbeiter (120 Angestellte sowie Arbeiterinnen und Arbeiter, 9 Auszubildende)
Hauptlieferanten	Ligea-Fetras GmbH, Hamm (Holzverarbeitung) Weberei Dentzer GmbH, Gütersloh Stahlhandel Pirmasens GmbH, Pirmasens Wooley Steel Company Ltd., London, England Interior Bruning B. V., Rotterdam, Niederlande
Hauptkunden	Büromöbel Steil KG, Köln Reiser GmbH, Leipzig (Bürosysteme) Form Design, Paris, Frankreich Julio Mobiliario S.L., Barcelona, Spanien
Umsatz und Gewinn im zurückliegenden Geschäftsjahr	Umsatz: 25,9 Mio. €; Gewinn: 2,1 Mio. €
Produkt- und Absatzprogramm (Auszug)	hochwertige Tische und Stühle, flexibel einsetzbare System- oder Sonderlösungen:

Produktgruppen		
1 BS	**Bürostühle** z. B. die Serie *siri* 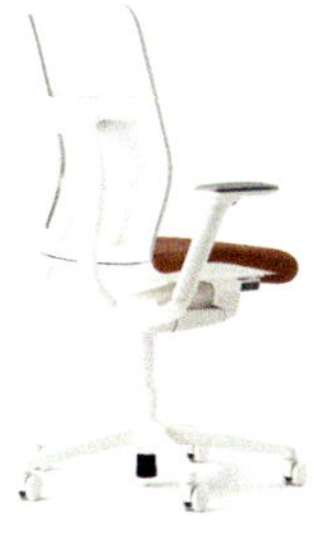	
2 BT	**Bürotische** z. B. die Serie *elegance* 	

Produkt- und Absatzprogramm	3 KS	**Konferenzsysteme** Bestandteil ist z. B. der Tisch *ralf*. 	
	4 SL	**Sonderlösungen** z. B. der Präsentationsmonitor beam oder der Tisch *communicTable* 	
	5 HW	**Handelswaren** – Bodenbeläge – Leuchten 	
Fremdbauteile und Vorprodukte	mediale Bestandteile für den Kommunikationstisch (Monitor, Kabel, Stecker, Lautsprecher), ergänzende Handelswaren wie beispielsweise Fußbodenbeläge aus Holz, Beleuchtungssysteme sowie zum Teil Kunststoff-, Glas- oder Edelstahlbestandteile der Produkte		
Fertigung	Werkstattfertigung für Systeme und Sonderlösungen sowie Fließfertigung für Stühle und Tische		
Kontaktdaten	Tel.: 0521 222-0 Internet: www.heidtkoetter-wvd.de E-Mail: mail@heidtkoetter-wvd.de		
Bankverbindung	Kreditinstitut: Sparkasse Bielefeld IBAN: DE22 4805 0161 0020 1103 04 BIC: SPBIDE3BXXX		
Umsatzsteuer-ID Finanzamt Bielefeld	DE 222 856 039		

Die Heidtkötter KG ist aktuell nach dem Modell der Stablinienorganisation strukturiert.[1] Mit dem Vollhafter Klaus M. Heidtkötter gibt es einen Geschäftsführer, der seinerseits von mehreren beratenden Fachkräften Unterstützung erhält. Gleichsam ist der weitere Aufbau der Heidtkötter KG, wie bei vielen produzierenden Unternehmen, in eine technische und eine kaufmännische Abteilung unterteilt. Innerhalb dieser sind die Abteilungsleiterinnen und Abteilungsleiter für den reibungslosen Ablauf aller Prozesse verantwortlich.

Organisation der Gesellschaft

Von den 129 Mitarbeiterinnen und Mitarbeitern sind 55 im kaufmännischen und 65 im technischen Bereich des Unternehmens eingesetzt. Hinzu kommen die neun Auszubildenden, von denen vier eine technische und fünf eine kaufmännische Ausbildung, eben die zur Industriekauffrau bzw. zum Industriekaufmann, durchlaufen.

Personal

Der Anteil der weiblichen Beschäftigten liegt zurzeit bei 63 %. Das Durchschnittsalter der Beschäftigten liegt mit 33 Jahren im Branchenvergleich an der unteren Grenze.

Auch in der Heidtkötter KG kommt es zu der branchenüblichen Fluktuation. Die Schwankungen der Beschäftigtenzahlen resultieren vornehmlich aus Änderungen im Produktionsablauf und der wechselnden Anzahl von Auszubildenden, die nach bestandener Abschlussprüfung im Unternehmen verbleiben.

Ansonsten ist die Heidtkötter KG ein permanent wachsendes Unternehmen, die Geschäftsführung rechnet mittelfristig mit einem Anstieg der Mitarbeiterzahl.

Die Büromöbelbranche ist traditionell mittelständisch geprägt. In Deutschland, das als Kernland der Büromöbelentwicklung gilt, sind ca. 200 Unternehmen tätig, an denen sich die internationalen Märkte und Mitbewerber orientieren. Auch in der Möbelbranche sorgt die Globalisierung für rasante Veränderungen der Wettbewerbssituation. Immer mehr internationale Wettbewerber drängen auf den einheimischen Markt. Unter den Marktteilnehmern kommt es, wie in vielen anderen Branchen, zu zahlreichen Unternehmenszusammenschlüssen.

Branchenhintergrund

Markenbewusstsein und Markenbekanntheit bei Möbelkäufern sind, selbst im Bereich des Möbelgroßhandels, mit ca. 25 % eher unterdurchschnittlich. Die Heidtkötter KG liegt nach einer aktuellen Befragung mit knapp 30 % an der Spitze der Wettbewerber in ihrem Marktsegment *Büromöbel und Technische Ausstattung*.

Das Produkt- und Absatzprogramm der Heidtkötter KG ist über die Jahre auf fünf Kernbereiche ausgeschärft worden. Die Produktgruppen Bürostühle (BS) und Bürotische (BT) weisen konstant hohe Marktanteile auf. Zu den am Markt etablierten Klassikern zählen u. a. der Bürostuhl *ongis* und der Bürotisch *elegance*. Aus der Produktion im Segment Büro nutzt die Heidtkötter KG gezielt Synergieeffekte für die Entwicklung und die Produktion der Konferenzsysteme (KS). Auch diese Produktgruppe hat sich am Markt durchgesetzt. Zugpferde sind die Konferenzstühle *feli* und *marlene* sowie der Konferenztisch *björn*. Heidtkötter liefert im Segment KS vielseitig einsetzbare Konzepte.

Produkt- und Absatzprogramm

Um sich am Markt als offen und innovativ zu präsentieren, strebt das Unternehmen mit dem Bereich Sonderlösungen (SL) seit Langem das Ungewöhnliche an. Hierzu zählt z. B. der *communicTable*, ein Tisch, in dem sich ein Touchscreen befindet. Außerdem bietet die Heidtkötter KG verstärkt Dienstleistungen wie z. B. die Gestaltung und Konzeption von Tagungsräumen und Konferenzsälen, zum Teil mithilfe von Innenarchitektinnen und Innenarchitekten, an.

Ergänzt wird das Absatzprogramm durch Handelswaren wie beispielsweise Holz- und Edelholzböden, Parkett, Decken-, Wand- und Bodenbeleuchtungssysteme.

1 Organisation der Heidtkötter KG siehe Seite 15

Beschaffung/ Einkauf

Neben den in der betriebseigenen Fertigung erzeugten Vorprodukten werden benötigte Fremdbauteile, wie beispielsweise die Bildschirme mit Soft- und Hardwarebestandteilen sowie Glasscheiben, auf Beschaffungsmärkten eingekauft.

Anders ist die Situation im Bereich der Werkzeuge. Sie werden überwiegend in eigenen Werkstätten entwickelt und auch selbst hergestellt.

Produktionsverfahren

Zurzeit setzt die Heidtkötter KG unterschiedliche Fertigungsverfahren zur Herstellung ihres Produktprogramms ein. So werden die System- und Sonderlösungen, wie beispielsweise der *communicTable*, in Form der Werkstattfertigung oder Einzelfertigung produziert. Andere Bereiche, wie die Stuhlserien, werden üblicherweise in Fließfertigung produziert.

Absatzmärkte

Die Kundenstruktur des Absatzes ist ebenso international wie die des Einkaufs. Ihre Produkte und Dienstleistungen vertreibt die Heidtkötter KG seit Jahren nicht mehr nur national. Mittlerweile zählen zur Kundschaft zahlreiche Unternehmen aus insgesamt 23 Ländern.

Der von der Heidtkötter KG neu entdeckte asiatische Möbelmarkt mit seinen enormen Wachstumszahlen wird zunehmend interessanter. Der Geschäftsführer und seine Berater planen für diesen Markt keine eigenen Niederlassungen, es soll dort vielmehr mit freien Handelsmaklern zusammengearbeitet werden.

Umweltbewusstsein

Um die betrieblichen Umweltauswirkungen kontrollieren zu können und eine kontinuierliche Verbesserung des Umweltschutzes innerhalb der Heidtkötter KG erreichen zu können, wurde ein eigenes Umweltmanagementsystem installiert.

Der Umweltbeauftragte koordiniert hierzu alle erforderlichen Aufgabenbereiche und berichtet dem Geschäftsführer Klaus M. Heidtkötter darüber. Durch regelmäßige Umweltbetriebsprüfungen wird sichergestellt, dass alle gesetzlichen Vorschriften eingehalten und umweltrelevante Daten erfasst und bewertet werden.

Für die Weiterentwicklung und Kontrolle dieses Vorgehens wurde ein betriebsinterner Ökologie-Ausschuss eingerichtet, der u.a. auch für die Erhebung der Umweltdaten verantwortlich ist. Beispielsweise werden die Entwicklung des Rohstoffverbrauchs – hierzu zählt auch der Papierverbrauch innerhalb der kaufmännischen Abteilung – sowie die Schwankungen des Energieverbrauchs überwacht.

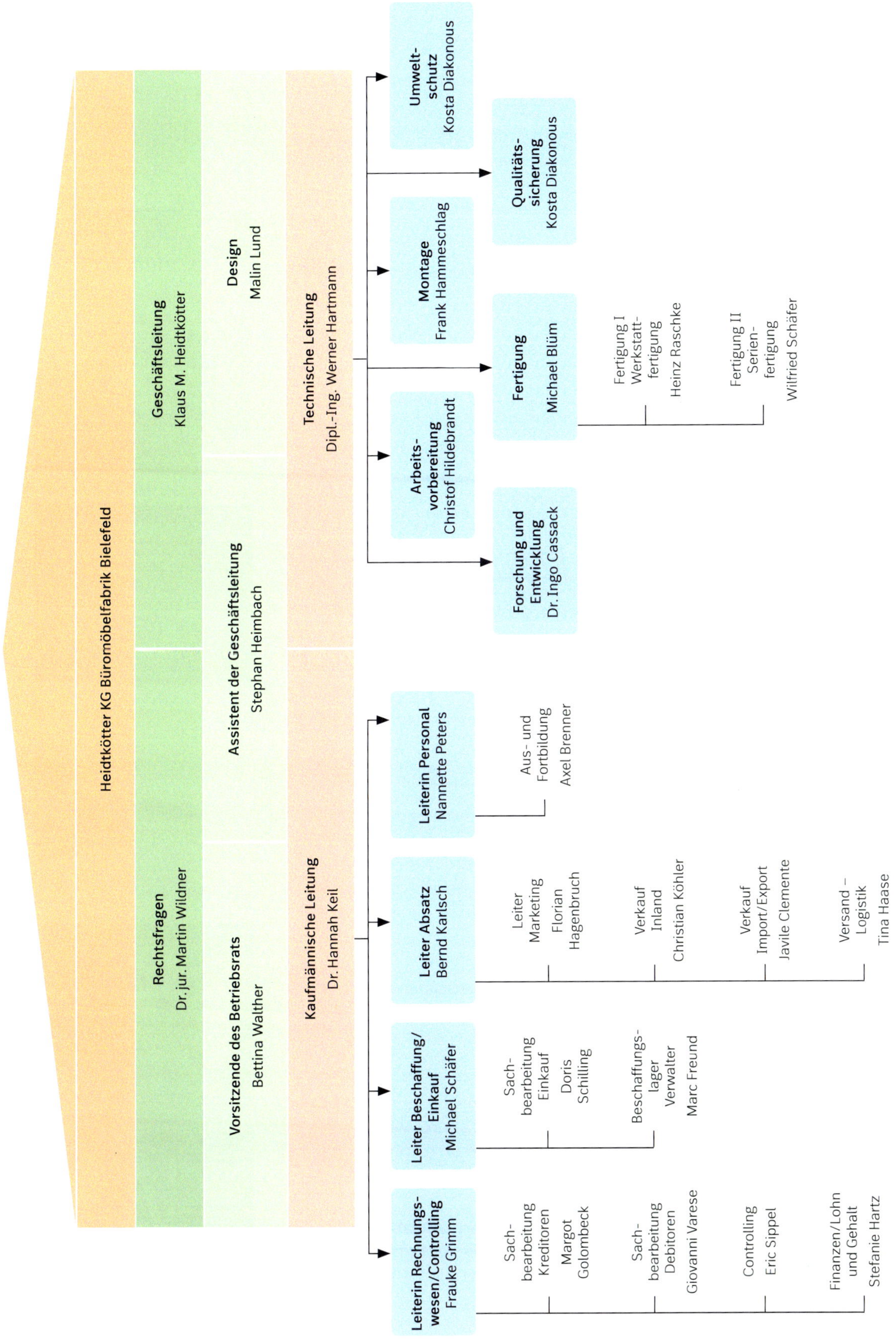
Heidtkötter KG Büromöbelfabrik Bielefeld
Rechtsfragen
Dr. jur. Martin Wildner
Geschäftsleitung
Klaus M. Heidtkötter
Vorsitzende des Betriebsrats
Bettina Walther
Assistent der Geschäftsleitung
Stephan Heimbach
Design
Malin Lund
Kaufmännische Leitung
Dr. Hannah Keil
Technische Leitung
Dipl.-Ing. Werner Hartmann
Leiterin Rechnungswesen/Controlling
Frauke Grimm
Sachbearbeitung Kreditoren
Margot Golombeck
Sachbearbeitung Debitoren
Giovanni Varese
Controlling
Eric Sippel
Finanzen/Lohn und Gehalt
Stefanie Hartz
Leiter Beschaffung/Einkauf
Michael Schäfer
Sachbearbeitung Einkauf
Doris Schilling
Beschaffungslager Verwalter
Marc Freund
Leiter Absatz
Bernd Karlsch
Leiter Marketing
Florian Hagenbruch
Verkauf Inland
Christian Köhler
Verkauf Import/Export
Javile Clemente
Versand – Logistik
Tina Haase
Leiterin Personal
Nannette Peters
Aus- und Fortbildung
Axel Brenner
Forschung und Entwicklung
Dr. Ingo Cassack
Arbeitsvorbereitung
Christof Hildebrandt
Fertigung
Michael Blüm
Fertigung I Werkstattfertigung
Heinz Raschke
Fertigung II Serienfertigung
Wilfried Schäfer
Montage
Frank Hammeschlag
Qualitätssicherung
Kosta Diakonous
Umweltschutz
Kosta Diakonous

Leitbild der Heidtkötter KG

Unser Leitbild

Wer sind wir?

- Wir sind ein modernes mittelständisches Unternehmen mit Sitz in Bielefeld.
- Wir produzieren hochwertige Möbel durch die intelligente Verbindung von traditioneller Handwerkskunst und industrieller Fertigung.

Wie arbeiten wir?

- Modernste Maschinen unterstützen unsere hoch qualifizierten Mitarbeiterinnen und Mitarbeiter bei der Produktion unserer Produktgruppen.
- Qualität und Umweltbewusstsein stehen dabei zu jeder Zeit im Vordergrund.
- Forschung und Entwicklung haben deshalb einen ebenso hohen Stellenwert wie Service und Flexibilität.

Wo sind wir tätig?

- Aufgrund unserer wegweisenden und erstklassigen Produkte sind wir weltweit überaus erfolgreich.
- Unser Erfolgskonzept ist neben unserer herausragenden Produktqualität eine ausgeprägte Unternehmenskultur. Kundenzufriedenheit ist oberstes Unternehmensziel.

Was wollen wir tun?

- Wir sind ein unabhängiges Unternehmen und wollen dies auch bleiben.
- Wir erwirtschaften einen vernünftigen Gewinn, um unsere Ziele zu erreichen.

Wem nutzen wir?

- Neben den Ansprüchen der eher klassisch ausgerichteten Zielgruppe sind es vermehrt die jüngeren Kundinnen und Kunden, die unsere hochwertigen und modernen Konferenz- und Büromöbel bevorzugen.
- Zudem sichern wir rund 120 Arbeitsplätze.

Was liegt uns am Herzen?

- Wer Möbel gestaltet, beeinflusst seine Umwelt und die Beziehung der Menschen miteinander. Darum pflegen wir seit Jahren einen partnerschaftlichen, verantwortungsvollen Umgang mit der Natur, unseren Mitarbeiterinnen und Mitarbeitern, unseren Kunden und der Technik, die wir einsetzen.
- Deshalb legen wir großen Wert auf Schulung, Weiterentwicklung und Gesundheit unserer Mitarbeiterinnen und Mitarbeiter. Wir lassen sie am Unternehmenserfolg teilhaben.

Lernfeld 6:

Leistungserstellung planen, steuern und kontrollieren

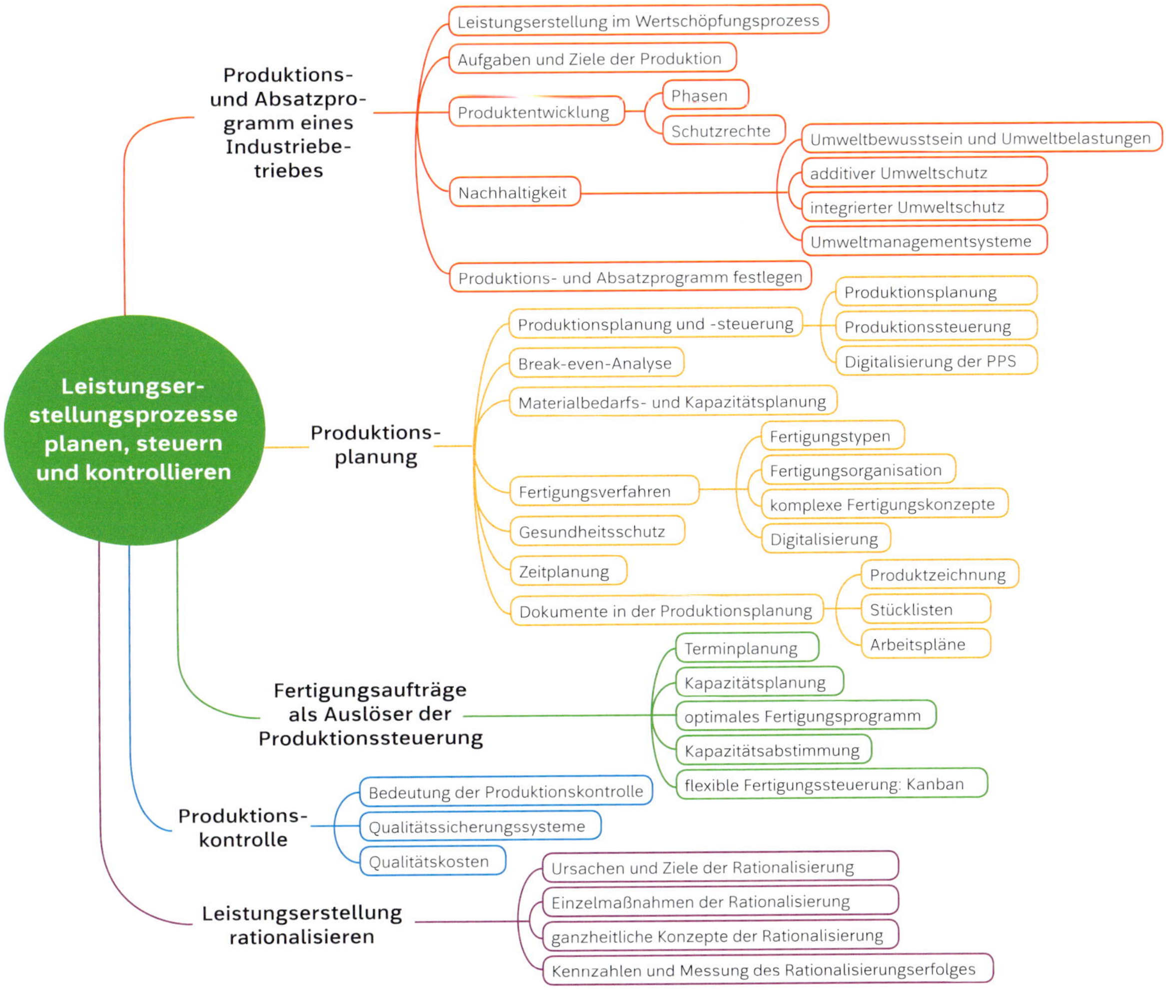

Leistungserstellung planen, steuern und kontrollieren

1 Das Produktions- und Absatzprogramm eines Industriebetriebes

Das Produktions- und Absatzprogramm legt ein Industriebetrieb nicht willkürlich fest. Art, Menge und Vielfalt der hergestellten und angebotenen Erzeugnisse werden am Markt orientiert bestimmt. Der Markt ist die wichtigste Einflussgröße unter vielen, die sich ständig wandeln. Das Unternehmen kann nur dann dauerhaft wettbewerbsfähig sein, wenn es ihm gelingt, Veränderungen am Markt vorauszusehen und sich entsprechend marktgerecht anzupassen.

BEISPIEL

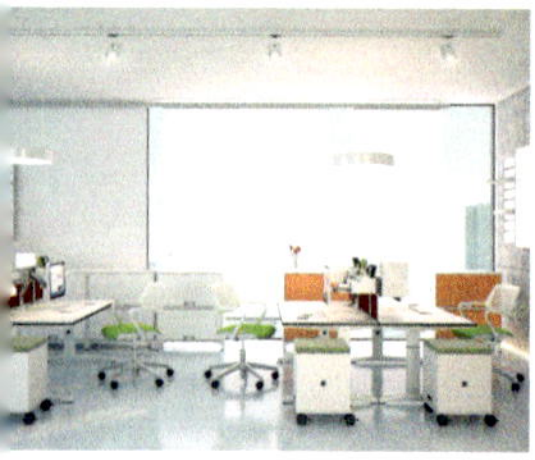

Bei der Heidtkötter KG stellt die richtige Balance zwischen den ökonomischen Erfordernissen, der sozial-ökologischen Verantwortung und einer zukunftsorientierten Gestaltung der Arbeitsbedingungen die größte Herausforderung dar. Denn aufgrund des durch die Globalisierung fallenden Absatzpreises bei steigenden Qualitätsansprüchen der Kunden herrscht ein enormer Kostendruck innerhalb der Leistungserstellung. Dieses ökonomische Erfordernis muss mit z. B. der wachsenden Verantwortung gegenüber der Umwelt (z. B. nachhaltiges Wirtschaften), den Mitarbeitenden (z. B. Vereinbarkeit von Familie und Beruf durch flexible Arbeitszeitmodelle) und der wachsenden Marktdynamik durch die Digitalisierung (z. B. KI) in Einklang gebracht werden.

Das Kapitel klärt darüber auf, wieso und wie Unternehmen interne und externe Veränderungen beim Produktions- und Absatzprogramm berücksichtigen. Nach der Einordnung der Leistungserstellung in den Wertschöpfungsprozess (Bedeutung, Ziele und Aufgaben der Produktion) werden die Wichtigkeit der Produktentwicklung und die Herausforderungen durch den Umweltschutz herausgearbeitet. Zum Schluss des Kapitels werden die strategischen, taktischen und operativen Entscheidungen für die Festlegung des Produktions- und Absatzprogramms überblickartig beschrieben.

1.1 Leistungserstellung im Wertschöpfungsprozess

Leistungserstellung

Leistungen entstehen durch die Beschaffung (Bereitstellung der Produktionsfaktoren), die Produktion (Kombination der Produktionsfaktoren zu Erzeugnissen und Dienstleistungen) und den Absatz (Verfügbarmachung der Erzeugnisse für den Kunden). Da Industrieunternehmen hauptsächlich materielle Erzeugnisse produzieren, erfolgt an dieser Stelle eine Beschränkung der Leistungserstellung auf die Produktion. Die Beiträge der Beschaffung (Lernfeld 4) und des Absatzes (Lernfeld 9) zur Leistungserstellung werden an anderer Stelle vorgestellt.

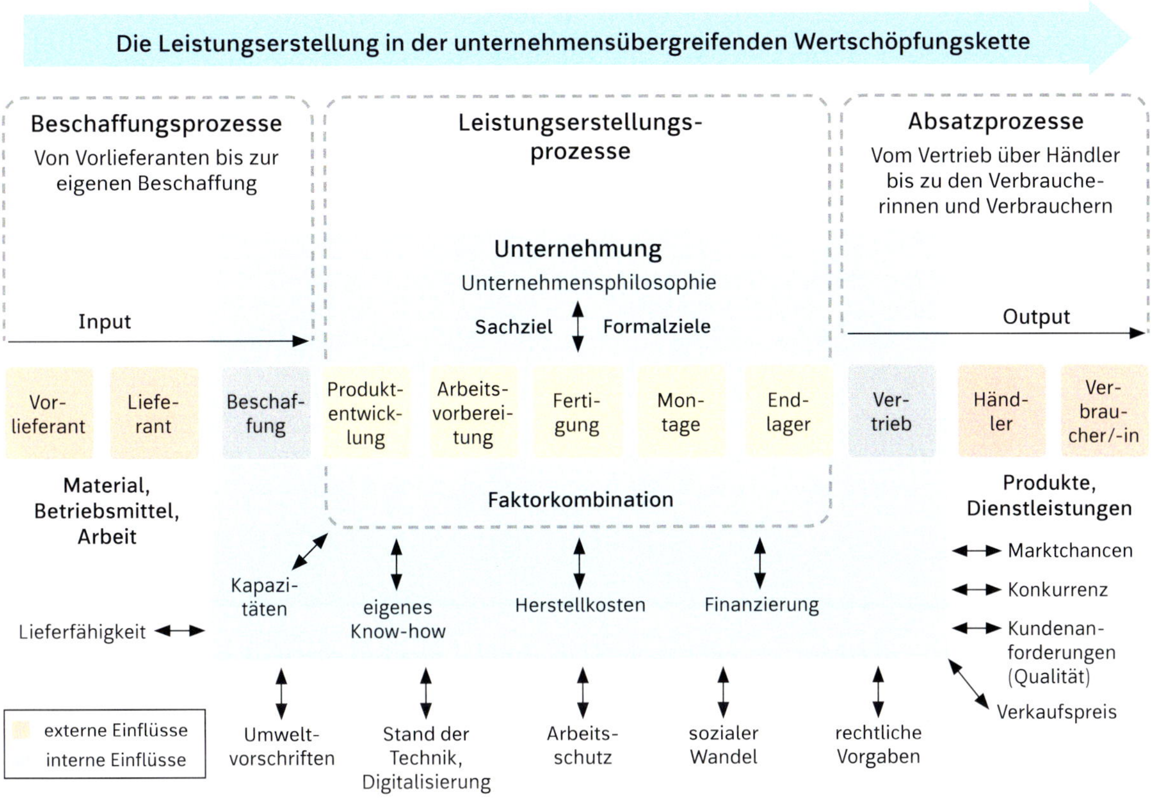

Einflussgrößen auf die Leistungserstellung

Der **Leistungserstellungsprozess** ist – wie die Abbildung zeigt – Kern der unternehmensübergreifenden Wertschöpfungskette. Der Produktionsprozess kann also nicht losgelöst von den weiteren Entscheidungsebenen im Wertschöpfungsprozess betrachtet werden. Will man die Leistungserstellung genau festlegen, müssen Abhängigkeiten von internen und externen Einflussgrößen beachtet werden. Diese Einflussgrößen sind wechselseitig voneinander abhängig und können nur schwer in eine Rangfolge gebracht werden.

BEISPIEL

Beabsichtigt ein Unternehmen, das sich auf die Herstellung von Plastikbesteck aus Mais (Bioplastik) spezialisiert hat, nun auch Einweggeschirr aus Mais herzustellen, muss geprüft werden, ob folgende Fragen angemessen beantwortet werden können:

Interne Einflüsse	Externe Einflüsse
• Ist das beabsichtigte Erzeugnis mit der Unternehmensphilosophie vereinbar (Sach-/Formalziele, ethisch-soziale Ziele, Werte der Geschäftsinhaberin bzw. des Geschäftsinhabers)? • Sind erforderliche Kapazitäten (Personal, Betriebsmittel, Lager usw.) vorhanden? • Verfügen wir über genügend Know-how? • Können erforderliche Investitionen für das Erzeugnis finanziert werden? • Werden die geschätzten Herstellkosten kleiner als der Verkaufspreis sein?	• Bestehen für das Erzeugnis Marktchancen? • Wo liegen konkret die Anforderungen des Marktes? • Können wir die Kundenanforderungen erfüllen (Verkaufspreis, Qualität)? • Sind die erforderlichen Materialien lieferbar? • Werden rechtliche Vorgaben eingehalten (Gesundheitsschutz, Verbraucherschutz, Umweltschutz, Arbeitsschutz usw.)? • Ist die Produktion des Erzeugnisses unter gesellschaftlichen Gesichtspunkten vertretbar?

› LF 2, Kapitel 1 Käufermärkte

Besondere Bedeutung hat der Einfluss durch sich verändernde Marktsituationen.[1] Auf Käufermärkten sind Unternehmen zu einer konsequenten Ausrichtung auf die Kundenwünsche gezwungen, denn diese sind in der Regel die Auslöser für

› Kapitel 1.5 Produktionsprogrammplanung

- die langfristige Gestaltung der Leistungserstellungsprozesse (strategische Produktionsprogrammplanung) und
- die kurzfristige Leistungserstellung (operative Produktionsprogrammplanung).

BEISPIELE

Bei der Heidtkötter KG denkt man nach einer Befragung bei großen Kunden über eine weitere Produktlinie nach: Möbel für Ruhe- bzw. Pausenräume in Unternehmen, die Planung dieser Räume ist als Serviceleistung eingeschlossen (strategische Produktionsprogrammplanung).

Es geht ein Kundenauftrag über 800 Konferenzstühle für ein Kongresszentrum bei der Heidtkötter KG ein. Daraufhin wird in der Fertigungsplanung und -steuerung ein Fertigungsauftrag ausgelöst, durch den die erforderlichen Materialien und Kapazitäten für die Durchführung des Auftrags geplant werden (operative Produktionsprogrammplanung).

Fertigungsaufträge

Auf Basis der langfristigen Produktionsplanung werden die konkreten Leistungserstellungsprozesse je nach Situation auf den Absatzmärkten durch **Fertigungsaufträge** (Kundenaufträge oder Lageraufträge) ausgelöst.

Kundenaufträge	Lageraufträge
Auftragsbezogene Fertigung Auslöser: Kundenbestellungen	**Produktion für den anonymen Markt Auslöser: Absatzprognosen**
Gründe: • individuelle Kundenwünsche • kurze Produktlebenszyklen • hoher Lagerwert der Erzeugnisse • mangelnde Lagerkapazitäten	Gründe: • Großserien-/Massenfertigung • saisonale Nachfrageschwankungen • saisonale Verfügbarkeit von Rohstoffen

Fertigungsaufträge
↓
Leistungserstellung

AUFGABE 1

Erläutern Sie anhand der Abbildung „Die Leistungserstellung in der unternehmensübergreifenden Wertschöpfungskette" die Stellung der Leistungserstellung im Wertschöpfungsprozess.

AUFGABE 2

Sammeln und erklären Sie vier interne und vier externe Einflussgrößen auf Leistungserstellungsprozesse in der Wertschöpfungskette Ihres Ausbildungsbetriebes. Bringen Sie die Einflussgrößen in eine Rangfolge und begründen Sie diese.

AUFGABE 3

Benennen Sie anhand von vier Einflussgrößen mögliche Ursachen, die zu einer Verschlechterung der Wettbewerbssituation eines Automobilherstellers führen können.

AUFGABE 4

Nennen Sie drei konkrete Maßnahmen für die Leistungserstellung eines Industrieunternehmens, die unter Umständen zu einer verbesserten Leistungserstellung beitragen könnten.

1 Viele Industriebetriebe wenden inzwischen das Prinzip der Mass Customization an: Individuelle Kundenanfragen werden erfüllt und trotzdem wird eine Massenfertigung realisiert (siehe Kapitel 2.4.1).

Aufgaben und Ziele der Produktion

1.2

Aufgaben der Produktion

Aufgrund der Stellung der Leistungserstellungsprozesse innerhalb der Wertschöpfungskette erwachsen Aufgaben, die zielentsprechend erfüllt werden müssen, damit die Leistungserstellung die Funktion als Kettenglied innerhalb der Wertschöpfung wahrnehmen kann.

Hauptaufgabe der Produktion (= Leistungserstellung materieller Güter) ist daher die Herstellung bedarfsgerechter Produkte (= Sachziel der Unternehmung). Dies gelingt insbesondere dann, wenn

- Kundenanforderungen (richtige Art und richtige Qualität, richtige Menge, richtiger Zeitpunkt, richtiger Preis),
- die in der Unternehmensphilosophie festgelegten Unternehmensziele und
- sonstige Einflüsse (z. B. staatliche Auflagen zum Arbeitsschutz und/oder Umweltschutz)

erfüllt werden.

Die Hauptaufgabe eines Industriebetriebes wird durch wesentliche Teilaufgaben gemäß dem Management-Regelkreis zur Produktionsplanung, Produktionssteuerung und Produktionskontrolle zielentsprechend konkretisiert:

› ReWe für Industrie, Teil C, Kapitel 7.1

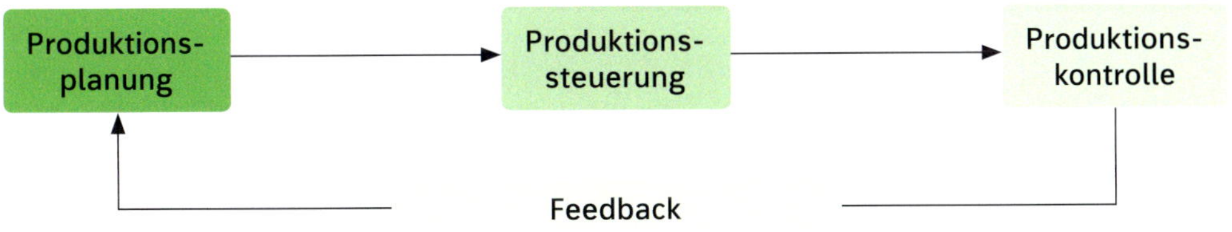

Allgemeine Teilaufgabe	Produktions-planung	Produktions-steuerung	Produktions-kontrolle
Beschrei-bung	Festlegung der Produktionsziele und -aufgaben sowie der Durchführung • Programmplanung: Festlegung des Produktions- und Absatzprogramms nach Art, Menge, Qualität • Kapazitätsplanung: Bereitstellung der notwendigen Mittel wie Arbeitskräfte, Betriebsmittel und Material • Festlegung des Fertigungsverfahrens (Ablauf/Vollzug der Fertigung)	Umsetzung der Aufgaben durch Fertigungsplanung und -steuerung konkret vorliegender Fertigungsaufträge zur Sicherung einer störungsfreien, in geplanter Weise stattfindenden Fertigung: • Sicherung der Fertigungsbereitschaft • Veranlassung der Fertigung • Überwachung der Fertigung • Beseitigung von Störungen	technische und ökonomische Aufgabenkontrolle im Hinblick auf die gesetzten Produktionsziele mittels Soll-Ist-Vergleich; dabei Kontrolle von • Kosten, • Terminen, • Qualität, • Mengen, • Auslastung, • Verbrauch
Konkrete Aufgaben	• Festlegung der Erzeugnisse nach Art, Menge, Qualität und Kosten • Produktentwicklung mittels FuE • Produktdokumentation (Konstruktionszeichnungen, Stücklisten usw.) • Kapazitätsplanung in Zusammenarbeit mit anderen Unternehmensbereichen (Personal, Beschaffung, Finanzen, Controlling) • Entwicklung des Fertigungsverfahrens und -layouts in Abhängigkeit vom Produktionsprogramm und der Sicherung der erforderlichen Kapazitäten	• Planung der Fertigungsabläufe nach sachlogischen, zeitlichen und kapazitätsbezogenen Gesichtspunkten: – Ablaufplanung, – Arbeitsplanung, – Zeitplanung und – Bedarfsplanung • Fertigungssteuerung durch Auftragsfortschrittskontrolle	• technisch: Qualitätssicherungsmaßnahmen • ökonomisch: Produktionskennzahlen

Ziele der Produktion

› Band 1, LF 1, Kapitel 1.8 Definition von Zielen

Mithilfe des Management-Regelkreises werden unternehmensindividuelle Aufgaben als erforderliche Maßnahmen zur Erreichung der Hauptaufgabe und somit des Sachzieles formuliert. Aufgaben können ohne Ziele nicht sinnvoll ergriffen werden. Während Aufgaben Maßnahmen zur Erreichung von Zielen sind, definieren Ziele angestrebte Zustände, die durch die Aufgabenwahrnehmung erreicht werden sollen. Das allgemein beschriebene Sachziel muss daher für eine angemessene Aufgabenwahrnehmung in der Produktion konkretisiert werden, damit die Zielerreichung auch gemessen werden kann (Was heißt nämlich z. B. „richtige" Menge?):

Technische Ziele	Ökonomische Ziele	Soziale Ziele	Ökologische Ziele
• Null-Fehler-Produktion • Verbessern der Qualitätsstandards • Optimieren des Produktionsablaufs • Innovationen durch Verbessern bestehender und Entwickeln neuer Produkte	• Minimieren der Produktionskosten und damit Verbessern der Wirtschaftlichkeit • Minimieren der Lagerhaltungskosten • optimale Kapazitätsauslastung • kurze Durchlaufzeiten, Termintreue	• ergonomisch gestaltete Arbeitsplätze • Humanisieren der Arbeitsbedingungen • menschengerechte Arbeit • angenehmes Betriebsklima	• umweltverträgliche Produktionsverfahren • Abfälle vermeiden • geringe Schadstoffbelastung • Verwenden umweltverträglicher Werkstoffe

Käufermärkte stellen die Produktion vor hohe Anforderungen, denn die Kunden wollen häufig die bestmögliche Qualität zum für sie besten Preis nach Möglichkeit in der kürzesten Zeit. Das Unternehmen muss dies bei der Formulierung der Produktionsziele bedenken, aber schon zwischen den einzelnen Zielen „Qualität", „Zeit" und „Kosten" kommt es zu Zielkonflikten.

Zieldreieck der Produktion

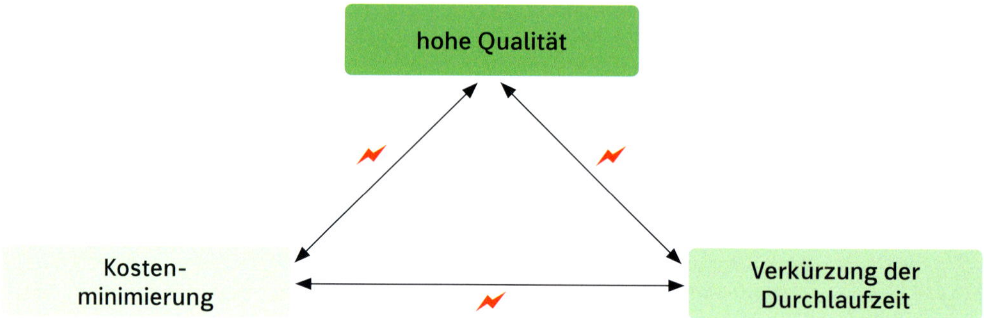

Um den Markterfolg des Unternehmens zu unterstützen, ist aus Sicht der Produktion insbesondere die gleichzeitige Erfüllung des Zieldreiecks anzustreben. Jedoch ist dies praktisch nicht möglich, da Zielkonflikte bestehen:

Ziel	Zielkonflikt
Hohe Qualität	Die Erzeugung einer hohen Produktqualität erfordert in der Regel den Einsatz hochwertiger Produktionsanlagen, qualifizierter Mitarbeiterinnen und Mitarbeiter, hochwertiger Materialien sowie umfassender Qualitätssicherungsmaßnahmen. Hierdurch steigen die Produktionskosten und die Durchlaufzeit.
Kostenminimierung	Um die Produktionskosten zu minimieren, müssen Einsparungen bei den Produktionsfaktoren Arbeit, Betriebsmittel und Material vorgenommen werden. Hierdurch sinkt in der Regel die Qualität und es steigt infolge erhöhter Störanfälligkeit der Produktionsanlagen sowie erhöhter Fehlerhäufigkeit des schlechter geschulten Personals die Durchlaufzeit.

Ziel	Zielkonflikt
Verkürzung der Durchlaufzeit	Die Verkürzung der Durchlaufzeit erfordert in der Regel den Einsatz hochwertiger Produktionsanlagen und qualifizierter Mitarbeiterinnen und Mitarbeiter in ausreichender Kapazität. Dies führt zu steigenden Produktionskosten. Darüber hinaus müssen die Produktionsprozesse unter Zeitdruck geleistet werden. Dies führt zu Einsparungen u. a. bei Qualitätssicherungsmaßnahmen (z. B. Stichprobenkontrolle statt Vollkontrolle). Dies kann zu einer Verschlechterung der Qualität (evtl. erhöhter Ausschuss) sowie zu höheren Kosten (Reparaturen, Wartung) führen.

BEISPIEL

Der Automobilmarkt ist weltweit hart umkämpft. Inzwischen liegt ein Käufermarkt vor, die Unternehmen sind gezwungen, in immer kürzerer Zeit neue Modelle auf den Markt zu bringen. Dabei müssen sich die neuen Modelle dadurch auszeichnen, dass sie

- in kürzester Zeit nach Bestellung lieferbar sind (Minimierung der Durchlaufzeit),
- eine höhere Qualität im Vergleich zur Konkurrenz aufweisen (hohe Qualität),
- zu immer günstigeren Verkaufspreisen bzw. bei gleichen Verkaufspreisen mit einer höherwertigeren Ausstattung am Markt angeboten werden (Kostenminimierung durch Preisdruck; Reduzierung der Gewinnspanne).

Unternehmen müssen Lösungsansätze finden, die zumindest einen hohen Zielerreichungsgrad ermöglichen. In der Realität werden Zielentscheidungen daher nach dem **ökonomischen Prinzip** getroffen:

Es wird der Produktionsprozess, also die Kombination der Produktionsfaktoren, so gestaltet, dass zur Zielerreichung entweder

› Band 1, LF 2, Kapitel 2.2 Kombination der Produktionsfaktoren

- der Einsatz der Produktionsfaktoren festgesetzt und die Erzeugnismenge maximiert wird (**Maximalprinzip**) oder
- der Einsatz der Produktionsfaktoren für eine festgesetzte Erzeugnismenge minimiert wird (**Minimalprinzip**).

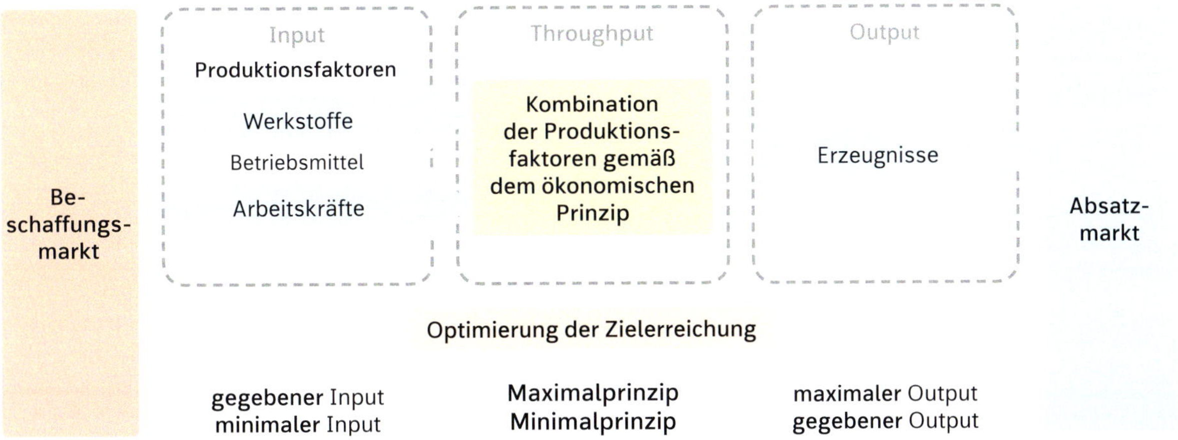

AUFGABE 1

Vergegenwärtigen Sie sich die Unternehmensziele Ihres Ausbildungsbetriebes und leiten Sie die Hauptaufgabe der Leistungserstellung (Sachziel) sowie daraus abzuleitende Produktionsziele (Formalziele) her. Berücksichtigen Sie die Darstellung „Die Leistungserstellung in der unternehmensübergreifenden Wertschöpfungskette" (siehe Seite 19).

› Recherche

AUFGABE 2

Sammeln Sie drei bestehende Zielkonflikte in der Leistungserstellung und machen Sie einen Vorschlag, wie diese beherrschbar gemacht werden können.

AUFGABE 3

› Recherche

Beschreiben Sie konkrete Aufgaben der Leistungserstellung in den Phasen der Planung, Steuerung und Kontrolle. Notieren Sie vier Aufgaben je Phase auf Karten. Bringen Sie hierzu auch Erfahrungen aus Ihrem Ausbildungsbetrieb ein.

AUFGABE 4

Formulieren Sie konkrete Ursachen für Marktveränderungen, die die Aufgaben und Ziele der Abteilung Produktion in einem Industriebetrieb beeinflussen.

1.3 Produktentwicklung als Basis für eine marktgerechte Leistungserstellung

1.3.1 Phasen der Produktentwicklung

Alle Produkte verfügen über eine begrenzte Lebensdauer am Markt. Dieser Lebensdauer am Markt, also dem Produktlebenszyklus[1], geht eine Phase der Forschung und Entwicklung voraus (Entwicklungsphase). Verlauf, Länge und Dauer des Produktlebenszyklus werden durch technische Entwicklungen, rechtliche Vorschriften (z. B. Arbeitsschutz, Produktionssicherheit, Umweltschutz), durch die Bedürfnisstrukturen der Kunden sowie durch die Wettbewerbssituation (Verkäufer- oder Käufermarkt) bestimmt. In Käufermärkten konkurrieren die Hersteller laufend in einem Preis-, Qualitäts- und Innovationswettbewerb.

Wettbewerbssituation auf einem Käufermarkt

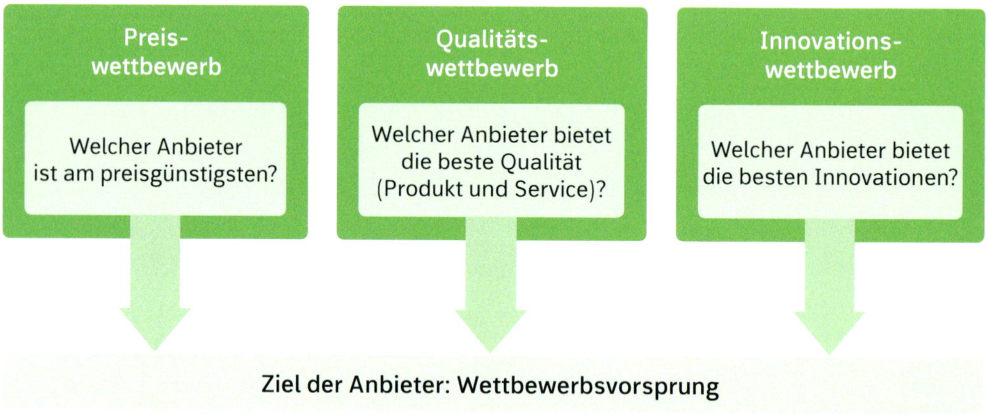

Innovationen

Forschung und Entwicklung

Um die langfristige Wettbewerbsfähigkeit zu sichern, werden Unternehmen u. a. aufgrund der Produktlebenszyklen gezwungen, **Innovationen** zu entwickeln. Nicht zuletzt deshalb unterhalten immer mehr Unternehmen eine eigene Forschungs- und Entwicklungsabteilung (FuE-Abteilung). Zentrale Aufgaben der FuE-Abteilung sind die Produktentwicklung und die Weiterentwicklung der bestehenden Produktpalette.

Bis zur Markteinführung eines neuen Produkts vollziehen sich in der Produktentwicklung folgende Phasen (siehe I. bis V.):

1 Zur ausführlichen Darstellung des Produktlebenszyklus siehe Lernfeld 9, Kapitel 1.3.1.

Phasen der Produktentwicklung bis zur Markteinführung

I. Produktforschung	II. Produktplanung	III. Produktkonstruktion	IV. Produkterprobung	V. Produktherstellung	Markteinführung
	Produktentwicklung				
• Grundlagenforschung • angewandte Forschung • Marktanalyse	• Definitionsphase • Produktgestaltung • Lastenheft • Pflichtenheft	• Dokumentation (Zeichnungen, Stücklisten) • Versuche	• Fertigungsvorbereitung • Planung der Produktionsfaktoren • Beschaffung der Produktionsfaktoren	• Produktion des nun marktfähigen Erzeugnisses • Optimierung des Fertigungsverfahrens • Vorbereitung der Markteinführung	• Vertrieb der Innovation durch geeignete Marketingmaßnahmen
Invention	Produktkonzept	Prototyp	Nullserie	Innovation	

Produktforschung bedeutet Grundlagenforschung und/oder angewandte Forschung, um Erfindungen (Neu- und Weiterentwicklungen) zu generieren bzw. den Stand des Wissens mit den über Marktanalysen zu erhebenden Kundenbedürfnissen in Verbindung zu bringen. I. Produktforschung

Grundlagenforschung	Angewandte Forschung
Hervorbringen neuer wissenschaftlicher Erkenntnisse zur theoretischen Nutzung durch Universitäten und Forschungsinstitutionen (z. B. Fraunhofer-Gesellschaft)	Anwenden vorhandener wissenschaftlicher Erkenntnisse zur Lösung praktischer Probleme durch unternehmenseigene oder überbetriebliche FuE-Abteilungen
Beispiel: Die Lotusblume verfügt über wasserabweisende Eigenschaften, die durch Grundlagenforschung auch bei Gegenständen technisch angewendet werden können (Lotuseffekt).	**Beispiel:** Mithilfe der Erkenntnisse der Grundlagenforschung konnten z. B. schmutzabweisende Textilien entwickelt werden.

Erfinden ist die geistige Fähigkeit, Probleme zu erkennen und eine Lösungsidee dafür anzubieten. Weltbekannte Erfindungen, wie etwa das Gummibärchen, die Jeans oder die Zahnpasta, unterscheiden sich von „privaten“ Erfindungen (z. B. Schwenkgrill aus alter Wäschetrommel) dadurch, dass sie bis zur Herstellung eines marktfähigen Produkts verfolgt werden. Werden Lösungsideen unternehmerisch verfolgt und in ein verkaufsfähiges Produkt am Markt umgesetzt, so wird in der Betriebswirtschaft von einer **Invention** gesprochen, die in eine **Innovation** am Markt (= Erfindung) überführt wird. Invention Eine Innovation wird durch Produktforschung „entdeckt“ und innerhalb der Produktentwicklung in ein marktfähiges Erzeugnis verwandelt, das am Markt als Innovation verkauft werden kann. Hauptaufgabe der Produktentwicklung ist also die Über- Innovation führung einer Invention in eine Innovation. Innovationen lassen sich nach Produkt- und Verfahrensinnovationen unterscheiden.

Produktinnovation	Verfahrensinnovation
vermarktungsfähiges Produkt, das am Markt absolut oder relativ neu ist	nicht marktfähiges, absolut oder relativ neues Verfahren zur Erstellung eines marktfähigen Erzeugnisses

II. Produktplanung

Lastenheft

Durch die **Produktplanung** wird eine möglichst umfassende und vollständige Aufgabenklärung betrieben, um spätere Ergänzungen und Änderungen auf ein Minimum zu reduzieren (Vermeidung unnötiger Entwicklungskosten). Ein wichtiges Bindeglied zwischen Ideenumsetzung, Kundenwünschen und technischer Machbarkeit bildet das **Lastenheft**. Es definiert das Anforderungsprofil an das Produkt durch Auflistungen von Kunden- und Produktionsanforderungen. Diese sind teilweise widersprüchlich, da unter Umständen gewünschte Eigenschaften technisch nicht umsetzbar sind.

BEISPIEL

Lastenheft für ein Trailbike:

ICB LASTENHEFT

[...]

Rahmenlayout-abhängige Anforderungen

Welches ist die wichtigste Anforderung an das Rahmenlayout des neuen 130 mm Alutech?

1. Kurze Kettenstreben realisierbar
2. Niedrige Rahmenhöhen/viel Schrittfreiheit machbar
3. Wartungsarm: Wenige Drehpunkte, wenige Lager
4. Durchgängiges Sitzrohr – weit versenkbare Sattelstütze
5. Platz für Flaschenhalter im Hauptrahmen
6. Viel Platz für Dämpfer – gut erreichbar und Platz für Ausgleichsbehälter
7. Antriebs-Effizienz: Kein Wippen, kein Energieverlust
8. Bremsneutral: Bestmögliche Funktion der Federung auch bei gezogener Hinterradbremse
9. Leicht und Steif: Bei gleichem Gewicht haben unterschiedliche Konstruktionen unterschiedliche Steifigkeit
10. Dämpferkennlinie bestmöglich anpassbar: Viel Traktion, Popp und kein Durchschlagen
11. Nach hinten gerichtete Radhebungskurve: Hinterrad „weicht Hindernissen aus“
12. Sinnvolle Ableitung eines 29ers möglich (beeinflusst durch Bauraum)

Quelle: Bosch, Stefanus: Welche Anforderungen habt ihr an Alutechs Trailbike? [Ergebnisse], veröffentlicht am 15.05.2014. In: www.mtb-news.de/news/icb-2-0-lastenheft-welche-anforderungen-habt-ihr-ein-trailbike [19.03.2025].

Pflichtenheft

Das Lastenheft wird unter Beteiligung der betroffenen Abteilungen in das Pflichtenheft überführt. Dazu werden die technisch und wirtschaftlich nicht umsetzbaren Anforderungen gestrichen. Das **Pflichtenheft** ist dann das widerspruchsfreie, quantitativ formulierte Zielsystem. Es enthält die Produkteigenschaften und Zielvorgaben für den Entwicklungsprozess und bildet die wesentliche Grundlage für die Produktions-, Zeitraum- und Kostenplanung. Es stellt das tatsächliche Leistungsprofil des zu entwickelnden Produkts dar.

Planungsebene	Fragen, die durch das Pflichtenheft beantwortet werden sollen
Produktionsplanung	• Welche Werkstoffe werden benötigt bzw. können eingesetzt werden? • Welche Fertigungsverfahren werden benötigt bzw. müssen entwickelt werden? (Arbeitsablauf- und Prozessgestaltung)
Zeitraumplanung	• Welche Entwicklungszeiten werden erwartet? • Wann müssen die Werkstoffe bereitgestellt werden? • Wann müssen die Fertigungsverfahren entwickelt sein? • Wann muss die Produktdokumentation erfolgen?
Kostenplanung	• Welche Entwicklungskosten fallen an? • Welche Investitionen in Betriebsmittel und Personal sind erforderlich? • Welche Werkstoffpreise müssen kalkuliert werden?

Das Ergebnis der Produktplanung ist ein **Produktkonzept**, das grobe Vorstellungen über Art und Funktionen des Produktes formuliert.

Produktkonzept

Die Phase der **Produktkonstruktion** steht für die Überführung des Pflichtenheftes in Zeichnungen und Stücklisten in der Konstruktionsabteilung durch technische Zeichnerinnen und Zeichner.

III. Produktkonstruktion

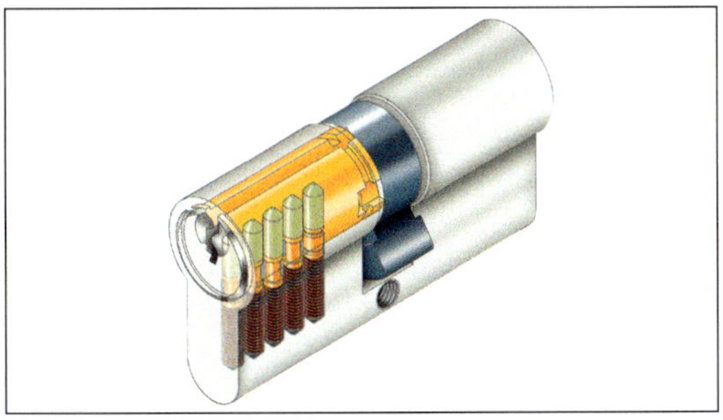

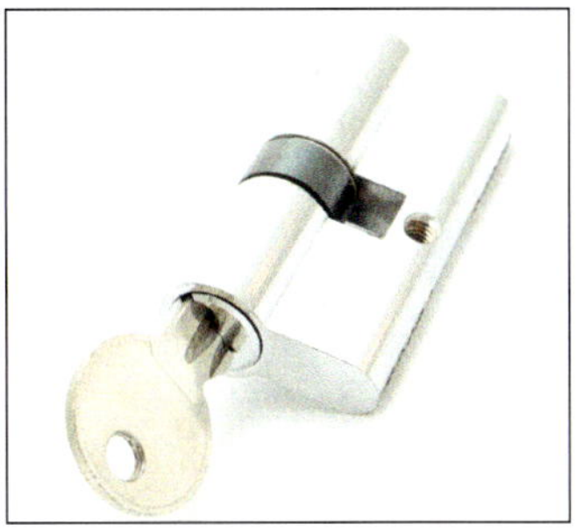

Durch Versuche und den Bau eines Prototyps wird das dokumentierte Produktkonzept auf seine Funktionsfähigkeit getestet. Aufgrund einer Ergebnisanalyse werden die erforderlichen Korrekturen vorgenommen und die **Produkterprobung** wird eingeleitet. Für die benötigten Produktionsfaktoren im Wertschöpfungsprozess (Betriebsmittel, Werkstoffe, Arbeitskräfte) wird ein Fertigungsverfahren entwickelt. Es wird auf seine Tauglichkeit getestet, indem eine Nullserie produziert wird: Bis zu einhundert Nullserien-Produkte, die nicht für den Absatzmarkt bestimmt sind, werden hergestellt, um mögliche Verfahrensmängel zu beseitigen. Sobald die Produkte dauerhaft in gewünschter Qualität hergestellt werden können, wird das entwickelte Produkt marktfähig und kann als Innovation produziert werden.

Prototyp

IV. Produkterprobung

Nullserie

Ab der Phase der **Produktherstellung** ist die eigentliche Produktentwicklung beendet, wobei prozessbezogen Weiterentwicklungen am Verfahren und am Produkt durchaus erwünscht sein können.

V. Produktherstellung

Die Marktphase wird eingeleitet, in der das Marketing die **Markteinführung** plant und letztlich im Rahmen der Produktdistribution durchführt.

› LF 9 Marketing

1.3.2 Rechtliche Anforderungen im Zuge der Produktentwicklung

Unternehmensentscheidungen werden von der betrieblichen Umwelt beeinflusst. Dabei spielen nicht nur Kundenanforderungen eine große Rolle, sondern rechtliche Rahmenbedingungen wirken in die Unternehmung hinein und gestalten so den Produktentwicklungsprozess mit.

Rechtliche Rahmenbedingungen der Produktentwicklung

prozessbezogen	ergebnisbezogen
Schutzgesetze/Verordnungen	**Gewerbliche Schutzrechte**
Maßnahmen zum Schutz • der Beschäftigten (z. B. Arbeitsschutzgesetz), • der Umwelt (z. B. Verpackungsgesetz), • der Verbraucher/-innen (z. B. Produkthaftungsgesetz, AGB) usw.	• Patentrecht (Patentgesetz) • Designrecht (Designgesetz) • Gebrauchsmusterrecht (Gebrauchsmustergesetz) • Markenrecht (Markengesetz)

Schutzgesetze/ Verordnungen

Während der Produktentwicklung muss die FuE-Abteilung vor allem **Schutzgesetze und Verordnungen** beachten, um hohe Folgekosten, die durch nachträgliche Berücksichtigung der gesetzlichen Vorgaben, durch Fehlerkosten oder durch Geldstrafen entstehen können, zu vermeiden. Es müssen Bedürfnisse und Rechte aller Interessengruppen erfüllt werden. So hat die Konstruktion der Güter u.a. derart zu erfolgen, dass das angewandte Fertigungsverfahren die Bestimmungen des Arbeitsschutzes ebenso wie auch die Umweltbestimmungen bei Materialeinsatz und -verarbeitung usw. erfüllt.

gewerbliche Schutzrechte

Der hohe Investitionsaufwand in Forschung und Entwicklung berechtigt zum Schutz der Ergebnisse vor der Nutzung durch die Konkurrenz. Der Gesetzgeber folgt diesen Forderungen dahingehend, dass er umfassende **gewerbliche Schutzrechte** definiert. Diese ermöglichen es innovativen Unternehmen, technische Verfahren, technische Erzeugnisse, Muster bzw. Modelle sowie Marken für eine festgelegte Schutzfrist und unter Ableistung einer Jahresgebühr ausschließlich herzustellen, zu nutzen und zu vertreiben. Die Schutzrechte an einer geistigen Leistung entstehen in der Regel aufgrund eines Prüfungs- und Erteilungsverfahrens, dem die Eintragung in ein öffentliches Register beim Deutschen Patent- und Markenamt bzw. die Bekanntmachung über dieses folgt.

Ausschließlichkeitsrecht

Die Unternehmen genießen dann ein **Ausschließlichkeitsrecht**. Hierdurch wird dem jeweiligen Rechteinhaber für eine bestimmte Zeit ein Wettbewerbsvorsprung, der auch durch die allgemeinen Wettbewerbsgesetze (UWG, GWB) nicht aufgehoben werden kann, zuerkannt. Die dem innovativen Unternehmen durch die Forschung und Entwicklung entstandenen Kosten können bei Markterfolg durch eine zeitlich begrenzte Monopolstellung schneller erwirtschaftet werden. Sollten Mitbewerber gegen den Ausschließlichkeitsgrundsatz verstoßen, besteht für den Rechteinhaber auf Antrag die Möglichkeit, Unterlassungs- und

Gesetze gegen Produktpiraterie

Schadensersatzanspruch geltend zu machen sowie ein strafrechtliches Vorgehen aufgrund der gesetzlichen Regelungen einzuleiten (siehe unten stehende Tabelle). Geltendes Recht soll die Produktpiraterie einschränken und die Unternehmen zur Produktentwicklung im eigenen Wirtschaftsraum ermuntern.

	Patent	Gebrauchsmuster („Kleines Patent“)	Design	Marken
Rechtsquelle	**PatG**	**GebrMG**	**DesignG**	**MarkenG**
Eintragung	Patentrolle	Gebrauchsmusterrolle	Deutsches Patent- und Markenamtregister (DPMAregister)	Markenregister
Bekanntmachung	Patentblatt	Patentblatt	Designblatt	Deutsches Patent- und Markenblatt
Beispiele	Glühbirne 	Wäscheklammer 	Ritter Sport Tafelschokolade 	Steiff 
Gegenstand	Erfindungen von technischen Leistungen: • Gegenstände • Verfahren	Neuerungen an Gegenständen (nicht an Verfahren)	Muster: • Ausprägung der Produktgestaltung • Werbung • Design von Einrichtungs- und Gebrauchsgegenständen	Marke = alle Zeichen, insbesondere: • Wörter • Abbildungen • Buchstaben • Zahlen

	Patent	Gebrauchsmuster („Kleines Patent“)	Design	Marken
Vergabeanforderungen	Erfindung muss • neu sein (technischer Fortschritt), • auf erfinderischer Tätigkeit beruhen (überdurchschnittliche Leistung einer Fachkraft), • gewerbliche Herstellung und Nutzung muss möglich sein		Muster muss • einzigartig sein, • eine Eigenart besitzen (individueller Eindruck), • auch Schriftzeichen möglich (Corporate Identity)	Marke • muss Alleinstellungsmerkmal besitzen, • darf nicht durch die Art der Ware bestimmt sein, aufgrund einer technischen Wirkung bestehen und der Ware keinen wesentlichen Wert verleihen
Dauer	5 bis max. 20 Jahre	3 bis max. 10 Jahre	5 bis max. 25 Jahre	unbegrenzt

Eine anschauliche Zusammenfassung möglicher Schutzrechte bietet das vom Deutschen Patent- und Markenamt veröffentlichte Video. Dieses ist unter nebenstehenden QR-Code abrufbar.

AUFGABE 1

Die Geschäftsleitung der Heidtkötter KG verfolgt die Idee, ein völlig neuartiges Tischsystem zu entwickeln, das eine komfortable Integration von interaktiven Computerbildschirmen in die Tischplatten ermöglicht. Eine Projektgruppe soll sich mit der Produktentwicklung auseinandersetzen und erhält dazu folgende Daten, die ein Marktforschungsinstitut ermittelt hat (Nennungen in Prozent der Befragten):

Mängel von Projekttischen	Anforderungen an Projekttische
91 % Bildschirm nimmt zu viel Fläche ein	95 % technisch einfache Integration des Bildschirms in die Arbeitsfläche
82 % unbequeme Projektsitzungen (Bildschirm behindert Kommunikation der Projektgruppe)	87 % ästhetisches Design
80 % technische Mängel bei integrativen Lösungen von Bildschirm und Arbeitsfläche	81 % Bildschirm ist von allen Tischseiten gut einsehbar
70 % schlechte Sicht auf den Bildschirm	71 % ergonomische Sitzposition
65 % Kabelsalat und Staubanfälligkeit bei unzureichender Pflegemöglichkeit	64 % Arbeitsfläche trotz Bildschirm maximal nutzbar
7 % Sonstige	23 % unempfindliche Oberfläche der Arbeitsfläche
	9 % Sonstige

a) Welche Funktionsbereiche der Unternehmung sollen Abteilungsmitarbeiterinnen und Abteilungsmitarbeiter für die Projektgruppe entsenden? Beschreiben Sie deren Aufgaben innerhalb der Projektgruppe.

b) Sammeln Sie Ideen zur konkreten Umsetzung der vom Marktforschungsinstitut erhobenen Kundenanforderungen.

c) Welche Schwierigkeiten können bei der Ideenentwicklung und -verwirklichung betriebsintern auftreten? Formulieren Sie zu einem von Ihnen genannten Problem einen Lösungsvorschlag.

d) Planen Sie das Vorgehen für den Produktentwicklungs- und -entstehungsprozess, indem Sie möglichst konkret Aufgaben der Forschungs- und Entwicklungsabteilung sowie der Arbeitsvorbereitung beschreiben, damit ein marktfähiges Produkt entstehen kann.

AUFGABE 2

Formulieren Sie möglichst konkret betriebsexterne Einflüsse, die bei der Produktentwicklung eines neuartigen Smartphones berücksichtigt werden müssen.

AUFGABE 3

Untersuchen Sie Produktanforderungen, die bereits bei der Produktentwicklung eines neuartigen Holzzaunes berücksichtigt werden müssen. Strukturieren Sie Ihre Ausführungen unter Berücksichtigung folgender Interessenvertreter:

Produktionsleitung, Leitung Lager & Logistik, Vertriebsleitung, Sicherheitsbeauftragte, Vertreterinnen und Vertreter des öffentlichen Umweltamtes.

AUFGABE 4

Auf den Produktentwicklungsprozess wirken zahlreiche rechtliche Vorgaben ein.

› Recherche

a) Führen Sie eine Internetrecherche über rechtliche Vorgaben zum Schutz der Arbeitnehmerinnen und Arbeitnehmer, Verbraucherinnen und Verbraucher sowie der Umwelt durch und notieren Sie jeweils mindestens drei Gesetze.

b) Erörtern Sie, warum eine frühzeitige Berücksichtigung der rechtlichen Anforderungen für die FuE-Abteilung sowie die Entwicklung des Produktlebenszyklus von großer Bedeutung ist. Arbeiten Sie negative Auswirkungen einer Nichtberücksichtigung für die Erreichung der Unternehmensziele heraus.

AUFGABE 5

Nehmen Sie zu der Aussage Stellung, dass höhere Entwicklungskosten im heimischen Wirtschaftsraum aufgrund der herrschenden Produktpiraterie in China gerechtfertigt sein können.

AUFGABE 6

Erläutern Sie, inwiefern im Zuge der Globalisierung nationale Schutzrechte vor weltweiter Produktpiraterie geschützt werden können und welche Gegenmaßnahmen bei Verstößen eingeleitet werden sollten.

AUFGABE 7

Ein Hersteller von Büromaterial hat für Kugelschreiber eine neuartige Tintenbefüllung entwickelt. Wie kann diese Innovation nach deutschem Recht geschützt werden?

1.4 Leistungserstellung und Umweltschutz

1.4.1 Umweltbelastungen und Umweltbewusstsein

Umwelt-belastungen

Die Industrialisierung führt zu starken **Umweltbelastungen**, die insbesondere durch die Produktion verursacht werden, da sie ohne die Nutzung von Umweltressourcen wie Energie, Rohstoffe, Wasser und Fläche nicht stattfinden kann. Einerseits werden Umweltgüter für die Produktion (Input von Rohstoffen, Wasser usw.) entnommen, andererseits unerwünschte Kuppelprodukte[1] (z. B. Gase, Schadstoffe usw.) und Rückstände (z. B. Abfall, Abwässer) an die Umwelt abgegeben.

Umwelt und Industriebetrieb

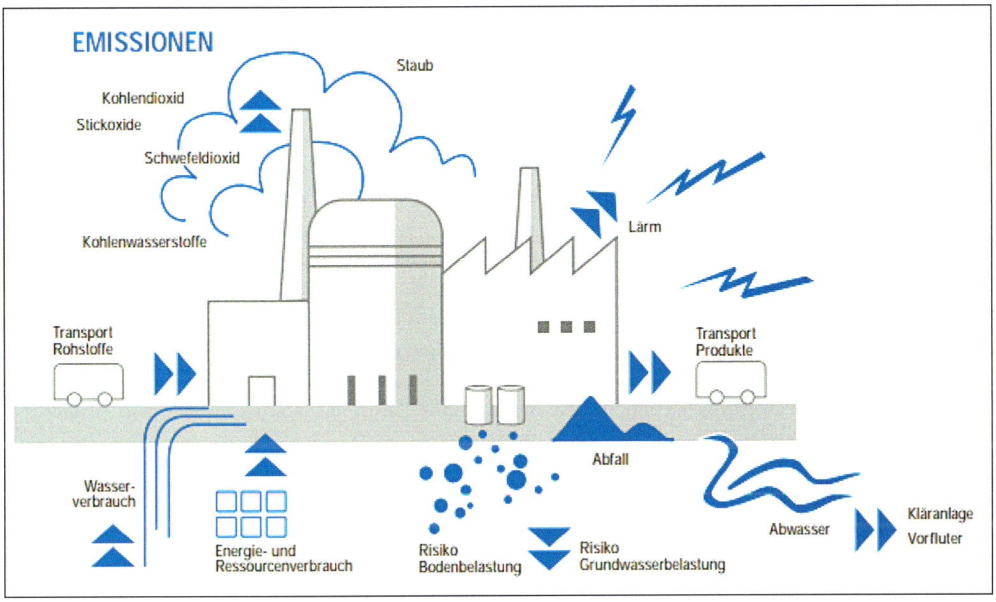

Bei den Umweltwirkungen wird begrifflich zwischen **Emissionen** und **Immissionen** unterschieden:

Emissionen	Immissionen
Übertritt/Ausstoß von luftverunreinigenden Stoffen (z. B. Schwermetalle), von Geräuschen, von Abwärme usw. (siehe obige Abbildung) durch z. B. Industrieanlagen, Verbrennungsmotoren, Pflanzen, Tiere oder Vulkane	„Immissionen im Sinne dieses Gesetzes sind auf Menschen, Wild- und Nutztiere und Pflanzen, den Boden, das Wasser, die Atmosphäre, das Klima sowie Kultur- und sonstige Sachgüter einwirkende Luftverunreinigungen, Geräusche, Erschütterungen, Licht, Wärme, Strahlen und ähnliche Umwelteinwirkungen." (§ 3 Abs. 2 Bundes-Immissionsschutzgesetz)

Seit Mitte der 1970er-Jahre werden negative Umweltwirkungen durch Emissionen und Immissionen immer sichtbarer (z. B. saurer Regen, Lärm, verschmutzte Flüsse, verseuchter Boden durch Abfälle, Klimawandel usw., siehe obige Abbildung). Ressourcen werden knapper und unsere Umwelt hat nur eine begrenzte Aufnahmekapazität für Rest- und Schadstoffe. Infolgedessen hat sich in den Industriegesellschaften ein stärkeres Umweltbewusstsein etabliert, das sich auch in einem veränderten Verbraucherverhalten widerspiegelt. Auch einzelne Staaten und Staatenbündnisse treten national und international zunehmend als Regulatoren für ein nachhaltiges Wirtschaften zum Schutz der Umwelt auf. Zu Beginn des dritten Jahrtausends wurden

1 Kuppelprodukte sind zusätzlich entstehende Produkte aus dem Produktionsvorgang für ein anderes Produkt, siehe auch Kapitel 2.4.1.

Grundsätze und Prinzipien nachhaltigen Wirtschaftens bezogen auf ökologische Aspekte anschaulich im nachfolgenden Text formuliert:

NACHHALTIGES WIRTSCHAFTEN

Der Gedanke der Nachhaltigkeit hat eine lange Tradition. Schon im 18. Jahrhundert wurde das Prinzip der Nachhaltigkeit zu einer Leitlinie in der Forstwirtschaft. Nachhaltige Bewirtschaftung bedeutete damals, nur so viel Holz zu fällen, wie auch nachwachsen würde. Heute versteht man unter nachhaltiger Entwicklung eine Wirtschaftsweise, die den Bedürfnissen heutiger Generationen entspricht, und zugleich auch die Handlungsspielräume und Lebensgrundlagen künftiger Generationen erhält. Dies erfordert einen schonenden und effizienten Umgang mit den natürlichen Ressourcen. Die Konsequenzen heutigen Handelns für die Zukunft sind also viel stärker zu beachten, als dies gewöhnlich auf den Märkten geschieht. Denn in der Regel handeln Marktteilnehmer eher mit Blick auf kurzfristige Ziele. Die Ausrichtung am Leitbild der Nachhaltigkeit erfordert es daher, die Rahmenbedingungen so zu gestalten, dass auch die langfristigen Wirkungen und Knappheiten berücksichtigt werden [...]. Die Enquete-Kommission des Deutschen Bundestags „Schutz des Menschen und der Umwelt" hat Prinzipien und Handlungsgrundsätze nachhaltigen Wirtschaftens folgendermaßen definiert:

Prinzipien der Nachhaltigkeit

- Die Abbaurate natürlicher Ressourcen soll deren Regenerationsfähigkeit nicht überschreiten (Regenerationsregel).
- Nicht erneuerbare Ressourcen sollen nur in dem Umfang genutzt werden, in dem ein gleichwertiger Ersatz – möglicherweise auch in Form höherer Produktivität – geschaffen wird (Substitutionsregel).
- Stoffeinträge in die Umwelt sollen sich an deren Belastbarkeit orientieren (Schadstoffregel).
- Das Zeitmaß anthropogener Einträge und Eingriffe in die Umwelt muss in ausgewogenem Verhältnis zum Zeitmaß für das Reaktionsvermögen der umweltrelevanten natürlichen Prozesse stehen (Zeitregel).
- Gefahren und unvertretbare Risiken für die menschliche Gesundheit durch anthropogene Einwirkungen[1] sind zu vermeiden.

Quelle: Bayerisches Staatsministerium für Landesentwicklung und Umweltfragen u. a.: EMAS – Die neue EG-Öko Audit in der Praxis, München 2001, S. 48 f.

Um dem Ziel „nachhaltiges Wirtschaften" näher zu kommen, wurden in der Bundesrepublik Deutschland Gesetze und Verordnungen zum Umweltschutz eingeführt und permanent ausgeweitet. Einen Eindruck über die Fülle und Vielfalt gegenwärtiger Aufgabengebiete im Umweltbereich verdeutlichen die Themen, die das Bundesministerium für Umwelt, Naturschutz, nukleare Sicherheit und Verbraucherschutz auf seiner Website darstellt (Stand: März 2025):

- Artenschutz, Bodenschutz, Chemikaliensicherheit
- Digitalisierung, Europa, Gesundheit, Internationales
- Klimaanpassung, Kreislaufwirtschaft
- Lärm, Luft, Meeresschutz
- Nachhaltigkeit, Naturschutz, nukleare Sicherheit
- Ressourcen, Strahlenschutz
- Umweltinformationen, Verbraucherschutz
- Verkehr, Wasser und Binnengewässer

1 Eingriffe des Menschen in die Umwelt, z. B. durch Siedlungen, Bau von Verkehrswegen, intensive Bodennutzung

Wichtige Umweltgesetze und -verordnungen im Handlungsrahmen von Industriebetrieben sind:

Rechtliche Vorgabe	Zwecksetzung
Bundes-Immissionsschutzgesetz (§ 1 BImSchG)	Menschen, Tiere und Pflanzen, der Boden, das Wasser, die Atmosphäre sowie Kultur- und sonstige Sachgüter sollen durch das Gesetz vor schädlichen Umwelteinwirkungen geschützt und dem Entstehen schädlicher Umwelteinwirkungen soll vorgebeugt werden.
Wasserhaushaltsgesetz (§ 1 WHG)	Durch eine nachhaltige Gewässerbewirtschaftung sollen die Gewässer als Bestandteil des Naturhaushalts, als Lebensgrundlage des Menschen, als Lebensraum für Tiere und Pflanzen sowie als nutzbares Gut geschützt werden.
Abwasserabgabengesetz (AbwAG)	Für das Einleiten von Abwasser in ein Gewässer (siehe Wasserhaushaltsgesetz) ist eine Abgabe zu entrichten (Abwasserabgabe). Sie wird durch die Länder erhoben.
Kreislaufwirtschaftsgesetz (KrWG)	Die Kreislaufwirtschaft soll zur nachhaltigen Verbesserung des Umwelt- und Klimaschutzes sowie der Ressourcenschonung in der Abfallwirtschaft beitragen. Im Zentrum steht eine fünfstufige Abfallhierarchie zur Vermeidung, Verwertung und Beseitigung von Abfällen (siehe Seite 34 ff.).
Chemikaliengesetz (ChemG)	Menschen und die Umwelt sollen vor schädlichen Einwirkungen gefährlicher Stoffe und Gemische geschützt werden. Gefährliche Stoffe und Gemische müssen daher gekennzeichnet, abgewendet und ihrem Entstehen muss vorgebeugt werden.
Gefahrstoffverordnung (GefStoffV)	Menschen und die Umwelt sollen vor stoffbedingten Schädigungen geschützt werden. Gefährliche Stoffe sind hinsichtlich ihrer Gefahr einzustufen, zu kennzeichnen und zu verpacken. Außerdem müssen Maßnahmen zum Schutz der Menschen bei Tätigkeiten mit Gefahrstoffen getroffen und Beschränkungen für das Herstellen und Verwenden bestimmter gefährlicher Stoffe, Zubereitungen und Erzeugnisse eingehalten werden.
Verpackungsgesetz (VerpackG)	Auswirkungen von Abfällen aus Verpackungen auf die Umwelt sind zu vermeiden oder zu verringern. Um diese Ziele zu erreichen, soll die Verordnung das Marktverhalten der durch die Verordnung Verpflichteten so regeln, dass die abfallwirtschaftlichen Ziele (siehe Kreislaufwirtschaftsgesetz) erreicht und gleichzeitig die Marktteilnehmer vor unlauterem Wettbewerb geschützt werden.

Infolge der gesetzlichen Normen (z. B. Festlegung von Belastungsobergrenzen bei der Produktion) oder der „künstlichen“ Verteuerung der Umweltnutzung (z. B. Verkauf von Zertifikaten, Einführung von Umweltsteuern) haben sich die Leistungserstellungsprozesse in Unternehmen stark verändert. Die anfallenden Umweltbelastungen werden vermehrt umweltgerecht und nicht gedankenlos beseitigt (additiver Umweltschutz, siehe unten). Sich u. a. durch das weltweite Wirtschaftswachstum verschärfende Umweltprobleme, wachsendes Umweltbewusstsein der Endverbraucherinnen und Endverbraucher und striktere Auflagen des Staates bewirken bei immer mehr Unternehmen einen Wandel: Umweltschutz wird als Wettbewerbsfaktor akzeptiert und in das Zielsystem der Unternehmung aufgenommen. Produkte werden hinsichtlich ihrer Auswirkungen auf die Umwelt von der Rohstoffgewinnung und Herstellung der Materialien über die Produktions-, Nutzungs- sowie Entsorgungsphase betrachtet (ökologischer Produktlebenszyklus durch integrierten Umweltschutz, siehe Kapitel 1.4.3).

Um den derart betriebenen Umweltschutz auch nach außen sichtbar zu kommunizieren, lassen immer mehr Unternehmen auf freiwilliger Basis ihr Umweltmanagementsystem zertifizieren. Das erworbene Zertifikat kann dann gegenüber Wettbewerbern unter Umständen als Alleinstellungsmerkmal eingesetzt werden (siehe Kapitel 1.4.4).

1.4.2 Additiver Umweltschutz in Unternehmen

additiver Umweltschutz

nachsorgender Umweltschutz

Den wachsenden rechtlichen Vorgaben (z. B. Emissionsgrenzen) versuchten Unternehmen zunächst dadurch gerecht zu werden, dass sie im Anschluss an den bereits vorhandenen oder geplanten emissionsverursachenden Produktionsprozess Technologien hinzufügten, die die Einhaltung der rechtlichen Vorgaben möglich machten. Diese Umweltschutztechnologien werden daher auch als „End-of-pipe-Technologien" bezeichnet. Sie werden erst nach Entstehen der Schadstoffe eingesetzt. Hierdurch werden die entstandenen Emissionen reduziert/beseitigt, damit die darauffolgenden Immissionen vermindert bzw. verhindert werden können (nachsorgender Umweltschutz).

Ziele

Die Unternehmen verfolgen bei dieser Art des Umweltschutzes nicht nur das Ziel, rechtliche Minimalvorgaben einzuhalten, sondern sie wollen durch den Einsatz der End-of-pipe-Technologien die Kosten der Umweltnutzung minimal halten. Das heißt, dass Umweltschutz unter dem Vorrang der Gewinnmaximierung erfolgt. Der Schwerpunkt der Umweltschutzbemühungen bezieht sich hier also auf ein unter ökonomischen Gesichtspunkten optimales, d. h. kostenminimales Abfallwirtschaftskonzept.

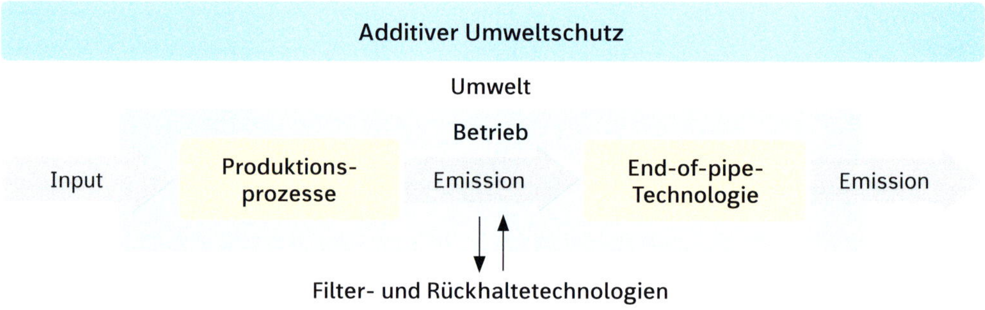

BEISPIEL

„End-of-pipe-Technologien"

Verursacher	Emission	Technologie
Großfeuerungsanlagen	Schwefeldioxid	Entschwefelungsanlage
Verbrennungsmotoren	Stickoxide	Katalysator
Abwasser	Schmutzfracht	Kläranlage
Verkehr	Lärm	Lärmschutzwand
Müllverbrennung	Schwermetalle	Filter

Quelle: Göllinger, Thomas: Vom additiven Umweltschutz zum integrierten Umweltmanagement: Materialien zur Vorlesung, Siegen: Institut für Ökologische Betriebswirtschaft 1997, S. 8.

Probleme

Ein derartiger additiver Umweltschutz bringt einige Probleme mit sich:

- Trotz des Bemühens um Beseitigung der Rückstände bleibt meist Sondermüll übrig (z. B. mit Schwermetallen belasteter Klärschlamm).
- Die Beseitigung der Rückstände bei der einen Ressource (z. B. Wasser) führt zu Belastungen bei einer anderen Ressource (z. B. Boden).
- Die End-of-pipe-Technologien verursachen hohe Investitions- und Folgekosten.
- Nachgeschaltete Umwelttechnologien bremsen Innovationen im Bereich umweltschonender Produktionsverfahren.

1.4.3 Integrierter Umweltschutz in Unternehmen

Allein additiver Umweltschutz kann die sich verschärfenden Umweltprobleme (u. a. Klimawandel, Raubbau an natürlichen Ressourcen bedingt durch das weltweite Wirtschaftswachstum) nicht verhindern. Zudem wächst in breiten Bevölkerungsschichten das Umweltbewusstsein (siehe Kapitel 1.4.1).

vorsorgender Umweltschutz

Diese Entwicklungen bewirken, dass ein vorsorgender Umweltschutz durch Betrachtung eines ökologischen Produktlebenszyklus angestrebt wird. Im Kern geht es darum, den Input und den Output des gesamten Unternehmens gegenüber der Umwelt für das bestehende und das zukünftige Produktionsprogramm zu erfassen.

Instrumente für die Dokumentation der In- und Outputs liefert ein systematisches Umweltmanagement (z. B. nach EMAS, siehe Kapitel 1.4.4).

Auszug aus dem Kreislaufwirtschaftsgesetz (KrWG)

§ 1 [Zweck des Gesetzes]

(1) Zweck des Gesetzes ist es, die Kreislaufwirtschaft zur Schonung der natürlichen Ressourcen zu fördern und den Schutz von Mensch und Umwelt bei der Erzeugung und Bewirtschaftung von Abfällen sicherzustellen. [...]

§ 2 [Geltungsbereich]

(1) Die Vorschriften dieses Gesetzes gelten für
1. *die Vermeidung von Abfällen sowie*
2. *die Verwertung von Abfällen,*
3. *die Beseitigung von Abfällen und*
4. *die sonstigen Maßnahmen der Abfallbewirtschaftung. [...]*

§ 3 [Begriffsbestimmungen]

(1) Abfälle im Sinne dieses Gesetzes sind alle Stoffe oder Gegenstände, derer sich ihr Besitzer entledigt, entledigen will oder entledigen muss. Abfälle zur Verwertung sind Abfälle, die verwertet werden; Abfälle, die nicht verwertet werden, sind Abfälle zur Beseitigung. [...]

§ 6 [Abfallhierarchie]

(1) Maßnahmen der Vermeidung und der Abfallbewirtschaftung stehen in folgender Rangfolge:
1. *Vermeidung,*
2. *Vorbereitung zur Wiederverwendung,*
3. *Recycling,*
4. *sonstige Verwertung, insbesondere energetische Verwertung und Verfüllung,*
5. *Beseitigung.*

(2) Ausgehend von der Rangfolge nach Absatz 1 soll nach Maßgabe der §§ 7 und 8 diejenige Maßnahme Vorrang haben, die den Schutz von Mensch und Umwelt bei der Erzeugung und Bewirtschaftung von Abfällen unter Berücksichtigung des Vorsorge- und Nachhaltigkeitsprinzips am besten gewährleistet. Für die Betrachtung der Auswirkungen auf Mensch und Umwelt nach Satz 1 ist der gesamte Lebenszyklus des Abfalls zugrunde zu legen. Hierbei sind insbesondere zu berücksichtigen
1. *die zu erwartenden Emissionen,*
2. *das Maß der Schonung der natürlichen Ressourcen,*
3. *die einzusetzende oder zu gewinnende Energie sowie*
4. *die Anreicherung von Schadstoffen in Erzeugnissen, in Abfällen zur Verwertung oder in daraus gewonnenen Erzeugnissen.*

Die technische Möglichkeit, die wirtschaftliche Zumutbarkeit und die sozialen Folgen der Maßnahme sind zu beachten. [...]

*§ 23 [**Produktverantwortung**]*

(1) Wer Erzeugnisse entwickelt, herstellt, be- oder verarbeitet oder vertreibt, trägt zur Erfüllung der Ziele der Kreislaufwirtschaft die Produktverantwortung. Erzeugnisse sind möglichst so zu gestalten, dass bei ihrer Herstellung und ihrem Gebrauch das Entstehen von Abfällen vermindert wird und sichergestellt ist, dass die nach ihrem Gebrauch entstandenen Abfälle umweltverträglich verwertet oder beseitigt werden. [...]

(2) Die Produktverantwortung umfasst insbesondere

1. *die Entwicklung, die Herstellung und das Inverkehrbringen von Erzeugnissen, die ressourceneffizient, mehrfach verwendbar, technisch langlebig, reparierbar und nach Gebrauch zur ordnungsgemäßen, schadlosen und hochwertigen Verwertung sowie zur umweltverträglichen Beseitigung geeignet sind,*
2. *den vorrangigen Einsatz von verwertbaren Abfällen oder sekundären Rohstoffen, insbesondere Rezyklaten, bei der Herstellung von Erzeugnissen,*
3. *den sparsamen Einsatz von kritischen Rohstoffen und die Kennzeichnung der in den Erzeugnissen enthaltenen kritischen Rohstoffe, um zu verhindern, dass diese Erzeugnisse zu Abfall werden sowie sicherzustellen, dass die kritischen Rohstoffe aus den Erzeugnissen oder den nach Gebrauch der Erzeugnisse entstandenen Abfällen zurückgewonnen werden können, [...]*

6. *den Hinweis auf Rückgabe-, Wiederverwendungs-, Verwertungs- und Beseitigungsmöglichkeiten oder -pflichten und Pfandregelungen durch Kennzeichnung der Erzeugnisse,*
7. *die Rücknahme der Erzeugnisse und der nach Gebrauch der Erzeugnisse entstandenen Abfälle sowie deren nachfolgende umweltverträgliche Verwertung oder Beseitigung, [...]*

Es geht also darum, in Bezug auf den Leistungserstellungsprozess und das fertige Erzeugnis vorbeugende Umweltschutzmaßnahmen zu ergreifen, die **Emissionen vermeiden.**

Kreislaufwirtschaftsgesetz

Der integrierte Umweltschutz im Unternehmen wird durch das **Kreislaufwirtschaftsgesetz (KrWG)** forciert: „Zweck des Gesetzes ist es, die Kreislaufwirtschaft zur Schonung der natürlichen Ressourcen zu fördern und den Schutz von Mensch und Umwelt bei der Erzeugung und Bewirtschaftung von Abfällen sicherzustellen." (§ 1 KrWG)

ökologischer Produktlebenszyklus

Industrieunternehmen (und dem Handel) werden eindeutig die Produktverantwortung für die entstehenden Umweltbelastungen entlang des ökologischen Produktlebenszyklus zugeschrieben. Besonders wichtig ist daher die Arbeit der FuE-Abteilung. Denn bereits bei der Produktentwicklung müssen die Umweltanforderungen entlang eines **ökologischen Produktlebenszyklus** berücksichtigt werden:

<table>
<tr><th colspan="3">Umweltanforderungen und konkrete Maßnahmen für die Produktentwicklung entlang eines ökologischen Produktlebenszyklus</th></tr>
<tr><td>Gewinnung</td><td>Berücksichtigung umweltgerecht gewonnener Ressourcen</td><td rowspan="2">• minimaler Einsatz von erneuerbaren Primärrohstoffen[1]
• Materialien sorgen bei der Gewinnung, Verarbeitung, Lagerung und dem Transport für möglichst wenig Rückstände und Emissionen
• möglichst geringer, umweltschonender Verpackungseinsatz
• Lieferanten achten selbst auf umweltschonende Herstellung
• Materialfluss mittels umweltschonender Transportmittel</td></tr>
<tr><td>Beschaffungsphase</td><td>Berücksichtigung einer umweltgerechten Materialbereitstellung</td></tr>
</table>

1 Primärrohstoff = gewonnener, noch nicht veränderter Rohstoff

Umweltanforderungen und konkrete Maßnahmen für die Produktentwicklung entlang eines ökologischen Produktlebenszyklus		
Produktionsphase	Realisierung einer umweltgerechten Produktion	• minimale Emissionen und Verbräuche von (Primär-) Rohstoffen beim Betriebsmitteleinsatz • möglichst geringe Ausschussquote • Beschaffung von Sekundärrohstoffen[1] • minimale Produktionsrückstände und Emissionen • keine Umweltgefährdung bei Zwischenlagerung und Transport
Distributionsphase	Berücksichtigung umweltgerechter Produktverteilung	• Materialfluss mittels umweltschonender Transportmittel • keine Umweltgefährdung bei Zwischenlagerung und Transport • umweltfreundliche Verpackung
Nutzungsphase	Ermöglichen einer umweltgerechten Produktnutzung	• Langlebigkeit und geringe Störanfälligkeit • Sicherheitsvorkehrungen gegen drohende Umweltbelastungen bei Defekten • Gesundheitsschutz/Naturschutz • geringer Energieverbrauch • Bedienungsanleitungen zur umweltfreundlichen Anwendung • nach Möglichkeit wirtschaftlicher Einsatz erneuerbarer Energien • optimale, umweltschonende Energienutzung • lange Vorhaltung von Ersatzteilen
Entsorgungsphase	Berücksichtigung umweltgerechter Entsorgung	• Recyclingfähigkeit • demontagefähige Zusammensetzung des Produktes • Entsorgungsmöglichkeiten • geringe Anteile von Abfallstoffen sowie Verbundmaterialien

Abfallhierarchie

Durch das KrWG wird eine **Abfallhierarchie** bei Maßnahmen zur Vermeidung und der Abfallbewirtschaftung entlang eines ökologischen Produktlebenszyklus festgelegt. Sollten sich Abfälle nicht vermeiden lassen, so haben Unternehmen zunächst dem Recycling durch Wiederverwendung (siehe unten) Vorrang vor weiteren Formen des Recyclings einzuräumen. Entsprechend der im Gesetz definierten Abfallhierarchie sind vor allem die energetische Verwertung und Verfüllung sowie abschließend die Beseitigung nachrangig zu wählen. Ausgehend von dieser Rangfolge soll immer diejenige Maßnahme gewählt werden, die den Schutz von Mensch und Umwelt unter Berücksichtigung des Vorsorge- und Nachhaltigkeitsprinzips am besten sichert.

Kreislaufwirtschaftsgesetz

Abfallhierarchie

1 Vermeidung
2 Vorbereitung zur Wiederverwendung
3 Recycling
4 sonstige Verwertung, insbesondere energetische Verwertung und Verfüllung
5 Beseitigung

Grundsatz (unter Beachtung der Abfallhierarchie):
Vorrang von Maßnahmen, die dem Schutz von Mensch und Umwelt unter Beachtung des Vorsorge- und Nachhaltigkeitsprinzips am besten dienen

1 Sekundärrohstoff = durch Recycling wiedergewonnene Rohstoffe

Aufgrund der im Gesetz definierten Prioritäten ergibt sich eine **Kreislaufwirtschaft**: Nicht vermeidbare Abfälle eines ökologischen Produktlebenszyklus, die stofflich verwertet werden, d. h. in den Produktions- und Verbrauchsprozess zurückgeführt werden (Recycling), können in vier Formen für einen nachfolgenden ökologischen Produktlebenszyklus zur Verfügung stehen:

Formen des Recyclings am Beispiel gebrauchter Autoreifen		
Verwendung oder **Verwertung?**	**Wieder...** Erneut bearbeitetes Material wird für den gleichen Zweck bzw. Produkt genutzt.	**Weiter...** Erneut bearbeitetes Material wird für anderen Zweck bzw. anderes Produkt genutzt.
Verwendung Gestaltung des Materials bleibt nach erneuter Bearbeitung weitgehend erhalten.	**Wiederverwendung** Beispiel: Runderneuerung	**Weiterverwendung** Beispiel: Schaukel
Verwertung Ursprüngliche Gestalt des Materials wird durch erneute Bearbeitung aufgelöst.	**Wiederverwertung** Beispiel: neue Reifen	**Weiterverwertung** Beispiel: Schuhsohlen

Unter Beachtung der gesetzlichen Vorgaben heißt also Umweltorientierung innerhalb des Produktentwicklungsprozesses, dass bereits von Anfang an ein ökologischer Produktlebenszyklus angestrebt wird, der auf Abfallvermeidung zielt. Bei der Entsorgung nicht vermeidbarer Abfälle wird eine umweltgerechte Verwertung oder Beseitigung berücksichtigt (siehe Lernfeld 7, Kapitel 3.5).

1.4.4 Umweltmanagementsysteme

Umweltmanagementsysteme

Die Entwicklung von Umweltmanagementsystemen ist die konsequente Umsetzung eines integrierten Umweltschutzes. Ein **Umweltmanagementsystem** (UMS) ist das Managementsystem einer Unternehmung zur Umsetzung seiner/der Umweltziele. Mithilfe des UMS werden alle umweltbezogenen Aktivitäten geplant, gesteuert, überwacht und verbessert: Das Unternehmen betreibt systematisch und effektiv Umweltschutz. Es nimmt seine Verantwortung für die durch die Leistungserstellung entstandenen Umweltauswirkungen wahr.

Die Ausgestaltung eines UMS unterliegt keinen gesetzlichen Vorschriften. Bei der Entwicklung des UMS können sich Unternehmen an international etablierten Standards (siehe I. und II.) orientieren:

I. DIN EN ISO 14001

Die **DIN EN ISO 14001** ist ein privatwirtschaftlicher, internationaler Standard für das UMS eines Unternehmens. Die in dieser Norm festgehaltenen Anforderungen kann sich das Unternehmen durch interne und externe Überprüfungen (Audits) zertifizieren lassen. Das Zertifikat wird auf freiwilliger Basis vergeben und hat keinen Rechtscharakter.

Die Norm enthält fünf Systemelemente, die auf eine kontinuierliche Verbesserung zielen:

Umweltpolitik	Die Unternehmensleitung formuliert eine Strategie für das Umweltmanagement, die allen Mitarbeitenden und Stakeholdern intern und extern bekannt gemacht wird. Die Strategie umfasst u. a. folgende Ziele: • kontinuierliche Verbesserung des Umweltschutzes, • Vermeidung von Umweltbelastungen, • Einhaltung relevanter gesetzlicher Umweltbestimmungen.

Planung	Die Umweltpolitik wird durch Ziele und zugehörige Maßnahmen in einem Umweltprogramm konkretisiert. Wichtige Umweltaspekte und rechtliche Vorschriften werden berücksichtigt.
Verwirklichung und Betrieb	Die Organisation des UMS wird festgelegt, eingeführt und dokumentiert (Strukturen, Abläufe, Verantwortlichkeiten und Kommunikationswege). Es erfolgt eine Dokumentation, u. a. über die erforderlichen personellen, sachlichen und zeitlichen Ressourcen, die erforderlichen Fähigkeiten und notwendigen Schulungen. Ferner werden Aussagen zur Kommunikation, zur Organisation der Dokumentation, zur Ablauflenkung sowie zur Notfallvorsorge und Gefahrenabwehr gemacht.
Überprüfung	Das UMS wird durch Audits (durch interne oder externe Personen) regelmäßig überwacht. Es wird getestet, ob das Umweltmanagementsystem den selbst gesetzten Forderungen sowie den Forderungen der DIN EN ISO 14001 entspricht. Bei Abweichungen müssen Korrektur- oder Vorsorgemaßnahmen ausgelöst werden.
Managementbewertung	Die Unternehmensleitung bewertet das Umweltmanagementsystem in regelmäßigen Abständen, damit die Funktionsfähigkeit des Umweltmanagementsystems dauerhaft sichergestellt ist.

II. EMAS III

EMAS[1] wurde aufgrund der europäischen Verordnung (EG) Nr. 1221/2009 (EMAS III) entwickelt. Unternehmen, die auf freiwilliger Basis ihr UMS gemäß dieser Verordnung überprüfen lassen, sind berechtigt, das EMAS-Logo zu verwenden. EMAS basiert auf der DIN EN ISO 14001, stellt jedoch höhere Anforderungen in folgenden Bereichen:

Einbeziehung der Mitarbeitenden	Ein UMS nach EMAS III erkennt das Potenzial der Mitarbeitenden zur Verbesserung der Umweltsituation. Mitarbeitende müssen daher am UMS aktiv beteiligt werden, da so Innovationen möglich werden, die zu einer Verbesserung des Umweltschutzes durch das Unternehmen beitragen. Wichtige Instrumente zur Einbeziehung der Mitarbeitende sind: • innerbetriebliche Umweltausschüsse, • Umweltprojektgruppen, • Umweltbezogenes Vorschlagswesen.
Kommunikation mit der Öffentlichkeit	Unternehmen bemühen sich um maximale Transparenz gegenüber den Stakeholdern. Ein wesentlicher Bestandteil dabei ist die Umwelterklärung. Sie ist eine schriftliche Zusammenfassung der wichtigsten Informationen, Daten und Fakten sowie eine Selbstverpflichtung zur Verbesserung des Umweltschutzes durch das Unternehmen. Umweltgutachter prüfen Wahrheit und Glaubwürdigkeit der Erklärung.
Ständige Verbesserung der Umweltleistung	Unternehmen verpflichten sich zur ständigen Verbesserung ihrer Umweltleistung. Hierzu stellen sie verbindliche Kernindikatoren für Energie- und Ressourcenverbrauch, Abfall, Wasser, Emissionen und biologische Vielfalt auf, die über die gesetzlichen Anforderungen hinausgehen. Laufende interne und externe Umweltprüfungen zeigen, ob die gesetzten Ziele erreicht wurden und weisen Wege zur ökologischen Verbesserung auf.

EMAS
GEPRÜFTES UMWELTMANAGEMENT

1 EMAS steht für engl. Eco-Management and Audit Scheme.

Einhaltung von Rechtsvorschriften	Die relevanten Umweltschutzvorschriften müssen genannt und deren Einhaltung muss nachgewiesen werden. Der Nachweis erfolgt durch drei Instanzen: **1.** interne Umweltbetriebsprüfungen (Audits), **2.** Verifizierung durch ein externes Umweltgutachten, **3.** Beteiligung der zuständigen Umweltbehörde vor der Registrierung des UMS nach EMAS III. Sollten im Umweltgutachten Unregelmäßigkeiten festgestellt werden, wird keine Bestätigung der Begutachtungstätigkeit ausgestellt. Das UMS kann dann nicht nach EMAS III zertifiziert werden.

Sowohl die Zertifizierung nach DIN EN ISO 14001 als auch nach EMAS III bringt Vorteile für Industrieunternehmen:

Vorteile von Umweltmanagementsystemen

Vorteile der Zertifizierung der Umweltmanagementsysteme

Den entstehenden zusätzlichen Kosten der Investitionen in das Umweltmanagementsystem sowie den Kosten der Zertifizierung stehen einige positive Aspekte gegenüber:

- Ressourcenschonung der Umwelt (z. B. Wasser, Energie, Bodenschätze),
- Kosteneinsparung durch kontinuierliche Verbesserung des betrieblichen Umweltschutzes und frühzeitige Berücksichtigung des Umweltschutzes im Leistungserstellungsprozess,
- Reduzierung von Umwelt- und damit Haftungsrisiken,
- Verbesserung des Unternehmensimages durch Verwendung des Zertifikates (Nachweisbarkeit der Einhaltung der Umweltschutzvorschriften wirkt gegenüber Stakeholdern vertrauensbildend),
- Steigerung der Mitarbeiterzufriedenheit und damit der Arbeitsproduktivität, da eine Verbesserung der Arbeitsbedingungen mit der Einführung des UMS einhergeht,
- Erfüllung von Kundenanforderungen (z. B. Voraussetzung der Zertifizierung, um als Lieferant gewählt zu werden),
- vorausschauende Einhaltung sich verschärfender Umweltschutzvorschriften als Wettbewerbsfaktor gegenüber der Konkurrenz.

AUFGABE 1

› Recherche

Erläutern Sie am Beispiel Ihres Ausbildungsbetriebes, inwieweit die industrielle Produktion durch Emissionen und Immissionen zu Umweltbelastungen führt. Geben Sie für Emissionen und Immissionen jeweils drei Beispiele an.

AUFGABE 2

› Recherche

Beschreiben Sie das Prinzip des nachhaltigen Wirtschaftens. Recherchieren Sie die Bedeutung der Regenerations-, Substitutions-, Schadstoff- und Zeitregel sowie anthropogener Einwirkungen.

AUFGABE 3

Begründen Sie, warum der Staat zunehmend Umweltvorschriften eingeführt hat. Geben Sie mindestens drei betrieblich relevante Umweltvorschriften an und erläutern Sie die ökonomischen und ökologischen Wirkungen.

AUFGABE 4

Unterscheiden Sie zwischen additivem und integriertem Umweltschutz im Industrieunternehmen. Geben Sie jeweils ein Beispiel an.

AUFGABE 5

Analysieren Sie Möglichkeiten zur Umweltorientierung im Rahmen des Produktentwicklungsprozesses, insbesondere unter Beachtung der Produktionsphasen gemäß Kreislaufwirtschaftsgesetz.

AUFGABE 6

Stellen Sie negative Folgen einer Missachtung der gemäß § 23 KrWG formulierten Produktverantwortung heraus.

AUFGABE 7

› Recherche

Skizzieren Sie für ein Produkt Ihres Ausbildungsbetriebes die Berücksichtigung des Kreislaufwirtschaftsgesetzes entlang des Produktlebenslaufs.

AUFGABE 8

Das Kreislaufwirtschaftsgesetz legt für die Abfallbewirtschaftung eine Abfallhierarchie fest. Erläutern Sie die Abfallhierarchie.

AUFGABE 9

Erläutern Sie die vier Recyclingformen anhand eines selbst gewählten Beispiels.

AUFGABE 10

Bereiten Sie eine Präsentation zum Umweltmanagement (in Ihrem Ausbildungsbetrieb/in einem Industrieunternehmen) vor. Folgende Aspekte sollen thematisiert werden:

- Entstehungsursachen,
- Merkmale nach DIN EN ISO 14001 und/oder EMAS III,
- Zertifizierung des Umweltmanagementsystems (Verfahren, Vor- und Nachteile),
- kritische Würdigung der Notwendigkeit eines Umweltmanagementsystems aus Sicht der Unternehmenseigner, der Mitarbeiterinnen und Mitarbeiter, der Kunden, der Lieferanten und der Konkurrenten.

AUFGABE 11

Beschreiben Sie die Zusammenhänge der Darstellung zu den fünf Systemelementen nach DIN EN ISO 14001 und nennen Sie Vorteile für die Heidtkötter KG, die durch ein zertifiziertes Umweltmanagementsystem entstehen können.

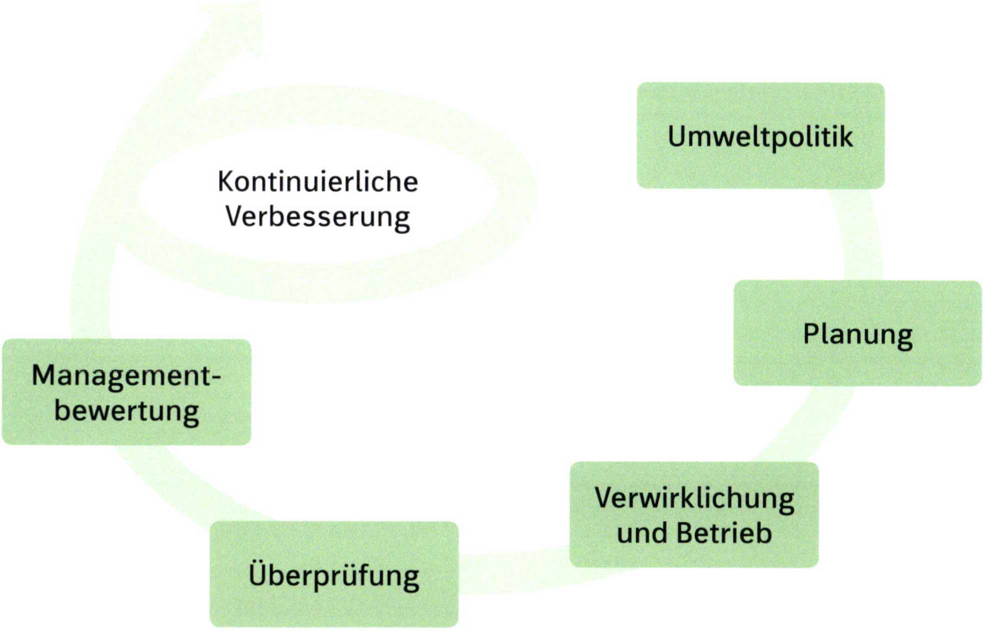

1.5 Produktions- und Absatzprogramm festlegen

Im Zuge der Festlegung und der Fertigung des Produktions- und Absatzprogramms besteht eine Hierarchie, d. h. eine Rangordnung zwischen den Entscheidungen. Erst infolge der strategischen Entscheidungen können taktisch-strukturelle Entscheidungen und infolgedessen operative Entscheidungen getroffen werden. Aufgrund der Komplexität erfolgen die wechselseitigen Entscheidungen mithilfe eines rechnergestützten Produktionsplanungs- und -steuerungssystems (PPS).

› Kapitel 2.1

Entscheidungen im Zuge der Produktionsprogrammplanung nach Hierarchie und Zeithorizont

Hierarchie	I. strategisch	II. taktisch-strukturell	III. operativ
Zeithorizont	langfristig (über 4–5 bis 10 Jahre)	mittelfristig (1 bis 4–5 Jahre)	kurzfristig (bis max. 1 Jahr)
Entscheidungen betreffen	Produktfelder	• erwarteter Primärbedarf • Kapazitätsbereitstellung • Strategie zur Anpassung an Absatzschwankungen	tatsächliches Fertigungsprogramm
Beispiel Heidtkötter KG	Angebot von Designermöbeln für das Büro	Erwartete Primärbedarfe: 1000 Banksysteme 1500 Tische 2000 Bürostühle	Fertigungsaufträge: Banksysteme: 500 bis 30.06., 500 bis 31.12. Tische: 1000 bis 31.05., 500 bis 31.12. Bürostühle: 1000 bis 31.03., 1000 bis 31.12.

I. strategische Produktionsprogrammplanung

Die **strategische Produktionsprogrammplanung** legt aufgrund der Markterfordernisse[1], der Unternehmensziele und weiterer Einflüsse (z. B. Stand der Technik) die Produktfelder fest. Die Entscheidungen über die Produktfelder können dabei je nach Programmbreite und Programmtiefe in zwei Extremstrategien münden: die Universalistenstrategie oder die Spezialistenstrategie.

Programmtiefe und Programmbreite

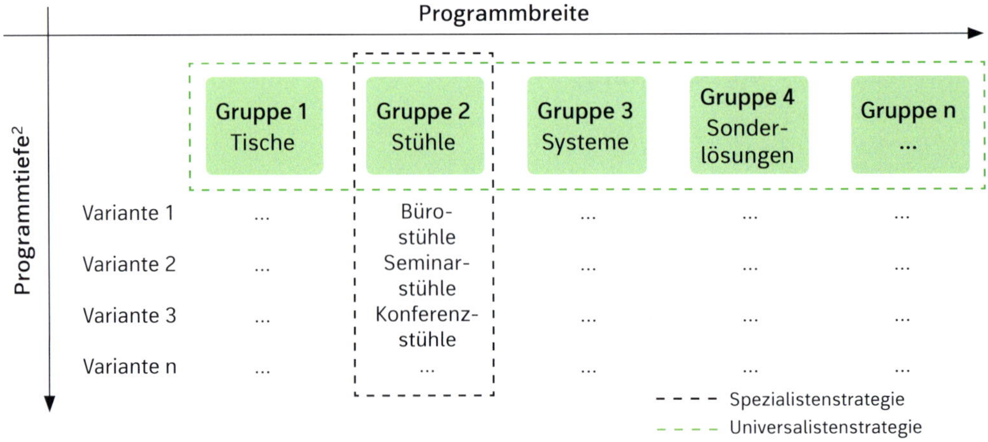

Universalistenstrategie

Bei einer Universalistenstrategie liegt ein sehr breites und flaches Programm vor. Das heißt, dass eine Vielzahl unterschiedlicher Produktgruppen, jedoch nur eine oder wenige Varianten innerhalb einer Produktgruppe angeboten werden.

1 Zur Einschätzung der Marktchancen betreiben Unternehmen Marktforschung (siehe Lernfeld 9, Kapitel 1.2).
2 Programmtiefe ist strikt von Fertigungstiefe zu unterscheiden. Die Fertigungstiefe bezieht sich auf den eigenen Herstellungsanteil des Betriebes (Fertigungsstufen) an der gesamten Wertschöpfung.

Bei der Spezialistenstrategie hingegen liegt ein schmales und tiefes Programm vor. Dies bedeutet, dass nur eine oder wenige Produktgruppen, jedoch viele Varianten innerhalb der Produktgruppe angeboten werden.

Spezialisten-strategie

Die strategischen Entscheidungen der Unternehmen in Richtung Spezialistenstrategie oder Universalistenstrategie werden von zahlreichen Argumenten gelenkt.

breites Programm

Argumente	
für ein breites Programm	**gegen ein breites Programm**
• Risikostreuung bei Nachfrageausfall • einzelne Produktgruppen ergänzen sich (Komplementärgüter) • größerer Kundenkreis wird angesprochen (Umsatzerhöhung) • Abschöpfen des Markenimages • höhere Flexibilität bei Nachfrageausfall von Produktgruppen (Kapazitätsanpassungen) • ggf. Fixkostendegression • technische Gegebenheiten erzeugen automatisch mehrere Produktgruppen	• erhöhte Lagerbestände • Konkurrenz im eigenen Unternehmen bei Substitutionsgütern • erhöhte Rüstkosten und verlängerte Durchlaufzeiten • komplexere Fertigungsplanung und -steuerung • komplexere Kostenrechnung • höherer Preis als bei einem Spezialisten, da geringere Bestellmengen und aufwendigere Fertigung

tiefes Programm

Argumente	
für ein tiefes Programm	**gegen ein tiefes Programm**
• Fixkostendegression • weniger Umrüstungen an Maschinen • technisches Know-how wird ständig weiterentwickelt • Mengenrabatt durch große Bestellmengen • höhere Wettbewerbsfähigkeit, da Kostenvorteile zu geringen Verkaufspreisen führen	• Konkurrenz der Produkte zueinander (Substitutionsgüter) • hohe Abhängigkeit von einer Produktgruppe/Branche • Variantenvielfalt zwingt zu erhöhter Lagerhaltung (z. B. für Ersatzteile)

Die **taktisch-strukturelle Produktionsprogrammplanung** ermittelt aufgrund von Absatzprognosen und erwarteten Kundenaufträgen den voraussichtlichen Primärbedarf[1] an Erzeugnissen. Somit wird das konkrete Produktions- und Absatzprogramm bestimmt. Darauf aufbauend werden die Fertigungsverfahren und die Fertigungsmengen ermittelt sowie erforderliche Kapazitäten (Betriebsmittel, Personal, Material) bereitgestellt. Im Zuge dessen muss entschieden werden, ob die Produkte für den Absatzmarkt bestimmt sind und durch den eigenen Betrieb hergestellt oder durch einen externen Produzenten bereitgestellt werden sollen. Entsprechend wird zwischen Produktions- und Absatzprogramm unterschieden.

II. taktisch-strukturelle Produktions-programm-planung

Produktions-programm

Absatz-programm

Erzeugnisse für Eigenbedarf und Absatz	legt Art und Menge der Erzeugnisse fest, die in einem bestimmten Zeitraum tatsächlich vom eigenen Betrieb gefertigt werden; hierunter zu fassen sind der Eigenbedarf (z. B. Werkzeuge, Spezialmaschinen, Betriebsstoffe) und die für den Absatz bestimmten Erzeugnisse.
Erzeugnisse für den Absatz und Handelswaren	legt fest, welche Erzeugnisse und Handelswaren in welchen Mengen, zu welcher Zeit verkauft werden sollen. Handelswaren sind fremdbezogene, absatzfähige Erzeugnisse zur Komplettierung des eigenen Absatzprogramms.

1 Primärbedarf = Menge an Erzeugnissen für einen bestimmten Auftrag (› Band 1, Lernfeld 4, Kapitel 2.1)

Das Produktions- und Absatzprogramm kann je nach Branche und Unternehmensausrichtung übereinstimmen oder unterschiedlich sein:

Produktionsprogramm = Absatzprogramm	**Produktionsprogramm ≠ Absatzprogramm**	
in der Regel bei Einproduktunternehmen, deren **Produkte nicht lagerfähig** sind	Nicht alle hergestellten Erzeugnisse sind für den Absatz, sondern auch für den **Eigenbedarf** bestimmt.	Das Absatzprogramm enthält **fremdbezogene Handelswaren**.
Beispiel: Energieunternehmen (Strom), Baubranche (Frischbeton)	Mögliche Gründe: • Anbieter für bestimmte Erzeugnisse fehlen • eigenes Know-how und Qualität • mangelnde Absatzfähigkeit	Mögliche Gründe: • Mangel an Patenten oder Lizenzen zur Herstellung der Handelsware • fehlendes Know-how • mangelnde Kapazitäten • geringere Bezugskosten gegenüber eigenen Produktionskosten • Komplettierung des Absatzprogramms

Nach Festlegung der erwarteten Primärbedarfe müssen innerhalb der taktisch-strukturellen Produktionsprogrammplanung die Kapazitäten bereitgestellt werden. Dies geschieht in enger Abstimmung mit der operativen Produktionsprogrammplanung. Aufgrund der dort gebildeten Fertigungsaufträge und aufgrund des u. a. von Absatzprognosen bestimmten Primärbedarfs können durch Absatzschwankungen in der Realität unerwartete Lagerbestände auftreten, da die Fertigungsmenge von der Absatzmenge abweicht. Unternehmen stehen in solch einer Situation vor dem Problem, Lagerbestände in Kauf zu nehmen oder die Kapazitäten laufend anzupassen.

III. operative Produktionsprogrammplanung

Fertigungsaufträge

Die **operative Produktionsprogrammplanung** definiert innerhalb der vorhandenen Kapazitäten (Betriebsmittel, Personal, Material) das tatsächlich zu erstellende Fertigungsprogramm auf Basis von Fertigungsaufträgen nach Art, Qualität, Menge und Zeit. Bei ausreichender Kapazität werden alle Fertigungsaufträge ausgeführt, die zu einer Verbesserung des Betriebsergebnisses beitragen. Sollten Kapazitätsengpässe auftreten, muss das (optimale) Produktionsprogramm ermittelt werden, bei dem der Gewinn maximiert werden kann.

AUFGABE 1

Unterscheiden Sie anhand eines geeigneten Beispiels zwischen strategischer, taktisch-struktureller und operativer Produktionsprogrammplanung.

AUFGABE 2

Unterscheiden Sie anhand des Produktionsprogramms Ihres Ausbildungsbetriebes zwischen Programmbreite und Programmtiefe. Führen Sie mindestens drei Vor- und Nachteile an,

a) die für eine Verbreiterung des Programms sprechen,
b) die für eine Vertiefung des Programms sprechen.

AUFGABE 3

Erläutern Sie, warum Produktions- und Absatzprogramm in der Praxis in der Regel nicht übereinstimmen.

Die langfristig angelegte Produktionsplanung als Grundlage der Prozesssteuerung in der Produktionswirtschaft 2

Jedes Unternehmen muss festlegen, welche konkreten Leistungen es für welche Märkte in welcher Qualität erbringen will. Solche Entscheidungen, die bei der Gründung und auch später immer wieder getroffen werden müssen, wirken für einen längeren Zeitraum und lassen sich nur mit hohem Aufwand korrigieren.

BEISPIEL

Auch die Heidtkötter KG legt fest, welche Produkte sie herstellen will, welche Bestandteile sie dazu selbst erstellt und welche Baugruppen sie von Zulieferern bezieht. Das Produktions- und Absatzprogramm wird im Einklang mit den Anforderungen des Absatzmarktes sowie unter Berücksichtigung eigener Ideen und Vorstellungen festgelegt.

Die Entscheidungsträger der Heidtkötter KG haben sich auf die Herstellung qualitativ hochwertiger Büromöbel im hochpreisigen Segment geeinigt, um sich vom Markt „Mitnahmemöbel" abzuheben. Bestimmte Produkte sollen „in Reihe" gefertigt, andere hingegen Stück für Stück in Werkstätten komplett montiert werden. Um die konkrete betriebliche Umsetzung aller eingehenden Kundenaufträge zu planen, zu steuern und zu kontrollieren, müssen die erforderlichen Kapazitäten bekannt sein. Die Mitarbeiterinnen und Mitarbeiter müssen für jedes Produkt genau wissen, welche Materialien, welche Betriebsmittel und welche Mitarbeiterinnen und Mitarbeiter benötigt werden. Ebenso müssen die zeitlichen und fertigungstechnischen Anforderungen bekannt sein. Die durch die Produktionsplanung ermittelten Daten werden den Mitarbeiterinnen und Mitarbeitern in Dokumenten (Zeichnungen, Stücklisten, Arbeitspläne) zur Verfügung gestellt. Sie bilden die Grundlage für die anschließende kundenauftragsabhängige Produktionssteuerung.

In diesem Kapitel grenzen wir zunächst Produktionsplanung und Produktionssteuerung voneinander ab und beschreiben die Aufgaben von PPS-Systemen. Im Anschluss werden die spezifischen Aufgaben der Produktionsplanung dargestellt.

Produktionsplanung und Produktionssteuerung 2.1

Produktionsplanung – langfristig angelegte, produktbezogene Entscheidungen 2.1.1

Produktionsplanung

Die **Produktionsplanung** umfasst alle **einmalig** auftretenden Planungsaktivitäten, die die fertigungstechnische **Herstellung** eines Endprodukts sichern. Sie erfolgt unabhängig von bestimmten Kundenaufträgen und Terminen und liefert **produktbezogene** Basisinformationen. Die Aufgaben der Produktionsplanung finden primär auf einer strategischen und damit langfristigen (Management-)Ebene statt. Die Ergebnisse der Produktionsplanung bleiben so lange unverändert, wie sich nichts am Endprodukt oder am Fertigungsprozess ändert.

In der Produktionsplanung sind folgende **kundenauftragsunabhängige Überlegungen** anzustellen:

- Was soll hergestellt/geleistet werden? → Festlegen des Produktionsprogramms
- Wie soll gearbeitet werden? → Festlegen der Arbeitsabläufe, der Fertigungsorganisation sowie der technischen Verfahren zur Herstellung eines Erzeugnisses
- Womit soll gearbeitet werden? → Bestimmen von Art und Menge der Werkstoffe sowie der benötigten Kapazitäten (Betriebsmittel und Arbeitskräfte)

2.1.2 Produktionssteuerung – kurzfristig angelegte, kundenauftragsbezogene Entscheidungen

Produktionssteuerung

Fertigungsplanung

Fertigungssteuerung

Die **Produktionssteuerung** umfasst alle planenden, koordinierenden und kontrollierenden Aktivitäten, die für die **Abwicklung eines bestimmten Kunden-/Fertigungsauftrags** entsprechend der zugrunde liegenden Produktionsplanung erforderlich sind. Die kurzfristigen planerischen Überlegungen innerhalb der Produktionssteuerung bezüglich Material-, Mengen-, Termin- und Kapazitätsplanung erfolgen im Rahmen der sogenannten **Fertigungsplanung**. Die **Fertigungssteuerung** steuert den Herstellungsprozess entsprechend den Vorgaben der Fertigungsplanung und reagiert bei Störungen bzw. kurzfristig erforderlichen Änderungen, z. B. aufgrund der Bearbeitung zusätzlich eingeplanter, eiliger Aufträge. Die Produktionssteuerung erfolgt also immer in Abhängigkeit eines konkreten Kunden- bzw. Fertigungsauftrags.

In der Fertigungssteuerung sind folgende **kundenauftragsabhängige Fragen** zu beantworten:

- Welche Erzeugnisteile/Fertigerzeugnisse sollen in welchen Mengen zu welchen Zeitpunkten hergestellt werden?
- Wann muss die Produktion veranlasst werden?
- Wann müssen die erforderlichen Werkstoffe, Betriebsmittel, Werkzeuge und Arbeitskräfte bereitgestellt werden?
- Wie sollen die anstehenden Arbeitsvorgänge termingerecht auf die einzelnen Mitarbeitenden und Betriebsmittel verteilt werden, um zugesagte Liefertermine einhalten zu können?

Die Aufgaben der Produktionssteuerung befinden sich auf der operativen Ebene. Der Funktionsbereich im Unternehmen für diese Aufgaben ist die **Arbeitsvorbereitung**. Die Ergebnisse und somit der Erfolg der Produktionsplanung und -steuerung sind abhängig vom Vorhandensein geeigneter und aktueller Planungsunterlagen. Erforderlich sind insbesondere Informationen, die das Fertigerzeugnis und dessen Komponenten (z. B. Materialarten und -mengen, Qualitätsanforderungen) sowie den Produktionsprozess (Arbeitsabläufe nach Art und Zeitbedarf, erforderliche Kapazitäten, technische Verfahren) möglichst genau beschreiben.

Produktionsplanung und -steuerung in ERP-Systemen und CIM 2.1.3

Folgende Abbildung stellt die einzelnen Aufgaben der Produktionsplanung und -steuerung (PPS) übersichtlich zusammen.

Aufgaben im Rahmen der Produktionsplanung und -steuerung (PPS)

Teilgebiete der Produktionsplanung und -steuerung	Funktionen
Produktionsplanung	**Produktionsprogrammplanung** • strategische Planung und Festlegung des Produktionsprogramms in Abhängigkeit vom Absatzprogramm sowie von der Wettbewerbs-/Nachfragesituation am Markt, „Was soll hergestellt werden?“
	Mengenplanung • Fertigungsmengen sind auch abhängig vom Produktionsprogramm und haben unmittelbaren Einfluss auf die erforderlichen Kapazitäten und deren Auslastung. • Materialbedarfsermittlung mithilfe von Stücklisten
	Arbeitsablauf-/Prozessgestaltung • Ermittlung und Darstellung der erforderlichen Daten in Form von: – Produktzeichnungen – Stücklisten – Arbeitsplänen – Beschreibungen technischer Verfahren • Arbeitsablaufstudien, Reihenfolgeplanung
	Zeit-/Kapazitätsplanung • Ermittlung der Vorgabe- und Durchlaufzeit • Kapazitätsbedarfsplanung für Mitarbeitende und Betriebsmittel • Planung der Fertigungsorganisation
Produktionssteuerung	**Auftragsveranlassung** • kurzfristige, auftragsbezogene Fertigungsplanung, Fertigungsprogramm-, Mengen-, Termin- und Kapazitätsplanung • Erstellung auftragsbezogener Fertigungsdokumente • Durchlaufterminierung • Kapazitätsabgleich
	Auftragsüberwachung • Kontrolle des Fertigungsfortschritts • Festlegung und Umsetzung von Prioritätsregeln (insbesondere bei Kapazitätsengpässen) • Mengen-, Termin-, Qualitätsüberwachung

Durch die erhöhte Komplexität der in der PPS verwendeten Daten und ihre Verflechtung mit den vor- und nachgelagerten Aufgaben der Beschaffung und des Vertriebs sind heute integrierte **Softwaresysteme** im Einsatz, die sämtliche Funktionen im Unternehmen abbilden. Man bezeichnet solche Systeme deshalb auch als **ERP-Systeme**, wobei ERP für „Enterprise-Resource-Planning“ oder „Unternehmensressourcenplanung“ steht. ERP unterstützt sämtliche Geschäftsprozesse eines Unternehmens und geht damit über die Prozesse der Produktionsplanung und -steuerung hinaus.

Viele Softwarehersteller bieten PPS-/ERP-Software in integrierbaren Einzelmodulen an:

- ein **Basismodul** (Benutzerverwaltung mit Zugriffssteuerung, Lagerverwaltung/Bestandsführung),
- ein **Vertriebsmodul** (Angebote, Auftragsverwaltung, Terminüberwachung, Lieferscheine, Rechnungen),
- ein **Beschaffungsmodul** (Anfragen, Disposition, Bestellungen, Terminüberwachung, Wareneingang),
- ein **Produktionsmodul** (Arbeitspläne, Kapazitäten, Mitarbeiterinnen und Mitarbeiter, Disposition, Fertigungsplanung, Kapazitätsbelastung, Auftragszeiterfassung),
- ein BDE-Modul (für die Onlinebetriebsdatenerfassung/Auftragszeiterfassung),
- Dokumentenausdrucke mit Barcode (z. B. Lieferscheine, Warenanhänger, Fertigungsaufträge).

Die ERP-Software ist eine komplexe Anwendungssoftware, die zur Optimierung des Ressourceneinsatzes die betrieblichen Vorgänge aller Funktionsbereiche integriert. Oft wird webbasierte Software eingesetzt, um einen externen Zugriff durch Lieferanten oder Kunden zu ermöglichen und den gesamten Wertschöpfungsprozess zu vereinfachen und zu beschleunigen. Um die Investitionskosten zu reduzieren, ist die Einführung eines branchenspezifischen ERP-Systems mit einem geringeren Funktionalitätsgrad möglich. Die größten ERP-Softwareanbieter in Deutschland waren 2025 SAP, Microsoft, Infor, Oracle, Sage, ProALPHA, Epicor.

CIM

Bildet ein Softwaresystem die betriebswirtschaftliche PPS-Sicht und die fertigungstechnischen Komponenten von der Forschung und Entwicklung bis zur rechnergestützten Steuerung und Überwachung der im Fertigungsprozess eingesetzten Maschinen inklusive der Qualitätssicherung auf der Grundlage einer einheitlichen Datenbasis ab, so bezeichnet man dies als **CIM (Computer Integrated Manufacturing)**. Diese einheitliche Datenbasis wird mithilfe der Betriebsdatenerfassung hergestellt. CIM wird in Kapitel 2.4.3 im Zusammenhang mit den komplexen Fertigungskonzepten behandelt.

AUFGABE 1

Nehmen Sie Stellung zu folgender Aussage: „In der Produktionsplanung wird der Bedarf an erforderlichen Produktionsfaktoren bezogen auf eine Einheit des herzustellenden Fertigerzeugnisses festgelegt."

AUFGABE 2

Erläutern Sie drei wesentliche Unterschiede zwischen den Aufgaben der Produktionsplanung und den Aufgaben der Produktionssteuerung.

AUFGABE 3

Ordnen Sie folgende Aussagen der Produktionsplanung (1) oder der Produktionssteuerung (2) zu.

a) Erstellung auftragsbezogener Fertigungsdokumente
b) Terminplanung in Abhängigkeit von eingehenden Kundenaufträgen
c) Erstellung des Basisarbeitsplanes
d) Materialbedarfsermittlung mithilfe von Stücklisten
e) Kontrolle des Fertigungsfortschritts
f) Produktionsprogrammplanung
g) Fertigungsprogrammplanung

AUFGABE 4

Nennen Sie vier Ziele der Produktionssteuerung.

AUFGABE 5

Die Fertigungsplanung der Leistungserstellung im Rahmen der Produktionssteuerung wird durch alltäglich auftretende Störungen erschwert. Diese Störungen treten als

a) arbeitsbedingte Störungen,
b) anlagenbedingte Störungen,
c) materialbedingte Störungen,
d) dispositionsbedingte Störungen auf.

Nennen Sie jeweils zwei Beispiele für diese unterschiedlichen Störungsarten.

2.2 Break-even-Analyse als Planungshilfe

Der langfristigen Produktionsprogrammplanung wird eine bestimmte Absatzmenge zugrunde gelegt. Ob diese Menge auch abgesetzt werden kann, hängt u. a. vom Preis der Produkte ab. Multipliziert man die absetzbare Menge mit dem erzielbaren Verkaufspreis, erhält man die Umsatzerlöse für ein Produkt. Wichtig für die Entscheidung über ein langfristiges Produktionsprogramm ist, dass die damit erzielten Umsatzerlöse mindestens die durch die Produktion entstehendenen Kosten (Gesamtkosten) dieser Produkte decken.

Gewinnschwelle/ Break-even-Point

Die **Gewinnschwelle** (der **Break-even-Point**) gibt genau die Absatzmenge an, bei der die gesamten Kosten (K) gerade durch die Umsatzerlöse gedeckt werden. Jede Einheit, die über diese Gewinnschwellen-/Break-even-Menge hinaus abgesetzt wird, erwirtschaftet einen Gewinn. Der erzielbare Gewinn pro Einheit errechnet sich aus der Differenz zwischen dem Erlös pro Stück (Verkaufspreis = p) und den Kosten pro Stück (Stückkosten = k). Die gesamten Stückkosten (k) setzen sich aus den fixen Kosten pro Stück (k_f) und den variablen Kosten pro Stück (k_v) zusammen.

→ $k = k_f + k_v$

Aufgrund zunehmender Automatisierung sowie vergleichsweise geringer Material- und Lohnkosten ist der Anteil der fixen Stückkosten an den gesamten Stückkosten relativ hoch. So muss häufig eine große Ausbringungsmenge abgesetzt werden, um die Gewinnschwelle zu erreichen. Es ist daher stets zu überprüfen, ob die ermittelte Break-even-Menge zum kalkulierten Verkaufspreis abgesetzt und mit den gegebenen Kapazitäten in einer geforderten Qualität gefertigt werden kann.

Berechnung

Die Break-even-Menge X wird ermittelt, indem man die in einem bestimmten Zeitraum (z. B. in einem Monat) erhaltenen Gesamterlöse (E) gleich den entstandenen Gesamtkosten (K) setzt:

$$\text{Erlöse (E)} = \text{Kosten (K)}$$
$$E = p \cdot X = K = K_f + k_v{}^{1} \cdot X \quad (k_v \cdot X = K_v)$$
$$p \cdot X = K_f + k_v \cdot X$$
$$(p - k_v) \cdot X = K_f$$
$$X = \frac{K_f}{(p - k_v)}$$

E = gesamte Umsatzerlöse im Zeitraum
p = Erlös pro Stück (Verkaufspreis)
K = Gesamtkosten
K_f = gesamte anteilige Fixkosten
K_v = gesamte variable Kosten
k_v = variable Kosten pro Stück
X = Absatzmenge, hier = Gewinnschwellenmenge

1 Es wird davon ausgegangen, dass die variablen Stückkosten (k_v) konstant sind, sodass sich ein linearer Kostenverlauf ergibt (K steht immer für die gesamten Kosten, k für die Stückkosten). Konstante variable Stückkosten führen zu proportionalen variablen Gesamtkosten, sie verändern sich prozentual im gleichen Verhältnis wie die hergestellte Menge.

BEISPIEL

Die Heidtkötter KG hat im Rahmen ihrer Produktpolitik bei einem bestehenden Produkt Farbe, technische Funktionen und Qualität verändert. Dieses veränderte Produkt ersetzt das bisherige und verursacht Fixkosten (K_f) in Höhe von 15.000,00 €. Die variablen Stückkosten (für Material- und Lohnkosten) betragen 120,00 €. Die pro Monat maximal herzustellende Ausbringungsmenge liegt bei 600 Stück. Der Markteinstieg soll mit einem Verkaufspreis von 150,00 € erfolgen.

Welche Stückzahl muss die Heidtkötter KG nach der Produktvariation verkaufen, um die gesamten Kosten zu decken?

Berechnung

$$\text{Erlöse (E)} = \text{Kosten (K)}$$
$$E = 150{,}00\,€ \cdot X = 15.000{,}00\,€ + 120{,}00\,€ \cdot X$$
$$150{,}00\,€ \cdot X = 15.000{,}00\,€ + 120{,}00\,€ \cdot X$$
$$(150{,}00\,€ - 120{,}00\,€) \cdot X = 15.000{,}00\,€$$
$$X = \frac{15.000{,}00\,€}{30{,}00\,€} \longrightarrow X = 500 \text{ Stück}$$

Im Beispiel ist bei einer Verkaufsmenge von 500 Stück die Gewinnschwelle erreicht. Die gesamten Kosten (fixe und variable) werden durch die Verkaufserlöse gedeckt. Der pro Monat maximal erzielbare Gewinn entsteht bei einer Produktion bis zur Kapazitätsgrenze von 600 Stück und beträgt 3.000,00 € (150,00 € · 600 – 120,00 € · 600 – 15.000,00 € = 3.000,00 €). Dieser Gewinn kann nur dann erreicht werden, wenn die hergestellte Menge auch tatsächlich am Markt abgesetzt werden kann. Liegt die prognostizierte Absatzmenge langfristig über der Gewinnschwelle, sollte das Unternehmen das Produkt auf dem Markt anbieten.

Folgende Grafik zeigt die Verläufe der variablen, fixen sowie gesamten Stückkosten für das obige Beispiel. Auch sind der Stückerlös und die Entwicklung des Gewinns pro Stück zu erkennen. Bei einer Ausbringungsmenge von 500 Stück schneidet der Funktionsgraph der Stückerlöse den der gesamten Stückkosten. In diesem Schnittpunkt liegt der Break-even-Point (die Gewinnschwelle). Es ist der Punkt, in dem die Gewinnfunktion den Wert Null annimmt und ihr Graph die y-Achse schneidet.

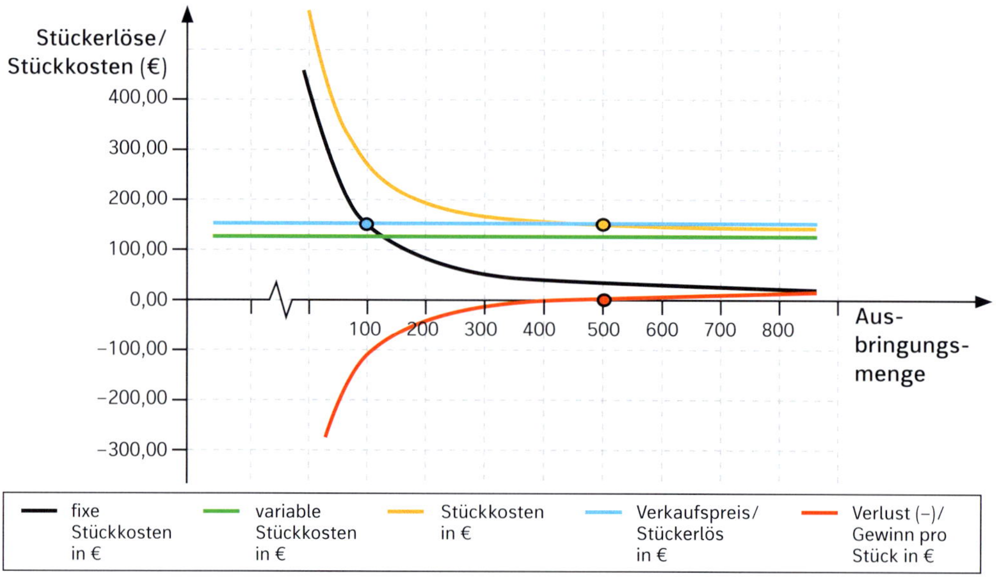

AUFGABE 1

Auf dem Absatzmarkt für Schreibtische steht die Heidtkötter KG im Wettbewerb mit zwei weiteren etablierten Anbietern. Um deren Preisstellung zu unterbieten, reduziert die Heidtkötter KG den bisherigen Verkaufspreis ihres Schreibtischs *elegance* (bisher 580,00 €) um 10 %. Die Kapazitätsgrenze liegt bei 45 Schreibtischen pro Monat.

Herr Sippel, Controller der Heidtkötter KG, ist skeptisch, ob der neue Verkaufspreis ausreicht, um die angestrebten Gewinne zu realisieren.

Auf die folgenden Kosten kann zurückgegriffen werden:

- Metallrahmen 76,00 €
- erforderliche Glasplatten 60,00 €
- sonstige Materialien (Hilfsstoffe) 25,00 €
- Mitarbeitende in der Fertigung 225,00 €
- Mittel zur abschließenden Reinigung der Schreibtische 3,00 €

Pro Monat entstehen zusätzlich diese Kosten:

- anteilige Energiekosten 87,00 €
- Mitarbeitende in der Verwaltung (anteilige Gehälter) 1.875,00 €
- Abschreibungen für Betriebsmittel (anteilig) 980,00 €
- anteilige Zinskosten 383,00 €

a) Errechnen Sie für die Absatzmengen 10, 15, 20, 25, 30, 35, 40 und 50 Stück den entsprechenden Gewinn und ermitteln Sie die Ausbringungsmenge, bei der die Gewinnschwelle erreicht wird.

b) Um die Kosten- bzw. Erlösentwicklung anschaulich zu präsentieren, stellen Sie die Gesamtkosten, Fixkosten, variablen Kosten und die Erlöse pro Monat grafisch dar. Tragen Sie anschließend in dieser Grafik den Break-even-Point sowie die Verlust- (rot) und Gewinnzone (grün) farbig ein.

c) Welche Auswirkung hat die Preisminderung auf den Break-even-Point?

d) Ermitteln Sie rechnerisch die Gewinnschwelle vor der Minderung des Verkaufspreises.

e) Ermitteln Sie den maximal möglichen Gewinn pro Monat
1. vor der Preisminderung, **2.** nach der Preisminderung.

f) Herr Sippel meint, dass der Verkaufspreis erhöht werden sollte, damit die Kosten gedeckt sind und ein höherer Gewinn erzielt wird. Nehmen Sie schriftlich Stellung zu dieser Meinung.

AUFGABE 2

Folgende Grafik zeigt jeweils den typischen Verlauf der linearen Gesamtkostenkurve sowie der Gesamterlöskurve. Im Schnittpunkt beider Kurven befindet sich der Break-even-Point/die Gewinnschwelle.

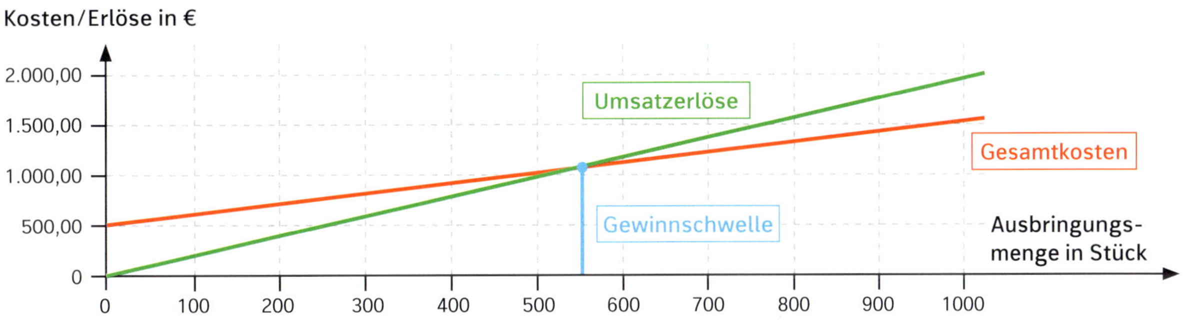

Beschreiben Sie die Auswirkungen der folgenden Kosten-/Preisänderung auf den Verlauf der Gesamtkosten bzw. der Gesamterlöse sowie auf den Break-even-Point/die Gewinnschwelle. Die unveränderten Variablen bleiben jeweils konstant.

a) Erhöhung der Fixkosten
b) Erhöhung der variablen Kosten
c) Erhöhung des Verkaufspreises
d) Senkung der Fixkosten
e) Senkung der variablen Kosten
f) Senkung des Verkaufspreises

AUFGABE 3

Die ROLL-O-BLADE GmbH mit Sitz in Köln stellt Schräglagerrollen für Rollerblades her. Aufgrund einer technischen Neuentwicklung sowie zur Stabilisierung der eigenen Marktposition sollen in Zukunft u. a. Leuchtrollen hergestellt werden, die in Sets zu jeweils vier Rollen auf dem Markt verkauft werden sollen.

Ein Kölner Marktforschungsbüro hat anhand einer Marktanalyse die möglichen Verkaufszahlen ermittelt. Demnach ist bei einem Verkaufspreis von 52,00 € pro Set mit einem Jahresabsatz von ca. 15 000 Sets zu rechnen.

Es soll in ein neues Fertigungsverfahren investiert werden, um im Bereich der Herstellkosten Einsparungen zu realisieren. Vorab sollen Sie nun die infrage kommenden Fertigungsverfahren vergleichen. Die Produktionsleiterin stellt Ihnen dazu folgende Daten zur Verfügung:

Verfahren	Fixkosten	Variable Kosten pro Set	Beschreibung der Fertigungsverfahren
1	200.000,00 €	34,00 €	hoher Anteil menschlicher Arbeit; geringer Automatisierungsgrad; Kapazitätsgrenze: 20 000 Sets
2	400.000,00 €	18,00 €	maschinell ausgerichtete Fertigung durch Universalmaschinen; Kapazitätsgrenze: 25 000 Sets
3	600.000,00 €	9,00 €	hoher Automatisierungsgrad aufgrund von Spezialmaschinen; Kapazitätsgrenze: 30 000 Sets

a) Berechnen Sie für jedes Fertigungsverfahren die Gesamtkosten und die Kosten pro Set für folgende Absatzmengen im Jahr: 5000 Sets, 10 000 Sets, 15 000 Sets, 20 000 Sets, 25 000 Sets, 30 000 Sets und 35 000 Sets.
Welches ist das kostengünstigste Fertigungsverfahren bezogen auf den ermittelten Jahresabsatz?

b) Zeichnen Sie die Verläufe der Gesamt- und der Stückkosten für jedes Verfahren in jeweils ein Koordinatensystem und interpretieren Sie Ihre Ergebnisse.

c) Ermitteln Sie für die Verfahren 1, 2 und 3 die Fertigungsmengen, für die diese Verfahren jeweils die geringsten Kosten verursachen. Warum ist das so?

d) Ermitteln Sie für jedes Fertigungsverfahren den maximal möglichen Jahresgewinn sowie die Gewinnschwelle.

AUFGABE 4

Der Absatz eines Herstellers von Werkzeugmaschinen ist im letzten halben Jahr von 1000 Stück auf 800 Stück zurückgegangen.

Für diesen Zeitraum liegen folgende Daten vor:

- Durchschnittspreis: 5.000,00 €/Stück
- variable Stückkosten: 3.170,80 €/Stück
- Fixkosten: 1.500.000,00 €

a) Ermitteln Sie
   1. den Gewinn/Verlust bei einem Absatz von 800 Stück,
   2. den notwendigen Absatz zur Erreichung des Break-even-Points.

Investitionen in neue Anlagen könnten die Produktivität erhöhen und die variablen Stückkosten um 25,90198 % senken. Eine Erhöhung der Fixkosten um 1/3 sowie die Kündigung einer Arbeitskraft wären allerdings nicht zu umgehen. Eine Marktanalyse brachte das Ergebnis, dass eine gleichzeitige Preissenkung um 10 % eine Absatzerhöhung um 200 Stück bewirken würde.

b) Ermitteln Sie für den Fall einer Umsetzung dieser Investitionen
   1. den Gewinn/Verlust bei einem Absatz von 1000 Stück,
   2. den erforderlichen Absatz zur Erreichung des Break-even-Points.

c) Erläutern Sie unabhängig von den zuvor durchgeführten Berechnungen drei Aspekte, die eine Entscheidung über die beschriebenen Investitionen beeinflussen können.

AUFGABE 5

Sie kalkulieren einen Kundenauftrag über Schuhschränke, die für 45,00 €/Stück verkauft werden sollen. Die variablen Stückkosten betragen 30,00 €. Die fixen Kosten werden mit 75.000,00 € angesetzt. Ermitteln Sie die Menge, bei der die Gewinnschwelle erreicht wird.

2.3 Langfristig angelegte Materialbedarfs- und Kapazitätsplanung

Ein Ergebnis der Fertigungsprozessanalyse besteht in der Ermittlung des qualitativen und des quantitativen Kapazitätsbedarfs. Die Aufgabe der entsprechenden Funktionsbereiche besteht nun darin, diese Kapazitäten langfristig in der erforderlichen Menge und Qualität zu möglichst günstigen Preisen bereitzustellen.

Zuvor muss für **jedes Fertigerzeugnis** des Produktionsprogramms konkret ermittelt werden,

- welche Roh-, Hilfs- und Betriebsstoffe in welcher Menge und Qualität benötigt,
- welche Einzel- bzw. Montageteile in welcher Anzahl über Lieferanten bezogen und
- welche Maschinen, Werkzeuge, Förderanlagen und technische Anlagen zur Herstellung benötigt werden,
- welche Arbeitsabläufe und technischen Verfahren bei der Fertigung anfallen,
- wie viele Mitarbeiterinnen und Mitarbeiter für die Fertigung benötigt werden und
- welche Fähigkeiten und Fertigkeiten diese Mitarbeiterinnen und Mitarbeiter aufweisen müssen.

Die langfristig angelegte **Materialbedarfsplanung** bei der Herstellung eines verkaufsfähigen Erzeugnisses orientiert sich an den Vorgaben der Konstruktionsabteilung. Die dort angefertigten Zeichnungen bilden die Grundlage für die Erstellung von Stücklisten, die je nach Verwendungszweck alle zu einem Endprodukt zugehörigen Einzelteile und Baugruppen unter Angabe der entsprechenden Menge enthalten. Durch die Auflösung dieser Stücklisten erfolgt in der Materialbedarfsplanung die Ermittlung des Bedarfs an Werkstoffen sowie evtl. fremdbezogenen Montageteilen bzw. Komponenten für jeweils eine Fertigungseinheit eines Endprodukts.

› Band 1, LF 4, Kapitel 2.1

Bei der **Kapazitätsplanung** geht es um die Ermittlung und Bereitstellung der erforderlichen quantitativen sowie qualitativen Kapazitäten. Die quantitative **Kapazität** ist die Fähigkeit eines Betriebes (eines Funktionsbereiches, einer Maschine, einer Mitarbeiterin bzw. eines Mitarbeiters), innerhalb einer festgelegten Zeiteinheit eine bestimmte Menge an Leistungen (Output) zu erbringen. Gemessen wird sie in Stückzahlen, in Gewichtsgrößen (kg, t), in Raummaßen (cm^3, l) oder in Fertigungs- oder Maschinenstunden. Je nach Intensität des Einsatzes können verschiedene quantitative Kapazitätsbegriffe unterschieden werden, die in folgender Übersicht anschaulich zusammengefasst sind.

Kapazitätsplanung

Kapazität

quantitative Kapazität

Quantitative Kapazität
= mengenmäßiges Leistungsvermögen in einer bestimmten Zeiteinheit

technische Kapazität

- das höchste Leistungsvermögen bei Höchstbelastung
- maximal erreichbare Leistung, eingeschränkt durch erforderliche Wartung
  Beispiel: Der Motor eines Pkw läuft ständig auf höchster Drehzahl und wird lediglich bei erforderlichen Wartungsarbeiten ausgeschaltet.

Maximalkapazität (Kann-Leistung)

- Leistungsvermögen unter Berücksichtigung aller begrenzenden Einflüsse
  Beispiel: Der Motor eines Pkw läuft ständig auf höchster Drehzahl und steht still bzw. reduziert die Drehzahl beim Tanken, bei Geschwindigkeitsbegrenzungen, bei sonstigen Unterbrechungen der Fahrt.

Optimalkapazität

- Leistungsvermögen mit den geringsten Kosten je Einheit (minimale Stückkosten)
  Beispiel: Der Motor eines Pkw läuft mit der Drehzahl, bei der die Kosten/der Benzinverbrauch pro gefahrenen Kilometer am geringsten sind.

Mindestkapazität

- technisch bestimmte Mindestleistung, ab der Betriebsmittel erst einsetzbar sind
  Beispiel: Der Motor eines Pkw benötigt eine Mindestdrehzahl, damit er überhaupt laufen kann und nicht „absäuft".

Zielsetzung der Kapazitätsplanung

Eine Zielsetzung der Kapazitätsplanung besteht darin, eine möglichst hohe und kontinuierliche Auslastung der betrieblichen Kapazitäten zu erreichen und zu gewährleisten. Die Investition in Produktionsfaktoren sollte immer unter der Voraussetzung erfolgen, dass die beschafften Kapazitäten ausgelastet sind und keine unnötigen Leerkosten durch „Herumstehen" verursachen. Die Höhe der Auslastung wird durch den sogenannten Beschäftigungsgrad beschrieben und wie folgt ermittelt:

Beschäftigungsgrad

$$\textbf{Beschäftigungsgrad (\%) (Kapazitätsausnutzungsgrad)} = \frac{\text{Ausbringungsmenge (= Ist-Leistung)} \cdot 100\,\%}{\text{Maximalkapazität}}$$

qualitative Kapazität

Die **qualitative** Kapazität ist dann gegeben, wenn eine Arbeitskraft aufgrund ihrer Fähigkeiten, Fertigkeiten und Kenntnisse oder eine Maschine aufgrund ihrer technischen Möglichkeiten in der Lage ist, Leistungen einer bestimmten Art zu erbringen. So liegt die qualitative Kapazität einer CNC-Fräsmaschine nicht vor, wenn sie z. B. beim Fräsen eine Versatztoleranzgrenze von 0,01 mm nicht einhalten kann.

Die langfristige Kapazitätsplanung umfasst daher Überlegungen und Entscheidungen zur Betriebsmittel- und Personalplanung, die bereits vor Beginn der Leistungserstellung angestellt werden.

Betriebsmittelplanung

Im Rahmen der langfristigen **Betriebsmittelplanung** wird festgelegt, welche (Automatisierungsgrad) und wie viele Maschinen, Vorrichtungen, Werkzeuge, Transportmittel usw. benötigt werden, um die Herstellung eines Enderzeugnisses über die verschiedenen Fertigungsstufen zu ermöglichen und langfristig zu gewährleisten.

Auch werden in der betriebseigenen Werkzeugmacherei spezielle Maschinenteile und Vorrichtungen manchmal selbst angefertigt[1]. Bei fehlenden qualitativen Kapazitäten oder sehr kostenintensiven Lösungen kann die Fertigung einzelner Einzel- oder Montageteile als Fremdauftrag vergeben werden.

1 Dies ist ein Beispiel für Leistungen im Rahmen des Produktionsprogramms, die nicht Bestandteile des Absatzprogramms sind.

Personalplanung

Die Überlegungen zur **Personalplanung** erfolgen ebenso langfristig und beinhalten auch die Sicherstellung aller zur Leistungserstellung erforderlichen Tätigkeiten in personeller Hinsicht. Dabei geht es um

- quantitative Aspekte
  (Anzahl der benötigten Mitarbeiterinnen und Mitarbeiter),
- qualitative Aspekte
  (Qualifikationsprofil/Leistungsfähigkeit der Mitarbeiterinnen und Mitarbeiter),
- räumliche/fertigungstechnische Aspekte
  (Arbeitsplätze der Mitarbeiterinnen und Mitarbeiter).

Insbesondere die Fragen nach dem Qualifikationsprofil sowie nach der konkreten, fertigungstechnischen Anordnung und Besetzung der Arbeitsplätze durch die Mitarbeiterinnen und Mitarbeiter verdeutlichen die Abhängigkeiten der zu treffenden Entscheidungen im Rahmen der Personalplanung und der Betriebsmittelplanung.

Strebt ein Unternehmen Veränderungen in seinem Produktionsprogramm an, muss es stets prüfen, ob das Know-how, das Personal und die Betriebsmittel vorhanden sind, um diese Veränderungen in der Leistungserstellung auch umzusetzen.

AUFGABE 1

Unter quantitativen Gesichtspunkten kann zwischen verschiedenen Kapazitätsarten unterschieden werden. Erläutern Sie diese verschiedenen Kapazitätsarten unter Verwendung jeweils eigener Beispiele.

AUFGABE 2

Ein Industrieunternehmen arbeitet an 250 Tagen im Jahr in drei Schichten zu je acht Stunden. In einer Produktionsabteilung sind drei Spezialmaschinen aufgestellt worden, mit denen bei voller Belastung je 20 Schräglagerrollen je Stunde gefertigt werden können. Erfahrungsgemäß werden 10 % der verfügbaren Zeit für die Wartung einer Maschine angesetzt. Erfahrungen aus der Vergangenheit zeigen, dass durchschnittlich an 36 Stunden im Jahr wegen Stromausfalls nicht gearbeitet werden kann. Hausinterne Berechnungen haben ergeben, dass die optimale Kapazität bei einem Beschäftigungsgrad von 75 % liegt.

a) Ermitteln Sie die technische Kapazität einer Spezialmaschine pro Jahr.

b) Wie hoch ist die maximale Kapazität einer Spezialmaschine pro Jahr?

c) Ermitteln Sie die optimale Kapazität einer Maschine.

d) Beurteilen Sie folgende Aussage: „Jegliches Abweichen von der optimalen Kapazität führt zu einer Erhöhung der Stückkosten."

e) Das Industrieunternehmen stellte im vergangenen Geschäftsjahr mit diesen drei Spezialmaschinen insgesamt 288 600 Schräglagerrollen her. Ermitteln Sie den Beschäftigungsgrad.

AUFGABE 3

Erläutern Sie jeweils anhand von zwei eigenen Beispielen die folgenden Kapazitätsbegriffe:

a) qualitative Kapazität

b) Mindestkapazität

AUFGABE 4

Die Kölner Fahrrad-Manufaktur KFM stellt die unterschiedlichen Rahmen für die Montage ihrer Fahrräder selbst her. Ein Schweißautomat ist bei einer täglichen Leistung von 85 Rahmen maximal ausgelastet. In diesem Februar (21 Arbeitstage) wurden 1535 Stück hergestellt.

a) Ermitteln Sie den Beschäftigungsgrad des Schweißautomaten für den Monat Februar.

b) Wie viele Rahmen müssen im Folgemonat (24 Arbeitstage) hergestellt werden, damit der Schweißautomat zu 90 % ausgelastet wird?

AUFGABE 5

Für einen Industriebetrieb liegen folgende Informationen vor:

• Maximalkapazität:	300 Stück/Monat
• Fixkosten:	49.950,00 €/Monat
• variable Kosten:	400,00 €/Stück
• Verkaufspreis:	900,00 €/Stück

a) Erläutern Sie die folgenden Begriffe:
   1. Maximalkapazität
   2. Optimalkapazität
   3. Beschäftigungsgrad

b) Ein Auftragsrückgang hat dazu geführt, dass im letzten Monat nur noch 185 Einheiten hergestellt werden konnten. Ermitteln Sie hierzu
   1. den entsprechenden Beschäftigungsgrad und
   2. die entsprechenden Selbstkosten je Stück.

c) Ist es möglich, im Rahmen der vorhandenen Kapazität einen monatlichen Gewinn von 81.550,00 € zu erwirtschaften? Begründen Sie.

2.4 Fertigungsverfahren

Auf Basis der Festlegungen zum Produktionsprogramm (Was soll hergestellt werden?) muss entschieden werden, mit welchen Betriebsmitteln in welcher räumlichen Anordnung das Unternehmen fertigen will. Diese Entscheidungen bilden wiederum die Grundlage für die sich anschließenden Investitionen in die erforderlichen Betriebsmittel, Werkzeuge, Mitarbeiterinnen und Mitarbeiter, Fertigungs- und Lagerhallen.

Fertigungsverfahren

Unter **Fertigungsverfahren** versteht man die Art, wie die Produktionsfaktoren (Input) kombiniert werden, um die gewünschten Leistungen (Output) unter Beachtung der Wirtschaftlichkeit herzustellen. Die in einem Industriebetrieb eingesetzten Verfahren der Fertigung lassen sich u. a. nach folgenden Kriterien einteilen:

- Anzahl der Wiederholungen des Fertigungsprozesses (**Fertigungstypen**)
- Anordnung der Betriebsmittel im Fertigungsprozess (**Fertigungsorganisation**)

2.4.1 Fertigungstypen

Je nach der Anzahl der Wiederholungen des gleichen Fertigungsprozesses (Fertigung eines Erzeugnisses der gleichen Art) wird in Einzelfertigung (siehe I.) und Mehrfachfertigung (siehe II.) unterschieden.

Fertigungsverfahren nach der Anzahl der Wiederholungen des Fertigungsprozesses (Fertigungstypen)

Einzelfertigung

- Ein Erzeugnis wird nur einmal hergestellt.
- kundenbezogene Auftragsfertigung, z. B. Schiffsbau, Brückenbau, Bau von Spezialmaschinen, Aufzüge, Sonderanfertigungen von Möbeln

Handwerk, Dienstleistungen, Maschinenbau

Mehrfachfertigung

- Erzeugnisse gleicher Art werden mehrmals hintereinander hergestellt.

I. Einzelfertigung

Bei der **Einzelfertigung** wird meist nach individuellen Kundenwünschen innerhalb einer bestimmten Zeit ein einzelnes Erzeugnis hergestellt (z. B. ein individueller Schreibtisch über Eck mit bestimmten Zusatzeinrichtungen). Die Kosten je Erzeugnis sind hoch und entstehen aufgrund einer intensiven Arbeitsplanung (Entwicklung, Konstruktion, Kapazitätsplanung, Terminplanung, ...) und Kontrolle. Oft ist die aufwendige Kooperation mit dem Auftraggeber erforderlich, um die Kundenwünsche genau umzusetzen.

BEISPIEL

Beispiele für **Einzelfertigung**:

- Eine durch einen Brand beschädigte Autobahnbrücke wird abgerissen und zunächst durch eine speziell angefertigte Behelfsbrücke ersetzt. Auch bei dieser Brücke hängen Aufbau und Gestalt von der Tragfähigkeit des Baugrundes ab.
- Zwei Aufzüge für ein neues Bürohaus werden den Anforderungen des Gebäudes und den Wünschen des Eigentümers entsprechend speziell angepasst.

II. Mehrfachfertigung

Bei der **Mehrfachfertigung** werden viele Erzeugnisse der gleichen Art unmittelbar nacheinander hergestellt. Dieser Fertigungstyp steht häufig in Verbindung mit einer kundenanonymen Fertigung auf Lager (Lagerfertigung), kann aber als Umsetzung konkreter Kundenaufträge in der entsprechenden Stückzahl ausgeführt werden. Die Kosten pro Stück sind geringer als bei der Einzelfertigung, da sich die gesamten Produktionskosten, insbesondere die Kosten der Arbeitsplanung und Kontrolle, auf eine größere Stückzahl verteilen.

Mehrfachfertigung
(Erzeugnisse gleicher Art werden mehrmals hintereinander hergestellt.)

Serienfertigung

- Eine begrenzte Stückzahl gleicher Art (= Serie) wird hintereinander gefertigt.
- Einander folgende Serien weichen stark voneinander ab (z. B. konstruktionsbedingt) und erfordern ein zeit- und kostenintensives Umrüsten der Betriebsmittel.

je nach Stückzahl

Kleinserien

- geringe Stückzahl pro Umrüstung, z. B. Werkzeugmaschinen, Sportwagen

Großserien

- hohe Stückzahl pro Umrüstung, z. B. Kfz, Haushaltsgeräte

Sortenfertigung

- Eine begrenzte Stückzahl gleicher Erzeugnisse wird hintereinander gefertigt.
- Einander folgende Erzeugnisarten (= Sorten) unterscheiden sich nur geringfügig und ähneln sich in der Fertigungsart sowie im verwendeten Rohstoff, z. B. Bier, Schrauben, Schuhe, Schlösser, Werkzeuge, Kerzen.

Sonderformen

Partiefertigung

- Unterschiedliches Ausgangsmaterial (naturbedingt) führt zu verschiedenen Erzeugnissen, z. B. Wolle, Holz, Wein, Leder.

Chargenfertigung

- Die Charge ist der Materialeinsatz für einen Fertigungsprozess. Dieser kann nicht völlig beherrscht werden, sodass sich die Bedingungen der Fertigung mit jeder Charge ändern, z. B. Tonprodukte, Brot, Roheisen, Bier, Lack, Stahl.

Massenfertigung

- **Einfache Massenfertigung:** Nur ein Erzeugnis wird in einem sich wiederholenden Fertigungsprozess aus gleichen Werkstoffen mit gleichen Betriebsmitteln über einen langen Zeitraum hergestellt, z. B. Strom, Streichhölzer, Zigaretten.
- **Mehrfache Massenfertigung:** Mehrfache Erzeugnisse werden in Massenfertigung hergestellt → Parallelproduktion, z. B. Zahnstocher und Streichhölzer parallel, Flaschen, Glühlampen.

BEISPIEL

Beispiele für eine **Mehrfachfertigung**:

Sie findet häufig bei der Erstellung von Baukasten- oder Systemlösungen statt. So fertigt die Heidtkötter KG einen bestimmten Rollcontainer in Mehrfachfertigung und integriert diesen in unterschiedlichen Schreibtischen oder komplexen Büroausstattungen. Ebenso werden Regalböden, die in verschiedene Schränke eingebaut werden, in Mehrfachfertigung, d. h. in großen Stückzahlen nacheinander, produziert.

Insbesondere die fixen Kosten je Stück verringern sich mit der zunehmenden Anzahl gefertigter Stücke, da sich der gesamte angefallene Fixkostenblock auf eine sehr hohe Stückzahl verteilt (Fixkostendegression).

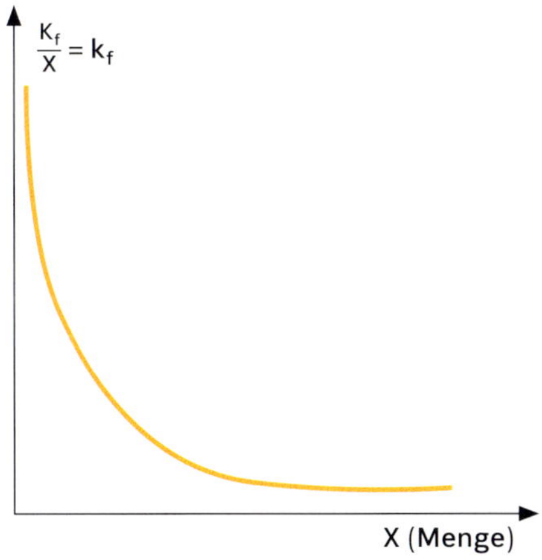

Fixkostendegression

Fixkostendegression

$$\text{Stückkosten} = \frac{\text{Fixkosten}}{\text{Menge}} + \text{variable Stückkosten}$$

$$k = \frac{K_f}{x} + k_v$$

Gesetz der Massenproduktion

Der Fixkostendegression entsprechend lautet das **Gesetz der Massenproduktion**:
Die (fixen) Stückkosten nehmen mit zunehmender Fertigungsmenge ab.

In der Praxis kommt in einem Industrieunternehmen ein einzelner Fertigungstyp allein selten vor. Im Normalfall stehen den eingehenden Kundenaufträgen entsprechend die Einzel- und Mehrfachfertigung nebeneinander. Häufig entsteht im Rahmen einer Mehrfachfertigung eine sogenannte Kuppelproduktion.

Kuppelproduktion

Die **Kuppelproduktion** beschreibt den gewollten oder ungewollten Anfall von Nebenprodukten/ Kuppelprodukten während der Fertigung. Haupt- und Nebenprodukte entstehen aus dem gleichen Materialeinsatz im gleichen Fertigungsprozess.

BEISPIEL

Beispiele für eine **Kuppelproduktion**:
- die Entstehung von Kleie und Grieß bei der Herstellung von Mehl aus Getreide;
- die Entstehung von Zuckerrübensirup bei der Herstellung von Zucker aus Zuckerrüben;
- in einem Sägewerk fallen bei der Herstellung von Brettern Holzspäne sowie Schwarten (äußere Abschnitte, die beim Zusägen eines Stamms entstehen) und Brennholz an.

Die Grenze zwischen Abfallprodukten und Kuppelprodukten ist fließend. So kann beispielsweise die Abwärme eines Kraftwerkes Flüsse umweltschädlich aufheizen oder – die Umwelt schützend – Fernwärme zu Heizzwecken erzeugen. Insbesondere aus Kosten- sowie Umweltgründen streben seit einigen Jahren viele Unternehmen an, wirtschaftlich ungenutzte Kuppelprodukte (z. B. Holz-/Metallspäne, Abraum, Abgase, Abwärme, Abluft, Abwasser) weiter zu verwerten. Durch die Herstellung wirtschaftlich verwertbarer Nebenprodukte reduzieren sich die Kosten der Hauptprodukte um die Erlöse der Nebenprodukte. Ein Problem der Kuppelproduktion besteht darin, dass die Produktionskosten den entstehenden Produkten nicht verursachungsgerecht zugerechnet werden können.

Kuppelkalkulation

Häufig werden die Stückkosten des Hauptprodukts in einer **Kuppelkalkulation** der folgenden Art ermittelt:

$$\textbf{Stückkosten des Hauptproduktes} = \frac{\text{Produktionskosten} - \text{Erlöse der Kuppelprodukte}}{\text{Ausbringungsmenge des Hauptproduktes}}$$

In der folgenden Tabelle werden ausgewählte Fertigungstypen nochmals anhand verschiedener Aspekte verglichen und übersichtlich dargestellt:

Fertigungsverfahren nach der Anzahl der Wiederholungen des Fertigungsprozesses (Fertigungstypen)			
Vergleichsaspekte	**Einzelfertigung**	**Serien-/Sortenfertigung**	**Massenfertigung**
Beschreibung	einmalige Herstellung eines Erzeugnisses	→ Serienfertigung: zeitlich und mengenmäßig begrenzte Herstellung stark unterschiedlicher Serien/Varianten → Sortenfertigung: zeitlich und mengenmäßig begrenzte Herstellung verschiedener Erzeugnisarten aus demselben Grundstoff	zeitlich und mengenmäßig unbegrenzte Herstellung eines Erzeugnisses
Auslöser der Fertigung	Kunden → kundenspezifische Auftragsproduktion	Kleinserien: Kundenaufträge Großserien: anonymer Markt → Lagerfertigung	anonymer Markt → Lagerfertigung mit fixem Produktionsprogramm
Kosten	hohe (fixe) Stückkosten aufgrund intensiver Beratung und Arbeitsplanung (Entwicklung, Konstruktion, Kapazitäts-/Terminplanung)	fallende (fixe) Stückkosten, da insbesondere die Fixkosten auf eine große Anzahl pro Serie/Fertigungslos verteilt werden (Auflagendegression); bei Serienfertigung fallen teilweise hohe Rüstkosten an.	niedrige (fixe) Stückkosten, da die Fixkosten auf eine sehr hohe Stückzahl verteilt werden (Gesetz der Massenproduktion → Fixkostendegression); es fallen keine Rüstkosten an.
Anforderungen an das Personal in der Fertigung	Fachkräfte mit sehr guter Qualifikation; teilweise sind handwerkliche, manuelle Fähigkeiten erforderlich → hohe Personalkosten	Facharbeiterinnen und Facharbeiter sowie angelernte Hilfskräfte → insgesamt geringere Lohnkosten	überwiegender Einsatz von angelernten Hilfsarbeiterinnen und Hilfsarbeitern → geringe Lohnkosten
Grad der Automatisierung	Möglichkeiten der Arbeitsteilung und Automatisierung sind stark reduziert; Einsatz von Universalmaschinen und Werkzeugen	höherer Automatisierungsgrad; Einsatz von Spezialmaschinen	z. T. optimale Arbeitsteilung und sehr hoher Automatisierungsgrad; Einsatz von Spezialmaschinen
Kapitalbedarf	Der Kapitalbedarf ist in der Regel geringer, da aufgrund langer Produktionszeiten eine Vorfinanzierung durch den Kunden erfolgt. Es sind keine teuren maschinellen Anlagen bzw. Spezialmaschinen erforderlich.	höherer Kapitalbedarf aufgrund teurer Fertigungsanlagen bzw. Spezialmaschinen	sehr kapitalintensiv aufgrund der Automation und des Einsatzes von Spezialmaschinen; weiterhin entstehen hohe Lagerkosten, insbesondere Kapitalbindungskosten

Vergleichsaspekte	Einzelfertigung	Serien-/Sortenfertigung	Massenfertigung
Fertigungsorganisation[1]	Werkstattfertigung, Gruppenfertigung, teilweise Baustellenfertigung	Reihenfertigung, Gruppenfertigung, teilweise Werkstattfertigung	Reihenfertigung, Fließbandfertigung
Flexibilität bei Marktveränderungen	größere Flexibilität bei Marktveränderungen	bereits anfällig bei Marktschwankungen → evtl. Stilllegung von Fertigungsstraßen, Kurzarbeit, Personalentlassungen	sehr störanfällig bei Nachfragerückgang; Risikoverteilung auf andere Erzeugnisse ist nicht möglich
Beispiele aus der Praxis	häufig im Bereich des Handwerks und der Dienstleistungen; Schiffs-, Brücken-, Hausbau; Spezialmaschinen; Rechtsberatung	Kleinserien: Flugzeuge, Reihenhäuser Großserien: Kfz, Haushaltsgeräte Sortenfertigung: Bier, Bleche, Schrauben	Zement, Streichhölzer, Zigaretten, Strom

Ein Konzept, das kundenindividuelle Produkte mit den Verfahren der Massenfertigung herstellt, ist **Mass Customization**. Damit wird der Marktvorteil kundenindividueller Einzelfertigung mit dem Kostenvorteil standardisierter Massenfertigung verbunden. Nebenstehender Code leitet Sie zu einem Erklärvideo zum Thema Mass Customization.

Die Fertigungsprozesse werden modularisiert (Lego-Prinzip) und ermöglichen weitgehend die Herstellung nach dem Baukastensystem[2], sodass sich der Kunde selbst, mithilfe angebotener Module, das Enderzeugnis zusammenstellt („Customer Coconstruction"). Die Kundenbeziehungen müssen neu definiert werden, um die Kunden vom Nutzen hochwertiger, auf sie zugeschnittener Leistungen zu überzeugen. Für den Hersteller entsteht dadurch eine engere Bindung der Kunden an das Unternehmen und seine Leistungen. Es eröffnen sich ihm völlig neue Absatzmöglichkeiten (neue Märkte).

BEISPIEL

Der Computerhersteller DELL ermöglichte als Vorreiter der Mass Customization Ende der 1990er-Jahre den kundenindividuellen Zusammenbau der Hardwarekomponenten für einen Computer. Die Kundinnen und Kunden stellen über einen Konfigurator ihren gewünschten Computer zusammen und übermitteln diese Konfiguration an den Hersteller. Dieser setzt die Wünsche in der Fertigung um (Individualisierung schon in der Fertigung – Hard Customization).

Ebenso hat Nike erkannt, dass Kundinnen und Kunden bereit sind, für individuelle Konfigurationen mehr Geld auszugeben. Die Form des individuell konfigurierten Schuhs lässt sich nicht verändern, wohl aber die Farben oder auch persönliche Schriftzüge (Nike By You).

Ein weiteres Beispiel ist das Smartphone. Das Gerät selbst ist standardisiert und in Massenfertigung gefertigt. Aufgrund individueller Software erfolgt die individuelle Gestaltung der Oberfläche und Funktionalität des Smartphones (Individualisierung außerhalb der Fertigung – Soft Customization).

1 Zur Fertigungsorganisation siehe das folgende Kapitel 2.4.2.
2 Bei der Fertigung nach dem Baukastensystem bestehen die Enderzeugnisse aus einzelnen Bausteinen/Bauelementen, die zu unterschiedlichen Arten eines Grundproduktes kombiniert werden können. Aufgrund der Verwendung der einzelnen Bausteine in verschiedenen Endprodukten können diese in großen Mengen gefertigt und die Vorteile großer Fertigungsmengen umgesetzt werden.

Voraussetzungen

Die Umsetzung von Mass Customization ist an folgende Voraussetzungen geknüpft[1]:

- Es wurden zuvor Arbeitsgruppen geschaffen, die eigenständig und flexibel, aber miteinander vernetzt agieren.
- Eine informationstechnische Unterstützung in folgenden Bereichen ist unerlässlich:
  - kundenindividuelle Konstruktion und (visuelle) Produktkonfiguration
  - Ableitung von Stücklisten und flexiblen Arbeitsplänen aus Produktentwicklungsunterlagen
  - Flexibilisierung der Produktionssteuerung
  - Kooperation der Arbeitsgruppen in der Herstellung
  - Koordination der externen Beziehungen
- Die Umsetzung stellt höhere Anforderungen an die Kommunikationsbeziehungen (intern und extern),
- erfordert einfach zu bedienende, kundengerechte Hilfen zur Produktzusammenstellung und eine
- konsequente Modularisierung der Produkte (Baukastensystem).

2.4.2 Fertigungsorganisation

Die räumliche Anordnung und Organisation der Betriebsmittel im Fertigungsprozess kann nach dem **Verrichtungsprinzip** oder nach dem **Fließprinzip** erfolgen.

I. Werkstattfertigung

Verrichtungsprinzip

Bei der **Werkstattfertigung** erfolgt die räumliche Anordnung der Betriebsmittel nach dem **Verrichtungs- bzw. Funktionsprinzip**. Maschinen und Arbeitsplätze mit gleichartigen Funktionen werden in einer fertigungstechnischen Einheit, der Werkstatt, räumlich zusammengefasst. Es befinden sich z. B. alle Drehmaschinen in einer Werkstatt, alle Bohrmaschinen in einer zweiten.

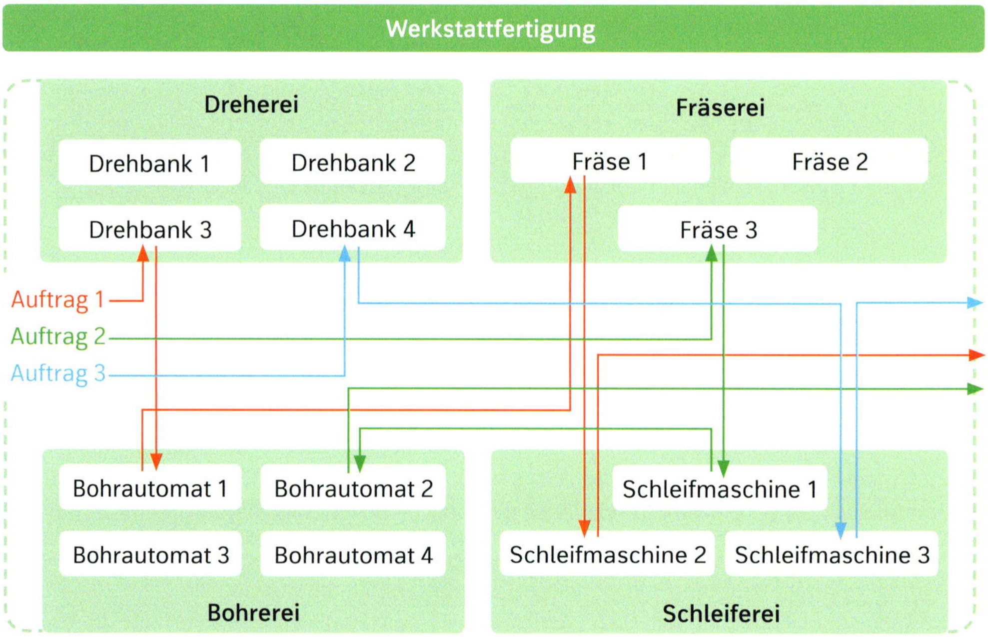

1 Siehe beispielsweise: https://wirtschaftslexikon.gabler.de/definition/mass-customization-41769; weitere Links zu Mass Customization: https://www.gabler-banklexikon.de/definition/mass-customization-70679/version-375317, www.nike.com/de/w/nike-by-you-schuhe

Alle Erzeugnisteile, an denen eine Bohrung oder ein Drehvorgang vorgenommen werden soll, müssen zu der jeweiligen Werkstatt transportiert werden. Der Produktionsablauf wird somit durch die erforderlichen Verrichtungen bzw. Tätigkeiten sowie den betrieblichen Standort der daran beteiligten Maschinen bzw. Werkstätten bestimmt.

Die Werkstattfertigung findet häufig dann Anwendung, wenn der gesamte betriebliche Produktionsprozess aufgrund eines häufigen Erzeugniswechsels mit unterschiedlichen Arbeitsabläufen nicht in einem standardisierten Arbeitsvorgang erfolgen kann. Sie eignet sich daher insbesondere für eine auftragsorientierte Einzelfertigung bzw. für die Kleinserienfertigung.

Nachteile/ Probleme

Das organisatorische Problem der Werkstattfertigung liegt in der Koordinations- und Abstimmungsvielfalt, insbesondere dann, wenn zahlreiche Kundenaufträge in einer mehrstufigen Produktion bearbeitet werden müssen. Eine optimale Abstimmung der Arbeitsvorgänge kann bei der Auftragsvielfalt, die für eine auftragsorientierte Einzelfertigung typisch ist, häufig nicht erreicht werden. Als Folge bilden sich in den einzelnen Werkstätten Engpässe und Warteschlangen verbunden mit Zwischenlagerung und langen Liegezeiten sowie im Ergebnis systembedingt langen Durchlaufzeiten. Das führt zu hohen Lagerbeständen, die wiederum hohe Kapitalbindungskosten zur Folge haben. Zeitliche Planungspuffer sowie Anpassungen der Fertigungspläne an die tatsächlichen Gegebenheiten sind typisch für die kaum überschaubaren Koordinationszusammenhänge und verursachen eine fehlende Fertigungstransparenz.

Der Einsatz der Werkstattfertigung erfordert in der Regel vielseitig qualifizierte Mitarbeiterinnen und Mitarbeiter, die Handlungs- und Entscheidungsspielräume effektiv nutzen können, um eine hohe Qualität sowie einen geringen Ausschuss zu erzeugen.

Fertigung in Fertigungslosen

Die Werkstattfertigung ist eine Fertigung in Fertigungslosen[1]. Ein Los durchläuft auf langen Transportwegen geschlossen die einzelnen Werkstätten, sodass die einzelnen Teile des Loses vor oder nach ihrer Bearbeitung in den Werkstätten auf den Transport oder die Weiterverarbeitung warten müssen. Daher gelingt es nur bedingt, die Durchlaufzeiten zu minimieren und gleichzeitig eine kostenoptimale Auslastung aller Kapazitäten zu erreichen. Diese Problematik wird im Rahmen der Werkstattfertigung als „Dilemma der Ablaufplanung" bezeichnet.

Dilemma der Ablaufplanung

Vorteile/ Vorzüge

Die Werkstattfertigung bietet auch Vorteile: Sie zeichnet sich durch eine sehr hohe Flexibilität und Anpassungsfähigkeit aus. Änderungen im Produktionsprogramm, Störungen im Produktionsablauf, Auftragsspitzen sowie Nachfrageschwankungen oder Engpässe im Bereich des Personal- oder Materialeinsatzes können gut bewältigt werden, da die einzelnen Werkstätten unabhängig voneinander arbeiten können. Auch besteht eine gute Anpassungsfähigkeit an neue Fertigungsverfahren und geänderte Produktionsabläufe. Da in der Regel Universalmaschinen[2] eingesetzt werden, entstehen geringe Investitionskosten verbunden mit relativ geringen Fixkosten.

II. Fließfertigung

Die **Fließfertigung** orientiert sich an den Erfordernissen einer rationellen Fertigung großer Mengen eines einzelnen Erzeugnisses oder einer kleineren Anzahl sehr ähnlicher Erzeugnisse. Die Fließfertigung eignet sich insbesondere für die Großserien- und Massenfertigung.[3] Die Betriebsmittel und Arbeitsplätze werden dem Produktionsprozess des Erzeugnisses entsprechend in einer Reihe angeordnet (Objektprinzip) und verbunden. Das zu bearbeitende Werkstück beginnt den Produktionsprozess als Rohstoff und beendet ihn als Fertigerzeugnis oder verwertbares Montageteil.

Objektprinzip

1 Ein (Fertigungs-)Los ist die Fertigungsmenge, die ohne Umrüsten des Betriebsmittels hintereinander hergestellt werden kann.
2 Universalmaschinen sind in der Lage, mehrere unterschiedliche Verrichtungen auszuführen.
3 Siehe Band 1, Lernfeld 4, Kapitel 2.4.1.

Fließfertigung

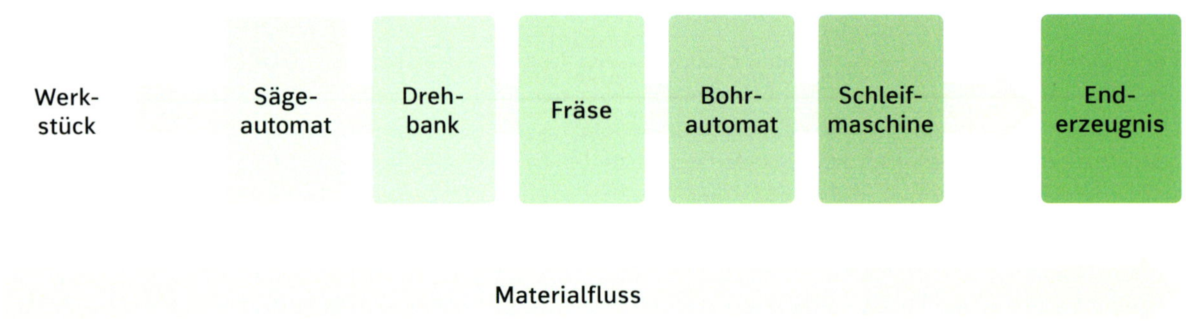

zeitliche Abstimmung

Die zeitliche Abstimmung der einzelnen Arbeitsgänge für alle Produktionseinheiten erfolgt über ein Förder-/Transportsystem, das einen kontinuierlichen, gleichmäßigen Produktionsfluss ermöglicht. Sie erfolgt dabei entweder durch die jeweilige zeitliche Dauer der technischen Umsetzung (Zwangsablauffertigung) oder durch eine Zerlegung des gesamten Fertigungsprozesses in zeitlich gleiche Arbeitstakte (Taktzeit). Die Dauer eines Arbeitsganges an einem Betriebsmittel oder einem Arbeitsplatz muss gleich der festgelegten Taktzeit sein oder ein ganzes Vielfaches dieser Taktzeit betragen. Die Länge der Taktzeit hängt von der zu fertigenden Soll- bzw. Ausbringungsmenge ab.

Taktzeit

Fließbandfertigung

Die **Fließbandfertigung** ist die älteste[1] und häufigste Ausprägung der Fließfertigung. Die zeitliche Steuerung sowie die Einhaltung der vorgegebenen Taktzeit erfolgt über die kontinuierliche oder schrittweise Fortbewegung eines Förder-/Transportbandes.

Reihenfertigung

Eine weitere Ausprägung der Fließfertigung ist die Reihenfertigung. Betriebsmittel und Arbeitsplätze sind nach dem Objektprinzip angeordnet, die starre Zeitvorgabe für die einzelnen Arbeitsvorgänge fehlt jedoch, denn es gibt keine festen Taktzeiten. Für die Werkstücke und Zwischenerzeugnisse werden kleine Pufferlager benötigt.

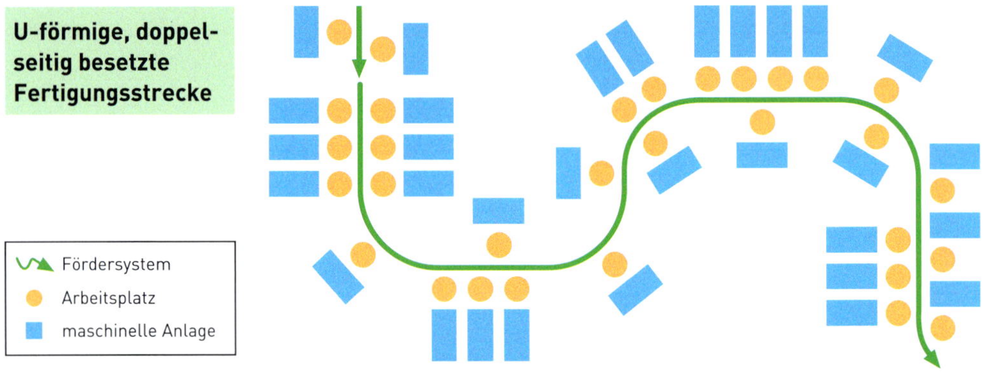

Vorteile der Fließfertigung

Der festgelegte Produktionsablauf, der allen Varianten der Fließfertigung zugrunde liegt, schafft gute Voraussetzungen für Planung, Steuerung und Kontrolle des Material- und Herstellungsflusses. Daher eignet sich die Fließfertigung vor allem für die Bearbeitung großer, gleichartiger Produktionsmengen. Im Vergleich zur Werkstattfertigung sind insbesondere die Durchlaufzeiten kürzer und die dadurch entstehenden Lager- und Kapitalbindungskosten geringer. Einarbeitungs- und Lernerfolge geringer qualifizierter (Hilfs-)Arbeiterinnen und Arbeiter sind größer[2] und

1 Die Fließbandfertigung wurde erstmals 1913 in der Automobilproduktion von Henry Ford in Detroit eingesetzt.
2 Aufgrund ständiger Wiederholung derselben Arbeitsverrichtungen

die Arbeitsgeschwindigkeit ist infolge starker Spezialisierung höher. Der Produktionsprozess ist sehr übersichtlich, sodass Fehlerquellen leicht festzustellen sind. Aufgrund (sehr) hoher Ausbringungsmengen werden die anfallenden Fixkosten[1] auf eine große Stückzahl verteilt (Fixkostendegression bzw. Gesetz der Massenproduktion).

Nachteile

Bei der Fließfertigung ist man gegenüber Veränderungen am Markt weniger flexibel. Die immer häufiger vom Kunden gestellten Anforderungen nach Varianten oder Veränderungen von Produkten erschweren die Auslastung der Anlagen, denn die Umrüstmöglichkeiten sind technisch begrenzt. Ein Umrüsten führt zu einem längeren Stillstand sowie zu hohen Umrüstkosten. Störungen in der Materialversorgung oder im Fertigungssystem verursachen evtl. eine Unterbrechung des gesamten Produktionsprozesses mit teilweise katastrophalen finanziellen Folgen[2], denn die vor- und nachgelagerten Arbeitsschritte sind meist direkt technisch von der gestoppten Stelle abhängig. Hohe Investitionskosten und damit verbunden hohe Fixkosten führen bei einem Rückgang der Kapazitätsauslastung bzw. des Beschäftigungsgrades zu einem Anstieg der Stückkosten[3].

Die Gegenläufigkeit von Produktivität bei Fließfertigung und Flexibilität bei Werkstattfertigung geht durch den Einsatz moderner Computertechnologien (Produktionsautomatisierung) sowie mit der Einführung moderner Informations- und Kommunikationstechniken weiter zurück. Die Werkstattfertigung wird produktiver, die Fließfertigung wird flexibler.

III. Gruppenfertigung, Fertigungsinseln

Die **Gruppenfertigung** stellt eine Kombination von Fließ- und Werkstattfertigung dar. Innerhalb dieser Fertigungsorganisation werden Fertigerzeugnisse oder artgleiche Montageteile in teilautonomen Arbeitsgruppen[4] (Fertigungsinseln) getrennt hergestellt. Betriebsmittel und Arbeitsplätze sind zu einer Gruppe zusammengefasst und innerhalb dieser nach dem Fließprinzip angeordnet. Die innerhalb der Arbeitsgruppen tätigen, hochqualifizierten Mitarbeiterinnen und Mitarbeiter können verschiedene Tätigkeiten selbstständig ausführen und sich daher gegenseitig abwechseln und unterstützen. Aufgabe der Gruppe ist die eigenständige und komplette Herstellung von Montageteilen oder Fertigerzeugnissen. Komplett bedeutet, dass alle erforderlichen Arbeitsvorgänge, einschließlich der Programmierung von CNC-Maschinen[5] und der Qualitätssicherung, innerhalb der Arbeitsgruppe erledigt werden. Eigenständig bedeutet, dass alle Aufgaben der Planung und Steuerung sowie die Aufgabenverteilung auf die Gruppenmitglieder von den Mitarbeitenden der Fertigungsinseln selbst ausgeführt werden. Die Gruppen erhalten die zu bearbeitenden Kundenaufträge sowie die ungefähren Fertigstellungstermine zur Orientierung. Die Anforderungen an die einzelne Person sind höher, sie erlebt alle Arbeitsschritte bis zur Fertigstellung des Endproduktes oder des Montageteiles mit. Sie identifiziert sich stärker mit dem Arbeitsergebnis, ist daher evtl. motivierter und bewahrt sich ein anhaltendes Interesse an den abwechslungsreichen Arbeitsvorgängen. Für die einzelnen Gruppenmitglieder kann jedoch ein „Gruppenzwang" entstehen, denn jedes positive oder negative (monetäre) Feedback zur abgelieferten Leistung fällt auf die gesamte Gruppe zurück.

IV. Baustellenfertigung

Bei der **Baustellenfertigung** erfordert die Größe des unbeweglichen Erzeugnisses seine Herstellung an einem festen Ort. Die Produktionsfaktoren werden zur Baustelle transportiert. Vorgänge zur Planung, Steuerung und Kontrolle des Fertigungsprozesses erfolgen teilweise ebenso vor Ort.

1 Beispielsweise für Abschreibungen der Betriebsmittel, Miete von Produktions- oder Lagerflächen, Zinsen für Fremdkapital
2 Im Juni 1998 büßten die Ford-Werke in Köln aufgrund von Lieferschwierigkeiten des Türschlosszulieferers mehr als umgerechnet 50 Mio. € ein. Die Montagebänder standen mehrere Tage still.
3 Umkehrung der Fixkostendegression
4 Die Fertigung in teilautonomen Gruppen führte das schwedische Automobilunternehmen Volvo in seinen Montagewerken in Kalmar und Uddevalla bereits während der 1980er- und 1990er-Jahre unter sozialwissenschaftlicher Begleitung durch.
5 CNC = computerized numerical control; CNC-Maschinen verfügen über einen eigenen, internen Computer zur Steuerung und Speicherung der auszuführenden Werkstoff-/Teilebearbeitung. Diese Computer werden von den Beschäftigten selbst programmiert.

In der folgenden Abbildung werden alle oben genannten Fertigungsverfahren nach der Anordnung/Organisation der Betriebsmittel im Fertigungsprozess abschließend anschaulich zusammengefasst:

Organisationstypen der Fertigung

bei beweglichen Sachen

Werkstattfertigung
Betriebsmittel mit gleichartigen Verrichtungen werden räumlich zusammengefasst.
(Verrichtungsprinzip)

Fließfertigung
Betriebsmittel sind in der technischen Abfolge der Bearbeitungsstufen angeordnet.
(Fließ-, Fluss- oder Objektprinzip)

- **Reihenfertigung**
erfolgt nach dem Fließprinzip und die Arbeitsvorgänge sind zeitlich aufeinander abgestimmt (keine festen Taktzeiten)

- **Fließbandfertigung**
Vorgabe genauer Taktzeiten für die einzelnen Arbeitsvorgänge und Einsatz mechanischer Fördermittel

Gruppenfertigung
Artgleiche Erzeugnisteile werden in „autonomen" Arbeitsgruppen/Fertigungsinseln getrennt hergestellt. Die Betriebsmittel sind innerhalb der Fertigungsinsel nach dem Fließprinzip angeordnet.

bei unbeweglichen Sachen

Baustellenfertigung
Die Größe des Erzeugnisses erfordert die Fertigung an einem festen Standort.
→ bei unbeweglichen Erzeugnissen (Straßen, Gebäude)

2.4.3 Komplexe Fertigungskonzepte

Die sich ständig verändernden und anspruchsvoller werdenden Marktanforderungen z. B. hinsichtlich Qualität, kurzer Lieferzeiten oder des Einhaltens angebotener Liefertermine führen ebenso wie die intensive Wettbewerbssituation dazu, dass neue technische Entwicklungen und der Einsatz von EDV-Systemen immer stärker in die betrieblichen Prozesse integriert werden und der Grad der Automatisierung ständig zunimmt. Zuerst wurden in vielen Unternehmen für einzelne Funktionsbereiche mithilfe der Automatisierung von (Teil-)Prozessen eigenständige, technische und organisatorische Problemlösungen entwickelt. Fortschritte in der Steuerungstechnik ermöglichten, dass immer häufiger CNC-Maschinen, Industrieroboter, Bearbeitungszentren und automatisierte Transportsysteme sowie flexible Fertigungssysteme eingesetzt wurden. So erhöhte sich die Produktivität und Flexibilität der Leistungserstellung.

Folgende flexible, automatisierte Fertigungssysteme werden unterschieden:

Bearbeitungszentren

- **Bearbeitungszentren**
Bearbeitungszentren sind Maschinen, die aufgrund automatisierter Wechseleinrichtungen an einem Werkstück unterschiedliche, aber ähnliche Verrichtungen ohne Umrüsten ausüben können. Es können z. B. Bohren, Gewinde schneiden und Dreharbeiten hintereinander ausgeführt werden.

flexible Fertigungszellen

- **Flexible Fertigungszellen**
Flexible Fertigungszellen sind einstufige Produktionsanlagen, die aus den Teilkomponenten Bearbeitungssystem, Materialflusssystem (für Werkstücke und Werkzeuge) und Informationssystem bestehen. Aufgrund der Integration dieser Teilsysteme ist eine automatisierte Durchführung mindestens einer Verrichtung an mehreren unterschiedlichen Werkstücken möglich.

- **Flexibles Fertigungssystem**
  Ein flexibles Fertigungssystem ist eine mehrstufige, flexible, automatisierte Fertigungsanlage, bestehend aus mehreren Bearbeitungssystemen, die über ein automatisches Transportsystem miteinander verbunden sind und das daher eine automatisierte mehrstufige Mehrproduktfertigung ermöglicht.

flexible Fertigungssysteme

  Bestandteile eines flexiblen Fertigungssystems sind in der Regel:
  - Maschinen mit numerischer Steuerung, einem Werkzeugmagazin und mit Aufspanntischen für eine automatisierte Bestückung,
  - ein Transportsystem, mit dem die Werkstücke transportiert werden können,
  - ein Informationssystem, das Maschinen und Materialflusssysteme steuert und überwacht,
  - Arbeitsplätze, an denen Verrichtungen personell ausgeführt werden, die nicht vollautomatisch erledigt werden.

  Ein zentraler Rechner, an den alle Systeme angeschlossen sind, steuert und überwacht den Gesamtprozess. Eingesetzt werden diese Systeme für komplexe Fertigungsaufgaben, in der gleichzeitig ungleiche Arbeitsabläufe abgestimmt werden müssen.

  Die Flexibilität besteht darin, dass unterschiedliche Werkstücke an den einzelnen Maschinen mit unterschiedlichen Bearbeitungsverfahren hergestellt werden können. Die Reihenfolge der Bearbeitung sowie der Materialfluss lassen sich flexibel gestalten. Eine flexible Ergänzung von weiteren Bearbeitungsmaschinen sowie die Nachrüstung mit „intelligenten" Steuerkomponenten sind ebenso möglich.

- **Flexible Fertigungsstraßen bzw. Transferstraßen**
  Flexible Fertigungsstraßen beinhalten mehrstufige, flexible und automatisierte Fertigungssysteme, innerhalb derer mehrere Bearbeitungszentren oder flexible Fertigungszellen, die über ein automatisiertes Transportsystem im Liniensystem miteinander verbunden sind. Dies ermöglicht eine automatische Bearbeitung mehrerer unterschiedlicher Werkstücke, die die Transferstraße auf gleichem Weg durchlaufen. Zum Ausgleich von unterschiedlichen Taktzeiten, Rüstzeiten oder kurzfristigen Störungen an einzelnen Systemkomponenten können Pufferstrecken aufgenommen werden.

flexible Fertigungsstraßen

- **Industrieroboter**
  Eine zunehmende Variantenvielfalt der Produkte aufgrund von Marktbedürfnissen sowie kürzere Durchlaufzeiten mit häufigeren Modellwechseln erfordern einen hohen Grad an Flexibilität und Automatisierung der Fertigungsprozesse. Diesen Anforderungen werden moderne Industrieroboter aufgrund ihrer vielfältigen Einsatzmöglichkeiten immer mehr gerecht.

  Industrieroboter sind universell einsetzbare Bewegungsautomaten mit mehreren Achsen, deren Bewegungen hinsichtlich Bewegungsfolge und Wegen bzw. Winkeln frei programmierbar (d. h. ohne mechanischen Eingriff vorzugeben bzw. änderbar) und gegebenenfalls sensorgeführt sind. Sie sind mit Greifern, Werkzeugen oder anderen Fertigungsmitteln ausrüstbar und können Handhabe- oder andere Fertigungsaufgaben ausführen. (VDI-Richtlinie 2860) https://www.vde-verlag.de/buecher/leseprobe/9783446468696_H-PROBE_01.pdf

Industrieroboter

  Industrieroboter sind universell einsetzbare Automaten (insbesondere bei der Fertigung großer Stückzahlen), die sich wiederholende Bewegungen in kurzer Zeit ausführen können. Diese Bewegungen sind bezüglich ihrer Reihenfolge, Wege, Winkel und Geschwindigkeit frei programmierbar. Die Programmierung erfolgt dadurch, dass der Roboter von Hand geführt wird und die vollzogene Bewegung aufzeichnet. Die Steuerung geschieht elektronisch durch Mikroprozessoren. Moderne Roboter können mittels Sensoren (Kamera, Ultraschall, Flächensensor) sehen, hören und fühlen.

Vorteile

Gründe für den Einsatz flexibler, automatisierter Industrieroboter sind:
- geringer werdende Stückzahlen mit hohen Umrüstzeiten und geringer Auslastung konventioneller Betriebsmittel (Leerkosten),
- erhöhte Ansprüche an die Qualität und Funktionalität der Produkte,
- zu hohe Durchlaufzeiten mit zu großen Lagerbeständen und zu hohen Kapitalbindungskosten,
- den Körper belastende, monotone und gesundheitsschädliche Tätigkeiten für die Beschäftigten,
- Kostendruck auf die Produkte aufgrund der Wettbewerbssituation und der aktuellen Käufermärkte,
- zunehmende Produktdifferenzierung aufgrund geringer Produktlebenszeiten,
- unregelmäßige Auftragseingänge.

Aufgaben

Industrieroboter werden in vielen Bereichen der Fertigung eingesetzt:
- als Handhabungseinrichtung zum Palettieren, Stapeln, Verpacken, Montieren, zum Bestücken der Maschinen sowie zum Entnehmen der Werkstücke,
- als Schweißroboter zum Bahnschweißen, Punktschweißen, Laserstrahlschweißen,
- als Schneidroboter zum Fräsen, Sägen, Wasserstrahl-/Laserstrahlschneiden,
- als Fügeroboter zum Kleben, Abdichten, Druckfügen,
- als Messroboter zum Messen, Prüfen, Testen,
- als Lackierroboter zum Grundieren, Lackieren oder Polieren.

Immer mehr Verrichtungen, wie z. B. das Bearbeiten des Werkstückes, das Wechseln von Werkstücken, Werkzeugen und Vorrichtungen, das Transportieren und Lagern der Werkstücke, das Messen und Kontrollieren sowie die Überwachung der einzelnen Fertigungsschritte, werden von einer computergestützten Steuerung übernommen. Ebenso werden die Arbeitsschritte in den Bereichen der Forschung und Entwicklung und der Konstruktion mit neuen Technologien und Rechnereinsatz unterstützt. Diese funktionsbereichsspezifischen Einzellösungen[1] werden dadurch optimiert, dass möglichst alle betrieblichen Vorgänge vom Eingang der Kundenaufträge bis zum Vertrieb der Produkte in einem rechnergestützten Gesamtsystem zusammengefügt werden.

CIM

Dieses Gesamtsystem CIM (**CIM = Computer Integrated Manufacturing**) beinhaltet den integrierten EDV-Einsatz in allen Funktionsbereichen, die mit der Fertigung zusammenhängen.

Ziel ist die Zusammenführung aller technischen und betriebswirtschaftlichen Funktionen der Produktherstellung. Diese Zusammenführung wird im sogenannten Y-Modell von August-Wilhelm Scheer veranschaulicht:

- Der linke Ast des Y repräsentiert den betriebswirtschaftlichen Teil, das PPS-System. Die rechte Seite beinhaltet die technischen Komponenten, die sogenannten CAX-Techniken.
- Die beiden Seiten des Y münden in einem gemeinsamen Ast. Er enthält die Funktionen, bei denen betriebswirtschaftliche (PPS) und technische (CAM) Komponenten ineinander greifen.

1 Auch als „Insellösungen" bezeichnet

CIM-Y-Modell – Computer Integrated Manufacturing

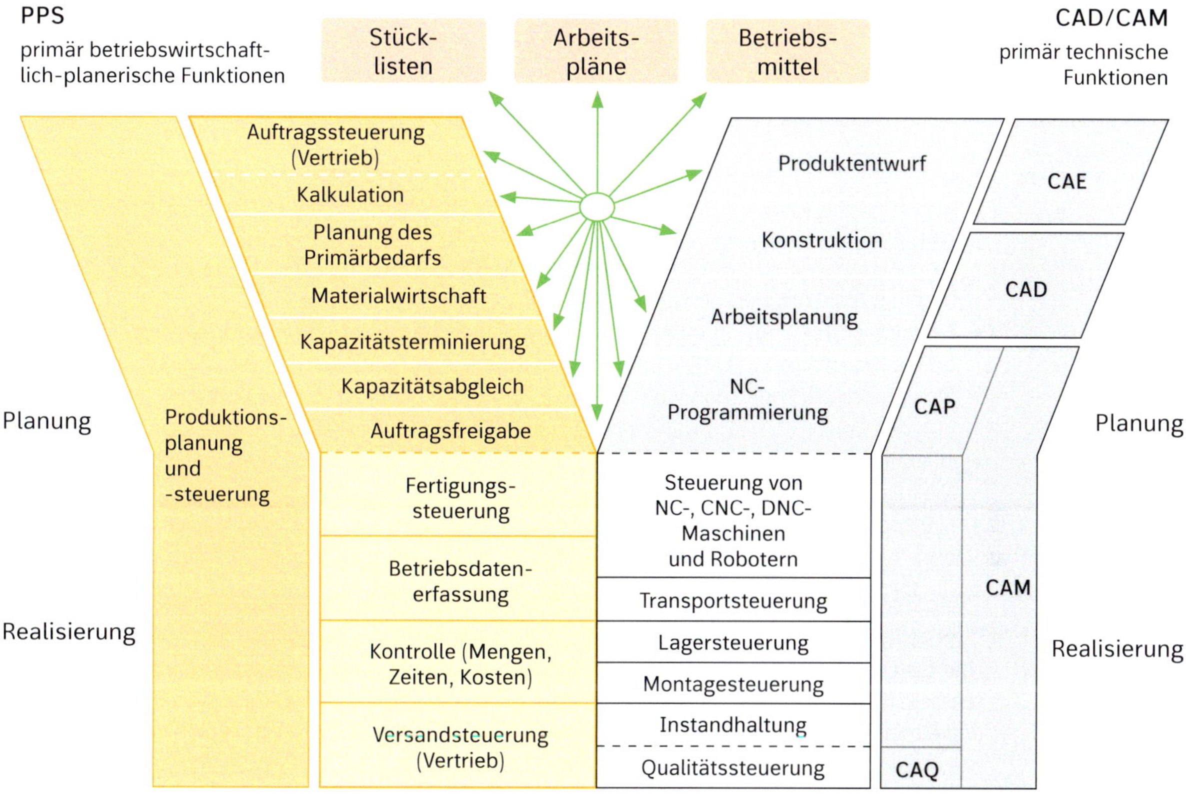

Quelle: Scheer, August-Wilhelm: CIM – Der computergesteuerte Industriebetrieb. 3. Auflage, Berlin: Springer Verlag 1988, S. 3. (verändert)

Die Voraussetzung für CIM ist eine gemeinsame Datenbasis, auf die sämtliche betrieblichen Funktionen zugreifen können: die Grunddatenverwaltung.

Grunddatenverwaltung

Im Rahmen der Grunddatenverwaltung geht es um die Erfassung, Verwaltung, Pflege, Speicherung und die Zurverfügungstellung fertigungsrelevanter Informationen zur Durchführung des Produktionsprozesses.

Grunddaten sind die auftrags-, betriebsmittel-, lager-, personen-, qualitäts- und kostenbezogenen Informationen, die im täglichen Wertschöpfungsprozess immer wieder anfallen. Sie setzen sich aus Stammdaten, die eine geringe Änderungshäufigkeit aufweisen (z. B. Stücklisten, Basisarbeitspläne), und Bewegungsdaten, die aufgrund häufiger Änderungen eine begrenzte Lebensdauer haben (z. B. Lagerbestände, Maschinenlaufzeiten, Fertigungsmengen), zusammen.

Die Produktionsplanung und -steuerung übernimmt die organisatorische, die CAX-Techniken die technische Optimierung der zur Leistungserstellung erforderlichen Prozesse.

CAX-Techniken

Die folgenden, isoliert funktionsfähigen CAX-Techniken werden miteinander verknüpft:

CAD → rechnergestütztes Zeichnen; Konstruktion (Computer-Aided Design)

CAP → rechnergestützte Planung von Arbeitsabläufen (Computer-Aided Planning)

CAE → rechnergestützte Simulation einzelner Fertigungsabläufe (Computer-Aided Engineering)

CAM → rechnergestützte Steuerung und Überwachung der im Fertigungsablauf eingesetzten, computergesteuerten Betriebsmittel (CNC-Maschinen) (Computer-Aided Manufacturing)

CAQ → rechnergestützte Qualitätssicherung und -kontrolle (Computer-Aided Quality Assurance)

Voraussetzungen einer erfolgreichen Einführung

Die Voraussetzungen für eine erfolgreiche Einführung von CIM sind umfangreich:

- Der Wunsch zur Einführung sollte aus dem Unternehmen selbst kommen.
- Das Konzept muss von der Unternehmensleitung sowie von allen Beschäftigten getragen werden.
- Es sollte von (externen) Expertinnen und Experten als ein integriertes Gesamtkonzept für ein bestimmtes Unternehmen als Individuallösung geplant werden.
- Es sollte stufenweise mit überschaubaren Kosten und nicht unter Zeitdruck eingeführt werden.
- Ein verantwortliches Team sollte ständig und ausschließlich mit der Einführung und Betreuung des Konzepts beauftragt werden.
- Die Mitarbeiterinnen und Mitarbeiter müssen ständig auf die Anforderungen des Konzepts hin ausgebildet und vorbereitet werden.
- Die zugrunde liegenden Geschäftsprozesse[1] müssen angepasst bzw. neu strukturiert werden.
- Ein lokales Netzwerk (LAN[2]) wird benötigt.

› Band 1, LF 1, Kapitel 1.11 Geschäftsprozesse

Vorteile/Vorzüge

Die Umsetzung von CIM führt zu einer hohen Transparenz der Geschäftsprozesse und ermöglicht das schnelle Erkennen kostenintensiver Schwachstellen im Produktionsablauf. Weiterhin entsteht ein hilfreicher und entlastender, für jeden Funktionsbereich zugänglicher Informations- und Datenpool. Der Informationsfluss vom Kundenauftrag bis zum Vertrieb des Produktes wird beschleunigt und gewährleistet eine höhere Sicherheit für anstehende Entscheidungen. Die Durchlaufzeiten werden verringert, die Lieferzeiten verkürzen sich, Lagerbestände werden abgebaut und eine höhere Kapazitätsauslastung entsteht. Es besteht eine größere Flexibilität bei Marktveränderungen sowie aus Kundensicht eine höhere Zuverlässigkeit der Einhaltung vereinbarter Liefertermine.

Nachteile/Probleme

Problematisch erscheinen die hohen Investitions- und Betriebskosten, eine schnelle Alterung der Hard- und Software (EDV) und eine hohe Störanfälligkeit des Fertigungsprozesses sowie des gesamten Systems (→ Abhängigkeit). Weiterhin erschweren ein unübersichtliches Softwareangebot und ein hoher Anpassungsaufwand der Software an bestehende Betriebsstrukturen (oder umgekehrt) die Einführung dieser komplexen Fertigungskonzeption.

2.4.4 Industrie 4.0 – die vierte industrielle Revolution

Industrie 4.0 verknüpft die industrielle Herstellung mit modernsten Informations- und Kommunikationstechnologien. Ursächlich und gleichzeitig antreibend ist die rasante Entwicklung der Digitalisierung in Wirtschaft und Gesellschaft.

Alle in der Fertigung eingesetzten Produktionsfaktoren (Mitarbeiterinnen und Mitarbeiter, Betriebsmittel, Bestandteile der Logistik, Materialien, Produkte) sind über digital vernetzte Systeme direkt miteinander verbunden.

„Intelligente" Maschinen stimmen selbstständig die einzelnen Arbeitsschritte aufeinander ab, Industrieroboter arbeiten in der Fertigung mit den Mitarbeitenden zusammen und voll automatisierte Transporteinheiten führen eigenständig die erforderlichen Transportvorgänge aus.

1 Ein Geschäftsprozess ist die Aneinanderknüpfung erforderlicher, zusammengehörender und sich wiederholender Aufgaben und Tätigkeiten, um festgelegte Unternehmensziele zu erreichen.
2 LAN = engl. local area network

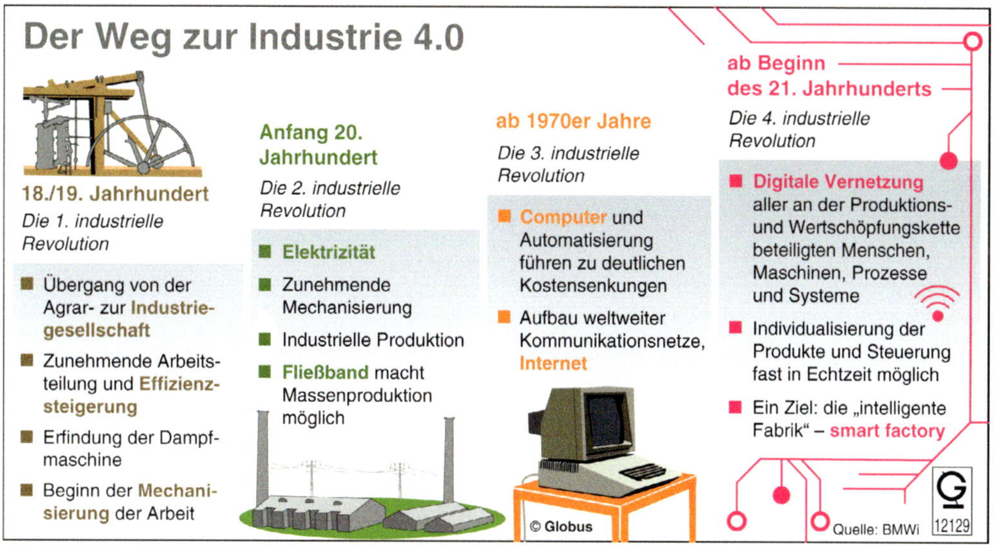

Diese Maschinen sind mit Prozessoren, Sensoren und Funkverbindungen ausgestattet. Sie kommunizieren selbstständig miteinander, mit den Erzeugnissen, die sie fertigen. Sie organisieren sich selbst, optimieren die Fertigungsprozesse, überprüfen selbst die Lagerbestände, bestellen nach und rüsten selbstständig um. Bei Störungen und Ausfällen wird selbstständig, schnell und flexibel reagiert. Dazu ist erforderlich, dass diese digitalisierten Maschinen in Echtzeit miteinander kommunizieren und kooperieren, sodass der Ablauf automatisiert gesteuert wird und Fehler sofort erkannt und behoben werden.

Ausgehend von einer Produktidee, über die F&E, die Fertigung, die Qualitätskontrolle, die Wartung bis hin zur Entsorgung/zum Recycling existieren intelligente, innerbetriebliche Wertschöpfungsketten, welche die Umsetzung individueller Kundenwünsche bei gleichzeitig kostensparender Massenfertigung ermöglichen. Bei einer Vernetzung aller Unternehmen der Wertschöpfungskette ist es möglich, Ressourcen und Energie zu sparen und die gesamte Wertschöpfungskette unternehmensübergreifend zu optimieren. Aufgrund der rasanten Entwicklung von Digitalisierung und Informationstechnologie verschmelzen mehrere beteiligte Unternehmen zu einer Smart Factory (intelligente Fabrik).

Vorteile der Smart Factory:

- Fertigung individueller Produkte nach Kundenwünschen zu Kosten der Massenfertigung
- geringe Stückkosten und somit niedrige Verkaufspreise
- gezielte Prozessplanung
- erhöhte Produktivität und Wirtschaftlichkeit
- Senkung der Energiekosten sowie Schonung von Ressourcen
- Erhöhung von Effizienz und Sicherheit
- hohe Flexibilität gegenüber unvorhersehbaren Marktveränderungen

Aufgrund der digitalen Vernetzung entstehen sehr viele Schnittstellen zwischen den beteiligten Unternehmen und Institutionen, sodass einheitliche Standards und Normen, eine hohe IT-Sicherheit und ein gesteigerter Datenschutz erforderlich werden. Ferner sind gut ausgebildete Fachkräfte mit entsprechenden Kompetenzen in allen Kompetenzbereichen der beruflichen Handlungskompetenz erforderlich. Denn Industrie 4.0 bedeutet nicht menschenleere Fabriken, sondern die Integration der Mitarbeiterinnen und Mitarbeiter in die Betriebsabläufe, um diese zu koordinieren, zu steuern, zu kontrollieren und eigenverantwortlich schnell Entscheidungen zu treffen.

Auf der Plattform Industrie 4.0[1] kooperieren Unternehmen, Verbände[2], Gewerkschaften[3], Wissenschaft[4] und Politik[5] miteinander, um die internationale Spitzenposition der deutschen Fertigungsindustrie und deren Image zu stützen und zu erweitern. Die Akteure dieser Plattform wollen für die anstehende digitale Entwicklung verlässliche und einheitliche Rahmenbedingungen schaffen und anhand von Beispielen die Umsetzung von Industrie 4.0 unterstützen und forcieren.

Weitere Informationen sowie sehr anschauliches Filmmaterial zu Industrie 4.0 finden Sie hier:

- www.bmbf.de/DE/Forschung/Zukunftstechnologien/TechnologischeSouveraenitaet/Industrie4_0/industrie4_0_node.html
- www.plattform-i40.de
- www.bmwk.de/Redaktion/DE/Dossier/industrie-40.html
- Video: „Industrie und Arbeit 4.0“ der IG Metall NRW
- Video: „Industrie 4.0: Wenn das Werkstück die Produktion steuert“ auf dem YouTube-Kanal des ZVEI

Umfassende KI-gestützte Überwachungs-, Planungs- und Analysetools ebnen den Weg für die Zukunft der Fertigung. Der Einsatz künstlicher Intelligenz in der Industrie unterscheidet sich jedoch grundlegend von ihrer Nutzung für andere kommerzielle Zwecke oder im privaten Kontext. Künstliche Intelligenz muss höchsten Anforderungen und den strengen Standards gerecht werden, die für anspruchsvolle industrielle Prozesse gelten. Mit anderen Worten: KI in der Industrie muss industrietauglich sein.

Diese Industrietauglichkeit zu erreichen, ist eine enorme Herausforderung. So ist man beispielsweise bei Siemens davon überzeugt, dass Unternehmen diese Aufgabe gemeinsam mit Partnern aus verschiedenen Branchen und der Wissenschaft angehen müssen, um die künstliche Intelligenz weiterzuentwickeln und für industrielle Anwendungen nutzbar zu machen.

Dennoch fällt es vielen Industrieunternehmen schwer, das Potenzial von KI in wirtschaftliche Vorteile zu verwandeln:

- Rund 40 % halten künstliche Intelligenz für nicht vertrauenswürdig.
- 92 % beklagen einen Mangel an KI-Fachkräften.
- Nur 16 % erreichen KI-bezogene Ziele.[6]

2.4.5 Gesundheitsschutz bei der Auswahl von Fertigungsverfahren und der Umsetzung industrieller Fertigungsprozesse

Der Schutz der Gesundheit spielt eine zentrale Rolle sowohl bei der Auswahl von Fertigungsverfahren als auch bei der praktischen Umsetzung industrieller Fertigungsprozesse. Um die Sicherheit, das Wohlbefinden und die Motivation der Beschäftigten, insbesondere in der Fertigung, zu gewährleisten, müssen verschiedene Aspekte berücksichtigt werden.

1 Gegründet im April 2013, weitere Informationen zur Plattform Industrie 4.0 erhalten Sie u. a. hier: www.plattform-i40.de
2 Verband Deutscher Maschinen- und Anlagenbau (VDMA), Bundesverband der Deutschen Industrie (BDI), Verband der Automobilindustrie (VDA)
3 IG Metall
4 Fraunhofer Gesellschaft (größte Forschungsorganisation für anwendungsorientierte Forschung in Europa)
5 Bundesministerium für Wirtschaft und Klimaschutz, Bundesministerium für Bildung und Forschung
6 Vgl. Siemens AG: KI in der Industrie muss strenge Anforderungen erfüllen. In: www.siemens.com/de/de/produkte/automatisierung/themenfelder/ki-industrie.html?acz=1&gad_source=1 [19.03.2025].

Auswahl von Fertigungsverfahren

Bei der Entscheidung für ein geeignetes Fertigungsverfahren sollten mögliche Gesundheitsrisiken von Anfang an minimiert werden. Dabei sind folgende Faktoren besonders relevant:

- **Emissionen und Schadstoffe:** Verfahren, die große Mengen an Staub, Dämpfen oder giftigen Gasen freisetzen, erfordern entweder effektive Schutzmaßnahmen oder Alternativen mit geringerem Risiko. Je nach Belastung der Mitarbeiterinnen und Mitarbeiter sind Filteranlagen oder Absaugvorrichtungen notwendig. Zudem können energieeffiziente Technologien, optimierte Lieferketten und nachhaltige Verfahrensweisen die CO_2-Belastungen reduzieren.
- **Lärmbelastung:** Betriebsmittel und Fertigungsprozesse, die hohe Geräuschpegel verursachen, können das Gehör schädigen und starkes Stressempfinden nach sich ziehen. Daher sind geräuscharme Technologien und/oder Schallschutzmaßnahmen, etwa Schallschutzkabinen, sehr wichtig.
- **Ergonomie und körperliche Belastung:** Alle Tätigkeiten und Prozesse sollten so gestaltet sein, dass Monotonie oder körperliche Anstrengung verringert wird. Körperlich anstrengende Tätigkeiten sind z. B. das Tragen oder Heben schwerer Lasten oder Arbeiten in ungünstigen Körperhaltungen, d. h. gebückt, hockend, kniend oder über Kopf. Höhenverstellbare Arbeitsplätze, Exoskelette[1] und automatisierte Hebehilfen können die körperliche Belastung erheblich verringern.
- **Verwendung sicherer Materialien:** Auch die Auswahl von Werkstoffen sollte unter gesundheitlichen Aspekten erfolgen. Toxische oder gesundheitsschädliche Substanzen sollten, durch unbedenkliche Alternativen ersetzt werden.

Gesundheitsschutz in der industriellen Fertigung

Neben der Wahl eines geeigneten Fertigungsverfahrens erfordert der praktische Betrieb umfangreiche Maßnahmen zum Schutz der Gesundheit. Diese lassen sich in verschiedene Kategorien unterteilen:

- **Persönliche Schutzausrüstung (PSA):** Je nach Arbeitsumgebung sind Schutzkleidung, Atemmasken, Gehörschutz oder Handschuhe erforderlich, um gesundheitliche Risiken zu minimieren.
- **Technische Schutzmaßnahmen:** Dazu gehören Absaug- und Belüftungssysteme zur Reduzierung von Schadstoffen in der Luft, Lärmschutzwände oder Sicherheitsvorrichtungen an Maschinen. Regelmäßige Wartungen und Überprüfungen technischer Systeme sind unerlässlich. Darüber hinaus sollten Gefahrenbereiche, Abstellflächen sowie Lauf- und Transportwege deutlich gekennzeichnet sein.
- **Organisatorische Maßnahmen:** Effiziente Schichtpläne zur Reduzierung von Belastungszeiten, regelmäßige Pausen und eine ergonomische Arbeitsplatzgestaltung tragen wesentlich zum Gesundheitsschutz bei.
- **Unterweisung und Schulung:** Beschäftigte müssen regelmäßig über potenzielle Gefahren und Schutzmaßnahmen informiert werden, um Unfälle und gesundheitliche Beeinträchtigungen zu vermeiden. Sicherheitsunterweisungen sollten verpflichtend und in regelmäßigen Abständen durchgeführt werden.
- **Arbeitsmedizinische Betreuung:** Regelmäßige ärztliche Gesundheitsuntersuchungen (Hör- und Sehtests, Lungenfunktionstests) helfen, arbeitsbedingte Erkrankungen frühzeitig zu erkennen und ihnen vorzubeugen.
- **Notfallmanagement:** Ein umfassendes Notfall- und Erste-Hilfe-Konzept sollte vorhanden sein. Dazu gehören gut zugängliche Erste-Hilfe-Ausrüstungen, regelmäßige Notfallübungen sowie die Schulung von Ersthelferinnen und Ersthelfern.

1 Ein Exoskelett ist ein mit Motoren, Batterien, pneumatischen oder Federsystemen unterstütztes Gerüst, das außen am menschlichen Körper angebracht wird („Roboteranzug"), um den menschlichen Körper bei schweren oder auch Überkopfarbeiten mechanisch zu unterstützen (siehe auch https://orthexo.de/ratgeber/was-ist-ein-exoskelett/).

Ein umfassender Gesundheitsschutz ist essenziell für eine sichere und störungsfreie industrielle Fertigung. Durch die gezielte Auswahl geeigneter Fertigungsverfahren sowie die konsequente Umsetzung technischer, organisatorischer und persönlicher Schutzmaßnahmen lassen sich gesundheitliche Risiken minimieren und die Arbeitsbedingungen für die Beschäftigten nachhaltig verbessern.

AUFGABE 1

Vergleichen Sie mithilfe folgender Tabelle die Werkstatt- mit der Fließfertigung (tendenzielle Aussagen).

Kriterien	Werkstattfertigung	Fließfertigung
Organisationsprinzip		
Art der Betriebsmittel		
Anwendung bei Fertigungstyp		
Umsetzung der Fertigungsplanung		
Struktur des Produktionsablaufs		
Kapazitätsauslastung		
Kosten		
Investitionskosten		
Lagerkosten		
Transportkosten		
Lohnkosten		
Zeiten		
Lagerzeiten		
Durchlaufzeiten		
Lieferzeiten		
Arbeitsvorbereitung		
Arbeitnehmerinnen und Arbeitnehmer		
Grad der Zufriedenheit		
erforderliche Ausbildung		
Art der Tätigkeiten		
Flexibilität bei		
Marktveränderungen		
Arbeiter-/Maschinenausfall		
Absatz		
Risiko		
Möglichkeit der Produktumstellung		
zeitliche Reihenfolge von Produktion und Auftrag		

AUFGABE 2

Erstellen Sie eine tabellarische Übersicht zu den verschiedenen Organisationstypen der Fertigung. Berücksichtigen Sie folgende Aspekte:

- kurze Beschreibung des Organisationstypen
- Hauptmerkmal des Organisationstypen
- Vorteile (Auswahl)
- Nachteile (Auswahl)

AUFGABE 3

Beschreiben Sie die Merkmale bzw. Kennzeichen der Sorten-, Partie- sowie Chargenfertigung und nennen Sie jeweils zwei Beispiele.

AUFGABE 4

Erläutern Sie vier Voraussetzungen für eine erfolgreiche Einführung der Gruppenarbeit in den Produktionsprozess eines Industrieunternehmens.

AUFGABE 5

Erläutern Sie jeweils drei Zielsetzungen von CIM, differenziert nach

a) technischen Aspekten und

b) betriebswirtschaftlichen Aspekten.

AUFGABE 6

a) Erläutern Sie das im Rahmen der Mehrfachfertigung auftretende Phänomen der Kuppelproduktion und nennen Sie Beispiele.

b) Beschreiben Sie die dort auftretenden Probleme bezüglich einer verursachungsgerechten Zuordnung der entstehenden Produktionskosten.

AUFGABE 7

Erläutern Sie folgende Abbildung zur Integration der Informationsflüsse im Rahmen des CIM-Konzeptes.

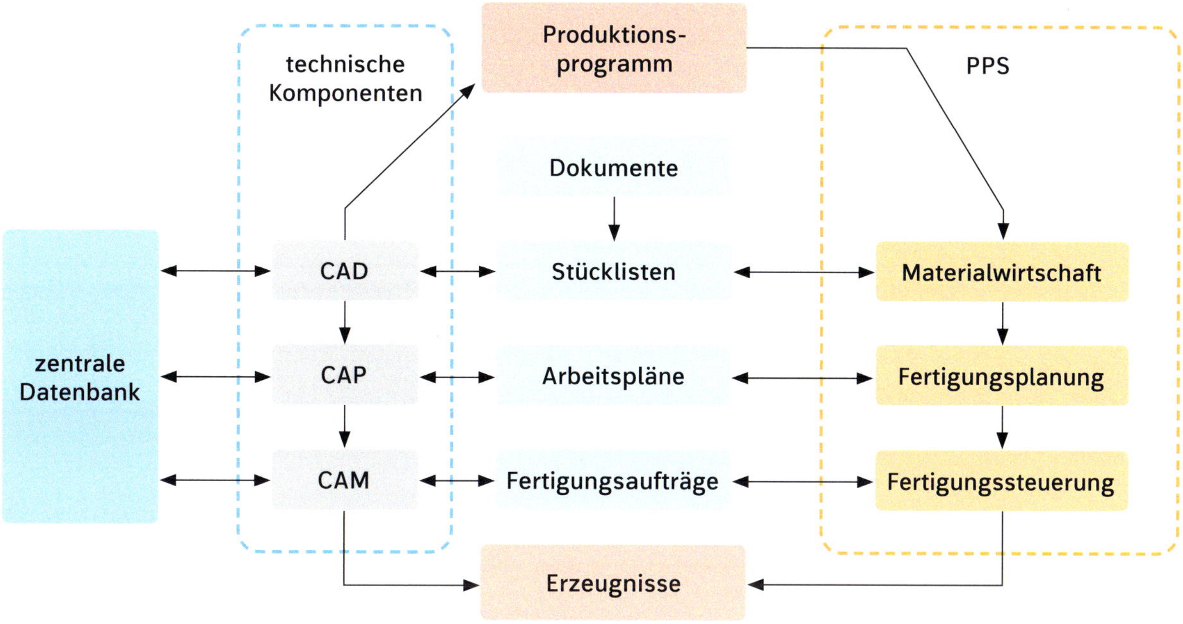

AUFGABE 8

a) Unterscheiden Sie zwischen den Fertigungsverfahren Einzelfertigung und Massenfertigung und nennen Sie jeweils ein Beispiel.

b) Kennzeichnen Sie die Einzel- bzw. Massenfertigung mittels folgender Kriterien: Organisationsform der Fertigung, Qualifikation der Mitarbeiterinnen und Mitarbeiter, Stückkosten, Flexibilität bei Nachfrageschwankungen, Auslöser der Fertigung.

AUFGABE 9

Ein Industrieunternehmen denkt über eine Umstellung der Fertigungsorganisation von der Fließbandfertigung auf die Gruppenfertigung nach.

a) Beschreiben Sie die Organisationsformen der
   1. Fließbandfertigung,
   2. Gruppenfertigung.

b) Beschreiben Sie jeweils zwei Argumente, die für einen Wechsel sprechen, aus der Perspektive der
   1. Unternehmensleitung,
   2. Mitarbeiterinnen und Mitarbeiter in der Fertigung.

c) Zeigen Sie zwei Zielkonflikte auf, die sich aus den unterschiedlichen Interessenlagen ergeben könnten.

2.5 Zeitplanung

Die Zeitplanung hat die Aufgabe, die zur Herstellung eines Erzeugnisses benötigte Zeit im Rahmen der Produktionsplanung einmalig zu ermitteln. In Abgrenzung dazu beinhaltet die **Terminplanung** der Produktionssteuerung die zeitliche Planung konkreter Kundenaufträge. Dabei geht es um die Festlegung von Lieferzeitpunkten oder umgekehrt von Anfangsterminen für die Produktion auf der Grundlage gewünschter Lieferzeitpunkte. Eine möglichst genaue und zuverlässige Zeitplanung ist die Voraussetzung dafür, im Rahmen der Terminplanung in der Produktionssteuerung dem Kunden zugesagte Liefertermine auch einhalten zu können.

Arbeitsablaufstudien

Grundlagen der Zeitplanung sind Arbeitsablaufpläne, die als Ergebnisse sogenannter **Arbeitsablaufstudien** entstehen. Arbeitsablaufstudien nach REFA[1] gliedern den gesamten Fertigungsprozess in einzelne Abschnitte, Vorgänge, Teilvorgänge bis hin zu kleinsten Arbeitselementen und bestimmen deren Reihenfolge. Neben dem eigentlichen Prozess (Arbeitsablauf) wird auch das Zusammenwirken der erforderlichen Mitarbeitenden und Betriebsmittel untersucht und die Ursachen für Ablaufstörungen werden ermittelt.

Im Mittelpunkt dieser Studien steht die Frage:

- **Wo** (räumliche Aufeinanderfolge verschiedener Arbeitsplätze) werden
- **wann** (zeitliche/technisch-logische Aufeinanderfolge der Arbeitsschritte) und
- **womit** (Einsatz benötigter Produktionsfaktoren) die erforderlichen Arbeitsschritte verrichtet?

Für einzelne Arbeitsvorgänge des Gesamtprozesses wird eine Reihenfolgeplanung erstellt, die hilfreiche Informationen zum Einsatz der Mitarbeitenden und Betriebsmittel enthält. Diese Reihenfolgeplanung findet sich im Basisarbeitsplan wieder (Ziel).

Arbeitszeitstudien

Die Aufgaben der Zeitplanung bestehen nun darin, im Rahmen von **Arbeitszeitstudien** den Zeitbedarf für jeden einzelnen Arbeitsvorgang mithilfe von Stoppuhren, automatischen Messgeräten,

1 Der REFA Fachverband e. V. hat seinen Sitz in Darmstadt und hat satzungsgemäß die Aufgabe der Förderung von Bildung und Wissenschaft der methodischen und arbeitswissenschaftlichen Forschung im Bereich der Arbeitsgestaltung und Betriebsorganisation. Gegründet 1924 in Berlin als „Reichsausschuss für Arbeitszeitermittlung" wurde der Name „REFA" aufgrund seines Bekanntheitsgrades beibehalten.

Zeiterfassungs-Apps, automatischen Impulsgebern, Zeitaufnahmebögen, Befragungen, Beobachtungen oder Erfahrungswerten zu bestimmen. Die Ergebnisse dieser Tätigkeiten ergeben die zeitliche Einteilung des Arbeitsprozesses.

Alle zur Ausführung eines Arbeitsvorgangs erforderlichen Grundbewegungen (Anfassen, Bringen, Greifen, Fügen, Trennen, Drehen, Bewegen, Loslassen) werden bestimmt und ihr Zeitbedarf wird erfasst.

Ziele dieser Arbeitszeitstudien sind die **Ermittlung der Durchlaufzeit** sowie die **Festlegung von Vorgabezeiten** für den gesamten Fertigungsprozess eines Erzeugnisses. Im Folgenden werden nun die einzelnen **Zeitbedarfe** kurz beschrieben.

Durchlaufzeit

Die Durchlaufzeit ist der Zeitbedarf für die Leistungserstellung vom Beginn des ersten bis zum Abschluss des letzten Bearbeitungsvorgangs. Sie setzt sich aus den in der folgenden Abbildung dargestellten Komponenten zusammen:

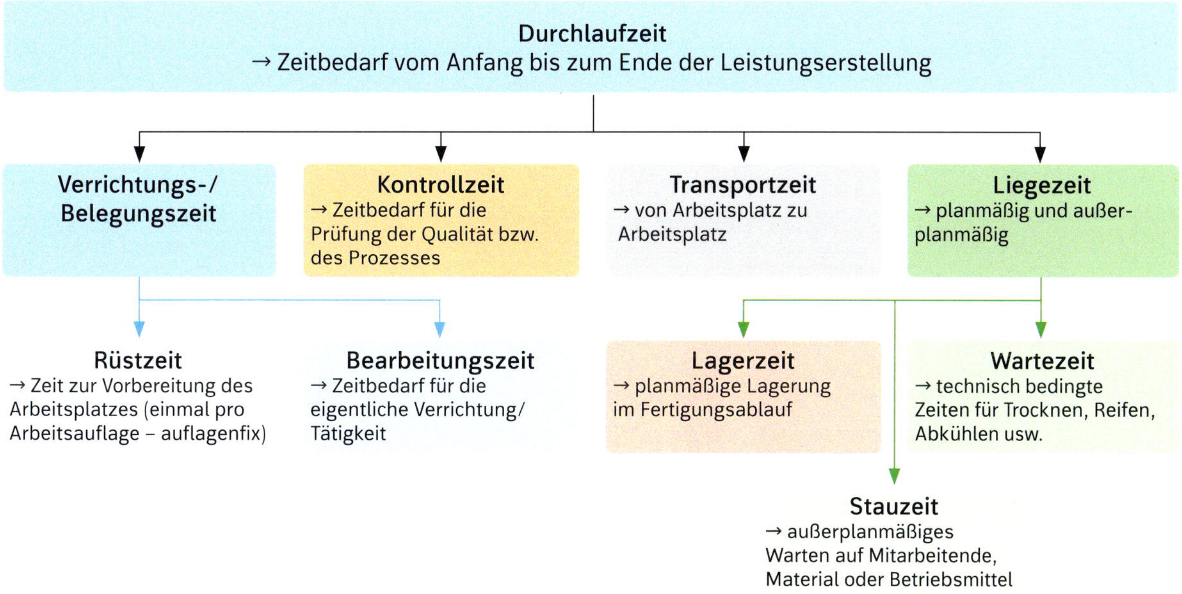

Die Durchlaufzeiten können je Einzelteil, je Baugruppe, je Enderzeugnis, je Arbeitsgang oder auch je Fertigungsauftrag ermittelt werden. Die Durchlaufzeit der Produktionsplanung entspricht der Vorgabezeit (siehe unten), die ohne Einschränkung durch Kapazitätsengpässe für die Fertigung eines Produktes benötigt wird.

Der **Zeitbedarf an einem Arbeitsplatz** könnte wie folgt in einzelne **Zeitkomponenten** gegliedert werden:

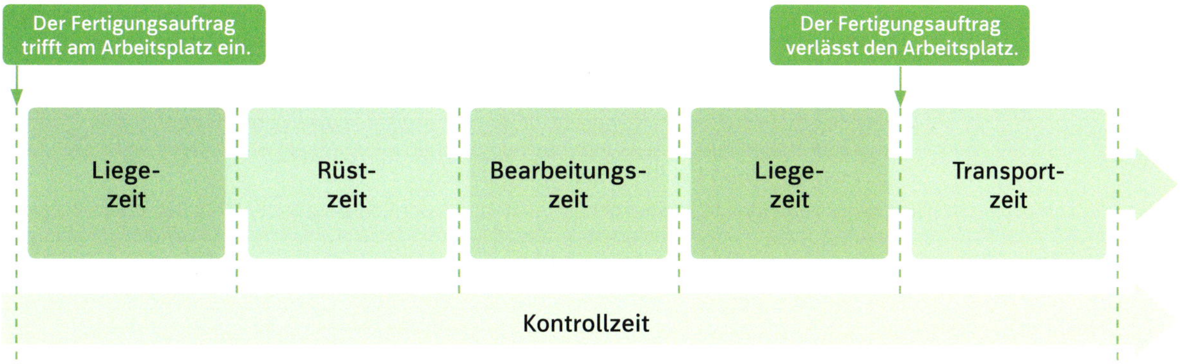

Rüstzeit

Die **Rüstzeit** ist die Zeit zur Vor- und Nachbereitung eines Betriebsmittels oder eines Arbeitsplatzes (Einschalten; evtl. Warmlaufen der Maschine; Herbeiholen, Montage und Demontage von Vorrichtungen/Werkzeugen; Überprüfung der Funktionsbereitschaft) und fällt nur einmal pro Arbeitsauflage[1] an.

Warte-, Liege-, Transportzeiten

Die **Warte-, Liege- und Transportzeiten** sind je nach Fertigungsverfahren, Fertigungsorganisation, Automatisierungsgrad und Art der Prozesssteuerung unterschiedlich lang.

Durch die Zeitplanung entstehen Zeitvorgaben für jeden einzelnen Arbeitsvorgang, die in das computergesteuerte PPS-System eingegeben werden und als Grundlage für die auftragsorientierte Terminplanung im Rahmen der Produktionssteuerung dienen. Auch die Entlohnung der Beschäftigten und die Kalkulation der Produkte in der Kostenrechnung beruhen auf diesen Zeitdaten.

Vorgabezeit/ Auftragszeit

Die **Vorgabezeit** ist die Zeit, die eine Arbeiterin bzw. ein Arbeiter für die ordnungsgemäße Erledigung einer bestimmten Aufgabe bei „normaler" Leistung/Anstrengung unter durchschnittlichen Arbeitsbedingungen benötigt (= Zeitverbrauch bei Normalleistung). Vorgabezeiten werden nach REFA als Soll-Zeiten für Arbeitsabläufe bzw. Arbeitsaufträge angesetzt, die von Mitarbeitenden und Betriebsmitteln ausgeführt werden. Sie setzen sich aus der Ausführungszeit t_a und der Rüstzeit t_r zusammen.

Die Vorgabezeit umfasst als Auftragszeit folgende Komponenten:

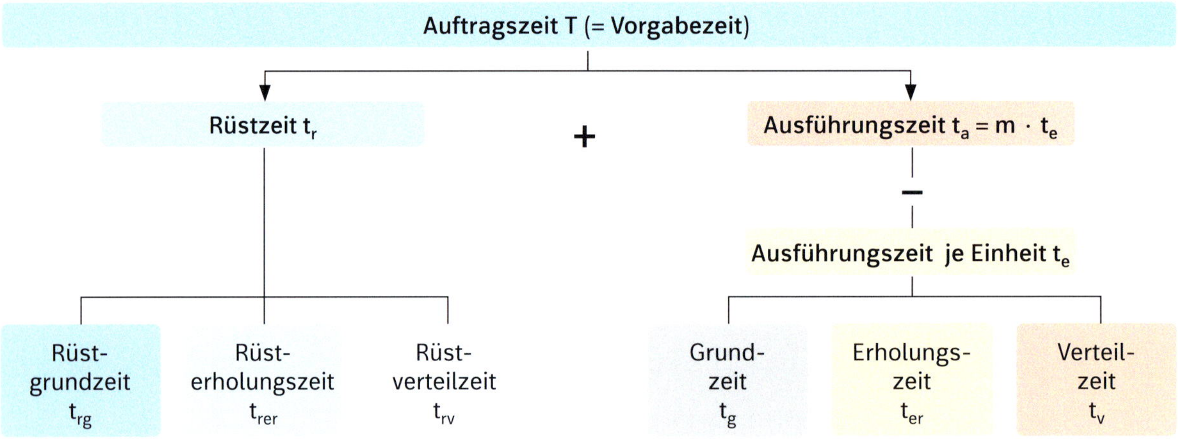

Rüstgrundzeit (t_{rg})	=	die Zeit, in der das Betriebsmittel von der Mitarbeiterin bzw. vom Mitarbeiter gerüstet (vor- und nachbereitet) wird
Rüsterholungszeit (t_{rer})	=	die Zeit, die dem Abbau der Ermüdung dient, die durch das Rüsten entstanden ist
Rüstverteilzeit (t_{rv})	=	die Zeit, die beim Rüsten zusätzlich unplanmäßig durch die Mitarbeiterin bzw. den Mitarbeiter oder Störungen entsteht
Grundzeit (t_g)	=	die regelmäßig auftretende Zeit, die zur Ausführung/Bearbeitung einer Mengeneinheit benötigt wird
Erholungszeit (t_{er})	=	die Zeit, die zur Erholung des Menschen (Abbau von Ermüdung und Erneuerung der physischen Arbeitskraft) erforderlich ist. Sie kann als prozentualer Zuschlag zur Grundzeit angegeben werden.
Verteilzeit (t_v)	=	die Zeit, die unregelmäßig und zusätzlich zur regelmäßigen Ausführung anfällt. Sie kann sachliche (zusätzliche Aufgaben, technische Störungen) sowie persönliche Ursachen (persönlich bedingte Arbeitsunterbrechung) haben. In der Regel wird die Verteilzeit als prozentualer Zuschlag zur Grundzeit angegeben.

Diese Zeitkomponenten fallen außer den Erholungszeiten ebenso im Rahmen der Belegungszeit für die Betriebsmittel an.

1 Sie wird daher auch als auflagenfix bezeichnet. Die Arbeitsauflage/Auflagengröße/Losgröße ist die Fertigungsmenge eines Erzeugnisses, die ohne Veränderung auf einem Betriebsmittel hergestellt wird.

Die Ausführungszeit hängt von der Auftragsgröße/Losgröße m und der Stückzeit t_e ab. Sie ist mengenabhängig und daher auflagenvariabel. Die Rüstzeit fällt einmal pro Auftrag/Auflage/Losgröße an. Sie ist mengenunabhängig und daher auftrags-/auflagenfix. Somit ist die Ermittlung der Rüstzeiten und der Ausführungszeiten pro Einheit bezogen auf die Fertigung eines bestimmten Enderzeugnisses wesentlich und bildet die Grundlage für die Produktions- und Kostenplanung.

BEISPIEL

Zur Herstellung der Schraubverbindungen der Rollen bei Schreibtischstühlen benötigt die Heidtkötter KG Stahlstifte, die an beiden Enden ein rechtsdrehendes Gewinde aufweisen. Diese werden auf einer Drehbank aus schon entsprechend vorgefertigten 55 mm langen Stahlstiften mit einem Durchmesser von 17 mm gefertigt.

Folgende Arbeitsschritte und Zeiten fallen an. Die Soll-Zeiten wurden aus einem geschätzten Leistungsgrad (Anstrengung des Arbeiters) und gemessenen Ist-Zeiten ermittelt.

	Arbeitsschritte	Soll-Zeiten (in Minuten)
1.	Drehstahl zum Gewinde schneiden, aus dem Handlager nehmen und bereitlegen	1,5
2.	Stahlstifte in einer Box bereitstellen	1,0
3.	eine weitere Box für Fertigerzeugnisse bereitstellen	1,0
4.	Drehstahl in die Maschine einspannen	0,5
5.	Stahlstift in das Futter einspannen	0,5
6.	Drehbank einschalten	0,3
7.	Drehstahl anstellen und Vorschub einstellen	0,5
8.	erstes Gewinde schneiden	1,2
9.	Drehbank ausschalten und Futter drehen	0,5
10.	Drehstahl anstellen und Vorschub einstellen	0,5
11.	zweites Gewinde schneiden	1,2
12.	Drehbank ausschalten, Stahlstift ausspannen und in die zweite Box ablegen	1,3
13.	Drehstahl ausspannen und ins Handlager ablegen	1,5

Da diese Stahlstifte früher fremdbezogen wurden, soll nun im Rahmen der Zeitplanung die Vorgabezeit für die Fertigung eines Stahlstiftes ermittelt werden.

Folgende Zuschlagsätze sind zu berücksichtigen:

Verteilzeit: 10 %   Erholungszeit: 5 %   Rüstverteilzeit: 8 %

Rüstzeit = Rüstgrundzeit + Rüstverteilzeit = 5,5 Min. + 0,44 Min. = **5,94 Min.**
(Vorgänge 1, 2, 3, 4, 13)

Ausführungszeit/Stück = Grundzeit + Verteilzeit + Erholungszeit
= 6,0 Min. + 0,6 Min. + 0,3 Min. = **6,9 Min.**

Vorgabezeit/Stück = Rüstzeit/Stück + Ausführungszeit/Stück
= 5,94 Min. + 6,9 Min. = **12,84 Min.**

Auftragszeit

Vorgabezeit pro Stück

Die **Auftragszeit** umfasst den Zeitbedarf, der für die Fertigung einer bestimmten Menge (Kundenauftrag) erforderlich ist. Diese Zeitermittlung für einzelne Kundenaufträge sowie deren zeitliche Koordination und Zuordnung liegen im Aufgabenbereich der Produktionssteuerung. Dem obigen Schema folgend ist die auflagenbezogene Höhe der **Vorgabezeit pro Stück** insbesondere abhängig von der Auflagengröße bzw. Fertigungsmenge. Sie fällt umso geringer aus, je größer die Auflagengröße ist, da sich die auflagenfixen Rüstzeiten auf eine größere Fertigungsmenge verteilen.

Die **Zeitplanung** der Produktionsplanung ist eng verbunden mit der Arbeitsablaufplanung (Reihenfolgeplanung) und strebt insbesondere die Minimierung der Durchlaufzeiten an.

Leistungsgrad

Die ermittelte, tatsächlich benötigte Zeit zur Ausführung einer Tätigkeit (Ist-Zeit) und die ermittelte, tatsächlich gefertigte Menge pro Zeiteinheit (Ist-Leistung) sind abhängig vom Können und vom Arbeitseinsatz der jeweiligen Mitarbeiterin bzw. des Mitarbeiters und können z. B. durch Beobachtung festgestellt werden. Das beobachtete Können und der beobachtete Arbeitseinsatz müssen als Leistungsgrad geschätzt und bei der Festlegung der Vorgabezeiten (Soll-Zeiten) berücksichtigt werden. Der **Leistungsgrad** als Faktor zur Umwandlung von Ist-Zeiten in Soll-Zeiten kann weder gemessen noch errechnet, sondern nur mithilfe von Zeitstudien geschätzt werden.[1] Durch die Berücksichtigung des geschätzten Leistungsgrades beim tatsächlich ermittelten Zeitbedarf (Ist-Zeit) ergibt sich die Vorgabezeit (Soll-Zeit).

Berechnungen

$$\textbf{Vorgabezeit} = \text{Leistungsgrad (\%)} \cdot \text{tatsächliche Ist-Zeit}$$

Der Leistungsgrad drückt die tatsächlich erbrachte Leistung (Ist-Leistung) in Prozent zur Normalleistung (Leistung bei normaler Anstrengung und durchschnittlichen Arbeitsbedingungen) aus und kann wie folgt berechnet werden:

$$\textbf{Leistungsgrad (\%)} = \frac{\text{tatsächliche Ist-Leistung} \cdot 100\ \%}{\text{Normalleistung}}$$

BEISPIEL

Während der Beobachtung über vier Stunden im Rahmen einer Zeiterhebung montiert Tom Bartels, Mitarbeiter der Balkhausen Möbel KG, die Stuhlbeinkonstruktion an 40 Schreibtischstühle. Bei normaler Anstrengung und durchschnittlichen Arbeitsbedingungen montiert eine Mitarbeiterin oder ein Mitarbeiter in der Montage 16 Stuhlbeinkonstruktionen in zwei Stunden.

Der Leistungsgrad (LG) als prozentuale Größe der tatsächlich gemessenen Ist-Leistung bezogen auf die Normalleistung beträgt 125 %.

Wird dieser Leistungsgrad bei einer Neufestlegung der Vorgabezeit berücksichtigt, ergibt sich für diese Tätigkeit eine Vorgabezeit von 7,5 Minuten pro Stuhlbeinkonstruktion.

$$\textbf{LG} = \frac{\text{Ist-Leistung} \cdot 100\ \%}{\text{Normalleistung}} = \frac{10\ \text{Stück}}{\text{h} \cdot 100\ \%/8\ \text{Stück/h}} = 125\ \%$$

$$\textbf{Vorgabezeit} = \text{Leistungsgrad (\%)} \cdot \text{Ist-Zeit} = 125\ \% \cdot 6 = 7{,}5\ \text{Min./Stück}$$

1 Zeigte die Mitarbeiterin oder der Mitarbeiter bei Erreichen einer gemessenen Ist-Leistung gerade eine hohe Motivation – oder hatte sie oder er eher wenig Lust, ja sogar Probleme mit den Anforderungen?

AUFGABE 1

Beschreiben Sie an einem selbst gewählten Beispiel, was Sie unter dem Begriff „Rüstzeit" verstehen.

AUFGABE 2

Erläutern Sie die im Zusammenhang mit der Vorgabezeit auftretenden Begriffe.

a) Grundzeit
b) Erholungszeit
c) Verteilzeit
d) Rüstgrundzeit

AUFGABE 3

Für die Durchlaufzeit eines Auftrags auf einer Maschine ergibt sich folgender Zeitbedarf:

- Rüstzeit: 150 Minuten
- Bearbeitungszeit: 1200 Minuten

Der Gesamtauftrag kann nur in drei gleichen Teilzeiten und Teilmengen zeitversetzt ausgeführt werden, da die Maschine zwischenzeitlich für die Fertigung anderer Produkte beansprucht wird.

Berechnen Sie

a) die Durchlaufzeit für eine Teilmenge in Minuten,
b) die gesamten Lohnkosten des Auftrags bei zeitversetzter Produktion und einem Stundensatz von 56,00 €,
c) die Mehrkosten im Vergleich zur ungeteilten Fertigung.

AUFGABE 4

Berechnen Sie die Auftragszeit/Vorgabezeit für einen Auftrag von 4000 Stück, wenn die Ist-Zeit einer Arbeiterin oder eines Arbeiters drei Minuten je Stück beträgt und der Leistungsgrad auf 110 % geschätzt wird. Die Wartezeit je Stück beträgt 0,2 Minuten, die Ausführungserholzeit 10 % der Grundzeit, die Rüstzeit 5 % der Ausführungszeit.

AUFGABE 5

Für die Fertigung eines Fahrradrahmens wurden folgende Daten ermittelt:

Verrichtung	Rüstzeit (Min.)	Grundzeit pro Stück (Min.)	Verteilzeitzuschlag (%)	Entgelt je Arbeitsstunde (€)
Schneiden der Rohre auf Länge und Gehrung	60	2	10	60,00
Schweißen des Rahmens	2	10	5	36,00
Lackierung und Kontrolle	5	12	5	36,00

Ermitteln Sie für eine Fertigungsmenge von 500 Fahrradrahmen

a) die Auftragszeit in Minuten,
b) die Kosten je Fahrradrahmen.

AUFGABE 6

Nennen Sie fünf unterschiedliche Möglichkeiten zur Reduzierung der Durchlaufzeit.

AUFGABE 7

Erläutern Sie drei verschiedene Gründe für das Entstehen von Liegezeiten.

2.6 Dokumente in der Produktionsplanung

Im Rahmen der je Erzeugnis einmal anfallenden Produktionsplanung werden Dokumente erstellt, die die für die Herstellung der einzelnen Enderzeugnisse und Bauteile erforderlichen Daten enthalten. Diese Dokumente bilden die Grundlage für eine wirtschaftliche und optimale Steuerung der kundenauftragsbezogenen Fertigungsprozesse. Sie enthalten produktbezogene Daten (Materialart, Mengen, Qualität, Aufbau des Produkts usw.) und Daten bezüglich des Fertigungsprozesses (Ort und Zeitdauer der Teilprozesse sowie des Gesamtprozesses der Herstellung, erforderliche Arbeitskräfte und Hilfsmittel, Maschinen und Werkzeuge usw.).

Erforderliche Dokumente sind insbesondere die Produktzeichnungen, die Stücklisten sowie die Arbeitspläne[1].

2.6.1 Produktzeichnungen

Zeichnungen

Die Erstellung von **Produktzeichnungen** sowie Stücklisten ist die Grundlage für die Teilefertigung sowie die Montage des Enderzeugnisses. Die in der Konstruktionsabteilung durch technische Zeichnerinnen und Zeichner angefertigten Zeichnungen sind ihrerseits die Grundlage zur Erstellung der Stücklisten. In der Regel werden Fachleute aus den Bereichen Produktion und Arbeitsvorbereitung hinzugezogen, um die spezielle Ausfertigung und Konstruktion des Erzeugnisses auf die Anforderungen in der Teilefertigung und Montage abzustimmen. Die angefertigten Zeichnungen dienen der Teilefertigung als Herstellungsunterlagen und der Montage als Montageanleitungen.

Konstruktionszeichnungen

In der Regel bestehen die Enderzeugnisse aus zahlreichen Montageteilen (Komponenten) und Einzelteilen, die auf unterschiedlichen, aufeinanderfolgenden Fertigungsstufen erstellt und/oder zusammengesetzt werden. Mithilfe von **Konstruktionszeichnungen** wird eine Erzeugnisstruktur des verkaufsfähigen Endprodukts beschrieben, aus der je nach Bedarf für das Fertigerzeugnis oder auch für jede Baugruppe entsprechende Stücklisten erstellt werden. Aus ihnen geht hervor, welche Einzelteile in einer Baugruppe oder welche Baugruppen und Einzelteile im Fertigerzeugnis vorkommen. Ein wichtiges Hilfsmittel ist eine entsprechende CAD-Software.

2.6.2 Stücklisten

Stücklisten

Die **Stückliste** eines Fertigungsgegenstandes ist ein für den jeweiligen Verwendungszweck erstelltes, vollständiges Verzeichnis, das alle zugehörigen Einzelteile und Komponenten unter Angabe der Bezeichnung und Menge enthält. Anhand der Erzeugnisstruktur entsteht die Stückliste, indem man diese „von oben nach unten", d. h. vom Endprodukt bis zu den Baugruppen und Einzelteilen abwärts, durchläuft.

Teileverwendungsnachweis

Aus der Antwort auf die (umgekehrte) Frage, in welchem Erzeugnis bzw. in welcher Baugruppe ein bestimmtes Einzelteil vorhanden ist, erhält man den **Teileverwendungsnachweis** für dieses bestimmte Einzelteil.

Abgeleitet aus den Strukturstücklisten werden dort alle Baugruppen und Fertigerzeugnisse aufgeführt, in denen das jeweilige Einzelteil enthalten ist.

1 Weitere hilfreiche Dokumente sind z. B. Betriebsmittelverzeichnisse, Mitarbeiterverzeichnisse, Raum- und Prozesspläne, Werkzeuglisten, Qualitätsprotokolle, Messprotokolle oder Montagevorschriften.

Je nach Verwendung und Zweck der Stücklisten unterscheidet man zwischen:

- **Mengenübersichtsstückliste/Mengenstückliste**
  In ihr sind alle Einzelteile und Baugruppen nur einmal unter Angabe der für ein bestimmtes Fertigerzeugnis benötigten Gesamtmenge enthalten.

› Band 1, LF 4, Kapitel 2.1

- **Baukastenstückliste**
  Sie enthält alle Einzelteile einer Baugruppe immer nur bis zur nächstniedrigeren Fertigungsstufe. Der Aufbau des Enderzeugnisses ist nur durch Zusammenfügen aller Baukastenstücklisten zu erkennen. Diese Art von Stückliste findet Verwendung bei sehr komplexen Fertigerzeugnissen bzw. dann, wenn eine Baugruppe identisch in mehreren verschiedenen Fertigerzeugnissen benötigt wird.

- **Strukturstückliste als Konstruktionsstückliste oder Fertigungsstückliste**
  Sie zeigt die Gliederung oder Struktur von Fertigerzeugnissen aufgeteilt in die unterschiedlichen Fertigungsstufen. Dabei können die einzelnen Baugruppen und Einzelteile mehrfach und auf verschiedenen Fertigungsstufen vorkommen. So erscheinen in der unten abgebildeten Erzeugnisstruktur z. B. die Baugruppe C auf den Stufen 2 und 3 oder das Einzelteil T4 auf den Stufen 3 und 4. Die Strukturstückliste gibt folglich einen Überblick darüber, welche Einzelteile oder Baugruppen auf welcher Fertigungsstufe (Ebene) benötigt werden.

  Aus der im Rahmen der **Produktionsplanung** erstellten **Konstruktionsstückliste** leitet die Arbeitsvorbereitung innerhalb der **Produktionssteuerung** die **auftragsbezogene Fertigungsstückliste** ab. Diese dient als Hilfsmittel zur Vorbereitung und Ausführung der Fertigungsaufträge auf allen Fertigungsstufen.

- Sogenannte **Variantenstücklisten** werden als variantenbezogene Ergänzungen eingesetzt, wenn verschiedene Varianten eines Grundmodells gefertigt werden. Damit kann die Anzahl der Stücklisten reduziert werden.

BEISPIEL

Erzeugnisstruktur für das Fertigerzeugnis Bürostuhl *praktika*

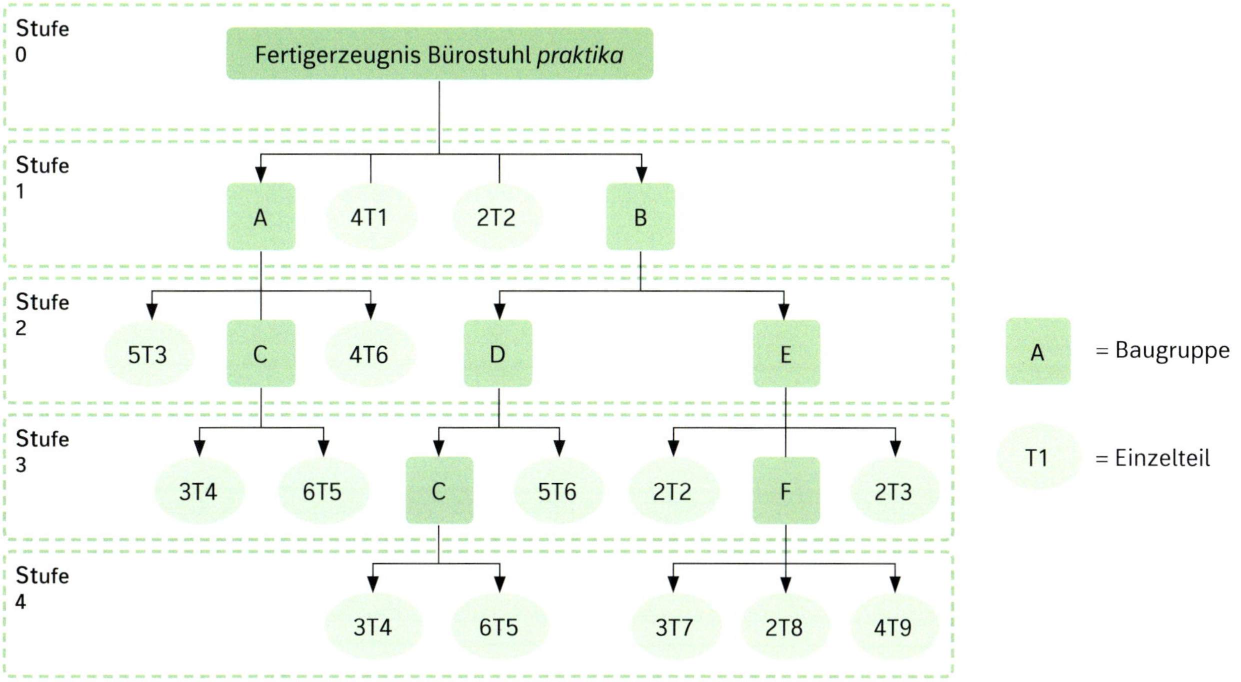

Aus der oben abgebildeten Erzeugnisstruktur können Mengenübersichtsstückliste, Strukturstückliste und Baugruppenstücklisten abgeleitetet werden:

Mengenübersichtsstückliste	
Fertigerzeugnis Bürostuhl *praktika*	
Einzelteile/Baugruppen	Menge
A	1
B	1
C	2
D	1
E	1
F	1
T1	4
T2	4
T3	7
T4	6
T5	12
T6	9
T7	3
T8	2
T9	4

Fertigerzeugnis Bürostuhl *praktika*	
Einzelteil/Baugruppe	Menge
A	1
1	4
B	1
2	2

Strukturstückliste				
Fertigerzeugnis Bürostuhl *praktika*				
	Einzelteile/Baugruppen			
	Fertigungsstufe			
Menge	1	2	3	4
1	A			
1		C		
3			T4	
6			T5	
5		T3		
4		T6		
4	T1			
1	B			
1		D		
5			T6	
1			C	
3				T4
6				T5
1		E		
2			T2	
1			F	
2			T3	
3				T7
2				T8
4				T9
2	T2			

Baugruppe A	
Einzelteil/ Baugruppe	Menge
C	1
3	5
6	4

Baugruppe B	
Einzelteil/ Baugruppe	Menge
D	1
E	1

Baugruppe C	
Einzelteil/ Baugruppe	Menge
4	3
5	6

Baugruppe D	
Einzelteil/ Baugruppe	Menge
6	5
C	1

Baugruppe E	
Einzelteil/ Baugruppe	Menge
2	2
F	1
3	2

Baugruppe F	
Einzelteil/ Baugruppe	Menge
7	3
8	2
9	4

2.6.3 Arbeitspläne

Arbeitsplan

Der **Basisarbeitsplan** ist eine von der Arbeitsvorbereitung erstellte, auftragsunabhängige Dokumentation des Arbeitsablaufs für die Herstellung eines bestimmten Fertigerzeugnisses sowie aller seiner Einzelteile und Baugruppen oder Komponenten. Er wird für alle selbst hergestellten Bestandteile der Stücklisten angefertigt und bezieht sich jeweils auf eine Produktionsstufe. Der Arbeitsplan enthält eine Auflistung aller Arbeitsvorgänge in der technisch erforderlichen und/oder wirtschaftlich zweckmäßigen Reihenfolge mit deren jeweiligen Vorgabezeiten für die Bearbeitung sowie den Rüstzeiten, die zur Durchführung notwendig sind. Ebenso werden die notwendigen Betriebsmittel, Werkzeuge und Arbeitsplätze mit ihren Mitarbeiterinnen und Mitarbeitern aufgelistet.

Der Arbeitsplan ist das zentrale Dokument der Fertigung und beinhaltet detaillierte Anweisungen, nach denen der Fertigungsprozess in fertigungstechnischer Hinsicht vollzogen werden soll. Grundlagen zur Erstellung des Arbeitsplans sind Konstruktionszeichnungen, Stücklisten, Maschinen-/Werkzeugverzeichnisse, Mitarbeiterlisten sowie Vorgabezeiten.

Der Arbeitsplan der Produktionsplanung (**Basisarbeitsplan**) ist immer **auftragsunabhängig** und immer bezogen auf **eine** Fertigungseinheit. Unter Berücksichtigung der speziellen Kundenauftragsdaten werden im Rahmen der **Produktionssteuerung** die **auftragsabhängigen**, auf die entsprechenden Fertigungsmengen der Kundenaufträge bezogenen Arbeitspläne (**Auftragsarbeitsplan**) erstellt.

Basisarbeitsplan					
Arbeitsplan Nr.:		BAP 6379	Werkstück:	Baugruppe Gestell Konferenzstuhl *feli*	
Stückzahl: 1		Skizze: FT/CK/AR 12/12a	Werkstoff: Stahl, Chrom		
Kostenstelle	**Reihenfolge**	**Arbeitsvorgang**	**Betriebsmittel**	t_r	t_a
1110	1	Stahlrohr Ø 20 mm auf 184 cm abschneiden und entgraten	Metallsäge 1	1	2
1110	2	Stahlrohr Ø 18 mm für Querverbindung auf 54 cm abschneiden und entgraten	Metallsäge 1	–	2
1410	3	6 Durchgangsbohrungen Ø 8 mm für Armlehnen in Stahlrohr Ø 20 mm bohren und entgraten	Bohrautomat 1	1	3
1410	4	4 Durchgangsbohrungen Ø 8 mm in Querverbindung (Ø 18 mm) für Sitz bohren und entgraten	Bohrautomat 1	1	2
1420	5	2 Gewinde zur Montage der Baugruppe Wiege in Stahlrohr Ø 20 mm schneiden	Bohrautomat 2	2	3
1420	6	2 Gewinde für Stopper in Stahlrohr Ø 20 mm schneiden	Bohrautomat 2	–	2
1300	7	Stahlrohr Ø 20 mm insgesamt sechsmal biegen (80°, 83°, 90°, 90°, 97°, 80°)	Biegemaschine 1	1,5	4,5
1710	8	Querverbindung (Ø 18 mm) einschweißen	manuell (Schweißkabine 1)	1	3
1620	9	4 Gewindestopfen einsetzen	manuell	–	0,5
1510	10	Gestell verchromen und trocknen	Tauchbad 1	3	5
1620	11	4 Gewindestopfen entfernen	manuell	–	0,5

Legende: t_r = Rüstzeit in Minuten, t_a = Bearbeitungszeit in Minuten

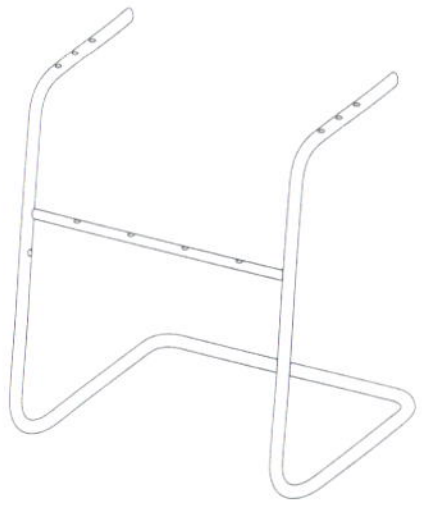

Baugruppe Gestell FT/CK/AR 12

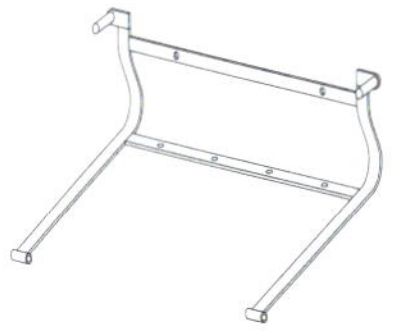

Baugruppe Wiege FT/CK/AR 12 a

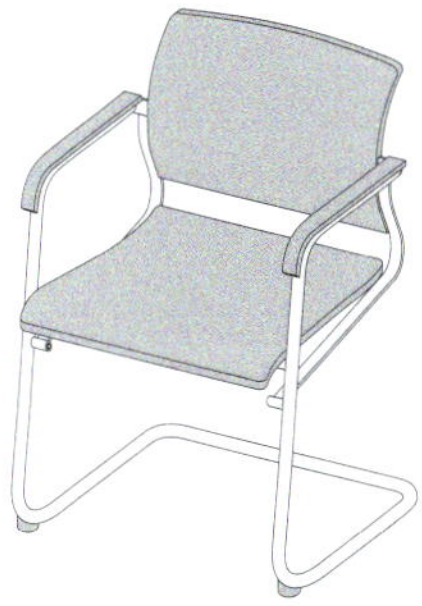

Konferenzstuhl *feli*

Der Arbeitsplan ist somit ein wichtiges Hilfsmittel für den Fertigungsprozess sowie für die Kalkulation der Fertigungskosten. Die mit den proportionalen[1] Kosten bewerteten Arbeitsplanpositionen führen zu den proportional variablen Fertigungskosten, die in der Kostenträgerrechnung in der Summe mit den Fertigungsgemeinkosten und den Materialkosten die Herstellkosten der Erzeugung ergeben.

1 Die proportionalen Kosten sind variable Kosten, die sich im gleichen Verhältnis wie die Ausbringungsmenge verändern, z. B. Fertigungslöhne (Lohn pro Stück) oder Fertigungsmaterial (mengenabhängige Roh- oder Hilfsstoffe), und entsprechen bei linearem Verlauf der gesamten variablen Kosten den Grenzkosten. Die variablen Stückkosten bleiben bei steigender Ausbringungsmenge immer gleich und bilden den proportionalen Verrechnungssatz.

AUFGABE 1

Ein Endprodukt weist die folgende Erzeugnisstruktur auf (A, B, C, D, E stehen für Baugruppen/Montageteile; T1, ... T6 stehen für Einzelteile):

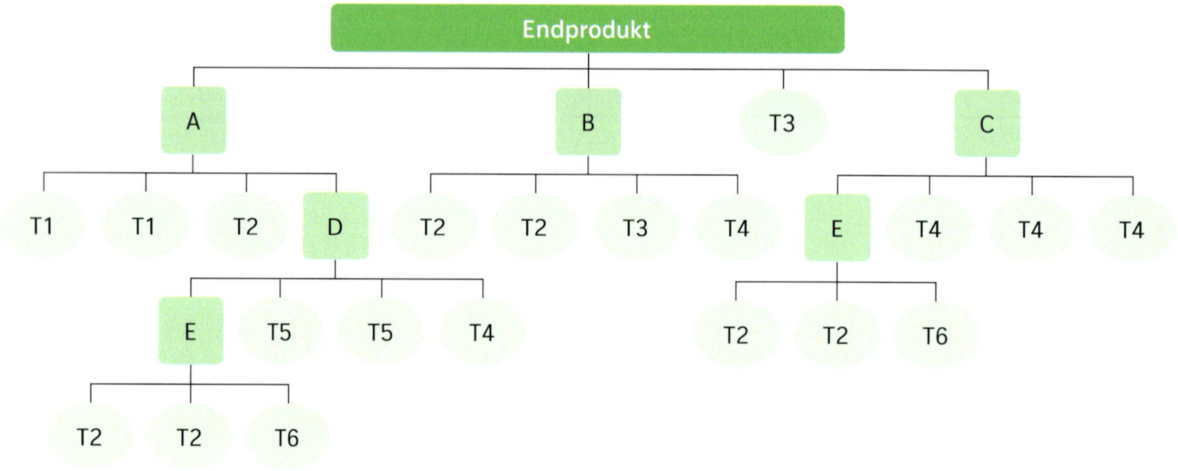

a) Erstellen Sie ausgehend von der oben abgebildeten Erzeugnisstruktur eine Mengenübersichtsstückliste sowie eine Baukastenstückliste für die Baugruppe E.

b) Beschreiben Sie den Inhalt einer Mengenübersichtsstückliste bzw. einer Baukastenstückliste und erläutern Sie den Nutzen für die Tätigkeiten im Rahmen der Bedarfsplanung.

c) Erstellen Sie die Strukturstückliste und beschreiben Sie deren Inhalte sowie deren Nutzen für die Produktionsplanung und -steuerung.

AUFGABE 2

Ein zuverlässig erstellter Arbeitsplan ist eine wichtige Voraussetzung für eine möglichst reibungslose Leistungserstellung.

Nennen Sie

a) drei Voraussetzungen für die Erstellung eines Arbeitsplans,

b) drei Fertigungsbelege, die mithilfe von Arbeitsplandaten angefertigt werden.

AUFGABE 3

Beschreiben Sie kurz, was Sie unter einem Teileverwendungsnachweis verstehen.

Fertigungsaufträge als Auslöser der kurzfristigen, auftragsbezogenen Produktionssteuerung 3

Nach den Festlegungen zur langfristigen Produktionsplanung stehen die auftragsbezogenen, kurzfristigen Entscheidungen im Rahmen der Produktionssteuerung an. Tag für Tag gehen bei Industrieunternehmen neben den Aufträgen für die Lagerfertigung unterschiedlich umfangreiche Kundenaufträge ein, deren Abwicklung und Fertigung in zeitlicher, mengen- und kapazitätsmäßiger Hinsicht geplant und gesteuert werden müssen.

Die Lagerfertigung sowie das Eintreffen der Kundenaufträge veranlassen die Erstellung von Fertigungsaufträgen, die insbesondere die unterschiedlichen Anforderungen der Kunden (z. B. hinsichtlich Bestellmengen, Lieferzeiten, Varianten) berücksichtigen sollen. Die auftragsbezogenen Fertigungsdokumente sowie eine Durchlaufterminierung unter Berücksichtigung aller internen und externen Fertigungsaufträge müssen erstellt werden. Die Auftragsfreigabe erfolgt nach erfolgreicher Prüfung der Material- und Kapazitätsverfügbarkeit.

Die leitende Fragestellung der Produktionssteuerung könnte wie folgt lauten:

Können alle eingehenden Fertigungsaufträge termingerecht erfüllt werden?

BEISPIEL

Die Festlegung des wirtschaftlich optimalen Fertigungsprogramms, also der kostenoptimalen Reihenfolge der anstehenden Kundenaufträge, erfolgt bei der Heidtkötter KG primär mithilfe der Deckungsbeitragsrechnung. Auch die Entscheidung darüber, ob zum bestehenden Fertigungsprogramm noch kurzfristig weitere Kundenaufträge angenommen werden können, erfolgt nach der Berechnung des Deckungsbeitrags. Ein guter Wert gibt allerdings keine Antwort darauf, ob ein Kundenauftrag überhaupt in der geforderten Zeit realisierbar ist.

Die Heidtkötter KG fertigt den *communicTable* auftragsbezogen. Ein polnischer Großkonzern bestellt 21 *communicTable*, Auslieferung in drei Wochen. In Warschau schießen Bürotürme wie Pilze aus dem Boden, für die Heidtkötter KG wäre der Auftrag ein Einstieg in einen großen Markt. Unter Anstrengungen wäre der Auftrag zu schaffen, allerdings ist der zuständige Fertigungsbereich noch mindestens drei Arbeitstage mit einem anderen Auftrag belegt.

Die Entscheidungen zum Umfang der Fertigungsmengen erfolgen aufgrund intensiver Kapazitätsplanung und der Bestimmung von optimalen Losgrößen.

Die zeitliche Planung (Terminplanung) kann unter Zuhilfenahme von Balkendiagrammen sowie der Netzplantechnik erfolgen. Die zeitliche Steuerung des Einsatzes unterschiedlicher Betriebsmittel erfolgt u. a. durch den Einsatz von Maschinenbelegungsplänen. Die Ergebnisse der Termin- und Kapazitätsplanung bestehen u. a. in der Festlegung zeitlich und kapazitätsmäßig realisierbarer Start- und Endzeitpunkte für alle Fertigungsaufträge. Diese dienen dann als Ausgangsgrößen für die Auftragsfreigabe. Die mithilfe von Belastungsübersichten evtl. ermittelten Fertigungsengpässe müssen vor der Auftragsfreigabe korrigiert werden.

Die Auswirkungen unterschiedlicher, mengenmäßiger Anforderungen des Absatzmarktes auf die Fertigungssteuerung können z. B. durch das in Japan entwickelte Kanban-Verfahren effektiv erfüllt werden. Kanban wird als Instrument der flexiblen Fertigungssteuerung eingesetzt.

3.1 Terminplanung anstehender Fertigungsaufträge

Terminplanung

Die Aufgaben der kundenauftragsabhängigen **Terminplanung** im Rahmen der Produktionssteuerung bestehen insbesondere darin,

- zuverlässige, einhaltbare Liefertermine für die Abgabe von Angeboten bzw. Auftragsbestätigungen zu ermitteln oder
- in Abhängigkeit der gewünschten oder vorgegebenen Lieferzeitpunkte den rechtzeitigen Beginn des Fertigungsprozesses zu veranlassen (Auftragsfreigabe).

Vorwärtsterminierung progressiv/fortschreitend

Ausgehend vom geplanten Beginn des Fertigungsprozesses wird bei der **progressiven (fortschreitenden) Terminplanung** (Vorwärtsterminierung) unter Berücksichtigung der einzelnen Bearbeitungszeiten, Wartezeiten und evtl. eingeplanter Pufferzeiten in einer Vorwärtsrechnung der früheste Zeitpunkt der Fertigstellung und damit der frühestmögliche Lieferzeitpunkt festgelegt.

Rückwärtsterminierung retrograd/rückschreitend

Bei der **retrograden (rückschreitenden) Terminplanung** (Rückwärtsterminierung) wird von einem angestrebten oder festgelegten Lieferzeitpunkt ausgegangen. Von diesem Zeitpunkt aus wird unter Berücksichtigung der einzelnen Bearbeitungszeiten, Wartezeiten und evtl. eingeplanter Pufferzeiten in einer Rückwärtsrechnung der späteste Beginn des Fertigungsprozesses (Auftragsfreigabe) ermittelt.

Vor-/Nachteile

Die Vorteile der progressiven Terminierung liegen darin, dass ein geringerer Zeitdruck und damit eine größere Sicherheit bezüglich des selbst festzulegenden Lieferzeitpunkts bestehen. Nachteilig könnte sich diese Vorgehensweise auf die Erhöhung der Liegezeiten (Kapitalbindung) und der Durchlaufzeiten auswirken. Bei der Rückwärtsterminierung werden größere Liegezeiten und damit eine erhöhte Kapitalbindung vermieden. Aufgrund des zugesicherten Lieferzeitpunkts entstehen ein sehr starker Termindruck und die Gefahr, bei Überschreiten des Liefertermins Konventionalstrafen zahlen zu müssen und positives Image sowie Kunden zu verlieren.

Hilfsmittel zur effektiven Durchführung und anschaulichen Darstellung der Terminplanung sind das Balkendiagramm sowie die Netzplantechnik.

3.1.1 Balkendiagramm

Balkendiagramm

Das **Balkendiagramm**[1] ist ein Planungs- und Kontrollinstrument der zeitlichen Ablaufplanung und veranschaulicht die Struktur sowie die zeitliche Abfolge der einzelnen Arbeitsvorgänge. Zunächst erfolgt eine Gliederung des Produktionsprozesses oder des Projekts in einzelne Arbeitsschritte/-vorgänge (Strukturanalyse). Im Rahmen der Arbeitsablaufstudien werden die fertigungstechnischen Abhängigkeiten und somit die Reihenfolge bzw. Parallelitäten dieser einzelnen Arbeitsvorgänge festgelegt. Mithilfe von Arbeitszeitstudien, Erfahrungswerten, Expertenbefragungen oder Schätzwerten wird die zeitliche Dauer der einzelnen Vorgänge ermittelt. Diese ermittelten Daten werden in einer **Vorgangsliste** zusammengeführt. Entsprechend den fertigungstechnischen Abhängigkeiten werden die einzelnen Vorgänge nun als Balken, deren Länge die jeweilige Zeitdauer abbildet, in ein Koordinatensystem eingezeichnet. Dieses Koordinatensystem besteht aus einer horizontalen Zeitachse sowie einer vertikalen Achse, auf der die jeweiligen Vorgänge in der Regel entsprechend ihrer Reihenfolge verzeichnet sind. Die Darstellung des Balkendiagramms ist nicht explizit nach bestimmten DIN-Vorschriften genormt.

Vorgangsliste

1 Balkendiagramme, die als Instrumente des Projektmanagements zeitliche Abfolgen von Aktivitäten grafisch in Form von Balken abbilden, werden auch nach ihrem Entwickler Henry Laurence Gantt als Gantt-Diagramme bezeichnet.

BEISPIEL

Vorgangsliste:

Nr.	Von der Konstruktion bis zur Auslieferung an den Kunden *(communicTable)* Vorgangsbezeichnung	Dauer in Wochen	Vorgänger
1	Erstellung von Produktzeichnungen für Monitor und Tisch	2	–
2	Erstellung von Stücklisten für den Tisch	1	1
3	Ermittlung eines Lieferanten für den erforderlichen Monitor	2	1
4	Fertigung eines Prototypen für den Tisch	2	2
5	Lieferung eines Testmonitors	2	3
6	Herstellung eines Prototypen für den *communicTable*	2	4, 5
7	Testen und Optimieren des hergestellten Prototyps	3	6
8	Endabnahme und Vorbereitung der Fertigung des Tisches	2	7
9	Fertigung des Tisches in Serienfertigung für einen bestimmten Kundenauftrag	2	8
10	Bestellung und Lieferung der erforderlichen Monitore	3	8
11	Montage des *communicTable* entsprechend Kundenauftrag	1	9, 10
12	Erstellung des Lieferscheins zur Auslieferung an den Kunden	1	11
13	Verpacken und Zusammenstellen der Lieferung an den Kunden	1	11
14	Auslieferung an den Kunden	1	12, 13

Balkendiagramm:

Nr.	Vorgangsbezeichnung	Dauer in Wochen																		
	Woche:	1	2	3	4	5	6	7	8	9	10	11	12	13	14	15	16	17	18	19
1	Erstellen von Produktzeichnungen für Monitor und Tisch	■	■																	
2	Erstellung von Stücklisten für den Tisch			■																
3	Ermittlung eines Lieferanten			■	■															
4	Fertigung eines Prototypen für den Tisch				■	■														
5	Lieferung eines Testmonitors					■	■													
6	Herstellung eines Prototypen für den *communicTable*							■	■											
7	Testen und Optimieren des hergestellten Prototyps									■	■	■								
8	Endabnahme und Vorbereitung der Fertigung des Tisches												■	■						
9	Fertigung des Tisches in Serienfertigung (Kundenauftrag)														■	■				
10	Bestellung und Lieferung der erforderlichen Monitore														■	■	■			
11	Montage des *communicTable* entsprechend Kundenauftrag																	■		
12	Erstellung des Lieferscheins zur Auslieferung an den Kunden																		■	
13	Verpacken und Zusammenstellen der Lieferung an den Kunden																		■	
14	Auslieferung an den Kunden																			■

Das fertige Balkendiagramm enthält die folgenden Informationen:

- Reihenfolge des Arbeitsablaufs,
- geplante Dauer des gesamten Projekts bzw. des gesamten Fertigungsprozesses (Gesamtdauer, Durchlaufzeit),
- geplante Anfangs- und Endtermine sowie Dauer der einzelnen Vorgänge,
- aktueller Stand zur Kontrolle des Arbeitsablaufs (Soll-Ist-Vergleich).

Vorteile/Vorzüge

Nachteile/Probleme

Die Vorteile des Balkendiagramms liegen in einer sehr guten Anschaulichkeit und Übersichtlichkeit. Die Anwendung ist leicht verständlich und einfach zu erlernen. Es besteht jederzeit eine gute Kontrollmöglichkeit des Arbeitsablaufs. Nachteilig ist der große Änderungsaufwand bei Verschiebungen innerhalb der ablaufbezogenen oder zeitlichen Planung des Prozesses. Bei jeder Veränderung muss ein neues Balkendiagramm erstellt werden. Ebenso sind die Abhängigkeiten der einzelnen Vorgänge untereinander nicht eindeutig zu erkennen.

Anwendung

Die Anwendungsgebiete von Balkendiagrammen erstrecken sich auf die Planung großer/komplexer Projekte und Produktionsprozesse, die Erstellung von Maschinenbelegungsplänen, die Planung und Darstellung von Urlaubszeiten und Personaleinsätzen, die Planung von Fahrzeugeinsätzen sowie von Werbemaßnahmen.

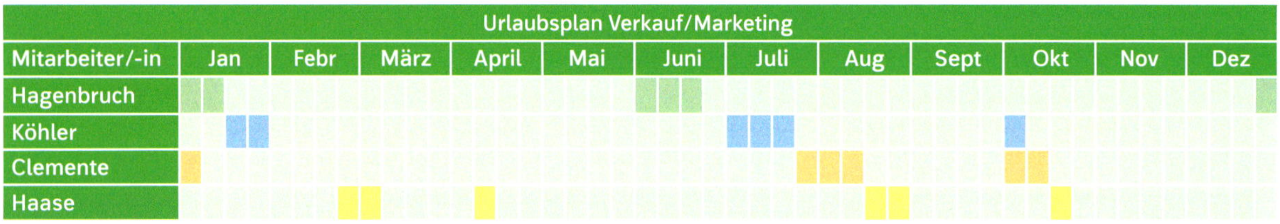

Urlaubsplan der Verkaufsabteilung der Heidtkötter KG als Beispiel für die Anwendung eines Balkendiagramms

3.1.2 Netzplan

Netzplan

Vorgangsknoten-Netzplan

Der **Netzplan** ist ebenfalls ein Hilfsmittel zur Planung und Kontrolle von Terminen und Abläufen, insbesondere bei komplexen Fertigungsabläufen und Projekten. Die Darstellung von Netzplänen kann auf verschiedene Arten erfolgen. Wir orientieren uns am Vorgangsknoten-Netzplan, der derzeit am weitesten verbreiteten Darstellungsform in der Netzplantechnik. Gemäß DIN 69900-1 ist der Vorgangsknoten-Netzplan ein Netzplan, bei dem Vorgänge beschrieben und durch Vorgangsknoten dargestellt werden. Jeder einzelne Arbeitsvorgang wird durch einen Vorgangsknoten dargestellt, in den die Informationen der Vorgangsliste sowie die Ergebnisse der Zeitberechnungen eingetragen werden. Mit Pfeilen werden die Vorgänge/Vorgangsknoten, die im Arbeitsablauf unmittelbar aufeinanderfolgen, verbunden, sodass schrittweise ein kompletter Netzplan entsteht.

Strukturnetzplan

Vorgangsknoten

Bei der Erstellung eines Netzplans wird zunächst ein **Strukturnetzplan** angefertigt, in dem die einzelnen Vorgangsknoten in eine logische zeitliche Reihenfolge gebracht und mit Pfeilen verknüpft werden (Strukturanalyse). Dabei werden die Vorgangsnummern, die jeweilige Vorgangsbezeichnung sowie die Bearbeitungszeiten (Dauer) der zuvor erstellten Vorgangsliste entnommen. Wenn anschließend der Strukturplan um die Zeitberechnungen ergänzt wird, ist der Netzplan komplett.

Die einzelnen Vorgangsknoten haben folgendes Aussehen.[1] →

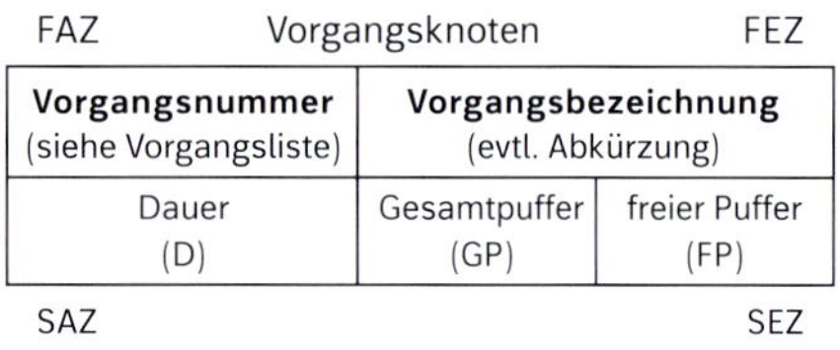

1 Die verwendeten Abkürzungen und Fachbegriffe werden im Folgenden erklärt.

Ein **Strukturnetzplan** kann wie folgt aussehen:

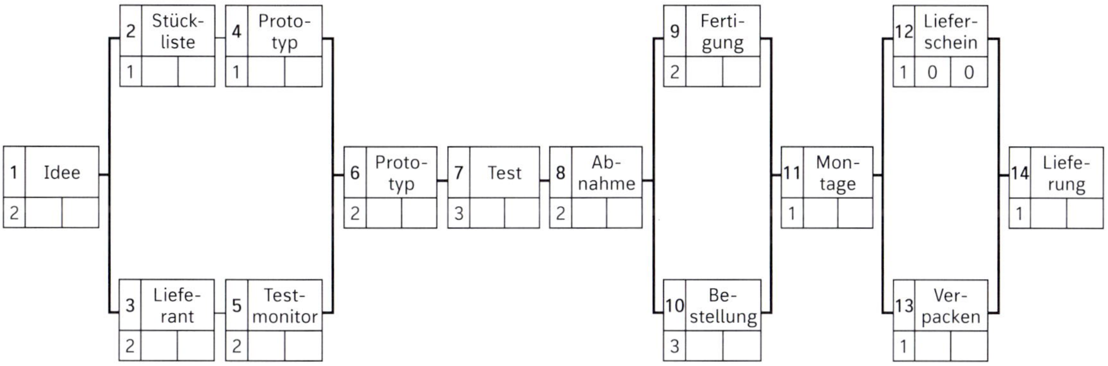

Im Anschluss an die Strukturanalyse erfolgt die Übernahme der Vorgangsdauer aus der Vorgangsliste. Die Zeitberechnung beginnt zunächst mit der **Vorwärtsrechnung**. Ziel ist es, ausgehend vom Projektbeginn die frühesten Zeiten je Vorgang sowie die Gesamtdauer des Projekts (= früheste Endzeit des letzten Vorgangs) zu ermitteln. Die frühesten Zeitpunkte geben an, wann ein Vorgang frühestens beginnen oder beendet sein **kann**.

Vorwärts-rechnung

1. Vorwärtsrechnung

1. Festlegung des Projektbeginns (FAZ – früheste Anfangszeit – des ersten Vorgangs)
2. Ermittlung der frühesten Endzeit (FEZ) des ersten Vorgangs: FAZ + Dauer = FEZ
3. Die berechnete FEZ wird auf alle unmittelbar folgenden Vorgangsknoten als FAZ übertragen. Besitzt ein Nachfolgevorgang mehrere Vorgänger mit unterschiedlichen FEZ, so wird der späteste Endzeitpunkt als FAZ übernommen.
4. Die FEZ des letzten Vorgangs ist identisch mit der Endzeit des gesamten Projekts.
5. Die frühesten Zeitpunkte der Vorwärtsrechnung werden oben auf dem Vorgangsknoten notiert (siehe Abbildung zum Vorgangsknoten auf Seite 90).

Anschließend erfolgt ausgehend vom frühesten Endzeitpunkt des letzten Vorgangs die **Rückwärtsrechnung** zur Ermittlung der spätesten Zeitpunkte. Die spätesten Zeitpunkte geben an, wann ein Vorgang spätestens beginnen oder beendet sein **muss**, ohne dass sich das gesamte Projekt verschiebt. Weiterhin werden diese Zeitpunkte zur Ermittlung möglicher Zeitpuffer benötigt.

Rückwärts-rechnung

2. Rückwärtsrechnung

1. Die FEZ des letzten Vorgangs wird als **SEZ** (**s**päteste **E**nd**z**eit) des letzten Vorgangsknotens übernommen. Dies bedeutet, dass das gesamte Projekt nicht nur zu diesem Zeitpunkt beendet sein kann, sondern auch zu diesem Zeitpunkt beendet sein muss (FEZ letzter Vorgang = SEZ letzter Vorgang).
2. Ermittlung der jeweils **s**pätesten **A**nfangs**z**eit (**SAZ**) des letzten Vorgangs:
   SEZ – Dauer = SAZ
3. Die berechnete SAZ wird auf alle unmittelbar vorangehenden Vorgangsknoten als SEZ übertragen. Besitzt ein Vorgänger mehrere Nachfolger mit unterschiedlichen SAZ, so wird die früheste SAZ der Nachfolger als SEZ übernommen.
4. Die SAZ des ersten Vorgangsknotens muss mit der FAZ desselben Vorgangs übereinstimmen.
5. Die spätesten Zeitpunkte der Rückwärtsrechnung werden unter dem Vorgangsknoten notiert (siehe Abbildung Vorgangsknoten).

Pufferzeiten

Gesamtpuffer

Im Anschluss an die Rückwärtsrechnung erfolgt die **Berechnung der Pufferzeiten** und damit die Ermittlung der „kritischen Vorgänge“ sowie des „kritischen Weges“. Bezüglich der Zeitreserven wird zwischen Gesamtpuffer und freiem Puffer unterschieden. Der **Gesamtpuffer** gibt die Zeitreserve an, um die sich ein Vorgang verzögern kann, ohne dass sich dadurch die Gesamtdauer des Projekts verschiebt.

3. Gesamtpuffer (GP)

1. Besteht zwischen der frühesten Anfangszeit (FAZ = der Zeitpunkt, wann ein Vorgang frühestens beginnen **kann**) und der spätesten Anfangszeit (SAZ = der Zeitpunkt, wann ein Vorgang frühestens beginnen **muss**, damit die Gesamtdauer nicht verschoben wird) eine zeitliche Differenz, so besitzt dieser Vorgang eine Zeitreserve. Diese Zeitreserve bezieht sich auf die Gesamtdauer des Projekts und wird Gesamtpuffer (GP) genannt.
2. Ermittlung des Gesamtpuffers eines Vorgangs: GP = SAZ – FAZ oder GP = SEZ – FEZ
3. Der Gesamtpuffer (GP) wird im mittleren, unteren Kästchen im Vorgangsknoten notiert (siehe Abbildung Vorgangsknoten).

freier Puffer

Der **freie Puffer** bezieht sich auf den nachfolgenden Vorgang und gibt die Zeitreserve an, um die sich ein Vorgang verzögern kann, ohne dass sich dadurch die zeitliche Lage seines Nachfolgers verändert.

4. Freier Puffer (FP)

1. Besteht zwischen der frühesten Endzeit (FEZ) eines Vorgangs und der frühesten Anfangszeit (FAZ) des **Nachfolgers** eine zeitliche Differenz, so besitzt dieser Vorgang eine Zeitreserve. Diese Zeitreserve bezieht sich auf die zeitliche Lage des nachfolgenden Knotens und wird freier Puffer (FP) genannt.
2. Ermittlung des freien Puffers eines Vorgangs: $FP = FAZ_{Nachfolger} - FEZ$
3. Der freie Puffer (FP) wird im rechten, unteren Kästchen im Vorgangsknoten notiert (siehe Abbildung Vorgangsknoten).

kritischer Vorgang/ kritischer Weg

Alle Vorgänge, die keine Zeitreserven (Puffer) aufweisen, nennt man „kritisch“. Die Aneinanderreihung aller kritischen Vorgänge ergibt den kritischen Weg, den zeitlich längsten Weg durch das Projekt. Der **kritische Weg** bestimmt somit die Gesamtdauer des Projekts und jede Verzögerung auf dem kritischen Weg bedeutet eine Verschiebung des geplanten Endtermins. Im folgenden Netzplan entstehen sogar zwei kritische Wege (═══).

Ein **vollständiger Netzplan** kann wie folgt aussehen:

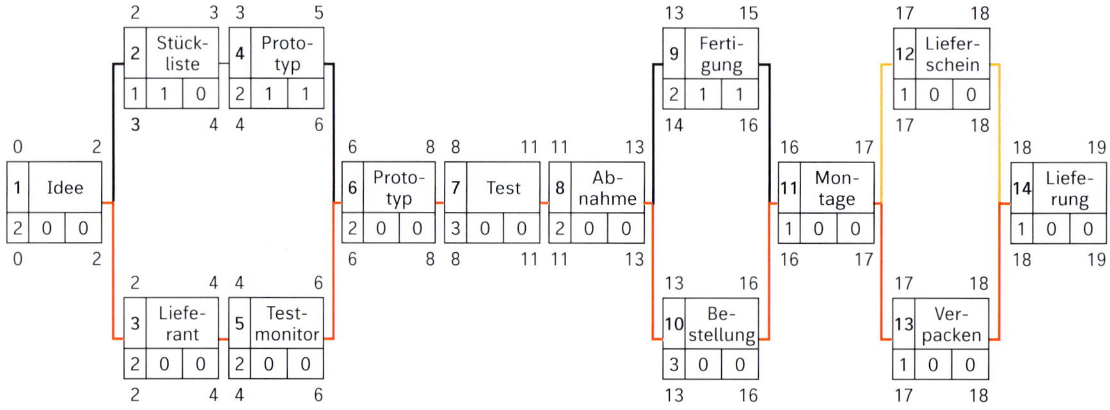

Die Erstellung eines realitätsnahen Netzplans erfordert eine zuverlässige und genaue Bestimmung der einzelnen Vorgangsdauern (Zeitaufnahme). Heute werden Netzpläne überall dort eingesetzt, wo komplexe Projekte oder Fertigungsabläufe geplant und deren Ausführungen zeitnah gesteuert und überwacht werden müssen.

Mithilfe der Netzplantechnik gewinnt der gesamte Planungsablauf an Transparenz. Wichtige Entscheidungssituationen sowie Engpässe im Planungsablauf werden sichtbar und können ggf. durch eine zeitliche Optimierung einzelner Arbeitsschritte oder durch eine Erhöhung des Faktoreinsatzes (z. B. Mitarbeitende oder Betriebsmittel) überbrückt werden.

Planungs- und Kontrollinstrument

Der Netzplan eignet sich nicht nur für die Konzeption einer effektiven Vorgehensweise im Rahmen der Projektplanung, sondern kann ebenso als Kontrollinstrument bei der Abwicklung des Projekts eingesetzt werden, um die Effizienz der gesamten Vorgehensweise zu erhöhen und zu überprüfen.

Vorteile

Die Vorteile eines Netzplanes sind:

- Die einzelnen Teilaufgaben/Vorgänge müssen vollständig und sorgfältig ermittelt werden. Dadurch wird das gesamte Projekt systematisch durchdacht und analysiert.
- Das Projekt wird in seinem sachlogischen Ablauf (Struktur/Reihenfolge) sowie in seinen Anforderungen bezüglich der erforderlichen Kapazitäten (Arbeitskräfte, Betriebsmittel) transparent.
- Die Arbeit am Projekt erfordert und fördert eine intensive Kommunikation und Kooperation der Planungs- und Durchführungsstellen.
- Zeitliche, sachliche und personelle Engpässe werden sichtbar und können unmittelbar gelöst werden.
- Der aktuelle Stand der Projektumsetzung ist verfügbar und kontrollierbar.
- Ähnliche Projekte können mithilfe einer zuvor erstellten Lösung innerhalb kurzer Zeit neu geplant und umgesetzt werden.

AUFGABE 1

Ein Produkt (P) weist folgende Erzeugnisstruktur auf:

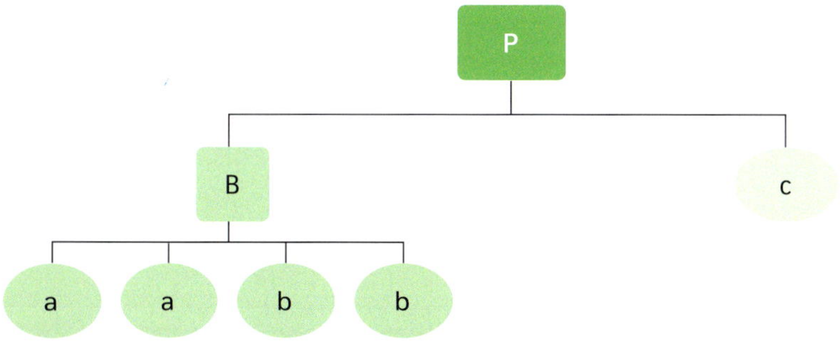

Die Fertigungszeiten für die Herstellung der einzelnen Teile auf den Maschinen M1 bis M5 sind der folgenden Tabelle zu entnehmen:

	M1	M2	M3	M4	M5	Endmontage
a	0,5	–	1,25	0,5	0,75	
b	0,5	–	0,75	0,5	0,5	
c	–	1	–	0,5	0,5	
	Zeitangaben in Minuten					1

Die Fertigung der einzelnen Teile hat auftragsweise an den Maschinen (M1 bis M5) in der oben dargestellten Reihenfolge zu erfolgen. Die Endmontage kann erst beginnen, wenn alle Teile für das Produkt gefertigt worden sind. Die Fertigung der einzelnen Teile kann unabhängig voneinander durchgeführt werden.

a) Am 20. Oktober geht eine Bestellung über 120 Produkte ein. Ermitteln Sie den Gesamtbedarf der einzelnen Teile für diesen Auftrag.

b) Ermitteln Sie mithilfe eines Zeitrasters den frühestmöglichen Fertigstellungstermin. Am 21.10. kann mit der Fertigung frühestens begonnen werden. Pro Arbeitstag stehen vier Stunden für diesen Auftrag zur Verfügung. Verwenden Sie zur Kennzeichnung der Felder die folgenden Farben: a = Gelb, b = Rot, c = Grün, P/Endmontage = Blau.

	Stunden																								
	21.10.				22.10.				23.10.				24.10.				25.10.				26.10.				
	1	2	3	4	5	6	7	8	9	10	11	12	13	14	15	16	17	18	19	20	21	22	23	24	25
M1																									
M2																									
M3																									
M4																									
M5																									
EM																									

c) In seiner Bestellung wünscht der Kunde eine Lieferung am 27. Oktober. Wann muss mit der Fertigung spätestens begonnen werden, um diesen gewünschten Liefertermin zu bestätigen? Ermitteln Sie diesen Zeitpunkt mithilfe des Zeitrasters aus Arbeitsauftrag b).

AUFGABE 2

Folgende Vorgangsliste wurde Ihnen von der Arbeitsvorbereitung übergeben:

Vorgangsliste		
Vorgangsnummer	**Dauer in Tagen**	**Vorgänger**
1	6	–
2	4	4, 5
3	1	2, 7, 9, 10
4	1	1
5	3	1
6	3	8
7	1	6
8	2	1
9	3	8
10	2	4, 5

a) Zeichnen Sie mithilfe der Vorgangsliste im Rahmen der zeitlichen Ablaufplanung ein Balkendiagramm und ermitteln Sie die Gesamtdauer des Projekts.

b) Erstellen und berechnen Sie anhand der Vorgangsliste einen Netzplan und überprüfen Sie die mithilfe des Balkendiagramms ermittelte Gesamtdauer des Projekts.
Tipp: Bei der Angabe des Vorgängers in der Vorgangsliste ist es hilfreich, den Netzplan von hinten nach vorne zu erstellen, d. h. mit dem letzten Vorgang zu beginnen.

c) Zeichnen Sie den kritischen Weg in den Netzplan ein.

d) Welche Auswirkungen hat eine Verlängerung der Dauer von Vorgang 4 um zwei Tage?

AUFGABE 3

In einem Industriebetrieb werden auf drei Maschinen täglich (Achtstundentag) vier verschiedene Aufträge ausgeführt:

Auftrag 1: 3 Stunden M1 → 2 Stunden M3 → 2 Stunden M2

Auftrag 2: 3 Stunden M1 → 3 Stunden M3

Auftrag 3: 2 Stunden M2 → 1 Stunde M3

Auftrag 4: 2 Stunden M3 → 3 Stunden M2 → 1 Stunde M1

a) Zeichnen Sie für die Aufträge jeweils einen Terminplan.
Auftrag 1 + 2: Vorwärtsterminierung; Auftrag 3 + 4: Rückwärtsterminierung

	Arbeitsstunden															
	1	2	3	4	5	6	7	8	9	10	11	12	13	14	15	16
Maschine 1																
Maschine 2																
Maschine 3																

b) Bestimmen Sie die jeweiligen Vorgangszeiten der einzelnen Aufträge.

c) Bestimmen Sie jeweils die frühesten Zeitpunkte (FAZ und FEZ) sowie die spätesten Zeitpunkte (SAZ und SEZ) der einzelnen Aufträge.

d) Ermitteln Sie die Pufferzeiten.

e) Beschreiben Sie allgemein die Vorgehensweise bei der Vorwärts- bzw. Rückwärtsterminierung. Erklären Sie die Vor- und Nachteile der Vorwärts- bzw. Rückwärtsterminierung.
Die folgenden Fragen beziehen sich auf die Beanspruchung der vorhandenen Kapazitäten durch die drei vorliegenden Aufträge:

f) Erstellen Sie für die drei Maschinen M1, M2 und M3 eine Kapazitätsplanung auf Wochenbasis. Die Woche hat fünf Arbeitstage.

g) Berechnen Sie pro Maschine und pro Auftrag die Arbeitszeiten/Belegungszeiten auf Wochenbasis.

h) Ermitteln Sie für die drei Maschinen die Belegungszeiten, die Gesamtkapazität (in Stunden) sowie die jeweiligen freien Kapazitäten (in Stunden) auf Wochenbasis.

i) Im Rahmen der Auftragsfreigabe wird aufgrund der kurzfristigen Maschinenbelegungsplanung festgelegt, welche Aufträge endgültig auf welcher Maschine bearbeitet werden sollen. Auf der Basis der Informationen aus Aufgabe a) wurde folgender Maschinenbelegungsplan erstellt:

	Arbeitsstunden															
	1	2	3	4	5	6	7	8	9	10	11	12	13	14	15	16
Maschine 1																
Maschine 2																
Maschine 3																

Ermitteln Sie ausgehend von dieser Maschinenbelegung die Stillstandzeiten für die Maschinen M1, M2 und M3. Erstellen Sie einen neuen Maschinenbelegungsplan, der die Stillstandzeiten der Maschinen minimiert.

AUFGABE 4

Welche der nachfolgenden Information(en) a) bis h) können Sie folgendem Terminplan entnehmen?

		Dauer in Wochen											
Nr.	Vorgang Woche:	1	2	3	4	5	6	7	8	9	10	11	12
1	Materialbeschaffung Tischplatten	■	■	■	■	■	■	■	■				
2	Fertigung der Tischplatten									■			
3	Materialbeschaffung Tischbeine	■	■	■	■								
4	Fertigung der Tischbeine					■							
5	Beschaffung der Hilfsstoffe	■	■	■									
6	Tisch montieren											■	■

a) Das Material für die Tischplatten könnte aus Kostengründen auch erst zwei Wochen später bestellt werden, ohne dass sich die Gesamtdauer verlängert.

b) Die Tischbeine müssen in der fünften Woche hergestellt werden, damit sich die Montage der Tische nicht verzögert.

c) Die Tischbeine werden entsprechend der vorliegenden Terminplanung bis zur Montage fünf Wochen lang gelagert.

d) Das Material für die Tischbeine und für die Tischplatten muss zur gleichen Zeit geliefert werden.

e) Um den Kundenauftrag fristgerecht zu schaffen, muss das Material für die Tischbeine und die Tischplatten zur gleichen Zeit bestellt werden.

f) Die Fertigung der Tischbeine kann sich um zwei Wochen verschieben, ohne dass sich die Gesamtdauer verändert.

g) Die Lieferung der Tische erfolgt rechtzeitig, auch wenn die Beschaffung der Hilfsstoffe vier Wochen später erfolgen würde.

h) Wir könnten die montierten Tische eine Woche früher liefern, wenn sich die Materialbeschaffung der Tischbeine um eine Woche verkürzt.

AUFGABE 5

Am 20.10. erhält die Heidtkötter KG einen Kundenauftrag über 117 Monitortische. Der vertraglich vereinbarte Liefertermin ist der 09.11., ein Mittwoch. Die Lieferung erfolgt einen Tag nach Fertigstellung des gesamten Auftrags. Die Produktionssteuerung legt den Beginn der Fertigung auf Montag, den 23.10., fest und stellt Ihnen folgende Informationen zur Verfügung:

Informationen aus dem Basisarbeitsplan		
Arbeitsvorgänge	**Rüstzeit (Min.)**	**Ausführungszeit (Min.)**
Aussägen und Veredeln der Tischplatte	2	10
Sägen der Tischbeine auf Länge und Anbringen der Stopper	2	8
Fertigung des Untergestells	3	7
Montage Tischplatte und Untergestell	2	5
Montage des Monitors	4	11
Kontrolle Fertigerzeugnis	2	4

Ermitteln Sie die Auftragszeit für diesen Kundenauftrag und prüfen Sie unter Berücksichtigung der Fünftagewoche, ob der Liefertermin eingehalten wird.

3.2 Kurzfristig angelegte Kapazitätsplanung

Für die im eigenen Betrieb selbst herzustellenden Teile erstellt die Arbeitsvorbereitung **Fertigungsaufträge**. Dabei sind sämtliche Kundenaufträge für alle Erzeugnisse zu berücksichtigen, in die ein solches Teil eingeht, und es stellt sich die Frage nach der Zusammenfassung der einzelnen Fertigungsaufträge auf eine bestimmte Fertigungsmenge. Die Losgröße ist die in einem Fertigungsgang ohne weiteres Umrüsten hergestellte Menge eines bestimmten Teiles. Die Arbeitsvorbereitung berücksichtigt dabei die bei der Fertigung entstehenden unterschiedlichen Kostenarten, wie z. B. Rüst- oder Lagerhaltungskosten. Gerade diese Kostenarten entwickeln sich mengenabhängig gegenläufig und es muss grafisch oder rechnerisch eine kostenoptimale Fertigungslosgröße bestimmt werden.

Losgröße

3.2.1 Optimale Losgröße – die Ermittlung einer kostenoptimalen Fertigungsmenge

Um die Kapazität bestmöglich auszulasten und die Rüstkosten so gering wie möglich zu halten, wäre es sinnvoll, die zu fertigende Losgröße möglichst groß festzulegen. Ein Nachteil großer Losgrößen besteht im höheren Lagerbestand für die Teile, die erst später benötigt werden oder für die ein späterer Liefertermin mit dem Kunden vereinbart wurde. Dieser Lagerbestand benötigt nicht nur Lagerplatz, sondern er bindet Kapital, es entstehen zusätzliche Kosten.

Entscheidungsproblem

So ergibt sich das Entscheidungsproblem, dass mit der Zusammenfassung von Fertigungsaufträgen (Erhöhung der Losgröße) zwar die Rüstkosten reduziert, die Lagerkosten für erst später benötigte Teile jedoch erhöht werden. Der Verlauf der losfixen Rüstkosten[1] und der losvariablen Lagerhaltungskosten[2] ist mit zunehmender Losgröße gegenläufig. Die Lösung dieses Problems liegt in der Ermittlung der optimalen Losgröße, bei der die Summe aus Rüst- und Lagerhaltungskosten minimal ist. Dieses Modell der optimalen Losgröße ist vergleichbar mit dem Modell der optimalen Bestellmenge aus der Materialwirtschaft.

› Band 1, LF 4, Kapitel 2.2.2

optimale Losgröße

Das Problem der optimalen Losgröße tritt insbesondere im Rahmen der Serien- und Sortenfertigung auf.

BEISPIEL

Die Schraubenfabrik Richter beliefert schon seit vielen Jahren die Heidtkötter KG mit Schrauben und Muttern unterschiedlicher Größe zur Montage ihrer Stühle und Tische. Der Jahresabsatz von M10-Schrauben beträgt insgesamt 80 000 Stück. Arndt Richter überlegt, ob er die Schrauben in einem Fertigungsgang herstellen, oder ob er die Gesamtmenge in einzelnen Teilmengen fertigen soll. Im zweiten Fall muss die Maschine pro Teilmenge mit einer entsprechenden Vorrichtung umgerüstet werden. Die so entstehenden Kosten betragen pro Umrüstung 150,00 €. Aufgrund der Lagerung der produzierten Schrauben (Herstellkosten pro Stück = 4,00 €) entstehen Kosten in Höhe von 400,00 € pro 1000 Stück und Jahr. Der Lagerhaltungskostensatz beträgt 10 %.

In welcher Fertigungsmenge (Losgröße) sollte die Schraubenfabrik Richter nun diese Schrauben herstellen?

Unter wirtschaftlichen Aspekten ist eine Losgröße anzustreben, bei der die Summe aus Rüstkosten und Lagerhaltungskosten am geringsten ist.

1 Die Rüstkosten fallen je Umrüstvorgang unabhängig von der Auflagen-/Losgröße (Menge) in gleicher Höhe an. Daher sind sie losfixe/auflagenfixe Kosten.
2 Die Lagerhaltungskosten verändern sich in Abhängigkeit von der Auflagen-/Losgröße (Menge). Daher sind sie losvariable/auflagenvariable Kosten.

Folgende Tabelle zeigt die Kostenentwicklung bei unterschiedlichen Losgrößen.

Anzahl der Lose	Losgröße (Stück; gerundet)	Rüstkosten (€)	Lagermenge (Stück; gerundet)	Lagerkosten (€)	Gesamtkosten (€)
	$\frac{\text{Jahresabsatz}}{\text{Anzahl der Lose}}$	Anzahl der Lose · 150,00 €	$\frac{\text{Losgröße}}{2}$	Lagermenge · 0,40 €	Rüstkosten + Lagerkosten
1	80 000	150,00	40 000	16.000,00	16.150,00
8	10 000	1.200,00	5000	2.000,00	3.200,00
10	8000	1.500,00	4000	1.600,00	3.100,00
12	6667	1.800,00	3334	1.333,60	3.133,60
14	5714	2.100,00	2857	1.142,80	3.242,80

Die tabellarisch ermittelte optimale Losgröße liegt bei 8000 Stück. Die Fertigung erfolgt dann in 10 Losen. Sowohl in der Tabelle als auch in der folgenden Grafik können Sie die gegenläufige Entwicklung der Rüst- und Lagerkosten bei sich verändernder Losgröße sowie das Minimum der Gesamtkosten erkennen.

Die Kostenentwicklung bei unterschiedlichen Losgrößen kann ebenso grafisch dargestellt werden:

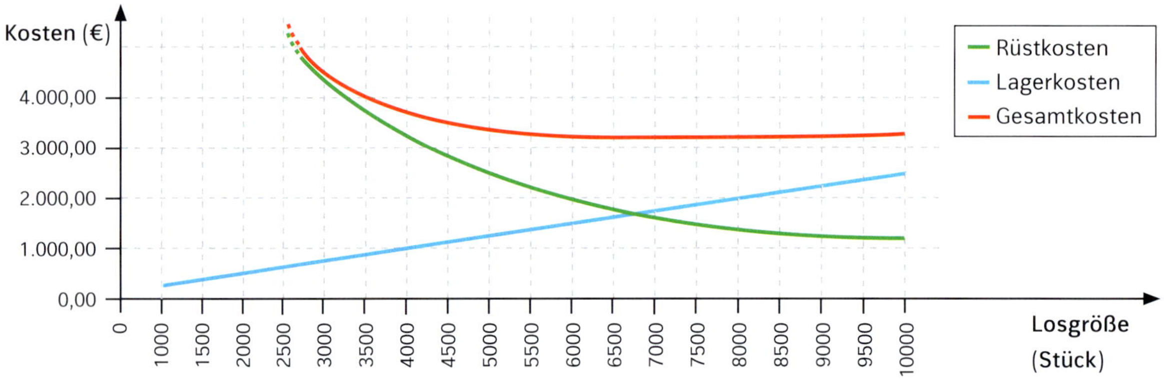

Etwas genauer als in der tabellarischen oder grafischen Ermittlung kann die optimale Losgröße auch mit folgender Formel (Andlersche Formel) berechnet werden:

$$\textbf{Optimale Losgröße} = \sqrt{\frac{2 \cdot \text{Jahresbedarf} \cdot \text{Rüstkosten pro Umrüstung}}{\text{Herstellkosten pro Stück} \cdot \text{Lagerhaltungskostensatz}}}$$

(Lagerhaltungskostensatz = Lagerkostensatz + Lagerzinssatz)

Für dieses Beispiel berechnet sich die optimale Losgröße wie folgt:

$$\sqrt{\frac{2 \cdot \text{Jahresbedarf} \cdot \text{Rüstkosten pro Umrüstung}}{\text{Herstellkosten pro Stück} \cdot \text{Lagerhaltungskostensatz}}} =$$

$$= \sqrt{\frac{2 \cdot 80\,000 \cdot 150}{4{,}00 \cdot 10\,\%}} = 7745{,}97 \text{ St.}$$

Exkurs: Herleitung der Andlerschen Formel

Die optimale Losgröße (LG) liegt bei der Menge, bei der die Rüstkosten (KR) gleich den Lagerhaltungskosten (KL) sind: KL = KR

KL = (Herstellkosten pro Stück (k_H) · LG/2) · Lagerhaltungskostensatz (LKS)
KR = (Jahresbedarf [JB]/LG) · Rüstkosten pro Umrüstung (kR)

$$K_L = K_R$$

$$(k_H \cdot LG/2) \cdot (LKS) = (JB/LG) \cdot k_R \quad | \cdot 2$$

$$k_H \cdot LG \cdot LKS = 2 \cdot JB \cdot k_R/LG \quad | \cdot LG$$

$$k_H \cdot LG^2 \cdot LKS = 2 \cdot JB \cdot k_R \quad | \ / k_H \quad | \ / LKS$$

$$LG^2 = \frac{2 \cdot JB \cdot k_R}{k_H \cdot LKS} \quad | \sqrt{\ }$$

$$LG = \sqrt{\frac{2 \cdot JB \cdot k_R}{k_H \cdot LKS}} \rightarrow \sqrt{\frac{2 \cdot \text{Jahresbedarf} \cdot \text{Rüstkosten pro Umrüstung}}{\text{Herstellkosten pro Stück} \cdot \text{Lagerhaltungskostensatz}}}$$

Ein ähnliches Problem zweier entgegengesetzt verlaufender Kostenarten gab es bereits in Kapitel Band 1, Lernfeld 4, Kapitel 2.2.2 bei der Ermittlung der optimalen Bestellmenge.

Das Modell[1] der optimalen Losgröße trifft in der Praxis auf Schwierigkeiten, da es von einer Vielzahl von Voraussetzungen ausgeht, die in der Realität so nicht gegeben sind.

Modellannahmen und Praxis

Modellannahmen	Situation in der Praxis
gleichmäßiger, kontinuierlicher Lagerabgang (durchschnittlicher Lagerbestand = 50 % der Losgröße)	Lagerabgang abhängig von der Nachfrage
Schätzung des Jahresbedarfs bzw. Verwendung von Vergangenheitswerten	unsichere Prognosen, die nicht dem tatsächlichen Jahresbedarf entsprechen
nur variable Lagerhaltungskosten werden erfasst	auch fixe Lagerhaltungskosten fallen an (Versicherung, Strom, Miete)
linearer Verlauf der Lagerhaltungskosten	Preisschwankungen bewirken unterschiedliche Lagerhaltungskosten und führen zu einem nicht linearen Kostenverlauf
Lagerfähigkeit der Produkte und ausreichend vorhandene Lagerkapazität	muss beides in der Realität so nicht gegeben sein
gleichbleibende Löhne, Preise, Zinsen	unterliegen im zeitlichen Jahresablauf teilweise starken Schwankungen
gleichbleibende Losgrößen	starke Schwankungen je nach Auftragslage (Neuberechnung)

Deshalb wird in der Praxis häufig bewusst auf die Fertigung der optimalen Losgröße verzichtet, insbesondere dann, wenn die Absatzmenge im Jahresverlauf starke Schwankungen aufweist (z. B. bei Saisonartikeln). Häufig bezieht sich die Fertigungssteuerung auf einen kürzeren, besser überschaubaren Zeitraum von ein bis zwei Monaten.

Ausschlaggebend für die (zeitliche) Abwicklung der Fertigungsaufträge sind häufig die kürzeste Fertigungszeit, das Eingangsdatum des Kundenauftrags, eine begründete Kundenpriorität (Kunde = Stammkunde) oder auch der früheste Liefertermin.

1 Ein Modell beinhaltet immer eine Reduzierung von Komplexität der Realität. Um Erklärungszusammenhänge überhaupt zu ermöglichen, werden Modellannahmen getroffen, die (bewusst) von der Realität abweichen.

3.2.2 Kostenoptimaler Beschäftigungsgrad

Kapazitätsplanung

Bei der **Kapazitätsplanung** im Rahmen der Produktionssteuerung geht es um eine optimale Verzahnung der einzelnen, aufgrund von Kundenaufträgen und internen Lageraufträgen anfallenden Arbeitsvorgänge. Diese einzelnen Arbeitsgänge können teilweise parallel, teilweise müssen sie jedoch technisch bedingt in einer bestimmten Reihenfolge ablaufen. Bei der Umsetzung dieser komplexen Herstellungs- und Montageprozesse werden unterschiedliche Betriebsmittel und Mitarbeitende eingesetzt. Ziel der Produktionssteuerung ist es, unter den Vorgaben der Auftragslage die Umsetzung einer konstant hohen (maximalen) Auslastung der vorhandenen Kapazitäten zu erreichen, um entstehende Leerkosten zu verringern und den Anteil der Nutzkosten an den fixen Fertigungskosten zu erhöhen. Leerkosten sind Fixkostenbestandteile, die durch Leerlaufzeiten/Nichtbeschäftigung stillstehender Maschinen und Anlagen entstehen (Leerkosten = freie Kapazität · fixe Stückkosten). Nutzkosten sind anteilige Fixkosten, die durch die Fertigung genutzt/gedeckt werden (Nutzkosten = genutzte Kapazität [Beschäftigungsgrad] · fixe Stückkosten).

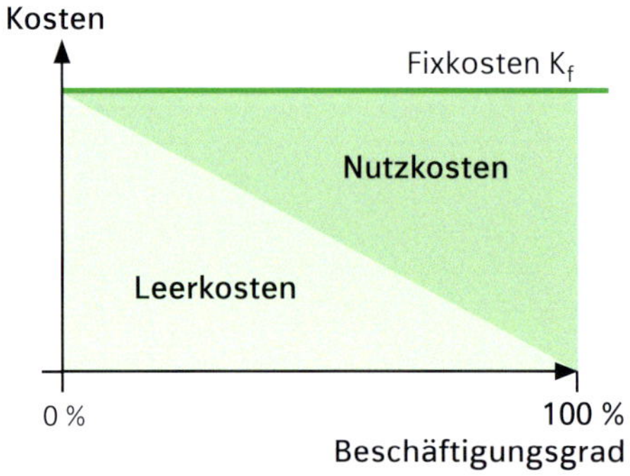

› Kapitel 2.3 Maximalkapazität

Der Grad dieser Zielerreichung kann mithilfe des Beschäftigungs- oder Kapazitätsausnutzungsgrades dokumentiert und überprüft werden. Diese Kennzahl gibt an, wie viel Prozent der zur Verfügung stehenden Maximalkapazität (Kann-Leistung) ausgenutzt werden. Er dient als Gradmesser für die Kapazitätsausnutzung und wird wie folgt berechnet:

Beschäftigungsgrad

$$\textbf{Beschäftigungsgrad (\%) (Kapazitätsausnutzungsgrad)} = \frac{\text{Ausbringungsmenge (= Ist-Leistung)} \cdot 100\,\%}{\text{Maximalkapazität}}$$

Die tatsächlich erbrachte Leistung (Ist-Leistung) kann von vielen Faktoren abhängen:

- Absatzmarkt/Auftragslage
- Ablauf des Produktionsprozesses
- Krankenstand der Mitarbeiterinnen und Mitarbeiter
- Beschaffungsmarkt
- Maschinenpflege, -schäden
- Energieversorgung
- Leistungsfähigkeit und Motivation der Mitarbeiterinnen und Mitarbeiter
- Art der Maschinen (Universal-/Spezialmaschinen)
- Automatisierungsgrad der Fertigung

BEISPIEL

Die Heidtkötter KG lackiert die Stuhlbeine für die unterschiedlichen Bürostuhlsysteme u. a. durch den Einsatz eines Lackierautomaten. Dieser Lackierautomat ist bei einer täglichen Leistung von 80 Stuhlbeinen maximal ausgelastet. Im März dieses Jahres (23 Arbeitstage) wurden 1564 Stuhlbeine lackiert.

Der Beschäftigungsgrad des Lackierautomaten, also die tatsächliche Ist-Leistung im Verhältnis zur theoretisch möglichen Auslastung, lag im März bei 85 %.

$$\frac{1564 \cdot 100\,\%}{1840} = 85\,\% \quad \text{oder} \quad \frac{68 \cdot 100\,\%}{80} = 85\,\%$$

Die Heidtkötter KG kann mit dieser Auslastung nicht ganz zufrieden sein, da ihre Zielsetzung bei mindestens 90 % Auslastung liegt.

Die Realisierung eines möglichst hohen Beschäftigungsgrades erfordert einen regelmäßigen Abgleich des Planungs-, Steuerungs- und Fertigungsprozesses sowie den Einsatz eines leistungsfähigen, vernetzten Datenverarbeitungssystems. Je nach Kundenauftragslage sowie vorhandener Lagerkapazitäten könnten zusätzliche Eigenaufträge (Lagerfertigung) oder auch Überstunden/Wochenendarbeit eingeplant werden.

Problematisch wird es immer, wenn an einzelnen Betriebsmitteln Kapazitätsengpässe auftreten. Dann sollten bestimmte Verrichtungen kurzfristig fremdgeleistet („outgesourct") oder auf geeigneten anderen Betriebsmitteln bearbeitet werden.

Ändern sich die erbrachten bzw. zu erbringenden mengenmäßigen Leistungen[1] der vorhandenen Kapazitäten, kann dies Auswirkungen auf die entstehenden Kosten haben. Je nachdem, wie sich Kosten bei einer Änderung der Beschäftigung verhalten, unterscheidet man zwischen fixen und variablen Kosten. **Fixe Kosten** entstehen zur Aufrechterhaltung der Betriebsbereitschaft (z. B. Grundsteuern, Zinsen für investiertes Kapital, Raumkosten, Mieten, Gehälter, Abschreibungen, Verwaltungskosten), beziehen sich auf eine bestimmte Zeiteinheit (z. B. einen Monat) und sind unabhängig von der Beschäftigung bzw. Ausbringungsmenge. Übersteigt die Ausbringungsmenge die vorhandene Maximalkapazität, steigen die Fixkosten sprunghaft an (sprungfixe Kosten), da neue Betriebsmittel oder zusätzliche (Lager-)Räume gekauft oder für einen bestimmten Zeitraum gemietet werden müssen, um die Maximalkapazität zu erhöhen.

fixe Kosten

sprungfixe Kosten

BEISPIEL

Die Kapazitätsgrenze liegt bei 399 Stück. Bei Überschreiten dieser Grenze muss ein zusätzlicher Lagerraum gemietet werden.

Ausbringungsmenge (Stück)	Lagermiete pro Monat (€)	Lagermiete im Monat pro Stück (€)
0	2.000,00	2.000,00
100	2.000,00	20,00
200	2.000,00	10,00
300	2.000,00	6,67
400	4.000,00	10,00
500	4.000,00	8,00

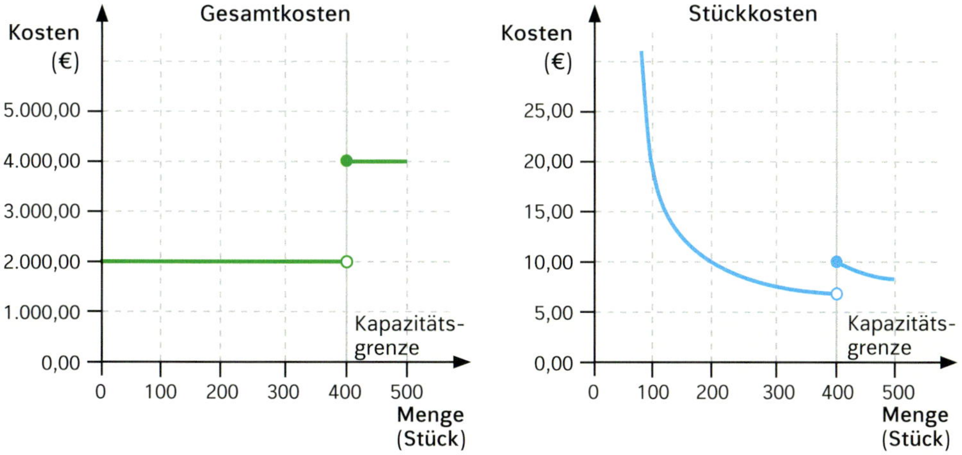

1 Die mengenmäßigen Leistungen = Fertigungsmenge, Ausbringungsmenge, Beschäftigung, Beschäftigungsgrad (%), hergestellte Stückzahl, mengenmäßiger Output

Sowohl an den Werten in der Tabelle als auch an der grafischen Darstellung ist zu erkennen, dass die fixen Gesamtkosten bis zur Kapazitätsgrenze konstant (unabhängig von der Ausbringungsmenge) bleiben und anschließend sprunghaft auf eine neue Höhe ansteigen. Die fixen Stückkosten (Lagermiete pro Stück und Monat) verlaufen bis zur Kapazitätsgrenze degressiv fallend und steigen nach Übertreten der Kapazitätsgrenze ebenso sprunghaft an, um anschließend wieder abzunehmen. Die (fixen) **Stückkosten** nehmen mit zunehmender Ausbringungsmenge ab, weil die konstanten fixen Gesamtkosten („Fixkostenblock") auf eine größere Ausbringungsmenge verteilt werden. Je größer die Ausbringungsmenge, desto geringer sind die Stückkosten. Dieses Phänomen wird als „Fixkostendegression" bezeichnet und liegt dem „Gesetz der Massenproduktion" zugrunde.

Fixkosten-degression

$$k = \frac{K_f}{x} + k_v \qquad x = \text{Menge}$$

Kostenremanenz

Fällt die Ausbringungsmenge wieder unter die neue, erhöhte Maximalkapazität, können die sprungfixen Kosten nicht gleichzeitig und in gleichem Maße abgebaut werden (Kostenremanenz). So bleiben die fixen Mietkosten für zusätzlich angemietete Räume über die Vertragsdauer bestehen, auch wenn die Fertigungsmenge sinkt. **Kostenremanenz** bezeichnet also den verzögerten/späteren Kostenrückgang bei rückläufiger Beschäftigung. Die Kostenanpassung zuvor gestiegener Kosten an eine rückläufige Beschäftigung erfolgt entweder zeitverzögert oder grundsätzlich anders als bei vorheriger Beschäftigungszunahme (z. B. Betriebsgebäude oder Maschinen können kurzfristig weder verkleinert noch verkauft werden; neu eingestellte Beschäftigte können nicht kurzfristig wieder entlassen werden).

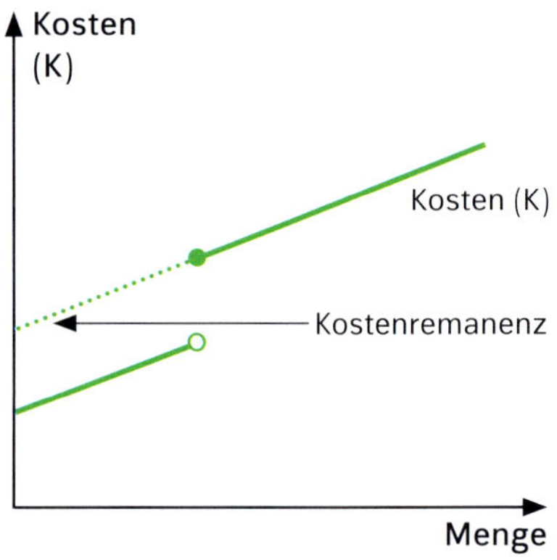

variable Kosten

Variable Kosten entstehen überwiegend bei der Produktion (z. B. Kosten für Fertigungsmaterial, Akkordlöhne, Sondereinzelkosten der Fertigung, Energiekosten) und ändern sich mit der Beschäftigung/Ausbringungsmenge. Je nach konkretem Kostenverlauf werden die variablen Kosten in proportionale, unterproportionale und überproportionale Kosten unterschieden.[1] Die unterschiedlichen Kostenverläufe zeigen sich auch im Verhältnis von prozentualer Kostenänderung zu prozentualer Beschäftigungsänderung.

proportionale variable Kosten

Bei **proportionalen variablen Kosten**, d. h., die variablen Stückkosten sind für jedes hergestellte Stück identisch, ändern sich die variablen Gesamtkosten im gleichen Verhältnis wie die Ausbringungsmenge/Beschäftigung. Der Kostenanstieg bleibt gleich, verläuft also linear in Abhängigkeit von der Ausbringungsmenge. Steigt die Beschäftigung z. B. um 10 %, steigen auch die Kosten um 10 %.

Optimalkapazität = Maximalkapazität

Die Gesamtkosten verlaufen ebenso linear. Die gesamten Stückkosten (Summe aus variablen Stückkosten + fixen Stückkosten) nehmen bei zunehmender Beschäftigung ab, da die variablen Stückkosten konstant sind und die fixen Stückkosten abnehmen. Die minimalen Stückkosten (Betriebsoptimum) liegen an der Kapazitätsgrenze. Optimalkapazität und Maximalkapazität stimmen überein.

1 Des Weiteren gibt es sogenannte regressive Kosten. Diese Art von variablen Kosten entwickelt sich entgegengesetzt zur Beschäftigung und kommt in der Praxis kaum vor.

BEISPIEL

Fixkosten 1.000,00 € pro Monat; variable Kosten pro Stück 5,00 €; Kapazitätsgrenze 500 Stück

	Gesamtkosten			Stückkosten		
Menge (Stück)	Variable Gesamtkosten (€)	Fixkosten (€)	Gesamtkosten (€)	Variable Stückkosten (€)	Fixe Stückkosten (€)	Gesamte Stückkosten (€)
0	0,00	1.000,00	1.000,00	5,00	1.000,00	1.005,00
100	500,00	1.000,00	1.500,00	5,00	10,00	15,00
200	1.000,00	1.000,00	2.000,00	5,00	5,00	10,00
300	1.500,00	1.000,00	2.500,00	5,00	3,33	8,33
400	2.000,00	1.000,00	3.000,00	5,00	2,50	7,50
500	2.500,00	1.000,00	3.500,00	5,00	2,00	7,00

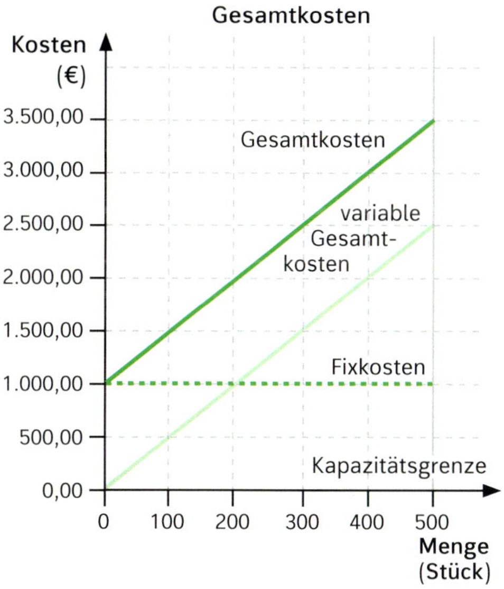

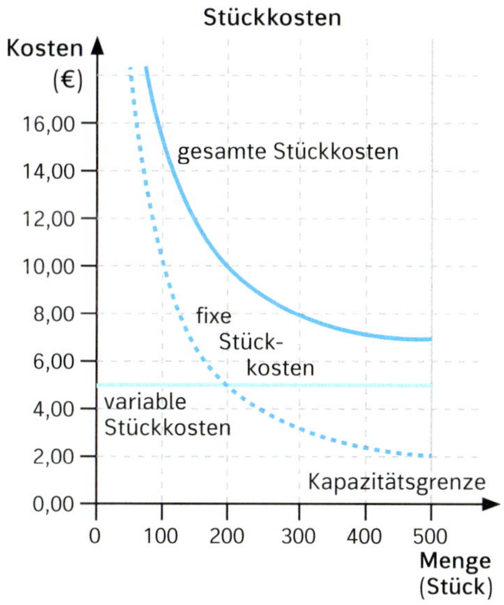

Bei **unterproportionalen variablen Kosten** nimmt der Kostenanstieg mit steigender Ausbringungsmenge ab (Kostendegression). Bei diesem **degressiven** Gesamtkostenverlauf steigt die Beschäftigung z. B. um 15 %, die Kosten jedoch nur um 10 %. Diese Art variabler Kosten entsteht beispielsweise dann, wenn die Einstandspreise pro Stück abnehmen.

unterproportionale variable Kosten

Bei unterproportionalen variablen Kosten und somit degressivem Gesamtkostenverlauf steigen die Kosten mit zunehmender Ausbringungsmenge mit abnehmenden Zuwachsraten. Die Zunahme der Gesamtkosten ist umso geringer, je größer die Beschäftigung wird. Die variablen Stückkosten sinken. Da aufgrund der zunehmenden Menge die fixen Stückkosten ebenso abnehmen, müssen auch die gesamten Stückkosten fallen. Das Betriebsoptimum liegt, ebenso wie bei linearem Kostenverlauf, an der Kapazitätsgrenze bei voller Ausnutzung der Maximalkapazität.

Optimalkapazität = Maximalkapazität

BEISPIEL

Einkaufsmenge (Stück)	Einstandspreis für Fremdbauteile insgesamt (€)	Einstandspreis pro Fremdbauteil (€)
0	0,00	0,00
100	3.000,00	30,00
200	5.000,00	25,00
300	6.600,00	22,00
400	8.000,00	20,00
500	9.250,00	18,50

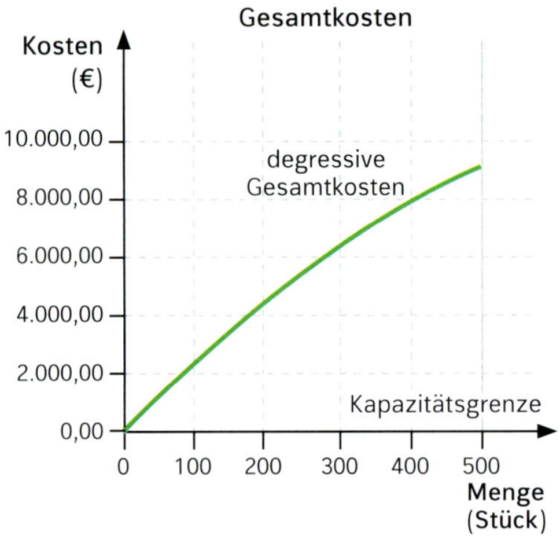

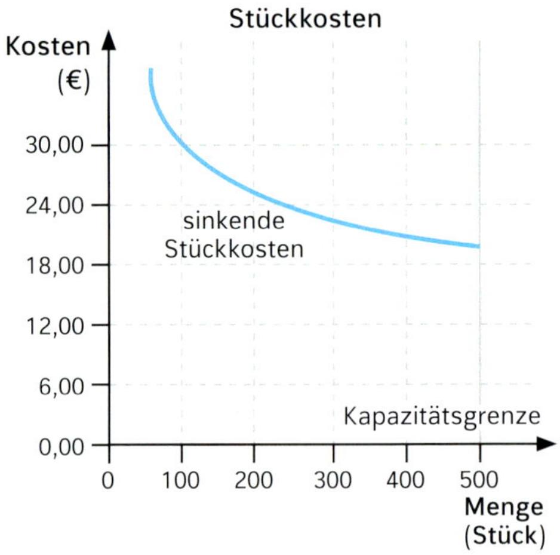

überproportionale variable Kosten

Bei **überproportionalen variablen Kosten** nimmt der Kostenanstieg mit steigender Ausbringungsmenge zu (Kostenprogression). Bei diesem **progressiven** Gesamtkostenverlauf steigen die variablen Gesamtkosten stärker als der Beschäftigungsanstieg in Prozent. Diese Art variabler Kosten entsteht z. B. infolge von überproportional steigenden Kosten für Verschleiß/Ausschuss, Reparaturen/Wartung, Energie oder Überstundenzuschläge.

Die variablen Stückkosten steigen bei zunehmender Beschäftigung. Gleichzeitig werden die Fixkosten auf eine größere Stückzahl verteilt. Dies führt zu sinkenden fixen Stückkosten (Fixkostendegression). Diese gegenläufigen Effekte haben zur Folge, dass bei steigender Menge ein Teil der Stückkosten (fixer Bestandteil) abnimmt, der andere Teil (variabler Bestandteil) zunimmt. Bei kleinen Stückzahlen überwiegt der Effekt der Fixkostendegression, sodass die Stückkosten insgesamt zunächst fallen. Ab einer bestimmten (größeren) Beschäftigung wirken sich die zunehmenden variablen Kosten stärker aus als die sinkenden fixen Stückkosten, sodass die Stückkosten insgesamt steigen. Die Stückkostenkurve fällt also zunächst, um dann ab einer bestimmten Menge (Minimum) zu steigen. Diese Menge, bei der die Stückkosten minimal sind (Optimalkapazität, Betriebsoptimum), lässt sich grafisch dadurch ermitteln, dass man eine Linie durch den Ursprung des Koordinatensystems zeichnet, die die Gesamtkostenkurve gerade noch berührt (tangiert)[1]. Unterhalb des Tangentialpunktes kann man auf der x-Achse die Ausbringungsmenge ablesen, bei der die Stückkosten minimal sind. Die Optimalkapazität bei progressivem Kostenverlauf liegt also im Gegensatz zu den anderen Kostenverläufen unterhalb der Kapazitätsgrenze (Maximalkapazität).

Optimalkapazität < Maximalkapazität

1 Diese Linie nennt man Tangente.

BEISPIEL

Ausbringungs-menge (Stück)	Verschleiß-/Ausschusskosten insgesamt (€)	Verschleiß-/Ausschusskosten pro Stück (€)
0	1.500,00	
100	2.005,00	20,50
200	2.135,00	10,67
300	2.625,00	8,75
400	3.715,00	9,29
500	5.645,00	11,29

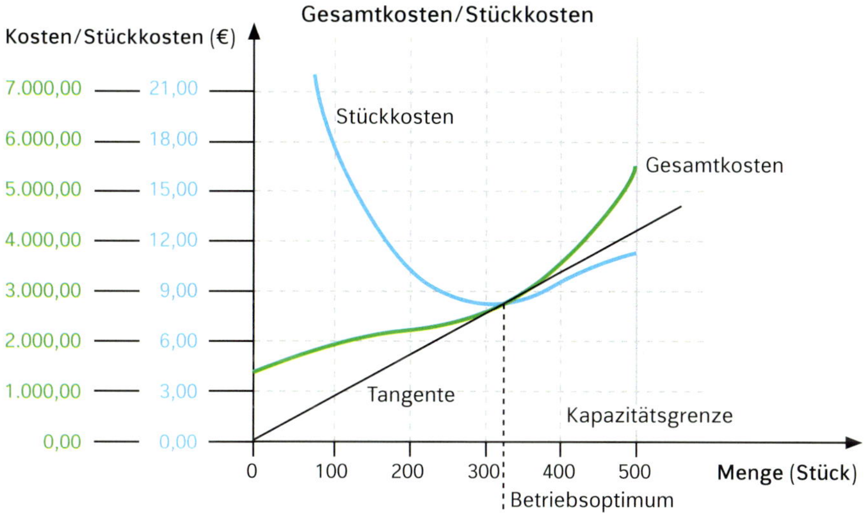

Die aus kostentheoretischer Perspektive anzustrebende Kapazitätsauslastung ist also abhängig von der Art der variablen Kosten. Bei unterproportionalen und proportionalen variablen Kosten liegt das Betriebsoptimum an der Kapazitätsgrenze, bei überproportionalen Kosten darunter.

Auslastung vorhandener Kapazitäten

Das aktuelle Fertigungsprogramm bestimmt die Auslastung der vorhandenen Kapazitäten. Nach Festlegen der erwarteten Primärbedarfe[1] müssen innerhalb der taktischen-strukturellen Produktionsprogrammplanung die Kapazitäten bereitgestellt werden. Dies geschieht in enger Abstimmung mit der Produktionssteuerung. Aufgrund der dort gebildeten Fertigungsaufträge und dem u. a. von Absatzprognosen abhängigen Primärbedarf können durch Absatzschwankungen unerwartete Lagerbestände – und damit hohe Kapitalbindungskosten – auftreten, da die Fertigungsmenge von der Absatzmenge abweicht. Unternehmen stehen in solch einer Situation vor dem Problem, Lagerbestände in Kauf zu nehmen, um kurzfristig jederzeit lieferbereit zu sein, oder die Kapazitäten/die Fertigungsmenge laufend anzupassen.

Strategien zur Anpassung der Fertigungsmenge

Folgende **Strategien** können bei der Festlegung der Fertigungsmenge verfolgt werden:

1. **Synchronisation**
2. **Emanzipation**
3. **stufenweise Anpassung**

1 Primärbedarf = Bedarf an verkaufsfähigen Erzeugnissen ohne Berücksichtigung von Lagerbeständen oder bereits in der Produktion befindlichen Fertigungsaufträgen, siehe dazu Band 1, Lernfeld 4, Kapitel 2.1.

Strategien zur Anpassung der Fertigungsmengen an die Absatzmengen	Beschreibung/Beurteilung
1. Synchronisation 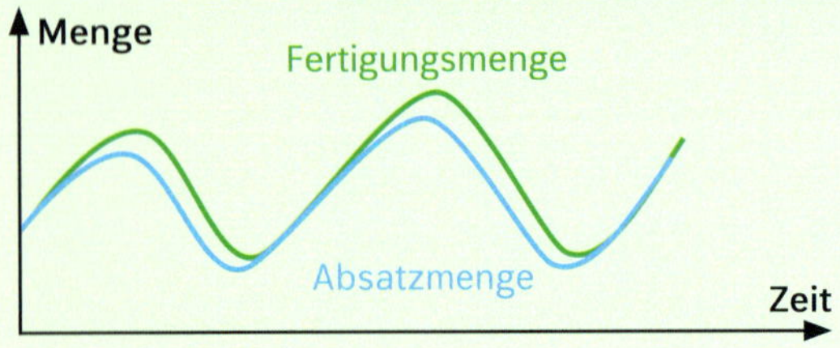	Fertigungsmenge synchron zur Absatzmenge → **auftrags-/kundenorientierte Fertigung** Die Lagermenge wird relativ gering gehalten, jedoch muss eine relativ hohe Kapazität bereitgestellt werden, damit auch Absatzspitzen befriedigt werden können. Es entstehen hohe Fixkosten für überschüssige Kapazitäten (Leerkosten)
2. Emanzipation 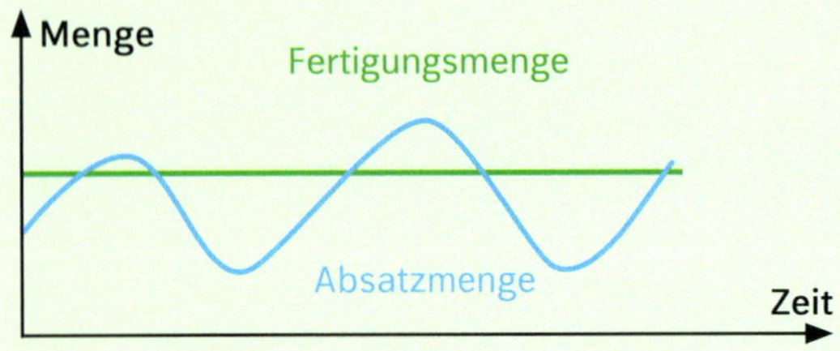	Die Kapazitäten werden gleichmäßig ausgelastet. Die Fertigungsmenge orientiert sich unabhängig von der Entwicklung der Absatzmengen an der optimalen Kapazitätsauslastung – sie **emanzipiert** sich von der Absatzmenge. **kontinuierliche Fertigung → Lagerfertigung** Die Produktionskosten sinken, da mit der optimalen Kapazität produziert wird. Es kann insgesamt eine geringere Kapazität gewählt werden, da Absatzschwankungen nicht berücksichtigt werden. Jedoch entstehen zeitweise relativ hohe Lagerbestände/Lagerkosten.
3. stufenweise Anpassung 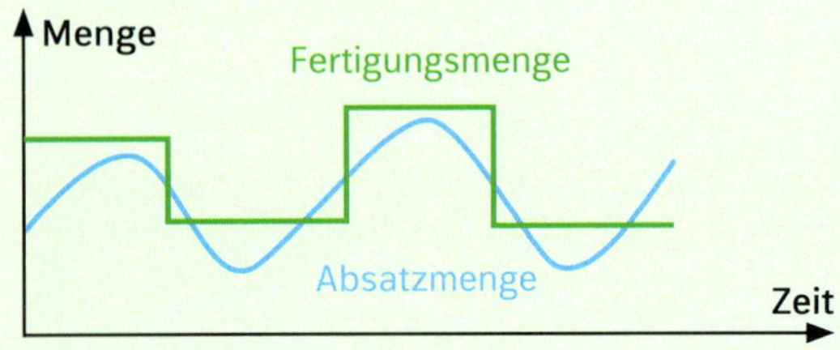	Je nach Entwicklung der Absatzmengen werden die Kapazitäten stufenweise angepasst. Die Fertigungsmenge schwankt entsprechend **stufenweise**. → **auftrags-/kundenorientierte Fertigung** Es sollen die Vorteile der Synchronisation und der Emanzipation verwirklicht werden. Es werden weniger Lagerbestände als bei der Emanzipation aufgebaut und es werden geringere Kapazitäten als bei der Synchronisation benötigt.

operative Produktionsprogrammplanung

optimales Produktionsprogramm

Die **operative Produktionsprogrammplanung** definiert innerhalb der vorhandenen Kapazitäten (Betriebsmittel, Personal, Material) das tatsächlich zu produzierende Fertigungsprogramm auf Basis von Fertigungsaufträgen nach Art, Qualität, Menge und Zeit. Bei ausreichender Kapazität werden alle Fertigungsaufträge ausgeführt, die zu einer Verbesserung des Betriebsergebnisses führen. Sollten Kapazitätsengpässe auftreten, muss das optimale Produktionsprogramm ermittelt werden, d. h. dasjenige, bei dem der Gewinn maximal wird.

3.2.3 Maschinenbelegungsplan

Terminplanung mithilfe von Maschinenbelegungsplänen

Die zeitliche Steuerung und Optimierung des Einsatzes der unterschiedlichen Betriebsmittel erfolgt über die Erstellung von **Maschinenbelegungsplänen**. Hilfsmittel zur Erstellung und Veranschaulichung einer optimalen Maschinenbelegung sind **Balkendiagramme**, in denen den einzelnen benötigten Maschinen die verschiedenen Aufträge in Form von Balken zeitlich zugeordnet werden. Die Länge der Balken entspricht der Dauer des jeweiligen Arbeitsgangs. Start- und Endtermine der einzelnen Vorgänge und Kundenaufträge, Terminüberschreitungen sowie Leer- und Belegungszeiten der einzelnen Maschinen sind sehr schnell zu erkennen. Dies ist die Voraussetzung für eine schnelle und effektive Reaktion der Produktionssteuerung auf kurzfristige Verschiebungen und Planänderungen im Fertigungsablauf der einzelnen Kundenaufträge, insbesondere dann, wenn das Produktionsprogramm aus einer Vielzahl von fertigungstechnisch ähnlichen Enderzeugnissen besteht.

BEISPIEL

Auf drei Maschinen werden für den betrachteten Zeitraum drei Kundenaufträge bearbeitet, die in der Reihenfolge Auftrag 1 – Auftrag 2 – Auftrag 3 eingegangen sind. Die Produktionsreihenfolge und die benötigte Zeitdauer für die einzelnen Aufträge in den einzelnen Produktionsstufen sind in folgender Tabelle zusammengestellt:

	Produktionsstufe 1	Produktionsstufe 2	Produktionsstufe 3
Auftrag 1	10 Stunden; Maschine 1	4 Stunden; Maschine 3	8 Stunden; Maschine 2
Auftrag 2	6 Stunden; Maschine 3	8 Stunden; Maschine 2	4 Stunden; Maschine 1
Auftrag 3	8 Stunden; Maschine 2	4 Stunden; Maschine 1	2 Stunden; Maschine 3

Der Maschinenbelegungsplan unter Berücksichtigung der Reihenfolge des Auftragseingangs gestaltet sich wie folgt:

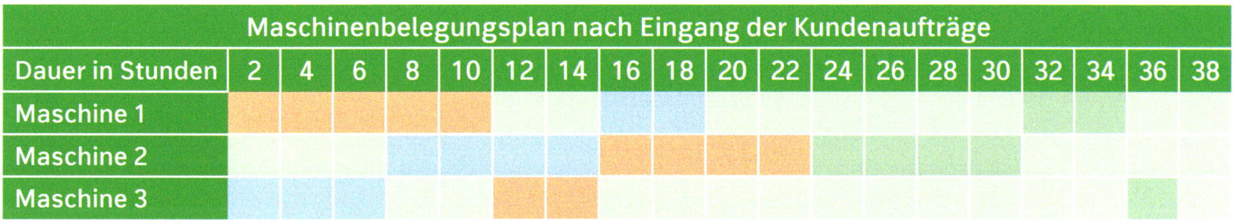

Bei der Umsetzung dieser Maschinenbelegung mit der Auftragsreihenfolge 1 – 2 – 3 entstehen Stillstandzeiten/Leerzeiten von insgesamt 46 Stunden. Die Kapazitätsauslastung ist äußerst mangelhaft geplant und führt zu hohen Stillstandkosten. Unter primärer Berücksichtigung einer möglichst hohen Kapazitätsauslastung könnte die Maschinenbelegung wie folgt erfolgen:

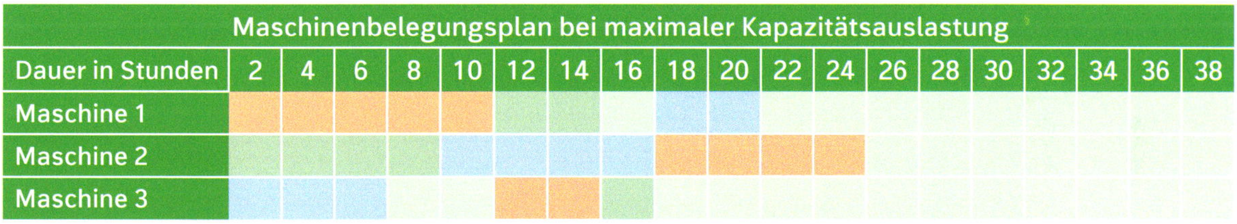

Die Maschinenbelegung mit der Auftragsreihenfolge 1 – 3 – 2 führt zu Stillstandzeiten von nur sechs Stunden und reduziert die Leerkosten auf ein Minimum. Dennoch könnte es Gründe geben (Terminzusagen für Auftrag 1 oder 2, Folgeaufträge des Kunden 1 bei pünktlicher Lieferung usw.), die diese Maschinenbelegung verhindern.

Das Ziel der Maschinenbelegungsplanung ist die optimale Ausnutzung der Betriebsmittel in den einzelnen Produktionsstufen. Die Durchlaufzeiten und Rüstkosten sollen minimiert werden. Belegungsüberschneidungen und Stillstandzeiten der Maschinen sollen aufgezeigt und zugesicherte Liefertermine sollen eingehalten werden, um die Zahlung von Konventionalstrafen für deren Überschreiten sowie einen möglichen Imageverlust möglichst zu vermeiden.

Kriterien für die Planung

Dieses Beispiel deutet an, dass eine Vielzahl von Kriterien bei der Planung der Belegung von Maschinen eine Rolle spielen und dies die Koordination mehrerer Kundenaufträge erschwert. Folgende **Kriterien** sind zu beachten:

- die Größe des Auftragsvolumens,
- die Bedeutung des Kunden für das Unternehmen (Stammkunde/Neukunde),
- die aktuelle Kapazitätsauslastung/Engpasssituation,
- die Zeitpunkte der Auftragseingänge,
- zugesagte Liefertermine (Liefertreue/Termintreue),
- anfallende Stillstandkosten/Leerkosten.

Eine völlig neue Situation ergibt sich für den Fall, dass neue, ökonomisch interessante Kundenaufträge kurzfristig eingeplant werden müssen. Diese Anforderungen sind nur mithilfe einer leistungsstarken, funktionsübergreifenden Software zu erfüllen.

3.2.4 Auftragsfreigabe

Ergebnis der Kapazitäts- und Terminplanung ist die Festlegung von zeitlich und kapazitätsmäßig realisierbaren frühestmöglichen und/oder spätestzulässigen Start- und Endterminen, die anschließend als Ausgangsgrößen an die Auftragsfreigabe weitergeleitet werden.

Um diese Aufgaben zu erfüllen, werden drei aufeinanderfolgende Schritte ausgeführt:

1. Kapazitätsterminierung erstellen
2. Belastungsübersichten erstellen
3. Kapazitätsabgleich vornehmen

1. Schritt: Kapazitätsterminierung

Im ersten Schritt, der **Kapazitätsterminierung (Durchlaufterminierung)**, werden mithilfe der Vorwärts- oder Rückwärtsterminierung realisierbare Start- und Endtermine für die Fertigungsaufträge ermittelt. Dazu werden die Fertigungsaufträge auf den Betriebsmitteln, auf denen sie später bearbeitet werden sollen, „eingelastet".

2. Schritt: Belastungsübersicht

Um eine übersichtliche Darstellung der Auslastung der Betriebsmittel zu erhalten, wird im zweiten Schritt eine zeitbezogene **Belastungsübersicht der Kapazitäten** erstellt. Da in der Durchlaufterminierung lediglich die terminliche/zeitliche Umsetzung der Fertigungsaufträge betrachtet wird, können Kapazitätsüber- bzw. -unterlasten entstehen. Durch eine Gegenüberstellung mit den zur Verfügung stehenden Kapazitäten werden diese Engpässe oder Unterlasten sichtbar. Es müssen entsprechend ausgleichende Maßnahmen erfolgen.

3. Schritt: Kapazitätsabgleich

Im dritten Schritt, dem **Kapazitätsabgleich**, wird versucht, die Kapazitätsbelastung nach bestimmten Kriterien abzugleichen und zu optimieren. Insbesondere sollten Engpasssituationen (Überschreiten der maximalen Kapazität) vermieden werden.

Folgende Maßnahmen könnten dazu umgesetzt werden:

- Einplanen von Überstunden oder zusätzlichen Schichten,
- bestimmte Arbeitsvorgänge aus dem Engpassbereich herausnehmen und den Maschinen mit freien Kapazitäten zuweisen,
- Intensität der Maschinenleistung im Engpasssektor steigern,
- zeitliche Verlagerung bestimmter Fertigungsmengen auf einen späteren Zeitpunkt.

Auftragsfreigabe

Die abschließende **Auftragsfreigabe** stellt die Verbindung zwischen Planung und Fertigung dar. Sie wählt aus dem gesamten Auftragsbestand die Fertigungsaufträge aus, die in nächster Zeit umzusetzen sind, und bindet die erforderlichen Produktionsfaktoren an diese anstehenden Fertigungsaufträge.

Maßnahmen bei Problemen

Grundsätzlich besteht jedoch die Gefahr, dass vereinbarte oder zugesagte Termine nicht zu halten sind. In diesen Fällen muss die zugrunde liegende Durchlaufzeit (ermittelt im Rahmen der Produktionsplanung) so gekürzt werden, dass der Kundenauftrag doch noch rechtzeitig fertiggestellt werden kann. Folgende Maßnahmen zur Verringerung der Durchlaufzeit sind möglich:

Auflösung von Pufferzeiten

- In der Regel werden bei der Ermittlung der Durchlaufzeiten „großzügige" Liegezeiten (Warte-, Lager- und Stauzeiten) eingeplant, die bei Auftreten von Engpässen als Zeitpuffer genutzt werden können.

Lossplitting

- Die Bearbeitungszeit für einen großen Kundenauftrag kann dadurch verkürzt werden, dass die Fertigungsmenge bzw. Losgröße auf mehrere gleiche Betriebsmittel verteilt und parallel bearbeitet wird (Lossplitting). Durch diese parallele Fertigung von Teillosen reduziert sich nur die Bearbeitungszeit. Die Rüstzeit, die bei einem Los einmalig anfällt, vermehrt sich mit der Anzahl der Teillose. Daher ist Lossplitting nur bei größeren Losen wirtschaftlich sinnvoll.

Überlappung von Arbeitsgängen

- Bei der Überlappung von Arbeitsgängen werden die gebildeten Teillose unmittelbar nach der Bearbeitung an die nächste Maschine weitergegeben, ohne auf die Fertigstellung des gesamten Auftrags zu warten. Damit kann die folgende Fertigungsstufe früher mit ihrer Bearbeitung beginnen. Bei unterschiedlicher Tätigkeitsdauer auf den beiden Fertigungsstufen können dadurch zusätzliche Liegezeiten entstehen.

AUFGABE 1

Der Jahresbedarf an zu fertigenden Hydraulikzylindern für einen Gabelstapler wurde mit insgesamt 60 000 Stück geplant. Die Lagerkosten pro Stück betragen 55,00 €. Pro Fertigungslos fallen Rüstkosten von 18.000,00 € an.

a) Berechnen Sie in einer Tabelle die optimale Losgröße bei einer Anzahl der Lose von: 5, 6, 8, 10, 12 und 15.

b) Beschreiben Sie, wie sich mit steigender Stückzahl pro Los die Rüstkosten pro Stück und die Lagerkosten pro Stück verhalten.

c) Die Fertigung der Hydraulikzylinder findet nach dem Verrichtungsprinzip (Werkstattfertigung) statt. Beschreiben Sie kurz die Fertigungsorganisation der Werkstattfertigung.

AUFGABE 2

In welchen Situationen wird von der optimalen Losgröße abgewichen?

AUFGABE 3

Die Druckerei Buschfeld GmbH in Wesseling hat sich auf die Herstellung von Gebrauchsanweisungen und großen Bildkalendern spezialisiert. Sie fertigt u. a. die Gebrauchs- und Umbauanweisungen für die von der KFM neu entwickelten Kinderfahrradanhänger. Die Produktion erfolgt überwiegend nach Kundenaufträgen auf vier Maschinen (Druckmaschine [M1], Falz- und Bindemaschine [M2], Schneidemaschine [M3], Verpackungsmaschine [M4]).

Für die nächste Woche (24. KW) liegen folgende vier Aufträge vor:

1. Auftrag (Rot)
4 Std. Druckmaschine (M1)
6 Std. Falz-/Bindemaschine (M2)
2 Std. Schneidemaschine (M3)
2 Std. Verpackungsmaschine (M4)

2. Auftrag (Gelb)
8 Std. Schneidemaschine (M3)
4 Std. Verpackungsmaschine (M4)

3. Auftrag (Blau)
2 Std. Druckmaschine (M1)
4 Std. Falz-/Bindemaschine (M2)
6 Std. Schneidemaschine (M3)
2 Std. Verpackungsmaschine (M4)

4. Auftrag (Grün)
6 Std. Falz-/Bindemaschine (M2)
6 Std. Schneidemaschine (M3)
2 Std. Verpackungsmaschine (M4)

Die Produktionsreihenfolge ist einzuhalten und jeder Auftrag kann erst dann zur nächsten Maschine weitergeleitet werden, wenn er zuvor vollständig abgeschlossen wurde. Die tägliche Arbeitszeit beträgt acht Stunden, Überstunden sind nicht vorgesehen.

a) 1. Erstellen Sie den Maschinenbelegungsplan nach der Auftragsreihenfolge. Folgende Vorlage kann Ihnen dabei helfen.

Maschinenbelegungsplan nach der Auftragsreihenfolge																				
Wochentag (24. KW)	**Montag**				**Dienstag**				**Mittwoch**				**Donnerstag**				**Freitag**			
Dauer in Stunden	2	4	6	8	2	4	6	8	2	4	6	8	2	4	6	8	2	4	6	8
Maschine 1																				
Maschine 2																				
Maschine 3																				
Maschine 4																				
Summe der Stillstandzeiten: ______________											Summe der Wartezeiten: ______________									
Auftragsreihenfolge:																				

2. Erläutern Sie die Nachteile, die diese Maschinenbelegung mit sich bringt. Ermitteln Sie dazu die entstehenden Stillstandzeiten der Maschinen sowie die Summe der entstehenden Wartezeiten der einzelnen Aufträge.

b) Zwei wichtige Zielsetzungen der Leistungserstellung sind die maximale Kapazitätsauslastung sowie die Minimierung der Durchlaufzeiten.

Erstellen Sie zwei weitere Maschinenbelegungen für die vier Aufträge, sodass

1. eine maximale Kapazitätsauslastung,
2. eine minimale Durchlaufzeit

erreicht wird.

Ermitteln Sie auch für diese beiden Maschinenbelegungen die Summen der Stillstandzeiten und der Wartezeiten.

c) Erläutern Sie anhand der Ergebnisse der letzten beiden Maschinenbelegungspläne das „Dilemma der Ablaufplanung", nämlich die Zielkonkurrenz zwischen maximaler Kapazitätsauslastung und der Minimierung der Durchlaufzeiten

AUFGABE 4

Die mengenmäßige Anpassung der Fertigungsmenge an den Absatz kann bei der Produktionsplanung in unterschiedlicher Art und Weise erfolgen:

(1) durch Synchronisierung,
(2) durch Emanzipation,
(3) durch das Stufenprinzip.

Ordnen Sie diese Anpassungsmöglichkeiten folgenden Aussagen zu:

a) Die Fertigungsmenge passt sich den Absatzschwankungen der Saison genau an.

b) Durch einen treppenförmigen Auf- und Abbau der Produktionsmenge erfolgt die Fertigung nahezu gleichmäßig zum Absatz.

c) Die Fertigungsmenge wird auf einem mittleren Niveau der Absatzmenge konstant gehalten.

d) Aufgrund der Anpassung wird eine gleichmäßige Auslastung erreicht, indem der im Absatztief aufgebaute Lagerbestand im Spitzenbedarf wieder eingesetzt wird.

e) Eine umfangreiche Lagerhaltung ist nicht notwendig, da die Kapazität des Betriebes an den Absatz angepasst werden muss.

f) Die Fertigungsmenge kann kurzfristig entsprechend der Beschäftigungsschwankungen auf- und abgebaut werden und verläuft zeitweilig fast gleichmäßig zur Absatzmenge.

g) Dienstleistungsunternehmen mit geringen Fixkosten können sich an Absatzschwankungen schnell anpassen.

AUFGABE 5

Beschreiben Sie Möglichkeiten, wie die im Rahmen der Produktionsplanung ermittelte Durchlaufzeit so gekürzt werden kann, dass Kundenaufträge, deren Fertigstellung den garantierten Liefertermin überschreitet, doch noch rechtzeitig fertiggestellt werden.

AUFGABE 6

Folgende Grafik zeigt die Entwicklung der Absatzzahlen sowie die Fertigungsmengen für ein bestimmtes Erzeugnis eines Industriebetriebes.

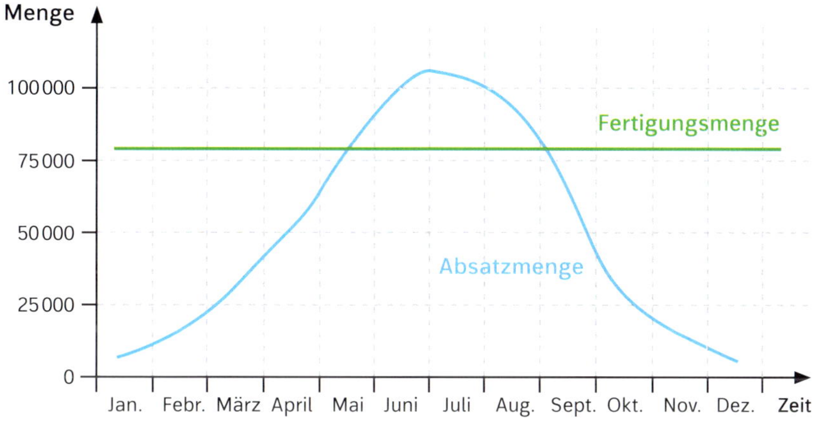

a) Nennen Sie ein Produkt, das diese Absatzentwicklung im Laufe eines Jahres zeigen könnte. Begründen Sie.

b) Welcher Sachverhalt wird in dieser Grafik dargestellt?

c) Beschreiben Sie drei unterschiedliche Möglichkeiten, wie ein Unternehmen mit seiner Fertigungsmenge auf eine solche Absatzentwicklung reagieren könnte.

AUFGABE 7

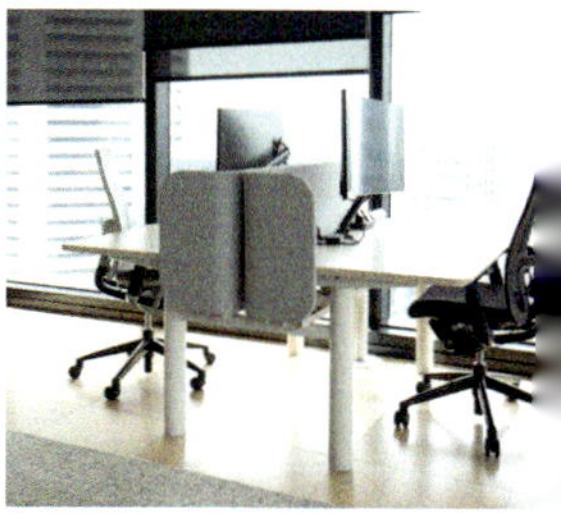

Die Maximalkapazität zur Herstellung eines Schreibtisches beträgt 2500 Stück pro Monat. Für die Monate Mai bis Juli wurden folgende Beschäftigungsgrade ermittelt:

Mai: 60 %, Juni: 80 %, Juli: 90 %.

Bei einer Kapazitätsauslastung von 60 % entstehen 18,00 € fixe Stückkosten. Bei einer Auslastung von 90 % wurden Gesamtkosten von 888.750,00 € ermittelt.

Berechnen Sie

a) die Fixkosten pro Monat,
b) die variablen Stückkosten,
c) die Gesamtkosten für die Monate Juni und Juli.

AUFGABE 8

Beschreiben Sie die Aufgaben, die im Rahmen der Produktionssteuerung

a) dem Kapazitätsabgleich und
b) der Auftragsfreigabe

zuzuordnen sind.

AUFGABE 9

Erläutern Sie drei unterschiedliche Kriterien, nach denen eine Auftragsfreigabe erfolgen kann.

AUFGABE 10

Bei einem Beschäftigungsgrad von 80 % werden in der Ziegler KG monatlich 64 000 m Stoff gefertigt und abgesetzt. Die Gesamtkosten betragen 480.000,00 €, die variablen Kosten je Meter 4,50 €. Der Verkaufspreis je Meter beträgt 7,90 €.

a) Ermitteln Sie die Maximalkapazität der Ziegler KG.

b) Um wie viel Euro steigt der Gesamtgewinn bei einer Auslastung der Kapazität von 90 %, wenn alle hergestellten Erzeugnisse verkauft werden können?

AUFGABE 11

Welches Hilfsmittel dient der Fertigungssteuerung zur Kapazitätsüberwachung?

a) Stückliste
b) Maschinenbelegungsplan
c) Qualitätsmanagement-Handbuch
d) Materialentnahmeschein
e) Ablaufdiagramm

AUFGABE 12

Welche der folgenden Aussagen sind richtig? Begründen Sie Ihre Auswahl.

a) Bei linearen Gesamtkosten fallen die variablen Stückkosten.

b) Bei einem degressiven Verlauf der Kostenfunktion nehmen die Gesamtkosten mit zunehmender Beschäftigung ab.

c) Bei einem progressiven Verlauf der Gesamtkosten sind die Fixkosten konstant.

d) Bei linearem Verlauf der Gesamtkosten fallen die Stückkosten mit zunehmender Ausbringungsmenge.

e) Bei linearen Gesamtkosten nähern sich die Stückkosten immer mehr dem Wert der variablen Stückkosten.

f) Beim progressiven Kostenverlauf steigen die Gesamtkosten überproportional.

g) Wenn bei degressiven Kosten die Beschäftigung um 10 % steigt, steigen die variablen Kosten um mehr als 10 %.

h) Bei progressiven Gesamtkosten fallen die Stückkosten stetig.

i) Die fixen Stückkosten sinken sowohl bei linearem als auch bei progressivem Gesamtkostenverlauf.

j) Bei progressivem Kostenverlauf haben die Stückkosten ein Minimum vor Erreichen der Kapazitätsgrenze.

k) Bei degressiven Gesamtkosten sinken sowohl die fixen wie auch die variablen Stückkosten.

l) Bei linearen Gesamtkosten liegt das Minimum der Stückkosten an der Kapazitätsgrenze.

m) Bei linearem Gesamtkostenverlauf fallen die variablen Stückkosten.

n) Die fixen Stückkosten nähern sich bei wachsender Beschäftigung immer stärker dem Wert Null, ohne diesen jemals zu erreichen.

o) Bei degressiven Gesamtkosten fallen die Stückkosten zunächst, um anschließend zu steigen.

p) Bei linearen Gesamtkosten liegt die Optimalkapazität unterhalb der Maximalkapazität.

q) Bei progressivem Gesamtkostenverlauf wachsen bei zunehmender Beschäftigung die Gesamtkosten mit abnehmenden Zuwachsraten.

AUFGABE 13

Erläutern Sie den Begriff „Kostenremanenz".

AUFGABE 14

a) Welche der folgenden Größen wirken sich auf die Ermittlung der optimalen Losgröße nicht aus?

(1) Lagerhaltungskosten

(2) Investitionskosten

(3) Jahresbedarfsmenge

(4) verfügbarer Lagerbestand

(5) Lager- und Zinssatz

(6) Rüstkosten

(7) Anzahl der Beschäftigten in der Fertigung

b) Beschreiben Sie Kriterien, die Einfluss auf die Festlegung der Losgröße haben.

3.3 Optimales Fertigungsprogramm

Eine erfolgreiche Unternehmensführung berücksichtigt spätestens seit Bestehen eines wettbewerbsintensiven Käufermarktes das aktuelle Marktgeschehen und diesbezügliche Prognosen. Das Verhalten der Käufer beeinflusst wesentlich die im Betrieb anfallenden betriebswirtschaftlichen Entscheidungen bis hin zur konkreten Produktionssteuerung in Form der Festlegung von Fertigungsmengen oder Fertigungsreihenfolgen bei der Bearbeitung mehrerer Kundenaufträge.

absoluter Deckungsbeitrag

Kapazitäts-/ Produktions-engpässe

Mithilfe der Ermittlung von Deckungsbeiträgen können Entscheidungsträger eine Rangfolge der zu fertigenden Aufträge erstellen. Problematisch wird diese Vorgehensweise dann, wenn Kapazitätsengpässe auftreten, d. h. wenn die maximal vorhandenen Kapazitäten nicht ausreichen, die Fertigungsaufträge termingerecht herzustellen. Die aufgrund der Marktnachfrage erforderlichen Stückzahlen können nicht gefertigt werden, die maximale Fertigungsmenge wird durch die zur Verfügung stehende Fertigungszeit des Engpassfaktors bestimmt.[1] In diesem Fall sollte der absolute Deckungsbeitrag pro Stück um die benötigte Fertigungszeit pro Stück am Engpassfaktor relativiert und der Stückdeckungsbeitrag pro Fertigungszeiteinheit (Minute, Stunde) wie folgt ermittelt werden:

relativer Deckungsbeitrag

$$\textbf{Relativer Deckungsbeitrag (Stückdeckungsbeitrag pro Fertigungszeiteinheit)} = \frac{\text{absoluter Deckungsbeitrag pro Stück}}{\text{Fertigungszeit}}$$

Nur durch die Fertigungsreihenfolge nach der Höhe der relativen Deckungsbeiträge lässt sich der maximal erzielbare Gesamtdeckungsbeitrag erreichen.

1 Gibt es mehr als einen Engpassfaktor, lässt sich das Problem nur mithilfe von entsprechenden Datenverarbeitungsprogrammen lösen.

BEISPIEL

Der Heidtkötter KG liegen für den Monat Mai u. a. folgende Kundenaufträge vor:

Bürostuhl *ongis*: 200 Stück; Bürostuhl *feli*: 625 Stück;
Bürotisch *signum*: 200 Stück; Bürotisch *elegance*: 250 Stück

Alle vier Produkte durchlaufen die Montage, deren aktuelle Kapazität bei 150 Fertigungsstunden je Monat liegt.

Die zeitliche Beanspruchung der Montagestelle ist je nach Produkt unterschiedlich und beträgt jeweils pro Stück:

Bürostuhl *ongis*: 6 Minuten; Bürostuhl *feli*: 5 Minuten;
Bürotisch *signum*: 11 Minuten; Bürotisch *elegance*: 8 Minuten

Die aktuellen Verkaufserlöse und die anfallenden Kosten wurden von der Abteilung Rechnungswesen in folgender Tabelle zusammengestellt:

	Verkaufserlös pro Stück (€)	Variable Kosten pro Stück (€)	Fixkosten insgesamt (€)
Bürostuhl *ongis*	270,00	190,00	7.700,00
Bürostuhl *feli*	220,00	180,00	
Bürotisch *signum*	335,00	275,00	
Bürotisch *elegance*	355,00	255,00	

Zur Festlegung der Fertigungsreihe hat die kaufmännische Leitung, Frau Dr. Keil, die Höhe der (absoluten) Deckungsbeiträge[1] vorgegeben. Diese werden in der folgenden Tabelle ermittelt.

	Auftragsmenge Mai (Stück)	Verkaufserlös pro Stück (€)	Variable Kosten pro Stück (€)	Deckungsbeitrag pro Stück (€)
Bürostuhl *ongis*	200	270,00	190,00	80,00
Bürostuhl *feli*	625	220,00	180,00	40,00
Bürotisch *signum*	200	335,00	275,00	60,00
Bürotisch *elegance*	250	355,00	255,00	100,00

Unter Berücksichtigung der absoluten Deckungsbeiträge pro Stück werden zuerst der Bürotisch *elegance*, dann der Bürostuhl *ongis*, dann der Bürotisch *signum* und abschließend der Bürostuhl *feli* gefertigt. Insgesamt werden in der Montage zur Herstellung der Produkte ca. 142[2] Fertigungsstunden benötigt, sodass die vorhandene Maximalkapazität ausreicht und alle Produkte in voller Stückzahl gefertigt werden.

Für den folgenden Monat Juni stehen folgende Kundenaufträge an, die alle die Montage durchlaufen:

Bürostuhl *ongis*: 245 Stück; Bürostuhl *feli*: 685 Stück;
Bürotisch *signum*: 240 Stück; Bürotisch *elegance*: 280 Stück

Da nun die erforderlichen Fertigungsstunden (ca. 163[3] Stunden) die Kapazitätsgrenze der Montage überschreiten, entsteht ein Produktionsengpass und bei der Ermittlung der optimalen Fertigungsreihenfolge muss die zeitliche Beanspruchung der jeweiligen Produkte im Engpassfaktor berücksichtigt werden. Dafür wird der relative Stückdeckungsbeitrag pro Fertigungszeiteinheit (Minute, Stunde) ermittelt.

1 Deckungsbeitrag pro Stück = Verkaufserlös/Verkaufspreis pro Stück – variable Kosten
2 $(200 \cdot 6 + 625 \cdot 5 + 200 \cdot 11 + 250 \cdot 8)/60 = 142{,}08$ Stunden
3 $(245 \cdot 6 + 685 \cdot 5 + 240 \cdot 11 + 280 \cdot 8)/60 = 162{,}92$ Stunden

	Auftragsmenge Juni (Stück)	Verkaufserlös pro Stück (€)	Variable Kosten pro Stück (€)	Deckungsbeitrag pro Stück (€)	Fertigungszeit pro Stück (Minuten)	Relativer Deckungsbeitrag pro Stück (€)
Bürostuhl *ongis*	245	270,00	190,00	80,00	6	13,33
Bürostuhl *feli*	685	220,00	180,00	40,00	5	8,00
Bürotisch *signum*	240	435,00	275,00	60,00	11	5,45
Bürotisch *elegance*	280	355,00	255,00	100,00	8	12,50

Die umsatzmaximale Fertigungsreihenfolge unter Berücksichtigung der Engpasssituation ist wie folgt: Bürostuhl *ongis*, Bürotisch *elegance*, Bürostuhl *feli*, Bürotisch *signum*. Da die zur Verfügung stehende Maximalkapazität um 775 Minuten überschritten wird, können vom Bürotisch *signum* statt der bestellten 240 Stück lediglich 169 Stück hergestellt werden.[1] Die Heidtkötter KG muss nun überlegen und entscheiden, wie sie mit der Situation umgehen soll.

Folgende Möglichkeiten stehen zur Verfügung:

- den Kunden benachrichtigen und um eine Aufschiebung des Lieferzeitpunktes bitten,
- in einer Sonderschicht die fehlende Menge fertigen,
- Fremdvergabe der fehlenden Stückzahl,
- kurzfristige Erhöhung der Maximalkapazität (Mitarbeiter-/Maschinenstunden erhöhen; Intensität des Faktoreinsatzes erhöhen).

AUFGABE 1

In einem Industriebetrieb erfolgt die Entscheidung über die umzusetzende Fertigungsreihenfolge mehrerer Kundenaufträge im Rahmen der Produktionssteuerung anhand der relativen Deckungsbeiträge (Stückdeckungsbeitrag je Fertigungsminute). Folgende Daten werden zur Verfügung gestellt:

Auftrag	Stückzahl	Stückerlös	Variable Stückkosten	Bearbeitungszeit im Engpass pro Stück
50857	400	130,00 €	110,00 €	10 Minuten
50858	300	150,00 €	90,00 €	40 Minuten
50859	200	140,00 €	100,00 €	16 Minuten

a) Ermitteln Sie die relativen Deckungsbeiträge.

b) Bestimmen Sie die optimale Fertigungsreihenfolge. Begründen Sie.

c) Nennen Sie Gründe, von der in b) festgelegten Reihenfolge abzuweichen.

d) Ermitteln Sie den maximalen Betriebserfolg bei Fixkosten von 16.425,00 € sowie einer Maximalkapazität im Engpass von 17 200 Fertigungsminuten.

AUFGABE 2

Beschreiben Sie, was Sie unter dem Begriff „relativer Deckungsbeitrag“ verstehen, und beschreiben Sie eine Situation, in der dieser relative Deckungsbeitrag im Rahmen der Fertigungssteuerung benötigt wird.

1 $(245 \cdot 6 + 685 \cdot 5 + 280 \cdot 8)/60 = 118{,}91\overline{6}$ Stunden; Rest : 31,0833 = 1865 Minuten; 1865/11 = 169

AUFGABE 3

Die Ziegler GmbH stellt vier in den Funktionen unterschiedliche, teilweise programmierbare Taschenrechner her. Folgende Daten liegen Ihnen vor:

	Gerätetyp CA I	Gerätetyp CA II	Gerätetyp CA III	Gerätetyp CA IV
Nettoverkaufspreise	44,00 €	30,75 €	59,00 €	35,60 €
variable Stückkosten	22,10 €	18,50 €	28,60 €	22,20 €
Montagezeiten	5 Minuten	3 Minuten	6 Minuten	4 Minuten
absetzbare Mengen	75 000 Stück	65 000 Stück	40 000 Stück	48 000 Stück

Es wird vorausgesetzt, dass alle absetzbaren Mengen im Rahmen der vorhandenen Kapazität auch hergestellt werden können. Einzige Ausnahme ist die Montageabteilung, die mit monatlich 16 000 Arbeitsstunden den Produktionsengpass bildet. Dies hat zur Folge, dass selbst bei maximaler Auslastung der Montageabteilung nicht alle absetzbaren Taschenrechner hergestellt werden können. Herr Ziegler beabsichtigt daher, die Produktion an den relativen Deckungsbeiträgen auszurichten. Es sollen vorrangig die Taschenrechner hergestellt werden, welche die höheren relativen Deckungsbeiträge erwirtschaften.

a) Ermitteln Sie die relativen Deckungsbeiträge und geben Sie die Rangfolge an, in der die Taschenrechner produziert werden sollen.

b) Bestimmen Sie die Produktionsmenge des rangschwächsten Gerätetyps.

c) Berechnen Sie den Betriebserfolg bei fixen Kosten von 2.815.750,00 €.

d) Mit welchem durchschnittlichen Gewinnzuschlag – bezogen auf die Selbstkosten – kann die Ziegler GmbH kalkulieren?

e) Um alle absetzbaren Mengen auch herstellen zu können, müssten die monatlichen Arbeitsstunden in der Montageabteilung erhöht werden. Dies ist nur durch eine zusätzliche Investition möglich. Diese Investition verursacht je zusätzlicher Montagestunde 150,00 € fixe Kosten. Berechnen Sie, wie hoch die zusätzlichen fixen Kosten wären, wenn alle absetzbaren Rechner produziert würden. Weisen Sie rechnerisch nach, dass sich diese Investition aufgrund eines höheren Betriebsgewinns lohnen würde.

f) Ermitteln Sie je Taschenrechnertyp den Break-even-Point. Gehen Sie davon aus, dass die Fixkosten gleichmäßig auf alle Gerätetypen verteilt werden. Erläutern Sie die Konsequenzen aus den ermittelten Ergebnissen.

3.4 Möglichkeiten der Kapazitätsabstimmung

Der im Rahmen der langfristigen Produktionsplanung festgelegte Kapazitätsbedarf bei Mitarbeitenden und Betriebsmitteln reicht nicht immer aus, um Absatzsteigerungen aufzufangen. Bei steigenden Absatzzahlen wird unter Umständen die Kapazitätsgrenze relativ schnell erreicht und gewinnbringende Kundenaufträge können nicht angenommen werden. Daher muss ständig ein **Kapazitätsabgleich** zwischen dem Kapazitätsangebot unter Berücksichtigung der Kapazitätsgrenzen und der vom Markt bestimmten Kapazitätsnachfrage erfolgen.

Kapazitätsabgleich

In der Praxis treten immer wieder Situationen auf, in denen kurzfristig darüber entschieden werden muss, ob ein lukrativer Kundenauftrag trotz Überschreitens der Kapazitätsgrenze angenommen werden kann. Will man diesen Zusatzauftrag nicht fremdvergeben, sondern im Rahmen der eigenen Leistungserstellung selbst fertigen, wird nach Möglichkeiten gesucht, kurzfristig die Kapazitätsgrenze zu erweitern, um den angenommenen Kundenauftrag termingerecht zu erfüllen. Folgende Möglichkeiten sind denkbar:

Möglichkeiten der Kapazitätsanpassung an Beschäftigungsschwankungen

- Die Nutzungsintensität (Arbeitsgeschwindigkeit) der eingesetzten Betriebsmittel und Arbeitskräfte wird bei gleichbleibender Arbeitszeit erhöht.
  → **Intensitätsmäßige Anpassung:** Sie wird eher selten eingesetzt, da die optimale Kapazität (Nutzungsintensität) meistens wesentlich kostengünstiger ist als eine erhöhte (hoher Ausschuss, geringere Qualität).

Intensität

- Die Arbeitszeit wird bei gleichbleibender Arbeitsintensität der eingesetzten Produktionsfaktoren für eine bestimmte Periode erhöht.
  → **Zeitliche Anpassung:** Sie führt zu Beschränkungen und zu einer Erhöhung der Kosten durch gesetzliche (und tarifliche) Vorschriften.

Zeit

- Die Anzahl der eingesetzten Betriebsmittel und Mitarbeitenden wird bei gleichbleibenden Arbeitszeiten und gleicher Intensität erhöht.
  → **Quantitative Anpassung:** Entstehende (sprung-)fixe Kosten können bei sinkender Beschäftigung nicht adäquat abgebaut werden (Kostenremanenz), d. h., bei rückläufiger Beschäftigung lassen sich die für den Beschäftigungsaufbau entstandenen Kosten nur langsam wieder abbauen. Die Kostenanpassung zuvor gestiegener Kosten an eine rückläufige Beschäftigung erfolgt entweder zeitverzögert oder grundsätzlich anders als bei Beschäftigungszunahme (Beispiele: Betriebsgebäude oder Maschinen können kurzfristig weder verkleinert noch verkauft werden; neu eingestellte Beschäftigte können nicht kurzfristig wieder entlassen werden).

Quantität

Kurzfristig lassen sich die Kapazitätsgrenzen erweitern, indem bestimmte Verrichtungen (Engpass) durch funktional ähnliche Arbeiten ersetzt werden. Ebenso ist es möglich, bestimmte Verrichtungen von anderen Herstellern durchführen zu lassen (Fremdvergabe).

Kommt es **über einen längeren Zeitraum immer wieder** zu kurzfristigen Kapazitätsengpässen, muss über eine Kapazitätsanpassung in Form einer Erweiterungsinvestition nachgedacht werden.

Erweiterungsinvestition

AUFGABE 1

Unterscheiden Sie zwischen intensitätsmäßiger, zeitlicher und quantitativer Anpassung der Fertigungskapazität an absatzmarktbedingte Beschäftigungsschwankungen. Verwenden Sie folgende Vergleichskriterien:

Anzahl der Betriebsmittel und Arbeitskräfte, Arbeitszeit je Periode, Nutzungsintensität, Verlauf der Fixkosten, Verlauf der variablen Kosten sowie Probleme bei der Umsetzung.

AUFGABE 2

Die marktbedingte Auftragslage fordert von Unternehmen häufig Maßnahmen, um die aktuell vorhandenen Kapazitäten zu verändern.

Welche der unten beschriebenen Maßnahmen führen zu einer (1) Kapazitätserweiterung, (2) Kapazitätsverminderung oder führen (3) weder zu einer Kapazitätserweiterung noch zu einer Kapazitätsverminderung?

a) vorübergehende Einführung von Kurzarbeit
b) teilweise Fremdvergabe von Zusatzaufträgen
c) Einführung einer zusätzlichen Schicht in der Fertigung
d) Verkauf einer Fertigungsanlage
e) Verringerung/Abbau von Überstunden
f) Kündigung einer Mitarbeiterin bzw. eines Mitarbeiters
g) Umstellung bei der Entgeltzahlung von Zeitlöhnen auf Akkordlöhne
h) versuchsweise Umstellung von Werkstattfertigung auf Gruppenfertigung

AUFGABE 3

Die Fertigung von Schaltkästen auf einer Universalmaschine verursacht folgende Kosten:

- variable Stückkosten: 15,50 €
- Fixkosten pro Jahr: 72.000,00 €
- Maximalkapazität: 900 Stück

Die Leitung des Funktionsbereiches Fertigung denkt darüber nach, die Fertigung dieser Schaltkästen in Zukunft mit einer Spezialmaschine durchzuführen, die nach ersten Berechnungen folgende Kosten verursacht:

- variable Stückkosten: 13,20 €
- Fixkosten pro Jahr: 94.080,00 €
- Maximalkapazität: 1200 Stück

Die monatliche Absatzmenge beträgt zurzeit 850 Stück.

Ermitteln Sie die kritische Menge. Geben Sie der Fertigungsleitung eine begründete Empfehlung, ob sie die Spezialmaschine als Ersatzinvestition kaufen soll.

AUFGABE 4

Für einen Stammkunden sollen kurzfristig 140 Rennräder produziert werden. Der Rahmen wird von einem Automaten geschweißt (aktueller Beschäftigungsgrad 35 %), dessen Maximalkapazität 800 Rahmen beträgt. Die Selbstkosten pro Rahmen betragen 75,00 €. Der Automat ist belegt, eine Fremdvergabe ist nicht möglich, es entsteht ein Engpass. Die Fertigungsleiterin denkt darüber nach, eine intensitätsmäßige oder zeitliche Kapazitätsanpassung an die aktuelle Nachfragesituation vorzunehmen. Ihr stehen diese Daten zur Verfügung:

- Eine intensitätsmäßige Anpassung führt zu einem zusätzlichen Ausschuss von 0,3 % der insgesamt zu fertigenden Rahmen sowie zur Erhöhung der Wartungskosten um 10,00 €.
- Eine zeitliche Anpassung erfordert 22 Überstunden eines Mitarbeiters, der mit 9,00 € Grundlohn und einem Zuschlag von 20 % je Überstunde entlohnt wird.

Welche Möglichkeit der Kapazitätsanpassung empfehlen Sie?

3.5 Flexible Fertigungssteuerung am Beispiel des Kanban-Verfahrens

Pull-/Holprinzip

Das Ende der 40er-Jahre des letzten Jahrhunderts bei Toyota in Japan entwickelte **Kanban-Verfahren** (Kanban = Karte, Beleg, Zettel) zur Fertigungssteuerung funktioniert nach dem Pullprinzip („Holprinzip" oder „Zurufprinzip") und orientiert sich ausschließlich am Bedarf der verbrauchenden Stelle im Fertigungsablauf.

Kanban = Karte

Der Produktionsprozess ist in einzelne Fertigungsstufen bzw. -bereiche zerlegt, die über Zwischenlager miteinander verbunden sind. Die im Produktionsprozess nachgelagerte, verbrauchende Fertigungsstufe fordert den Bedarf von der vorgelagerten Stufe an. Die Zwischenlager sind mit Transportbehältern einer bestimmten Größe[1] gefüllt, die bei Bedarf von der verbrauchenden Stelle angefordert werden. Bei Anforderung wird die am Behälter befindliche **Karte (Kanban)** an die vorgelagerte Stelle zurückgeleitet und löst dort einen Fertigungsauftrag aus.

BEISPIEL

In der Heidtkötter KG greift z. B. die Endmontage der Konferenzstühle auf die benötigten Stuhlbeine in einer Gitterbox (Zwischenlager) zu. Ist eine Gitterbox leer, wird diese zusammen mit der daran befestigten Karte (Kanban) an die vorgelagerte Fertigungsstufe (Tauchbad) zurückgegeben und löst dort das Verchromen neuer Stuhlbeine im Tauchbad aus.

1 Die Inhaltsmenge des Behälters entspricht häufig einer (optimalen) Losgröße oder einem Vielfachen davon.

Der Informationsfluss und damit die Fertigungssteuerung erfolgt entgegen dem Materialfluss, ausgehend von der letzten Fertigungsstufe rückwärts bis zur Beschaffung der Rohstoffe beim Lieferanten. Die an die vorgelagerte Stufe zurückgegebenen leeren Kanban-Behälter werden wieder aufgefüllt und mit einer neuen Kanban versehen im Zwischenlager bereitgestellt.

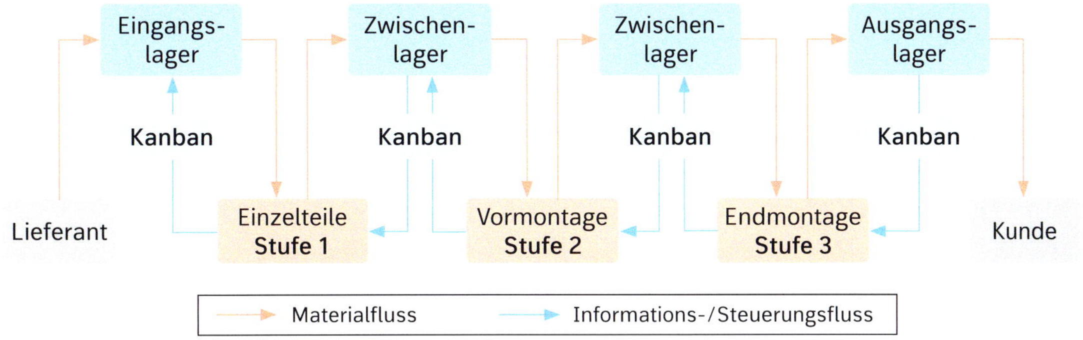

Flexible Fertigungssteuerung nach dem Kanban-Verfahren

Zielsetzungen

Durch die Fertigungssteuerung nach dem Kanban-Verfahren sollen die folgenden **Ziele** erreicht werden:

- nachhaltige Reduzierung der Bestände bestimmter Fertig- und Halbfertigerzeugnisse durch Materialflussoptimierung,
- Reduzierung kostenintensiver Lagerbestände an Rohmaterial und Halbfertigmaterialien,
- Fertigung in kleinen (optimalen) Losgrößen mit minimaler Durchlaufzeit,
- Erhöhung der Flexibilität bei sich ändernden Bedarfsmengen ohne Verlust der Lieferbereitschaft, ohne Erhöhung von Ausschussquoten und ohne Zunahme von Nacharbeit und zusätzlichen Transportvorgängen,
- Verminderung von Ausschuss und Abfällen.

Voraussetzungen

Diese Zielsetzungen sind jedoch nur unter folgenden **Voraussetzungen** zu erreichen:

- hoher Wiederholungsfaktor in der Fertigung (Mehrfachfertigung),
- Einsatz geschulter Mitarbeiterinnen und Mitarbeiter,
- zuverlässige Erstellung hoher Qualität seitens der vorgelagerten Fertigungsstufe,
- räumliche Anordnung der Fertigungsbereiche, die nur wenige Transportvorgänge erfordert,
- ein effektives innerbetriebliches Transportsystem,
- möglichst geringe Bedarfsschwankungen,
- möglichst geringe Rüstkosten sowie freie Kapazitäten,
- der Verbraucher darf nicht mehr Material als nötig und niemals vor Verbrauch des gesamten Inhalts des Transportbehälters anfordern.

Verbesserungen/ Nutzen

Bei Einführung des Kanban-Verfahrens können sich folgende **Verbesserungen** ergeben:

- hohe Qualität aufgrund frühzeitigen Erkennens von Fehlern,
- hohe Motivation der Beschäftigten durch selbstverantwortliches Handeln,
- große Schnelligkeit und Transparenz der einzelnen Fertigungs- und Transportprozesse,
- dadurch geringer Steuerungsaufwand,
- Reduzierung der Durchlaufzeiten,
- harmonische, aufeinander abgestimmte Zusammenarbeit zwischen den einzelnen Fertigungsstufen,
- Steigerung der Produktivität aufgrund des aufeinander abgestimmten Faktoreinsatzes.

AUFGABE 1

Welche der folgenden Aussagen treffen auf das Kanban-Verfahren zu?

a) Das Kanban-Verfahren erfolgt nach dem Pull-/Holprinzip.

b) Der Fertigungsprozess wird in einzelne Schritte zerlegt, denen je ein Pufferlager zugeordnet wird.

c) Die verbrauchende Fertigungsstufe fordert den Bedarf von der vorgelagerten Stufe an.

d) Der Verbrauchsnachweis erfolgt über Materialentnahmescheine.

e) Eine an die vorgelagerte Stelle zurückgeleitete Kanban löst dort einen Fertigungsauftrag aus.

f) Der Informationsfluss verläuft parallel zum Materialfluss.

g) Das Kanban-Verfahren ist ein Instrument zur Flexibilisierung der Fertigungssteuerung.

h) Das Kanban-Verfahren funktioniert nach dem Bringprinzip.

AUFGABE 2

Erläutern Sie anhand eines praktischen Beispiels die Funktionsweise des Kanban-Verfahrens.

AUFGABE 3

Erläutern Sie Vorteile, die nach Einführung des Kanban-Verfahrens für einen Industriebetrieb entstehen können.

Produktionskontrolle 4

Produktionskontrolle findet während und nach den Produktionsprozessen statt, damit die Kundenanforderungen umfassend erfüllt werden können. Im Zuge von Produktentwicklungen werden denkbare Produktionskontrollen bereits mitentwickelt. Innerhalb der vielfältigen Aufgaben der Produktionskontrolle dominiert die Qualitätssicherung.

BEISPIEL

Die Heidtkötter KG äußert bereits im Leitbild, dass Qualität im Vordergrund steht. Die Tragweite der Qualitätsanstrengungen der Heidtkötter KG dokumentiert sich in der Zertifizierung des Qualitätsmanagementsystems.

Eine Systematisierung der Verfahren der Produktionskontrolle lohnt sich. Nachfolgend werden zunächst grundsätzlich die Aufgaben und Probleme der Produktionskontrolle beschrieben und im Hinblick auf „Qualitätsaspekte" verdichtet. Darauf aufbauend werden gängige Konzepte zur Qualitätssicherung und -steigerung vorgestellt und beurteilt. Abschließend werden die gestiegenen Qualitätsanstrengungen einer kostenmäßigen Beurteilung unterzogen: Unter Einsatz des Modells der Qualitätskosten wird geprüft, unter welchen Umständen sich Investitionen in Qualität lohnen können.

Bedeutung der Produktionskontrolle 4.1

Unternehmen müssen die vom Markt formulierten Anforderungen möglichst präzise erforschen. In der Produktion werden die Marktanforderungen dann umgesetzt. Ziele müssen marktgerecht definiert, die Produktionsprozesse entsprechend eingeleitet werden. Die **Produktionskontrolle** übernimmt dabei die Funktion der Überwachung, Überprüfung und Analyse der jeweiligen Zielerreichung, bevor die erstellte Leistung mit dem Kunden in Kontakt kommt.

Produktions-kontrolle

Produktionskontrolle					
Mengen	Auslastung	Termine	Kosten	Verbrauch	Qualität

Ohne Produktionskontrolle ist die Wettbewerbsfähigkeit auf Dauer in Gefahr:

Produktionsziele	Zielverfehlung	Risiko
Produktions-kostenziel	tatsächliche Produktionskosten > geplante Produktionskosten	↑ Verkaufspreise ↓ Absatz
Termineinhaltung	Terminüberschreitungen	Vertragsstrafen, Kundenverlust
Qualitätssicherung	Kunde entdeckt Fehler am ausgelieferten Produkt.	Zusatzkosten (Nacharbeit), Imageverlust
Minimierung des Materialverbrauchs	tatsächlicher Verbrauch > geplanter Verbrauch	↑ Verkaufspreise ↓ Absatz
optimale Kapazitäts-auslastung	Abweichung von Optimalkapazität	↑ Produktionskosten ↑ Leerkosten
permanente Liefer-fähigkeit	Lieferschwierigkeiten	Imageverlust, Kundenverlust

Die Produktionskontrolle wird dadurch erschwert, dass Marktanforderungen zum Teil in nicht messbaren Größen ausgedrückt werden:

BEISPIEL

Die Heidtkötter KG soll auftragsbezogen 1000 Seminartische produzieren, die u. a. folgende Anforderungen erfüllen sollen:

	Nicht eindeutig	Eindeutig
Marktanforderung	schmale Tischbeine	insgesamt vier Tischbeine
Erklärung	Das Adjektiv „schmal“ ist subjektiv interpretierbar. Alles kann schmal sein. (Im Vergleich zum Mount Everest ist ein Elefant ein schmales Tier.)	Die Aussage „vier Tischbeine“ ist durch Nachzählen eindeutig überprüfbar.

Die Eigenschaft „schmal“ muss also konkretisiert werden, damit das Ergebnis vergleichbar überprüft werden kann (z. B. Durchmesser eines Tischbeins in Millimetern).

Messgrößen der Produktionskontrolle

In Zusammenarbeit mit der Produktionsplanung müssen Messgrößen fixiert werden, die eine anforderungsgerechte Überwachung des Produktionsprozesses ermöglichen. In Bezug auf die oben genannten Aufgaben der Produktionskontrolle können bis auf die Qualitätskontrolle relativ einfach eindeutige Messgrößen benannt werden:

Aufgabe	Messgröße
Kostenkontrolle	Kostenbestandteile in Euro
Terminkontrolle	konkrete Zeitangaben (Datum)
Verbrauchskontrolle	Verschnitt/Verbrauch ist z. B. in m^2 oder m^3 messbar.
Auslastungskontrolle	Der Beschäftigungsgrad einer Maschine ist etwa über U/min messbar.
Mengenkontrolle	Vergleich von Produktions- und Absatzmengen

DIN EN ISO 8402

In der **Qualitätskontrolle** bestehen Schwierigkeiten bei der Festlegung eindeutiger Messgrößen, weil Qualität subjektiv empfunden wird. Es gibt keine allgemeingültige Vorstellung, was Qualität überhaupt ist. Um einen einheitlichen Sprachgebrauch in der wirtschaftlichen Realität zu fördern, definiert das Deutsche Institut für Normung e. V. daher eine Norm (DIN EN ISO 8402). Demnach ist gemäß DIN EN ISO 8402 „Qualität die Gesamtheit von Merkmalen einer Einheit bezüglich ihrer Eignung, festgelegte und vorausgesetzte Erfordernisse zu erfüllen.“

Qualität

Auf ein Industrieunternehmen übertragen gilt: **Qualität** ist die Beschaffenheit einer Leistung hinsichtlich ihrer Übereinstimmung mit den gestellten Anforderungen von Kunden, vom Markt, vom Gesetzgeber und von der Unternehmerin bzw. vom Unternehmer.

Die gestellten Anforderungen der Abnehmer drücken sich letztlich in Qualitätsmerkmalen aus, die durch das Unternehmen – sofern technisch und wirtschaftlich machbar – umgesetzt werden. Dieser Prozess wird im Wesentlichen durch die Produktentwicklung geleistet, sodass die später wahrgenommenen Qualitätsmerkmale angemessen antizipiert werden müssen.

BEISPIEL

Die deutsche Automobilindustrie hielt die Entwicklung der Rußpartikelfilter für Dieselfahrzeuge nicht für notwendig. Als die neue Generation von Dieselfahrzeugen marktfähig war, trat eine europäische Richtlinie durch Bundesratsbeschluss in Kraft, die den Einsatz von Rußpartikelfiltern in Dieselfahrzeugen vorschreibt. Dieselfahrzeuge ohne Rußpartikelfilter müssen seither höhere Kfz-Steuern zahlen. Der Absatz deutscher Dieselfahrzeuge brach ein. Die Verbraucherinnen und Verbraucher kauften vermehrt französische Fahrzeuge, die serienmäßig über Rußpartikelfilter verfügten. Fabrikate aus Deutschland mussten hingegen gegen Aufpreis nachgerüstet werden, wenn die Halter eine höhere Kfz-Steuer vermeiden wollten. Aufgrund gesetzlicher Vorgaben entsprach das Preis-Leistungs-Verhältnis der deutschen Hersteller also nicht mehr den Marktanforderungen.

Qualitätsmerkmale

Mögliche Dimensionen von **Qualitätsmerkmalen** in Abhängigkeit von der Produktentwicklung, -nutzung und -entsorgung zeigt nachfolgende Übersicht:

Produktentwicklung	Produktnutzung	Produktentsorgung
• Fehlerfreiheit	• Funktionalität	• Umweltverträglichkeit
• Präzision	• Stil/Mode	• Wirtschaftlichkeit
• Zuverlässigkeit	• Haltbarkeit	• Vorschriftsmäßigkeit
• Sicherheit	• Servicegrad	
• Montierbarkeit	• Umweltverträglichkeit	
• Lagerfähigkeit	• Zukunftsoffenheit	
• Transportfähigkeit	• Wertbeständigkeit	
• Wartungsfähigkeit	• Vorschriftsmäßigkeit	
• Normgerechtigkeit		
• Vorschriftsmäßigkeit		

Im Zuge des Wandels von Verkäufer- und Käufermärkten veränderte sich auch das Qualitätsverständnis in den Unternehmen:

Verkäufermärkte	Qualitätsverständnis →	Käufermärkte
Produktbezogen Prüfung der Erfüllung der Qualitätsmerkmale am Ende des Produktionsprozesses		**Prozessbezogen** Prüfung der Produkte und der gesamten Prozesse entlang des gesamten Produktionsprozesses

Das veränderte Qualitätsbewusstsein schreibt den Mitarbeiterinnen und Mitarbeitern eine wichtige Funktion zu. Qualität kann nicht geprüft, sondern muss durch Prozessbeherrschung erzeugt werden.

BEISPIEL

Der Automobilzulieferer KOSTAL formuliert sein Qualitätsverständnis wie folgt:

QUALITÄT IST, WENN ES STIMMT.

Das gilt für die Beziehungen zu unseren Kunden ebenso wie in der Zusammenarbeit und im Verhältnis zu allen KOSTAL-Mitarbeitern, zu unseren Lieferanten und Stakeholdern. Unser Qualitätsanspruch ist es, dass alle, die mit uns zusammenarbeiten, jederzeit und mit Sicherheit ein gutes Gefühl haben können.

Konkret bedeutet dies,

- dass Qualität und unsere Qualitätsstrategie die Grundlage aller Aktivitäten der KOSTAL-Gruppe weltweit sind,
- dass uns das „Null-Fehler-Ziel" bei allen Produkten, Prozessen und Dienstleistungen leitet,
- dass wir die Wünsche, Anforderungen und Erwartungen unserer Kunden zu 100 % verbindlich erfüllen,
- dass wir proaktiv und reaktiv kontinuierlich unsere Qualität verbessern,
- dass wir eine systematische Qualitätsvorausplanung von der Entwicklung bis zur Serienproduktion sicherstellen,
- dass wir zur Qualitätsabsicherung Vor-, Zwischen- und Endprüfungen in eigenen Labors und Messräumen auf Basis interner weltweit einheitlicher Standards durchführen,
- dass wir unsere Kunden regelmäßig und frühzeitig über Liefermengen, Termine und die Qualitätslage informieren,
- dass wir unsere Mitarbeiter im Qualitätsdenken und -handeln fördern und fordern,
- dass wir von unseren Führungskräften erwarten, vorbildlich zu handeln und ihre Mitarbeiter bei der Erreichung ihrer Qualitätsziele zu unterstützen,
- dass wir unseren Mitarbeitern die notwendigen Tools und Arbeitsplätze bereitstellen, um optimale Arbeitsergebnisse erzielen zu können,
- dass unsere Mitarbeiter sich über KIM (KOSTAL Improvement Management) mit Vorschlägen an der kontinuierlichen Verbesserung der KOSTAL-Qualität aktiv beteiligen können.

Quelle: Leopold Kostal GmbH & Co. KG: Qualität ist, wenn es stimmt. In: www.kostal.com/de-de/unternehmen/qualitaet [20.03.2025]. (verändert)

AUFGABE 1

Sammeln Sie Produktionsziele und leiten Sie entsprechende Aufgaben für die Produktionskontrolle ab.

AUFGABE 2

Beschreiben Sie konkrete Beispiele für die Zielverfehlungen der in Aufgabe 1 genannten Produktionsziele und leiten Sie daraus resultierende Risiken für das Unternehmen ab.

AUFGABE 3

Beschreiben Sie am Beispiel des Produktes Smartphone Ihr Verständnis von Qualität.

AUFGABE 4

Sammeln Sie Eigenschaften bzw. Bestimmungsmerkmale von Qualität aus der Perspektive der Unternehmung und der Perspektive der Umwelt (Kunden, Gesetzgeber, Konkurrenten).

AUFGABE 5

Formulieren Sie Maßnahmen, die zur Produktqualität beitragen.

AUFGABE 6

FIT MIT HANTELN SOLLTE GUTE QUALITÄT HABEN UND RICHTIGE EINGESETZT WERDEN.

In YouTube-Videos mutet es spielerisch an. Doch Hanteltraining ist weit schwieriger, als manche denken. Denn anders als beim Gerätetraining bewegen Sportlerinnen und Sportler die Gewichte frei. Der Körper ist seine eigene Stütze.

Im Verein oder Fitnessstudio stehen meist eine Reihe unterschiedlicher Hanteln zur Verfügung. Zu Hause sind Kurzhanteln, Aerobic-Hanteln mit Handschlaufen oder Gewichtsmanschetten besonders geeignet. Sie brauchen wenig Stauraum und sind flexibel einsetzbar.

Sowohl bei Leihhanteln als auch beim Kauf eigener Geräte gilt: Die Hand muss den Griff fest umschließen. Der Griff selbst muss rutschfest sein, da die Hände ein bisschen feucht werden. Hilfreich sind Riffelungen oder Perforierungen. Darüber hinaus sollten die Hanteln Sicherheitsaspekte erfüllen: Das Gerät sollte über ein anerkanntes Prüfzeichen verfügen. Das Verschlusssystem der Gewichte muss sich einfach lösen und feststellen lassen. Griffe und Stange müssen sauber verarbeitet sein und dürfen keine Kanten oder scharfen Ränder aufweisen.

Für die Trainingsintensität ist das Gewicht maßgeblich. Wer es je nach Übung, Tagesverfassung oder Trainingsfortschritt verändern möchte, ist mit einer oder zwei Hantelstangen und variabel aufsteckbaren Scheibensätzen gut bedient. Es empfiehlt sich, Gewichtsscheiben aus praktischen Gründen auf Gummiummantelungen zu setzen. Sie schonen den Boden und verursachen beim Training eine geringere Lärmentwicklung.

Egal, in welchem Raum der Wohnung das Training stattfinden soll, Hauptsache, die Umgebung ist sicher. Ein weicher Untergrund, in Form einer Matte auf dem Fußboden, sorgt für sicheren Stand und federt im Notfall eine herunterfallende Hantel oder eine Gewichtsscheibe ab. Außerdem sollte niemand die trainierende Person stören. Insbesondere kleine Kinder haben in der Nähe von Hanteln nichts zu suchen. Die Geräte sollten außerhalb des Trainings in Hantel- und Scheibenständern sicher aufbewahrt werden.

Nennen Sie die im Text genannten Qualitätsmerkmale für Hanteln.

AUFGABE 7

Dem deutschen Kaufmann Hermann Tietz (1837–1907) wird folgendes Zitat zugeschrieben: „Qualität ist, wenn der Kunde zurückkommt und nicht das Produkt."

Erläutern Sie die Intention dieser Aussage.

4.2 Qualitätssicherungssysteme

4.2.1 Qualitätsmanagement

Qualitäts-management

Ein **Qualitätsmanagement** ermöglicht eine systematische Qualitätskontrolle durch die Teilfunktionen Qualitätsplanung, Qualitätssteuerung, Qualitätskontrolle und durch das Bindeglied Feedback (Rückkopplung) im Sinne einer Qualitätsverbesserung und der Dokumentation.

Teilfunktionen des Qualitätsmanagements

Qualitätsplanung

= Soll festlegen

Auswahl der Qualitätsmerkmale und Festlegung der geforderten/zulässigen Messwerte

Merkmale	Beispiel
Normen: DIN, ISO Branchennormen Güte-, Handelsklassen	DIN A4 Ei der Klasse A
Vorgaben des Kunden	vier Tischbeine
gesetzl. Vorschriften	max. CO_2-Ausstoß
allg. Beschaffenheit	Tischmaße
Maßhaltigkeit	0,2 mm Abw.
Eigenschaften eines Motors	6000 U/min.

Qualitätssteuerung

Überwachung und ggf. Korrektur des Arbeitsprozesses im Zuge der Leistungserstellung

Maßnahmen:

Einsatz von Prüfgeräten

Beseitigung qualitätsmindernder Störungen durch z. B. Veränderung des Fertigungsverfahrens

Qualitätskontrolle

Soll-Ist-Vergleich

Prüfdatenerfassung (Ist-Wert) und Durchführung eines Soll-Ist-Vergleichs zur Feststellung der Erfüllung der Anforderungen

Maßnahmen:

Prüferfassung (total/partial) und Soll-Ist-Vergleich durch Einsatz von z. B.
- Qualitätsregelkarten,
- statistischer Prozesskontrolle,
- Dokumentationshilfen

Dokumentation

systematische, belegorientierte Erfassung des Qualitätssicherungsprozesses

Feedback (ggf. gemäß einer Abweichungsanalyse)

Das Feedback ist im systematischen Qualitätsmanagement besonders wichtig. Es ermöglicht durch den Soll-Ist-Vergleich eine Prozessverbesserung durch Anpassung der Planvorgaben. Der Soll-Ist-Vergleich ist folglich der Ausgangspunkt einer eventuellen **Abweichungsanalyse**, die immer dann erforderlich ist, wenn Soll und Ist nicht übereinstimmen.

BEISPIEL

Der Zuschnitt einer Cutteranlage für den Bezug von Bürostühlen weist folgende Abweichungen zu unterschiedlichen Messzeitpunkten in der Frühschicht auf:

Messung	Soll-Wert (Länge × Breite)	Ist-Wert	Abweichung
09:00 Uhr	600 mm × 500 mm	597 mm × 500 mm	– 003 mm × 000 mm
11:00 Uhr	600 mm × 500 mm	596 mm × 500 mm	– 004 mm × 000 mm
13:00 Uhr	600 mm × 500 mm	590 mm × 500 mm	– 010 mm × 000 mm

Die anschließende Abweichungsanalyse liefert folgende Ursachen:

- Zufuhrfehler der Stoffrolle (Verankerung der Stoffrolle nicht richtig fixiert)
- Stoffqualität nicht in Ordnung (Stoff hält der Zugkraft in der Cutteranlage nicht angemessen stand)

Lösung: Stoffrolle ausgewechselt und richtig fixiert

Abweichungen führen zur Nichterfüllung von Anforderungen und werden gemäß dem Deutschen Institut für Normung e. V. als **Fehler** bezeichnet (DIN 8402). Die Ursachen für Fehler sind so präzise wie möglich zu ergründen. Qualitätssicherungsinstrumente helfen, die Art und Häufigkeit des Auftretens im Zeitablauf und den Ort des Fehlers zu dokumentieren. Bei einer Abweichungsanalyse geht es darum, Ursachen für die aufgetretenen Fehler aufzudecken und Maßnahmen zur Fehlerreduzierung bzw. Qualitätssicherung einzuleiten.

Fehler

Fehlerarten nach dem Grad der Funktionsfähigkeit des Produktes

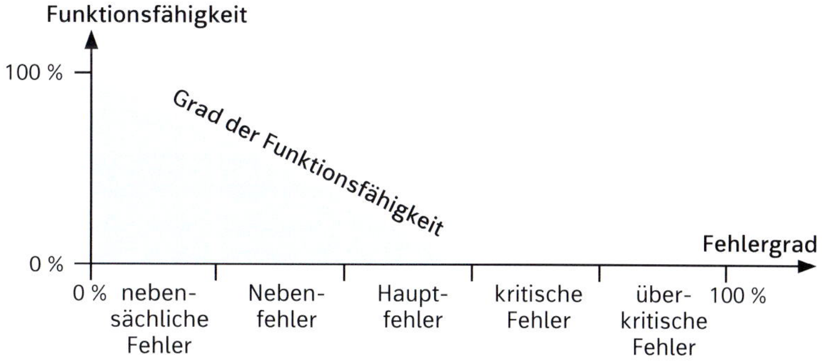

Fehler schränken die Funktionsfähigkeit des Erzeugnisses unterschiedlich stark ein: Nebensächliche Fehler schränken die Funktionsfähigkeit eines Produktes kaum ein. (Beispiel: Ein Fahrrad hat Kratzer im Lack.) Bei Nebenfehlern sinkt bereits der Grad der Funktionsfähigkeit. (Der kleinste Gang am Fahrrad lässt sich nicht einlegen.) Hauptfehler bewirken, dass das Produkt nicht mehr funktioniert, kritische Fehler und überkritische Fehler führen zur Unbrauchbarkeit. Während ein kritischer Fehler von vornherein keinen Gebrauch zulässt (z. B. Pedalbruch beim Fahrrad), kann ein Gebrauch bei einem überkritischen Fehler lebensgefährlich sein (z. B. defekte Bremsen).

Jeder Fehler muss behoben werden, bevor das Produkt mit dem Kunden in Kontakt kommt. Oft werden Fehler jedoch erst im Nachhinein vom Kunden entdeckt. Juristisch gesehen werden Fehler dann als **Mängel** bezeichnet, die nach geltendem Kaufvertragsrecht vom Verkäufer zu beheben sind. Zudem können aufgrund des Produkthaftungsgesetzes Ansprüche des Abnehmers gegenüber dem Verkäufer entstehen.

Mängel

Neben der Qualitätskontrolle kann der Management-Regelkreis auf die weiteren Aufgaben der Fertigungskontrolle übertragen werden.

› ReWe für Industrie, Teil C, Kapitel 7.1

Aufgaben	Beispiele			
	Gegenstand	Soll (Plan)	Ist	Abweichungsanalyse
Qualitätskontrolle	Qualitätsvorgaben	Zuschnitt der Tischplatten: Abweichung max. +/– 0,2 mm	Überschreitung des Toleranzwertes: Abweichung max. +/– 1,2 mm	Werkzeugbruch an Säge Z2
Kostenkontrolle	Entwicklung der Produktionskosten	Produktionskosten liegen konstant bei 45,00 € pro Stück	Produktionskosten liegen konstant bei 45,00 € pro Stück	keine Abweichung
Terminkontrolle	Liefertermine	A1: KW 28, A2: KW 29, A3: KW 29	A1: KW 28, A2: KW 30, A3: KW 31	A2, A3 durch Lieferengpässe
Verbrauchskontrolle	Materialverbrauch, Verschnitt/Abfälle	Verschnitt max. 0,1 %	Verschnitt 5,0 %	Werkzeugbruch an Säge Z2
Auslastungskontrolle	Beschäftigungsgrad der Kapazitäten	optimale Kapazitätsauslastung, Beschäftigungsgrad 80 %	Beschäftigungsgrad 60 %	Lieferengpässe verhindern optimale Auslastung
Mengenkontrolle	Vergleich von Produktions- und Absatzmengen	Synchronisation (Produktion orientiert sich an Absatz)	Emanzipation (Produktion auf Vorrat)	Fehlplanungen der Absatzmenge durch falsche Prognosen

Die Beispiele zeigen, dass wesentliche Produktionsziele aufgrund externer Einflüsse nicht erreicht werden konnten. Die Produktionskontrolle muss diese Ergebnisse nun an die Produktionsplanung melden, damit Maßnahmen ergriffen werden können, die eine Zielerreichung im nächsten Beobachtungszeitraum ermöglichen.

4.2.2 Instrumente zur Qualitätssicherung und -steigerung

Bedeutende Verfahren/Instrumente zur Qualitätssicherung (siehe im Folgenden I. bis V.) lassen sich anhand folgender Kriterien systematisieren:

Umfang		Wertschöpfungsstufe			Person	
Wie viele Produkte werden geprüft?		Zu welcher Phase der Leistungserstellung wird geprüft?			Wer unternimmt die Prüfung?	
Vollkontrolle	Stichprobenkontrolle	Vorkontrolle	Zwischenkontrolle	Endkontrolle	Selbstkontrolle	Fremdkontrolle

I. statistische Qualitätssicherung

Anhand des weitverbreiteten Verfahrens der **statistischen Qualitätssicherung** kann der Unterschied zwischen einer Voll- und Stichprobenkontrolle veranschaulicht werden. Es werden unter Einsatz von **Qualitätsregelkarten** Messwerte erhoben. Die Qualitätsregelkarten enthalten den Korridor des Toleranzbereichs um den Soll-Wert (siehe Abbildung unten). Das heißt, dass Abweichungen um den Soll-Wert in gewissem Rahmen zulässig sind. Zur Verbesserung der Prozessfähigkeit werden zudem Warngrenzen definiert, um frühzeitig Störungen durch geeignete Gegenmaßnahmen zu begegnen.

Prinzipieller Aufbau einer Qualitätsregelkarte

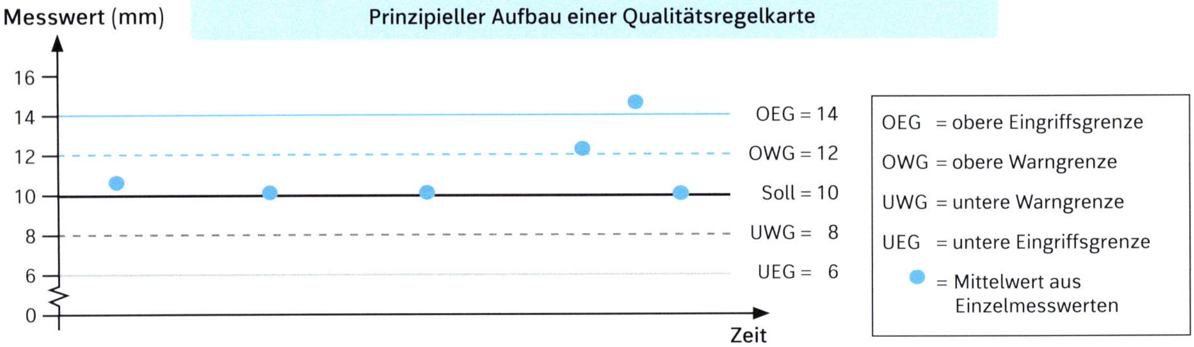

II. Vollkontrolle und Stichprobenkontrolle

Bei der Anwendung einer **Vollkontrolle** wird für jedes gefertigte Erzeugnis ein Messwert erhoben. Bei der **Stichprobenkontrolle** wird hingegen nach einem Zufallsverfahren stichprobenartig kontrolliert. Aus den Abweichungswerten der Stichproben wird dann auf die Grundgesamtheit geschlossen.

BEISPIEL

Die Heidtkötter KG produziert 100 Hydrauliksysteme für Drehstühle pro Tag. Bei jedem zehnten Hydrauliksystem wird ein Messwert erhoben (Stichprobenkontrolle). Die Messergebnisse zeigen, dass von den zehn überprüften Baugruppen zwei fehlerhaft sind. Auf die Tagesproduktion hochgerechnet wird gefolgert, dass insgesamt 20 Hydrauliksysteme Fehler aufweisen.

Das Beispiel deutet an, dass nicht bei allen Produkten „nur“ die Stichprobenkontrolle ausreichend ist. Die Auswahl des Verfahrens erfolgt aufgrund der Produktart und der Marktanforderungen:

BEISPIEL

Vollkontrolle	Stichprobenkontrolle
• Fahrzeugbau (z. B. Airbag, Bremsen) • Flugzeugbau • optische Geräte • Militär • medizinische Geräte (z. B. Herzschrittmacher)	• Chemische Industrie • Chargenfertigung • Massengüter

III. Quality-Function-Deployment

Quality-Function-Deployment (QFD) ist eine zu Beginn der 1970er-Jahre in Japan entwickelte Qualitätsmethode zur Ermittlung der Kundenanforderungen und zu deren direkter Umsetzung in die notwendigen technischen Lösungen. Quality-Function-Deployment wird als ein vorbeugendes Werkzeug zur Produktdefinition eingesetzt. Der strategische Ansatz ist die Trennung der Kundenanforderungen (Was?) von den technischen Lösungsmerkmalen (Wie?). So werden die Produktmerkmale durch die Entwicklung und die anschließende Auswahl der Betriebsmittel, Methoden und Kontrollmechanismen ausschließlich von den Anforderungen der zukünftigen Kunden bestimmt. Als „Kunde“ wird dabei aber nicht nur der Käufer eines Produktes gesehen („externer Kunde“, „Käufer“), sondern alle Beteiligten des Umsetzungsprozesses („interner Kunde“).

House of Quality

Die Qualitätsmerkmale werden durch Einsatz des sogenannten „House of Quality“ messbar. Hierzu werden alle möglichen, verschiedenen technischen Lösungsmöglichkeiten (Produktcharakteristika) mit den Kundenanforderungen intelligent verknüpft und die Beziehungen bewertet. Das Ergebnis ist eine nach Kundenprioritäten ermittelte Produktplanung.

„House of Quality“ im Rahmen des Quality-Function-Deployments

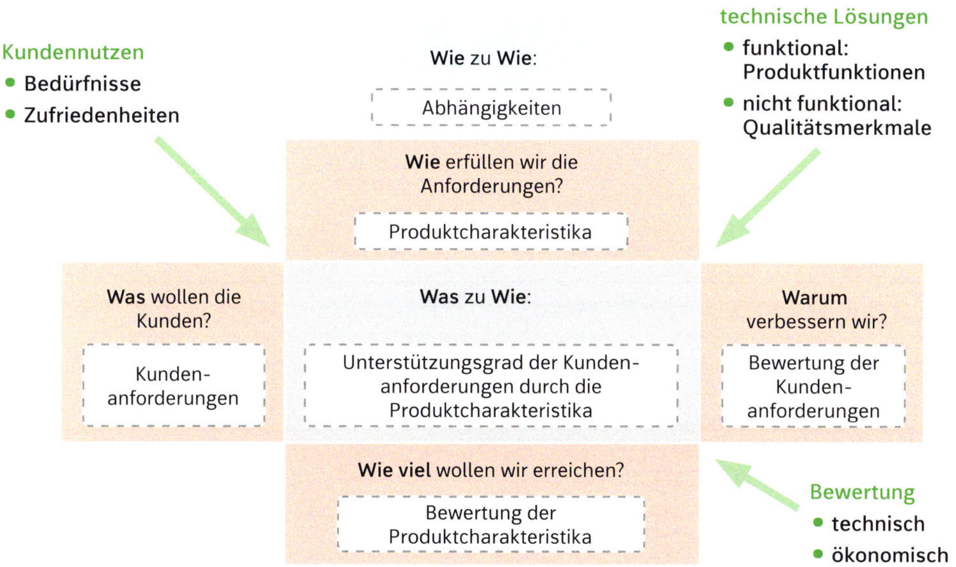

Die Anwendung von QFD erfordert eine stark teamorientierte Arbeitsweise im Unternehmen, da viele Abteilungen von Beginn an beteiligt werden müssen (FuE, Marketing, Qualitätssicherung usw.). Die Kundenanforderungen werden so für alle Beteiligten von der Entwicklung bis zum Vertrieb durch eine einheitliche Dokumentation transparent. QFD transportiert das Qualitätsverständnis daher besonders eindrucksvoll: Qualität bedeutet Erfüllung von Kundenanforderungen.

IV. Fehlermöglichkeits- und Einflussanalyse

Im Rahmen der Qualitätssicherung folgt die **Fehlermöglichkeits- und Einflussanalyse (FMEA)** dem Grundgedanken einer vorsorgenden Fehlerverhütung anstelle einer nachsorgenden Fehlererkennung und -korrektur. In der Entwicklungsphase werden potenzielle Fehlerursachen identifiziert. Ansonsten anfallende Kontroll- und Fehlerfolgekosten werden in der Produktionsphase oder gar beim Kunden vermieden und die Kosten werden insgesamt gesenkt. Denn: Je später ein Fehler entdeckt wird, desto schwieriger und kostenintensiver ist eine Korrektur.

Zur Ermittlung denkbarer Fehlerursachen wird häufig ein sogenanntes Ursache-Wirkungs-Diagramm (siehe unten) erstellt. Es ist möglich, dass schon aufgrund einer erkannten Fehlerursache unmittelbar Hinweise auf mögliche Maßnahmen zur Fehlervermeidung abgeleitet werden können.

Kern der FMEA ist die Risiko-Prioritätszahl (RPZ). Sie ergibt sich anhand der Risikobeurteilung folgender Kriterien:

1. **B**edeutung der Fehlerfolge für den Kunden
2. **A**uftretenswahrscheinlichkeit der Fehlerursache
3. **E**ntdeckungswahrscheinlichkeit (des Fehlers/der Ursache/der Folge)

Die Kriterien werden von einem interdisziplinären Team jeweils mit Zahlenwerten zwischen 1 und 10 unter Berücksichtigung von Bewertungskatalogen eingeschätzt. Die RPZ wird dann wie folgt berechnet:

$$\mathbf{RPZ} = B \cdot A \cdot E$$

Die RPZ liegt immer zwischen 1 und 1000 (maximal $10 \cdot 10 \cdot 10$). Durch Vergleich der Fehler mit der RPZ können so Prioritäten für die zu ergreifenden Maßnahmen abgeleitet werden. Die Maßnahmen sind darauf gerichtet,

- die Wahrscheinlichkeit des Auftretens einer Fehlerursache zu reduzieren (z. B. durch den Einbau verbesserter Bauteile) und
- die Entdeckungswahrscheinlichkeit einer potenziellen Fehlerursache zu erhöhen (etwa durch zusätzliche Prüfungen).

Es werden so lange Maßnahmen eingesetzt, bis die gewünschten Qualitätsmerkmale des Kunden erfüllt werden.

V. Ursache-Wirkungs-Diagramm

Das **Ursache-Wirkungs-Diagramm** (Ishikawa-Diagramm) ist ein Hilfsmittel zur Erfassung von Qualitätsproblemen und deren Ursachen (siehe oben). Fehlerursachen lassen sich demnach im Wesentlichen auf die sechs Faktoren Mensch, Maschine, Methode, Material, Management und Mitwelt zurückführen. Die Faktoren werden auch als „Hauptgräten" bezeichnet, die wie bei einem Fisch in weitere Einzelgräten aufgespalten werden können. Es ergibt sich ein typisches Fischgrätenmuster.

BEISPIEL

Anwendung des Ursache-Wirkungs-Diagramms am Beispiel des Bürostuhls *ongis*

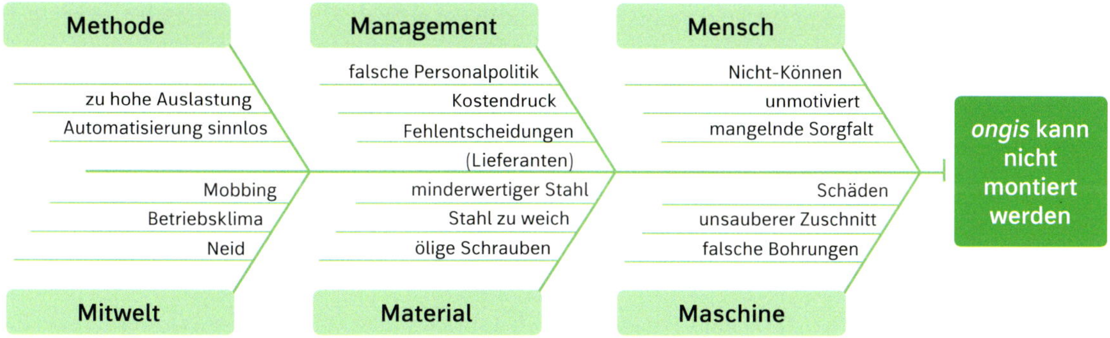

Das Verfahren eignet sich besonders gut zur Problemlösung, weil durch einen gemeinsamen Austausch eine Vielzahl von Ursachen und Abhängigkeiten benannt und anschaulich visualisiert werden können. Ein solches Verfahren folgt einem typischen Problemlösungsprozess:

1.	2.	3.	4.	5.
Problemdefinition	Hauptursachen benennen	Einzelursachen ableiten	Auswahl und Priorisierung	Überprüfung der Qualitätswirkung

Häufig wird das Ursache-Wirkungs-Diagramm in Kombination mit weiteren Verfahren zur Qualitätssicherung eingesetzt (etwa FMEA, Qualitätszirkel).

VI. Einbeziehen der Beschäftigten

Aufgrund der hohen Bedeutung von Qualität und der individuellen Anforderungen an die Qualitätssicherung haben sich in den vergangenen Jahrzehnten weitere Instrumente und Verfahren etabliert. An dieser Stelle nennen wir Beispiele, bei denen die Mitarbeiterinnen und Mitarbeiter in besonderer Weise für die Qualitätssicherung und -verbesserung gewonnen werden sollen:

Qualitätszirkel	Betriebliches Vorschlagswesen (BVW)	Qualitätsprämie
Eine kleine Gruppe von Mitarbeiterinnen und Mitarbeitern (etwa 5 bis 10) findet sich freiwillig und abteilungsübergreifend in regelmäßigen Abständen während der Arbeitszeit zusammen. Geleitet von einer Moderatorin oder einem Moderator analysiert sie selbst gewählte Probleme und Schwachstellen aus ihrem Arbeitsbereich. Ausgearbeitete Problemlösungsvorschläge werden bei Effektivität häufig honoriert (Prämie).	Das Ideenpotenzial aller Mitarbeiterinnen und Mitarbeiter in einer Organisation soll genutzt werden. Die besten Verbesserungsvorschläge (Kriterium: Kostensenkung) werden mit einer Prämie bedacht. Das Ziel ist eine Win-win-Situation: Arbeitgeber erzielen eine höhere Qualität zu geringeren Kosten; Arbeitnehmerinnen und Arbeitnehmer steigern ihr Einkommen durch Prämien.	Die Qualitätsprämie ist eine Art des Prämienlohns, die zu einer Verbesserung des qualitativen Outputs durch höhere Aufmerksamkeit und Sorgfalt beitragen soll. Voraussetzung ist eine eindeutige Messgröße für Qualität. Ein Beispiel ist die Orientierung der Qualitätsprämie an einer Senkung der Ausschussquote.

4.2.3 Ganzheitliche Qualitätsmanagementkonzepte

Qualitätsmanagementsysteme

Das ausgeprägte Qualitätsbewusstsein der Kunden auf Käufermärkten erfordert eine systematische Qualitätssicherung, an der alle Mitarbeiterinnen und Mitarbeiter des Unternehmens beteiligt werden. Deshalb etablieren sich in immer mehr Unternehmen **Qualitätsmanagementsysteme**. Diese binden alle organisatorischen Einheiten des Unternehmens in ein ganzheitliches Konzept ein und dienen der Qualitätssicherung. Ihr Aufbau ist unternehmensindividuell, allerdings zunehmend branchenabhängig: Abnehmer verlangen unter Umständen entlang der Wertschöpfungskette den Nachweis eines einheitlichen Qualitätsmanagementsystems, wie etwa die Zertifizierung nach DIN EN ISO 9000 ff., weil sie selbst einem harten Qualitätswettbewerb unterliegen.

DIN EN ISO 9000 ff.

Die Normen der **ISO-9000-Familie** wurden entwickelt, um Unternehmen bei der Entwicklung und Durchführung von Qualitätsmanagementsystemen zu helfen und einen international anerkannten Standard für Qualitätsmanagementkonzepte zu legen. Die DIN-EN-ISO-9000-Familie besteht aus folgenden Kernbereichen:

DIN EN ISO 9000	DIN EN ISO 9001	DIN EN ISO 9004	DIN EN ISO 19011
Grundlagen für Qualitätsmanagementsysteme und Festlegung der Terminologie	Qualitätssicherungskonzept zur Darlegung einer fehlerfreien Produktion	Leitfaden zur Verbesserung der Leistung und des Qualitätsmanagementsystems	Anleitung für das Auditieren[1] von Qualitäts- und Managementsystemen

Hauptbestandteile des QM-Systems nach DIN EN ISO 9000 ff.

Gemäß DIN EN ISO 9000 ff. zeichnet sich ein Qualitätsmanagementsystem durch vier Hauptbestandteile aus:

- die Verantwortung der Leitung,
- das Ressourcenmanagement,
- das Prozessmanagement und
- die Messung, Analyse und Verbesserung.

Hauptbestandteile des QM-Systems nach DIN EN ISO 9000 ff.

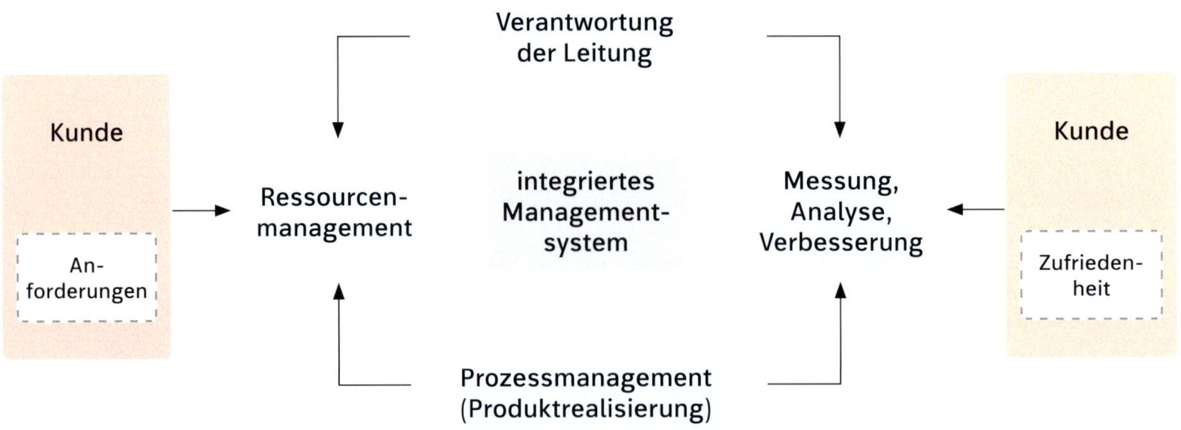

Die generell geforderte Ausgestaltung eines Qualitätsmanagementsystems wird durch die DIN EN ISO 9001 zur Darlegung einer fehlerfreien Produktion konkretisiert. Wie die nachfolgende Abbildung veranschaulicht, sind für die in DIN EN ISO 9000 ff. genannten Hauptbestandteile umfassende Dokumentationen anzufertigen.

1 Zur Bedeutung des Audits siehe Abbildung auf Seite 133.

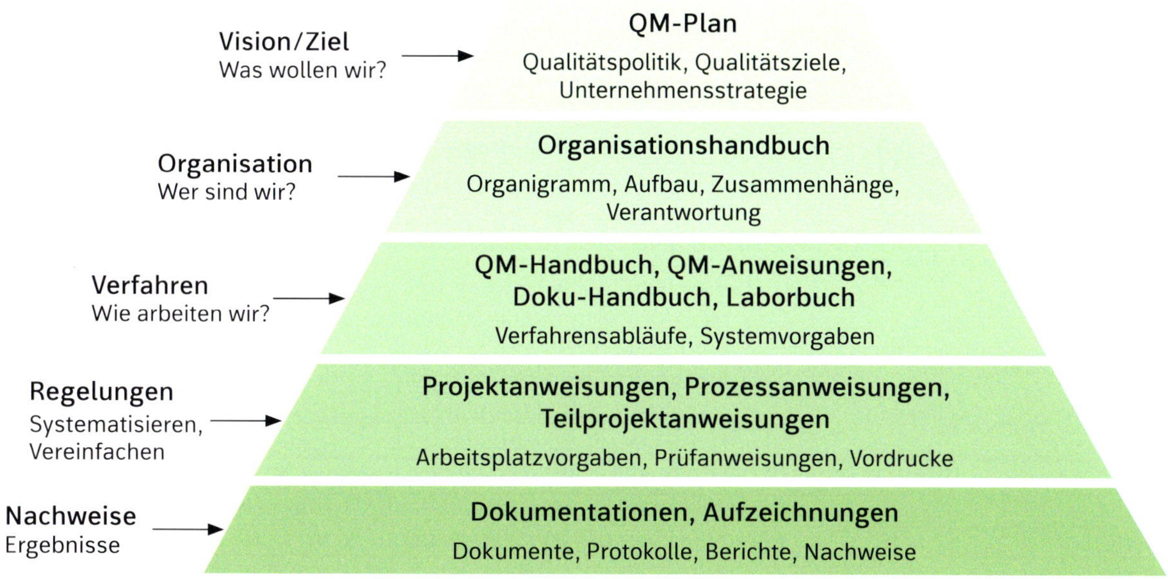

Dokumentationen nach DIN EN ISO 9001

Qualitätsaudit

Unternehmen, die ihr Qualitätsmanagement gemäß der Normen der ISO-9000-Familie organisieren und darüber auch zertifiziert werden wollen, müssen sich von einer zugelassenen Zertifizierungsstelle (etwa TÜV e. V.) in einem **Qualitätsaudit** überprüfen lassen. Die Zertifizierungsstelle überprüft, ob die Strukturen gemäß der Normenreihe erfüllt werden. Bei positiver Einschätzung wird ein Zertifikat mit einer Gültigkeit von drei Jahren ausgestellt, das dem betreffenden Unternehmen bescheinigt, mit dem eingeführten Qualitätsmanagementsystem die Normen der ISO-9000-Familie zu erfüllen. Dabei ist unbedingt zu beachten: Das Zertifikat allein lässt nicht unbedingt den Schluss zu, dass das Produkt qualitativ hochwertig ist. Das Zertifikat zeigt lediglich, dass die Umsetzung der Normen und damit der Strukturen des Qualitätsmanagementsystems kontrolliert wird.

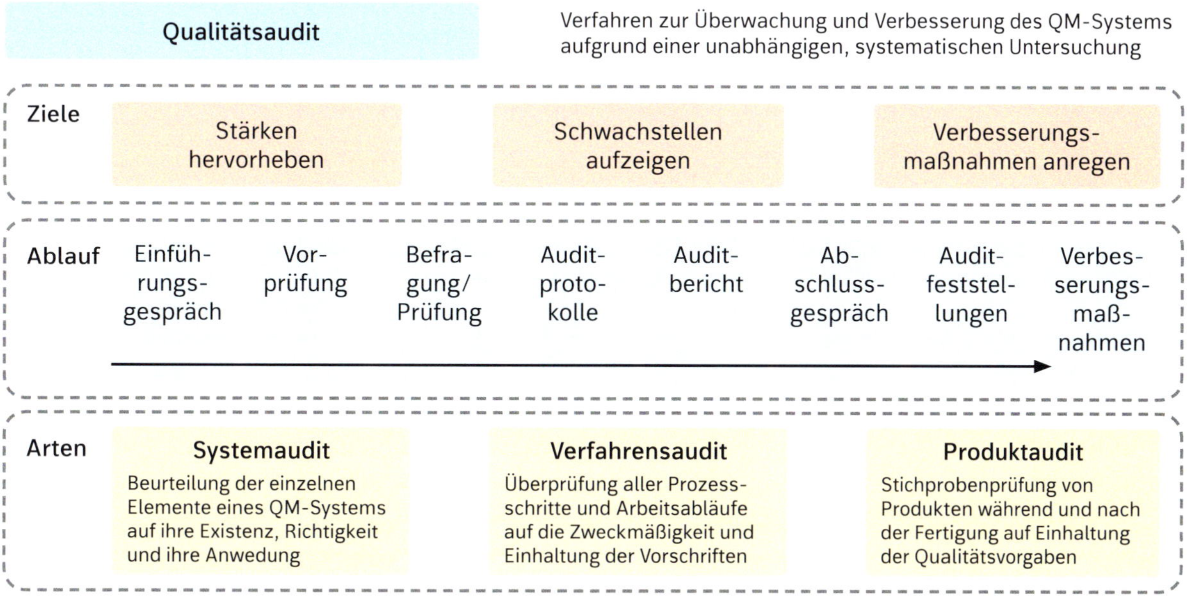

BEISPIEL

Je nach Wettbewerbssituation müssen Unternehmen abwägen, ob die Zertifizierung erforderlich ist:

> **ZERTIFIKAT**
>
> **Zertifizierungsstelle**
>
> bescheinigt, dass das Unternehmen
>
> **Büromöbelfabrik Heidtkötter KG**
> **Gütersloher Straße 111 · 33647 Bielefeld**
>
> für den Geltungsbereich
>
> **Produktion und Vertrieb von Büromöbeln**
>
> ein Qualitätsmanagementsystem eingeführt hat und anwendet.
>
> Durch ein Audit, Bericht-Nr. **85066**
>
> wurde der Nachweis erbracht, dass die Forderungen der
>
> DIN EN ISO 9001:2000
>
> erfüllt sind. Dieses Zertifikat ist gültig bis **20..-11-15**
>
> Zertifikat-Register-Nr. **09 125 85066**

(eigene Darstellung, kein Original)

Argumente für eine Zertifizierung	Argumente gegen eine Zertifizierung
• Prozesse werden einheitlich dokumentiert und damit transparenter. • Abnehmer verlangen das Zertifikat. • Abnehmer können auf das QM-System vertrauen und sparen sich Produktüberprüfungen. • Es wird Produkthaftungsklagen vorgebeugt, da eine genaue Dokumentation der Produktkonstruktion und -erstellung vorliegt. • Abnehmern wird Prozessbeherrschung bewiesen (Wettbewerbsvorteil durch Imageverbesserung).	• Auf das Unternehmen kommt ein erheblicher Aufwand aufgrund der Schulungen, Dokumentationen, Audits usw. zu. Zertifizierung bewirkt also Kostenanstiege. • Mitarbeitende werden von ihren eigentlichen Arbeitsaufgaben abgelenkt, weil sie eine Vielzahl an Bürokratie bewältigen müssen.

I. Total-Quality-Management (TQM)

Total-Quality-Management (TQM) ist ein umfassendes, fortwährendes und durchgängiges Qualitätsmanagement, das nicht nur die Produktion, sondern alle Bereiche eines Unternehmens umfasst und durch eine vorausschauende, dokumentierende und organisierende Tätigkeit dauerhafte Qualität sichert und verbessert.

Zu den wesentlichen Prinzipien der TQM-Philosophie zählen:

- Qualität orientiert sich am Kunden,
- wird mit den Mitarbeiterinnen und Mitarbeitern aller Bereiche und Ebenen erzielt,
- umfasst mehrere Merkmale, die durch Kriterien operationalisiert werden müssen,
- ist kein Ziel, sondern ein Prozess, der nie zu Ende ist,
- bezieht sich nicht nur auf Produkte, sondern auch auf Dienstleistungen,
- setzt aktives Handeln voraus und muss erarbeitet werden.

In den verschiedenen Modellen geht es immer darum, das Qualitätsmanagement von den technischen Funktionen für die Gewährleistung der Produktqualität auf alle Bereiche der Unternehmensverbesserung auszuweiten.

Elemente des Total-Quality-Managements

- bereichs- und funktionsübergreifend
- Kundenorientierung
- Gesellschaftsorientierung
- Einbeziehung aller Mitarbeitenden

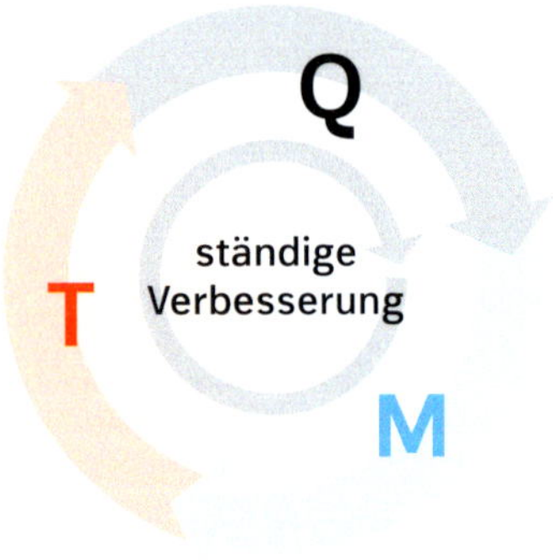

- Arbeitsqualität
- Prozessqualität
- Qualität des Unternehmens
- Qualität der Produkte

- Führungsqualität
- Qualitätspolitik und -ziele
- Team- und Lernfähigkeit
- Langzeitorientierung

Durch TQM wird eine ständige Verbesserung angestrebt. Die Qualitätsverbesserungen sollen sich dabei in allen Instanzen ergeben: sämtliche Abläufe, Arbeitsplätze, Produkte, Kundenbeziehungen usw. unterliegen einem kontinuierlichen Verbesserungsprozess. Verbesserungen werden dabei mithilfe des PDCA-Zyklus eingeleitet und umgesetzt. Total-Quality-Management hat somit zwei große Zielsetzungen, die sich gegenseitig bedingen: Ziele

1. die Steigerung der Kundenzufriedenheit und
2. die kontinuierliche Verbesserung aller Leistungen und Tätigkeiten im Unternehmen.

II. KVP/Kaizen

Ein **kontinuierlicher Verbesserungsprozess (KVP)** umfasst alle Tätigkeiten zur Weiterentwicklung von Produkten und Prozessen. Das Konzept KVP wurde in Japan entwickelt und wird dort als **Kaizen**[1] bezeichnet. Es bedeutet: eine stetige Folge kleiner Verbesserungen aller betrieblichen Vorgänge unter Einbeziehung der Mitarbeitenden, Führungskräfte und der Geschäftsleitung. Ursprung und Motivation bestehen in der Überzeugung, dass jedes System mit Beginn seines Bestehens dem Verfall ausgesetzt ist, wenn es nicht fortlaufend verbessert oder erneuert wird. Es wird unterstellt, dass Unternehmen „lebende" Systeme sind, deren Leistungen und Prozesse permanenten Veränderungen ausgesetzt sind. Sämtliche Abläufe und Aktivitäten sind deshalb immer wieder neu infrage zu stellen. Dynamische Märkte und kürzere Produktlebenszyklen erfordern die kurzfristige Anpassung der Unternehmensleistungen.

Kaizen setzt insbesondere bei den Mitarbeiterinnen und Mitarbeitern an, die mit ihren Fähigkeiten und Fertigkeiten als Potenzial zur Problemlösung betrachtet werden und die Gelegenheit erhalten, betriebliche Prozesse zu gestalten. Insofern werden Ausgaben für die Aus- und Weiterbildung der Beschäftigten nicht als Kostenfaktor, sondern als Investitionen in die Zukunft gewertet. Denn gut qualifizierte, lernwillige und lernfähige Mitarbeiterinnen und Mitarbeiter, die offen sind für die Veränderungen und diese auch mitgestalten, sind Voraussetzung für eine ständige Weiterentwicklung des Unternehmens. Jede Mitarbeiterin und jeder Mitarbeiter ist aufgefordert, Probleme am Arbeitsplatz sowie innerhalb betrieblicher Arbeitsabläufe zu erkennen, diese weiterzuleiten oder ggf. Verbesserungsvorschläge zu erstellen. Die Vorschläge werden geprüft und getestet und im Falle einer positiven Bewertung als Standard in die Geschäftsprozesse übernommen. Veränderungen zielen dabei immer auf die kostengünstigste Lösung.

Unabhängig von der Organisationsform der Unternehmen und der eingesetzten KVP-Gremien folgt ein KVP-Prozess prinzipiell dem PDCA-Zyklus. Demnach sind Probleme und deren Lösungen Anfangs- und Endpunkte eines KVP in einem nie endenden Kreislauf.

Die Zielsetzungen des Kaizen sind vielfältig: Ziele

Ziele	Maßnahmen
Optimierung der Kundenzufriedenheit	• Kosten-/Preissenkung • Gewährleistung von Qualitätsansprüchen • erhöhte Schnelligkeit sowie Einhaltung gewünschter Liefertermine
Mitarbeiter-zufriedenheit	• Angebote zur Weiterbildung • garantiertes Mitspracherecht bei Veränderungen im Unternehmen
Verminderung von Verschwendung	• Optimierung der Arbeitsabläufe • Schulung der Mitarbeitenden

Kaizen muss von einer Innovation unterschieden werden. Kaizen beinhaltet den Drang nach fortlaufender Verbesserung in kleinen Schritten. Unter Innovation werden bedeutende, auffallende Veränderungen verstanden, die häufig hohe (Investitions-)Kosten mit sich bringen. Beispiele für Innovationen sind technologische Neuerungen oder die Einführung neuer Managementkonzepte und Produktionsverfahren. Während die Innovation eine in der Regel techno-

› Kapitel 1.3 Innovation

1 Aus dem Japanischen übersetzt: Kai = Veränderung, Wandel; Zen = zum Besseren → Kaizen = kontinuierliche Verbesserung

logisch ausgerichtete, unmittelbar spürbare, einmalige Erneuerung bzw. Änderung darstellt, handelt es sich bei Kaizen um einen mitarbeiterorientierten, fortlaufenden, nicht endenden Prozess in kleinen Schritten:

Innovation ohne Kaizen

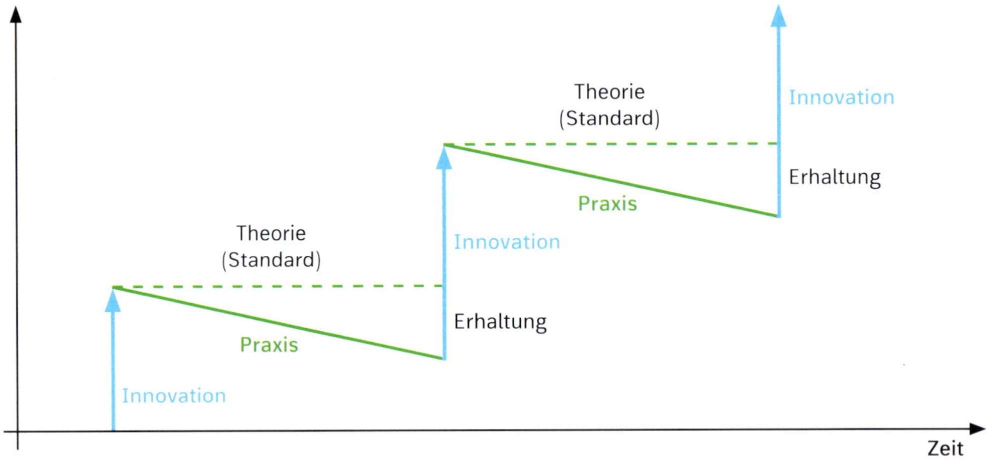

Gerade wegen dieser Unterschiede ergänzen sich diese beiden Konzepte. Wenn die mit einer Innovation gewonnenen Vorgehensweisen (Standards) durch Kaizen nicht mehr zu verbessern sind, sollte eine neue Innovation erfolgen. Innovationen werden also durch Kaizen fortwährend optimiert, bis keine Verbesserung mehr möglich ist. Grafisch lässt sich dieser Zusammenhang wie folgt veranschaulichen:

Innovation mit Kaizen

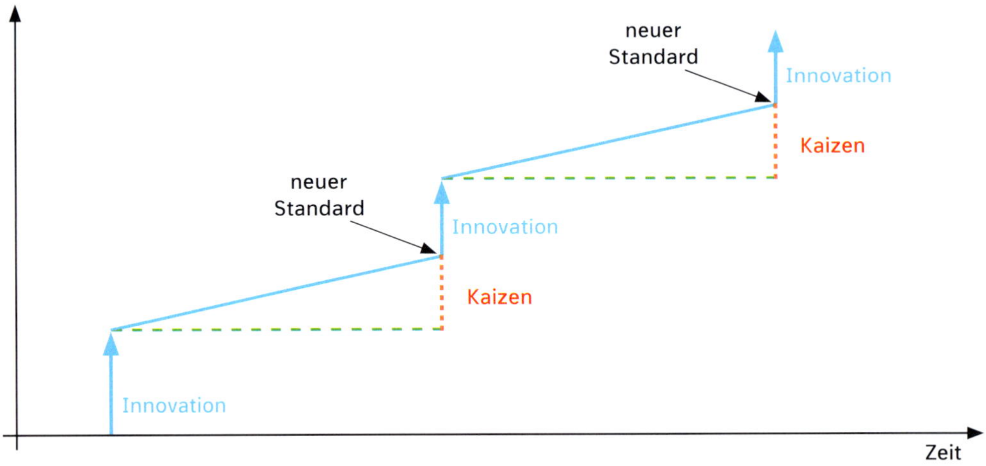

AUFGABE 1

Systematisches Qualitätsmanagement folgt dem Management-Regelkreis.

Erläutern Sie die prinzipielle Struktur. Heben Sie dabei die Funktion des Soll-Ist-Vergleiches hervor.

AUFGABE 2

Erläutern Sie die Teilfunktionen des Qualitätsmanagements und führen Sie jeweils ein Beispiel an.

AUFGABE 3

Unterstellen Sie, dass eine durchgeführte Qualitätskontrolle bei einem Erzeugnis der Heidtkötter KG eine erhebliche Abweichung gegenüber dem Soll-Wert ergeben hat. Erläutern Sie die sich daraus ergebenden Konsequenzen für den Produktionsprozess, für den Abnehmer (falls das Produkt ausgeliefert wird) und für den Vertrieb.

AUFGABE 4

Auf Seite 124 wird die Anwendung des Management-Regelkreises beispielhaft für die Aufgaben der Fertigungskontrolle dargestellt. Formulieren Sie für die festgestellten Ursachen der Abweichungsanalyse jeweils geeignete Maßnahmen, damit in der Folgeperiode die Planwerte wieder eingehalten werden können.

AUFGABE 5

Die Nichterfüllung von Anforderungen wird im Qualitätsbereich als Fehler bezeichnet. Nicht jeder Fehler nimmt dabei unbedingt Einfluss auf die Funktionsfähigkeit des Produktes. Die Abbildung auf Seite 124 liefert eine Abgrenzung verschiedener Fehlerarten.

Geben Sie Beispiele je Fehlerart für das Produkt Smartphone an.

AUFGABE 6

Erklären und beurteilen Sie das Verfahren des Ursache-Wirkungs-Diagramms zur Qualitätssicherung. Führen Sie Einsatzbereiche im Unternehmen an.

AUFGABE 7

Erläutern Sie Aufbau und Funktionsweise einer Qualitätsregelkarte.

AUFGABE 8

Bereiten Sie (wahlweise) einen Kurzvortrag zu den folgenden weiteren Verfahren zur Qualitätssicherung bzw. -steigerung vor:

a) Quality-Function-Deployment (QFD)
b) Fehlermöglichkeits- und Einflussanalyse (FMEA)
c) Qualitätszirkel, Betriebliches Vorschlagswesen, Qualitätsprämie

Ihr Kurzvortrag sollte folgende Aspekte enthalten:

- Beschreibung und Einsatzgebiet
- Beurteilung
- Beispiel aus Ihrem Ausbildungsbetrieb (oder einem anderen Unternehmen)

› Recherche

AUFGABE 9

Ein Industrieunternehmen möchte ein Qualitätsmanagementsystem nach DIN EN ISO 9000 ff. einführen. Erläutern Sie, warum das Unternehmen dies nach außen kommunizieren möchte.

AUFGABE 10

Die Außendarstellung der Qualitätsbemühungen will das Industrieunternehmen (siehe Aufgabe 9) mithilfe der Zertifizierung nach der DIN-EN-ISO-9000-Familie unterstützen.

a) Erklären Sie den Begriff „Zertifizierung".

b) Führen Sie drei Gründe an, warum sich das Unternehmen zertifizieren lassen möchte.

c) Welche Voraussetzungen muss das Unternehmen konkret erfüllen, damit das Zertifikat ausgehändigt werden kann?

AUFGABE 11

Ein Industrieunternehmen muss sich einem Qualitätsaudit durch eine akkreditierte Zertifizierungsstelle (z. B. TÜV) unterziehen. Gestalten Sie einen Flyer, der alle wesentlichen Informationen über ein Qualitätsaudit (Verfahren, Ablauf, Ziele, Arten) enthält.

AUFGABE 12

Führen Sie Gründe an, warum die Mitarbeiterinnen und Mitarbeiter eines Unternehmens gegen die Einführung eines Qualitätsmanagementsystems sein können.

AUFGABE 13

› Recherche

Erläutern Sie das jeweils grundlegende Prinzip von Total-Quality-Management (TQM) und von einem kontinuierlichen Verbesserungsprozess (KVP)/Kaizen. Führen Sie anhand von Beispielen aus Ihrem Ausbildungsbetrieb an, wie derartige ganzheitliche Konzepte in der Praxis umgesetzt werden.

AUFGABE 14

Erklären Sie anhand unterschiedlicher Merkmale (z. B. Zielsetzung, Ausrichtung, Vorgehensweise, Voraussetzungen) den Unterschied zwischen Kaizen und Innovation. Begründen Sie, warum sich diese Konzepte dennoch gut ergänzen.

AUFGABE 15

Ordnen Sie die folgenden Aussagen

a) Kaizen oder

b) Innovation

zu.

- technologischer Durchbruch
- bestehende Ressourcen besser nutzen
- technologieorientiert
- prozessorientiertes Denken
- mitarbeiterorientiert
- Gruppenarbeit
- ergebnisorientiertes Denken
- individuelle Arbeit
- konventionelles Wissen
- hohe Mitarbeiterverbundenheit
- hohe Investitionen
- niedrige Mitarbeiterverbundenheit

4.3 Qualitätskosten

Um eigene, zugesagte Qualitätsanforderungen dauerhaft zu gewährleisten, müssen Kosten verursachende Kontrollen der Leistungserstellung durchgeführt werden. Da die Betriebsmittel durch hohe Belastungen dem Verschleiß ausgesetzt sind und stark belasteten Mitarbeiterinnen und Mitarbeitern immer wieder mal Fehler unterlaufen, ist es utopisch, davon auszugehen, dass bei der Herstellung hochwertiger Gebrauchs- oder Verbrauchsgüter keine Fehler auftreten werden. Dennoch ist jedes Unternehmen bestrebt, das Auftreten von Fehlern und die damit verbundenen Kosten (Fehlerkosten) zu minimieren. Prüfungen und Maßnahmen zur Fehlervermeidung verursachen ebenso zusätzliche Kosten, sodass über die Methoden und die Intensität der durchzuführenden Qualitätssicherung unter Kostengesichtspunkten beraten und entschieden werden muss. Geringe Anstrengungen der Qualitätssicherung führen unter Umständen zu hohen Fehler(folge-)kosten (z. B. durch Nacharbeit, Ersatzlieferung usw.). Zu viel Kontrolle ist jedoch ebenso mit hohen Kosten verbunden.

Qualitätskosten

Die Summe aller Fehlervermeidungskosten, Prüfkosten und Fehlerkosten ergibt die **Qualitätskosten**.

Fehlervermeidungskosten

- Fehlervermeidungskosten entstehen für alle Maßnahmen zur Vermeidung von Mängeln und Schäden an den Erzeugnissen.

Prüfkosten

- Prüfkosten entstehen für den eigentlichen Prüfvorgang sowie für die dafür erforderlichen Prüfgeräte, Materialien und Beschäftigten.

- Fehler(folge-)kosten sind Kosten, die dadurch entstehen, dass Erzeugnisse nicht den in den Dokumentationen festgelegten Qualitätsanforderungen entsprechen. Sie entstehen also infolge einer mangelhaften Produktqualität.

Fehler(folge-)kosten

Die Kosten der Fehlervermeidung und Prüfung steigen mit zunehmendem Anspruch an die Qualität. Die Fehlerkosten fallen jedoch mit Erreichen eines sehr hohen Qualitätslevels. Die Entwicklung dieser Kostenarten verläuft entgegengesetzt, sodass das Optimum der anfallenden Qualitätskosten im Minimum der Summe aus Fehlervermeidungs- sowie Prüfkosten und Fehlerkosten liegt. Daher wird an diesem Punkt auch von der **optimalen Fehlerquote** gesprochen.

optimale Fehlerquote

BEISPIEL

Aufgeschlüsselt nach Fehlerkosten sowie Fehlervermeidungs- und Prüfkosten schätzte die Heidtkötter KG die angefallenen Qualitätskosten in Abhängigkeit von der Fehlerquote für das Segment „Bürotische“ im Jahr 01 wie folgt ein:

Fehlerquote	0 %	1 %	2 %	3 %	4 %	5 %	6 %	7 %	8 %	9 %
Fehlervermeidungs- und Prüfkosten (in T€)	800	600	450	325	225	150	100	75	60	40
Fehlerkosten (in T€)	0	70	120	180	230	280	320	370	420	470
Qualitätskosten (in T€)	800	670	570	505	455	430	420	445	480	510

In diesem Beispiel wäre die Umsetzung einer Fehlerquote von 6 % wirtschaftlich optimal.

Bei der Herstellung von Sicherheitsprodukten muss auf jeden Fall eine Null-Fehler-Produktion umgesetzt werden. In der Praxis wird jedes Unternehmen eine Null-Fehler-Produktion anstreben, um die Kundenanforderungen zu erfüllen und im harten Wettbewerb auf dem Markt zu bestehen.

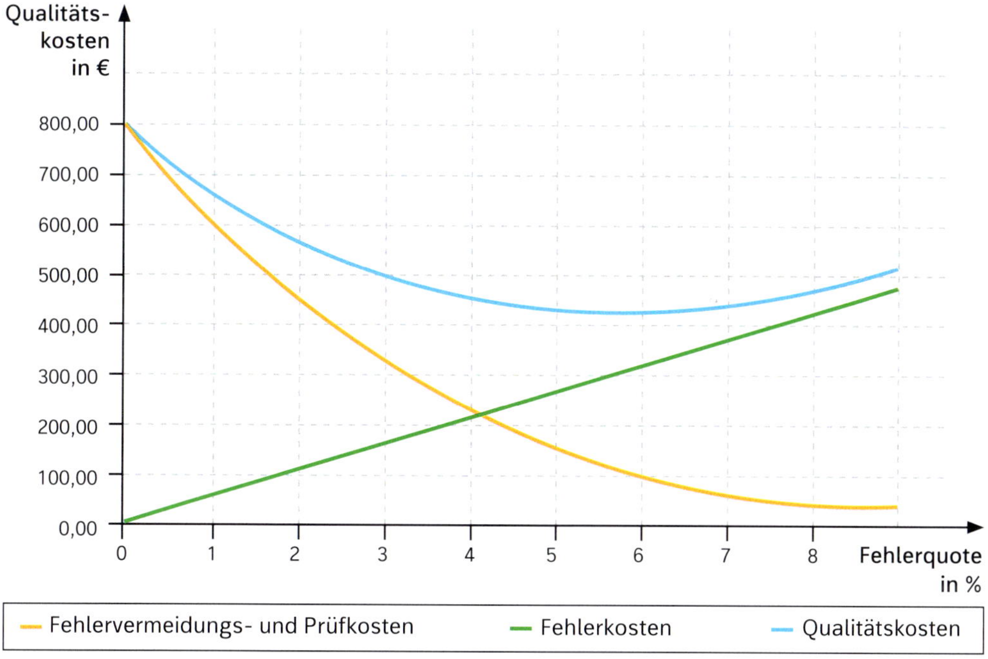

Generell muss bei der Bestimmung der optimalen Fehlerquote die Marktsituation berücksichtigt werden. Ein Unternehmen kann sich z. B. eine Fehlerquote von 6 % gegenüber den Kunden nicht erlauben, wenn der Wettbewerb durch Null-Fehler-Qualität gekennzeichnet ist. Vielmehr muss das Unternehmen seine Qualitätsanstrengungen maximieren und ggf. die gestiegenen Qualitätskosten in den Angebotspreis einkalkulieren.

AUFGABE 1

Beschreiben Sie mögliche Konsequenzen der Rückrufaktion für Mercedes-Benz.

MERCEDES-RÜCKRUF – MERCEDES RUFT AUTOS ZURÜCK

[...]

Die renommierte Automarke Mercedes-Benz hat eine umfangreiche Rückrufaktion angekündigt, die weltweit 341 000 Fahrzeuge betrifft. Dieser Schritt wurde aufgrund eines signifikanten Risikos von Brandgefahr eingeleitet. [...]

Das Kraftfahrt-Bundesamt (KBA) hat spezifische Details zum technischen Fehler veröffentlicht, der diesen Mercedes-Rückruf notwendig macht. Der Kern des Problems liegt bei der 48-Volt-Massestelle unter dem Beifahrersitz. Dort wurde eine fehlerhafte Verschraubung des Kabelschuhs festgestellt. [...]

Mercedes hat daraufhin angeordnet, dass die Verschraubung der Massestelle in den betroffenen Fahrzeugen überprüft und, falls notwendig, korrigiert wird. Die Durchführung dieser Überprüfungen erfolgt in autorisierten Mercedes-Werkstätten und ist für die Fahrzeugbesitzer kostenfrei.

Quelle: AAMPACT e. V.: Mercedes Rückruf – Mercedes ruft Autos zurück, veröffentlicht am 22.04.2024. In: https://qualitaet-ist-mehrwert.de/werkstatt-news/kfz-werkstatt-news/mercedes-rueckruf-mercedes-ruft-autos-zurueck [20.03.2025]. (verändert)

AUFGABE 2

Erklären Sie, was unter Qualitätskosten zu verstehen ist. Suchen Sie nach Beispielen für Fehlervermeidungs-, Prüf- und Fehlerkosten.

AUFGABE 3

Zeichnen Sie aufgrund nachfolgender Angaben den Verlauf der Fehlervermeidungs- und Prüfkosten sowie der Fehlerkosten in Abhängigkeit von der Fehlerquote. Beschreiben Sie den Kurvenverlauf und führen Sie Gründe für diesen an.

Fehlerquote	0 %	1 %	2 %	3 %	4 %	5 %	6 %	7 %	8 %	9 %
Fehlervermeidungs- und Prüfkosten (in T€)	400	300	100	75	50	20	10	4	3	2,5
Fehlerkosten (in T€)	0	20	60	100	140	180	220	260	300	340

AUFGABE 4

Welchen Zusammenhang drückt die optimale Fehlerquote aus?

AUFGABE 5

Sammeln Sie Maßnahmen und Möglichkeiten zur Qualitätssteigerung, die zu einer Senkung der Fehlerquote führen können.

AUFGABE 6

Führen Sie jeweils drei Produkte an, bei denen eine optimale Fehlerquote angestrebt und bei denen eine optimale Fehlerquote nicht realisiert werden kann. Begründen Sie Ihre Auswahl.

Leistungserstellung rationalisieren 5

Das Motto „Stillstand = Rückschritt“ ist in vielen Unternehmen Grundlage des Fortschrittsdenkens. In der Unternehmenspraxis bewirkt dies eine fortwährende Prüfung der Prozesse und der Entscheidungen, um die Wettbewerbsfähigkeit zu erhalten und/oder zu verbessern. Dieses Bestreben wird heutzutage häufig mit dem Begriff der Rationalisierung gleichgesetzt bzw. in Verbindung gebracht.

BEISPIEL

Das Rationalisierungsstreben bei der Heidtkötter KG lässt sich z. B. an folgenden (u. a. geplanten) Maßnahmen ablesen:

- Erwerb einer neuen, vollautomatischen Cutteranlage, durch die zwei Beschäftigte freigesetzt werden konnten.
- Modularisierung der Büroschränke und -tische, wodurch gleiche Teile und Baugruppen zu vielfältigen, unterschiedlichen Endprodukten kombiniert werden können. Die Heidtkötter KG erreicht dadurch je Teil/je Baugruppe hohe Stückzahlen.
- Zur Lohnkostensenkung wird eine Produktionsverlagerung ins Ausland erwogen.

Dass Rationalisierung in Unternehmen zum Normalfall geworden ist, lässt sich auf viele Ursachen zurückführen, die aus dem Unternehmen selbst erwachsen oder aus dem Umfeld an das Unternehmen herangetragen werden können.

Das nachfolgende Kapitel widmet sich systematisch den Zielen, Ursachen und Möglichkeiten der Rationalisierung in Industrieunternehmen. Aufgrund der vielfältigen Entwicklungen können nicht alle Maßnahmen erläutert werden. Vielmehr werden entlang des Wertschöpfungsprozesses gängige Einzelmaßnahmen und ganzheitliche Konzepte vorgestellt und beurteilt.

Ursachen und Ziele von Rationalisierung 5.1

Unternehmerisches Handeln muss sich aufgrund unternehmensinterner und -externer Anlässe an den permanenten Veränderungen der Umwelt orientieren:

› Kapitel 1.1 Einflüsse auf den Wertschöpfungsprozess

Externe Anlässe	Interne Anlässe
• technischer Fortschritt • verschärfter Wettbewerb (Globalisierung) • wachsende Kundenanforderungen (qualitätsbewusster, preisbewusster) • verschärfte gesetzliche Auflagen (z. B. beim Umweltschutz)	• Optimierung der Fertigungsabläufe • Materialprobleme (Ausschuss, Fehlteile) • unzureichende Mitarbeiterqualifikation • zu lange Durchlaufzeiten • geringe Betriebsmittelproduktivität

Das Verhalten wird durch rationale[1] Handlungen bestimmt, d. h. ein an Zielen orientiertes, vernunftgeleitetes, methodisches Handeln, das eine maximale Zielerreichung trotz der Veränderungen ermöglicht. Möchte ein Unternehmen z. B. die gesetzten Unternehmensziele (z. B. Gewinnmaximierung) erreichen oder gar übertreffen, müssen die eigenen Gegebenheiten (Fertigungsverfahren, Kapazitäten usw.) den veränderten Rahmenbedingungen zielentsprechend angepasst werden. Genau dieses für Unternehmerinnen und Unternehmer so alltägliche Streben wird als Rationalisierung bezeichnet:

1 Rational = vernünftig, von der Vernunft bestimmt

Rationalisierung

Rationalisierung ist die zweckmäßige Gestaltung von Arbeitsvorgängen mit dem Ziel eines verbesserten Verhältnisses zwischen Input und Output gemäß dem ökonomischen Prinzip[1]. Rationale Maßnahmen berücksichtigen ökonomische, technische, soziale sowie ökologische Erkenntnisse und bewirken so eine Verbesserung der betrieblichen Verhältnisse.

Das Verhältnis zwischen Input und Output kann betriebswirtschaftlich entweder mengen- oder kostenmäßig durch Kennzahlen ausgedrückt werden. Eine Rationalisierung liegt dann vor, wenn eine ergriffene Maßnahme zu einer Verbesserung des Mengen- und/oder Kostenverhältnisses geführt hat.[2]

Rationalisierungsziele		Mögliche Ansatzpunkte (ceteris paribus)[2]		
		Input		**Output**
mengenmäßig	**Produktivität steigern**	Einsparung von Produktionsfaktoren	**oder**	Erhöhung der Ausbringungsmenge
wertmäßig	**Wirtschaftlichkeit steigern**	Kostensenkung	**oder**	Ertragssteigerung
	Rentabilität steigern	Kostensenkung, Verringerung des Kapitaleinsatzes	**oder**	Ertragssteigerung

Um die Ziele der Rationalisierung zu erreichen, ergreifen Unternehmen bezogen auf den Wertschöpfungsprozess **Maßnahmen** von unterschiedlichem Umfang.

Rationalisierungsmaßnahmen im Wertschöpfungsprozess

ganzheitliche Maßnahmen (bezogen auf den gesamten Wertschöpfungsprozess)

Lean Production | Benchmarking | Kaizen | Business Process Reengineering

Wertschöpfungsprozess

Input → **Throughput** → **Output**

Produktionsverfahren
- Personaleinsatz
- Werkstoffeinsatz
- Betriebsmitteleinsatz

Fertigungsablauf
- Arbeitsbedingungen
- Arbeitsteilung
- Arbeitstechniken
- Organisation der Kombination der Produkte

Erzeugnisprogramm
- Normung
- Typung
- Teilefamilien
- Baukastensystem
- Spezialisierung

Einzelmaßnahmen (bezogen auf Teile des Wertschöpfungsprozesses)

Eine Trennung der Maßnahmen in einzelne Bereiche des Wertschöpfungsprozesses ist nur theoretisch möglich. In der Realität strahlen die Rationalisierungsmaßnahmen auch in andere Bereiche des Wertschöpfungsprozesses hinein. Dies wird besonders bei den Maßnahmen in Bezug auf das Produktions- und Absatzprogramm ersichtlich. Ein verändertes Produkt zieht in der Regel auch veränderte Produktions- und Beschaffungsprozesse nach sich.

1 Zum ökonomischen Prinzip siehe Kapitel 1.2.
2 Ceteris paribus = unter sonst gleichen Bedingungen

AUFGABE 1

Interpretieren Sie die Ergebnisse des Branchenvergleichs und erläutern Sie drei interne und drei externe Ursachen, die zu der gegebenen Situation geführt haben können.

Kennzahlen 01	Heidtkötter KG	Branchendurchschnitt
Arbeitsproduktivität	2,63 Stück/Std.	3,30 Stück/Std.
Kapitalproduktivität	0,0047 Stück/€	0,0070 Stück/€
Wirtschaftlichkeit	0,93	1,09

AUFGABE 2

› Recherche

Erläutern Sie mit eigenen Worten, was Ihrer Ansicht nach unter „Rationalisierung" zu verstehen ist, und führen Sie mögliche Beispiele aus Ihrem Ausbildungsbetrieb an.

AUFGABE 3

Beschreiben Sie Ziele, die mit Rationalisierungen verfolgt werden.

AUFGABE 4

Nennen und beschreiben Sie Rationalisierungsmaßnahmen entlang des Produktionsprozesses eines Industrieunternehmens.

Zur Verwirklichung von Rationalisierungsvorhaben hat der REFA[1] ein Lösungsschema empfohlen:

1 **Ziel festlegen**
↓
2 **Aufgaben eingrenzen**
↓
3 **mögliche Lösungen suchen und**
4 **praktikable Lösungen entwickeln**
↓
5 **optimale Lösung auswählen**
↓
6 **Lösung einführen und Zielerreichung kontrollieren**

Rationalisierungen können mithilfe dieses Schemas systematisch entwickelt, umgesetzt und überprüft werden.

AUFGABE 5

Konkretisieren Sie die einzelnen Schritte des REFA-Schemas für Rationalisierungsvorhaben bei einem Hausgerätehersteller.

AUFGABE 6

Industrieunternehmen rationalisieren zunehmend in der Verwaltung.

Beschreiben Sie zwei Rationalisierungsmaßnahmen in der Verwaltung und führen Sie je zwei Vorteile und zwei Nachteile dieser Maßnahmen aus Sicht der Unternehmung, der Mitarbeitenden und der Kunden an.

1 REFA Fachverband e. V., Verband für Arbeitsgestaltung, Betriebsorganisation und Unternehmensentwicklung

5.2 Einzelmaßnahmen der Rationalisierung

5.2.1 Rationalisierung bei den Produktionsfaktoren

Ausgangspunkt von Rationalisierungsmaßnahmen bei Produktionsfaktoren ist deren **unwirtschaftlicher Einsatz** für die Leistungserstellung. Folgende Beispiele bieten einen Einblick:

Werkstoffe	Betriebsmittel	Ausführende Arbeit
• hoher Materialverbrauch durch mindere Qualität (Ausschuss) • Bezug von Fertigteilen, die wir aufgrund freier Kapazitäten ebenfalls herstellen könnten	• Einsatz technisch veralteter Anlagen • hohe Störanfälligkeit der Anlagen • geringe Flexibilität bei wachsender Variantenvielfalt	• unqualifiziertes Personal bei veränderten Anforderungen • Überbesetzung • unmotiviertes Personal • zu hohe Personalkosten im Vergleich zur Konkurrenz

Unternehmen streben danach, derartige unwirtschaftliche Situationen möglichst schnell durch **Gegenmaßnahmen** zu beheben. Ziel ist die Konzentration auf die Kernprozesse, d. h. jene Prozessbereiche, die das Unternehmen besonders gut beherrscht und dadurch am Markt auch Wettbewerbsvorteile gegenüber der Konkurrenz erzielen kann. Andere unwirtschaftliche Prozesse könnten z. B. durch Outsourcing[1] gelöst werden.

Rationalisierungsmaßnahmen in Bezug auf die Produktionsfaktoren sind in der Realität sehr vielfältig und stark von internen und externen Einflussgrößen auf den Wertschöpfungsprozess abhängig. Sehen wir uns die oben genannten Beispiele erneut an:

- Im Bereich **Werkstoffe** könnte zu einer Verbesserung der Wirtschaftlichkeit beigetragen werden, wenn outgesourcte Fertigteile wieder in Eigenfertigung hergestellt werden. Voraussetzung ist aber eine kostengünstigere Produktion bei vorhandenen Kapazitäten. Auch ist denkbar, dass neue Bezugsquellen für die Materialien ausfindig gemacht oder die Qualitätsanforderungen direkt beim Lieferanten vereinbart und überprüft werden.

› LF 9

- Im Bereich **ausführende Arbeit** verbessert sich die Wirtschaftlichkeit bei gegebenem Output, wenn bestimmte Unternehmensbereiche outgesourct werden (z. B. Facility-Management). Das senkt die Personalkosten. Auch kann unqualifiziertes Personal durch Schulungen auf neue Anforderungen vorbereitet werden, um so zu einer erhöhten Produktivität beizutragen. Zudem wäre es möglich, das Personal bei einer Überbesetzung aus betrieblichen Gründen zu entlassen oder aufgrund neuer Arbeitswertstudien die Aufgabengebiete neu zuzuordnen.

› ReWe für Industrie, LF 8

- Beim Produktionsfaktor **Betriebsmittel** ist die Leistungsfähigkeit entscheidend: Neue Betriebsmittel sind alten Anlagen durch eine höhere Leistungsfähigkeit, geringere Störanfälligkeit und höhere Flexibilität sowie Präzision überlegen. Allerdings scheuen Unternehmen die unter Umständen auftretenden höheren Kosten aufgrund des höheren Investitionsaufwands, der über Abschreibungen in die Preiskalkulation Einzug findet. Grundlage jeder Rationalisierungsmaßnahme bei Betriebsmitteln ist daher der Kostenvergleich zwischen der bestehenden und der potenziell neuen Fertigungsanlage.

1 Zum Outsourcing siehe folgendes Kapitel 5.2.2.

BEISPIEL

Für die Herstellung von Konferenztischen erwägt die Heidtkötter KG den Kauf einer neuen Fertigungsanlage. Die Controllingabteilung hat aufgrund des Angebots eines Maschinenbauers und eigener Erhebungen folgende Kostenstrukturen zusammengestellt:

	Fixe Kosten	Variable Kosten (je 2500 Stück)
neue Fertigungsanlage	300.000,00 €	125.000,00 €
alte Fertigungsanlage	100.000,00 €	175.000,00 €

Zuletzt konnte die Heidtkötter KG 12 000 Konferenztische produzieren und absetzen.

Um zu ermitteln, welche Fertigungsanlage kostengünstiger ist, sind die jeweils anfallenden Kosten einander gegenüberzustellen:

alte Fertigungsanlage = **neue** Fertigungsanlage

$$100.000{,}00\ € + \frac{175.000{,}00\ €}{2500\ \text{Stück}} \cdot x = 300.000{,}00\ € + \frac{125.000{,}00\ €}{2500\ \text{Stück}} \cdot x \quad \Big|\ - 100.000{,}00\ €$$

$$\frac{20{,}00\ €}{\text{Stück}} \cdot x = 200.00{,}00\ € \quad \Big|\ : 20{,}00\ €/\text{Stück}$$

$$x = 10\,000\ \text{Stück}$$

Ab einer Produktions- und Absatzmenge von 10 001 Stück lohnt die Beschaffung der neuen Fertigungsanlage. Da die Heidtkötter KG zuletzt pro Quartal 12 000 Konferenztische absetzen konnte, lohnt sich also unter Kostenkriterien der Bezug der neuen Fertigungsanlage. Ob jedoch auch ein Rationalisierungserfolg erfüllt wird, ist anhand weiterer Kennzahlen zu ermitteln.

5.2.2 Rationalisierung des Fertigungsablaufs

Die Rationalisierungsmaßnahmen im Bereich des Fertigungsablaufs sind vielfältig. Generell wird die gesamte Kombination der Produktionsfaktoren überdacht. Die Arbeitsleistung, die eingesetzten Fertigungsverfahren und die Materialflüsse werden immer wieder optimiert.

Bei der Rationalisierung von Fertigungsverfahren wird durch leistungsfähigere Fertigungsanlagen ein Produktivitätsanstieg angestrebt.

Der technische Fortschritt hat in den vergangenen Jahrzehnten eine zunehmende Automatisierung eingeleitet: Neue Fertigungsanlagen haben Tätigkeiten übernommen, die sonst von Menschen erledigt worden sind. So kam es zu einem erheblichen Personalabbau industrieller Arbeitskräfte. Auch die Anforderungen für die verbliebenen Arbeitskräfte sind einem erheblichen Wandel unterlegen. Standen früher eher sich wiederholende Ausführungen im Vordergrund, übernehmen heute die Arbeitskräfte in der Produktion immer häufiger auch planerische und kontrollierende Tätigkeiten.

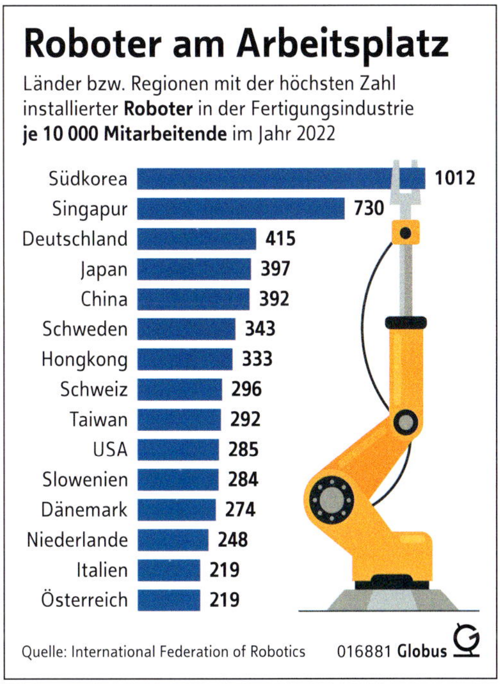

Arbeitsteilung

Der Automatisierungsprozess wird von einer fortschreitenden **Arbeitsteilung** begleitet. Anfallende Tätigkeiten werden auf mehrere Arbeitsschritte und Personen aufgeteilt. Die Summe der aufgeteilten Tätigkeiten ergibt schließlich die Gesamtleistung, die für die einzelne Arbeiterin und den einzelnen Arbeiter in der Regel nicht ersichtlich ist. Es werden Produktivitätssteigerungen und Kostenvorteile angestrebt, da die Arbeitskräfte die gleiche Aufgabe häufig wiederholen.[1] Die Aufteilung der anfallenden Aufgaben kann entweder als Mengen- oder als Artteilung vorgenommen werden.

Mengenteilung	Artteilung
Die Gesamtaufgabe wird in gleiche Teilaufgaben auf mehrere Personen aufgeteilt.	Die Gesamtaufgabe wird in verschiedene Teilaufgaben zerlegt, die zeitlich hintereinander anfallen (Spezialisierung der Mitarbeitenden).
Beispiel Die Herstellung von 500 Konferenztischen erfolgt durch 20 Mitarbeitende gleichzeitig.	**Beispiel** Bei der Herstellung der 500 Konferenztische schneiden fünf Mitarbeitende die Tischfläche, fünf Mitarbeitende produzieren die Beine, fünf Mitarbeitende montieren und fünf Mitarbeitende verpacken.

Arbeitszerlegung

Die artmäßige Arbeitsteilung wird auch als **Arbeitszerlegung** bezeichnet und führt zu weiteren positiven Rationalisierungseffekten:

Vorteile

- Umrüstungen an Maschinen und die Transportwege zwischen den Arbeitsplätzen werden reduziert.
- Automatisierte Verfahren können eingesetzt werden (Produktivitätssteigerung).
- Arbeitskräfte können entsprechend ihren Fähigkeiten anforderungsgerecht eingesetzt werden.

Nachteile

Es gibt jedoch auch erhebliche Nachteile: Arbeitszerlegung führt zu monotonen Tätigkeiten und einseitigen körperlichen Belastungen. Beides trägt zur Demotivation bei, die sich in geringerer Arbeitsleistung, erhöhten Fehlzeiten und einem höheren Krankenstand ausdrückt.

Humanisierung der Arbeitsbedingungen

Die wachsende Kritik an der „mechanistischen" Betrachtung des Produktionsfaktors Arbeit im Taylorismus[2], wie die oben beschriebene Arbeitsteilung auch bezeichnet wird, führte zu einer **Humanisierung der Arbeitsbedingungen**. Es ist erkannt worden, dass der Produktionsfaktor Arbeit einen völlig anderen Stellenwert für den Wertschöpfungserfolg hat als die Produktionsfaktoren Material und Betriebsmittel. Das Arbeitsschutzrecht und weitere soziale Maßnahmen, die innerbetrieblich geregelt sind, führten zu deutlich verbesserten Arbeitsbedingungen. Darüber hinaus wurden in vielen Unternehmen (insbesondere in der Automobilindustrie) neue Arbeitsorganisationen installiert, die zur Leistungssteigerung motivieren sollen (Produktivitätsanstieg).

Die bedeutendsten Prinzipien neuer Arbeitsorganisationen stellt die Tabelle auf der folgenden Seite zusammen.

1 Dieser Zusammenhang, der auch als Erfahrungskurve bezeichnet wird, konnte empirisch im Jahre 1966 durch die Boston Consulting Group belegt werden. Er gilt bis heute als sehr realitätsnah. Die Studie besagt, dass bei einer Verdopplung des Outputs mit einem Rückgang der Stückkosten von 20 % bis 30 % zu rechnen ist.

2 Taylorismus: Geht zurück auf den Ökonomen Frederick Taylor, der wissenschaftlich begründet die Effizienz der Betriebsführung durch die Zerlegung der Arbeit in immer kleinere Schritte einführte (Fließfertigung in Taktzeit). Wegen der großen Erfolge wurde zu Beginn der 1920er-Jahre auch von der „ersten Automobilrevolution" gesprochen.

Prinzipien der Arbeitsorganisation zur Humanisierung der Arbeitsbedingungen			
Arbeitsplatzwechsel (Jobrotation)	**Arbeitserweiterung (Jobenlargement)**	**Arbeitsanreicherung (Jobenrichment)**	**(Teil-)autonome Gruppenarbeit**
Mitarbeitende tauschen regelmäßig ihre Arbeitsplätze mit unterschiedlichem Anforderungsniveau.	Gleichartige, nacheinander folgende Tätigkeiten werden für eine Mitarbeiterin bzw. einen Mitarbeiter zusammengefasst.	Einer Arbeitskraft werden verschiedenartige, zusammengehörende, anspruchsvollere Tätigkeiten zugewiesen.	Größere Teilaufgaben werden einer Gruppe zugewiesen, die in Umfang und Anforderung selbstständig auf die Gruppenmitglieder aufgeteilt werden.

Als weitere Möglichkeiten zur Optimierung der Fertigungsabläufe sei an dieser Stelle das bereits in Kapitel 4.2.2 angesprochene Qualitätsmanagement erwähnt. Hier stehen die Fertigungsabläufe immer wieder neu auf dem Prüfstand. Ziel ist es, durch Einsparung von Ressourcen und Zeiten die Wirtschaftlichkeit und die Produktivität zu erhöhen.

Seit der Öffnung der Märkte nach Osteuropa mit Beginn der 1990er-Jahre setzen Unternehmen auf das **Outsourcing** von Unternehmensbereichen bzw. -aufgaben an Drittunternehmen zu günstigeren, vertraglich festgelegten Bedingungen.

Outsourcing

BEISPIEL

Die Heidtkötter KG ist für ein außergewöhnliches Design im Segment „Konferenzräume" bekannt. Sie sollte daher bei Rationalisierungsmaßnahmen niemals die Entwicklung des Designs an andere Unternehmen outsourcen. Dagegen ist denkbar, dass die Heidtkötter KG das Facility-Management[1] an einen Dienstleister vergibt. Hierdurch könnten Personalkosten gespart werden, die nur indirekt mit der Leistungserstellung zu tun haben und daher nicht direkt zur Wertschöpfung beitragen.

Die ausgelagerten Wertschöpfungsstufen kaufen Unternehmen also fremd zu geringeren Kosten wieder ein. Sie können sich somit besser auf ihre Kernprozesse konzentrieren und schaffen so die Basis für eine bessere Produktivität, Wirtschaftlichkeit und Rentabilität im Unternehmen.

Vorteile des Outsourcings	Nachteile des Outsourcings
• Kostenvorteile • Leistungsverbesserung • Flexibilität, da Beschäftigungsrisiko beim Lieferanten • neuester technischer Stand wird eingesetzt (externer Spezialist)	• Abhängigkeit vom Lieferanten (Planungs- und Qualitätsrisiken, Know-how-Verlust) • Schnittstellen-Verluste durch ein zusätzliches Informationssystem

Standardisierung und Spezialisierung 5.2.3

Die Gestaltung des Produktionsprogramms bestimmt im Wesentlichen den Aufbau der Kapazitäten, die eingesetzten Fertigungsverfahren, den Personaleinsatz usw. In Abhängigkeit von der Vielfalt des Produktionsprogramms (Variantenvielfalt) wird die Produktionsplanung und -steuerung zunehmend schwieriger:

Konsequenzen von Variantenvielfalt

- hohe Kapitalbindungskosten (viele Teile sind im Umlauf und werden vorgelagert),
- lange Durchlaufzeiten (Anlagen müssen häufig umgerüstet werden),
- unübersichtliches Produktionsprogramm durch die Vielfalt der Variantenkombinationen,
- hohe Stückkosten (es wird in kleinen Losen produziert),
- Qualitätsprobleme (Beschäftigte stellen die einzelnen Varianten nicht häufig her),
- hohe Anforderungen an das rechnergestützte PPS-System und die Logistik.

1 Facility-Management umfasst die Verwaltung und Bewirtschaftung von Gebäuden, Anlagen und Einrichtungen.

Standardisierung und Spezialisierung

Um die Probleme zu lösen, werden einerseits flexible Fertigungssysteme und CIM eingesetzt, andererseits Standardisierung und Spezialisierung des Produktionsprogramms angestrebt. Standardisierung und Spezialisierung sorgen für eine Vereinheitlichung der Teile, Baugruppen und Erzeugnisse sowie eine Beschränkung auf weniger Varianten der Endprodukte. Dadurch wird die Variantenvielfalt reduziert und die Fertigungsabläufe vereinfacht.

Die Möglichkeiten der **Standardisierung** und **Spezialisierung** werden nun dargestellt (siehe I. bis V.) und abschließend einer Beurteilung unterzogen.

I. Normung

Unter **Normung** wird die planmäßige, durch eine Interessengemeinschaft gemeinschaftlich durchgeführte (technische) Vereinheitlichung von materiellen Gegenständen (Einzelteilen, Werkstoffen) und immateriellen Gegenständen (Verfahren) zum Nutzen der Allgemeinheit verstanden. Es geht um die Vereinheitlichung von Formen, Abmessungen, Größen, Farben, Qualitäten, Bestandteilen, Bezeichnungen sowie um die Festlegung von Verhaltensweisen oder Verfahrensgrundsätzen.

BEISPIEL

DIN-A4-Papier, DIN 5008 zur Gestaltung von Geschäftsbriefen, Norm für die Größen von Kaffeefiltern, Konfektionsgrößen von Kleidung, Steckdosen und Stecker, Batteriegrößen

Die Festlegung von Normen erfordert eine demokratische Legitimation und die Mitarbeit sowie das Engagement aller interessierten Kreise (Industrie, Handwerk, Forschung, Handel, Verbraucherinnen und Verbraucher, Prüfinstitute, öffentliche Hand). Vielfach bewirkt die Normung bestimmter Erzeugnisse die Normung weiterer Erzeugnisse (etwa Stecker und Steckdose).

Normenarten

Je nach Geltungsbereich werden folgende Normen unterschieden:

Geltungsbereich	Erläuterungen
Internationale Normen (ISO, EN)	• Empfehlungen mit weltweiter Gültigkeit zur Förderung des internationalen Austausches von Gütern und Dienstleistungen • Zuständigkeit: ISO-Normen: International Organization for Standardization EN-Normen: Comité Européen de Normalisation (CEN)
Nationale Normen (DIN)	• für den heimischen Wirtschaftsraum geltende Empfehlungen, die von den Mitgliedsunternehmen getragen werden und durch Gesetze und Verordnungen für alle verbindlich werden können • Zuständigkeit: Deutscher Normenausschuss (DNA)
Verbandsnormen (z. B. VDA[1])	• Richtlinien und Empfehlungen einzelner Fachverbände, die für alle Verbandsmitglieder verbindlich gelten
Werksnormen	• geringster Geltungsbereich, da nur für bestimmte Unternehmen • häufig enger Bezug zu DIN-Normen (gegenseitige Ableitung)

Vorteile

Normung soll helfen, Handelshemmnisse abzubauen, den Austausch von Waren, technischen Lösungen sowie Dienstleistungen zu fördern und eine allgemeine, grundlegende Verständigung zu gewährleisten. Außerdem sollen Grundsätze der Sicherheit und des Umweltschutzes sowie eine stetige Qualitätsverbesserung gewährleistet werden.

Für die Industrie besitzen folgende Festlegungen eine besondere Relevanz:

- Abmessungsnormen (Gewinde, Papierformate, Spurweiten usw.)
- Stoffnormen (Beschaffenheit, Eigenschaften, Qualitäten bei Werk-/Baustoffen)
- Planungsnormen (Vereinheitlichung von Grundsätzen für die Planung von Gebäuden, Straßen usw.)
- Verfahrensnormen (Festlegung der Arbeitsverfahren zur Erzeugnisfertigung)

1 VDA = Verband der Automobilindustrie

- Sicherheitsnormen (Festlegung von Verfahren, Regeln, Einrichtungen, die auf die Sicherheit sowie den Schutz von Gesundheit, Leben und Sachwerten ausgerichtet sind)
- Prüfnormen (einheitliche Maßstäbe bei Prüfungen und Messungen)

II. Typung

Bei der **Typung** geht es um die Vereinheitlichung von zusammengesetzten Erzeugnissen/Endprodukten (Halbfertig- und Fertigerzeugnisse) hinsichtlich Art, Form, Größe, Ausstattung, Funktionsumfang oder Ausführung. Typen sind gleichartige Erzeugnisse, die sich in Einzelteilen unterscheiden können. Es handelt sich also um eine gezielte Variation verschiedener Merkmale des gleichen Basisproduktes. Die Zielsetzung der Typung besteht insbesondere darin, durch eine vom Absatzmarkt gewünschte Variation bestimmter Basisprodukte die Kosten in den Bereichen der Logistik, der Fertigung (Übergang zu Großserienfertigung) und des Absatzes zu senken (Fixkostendegression) und gleichzeitig möglichst viele Kundenwünsche zu befriedigen. Daher stehen insbesondere wirtschaftliche Interessen im Vordergrund.

Ziel

BEISPIEL

Staubsauger, Bügeleisen, Trockenrasierer, Fernseher, Autos

Die Typung kann sowohl innerbetrieblich als auch überbetrieblich erfolgen. Im Rahmen der innerbetrieblichen Typung geht es häufig um die Umsetzung eines Baukastensystems, bei dem unterschiedliche Fertigerzeugnisse (Typen) aus gleichen Bauelementen hergestellt werden. Die Bausteine sind mehrseitig verwendbar, sodass jede Kombination eine bestimmte Variation des Basisproduktes ergibt. Bei der überbetrieblichen Typung entstehen eine intensive Kooperation branchengleicher Unternehmen[1] sowie Arbeitsgemeinschaften, die von Fachverbänden gefordert und gefördert werden. Ebenso fordern Großkunden zur überbetrieblichen Typung auf.

III. Baukastensysteme

Beim **Baukastensystem** wird eine Vereinheitlichung der Endprodukte in Bezug auf die Verwendung von Teilen und Baugruppen angestrebt. Für verschiedene Erzeugnisse werden die gleichen Baugruppen verwendet. Durch die unterschiedliche Kombination der Baugruppen entsteht jeweils eine spezielle Art des Grunderzeugnisses. Baukastensysteme gelten als konsequente Anwendung der Normung und der Typung innerhalb der Produktion. Es werden genormte Einzelteile zu Baugruppen zusammengefasst, die wiederum in unterschiedlicher Kombination zu Enderzeugnissen zusammengesetzt werden.

BEISPIEL

Möbelindustrie:	Küchenmöbel
Automobilindustrie:	in unterschiedlichen Autotypen eingesetzter Motor
Elektroindustrie:	Trockenrasierer

Ziel

Die Anwendung von Baukastensystemen verfolgt die Zielsetzung, möglichst viele Kundenwünsche befriedigen zu können, ohne die Fertigungsverfahren umstellen zu müssen. Als Managementstrategie wird dieses Vorgehen auch als Mass Customization bezeichnet.

› Kapitel 2.4.1 Mass Customization

IV. Teilefamilien

Als **Teilefamilien** werden Bauteile zusammengefasst, die üblicherweise ähnliche geometrische Formen aufweisen, sich aber in einer bestimmten Anzahl von Parametern voneinander unterscheiden (z. B. durch ihre Abmessungen). Eine Teilefamilie kann deshalb das gleiche Fertigungsverfahren durchlaufen, es müssen lediglich kleinere Umrüstungen an den Maschinen vorgenommen werden.

BEISPIEL

Die Heidtkötter KG produziert Konferenztische in gleicher Dicke der Tischplatte und in unterschiedlicher Länge und Breite (100 × 100, 100 × 140, 100 × 180, 80 × 100, 80 × 140, 80 × 180). Das Fertigungslayout kann immer gleich bleiben. Lediglich die Säge muss auf die unterschiedlichen Längen und Breiten überprüft werden.

1 Beispielsweise sehr enge Zusammenarbeit von VW und Blaupunkt, einem Hersteller von Autoradios

Ziel Durch den Einsatz von Teilefamilien soll vor allem die Durchlaufzeit verkürzt und damit die Produktivität erhöht werden.

V. Spezialisierung Bei der **Spezialisierung** handelt es sich um eine Beschränkung des Fertigungsprogramms auf wenige Arten von Erzeugnissen. Eine Spezialisierung kann durch Absprachen zwischen Unternehmen desselben Wirtschaftszweiges erfolgen. Sie führt zu einer zwischenbetrieblichen Arbeitsteilung. Ziel Ziel ist es, durch die Beschränkung der Erzeugnisse und Varianten die anfallenden Kosten stark zu reduzieren, da die wenigen Erzeugnisse in sehr hohen Stückzahlen produziert werden (Fixkostendegression).

Beurteilung der Standardisierung und Spezialisierung	
Vorteile	**Nachteile**
• Senkung der Beschaffungskosten (größere Bestellmengen, geringerer Aufwand durch weniger unterschiedliche Teile) • Senkung der Lagerhaltungskosten (weniger Verwaltungsaufwand, da weniger unterschiedliche Teile) • Verkürzung der Durchlaufzeiten → höhere Produktivität (weniger Umrüstungen, kürzere Lagerdauer) • Vereinfachung der Kalkulation • Vereinfachung der Konstruktion, da Erfahrungswerte vorliegen und Normteile in viele Produkte eingehen können • Fixkostendegression • höhere Produktqualität (Erfahrungskurve) • höhere Servicequalität (Versorgungssicherheit bei Ersatzteilen und der Kundendienst hat bessere Kenntnisse, da weniger Teile) • höhere Sicherheit durch genormte Teile und Verfahren • Flexibilität durch vielseitige Einsetzbarkeit der Normteile • Baukastensystem: Befriedigung individueller Kundenwünsche • geringerer Bedarf an Werkzeugen, Vorrichtungen, Maschinen sowie qualifizierten Mitarbeitenden	• Beschränkung der Auswahlmöglichkeiten des Käufers • Anfälligkeit bei Veränderungen der Kundenwünsche • Typung/Spezialisierung: Fehlentscheidungen bei der Festlegung des Produktionsprogramms • Spezialisierung: hohes Absatzrisiko durch Konjunkturschwankungen, Veränderungen von Moden, Trends und technischem Fortschritt, da geringe Flexibilität

AUFGABE 1

Führen Sie für die Produktionsfaktoren Werkstoffe, ausführende Arbeit und Betriebsmittel Aspekte an, die in einem Industrieunternehmen zu einer schlechten Wirtschaftlichkeit (W = 0,87) beigetragen haben können.

AUFGABE 2

Beschreiben Sie möglichst konkret Maßnahmen bei den Produktionsfaktoren Werkstoffe, ausführende Arbeit und Betriebsmittel, die eine Verbesserung der Produktivität, Wirtschaftlichkeit und Rentabilität bewirken können.

AUFGABE 3

Ein Industrieunternehmen erwägt folgende Rationalisierungsmaßnahmen in Bezug auf den Fertigungsablauf:

- Intensivierung der Fließfertigung
- Freisetzung von drei Beschäftigten infolge der Anschaffung einer neuen Fertigungsanlage
- Einführung von Gruppenarbeit in der Montage
- Outsourcing der Herstellung von wichtigen Baugruppen

Beschreiben Sie möglichst konkret, inwiefern durch die Maßnahmen jeweils ein Beitrag zu den Rationalisierungszielen „Steigerung der Produktivität“ und „Steigerung der Wirtschaftlichkeit“ erwirkt werden kann.

AUFGABE 4

Die Fließfertigung steht in engem Zusammenhang mit der Arbeitsteilung und Arbeitszerlegung.

a) Was wird unter Arbeitsteilung, was unter Arbeitszerlegung verstanden?

b) Führen Sie Vor- und Nachteile aus der Sicht einer Industrieunternehmung sowie der Arbeitnehmerinnen und Arbeitnehmer an, die durch eine derartige Arbeitsorganisation auftreten können.

c) Im Bereich der Montage wird die Gruppenfertigung angestrebt. Sie gilt als eine Form der Humanisierung der Arbeitsbedingungen. Vergleichen Sie beurteilend die Gruppenfertigung mit der Fließfertigung.

d) Sammeln Sie Argumente, die zu einer Humanisierung der Arbeitsbedingungen geführt haben.

AUFGABE 5

Erläutern Sie das Konzept „Outsourcing“ und beurteilen Sie die Konsequenzen, die sich für ein Industrieunternehmen bei einer Anwendung einstellen könnten. Berücksichtigen Sie bei Ihren Ausführungen den nachfolgenden Artikel.

OUTSOURCING: WER ES NUTZT UND FÜR WEN ES SICH LOHNT

Viele Unternehmen setzen inzwischen in vielen Bereichen auf externe Dienstleister. 300 Führungskräfte haben nun erklärt, warum und für was sie Outsourcing nutzen.

Immer mehr Unternehmen denken darüber nach, Aufgaben und Prozesse auszulagern und an einen externen Dienstleister abzugeben. Die Gründe dafür sind laut einer neuen Studie des Schweizer Unternehmens Interroll unterschiedlich. So will jede zweite Firma mit Outsourcing ihre Wettbewerbsfähigkeit verbessern sowie eine höhere Flexibilität und eine niedrigere Kapitalbindung erreichen. 44 Prozent der Maschinenbauer erwarten zudem schnellere Lieferzeiten von der Einführung entsprechender Maßnahmen.

Auf der anderen Seite bremst die Abhängigkeit vom externen Dienstleister laut Studie für mehr als drei Viertel der Unternehmen die Auslagerungsaktivitäten. Auch werden Know-how-Verluste im Unternehmen und ein erhöhter Koordinationsbedarf befürchtet. [...]

Die meisten Firmen lagern einzelne Prozesse aus

[...] Die meisten Unternehmen haben dabei einzelne Aufgaben, aber noch keine kompletten Prozesse in der Produktion ausgelagert.

Vor allem im IT-, Produktions- und Logistikbereich werden Abläufe ausgelagert [...]

Insgesamt haben sieben Prozent aller Befragten schon komplette Dienstleistungen ausgelagert und sechs Prozent Produktionsprozesse. Noch deutlicher zeigt sich das Bild bei Firmen mit einem Jahresumsatz zwischen 50 und 100 Prozent: Hier haben nur drei Prozent komplette Prozesse, zum Beispiel in Fertigung und Logistik, ausgelagert. [...]

Quelle: Ringel, Anja: Outsourcing: Wer es nutzt und für wen es sich lohnt, veröffentlicht am 03.12.2020, aktualisiert am 04.09.2024, überarbeitet von Dietmar Poll. In: www.produktion.de/schwerpunkte/industrie-management/outsourcing-wer-es-nutzt-und-fuer-wen-es-sich-lohnt-119.html [20.03.2025]. (verändert)

AUFGABE 6

› Recherche

Erkundigen Sie sich in Ihrem Ausbildungsbetrieb nach aktuellen Bemühungen zur Optimierung des Fertigungsablaufs. Berichten Sie in der Klasse möglichst konkret,

a) welche Bedeutung die Arbeitsteilung für den Wertschöpfungsprozess hat,

b) welche Maßnahmen zur Humanisierung der Arbeitsbedingungen ergriffen werden,

c) inwiefern Outsourcing eine Rolle spielt oder gespielt hat.

AUFGABE 7

Beschreiben Sie stichpunktartig für folgende Einzelmaßnahmen zur Rationalisierung, was unter der jeweiligen Einzelmaßnahme zu verstehen ist und wodurch die gewünschten Rationalisierungseffekte eintreten sollen. Führen Sie ein konkretes Umsetzungsbeispiel für ein Industrieunternehmen (Hausgerätehersteller) an.

a) Normung

b) Typung

c) Baukastensysteme

d) Teilefamilie

e) Spezialisierung

AUFGABE 8

Erläutern Sie positive und negative Auswirkungen von Standardisierung und Spezialisierung aus folgenden Perspektiven: Geschäftsführung, Mitarbeitende, Kunden.

5.3 Ganzheitliche Konzepte der Rationalisierung

Ziele ganzheitlicher Rationalisierungskonzepte

Aufgrund der Wettbewerbssituation verschärfen Industriebetriebe ihre Rationalisierungsbemühungen. Einzelmaßnahmen greifen dabei oft nicht mehr weit genug, der gesamte Wertschöpfungsprozess und das gesamte Unternehmen müssen in einem ganzheitlichen Rationalisierungskonzept betrachtet werden.

Qualitätsverbesserung	Kostenminimierung	Kundenorientierung	Förderung der Mitarbeiterpotenziale	Laufende Prozessverbesserung

In Industriebetrieben wurde eine Vielzahl unterschiedlicher Konzepte entwickelt, um die genannten Ziele zu verwirklichen. Triebfeder waren dabei häufig japanische Unternehmen (z. B. Toyota). Nachfolgend werden beispielhaft Konzepte vorgestellt, die gegenwärtig große Verbreitung bei Rationalisierungsvorhaben gefunden haben (siehe I. bis III.).

I. Lean Production/ Lean Management

Das Konzept der **Lean Production** bzw. des **Lean Managements** wurde in Japan in der Automobilindustrie (vor allem bei Toyota[1]) entwickelt, um den wachsenden Kundenanforderungen gerecht zu werden. Auf Basis der Erkenntnis, dass alle Unternehmensprozesse „aufgebläht" sind und daher nur „träge" auf Veränderungen reagieren, wurde ein Konzept entwickelt, bei dem alle Produktionsprozesse (Lean Production) und später auch alle Unternehmensprozesse (Lean Management) verschlankt (engl.: *lean*) werden. Ziel ist die Vermeidung jeglicher Verschwendung von Ressourcen durch die konsequente Ausrichtung am Kunden. Die gesamte Wertschöpfungskette mit allen Beteiligten (die Kunden, Lieferanten, Gewerkschaften, Kapitalgeber, der Gesetzgeber, die Führungskräfte und die Mitarbeitenden) wird in ein neues Selbstverständnis überführt. Folgende Übersicht zeigt wesentliche Ansatzpunkte:

Lean-Gebäude

1 Lean Production wird auch deshalb als „Toyotismus" und „zweite Automobilrevolution" angesehen. Die Bezeichnung spielt auf die „erste Automobilrevolution" bzw. den Begriff „Taylorismus" an.

oberstes Ziel: Kundenorientierung

höchste Qualität, niedrigste Kosten, kürzeste Lieferzeit, höchste Produktivität, Mitarbeitereinbeziehung, höchste Sicherheit, Umweltschutz, Flexibilität

Materialfluss- statt Materialbestandsoptimierung	Mitarbeitereinbeziehung	Reduzierung der Fertigungstiefe	Mensch – Maschinen – Leistung
• Just in time • Kanban • geringe Lagerbestände	• Gruppenarbeit • flache Hierarchien		• Jidoka

Standardisierung und kontinuierlicher Verbesserungsprozess

Stabilität der Prozesse (keine Störungen und keine Verschwendung)

Grundlage der Organisationsstruktur ist die Stabilität der Prozesse, die ohne Störungen und ohne Verschwendungen laufen. Grundlagen für das Vermeiden von Verschwendungen sind der KVP sowie Standardisierungen des Produktionsprogramms. Um Verbesserungsprozesse zu ermöglichen, werden in Qualitätszirkeln nicht Schuldige für Fehler, sondern Lösungen gesucht. Die Prozesse werden immer wieder überdacht und es wird ein Simultaneous Engineering[1] angestrebt.

› Kapitel 4.2.3 Kaizen

› Kapitel 5.2.3 Standardisierung

Zentrum des Lean-Gebäudes

Auf der Grundlage der Stabilität werden die Säulen im Lean-Gebäude gestellt. Im Zentrum steht dabei die Mitarbeitereinbeziehung u. a. durch flache Hierarchien und Gruppenarbeit. Die Mitarbeiterinnen und Mitarbeiter bilden das Humankapital des Unternehmens und sind entsprechend an Entscheidungen eigenverantwortlich zu beteiligen. Die Gruppenleistungen werden überdurchschnittlich entlohnt. Die Verantwortung und die Motivation für die Prozesse und damit die Leistungsbereitschaft der Mitarbeiterinnen und Mitarbeiter werden gesteigert.

Darüber hinaus werden die Produktionsprozesse neu gestaltet. Statt einer Bestandsorientierung erfolgt eine Prozessorientierung, die nach dem Holprinzip organisiert wird. Es werden Kunden-Lieferanten-Beziehungen aufgebaut, bei denen nur dann ein Materialfluss erfolgt, wenn ein Bedarf beim Kunden vorhanden ist. Lagerbestände werden reduziert, Überproduktionen vermieden. Es werden das Just-in-time-Prinzip und auch Kanban verwirklicht.

› Kapitel 3.5 Kanban

Die Maschinen laufen ohne Stopps und Störungen. Automation ist intelligent nach dem Prinzip des Jidoka[2] realisiert. Die Fertigungstiefe wird auf das ökonomisch sinnvolle Maß reduziert, es wird nur das selbst produziert, was das Unternehmen am besten kann.

Dach des Lean-Gebäudes

Alle Maßnahmen und alle Beteiligten bekennen sich zum obersten Ziel: die Kundenorientierung, das „Dach des Lean-Gebäudes". Kundenorientierung ist dadurch gekennzeichnet, dass höchste Qualität, niedrigste Kosten, kürzeste Zeit, höchste Produktivität, die Einbeziehung der Beschäftigten, der Sicherheit, der Umwelt und eine Flexibilität bei allen Entscheidungen berücksichtigt werden.

1 Simultaneous Engineering = gleichzeitige Entwicklung, Grundgedanke des Verfahrens ist die zeitliche Überlappung von eigentlich nacheinander folgenden Arbeitsabläufen. Dadurch können die Durchlaufzeiten in erheblichem Umfang reduziert werden.

2 Jidoka (dt. autonome Automation) bedeutet, dass Automaten in der Lage sind, sich selbst auf Fehler zu überprüfen und zu korrigieren, ohne dass menschlicher Einsatz erforderlich ist.

Bewertung

Die Einführung von Lean Production bzw. Lean Management kann folgende Wirkungen haben, die als Argumente für oder gegen das Konzept heranzuziehen sind:

Pro	Kontra
• kürzere Durchlaufzeiten • höhere Produktivität • höhere Wirtschaftlichkeit • höhere Qualität • bessere Qualifizierung der Beschäftigten • Arbeitsbereicherung • höhere Arbeitszufriedenheit	• Mitarbeiterentlassungen • Stress durch Prozessdruck • geringere Flexibilität (durch Just-in-time) • Mobbing gegen schwache Gruppenmitglieder • höhere Fluktuation

II. Business Process Reengineering (BPR)/ Geschäftsprozessoptimierung

Business Process Reengineering (BPR) ist das radikale Neugestalten wesentlicher Geschäftsprozesse (Kernprozesse) im Sinne des Kunden. Ziel ist, eine erhebliche Verbesserung in den Bereichen Zeit, Kosten, Qualität und Service durch Veränderung der Aufbau- und Ablauforganisation zu erreichen.

Das Vorgehen ist bewusst radikal. Im extremsten Fall werden die Prozesse und das gesamte Unternehmen auf dem „weißen Papier" neu gedacht (Leitende Frage: Wie müsste das Unternehmen ausgehend von den Marktanforderungen und dem technischen Fortschritt organisiert werden?). Diese Sichtweise unterscheidet sich grundsätzlich von einer reinen Optimierung der Ablauforganisation eines Unternehmens, die zumeist innerhalb von Abteilungs- und Bereichsgrenzen stattfinden kann und die bestehende Aufbauorganisation weitgehend unverändert lässt. Die Priorität der Lösungsentwicklung liegt zunächst darauf, festzustellen, was ein Unternehmen für Prozesse erbringen muss. Erst danach wird gefragt, wie das Unternehmen die Prozesse zu lösen hat. Die Ideenentwicklung orientiert sich immer an der Praxis und findet nicht aufgrund theoretischer Überlegungen statt. Es geht um die beste Prozessgestaltung für das individuelle Unternehmen und dessen Stellung am Markt.

Die Mitarbeiterinnen und Mitarbeiter werden als Prozessverantwortliche in die Prozessstruktur eingebunden. Statt Abteilungsleiterinnen und Abteilungsleitern werden Prozessverantwortliche definiert, sodass eine vertikale Organisation in eine horizontale umgewandelt wird. Denn als Hauptursache für mangelnde Wettbewerbsfähigkeit von Unternehmen wird die Arbeitsteilung angesehen, da durch Schnittstellen Wartezeiten, Abstimmungsprobleme und Missverständnisse entstehen.

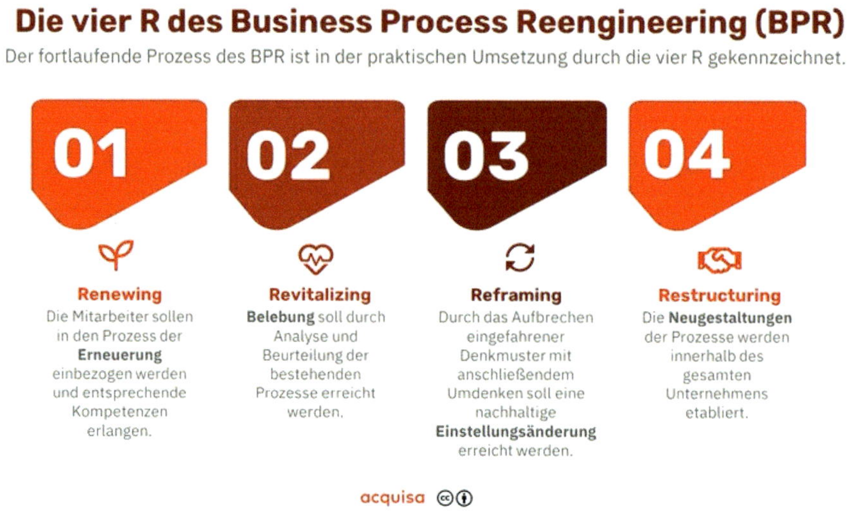

Aufgrund seiner Radikalität wird das Business Process Reengineering als Rationalisierungsansatz durchaus kritisch gesehen:

Beurteilung

Pro	Kontra
• Kundenorientierung • Einsatz neuer Informations- und Kommunikationstechniken • Prozessorientierung • verbesserte Zielerreichung (kürzere Durchlaufzeiten, sinkende Kosten, höhere Qualität) • ganzheitliches Konzept	• funktionierende Strukturen werden evtl. zerstört • Widerstände bei den Beschäftigten • hohes Erfolgsrisiko, da kaum Erfahrungswerte über neue Prozesse vorliegen • lange Dauer der Umsetzung

III. Benchmarking

Beim **Benchmarking** werden aus den Ergebnissen eines Vergleichs von abgrenzbaren Unternehmenseinheiten oder mit Wettbewerbern Konsequenzen für die eigene betriebliche Strategie gezogen.

Sonstige Konzepte entlang des Wertschöpfungsprozesses

› LF 7, Kapitel 1.1.3
Supply-Chain-Management

Ein innerbetriebliches Total-Quality-Management bietet aufgrund des KVP-Ansatzes gute Möglichkeiten für Rationalisierungsvorhaben. Überbetriebliche Rationalisierungsansätze werden zunehmend durch die intensiveren Vernetzungen zwischen Unternehmen (z. B. aufgrund von Just-in-time) möglich. In Industriebetrieben wird daher in Supply Chains gedacht, die unternehmensübergreifend u. a. computergesteuert geplant, gesteuert und kontrolliert werden. Es wird auch vom sogenannten Supply-Chain-Management gesprochen, bei dem sich alle beteiligten Unternehmen dem Wertschöpfungsprozess sowohl vorgelagerter als auch nachgelagerter Wertschöpfungsstufen verpflichtet fühlen. Es werden durchweg Kunden-Lieferanten-Beziehungen definiert, die sich allesamt den Prinzipien einer Lean Production unterordnen. Die innerhalb der Unternehmung angestrebte Integration aller Unternehmensbereiche in einer zentralen Datenbank (CIM) wird im Supply-Chain-Management also noch um weitere Unternehmen erweitert und entsprechend komplexer. Durch die computergesteuerte Vernetzung des gesamten Wertschöpfungsprozesses werden Verschwendungen, Zeitverluste, Qualitätsprobleme und Kostenprobleme vermieden.

AUFGABE 1

Erläutern Sie die Ziele ganzheitlicher Rationalisierungskonzepte.

AUFGABE 2

Erstellen Sie eine Mindmap zum Konzept „Lean Production/Lean Management".

AUFGABE 3

Beschreiben Sie konkrete Maßnahmen, wie die dargestellten Verschwendungen in einem Industrieunternehmen vermieden werden könnten.

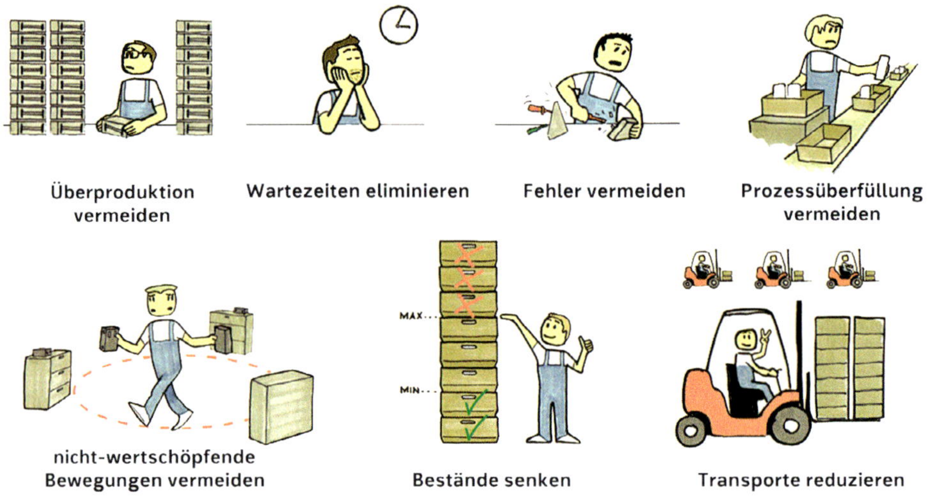

AUFGABE 4

Bereiten Sie (wahlweise) einen Kurzvortrag zu den folgenden weiteren ganzheitlichen Konzepten der Rationalisierung vor:

a) Business Process Reengineering oder
b) Benchmarking

Ihr Kurzvortrag sollte folgende Aspekte enthalten:

- Entstehungsgeschichte, Beschreibung und Hauptaspekte
- Einordnung in die übrigen Rationalisierungsansätze
- Einsatzgebiete in der Realität

5.4 Kennzahlen zur Messung des Rationalisierungserfolges

Kennzahlen

Der Erfolg von Rationalisierungsmaßnahmen wird anhand von **Kennzahlen** überprüft. Zur Überprüfung des Rationalisierungserfolges innerhalb der Produktion sind insbesondere folgende Kennzahlen[1] wichtig:

Produktivität	Verhältnis von mengenmäßigem Ertrag (Output gemessen in Stück, Kilogramm usw.) und mengenmäßigem Einsatz von Produktionsfaktoren (Input gemessen in Arbeitsstunden, Betriebsmittel- und Werkstoffeinheiten)
Wirtschaftlichkeit	Verhältnis zwischen wertmäßig erbrachter Leistung und dem Wert der eingesetzten Produktionsfaktoren (Kosten)
Rentabilität	Verhältnis von erwirtschaftetem Gewinn zum eingesetzten Kapital oder zu den erzielten Umsatzerlösen in Prozent

spezifische Kennzahlen

Die beschriebenen Kennzahlen sind je nach gewählter Rationalisierungsmaßnahme noch zu allgemein und müssen entsprechend für die Produktion konkretisiert werden. Dabei sind Kennzahlen der Produktionsplanung, -steuerung und -kontrolle anwendbar. Hierzu zählen etwa die Durchlaufzeit, die Kapazitätsauslastung, die Ausschussquote, die Fehlerquote usw.

1 Zur ausführlichen Darstellung und Bedeutung von Kennzahlen siehe ReWe für Industrie, Lernfeld 8.

Die Berücksichtigung weiterer Kennzahlen ist auch deshalb geboten, weil Zielkonflikte zwischen Rationalisierungszielen auftreten können. So ist denkbar, dass Rationalisierungsmaßnahmen zu einer „unwirtschaftlichen" Produktivitätssteigerung führen.

BEISPIEL

Um wandelnden Marktanforderungen gerecht zu werden, beschließt die Heidtkötter KG eine Rationalisierung im Wareneingang für die Fertigung von Büroschränken. Um die Produktivität zu erhöhen, wird in der Wareneingangskontrolle ein neues Prüfgerät eingesetzt, das in einer Vollkontrolle sämtliche eingehenden Materialien untersucht. Das Investitionsvolumen beträgt 100.000,00 € und führt zu Abschreibungen in Höhe von 6.000,00 €. Es müssen durch die neue Qualitätssicherung insgesamt 200 m³ Holz (Wert: 3.000,00 €) weniger beschafft werden. Der Output bleibt unverändert.

Im Übrigen gelten folgende Bedingungen:

	Produktivität	Wirtschaftlichkeit
Vor der Rationalisierung: Output: 1200 Schränke, VP (pro Stück): 899,00 € Input: 1000 m³ Holz, HK (pro Stück): 850,00 €	$P = \frac{1200\text{ St.}}{100\text{ m}^2} = 1{,}20\text{ St./m}^2$	$W = \frac{1200\text{ St.} \cdot 899{,}00\,\frac{€}{\text{St.}}}{1200\text{ St.} \cdot 850{,}00\,\frac{€}{\text{St.}}} = 1{,}06$
Nach der Rationalisierung: Output: 1200 Schränke, VP (pro Stück): 899,00 € Input: 800 m³ Holz, HK (pro Stück): 860,00 €	$P = \frac{1200\text{ St.}}{800\text{ m}^2} = 1{,}50\text{ St./m}^2$	$W = \frac{1200\text{ St.} \cdot 899{,}00\,\frac{€}{\text{St.}}}{1200\text{ St.} \cdot 860{,}00\,\frac{€}{\text{St.}}} = 1{,}05$
VP = Verkaufspreise, HK = Herstellkosten, P = Produktivität, W = Wirtschaftlichkeit		

Obwohl die Rationalisierung zu einer Produktivitätssteigerung von 25 % geführt hat, ist die Wirtschaftlichkeit gesunken. Dies ist darauf zurückzuführen, dass die durch die zusätzliche Qualitätssicherung entstandenen Kosten für Abschreibungen nicht durch die Materialkosteneinsparung kompensiert werden konnten.

AUFGABE 1

Als Komplementär hat Klaus M. Heidtkötter das Controlling damit beauftragt, ein quartalsbezogenes Reporting (Berichtswesen) zu erstellen, aus dem die Erfolgsentwicklung hervorgeht. Konkret soll die Erfolgswirksamkeit der Anschaffung eines neuen Schweißpunktautomaten durch Kennzahlen ermittelt werden.

Folgende Daten liegen dem Controlling für das vergangene Quartal vor:

	Alter Schweißautomat	Neuer Schweißautomat
Produktions-/Absatzmenge (pro Quartal in Stück)	2500	3000
durchschnittlicher Kapitaleinsatz	50.000,00 €	55.000,00 €
Arbeitszeit pro Mitarbeiter/-in (pro Jahr)	1600 Std.	1700 Std.
Anzahl der Mitarbeiter/-innen	4	3
Kosten für Kostenstelle Schweißautomat (pro Quartal)	350.000,00 €	415.000,00 €
Nettoverkaufspreis, davon Anteil für die Kostenstelle Schweißautomat	950,00 € 15 %	950,00 € 13 %

a) Ermitteln Sie die Kennzahlen für den Stand vor und nach der Rationalisierung.

b) Beurteilen Sie die Kennzahlen im Hinblick auf die Einkommenssituation des Komplementärs Klaus M. Heidtkötter.

c) Schätzen Sie die Aussagekraft der Kennzahlen zur Beurteilung des Rationalisierungserfolges ein und nennen Sie ggf. zusätzliche Informationen, die Ihnen für eine objektive Einschätzung der Lage hilfreich erscheinen.

AUFGABE 2

Franz Kniep möchte als Eigenkapitalgeber der Franz Kniep GmbH wissen, inwieweit sich die Etablierung eines ganzheitlichen Rationalisierungskonzepts im Unternehmen gelohnt hat.

Folgende Daten liegen vor:

Angaben pro Monat	Vor der Rationalisierung	Nach der Rationalisierung
produzierte Erzeugnisse (Stück)	60000	73500
Produktionskosten (K)	55.350.000,00 €	63.900.000,00 €
Verkaufserlöse/Stück (p)	1.050,00 €	1.050,00 €
durchschnittlich eingesetztes Eigenkapital	26.000.000,00 €	27.000.000,00 €
durchschnittlich eingesetztes Fremdkapital	50.000.000,00 €	51.000.000,00 €
FK-Zinsen	250.000,00 €	255.000,00 €
Anzahl der Beschäftigten	200	190

a) Ermitteln Sie die Kennzahlen für den Stand vor und nach der Rationalisierung.

b) Interpretieren Sie Ihre Ergebnisse aus der Sicht von Franz Kniep und aus Sicht der Beschäftigten der Franz Kniep GmbH.

Übergreifende Aufgaben

Aufgabe 1:

Erkundigen Sie sich in Ihrem Ausbildungsbetrieb über die Entwicklung der Zusammensetzung des Produktions- und Absatzprogramms. Zeichnen Sie die Entwicklung an wichtigen Eckdaten nach und führen Sie bedeutende Einflussgrößen und Ursachen für die Entwicklung an.

Aufgabe 2:

Formulieren Sie anhand eines geeigneten Beispiels den Unterschied zwischen einer Aufgabe und einem Ziel mithilfe des Management-Regelkreislaufs.

Aufgabe 3:

Erläutern Sie je vier Ziele und Zielkonflikte der Leistungserstellung.

Aufgabe 4:

Stellen Sie mithilfe eines geeigneten Beispiels die Bedeutung des ökonomischen Prinzips für die Zielerreichung in der Leistungserstellung dar.

Aufgabe 5:

Betrachten Sie die nachfolgende Abbildung und erläutern Sie folgende Aspekte:

a) Erläutern Sie aus Kundensicht die Hauptaussage des Kreislaufs.
b) Erarbeiten Sie die Funktion der Produktentwicklung für das Produktergebnis.
c) Führen Sie Maßnahmen an, wie die offensichtliche Fehlentwicklung hätte vermieden werden können.

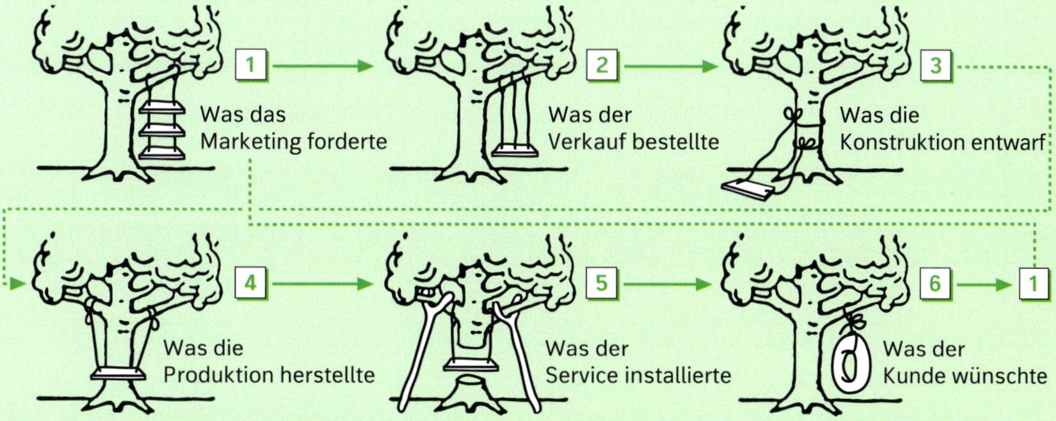

Aufgabe 6:

Informieren Sie sich im Internet unter www.dell.com über die Entstehungsgeschichte von Dell-Computer und skizzieren Sie unter Verwendung der Fachbegriffe den Weg einer Invention zur Innovation. Erläutern Sie im Zuge dessen betriebswirtschaftliche Voraussetzungen zur Realisierung einer Erfindung.

Aufgabe 7:

Erläutern Sie die Funktionen von Lastenheft und Pflichtenheft im Rahmen des Produktentwicklungsprozesses sowie deren Unterschiede.

Aufgabe 8:

Erläutern Sie den Unterschied zwischen Prototyp und Nullserie.

Aufgabe 9:

Entscheiden Sie, ob die angegebenen Schutzrechte für das jeweilige Beispiel infrage kommen, und begründen Sie Ihre Entscheidung.

a) Patent **b)** Gebrauchsmuster **c)** Design **d)** Marke

Beispiele: Teebeutel, Kaffeefilter, Spiel der Ravensburger AG „Scotland Yard", Corona-Bierflasche

Aufgabe 10:

Beurteilen Sie Chancen und Risiken der Forschung und Entwicklung in Zeiten der Globalisierung.

Aufgabe 11:

Sammeln Sie aktuelle Zeitungsartikel zum Problem der Produktpiraterie.

Bringen Sie mindestens ein Beispiel mit und erläutern Sie, wie sich betroffene Unternehmen gegen die Nachahmung wehren.

Aufgabe 12:

Die Dr. Schnöttker GmbH ist ein weltweit tätiger Hersteller für Produkte zum Backen & Kochen für private und gewerbliche Zwecke. Das Unternehmen möchte im dritten Quartal 20.. einen neuen Behältertyp aus recycelfähigem Kunststoff auf den Markt bringen. Dieser Behältertyp zum Backen, Kochen und Bevorraten von Nahrungsmitteln wird neuerdings auch in der Nahrungsmittelindustrie eingesetzt, mit der bislang keine Geschäftsbeziehungen bestehen.

a) Erläutern Sie, welche Möglichkeiten die Dr. Schnöttker GmbH hat, das neue Erzeugnis vor Nachahmungen in Deutschland schützen zu lassen.

b) Führen Sie zwei wirtschaftliche Vorteile an, die die Dr. Schnöttker GmbH durch den für den neuen Behältertyp eingetragenen Rechtsschutz hat.

Aufgabe 13:

Bei der Christian Dießel GmbH werden derzeit neue Elektrogartengeräte unter Beachtung strengster Umweltvorschriften entwickelt. Heute findet ein abteilungsübergreifendes Meeting statt. Die beteiligten Abteilungen sind: Forschung und Entwicklung, Controlling, Arbeitsvorbereitung (mit technischen Zeichnerinnen und Zeichnern), Marketing/Vertrieb.

a) Beschreiben Sie, welche Interessenkonflikte zwischen den beteiligten Abteilungen im Zuge der Produktentwicklung entstehen können, und geben Sie eine Empfehlung zum Umgang mit diesen Konflikten.

b) Erläutern Sie folgende Recyclingstrategien und führen Sie jeweils ein generelles Beispiel an: Weiterverwertung, Wiederverwendung.

Aufgabe 14:

Die Franz Kniep GmbH produziert den Wäschetrockner „extra dry" im fünften Jahr seit der Markteinführung. Trotz Marktführerschaft haben sich die Umsatzzuwächse deutlich verringert. In der Forschungs- und Entwicklungsabteilung wird daher fieberhaft an einer Innovation gearbeitet (Wäschetrockner mit Wärmepumpentechnik, der höchsten Umweltansprüchen gerecht wird). Eine Projektgruppe wird beauftragt, den Entwicklungsprozess bis zur Fertigungsreife zu betreuen.

a) Beschreiben Sie drei Gründe, warum Innovationen zur Sicherung der Wettbewerbsfähigkeit erforderlich sind.

b) Führen Sie fünf Schritte des Planungsprozesses des Projektteams bis zur Fertigungsreife an.

c) Nennen Sie jeweils eine Maßnahme entlang des ökologischen Produktlebenszyklus, die bei der Entwicklung der Produktinnovation zum Schutz der Umwelt berücksichtigt werden sollte.

Aufgabe 15:

Nennen Sie drei ökologische Ziele der Heidtkötter KG, die für die Produktion relevant sind.

Aufgabe 16:

Die Produktion der Heidtkötter KG soll umweltverträglicher gestaltet werden. Führen Sie mindestens vier dazu geeignete Maßnahmen an.

Aufgabe 17:

Für ein neues Produkt der Petra Giese OHG (Süßwarenhersteller) wird in der Abteilung für Forschung und Entwicklung eine ökologiebewusste Gestaltung und Herstellung angestrebt. Beschreiben Sie drei Maßnahmen bei der Gestaltung und Herstellung des neuen Produktes, die den genannten Ansprüchen Rechnung tragen.

Aufgabe 18:

Die Paul Moritz GmbH (Anlagenbauer) strebt eine umweltgerechte Beschaffung im Zuge der Leistungserstellung an. Nennen Sie mindestens jeweils zwei Möglichkeiten aus den Bereichen Beschaffung, Produktion und Vertrieb, die dieses Ziel unterstützen.

Aufgabe 19:

Nach der Entwicklung einer Produktinnovation hat ein externes Marktforschungsbüro herausgefunden, dass pro Monat ca. 100000 Stück verkauft werden können. Um diese Marktnachfrage zu befriedigen, muss das Unternehmen in eine neue, teilautomatisierte Spezialmaschine investieren. Leitende Ingenieurinnen und Ingenieure haben in Zusammenarbeit mit einem Mitarbeiter der Kostenrechnung Daten für folgende Alternativen bereitgestellt:

	Maschine Typ A	Maschine Typ B
Kapazität pro Monat in Stück	200000	110000
Nutzungsdauer in Jahren	5	5
Abschreibung	linear	linear
Anschaffungskosten in €	1.000.000,00	480.000,00
Instandhaltungskosten in € pro Jahr	36.000,00	24.000,00
Personalbedarf	2 Arbeitskräfte	4 Arbeitskräfte
monatliches Entgelt je Mitarbeiter/-in in €	3.980,00	3.260,00
Lohnzusatzkosten in %	70	70

a) Ermitteln Sie, welche der beiden Spezialmaschinen kostengünstiger eingesetzt werden kann.

b) Welche zwei Gründe könnten dazu führen, dass die Unternehmensleitung sich nicht für die kostengünstigere Maschine entscheidet?

Aufgabe 20:

In einem Industriebetrieb wird bei einer monatlichen Maximalkapazität von 1200 Stück nur ein Produkt hergestellt. Die monatlichen Fixkosten betragen 24.000,00 €. Bei variablen Stückkosten von 30,00 € wird ein Preis von 60,00 € erzielt.

Berechnen Sie

a) die Stückzahl, bei der die Gewinnschwelle erreicht wird,

b) die für einen monatlichen Gewinn von 4.800,00 € erforderliche Kapazitätsauslastung (in Prozent),

c) die Break-even-Menge, wenn die Fixkosten um 10 % steigen und die variablen Stückkosten um 2,00 € sinken.

Aufgabe 21:

Im vergangenen Abrechnungszeitraum wurden für einen Artikel folgende Daten ermittelt:

- produzierte (und verkaufte) Menge: 208 000 Stück
- Umsatzerlöse: 9.152.000,00 €
- Fixkosten (K_f): 2.800.000,00 €
- variable Kosten (K_v): 5.824.000,00 €

a) Mit welchem Beschäftigungsgrad arbeitete der Betrieb, wenn die Kapazität je Abrechnungszeitraum 320 000 Stück beträgt?

b) Um wie viel Stück lag im Abrechnungszeitraum die Produktionsmenge über/unter der Gewinnschwelle?

c) Die Unternehmensleitung schlägt vor, eine bessere Kapazitätsauslastung über eine Preissenkung auf 42,00 € je Stück anzustreben. Auf wie viel Stück verändert sich die Gewinnschwelle?

Aufgabe 22:

Ein mittelständisches Industrieunternehmen hat aufgrund der bestehenden Marktlage kaum die Möglichkeit, die vorhandenen Kapazitäten kurzfristig optimal auszulasten. Halten Sie es in dieser Lage für sinnvoll, die Überkapazitäten abzubauen? Begründen Sie Ihre Meinung.

Aufgabe 23:

Die wdr-Sport GmbH verkauft Schlittschuhe in unterschiedlichen Ausführungen und Größen. Die dafür angemieteten Verkaufsräume verursachen pro Jahr Mietkosten von 540.000,00 €. Die Gehälter der angestellten Mitarbeiterinnen und Mitarbeiter betragen 1.150.000,00 € im Jahr. Zusätzlich erhalten die Mitarbeiterinnen und Mitarbeiter pro verkauftes Paar eine Provision von 7 % des Verkaufspreises. Weiterhin fallen pro Jahr durchschnittlich 470.000,00 € für Werbung an.

Zurzeit werden 50 000 Paar Schlittschuhe verkauft und damit ein Gewinn von 540.000,00 € erwirtschaftet. Herr Rückwart, der Geschäftsführer der wdr-Sport GmbH, möchte wissen, wie sich mögliche Kostenänderungen oder auch eventuelle Preiserhöhungen auf die wirtschaftliche Situation des Unternehmens auswirken. Der Einkaufspreis liegt bei 122,70 €, der aktuelle Verkaufspreis bei 190,00 € pro Paar.

a) Wie viele Paar Schlittschuhe müssen mindestens verkauft werden, um die entstehenden Gesamtkosten zu decken?

b) Welche konkrete Auswirkung hätte eine Mieterhöhung von 10 % auf den Jahresgewinn?

c) Um wie viel Prozent muss die wdr-Sport GmbH ihren Verkaufspreis erhöhen, wenn zusätzlich zur Mieterhöhung der Einkaufspreis um 10 % steigt und weiterhin ein Gewinn von 540.000,00 € im Jahr erreicht werden soll?

d) Herr Rückwart denkt darüber nach, den Verkaufspreis um 5 % oder um 10 % zu erhöhen. Wie viele Paar Schlittschuhe müsste die wdr-Sport GmbH bei unveränderter Ausgangssituation jeweils verkaufen, um einen Jahresgewinn von 700.000,00 € zu erzielen?

e) Um wie viel Prozent müsste der Verkaufspreis steigen, damit bei unveränderter Ausgangssituation mit der derzeitigen Absatzmenge von 50 000 Paar der angestrebte Gewinn von 700.000,00 € erzielt werden kann?

Aufgabe 24:

Welche der folgenden Zielsetzungen werden mit dem komplexen Fertigungskonzept CIM verfolgt?

a) Einsparung von Kosten in allen Funktionsbereichen

b) starke Hierarchisierung der Unternehmensstruktur

c) gleichzeitige Umsetzung und Optimierung betriebswirtschaftlicher und technischer Prozesse

d) zentrale sowie einheitliche Datenerfassung und -bereitstellung

e) Förderung der Abhängigkeiten einzelner Funktionsbereiche und Prozesse
f) Integration aller betrieblichen Prozesse vom Kundenauftrag bis zur Überprüfung der Zahlungseingänge
g) Repräsentation aller technischen Prozesse durch PPS-Systeme

Aufgabe 25:

a) Erläutern Sie die Aufgaben sowie eine Zielsetzung der Kapazitätsplanung im Rahmen der Produktionsplanung.
b) Unterscheiden Sie zwischen qualitativer und quantitativer Kapazität.
c) Beschreiben Sie die Aufgaben der Betriebsmittelplanung sowie der Personalplanung im Rahmen der langfristigen Kapazitätsplanung.

Aufgabe 26:

Was ist Zweck der in der Konstruktionsabteilung hergestellten Zeichnungen?

Sie dienen

a) dem Einkauf als Vorlage bei der Erstellung von Bestellungen.
b) dem Verkauf als Hilfsmittel zur Gewinnung potenzieller Kunden.
c) der Arbeitsvorbereitung als Grundlage bei der Erstellung von Stücklisten.
d) der Teilefertigung als Herstellungsunterlagen und der Montage als Montageanleitungen.
e) der Produktionsleitung als Unterlagen bei der Kontrolle des Arbeitsablaufs.

Aufgabe 27:

Bei der Fertigung eines Montageteiles fallen jährlich 218.240,00 € Fixkosten an. Die variablen (proportionalen) Kosten betragen 1.672,00 € je 1000 Stück.

a) Wie viel Euro betragen die Selbstkosten bei einer Produktion von 40000 Stück pro Monat?
b) Wie viel Stück müssen bei unveränderten proportionalen Kosten erzeugt werden, wenn die Selbstkosten künftig nicht mehr als 6.500,00 € je 1000 Stück betragen dürfen?

Das hergestellte Montageteil wird für einen Verkaufspreis von 9.000,00 € je 1000 Stück an einen Montagebetrieb verkauft.

c) Bei welcher Menge liegt bei den gegebenen Kostenbedingungen je Monat die Gewinnschwelle?
d) Ermitteln Sie den Jahresgewinn/-verlust bei der aktuellen Ausbringungsmenge von 40000 Stück pro Monat. Gehen Sie davon aus, dass die komplette Fertigungsmenge verkauft wird.

Aufgabe 28:

Stellen Sie fest, welche der folgenden Maßnahmen/Ereignisse die Fertigungskapazität

(1) erweitern,
(2) verringern oder
(3) nicht beeinflussen.

a) Der Auftragseingang ist aus konjunkturellen Gründen rückläufig.
b) Mithilfe von Rationalisierungsmaßnahmen wird der Ausschuss verringert.
c) Durch die Optimierung der Losgrößen wird Rüstzeit eingespart.
d) Durch Korrekturen der Arbeitsabläufe wird die Durchlaufzeit reduziert.
e) Fertigmeldungen werden online weitergegeben.
f) Die Anzahl der Kundenaufträge steigt aus konjunkturellen Gründen stark an.
g) Ein Fertigungsengpass wird durch eine Neuinvestition beseitigt.
h) Der Mehrschichtbetrieb wird aus konjunkturellen Gründen eingestellt.

Aufgabe 29:

Auf einer Fertigungsstraße wurde in 12 Arbeitstagen ein Auftrag zur Herstellung von 2400 Stück ausgeführt. Jeweils 10 Stück wurden in 15 Minuten fertiggestellt. Die Rüstzeit betrug insgesamt 60 Minuten. Für Wartungsarbeiten, die nach der Produktion von jeweils 500 Stück durchgeführt werden mussten, waren jeweils 30 Minuten einzuplanen. Die tägliche Arbeitszeit betrug 480 Minuten, konnte aber maximal nur zu 90 % genutzt werden.

a) Wie viele Minuten wurde die Fertigungsstraße durch den Auftrag belegt?
b) Wie viele Minuten steht die Fertigungsstraße an den 12 Arbeitstagen bei aktueller Kapazitätsauslastung zur Verfügung?
c) Welcher Beschäftigungsgrad wurde bezogen auf die aktuelle Kapazitätsauslastung in den 12 Arbeitstagen erreicht?

Aufgabe 30:

Ermitteln Sie für einen Kundenauftrag über 40 Stück auf der Grundlage nachfolgender Informationen (bitte die Ergebnisse nicht runden!)

a) die Rüstgrundzeit,
b) die Rüstzeit (Verteilzuschlag für Rüstzeit: 10 % der Rüstgrundzeit; Zuschlag für die Rüsterholzeit entfällt),
c) die Grundzeit,
d) die Zeit je Einheit (Verteilzuschlag für die Zeit je Einheit: 10 % der Grundzeit; Zuschlag für die Erholungszeit: 5 % der Grundzeit),
e) die Auftragszeit.

Vorgangsnummer	Vorgangsstufen	Soll-Zeit in Minuten
1	Zeichnung lesen	10,5
2	Werkstück bereitlegen	2,0
3	Spannvorrichtung einstellen	1,5
4	Drehstahl einrichten	1,5
5	Vorschub einstellen	1,5
6	Werkstück in die Vorrichtung spannen	0,2
7	Drehstahl anstellen	0,1
8	Vorschub einschalten	0,1
9	Werkstück ausdrehen	12,0
10	Vorschub ausschalten	0,1
11	Werkstück ausspannen	0,3
12	Werkstück in Sammelbox ablegen	0,3
13	Drehstahl ausspannen und weglegen	0,5

Aufgabe 31:

Lesen Sie folgende Aussagen und kennzeichnen Sie zutreffende Aussagen mit einer 1 und nicht zutreffende Aussagen mit einer 9.

a) Die Rüstzeit beinhaltet die Zeit für das Einrichten einer Maschine.
b) Die Grundzeit ist die Zeit, die zur Bearbeitung einer Mengeneinheit benötigt wird.
c) Die Verteilzeit ist die Zeit, die zum Verteilen der Arbeitsaufträge gebraucht wird.
d) Der bei der Zeitaufnahme ermittelte Zeitwert ist auf eine normale Leistung zu beziehen.
e) Zu knapp bemessene Vorgabezeiten bewirken eine geringere Auslastung der Betriebsmittel.
f) Die Wartezeit ergibt sich aus den erforderlichen Pausen der Mitarbeiterinnen und Mitarbeiter zur Regeneration.
g) Die Stauzeit entsteht planmäßig aufgrund fertigungstechnischer Anforderungen.

Aufgabe 32:

Die folgenden, in der Arbeitsvorbereitung ermittelten Zeiten sind Angaben in Dezimalminuten. Die Ausführungszeit beträgt 196,7 Minuten, die Rüstzeit 23,5 Minuten. Ermitteln Sie die Auftragszeit in Stunden, Minuten und Sekunden (bitte die Sekunden ganzzahlig runden!).

Aufgabe 33:

Die Ausführungszeit für die Endmontage eines Produkts wurde mit 2,8 Minuten je Stück ermittelt. Die Arbeitsvorbereitung rechnet mit einer Ausführungsverteilzeit von 15 %. Ermitteln Sie

a) die Vorgabezeit in Stunden für einen Auftrag von 400 Stück, wenn mit einer Rüstzeit von 32 Minuten zu rechnen ist,
b) den Leistungsgrad einer Mitarbeiterin, die den Auftrag in 19 Stunden erledigt (auf eine Stelle nach dem Komma runden),
c) den Leistungsgrad eines Mitarbeiters, der den gleichen Kundenauftrag in 23,5 Stunden erledigt (auf eine Stelle nach dem Komma runden).

Aufgabe 34:

a) Erläutern Sie zwei Zielsetzungen, die mit der Erfassung des Zeitbedarfs aller Arbeitsverrichtungen verfolgt werden.
b) Nennen Sie Hilfsmittel/Methoden, mit deren Hilfe die Erfassung des Zeitbedarfs für jeden einzelnen Arbeitsvorgang erfolgen kann.
c) Informieren Sie sich darüber, wie diese Zeiterfassung in Ihrem Ausbildungsbetrieb durchgeführt wird.

Aufgabe 35:

Ein Industriebetrieb plant, seine Fertigung auf Fließfertigung umzustellen. Welche Nachteile betreffen dabei unmittelbar die Beschäftigten in der Produktion?

a) hohe Fixkosten
b) hohe Kosten für Wartung und Instandhaltung
c) Sinnentleerung und Monotonie
d) sehr hohe physische Belastung
e) Anfälligkeit gegenüber Ablaufstörungen
f) geringere Entlohnung

Aufgabe 36:

Die Heidtkötter KG produziert einen Teil ihrer Büromöbel in Kleinserien und möchte auf verschiedenste Kundenaufträge flexibel reagieren können. Welchen Organisationstyp würden Sie der Heidtkötter KG empfehlen?

a) Reihenfertigung
b) Baustellenfertigung
c) Fließbandfertigung
d) Werkstattfertigung

Aufgabe 37:

Der Leistungsgrad ist der Faktor zur Umwandlung von gemessenen Ist-Zeiten in Soll-Zeiten. Erläutern Sie die Bedeutung des Leistungsgrades für die Berechnung der Vorgabezeiten.

Aufgabe 38:

Eine konkrete Zielsetzung der Kölner Fahrrad-Manufaktur (KFM) im Funktionsbereich der Leistungserstellung lautet: „Minimierung der Durchlaufzeiten unter Berücksichtigung einer hohen Produktqualität sowie einer möglichst hohen Kapazitätsauslastung".

Herr Lufen soll die Fertigungsprozesse zur Herstellung und Montage der Mountainbike-Rahmen dahingehend untersuchen, wo Optimierungsmöglichkeiten bestehen könnten, und konkrete Maßnahmen zur Verbesserung vorlegen.

Zur Analyse der Fertigung sowie der sich anschließenden Montage der Mountainbike-Rahmen stehen Herrn Lufen folgende Daten zur Verfügung:

Gemessener Zeitbedarf zur Fertigung und Montage der Mountainbike-Rahmen in den letzten 6 Monaten (Durchschnittswerte)							
	Transportzeit	**Stauzeit**	**Lagerzeit**	**Wartezeit**	**Bearbeitungszeit**		
gemessener Zeitbedarf (Ist-Zeit)	Lager – Säge **3 Min.**	Säge **1 Min.**	Säge **0 Min.**	Säge **0 Min.**	sägen auf Länge **2 Min.**	Gehrung sägen **2 Min.**	entgraten **2 Min.**
gemessener Zeitbedarf (Ist-Zeit)	Säge – Schweißautomat **3 Min.**	Schweißautomat **2 Min.**	Schweißautomat **2 Min.**	Schweißautomat **0 Min.**	schweißen **12 Min.**		schleifen **2 Min.**
gemessener Zeitbedarf (Ist-Zeit)	Schweißautomat – Lackierautomat **4 Min.**	Lackierautomat **3 Min.**	Lackierautomat **3 Min.**	Lackierautomat **0 Min.**	pulverbeschichten **5 Min.**		lackieren **10 Min.**
gemessener Zeitbedarf (Ist-Zeit)	Lackierautomat – Montageband **3 Min.**	Montageband **4 Min.**	Montageband **1 Min.**	Montageband **4 Min.**	montieren **22 Min.**		

a) 1. Ermitteln Sie für Herrn Lufen zunächst die Durchlaufzeit sowie die einzelnen Zeitkomponenten bei der Fertigung und Montage der Mountainbike-Rahmen.
   2. Berechnen Sie nun die Zeitanteile der Zeitkomponenten „Transportzeiten", „Liegezeiten" sowie „Bearbeitungszeiten" an der Durchlaufzeit in Prozent.

b) 1. Welche Maßnahmen schlagen Sie Herrn Lufen vor, um die oben genannte Zielsetzung zu erreichen? Begründen Sie.
   2. Erläutern Sie, welche weiteren Zielsetzungen im Rahmen der Leistungserstellung der Minimierung der Durchlaufzeit entgegenstehen.

Aufgabe 39: Ein Automobilhersteller denkt über einen größeren Einsatz von Industrierobotern nach. Beschreiben Sie Nutzen- und Problemerwartungen aus der Sicht

a) der Unternehmensleitung,
b) des Betriebsrates.

Aufgabe 40: Welche der folgenden Formeln dient der Ermittlung des Leistungsgrades einer Mitarbeiterin bzw. eines Mitarbeiters in der Fertigung?

a) $\frac{\text{Normalzeit} \cdot 100\ \%}{\text{Ist-Zeit}}$

b) $\frac{\text{Vorgabezeit} \cdot 100\ \%}{\text{Normalleistung}}$

c) $\frac{\text{Ist-Leistung} \cdot 100\ \%}{\text{Ist-Zeit}}$

d) $\frac{\text{normale Kapazität} \cdot 100\ \%}{\text{Ist-Kapazität}}$

Aufgabe 41: Die Vorgabezeit für eine Akkordarbeit betrug eine Stunde für 50 Werkstücke. Eine Mitarbeiterin schaffte 450 Stück in 7 Stunden 12 Minuten.

Berechnen Sie den Leistungsgrad.

Aufgabe 42: Die Ausführungszeit für die Montage einer Armlehne ist mit 1,5 Minuten je Stück ermittelt worden. Die Arbeitsvorbereitung rechnet mit einer Ausführungsverteilzeit von 10 %. Die Rüstzeit beträgt 7,5 Minuten.

Berechnen Sie

a) die Vorgabezeit in Stunden für einen Auftrag von 650 Stück,
b) den Leistungsgrad des Mitarbeiters, wenn der Auftrag in 15 Stunden erledigt wurde.

Aufgabe 43:

Ordnen Sie folgende Begriffe aus dem Bereich der Zeitplanung den unten stehenden Angaben zu:

(1) Taktzeit
(2) Durchlaufzeit
(3) Vorgabezeit
(4) Verteilzeit

a) die Soll-Zeit für die Mitarbeiterinnen und Mitarbeiter, um eine bestimmte Verrichtung durchzuführen
b) die Zeitdauer, in der jeweils eine Verrichtung beendet sein muss, damit das Fließsystem seine Soll-Mengenleistung erbringen kann
c) für Ausfälle von Betriebsmitteln und sonstigen Verzögerungen eingeplante Soll-Zeit
d) Summe aller Bearbeitungs-, Transport-, Warte- und Liegezeiten von der Auftragserteilung bis zum Versand

Aufgabe 44:

Welche der folgenden Aussagen zur optimalen Losgröße bei der Fertigung von Fahrradrahmen sind richtig?

Die optimale Losgröße ist die Anzahl an Fahrradrahmen,

a) bei der der geringste Ausschuss entsteht.
b) die innerhalb eines Arbeitstages maximal hergestellt werden kann.
c) bei der die Summe aus Rüstkosten und Lagerkosten ein Minimum erreicht.
d) bei der die Summe aus variablen und fixen Stückkosten am geringsten ist.
e) die ohne Pause hergestellt wird.
f) bei der keine Rüstkosten entstehen.
g) die mit nur einem Rüstvorgang gefertigt werden kann.
h) bei der die Summe aus Bestellkosten und Lagerkosten ein Minimum erreicht.

Aufgabe 45:

Der Beschäftigungsgrad liegt bei 80 %, die variablen Kosten entwickeln sich linear.

Welche Information gibt Ihnen diese Aussage?

a) Die Arbeitsgeschwindigkeit ist noch um 20 % zu steigern.
b) Die Ausbringungsmenge liegt 20 % unter der Maximalkapazität.
c) Die mögliche Ausbringungsmenge liegt bei 80 %.
d) Die optimale Kapazität liegt bei 80 %.
e) 20 % der Mitarbeiterinnen und Mitarbeiter werden eingespart.
f) Bei Steigerung der aktuellen Kapazität um 20 % erreichen wir die Maximalkapazität.

Aufgabe 46:

Die Retzmann AG stellt vier unterschiedliche Produkte her, die auf einer automatischen Anlage gefertigt werden. Das Rechnungswesen stellt Ihnen folgende Daten zur Verfügung:

Produkt	Auftragsmenge pro Periode (Stück)	Verkaufspreis je Stück (€)	Variable Stückkosten (k_v) (€)	Verpackungszeit je Stück (Min.)
A	80	65,00	53,00	6
B	50	85,00	70,00	15
C	100	70,00	62,00	2
D	60	77,00	57,00	4

Zurzeit besteht kein Fertigungsengpass und es fallen anteilige Fixkosten von 1.960,00 € an.

a) Ermitteln Sie die Reihenfolge, in der die Produkte hergestellt werden sollen.
b) Berechnen Sie das in der Abrechnungsperiode erwirtschaftete Betriebsergebnis.
c) Aufgrund dringend erforderlicher Wartungsarbeiten ergibt sich für die folgende Periode ein Engpass am Fertigungsautomaten. An diesem Automaten stehen insgesamt 1490 Fertigungsminuten zur Verfügung. Ansonsten bleiben die Daten der Vorperiode erhalten. Ermitteln Sie nun die Fertigungsreihenfolge unter Berücksichtigung des entstandenen Engpasses.
d) Ermitteln Sie die Fertigungsmenge für jedes Produkt, die aufgrund des Engpasses (siehe c) und der von Ihnen festgelegten Reihenfolge in dieser Periode umgesetzt werden kann.
e) Berechnen Sie das in dieser Abrechnungsperiode unter Berücksichtigung des Engpasses erreichbare Betriebsergebnis.
f) Die Fehlmenge, die aufgrund des Engpasses nicht fertiggestellt werden kann, könnte durch ein fremdes Unternehmen geleistet werden. Der Bezugspreis beträgt 80,00 € pro Stück. Ebenso wäre es möglich, die Fehlmenge in Überstunden im eigenen Betrieb zu fertigen. Dafür fallen pro Fertigungsminute 1,00 € zusätzliche variable Kosten an. Entscheiden Sie sich für eine dieser Alternativen und begründen Sie Ihre Entscheidung.

Aufgabe 47:

Welche der folgenden Aussagen treffen auf den Stückdeckungsbeitrag zu?

a) Der Stückdeckungsbeitrag ergibt sich aus dem Verkaufserlös pro Stück abzüglich der variablen Kosten je Stück.
b) Ein Stückdeckungsbeitrag > 0 führt zur Verbesserung des Betriebsergebnisses.
c) Ein Stückdeckungsbeitrag = 0 deckt zumindest einen Teil der Fixkosten.
d) Ein Stückdeckungsbeitrag < 0 deckt einen Teil der variablen Stückkosten.
e) Ein Stückdeckungsbeitrag = 0 leistet keinen Beitrag zur Deckung der Fixkosten.
f) Produkte, die einen Verlust erwirtschaften, können dennoch einen positiven Stückdeckungsbeitrag besitzen.
g) Ein Stückdeckungsbeitrag = 0 deckt lediglich einen Teil der variablen Stückkosten.
h) Ein Produkt mit einem Stückdeckungsbeitrag = 0 sollte aus dem Fertigungsprogramm genommen werden.
i) Der Stückdeckungsbeitrag ergibt sich aus dem Verkaufspreis pro Stück abzüglich der Stückkosten.

Aufgabe 48:

Für die folgende Abrechnungsperiode rechnet ein Industriebetrieb für ein bestimmtes Montageteil mit einem Absatz von 800 Stück. Berechnen Sie die in der Tabelle fehlenden Werte und bestimmen Sie die optimale Losgröße.

Losgröße (Stück)	Ø Lagerbestand (Stück)	Lagerkosten (€)	Rüstkosten (€)	Gesamtkosten (€)
200	100	400,00	100,00	
160	80			
100	50			
80	40			
50	25			

Aufgabe 49:

Folgende Vorgangsliste wurde Ihnen von der Arbeitsvorbereitung zur Verfügung gestellt:

Vorgangsliste		
Vorgangsnummer	**Dauer in Tagen**	**Vorgänger**
1	6	–
2	3	1
3	4	1
4	2	1
5	5	2, 3
6	4	3
7	3	3, 4
8	8	4
9	1	5, 6
10	4	7
11	2	8
12	3	9, 10, 11

a) Zeichnen Sie mithilfe der Vorgangsliste ein Balkendiagramm und ermitteln Sie die Gesamtdauer des Projekts.
b) Erstellen und berechnen Sie anhand der Vorgangsliste einen Netzplan und überprüfen Sie die mithilfe des Balkendiagramms ermittelte Gesamtdauer des Projekts.
c) Erläutern Sie den Begriff „kritischer Weg" und zeichnen Sie diesen in den Netzplan ein.
d) Welche Auswirkungen haben folgende Veränderungen im zeitlichen Ablauf auf die Gesamtdauer bzw. auf den kritischen Weg? Beziehen Sie diese Auswirkungen immer auf den ursprünglichen Netzplan.
   1. Vorgang 2 dauert vier Tage länger als geplant.
   2. Vorgang 8 verkürzt sich um drei Tage.
   3. Vorgang 5 verlängert sich auf sechs Tage.
   4. Vorgang 4 lässt sich an einem Tag erledigen.

Aufgabe 50:

Beantworten Sie folgende Fragen zu dem unten abgebildeten Netzplanausschnitt.

a) An welchem Tag kann Vorgang 8 frühestens beginnen?
b) An welchem Tag muss Vorgang 5 spätestens beginnen?
c) Wie viele Tage beträgt der Gesamtpuffer von Vorgang 6?
d) Wie viele Tage beträgt der freie Puffer von Vorgang 6?
e) Wie viele Tage beträgt der freie Puffer von Vorgang 5?
f) Wann muss Vorgang 4 spätestens beendet sein?
g) Welche Vorgänge liegen auf dem kritischen Weg durch diesen Netzplanausschnitt?

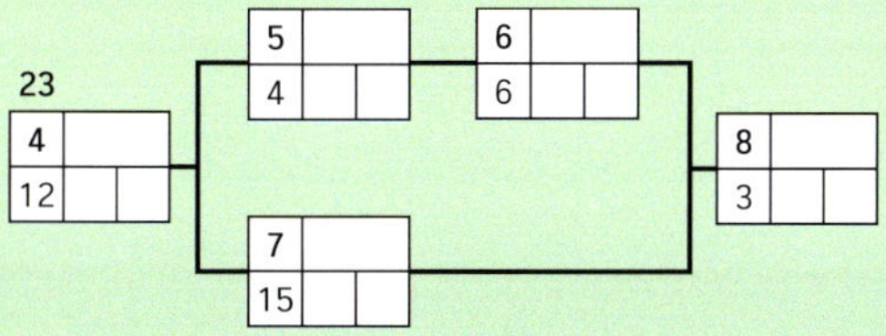

Aufgabe 51:

Welcher Funktionsbereich ist für die Beseitigung prozessbedingter Engpässe während der Herstellung zuständig?

a) Terminplanung
b) Materialplanung
c) Arbeitsvorbereitung
d) Fertigungssteuerung

Aufgabe 52:

Welche der folgenden Aussagen zur Durchlaufzeit in der Fertigung sind falsch?

Eine Verkürzung der Durchlaufzeiten in der Fertigung

a) erfordert größere Zwischenlager.
b) kann zu einer besseren Auslastung der Kapazitäten führen.
c) erhöht die Kapitalbindung.
d) erhöht die Produktivität in der Fertigung.
e) erleichtert die Arbeitsvorbereitung.
f) erfordert eine flexiblere Fertigungssteuerung.
g) ist eine wesentliche Zielsetzung der Produktionswirtschaft.
h) kann gleichzeitig mit einer Maximierung der Kapazitätsauslastung erreicht werden.

Aufgabe 53:

Ein bestimmter Prozess zur Fertigung eines Montageteiles kann auf drei unterschiedlichen Maschinen durchgeführt werden.

Folgende Kosten entstehen:

	Rüstkosten	Fertigungskosten je Stück (ohne Rüstkosten)
Maschine 1	200,00 €	0,25 €
Maschine 2	60,00 €	0,30 €
Maschine 3	20,00 €	0,40 €

a) Auf welcher Maschine würden Sie einen Kundenauftrag von 150 Stück fertigen?
b) Auf welcher Maschine würden Sie einen Kundenauftrag von 2000 Stück fertigen?
c) Bei welcher Auftragsmenge sind die Gesamtkosten der Maschinen 1 und 2 gleich?
d) Warum lohnt sich die Fertigung auf der Maschine 1 anscheinend erst bei relativ hohen Stückzahlen?

Aufgabe 54:

Über welche Jahreskapazität (in Mio. Tonnen) verfügt ein Industrieunternehmen, das bei einem Beschäftigungsgrad von 90 % monatlich 1 000 000 t fertigt?

Aufgabe 55:

Welche Ergänzung des Satzanfangs ist richtig?

Die Aufgaben der Fertigungsplanung beziehen sich auf

a) die räumliche und zeitliche Steuerung der Fertigung.
b) die Festlegung der Fertigungsabläufe.
c) die kundenauftragsbezogene Einsatzplanung der Produktionsfaktoren.
d) die Überwachung des Fertigungsprozesses.
e) die Festlegung des Produktionsprogramms.
f) die Erstellung des Basisarbeitsplans.

Aufgabe 56:

Welche Faktoren sind bei der Ermittlung der optimalen Losgröße zu berücksichtigen?

a) die Rüstzeit
b) die Kapitalbindungskosten
c) das Fertigungsverfahren
d) die Maximalkapazität
e) die jährlich zu produzierende Menge
f) die Lagerkosten

Aufgabe 57:

In der Montageabteilung der Meyer Geräte GmbH soll ein neuer Gerätetyp G100 gefertigt werden, obwohl diese Abteilung bereits mit der bisherigen Produktion von drei anderen Gerätetypen an der Kapazitätsgrenze von 2500 Stunden/Monat arbeitet. Eine Ausweitung der Kapazität ist kurzfristig nicht möglich, sodass der neue Gerätetyp G100 nur gefertigt werden kann, wenn ein anderer Gerätetyp ganz oder teilweise aus der Montage herausfällt. Die Entscheidung soll sich danach richten, welches Produktionsprogramm den höchsten Deckungsbeitrag insgesamt und damit bei unveränderten fixen Kosten auch den höchsten Gewinn erbringt.

Folgende Daten liegen vor:

Gerätetyp	G20	G40	G80	G100
Nettoverkaufspreise	46,00 €	62,50 €	72,00 €	81,00 €
Variable Stückkosten	28,40 €	36,50 €	39,50 €	42,40 €
Montagezeiten	7,5 Minuten	10 Minuten	12 Minuten	15 Minuten
Produktions-(= Absatz-)Menge	6000 Stück	5500 Stück	4000 Stück	2500 Stück

Die Controllerin Frau Dr. Wierichs bereitet die Entscheidung mithilfe alternativer Rechnungen vor:

1. Sie stellt zunächst fest, wie hoch die Kapazitätsauslastung bei der bisherigen Fertigung der Geräte G20, G40 und G80 ist und welcher Deckungsbeitrag dabei insgesamt erzielt wird.
2. Danach stellt sie eine Rechnung auf, in der die Produktion nach den relativen Deckungsbeiträgen ausgerichtet wird. Das in der Rangfolge schwächste Gerät wird dann nur noch im Rahmen der verbleibenden Reststunden montiert.
3. Schließlich überlegt sie, ob die Ertragssituation dadurch verbessert werden kann, dass das in der Rangfolge schwächste Gerät ganz aus der Montage herausgenommen wird. Die verbleibenden Montagestunden sollen dann für die Herstellung desjenigen Gerätes genutzt werden, das den höchsten relativen Deckungsbeitrag erzielt. Gehen Sie in der Berechnung davon aus, dass die zusätzlich hergestellten Gerätetypen auch abgesetzt werden könnten.

Prüfen Sie die Alternativen und geben Sie eine begründete Empfehlung.

Aufgabe 58:

Die Margret Terhardt GmbH stellt Regenschirme her, die für 40,00 € verkauft werden. Die Maximalkapazität liegt bei 2000 Stück pro Monat. Die monatlichen Fixkosten betragen 12.000,00 €, die variablen Stückkosten 30,00 €. Aufgrund der Marktlage werden im Mai 1400 Stück hergestellt.

a) Ermitteln Sie den Beschäftigungsgrad.
b) Erläutern Sie die Begriffe „Leerkosten" und „Nutzkosten".
c) Ermitteln Sie die pro Monat entstehenden Leerkosten für die nicht genutzten Kapazitäten.
d) Berechnen Sie den monatlichen Nutzkostenanteil an den entstandenen Fixkosten in Prozent und Euro.
e) Stellen Sie den Zusammenhang und den Verlauf der Leerkosten sowie Nutzkosten grafisch dar (y-Achse: Kosten, x-Achse: Beschäftigungsgrad).
f) Ermitteln Sie in einer Tabelle die Gesamtkosten, die Stückkosten, die Nutzkosten sowie die Leerkosten für folgende Beschäftigungsgrade: 0 %, 25 %, 50 %, 70 %, 75 % und 100 %. Beschreiben Sie die Entwicklung der Nutzkosten und Leerkosten sowie der Stückkosten in Abhängigkeit von den Nutz- und Leerkosten.
g) Berechnen Sie den erwirtschafteten Gewinn bzw. Verlust für den Monat Mai.
h) Ermitteln Sie die Gewinnschwelle
   1. rechnerisch und
   2. grafisch.

i) Beschreiben Sie die Auswirkungen folgender Veränderungen jeweils auf die Gesamtkosten-/Erlöskurve sowie auf den Break-even-Point.
   1. Erhöhung der Fixkosten (K_f)
   2. Erhöhung der variablen Kosten (K_v)
   3. Erhöhung des Verkaufspreises (p)
   4. Senkung der Fixkosten (K_f)
   5. Senkung der variablen Kosten (K_v)

Aufgabe 59:

a) Entscheiden Sie für jede der folgenden Kostenarten, ob es sich um fixe (1) oder variable (9) Kosten handelt: Rohstoffverbrauch, Akkordlohn, lineare Abschreibung, Gehälter, Miete für Lagerhalle, Grundsteuer, Hilfsstoffverbrauch, Ausschuss, Überstundenzuschläge, Zinsen für investiertes Kapital.

b) Folgender Kostenverlauf wurde ermittelt:

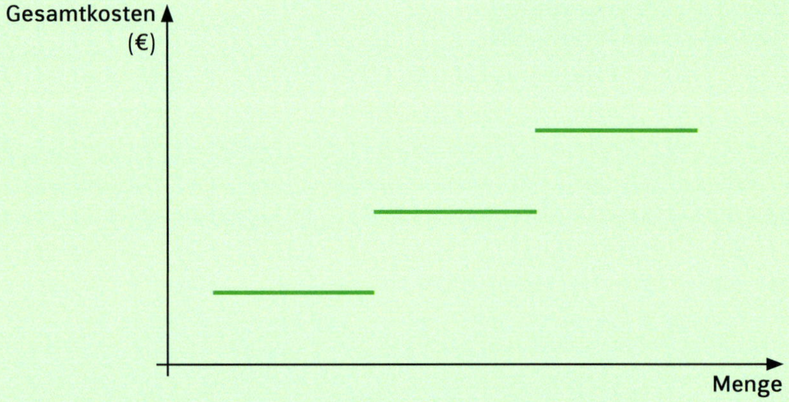

   1. Wie werden Kosten mit dem hier gezeigten Verlauf genannt?
   2. Erläutern Sie diesen Kostenverlauf mithilfe eines Beispiels aus der Praxis.

Aufgabe 60:

Beurteilen Sie, ob die folgenden Aussagen richtig (1) oder falsch (9) sind.

a) Die variablen Kosten sind immer proportional.
b) Überproportionale variable Kostenverläufe führen zu steigenden variablen Stückkosten.
c) Ein linearer Gesamtkostenverlauf führt in der Regel zu sinkenden Stückkosten.
d) Unterproportionale variable Kostenverläufe führen immer zu sinkenden Stückkosten.
e) Bei einem progressiven Verlauf der Gesamtkosten sind die Fixkosten konstant.
f) Bei linearem Gesamtkostenverlauf fallen die variablen Stückkosten.

Aufgabe 61:

Ein Kölner Industriebetrieb stellt ein Montageteil her, das folgende Erzeugnisstruktur aufweist:

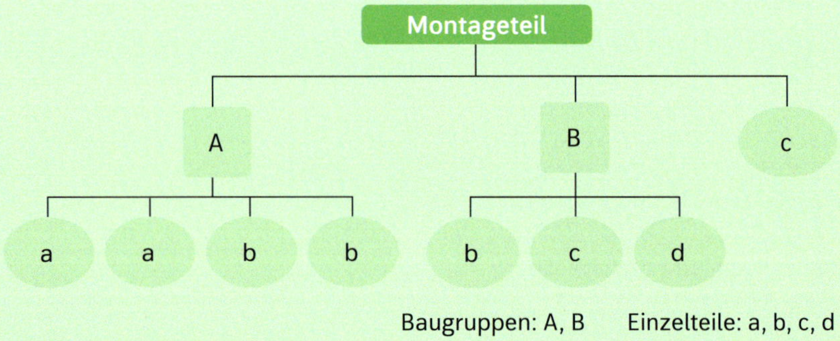

Die Fertigung der Einzelteile erfolgt hintereinander an den Maschinen M 1 bis M 5. Die Endmontage erfolgt erst, wenn alle Einzelteile für das Montageteil gefertigt wurden.

Die Fertigungszeiten zur Erstellung der Einzelteile an den verschiedenen Maschinen sind in folgender Tabelle zusammengefasst:

	M 1	M 2	M 3	M 4	M 5	Montage
a	0,5 Minuten	–	1,5 Minuten	0,5 Minuten	1,0 Minuten	1,0 Minuten
b	0,5 Minuten	–	1,0 Minuten	0,5 Minuten	0,5 Minuten	
c	–	0,5 Minuten	0,5 Minuten	–	0,5 Minuten	
d	–	0,5 Minuten	–	1,0 Minuten	–	

Transport- und Liegezeiten entstehen nicht.

a) Ermitteln Sie mithilfe einer Mengenübersichtsstückliste den Bedarf an den jeweiligen Einzelteilen für einen Kundenauftrag über 180 Montageteile.

b) Ermitteln Sie mithilfe der progressiven Terminplanung den frühestmöglichen Liefertermin, wenn die Lieferung am Folgetag der Fertigstellung erfolgen kann. Verwenden Sie die entsprechenden Buchstaben zur Kennzeichnung der Felder.

	Stunden																															
	01.08.								02.08.								03.08.								04.08.							
	1	2	3	4	5	6	7	8	9	10	11	12	13	14	15	16	17	18	19	20	21	22	23	24	25	26	27	28	29	30	31	32
M 1																																
M 2																																
M 3																																
M 4																																
M 5																																
Mo																																

c) Wann muss die Fertigung der Einzelteile spätestens beginnen, damit am Morgen des 05.08. der Kundenauftrag verpackt und geliefert werden kann? Verwenden Sie die entsprechenden Buchstaben zur Kennzeichnung der Felder.

Aufgabe 62:

Erläutern Sie, welche Aspekte des Produktionsgeschehens neben der Qualitätssicherung Bestandteil der Fertigungskontrolle sein können. Führen Sie jeweils ein Beispiel an.

Aufgabe 63:

Nehmen Sie zu folgender Aussage Stellung: „Qualität kann man nicht prüfen, Qualität muss man erzeugen!"

Aufgabe 64:

Begründen Sie an drei Beispielen, wie durch ein verbessertes Qualitätsmanagement die Kosten beeinflusst werden.

Aufgabe 65:

Erläutern Sie, wie eine Unternehmung einen gewissen Qualitätsstandard nachweisen kann.

Aufgabe 66: Erkundigen Sie sich in Ihrem Ausbildungsbetrieb über die Bedeutung der Zertifizierung und fassen Sie Ihre Ergebnisse in einem Kurzvortrag zusammen. Bringen Sie Anschauungsmaterial mit, z. B. eine Kopie des Zertifikats, einen Auszug aus dem QM-Handbuch, Verfahrensanweisungen, Audit-Prüfbögen usw.

Aufgabe 67: Ein Industrieunternehmen will langfristig die Qualität der Produkte verbessern. Beschreiben Sie zwei Möglichkeiten zur Steigerung der Produktqualität.

Aufgabe 68: In der Qualitätsabteilung eines Industriebetriebs wird überlegt, ob für die Endkontrolle der Fertigung eines Produkts die Stichprobenkontrolle eingeführt oder weiterhin die Vollkontrolle angewendet werden soll.

a) Beschreiben Sie die Vollkontrolle und die Stichprobenkontrolle.
b) Nennen Sie jeweils zwei Vorteile und zwei Nachteile dieser Qualitätskontrollverfahren.

Aufgabe 69: Das Qualitätsmanagementhandbuch eines Industriebetriebes sieht die Durchführung eines Audits vor. Erläutern Sie Ziele und Ablauf eines Audits.

Aufgabe 70: Führen Sie drei Gründe an, warum Unternehmen zunehmend Qualitätsmanagementhandbücher entwickeln.

Aufgabe 71: Angenommen, die Heidtkötter KG erfüllt im Rahmen der Zertifizierung die vorgeschriebenen Kriterien nicht.

a) Nennen Sie drei Ursachen, die zu diesem Umstand geführt haben können.
b) Erläutern Sie zwei Auswirkungen für die Heidtkötter KG.

Aufgabe 72: Durch die Einrichtung einer Qualitätsabteilung soll in einem Industrieunternehmen nachhaltig die Fehlerquote gesenkt werden. Erläutern Sie zwei Möglichkeiten, wie innerhalb der Produktion ein Beitrag zur Senkung der Fehlerquote geleistet werden kann.

Aufgabe 73: Bei der Franz Kniep GmbH, einem Hersteller von Hausgeräten, hat die Qualitätssicherung, insbesondere in der Fertigung, einen hohen Stellenwert.

a) Nennen Sie vier Maßnahmen in der Fertigung, die zur Erhaltung oder Steigerung der Produktqualität beitragen können.
b) Erläutern Sie anhand von drei Argumenten, warum die Qualitätssicherung bei der Franz Kniep GmbH so wichtig ist.
c) Begründen Sie mit drei Argumenten, warum die Franz Kniep GmbH bei dem Wasserstoppsystem am Zulaufschlauch für Waschvollautomaten eine 100-Prozent-Prüfung und keine Stichprobenkontrolle durchführt.

Aufgabe 74:

Erläutern Sie unter Zuhilfenahme der nachfolgenden Zahlen, was unter der optimalen Fehlerquote verstanden wird.

Fehlerquote	0 %	1 %	2 %	3 %	4 %	5 %	6 %	7 %	8 %	9 %
Fehlervermeidungs- und Prüfkosten (in T€)	800	600	450	325	225	150	100	75	60	40
Fehlerkosten (in T€)	0	70	120	180	230	280	320	370	420	470

Aufgabe 75:

Nennen Sie vier Gründe, von der kostenoptimalen Fehlerquote abzuweichen.

Aufgabe 76:

Für die Herstellung der Schalter „Blinki LR“ erwägt die Grundkötter KG (Automobilzulieferer) den Kauf einer neuen Fertigungsanlage. Die Controllingabteilung hat auf der Grundlage des Angebots des Maschinenbauers und eigener Erhebungen folgende Kostenstrukturen zusammengestellt:

	Anschaffungskosten (Nutzungsdauer: 6 Jahre)	Verbrauchsabhängige Energiekosten	Zurechenbare Lohnkosten
alte Fertigungsanlage	1.500.000,00 €	7.000,00 €/10 000 Stück	3.000,00 €/10 000 Stück
neue Fertigungsanlage	1.800.000,00 €	3.500,00 €/10 000 Stück	1.500,00 €/10 000 Stück

Zuletzt konnte die Grundkötter KG pro Jahr 97 000 Schalter „Blinki LR“ produzieren und absetzen. In künftigen Perioden wird mit einem Absatzwachstum von mindestens 10 % gerechnet.

Ermitteln Sie, ab welcher Produktionsmenge ein Bezug der neuen Fertigungsanlage lohnt.

Aufgabe 77:

Erläutern Sie jeweils das Prinzip und die denkbaren Einsatzbereiche für die folgenden Veränderungen der Arbeitsbedingungen: Jobrotation, Jobenlargement, Jobenrichment und Gruppenarbeit.

Aufgabe 78:

Erläutern Sie Unterschiede und Gemeinsamkeiten zwischen Normung und Typung.

Aufgabe 79:

Unterscheiden Sie zwischen internationalen Normen, nationalen Normen, Verbandsnormen und Werksnormen.

Aufgabe 80:

Erkundungsauftrag: Untersuchen Sie in Ihrem Ausbildungsbetrieb folgende Aspekte und berichten Sie in der Klasse.

a) Inwiefern wurden in den vergangenen Jahren in Ihrem Ausbildungsbetrieb Standardisierungen oder Spezialisierungen durchgeführt? Bringen Sie Belege mit.
b) Welche Maßnahmen wurden eingesetzt, um unterschiedliche Interessen (z. B. Geschäftsführung, Kunden, Beschäftigte) dabei in Einklang zu bringen?

Aufgabe 81:

Diskutieren Sie positive und negative Auswirkungen von Rationalisierungsmaßnahmen für folgende Aspekte: Produktionsprogramm, Produktionsergebnis, Produktionskosten, Arbeitnehmerinnen und Arbeitnehmer, Verbraucherinnen und Verbraucher, Volkswirtschaft.

Aufgabe 82: Benchmarking ist in verschiedenen Formen umsetzbar. Beim internen Benchmarking werden Prozesse, konkrete Arbeitsabläufe oder Funktionseinheiten innerhalb eines Unternehmens (z. B. auch in verschiedenen Niederlassungen) miteinander verglichen. Externes Benchmarking wird mit Partnern durchgeführt, die außerhalb des Unternehmens stehen. Dies können Wettbewerber, aber auch branchenfremde Unternehmen sein.

Erläutern Sie jeweils zwei Vorteile und zwei Nachteile für die Durchführung eines Benchmarkings mit

a) anderen Funktionsbereichen (internes Benchmarking),
b) direkten Konkurrenten/Wettbewerbern,
c) branchenfremden Unternehmen.

Aufgabe 83: Eine Maßnahme im Rahmen des Business Process Reengineerings (BPR) besteht in der Umschulung bisheriger Spezialistinnen und Spezialisten in neue Generalistinnen und Generalisten.

Erläutern Sie die Ursachen und Zielsetzungen dieser Personalmaßnahme.

Aufgabe 84: Bereiten Sie einen Kurzvortrag zum Konzept des Supply-Chain-Managements vor, aus dem folgende Aspekte hervorgehen: Entstehungsursachen, Prinzip und Konzept, Einsatzgebiete, Beurteilung.

Aufgabe 85: Eine Blechschneidemaschine der Schmolmann KG, die pro Jahr variable Kosten in Höhe von 330.000,00 € verursacht, stellt bei 2400 Arbeitsstunden 60 000 Werkstücke her. Die Fixkosten belaufen sich auf 30.000,00 € pro Jahr. Die alte Schneidemaschine konnte lediglich 53 000 Werkstücke produzieren. Sie verursachte 300.000,00 € variable Kosten und 24.000,00 € Fixkosten. Die Werkstücke haben einen Wert von 6,50 € pro Stück.

a) Berechnen Sie geeignete Kennzahlen zur Beurteilung des Rationalisierungserfolges und interpretieren Sie Ihr Ergebnis.
b) Berechnen Sie die prozentuale Veränderung der Wirtschaftlichkeit und erläutern Sie mögliche Ursachen für die Veränderung.

Aufgabe 86: Die Franz Kniep GmbH fertigte mit 2000 Mitarbeiterinnen und Mitarbeitern 12 000 Waschmaschinen vom Typ Ultra im Stammwerk Nachrodt-Wiblingwerde im Mai 20.. . Im Juni 20.. wurden unter sonst gleichen Bedingungen 12 600 Maschinen produziert. Die geleisteten Arbeitsstunden beliefen sich auf 180 pro Mitarbeiterin bzw. Mitarbeiter im Mai bzw. 170 im Juni. Der Kapitaleinsatz für die Betriebsmittel belief sich in beiden Monaten auf 450.000,00 €.

a) Ermitteln Sie die Arbeits- und die Kapitalproduktivität für die Monate Mai und Juni 20.. .
b) Berechnen Sie jeweils die prozentuale Veränderung der Produktivitäten und erläutern Sie mögliche Ursachen für die Veränderung.

Aufgabe 87: Gleichförmige Arbeit wird häufig als monoton empfunden.

a) Nennen Sie vier Folgen, die sich für die Arbeitskräfte ergeben können.
b) Erläutern Sie drei wirksame Maßnahmen der Unternehmensleitung gegen Monotonie.

Aufgabe 88:

Zur Rationalisierung der Fertigung erwägt ein Industrieunternehmen, eine leistungsfähigere Maschine anzuschaffen. Es stehen zwei Angebote zur Disposition:

	Alternative I	Alternative II
Anschaffungskosten	400.000,00 €	450.000,00 €
Nutzungsdauer	8 Jahre	10 Jahre
Kapazität pro Jahr	18000 Stück	23000 Stück
Kalkulationszinssatz	6 %	6 %
variable Kosten pro Stück	29,00 €	27,00 €
sonstige fixe Kosten pro Monat	425,00 €	600,00 €

a) Ermitteln Sie die Kosten pro Stück je Alternative und den prozentualen Kostenvorteil der günstigeren Alternative. Welche Maschine sollte bei einer Fertigungsmenge von 1400 Stück pro Monat unter Kostengesichtspunkten angeschafft werden?

b) Führen Sie mindestens drei Gründe an, warum sich das Industrieunternehmen für die Alternative mit den höheren Stückkosten entscheiden könnte.

c) Aufgrund von Finanzierungsschwierigkeiten sieht das Industrieunternehmen von der Anschaffung der leistungsfähigeren Maschine ab. Erläutern Sie drei andere Rationalisierungsmaßnahmen in der Fertigung, durch die die Produktivität erhöht werden kann.

Lernfeld 7:

Logistik- und Lagerprozesse koordinieren, umsetzen und überwachen

Logistik- und Lagerprozesse koordinieren, umsetzen und überwachen

- **Stellung der Logistik im Wertschöpfungsprozess**
  - Ziele, Aufgaben und Teilbereiche der Logistik
  - Informations-, Güter- und Werteflüsse
  - Logistikkonzepte am Beispiel des Supply Chain Managements
  - Logistische Teilaufgaben (Transport, Lagerung, Umschlag)
    - Transport als Grundprozess
    - Lagerung als Grundprozess
    - Umschlag als Grundprozess
- **Lagerung**
  - Lagersysteme
  - Lagereinrichtung
  - Kommissionierungsprozess
  - Innerbetriebliche Hilfs-, Transportmittel und Transportsysteme
- **Distributions- und Entsorgungslogistik**
  - Verkehrswege
  - Verkehrsträger
  - Tourenmanagement
  - Distributionsmanagement
  - Entsorgungslogistik
- **Optimierung der Logistikprozesse**
  - Kriteriengestützte Entscheidung zur Optimierung
  - Eigen- und Fremdlagerung
  - Digitale Prozesse
- **Lagermanagement**
  - Analyse des aktuellen Lagerkonzeptes
  - Lagerbestandsmanagement
  - Ressourcenmanagement im Lagerprozess
- **Sicherheit und Nachhaltigkeit der Logistik**
- **Reflexion der Prozesse**

Logistik- und Lagerprozesse koordinieren, umsetzen und überwachen

1 Stellung der Logistik im Wertschöpfungsprozess

Die Logistik im Bereich Industrie und Handel mit ihren weltweiten Lieferketten ist, insbesondere vor dem Hintergrund der Erfahrungen aus der Corona-Pandemie und politischen Krisen, wieder stärker in den Fokus vieler Unternehmen gerückt. Galten seit den 90er-Jahren des vergangenen Jahrhunderts die Produktion in Asien sowie der schnelle und reibungslose Transport nach Europa und Nordamerika als optimal organisiert, traten während der Corona-Pandemie deutliche Schwächen in diesem Prozess zutage. Zudem sorgt die politisch angespannte Situation in vielen Regionen der Welt für wachsende Unsicherheit. Besonders der Containertransport hat in puncto Zuverlässigkeit stark eingebüßt, was dazu führt, dass die gesamte Logistikkette und die damit verbundenen Prozesse erneut verstärkt in die strategische Planung einbezogen werden müssen.

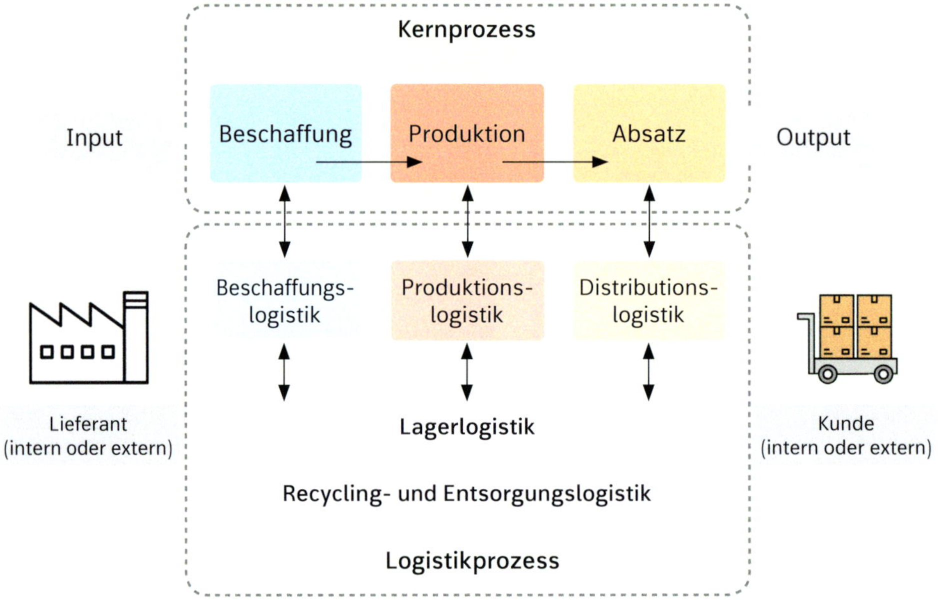

Auch die Heidtkötter KG hat den Regelkreisprozess zur Überprüfung der Logistik und der damit einhergehenden Prozessbestandteile eingeleitet. Neben der Analyse der bestehenden Konzepte und deren Eignung zur Erreichung der formulierten Ziele wird der Frage nachgegangen, ob Anpassungen oder Ergänzungen im bisherigen Prozess erforderlich sind. Darüber hinaus werden Bestandteile der Logistik in den Bereichen Beschaffung, Produktion, Lagerung, Transport, Personal- und Technikeinsatz sowie die umweltgerechte Entsorgung einer näheren Betrachtung unterzogen.

Ziele, Aufgaben und Teilbereiche der Logistik 1.1

Logistik

Unter **Logistik** werden alle Tätigkeiten gefasst, die sich mit physischen Material- und Informationsflüssen zwischen einzelnen Aufgabenträgern innerhalb des Wertschöpfungsprozesses befassen. Damit ist die Logistik die Verknüpfung zwischen den Aufgabenbereichen von der Beschaffung der Materialien über den Einsatz der Materialien bei der Erstellung zum Endprodukt bis zur Produktverwendung beim Endabnehmer. Im Vordergrund stehen hierbei also die Materialverteilung bzw. die Produktverteilung. Der Kern der Logistik ist die Erfüllung folgender **Aufgaben** entlang des Logistikprozesses:

Aufgaben

Lagern	Transportieren	Umschlagen	Verpacken
alle Vorgänge der Lagerhaltung im Sinne eines Puffers zwischen Liefer- und Empfangsstelle	Raum- oder Ortsveränderung von Materialien und Produkten unter Einsatz von Transportmitteln und Transporthilfsmitteln	Handhaben, Zusammenfassen, Auflösen oder Sortieren von Materialien und Produkten zu Lade-/Transport-/Lagereinheiten	Umhüllen eines Materials bzw. Produktes zum sachgemäßen Schutz im Logistikprozess

Diese Aufgaben können sowohl innerbetrieblich durch eine eigene Abteilung als auch überbetrieblich durch Logistikunternehmen (Speditionen) bewerkstelligt werden. Die **Unternehmenslogistik** besteht aus den Teilbereichen der Beschaffungs-, Produktions- und Distributionslogistik, während die Entsorgungslogistik entlang des Güterflusses auch noch den Verwender und Lieferanten von Materialien und Produkten einbezieht.

Unternehmens-
logistik

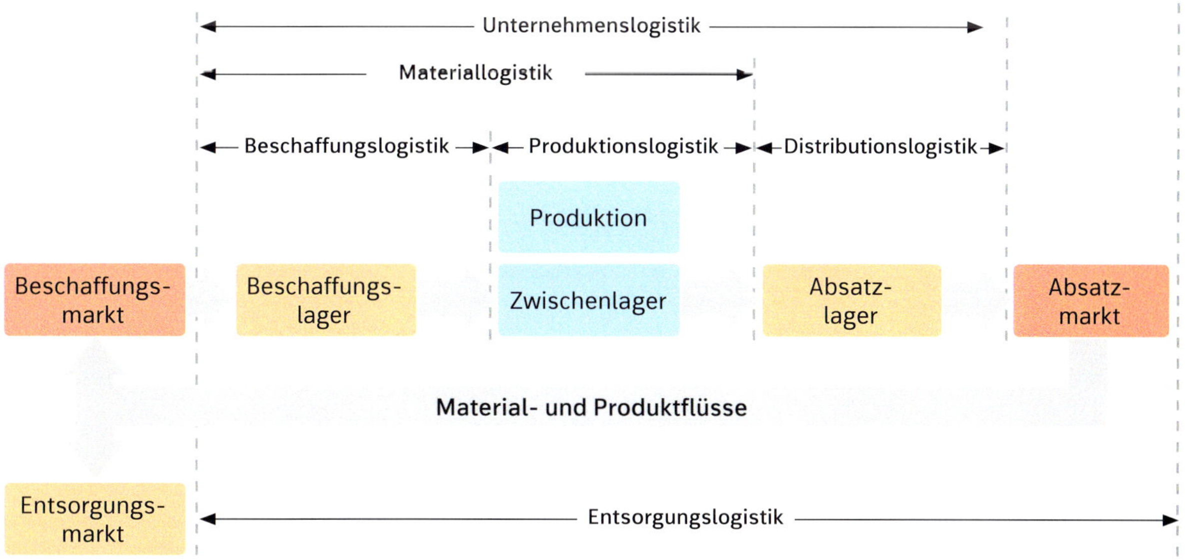

Während die Beschaffungslogistik für einen reibungslosen Materialfluss vom Beschaffungsmarkt bis zum Beschaffungslager sorgt, stellt die Produktionslogistik den Materialfluss innerhalb des Produktionsprozesses sicher, d.h. vom Beschaffungslager bis zum Absatzlager. Im Rahmen der logistischen Absatzprozesse (siehe Seite 185) übernimmt die Distributionslogistik die Aufgabe der Verteilung der Produkte an den Absatzmarkt und die Entsorgungslogistik als unternehmensübergreifende Aufgabe die Steuerung der Flüsse der Sekundärrohstoffe[1] und Abfälle. Gemeinsam bilden Beschaffungs- und Produktionslogistik den übergeordneten Bereich der **Materiallogistik**.

Materiallogistik

1 Ein Sekundärrohstoff ist ein durch Recycling (Lernfeld 6, Kapitel 1.4.3) wiedergewonnener Rohstoff. Die meisten Produkte können durch Recyclingverfahren wieder in den Produktionsprozess zurückgeführt werden.

Ziele der Materiallogistik

Die Materiallogistik verfolgt den Zweck, die körperliche Materialbereitstellung für die Leistungserstellung in der richtigen Qualität, in der richtigen Menge, am richtigen Ort und in der richtigen Zeit unter Beachtung der Kostenminimierung zu gewährleisten.

Käufermärkte definieren auch die Aufgabenwahrnehmung in der Materiallogistik: Herrschte früher eine Versorgungsmentalität, liegt heute eher eine Besorgungsmentalität für den Absatzmarkt vor. Der Kunde ist „König“ und definiert, welche Erzeugnisse und damit Materialien zu besorgen sind. Dabei sind die Wünsche variantenreich und obliegen immer kürzeren Lieferzeiten sowie einem höheren Kostendruck. Aufgrund dessen hat sich aus der klassischen Lagerhaltung und Materialwirtschaft (Versorgung durch Bevorratung) die Materiallogistik entwickelt. Sie bemüht sich darum, Materialflüsse zu optimieren, um das in Lernfeld 6, Kapitel 1.1 aufgeführte Zieldreieck der Materialwirtschaft optimal zu erfüllen. Im Vordergrund steht die Materialflussoptimierung, d. h. die optimale Gestaltung aller Material- und Informationsflüsse, sodass die Ziele der Beschaffung und der Produktion erfüllt werden können.

Materialflussoptimierung als Ziel

Die Materialflussoptimierung ist erforderlich, weil die Entscheidungen der einzelnen Logistikaufgaben unter Umständen zueinander in Konflikt stehen. So kann es sein, dass in Bezug auf die Gesamtkosten eine Entscheidung, die einerseits zu Kostensenkungen führt, in einem anderen Aufgabenbereich Kostensteigerungen bewirkt. Hierdurch ist auf den ersten Blick nicht erkennbar, ob die Gesamtkosten sinken oder steigen.

BEISPIEL

Kostenkonflikte in der Materiallogistik

Kostensenkungen in einzelnen Bereichen	*können*	Kostensteigerungen in anderen Bereichen bewirken
Transport Zusammenfassung von Transportmengen, um Transportwege zu reduzieren	← - - - - - - - - →	**Lagerbestände** Anstieg der Lagermengen durch größere Liefermengen und geringere Lieferhäufigkeit
Verpackung Einsatz von weniger und qualitativ minderwertigem Verpackungsmaterial	← - - - - - - - - → **Gesamtkosten**	**Transportschäden** geringerer Schutz durch Verpackung führt zu stärkeren Schäden an den Materialien
Einkauf größere Bestellmengen, um Mengenrabatte auszunutzen	← - - - - - - - - → 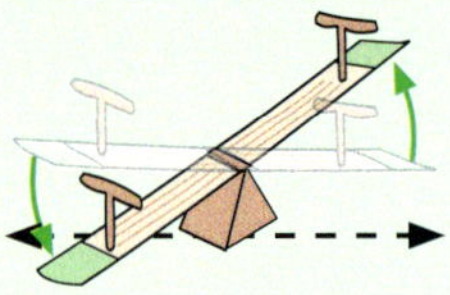	**Lagerbestände** Anstieg der Lagermengen durch größere Liefermengen und geringere Lieferhäufigkeit
Kundenservice hohe Lieferbereitschaft und Ersatzteilservice in Kundennähe	← - - - - - - - - →	**Dezentrale Außenlager** Vorratshaltung von Materialien, Produkten und Ersatzteilen an vielen Standorten erhöht die Lagerbestände
Lagerhaltung niedrige Bestände, z. B. durch Einzelbeschaffung und Just-in-time-Beschaffung	← - - - - - - - - →	**Produktion** Stillstandzeiten der Maschinen durch Fehlmengen, wenn Lieferungen ausfallen

› Band 1, LF 4, Kapitel 2.2 optimale Bestellmenge

Die Beispiele zeigen, dass die Gegenläufigkeit der Kostenverläufe in Abhängigkeit von einer Entscheidungsgröße die Ermittlung der Gesamtkosten erfordert, damit eine optimale Entscheidung getroffen werden kann, bei der die Gesamtkosten am geringsten sind. Dieses Entscheidungsproblem haben wir bereits bei der Ermittlung der optimalen Bestellmenge kennengelernt.

Die Materiallogistik umfasst alle **Aufgaben**, die sich mit der räumlichen, zeitlichen und mengenmäßigen Veränderung der Materialien innerhalb der Beschaffung (Beschaffungslogistik) und der Produktion (Produktionslogistik) befassen.

Aufgaben der Materiallogistik

Der **Aufgabenumfang** wird von zahlreichen **Einflussgrößen** bestimmt:

- Transport- bzw. Lagergut (Art, Volumen, Sicherheit, Empfindlichkeit)
- Unternehmensgröße
- Breite und Tiefe des Produktionsprogramms
- Lebensdauer des Produktionsprogramms
- Fertigungstiefe
- Art der Fertigungsverfahren und des Fertigungslayouts
- eingesetzte Bereitstellungsprinzipien (etwa auf Vorrat oder just in time)
- vorhandene Transportwege und Infrastruktur
- Umweltfreundlichkeit
- Förderungsintensität (Umschlaghäufigkeit der Materialien)
- externe Bestimmungen (z. B. Vorgaben durch Gesetze)

Zentrale **Aufgaben der Materiallogistik** sind:

	Beschaffungslogistik	Produktionslogistik
Aufgaben	Sicherstellung der Material- und Informationsflüsse **vom Beschaffungsmarkt bis zum Ende des Beschaffungslagers**	Sicherstellung der Material- und Informationsflüsse **vom Ende des Beschaffungslagers bis zum Beginn des Absatzlagers**
Lagerung	• zeitliche Veränderung der Materialien von der Einlagerung bis zur Auslagerung (Lagerbestandsführung) • Ein- und Auslagerungsvorgänge im Eingangslager • Wareneingangsbuchung • Festlegen der Lagerart, der Lagerorganisation und Lagereinrichtung	• zeitliche Veränderung der Materialien, halbfertigen Erzeugnisse und Endprodukte in den Zwischenlagern und im Endproduktlager • Organisation der Lagermenge, Lagerart, Lagerorganisation und -einrichtung in Abhängigkeit vom Fertigungsverfahren
Transport	• räumliche Veränderung der Materialien vom Lieferanten bis zum Eingangslager • Wahl des Transportweges • Festlegen des Transportmittels	• räumliche Veränderung der Materialien, halbfertigen Erzeugnisse und Endprodukte von den Produktionsstätten, Zwischenlagern bis zum Endproduktlager • Organisation des innerbetrieblichen Transports in Abhängigkeit vom Fertigungsverfahren
Umschlag (Bündeln, Verteilen, Sortieren)	• mengenmäßige Veränderung der Materialien vom Lieferanten bis zur Einlagerung • Veränderung der Ladeeinheiten auf dem Transportweg • Liefermenge wird in Teillosen (entsprechend dem Fertigungslos) eingelagert	• mengenmäßige Veränderung der Materialien, der halbfertigen Erzeugnisse und Endprodukte an den einzelnen Fertigungsstufen • Veränderung der Ladeeinheiten an den Produktionsstufen bzw. Zwischenlagern • Liefermenge wird in Teillosen (entsprechend dem Fertigungslos) eingelagert
Verpackung	• Umhüllen der Materialien zum Schutz beim Transport • Koordination der Verpackung entsprechend der Lagerart und -organisation	• Umhüllen der Materialien zum Schutz beim Transport • Koordination der Verpackung entsprechend den Produktions- und Lagerbedürfnissen

Aufgrund dieser vielfältigen und komplexen Aufgaben streben Unternehmen die Entwicklung gemeinsamer Konzepte entlang des Wertschöpfungsprozesses mit allen am Materialfluss beteiligten Unternehmen an (Supply Chain, siehe Kapitel 1.3). Von großer Bedeutung ist dabei ein Grundsatz der Logistik:

Grundsatz der Logistik

Ladeeinheit = Verpackungseinheit = Transporteinheit = Fertigungseinheit = Lagereinheit

Wird der Grundsatz der Logistik erfüllt, sparen die beteiligten Unternehmen Zeit und Kosten. Denn es werden Umschläge bei der Be- und Entladung von Transportmitteln oder beim Lagern vermieden. Die Ausgestaltung der vereinbarten Einheit wird vor allem von dem Transport- bzw. Lagergut[1] geprägt. Bezüglich der physikalischen Eigenschaften werden unterschieden:

Feste Güter		Flüssige Güter			Gasförmige Güter	
Schüttgut	Stückgut	unbeständige Flüssigkeiten	beständige Flüssigkeiten	halbflüssige Massen	hoch komprimiert	niedrig komprimiert

Die folgenden Ausführungen beziehen sich auf ein Stückgut.

› Kapitel 1.3 Supply-Chain-Management

Die gemeinsame Koordination der Materiallogistik ist ein wesentliches Merkmal des Supply-Chain-Managements. Es erfolgt eine unternehmensübergreifende Koordination in den folgenden Bereichen:

- einheitliche Transporthilfsmittel und einheitliche Lagerhilfsmittel (etwa DB-Palette oder Europalette),
- Implementierung eines standardisierten und umweltorientierten Verpackungssystems (etwa Mehrwegverpackungen),
- Festlegung der Bereitstellungsprinzipien und Transportmittel,
- gemeinsame Datenbank zur Sicherung der Informationsflüsse,
- gemeinsame Organisation der Materialflüsse durch fertigungsgerechte Verpackungseinheiten (kleine Lieferlose).

Umschläge und zusätzliche Verpackungsvorgänge entfallen, weil alle eingesetzten Transportmittel usw. auf die Einheit abgestimmt werden. Transportzeiten können in erheblichem Umfang reduziert, Materialbestände deutlich verringert und die Lieferzeiten verkürzt werden. Die Beachtung des Umweltschutzes führt dazu, dass in der Praxis geeignete Verpackungen entworfen werden müssen, die mehrweggeeignet sind. Darüber hinaus sind zusätzlich auch Abläufe für Transport und Lagerung der Leerbehälter zu entwickeln, denn der zusätzliche Platzbedarf der Leerbehälter verursacht Lagerkosten. Zudem werden auf den Transportmitteln durch die Leerbehälter Transportmengen gebunden. In der Praxis haben sich deshalb standardisierte Transporthilfsmittel durchgesetzt, die platzsparend (einrollen, falten, knicken) gelagert und transportiert werden können.

BEISPIEL

Mercedes-Benz gibt etwa den Lieferanten je nach Produktgruppe unterschiedliche Verpackungen vor (z. B. blaue, rote oder graue Behälter), die allesamt eine bestimmte fertigungsgerechte Verpackungseinheit enthalten.

1 In der Praxis werden folgende Begriffspaare synonym eingesetzt: Transportgut = Lagergut, Transporthilfsmittel = Lagerhilfsmittel.

Kennzeichen eines modernen Lagers

Ein modernes Lager ist durch folgende Merkmale gekennzeichnet:
- überwiegend Regallagerung mit dem Trend zum Hochregal (Lagergüter werden „regalfähig" gemacht, also in der Regel auf Paletten umgepackt),
- (teil- bis voll-)automatische Regalbediengeräte,
- (teil- bis voll-)automatische innerbetriebliche Transportsysteme,
- Ladeeinheit entspricht der Lagereinheit,
- EDV-gestütztes Lagerverwaltungssystem über Strichcode und/oder QR-Code.

logistische Absatzprozesse

Während sich die Materiallogistik mit allen Aufgaben der räumlichen, zeitlichen und mengenmäßigen Veränderung der Materialien innerhalb der Beschaffung und der Produktion befasst, umfassen logistische Absatzprozesse sämtliche logistischen Aktivitäten, die bis zur Auslieferung der fertigen Erzeugnisse an die Kunden reichen (Distributionslogistik). Sie schließen darüber hinaus auch die Abwicklung von durch den Absatz entstehenden Sekundärrohstoffen und Abfällen ein, insbesondere von Verpackungen (Entsorgungslogistik).

Für die Teilbereiche Distributionslogistik und Entsorgungslogistik ergeben sich somit folgende Aufgaben:

	Distributionslogistik	Entsorgungslogistik
Aufgaben	Sicherstellung der Güter- und Informationsflüsse **vom Absatzlager bis zum Endkunden**	Sicherstellung der Verwendung, Verwertung und Beseitigung sämtlicher anfallenden Sekundärrohstoffe und Abfälle **vom Beschaffungsmarkt bis zum Endkunden**
Lagerung	• zeitliche Veränderung der fertigen Erzeugnisse (Lagerbestandsführung) • Ein- und Auslagerungsvorgänge im Absatzlager und im Distributionslager • Festlegung der Lagerart, der Lagerorganisation und der Lagereinrichtung	• sachgerechte, getrennte Lagerung der Rückstände • Ein- und Auslagerungsvorgänge im Entsorgungslager • Lagerbestandsführung • Festlegen der Lagerart, -organisation und -einrichtung
Transport	• räumliche Veränderung der Endprodukte vom Absatzlager bis zum Endkunden • Organisation des überbetrieblichen Transports (u. a. Tourenplanung) • Wahl des Transportweges • Festlegung des Transportmittels	• räumliche Veränderung der Sekundärrohstoffe und Abfälle im gesamten Wertschöpfungsprozess • Organisation des innerbetrieblichen und überbetrieblichen Transports • Wahl des Transportweges • Festlegung des Transportmittels
Umschlag (Bündeln, Verteilen, Sortieren)	• mengenmäßige Veränderung der fertigen Erzeugnisse (Lagereinheiten festlegen) • Veränderung der Ladeeinheiten auf dem Transportweg	• Sortieren der unterschiedlichen Sekundärrohstoffe und Abfälle im Hinblick auf die Verwend- und Verwertbarkeit • Veränderung der Ladeeinheiten an den Produktionsstufen bzw. Zwischenlagern • Verteilung/Bündelung der Sekundärrohstoffe und Abfälle nach Adressaten
Verpackung	• Umhüllen der fertigen Erzeugnisse zum Schutz beim Transport • Koordination der Verpackung entsprechend dem Gut sowie der Lagerart und -organisation beim Endkunden	• Umhüllen der Sekundärrohstoffe und Abfälle gemäß rechtlichen Vorgaben • Koordination der Verpackung entsprechend den Lager- und Entsorgungsbedürfnissen

In der Distributionslogistik ist die logistische Aufgabe des Umschlagens von besonderer Bedeutung, da im Zuge der globalen Vernetzung zunehmend unterschiedliche Verkehrswege (Land, Wasser, Luft) genutzt werden müssen. Die Ausführungen zur Distributionslogistik im Kapitel 3 sind daher schwerpunktmäßig auf diese Aufgabe ausgerichtet.

Anzumerken ist, dass die Entsorgungslogistik nicht ausschließlich den physischen Absatzprozess betrifft, sondern für den gesamten Wertschöpfungsprozess im Hinblick auf Sekundärrohstoffe und Abfälle verantwortlich ist. Ihre Betrachtung im Zusammenhang mit logistischen Absatzprozessen ergibt sich aus rechtlichen Vorgaben, die Verkäufern auch am Ende des Absatzprozesses – z. B. bei den Verbraucherinnen und Verbrauchern – eine besondere Verantwortung für Verpackungen auferlegen. Daher stellt die Entsorgung von Verpackungen eine wesentliche Aufgabe der Entsorgungslogistik dar, die sich direkt durch logistische Absatzprozesse ergeben. Der Schwerpunkt der Ausführungen zur Entsorgungslogistik (vgl. Kapitel 3.5) liegt daher auf der logistischen Aufgabe des Verpackens unter Berücksichtigung rechtlicher Vorgaben.

AUFGABE 1

Beschreiben Sie das Schaubild auf Seite 181 und erläutern Sie die Stellung der Materiallogistik, der Distributionslogistik und der Entsorgungslogistik im Wertschöpfungsprozess.

AUFGABE 2

Beschreiben Sie konkrete Materialflüsse innerhalb der Materiallogistik, die bei der Heidtkötter KG anfallen.

AUFGABE 3

In einem Industrieunternehmen gibt es Probleme bei der Zusammenarbeit der Bereiche Einkauf, Lager und Versand. Führen Sie mögliche Entscheidungen des Einkaufs an, die im Lager zu Problemen und damit zu einem Anstieg der Gesamtkosten geführt haben könnten.

AUFGABE 4

Beschreiben Sie, warum es generell erforderlich ist, Materialflüsse zu optimieren, und welche Rolle dabei die Materiallogistik übernimmt.

AUFGABE 5

Erklären Sie, was der Grundsatz der Logistik besagt, und führen Sie Gründe an, warum gerade in der heutigen Zeit der Grundsatz der Logistik für die Wettbewerbsfähigkeit so wichtig ist.

1.2 Informations-, Güter- und Werteflüsse

Die Leistungserstellung in einem Unternehmen erfolgt durch Hauptfunktionen und unterstützende Funktionen, die von der Unternehmensleitung festgelegt und koordiniert werden. Die Logistik stellt eine unterstützende Funktion für die Leistungserstellung dar und umfasst vielfältige Informations-, Güter-, Werte- sowie Geldflüsse, die sowohl andere unterstützende Funktionen als auch die Unternehmensumwelt betreffen.

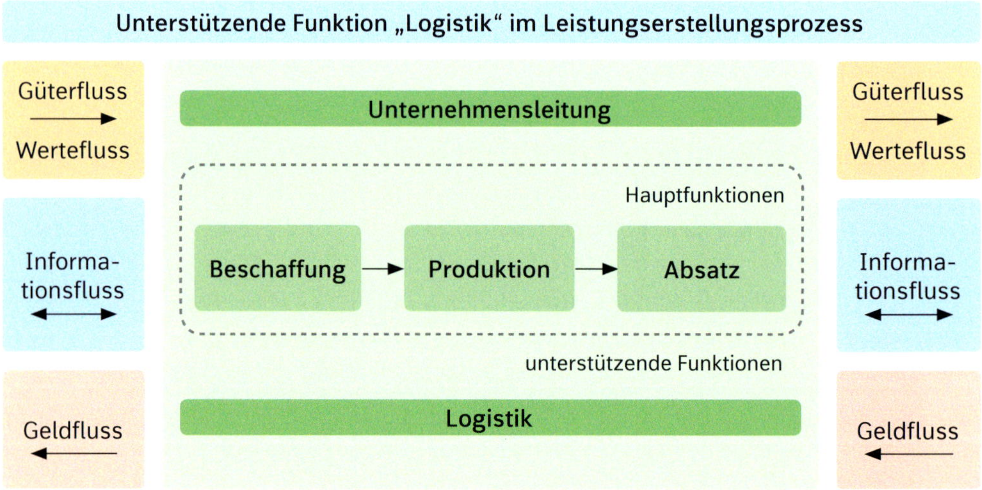

Die **Unternehmensleitung** ist der dispositive Faktor im Unternehmen. Demnach ist sie die Entscheidungsinstanz für die Realisierung der Leistungserstellung, da sie

- die Unternehmensziele bestimmt,
- Maßnahmen zur Zielerreichung festlegt (Planung und Entscheidung),
- durch Delegation von Aufgaben und Entscheidungsbefugnissen die betrieblichen Teilbereiche organisiert und koordiniert (Realisierung),
- die Zielerreichung kontrolliert (Überprüfung der Planvorgaben durch Vergleich mit tatsächlichen Werten).

Hauptfunktionen des Unternehmens

Zu den **Hauptfunktionen** zählen die Beschaffung, die Produktion und der Absatz, weil durch sie die konkreten betrieblichen Leistungen mittels Güter- und Werteflüssen entstehen (Sachziel der Unternehmung). Tätigkeiten dieser Hauptfunktionen sind u. a.:

Beschaffung (Lernfeld 4)	Produktion (Lernfeld 6)	Absatz (Lernfeld 9)
• Klärung der Bedarfsmengen nach Art, Menge, Zeit • Lieferanten ermitteln • Angebote für Werkstoffe und Handelswaren einholen (Preise!) • Bestellungen für Werkstoffe und Handelswaren schreiben • Liefertermine kontrollieren • Eingangsrechnungen kontrollieren	• Produktfelder festlegen • Fertigungsmengen festlegen • Arbeitsabläufe und Prozesse gestalten • Kapazitäten (Arbeitskräfte, Betriebsmittel planen, aufeinander abstimmen) • Fertigungsorganisation • Fertigungsaufträge veranlassen und überwachen • Fertigungskontrolle • Wartung, Instandhaltung der Betriebsmittel	• Marktforschung und -erkundung • Marketingstrategie entwickeln • Marketinginstrumente einsetzen • Auftragsanbahnung und -abwicklung • Kundenmanagement

unterstützende Funktionen des Unternehmens

Unterstützende Funktionen helfen dabei, die Hauptfunktionen zu erfüllen. Sie betreffen alle Hauptfunktionen. Tätigkeiten dieser unterstützenden Funktionen sind:

	Beschreibung	Tätigkeiten
Rechnungswesen/ Controlling	wertmäßige Erfassung, Überwachung und Auswertung des gesamten Unternehmensgeschehens, insbesondere des Leistungsprozesses	• Finanzbuchhaltung • Jahresabschluss und Bilanzanalyse • Kosten- und Leistungsrechnung • Statistik- und Vergleichsrechnung • Planungsrechnung • Kennzahlenanalyse
Finanzierung	Prozesse zur Bereitstellung und Rückzahlung finanzieller Mittel, die für Investitionen benötigt werden	• Kapitalbedarfsrechnung • Investitionsrechnung • Kapitalbeschaffung durch Vergleich und Beurteilung von Finanzierungsformen
Personalwirtschaft	Gesamtheit der Gestaltungs- und Verwaltungsaufgaben im Unternehmen, die sich auf den Produktionsfaktor Arbeit beziehen, damit die Leistungserstellung gewährleistet werden kann	• Personalbedarfsermittlung • Personalauswahl/-einstellung • Personaleinsatz • Personalführung • Personalentwicklung und -beurteilung • Entgeltabrechnung durchführen • Personalfreisetzung

	Beschreibung	Tätigkeiten
Logistik/Lager	alle Tätigkeiten, die sich mit physischen Werkstoff- und Informationsflüssen zwischen einzelnen Funktionsbereichen für einen reibungslosen Güterfluss befassen	• Lagerung • Transport • Umschlag • Verpackung
Forschung & Entwicklung	alle Tätigkeiten, die darauf abzielen, Kundenanforderungen technisch umzusetzen, um die dauerhafte Wettbewerbsfähigkeit aufrechtzuerhalten	• Grundlagenforschung/ angewandte Forschung • Produktentwicklung (Innovationen) • Weiterentwicklung der bestehenden Produktpalette

Das Zusammenspiel von Hauptfunktionen und unterstützenden Funktionen vollzieht sich durch Informations-, Güter-, Werte- und Geldflüsse, die von den jeweiligen Umweltbedingungen beeinflusst werden.

Informationsflüsse

- **Informationsflüsse** sind die Grundlage für die Wertschöpfung. Sie entstehen sowohl durch interne Kommunikation zwischen den verschiedenen Funktionsbereichen und Wertschöpfungsstufen als auch durch externe Interaktionen mit dem Unternehmensumfeld. Informationsflüsse können aufgrund mündlicher (z. B. Kundengespräch), schriftlicher (z. B. Bestellung beim Lieferanten) oder digitaler Übertragung (z. B. Meldung der Bedarfsmengen beim Kauf auf Abruf in der gemeinsamen Datenbank beim Lieferanten) ausgelöst werden. Informationsflüsse lösen wiederum Güter-, Wert- und Geldflüsse aus und halten diese aufrecht. Daher werden Informationen in Bezug auf den Leistungsprozess in vorauslaufende, begleitende und nachfolgende Informationen unterteilt.

Geldflüsse

- **Geldflüsse** umfassen den Zufluss von Zahlungen durch Kunden, Kreditinstitute und andere an das Unternehmen sowie den Abfluss von Zahlungen des Unternehmens an Lieferanten, Arbeitnehmerinnen und Arbeitnehmer, Dienstleistungsunternehmen und staatliche Stellen. Sie entstehen, wenn Empfänger von Leistungen (z. B. Kunden) eine Gegenleistung in Form von Zahlungen erbringen. Dies führt im Unternehmen zu Zahlungseingängen und -ausgängen. Wichtig ist, dass eine ausreichend hohe Zahlungsfähigkeit (Liquidität) stets gewährleistet bleibt, sodass die terminierten Zahlungsausgänge mindestens durch entsprechende Zahlungseingänge gedeckt werden können.

Güterflüsse

- **Güterflüsse** betreffen die physische, also sichtbare Bewegung von Werkstoffen, Handelswaren und fertigen Erzeugnissen. Sie werden mengenmäßig durch Bestandslisten und Kennzahlen dokumentiert und dadurch sichtbar gemacht. In der Regel werden hierzu EDV-gestützte Lagerverwaltungssysteme eingesetzt. Güterflüsse werden im Wesentlichen von der Logistik abgewickelt und sind die Voraussetzung für die Leistungserstellung. Sie selbst tragen nicht direkt zur Wertschöpfung bei, ermöglichen jedoch die Kombination der Produktionsfaktoren, wodurch Wertschöpfung entsteht. Diese spiegelt sich in den steigenden Güterwerten wider, die im Zuge der Leistungserstellung bewegt werden. Die entsprechenden Wertveränderungen werden durch Werteflüsse dokumentiert.

Werteflüsse

- **Werteflüsse** erfassen alle Werte, die in einem Unternehmen vorhanden sind und vor allem durch die Leistungserstellung generiert werden. Ihre Erfassung und Dokumentation erfolgt durch das Rechnungswesen bzw. Controlling. Grundlage für die wertmäßige Darstellung der Leistungserstellung sind die mengenmäßigen Güterflüsse.

Von besonderer Bedeutung für betriebswirtschaftliche Entscheidungen sind die Güter- und Werteflüsse. Sie beschreiben die Leistungsebene eines Unternehmens und lassen sich unter dem Begriff des Leistungsflusses zusammenfassen. Der Leistungsfluss stellt das Mengen- und Wertgerüst des Unternehmens dar und ermöglicht die Analyse, wie erfolgreich das Unternehmen bei der Verwirklichung seines Sachziels agiert.

Leistungsfluss

AUFGABE 1

Unterscheiden Sie zwischen Hauptfunktionen und unterstützenden Funktionen im Unternehmen. Geben Sie je zwei Beispiele für die Lotte AG (Automobilhersteller) an.

AUFGABE 2

Definieren Sie Informations-, Geld-, Güter- und Werteflüsse im Unternehmen. Formulieren Sie jeweils ein Beispiel für Ihren Ausbildungsbetrieb.

AUFGABE 3

Beschreiben Sie unter Zuhilfenahme der Abbildung zum Unternehmensmodell auf Seite 186, wie sich durch das optimale Zusammenspiel der Haupt- und der unterstützenden Funktionen Wertschöpfung im Unternehmen vollzieht.

1.3 Logistikkonzepte am Beispiel des Supply-Chain-Managements

Bei der Frage, was unter Logistik zu verstehen ist, wird häufig auf die **Seven-Rights-Definition**[1] **(7R)** zurückgegriffen. Hiernach hat Logistik die Aufgabe,

1. das richtige Gut
2. in der richtigen Menge
3. im richtigen Zustand
4. am richtigen Ort
5. zur richtigen Zeit
6. für den richtigen Kunden und
7. zu den richtigen Kosten

bereitzustellen.

Auf Grundlage dieser Definition sind verschiedene Konzepte der Unternehmenslogistik entwickelt worden, darunter Just-in-time-Produktion (JIT), Lean Management, Supply-Chain-Management (SCM) und E-Commerce-Logistik (ECL).

Konzepte

Diese Ansätze unterscheiden sich in ihren Perspektiven auf Lager- und Logistikprozesse:

- Die **Just-in-time-Produktion** zielt darauf ab, Lagerbestände zu minimieren, indem Materialien genau zum benötigten Zeitpunkt am vorgesehenen Ort verfügbar sind, um Produktionsprozesse effizienter zu gestalten.
- **Lean Management** konzentriert sich auf die kontinuierliche Verbesserung von Prozessen, auch im Lager, um die Effizienz und Produktivität zu steigern.
- **Supply-Chain-Management** umfasst die Planung, Steuerung und Optimierung der gesamten Lieferkette, um sowohl die Lieferfähigkeit als auch die Kosteneffizienz zu erhöhen.
- Die **E-Commerce-Logistik** befasst sich mit den spezifischen Anforderungen des Onlinehandels, einschließlich Lagerhaltung, Kommissionierung, Verpackung und Versand von Waren.

1 Die Definition wird gemeinhin Dr. E. Grosvenor Plowman zugeschrieben, der sie zwar nicht in seinem Werk „Lectures on elements of business logistics" von 1964 niedergeschrieben hat, sondern vielmehr in seinen Vorlesungen an der Universität von Stanford und den dazugehörigen Skripten eingepflegt haben soll.

Im Zuge der Entstehung der neuen Informations- und Kommunikationstechnologien sowie der wachsenden Koordinationsanforderungen aufgrund der Globalisierung und des gestiegenen Wettbewerbs (Käufermärkte) hat sich in den 1980er-Jahren in den USA das **Supply-Chain-Management (SCM)** entwickelt. Ähnlich wie bei den digitalen Beschaffungssystemen (siehe Band 1, Lernfeld 4, Kapitel 1.4) kommt dabei unternehmensübergreifenden Netzwerken eine besondere Bedeutung zu.

Im Gegensatz zum E-Procurement geht das SCM über das computergestützte Bestellwesen hinaus und hat sämtliche Geschäftsprozesse zwischen Lieferanten, Unternehmen und Kunden im Blick.

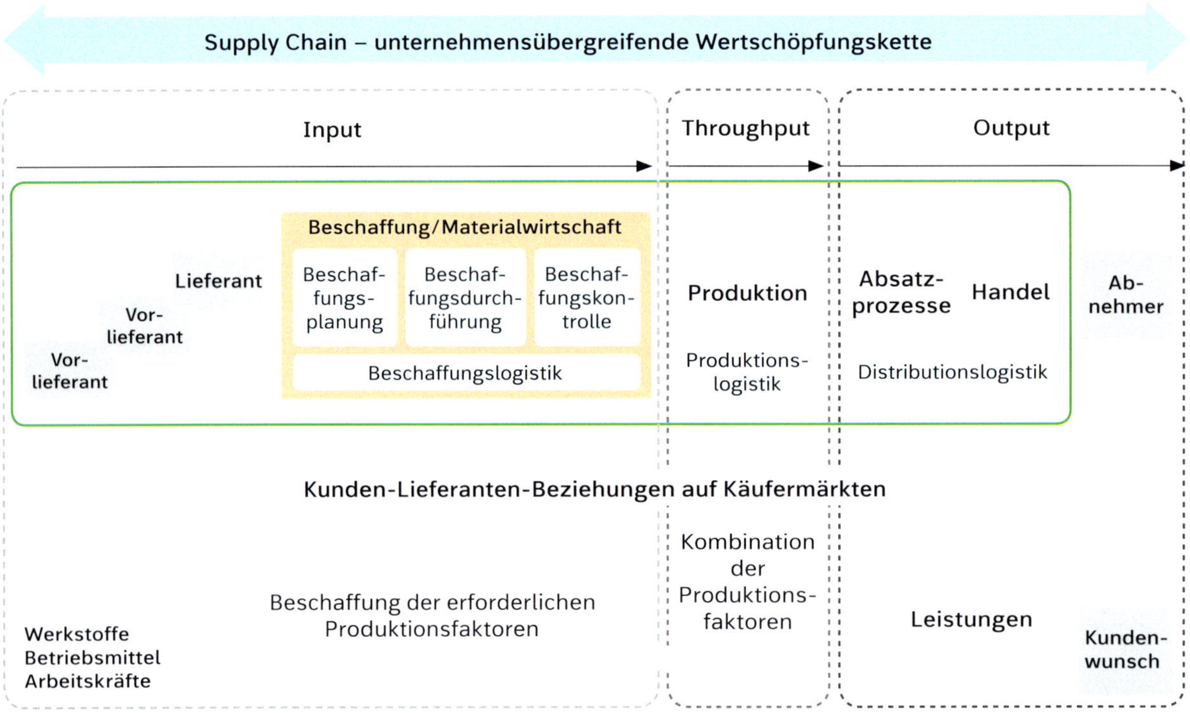

Supply Chain

Es wird ein einheitliches Leistungssystem durch sogenannte Supply Chains definiert. Eine **Supply Chain** ist eine Wertschöpfungskette vom ersten Rohstofflieferanten bis zu den Endverbraucherinnen und Endverbrauchern. Alle darin anfallenden Aufgaben werden durchweg als Kunden-Lieferanten-Beziehungen festgelegt. Die Wertschöpfungskette wird dabei immer von den Endverbraucherinnen und Endverbrauchern ausgelöst und über Kunden-Lieferanten-Beziehungen bis zum Ursprung der Supply Chain abgewickelt. Die Integration in Supply Chains bedeutet für das einzelne Unternehmen, dass nur noch Teilbereiche in den Prozess eingebracht werden müssen.

Vorteile

Vorteile von Supply Chains sind:

- Fehlmengen und Sicherheitsbestände auf einzelnen Wertschöpfungsstufen können reduziert werden, weil durch gemeinsame Datenbanken der tatsächliche Bedarf transparent ist.
- Bestellverhalten und Bedarfsprognosen können sich an den transparenten Bedarfsmengen orientieren. Dadurch sinken Lagerbestände und damit die Kapitalbindung. Traditionell richtete sich das Bestellverhalten von Einkäuferinnen und Einkäufern nach der Preisgestaltung des Lieferanten (z. B. Nutzung von Mengenrabatten oder Vermeidung von Mindermengenzuschlägen) oder dem Bestellverhalten der direkten Kunden (Auftragsmenge des Kunden = Bestellmenge des Einkäufers), weil keine tatsächlichen Bedarfsmengen im Prozess bekannt waren.

Das entscheidende Hilfsmittel zur Realisierung dieses Ansatzes ist die computergesteuerte Vernetzung aller beteiligten Unternehmen. Dafür müssen die ERP-Systeme der beteiligten Unternehmen aufeinander bezogen, koordiniert und optimiert werden. So können Rationalisierungspotenziale entlang der Lieferkette über mehrere Zwischenstufen genutzt werden.

Ziele

Ziel der Gestaltung von Supply Chains ist die Sicherstellung der Versorgung entlang der Wertschöpfungskette bei minimaler Lagerhaltung (möglichst geringer Kapitalbindung). Durch Transparenz über alle Informations-, Material- und Geldflüsse können kürzere Durchlaufzeiten, geringere Kosten und eine höhere Qualität der Leistungen realisiert werden.

Supply-Chain-Management

Supply-Chain-Management umfasst die unternehmensübergreifende Koordination von Informations-, Material- und Geldflüssen entlang der (unternehmensübergreifenden) Wertschöpfungskette. Wesentliche Aspekte sind die Planung, Steuerung und Kontrolle der Bestände, der Durchlaufzeiten, der Kapazitätsauslastung und der entstehenden Kosten.

Das Supply-Chain-Management „ersetzt" Lagerbestände durch Informationen. Alle relevanten Daten sind nach ihrer einmaligen Eingabe in das Datennetzwerk über das Internet auf allen weiteren Wertschöpfungsstufen sichtbar, somit werden automatisch weitere Prozesse ausgelöst. Aufgrund des gemeinsamen Datennetzwerks (höhere Transparenz) kann die Vorhersagegenauigkeit der Materialflüsse auf allen Wertschöpfungsstufen deutlich gesteigert werden.

Vorteile

Durch Optimierung der Wertschöpfungskette mithilfe eines Supply-Chain-Managements ergeben sich bedeutende **Vorteile**:

Kostenvorteile	Zeitvorteile	Qualitätsvorteile
Für Kunden und Lieferanten verringern sich Verwaltungsaufwand (Sachbearbeitung) und Kapitalbindung (geringere Lagerbestände).	Auf jeder Prozessstufe sinkt die Wiederbeschaffungszeit, da Informationen direkt nach der Eingabe synchron transparent sind.	Schnittstellen werden reduziert. Dadurch sinkt die Fehleranfälligkeit der Prozesse.

Voraussetzungen

Supply-Chain-Management ist nur dann erfolgreich, wenn eine Reihe von **Voraussetzungen** erfüllt sind:

Vertrauen	Ein gemeinsames Datennetzwerk bringt es mit sich, dass auch vertrauliche Daten ausgetauscht werden. Kein Unternehmen darf die Befürchtung haben, dass ein Missbrauch stattfinden könnte.
Geringe Zahl von Lieferanten	Aufgrund der hohen technischen und organisatorischen Anforderungen sollte die Komplexität dadurch begrenzt werden, dass nur eine geringe Zahl von Lieferanten beauftragt wird. Mit diesen sollte eine langfristige, strategische Zusammenarbeit angestrebt werden, damit sich die hohen Anfangsinvestitionen lohnen.
Win-win-Situationen	Alle beteiligten Unternehmen müssen von der Einführung eines SCM profitieren und dies auch erwarten. Keiner der Beteiligten darf sich zulasten eines anderen „ausgenutzt" fühlen.
Gemeinsames Datennetzwerk	Eine schnelle und reibungslose Auftragsabwicklung wird durch ein umfassendes gemeinsames Datennetzwerk realisiert, das Schnittstellen minimiert, da • alle Daten elektronisch erfasst werden, • der Geschäftsverkehr beleglos erfolgt, • Lieferanten als registrierte Nutzer mit Zugangsberechtigung auf Kundenrechner zugreifen können und • die Rechnungserstellung vereinfacht wird.

Transparenz	Alle beteiligten Unternehmen verfügen zur gleichen Zeit über die gleichen Informationen.
Gemeinsames Qualitätsmanagement	Es werden gemeinsam Qualitätsstandards definiert und so können Zeit und Kosten für Nacharbeiten vermieden werden.

Probleme in der Praxis

Abschließend sei jedoch angemerkt, dass sich in der Praxis auch Schwierigkeiten aus dem Widerstreit zwischen Kooperation und Wettbewerb der Mitglieder untereinander ergeben können: Einerseits bleiben die Mitglieder selbstständig agierende Wirtschaftseinheiten, die auf eine optimale (kostengünstige) Ausrichtung ihrer internen Strukturen achten müssen. Andererseits verpflichten sie sich zur Kooperation untereinander und geben Entscheidungskompetenzen ab, beispielsweise durch die Notwendigkeit einer einheitlichen Konfiguration von Prozessen. Daraus können **Reibungsverluste** resultieren, da die Effektivität der gesamten Kette letztlich von ihrem schwächsten Glied abhängt.

Die Arbeitsteilung und die Bindungen zwischen den Unternehmen können zu **Abhängigkeiten** von einem dominierenden Partner führen. Eine starke Abhängigkeit besteht beispielsweise in den Zulieferketten der Automobilindustrie. Hier legen Automobilhersteller nicht nur Wert auf die zeitpunktgenaue Lieferung (Just-in-time-Lieferung), sondern oft binden sie die Zulieferer auch räumlich an sich, um die kontinuierliche Leistungserstellung in den Fertigungslinien zu sichern und Kosten zu minimieren (= logistische Koppelung der Produktionsprozesse).

AUFGABE 1

Begründen Sie, warum das Supply-Chain-Management besonders geeignet ist, um den Grundsatz der Logistik zu erfüllen.

AUFGABE 2

Folgende Übersicht des Fahrradherstellers BFM AG ist gegeben:

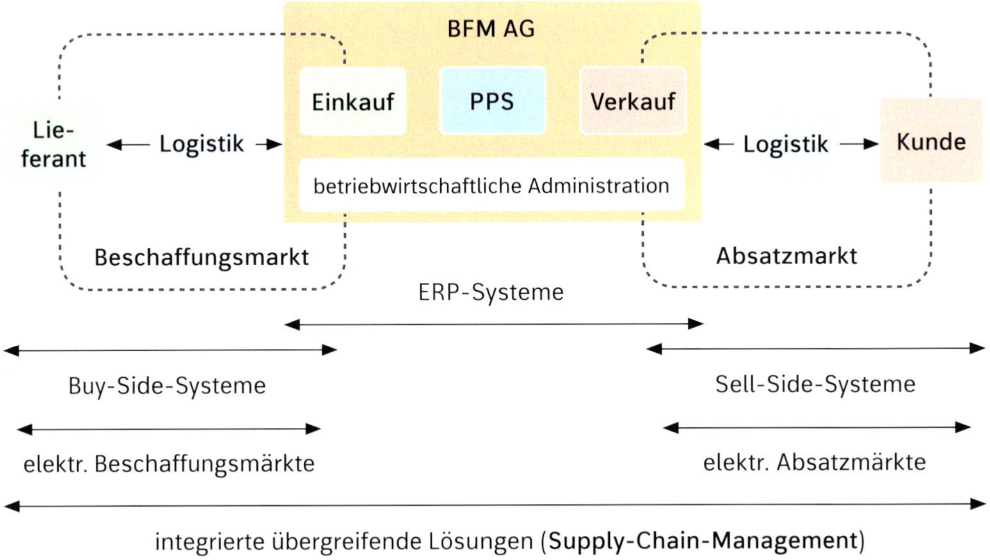

Vgl. ITMC GmbH, Essen

a) Beschreiben Sie die Abbildung und erklären Sie, welche Idee die BFM AG mithilfe des Supply-Chain-Managements verfolgt.

b) Nennen Sie Gründe, warum die BFM AG eine Fortentwicklung internetgestützter Beschaffungssysteme hin zu einem Supply-Chain-Management anstrebt, welche Ziele damit verfolgt werden und welche Probleme auftreten können.

AUFGABE 3

Bereiten Sie einen Kurzvortrag vor, der das Konzept des Supply-Chain-Managements verdeutlicht. Folgende Aspekte sollten angesprochen werden: grundsätzliche Merkmale, Ziele, Voraussetzungen bei beteiligten Akteuren, Beurteilung aus Sicht der beteiligten Unternehmen.

Logistische Teilaufgaben (Transport, Lagerung, Umschlag) 1.4

Transport als Grundprozess 1.4.1

Der **Transport** innerhalb des Logistikprozesses erfolgt **über- und innerbetrieblich**:

Überbetrieblicher Transport		**Innerbetrieblicher Transport**	
zwischen Lieferant und Abnehmer	Lieferant → Abnehmer	zwischen Aufgabenbereichen	Eingangslager → Fertigung Lager → Montage
zwischen Standort A und Standort B	Werk A → Werk B	innerhalb eines Aufgabenbereiches	Zuschneiden → Montage
		zwischen Arbeitsplätzen innerhalb eines Aufgabenbereiches	Montage 1 → Montage 2
		am Arbeitsplatz	→ Montage 1 →

Anforderungen zur Transportkostenminimierung

Die Gestaltung des Transports, d.h. die Kombination von Transportgut (Material, Produkte), Transportmittel (z. B. Lkw), Transporthilfsmittel (z. B. DB-Palette) und Transportweg (z. B. Straße), strebt nach einer Transportkostenminimierung. Um dieser Zielsetzung gerecht zu werden, sind u. a. folgende Anforderungen zu erfüllen:

- optimale Nutzung des Transportmittels (Vermeidung von Leertransporten und Stillstandzeiten),
- Reduzierung der Transportzeiten (zügige Auftragserledigung, hohe Geschwindigkeit des Transportmittels, optimale Transportkapazitäten je Transportvorgang),
- hohe Flexibilität in Bezug auf Transportgut und betriebliche Veränderungen,
- hohe Transparenz bezüglich der Informationen zwischen allen Instanzen,
- maximale Termintreue und Zuverlässigkeit.

Die Berücksichtigung dieser Anforderungen muss durch die geeignete Wahl des Transportmittels und des Transportweges gewährleistet werden.

Die zielgerichtete Nutzung der überbetrieblichen Transportinfrastruktur (Verkehrsträger) zur Unterstützung der Material- und Güterflussoptimierung wird in Kapitel 1.3 dargestellt.

Transporthilfsmittel

Zu transportierende Güter sollen nach Möglichkeit nicht zu häufig umgeschlagen werden, also das Transportmittel oder den Transportbehälter wechseln, denn hier entstehen zusätzliche Kosten. Um diese zu vermeiden, setzt man Transporthilfsmittel ein.

BEISPIEL Transporthilfsmittel sind DB- und Europaletten, Gitterboxen, Behälter (Ein- und Mehrweg), Fässer, Flaschen, Kanister, Säcke, Beutel, Kästen, Container usw.

Funktionen von Transporthilfsmitteln

- Lagerfunktion
- Informationsträger/-funktion
- erzeugt Transportfähigkeit, Verpackungsfunktion
- Schutz vor Einflussnahme, Diebstahl, Schäden
- Rationalisierungsfunktion

Die Gestaltung der Transporthilfsmittel wird im Wesentlichen durch die Eigenschaften des Transportgutes und die Transporteinheit bestimmt. Darüber hinaus gewinnen aber auch zunehmend wirtschaftliche, produktionstechnische und umweltorientierte Faktoren an Bedeutung.

1.4.2 Lagerung als Grundprozess

Aufgaben und Organisation der Lagerhaltung

Lagerhaltung

Die **Lagerhaltung** umfasst alle Tätigkeiten, die Lagerbestände im Sinne einer Optimierung beeinflussen. Lagerbestände sind dabei vor allem zeitliche und mengenmäßige Puffer zwischen einzelnen Wertschöpfungsstufen entlang des inner- und überbetrieblichen Wertschöpfungsprozesses.

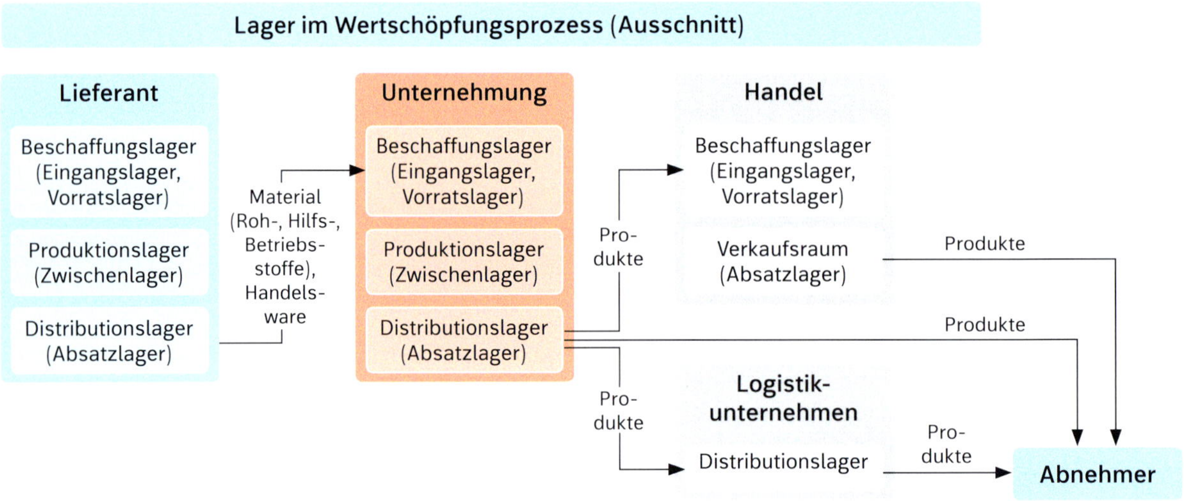

Diese beispielhafte Darstellung zeigt, dass sich die Lagergüter[1] entlang des Wertschöpfungsprozesses verändern. Für die Entstehung eines Produktes (Stückgut) werden anfangs Roh-, Hilfs- und Betriebsstoffe gelagert, die in weiteren Wertschöpfungsstufen zu halbfertigen Erzeugnissen und schließlich zum Endprodukt werden. Dadurch verändern sich in der Regel auch die Anforderungen an die Lagerung (z. B. die erforderliche Lagerkapazität).

Aufgaben und Funktionen der Lagerhaltung

Durch die Lagerung selbst findet – bis auf die Ausnahme der Veredelung des Produktes durch Lagerung, etwa bei Wein oder Käse – keine Wertschöpfung statt. Dennoch übernimmt das Lager für den Wertschöpfungserfolg wichtige Aufgaben und Funktionen.

1 Zu den verschiedenen Arten von Lagergütern siehe in Kapitel 1.2 die Systematisierung unterschiedlicher Transportgüter. Die Begriffe „Lagergüter“ und „Transportgüter“ werden synonym eingesetzt.

Aufgaben/Funktionen des Lagers			
Mengenmäßige Anpassung (Sicherung)	**Zeitliche Anpassung (Puffer)**	**Wertmäßige Anpassung (Preisausgleich/ Spekulation)**	**Qualitative Anpassung (Produktion)**
Die erforderlichen Mengen für die Fertigung und/oder den Absatz entsprechen nicht den Liefermengen bzw. Fertigungslosen. Die Lagerung sichert die Produktion bzw. die Lieferbereitschaft.	Aufgrund unerwarteter Ereignisse (Störungen) kann der Materialfluss stocken. Das Lager kann helfen, Zeitverzögerungen zu überbrücken.	• Preisschwankungen auf den Beschaffungsmärkten werden überbrückt. • Große Beschaffungsmengen führen zu Mengenrabatten und zu Einsparungen bei den Bestellkosten.	Die Lagerung ist durch Trocknung, Kühlung, Härtung, Reifung ein Teil des Produktionsprozesses.

Lager-organisation

Die Erfüllung dieser Funktionen wird durch eine über- und innerbetriebliche **Lagerorganisation** angestrebt. Bei der überbetrieblichen Lagerorganisation wird zwischen zentraler oder dezentraler Lagerung unterschieden. Bei einer zentralen Lagerung werden die Lagergüter an einem Ort gelagert und von diesem Ort ausgehend für die Empfänger (Fertigung, andere Betriebsbereiche, andere Werke) bereitgestellt. Dagegen werden bei der dezentralen Lagerung die Lagergüter an mehreren Orten gelagert.

Zentrale Lagerung

Dezentrale Lagerung

Ursächlich hierfür sind unterschiedliche Produktionsstätten, besondere Lageranforderungen der Lagergüter, das Produktionsprogramm, das Fertigungsverfahren, die Betriebsgröße. Die Entscheidung über die Organisation der Lagerung ist langfristig zu fällen und sollte an die jeweilige Betriebssituation angepasst sein. Für die jeweilige Lagerorganisation spielen folgende Vorteile eine entscheidende Rolle (die Vorteile der einen Organisationsform sind mit den Nachteilen der anderen Organisationsform gleichzusetzen):

Vorteile der zentralen Lagerung	Vorteile der dezentralen Lagerung
• leichtere Bestandskontrolle und damit geringerer Verwaltungsaufwand • Vermeidung von Doppellagerungen • geringere Mindestbestände (geringere Kapitalbindung) • höhere Kapazitätsauslastung des Lagerraums und der vorhandenen Lagereinrichtung • geringerer Personalbedarf • keine Umlagerungen zwischen zwei Lagerstandorten zum Ausgleich von Beständen	• spezifische Lageranforderungen können meist besser berücksichtigt werden • schnellere Bereitstellung der Materialien für die einzelnen Verbrauchsstellen • kürzere Transportwege • bessere Abstimmung zwischen Lager und Fertigung • geringere Lagerrisiken, weil das Material an verschiedenen Orten lagert

In der Praxis finden sich häufig Kombinationen von zentraler und dezentraler Lagerung. In einem zentralen Hauptlager werden Lagergüter vorgehalten, die alle Empfänger immer wieder benötigen. In dezentralen Nebenlagern werden Lagergüter gelagert, die nur in diesen Bereichen gebraucht werden. Die Steuerung zwischen Haupt- und Nebenlagern erfolgt im Hauptlager unter Einsatz eines EDV-gestützten Lagerverwaltungssystems (s. u.).

Die innerbetriebliche Lagerorganisation erfolgt **verrichtungs- oder objektorientiert**. Innerhalb der objektorientierten Organisation (nach Materialarten) fallen ebenfalls alle Verrichtungen/Tätigkeiten (etwa Waren annehmen, Waren bewegen, Waren kommissionieren und ausgeben) an. Deshalb werden hier die Tätigkeiten bei verrichtungsorientierter Organisation genauer vorgestellt. Beispielhaft ist ein Lager entlang des Materialflusses wie folgt aufgebaut:[1]

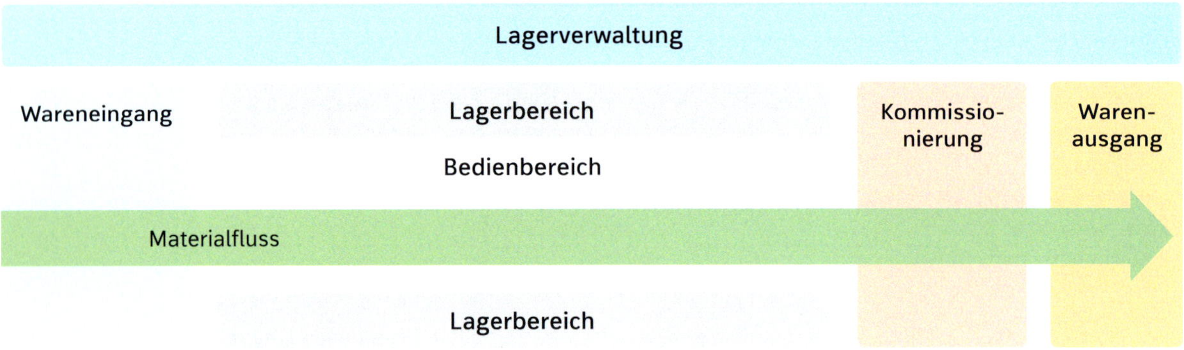

Je komplexer das Lager, was stark vom Produktionsprogramm abhängt, umso schwerer fällt es, einen Überblick über Lagerorte und Lagergüter zu behalten. Negative Folgen könnten sein, dass Lagergüter verloren gehen oder hohe Bestände vorgehalten werden, weil die Lagergüter nicht mehr auffindbar sind. Darüber hinaus erhöht sich die Verweildauer einzelner Lagergüter, da Zeit durch Suchen, Verschieben usw. verloren geht. Aufgrund dessen wird das Lager in der Regel zentral, EDV-gestützt und **belegorientiert** verwaltet. Auf diese Weise werden die Bestände und Bestandsveränderungen dokumentiert, die auch für andere Abteilungen (Fertigung, Einkauf, Vertrieb, Rechnungswesen) von großer Bedeutung sind.

Wichtige Belege (heute überwiegend rechnergestützt) sind:

- Wareneingangsbücher
- Materialentnahmescheine und Materialrückgabescheine
- Wareneingangsmeldungen
- Bestellanforderungen (Banf)
- Lagerfachkarten (Zugänge, Abgänge, Bestand)

Tätigkeiten

Zur Sicherung des Materialflusses fallen in der Bedien- und Lagerzone im Wesentlichen folgende Tätigkeiten an:

Bedienvorgänge	Lagervorgänge
Damit die Lagergüter an den vorgesehenen Lagerort gelangen, müssen die Regalbediengeräte durch Arbeitskräfte bedient werden.	Die Lagergüter werden an ihren Lagerorten ein- bzw. ausgelagert und die Lagervorgänge auf Belegen dokumentiert (z. B. Materialentnahmescheine) bzw. bei EDV-Erfassung gescannt.

Art und Umfang der menschlichen Tätigkeiten bei den Bedien- und Lagervorgängen werden durch das angewandte Lagerprinzip und die Lagereinrichtung bzw. -technik bestimmt.

1 Zu beachten ist, dass in der Praxis viele völlig unterschiedliche Anordnungen existieren, sodass die hier gezeigte nur ein Beispiel ist.

Lagerprinzipien

Unter **Lagerprinzipien** versteht man die Art der Lagerplatzzuordnung der Lagergüter im Lager. Man unterscheidet dabei den festen oder den freien Lagerplatz für Lagergüter:

Festplatzsystem	Freiplatzsystem (chaotische Lagerung)
Jedem Lagergut wird ein dauerhafter Lagerplatz zugeordnet. Die entsprechende Lagerfläche wird nur mit dem zugeordneten Lagergut bestückt.	Jedes Lagergut kann an jeder Stelle der Lagerzone eingelagert werden, sofern die entsprechende Kapazität gerade verfügbar ist.
ein Lagergut = ein ständiger Lagerplatz	**ein Lagergut = wechselnde Lagerplätze**
• Das Personal kennt den Lagerplatz (Zugriffssicherheit bei EDV-Ausfall). • Die Lagerung kann nach Umschlaghäufigkeit gestaltet werden, um Transportwege zu verkürzen. • Die Lagerkapazität wird nicht optimal genutzt, da Über- und Unterbelegungen eintreten.	• erhöhte Ausnutzung der Lagerkapazität • Einsparung von Umlagerungen bei FiFo-Prinzip • Einsatz eines EDV-Lagerverwaltungssystems unentbehrlich • Das Personal kennt in der Regel Lagerplatz nicht (EDV-Ausfall = Zugriffsausfall).

Festplatzsystem

Grundlage für die Anwendung der Lagerprinzipien ist die Einteilung der gesamten Lagerfläche in **Lagerplätze**. Die Lagerplätze wiederum müssen, ähnlich wie für Häuser einer Straße in einem Wohnort, adressiert werden. Beim **Festplatzsystem** könnte man dies rein theoretisch durch die Artikelbezeichnung realisieren. Da jedoch in der Regelzu viele Artikel in verschiedenen Varianten vorgehalten werden, ist es einfacher, über Lagerplatznummern die Kennzeichnung vorzunehmen. Bei beiden Systemen muss die Adressierung der Lagerplätze über Lagerplatznummern erfolgen. Die Lagerplatznummer besteht in der Regel aus Ziffern, kann aber auch Buchstaben enthalten. Der Umfang der Lagerplatznummer wird durch die Lagereinrichtung bzw. -technik bestimmt.

BEISPIEL

Zusammensetzung einer Lagerplatznummer

Lagerplatznummer

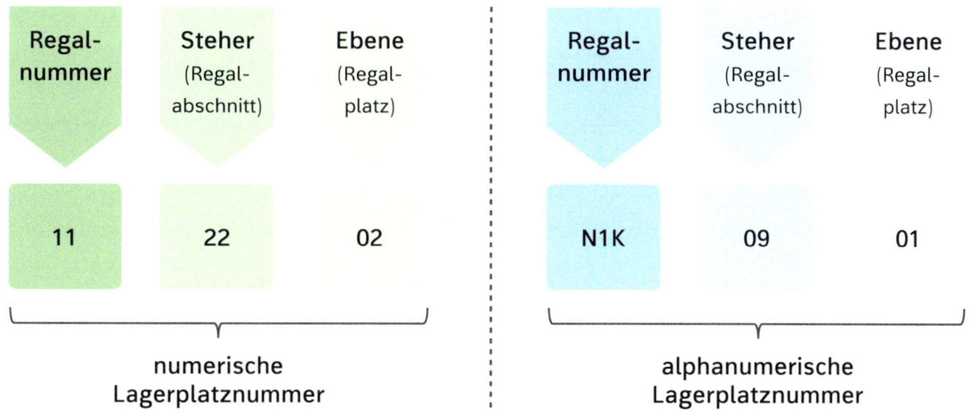

Freiplatzsystem

Die Einführung eines **Freiplatzsystems** geht häufig mit einer umfassenden Automatisierung des Lagers einher. Die Lagereinrichtung bzw. eingesetzte Lagertechnik ist dann häufig so gestaltet, dass nur noch von zentralen Steuerungsstellen die Regalbediengeräte gesteuert oder gar nur Aufträge eingespeist werden. Die Regalbediengeräte nehmen die Ein- und Auslagerungen eigenständig vor. Die Lagergüter werden zur Ausgabe automatisch befördert. Die Systeme sind so programmiert, dass sie für die Ein- und Auslagerungen die Bestückung der Lagerplätze so gestalten, dass

- Transportwege möglichst gering gehalten werden (Fördernähe: einzulagernde Artikel neben auszulagernden Artikeln),

- eine gleichmäßige Verteilung der Lagergüter auf die Lagerplätze erfolgt,
- die Umschlaghäufigkeit der Lagergüter berücksichtigt wird (häufig benötigte Lagergüter werden in der Nähe des Warenausgangs gelagert),
- das FiFo-Prinzip (First-in-First-out) eingehalten wird (Schutz vor Schwund, Verderb und Veralterung).

Der Automatisierungsgrad des Lagerbereichs hängt im Wesentlichen von den Lagergütern und der Umschlaghäufigkeit der Lagergüter ab, da ein hoher Investitionsaufwand erforderlich ist.

Lagereinrichtung bzw. Lagertechnik

Zur Lagereinrichtung bzw. Lagertechnik zählen alle Gegenstände und Vorrichtungen, die zur Lagerung der Lagergüter beitragen. Das sind die Lagertypen, die Lagerhilfsmittel, die innerbetrieblichen Transportmittel und die Sicherheitseinrichtungen.

Die Ausgestaltung der Lagereinrichtung bzw. der Lagertechnik wird durch die vorhandenen Lagerräume bzw. Lagerkapazität, das Lagerprinzip, die Eigenschaften des Lagergutes sowie weiterer Einflussgrößen (siehe Kapitel 1.1) bestimmt. Bezüglich des Lagergutes sind außer physikalischen Eigenschaften auch arbeitsschutzrechtliche Vorschriften von großer Bedeutung.

Wegen der zunehmenden Automatisierung und aufgrund arbeitsschutzrechtlicher Vorschriften sind Schutzmaßnahmen vor den Lagergütern (z. B. Gesundheitsgefährdung durch giftige Stoffe oder schwere Lasten) anzubringen. Darüber hinaus ist nun auch auf den Schutz der Arbeitskräfte im Umgang mit den technischen Geräten sowie aufgrund automatisierter Transportwege zu achten. Sicherheitsmaßnahmen sind etwa die Markierung von Sicherheitsabständen zu den Bediengeräten, Transportwegen sowie das Tragen von Schutzkleidung usw.

Aufgrund der zunehmenden Automatisierung treten organisatorische Hilfsmittel wie Packhilfsmittel (Klebe-Abroller, Messer usw.), Karteikästen, Büroeinrichtungsgegenstände, Büromaterial, Lagerfachkarten usw., Waagen und Zählgeräte immer mehr in den Hintergrund. Dagegen finden sich immer mehr computertechnische Hilfsmittel wie Barcodeleser oder EDV-Anlagen.

Lagerarten

Lagerarten

Lagerarten lassen sich nach verschiedenen Kriterien unterscheiden. Bei einer Differenzierung nach der Bauweise können offene, halboffene und geschlossene Lagerstätten unterschieden werden:

- Ein **offenes Lager** befindet sich „unter freiem Himmel" und ist somit der Witterung ausgesetzt. Der Lagerplatz muss jedoch nicht frei zugänglich sein. Abhängig vom Wert der eingelagerten Waren sorgen verschiedene Zugangsbeschränkungen für Schutz vor unbefugtem Zugriff.

Offenes Lager

- **Halboffene Lager** verfügen in der Regel über eine Überdachung, während die Seitenflächen unverschlossen bleiben. Diese Bauweise ermöglicht eine kontinuierliche Luftzirkulation, die bestimmten Risiken wie beispielsweise Schimmelbildung bei Nässe vorbeugen kann.
- **Geschlossene Lager** sind üblicherweise in Lagerhallen oder Gebäuden untergebracht und bieten umfassenden Schutz vor äußeren Einflüssen.

Geschlossenes Lager

Lager können außerdem nach ihrer **Bauhöhe** klassifiziert werden: Flachlager, Hochflachlager und Hochregallager. Nach der **Bauweise** werden Etagenlager, Traglufthallenlager (luftundurchlässig) und Speziallager (Tanks, Silos und Bunker) unterschieden.

Speziallager

Lagereigentum

Auch die Unterscheidung nach **Lagereigentum** ist sinnvoll. Hierbei wird zwischen Eigenlagern und Fremdlagern differenziert. Für die Nutzung von Fremdlagern können unterschiedliche Gründe sprechen, beispielsweise:

- fehlende eigene Lagerkapazitäten und damit einhergehende Überlegungen, aus Platz- oder Kostengründen keine dauerhafte eigene Lagerfläche zu schaffen
- starke Mengenschwankungen, die zu Abweichungen im Bedarf führen
- Notwendigkeit der Zwischenlagerung beim Wechsel des Transportmittels oder während des Umschlagsprozesses
- besondere Anforderungen an Lagertechnik, wie Kühlung oder Sicherheit, die spezifisches Fachwissen erfordern

Lagerhalter

Wird ein externer Betreiber von Lagerstätten in den Lagerprozess eingebunden, bezeichnet man ihn als **Lagerhalter**. Dabei handelt es sich um ein Unternehmen, das gewerblich die Einlagerung und Aufbewahrung von Gütern übernimmt. Zu diesem Zweck wird zwischen dem Lagerhalter und dem beauftragenden Unternehmen ein Lagervertrag abgeschlossen. Aus diesem Vertrag ergeben sich für die Vertragsparteien die folgenden Rechte:

Rechte des Lagerhalters	Rechte des Auftraggebers
• Anspruch auf Vergütung • Pfandrecht an der Ware bei Nichtzahlung des Auftraggebers • Recht auf Kündigung des Lagervertrags	• fach- und sachgerechte Einlagerung der übergebenen Waren • Dokumentation der Einlagerung (Lagerschein) • Haftung des Lagerhalters für Schäden an der eingelagerten Ware • ggf. Versicherung des Lagergutes • Herausgabe der unversehrten Ware bei Vertragsende • Recht auf Auskunft über den Lagergegenstand • Besichtigungsrecht des Lagerortes • Ablehnung der Sammellagerung

Fremdlager bieten in der Regel ebenfalls verschiedene Lagerarten an. Zusätzlich zur Bauweise muss hier jedoch die separate Lagerung der Waren beachtet werden.

Neben der Sammellagerung, bei der mit Zustimmung der Auftraggeber Waren gleicher Art und Güte gemeinsam gelagert werden, besteht die Möglichkeit der Getrenntlagerung, bei der die Waren räumlich voneinander getrennt bleiben.

Darüber hinaus kann der Einlagerer selbst Lagerräume pachten. In diesem Fall wird von Pachtlagerung gesprochen.

Einteilung des Lagers in Bereiche

Lagerbereiche

Die Warenein- und -ausgangsbereiche können in unterschiedlichen Anordnungen gestaltet werden. Ergänzend dazu gibt es Bereiche für die Kommissionierung, Verpackung von Waren und die Lagerverwaltung.

Bei bestehenden Lagergebäuden wird die vorhandene Bausubstanz häufig in die Planungsüberlegungen einbezogen. Bei Neubauten hingegen steht die Funktionalität im Mittelpunkt des Planungsprozesses.

Grundsätzlich gilt: Die für den Lagerprozess benötigte Zeit hat aufgrund der damit verbundenen Kosten einen wesentlichen Einfluss auf die Platzierung der Waren und den Warenfluss im Lager. Ware, die häufig umgeschlagen wird, wird in der Regel auf logistisch günstigen Lagerplätzen untergebracht, um durch besseren Zugang Zeit und somit Kosten zu sparen.

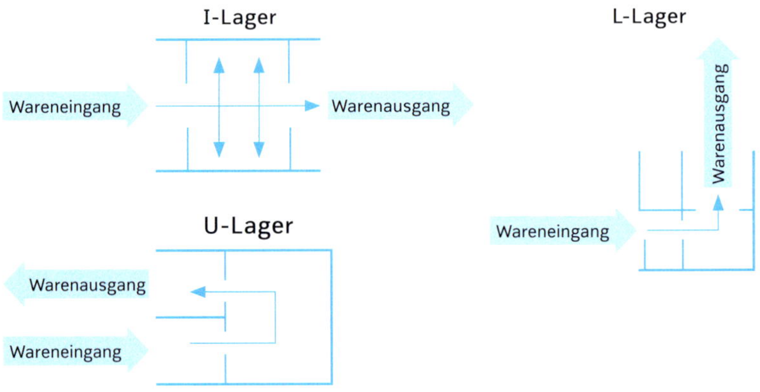

Anordnung von Warendurchlaufprozessen

Lagerzonen

Lagerzonen

Nach der Einteilung des Lagers in die zuvor beschriebenen Lagerbereiche kann, je nach Anforderung, eine weitere Unterteilung zum Zweck der Optimierung des Lagerprozesses sinnvoll sein. Häufig wird das Lager in diesem Fall in sogenannte Lagerzonen gegliedert. Die Bildung dieser Zonen erfolgt nach unterschiedlichen Kriterien. Beispiele für solche Kriterien sind:

- Wert der eingelagerten Güter
- Umschlagshäufigkeit
- Gefahren durch und für eingelagerte Güter
- Gewicht der Güter
- Volumen der Güter
- Umschlagszeitpunkte für Güter
- besondere Anforderungen an Verladung und Transport

Lagerplatznummern und Dokumentation

Lagerplätze

Um eingelagerte Waren schnell und möglichst fehlerfrei auffinden zu können, ist ein zuverlässiges System zur Dokumentation der Einlagerung unerlässlich – unabhängig davon, ob die Erfassung analog oder digital erfolgt. Nur durch die eindeutige Zuweisung und Benennung von Lagerplätzen kann, insbesondere bei der chaotischen Lagerhaltung, der Standort der Ware identifiziert werden.

Zu diesem Zweck werden Lagerplatznummernsysteme verwendet, die Lagerplätze numerisch oder alphabetisch kennzeichnen. Die Lagerplatzbezeichnungen setzen sich häufig aus den folgenden Komponenten zusammen: Lagerhalle, Lagerzeile, Lagerfeld und Lagerebene.

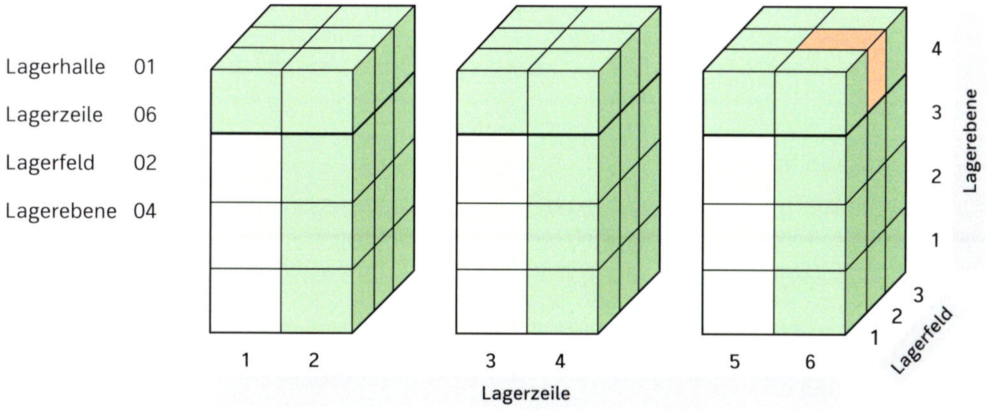

Lagerplatz im Hochregallager

Vergabe von Teile- bzw. Materialnummern

Nummernvergabe

Um verwendete Bestandteile oder Produkte im betrieblichen Prozess präzise identifizieren zu können, werden Zahlensysteme verwendet. Diese Systeme enthalten wichtige Informationen, darunter:

- Angaben zum jeweiligen Bestandteil, z. B. eine Nummerierung als Teil der Gesamtkennzeichnung
- Klassifikationshinweise, wie Güteklassen
- Identifikationsmerkmale, die ein Produkt eindeutig kennzeichnen
- Kontrollinformationen, z. B. eine Prüfziffer

Gekennzeichnet werden die Produkte häufig mittels verschiedener Codes, die eine schnelle Identifikation ermöglichen sollen.

Strichcode

Moderne Lagerverwaltungen werden zunehmend zur belegfreien Zone. Der Materialfluss wird über **Strichcodes und/oder QR-Codes** und **Scanner** erfasst und direkt in das Lagerverwaltungssystem eingespeist. Die Lagerkarte ist nun eine Maske im entsprechenden Lagerverwaltungssystem.

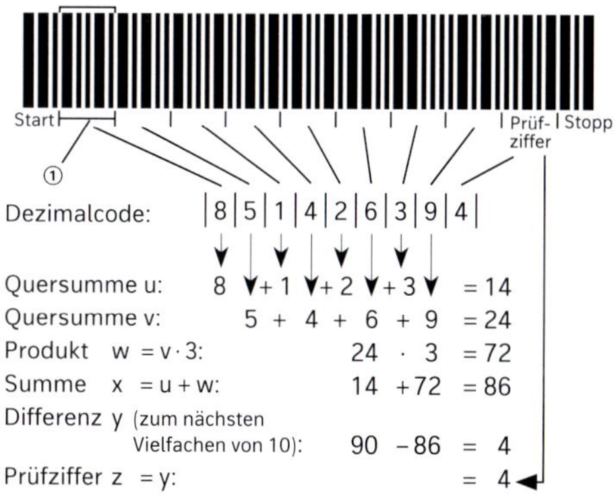

Strichcodes (oder Barcodes) sind parallele, verschieden breite Striche, die optoelektronisch mittels Scanner maschinell gelesen und elektronisch verarbeitet werden. Die Striche sind jeweils Dezimalziffern zugeordnet, die wiederum jeweils eine bestimmte Information darstellen. Die Abbildung zeigt etwa den Code 2/5 5 Striche Industrie (Industriebarcode).

QR-Codes (englisch *quick response* = schnelle Antwort) sind zweidimensionale Strichcodes. QR-Codes können im Vergleich zu Strichcodes mehr Informationen auf kleinerer Fläche unterbringen. Die

Informationen sind in einem Muster aus hellen und dunklen Punkten verschlüsselt. Die Punkte sind wie die Nullen und Einsen in der digitalen Computertechnik für den Menschen unlesbar.

QR-Code

Strichcodes oder QR-Codes enthalten alle relevanten Informationen einer modernen Lagerverwaltung, z. B. Lagerplatznummer, Lagermenge, Artikelnummer, Artikelbezeichnung, ggf. Lieferant usw.

Auf diese Weise herrscht für den gesamten Materialfluss innerhalb des Lagers Transparenz über relevante Informationen. Hierdurch kann ein wichtiger Beitrag zum Ziel der Materialbestandsoptimierung geleistet werden, da die Verweildauer und die Lagermenge deutlich reduziert und damit Lagerkosten gesenkt werden können.

Im Zuge des Supply-Chain-Managements werden die Strichcodes inzwischen für den gesamten Materialfluss von den Lieferanten und Abnehmern gemeinsam definiert, sodass über die gesamte Supply Chain der Materialfluss sichtbar wird. Dieser Prozess kann mit der Sendungsverfolgungsfunktion bei Postsendungen oder Einschreiben verglichen werden.

Wegstrategien im Lager

Wegstrategie

Die Transportwege für die Ein- und Auslagerung von Gütern bieten Optimierungspotenzial. Eine verkürzte Wegzeit reduziert den Zeitaufwand und führt somit auch zu einer Kostensenkung. Um dieses Ziel strategisch zu erreichen, kommen verschiedene Wegstrategien zum Einsatz, wie beispielsweise die Rundgang- oder Stichgangstrategie. Dies dient u. a. auch dazu, Leerstrecken während der Ein- oder Auslagerung zu vermeiden.

Rundgangstrategie

Bei der Rundgangstrategie wird jeder Lagerplatz nur aus einer Richtung angesteuert, wodurch das Entgegenkommen anderer Kommissionierfahrzeuge verhindert wird. Um unnötige Wege zu vermeiden, muss die gesamte Strecke im Voraus geplant werden. Die Reihenfolge des Rundgangs kann jeweils nach dem zu transportierenden Gut variieren. Diese Strategie eignet sich besonders, wenn in einem Lagerbereich überwiegend Güter mit ähnlichen Umschlagswerten gelagert werden.

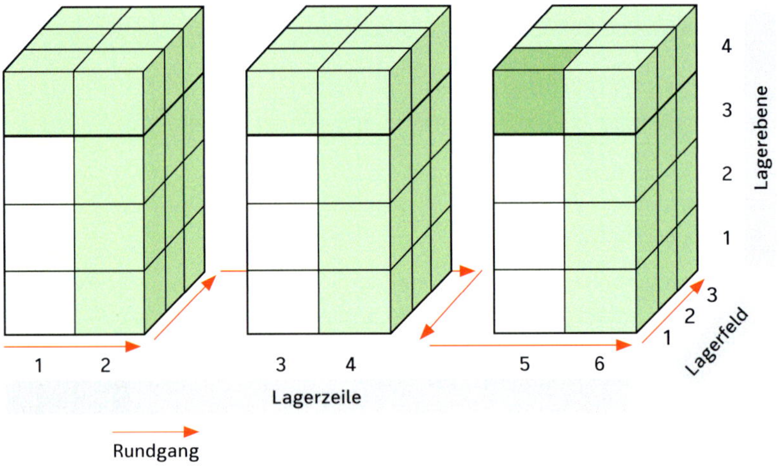

Stichgangstrategie

Im Gegensatz zur Rundgangstrategie sind bei der Stichgangstrategie alle Gänge in beide Richtungen befahrbar. Dies kann besonders dann zu Zeitvorteilen führen, wenn Artikel mit hoher Umschlagshäufigkeit an den Gangvorderenden gelagert werden, wodurch die Strecken im Gang minimiert werden.

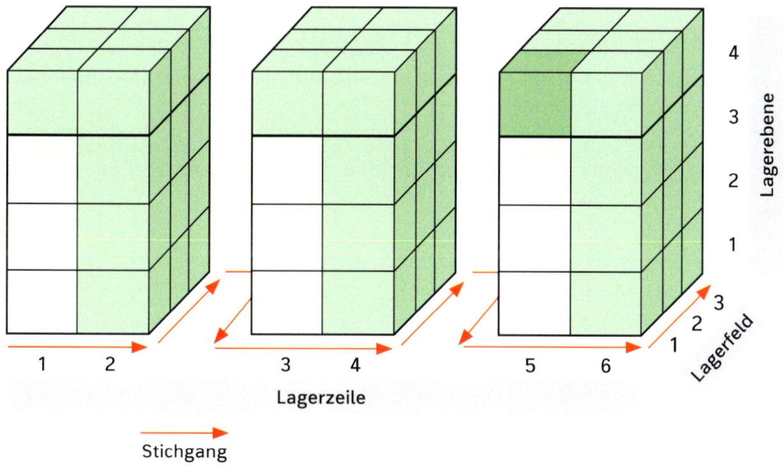

Umschlag als Grundprozess

1.4.3

Umschlag

Auch der Umschlag von Gütern ist ein wichtiger Bestandteil des Gesamtprozesses, bei dem in der Regel ein Wechsel des Transportmittels stattfindet. Er lässt sich definieren als Prozessabschnitt, bei dem Güter mit oder ohne Unterstützung eines Transportmittels ihren Standort wechseln. Zu den Teilprozessen des Umschlags gehören das Be-, Ent- und Verladen von Waren. Oftmals werden auch die Tätigkeiten Sortieren, Einlagern, Auslagern und Kommissionieren unter diesem Begriff miteinbezogen.

Der Umschlag kann mit unterschiedlichem technischen Aufwand erfolgen. Man unterscheidet zwischen manuellem, maschinellem und automatisiertem Umschlag. Der Grad der technischen Unterstützung ist abhängig von der Art des umgeschlagenen Guts, der Menge sowie der technischen Ausstattung am Übernahmepunkt.

Umschlagpunkte

Befindet sich der Umschlagsort auf dem Betriebsgelände, ist der Umschlag Teil des innerbetrieblichen Materialflusses (Intralogistik). Sobald die Ware den innerbetrieblichen Einflussbereich verlässt, wird der Umschlag als Schnittstelle zwischen innerbetrieblichem und außerbetrieblichem Transport bezeichnet. Dies ist besipielsweise der Fall, wenn Waren mit einem Transportmittel an Kunden versendet werden.

Außerbetriebliche Umschläge finden auch an Flughäfen, Bahnhöfen sowie See- und Binnenhäfen statt. An diesen Knotenpunkten können Teillieferungen gebündelt und im Anschluss gemeinsam weitertransportiert werden. Dabei ist häufig eine Kombination verschiedener Verkehrsträger, wie etwa Lkw- und Flugzeugtransport, notwendig. Flughäfen sind in diesem Kontext oft Hauptumschlagpunkte, die als „Hubs" bezeichnet werden.

AUFGABE 1

Sammeln Sie Beispiele für innerbetriebliche Transportwege, Transportmittel und Transporthilfsmittel. Nutzen Sie ggf. auch Beispiele aus Ihrem Ausbildungsbetrieb.

AUFGABE 2

Nennen Sie Probleme beim Transport, die zu steigenden Transportkosten führen können, und empfehlen Sie Maßnahmen, die zu einer Senkung der Transportkosten beitragen können.

AUFGABE 3

Beschreiben Sie den Prozess des innerbetrieblichen Transports anhand eines frei gewählten Beispiels aus der Heidtkötter KG.

AUFGABE 4

Erklären Sie den Begriff „Warenumschlag".

AUFGABE 5

Erläutern Sie, was unter einem Umschlagpunkt zu verstehen ist, und finden Sie drei Beispiele für Umschlagpunkte im Lagerprozess der Heidtkötter KG.

AUFGABE 6

Erläutern Sie die unterschiedlichen Lagerarten und prüfen Sie deren Verwendbarkeit aus der Perspektive der Heidtkötter KG.

AUFGABE 7

Die Lagerung ist ein aufwendiger Prozess. In einigen Fällen kann es sinnvoll sein, einen Lagerhalter mit der Überwachung der Lagerprozesse zu beauftragen. Erläutern Sie kurz, was unter dem Begriff „Lagerhalter" zu verstehen ist, und welche Rechte sich daraus für die zwei Vertragspartner ergeben.

AUFGABE 8

Die konkrete Bauart und Einteilung des Lagers entscheidet darüber wo sich im Lager die Ein- und Ausgabebereiche befinden. Erläutern Sie kurz die unterschiedliche Gestaltung von I-, L- und U-Lagern anhand eines Beispiels.

AUFGABE 9

Erläutern Sie den Begriff der Lagerzone.

AUFGABE 10

Nummerierungen sind im Lagerprozess ein wichtiges Hilfsmittel. Im Lagerprozess werden Lagerplatznummern, Teilenummern und Materialnummern verwendet. Beschreiben Sieden Aufbau der Nummerierung anhand eigener Beispiele.

AUFGABE 11

Bei den möglichen Wegstrategien werden Rundgang- und Stichgangstrategie unterschieden. Erläutern Sie den Unterschied zwischen diesen zwei Strategien anhand eines Beispiels.

AUFGABE 12

Beschreiben Sie die zentralen Funktionen und Aufgaben eines Lagers in einem Industriebetrieb.

AUFGABE 13

Industrieunternehmen verfügen über zahlreiche Lager an verschiedenen Stellen des Wertschöpfungsprozesses (siehe Abbildung auf Seite 194).

a) Erläutern Sie jeweils die Funktion dieser Lager.
b) Beschreiben Sie, welche Lagergüter in einem Industriebetrieb in den verschiedenen Lagern aufbewahrt werden.

AUFGABE 14

Vergleichen Sie zentrale und dezentrale Lagerorganisation. Begründen Sie, welche Lagerorganisation in Ihrem Ausbildungsbetrieb vorliegt.

AUFGABE 15

Erklären Sie die Darstellung eines Lagers (siehe Abbildung Seite 195) und beschreiben Sie mögliche Tätigkeiten in den dort angegebenen Aufgabenbereichen.

AUFGABE 16

Moderne Lagerverwaltungssysteme arbeiten häufig mit Strichcodes. Erläutern Sie das Funktionsprinzip sowie die Vorteile eines solchen Systems.

AUFGABE 17

Bereiten Sie einen Kurzvortrag über die Organisation des Lagers in Ihrem Ausbildungsbetrieb vor. Gehen Sie dabei auf folgende Aspekte ein:

- überbetriebliche und innerbetriebliche Lagerorganisation
- schematische Darstellung des Lageraufbaus
- Arbeitsweise des EDV-Lagerverwaltungssystems
- Materialfluss für ein beliebiges Lagergut sowie die dazugehörigen Tätigkeiten im Lager
- Lagerprinzip (z. B. Festplatzsystem/Freiplatzsystem)
- Lagertyp (z. B. Bodenlagerung, Regallagerung)
- über- und innerbetriebliche Transportsysteme
- Sicherheitsmaßnahmen zur Gewährleistung des Arbeitsschutzes

2 Lagerung

Neben der bereits geklärten Frage der Lagerart ist die Gestaltung der Lagereinrichtung von entscheidender Bedeutung. Geschlossene Lagerräume sind aufgrund ihrer Errichtungskosten deutlich teurer als andere Lagerarten. Daher ist es nachvollziehbar, dass jeder Quadrat- bzw. Kubikmeter möglichst optimal genutzt werden soll.

2.1 Lagersysteme

Lagersysteme

Bei der Gestaltung von Lagerflächen in Gebäuden wird häufig zwischen zwei Systemen unterschieden: den statischen und den dynamischen Lagersystemen.

- Bei **statischen Lagersystemen** werden Waren auf einem festen Lagerplatz eingelagert und verbleiben dort bis zur Auslagerung.
- Bei **dynamischen Lagersystemen** wechseln die Waren während des Verbleibs im Lager ihren Lagerplatz, wie z. B. in sogenannten Durchlauf- oder Umlaufregalen.

2.2 Lagereinrichtung

Lagereinrichtung

Die Lagereinrichtung kann als Bodenlagerung oder als Regallagerung gestaltet werden. Für beide Varianten existieren unterschiedliche Lagerformen, die je nach Investitionshöhe, laufenden Kosten, Zugriffsmöglichkeiten für Ein- und Auslagerung, Flächen- und Energiebedarf oder Störanfälligkeit des Lagerprozesses Vor- und Nachteile bieten:

Bodenlagerung

Bodenlagerung

Lagertechnik	Beschreibung	Vorteile	Nachteile
Reihenlagerung  gestapelte Reihenlagerung  ungestapelte Reihenlagerung	• kann gestapelt oder ungestapelt erfolgen • jeweils zwei Reihen werden nebeneinander gestapelt, dann folgt ein Freiraum zwischen der zweiten und dritten Reihe	• keine Kosten für Lagereinrichtungen • FIFO-Prinzip in der Reihe möglich • einfache Organisation • geringe Störanfälligkeit	• geringe Raumausnutzung • begrenzte Stapelhöhe • wenig automatisiert
Blocklagerung  gestapelte Blocklagerung  ungestapelte Blocklagerung	• ähnlich wie die Reihenlagerung, jedoch ohne Zugänge zwischen den Reihen • LIFO-Prinzip bei der Auslagerung	• keine Kosten für Lagereinrichtungen • hoher Grad an Raumnutzung • einfache Organisation • schnelle Organisation	• Zugangswege nur nach LIFO möglich • wenig automatisiert • nicht geeignet für Ware mit Haltbarkeitsdatum

Regallagerung

Regalsysteme

Lagertechnik	Beschreibung	Vorteile	Nachteile
Fachbodenregal 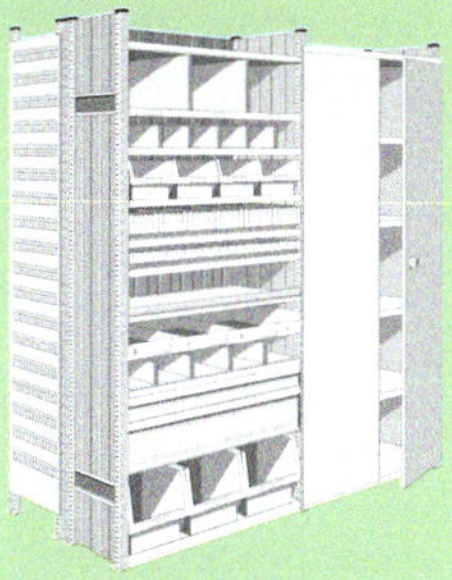	Das Regal ist in einzelne Fächer unterteilt. Die Fächer können individuell angepasst werden.	• Raumausnutzung • Übersicht • direkter Zugriff auf alle Fachböden • nach Bedarf anpassbar	• Kosten in Abhängigkeit von der Tragkraft • Automatisierung in Abhängigkeit von der Gestaltung • hoher Personalbedarf wegen Individualisierung
Palettenregal 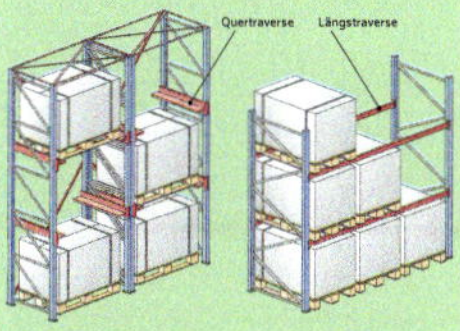	• Die Ware wird auf Paletten oder in Gitterboxen eingebracht. • Statt auf Fachböden wird auf Traversen (Streben) gelagert. Diese können längs oder quer angebracht sein, was auch die Einbringungsrichtung der Paletten bestimmt.	• Raumausnutzung • Übersicht • direkter Zugriff • Automatisierung gut möglich • Mechanisierung gut möglich	• Abhängigkeit von der Einlagerung auf Paletten oder in Gitterboxen • hohe Weg- und Greifzeiten • Vorgabe der Maße durch Paletten
Einfahr- und Durchfahrregal 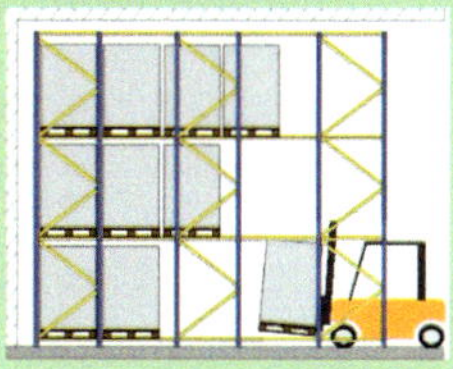	• Bei den sogenannten Drive-in- bzw. Drive-through-Regalen werden die einzulagernden Waren von einer Seite eingelagert. • Die Auslagerung erfolgt entweder von derselben Seite im LIFO-Verfahren oder der gegenüberliegenden Seite im FIFO-Verfahren. • Die Lagerung kann auf mehreren Etagen übereinander und in mehreren Gängen nebeneinander erfolgen.	• hoher Raumausnutzungsgrad • Möglichkeit der Automatisierung • Möglichkeit der Mechanisierung	• abhängig von Paletten oder Gitterboxen • kein direkter Zugriff auf alle Lagerplätze • keine freie Lagerplatzordnung • ggf. aufwendigere Auslagerung

Regalsysteme

Lagertechnik	Beschreibung	Vorteile	Nachteile
Kanal- und Tunnelregal 	• Wird mit Lagerschlitten betrieben, die Waren mit eigenem Antrieb auf den gewählten Lagerplatz transportieren. • ansonsten vergleichbar mit dem Einfahrregal	• hoher Raumausnutzungsgrad • Möglichkeit der Automatisierung • Möglichkeit der Mechanisierung	• abhängig von Paletten oder Gitterboxen • kein direkter Zugriff auf alle Lagerplätze • keine freie Lagerplatzordnung • ggf. aufwendigere Auslagerung
Einschubregal 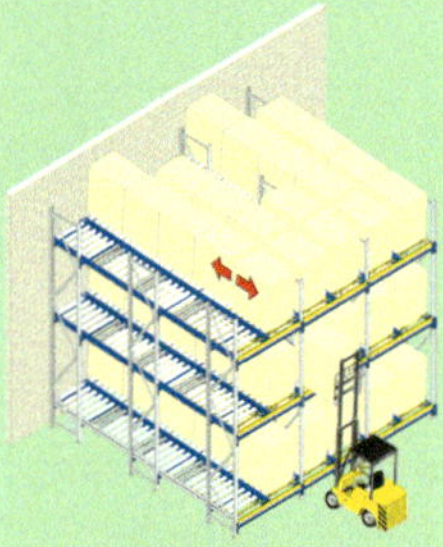	Dieses Regal funktioniert ähnlich wie ein Einfahrregal. Durch eine Neigung des Regals zur Einschubseite, steht die letzte eingelagerte Palette jedoch immer vorne im Regal.	• hoher Raumausnutzungsgrad • Möglichkeit der Automatisierung • Möglichkeit der Mechanisierung • Kanäle können in beliebiger Reihenfolge befüllt oder entnommen werden.	• abhängig von Paletten oder Gitterboxen • kein direkter Zugriff auf alle Lagerplätze • keine freie Lagerplatzordnung • kein FIFO-Prinzip • ggf. aufwendig bei Störungen
Durchlaufregal 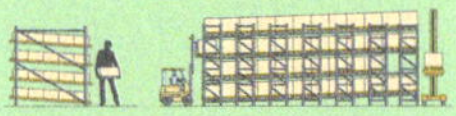	• Neben- und übereinander liegende Kanäle mit Neigung zur Entnahmeseite • FIFO-Prinzip • Antrieb durch Schwerkraft oder mit Antriebselementen	• hoher Raumausnutzungsgrad • FIFO-Prinzip • hohe Artikelvielfalt • hohe Kommissionierleistung • Möglichkeit der Automatisierung • Möglichkeit der Mechanisierung	• hohe Investitionen • Störanfälligkeit in den Bahnen
Kragarmregal 	• „Arme" stehen aus der Wand heraus und nehmen Ablagesysteme auf. • Die Arme sind oft auch als Stecksystem montierbar.	• übersichtlich • erweiterbar • veränderbar • niedrige Investition • geringe Störanfälligkeit	• beschränkte Tragfähigkeit durch die seitliche Lagerung • Regaltiefe beschränkt
Waben- und Kassettenregal 	• für Langgut in Kanälen unter- und nebeneinander unterteilt • Tiefe in der Regel bis zu 6 m	• hohe Raumnutzung • gute Bestandsübersicht • Automatisierung möglich • Mechanisierung möglich	• breite Gänge für Transportmittel • wenige Verstelloptionen

Regalsysteme

Lagertechnik	Beschreibung	Vorteile	Nachteile
Verschieberegal 	• Hier werden die Regale (Regalzeilen) auf Schlitten im Lager verschoben. • Es existiert nur eine Regalgasse.	• hohe Raumnutzung • direkter Zugriff • kurze Kommissionierwege	• hohe Investitionskosten • zeitintensiv aufgrund von Regaltransport • aufwendige Sicherheitsmaßnahmen
Umlaufregal 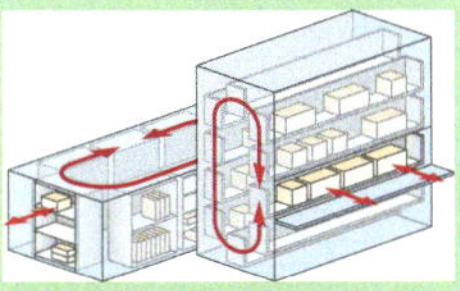	• Es gibt vertikale (Paternosterregal) und horizontale Umlaufregale (Karussellregal). • Die Bedienpunkte zur Befüllung und Entnahme sind stationär.	• hohe Raumnutzung • freie Lagerplatzwahl • geringe Wegzeit • gute Schutzmöglichkeit • automatisierbar	• hohe Investitionskosten • Wartungskosten • hohe Zugriffszeiten • ggf. eingeschränkte Tragfähigkeit durch Automatisierung
Turmregal 	• auch Liftregal genannt • vollautomatisch mit Aufzügen betrieben • Lagerhilfsmittel ist das Tablar, auf dem die Lagergüter eingelagert werden.	• sehr hoher Flächennutzungsgrad • Bereitstellung: Ware zur Person • geschützte Lagerung • vollautomatisch	• hohe Investitionskosten • wartungsintensiv • erhöhte Zugriffszeiten • geringe Erweiterungsfähigkeit
Vollautomatisches Regalsystem (AutoStore) 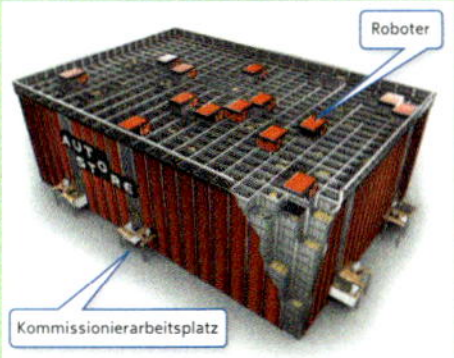	• Behältersysteme, die vollautomatisch mit Robotern betrieben werden • in sich geschlossen • Prinzip: Ware zur Person	• sehr guter Schutz der eingelagerten Ware • sehr kurze Weg- und Zugriffszeiten • vollautomatische Bestandsüberwachung	• sehr hohe Investitionskosten • Stillstand bei technischen Problemen • ungeeignet ab bestimmten Güterdimensionen
Hochregal 	• Regalsysteme mit einer Höhe von bis zu 50 m • hohe Umschlagszahlen durch den Einsatz von Regalbediengeräten • unterschiedliche Automatisierungsgrade herstellbar	• sehr hoher Flächen- und Raumnutzungsgrad • direkter Zugriff auf alle Lagerplätze • geringer Personalbedarf • Freiplatzwahl	• hohe Investitionskosten • hohe Wartungskosten • spezielle Fördermittel erforderlich • ggf. aufwendige Reparaturen

2.3 Kommissionierungsprozess

Kommissionierungsprozess

Bei der Kommissionierung wird, wie in anderen Tätigkeitsfeldern, der gesamte Prozess ganzheitlich betrachtet. Der Kommissionierprozess besteht aus mehreren Teilprozessen, zu denen der Informationsfluss, der Materialfluss und die Organisation des Gesamtprozesses zählen.

Der **Informationsfluss** beginnt bereits bei der Auftragsannahme mit dem Eingang der Bestellung. Nach der Erfassung wird die Bestellung auf Lieferbereitschaft und Lieferfähigkeit geprüft. Anschließend erfolgt die Vorbereitung der Kommissionierung sowie die Weiterleitung der Informationen an die Kommissioniererinnen und Kommissionierer. Im Zuge der Durchführung wird die Entnahme der Waren dokumentiert und verbucht.

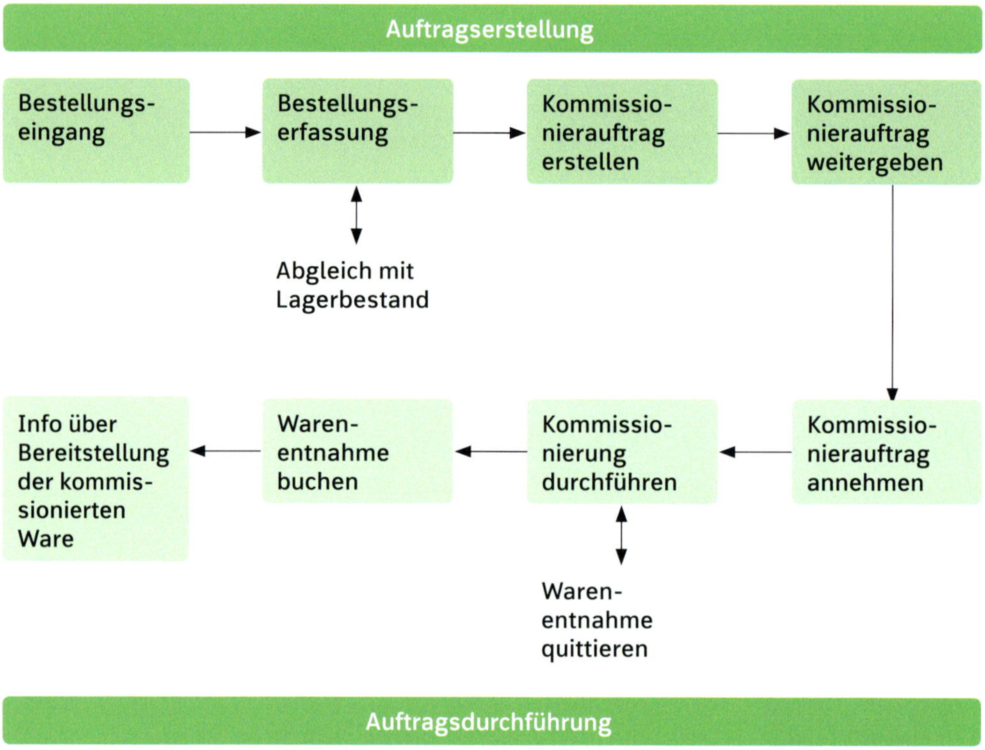

Kommissionierungsauftrag

Teil dieses Prozesses ist die **Aufbereitung des Kommissionierauftrags.** Üblicherweise enthalten eingehende Bestellungen Angaben zur bestellten Ware, wie Artikelnummern und Mengenangaben. Für die Kommissionierung werden jedoch weitere, interne Informationen benötigt, die zunächst im Unternehmen ergänzt oder aufbereitet werden müssen. Zu diesen Informationen gehören beispielsweise der Lagerort, das Gewicht, spezielle Kommissionieranforderungen oder Packlisteninformationen. Ergänzend können zeitliche Vorgaben und Reihenfolgen für die Kommissioniererinnen und Kommissionierer relevant sein. Zudem stellt sich die Frage, ob Kommissionieraufträge direkt online bearbeitet werden oder ob sie zunächst gesammelt, vorsortiert und im sogenannten Batch-Modus (Stapelverarbeitung) abgewickelt werden.

Packliste

Bei der **Weitergabe der Kommissionieraufträge** kommen sogenannte **Packlisten** zum Einsatz. Diese enthalten u. a. Informationen zu den Lagerorten, den zu packenden Artikelmengen, den Artikelnummern und zur Reihenfolge der **Picks**, also der **Entnahmen**.

Die Weitergabe kann beleghaft oder beleglos erfolgen:

- Bei der **beleghaften Kommissionierung** arbeiten die Kommissioniererinnen und Kommissionierer mit physischen Belegen, die in der Regel eine Liste der zu kommissionierenden Artikel und deren Mengen umfassen. Diese Listen enthalten meist bereits eine optimierte Reihenfolge, in der die Artikel „gepickt", d. h. nacheinander kommissioniert, werden sollen. Ein Vorteil dieses analogen Verfahrens ist die Flexibilität, die es dem Kommissionierpersonal ermöglicht, auf besondere Umstände schnell zu reagieren. Ein klarer Nachteil besteht jedoch darin, dass die Informationen zur erfolgten Kommissionierung später separat erfasst werden müssen.

beleglose Verfahren der Kommissionierung

- **Beleglose Verfahren** bzw. digitale Systeme stellen eine prozessorientierte Alternative dar. Fehler bei der Artikelbezeichnung lassen sich durch digitale Klassifizierungen nahezu ausschließen und Stückzahlen verlässlich dokumentieren. Zusätzlich wird der Kommissionierprozess beschleunigt, da digitale Erfassungssysteme den Zeitbedarf für die Entnahmen (Picks) erheblich reduzieren können. Zu den beleglosen Verfahren zählen u. a.:
  - Pick by Scan (z. B. Strich- oder QR-Code)
  - Pick by RFID (Chip)
  - Pick by Vision
  - Pick by Voice
  - Pick by Light

Der **Materialfluss** umfasst nicht nur die Bewegung des Materials bei der Ein- und Auslagerung, sondern auch die dazugehörigen Bewegungen der Kommissioniererinnen und Kommissionierer sowie der benötigten Hilfsmittel.

Für die Organisation des Materialflusses spielt die Art und Größe der zu bewegenden Einheiten eine zentrale Rolle. Solche Einheiten können für folgende Zwecke gebildet werden:

Einheit	Bedeutung
Transporteinheit	Die Ware wird zum Transport, z. B. je Palette, Gitterbox oder Karton, in Einheiten angegeben.
Lagereinheit	Mengeneinheit, die z. B. im Regal eingelagert wird
Bereitstellungseinheit	Der jeweilige Bereitstellungsplatz ist mit jeweils einer Einheit des Artikels zur Entnahme besetzt.
Entnahmeeinheit	Menge, die entnommen wird
Sammeleinheit	zusammengestellte Menge an Teilen eines Produkts
Versandeinheit	In dieser werden die Einheiten zum Versand gesammelt und bereitgestellt.

Bereitstellung der Ware

Die **Bereitstellung der Ware** kann entweder statisch oder dynamisch erfolgen. Dabei wird unterschieden, ob das Kommissionierpersonal sich zur Ware oder die Ware sich zum Kommissionierpersonal bewegt. Wesentliche Unterschiede ergeben sich hier aus der körperlichen Belastung der Kommissioniererinnen und Kommissionierer und dem Zeitfaktor. Dem stehen oft höhere Investitionskosten für automatisierte Bereitstellungssysteme gegenüber, denn mittlerweile ist auch die vollautomatische Entnahme durch Kommissionierautomaten, z. B. Regalbediengeräte, möglich.

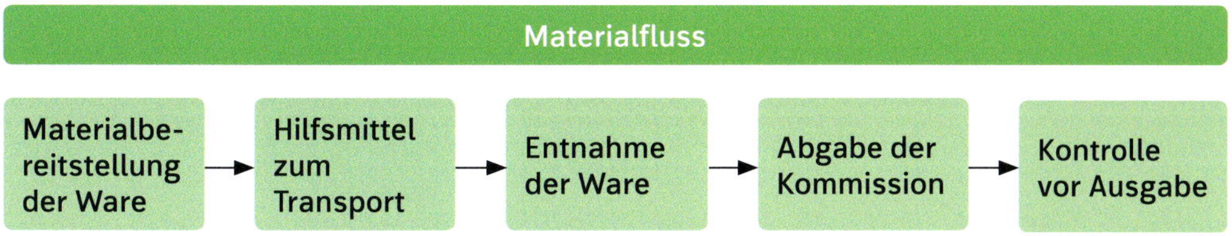

Lagerorganisation

Auch in der **Lagerorganisation** spielen verschiedene Betrachtungsperspektiven eine Rolle. In der Regel wird zwischen der Aufbau- und der Ablauforganisation unterschieden. Die Kommissionierung stellt dabei einen wesentlichen Bestandteil der Ablauforganisation dar.

Zunächst muss die Entscheidung über die Kommissioniermethode getroffen werden. Die Methode legt fest, wie und in welcher Reihenfolge zu kommissionierende Aufträge bearbeitet werden. Zur Auswahl stehen folgende Optionen:

- auftragsorientierte Kommissionierung
  - seriell
  - seriell mit Übergabe
  - parallel

serielle Kommissionierung

Auftragsorientierte serielle Kommissionierung

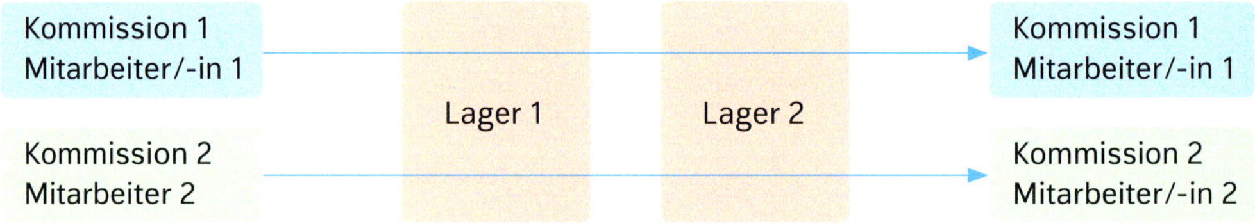

Auftragsorientierte serielle Kommissionierung mit Übergabe:

parallele Kommissionierung

Auftragsorientierte parallele Kommissionierung:

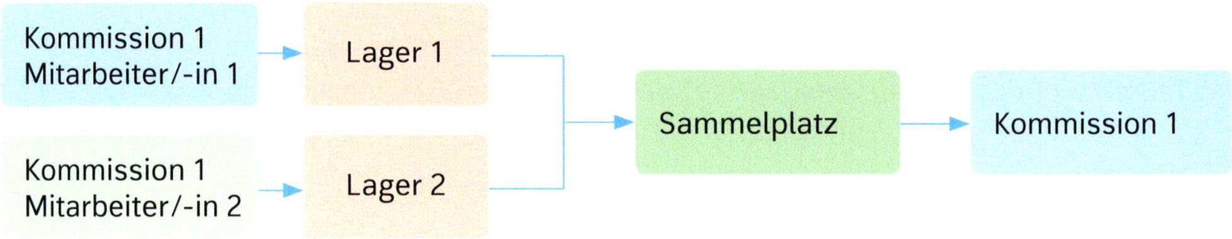

- serienorientierte, parallele Kommissionierung

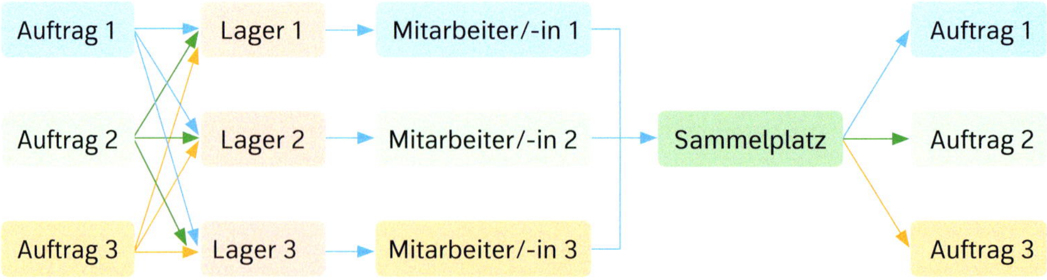

Kommissionierzeit

Der zeitliche Bedarf für die Kommissionierung, die **Kommissionierzeit,** kann für alle Kommissioniermethoden ermittelt werden. Hierzu wird die aufgewendete Zeit in einzelne Komponenten zerlegt. Zu den Bestandteilen der Kommissionierzeit gehören Grundzeit, Wegzeit, Greifzeit, Rüstzeit und Verteilzeit.

- Die **Grundzeit** umfasst alle notwendigen Tätigkeiten zur Vor- und Nachbereitung einer Kommission, wie beispielsweise die Abholung der Belege, Fahrzeuge und Behälter, die Routenplanung sowie die Bereitstellung von Verpackungsmaterialien.
- Die **Wegzeit** berechnet die Zeit, die für die Distanzen zwischen den einzelnen Picks benötigt wird. Dies gilt sowohl für die An- als auch für die Abfahrt zwischen den Positionen auf der Packliste.
- Von der **Greifzeit** wird gesprochen, wenn die Dauer eines einzelnen Picks exakt bemessen wird. Hierzu zählt auch der Transport der Ware, etwa vom Lagerort zum Transportmittel.
- Wie auch in der Produktion umfasst die **Rüstzeit** die zusätzlichen Tätigkeiten, die zur Entnahme erforderlich sind. Dieser Zeitbedarf entsteht beispielsweise durch Anbruch, Etikettierung, Erfassung und ähnliche Aufgaben.
- Die **Verteilzeit** enthält z. B. Wartezeiten auf Transportmittel, Beförderungszeiten im Regalsystem oder auch Erläuterungszeiten für die zu erledigenden Aufgaben. Zudem gehören Pausenzeiten der Mitarbeiterinnen und Mitarbeiter zur personenbezogenen Verteilzeit.

Kommissionierleistung

Bei der Frage, wie die **Kommissionierleistung** verglichen und ggf. bewertet werden kann, leisten Kennzahlen wertvolle Unterstützung. Den oben erläuterten Zeiten können entsprechende Kosten zugewiesen werden. Zunächst wird der Zeitbedarf für die Kommission ermittelt und anschließend mit dem jeweiligen Stundensatz ins Verhältnis gesetzt. Diese Berechnung führt, ähnlich wie bei der Maschinenstundensatzberechnung in der Kosten- und Leistungsrechnung, zu einem Zeitbedarf, dem Kosten zugeordnet werden.

Neben den Kosten pro Position kann auch der Kostensatz pro Auftrag oder pro Arbeitsstunde und Arbeitskraft berechnet werden. Auf dieser Basis lassen sich zudem Normalwerte für die einzelnen Tätigkeiten ermitteln.

Die Kommissionierleistung kann auch für die einzelnen Kommissioniererinnen und Kommissionierer genau erfasst werden. Neben der Arbeitsintensität lässt sich so auch die Produktivität bis hin zur einzelnen Position berechnen.

$$\textbf{Arbeitsintensität} = \frac{\text{Kommissionierpositionen}}{\text{Anzahl der Aufträge}}$$

$$\textbf{Kommissionierleistung} = \frac{\text{Anzahl der Kommissionierungen}}{\text{Zeit}}$$

$$\textbf{Pickleistung} = \frac{\text{Anzahl der Picks}}{\text{Zeiteinheit}}$$

Auch die Qualität der Arbeitsleitung kann neben der Geschwindigkeit eine Rolle spielen. In diesem Zusammenhang dient die **Fehlerquote** Maßstab zur Bewertung.

$$\textbf{Fehlerquote} = \frac{\text{Fehler} \cdot 100}{\text{Kommissionen}}$$

2.4 Innerbetriebliche Hilfsmittel, Transportmittel und Transportsysteme

Verpackungen

Verpackungen und die darauf abgestimmten Hilfs- und Transportmittel dienen dem sicheren und zügigen Transport von Waren im Betrieb. Um die optimale Transportkombination zu ermitteln, werden zunächst verschiedene Verpackungsarten näher betrachtet. Verpackungen, die in der Industrie zum Einsatz kommen, bestehen aus einer Vielzahl von Materialien, darunter Holz, Metall, Glas, Kunststoff, Karton, Pappe und Papier. Diese Materialien werden in unterschiedlichen Bauweisen zur Herstellung von Packmitteln verwendet. Die daraus gefertigten Packmittel – wie Kisten, Paletten, Behälter, Container, oder Flaschen – weisen jeweils verschiedene Eigenschaften auf, etwa hinsichtlich Bruchsicherheit, Luft- und Feuchtigkeitsbeständigkeit, Gewicht oder Wiederverwendbarkeit.

Europalette

Für die industrielle Nutzung ist die Einheitlichkeit von Verpackungen ein wesentlicher Kostenvorteil. Ein Beispiel hierfür ist die Euro-Flachpalette, die mit festen Kriterien in Bezug auf Größe, Gewicht und Tragfähigkeit entwickelt wurde und heute zu den meistverwendeten Verpackungsmitteln in Europa gehört. Weitere gängige Palettenarten sind die Industriepalette, Düsseldorfer Palette, Inka-Palette, Großpalette, Gitterboxpalette und Rollpalette.

Gitterboxpalette

Hilfsmittel

Transportmittel

Um den Umgang mit Verpackungen zu erleichtern, werden im Lager standardisierte **Hilfsmittel** eingesetzt, wie z. B. Palettenladegeräte und -stationen, Rollbehälter, Containersäcke sowie Folier- und Bindemaschinen. Diese lassen sich in Hilfs- und Transportmittel unterteilen. **Handbetriebene Transportmittel** eignen sich besonders zum Transport schwererer Lasten. Hierzu zählen Sackkarre, Schubkarre, Handwagen und Hubwagen.

Fördermittel

In der industriellen Lagerung werden auch mechanisierte **Fördermittel** eingesetzt, die sich in zwei Kategorien unterteilen lassen:

- Stetigförderer (z. B. Rollen-, Kreis-, Schwing-, Gabel-, Spiral-, S-, L- und Z-Förderer)
- Unstetigförderer (z. B. Gabelstapler, Kräne)

Innerhalb der Fördermittel können weitere Unterscheidungskriterien wie Automationsgrad oder Flurbindung herangezogen werden:

- flurgebundene Fördermittel (z. B. Hubwagen, Stapler, Regalbediengeräte, Trailer, Schlepper)
- aufgeständerte Fördermittel (z. B. Aufzüge, Satellitenfahrzeuge)
- freie Fördermittel (z. B. Hängebahn, Kran, Hubförderer)

BEISPIEL

Mittel	Beispielabbildung
Hilfsmittel, z. B. Rollwagen, Rollcontainer	

Mittel	Beispielabbildung
Transportmittel, z. B. Hubwagen	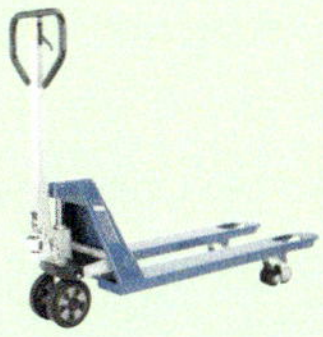
Fördermittel, z. B. Stetigförderer	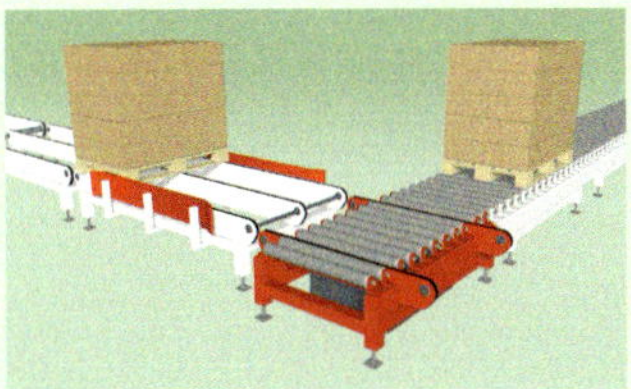

Container – Eigenschaften und Kosten

Zusätzlich zur Europalette ist der **Container** eines der am häufigsten eingesetzten Hilfsmittel in der Industrie. Neben Überseecontainern finden auch Binnen- und Luftfrachtcontainer Verwendung, die Zahl der Transporte nimmt stetig zu.

Die gängigsten Containergrößen sind der 40-Fuß- und der 20-Fuß-Container. Ein 40-Fuß-Container hat die folgenden Maße in Metern: 12,02 m Länge × 2,35 m Breite × 2,39 m Höhe. Somit erreicht der Container ein Volumen von 67,7 m^3 und kann 25 Europaletten oder 23 Gitterboxpaletten fassen.

Neben den Standardcontainern existieren verschiedene Spezialbauformen. Bei der „Open-Top"-Variante entfällt beispielsweise das Containerdach, während bei der „Flat-Rack"-Version auf die Seitenwände verzichtet wird. Zudem gibt es spezielle Container für Schüttgut (Bulk-Container) oder Flüssigkeiten (Tank-Container). Container können auch nach Bedarf isoliert, gekühlt oder belüftet werden.

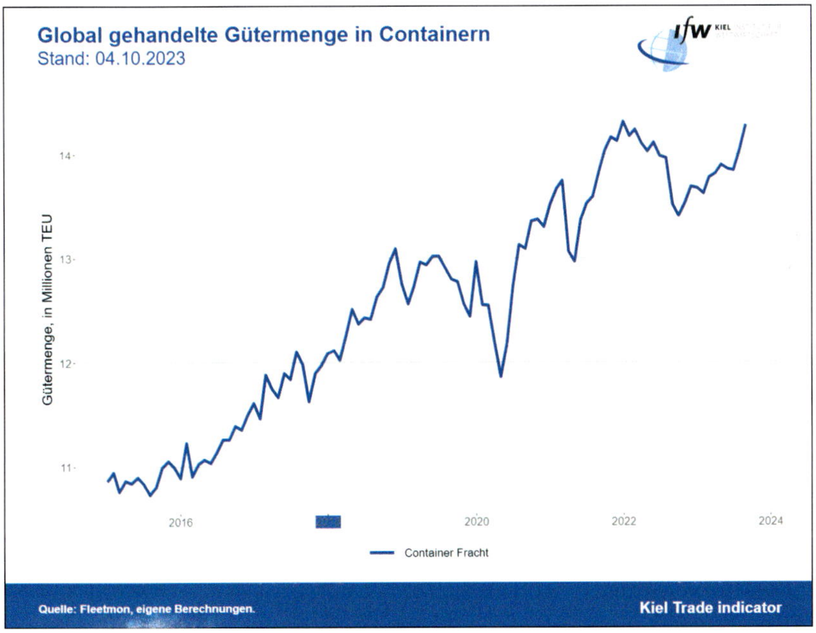

Die **Preise** für den Transport eines 40-Fuß-Containers variieren ständig, wie sich in der Abbildung erkennen lässt. Im Oktober 2024 wurde für den weltweiten Transport ca. 3.700,00 USD je Container berechnet, im Juli hingegen lag der Preis noch bei 5.937,00 USD also fast doppelt so hoch.

Preise für den Transport eines 40-Fuß-Containers

Jahr 1		Jahr 2	
Datum	**Preis in USD**	**Datum**	**Preis in USD**
12.01.	2.100,00	18.01.	4.000,00
02.02.	2.000,00	06.02.	3.880,00
23.02.	1.800,00	29.02.	3.200,00
16.03.	1.750,00	21.03.	2.950,00
06.04.	1.760,00	11.04.	2.800,00
04.05.	1.750,00	09.05.	3.500,00
25.05.	1.740,00	30.05.	4.700,00
15.06.	1.650,00	20.06.	5.900,00
06.07.	1.670,00	11.07.	6.000,00
27.07.	1.850,00	01.08.	5.500,00
17.08.	1.800,00	22.08.	5.000,00
07.09.	1.720,00	12.09.	3.750,00
28.09.	1.500,00		
19.10.	1.550,00		
09.11.	1.500,00		
30.11.	1.540,00		
21.12.	3.900,00		

Vgl. https://de.statista.com/statistik/daten/studie/1452855/umfrage/container-frachtraten-weltweit/ am 25.10.2024.

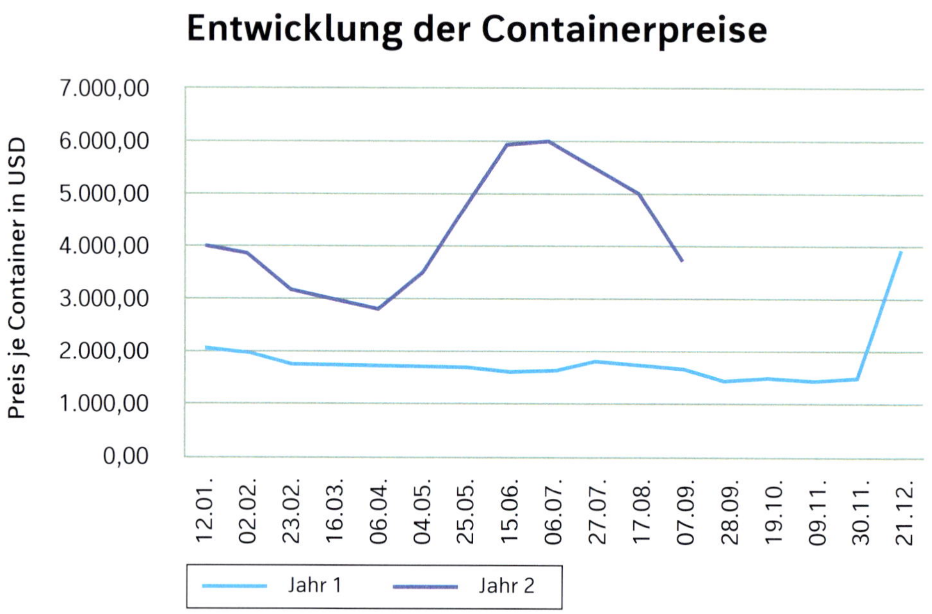

AUFGABE 1

Bei der Lagereinrichtung lässt sich zwischen Bodenlagerung und Regallagerung unterscheiden. Erläutern Sie diesen Unterschied.

AUFGABE 2

Regale spielen eine zentrale Rolle in Lagern. In der Industrie kommen zahlreiche Regalsysteme zum Einsatz, um eine optimale Auslastung der verfügbaren Lagerflächen zu erreichen. Erläutern Sie drei grundlegende Vor- und Nachteile, von denen die Wahl des Regalsystems abhängt.

AUFGABE 3

Erläutern Sie die Funktionsweise eines Kragarmregals.

AUFGABE 4

Nennen Sie drei Vor- und drei Nachteile, die sich aus der Verwendung vollautomatischer Regalsysteme ergeben können.

AUFGABE 5

Erläutern Sie die Bedeutung des Informationsflusses für den Kommissionierprozess von Industrieunternehmen.

AUFGABE 6

Kommissionieraufträge müssen zunächst „aufbereitet“ werden. Erklären Sie, was dieser Begriff für die Tätigkeit im Industrielager bedeutet.

AUFGABE 7

Erläutern Sie den Standardmaterialfluss für die Lagerorganisation.

AUFGABE 8

Welche unterschiedlichen Kommissioniermethoden werden unterschieden? Beschreiben Sie die Unterschiede.

AUFGABE 9

Nennen Sie die Bestandteile der Kommissionierzeit.

AUFGABE 10

Wie kann die Kommissionierleistung berechnet werden? Erläutern Sie die Berechnung.

AUFGABE 11

Um den Umgang mit Verpackungen zu erleichtern, werden standardisierte Hilfsmittel verwendet. Nennen Sie drei Beispiele hierfür.

AUFGABE 12

Neben Hilfsmitteln werden auch Fördermittel eingesetzt. Erläutern Sie den Unterschied zwischen flurgebundenen und freien Fördermitteln.

3 Distributions- und Entsorgungslogistik

Die Verkehrsinfrastruktur verbindet die Beteiligten des Wirtschaftssystems miteinander. Sie umfasst verschiedene Transportwege sowie die entsprechenden Transportmittel, die für die Nutzung der jeweiligen Verkehrswege geeignet und zugelassen sind. Welche Wege mit welchen Trägern optimal für einen bestimmten Transport sind, hängt von Faktoren wie Kosten, Zeit und Machbarkeit ab. Diese Faktoren werden im Tourenmanagement analysiert, geplant und letztlich umgesetzt.

3.1 Verkehrswege

Für den Transport können verschiedene Verkehrswege genutzt werden: Straßen, Schienen, Wasserstraßen und der Luftverkehr. Sowohl die Nutzung einzelner Verkehrswege als auch die Kombination von zwei oder mehr Wegen ist dabei möglich.

Die Straßenverbindung, auch als Kraftverkehrsweg bezeichnet, ist der in Deutschland am häufigsten genutzte Verkehrsweg. Neben Autobahnen, Bundesstraßen, Landstraßen und Kreisstraßen gibt es in den Städten und Gemeinden ein lückenloses Verbindungsgeflecht, das sich über insgesamt 630 000 km im ganzen Land erstreckt. Ergänzt wird die Verkehrsinfrastruktur durch den Schienenverkehr mit 33 400 km sowie die Binnenwasserstraßen mit 7300 km.

Zur Wahl des besten Verkehrswegs für einen bestimmten Transport gehört jedoch auch die Frage der Be- und Entladung an den jeweiligen Endpunkten der Wege. Dies wird in Kapitel 3.3 näher erläutert.

3.2 Verkehrsträger

Neben den Verkehrswegen spielen auch die Verkehrsträger eine entscheidende Rolle für den Transport von Waren. Zum einen muss der gewählte Träger zur zu transportierenden Ware passen, zum anderen muss der Transportweg für den jeweiligen Verkehrsträger geeignet sein.

Die verschiedenen Verkehrsträger lassen sich in folgende Kategorien unterteilen:

- Autoverkehr (Pkw oder Lkw)
- Schienenverkehr (Güterzüge)
- Schiffsverkehr (Binnen- oder Hochseeschifffahrt)
- Flugverkehr (Güterflugzeuge oder Linienflugzeuge)

Lkw-Transport

Aufgrund der verfügbaren Streckenlängen kommt dem Güterkraftverkehr eine besondere Bedeutung zu. Bei der Planung eines Lkw-Transports müssen u. a. folgende Aspekte beachtet werden:

- Lkw-Typ
- Lkw-Maße
- zulässige Zuladungsmenge
- Kraftstoffverbrauch
- Straßennutzungsgebühren (z. B. Lkw-Maut)
- Fahrverbote
- Personalbedarf

Fahrzeugtypen im Güterkraftverkehr sind häufig speziell auf die jeweiligen Transportanforderungen abgestimmt. Daher lassen sich verschiedene Lkw-Typen unterscheiden:

Fahrzeugtyp	Beschreibung
Einzelfahrzeug	Lkw mit unterschiedlichem Aufbau für diverse Verwendungen (Koffer, Ladefläche)
Gliederzug	Motorfahrzeug mit Anhängeoption
Wechselbrückenfahrzeug	Gliederzug mit angehängtem Wechselaufbau
Wechselbrücken-Gliederzug	Lkw mit Planenaufbau
Sattelzug	Zugmaschine mit Sattelauflieger
Kippfahrzeug	für Schüttgut
Tankfahrzeug	für Flüssigkeiten
besondere Fahrzeuge	z. B. Lkws wie Silofahrzeuge oder Betonmischer

3.3 Tourenmanagement

Im Tourenmanagement werden alle erforderlichen Informationen zusammengeführt. Hier werden die Bedarfe für die einzelnen Transporte ermittelt und anschließend Personal, Fahrzeuge, Routen etc. koordiniert.

Tourenmanagement

Ein wesentlicher Bestandteil des Tourenmanagements ist die Tourenplanung. Während Einzeltouren oft keinen großen Planungsaufwand erfordern, sind Sammeltouren (Clustering) deutlich komplexer, da bei diesen Touren zusätzlich die Entladereihenfolge (Routing) bei der Beladung berücksichtigt werden muss. Weitere Aspekte, die bei der Planung beachtet werden müssen, sind u. a.:

- Fahrzeugart, einschließlich Abmessungen, Stellplätzen, Traglast und Gewicht
- verfügbare Fahrerinnen und Fahrer
- besondere Eigenschaften der Ware, z. B. Kühlanforderungen
- Zeitfenster für die Lieferung
- Standzeiten
- Anzahl der Entladestellen
- Abfolge der Entladestellen
- Streckenführung

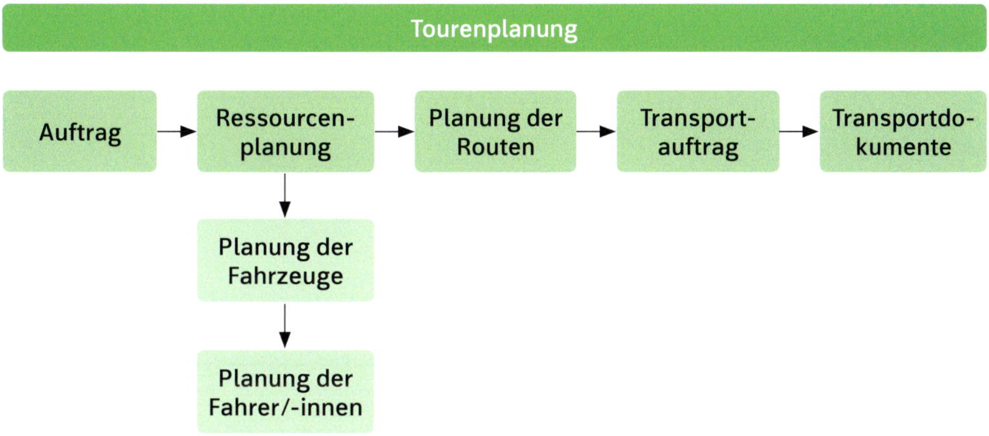

Flottenmanagement

Vernetzte, autonome und multimodale Verkehrswege sind letztlich das Ziel aller Planungsbemühungen. Mittlerweile entspricht der Begriff des **Flottenmanagements** mit der All-in-one-Lösung dem Optimum. Hier werden Touren bedarfsorientiert geplant und Routinen automatisiert. Zudem ermöglichen diese Managementsysteme eine umfassende Analyse der Flottenleistung, die durch detaillierte Reportings unterstützt wird. Selbst das Schadensmanagement kann als Funktionsbereich dieser Managementsysteme nahtlos eingebunden werden.

3.4 Distributionsmanagement

Distributionslogistik

Transportmittel/Verkehrsträger

Am Ende des Fertigungsprozesses müssen die hergestellten Erzeugnisse zum Kunden ausgeliefert werden. Diese Aufgabe wird im Wesentlichen durch die **Distributionslogistik** erfüllt. Dafür stehen unterschiedliche Transportmittel bzw. Verkehrsträger zur Verfügung: Bahnverkehr, Schiffsverkehr, Luftfracht sowie Güterkraftverkehr (Pkw, Kleintransporter oder Lkw). Eine Übersicht über die strukturelle Nutzung der Verkehrsträger für das Jahr 2023 in Deutschland bietet folgende Grafik:

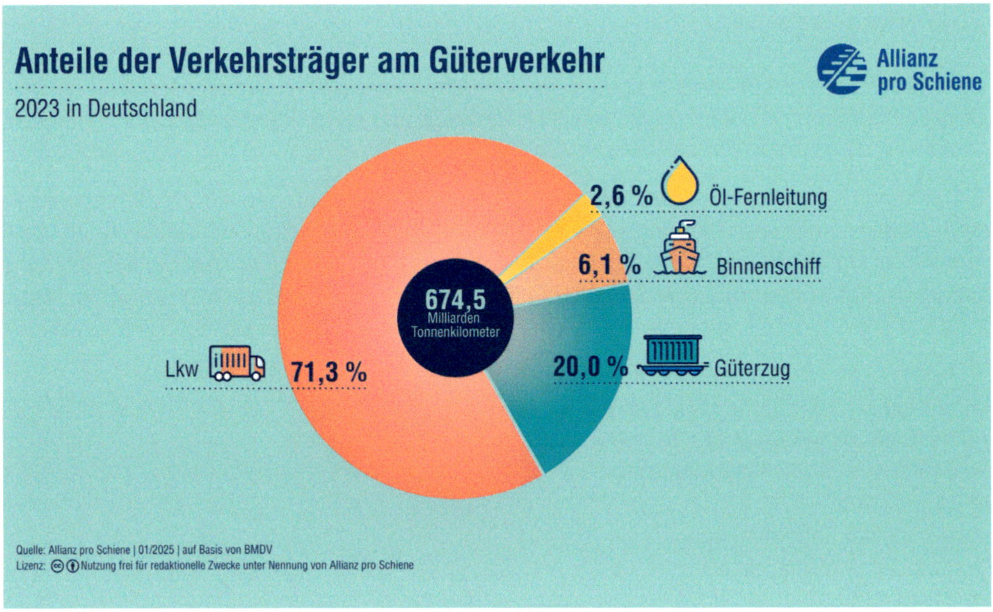

Die Entscheidung für einen bestimmten Verkehrsträger hängt u. a. von folgenden Kriterien ab:

Kriterien für die Wahl des Verkehrsträgers

- Art des zu transportierenden Gutes,
- zu überbrückende Entfernung,
- Art des Verkehrsweges,
- Sicherheit des Transportmittels,
- verfügbare Transportkapazität,
- Kosten des Verkehrsträgers,
- ökologische Belastungen, die mit dem Verkehrsträger verbunden sind,
- Flexibilität des Transportmittels,
- Geschwindigkeit des Transportmittels,
- Regelmäßigkeit des Transportaufkommens,
- Einhaltung gesetzlicher Vorschriften (z. B. Gefahrgutvorschriften).

Allgemein können für die verschiedenen Verkehrsträger folgende Vor- und Nachteile angeführt werden:

Beurteilung der Verkehrsträger

	Vorteile	Nachteile
Bahnverkehr	• hohe Termintreue • kostengünstig bei Langstrecken und Massentransporten • keine Sonn- und Feiertagsfahrverbote • hohe Zuverlässigkeit und hohe Sicherheit • relativ umweltfreundlich • vielfältige Transportmöglichkeiten	• häufiges Verladen/Umladen an Bahnhöfen (u. U. gebrochener Verkehr) zwingend • zusätzliche Transporte zum Schienennetz und zum Kunden, wenn Betriebe nicht an das Schienennetz gebunden sind
Schiffsverkehr	• umweltschonend, da relativ geringe Abgas-/Lärmemission, kaum Wasserbelastungen • große Transportkapazität	• lange Transportdauer • beschränkte Wasserwege und geringe Manövrierfähigkeit
Luftfracht	• kurze Transportzeiten • auch entlegene Zielorte sind mit Flugzeugen erreichbar	• Umweltbelastungen durch Nachtlärm • Umweltbelastungen durch Abgase • kostenintensiv • in der Regel gebrochener Verkehr erforderlich, da Frachtflughäfen mittels Lkw angefahren werden müssen • überlastete Flughäfen und Flugtrassen verlängern Transportzeiten
Güterkraftverkehr	• Direktverkehr ohne Umladen/Verladen möglich • engmaschiges Straßennetz ermöglicht Transporte an nahezu jeden Ort • Verkehrsmittel ist flexibel an das Transportvolumen anzupassen • relativ schnelles Transportmittel • geringere Transportkosten bei optimaler Tourenplanung	• Unsicherheiten durch Staugefahr, Witterung usw. • Fahrverbote (Sonn- und Feiertage) • Umweltbelastung durch Emissionen und hohen Energieverbrauch • Unfallgefahr • begrenztes Transportvolumen und -gewicht

Fuhrpark/ Dienstleister

Der Transport über die Straße kann mit einem eigenen Fuhrpark oder mit Transportmitteln fremder Transportunternehmen (Logistikdienstleister) erfolgen. Das Führen eines eigenen Fuhrparks ist an finanzielle Mittel, einen erhöhten Platzbedarf sowie an zusätzliche, qualifizierte Mitarbeiterinnen und Mitarbeiter geknüpft. Werden die Transportaufträge an fremde Unternehmen vergeben, stehen Frachtführer sowie Spediteure als Vertragspartner zur Verfügung:

Vergleich: Frachtführer/ Spediteur

	Frachtführer	Spediteur
gesetzliche Grundlage	**§ 407 ff. HGB**	**§ 453 ff. HGB**
Vertragsart	**Frachtvertrag**	**Speditionsvertrag**
Pflichten	• Beförderung des Gutes zum Bestimmungsort und dort Ablieferung an den Empfänger • Einhaltung der vereinbarten Lieferfrist • Haftung für Schäden oder Verlust für die Zeit, in der die Güter in seinem Besitz sind • Haftung für verantwortete Verspätungsschäden	• Besorgung der Versendung eines Gutes durch die Bestimmung des Beförderungsmittels und -weges, die Auswahl der Frachtführer, die Sicherung von Schadensersatzansprüchen im Auftrag des Versenders • Ausführung sonstiger vereinbarter Leistungen wie Versicherung, Verpackung, Kennzeichnung, Zollbehandlung der Güter • Haftung für Schaden und Verlust der in seinem Besitz befindlichen Güter
Rechte	• Entgelt für den Transport • kann als Transportpapier die Ausstellung eines Frachtbriefes verlangen • Verpacken, Verladen und Kennzeichnen der Güter durch den Versender • Pfandrecht an den Beförderungsgütern	• Bezahlung für die Transportbesorgung • Selbsteintritt (selbst den Transport als Frachtführer ausführen) • Pfandrecht an den Beförderungsgütern

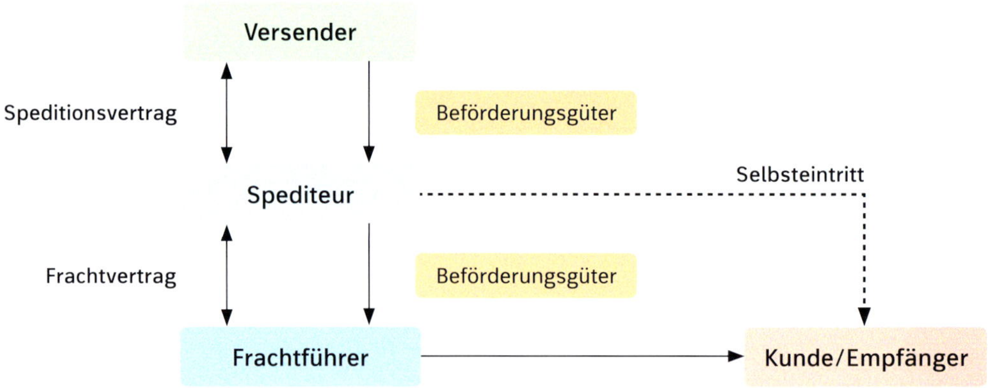

Verpackung

Für den Transport sind die Güter mit einer entsprechenden **Verpackung** zu schützen. Die Sorge dafür trägt der Versender. Der Frachtführer trägt die Verantwortung dafür, dass die Ware auf dem Transportmittel so gesichert wird, dass sie keinen Schaden nimmt bzw. nicht während des Transports andere gefährdet oder schädigt. Grundsätzlich sind bei der Wahl der Verpackung die Vorgaben des Verpackungsgesetzes zu beachten.

› LF 6, Kapitel 1.4.1 Verpackungsgesetz

Aufgrund ihrer Vielfältigkeit spielt die Verpackung für das Marketing in mehrfacher Hinsicht eine Rolle. Wird beispielsweise eine Creme in einer neuen Verpackung präsentiert, kann dies aus transporttechnischen Gründen geschehen (Distributionspolitik), um das Produkt zu modifizieren (Produktpolitik, siehe Lernfeld 9) und für Verbraucherinnen und Verbraucher wieder interessant zu machen oder um bestimmte Informationen an die Konsumentinnen und Konsumenten zu bringen (Kommunikationspolitik, siehe Lernfeld 9).

Die Auslieferung von Waren geschieht häufig durch mehr als einen Verkehrsträger. Dann muss in der Regel beim Wechsel der Verkehrsträger die Warenlieferung umgeschlagen werden. Wesentliche logistische Tätigkeiten des Umschlags sind:

Umschlag

Tätigkeiten des Umschlags				
	Umpacken		Verpacken	Verladen
Sortieren	Trennen	Bündeln		

Das erforderliche Ausmaß des Umschlags wird dabei durch die Vielzahl der unterschiedlichen Transportmittel, die (Un-)Einheitlichkeit der Ladeeinheit und das eingesetzte Logistikkonzept zwischen Lieferant und Abnehmer bestimmt.

In der Praxis sind folgende Logistikkonzepte üblich:

Logistikkonzepte

Sammelgutverkehr		Güterverkehrszentren
Lieferantenorientierter Gebietsspediteur	Abnehmerorientierter Gebietsspediteur	Just-in-time-Lager
Ein Spediteur fährt für einen bestimmten Kunden die Lieferanten nacheinander an.	Ein Spediteur liefert für einen Lieferanten mehrere Abnehmer nacheinander an.	Mehrere Lieferanten liefern für mehrere Abnehmer an; die Auslieferung an die Abnehmer erfolgt aus dem Just-in-time-Lager.

Logistikkonzepte zwischen Lieferant und Abnehmer am Beispiel Lkw

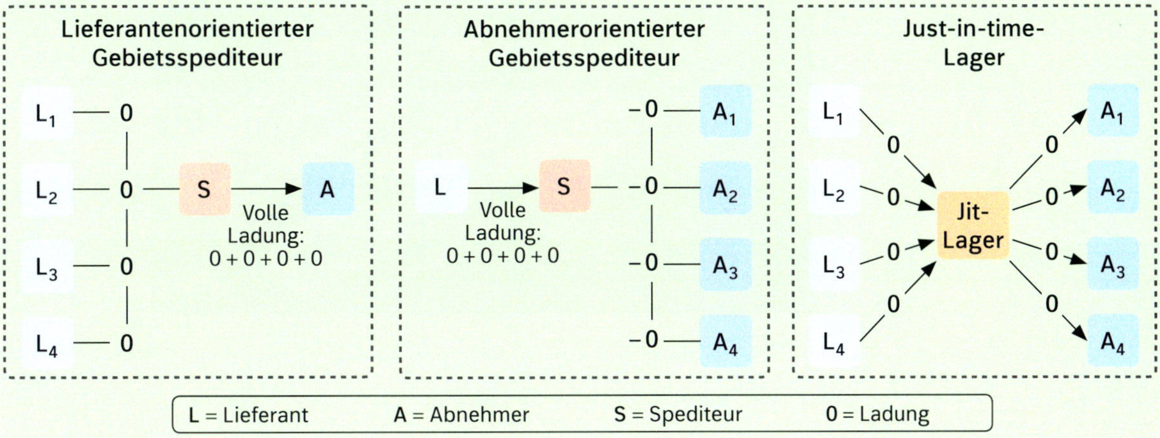

Sammelgutverkehr

Beim **Sammelgutverkehr** werden kleinere Sendungen zu einer Sammelladung zusammengefasst und befördert. Von zentraler Bedeutung sind in diesem Zusammenhang die Umschlagslager des lieferantenorientierten und des abnehmerorientierten Gebietsspediteurs. Denn in dem Umschlagslager des lieferantenorientierten Gebietsspediteurs werden die gelieferten kleineren Sendungen nach Bestimmungsorten sortiert und zu einer Ladeeinheit zusammengefasst. Die jeweilige Ladeeinheit wird dann zum Umschlagslager des abnehmerorientierten Gebietsspediteurs gebracht, der für die Zustellung der kleineren Sendungen vor Ort sorgt.

Vorteile

Für den Versender und die Spedition ergeben sich folgende **Vorteile**:

- Aufgrund der besseren Auslastung der Transportmittel sinken die Beförderungskosten im Vergleich zum Einzelversand.
- In der Regel definieren die Speditionen feste Fahrpläne für das Einsammeln und Ausliefern der Teilladungen, sodass eine hohe Planbarkeit für den Versender besteht.

- Es ergibt sich eine höhere Wettbewerbsfähigkeit durch geringere Beförderungskosten (verbesserte Marktstellung).

Güterverkehrs-zentren

Beim **Güterverkehrszentrum** kommt hinzu, dass nicht nur Lkws, sondern auch weitere Verkehrsträger (z. B. Schiene, Schifffahrt) anliefern und weitere Dienstleistungsunternehmen (z. B. Werkstätten, Telekommunikationsdienste) sowie Industrie- und Handelsbetriebe angesiedelt sind, die miteinander geschäftlich vernetzt sind.

BEISPIEL

Einen Eindruck über die Dimensionen eines Güterverkehrszentrums (GVZ) bietet das GVZ Bremen: Das GVZ Bremen bietet attraktive Flächen mit einem hohen Synergiepotenzial für die Transport- und Speditionswirtschaft. Das Nutzungskonzept richtet sich darüber hinaus speziell an logistikintensive Produktions- und Großhandelsunternehmen aus dem Bereich der Nahrungs- und Genussmittelindustrie.

- Gründung 1985
- Gesamtfläche ca. 475 ha (brutto)
- ca. 1,3 Mio. m^2 Hallenflächen
- größtes Hochregallager Europas
- 160 Unternehmen mit 8700 Beschäftigten
- Anlage für den kombinierten Ladungsverkehr (KLV)

Wesentliche **Elemente eines Güterverkehrszentrums** fasst nachfolgende Übersicht zusammen:

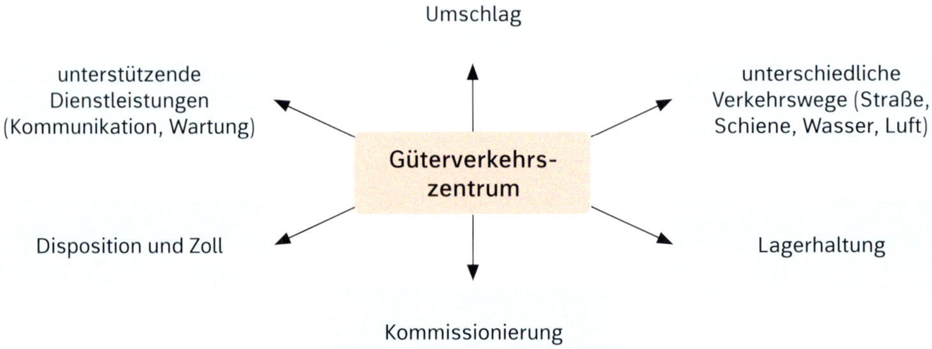

Güterverkehrszentren sind das Nadelöhr der überbetrieblichen und umweltschonenden Materialflussoptimierung:

Vorteile

- vereinfachte Kombination verschiedener Verkehrswege und -träger zum kombinierten Verkehr;
- Teilladungen von Nah- und Fernverkehr können zu größeren (meist wirtschaftlicheren) Ladungen zusammengefasst werden;
- Förderung von Supply-Chain-Management, da kooperative Zusammenarbeit vereinfacht wird;
- Entlastung der Straßen und Innenstädte vom Güterverkehr und Förderung der Nutzung umweltfreundlicherer Verkehrsträger (Schiene, Wasserstraße).

Ein Umschlag wird immer dann erforderlich, wenn mehrere Transportmittel im Zuge der Güterverteilung eingesetzt werden. Hierbei ist zwischen gebrochenem und kombiniertem Verkehr zu unterscheiden.

kombinierter und gebrochener Verkehr

Gebrochener Verkehr liegt vor, wenn die Transportladung in eine andere Ladeeinheit überführt wird und erst dann mit einem anderen Transportmittel befördert werden kann.

BEISPIEL

Die Cemex Kies & Splitt GmbH versendet eine Kiesladung mit der Eisenbahn. Um zu dem Kunden zu gelangen, erfolgt am Güterbahnhof Osnabrück eine Verladung auf Kipplaster. Hierzu müssen vier gefüllte Eisenbahnwaggons auf 15 Kipplaster umgeschlagen werden.

Dem gebrochenen Verkehr obliegt der Nachteil, dass durch den erforderlichen Umschlag die Transportzeit verlängert wird. Im Sinne einer Materialflussoptimierung wird daher der kombinierte Verkehr angestrebt, bei dem der Grundsatz der Logistik gewahrt bleibt.

Nachteil

› Kapitel 1.1 Grundsatz der Logistik

Ein **kombinierter Verkehr** liegt vor, wenn die Transportladung ohne Auflösung der Ladeeinheit von dem einen auf das andere Transportmittel verladen werden kann.

BEISPIEL

Eine Ladung Autoteile wird in einem Sattelauflieger per Eisenbahn nach Köln-Eifeltor transportiert. Dort wird der Sattelauflieger an eine Zugmaschine verladen. Das Transportgut wird dann zum Bestimmungsort, den Ford-Werken Köln, gefahren.

Bei einem kombinierten Verkehr mit Eisenbahn und Lkw wird zwischen dem begleiteten und dem unbegleiteten kombinierten Verkehr unterschieden.

Begleiteter kombinierter Verkehr	Der gesamte Lkw/Sattelzug (Zugmaschine und Sattelauflieger) wird auf Bahnwaggons befördert.
Unbegleiteter kombinierter Verkehr	Nur der Sattelauflieger wird auf Bahnwaggons befördert.

Der kombinierte Verkehr hat Vor- und Nachteile:

Vorteile/Nachteile

Vorteile	Nachteile
• einheitliche Ladeeinheiten beschleunigen den Umschlag zwischen den Verkehrsträgern • kein zusätzliches Beschädigungs- oder Diebstahlrisiko, da kein Umschlag innerhalb der Ladeeinheit • Entlastung der Straße • Haus-Haus-Verkehr wird ermöglicht • schnelle Verbindungen im Fernverkehr	• zusätzliche Investitionskosten in die Ladeeinheiten (Container, Wechselbrücken usw.) • zusätzliche Transportwege, weil Umschlagterminals angefahren werden müssen • Wartezeiten in den Terminals durch unpünktliche Züge, Belegung der Krananlage • Abhängigkeit vom Fahrplan der Güterzüge

3.5 Entsorgungslogistik

Die **Entsorgungslogistik** hat zur Aufgabe, die Verwendung, Verwertung und Beseitigung sämtlicher anfallenden Sekundärrohstoffe und Abfälle vom Beschaffungsmarkt bis zum Absatzmarkt sicherzustellen. Entsorgungslogistik ist demnach eine logistische Aufgabe für den gesamten Wertschöpfungsprozess und somit nicht nur den logistischen Absatzprozessen zuzuordnen.

› LF 6, Kapitel 1.4 Umweltmanagement, KrWG

Die Aufgabenerfüllung der Entsorgungslogistik ist eng an das betriebliche Umweltmanagement geknüpft. Entsorgungslogistik und Umweltmanagement haben insbesondere durch das Kreislaufwirtschaftsgesetz (KrWG) Gewicht bekommen, denn hier wird den Herstellern von Erzeugnissen die Produktverantwortung zugeschrieben. Das heißt, dass Hersteller darauf achten sollten,

- technisch **langlebige** und **mehrfach verwendbare Erzeugnisse** zu entwickeln,
- eine **Kennzeichnung** der Erzeugnisse im Hinblick auf die artgerechte Entsorgung vorzunehmen,
- die Erzeugnisse **zurückzunehmen** und **artgerecht zu entsorgen**.

Die Produktverantwortung umfasst das fertige Erzeugnis und den bei der Herstellung, dem Vertrieb und der Nutzung des Erzeugnisses entstehenden Rückstand:

	Beschreibung	Beispiele
Produktionsrückstände	nicht mehr nutzbare Roh-, Hilfs- und Betriebsstoffe	Ausschuss, Schmierstoffe
	• alte Betriebsmittel • unerwünschte Kuppelprodukte • Emissionen in Luft, Wasser, Boden	• ausgediente Cutteranlage • Abwärme der Betriebsmittel • schmutziges Kühlwasser
Konsumrückstände	unbrauchbare Produkte	ausgedienter Rasierapparat
Transferrückstände	• Transportverpackungen • Umverpackungen	• Einwegpalette • Wickelfolie

› LF 6, Kapitel 1.4 KrWG

Die Beseitigung der Rückstände erfolgt gemäß KrWG. Demnach übernimmt die Entsorgungslogistik folgende physische Aufgaben:

- Verwertung und Aufbereitung der Rückstände, d. h.: **Trennung**, **Verwertung** und **stoffliche Umwandlung**,
- Beseitigung, d. h.: **Deponierung**, **Endlagerung** und **Verbrennung**.

Der Umgang mit **Produktionsrückständen** wurde in Lernfeld 6, Kapitel 1.4 anhand eines integrierten Umweltmanagementsystems dargestellt, sodass an dieser Stelle auf dieses Kapitel verwiesen wird. Die Beseitigung von **Konsumrückständen** richtet sich nach den jeweils gültigen kommunalen Vorschriften. Eine detaillierte Darstellung würde an dieser Stelle zu weit führen. Eine gute Einführung in die aktuellen Regelungen finden sich auf den Seiten des Bundesministeriums für Umwelt, Naturschutz, nukleare Sicherheit und Verbraucherschutz (www.bmuv.de).

In Bezug auf logistische Absatzprozesse ist die Entsorgung der **Transferrückstände** von besonderem Interesse. Hier zeigt sich die enge Verknüpfung der Entsorgungslogistik und der Distributionslogistik, da Transferrückstände, also Verpackungen, wesentlich durch die Distributionslogistik bestimmt werden. Verpackungen bestimmen den Austausch von Gütern im gewerblichen und privaten Bereich. Etwa 90 % der Güter werden für den Transfer zum Kunden verpackt. Die Verpackungsarten und -materialien sind dabei ebenso vielfältig wie die Produkte selbst.

Verpackungsbegriffe

Eine Verpackung ist selten einteilig, sondern besteht aus dem **Packmittel** und dem **Packhilfsmittel**. Die Verpackung umschließt das **Packgut** und wird „Packung“ genannt. Eine **Packung** ist in der Regel Bestandteil einer größeren Transport- oder Lagereinheit. Hierzu werden die Packungen durch weitere Packhilfsmittel miteinander verbunden.

BEISPIEL

Die verschiedenen **Verpackungsbegriffe** werden an dem Versand eines Smartphones verdeutlicht:

Packgut 	Das Smartphone wird nach seiner Herstellung einzeln in Pappschachteln verpackt.
Packmittel 	Hauptbestandteil der Verpackung ist eine Pappschachtel, die das Smartphone und die mitgelieferten Zubehörteile sowie die Bedienungsanleitung enthält.
Packhilfsmittel	Das Packhilfsmittel besteht aus gefalteter Pappe und Folie.
Verpackung	Die Verpackung setzt sich aus Packmitteln und Packhilfsmitteln zusammen. Also in diesem Fall aus der Pappschachtel, der gefalteten Pappe und der Folie.
Packung 	Smartphone und Verpackung bilden zusammen die Packung.
Transporteinheit/ Lagereinheit 	Die Packungen werden in genormten (größeren) Pappschachteln verpackt. Die größeren Pappschachteln werden auf einer Europalette gestapelt und mithilfe von Stretchfolie stabilisiert.

Im Wertschöpfungsprozess übernehmen Verpackungen folgende Funktionen:

Funktionen von Verpackungen

Schutzfunktion	Durch die Verpackung wird das Gut vor der Witterung, Verschmutzung und anderer mechanischer Beanspruchung (z. B. Druck, Stoß, Fall) geschützt. Ebenso kann sie als Diebstahlschutz fungieren, wenn die Verpackung z. B. undurchsichtig ist. Zudem schützt die Verpackung Menschen und Umwelt vor Einflüssen durch das Gut (z. B. Vermeidung von giftigen Gasen).
Lagerfunktion	Durch den Einsatz genormter Verpackungen (z. B. Paletten, Kisten) werden Ein- und Auslagerungsvorgänge rationeller. Zudem wird der Lagerraum besser genutzt, weil die Verpackungen in der Regel eine Stapelung ermöglichen. Dies trägt meist auch zu einer größeren Übersichtlichkeit im Lager bei.
Lade- und Transportfunktion	Durch den Einsatz genormter Verpackungen werden der Umschlag und der gesamte Transport rationalisiert. Durch die bessere Ausnutzung des Transportvolumens wird eine Kostenersparnis erreicht.
Informationsfunktion	Die Verpackung wird genutzt, um Produktinformationen (z. B. Preis, Menge, Name, Inhalte), Hinweise/Warnungen für den Umgang mit dem Transportgut (z. B. „zerbrechlich") mitzuteilen und verschlüsselte Daten (z. B. EAN-/RFID-Code) für die rationelle Bearbeitung des Transportguts zu dokumentieren.
Verkaufsfunktion	Die Verpackung wird als Werbeträger genutzt, sodass das Produkt (wieder-)erkennbar wird. Die Verpackung soll die Kaufentscheidung nach Möglichkeit positiv beeinflussen. Darüber hinaus unterstützt die Verpackung den Verkaufsvorgang, indem das Handling des Kaufgegenstandes erhöht wird (z. B. Tragegriffe, Getränkekisten statt Einzelflaschen). Zum Teil kann durch die Verpackung auch ein Zusatznutzen erreicht werden, der nicht zum Kaufgegenstand zählt (z. B. Senfverpackung als Trinkglas).

Arbeitsschritte beim Verpacken

Damit die Verpackung die oben genannten Funktionen erfüllen kann, muss sie den Anforderungen entsprechend ausgewählt und die Ware fachgerecht verpackt werden. Folgende **Arbeitsschritte** sind abzuarbeiten:

- Kommissionierung, d. h., Zusammenstellung der Güter gemäß der Auftragsliste;
- Feststellen des Netto- und Bruttogewichts der Güter und der Packung;
- Auswahl des geeigneten Pack(hilfs)mittels unter Berücksichtigung der Eigenschaften des Gutes, des Volumens und des Gewichts;
- Verpacken des Packgutes gemäß Organisationshandbuch und gemäß eventueller Schutzvorschriften;
- Kennzeichnung der Packungen;
- Verpacken der Packungen zu Lager-/Transporteinheiten; anschließend Kennzeichnung;
- bei Versand an Kunden: Anbringen von Etiketten, Adressen, Begleitpapiertasche usw.;
- Bereitstellung zum Transport.

Verpackungen dominieren die Güterverteilung. Dies lässt sich anhand einiger Vorteile begründen. Jedoch bringen Verpackungen auch Nachteile mit sich:

Beurteilung von Verpackungen

Vorteile/ Nachteile

Vorteile	Nachteile
• Packgut wird geschützt • Rationalisierung der Logistik • Rationalisierung des Verkaufsvorgangs, da das Packgut besser gehandelt werden kann • Verpackung als Verkaufsargument	• zusätzliche Kosten für die Verpackung und die Entsorgung (dadurch auch höherer Verkaufspreis) • „Mogelpackung" täuscht den Käufer • Einsatz von Umweltressourcen • Belastung der Umwelt durch zusätzliche Transferrückstände

Aufgrund der benannten Nachteile zu den Umweltwirkungen von Verpackungen ist das **Verpackungsgesetz** (VerpackG) für die Entsorgungslogistik von besonderer Bedeutung. Das Verpackungsgesetz ist eine Konkretisierung des Kreislaufwirtschaftsgesetzes für Verpackungen. Das Prinzip der Kreislaufwirtschaft wird dadurch auch auf Verpackungen übertragen.

Verpackungsgesetz

BEISPIEL

Kreislaufwirtschaft „Verpackung"

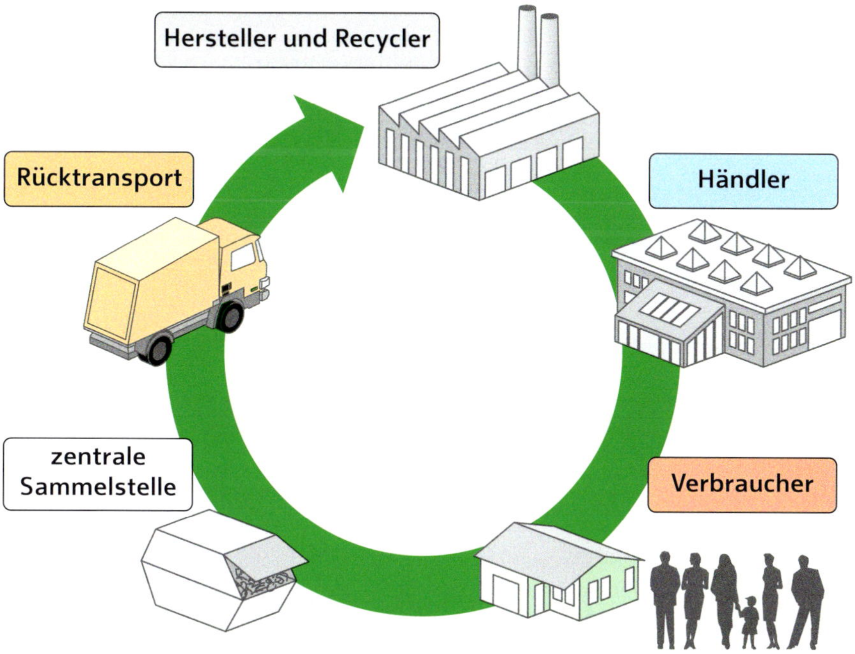

In § 1 VerpackG werden die **abfallwirtschaftlichen Ziele des KrWG** auf Verpackungen übertragen:

Ziele

1. **Vermeidung hat Vorrang vor dem Recycling von Verpackungen.**
2. **Recycling hat Vorrang vor der Beseitigung von Verpackungen.**

› LF 6, Kapitel 1.4 Recycling

Insgesamt zielt das Verpackungsgesetz auf eine Verringerung der Umweltbelastungen durch Verpackungsabfälle in allen Bereichen, also im produzierenden Gewerbe, im Dienstleistungsbereich, in der öffentlichen Verwaltung sowie in privaten Haushalten.

Das Gesetz definiert **Verpackungsarten** (§ 3 VerpackG) und wer auf welche Art und Weise für die Entsorgung der jeweiligen Verpackungsart verantwortlich ist (Rücknahme-, Pfanderhebungs- und Verwertungspflicht).

Verpackungsarten

Verkaufsverpackungen	Umverpackungen	Transportverpackungen
Verpackungen, die als eine Verkaufseinheit angeboten werden (= Gut + Verpackung) und bei den Endverbraucherinnen und Endverbrauchern anfallen. Sie dienen der Hygiene, dem Schutz und der Haltbarkeit der Güter.	Verpackungen, die als zusätzliche Verpackungen zu Verkaufsverpackungen verwendet werden, um Verkaufsverpackungen zusammenzufassen oder um Werbung zu machen	Verpackungen, die den Transport von Gütern erleichtern, die Güter auf dem Transport vor Schäden bewahren oder die aus Gründen der Sicherheit des Transports verwendet werden und beim Vertreiber anfallen
Beispiel	**Beispiel**	**Beispiel**

Rücknahmepflicht von Verpackungen		
Rücknahmepflicht: **Hersteller und Vertreiber** (vor allem der Einzelhandel) Vertreiber müssen Endverbraucherinnen und Endverbraucher auf diese Pflicht ausdrücklich hinweisen, die entleerte Verkaufsverpackung zurücknehmen und diese einer Verwendung/Verwertung zuführen bzw. dem Hersteller zurückgeben.	Rücknahmepflicht: **Vertreiber** (vor allem der Einzelhandel) Vertreiber müssen die Umverpackungen bei der Abgabe an Endverbraucherinnen und Endverbraucher entfernen oder ihnen Gelegenheit geben, die Umverpackung zu entfernen und im Verkaufsraum oder auf dem Gelände des Verkäufers die Umverpackung getrennt in Behältern kostenlos zu sammeln.	Rücknahmepflicht: **Hersteller und Vertreiber** (vor allem der Einzelhandel) Hersteller und Vertreiber müssen die Transportverpackungen zurücknehmen und erneut verwenden (Mehrwegverpackungen), verwerten oder beseitigen.

Aufgrund des großen Abfallvolumens ist für Hersteller und Vertreiber die Rücknahmepflicht vor allem bei Verkaufsverpackungen nur sehr schwierig zu organisieren. Die Art und Weise der Rücknahme wird daher nach dem Rechtsstatus des Endabnehmers unterschiedlich geregelt:

Endabnehmer „Unternehmen“	Endabnehmer „Privatperson“
Restentleerte Verkaufsverpackungen sind am Ort, in unmittelbarer Nähe oder an einem anderen vereinbarten Ort der tatsächlichen Übergabe der Güter unentgeltlich zurückzunehmen und zu verwerten.	Flächendeckende Rücknahme und Verwertung müssen durch die Beteiligung an einem Rücknahmesystem (z. B. Duales System – Grüner Punkt, siehe Seite 231) gewährleistet werden.

Pfanderhebungspflicht bei Einweggetränkeverpackungen

Eine besondere Regelung betrifft die Rücknahme für ökologisch nicht vorteilhafte Einweggetränkeverpackungen, die bestimmte Getränke enthalten (z. B. Bier, Mineralwasser). Vertreiber sind verpflichtet, diese nur gegen die Erhebung eines Pfandes in Höhe von mindestens 0,25 € einschließlich Umsatzsteuer je Verpackung in Umlauf zu bringen. Das Pfand darf nur gegen Rückgabe der entsprechenden Verpackungen wieder ausgezahlt werden.

Rücknahmesystem Duales System

Die flächendeckende Rücknahme und Verwertung der Verkaufsverpackungen wird in Deutschland durch das **Duale System** gesichert. Es wird als „dual" bezeichnet, weil es als zusätzliches Entsorgungssystem neben der kommunalen Abfallentsorgung existiert. Insgesamt existieren derzeit in Deutschland neun Rücknahmesysteme. Hersteller und Vertreiber müssen sich an einem Rücknahmesystem durch die Zahlung der Lizenzgebühren beteiligen. Das bekannteste System wurde von der *Duales System Deutschland GmbH* etabliert. Diese haben Hersteller und Vertreiber gegründet, um die Rücknahme gebrauchter Einwegverpackungen (z. B. Kunststoffbecher, Dosen) zu gewährleisten. Wichtigstes Kennzeichen dieses System ist der „Grüne Punkt".

Die Hersteller und Vertreiber von Gütern zahlen für jede Verkaufsverpackung Lizenzgebühren an die *Duales System Deutschland GmbH*. Dafür können (kein Muss!) die Verpackungen mit dem Logo „Grüner Punkt" gekennzeichnet werden. In jedem Fall müssen aber Hersteller und Vertreiber die Verpackungen registrieren lassen, damit eine Abrechnung der Lizenzgebühren möglich wird.

Als Gegenleistung organisiert die *Duales System Deutschland GmbH* die Rücknahme der Verkaufsverpackungen bei den Verbraucherinnen und Verbrauchern. Dies geschieht in der Regel durch das Bereitstellen von Gelben Tonnen, Gelben Säcken und/oder Wertstoffcentern. Alle Varianten müssen für die Verbraucherinnen und Verbraucher kostenlos sein. Durch das Kennzeichen „Grüner Punkt" wird angezeigt, dass die Kosten für die Rücknahme der Verpackung bezahlt sind.

Die Leistungen des Rücknahmesystems „Grüner Punkt" lassen sich für das Jahr 2023 durch folgende Größen beschreiben:

- durch das Recycling von Verkaufsverpackungen eingesparte Primärenergie: 18 Mrd. Megajoule
- vermiedene Emission an CO_2-Äquivalenten: 18 Mio. t

Die Einsparungen für 2023 entsprechen in etwa der entstehenden CO_2-Emission für den jährlichen Stromverbrauch von 12 250 000 Zwei-Personen-Haushalten.

Aus Sicht des Unternehmens sind viele Aufgaben der Entsorgungslogistik an Dienstleister vergeben worden, die für die umweltgerechte Entsorgung der Rückstände sorgen. Im Zusammenspiel mit der Produktenwicklung und dem Marketing ist aber darauf zu achten, dass auf die erste Priorität des KrWG und des VerpackG Rücksicht genommen wird. Das heißt: ein ressourcenschonender Einsatz für die Herstellung und Vermeidung von Abfällen als oberstes Ziel vor maximaler Marketingwirkung durch eine aufwendige Verkaufsverpackung.

Mehrwegsystem

Zur Vermeidung von Rückständen im Verpackungsbereich etablieren Unternehmen häufig auch Mehrwegsysteme. Die Verpackungen müssen vom Lieferanten wieder zurückgenommen und wieder verwendet werden. Während dieses Prinzip beim Verkauf an Verbraucherinnen und Verbraucher häufig bei Mehrwegflaschen angewendet wird, finden sich beim Verkauf an Unternehmen für Paletten, Gitterboxen und Container Mehrwegsysteme.

BEISPIEL

Der UIC (International Union of Railways) hat den sogenannten „Palettenpool" gegründet. Hierdurch können innerhalb des Pools beladene Paletten gegen leere Paletten getauscht oder leere Paletten zurückgegeben werden. Das Poolsystem wird von der European Pallet Association (EPAL) organisiert.

Ziel dieser Organisation ist, dass jeder Teilnehmer einen hinreichenden Bestand an funktionsfähigen Mehrwegpaletten rechtzeitig zur Verfügung hat.

Vorteile/ Nachteile

Der Vorteil von derartigen Mehrwegsystemen liegt in der Ressourcenschonung der Umwelt. Jedoch ist zu bedenken, dass für den Transport der leeren Paletten an den Bestimmungsort unter Umständen Zusatzfahrten erforderlich sind. Außerdem ist der Verwaltungsaufwand für die Bestandsführung der verfügbaren Paletten im Pool nicht zu unterschätzen.

AUFGABE 1

Nennen Sie vier Kriterien, die bei der Auswahl eines geeigneten Verkehrsträgers berücksichtigt werden sollten. Welcher Verkehrsträger wird derzeit für die meisten Transporte genutzt?

AUFGABE 2

Listen Sie verschiedene Verkehrsträger auf und geben Sie jeweils ihre Vor- und Nachteile an.

AUFGABE 3

Beschreiben Sie das Prinzip des Sammelgutverkehrs und das Prinzip von Güterverkehrszentren.

AUFGABE 4

Erklären Sie den Unterschied zwischen gebrochenem und kombiniertem Verkehr anhand eines selbst gewählten Beispiels. Welche Vorteile bietet der kombinierte Verkehr?

AUFGABE 5

Neben den Verkehrswegen sind die Verkehrsträger für den Warentransport von zentraler Bedeutung. Welche Kategorien von Verkehrsträgern werden unterschieden? Erläutern Sie diese kurz.

AUFGABE 6

Im Tourenmanagement laufen viele Informationen für die Tourenplanung zusammen. Stellen Sie den Prozess der Tourenplanung in Stichpunkten dar.

4 Lagermanagement

Wie alle anderen Prozessbestandteile kann auch der Lagerprozess effektiv gemanagt werden. Hierzu wird zunächst der Status-quo erhoben, um diesen im nächsten Schritt zu analysieren und auf dieser Grundlage Optimierungsoptionen zu entwickeln und umzusetzen.

4.1 Analyse des aktuellen Lagerkonzepts

Die Analyse umfasst alle wesentlichen Bestandteile des Lagerprozesses. Dazu zählen neben der Auswahl und Bereitstellung des geeigneten Lagerplatzes die personelle und mechanisierte Ein- und Auslagerung der Produkte. Ergänzt wird der Prozess durch die ordnungsgemäße Erfassung und Dokumentation, die die erforderlichen Informationen aus dem Lager für den störungsfreien Produktions- und Lieferprozess bereitstellen.

Darüber hinaus müssen die Kosten der Lagerprozesse und deren Optimierungsmöglichkeiten Teil des Konzepts sein. Ein zentraler Aspekt im Management der Lagerprozesse ist die Bestandskontrolle. Diese ermöglicht nicht nur die Ermittlung des im Lager gebundenen Kapitals, sondern auch eine präzise Kalkulation der Kosten für eingelagerte Produkte.

4.2 Lagerbestandsmanagement

Das Lagerbestandsmanagement übernimmt die Aufgaben der Lagerbestandsplanung, -führung und -kontrolle (-überwachung).

Anforderung an das Lagerbestandsmanagement

Intern	Extern
Kostenminimierung bei hoher Lieferbereitschaft	§ 238 ff. HGB Inventur, Grundsätze ordnungsmäßiger Buchführung, Aufbewahrungspflicht
Lagerkosten sind zu minimieren!	Bestände und Bestandsveränderungen sind lückenlos zu erfassen und zu dokumentieren!

Ziele

Die interne Anforderung bewirkt, dass für die einzelnen Lagergüter die optimalen Lagerbestände bestimmt werden, bei denen eine hohe Lieferbereitschaft gesichert wird und die Lagerkosten minimiert werden. Bereits in Kapitel 1.1 wurden die Lagerkosten angesprochen. Demnach entstehen Lagerkosten für folgende Aspekte und bringen für die Lagerverwaltung folgende Aufgaben mit sich, die zielführend (Minimierung der Lagerkosten) zu gestalten sind:

interne Anforderungen

Lagerkosten

Bestandteile von Lagerkosten	Aufgaben
Kapitalbindungskosten für die Lagerbestände (Zinskosten für das gebundene Kapital)	optimale Lagerbestände der einzelnen Lagergüter bestimmen (Lagerdauer, Lagermenge, Bestellmenge festlegen)
Kosten der Lagereinrichtung (Lagerraum, Lagertechnik, Transportmittel usw.)	Aufbau- und Ablauforganisation des Lagers festlegen; Entscheidungen über Lagertyp, Lagertechnik, innerbetriebliche Transportmittel usw. fällen

Bestandteile von Lagerkosten	Aufgaben
Kosten der Lagerverwaltung (Lagerbestandsführung, Lagerpersonal)	effiziente Gestaltung der Informationsflüsse durch Einsatz von Belegen bzw. EDV-Lagerverwaltungssystemen; Personaleinsatzplanung für Ein- und Auslagerungsvorgänge und das Lagermanagement
Kosten des Lagerrisikos (Schwund, Verderb, obsoletes[1] Material)	optimale Lagerbestände der einzelnen Lagergüter bestimmen (Lagerdauer, Lagermenge, Bestellmenge festlegen)

Die Bestimmung optimaler Lagerbestände ist dabei von überragender Bedeutung, da zu hohe oder zu niedrige Bestände[2] folgende Probleme mit sich bringen können:

Nachteile eines zu hohen Lagerbestandes	Nachteile eines zu niedrigen Lagerbestandes
• hohe Kapitalbindungskosten (Zinsaufwendungen) • höherer Bestellaufwand durch häufiges Bestellen • Liquiditätseinschränkung • Gefahr von Bestandsverlust (u. a. durch obsoletes Material) • höherer Aufwand für Pflege, Wartung • hoher Lagerverwaltungsaufwand	• Verzicht auf Einkaufsvorteile (Rabatte) • Verzicht auf Kostenvorteile bei Preissteigerungen • Gefährdung der Produktionsbereitschaft (Leerkosten) • Gefährdung der eigenen Termintreue (Konventionalstrafe)

Im Zentrum der Tätigkeiten des Lagerbestandsmanagements stehen steuernde Maßnahmen, die kurzfristig und langfristig zur Senkung der Lagerkosten beitragen können. Um den Erfolg der eingeleiteten Maßnahmen zu messen, besteht eine wichtige Aufgabe der Lagerverwaltung darin, die Bestandsentwicklungen anhand geeigneter Lagerkennziffern zu überwachen (kontrollierende Tätigkeiten).

Lagerkennziffern

Kennziffer und Aussage	Berechnung	Ziel
Durchschnittlicher Lagerbestand (ø LB) zeigt die durchschnittliche Höhe des Lagerbestandes in einer Periode	Bei Monatsinventur (in Euro oder in Stück): ø LB = (JAB + 12 MEB)/13 Liegen keine Monatsendbestände vor: = (JAB + JEB)/2 JAB = Jahresanfangsbestand JEB = Jahresendbestand MEB = Monatsendbestände	Minimierung
Lagerumschlagshäufigkeit (UH) zeigt, wie häufig der ø LB in einer Periode umgeschlagen (verbraucht/eingesetzt) wird	$UH = \frac{\text{Wareneinsatz}}{\text{ø Kapitalbindung}} = \frac{\text{Lagerabgang (Menge)}}{\text{ø LB}}$ **Wareneinsatz** = Wert des Lagerabgangs bzw. der für die Leistungserstellung eingesetzten Materialien **ø Kapitalbindung** = ø LB · Einstandspreis	Maximierung
Durchschnittliche Lagerdauer (ø LD) zeigt die Zeitdauer der Lagerung des durchschnittlichen Lagerbestandes	$\textbf{ø LD} = \frac{360}{UH}$	Minimierung
Lagerzinsen, Lagerzinssatz zeigt, wie hoch der Zinsverlust (in Euro und in Prozent) des im Lager gebundenen Kapitals in einer Periode ist	$\textbf{Lagerzinssatz} = \frac{\text{Marktzinssatz/UH}}{360}$ $\textbf{Lagerzins} = \frac{\text{ø Lagerbestandswert} \cdot \text{Lagerzinssatz}}{100}$	Minimierung

1 Obsolet = veraltet, ungebräuchlich
2 Beachten Sie bitte dazu auch Lernfeld 6, Kapitel 2.3.

Bei genauerer Betrachtung fällt auf, dass zwischen den Lagerkennziffern Zusammenhänge erkennbar sind, da teilweise gleiche Größen in den Formeln berücksichtigt werden. Es gilt:

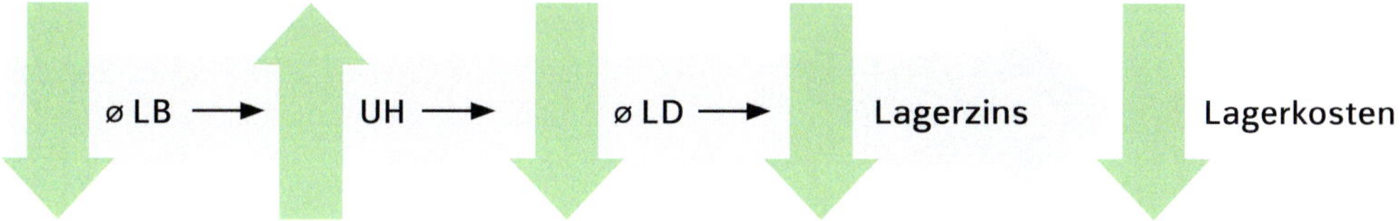

Darüber hinaus werden neben den Kennziffern zur Überwachung der Lagerbestände auch in Bezug auf die Nutzung der Lagerkapazität Kennziffern ermittelt. Unternehmensindividuell wird eine Vielzahl unterschiedlicher Kennziffern ermittelt. Beispielhaft wird hier die Ermittlung eines Lagerplatznutzungsgrades vorgestellt:

$$\textbf{Lagerplatznutzungsgrad (in \%)} = \frac{\text{Anzahl der genutzten Lagerplätze}}{\text{Anzahl der vorhandenen Lagerplätze}} \cdot 100\ \%$$

Generell sollte in der Lagerverwaltung eine einmalige Verbesserung der Kennziffern nicht sofort als Erfolg gewertet werden. Vielmehr müssen über Zeit- und/oder Branchenvergleiche die Entwicklungen kontinuierlich beurteilt werden. Zudem werden in modernen Lagerverwaltungen zu Beginn der Periode Zielgrößen (Soll-Werte) vorgegeben, die am Ende der Periode mit den tatsächlichen Werten (Ist-Werte) verglichen werden. Sollten dabei Soll- und Ist-Werte nicht übereinstimmen, können Produktionsstockungen durch Fehlmengen oder höhere Lagerkosten durch Überbestände die Folge sein. In einer anschließenden Abweichungsanalyse müssen Ursachen (etwa nachlässige Lagerarbeit, Schwund, Verderb, Diebstahl, Fehlbuchungen, zu späte Bestellung durch den Einkauf, Nachfrageveränderungen usw.) ermittelt und für die Zukunft abgestellt werden.

Abweichungsanalyse

4.3 Ressourcenmanagement im Lagerprozess

Ressourcen

Im Lagerprozess kommen, wie auch in anderen Prozessbereichen, unterschiedliche Ressourcen zum Einsatz. Dazu zählen neben Personal, Lagerfläche und technischem Equipment zunehmend auch Aspekte wie Energiebedarf und Umweltverträglichkeit, die in der Lagerlogistik eine immer wichtigere Rolle spielen.

Unterschieden wird zwischem strategischem und taktischem Ressourcenmanagement:

- Der Bereich des **strategischen Ressourcenmanagements** ist primär der Leitungsebene zugeordnet und umfasst die langfristige Planung und Steuerung der benötigten Ressourcen, wie beispielsweise Lagerplatzkapazitäten oder die Auswahl des Lagersystems. Darüber hinaus gehört die Zuordnung von Ressourcen zu einzelnen Teilprozessen und Aufgaben ebenfalls zu den strategischen Aufgaben.
- Beim **taktischen Ressourcenmanagement** liegt der Fokus auf der optimalen Nutzung der eingesetzten Ressourcen. Basierend auf den vorhandenen Kapazitäten wird entschieden, wie diese am effizientesten an den jeweiligen Einsatzorten eingesetzt werden können.

Die Verteilung der Aufgaben im Lagerlogistikprozess wird im Rahmen des Human-Resource-Managements entschieden. Für energiebezogene Fragestellungen ist das Energiemanagement verantwortlich, während das Umweltmanagement Themen wie die Umweltverträglichkeit industrieller Prozesse, aber auch die zunehmend wichtige Entsorgung übernimmt.

Im Rahmen des **Human-Resource-Managements** im Lagerkontext sind insbesondere die Bereiche Personalstrategie, -beschaffung, -planung, -entwicklung und das Employer Branding als Teil der Unternehmenskultur von Bedeutung.

In der gesamten Logistikkette nimmt der Grad der Automatisierung und Digitalisierung stetig zu, was neue Anforderungen an die Mitarbeiterinnen und Mitarbeiter im Lager stellt. Neben der reinen Bedienung technischer Geräte gewinnt der Umgang mit Informationstechnologie zunehmend an Bedeutung. Diese Technologie wird beispielsweise für die Erfassung, Analyse und Kontrolle von Lagerbeständen genutzt und erfordert eine fehlerfreie Anwendung.

Der fortschreitende Technikausbau verändert die Berufsbilder in der Logistik und erhöht den Bedarf an gezielter Personalentwicklung. Aus Managementperspektive ist es daher wichtig, Mitarbeitende kontinuierlich zu schulen und auf die wachsenden Anforderungen vorzubereiten.

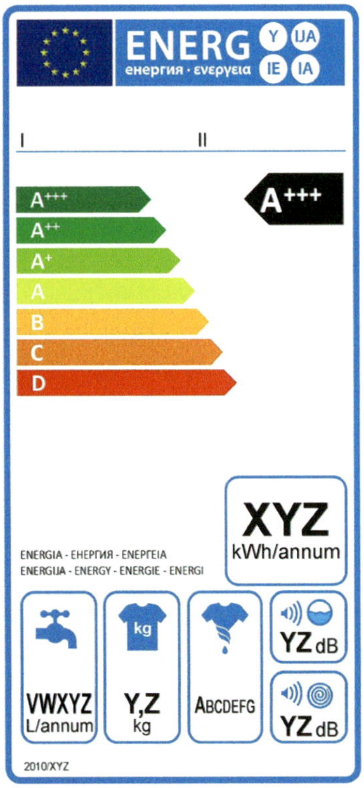

Neben dem Personalmanagement spielt auch das **Energiemanagement** eine zentrale Rolle in der Lagerlogistik. Betriebliches Energiemanagement umfasst die systematische Beschaffung, Umwandlung, Verteilung und effiziente Nutzung von Energie, beispielsweise durch optimierte Verfahren. Angesichts der teils drastisch steigenden Energiekosten wird die Notwendigkeit eines effektiven Energiemanagements besonders hervorgehoben. Die internationale Norm DIN EN ISO 50001:2018 betont dies zusätzlich: Ein Energiemanagementsystem (EMS) ermöglicht Organisationen, Energieziele festzulegen und zu erreichen, Maßnahmen zur Verbesserung ihrer energiebezogenen Leistung umzusetzen und die Einhaltung der normativen Anforderungen nachzuweisen.

Im Lagerkontext werden durch ein EMS gezielte Maßnahmen entwickelt, um Energieflüsse planbarer zu machen und die damit verbundene Energieeffizienz zu steigern. Wichtig ist hierbei, strategisch vorzugehen, anstatt kurzfristige Ad-hoc-Entscheidungen zu treffen. Zudem müssen die Anforderungen des Energiedienstleistungsgesetzes sowie ergänzender Verordnungen berücksichtigt werden, z. B.:

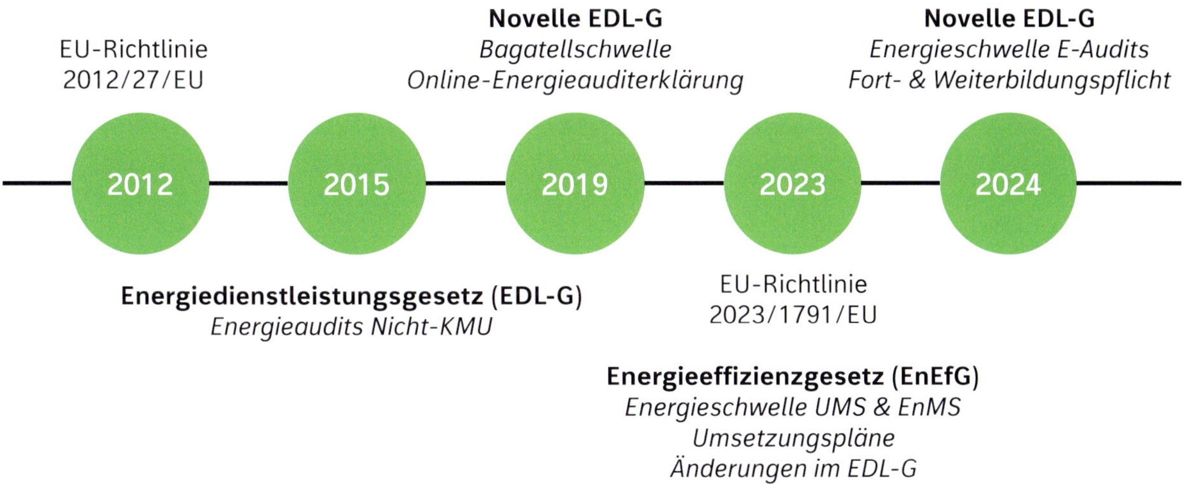

Quelle: Clös, Tim Oliver; Bannert, Thomas: Verpflichtende Energieaudits nach dem Energiedienstleistungsgesetz - Aktueller Überblick. In: www.bafa.de/SharedDocs/Downloads/DE/Energie/ea_merkblatt_webinar_praesentation.html?nn=1465576 [21.01.2025], S. 7.

INFORMATIONEN ZUR GEPLANTEN NOVELLE DES EDL-G

Bis Ende 2024 soll die bereits beschlossene Novelle des EDL-G in Kraft treten. Diese Novelle bringt mehrere Änderungen mit sich, die sich auf die bisherige Durchführungspraxis der Energieauditpflicht in Verbindung mit den gesetzlichen Pflichten des EnEfG auswirken. Vom BAFA wurden daher Informationen in Form einer Präsentation publiziert, die diese Änderungen informativ zusammenfasst. Weiterhin wurde ein umfassender Fragenkatalog zu dieser Thematik, der im Anschluss von mehreren Webinaren entstand, ebenfalls auf unserer Homepage veröffentlicht.

Das EDL-G und das EnEfG dienen der Umsetzung der EU-Energieeffizienzrichtlinie (2012/27/EU und novelliert 2023/1791/EU) in nationales Recht. Dabei ändert sich mit Inkrafttreten der Novelle des EDL-G der Adressatenkreis der durch das EDL-G verpflichteten Unternehmen.

Aktuell sind durch das EDL-G Unternehmen zur Durchführung von Energieaudits (Einhaltung der Anforderungen der DIN 16247-1 und des EDL-G) verpflichtet, die den Status eines Nicht-KMU aufweisen. Zukünftig wird der verpflichtete Adressatenkreis durch das EDL-G, wie bereits im EnEfG schon implementiert, unabhängig vom KMU- oder Nicht-KMU-Status durch die Höhe des Gesamtendenergieverbrauchs eines Unternehmens bestimmt. In Zukunft müssen die Unternehmen also nicht mehr ihren KMU- oder Nicht-KMU-Status aufwendig ermitteln, sondern lediglich den durchschnittlichen jährlichen Gesamtendenergieverbrauch der letzten drei abgeschlossenen Kalenderjahre.

Zukünftig wird der Schwellwert für die Verpflichtung nach dem EDL-G mit 2,77 GWh/a deutlich höher liegen als bisher mit 0,5 GWh/a. Gleichzeitig wird es auch keine Verpflichtung unterhalb dieser Schwelle mehr geben. Dies führt zu einer Reduzierung der Anzahl der verpflichten Unternehmen mit gleichzeitigem Fokus auf die energieintensiven Unternehmen.

Mit der Änderung des Schwellwertes im EDL-G zur Verpflichtung muss nach der Novelle äquivalent zu § 9 EnEfG für alle in einem Energieaudit, Energiemanagementsystem oder Umweltmanagementsystem als wirtschaftlich durchführbar identifizierten Maßnahmen verpflichteten ein Umsetzungsplan erstellt und veröffentlicht werden, der jährlich um den Stand der Umsetzung zu aktualisieren ist.

Der Energieleistungsvertrag wird als weitere Option unter Berücksichtigung der Anforderungen des EDL-G neben den Energieaudits (DIN 16247-1), den Energiemanagementsystemen (DIN EN ISO 50001) und Umweltmanagementsystemen (EMAS) hinzukommen, um die Verpflichtung nach den Anforderungen des EDL-G zu erfüllen.

Durch die Novelle des EDL-G wird weiterhin erstmals zusätzlich eine Fort- und Weiterbildungspflicht durch eine Rechtsverordnung (EnAuditFoV) für Energieaudit durchführende Personen eingeführt.

Dabei wird als weiteres Zulassungskriterium für neue Energieaudit durchführende Personen der Nachweis von 80 Unterrichtseinheiten (UE) einmaliger Fortbildung festgelegt.

Neu ist ebenfalls eine Verpflichtung zur regelmäßigen Weiterbildung für bereits zugelassene Energieauditoren. Innerhalb von drei Jahren müssen diese zukünftig 24 UE nachweisen. Die Fort- und Weiterbildungen müssen vor Durchführung beim BAFA anerkannt werden. Die Energieaudit durchführenden Personen, die Fort- und Weiterbildungsmaßnahmen besuchen, müssen ihren Nachweis nach Absolvieren dieser mit der erhaltenen Fort- oder Weiterbildungsnummer in Verbindung mit ihrem erhaltenen Zertifikat in ihrem Account im BAFA-Portal hochladen.

Bei der Ermittlung des Gesamtendenergieverbrauchs werden nach Inkrafttreten der Novelle des EDL-G Flugtreibstoffe nicht mehr ausgenommen und müssen zukünftig bei der Ermittlung mitberücksichtigt werden. Mit der Novelle kommen weiterhin neue, verpflichtend zu behandelnde Inhalte im Rahmen der Durchführung von Energieaudits hinzu (die Pflicht der Ermittlung und Meldung von Abwärmepotenzialen, Ermittlung der Potenziale zur Nutzung und Erzeugung erneuerbarer Energien und der Bewertung des Anschlusses an Fernwärme- und -kältenetze).

Quelle: Bundesamt für Wirtschaft und Ausfuhrkontrolle (Hrsg.): Informationen zur geplanten Novelle des EDL-G, veröffentlicht am 08.08.2024. In: www.bafa.de/SharedDocs/Kurzmeldungen/DE/Energie/Energieeffizienz_waermenetze/20240808.html [24.03.2025]. (verändert)

Als Grundlage für die Ermittlung des Grundenergieverbrauchs sowie für die Durchführung der erforderlichen Stichprobenkontrollen in Unternehmen können die Vorgaben aus § 8 ff. EDL-G, §§ 8–10 EnEfG und der Novelle des EDL-G herangezogen werden.

Umweltverträglichkeit

Neben Fragen zum Energieeinsatz in Industrieunternehmen sind Aspekte des **Umweltverträglichkeitsmanagements** zu beachten. Hiervon sind auch Lagerlogistikprozesse betroffen. Speziell das Entsorgungsmanagement bietet zahlreiche Ansätze zur Prozessanpassung und -optimierung.

BEISPIEL

Umweltaspekte im Unternehmen

Input	Output
• Wasser • Energie • Rohstoffe	• Abluft • Abwasser • Abfall

AUFGABE 1

Beschreiben Sie fixe und variable Bestandteile der Lagerkosten und nennen Sie für beide Kategorien konkrete Beispiele.

AUFGABE 2

Erläutern Sie Probleme, die durch zu hohe und durch zu niedrige Lagerbestände für ein Industrieunternehmen entstehen können.

AUFGABE 3

Die Heidtkötter KG möchte die eigenen Lagerkennzahlen für Drehkreuze mit Hubtechnik mit Vorjahres- und Branchenwerten vergleichen. Folgende Daten sind gegeben:

	Vorjahreswerte	Branchenwerte
ø Lagerbestandswert	200.000,00 €	195.000,00 €
Umschlagshäufigkeit	12-mal/Jahr	14-mal/Jahr
ø Lagerdauer	30 Tage	24 Tage
Lagerzinsen bei einem Marktzinssatz von 4,00 %	1.012,57 €	525,27 €

Lager-Dispositionskarte									
Teilebezeichnung:	Drehkreuze mit Hub				Jahresbedarf:				14 000 Stück
Teilenummer:	11833				Höchstbestand:				5000 Stück
Lieferer:	Montage 1				Meldebestand:				800 Stück
Herstellkosten:	150,00 €				Kostenstelle:				127
Datum	**Beleg**	**Zugang**	**Abgang**	**Bestand**	**Datum**	**Beleg**	**Zugang**	**Abgang**	**Bestand**
01.01.				1000	01.10.	MZS 355	2000		5000
16.01.	MZS 301	200		1200	12.10.	MES 59		1800	3200
12.02.	MES 09		700	500	13.10.	MES 63		600	2600
17.03.	MZS 311	2000		2500	29.10.	MES 67		1200	1400
05.04.	MES 18		1000	1500	02.11.	MES 74		400	1000
28.04.	MES 22		400	1100	08.11.	MZS 377	3300		4300
02.05.	MZS 329	300		1400	27.11.	MES 78		1000	3300
10.06.	MZS 332	1000		2400	03.12.	MES 84		800	2500
27.06.	MES 47		1000	1400	07.12.	MES 87		300	2200
10.08.	MES 50		300	1100	15.12.	MES 93		400	1800
19.09.	MES 56		600	500	23.12.	MZS 380	200		2000
26.09.	MZS 344	2500		3000	30.12.	MES 98		800	1200

MES = Materialentnahmeschein, MZS = Materialzugangsschein

a) Berechnen Sie die Lagerkennziffern für das laufende Geschäftsjahr für die Drehkreuze mit Hubtechnik und beurteilen Sie das Ergebnis für die Heidtkötter KG im Zeit- und Branchenvergleich.

b) Welche Zielsetzungen sollten bezüglich der Lagerkennziffern angestrebt werden?

c) Erläutern Sie Zusammenhänge zwischen den einzelnen Lagerkennziffern und deren Auswirkungen auf die Entwicklung der Lagerkosten.

AUFGABE 4

Die Franz Kniep GmbH bezieht zur Herstellung von Waschmaschinen die Elektronik-Baugruppen fremd. Zur Gewährleistung ständiger Produktionsbereitschaft wird ein Mindestlagerbestand von drei Tagesverbräuchen gehalten.

a) Ermitteln Sie den Mindestlagerbestand an Elektronik-Baugruppen, wenn an insgesamt 225 Arbeitstagen im Jahr 24 750 Waschmaschinen produziert werden sollen und je Waschmaschine eine Elektronik-Baugruppe benötigt wird.

b) Wie viel Kubikmeter Lagerraum wird für diesen Mindestlagerbestand benötigt, wenn je fünf Elektronik-Baugruppen in einem Hochregallager 2 m^3 in Anspruch nehmen?

c) Berechnen Sie die jährlichen Lagerkosten für den Mindestlagerbestand, wenn für die ersten 100 m^3 Lagerraum 40,00 €/m^3 pro Monat und für den darüber liegenden Lagerraum 45,00 €/m^3 pro Monat entstehen. Der Einstandspreis je Elektronik-Baugruppe beträgt 105,00 €; der Kapitalmarktzins beträgt 4 % p. a.

d) Berechnen Sie die Kosteneinsparung, die sich unter den gegebenen Bedingungen ergeben kann.

AUFGABE 5

Nennen Sie zwei Vorteile und zwei Nachteile, die durch Verpackungen für Unternehmen sowie Verbraucherinnen und Verbraucher entstehen.

AUFGABE 6

Beschreiben Sie, welche Funktionen eine Verpackung generell für ein Packgut übernehmen kann.

AUFGABE 7

Die nachfolgend abgebildeten Produkte werden per Luftfracht im März 20.. von Österreich nach Thailand bzw. von Thailand nach Österreich transportiert:

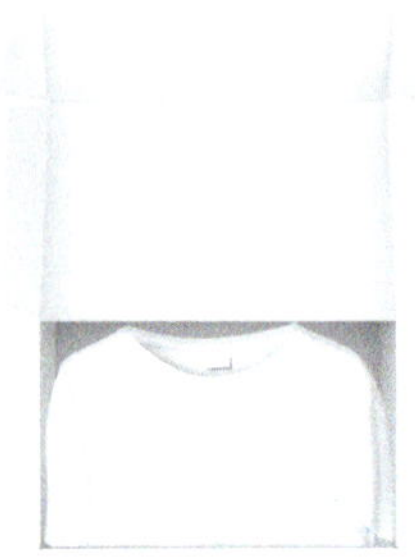

a) Beschreiben Sie kurz, welche Funktionen die abgebildete Verpackung der Mozartkugeln übernimmt.

b) Beschreiben Sie, welchen Beanspruchungen die Verpackung des T-Shirts von Thailand nach Österreich ausgesetzt ist.

AUFGABE 8

Beschreiben Sie den Stoffkreislauf für Verpackungen (siehe Seite 229).

AUFGABE 9

Erläutern Sie anhand von drei Argumenten, warum Verpackungen logistische Prozesse rationalisieren helfen.

AUFGABE 10

Grenzen Sie die Distributionslogistik und die Entsorgungslogistik von der Unternehmenslogistik ab, indem Sie die jeweiligen Aufgaben kurz beschreiben.

AUFGABE 11

Führen Sie vier Kriterien für die Auswahl eines geeigneten Verkehrsträgers an. Mit welchem Verkehrsträger werden aktuell die meisten Transporte getätigt?

AUFGABE 12

Nennen Sie Verkehrsträger und geben Sie jeweils ihre Vor- und Nachteile an.

AUFGABE 13

Erläutern Sie das Prinzip des Sammelgutverkehrs und das Prinzip von Güterverkehrszentren.

AUFGABE 14

Unterscheiden Sie zwischen gebrochenem und kombiniertem Verkehr anhand eines selbst gewählten Beispiels. Führen Sie Vorteile des kombinierten Verkehrs an.

AUFGABE 15

› Recherche

Geben Sie Beispiele für Produktions-, Konsum- und Transferrückstände für ein Produkt Ihres Ausbildungsbetriebes an.

AUFGABE 16

Das Human-Resource-Management findet auch im Lagerprozess Anwendung. Erläutern Sie die Bestandteile dieses Konzepts.

AUFGABE 17

Nennen Sie die wesentlichen Änderungen, die durch die Novelle des EDL-G eingeführt wurden.

AUFGABE 18

Welche Umweltaspekte sollte ein Industrieunternehmen beachten und wie stehen diese in Zusammenhang mit dem Umweltverträglichkeitsmanagement?

5 Optimierung der Logistikprozesse

Nachdem die Bestandteile des Logistikprozesses erläutert wurden, rückt nun die Optimierung des gesamten Prozesses sowie seiner Teilprozesse in den Fokus. Zur Bewertung, wann ein Prozess optimal verläuft, können unterschiedliche Kriterien herangezogen werden. Neben den Kosten, beispielsweise für die Lagerung und den Transport, spielen auch Faktoren wie Zeitmanagement und Qualitätsanforderungen eine entscheidende Rolle.

5.1 Kriteriengestützte Entscheidung zur Optimierung

Das wesentliche Kriterium für die Beurteilung der Prozessoptimierung in Industrieunternehmen sind in der Regel die Kosten. Mithilfe der Kostenanalyse lässt sich der mögliche Angebotspreis ermitteln, aus dem wiederum der verbleibende Gewinn für das Unternehmen berechnet wird. Kosten gelten dann als optimal, wenn sie minimiert werden können. Dabei geht es nicht ausschließlich um die Frage, zu welchen Kosten ein Unternehmen den Logistikprozess selbst abwickeln kann. Ebenso relevant ist an dieser Stelle der Vergleich mit den Angeboten potenzieller Drittanbieter, um die Wirtschaftlichkeit einer Auslagerung von Logistikprozessen zu bewerten.

5.2 Eigen- oder Fremdlagerung

› LF 6, Kapitel 5.2.2 Outsourcing

Bei Rationalisierungsvorhaben in der Materiallogistik kann unmittelbar bei den Aufgaben angesetzt werden. Denkbar sind alle Möglichkeiten, die bei Lagerung, Transport, Umschlag und Verpackung zu Produktivitätszuwächsen und/oder Kostensenkungen beitragen. Eine Möglichkeit ist dabei das Outsourcing von Aufgabenbereichen. Während Transport und Umschlag häufig an Logistikdienstleister vergeben werden, ist ebenso eine Fremdlagerung bei Lieferanten oder anderen Dienstleistern denkbar. Hierbei erfolgt innerhalb des Supply-Chain-Managements auch eine Rationalisierung bei Verpackungen, um dem Grundsatz der Logistik (siehe Kapitel 1.1) gerecht zu werden.

Kostenvergleich

Als Entscheidungshilfe bezüglich Eigenlagerung oder Fremdlagerung wird häufig ein Kostenvergleich angestellt. Dabei sind die Kosten ähnlich wie bei der Entscheidung über Eigen- und Fremdfertigung gegenüberzustellen. Es wird die kritische Menge in Abhängigkeit von der Lagereinheit (Lagerfläche oder Lagermenge) ermittelt und auf die Unternehmenssituation übertragen.

Kosten der Eigenlagerung	Kosten der Fremdlagerung
Es entstehen variable und fixe Kosten.	Es entstehen nur variable Kosten (und keine Kosten, wenn keine Lagereinheit in Anspruch genommen wird).
Variable Kosten: • Kostensatz je Lagereinheit • Kosten für Kapitalbindung je Lagereinheit, Energie usw. **Fixkosten:** bestimmter Betrag in Euro, Kosten für die Lagereinrichtung und z. T. für die Lagerverwaltung, Abschreibungen	**Variable Kosten:** • Kostensatz je Lagereinheit • Kosten für alle anfallenden Tätigkeiten im Fremdlager und die Unterhaltung des Lagers

BEISPIEL

Eigenlagerung: Fixkosten: 50.000,00 €; variable Kosten: 5,50 € je Lagereinheit (LE)
Fremdlagerung: variable Kosten: 25,50 € je Lagereinheit (LE)

Kosten der Eigenlagerung	Kosten der Fremdlagerung
50.000,00 € + 5,50 €/LE · x	25,50 €/LE · LE

$$x = \frac{50.000,00\ €}{20,00\ \frac{€}{LE}} = 2500\ LE$$

Oder auch:

$$25,5\ LE = 50.000,00\ € + 5,5\ LE$$
$$20\ LE = 50.000,00\ €$$
$$LE = 2500$$

Die kritische Menge liegt bei 2500 Lagereinheiten. Ab 2501 Lagereinheiten lohnt sich aus Kostengesichtspunkten die Eigenlagerung.

Die Entscheidung über Eigen- oder Fremdlagerung wird nicht allein unter Kostengesichtspunkten getroffen. Es werden weitere Kriterien in die Entscheidung einbezogen:

weitere Kriterien

- Die eigene Lagerkapazität reicht nicht aus.
- Der Lieferant/Dienstleister verfügt über mehr Know-how bezüglich der Lagereigenschaften des Lagergutes.
- Die eigenen technischen Möglichkeiten zur Lagerung sind nicht gegeben (z. B. Kühlhäuser).
- Es ist ein besserer Lieferservice bei Fremdvergabe möglich.
- Es folgt ein höheres Maß an Flexibilität, da keine Fixkostenbelastung besteht.
- Erweiterungsinvestitionen in die eigene Lagerkapazität können unterbleiben, wenn zusätzlicher Kapazitätsbedarf nur kurzfristig bzw. saisonal gegeben ist.

Unter Berücksichtigung dieser Aspekte könnte es sein, dass eine Fremdlagerung trotz höherer Kosten wirtschaftlicher ist. Um eine Entscheidung herbeiführen zu können, kann eine Nutzwertanalyse durchgeführt werden.

› Band 1, LF 4, Kapitel 2.5 Nutzwertanalyse

Fremdlagerung

Dass eine Fremdlagerung nicht frei von Nachteilen sein muss, zeigen folgende Aspekte:

- Ein ständiger Informationsfluss muss gewährleistet sein, was zu Aufwand führt.
- Der Dienstleister könnte sich als unzuverlässig erweisen, evtl. nach- bzw. fahrlässig mit dem Lagergut umgehen.
- Der Dienstleister ist nicht immer verfügbar, der Einlagernde ist abhängig vom Dienstleister.
- Die Güter sind nicht sofort greifbar, es kommt zu Zeitverlusten, bevor über ein Gut verfügt werden kann.
- Es entsteht bei Gütern, die für den Verkauf an Kunden bestimmt sind, ein Umweg (vom Unternehmen über den Dienstleister zum Kunden), ein direkter Kontakt zwischen Unternehmen und Kunden entfällt.

Eine Fremdlagerung der Güter kann

- getrennt erfolgen (**Getrenntlagerung**), d. h., die Güter werden nicht mit denen anderer Einlagerer zusammen gelagert, oder
- in **Sammellagerung** erfolgen, was beispielsweise bei Schüttgütern sinnvoll ist (z. B. bei Baustoffen oder Getreide, bei Öl, bei Chemikalien), die Güter werden also mit denen anderer Einlagerer gemeinsam gelagert und dabei auch vermischt.

Auch möglich ist, dass der Einlagerer nur den Lagerraum mietet (**Mietlagerung**). Dann ist er allerdings auch für die Pflege des Raumes und für den Erhalt der Güter verantwortlich.

Für den Fall der Fremdlagerung wird mit dem Lagerhalter ein Lagervertrag geschlossen. Der Vertrag verpflichtet den Lagerhalter dazu, das Gut ordnungsgemäß zu lagern. Er verpflichtet sich, die Güter nur an Empfangsberechtigte zu übergeben. Bei Verlust oder Beschädigung der Lagergüter haftet der Lagerhalter. Der Einlagernde verpflichtet sich durch den Vertrag zur Zahlung einer im Vertrag vereinbarten Vergütung für die Lagerleistung. Die Entgegennahme der Lagereinheit bescheinigt der Lagerhalter auf dem Lagerschein (§ 475 c–g HGB). **Lagerscheine** sind **Warenwertpapiere**, da sie das Recht auf Herausgabe des eingelagerten Gutes verbriefen. Es werden drei Varianten des Lagerscheins unterschieden:

Lagerscheine

Inhaberlagerschein	Namenslagerschein	Orderlagerschein
Die Herausgabe des eingelagerten Gutes erfolgt an die Person, die den Lagerschein besitzt und vorlegt.	Die Herausgabe des eingelagerten Gutes erfolgt an die namentlich dokumentierte Person auf dem Lagerschein.	Die Herausgabe des eingelagerten Gutes erfolgt an die per Übertragungsvermerk auf der Rückseite namentlich dokumentierte Person (Indossament). Dadurch wird der Eigentumsübertrag bewirkt.

Ein Inhaberlagerschein ist aufgrund der nicht personifizierten Form sehr risikoreich. Namenslagerschein und Orderlagerschein sind sicherer. Zu bedenken ist, dass ein Indossament nur von einer durch den Staat konzessierten Person vorgenommen werden darf. Dies dient dem Schutz des ursprünglichen Inhabers, da durch das Indossament das Eigentum übertragen wird.

Abschreibungsvermerk

Der Wert eines Lagerscheins erlischt durch Abschreibung. Das heißt, der Lagerhalter vermerkt auf dem Lagerschein die Herausgabe (u. U. eines Teils) des Lagergutes. Der Lagerhalter hat den Abschreibungsvermerk zu unterschreiben.

Transportkosten

Neben den Kosten für die Lagerung müssen jedoch auch die **Transportkosten** berücksichtigt werden. Hierbei besteht die Möglichkeit, die im eigenen Unternehmen entstehenden Kosten mit denen einer Fremdvergabe des Transportauftrags zu vergleichen.

Kosten des Eigentransports	Kosten des Fremdtransports
• Transportmittel, z. B. Lkw • Hilfsmittel für das Transportmittel, z. B. Strom, Benzin • Verpackung für den Transport, z. B. Folierung, Palette • Personal, z. B. Fahrer/-innen, Verlader/-innen • Versicherung • Hilfsmittel für den Transport, z. B. Hubwagen • besondere Transportanforderungen, z. B. Kühlung	Pauschalpreis gesamt und je transportierte Einheit

Die Berechnung des Vergleichs erfolgt analog zum zuvor dargestellten Beispiel zur Eigen- bzw. Fremdlagerung:

BEISPIEL

Fixe Kosten für den Eigentransport KF: 500,00 €
Variable Kosten für den Eigentransport je transportierte Einheit kv: 5,00 €
Preis des externen Anbieters je transportierte Einheit: 30,00 €

Kosten des Eigentransports	Kosten des Fremdtransports
5,00 € · x + 500,00 €	variabel 30,00 €/Stück

Berechnung:

5,00 € · x + 500,00 € = 30,00 € · x
–25,00 € · x = –500,00 €
25,00 € · x = 500,00 €
x = 20 Stück

Ab einer Transportmenge von 20 Stück wäre der Eigentransport in diesem Beispiel günstiger.

Zusätzlich zum Preis sind weitere Kriterien wie Zeit- und Qualitätsmanagement zu berücksichtigen.

Zeitmanagement

Das **Zeitmanagement** stellt einen wichtigen Faktor dar. Wird der Transport innerhalb des eigenen Unternehmensbereichs durchgeführt, können sämtliche Zeitanforderungen selbst strukturiert und geplant werden. Dies reicht von der Festlegung des Zeitpunkts und der Gesamtdurchführungszeit über die Termine für die Be- und Entladung der Transportmittel bis hin zur Verfügbarkeit von Personal und Hilfsmitteln zu den entsprechenden Zeiten. Bei einer Fremdvergabe wird das Zeitmanagement größtenteils auf das Transportunternehmen übertragen. In diesem Fall müssen lediglich die Leistungszeitpunkte festgelegt werden. Ein Problem kann jedoch auftreten, wenn es im Prozess zu zeitlichen Verzögerungen (z. B. Lieferverzögerungen) kommt. In solchen Fällen sind die Handlungsoptionen im Vergleich zum Eigentransport deutlich eingeschränkter.

Die Übermittlungsbasis spielt ebenfalls eine wichtige Rolle, insbesondere die Frage, wer zu welchem Zeitpunkt die Transportentscheidung trifft. Bei einem Push-Verfahren trifft die abliefernde Stelle die Entscheidung über den Transportzeitpunkt, während im Pull-Verfahren die bestellende Stelle diese Verantwortung übernimmt.

Qualität

Auch die **Qualität** kann Einfluss auf die Wahl des Transports haben. Der Begriff „Qualitätsmanagement“ lässt sich in zwei Bereiche unterteilen: Qualitätskontrolle und Qualitätssicherung. Die **Qualitätskontrolle** kann z. B. daraus bestehen, dass bestimmte Anforderungen an den Transport oder das Transportmittel gestellt werden. Hier kann der Eigentransport die vorteilhaftere Option sein, insbesondere wenn es um Anforderungen wie Kühlung, Erwärmung oder Rotation der Produkte geht. Bei besonders wertvollen Waren können Sicherheitsaspekte den Transport beeinflussen. Darüber hinaus können spezielle technische Abforderungen für Zu- und Abgangstechniken sowie die Einbindung in die Software des Vertragspartners auf die Qualität des Prozesses einwirken. Im Gegensatz dazu konzentriert sich die **Qualitätssicherung** auf die Maßnahmen und Abläufe, die sicherstellen, dass die gewünschten Qualitätsstandards erreicht werden.

Qualitätsmanagement umfasst auch die **Vermeidung von Fehlern** wie unnötigen Arbeitsprozessen und Wartezeiten. Gerade in der Logistik liegt der Fokus auf der Reduzierung von Wartezeiten an allen Schnittstellen des Prozesses und der Vermeidung von überflüssigen Transporten. Beide Probleme können sowohl durch Planungsdefizite als auch durch unzureichende oder fehlerhafte Kommunikation im Prozess verursacht werden.

5.3 Digitale Prozesse

In der Logistik halten zunehmend digitale Prozesse Einzug. Diese bieten zahlreiche Vorteile wie eine gesteigerte Geschwindigkeit, bessere Speicherbarkeit sowie tiefere Analysemöglichkeiten. Gleichzeitig steigen jedoch die Anforderungen an Sicherheit und Schutz, um sowohl das eigene Unternehmen als auch die persönlichen Daten aller Beteiligten zu schützen.

Datenschutz und Datensicherheit

personenbezogene Daten

Beim Datenschutz steht der Schutz **personenbezogener Daten** im Vordergrund. Die wesentlichen Rechtsgrundlagen hierfür bilden das **Bundesdatenschutzgesetz (BDSG)** sowie die **Datenschutz-Grundverordnung (DSGVO)**. Generell befassen sich beide Quellen mit der missbräuchlichen Verwendung von Daten, wobei das BDSG allgemeine Vorgaben enthält und die DSGVO sich auf die praktische Umsetzung bezieht.

Personenbezogene Daten umfassen Informationen, die auf Einzelpersonen bezogen sind und diese somit „bestimmbar" machen. Der Schutz solcher Daten ist ein Grundrecht gemäß der Charta der Europäischen Union und gilt folglich auch für Unternehmen innerhalb der EU. Daher dürfen personenbezogene Daten von Mitarbeiterinnen und Mitarbeitern, Kunden und Lieferanten nur verarbeitet werden, wenn die betroffenen Personen dieser Verarbeitung ausdrücklich zugestimmt haben. Im Onlinehandel beispielsweise muss eine Datenschutzerklärung leicht zugänglich auf der Website bereitgestellt werden.

Datenschutz

Datenschutz

Datenschutz bezeichnet den Schutz personenbezogener Daten vor Fälschung, Missbrauch und Verlust. Ziel ist es, den „gläsernen Menschen" zu verhindern und das Recht auf informationelle Selbstbestimmung zu gewährleisten. Der Schutz umfasst sowohl die Speicherung von Daten durch staatliche Stellen als auch durch private Dritte und schließt die Weitergabe von Daten ein. Grundsätzlich ist sicherzustellen, dass betroffene Personen über die Verarbeitung ihrer Daten informiert werden und ihre Zustimmung dazu erteilen.

Folgende Paragrafen und Artikel sind von Bedeutung:

- Bundesdatenschutzgesetz:
  - § 1 Anwendungsbereich des Gesetzes
  - § 2 Begriffsbestimmungen
- DSGVO:
  - Art. 4 Begriffsbestimmungen
  - Art. 5 Grundsätze für die Verarbeitung personenbezogener Daten
  - Art. 6 Rechtmäßigkeit der Verarbeitung
  - Art. 17 Recht auf Löschung („Recht auf Vergessenwerden")

Stammdaten: Hierbei handelt es sich um Daten, die über einen längeren Zeitraum unverändert bleiben, z. B. die Adressdaten von Kunden und Lieferanten.

Bewegungsdaten: Diese werden auch Transaktionsdaten genannt. Es handelt sich dabei um Daten, die bei unterschiedlichen Prozessen im Unternehmen einmalig anfallen. Veränderungen wiederum können sich auf andere Daten auswirken.

Customizing- bzw. Konfigurationsdaten dienen dazu, die ERP-Software an die Anforderungen eines Unternehmens anzupassen. Es handelt sich demnach um eine Form der Individualisierung, bei der z. B. erforderliche Ergänzungen für den reibungslosen Ablauf eines Prozesses vorgenommen werden können.

Die Rechtmäßigkeit der Verarbeitung personenbezogener Daten wird in Art. 5 DSGVO geregelt. Personenbezogene Daten dürfen gespeichert werden, wenn sie auf rechtmäßige Weise, nach Treu und Glauben sowie in einer für die betroffene Person nachvollziehbaren Form verarbeitet werden. Dies betrifft sowohl den Zweck der Datenerhebung und -speicherung als auch die Richtigkeit der erfassten Daten. Hinsichtlich der Speicherdauer legt Abs. 1 Buchstabe e fest, dass die Identifikation einer Person nur so lange möglich sein darf, wie es für die Zwecke, zu denen die Daten verarbeitet werden, erforderlich ist. Eine Ausnahme gilt lediglich bei Vorliegen eines öffentlichen Interesses. Zudem müssen personenbezogene Daten gelöscht werden, wenn die betroffene Person dies verlangt. Dies entspricht einem Widerruf der Einwilligung gemäß Art. 17 DSGVO.

Eine **Datenschutzerklärung,** z. B. für die Website eines Unternehmens, sollte folgende Informationen enthalten:

- Verantwortlichkeit
- Datenschutzbeauftragte/-r
- Art der verarbeiteten Daten
- Kategorien der Verarbeitung
- Zugriffe über eine App
- Zweck der Datenverarbeitung
- Änderung und Aktualisierung
- Sicherheitsmaßnahmen
- Erhebung von Zugriffsdaten und Logfiles
- Cookies
- Google Analytics
- Einbindung von Diensten und Inhalten Dritter
- Zusammenarbeit mit Auftragsverarbeitern und Dritten
- Übermittlung in Drittländer
- Rechte der betroffenen Personen
- Widerrufsrecht
- Widerspruchsrecht
- Newsletter
- Löschung von Daten
- persönlicher Bereich
- Veranstaltungen
- Kontaktaufnahme
- Onlinepräsenz in sozialen Medien
- Reichweitenmessung
- Cookies und Widerspruchsrecht bei Direktwerbung

Datensicherheit

Daten sollten als schützenswerte Objekte betrachtet werden. Ziel ist es, sie vor Verlust, Diebstahl, Fälschung oder Zerstörung zu bewahren. Der Schutz kann durch verschiedene Methoden gewährleistet werden, darunter darunter Hardware-, Software- und organisatorische Lösungen.

- Zu den **Hardware-Lösungen** zählen beispielsweise bauliche Maßnahmen wie abschließbare Serverräume.
- Zu den **organisatorischen Lösungen** gehören Maßnahmen wie Zutrittskontrollen oder die Schulung von Mitarbeitenden.
- **Software-Lösungen** umfassen typischerweise Virenschutzprogramme und die Verwendung von sicheren Zugangsdaten.

AUFGABE 1

Welche Transportkosten können beim Eigentransport für ein Industrieunternehmen anfallen? Nennen Sie Beispiele.

AUFGABE 2

Berechnen Sie, ab welcher Transportmenge der Eigentransport im folgenden Beispiel günstiger wäre:

Lagerkostenvergleich	
Fixe Kosten für den Eigentransport (KF)	1.200,00 €
Variable Kosten für den Eigentransport je transportierte Einheit (kv)	7,50 €
Preis des externen Anbieters je transportierte Einheit	38,00 €

AUFGABE 3

Digitale Prozesse erleichtern die Arbeit in Industrieunternehmen erheblich. Gleichzeitig gewinnt die Frage der Sicherheit zunehmend an Bedeutung. Unterscheiden Sie die Begriffe „Datenschutz" und „Datensicherheit" anhand eines Beispiels.

AUFGABE 4

Daten können in verschiedene Kategorien eingeteilt werden. Nennen Sie drei unterschiedliche Arten von Daten.

AUFGABE 5

Die JKJ Eisenwaren GmbH erwägt, einen Teil des Lagers kurzfristig (sechs Monate) bei einem Lagerhalter zu lagern. Die Konditionen lauten: 37,50 € je Kubikmeter Lagerraum und pro Monat. Um zu erfahren, welche Lagerkosten je Kubikmeter Lagerraum bei der JKJ Eisenwaren GmbH entstehen, sollen folgende Daten je 100 m³ Lagerraum ausgewertet werden:

Kostenbestandteil	
Stromkosten	1.200,00 €/Monat
Heizkosten	1.800,00 €/Monat
Personalkosten Lager (Gehalt)	11.600,00 €/Monat
Abschreibung Lagerinventar	3.500,00 €/Monat
Abschreibung Lagergebäude	6.500,00 €/Monat
Zinsen auf Lagerinventar und -gebäude	5.400,00 €/Monat
Kapitalbindung für Lagerbestände	8 % auf ⌀ Lagerbestandswert pro Jahr
Versicherungsprämie	2,9589 % auf ⌀ Lagerbestandswert pro Jahr (auf volle Euro runden)
⌀ Lagerbestandswert	68.375,00 €/Jahr

a) Ermitteln Sie rechnerisch den benötigten Lagerraum in Kubikmetern, ab dem sich die Fremdlagerung lohnen würde.

b) Sammeln Sie neben dem Kostenaspekt weitere Kriterien, die bei der Entscheidung Eigen- oder Fremdlagerung von Bedeutung sind, und führen Sie Vorteile der Fremdlagerung an.

AUFGABE 6

Die Franz Kniep GmbH erwägt, die Trommeln für Waschvollautomaten fremdzulagern:

- Eigenlagerung: 22.000,00 € fixe Kosten
  6,00 € variable Kosten je Stück
- Fremdlagerung: 11,50 € variable Kosten je Stück

Ermitteln Sie die kritische Lagermenge und erläutern Sie, wann eine Eigen- bzw. Fremdlagerung lohnt.

AUFGABE 7

Erläutern Sie die rechtliche Bedeutung und die Arten eines Lagerscheins. Wann wird ein Lagerschein ausgestellt und wie wird ein Lagerschein entwertet?

AUFGABE 8

Ein Motorradhersteller möchte den Vertrieb der fertiggestellten Motorräder logistisch neu organisieren. Auf einer Tagung mit den regionalen Motorradhändlern wird u. a. diskutiert, wer die Lagerkosten für die Lagerung der fertiggestellten Motorräder bis zur Auslieferung übernimmt. In einer hitzig geführten Debatte betont ein Vertreter der Motorradhändler, dass eine Entscheidung über die Eigen- und Fremdlagerung nicht allein aus Kostensicht zu entscheiden sei.

Jeder regionale Motorradhändler kann mit einem durchschnittlichen Lagerbestand von 50 Motorrädern rechnen. Der Motorradhersteller bietet an, für 60,00 €/Monat je Motorrad die Lagerung zu übernehmen. Sollten die Motorradhändler die Motorräder lagern, entstünden ihnen jeweils durchschnittlich 1.600,00 € monatliche Fixkosten für die zusätzliche Lagerkapazität und 20,00 €/Monat je Motorrad.

a) Ermitteln Sie rechnerisch und zeichnerisch aus Sicht eines Motorradhändlers, ob er die Lagerung der Motorräder übernehmen sollte.

b) Nennen Sie Vorteile aus Sicht der Motorradhändler, die für eine Lagerung bei dem Motorradhersteller oder bei dem Motorradhändler sprechen.

c) Begründen Sie Ihre Entscheidung über Eigen-/Fremdlagerung aus Sicht des Motorradhändlers erneut, wenn in den kommenden Jahren eine Umstellung auf eine fertigungssynchrone Auslieferung der Motorräder an den Kunden ab Werk geplant ist.

6 Sicherheit und Nachhaltigkeit in der Logistik

Sicherheit

Nicht nur die Datensicherheit ist von Bedeutung, sondern auch die **Sicherheit** im **Logistikprozess** allgemein. Dieses Thema ist in mehreren Bereichen verankert. Neben der Sicherheit am Arbeitsplatz ist vor allem der Arbeitsschutz von Bedeutung. Insbesondere der Umgang mit gefährlichen Stoffen und Gefahrstoffen unterliegt spezifischen Regelungen. Diese betreffen sowohl den Umgang mit den Stoffen selbst als auch deren Transport

In den vergangenen Jahren hat zudem der Umweltschutz zunehmend an Bedeutung gewonnen. Hierzu zählen insbesondere Maßnahmen zum Emissions- und Immissionsschutz, Klima- und Gewässerschutz sowie zum Umwelt-, Natur- und Landschaftsschutz.

Sicherheit im Logistikprozess

Dieser Bereich besteht aus drei unterschiedlichen Teilbereichen:

Bereiche für die Sicherheit im Logistikprozess		
Gefahren am Arbeitsplatz und Arbeitsschutz	Gefahren im Umgang mit gefährlichen Gütern und Gefahrstoffen	Verpackung und Kennzeichnung von gefährlichen Gütern für den Logistikprozess

Gefahren am Arbeitsplatz und Arbeitsschutz

Gefahren

Für Mitarbeiterinnen und Mitarbeiter steht der **Arbeitsschutz,** d. h. der Schutz vor **Gefahren am Arbeitsplatz,** im Vordergrund. Die gesetzliche Grundlage hierfür bildet das **Arbeitsschutzgesetz (ArbSchG)**, das durch die **Arbeitsstättenverordnung (ArbStättV)** ergänzt wird.

Das Arbeitsschutzgesetz, offiziell „Gesetz über die Durchführung von Maßnahmen des Arbeitsschutzes zur Verbesserung der Sicherheit und des Gesundheitsschutzes der Beschäftigten bei der Arbeit", ist die Umsetzung der EG-Richtlinie 89/391/EWG (Arbeitsschutz-Rahmenrichtlinie) vom 12. Juni 1989 und regelt die Durchführung von Maßnahmen zur Verbesserung der Sicherheit und des Gesundheitsschutzes der Arbeitnehmerinnen und Arbeitnehmer während der Arbeit.

Arbeitsschutzgesetz

Gemäß § 2 Abs. 1 ArbSchG umfassen Maßnahmen des Arbeitsschutzes insbesondere:

§§

§ 2 Abs. 1 ArbSchG

Maßnahmen des Arbeitsschutzes im Sinne dieses Gesetzes sind Maßnahmen zur Verhütung von Unfällen bei der Arbeit und arbeitsbedingten Gesundheitsgefahren einschließlich Maßnahmen der menschengerechten Gestaltung der Arbeit.

Die Beschäftigten, die unter den Schutz dieses Gesetzes fallen, werden in § 2 Abs. 2 ArbSchG genannt:

§§

§ 2 Abs. 2 ArbSchG

Beschäftigte im Sinne dieses Gesetzes sind:
1. Arbeitnehmerinnen und Arbeitnehmer,
2. die zu ihrer Berufsbildung Beschäftigten,

3. arbeitnehmerähnliche Personen im Sinne des § 5 Abs. 1 des Arbeitsgerichtsgesetzes, ausgenommen die in Heimarbeit Beschäftigten und die ihnen Gleichgestellten,
4. Beamtinnen und Beamte,
5. Richterinnen und Richter,
6. Soldatinnen und Soldaten,
7. die in Werkstätten für Behinderte Beschäftigten.

§ 2 Abs. 3 ArbSchG definiert, wer als Arbeitgeber gilt:

§§

§ 2 Abs. 3 ArbSchG

Arbeitgeber im Sinne dieses Gesetzes sind natürliche und juristische Personen und rechtsfähige Personengesellschaften, die Personen nach Absatz 2 beschäftigen.

Im weiteren Verlauf des Gesetzes werden die Pflichten der Arbeitgeber (§§ 3–13), die Rechte und Pflichten der Beschäftigten (§§ 15–17) sowie die jeweiligen Zuständigkeiten konkretisiert.

§	Inhalt
Zweiter Abschnitt: Pflichten des Arbeitgebers	
3	Grundpflichten des Arbeitgebers
4	Allgemeine Grundsätze
5	Beurteilung der Arbeitsbedingungen
6	Dokumentation
7	Übertragung von Aufgaben
8	Zusammenarbeit mehrerer Arbeitgeber
9	Besondere Gefahren
10	Erste Hilfe und sonstige Notfallmaßnahmen
11	Arbeitsmedizinische Vorsorge
12	Unterweisung
13	Verantwortliche Personen
Dritter Abschnitt: Pflichten und Rechte der Beschäftigten	
15	Pflichten der Beschäftigten
16	Besondere Unterstützungspflichten
17	Rechte der Beschäftigten

Die **Arbeitsschutzverordnungen**, die das Arbeitsschutzgesetz hinsichtlich seiner praktischen Anwendung ergänzen, sind zahlreich. Beispielhaft können folgende Verordnungen genannt werden:

Arbeitsschutzverordnungen

- Arbeitsstättenverordnung (ArbStättV)
- Zwölfte Verordnung zum Produktsicherheitsgesetz (Aufzugsverordnung – 12. ProdSV)
- Verordnung über Sicherheit und Gesundheitsschutz bei der Verwendung von Arbeitsmitteln (Betriebssicherheitsverordnung – BetrSichV)
- Neunte Verordnung zum Produktsicherheitsgesetz (Maschinenverordnung – 9. ProdSV)
- Straßenverkehrs-Ordnung (StVO)
- Straßenverkehrs-Zulassungs-Ordnung (StVZO)
- Verordnung über Sicherheit und Gesundheitsschutz bei der Benutzung persönlicher Schutzausrüstungen bei der Arbeit (PSA-Benutzungsverordnung – PSA-BV)

Zusätzlich zu den Verordnungen spielen **technische Regelwerke** eine wichtige Rolle, darunter:

ASR A1.2	Raumabmessungen und Bewegungsflächen
ASR A1.3	Sicherheits- und Gesundheitsschutzkennzeichnung
ASR A1.5	Fußböden
ASR A1.7	Türen und Tore
ASR A1.8	Verkehrswege
TRBS 1203	Zur Prüfung befähigte Personen
TRBS 2111	Mechanische Gefährdungen – Allgemeine Anforderungen
TRBS 2111 Teil 1	Mechanische Gefährdungen – Maßnahmen zum Schutz vor Gefährdungen beim Verwenden von mobilen Arbeitsmitteln

Quelle: Bundesanstalt für Arbeitsschutz und Arbeitsmedizin: Technische Regeln für Arbeitsstätten (ASR). In: www.baua.de/DE/Angebote/Regelwerk/ASR/ASR [22.01.2025]. Quelle: Bundesanstalt für Arbeitsschutz und Arbeitsmedizin: Technische Regeln für Betriebssicherheit (TRBS). In: www.baua.de/DE/Angebote/Regelwerk/TRBS/TRBS [22.01.2025].

Darüber hinaus ergänzen zahlreiche **Vorschriften der Berufsgenossenschaften** den Arbeitsschutz, darunter:

DGUV Vorschrift 1	Grundsätze der Prävention
DGUV Vorschrift 52	Krane
DGUV Vorschrift 54	Winden, Hub- und Zuggeräte
DGUV Vorschrift 68	Flurförderzeuge
DGUV Vorschrift 70	Fahrzeuge
DGUV Grundsatz 309-001	Prüfung von Kranen
DGUV Grundsatz 314-002	Prüfung von Fahrzeugen durch Fahrpersonal
DGUV Grundsatz 314-003	Prüfung von Fahrzeugen durch Sachkundige
DGUV Grundsatz 308-001	Ausbildung und Beauftragung der Fahrer von Flurförderzeugen mit Fahrersitz und Fahrerstand
DGUV Grundsatz 309-006	Prüfbuch für den Kran
DGUV Grundsatz 309-009	Kran-Kontrollbuch
BGHM Information 108	Be- und Entladen von Fahrzeugen
DGUV Information 208-004	Gabelstapler
DGUV Information 208-061	Lagereinrichtungen und Ladungsträger
DGUV Information 209-012	Kranführer
DGUV Information 209-013	Anschläger
DGUV Regel 101-005	Hochziehbare Personenaufnahmemittel (Diese Schrift befindet sich derzeit in Überarbeitung.)
DGUV Regel 108-006	Ladebrücken und fahrbare Rampen
DGUV Regel 100-500	Betreiben von Arbeitsmitteln

Vgl. Deutsche Gesetzliche Unfallversicherung e. V. (DGUV): DGUV Vorschriften- und Regelwerk. In: www.dguv.de/de/praevention/vorschriften_regeln/index.jsp [22.01.2025].

Gefährdungsbeurteilung

Im Rahmen der **Gefährdungsbeurteilung** wird zunächst für jede potenzielle Gefährdung eine separate Beurteilung durchgeführt. Diese werden von Fachkräften für Arbeitssicherheit in Kooperation mit Betriebsärztinnen und Betriebsärzten vorgenommen und folgen einem standardisierten Prozedere:

Stufen des Ablaufs der Gefährdungsbeurteilung

Beurteilung der Gefährdung

↓

Dokumentation

↓

mögliche Schutzmaßnahmen

↓

Prüfung der Wirksamkeit der Maßnahmen

Parallel zum **Beurteilungsverfahren** erfolgt die **Dokumentation** der Gefährdung. Im Anschluss werden geeignete **Schutzmaßnahmen** abgewogen und bei Bedarf beauftragt und umgesetzt. Diese Maßnahmen werden in regelmäßigen Abständen **hinsichtlich ihrer Wirksamkeit überprüft**.

Bei der **fachkundigen Gefährdungsbeurteilung** gemäß § 3 Abs. 1 ArbStättV müssen zunächst die Arbeitsbedingungen gemäß § 5 ArbSchG geprüft werden. Hierbei hat der Arbeitgeber festzustellen, ob Beschäftigte beim Einrichten und Betreiben von Arbeitsstätten Gefährdungen ausgesetzt sind oder sein könnten.

Falls Gefährdungen vorliegen, hat der Arbeitgeber

- sämtliche potenziellen Gefährdungen für die Sicherheit und Gesundheit der Beschäftigten zu beurteilen,
- die Auswirkungen der Arbeitsorganisation und Arbeitsabläufe in der Arbeitsstätte zu berücksichtigen,
- im Rahmen der Gefährdungsbeurteilung physische und psychische Belastungen einzubeziehen,
- bei Bildschirmarbeitsplätzen insbesondere Augenbelastungen und mögliche Gefährdungen des Sehvermögens der Beschäftigten zu beachten.

Auf Basis seiner Gefährdungsbeurteilung muss der Arbeitgeber Maßnahmen zum Schutz der Beschäftigten festlegen, die den Vorschriften der Arbeitsstättenverordnung und ausdrücklich dem aktuell anerkannten Stand von Technik, Arbeitsmedizin und Hygiene entsprechen. Zusätzlich sind alle gesicherten arbeitswissenschaftlichen Erkenntnisse zu berücksichtigen.

Darüber hinaus ist der Arbeitgeber nach § 3 Abs. 3 ArbStättV verpflichtet, die Gefährdungsbeurteilung vor der Aufnahme der Tätigkeiten zu dokumentieren. Die Dokumentation muss enthalten, welche Gefährdungen am Arbeitsplatz auftreten können und welche Maßnahmen zur Absicherung gegen die Gefährdung durchgeführt werden müssen. Werden gemäß § 4 Abs. 1 Mängel festgestellt, müssen diese unverzüglich beseitigt werden.

Speziell für den Lagerbereich enthält die Arbeitsstättenverordnung Mindestanforderungen an betriebene Lager, die eingehalten werden müssen. In der folgenden Tabelle sind die Regelungsbereiche der Verordnung aufgeführt:

Arbeitsstättenverordnung

§	Inhalt
1	Ziel, Anwendungsbereich
2	Begriffsbestimmungen
3	Gefährdungsbeurteilung
3a	Einrichten und Betreiben von Arbeitsstätten
4	Besondere Anforderungen an das Betreiben von Arbeitsstätten
5	Nichtraucherschutz
6	Unterweisung der Beschäftigten
7	Ausschuss für Arbeitsstätten
8	Übergangsvorschriften
9	Straftaten und Ordnungswidrigkeiten
Anhang	Anforderungen und Maßnahmen für Arbeitsstätten nach § 3 Absatz 1

In § 2 ArbStättV werden die für den Arbeitsschutz relevanten **Fachbegriffe** zunächst definiert. Demnach ergeben sich u. a. folgende Definitionen:

§ 2	Begriff	Erläuterung
Abs. 1	Arbeitsstätten	sind Arbeitsräume oder andere Orte in Gebäuden auf dem Gelände des Betriebs oder auf Baustellen, sofern sie zur Nutzung für Arbeitsplätze vorgesehen sind.
Abs. 3	Arbeitsräume	sind Räume, in denen Arbeitsplätze innerhalb von Gebäuden dauerhaft eingerichtet sind.
Abs. 4	Arbeitsplätze	sind Bereiche, in denen Beschäftigte im Rahmen ihrer Arbeit tätig sind.
Abs. 5	Bildschirmarbeitsplätze	sind Arbeitsplätze, die sich in Arbeitsräumen befinden und mit Bildschirmgeräten und sonstigen Arbeitsmitteln ausgestattet sind.
Abs. 7	Telearbeitsplätze	sind vom Arbeitgeber fest eingerichtete Bildschirmarbeitsplätze im Privatbereich der Beschäftigten.

Gefahren im Umgang mit gefährlichen Gütern und Gefahrstoffen

Gefahrstoffe und Gefahrgüter

Besondere Aufmerksamkeit erfordert der Umgang mit gefährlichen Stoffen und Gefahrstoffen. Innerbetrieblich werden diese Stoffe als **Gefahrstoffe** bezeichnet und unterliegen dem Chemikaliengesetz (ChemG) sowie der Gefahrstoffverordnung (GefStoffV). Verlassen die Gefahrstoffe das Betriebsgelände, werden sie fortan als **Gefahrgut** bezeichnet. Ab diesem Zeitpunkt gilt das Gefahrgutbeförderungsgesetz (GGBefG). Dieses Gesetz regelt die Beförderung gefährlicher Güter mit Eisenbahn-, Magnetschwebebahn-, Straßen-, Wasser- und Luftfahrzeugen sowie die Herstellung, Einführung und das Inverkehrbringen von Verpackungen, Beförderungsbehältnissen und Fahrzeugen für die Beförderung gefährlicher Güter.

Produktsicherheitsgesetz

Am 04.12.2024 wurde ein Gesetzesentwurf zur Änderung des **Produktsicherheitsgesetzes (ProdSG)** und weiterer produktsicherheitsrechtlicher Vorschriften in den Bundestag eingebracht. Das ProdSG ist eine zentrale Rechtsvorschrift für die Sicherheit von Geräten, Produkten und Anlagen in Deutschland. Dieses Gesetz sowie die darauf basierenden Produktsicherheitsverordnungen (ProdSV) setzen insgesamt elf europäische Binnenmarktrichtlinien und die Richtlinie 2001/95/EG über die allgemeine Produktsicherheit in deutsches Recht um.[1] Am 13.12.2024 trat zudem die neue EU-Verordnung über die allgemeine Produktsicherheit 2023/988 **(General Product Safety Regulation, GPSR)** in Kraft und löste damit alte Richtlinie 2001/95/EG ab.

1 Vgl. Bundesministerium für Arbeit und Soziales: Produktsicherheit. In: www.bmas.de/DE/Arbeit/Arbeitsschutz/Produktsicherheit/produktsicherheit.html [27.01.2025].

Verpackung und Kennzeichnung von gefährlichen Gütern für den Logistikprozess

Die Grundlage für die Kennzeichnung und Verpackung gefährlicher Güter bildet § 411 HGB:

gefährliche Güter

§§

§ 411 HGB

Der Absender hat das Gut, soweit dessen Natur unter Berücksichtigung der vereinbarten Beförderung eine Verpackung erfordert, so zu verpacken, dass es vor Verlust und Beschädigung geschützt ist und daß auch dem Frachtführer keine Schäden entstehen. Soll das Gut in einem Container, auf einer Palette oder in oder auf einem sonstigen Lademittel, das zur Zusammenfassung von Frachtstücken verwendet wird, zur Beförderung übergeben werden, hat der Absender das Gut auch in oder auf dem Lademittel beförderungssicher zu stauen und zu sichern. Der Absender hat das Gut ferner, soweit dessen vertragsgemäße Behandlung dies erfordert, zu kennzeichnen.

Für die Kennzeichnung gefährlicher Güter ist deren Einteilung in neun Gefahrgutklassen zu beachten:

Klasse 1				Klasse 2			Klasse 3
Explosive Stoffe und Gegenstände mit Explosivstoff				Entzündbare Gase	Nicht entzündbare, nicht giftige Gase	Giftige Gase	Entzündbare flüssige Stoffe

1	1.4	1.5	1.6	2.1	2.2	2.3	3

Klasse 4			Klasse 5	
Entzündbare feste Stoffe, selbstzersetzliche Stoffe, polymerisierende Stoffe und desensibilisierte explosive feste Stoffe	Selbstentzündliche Stoffe	Stoffe, die in Berührung mit Wasser entzündbare Gase entwickeln	Entzündend (oxidierend) wirkende Stoffe	Organische Peroxide

4.1	4.2	4.3	5.1	5.2

Klasse 6		Klasse 7					Klasse 8	Klasse 9	
Giftige Stoffe	Ansteckungsgefährliche Stoffe	Radioaktive Stoffe					Ätzende Stoffe	Verschiedene gefährliche Stoffe und Gegenstände	

6.1	6.2	7A	7B	7C	7D	7E	8	9	9A

Quelle: Berufsgenossenschaft Rohstoffe und chemische Industrie (BG RCI): Kennzeichnung und Bezettelung. In: www.bgrci.de/fachwissen-portal/themenspektrum/gefahrguttransport/kennzeichnung-und-bezettelung [22.01.2025].

Bei der Beförderung gefährlicher Güter muss ergänzend am Beförderungsfahrzeug eine orangefarbene Warntafel angebracht werden, die auf den Transport solcher Güter hinweist. Die auf der Tafel angegebenen Nummern informieren darüber, welche Art von Gütern transportiert wird und welche spezifischen Gefahren von ihnen ausgehen. Dabei gibt die obere Nummer die Art der Gefahr an, während die untere die UN-Nummer des Gefahrguts anzeigt:

Packmittel für Gefahrstoffe

Auch die **Packmittel** für Gefahrstoffe müssen an die jeweiligen Eigenschaften des transportierten Gutes angepasst und entsprechend zugelassen sein. Eine Verpackung mit **UN-Zulassung** wurde speziell geprüft, um sicherzustellen, dass sie die Anforderungen und Standards für den Transport des jeweiligen Gefahrguts erfüllt. Die UN-Zulassungsnummer, die auf der Verpackung angegeben ist, gibt Auskunft darüber, für welche Art von Gefahrstoffen und Verpackungsgruppen sie geeignet ist.

Wird eine zusätzliche Umverpackung verwendet, muss diese mit der Aufschrift „Umverpackung" gekennzeichnet sein. Außerdem müssen alle Gefahrzettel, UN-Nummern oder andere Kennzeichnungen, die sich im Inneren der Verpackung befinden, sowie Ausrichtungspfeile auch auf der Außenseite der Umverpackung deutlich angebracht werden.

Neben den Schutzmitteln für die Güter, wie beispielsweise Packpapier, Holzwolle, Polsterungen oder Verpackungsschips, ist auch die Schutzausrüstung für die Mitarbeiterinnen und Mitarbeiter wichtig, die im Unternehmen verfügbar sein muss. Darüber hinaus ist die Verwendung von Warnschildern gemäß der ISO-Norm EN ISO 7010 vorgesehen, z. B. auszugsweise die folgenden Gebots-, Verbots-, Warn-, Brandschutz- und Rettungszeichen:

Gebotszeichen

Augenschutz benutzen

Gehörschutz benutzen

Fußschutz benutzen

Hände waschen

Hautschutzmittel benutzen

Verbotszeichen

Rauchen verboten

Für Flurförderzeuge verboten

Betreten der Fläche verboten

Eingeschaltete Mobiltelefone verboten

Mit Wasser löschen verboten

Warnzeichen

Warnung vor elektrischer Spannung

Warnung vor gegenläufigen Rollen

Warnung vor Handverletzungen

Warnung vor Flurförderzeugen

Warnung vor heißer Oberfläche

Brandschutzzeichen

Feuerlöscher

Löschschlauch

Feuerleiter

Brandmelder

Brandmeldetelefon

Rettungszeichen

Notausgang

Sammelstelle

Erste Hilfe

Notruftelefon

Notausstieg mit Fluchtleiter

Die Gebots-, Verbots-, Warn-, Brandschutz- und Rettungszeichen nach dieser Norm sorgen durch eine europaweit einheitliche Kennzeichnung für mehr Sicherheit. Sicherheitszeichen dürfen – mit Ausnahme des Ausrufezeichens – keine Schriftzeichen, Zahlen oder mathematischen Symbole enthalten.

Nachhaltigkeit in der Logistik durch Digitalisierung

Die Logistik ist ein zentraler Bestandteil unserer globalisierten Welt und für einen erheblichen Teil der Treibhausgasemissionen und Ressourcennutzung verantwortlich. Globale Handelsströme und steigender Bedarf erfordern einen zielgerichteten Einsatz der vorhandenen Ressourcen. Um einen aktiven Beitrag zum Umweltschutz (siehe Kapitel 1.3) zu leisten, sind folgende Aufgaben von besonderer Bedeutung:

Ressourcenmanagement
(siehe Kapitel 4.3)

Abfallvermeidung und Recycling
(siehe nachfolgend)

Transparenz entlang der Supply Chain
(siehe Kapitel 1.3)

Ein zentraler Ansatz für mehr Nachhaltigkeit in der Logistik ist die effiziente Nutzung von Ressourcen wie Energie, Material und Zeit. Der Einsatz digitaler Tools zur Lagerverwaltung ermöglicht eine nachhaltige Planung und Steuerung der Ressourcen. Dadurch können Unternehmen ihren Energieverbrauch senken, Lagerbestände optimieren und Kommissionierungsprozesse effizienter gestalten, was gleichzeitig Kosten spart und Leerlaufzeiten reduziert.

Darüber hinaus bietet es sich an, das Supply-Chain-Management (siehe Kapitel 1.3) um ein System zur präzisen Routenplanung zu erweitern. Auf diese Weise lassen sich Transportwege verkürzen und der Kraftstoffverbrauch nachhaltig reduzieren.

Abfallvermeidung und Recycling

Mit einer digitalisierten Lagerverwaltung und Bestandskontrolle können Unternehmen Abfall reduzieren, veraltete oder überschüssige Bestände identifizieren und entsprechende Maßnahmen ergreifen. Denn Lagerverwaltungssysteme erlauben eine präzise Überwachung von Verfallsdaten und helfen, Lagerbestände effizient zu optimieren. Darüber hinaus kann der Rückgabeprozess von Waren verbessert werden, wodurch die Wiederverwendung oder das Recycling von Produkten gefördert wird.

Digitale Prozesse erleichtern eine nahtlose Kommunikation zwischen allen Beteiligten, ermöglichen die schnelle Verarbeitung von Bestellungen und Dokumenten und fördern eine effiziente Zusammenarbeit. Die Daten werden in Echtzeit übertragen, sodass Entscheidungen stets auf einer aktuellen Informationsbasis getroffen werden können.

Digitale Lösungen entlang der unternehmensübergreifenden Wertschöpfungskette (Supply Chain) bieten zudem die Möglichkeit, Informationen über die Herkunft von Produkten, deren Transportwege und Produktionsbedingungen in Echtzeit zu verfolgen. Dadurch können Unternehmen die Nachhaltigkeit ihrer Lieferanten bewerten und gezielt solche Partner auswählen, die umweltfreundliche Praktiken unterstützen.

AUFGABE 1

In welchen Bereichen des Logistikprozesses ist Sicherheit ein relevanter Aspekt?

AUFGABE 2

Wozu dient die Arbeitsschutzverordnung und wie kann sie vom Arbeitsschutzgesetz abgegrenzt werden?

AUFGABE 3

Welche Auswirkungen haben die Vorschriften der Berufsgenossenschaft auf Prozesse im Lager? Welche Lagerprozessbestandteile sind davon betroffen? Nennen Sie drei passende Beispiele.

AUFGABE 4

Erläutern Sie den Begriff der Gefährdungsbeurteilung.

AUFGABE 5

Worin unterscheiden sich Arbeitsstätten, Arbeitsräume und Arbeitsplätze?

AUFGABE 6

Bei der Kennzeichnung gefährlicher Güter ist die Einteilung in die neun Gefahrgutklassen zu beachten. Welche Gefahrgutklassen gibt es?

AUFGABE 7

Neben Schutzmitteln für Güter ist auch die persönliche Schutzausrüstung für Mitarbeiterinnen und Mitarbeiter wichtig. Was bedeuten die folgenden fünf Zeichen und welchen Rubriken werden diese zugeordnet?

a) 

b) 

c) 

d) 

e) 

AUFGABE 8

Begründen Sie, inwieweit die Logistik durch digitalisierte Prozesse einen Beitrag zur Nachhaltigkeit leisten kann.

Reflexion der Prozesse 7

Die Heidtkötter KG hat den Regelkreisprozess zur Überprüfung der Logistik und der damit verbundenen Prozessbestandteile durchgeführt. Neben der reinen Verfügbarkeit des richtigen Gutes, in der richtigen Menge, im richtigen Zustand, am richtigen Ort, zur richtigen Zeit, für den richtigen Kunden, zu den richtigen Kosten werden nun auch Aspekte wie Information und Kommunikation im Prozess und das erzielte Ergebnis in die Analyse einbezogen.

Im Rahmen der Analyse der bestehenden Konzepte und deren Übereinstimmung mit den formulierten Zielen wird geprüft, ob Anpassungen oder Ergänzungen zum bisherigen Prozess notwendig sind. Dabei werden Bestandteile der Logistik in Beschaffung, Produktion, Lagerung, Transport, Personal- und Technikeinsatz sowie eine umweltgerechte Entsorgung näher betrachtet.

An dieser Stelle wird nun die kritische Reflektion der Analyse durchgeführt.

Häufig werden Fragen zu Kosten-, Zeit- und Abweichungen von Qualitätsmerkmalen analysiert.

Analysebestandteile		
Terminabweichungen		
Erläuterung	Ursachen	Maßnahmen
Kostenabweichungen		
Erläuterungen	Ursachen	Maßnahmen
Qualitätsabweichungen		
Erläuterungen	Ursachen	Maßnahmen

AUFGABE 1

Im Anschluss werden die gefundenen Ursachen und die möglichen Veränderungen anhand der vorgeschlagenen Maßnahmen abgewogen.

AUFGABE 2

Beschreiben Sie kurz, weshalb der Regelkreisprozess eine Überprüfung der Logistik erfordert.

AUFGABE 3

Nennen Sie je zwei Ursachen für die Termin- und Kostenabweichung im Logistikprozess.

AUFGABE 4

Finden Sie drei geeignete Maßnahmen, die Terminabweichungen im Lagerprozess entgegenwirken können.

AUFGABE 5

Qualitätsabweichungen können durch Fehler im Logistikprozess verursacht werden. Finden Sie drei eigene Beispiele hierfür.

AUFGABE 6

Wie könnte in den drei Beispielen aus Aufgabe 4 der Qualitätsabweichung effektiv entgegengewirkt werden?

Übergreifende Aufgaben

Aufgabe 1: Ein großer Automobilhersteller hat einen Sportwagenhersteller übernommen. Es wird erwogen, den Einkauf am Stammsitz des Automobilherstellers in Berlin zu zentrieren und gleichzeitig das Supply-Chain-Management auf den Sportwagenhersteller zu übertragen.

a) Beschreiben Sie drei Vorteile und drei Nachteile eines Zentraleinkaufs.
b) Nennen Sie wesentliche Merkmale des Supply-Chain-Managements und grenzen Sie dieses Konzept von anderen internetbasierten Beschaffungssystemen ab.
c) Erläutern Sie die Ziele, die der Automobilhersteller mit dem Einsatz von Supply-Chain-Management verfolgt.

Aufgabe 2: Erläutern Sie die Bedeutung einer Supply Chain und einer Supply-Chain-Managerin.

Aufgabe 3: Der Einsatz der Strichcode-Technologie wird zunehmend durch die RFID-Technologie ersetzt bzw. ergänzt. Beschreiben Sie die Funktionsweise der RFID- Technologie und führen Sie Vorteile des Einsatzes für die Materiallogistik an.

Aufgabe 4: Sammeln Sie Vorteile, die für eine räumliche Trennung oder für eine räumliche Zusammenlegung von Wareneingang und Warenausgang sprechen.

Aufgabe 5: Geben Sie mindestens fünf verschiedene Kostenarten für Lagerkosten an.

Aufgabe 6: Einem Industrieunternehmen werden Rohstoffe auf insgesamt fünf Paletten geliefert. Nennen Sie fünf Tätigkeiten in einer schlüssigen Reihenfolge, die beim Wareneingang abgewickelt werden müssen.

Aufgabe 7: Ein Automobilzulieferer betreibt ein zentrales Hochregallager mit chaotischer Lagerhaltung.

a) Beschreiben Sie das Prinzip der chaotischen Lagerung und geben Sie Voraussetzungen für die Umsetzung dieses Prinzips an.
b) Führen Sie Vor- und Nachteile der chaotischen Lagerhaltung gegenüber dem Festplatzsystem an.
c) Erläutern Sie Vorteile der zentralen gegenüber der dezentralen Lagerung.

Aufgabe 8:

Zur Ermittlung der Lagerkennzahlen wurden folgende Daten eines Zementherstellers für das abgelaufene Geschäftsjahr zusammengefasst:

Anfangsbestand am 01.01.20..	1800 t		
Endbestand Januar	2500 t	Endbestand Juli, August	2500 t
Endbestand Februar	3000 t	Endbestand September	1500 t
Endbestand März, April	2500 t	Endbestand Oktober	5000 t
Endbestand Mai	4000 t	Endbestand November	5000 t
Endbestand Juni	3000 t	Endbestand Dezember	3500 t

a) Ermitteln Sie den durchschnittlichen Lagerbestand (auf volle Tonnen gerundet).
b) Der durchschnittliche Lagerbestand gilt als zu hoch. Nennen Sie Vergleichsgrößen, die herangezogen wurden, um zu dieser Einschätzung zu gelangen.
c) Erklären Sie zwei Maßnahmen, wie der durchschnittliche Lagerbestand gesenkt werden kann.
d) Nennen Sie weitere Lagerkennziffern und berechnen Sie diese. Unterstellen Sie einen Jahresabgang im Lager von 15000 t, einen Marktzinssatz von 4 % und Herstellkosten von 70,00 € je Tonne.

Aufgabe 9:

Ein Süßwarenhersteller analysiert die Entwicklung der Lagerbestände für Fruchtgummi der Sorte „Apfelhops" für das abgelaufene Geschäftsjahr anhand folgender Daten (Anfangsbestand: 2250 kg):

Angaben in kg	Zugänge	Abgänge	Bestand
Endbestand 1. Quartal	700	1400	1550
Endbestand 2. Quartal	1000	1800	750
Endbestand 3. Quartal	2000	2200	550
Endbestand 4. Quartal	2500	2100	950

Herstellkosten = 1,25 €/kg   Marktzinssatz = 4,00 %

a) Berechnen Sie den durchschnittlichen Lagerbestand, die Umschlagshäufigkeit, die durchschnittliche Lagerdauer und die Lagerzinsen für das abgelaufene Geschäftsjahr für das Fruchtgummi „Apfelhops".
b) Interpretieren Sie Ihre Ergebnisse, wenn in den vergangenen Jahren der durchschnittliche Lagerbestand bei ca. 2.000,00 € und die durchschnittliche Lagerdauer bei ca. 90 Tagen lagen.

Aufgabe 10:

Die logistische Aufgabe „Umschlagen" spielt in der Distributionslogistik eine wichtige Rolle.

a) Erläutern Sie den Begriff „Umschlagen".
b) Erklären Sie die Wichtigkeit dieser logistischen Aufgabe.

Aufgabe 11:

Erläutern Sie den Unterschied zwischen Frachtführer und Spediteur anhand der jeweiligen Aufgaben.

Aufgabe 12:

Beschreiben Sie die unterschiedlichen Funktionen der Verpackung aus der Sicht des Marketings.

Aufgabe 13: Erklären Sie den Begriff „Sekundärrohstoff" und nennen Sie drei Beispiele.

Aufgabe 14: Erläutern Sie die Funktionen der Verpackung innerhalb der Supply Chain.

Aufgabe 15: Differenzieren Sie zwischen Verkaufs-, Um- und Transportverpackung und nennen Sie jeweils ein Beispiel.

Aufgabe 16: Erläutern Sie die Funktionsweise der flächendeckenden Rücknahme und Verwertung der Verkaufsverpackungen in Deutschland (Duales System).

Lernfeld 9:

Marketingkonzepte planen und umsetzen

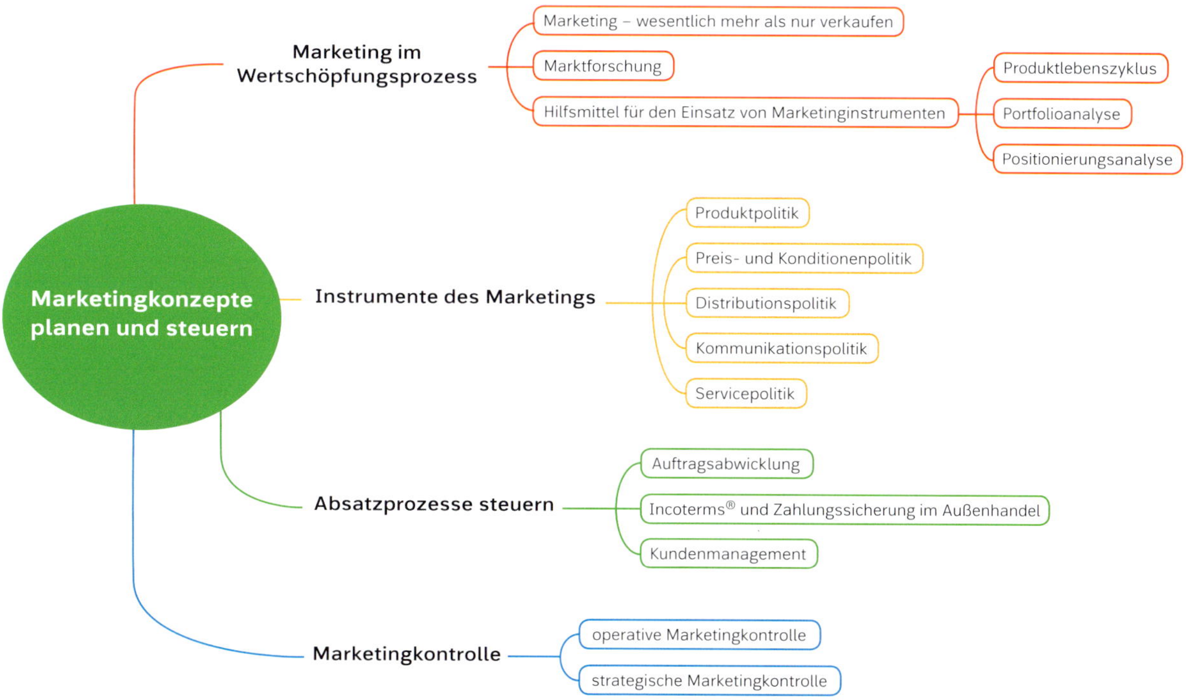

Marketingkonzepte planen und umsetzen

1 Marketing im Wertschöpfungsprozess

Die Entscheidungen, die in einem Industrieunternehmen getroffen werden, und deren konkrete Umsetzungen im Wertschöpfungsprozess werden maßgeblich vom Absatzmarkt angestoßen bzw. eingefordert. Die Orientierung unternehmensinterner Entscheidungen an externen Gegebenheiten der Märkte erfordert eine intensive Auseinandersetzung mit den aktuellen Marktvorgaben. Dazu werden Marketingkonzepte entwickelt, die bei möglichen Kunden neue Bedürfnisse wecken, das Unternehmen positiv gegenüber Konkurrenzunternehmen abgrenzen und maßgeblich die zukünftige Marktentwicklung beeinflussen und steuern. Dieses aktive Einwirken auf Marktstrukturen und Marktentwicklungen ist nur möglich, wenn aktiv Marketing betrieben wird und die dazu erforderlichen Informationen mithilfe der Marktforschung beschafft werden können.

BEISPIEL

Die Heidtkötter KG richtet ihr gesamtes Marketingkonzept für Bürostühle auf deren außergewöhnliches Design und die ergonomischen Eigenschaften der Produkte aus. Dadurch werden einerseits die mithilfe der Marktforschung ermittelten Kundenanforderungen (zunehmende Ansprüche an Design und ein stärkeres Gesundheitsbewusstsein) bedient, andererseits werden bei potenziellen Neukunden Bedürfnisse nach gutem Design ihres Büromöbels und nach gesundheitsförderndem Sitzen geweckt.

Nachfolgend werden grundlegend für den Funktionsbereich „Absatz“ die Zusammenhänge zwischen einem Marketingkonzept (Ziele und Überblick über Marketinginstrumente), der Marktforschung und ihrer unterschiedlichen Methoden sowie der Instrumente zur Analyse der Marktstellung des Unternehmens und seiner Produkte (z. B. Portfolioanalyse, Produktlebenszyklus) herausgearbeitet.

1.1 Marketing – wesentlich mehr als nur verkaufen

Marktsituation

Seit einigen Jahrzehnten sind die Absatzmärkte der Unternehmen in Deutschland durch die Merkmale eines Käufermarktes gekennzeichnet. Nachfrager fordern heute sehr gute Qualität und kaufen dabei preisbewusst ein, da die Nachfrage nahezu gesättigt ist und Verbraucherinnen und Verbraucher nahezu alles Vorstellbare[1] kaufen können, was sie als wünschenswert erachten. Die Konkurrenz der Unternehmen um die Nachfrager auf den Absatzmärkten wird immer größer und intensiver, die Marktmacht liegt letztlich beim Käufer.

Ebenso hat die technische Entwicklung verstärkt dazu geführt, dass sich die angebotenen Produktqualitäten immer weniger unterscheiden, sodass nicht mehr nur die Qualität der Produkte entscheidend für den Kauf ist, sondern Aspekte wie Serviceleistungen, Garantieleistungen, Kundenbetreuung, Kundenzufriedenheit, Verhalten bei auftretenden (Vertrags-)Problemen, Wartungs- und Reparaturdienste usw. stärker in den Vordergrund rücken.

1 ... und Unvorstellbare. In den Vereinigten Staaten wurde am 21.06.2004 der erste private Flug in der SpaceShipOne in den Weltraum gestartet. Mehr dazu siehe www.virgingalactic.com.

Es geht also nicht mehr nur um den Verkauf der (hergestellten) Leistungen, sondern vielmehr um ein systematisches, auf alle Kundenbedürfnisse hin ausgerichtetes aktives absatzorientiertes Handeln der Unternehmen.

BEISPIEL

Die Heidtkötter KG hat inzwischen ein umfassendes Aftersales-Programm am Markt etabliert. Es berücksichtigt vornehmlich die Kundenanforderungen „Langlebigkeit der Produkte" und „Umweltschonung". Zur Erreichung einer hohen Kundenzufriedenheit werden folgende Servicebausteine auf Kundenwunsch erfüllt:

Servicevereinbarung	Instandsetzung	Generalüberholung	Produktrücknahme zur Entsorgung
periodische Überprüfung der Produkte (dreimal in den ersten fünf Jahren), um auf eventuelle Reparaturen hinzuweisen	Instandsetzung gemäß Reparaturliste mit einheitlichen Kostenvoranschlägen, Reparatur auch bis zu zwei Jahre nach Produktionseinstellung eines Produktes	Im Stammwerk in Bielefeld werden gemäß Kostenvoranschlag Produkte runderneuert oder sogar auf den neuesten technischen Stand aktualisiert.	Produktrücknahme altgedienter Produkte und umweltgerechte Entsorgung: Wertstoffe werden getrennt und überwiegend recycelt.

Marketing

Insbesondere geht es darum, bestehende Kundenwünsche zu erfüllen sowie bei potenziellen Kunden neue Bedürfnisse zu erzeugen und auf kreative sowie gewinnbringende Art die Absatzmärkte aktiv zu gestalten, neue Absatzmärkte zu erschließen und seine eigenen Leistungen systematisch zu vermarkten (= **Marketing**).

Heribert Meffert, Wirtschaftswissenschaftler und Marketingexperte, definiert Marketing wie folgt: „Marketing bedeutet Planung, Koordination und Kontrolle aller auf die aktuellen und potenziellen Märkte ausgerichteten Unternehmensaktivitäten."

Quelle: Meffert, Heribert: Marketing. Grundlagen marktorientierter Unternehmensführung: Konzepte – Instrumente – Praxisbeispiele, 9. Auflage, Wiesbaden: Gabler 2000, S. 8.

Diese Definition bezieht sich auf **alle** Unternehmensaktivitäten. Sie bezieht sowohl die Bearbeitung bestehender bzw. aktueller als auch die zukünftiger bzw. potenzieller Märkte in den Aufgabenbereich des Marketings ein. Das Unternehmen richtet seine Aktivitäten und Entscheidungen an den Anforderungen der Märkte aus.

Orientiert am **Management-Regelkreis** umfasst der Marketingprozess vier Schritte:

› LF 6, Kapitel 1.2

1. Marketingplanung	Festlegen von Marketingzielen und -konzepten
2. Marketingdurchführung	Einsatz der zur Verfügung stehenden Marketinginstrumente[1], um die Marketingziele und -konzepte erreichen zu können, die Bedarfsdeckung zu optimieren und den Markt aktiv zu erschließen/zu gestalten/zu erhalten
3. Marketingkontrolle	Überprüfung der Zielerreichung sowie der eingesetzten Instrumente und Abweichungsanalyse, um Vorgaben für die künftige Marketingplanung abzuleiten[2]
4. Feedback	Rückmeldung an die Marketingplanung zur Festlegung neuer Marketingziele

Zur (Fort-)Entwicklung aller Marketingprozesse muss vom Marketing zunächst das eigene Leistungsprogramm (Absatzprogramm) definiert werden.

1 Siehe Kapitel 2.
2 Siehe Kapitel 4.

Funktionen des Marketings

Erfolgreiches Marketing erfüllt folgende Funktionen:

Kundenorientierung	Dies ist die **Orientierung an den Problemen und Bedürfnissen der Kunden** und nicht an den Produkten bzw. der Produktion.
Wettbewerbsorientierung	Die Produkte und Dienstleistungen müssen **sich von denen der Konkurrenz unterscheiden**, um die Gefahr der Austauschbarkeit zu reduzieren.
Gesellschaftsorientierung	Neben ökonomischen Aspekten soll die **gesellschaftliche Verantwortung** berücksichtigt und ein nachhaltiges wirtschaftliches Handeln gegenüber Mensch, Gesellschaft und vor allem Umwelt angestrebt werden.

Marketingziele

Die **Marketingziele** müssen auf die Unternehmensziele abgestimmt werden. Die Unternehmen verfolgen unterschiedliche Ziele, die vor allem von der Unternehmensgröße, dem Konkurrenzverhalten, den Bedürfnissen der Kunden, den spezifischen Marktgegebenheiten, den Unternehmensressourcen sowie von (wirtschafts-)ethischen Einstellungen des Unternehmens abhängen.

Einen Überblick über mögliche Marketingzielsetzungen bietet folgende Übersicht:

Marketingziele

Zielsetzungen im Rahmen des Sachziels (ausgerichtet auf die angebotenen Leistungen)

Den Kundenwünschen müssen entsprechen:
- die Produkte
- Aufmachung, Verpackung, Präsentation und Verwendung
- Service-, Garantieleistungen sowie Wartungs- und Reparaturdienste

ökonomische Zielsetzungen (ausgerichtet auf den ökonomischen Erfolg)

- Erreichung festgesetzter Umsatzzahlen
- Erhöhung von Marktanteilen
- Erhöhung des Gewinns
- Erschließung neuer Märkte
- Minimierung der Kosten

psychografische Zielsetzungen (ausgerichtet auf das Kundenverhalten)

- Verbesserung des Images, bezogen auf die Produkte und das Unternehmen
- Erhöhung der Zahl an Stammkunden (Kundentreue)
- Verbesserung der Kundenpflege/-betreuung
- Setzen von Präferenzen für eigene Produkte beim Kunden
- Verbesserung der Kunden-/Produktinformationen

Einflussgrößen der Marktauswahl

Jedes Unternehmen muss entscheiden, ob es seine Leistungen innerhalb des bisherigen Absatzmarktes erbringen will oder ob neue Absatzmärkte erschlossen werden sollen. Auch ist festzulegen, ob das bestehende Leistungsprogramm beibehalten wird oder ob neue Leistungen oder Leistungen in veränderter Form angeboten werden sollen. Auf welchen Märkten ein Unternehmen tätig ist, hängt von den Unternehmenszielen und dem Leistungsangebot ab.

BEISPIEL

Der Automobilhersteller Peugeot stellt außer Kraftfahrzeugen auch hochwertige Fahrräder und Pfeffermühlen her, um sein positives, mit Qualität verbundenes Image auf weitere Marktsegmente zu übertragen.

Ein Automobilhersteller aus Südkorea kann nicht nur in seinem Heimatmarkt tätig sein, wenn er hohe Absatzzahlen erreichen will. Dafür muss er in den großen Märkten in Europa und Amerika, evtl. auch in Indien oder China tätig werden. Ob er aber tatsächlich überall dort auftreten kann, hängt von weiteren Faktoren ab, wie z. B. der Unternehmensgröße, seiner Finanzkraft, der Konkurrenzsituation oder auch von Einflüssen wie staatlichen Zutrittsbeschränkungen, Umweltauflagen oder staatlichen Förderprogrammen.

Markt-segmentierung

Auch aufgrund der Globalisierung werden die Absatzmärkte für Industrieunternehmen immer größer und zahlreicher. Absatzmärkte mit ihrer Vielzahl an Nachfragern werden nach bestimmten Kriterien in Teilmärkte (Marktsegmente) mit relativ homogenen Käufergruppen aufgeteilt (**Marktsegmentierung**). Eine solche Strukturierung kann nach Alter, Geschlecht, Wohnort, Familienstand, Einkommen, Einstellungen, Lebensstil, Markenbewusstsein, Freizeitinteressen usw. erfolgen.

BEISPIEL

Ein Getränkehersteller unterteilt den Markt in drei homogene Teilmärkte: Handel (Wiederverkäufer), Konsumentinnen und Konsumenten sowie Gastronomie. Diese Einteilung nutzt der Getränkehersteller, um nach einer weiteren Marktsegmentierung eine gezielte Marktbearbeitung der Teilmärkte zu betreiben.

Der Segmentierung des Teilmarktes „Konsumentinnen und Konsumenten" liegen folgende Kriterien zugrunde:

Kriterien	Homogene Segmente	Begründung
Sozio-ökonomie	Männer mittleren Alters Frauen/junge Männer	Das Hauptgetränk wird vor allem von Männern mittleren Alters (29 bis 49 Jahre) verzehrt. Die Ableitungen vom Hauptgetränk (Mischgetränke) werden von Frauen und jungen Männern (17 bis 28 Jahre) getrunken.
Kauf-verhalten	Alltagskonsumentinnen und -konsumenten Feierkonsumentinnen und -konsumenten	Es lassen sich Alltags- und Feierkonsumentinnen und -konsumenten unterscheiden. Alltagskonsumentinnen und -konsumenten verzehren täglich das Produkt und zählen zur Stammkundschaft. Feierkonsumentinnen und -konsumenten kaufen die Getränke anlassbezogen (Feiertage, Feste).
Region	Markt Nord Markt Süd	Umsatzbezogen gibt es ein starkes Nord-Süd-Gefälle. Der Norden ist der Stammmarkt des Unternehmens (hoher Umsatz, hoher Marktanteil). Im Süden werden aufgrund der regionalen Konkurrenzsituation deutlich geringere Umsätze erreicht (geringer Umsatz, geringer Marktanteil).

Das Festlegen von Marktsegmenten muss gut überlegt sein, da eine kurzfristige Anpassung der Einteilung aus wirtschaftlicher Sicht nicht sinnvoll bzw. mit hohen Kosten verbunden ist. Daher werden vor Bildung der Marktsegmente durch die Marktforschung Informationen über das Marktgeschehen im Markt und in den Teilmärkten bereitgestellt. Diese betreffen insbesondere

- die Konkurrenzsituation,
- die besonderen Ansprüche der potenziellen Kunden sowie
- die Entwicklung des gesamten Absatzmarktes.

Marketing-instrumente

Die Marktsegmente müssen bearbeitet werden. Die dazu erforderlichen absatzpolitischen Instrumente zur Optimierung der Bedarfsdeckung bzw. zur aktiven Gestaltung der Absatzmarktbedingungen sind sehr vielfältig.

Das **Marketinginstrumentarium** umfasst folgende fünf Gruppen von Werkzeugen[1], die durch folgende Fragen gekennzeichnet werden können:

- → Produktpolitik: Welche und wie viele Leistungen sollen wann angeboten werden? › Kapitel 2.1
- → Preis-/Konditionenpolitik: Wie viel Umsatz soll für welche Leistungen wann und in welcher Form erzielt werden? › Kapitel 2.2
- → Distributionspolitik: Wo sollen welche Leistungen an wen und auf welchen Wegen wann vertrieben werden? › Kapitel 2.3

1 Siehe Kapitel 2.

› Kapitel 2.4 ➜ Kommunikationspolitik: Wer soll durch welche Informationen und auf welchen Wegen wann und wie beeinflusst werden?

› Kapitel 2.5 ➜ Servicepolitik: Durch welche zusätzlichen Leistungen will man sich von der Konkurrenz abheben und welche Alleinstellungsmerkmale will man verbreiten?

AUFGABE 1

Erläutern Sie Unterschiede zwischen Käufermarkt und Verkäufermarkt und beschreiben Sie jeweils die Konsequenzen hinsichtlich der Notwendigkeit einer Marketingkonzeption.

AUFGABE 2

Unterscheiden Sie zwischen ökonomischen und psychografischen Marketingzielsetzungen und nennen Sie jeweils drei Beispiele.

AUFGABE 3

Erläutern Sie, was Sie unter dem Begriff „Marketing" verstehen.

AUFGABE 4

Begründen Sie, warum das Marketing auf die Unternehmensziele ausgerichtet werden sollte.

AUFGABE 5

Nehmen Sie Stellung zu folgender Aussage: „Eine wichtige Grundlage zur Erstellung eines Marketingkonzepts ist die Festlegung des eigenen Leistungsprogramms."

AUFGABE 6

Beschreiben Sie vier Informationen, die Sie zur Erstellung eines Marketingkonzepts dringend benötigen.

AUFGABE 7

Beschreiben Sie vier Situationen, in denen ein Unternehmen ein Marketingkonzept entwickeln sollte.

AUFGABE 8

Beschreiben Sie vier Gründe dafür, dass sich mit der Planung eines Marketingkonzepts die Erfolgschancen eines Unternehmens erheblich erhöhen.

AUFGABE 9

Erläutern Sie die Forderung: „Unternehmensführung muss vom Markt her gesteuert werden."

AUFGABE 10

Marketingmaßnahmen müssen geplant werden. Legen Sie die richtige Reihenfolge der Einzelaktivitäten fest:

a) Kontrolle der Marketingergebnisse

b) Analyse der Marktsituation

c) aufeinander Abstimmen der Marketinginstrumente

d) Bestimmen der Marketingziele

e) Definition der Marketingstrategie

f) Bestimmen der Marketinginstrumente

AUFGABE 11

Die Heidtkötter KG plant die Einführung eines neuen Multifunktionstisches.

a) Welche absatzpolitischen Überlegungen sind nun notwendig?

b) Welche Ziele sollen/können durch diese Überlegungen erreicht werden?

AUFGABE 12

a) Erläutern Sie den Begriff „Marktsegment" und beschreiben Sie den Prozess der Marktsegmentierung mit eigenen Worten.

b) Erläutern Sie „Marktsegmentierung" anhand folgender Beispielmärkte:

Markt	Kriterium der Marktsegmentierung	Jeweilige Produktausrichtung
Automobile		
Körperpflegemittel		

AUFGABE 13

„Entscheidungen bezüglich der Marktsegmentierung sind strategische, langfristige Entscheidungen."

Erläutern Sie zwei Gründe für die Richtigkeit dieser Aussage.

AUFGABE 14

Beschreiben Sie Ursachen, die dafür verantwortlich sind, dass der realtypische Verlauf des Produktlebenszyklus häufig vom idealtypischen Verlauf abweicht.

1.2 Marktforschung

1.2.1 Begriffliche Abgrenzungen und Methoden der Marktforschung

Häufige Marktveränderungen, bedingt durch Änderungen in den Einstellungen der Verbraucherinnen und Verbraucher, dem Umweltbewusstsein, dem Einkommen der Kundinnen und Kunden oder durch allgemein wirtschaftliche oder gesetzliche Veränderungen erfordern eine ständige und möglichst hilfreiche Erkundung aller Märkte. Die Aufgabe der **Absatzmarktforschung** besteht darin, möglichst zuverlässige und aktuelle Daten bezüglich der Absatzmärkte des Unternehmens zu beschaffen, die dann als Grundlage zur Formulierung möglicher Markt- und/oder Absatzprognosen dienen.

Absatzmarktforschung

Bezogen auf das Verständnis der speziellen Bemühungen der Marktforschung bringt uns die Klärung der folgenden Begrifflichkeiten einen Schritt weiter.

Grundbegriffe

- **Marktforschung:** systematische („professionelle") Beschaffung von Informationen als Grundlage absatz-/beschaffungspolitischer Entscheidungen mithilfe wissenschaftlicher Methoden; wird selbst oder durch ein Marktforschungsinstitut durchgeführt.
- **Bedarfsforschung:** gezielte Untersuchung der aktuellen sowie potenziellen Nachfrager bezüglich ihres Konsumverhaltens, ihrer Bedürfnisse und Kaufkraft.
- **Konkurrenzforschung:** systematische Erforschung der Entwicklungen der Branche sowie des Verhaltens der Konkurrenten auf dem Absatzmarkt; es werden Daten über aktuelle und mögliche Konkurrenten und deren Marketingstrategien und Konkurrenzprodukte, deren Besonderheiten und Qualität erhoben oder das Unternehmen begibt sich auf die Suche nach Trendsettern.

- **Absatzforschung:** Erforschung des eigenen Images, der eigenen Stellung am Markt sowie der Wirkung der eingesetzten Marketinginstrumente; Abfragen der Reaktionen der (potenziellen) Kunden auf eigene Marketingmaßnahmen wie z. B. die Veränderung an Produkten und Leistungen, den Einsatz von umweltschonenden Fertigungstechniken und -materialien, Veränderungen in der Preisstellung oder den Zahlungsbedingungen, ein neues Angebot zusätzlicher Serviceleistungen usw.
- **Markterkundung:** unsystematisches Sammeln von Absatzmarktinformationen (Gespräche mit Kunden und Vertriebspersonal, Nutzen von Fachzeitschriften, Testheften, Messebesuchen, „mal hören, mal schauen“ usw.).
- **Marktanalyse:** Untersuchung des Absatzmarktes zu einem bestimmten Zeitpunkt zu einem bestimmten Zweck (**Zeitpunkt-Analyse**), evtl. zur Produkteinführung, Produktdifferenzierung; in der Regel unter Anwendung der Methoden „Beobachtung“ und „Befragung“.
- **Marktbeobachtung:** Datenerhebung über einen längeren Zeitraum mit der Zielsetzung, ständig über die Entwicklungen und Veränderungen auf den Märkten informiert zu sein (**Zeitraum-Analyse**), evtl. zur Beobachtung der Entwicklung neu eingeführter Produkte; in der Regel unter Anwendung eines Panels (siehe Seite 271).
- **Marktprognose:** Einschätzung und Vorausberechnung zukünftiger Marktentwicklungen; diese Trendvorhersage ergibt sich aus der Interpretation der durchgeführten Marktbeobachtungen sowie Marktanalysen; dient als Grundlage für absatzpolitische bzw. beschaffungspolitische Entscheidungen und für den Einsatz der Marketinginstrumente; unter Umständen ergibt sich eine konkrete Absatzprognose über die Höhe der zukünftigen Absatzmengen.
- **Demoskopische Marktforschung:** Untersuchung der Verhaltensweisen und der Einstellungen der Marktteilnehmer als Ursache für das Geschehen auf den Märkten; folgende Fragen könnten von einem Unternehmen (Rennrad-Hersteller) gestellt werden:
  - Welche Personen würden das Produkt kaufen? (Alter, Geschlecht, Beruf, Familienstand, ...)
  - Welches Sportbewusstsein haben die Nachfrager?
  - Verfolgen die Nachfrager ein besonderes Gesundheitsideal?
  - Wie wirken Großveranstaltungen (z. B. die Tour de France) auf das Kaufverhalten?
- **Ökoskopische Marktforschung:** Untersuchung „objektiver“, in Zahlen messbarer Marktgrößen (Umsätze, Preise, Marktanteile, Anzahl der Produkte/Anbieter innerhalb der Branche usw.); folgende Fragen könnten gestellt werden:
  - Wie ist die Konkurrenzsituation bezogen auf das Produkt?
  - Welche Konkurrenzprodukte (= Substitutionsgüter) sind am Markt zu finden?
  - Wie hoch sind die Preise der Konkurrenten?
  - Wie ist die Marktstellung des Unternehmens bzw. die Marktstellung des Produkts einzuordnen?
  - Wie ist die wirtschaftliche Situation des gesamten Wirtschaftszweigs?

Die oben bereits erwähnte Beschaffung von Marktdaten im Rahmen der Marktforschung kann mithilfe folgender Methoden durchgeführt werden:

Methoden der Marktforschung

Primärforschung (Feldforschung)
- erstmalige Ermittlung bisher nicht bekannter Marktdaten

- **Befragung**
  - Kundenbefragung
  - Haushaltsbefragung
  - Telefonbefragung
  - Expertenbefragung
  - Panel
- **Beobachtung**
- **Warentest**
- **Testmarkt**

Vorteile
- Die Daten stehen schnell zur Verfügung.
- Die erhobenen Daten sind zielorientiert und zweckgebunden.
- aktueller Datenbestand

Nachteile
- Abhängigkeit der Qualität von der Gestaltung und Durchführung der Erhebung
- sehr teuer

Sekundärforschung (Schreibtischforschung)
- Auswertung bereits vorhandener Quellen/Marktdaten

- **betriebsintern**
  - Umsatzzahlen (Buchhaltung)
  - ertreterberichte
  - Preislisten
- **betriebsextern**
  - Veröffentlichungen (Statistisches Bundesamt, Wirtschaftszeitungen, IHK, wissenschaftliche Institute)
  - Fachmessen, Testhefte
  - Preislisten von Konkurrenten
  - Kataloge
  - Bilanz, Geschäftsbericht
  - Marktforschungsinstitute
  - Fernsehen

Vorteile
- geringe Kosten, da die Daten bereits vorliegen
- evtl. sehr umfangreiche Datenbestände

Nachteile
- fehlende Aktualität und ungenaue Daten
- fehlende Differenziertheit und Detailliertheit
- fehlende Zweckgebundenheit
- Aktuellere Daten liegen unter Umständen nur zu bestimmten Zeiten im Jahr vor (Jahresende, Messezeit).

Befragung
Fragebögen

Befragungen werden in der Datenerhebung sehr häufig eingesetzt. Sie können schriftlich in Form von **Fragebögen** durchgeführt werden. Diese werden an Personen einer zuvor definierten Zielgruppe versendet, mit der Bitte, sie auszufüllen und bis zu einem bestimmten Termin zurückzusenden. Damit die Befragten alle Fragen ohne zusätzliche Hilfe verstehen und beantworten können, muss der Fragebogen sehr präzise formuliert bzw. erstellt werden. Problematisch sind beim Einsatz dieses Instruments die geringen Rücklaufquoten per Post oder Internet, sodass als Anreiz häufig die Teilnahme an Gewinnspielen oder Verlosungen angeboten wird.

Interview

Befragungen können auch in einem persönlichen Gespräch (**Interview**) als Kunden-, Passanten- oder Expertenbefragung oder per Telefonat durchgeführt werden. Die Interviewerin bzw. der Interviewer kann die gestellten Fragen bei Bedarf erklären und alle Reaktionen der Befragten beobachten. Die Gefahr bei persönlichen Befragungen besteht darin, dass die Interviewerin bzw. der Interviewer die Befragten bewusst oder unbewusst beeinflussen kann.

Panel

Bei der Durchführung eines **Panels** geht es um die mehrfache Befragung einer gleichbleibenden, abgegrenzten Personengruppe über einen längeren Zeitraum. Ein Panel dient der Erfassung möglicher Verhaltens- und Einstellungsänderungen, die sich auf die Nachfrage auswirken könnten.

Beobachtung

Bei der **Beobachtung** geht es darum, potenzielle Kundinnen und Kunden bei ihrem (Einkaufs-) Verhalten im Geschäft, vor Ständen oder Schaufenstern und bei der Wahrnehmung von Werbebotschaften unbemerkt, evtl. unter Zuhilfenahme neuer Technologien, zu beobachten.

Markttest

Testmarkt

Im Rahmen eines **Markttests** wird auf einem Testmarkt den Personen ein (neues) Produkt zur Verfügung gestellt und nach ihren Einschätzungen und Einstellungen zu unterschiedlichen Aspekten (Qualität, Nutzen, Geschmack, Verpackung, Preis usw.) gefragt. Ziel ist es festzustellen, wie das Produkt vom Markt angenommen wird und welche absatzpolitischen Instrumente für die Einführung auf dem Gesamtmarkt hilfreich sind. Bei einem **Testmarkt**[1] wird die Ware auf einem räumlich begrenzten Teilmarkt, der in seiner Struktur und dem Verhalten der Marktteilnehmer[2] dem Gesamtmarkt sehr ähnlich ist, eingeführt. Der Vorteil: Bei geringem wirtschaftlichen Risiko kommt man auf dem Testmarkt der Realität sehr nahe. Inzwischen setzen die Marktforschungsunternehmen zunehmend auf digitale Marktforschung. So werden Erhebungsmethoden wie Smartphone-Apps und Onlinebefragungen unter Einsatz von KI-basierten Softwareplattformen verstärkt zur Datengewinnung eingesetzt.

In der Regel werden die hier beschriebenen Methoden der Marktforschung von spezialisierten Marktforschungsunternehmen gemeinsam mit dem Auftraggeber geplant, erstellt, dann durchgeführt, ausgewertet und die erarbeiteten Ergebnisse werden präsentiert.

Warentest

Ein Unternehmen kann seine Leistungen auch von neutralen Organisationen anhand bestimmter Merkmale/Kriterien testen und bewerten lassen. Dieser **Warentest** umfasst den Vergleich einer repräsentativen Auswahl von Produkten bzw. Leistungen, die einem gemeinsamen Grundnutzen dienen, und ermöglicht die Positionierung eigener Leistungen.

Aufgrund zusammenwachsender Märkte werden europaweit verfügbare Waren gemeinschaftlich an gemeinsamen Standards getestet (Gemeinschaftstests). 1990 erfolgte ein Zusammenschluss internationaler Testorganisationen zur *International Consumer Research & Testing Ltd.* (ICRT[3]), die internationale Gemeinschaftstests durchführt. Weitere Tests finden Unternehmen sowie Verbraucherinnen und Verbraucher in entsprechenden Fachzeitschriften, z. B. *Auto Motor und Sport, STEREO, ComputerBILD, Öko-Test.* Viele Unternehmen arbeiten mit diesen Testorganisationen zusammen, um ihre Glaubwürdigkeit zu stützen bzw. zu erhöhen.

Marktgrößen

Die mithilfe der oben beschriebenen Methoden und Instrumente der Marktforschung ermittelten aktuellen und zuverlässigen Daten bezüglich der Absatzmärkte eines Unternehmens dienen der Formulierung möglicher Absatzprognosen sowie als Grundlage für den Einsatz (kostenintensiver) Marketinginstrumente zur Erweiterung eigener Marktanteile. Hilfreich sind quantitative Marktanalysen zur **Erfassung mengen- und wertmäßiger Größen aktueller und potenzieller Absatzmärkte**.

Folgende **Marktgrößen** werden unterschieden:

Marktpotenzial = theoretische Nachfrage

- Das **Marktpotenzial** entspricht der Gesamtheit aller absetzbaren Mengen eines bestimmten Produkts auf einem bestimmten (Teil-)Markt innerhalb eines bestimmten Zeitraums. Es legt die maximale, theoretisch mögliche Aufnahmefähigkeit des Marktes für ein bestimmtes Produkt fest und entspricht bei Berücksichtigung der Kaufkraft der theoretischen Nachfrage. Anhand von Marktpotenzialanalysen versuchen die Unternehmen, diese maximale Aufnahmefähigkeit und mögliche Einflussfaktoren auf den potenziellen Markt zu ermitteln.

  Die Berechnung des Marktpotenzials (in Euro) kann nach dieser Formel erfolgen:

  Marktpotenzial[4] = Anzahl potenzieller Nachfrager · zu erwartende durchschnittliche Ausgaben pro Nachfrager

1 Die Orte Berlin und Bremen werden aktuell als Testmärkte für die Bundesrepublik Deutschland genutzt.
2 Ähnliche Käuferstruktur (Alter, Ausbildung, Einkommen), Vertriebsstruktur (Groß-/Einzelhandel), Medienstruktur (Internetnutzung), Konkurrenzstruktur (Produkte und Unternehmen)
3 Für weitere Informationen siehe www.international-testing.org.
4 Für ein bestimmtes Produkt auf einem bestimmten Markt in einem bestimmten Zeitraum.

BEISPIEL

Trends und Lebenszyklusphasen beeinflussen das Marktpotenzial. Auch wenn fast alle Jugendlichen und Erwachsenen in Deutschland ein Smartphone besitzen, scheint das Marktpotenzial noch lange nicht ausgeschöpft zu sein. Smartphones liegen im Trend und befinden sich in der späten Wachstumsphase des Produktlebenszyklus (siehe folgendes Kapitel). Die Marketingaktivitäten aller am Markt tätigen Unternehmen könnten das Marktpotenzial erweitern.

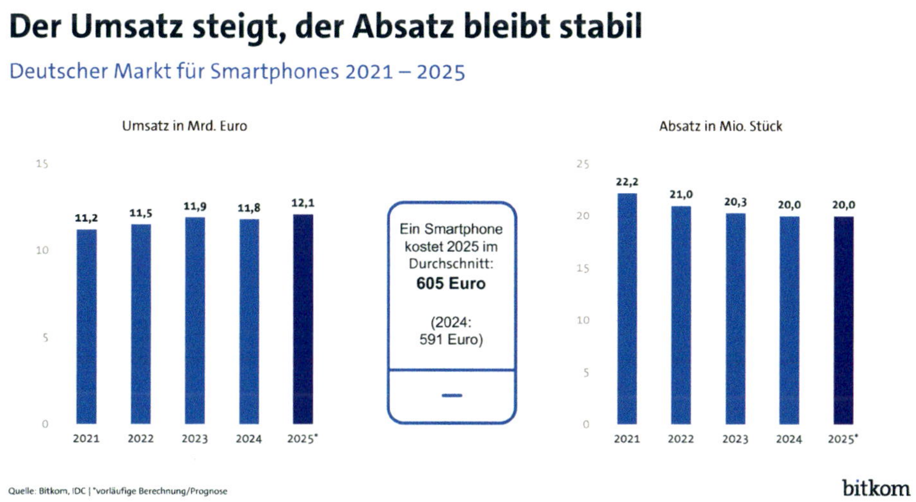

Erfasste Marktpotenziale können bei vielen, insbesondere strategischen Entscheidungen eine Hilfe darstellen:

- Potenzielle Märkte für Produktinnovationen sollten schon vor Beginn einer Forschungs- und Entwicklungsphase zur Ermittlung von Marktchancen einer Marktpotenzialanalyse unterworfen werden.
- Die Bewertung von Ideen, Entwicklungen und Erfindungen sowie die Entscheidungen, die nun weiter verfolgt werden sollen (Screening), können aufgrund erfasster Marktpotenziale gestützt werden.
- Bei der Festlegung von Produktionsstandorten sowie Verkaufsgebieten (regionale Absatzmärkte) können ermittelte Marktpotenziale als Entscheidungskriterium verwendet werden.

- Das **Marktvolumen** gibt Auskunft über die von allen Unternehmen tatsächlich abgesetzte Menge. Es ist Teil des Marktpotenzials und wird in Mengen- oder Wertgrößen angegeben. *Marktvolumen*
- Das **Absatzpotenzial** ist der Teil des Marktvolumens, der bei Ausnutzung aller Verkaufschancen eines Unternehmens im Idealfall umgesetzt werden könnte, also der maximal mögliche Absatz bzw. Umsatz eines Anbieters. Er beruht auf Einschätzungen zum Kundenverhalten. Das Absatzpotenzial ist eine (begründet) geschätzte, theoretische Größe. *Absatzpotenzial*
- Das **Absatzvolumen** ist die von einem Unternehmen tatsächlich verkaufte Menge eines Produkts. Wie die anderen Marktgrößen kann auch das Absatzvolumen mengen- oder wertmäßig angegeben werden. Mithilfe des Absatzvolumens kann der **Marktanteil**[1] eines Unternehmens wie folgt bestimmt werden: *Absatzvolumen* *Marktanteil*

$$\textbf{Marktanteil eines Unternehmens (\%)} = \frac{\text{Absatzvolumen} \cdot 100\ \%}{\text{Marktvolumen}}$$

1 Anteil eines Unternehmens am gesamten Marktvolumen für ein bestimmtes Produkt in Prozent

Folgende Grafik fasst die beschriebenen Marktgrößen anschaulich zusammen:

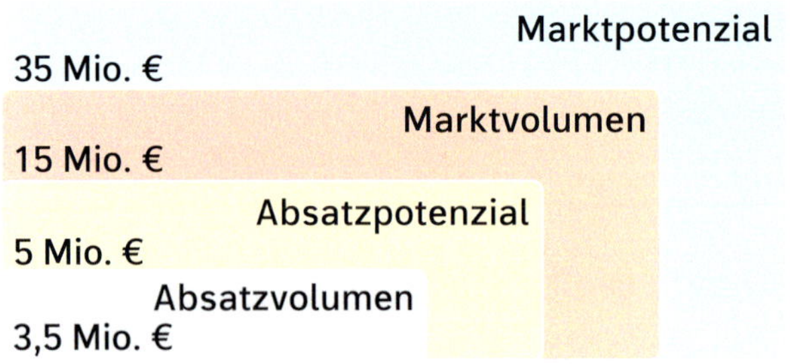

$$\textbf{Marktanteil} = \frac{\text{Absatzvolumen} \cdot 100\ \%}{\text{Marktvolumen}}$$

$$= \frac{3{,}5\ \text{Mio. €} \cdot 100\ \%}{15\ \text{Mio.}} = 23{,}33\ \%$$

1.2.2 Datenschutz in der Marktforschung

Marktforscherinnen und Marktforscher erheben, verarbeiten, analysieren und speichern im Rahmen ihrer Tätigkeit regelmäßig personenbezogene oder potenziell personenbeziehbare Daten. Daher unterliegen sie den Vorgaben der Datenschutz-Grundverordnung (DSGVO). Wichtige Datenschutzgrundsätze wie Zweckbindung, Anonymisierung bzw. Pseudonymisierung sowie die Wahrung der Betroffenenrechte müssen auch von Marktforschungsunternehmen berücksichtigt werden.[1]

Einwillgungs-erklärung

In vielen Fällen ist eine Einwilligungserklärung der betroffenen Personen erforderlich, es sei denn, es überwiegen berechtigte Interessen des Unternehmens – etwa zur Verhinderung von Betrug oder Missbrauch. Dies muss im Einzelfall abgewogen werden.

- **Einwilligungserklärung (Art. 6 Abs. 1 DSGVO, § 51 BDSG)**
  Wenn personenbezogene Daten erhoben werden, bedarf es gemäß der Datenschutz-Grundverordnung und dem Bundesdatenschutzgesetz (BDSG) einer schriftlichen Einwilligung der betroffenen Person. Diese Einwilligungserklärung muss eindeutig als solche erkennbar sein (z. B. durch eine entsprechende Überschrift) und auf der freien Entscheidung der betroffenen Person beruhen. Die Einwilligung kann jederzeit widerrufen werden. Ausnahme: Eine Einwilligung ist nicht erforderlich, wenn die berechtigten Interessen eines Unternehmens die schutzwürdigen Interessen der betroffenen Person überwiegen.
- **Anonymisierung (Erwägungsgrund 26 oder DSGVO)**[2]
  Personenbezogene Daten werden so verändert, dass sie keiner Person mehr zugeordnet werden können. In diesem Fall unterliegen sie nicht mehr den Vorgaben der DSGVO.
- **Pseudonymisierung (Art. 4 Nr. 5 DSGVO, Art. 32 Abs. 1 DSGVO)**
  Bei der Pseudonymisierung werden personenbezogene Daten so verarbeitet, dass sie ohne zusätzliche Informationen nicht mehr einer bestimmten Person zugeordnet werden können. Diese zusätzlichen Informationen müssen gesondert aufbewahrt und durch technische sowie organisatorische Maßnahmen geschützt werden, die gewährleisten, dass die personenbezogenen Daten nicht einer identifizierten oder identifizierbaren natürlichen Person zugewiesen werden können. Zur Gewährleistung eines dem Risiko angemessenen Schutzniveaus erfolgt die Pseudonymisierung häufig in Kombination mit der Verschlüsselung personenbezogener Daten.
- **Zweckbindung (Art. 5 Abs. 1 DSGVO)**
  Personenbezogene Daten dürfen nur für den ursprünglich festgelegten Zweck verarbeitet werden. Eine Weiterverarbeitung ist nur zulässig, wenn sie mit diesem Zweck vereinbar ist, beispielsweise für Marktforschung, Analysen des Konsumverhaltens oder demografische Untersuchungen. Unzulässig ist eine Weiterverarbeitung in einer mit diesen Zwecken nicht zu vereinbarenden Weise, wie etwa der Nutzung der erhobenen Daten für Werbezwecke.[3]

1 Vgl. Ingelheim, Alexander: Marktforschung & Datenschutz – das gilt es zu beachten. In: www.datenschutzexperte.de/blog/marktforschung-datenschutz---das-gilt-es-zu-beachten [02.04.2025].
2 https://dsgvo-gesetz.de/erwaegungsgruende/
3 Siehe Band 1, Lernfeld 3, Kapitel 1.2.

- **Achtung der Betroffenenrechte (Art. 12–23 DSGVO)**
  Kapitel 3 der DSGVO beschreibt folgende Rechte der Betroffenen:

Abschnitt 1	transparente Information, Kommunikation und Modalitäten für die Ausübung der Rechte der betroffenen Person (Art. 12)
Abschnitt 2	Informationspflicht und Recht auf Auskunft zu personenbezogenen Daten (Art. 13–15)
Abschnitt 3	Berichtigung und Löschung erhobener Daten (Art. 16–20)
Abschnitt 4	Widerspruchsrecht und automatisierte Entscheidungsfindung im Einzelfall (Art. 21, 22)
Abschnitt 5	Beschränkungen durch Rechtsvorschriften der EU oder der Mitgliedstaaten (Art. 23)

Betroffene haben jederzeit das Recht zu erfahren, welche Daten über sie gespeichert sind, fehlerhafte Angaben korrigieren und ihre Daten löschen zu lassen. Weiterhin können sie der Verarbeitung ihrer Daten widersprechen oder ihre Einwilligung jederzeit zurückziehen. Insbesondere Marktforschungsunternehmen müssen diese Rechte gewährleisten.

Datenschutzbeauftragter

Laut § 38 BDSG besteht für Unternehmen der Markt- und Meinungsforschung eine **Benennungspflicht für einen Datenschutzbeauftragten,** unabhängig von der Zahl der Mitarbeiterinnen und Mitarbeiter. Die Einhaltung der DSGVO sowie des BDSG wird sowohl vom Datenschutzbeauftragten als auch von der zuständigen Aufsichtsbehörde[1] kontrolliert. Verantwortliche[2] und Auftragsverarbeiter[3] müssen sicherstellen, dass der Datenschutzbeauftragte ordnungsgemäß und frühzeitig in alle datenschutzrelevanten Fragen eingebunden wird. Sie unterstützen ihn bei der Erfüllung seiner Aufgaben, indem sie ihm die notwendigen Ressourcen, den Zugang zu personenbezogenen Daten und Verarbeitungsvorgängen sowie die Möglichkeit zur kontinuierlichen Weiterbildung zur Verfügung stellen. Der Datenschutzbeauftragte berichtet unmittelbar der höchsten Managementebene des Verantwortlichen oder des Auftragsverarbeiters.[4]

Datenschutz spielt insbesondere in der Onlinemarktforschung eine wichtige Rolle, um die Rechte der Betroffenen zu wahren und die Rechtssicherheit für Unternehmen zu gewährleisten. Bei Marktforschungsstudien, etwa durch Onlineumfragen, werden nicht nur personenbezogene Daten wie Name, Wohnort, Geburtsdatum oder E-Mail-Adresse erhoben, sondern oft auch besonders sensible Daten, darunter Gesundheits- oder Einkommensdaten. Teilnehmerinnen und Teilnehmer von Onlineumfragen müssen darauf vertrauen können, dass ihre Daten nicht unbefugt weitergegeben werden.

Ein verantwortungsvoller Umgang mit diesen Daten stärkt das Vertrauen der Teilnehmerinnen und Teilnehmer in die Forschung und erhöht die Bereitschaft zur Teilnahme. Dies verbessert die Datenqualität und stellt sicher, dass die erhobenen Informationen valide[5] und zuverlässig sind. Gleichzeitig schützt eine sorgfältige Datenverarbeitung vor Manipulation und unbefugtem Zugriff.

Um Datenschutzverstöße zu vermeiden, ist es wichtig, dass Daten durch rechtliche Grundlagen umfassend geschützt werden. Unternehmen, die sich an die Vorgaben der DSGVO und des BDSG halten, profitieren von höherem Kundenvertrauen, vermeiden hohe Bußgelder und sichern sich langfristig Wettbewerbs- sowie Imagevorteile. Darüber hinaus trägt ein konsequenter Datenschutz zur Qualität und Glaubwürdigkeit der Forschungsergebnisse bei.

---

1 Bundesweit ist der Bundesbeauftragte für den Datenschutz und die Informationsfreiheit zuständig. Auf Länderebene kontrollieren die Datenschutzbeauftragten (DSB) der Länder.
2 Siehe Band 1, Lernfeld 3, Kapitel 1.2.
3 Siehe Band 1, Lernfeld 3, Kapitel 1.2.
4 Siehe Art. 38 DSGVO.
5 Eine Messung/Untersuchung ist valide, wenn sie tatsächlich das misst, was sie messen soll und somit glaubwürdige Ergebnisse liefert.

AUFGABE 1

Erläutern Sie die Zielsetzung und die Vorgehensweise bei der Durchführung eines Panels.

AUFGABE 2

› Recherche

a) Erläutern Sie die Vorgehensweise bei der Durchführung eines Testmarktes und suchen Sie im Internet nach einem Beispiel für einen typischen Testmarkt in Deutschland.

b) Erläutern Sie die Probleme bei der Durchführung eines Testmarkts.

AUFGABE 3

Die Aufgaben der Marktforschung können von einem spezialisierten Funktionsbereich des eigenen Unternehmens übernommen oder auch an renommierte Marktforschungsinstitute übergeben werden. Nennen Sie jeweils zwei Vor- und Nachteile für die Durchführung der Marktforschung

a) durch die Marketingabteilung des eigenen Unternehmens,

b) durch ein (externes) Marktforschungsunternehmen.

AUFGABE 4

Welche Bedingungen müssen für eine realitätsnahe Marktprognose erfüllt werden?

AUFGABE 5

Unterscheiden Sie zwischen demoskopischer und ökoskopischer Marktforschung und stellen Sie jeweils den Nutzen für das Unternehmen heraus.

AUFGABE 6

Beschreiben Sie Ihr Verständnis folgender Begriffe aus dem Marketing:

a) Marktforschung
b) Markterkundung
c) Marktanalyse
d) Marktbeobachtung
e) Marktprognose

AUFGABE 7

a) Grenzen Sie Primärforschung und Sekundärforschung voneinander ab und nennen Sie jeweils zwei Vor- und Nachteile dieser Vorgehensweisen.

b) Beschreiben Sie Situationen aus der betrieblichen Praxis, in denen jeweils die eine oder die andere Marktforschungsmethode sinnvoll erscheint.

c) Nennen Sie drei Methoden, die in der Primärforschung eingesetzt werden.

d) Nennen Sie sechs mögliche Informationsquellen der Sekundärforschung.

AUFGABE 8

Ordnen Sie folgende Beispiele der Primär- oder Sekundärforschung zu und konkretisieren Sie jeweils die methodische Vorgehensweise.

a) In einer Fußgängerzone werden Passantinnen und Passanten zum Angebot der ansässigen Einzelhandelsunternehmen befragt.

b) Eine bestimmte Anzahl von Einwohnerinnen und Einwohnern der Stadt Neuss wird im Abstand von einem Vierteljahr zu ihren Einkaufsgewohnheiten befragt.

AUFGABE 9

Warum ist es erforderlich, über möglichst viele aktuelle Informationen über den Absatzmarkt und dessen Entwicklungen zu verfügen?

AUFGABE 10

Unterscheiden Sie zwischen Warentest und Markttest.

AUFGABE 11

Nach welchen Kriterien sollte ein Testmarkt ausgewählt werden?

AUFGABE 12

Die Maschinenöl GmbH verkaufte im vergangenen Geschäftsjahr Motoren- und Getriebeöle im Wert von 250 Mio. €. Die Konkurrenzunternehmen verkauften im gleichen Zeitraum Öle für 450 Mio. €.

Die betriebsinterne Marketingabteilung vermutet, dass bei Ausnutzung aller Marketinginstrumente Öle für 1 Mrd. € auf dem Markt verkauft werden könnten.

a) Ermitteln Sie den Marktanteil der Maschinenöl GmbH.

b) Zu welchem Prozentsatz ist das Marktpotenzial bereits ausgeschöpft?

AUFGABE 13

Beispiele für Instrumente der Marktforschung sind

a) die Preis- und Distributionspolitik.

b) die Kommunikations- und Distributionspolitik.

c) die Marktbeobachtung und Marktanalyse.

d) die Marktpolitik und Marktprognose.

AUFGABE 14

Charakterisieren Sie die Art und Weise der Marktforschung der GfK, indem Sie anhand des Textes belegen,

a) warum die Marktuntersuchungen in Haßloch Marktforschungen waren,

b) welche Aufgaben und Ziele der Marktforschung durch die digitale Vorgehensweise der GfK angesprochen werden,

c) welche Forschungsgebiete betroffen sind,

d) welche Methode der Informationsgewinnung eingesetzt wird.

GFK ERSETZT MUSTERDORF HASSLOCH MIT DIGITALER MAFO

Haßloch in der Pfalz soll typisch für Deutschland sein – jedenfalls bei der Zusammensetzung der Bevölkerung. Als kleines Abbild der Bundesrepublik war es seit 1986 für Marktentscheidungen relevant. Nun sehen die Forscher die Zukunft anderswo.

Es ist das Ende einer Ära. Seit 35 Jahren wohnt die oft zitierte Durchschnittsfamilie Mustermann in Haßloch. Was die rund 20.000 Menschen in dem pfälzischen Großdorf umtreibt, ist typisch für ganz Deutschland – das hatte das Marktforschungsinstitut GfK einst herausgefunden. Demnach entsprechen die örtliche Handelslandschaft und die Struktur der Haushalte, zum Beispiel das Mengenverhältnis von Kindern, Rentnern und Familien, fast genau dem der gesamten Bundesrepublik. Haßloch gilt als Deutschland in klein. Das macht den Ort für Test- und Marktentscheidungen attraktiv.

Seit 1986 ist die Gemeinde, die etwa 20 Kilometer südwestlich von Mannheim liegt, ein GfK-Testmarkt für Neues. Tausende entscheiden mit ihren Einkäufen über Top oder Flop – und bestimmen zumindest ein wenig mit, welche Schokoriegel oder Deos auf den Markt kommen. Was hier nicht gekauft wird, erreicht oft nicht die Läden des Landes. In Haßloch wurde Verbraucherinnen und Verbrauchern quasi der Puls gefühlt – bisher. Am Jahresende ist das vorbei.

- **Digitale Apps statt Plastikkarten in Haßloch**

Künftig setzt der Nürnberger Daten- und Marktforscher GfK verstärkt auf Erhebungsmethoden wie Smartphone-Apps und Online-Befragungen – statt wie bisher auf eine Plastikkarte, die dokumentiert, was in Haßloch gekauft wird.

„Wir haben erst kürzlich eine auf künstlicher Intelligenz basierte Software-Plattform gestartet", sagt GfK-Sprecher Kai Hummel. Sie beantworte den Kunden weltweit in Echtzeit Fragen wie: Was wurde wo gekauft und zu welchem Preis? Wer hat gekauft und warum?

„In dieses Werkzeug fließen Daten von mehr als 100.000 unserer Daten-Partnerinnen und -Partner weltweit ein." Diese Daten verknüpfe das Unternehmen unter anderem mit Konsumentenbefragungen zum Kaufverhalten. „Das ist die Zukunft der Marktforschung, wenn Sie so wollen", sagt Hummel.

Um Empfehlungen zu präzisieren, kommen weitere Faktoren hinzu – etwa Jobabbau oder Reisebeschränkungen, aber auch die Auswertung von Internet-Suchbegriffen wie „Brot" oder „Heimarbeit". „Letztlich ergänzen wir makroökonomische Faktoren wie etwa das Bruttoinlandsprodukt", sagt Hummel. „In Echtzeit und auf Knopfdruck."

- **„Methode Haßloch" nicht mehr zeitgemäß**

Die Anfragen hätten sich maßgeblich geändert. „Kunden wollen konkrete Marktvorhersagen. Dabei geht es darum, in dem unüberschaubaren Meer an Daten die richtigen Signale zu filtern." Man könnte auch sagen: Die „Methode Haßloch" passt nach 35 Jahren nicht mehr in die Zeit.

Der Handelsexperte Gerrit Heinemann von der Hochschule Niederrhein sieht es ähnlich. Er betont, Menschen würden zwar auch künftig Dinge des täglichen Bedarfs in Läden kaufen. „Aber hier geht es sozusagen um eine Neuerfindung der Marktforschung. Als Feldtest bildet Haßloch nur noch einen Ausschnitt von dem ab, wie Menschen heute einkaufen." Viel mehr Menschen als früher recherchierten heute im Internet auch zu Dingen des täglichen Bedarfs. „Insofern bildet der Konsum im Laden nicht mehr das komplette Kaufverhalten ab."

- **Haßloch stolz auf 35 Jahre als „Durchschnittsdorf"**

Zuletzt taten für GfK fünf Arbeitskräfte Dienst in Haßloch. Dort sorgt die Entscheidung für gemischte Gefühle. „Man kann schon sagen, dass eine Ära zu Ende geht", sagt Gemeindesprecher Marcel Roßmann. Die Verwaltung habe jedoch Verständnis, dass die Konsumforschung die Messmethode ändere, um den Ansprüchen ihrer Kunden gerecht zu werden. Auf die 35 Jahre als „Durchschnittsdorf" und der damit verbundenen bundesweiten Bekanntheit sei man stolz.

„Nüchtern betrachtet muss man sagen, dass sich im täglichen Leben durch den Wegfall nicht wirklich viel ändert", meint Roßmann. Die Testprodukte seien nie sehr sichtbar gewesen und nie als solche beworben worden. „Es waren nur einige Artikel von vielen im Laden."

GfK-Sprecher Hummel zufolge haben die Teilnehmer in Haßloch das Ende des Projekts mit Verständnis aufgenommen. „Viele ahnten, dass die Plastikkarte nicht auf Dauer Bestand haben kann." Für das Unternehmen sei eine solche Entscheidung immer mit Wehmut verbunden. „Es bleibt oberstes Ziel, unsere Dienstleistungen nachhaltig wettbewerbsfähig aufzustellen. Aber Haßloch bleibt natürlich Teil unserer Geschichte.

Quelle: Jung, Wolfgang; dpa: GfK ersetzt Musterdorf Haßloch mit digitaler Mafo, veröffentlicht am 15.11.2021. In: www.absatzwirtschaft.de/gfk-ersetzt-musterdorf-hassloch-mit-digitaler-mafo-229003 [31.03.2025]. (verändert)

AUFGABE 15

Ein Unternehmen führt regelmäßig Onlineumfragen durch, um die Kundenzufriedenheit zu messen. Dabei werden personenbezogene Daten wie Name, E-Mail-Adresse und Kaufhistorie erfasst.

a) Nennen Sie drei wesentliche Datenschutzgrundsätze, die das Unternehmen beachten muss.

b) Erklären Sie, warum diese Datenschutzgrundsätze für die Onlinemarktforschung wichtig sind.

AUFGABE 16

Ein Marktforschungsinstitut speichert im Auftrag eines Industrieunternehmens große Mengen an Kundendaten und muss diese sicher verarbeiten.

a) Nennen Sie zwei Risiken für den Datenschutz in der Onlinemarktforschung.

b) Welche Maßnahmen kann ein Unternehmen ergreifen, um den sicheren Datenschutz zu gewährleisten?

Hilfsmittel für den gezielten Einsatz von Marketinginstrumenten 1.3

Wichtige Hilfsmittel bei der Einschätzung der Marktstellung sind der Produktlebenszyklus, die Portfolioanalyse und die Positionierungsanalyse.

Produktlebenszyklus 1.3.1

Ein „Produktleben" lässt sich u. a. nach dem Kriterium „Umsatz" idealtypisch in die fünf Phasen[1] „Einführung", „Wachstum", „Reife", „Sättigung" und „Degeneration" einteilen. Ihnen geht die Phase der Produktentwicklung voraus, in der nur Kosten, aber keine Umsätze entstehen. Die zeitliche Länge der Phasen ist nicht festgelegt. Somit sind Beginn und Ende der einzelnen Phasen nicht immer eindeutig bestimmbar.

Produktlebens-zyklus

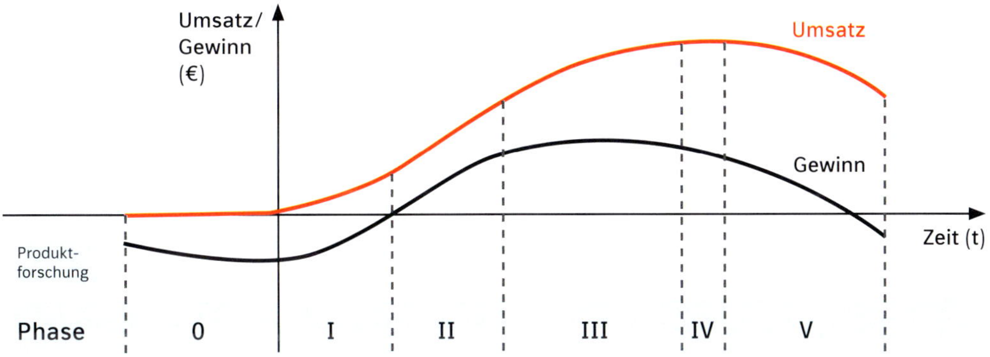

Der hier abgebildete Lebenszyklus ist nur ein möglicher, idealtypischer Verlauf. In der Realität gibt es eine Vielzahl unterschiedlicher Verläufe.

	Phasen		Beschreibung	Kosten, Umsatz, Gewinn
Produktlebenszyklus	0	Entwicklung	Ausgehend von der Produktidee (= Invention) wird eine marktfähige Innovation geschaffen.	Es entstehen nur Kosten und keine Umsätze, sodass insgesamt ein Verlust erzielt wird.
	I	Einführung	Das neue Produkt wird am Markt eingeführt. Der Markterfolg ist aufgrund der geringen Bekanntheit kaum ausgeprägt. Werbemaßnahmen sollen die Bekanntheit erhöhen.	Die Kosten, insbesondere für Herstellung und Werbemaßnahmen, übersteigen zunächst die nur langsam wachsenden Umsätze (Verlust). Die Phase endet, wenn die Gewinnschwelle[2] erreicht ist.
	II	Wachstum	Immer mehr Abnehmer entschließen sich zu einem Kauf. Zudem kaufen einige Abnehmer aufgrund ihrer Zufriedenheit das neue Produkt zum wiederholten Male.	Aufgrund des starken Wachstums wirkt sich die Fixkostendegression[3] positiv auf die Gewinnentwicklung aus. Die Phase endet, wenn die Wachstumsraten des Umsatzes zu sinken beginnen.
	III	Reife	Das Produkt hat sich am Markt etabliert. Zwar steigt die Absatzmenge noch weiter, die Wachstumsrate aber nimmt deutlich ab.	Steigende Absatzzahlen bewirken weitere Stückkostensenkungen. Das Gewinnmaximum wird erreicht. Durch die zunehmende Kapazitätsauslastung steigen die variablen Kosten überproportional, sodass die Gewinne nach einer Zeit wieder fallen. Die Phase endet im Umsatzmaximum.

1 Häufig ist auch eine Einteilung in vier Phasen zu finden. Hier werden Reife- und Marktsättigungsphase zu einer Phase (Marktsättigung) vereint.
2 Zur Ermittlung der Gewinnschwelle siehe Lernfeld 6, Kapitel 2.1.
3 Zur Bedeutung der Fixkostendegression siehe Lernfeld 6, Kapitel 2.3.1.

	Phasen		Beschreibung	Kosten, Umsatz, Gewinn
Produktlebenszyklus	IV	Sättigung	Das Marktvolumen ist nun komplett abgeschöpft. Weitere Expansionen sind nicht möglich.	Einsetzender Preisverfall führt zu Umsatz- und Gewinnrückgang. Zudem steigen die Kosten, da in Produktveränderungen (Variation, Differenzierung)[1] investiert wird.
	V	Degeneration	Die Abnehmer wenden sich von dem Produkt trotz zusätzlicher Marketingmaßnahmen ab, weil sie von den Produkteigenschaften nicht mehr überzeugt sind; z. B., weil das Produkt technisch überholt ist.	Die Umsätze und die Gewinne fallen sehr stark. Ab einem gewissen Zeitpunkt werden nur noch Verluste erwirtschaftet. Spätestens zu diesem Zeitpunkt sollte das Produkt vom Markt genommen werden (Produktelimination).

Innerhalb der unterschiedlichen Lebensphasen wird die Umsatzentwicklung durch entsprechende Marketingmaßnahmen gestützt und gefördert. Besonders die letzte Phase (Degenerationsphase) ist für das Marketing die interessanteste, denn durch die Umsetzung „richtiger" Maßnahmen kann der Abschwung evtl. aufgehalten oder eine Umsatzsteigerung herbeigeführt werden (= Relaunch[2]).

Die Art des Produktes mit seinem individuellen Nutzen, die eingesetzten Marketingmaßnahmen, der technische Fortschritt, sich ständig ändernde Einstellungen und Trends der Kunden sowie weitere Faktoren können den Verlauf des (idealtypischen) Produktlebenszyklus verändern. Solche realtypischen (tatsächlichen) Verläufe können dann wie folgt aussehen:

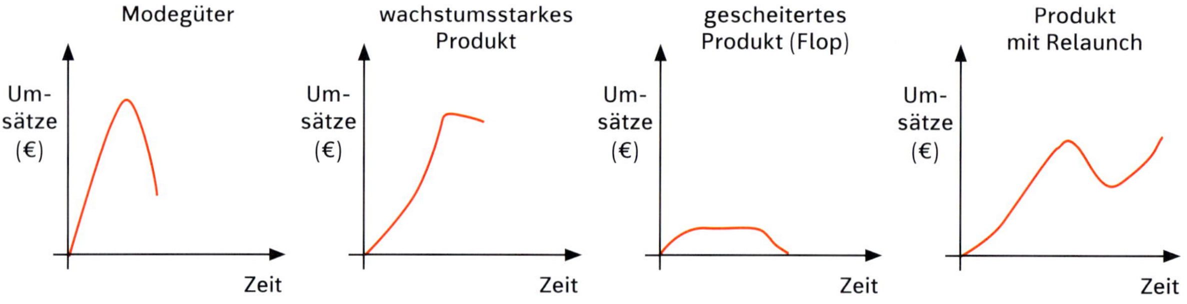

1.3.2 Portfolioanalyse und Portfoliomatrix

Die **Portfolioanalyse** ist ein Instrument der strategischen Unternehmensführung. Sie dient dazu, in der langfristig orientierten Produktionsprogrammplanung ein ausgewogenes Absatzprogramm zu etablieren:

Portfoliomatrix

In einer von der **B**oston **C**onsulting **G**roup entwickelten Vier-Felder-Matrix (auch BCG-Matrix genannt) wird auf der x-Achse der vom Unternehmen beeinflussbare (relative) Marktanteil (in Prozent) eines Produkts und auf der y-Achse das vom Unternehmen nicht beeinflussbare Marktwachstum (in Prozent) dargestellt.

relativer Marktanteil

Da die vollständigen Marktdaten selten komplett vorliegen und nur mit viel Aufwand und Schwierigkeiten zu erheben sind, greift man in der Praxis häufig auf die relativen Marktanteile zurück. Der **relative Marktanteil** gibt an, wie hoch der Anteil des eigenen absoluten Marktanteils bezogen auf den absoluten Marktanteil des größten Konkurrenten auf dem (Teil-)Markt ist. Die Berechnung kann in Mengeneinheiten (Absatz) oder Werteinheiten (Umsatz) geschehen. Sie zeigt auf einen bestimmten Zeitpunkt bezogen die Stärke eines Unternehmens oder im Zeitab-

1 Siehe Kapitel 2.1.
2 Ein Relaunch wird in der Regel durch eine Preissenkung oder eine Veränderung des Produktes erreicht.

lauf die Entwicklung im untersuchten (Teil-)Markt. Der relative Marktanteil kann auch auf ermittelte Durchschnittswerte (Absatz/Umsatz) des gesamten (Teil-)Marktes bezogen werden:

$$\textbf{relativer Marktanteil} = \frac{\text{eigener Absatz (Menge)}}{\text{Absatz des größten Konkurrenten (Menge)}}$$

oder

$$\textbf{relativer Marktanteil} = \frac{\text{eigener Umsatz (Wert)}}{\text{Umsatz des größten Konkurrenten (Wert)}}$$

BEISPIEL

Der relative Marktanteil der Heidtkötter KG im Bereich Bürostühle (Jahr 01) ergibt sich durch den Vergleich mit dem stärksten Konkurrenten, der Stühle für Alles GmbH, wie folgt:

Umsatz der Heidtkötter KG (Bürostühle)	12.500.000,00 €
Umsatz der Stühle für Alles GmbH (Bürostühle)	8.000.000,00 €

$$\textbf{relativer Marktanteil} = \frac{2.500.000{,}00\ €}{8.000.000{,}00\ €} = 1{,}5625$$

Ein relativer Marktanteil von 1,5625 sagt aus, dass der Umsatz des eigenen Unternehmens im Bereich Bürostühle etwas mehr als eineinhalb Mal so groß ist wie der des stärksten Konkurrenten.

Bei einem relativen Marktanteil größer als 1,0 ist das Unternehmen in diesem Bereich Marktführer, weil alle Konkurrenten gegenüber dem Unternehmen jeweils einen geringeren Umsatz erreicht haben.

Marktwachstum

Das **Marktwachstum** ist Ausdruck dafür, wie attraktiv ein Markt für die Unternehmen ist. Es wird als prozentuale Veränderung der Umsatzzahlen des Marktes in einem bestimmten Zeitraum dargestellt und kennzeichnet somit eine positive oder eine negative Entwicklung.

$$\textbf{Marktwachstum (\%)} = \left(\frac{\text{Umsatz neu} - \text{Umsatz alt}}{\text{Umsatz alt}}\right) \cdot 100$$

Portfolio-/BCG-Matrix[1]

Die Abgrenzung zwischen den Feldern des Marktanteils-Marktwachstums-Portfolios (Portfoliomatrix) ist nicht vorgegeben, sondern muss von jedem Unternehmen selbst festgelegt werden.

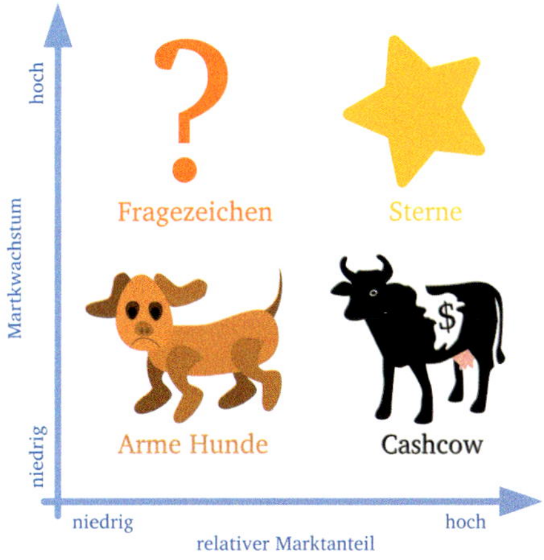

1 Häufig auch als BCG-Matrix (nach dem Konzept der Boston Consulting Group) bezeichnet

Quadranten	Merkmale und Maßnahmen	Beispiele für die Heidtkötter KG
Fragezeichen	In diesem Feld befinden sich Produkte mit einem **geringen relativen Marktanteil** und einem **hohen Marktwachstum**. In der Regel sind es Produktinnovationen, die neu am Markt eingeführt werden. Aufgrund ihres geringen Umsatzes werden meist keine Gewinne erzielt. Das Unternehmen wird versuchen, durch eine **Offensivstrategie** die Marktanteile zu erhöhen.	Der *communicTable* ist eine neuartige Produktinnovation. Der in den Tisch integrierte Touchscreen eröffnet neue Möglichkeiten für ein modernes Konferenzsetting.
Sterne	In diesem Feld befinden sich Produkte mit einem **hohen relativen Marktanteil** und einem **hohen Marktwachstum**. In der Regel sind es Produkte, die sich am Markt durchgesetzt haben und aufgrund ihres hohen Umsatzes Gewinne erwirtschaften. Das Unternehmen wird versuchen, durch eine **Investitionsstrategie** die Marktanteile zu halten bzw. zu erhöhen.	Die Bürostühle *siri* sind als Marktführer in der zweiten Generation und befinden sich aufgrund der Entwicklung zu modernen Konferenzräumen in einem Wachstumsmarkt.
Melkkühe	In diesem Feld befinden sich Produkte mit einem **hohen relativen Marktanteil** und einem **geringen Marktwachstum**. In der Regel sind es Produkte, die schon lange auf einem jetzt gesättigten Markt platziert sind. Aufgrund ihres hohen Bekanntheitsgrades und der ausgereiften Produktionsweise werden Gewinne erwirtschaftet. Das Unternehmen wird versuchen, durch eine **Abschöpfungsstrategie** die Marktanteile zu halten bzw. zu sichern und Gewinne so lange abzuschöpfen, wie es geht.	Die Konferenzsysteme mit ihrem schlichten, klassischen Design sind schon lange am Markt und werden von zahlreichen Banken, Großunternehmen und öffentlichen Institutionen seit Jahren nachgefragt.
Arme Hunde	In diesem Feld befinden sich Produkte mit einem **geringen relativen Marktanteil** und einem **geringen Marktwachstum**. In der Regel sind es Produkte, die nicht mehr auf dem neuesten technischen Stand sind und schon lange am Markt platziert sind. Aufgrund hochwertigerer Nachfolgeprodukte werden sie in der Regel nicht mehr nachgefragt. Das Unternehmen wird versuchen, durch eine **Desinvestitionsstrategie** die Restbestände abzuverkaufen und Kapazitäten für Nachfolgeprodukte frei zu machen.	Die Bürotische der Serie *sekretariat* wurden insbesondere für die Integration von Röhrenbildschirmen konzipiert. Sie werden mit Ablauf des Geschäftsjahres vom Markt genommen.

Vorteile

Damit ergänzt die Portfolioanalyse die Theorie des Produktlebenszyklus. Sie bietet der Unternehmensleitung eine Hilfestellung bei der Festlegung der Absatzstrategien bzw. der Marketinginstrumente. Denn die Portfolioanalyse zeigt durch die Berücksichtigung des Marktes (Vergleich mit Konkurrenz und Marktwachstum) die aktuelle **Wettbewerbssituation** der eigenen Produkte. Ein besonderer Vorteil dieser Technik liegt darin, dass die Portfolioanalyse eine langfristige Planung programmpolitischer Maßnahmen unterstützt. Dabei wird ein Ausgleich zwischen Finanzierung und Investierung/Innovation insofern angestrebt, als alte, etablierte Produkte die neuen finanziell unterstützen müssen, bis diese selbst kräftig genug sind. Dies bedeutet, dass ein Unternehmen, das über genügend „Fragezeichen", „Sterne" und „Melkkühe" verfügt, auch „Arme Hunde" kurzfristig verkraften kann.

1.3.3 Positionierungsanalyse

Positionierung

Die **Positionierung**[1] beinhaltet im Marketing das gezielte Herausarbeiten der Vorzüge und Schwächen der eigenen Leistungen im Empfinden der tatsächlichen und potenziellen Kunden im Vergleich zu den Leistungen anderer (Konkurrenz-)Unternehmen anhand bestimmter Beurteilungskriterien. Es geht also um die Abbildung eines Meinungsbildes zu einer bestimmten betrieblichen Leistung in einem „subjektiven" Marktmodell.

Positionierungskreuz

Die Darstellung der durch die Marktforschung ermittelten Kundeneinschätzungen erfolgt in einem **Positionierungskreuz**. Dabei dienen zwei Beurteilungskriterien in ihren entgegengesetzten Ausprägungen als Koordinatenachsen einer Vier-Felder-Matrix (siehe Beispiel unten). In dieser Matrix werden die emotionalen Assoziationen[2] zur eigenen Leistung, zu den Leistungen der Konkurrenzunternehmen und eine bei der Datenerhebung gewünschte „Idealleistung" eingetragen.[3] Das Unternehmen kann nun erkennen, wie einzelne Leistungseigenschaften von den Kunden eingeschätzt werden und welche Leistungen als gleichwertig empfunden werden. Deutlich wird dabei auch, welche Unterschiede zwischen den einzelnen, am Markt angebotenen Leistungen bestehen und wo eine Idealleistung seitens der Kunden bezüglich der ausgewählten Beurteilungskriterien im Positionierungskreuz anzusiedeln ist.

Vorteile

Dem Unternehmen dient die Positionierungsanalyse als Soll-Ist-Vergleich der Kundenwahrnehmung und -einschätzung einzelner Leistungsmerkmale wie z. B. Preis, Qualität, Nutzen oder Image. Aus der Positionierungsanalyse entstehen Planungsüberlegungen hinsichtlich eines effektiven Einsatzes unterschiedlicher Marketingmaßnahmen. Auch können bisher nicht gekannte Marktnischen entdeckt werden. Die Positionierungsanalyse ist ein gutes Hilfsmittel, das Bestreben eines Unternehmens nach Alleinstellung zu unterstützen.

BEISPIEL

Positionierungsanalyse: Bürotische

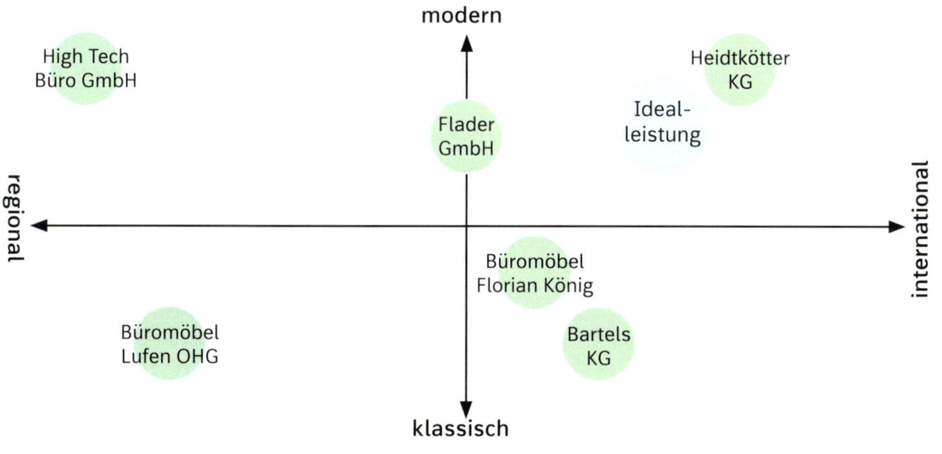

1 Für weitere Informationen und Beispiele zur Positionierungsanalyse siehe: Hegemann, Doreen: Positionierungsanalyse Beispiel: Was macht dein Unternehmen stark?, veröffentlicht am 15.11.2024. In: https://betterbusinessacademy.de/positionierungsanalyse-einfach-erklaert-vorgehensweise-nr-1-werden [01.04.2025].
2 Gedankliche Verknüpfungen
3 Im Prinzip geht es um einen Soll-Ist-Vergleich einzelner Leistungsattribute.

Analyseinstrumente im Marketing

In folgender Tabelle finden Sie einen **Vergleich** der beschriebenen Instrumente zur Analyse von Marktforschungsdaten:

Instrumente/ Vergleichskriterien	Produktlebens-zyklus	Portfolio-analyse	Positionierungs-analyse
zeitlicher Rahmen	zeitraumbezogen	zeitpunktbezogen	zeitpunktbezogen
Betrachtungs-gegenstand	ökonomische Größen	ökonomische Größen	Einstellungen/Assoziationen
Untersuchungs-gegenstand	eine Leistung/ein Produkt	alle Leistungen/Produkte	eine Leistung/ein Produkt
Informations-grundlage	Informationen aus dem Rechnungswesen	Informationen aus dem Rechnungswesen und bestehenden externen Quellen	Informationen durch Primärforschung (Kundenbefragung)
Berücksichtigung von Fremdleistungen/ Fremdprodukten	kein Vergleich mit Fremdleistungen oder Fremdprodukten	kein Vergleich mit Fremdleistungen oder Fremdprodukten	Vergleich mit Leistungen oder Produkten anderer Unternehmen
Zweck/Zielsetzung	leitet Maßnahmen aus der jeweiligen Lebensphase ab	leitet Maßnahmen aus der aktuellen Quadrantenzugehörigkeit ab	leitet Maßnahmen aus der aktuellen Zugehörigkeit zum Einschätzungsquadranten ab
Beispiel	In der Einführungsphase ist Werbung erforderlich.	Fragezeichen sollten beobachtet und zwecks Erweiterung des Marktanteils gefördert werden.	Bei schlechter Einschätzung ist das Produkt zu verändern oder auch durch Werbung zu fördern.

Weitere Instrumente zur Beurteilung des eigenen Unternehmens (Ist-Analyse), möglicher Entwicklungschancen und daraus konkret ableitbarer Marketingstrategien sind die Potenzialanalyse sowie die SWOT-Analyse:

Potenzialanalyse

- Das Ziel der **Potenzialanalyse** besteht darin, Entwicklungspotenziale des Unternehmens zu bewerten sowie Absatz- und Umsatzmöglichkeiten zu erkennen und umzusetzen.

SWOT-Analyse

- Bei der **SWOT-Analyse**[1] geht es um die Gegenüberstellung unternehmensinterner, beeinflussbarer Stärken und Schwächen und unternehmensexterner, kaum beeinflussbarer Chancen und Risiken. Die Ergebnisse dieser Gegenüberstellung bilden die Grundlage für strategische Überlegungen, um die Chancen und Stärken zu nutzen sowie die Risiken zu beschränken und die Schwächen zu beseitigen.

		Interne Analyse	
		Stärken des Unternehmens	**Schwächen des Unternehmens**
Externe Analyse	Chancen für die Umwelt	**Stärken-Chancen-Strategien:** Welche Chancen passen zu den Stärken des Unternehmens?	**Schwächen-Chancen-Strategien:** Wie können Schwächen abgebaut und damit Chancen genutzt werden?
	Gefahren für die Umwelt	**Stärken-Gefahren-Strategien:** Wie können Gefahren mithilfe der Stärken entschärft werden?	**Schwächen-Gefahren-Strategien:** Wie können wir uns dagegen verteidigen, dass Schwächen zum Ziel von Bedrohungen werden?

1 SWOT → S = Strengths/Stärken; W = Weaknesses/Schwächen; O = Opportunities/Chancen; T = Threats/Gefahren. Für weitere Informationen zur SWOT-Analyse siehe: Pelz, Waldemar: SWOT-Analyse. In: www.wpelz.de/ress/swot.pdf [13.12.2024].

AUFGABE 1

Das folgende Koordinatensystem zeigt den idealtypischen Verlauf des Produktlebenszyklus einer Handelsware.

a) Vervollständigen Sie mithilfe dieser Darstellung die unten stehende Tabelle. Verwenden Sie Tendenzen („hoch", „gering" usw.) und begründen Sie.

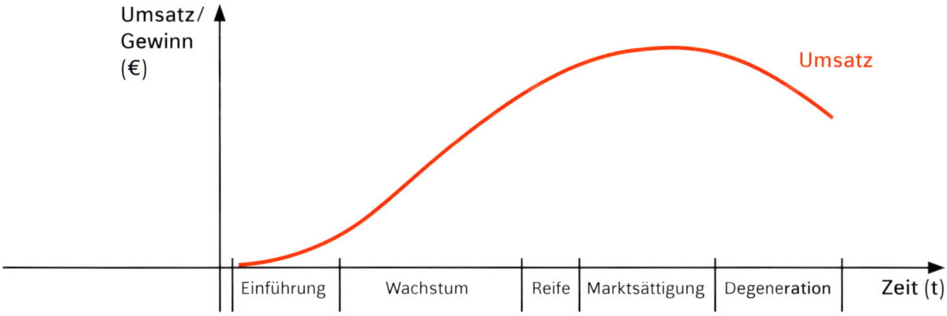

Kriterien	Einführung	Wachstum	Reife/Sättigung	Degeneration
Kosten				
Umsatz				
Gewinn				
Konkurrenzverhalten				
Die **Dauer** der Phase ist abhängig von:				

b) Wie ist der ungefähre Verlauf einer Gewinnkurve für dieses Beispiel? Begründen Sie.

AUFGABE 2

Erläutern Sie, warum während der Markteinführungsphase trotz wachsender Umsätze Verluste erwirtschaftet werden.

AUFGABE 3

Ein Industrieunternehmen bietet in unterschiedlichen Geschäftsfeldern die Produkte A, B und C an.

a) Ordnen Sie die Produkte A, B und C anhand der folgenden Informationen in das Schema der Portfoliomatrix ein. Achten Sie darauf, dass hier aufgrund der vorliegenden Daten die Einordnung nach den Kriterien „relatives Marktwachstum" sowie „relativer Marktanteil" erfolgt.

b) Welche absatzpolitischen Maßnahmen sollte die Unternehmung für die einzelnen Produkte ergreifen? Begründen Sie.

c) In welchen Produktlebenszyklusphasen befinden sich die drei Produkte zurzeit (9/04)?

Produkt A	relatives Marktwachstum: 21 %			
Zeit	**9/01**	**9/02**	**9/03**	**9/04**
eigener Umsatz (in €)	32 Mio.	36 Mio.	40 Mio.	45 Mio.
Umsatz des größten Konkurrenten (in €)	80 Mio.	95 Mio.	110 Mio.	125 Mio.

Produkt B	relatives Marktwachstum: 4 %			
Zeit	**9/98**	**9/00**	**9/02**	**9/04**
eigener Umsatz (in €)	130 Mio.	131 Mio.	132 Mio.	131 Mio.
Umsatz des größten Konkurrenten (in €)	45 Mio.	46 Mio.	48 Mio.	48 Mio.

Produkt C	relatives Marktwachstum: 23 %			
Zeit	**9/01**	**9/02**	**9/03**	**9/04**
eigener Umsatz (in €)	80 Mio.	150 Mio.	220 Mio.	300 Mio.
Umsatz des größten Konkurrenten (in €)	60 Mio.	65 Mio.	71 Mio.	78 Mio.

AUFGABE 4

Erläutern Sie den Begriff „Relaunch“ und beschreiben Sie anhand eines selbst gewählten Beispiels, wie dieser Effekt erreicht werden könnte.

AUFGABE 5

Erläutern Sie an Produktbeispielen die Besonderheiten des Lebenszyklus eines Produktes,

a) das als „Flop“ am Markt gescheitert ist,

b) das sich schon seit „Ewigkeiten“ am Markt hält,

c) dessen Degeneration mit verstärktem Einsatz von Werbung verhindert wurde.

Erstellen Sie zur Veranschaulichung jeweils eine Grafik.

AUFGABE 6

a) Entscheiden und begründen Sie, in welcher Phase des Produktlebenszyklus und in welchem Segment der Portfoliomatrix sich das folgende Produkt zurzeit (04/01) befindet:

Produkt A	(seit 04/09 auf dem Markt)			
Zeitpunkt	**06/01**	**06/02**	**06/03**	**06/04**
Umsatz des Unternehmens (in Tausend Stück)	400	650	1000	1600
Gesamtumsatz aller Anbieter (in Tausend Stück)	4200	5000	5400	5700

b) Was bedeutet ein relativer Marktanteil von 1,0? Als Vergleichsbasis dient der größte Konkurrent am Markt.

c) Welche Schwierigkeiten ergeben sich bei der Ermittlung des relativen Marktanteils?

AUFGABE 7

Beschreiben Sie den betriebswirtschaftlichen Nutzen, den ein Unternehmen aus der Erstellung eines Produktlebenszyklus sowie einer Portfoliomatrix ziehen kann.

AUFGABE 8

Die Bartels Textil GmbH möchte ihr Sortiment erweitern und plant, neue Pullover und Sweatshirts auf den Bekleidungsmarkt zu bringen. Aus diesem Anlass erstellt ein Marktforschungsbüro folgende Positionierungsanalyse über die aktuellen Produkte auf dem deutschen Bekleidungsmarkt im Teilsegment Pullover/Sweatshirt.

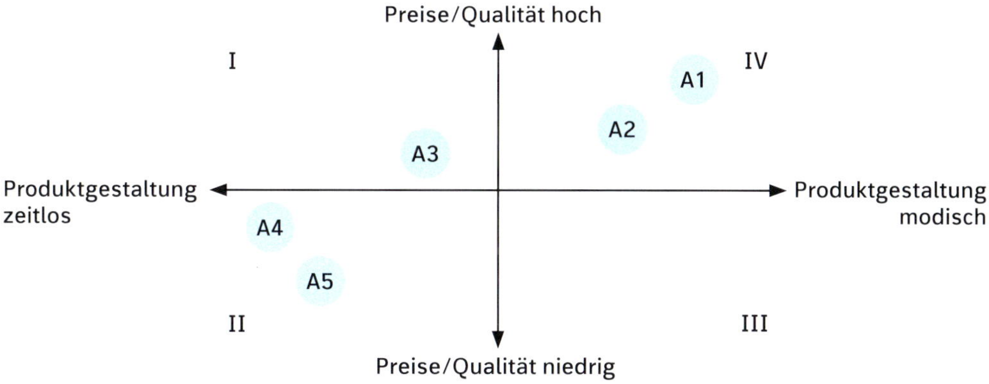

a) Welche Informationen können Sie der hier gezeigten Positionierungsanalyse entnehmen?

b) Was empfehlen Sie der Bartels Textil GmbH bezüglich des Einstiegs mit neuen Pullovern und Sweatshirts in diesem Marktsegment? Begründen Sie.

AUFGABE 9

a) Erläutern Sie Sinn und Zweck der Durchführung von Positionierungsanalysen.

b) Beschreiben Sie in diesem Zusammenhang die Funktion eines Positionierungskreuzes.

c) Welche Konsequenzen können einer durchgeführten Positionierungsanalyse folgen?

AUFGABE 10

Ein Industrieunternehmen plant, ein älteres Produkt (AP) durch ein neues Produkt (NP) zu ersetzen. Die Marktpositionierung im entsprechenden Marktsegment kann der folgenden Abbildung entnommen werden.

Konkurrenzprodukte sind mit K1, K2 und K3 gekennzeichnet. Eine Kundenbefragung hat ergeben, dass die Eigenschaften des Idealprodukts (IP) von den Verbraucherinnen und Verbrauchern als optimal empfunden werden.

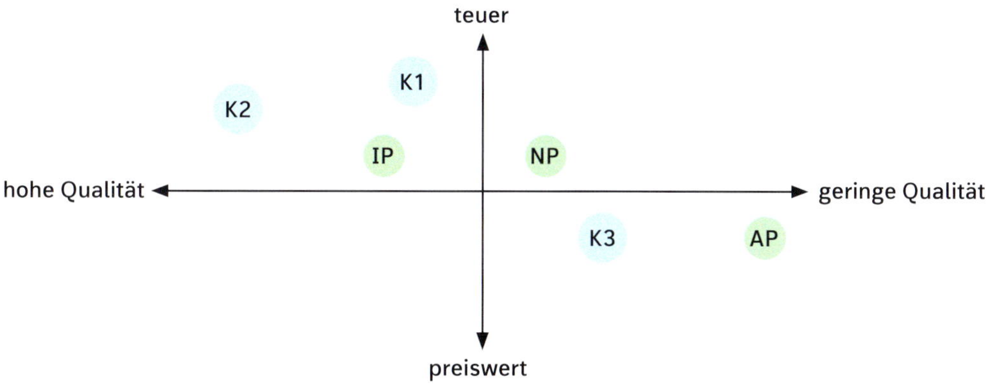

a) Erläutern Sie die durch das neue Produkt geplante Veränderung der Produktpositionierung.

b) Beschreiben Sie zwei Gründe und zwei Risiken für diese geplante Neupositionierung.

c) Erklären Sie den Begriff „Idealprodukt" und erläutern Sie die Bedeutung des Idealprodukts für die Positionierung des neuen Produkts.

AUFGABE 11

Eine Marktstudie eines Marktforschungsinstituts liefert für eine Produktgruppe eines Industrieunternehmens folgende Entwicklung:

Umsatzzahlen seit Markteinführung											
Zeit	**01/01**	**07/01**	**01/02**	**07/02**	**01/03**	**07/03**	**01/04**	**07/04**	**01/05**	**07/05**	**01/06**
Umsatz (in T€)	30	60	120	200	260	265	250	220	180	120	90
Gesamtkosten (in T€)	90	120	150	160	170	180	180	165	165	140	120

Diese Entwicklung soll in der Abteilungssitzung der Geschäftsleitung tabellarisch sowie grafisch vorgestellt und die Ursachen für die jeweilige Entwicklung diskutiert werden.

a) Analysieren Sie die Umsatz- und Gewinnentwicklung der Produktgruppe, indem Sie die Umsatz- und Gewinnentwicklung im Zeitablauf grafisch darstellen und in sinnvolle Zeitabschnitte einteilen. Bezeichnen Sie anschließend diese Zeitabschnitte mit den entsprechenden Fachbegriffen.

b) Führen Sie Gründe für den Verlauf der Umsatz- und der Gewinnkurve in den einzelnen Phasen an.

c) Welche Konsequenzen ergeben sich aus den Verläufen von Umsatz und Gewinn?

AUFGABE 12

Erläutern Sie den Begriff „Marktsegmentierung“ und nennen Sie drei Kriterien, einen Markt zu segmentieren. Erläutern Sie zwei Vorteile, die sich für eine Unternehmung aus der Marktsegmentierung ergeben können.

AUFGABE 13

Nennen und beschreiben Sie kurz die Felder der Portfoliomatrix.

AUFGABE 14

Ordnen Sie die Phasen des Produktlebenszyklus den Feldern der Portfoliomatrix. zu.

AUFGABE 15

Beschreiben Sie drei Unterschiede zwischen dem Konzept des Produktlebenszyklus und dem Konzept der Portfoliomatrix.

Instrumente des Marketings 2

Beim Marketing geht es nicht nur darum, bestehende Kundenwünsche zu ermitteln, damit diese möglichst gut erfüllt werden können, sondern es geht vielmehr um eine aktive Einflussnahme auf die vorzufindenden Absatzmarktbedingungen durch eine systematische Vermarktung der eigenen Leistungen. Dies kann zur Folge haben, dass völlig neue Absatzmärkte entstehen, an die bisher noch niemand im Unternehmen gedacht hat.

BEISPIEL

Ziel der Heidtkötter KG bleibt, mit der Innovation des *communicTable* einen bisher nicht existierenden Markt für neue „Kommunikationsmöbel" zu generieren, um dort zunächst als einziger Anbieter aufzutreten. Weiterhin bietet die Heidtkötter KG Leistungen im Segment *Sonderlösungen* an, um sich durch kundenorientierte, auf spezielle Wünsche eingehende Systemlösungen von anderen Büromöbelherstellern abzuheben.

Langfristige, das Absatzprogramm bestimmende Entscheidungen, wie sie das Beispiel aufzeigt, können nur getroffen werden, wenn die dafür erforderlichen, aktuellen Informationen vorhanden sind und die Umsetzung der Entscheidungen anschließend durch entsprechende Marketingmaßnahmen unterstützt wird.

Die Instrumente des Marketings werden eingeteilt in die Produktpolitik, die Preispolitik, die Distributionspolitik, die Kommunikationspolitik sowie die Servicepolitik. Sie begleiten die einzelnen Produkte eines Unternehmens während ihres gesamten Lebenszyklus in unterschiedlicher Zusammensetzung und Intensität. In den folgenden Unterkapiteln werden die verschiedenen Marketinginstrumente und deren Möglichkeiten zur aktiven Einflussnahme auf die Absatzmärkte beschrieben.

Produktpolitik 2.1

Produktpolitik

Im Rahmen der **Produktpolitik** geht es um die Festlegung der Qualität, die äußere Gestaltung sowie den Nutzen eines Produktes im Hinblick auf die Erfüllung der von den Kunden gestellten Anforderungen. Grundsätzlich lässt sich der Kundennutzen in zwei Kategorien einteilen:

Grundnutzen/Zusatznutzen

	Beschreibung	Beispiele	
Grundnutzen	eigentliche Funktion oder Hauptaufgabe des Produktes	Pkw: Küchenmaschine: Brille:	Transport von Personen/Gegenständen Hilfe beim Zubereiten von Lebensmitteln Sehhilfe
Zusatznutzen	weitere Funktionen oder Aufgaben, die über den Grundnutzen hinaus entstehen können	Pkw: Küchenmaschine: Brille:	Musik hören während der Fahrt außergewöhnliches Design (z. B. „retro") Styling

Der Zusatznutzen dient der Abgrenzung von Konkurrenzprodukten und ist häufig kaufentscheidend. Grund- und Zusatznutzen müssen auf die Wünsche der Zielgruppe abgestimmt sein oder bei den potenziellen Kunden neue Bedürfnisse hervorrufen.

Vom Zusatznutzen ist die Zusatzleistung abzugrenzen. Bei dieser geht es um Leistungen zum Produkt, etwa die Montage oder das Gewähren von Garantien.

Produktpolitische Maßnahmen sind aufgrund der sich ändernden Markt- und Konkurrenzsituation ständig zu prüfen. Bestehende Produkte müssen verbessert, neue Produkte entwickelt und am Markt eingeführt werden, „Ladenhüter" müssen vom Markt genommen werden.

Aus Sicht des Marketings eines Industrieunternehmens stehen folgende produktpolitische Maßnahmen zur Verfügung:

Maßnahmen der Produktpolitik

Produktinnovation
- Einführung eines neuen Produkts, das neue Bedürfnisse weckt

↓

Produktdiversifikation
- Aufnahme sortimentsferner Produkte (neue Produktlinie)

Produktvariation
- Veränderung eines bestehenden Produkts (Farbe, Form, Qualität, Technik, Name, Verpackung, Zusatznutzen)

Das veränderte Produkt ersetzt das bisherige Produkt.

Produktdifferenzierung
- Entwicklung einer Variante des bestehenden Produkts (verschiedene Größen, Duftnoten, Verpackungen)

Beide Produkte existieren nebeneinander.

Produktelimination
- Herausnahme eines Produkts aus dem Absatz-/Produktionsprogramm

Produktinnovation

› LF 6, Kapitel 1.3 Produktentwicklung

Wird ein neues Produkt entwickelt oder ein bestehendes Produkt derart verändert, dass bei potenziellen Kunden erst ein Bedürfnis nach der Entwicklung oder Veränderung hervorgerufen werden soll, spricht man von einer **Produktinnovation**. Diese ist erforderlich, um neue Marktchancen zu eröffnen und den immer kürzeren Produktlebenszyklen zu begegnen.

BEISPIEL

Eine Produktinnovation im Mobilfunkbereich war die Entwicklung des Smartphones (Steuerung über Touchscreens). Davor war es üblich, mit dem Mobiltelefon zu kommunizieren und mit einem elektronischen Organizer seine Termine zu verwalten. Im Automobilbereich ist die Entwicklung der SUVs (Sport Utility Vehicle, z. B. der *Cayenne* von Porsche) zu nennen.

Beide Produktinnovationen haben bei der Kundschaft völlig neue Bedürfnisse geweckt und es sind neue Märkte entstanden.

Produktmodifikation

Produktmodifikationen (Produktdifferenzierung, Produktvariation) sind Veränderungen an bestehenden Produkten.

Produktdifferenzierung

Bei der **Produktdifferenzierung** werden gleichzeitig mehrere unterschiedliche Varianten eines Produkts gefertigt. Neben dem eigentlichen Produkt werden zusätzliche „Ableger" angeboten.

BEISPIEL

Der *VW Golf* wird u. a. in den Varianten *Golf GTI*, *Golf Variant* und *Golf R* angeboten.

Markenprodukt

Eine Form der Produktdifferenzierung liegt auch vor, wenn nahezu identische Produkte als Marken- und als No-Name-Produkt verkauft werden: Ein als Markenartikel angebotenes Produkt wird lediglich in der äußeren Gestaltung, Aufmachung und seinem Produktnamen verändert und über andere Vertriebswege als No-Name-Produkt verkauft. So stellt z. B. Freixenet hochwertigen Sekt her und veräußert diesen im Fachhandel unter dem Namen *Freixenet Premium Cava*. Sektflaschen mit „identischem Innenleben" werden in der äußeren Gestaltung sowie Aufmachung verändert und als No-Name-Produkt unter dem Namen *Delmora Cava* bei dem Discounter Aldi angeboten. Die Markenartikel werden zu einem wesentlich höheren Preis als die No-Name-Produkte angeboten.

No-Name-Produkt

Weitere Beispiele für diese Form der Produktdifferenzierung finden sich auf vielen Märkten: z. B. Waschmittel (*Persil ↔ denk mit*), Lebensmittel (*Müller – Reine Buttermilch ↔ milfina – Reine Buttermilch*).

Bei der **Produktvariation** wird das bestehende Produkt so stark verändert, dass ein neues Produkt entsteht, welches das bestehende ersetzt.

Produktvariation

BEISPIEL

Typische Beispiele finden wir in der Autoindustrie. Wenn der „neue Golf" herauskommt, bedeutet das, dass Volkswagen auf Basis des bestehenden Modells eine mehr oder weniger erneuerte Produktvariante auf den Markt bringt. Der „alte Golf" läuft dann aus, d. h., er wird nicht mehr produziert und abverkauft. Der *VW GOLF VII* wurde Ende 2019 durch den *VW Golf VIII* ersetzt. Inzwischen hat der *Golf VIII* ein Facelift erhalten. Ob aufgrund der Entwicklung zur E-Mobilität ein Golf IX folgen wird, ist derzeit nicht bekannt.

Die **Produktdiversifikation** beinhaltet die Aufnahme bisher sortimentsfremder Produkte in das aktuelle Absatz- und Produktionsprogramm. Streng genommen ist die Produktdiversifikation ein Instrument der Sortimentspolitik, da sie das Sortiment[1] des Unternehmens erweitert.

Produktdiversifikation

Bei der horizontalen Produktdiversifikation werden Produkte in das Sortiment aufgenommen, die auf der gleichen Fertigungsstufe wie das bisherige Programm liegen.

horizontal

BEISPIEL

Brauereien bieten neben Bier auch Mineralwasser und Apfelsäfte an.
Peugeot stellt außer Automobile auch Fahrräder sowie Salz- und Pfeffermühlen her.

Werden Produkte aufgenommen, die dem aktuellen Produktionsprogramm vor- oder nachgelagert sind, handelt es sich um eine **vertikale Diversifikation**.

vertikal

BEISPIEL

Die Heidtkötter KG stellt zuvor fremdbezogene Spanplatten nun auch selbst her. Diese werden anschließend verkauft oder zur weiteren Verarbeitung verwendet.

Werden Produkte in das Absatzprogramm aufgenommen, die nichts mit dem ursprünglichen Programm zu tun haben, spricht man von **lateraler Diversifikation**.

lateral

BEISPIEL

Ein Tabakkonzern hat auch Bekleidung im Absatzprogramm.

Eine extreme Form der Produktdiversifikation ist die Herstellung des *Smart* durch die Daimler AG. Aufgrund veränderter Einstellungen (stärkeres Umweltbewusstsein, geringere Ausgaben für Pkw) sowie Bedürfnislage (kleiner, sicherer und komfortabler Pkw für Einkaufs- und Innenstadtverkehr) potenzieller Automobilkäufer entwickelte die Daimler AG einen Kleinwagen im unteren Preissegment. Da dieser Kleinwagen nicht in das bisherige Sortiment (Pkw der Oberklasse und gehobenen Mittelklasse) und zum Kundenstamm der Marke *Mercedes* passte, wurde für dieses neue Produkt sogar eine neue Firmierung (*Smart* statt *Mercedes*) gewählt.

1 „Sortiment" ist ein Begriff aus dem Handel. Wir verzichten hier auch auf die Verwendung des Begriffes „Sortimentspolitik". Das Sortiment umfasst all das, was ein Handelsunternehmen seiner Kundschaft zum Kauf anbietet, also Warengruppen bzw. Produktgruppen. Im Industrieunternehmen ist dies das Absatzprogramm.

Produkt-elimination

Die **Produktelimination** ist die Herausnahme eines Produkts aus dem aktuellen Absatzprogramm. Dies geschieht häufig am Ende des Produktlebenszyklus (Degenerationsphase), manchmal aber auch früher und ist durch ein verändertes Konsumverhalten oder technischen Fortschritt begründet.

BEISPIEL

Aufgrund der Entwicklung des Elektroantriebs haben Hersteller von Kraftfahrzeugen bestimmte Modelle mit Verbrennungsmotor vom Markt genommen. Volkswagen produziert z. B. nicht mehr den *up*! und den *Arteon*.

Produktgestaltung

Zusätzlich zu den einzelnen Maßnahmen der Produktpolitik ist die **Produktgestaltung** von besonderer Bedeutung. Sie umfasst

- Qualität (Funktionsfähigkeit, Langlebigkeit, Wartungsfreundlichkeit, Umweltverträglichkeit, ...),
- Aufmachung (Größe, Form, Farbe, Erscheinungsbild, ...),
- (Verkaufs-)Verpackung (umweltfreundlich, werbewirksam, ...) sowie
- Markierung (Name, Schriftzug, Logo, ...) des Produkts

und dient der Abgrenzung zu Konkurrenzprodukten.

Markenpolitik

Marke

Eine Form der Abgrenzung von den Produkten der Mitbewerber ist die Vergabe bzw. der Aufbau einer Marke. Die **Markenpolitik** wird daher häufig auch der Produktpolitik zugeordnet. Markenpolitik bedeutet, eine rechtlich geschützte Marke[1] (ein Produkt oder eine Dienstleistung) im Markt zu platzieren, zu gestalten und zu pflegen.

Eine Marke steht für ...

... eine bestimmte **Eigenschaft**

... einen bestimmten **Wert**

... bestimmte **Einstellungen**

... einen bestimmten **Nutzen**

Mit einer Marke verbinden die Nachfrager positive, Nutzen stiftende Eigenschaften. Eine Marke erzeugt nach Möglichkeit eine positive Emotion oder Vorstellung, die das Unternehmen bzw. das Produkt klar kennzeichnet und von Konkurrenten oder deren Produkten abhebt.

§§

Markengesetz

§ 3 Als Marke schutzfähige Zeichen

(1) Als Marke können alle Zeichen, insbesondere Wörter einschließlich Personennamen, Abbildungen, Buchstaben, Zahlen, Klänge, dreidimensionale Gestaltungen einschließlich der Form einer Ware oder ihrer Verpackung sowie sonstige Aufmachungen einschließlich Farben und Farbzusammenstellungen geschützt werden, die geeignet sind, Waren oder Dienstleistungen eines Unternehmens von denjenigen anderer Unternehmen zu unterscheiden.

(2) Dem Markenschutz nicht zugänglich sind Zeichen, die ausschließlich aus Formen oder anderen charakteristischen Merkmalen bestehen,
1. die durch die Art der Ware selbst bedingt sind,
2. die zur Erreichung einer technischen Wirkung erforderlich sind oder
3. die der Ware einen wesentlichen Wert verleihen.

1 Der rechtliche Hintergrund für den Schutz von Marken wurde bereits in Lernfeld 6, Kapitel 1.3.2 erläutert.

Marken müssen mit viel Geld, Zeit, Nachdruck und Kontinuität aufgebaut werden.

Insbesondere die mit einer Marke verbundene Qualitätsvorstellung der Nachfrager entwickelt sich zu einer abgrenzenden, haftend bleibenden Werbeinformation und fördert das Image des gesamten Unternehmens. Im Idealfall wird aus einem Markennamen sogar die Bezeichnung für eine bestimmte Produktgruppe (z. B. *Tempo* als Bezeichnung für Papiertaschentücher, *Pampers* für Windeln, *Zewa* für Küchentücher).

BEISPIEL

Markenzeichen

Unterschieden werden können Marken z. B. bezogen auf den Anbieter: Herstellermarken (z. B. *Nivea, Coca-Cola*), Handelsmarken (z. B. *Privileg, IKEA*), Lizenzmarken (z. B. *Boss*) und Dienstleistungsmarken (z. B. *TUI, Allianz, Steigenberger).*

Markenstrategien sind langfristig angelegt. Wenn sie gelingen, führt das zu hohem wirtschaftlichen Erfolg, denn mit einer Marke verbindet die Kundschaft Merkmale, die unabhängig vom eigentlichen Produkt Gültigkeit haben.

BEISPIEL

Der Markenname *Mercedes-Benz* signalisiert die Eigenschaften „solide" „qualitativ hochwertig" usw., steht für einen bestimmten Wert (Zuverlässigkeit), trägt als Nutzen den Fahrkomfort und die Haltbarkeit in sich und ist mit der Einstellung der „gesellschaftlich besser Gestellten", der „Gutverdienenden", verbunden. Häufig entsteht durch diese Marke ein besonderes Statussymbol.

Markentreue

Marken unterliegen häufig nicht mehr dem idealtypischen Verlauf des Produktlebenszyklus, der davon ausgeht, dass ein Produkt irgendwann wieder vom Markt verschwindet bzw. durch ein neueres Produkt ersetzt wird. Die Erklärung dafür liegt darin, dass die Marke in den Köpfen der Verbraucherinnen und Verbraucher fest mit positiven Eigenschaften und einem hohen Nutzen verbunden ist und diese zu Stammkundinnen und Stammkunden werden, die der Marke treu bleiben.

Lizenzmarke

Das Risiko, das mit dem Aufbau einer eigenen Marke verbunden ist, kann durch die schon erwähnten **Lizenzmarken** aufgehoben werden. Lizenzen erlauben einem Unternehmen, einen fremden Markennamen mit den eigenen Produkten zu verbinden. Der Lizenzgeber erhält dafür eine Lizenzgebühr als Umsatzbeteiligung oder Fixum. Mit der Lizenz erhält man das Recht, den Markennamen oder das entsprechende Symbol zu nutzen. So gibt es z. B. *Porsche-Brillen* oder Schuhe von *Hilfiger*.

Markenschutz

Die Schutzdauer der Marke beträgt ab dem Tag der Anmeldung zehn Jahre und kann gegen Zahlung einer Gebühr (750,00 €) beliebig oft um weitere zehn Jahre verlängert werden.[1] Der Markenschutz erlischt, wenn die Gebühr nicht rechtzeitig entrichtet wird, wenn das Recht nicht genutzt wird oder wenn die Marke zu einem allgemeinen Gattungsprodukt „verkommt".

Produkthaftung

Bei allen produktpolitischen Maßnahmen, also im Zusammenhang mit der Entwicklung und Veränderung von Produkten – mit Ausnahme von deren Elimination –, muss der Hersteller berücksichtigen, dass die Produkte der **Produkthaftung** unterliegen, sofern sie überwiegend für die private Nutzung bestimmt und angeschafft werden.

1 § 47 Abs. 1–3 Markengesetz

Produktbegriff

Unter den Begriff „Produkt“ fallen künftig auch Elektrizität, digitale Konstruktionsunterlagen, Rohstoffe und Software. Künstliche Intelligenz wird ebenfalls als Software betrachtet. Ausgenommen von der Definition ist jedoch freie und quelloffene Software, sofern sie nicht im Rahmen einer gewerblichen Tätigkeit, sondern für private Zwecke entwickelt oder bereitgestellt wird. Digitale Dateien selbst gelten nicht als Produkte. Anders verhält es sich bei digitalen Bauunterlagen, die als digitale Konstruktionsunterlagen dem Produkthaftungsrecht unterliegen.

Haftung

Zudem fallen digitale Dienste („verbundene Dienste“), die für die Funktionsfähigkeit eines Produkts zwingend erforderlich sind, unter die Produkthaftung. Der Hersteller haftet für (Folge-) Schäden, die durch die Nutzung seiner Produkte entstehen. Die Regelungen der Produkthaftungsrichtlinie der EU gelten für alle Produkte – von herkömmlichen Haushaltsgegenständen über digitale Produkte bis hin zu Spitzentechnologien wie Robotern und Smarthome-Systemen. Die Umsetzung in nationales Recht der Mitgliedstaaten muss bis Ende 2026 erfolgen

Die überarbeitete Richtlinie modernisiert und verstärkt die Vorschriften für die Entschädigung von Personenschäden, Sachschäden oder Datenverlusten, die durch unsichere Produkte verursacht werden – von Gartenbänken bis hin zu modernen Vollautomaten. Sie trägt der steigenden Zahl von Produkten auf dem Binnenmarkt sowie der Digitalisierung Rechnung, die außerhalb der EU hergestellt werden. So sind Hersteller verpflichtet, ihre Zulieferer in der EU zu benennen, sodass Geschädigte ihre Schadenersatzansprüche geltend machen können. Dies gilt auch für online vertriebene Produkte.

Bei der Produkthaftung handelt es sich um eine verschuldensunabhängige Haftung, d. h., die geschädigten Verbraucherinnen und Verbraucher müssen weder Fahrlässigkeit noch Vorsatz des Unternehmens nachweisen. Es genügt, dass ein Kausalzusammenhang zwischen dem Produktfehler und dem entstandenen Schaden besteht.

BEISPIEL

Haftungsgründe gemäß der EU-Produkthaftungsrichtlinie

Gemäß Artikel 7 der Richtlinie gilt ein Produkt als fehlerhaft, wenn es nicht den Sicherheitserwartungen der Nutzer oder den Vorgaben des Unions- bzw. nationalen Rechts entspricht. Artikel 7 nennt verschiedene Faktoren, die dabei zu berücksichtigen sind.

§§

Artikel 7 Fehlerhaftigkeit

(1) Ein Produkt ist als fehlerhaft anzusehen, wenn es nicht die Sicherheit bietet, die eine Person erwarten darf oder die gemäß Unionsrecht oder nationalem Recht vorgeschrieben ist.
(2) Bei der Beurteilung der Fehlerhaftigkeit eines Produktes sind alle Umstände zu berücksichtigen, einschließlich:
- *a) der Aufmachung und der Merkmale des Produkts, einschließlich seiner Kennzeichnung, seines Designs, seiner technischen Merkmale, seiner Zusammensetzung und seiner Verpackung und der Anleitungen für Montage, Installation, Gebrauch und Wartung;*
- *b) des vernünftigerweise vorhersehbaren Gebrauchs des Produkts;*
- *c) der Auswirkungen der Fähigkeit des Produkts, nach seinem Inverkehrbringen oder seiner Inbetriebnahme weiter zu lernen oder neue Funktionen zu erwerben, auf das Produkt;*
- *d) der vernünftigerweise vorhersehbaren Auswirkungen anderer Produkte auf das Produkt, bei denen davon ausgegangen werden kann, dass sie zusammen mit dem Produkt verwendet werden, einschließlich durch eine Verbindung mit dem Produkt;*
- *e) des Zeitpunktes, zu dem das Produkt in Verkehr gebracht oder in Betrieb genommen wurde, oder, wenn der Hersteller nach diesem Zeitpunkt die Kontrolle über das Produkt behält, des Zeitpunktes, in dem das Produkt die Kontrolle des Herstellers verlassen hat;*

f) der einschlägigen Anforderungen an die Produktsicherheit, einschließlich sicherheitsrelevanter Cybersicherheitsanforderungen;

g) Produktrückrufen oder sonstiger relevanter Eingriffe einer zuständigen Behörde oder eines in Artikel 8 genannten Wirtschaftsakteurs im Zusammenhang mit der Produktsicherheit;

h) der spezifischen Bedürfnisse der Gruppe von Nutzern, für deren Gebrauch das Produkt bestimmt ist;

i) im Falle eines Produkts, dessen Zweck gerade darin besteht, Schäden zu verhindern, der Tatsache, dass das Produkt diesen Zweck nicht erfüllt.

(3) Ein Produkt ist nicht allein deshalb als fehlerhaft anzusehen, weil ein besseres Produkt, einschließlich Updates oder Upgrades eines Produkts, bereits in Verkehr gebracht oder in Betrieb genommen wurde oder künftig in Verkehr gebracht oder in Betrieb genommen wird.

Ansprüche

In diesen Fällen kann der unmittelbar oder mittelbar Geschädigte Ansprüche aus dem Produkthaftungsgesetz geltend machen. Es haftet der Hersteller, der das Produkt erstellt hat, der Zulieferer, wenn es sich um ein fehlerhaftes Teil des Produktes handelt, der Händler, wenn er das Produkt mit seinem Namen oder Zeichen versehen hat, oder der Lieferant, wenn der Hersteller nicht mehr feststellbar ist. Ein Geschädigter kann sich aussuchen, an wen er sich wendet, und z. B. den Zahlungskräftigsten in Haftung nehmen.

Bis zur Überführung der EU-Produkthaftungsrichtlinie in nationales Recht können Ansprüche nach dem Produkthaftungsgesetz (ProdHaftG) geltend gemacht werden. Diese sind auf 85 Mio. € begrenzt, soweit es sich um Personenschäden handelt. Bei Sachschäden (an anderen Sachen) liegt keine Begrenzung vor, allerdings sind gemäß § 11 ProdHaftG Schäden bis zu 500,00 € vom Geschädigten selbst zu tragen. Da der Hersteller verschuldensunabhängig haftet, muss der Geschädigte lediglich nachweisen, dass das Produkt seinen Schaden verursacht hat. Falls es entlastende Umstände gibt, z. B. eine Mitschuld des Geschädigten wegen unsachgemäßer Handhabung, muss diese der Hersteller selbst nachweisen.

Ausschluss

Es gilt die regelmäßige Verjährungsfrist von drei Jahren ab dem Zeitpunkt, zu dem der Geschädigte von dem Schaden oder dem Fehler Kenntnis erlangt hat. Eine Haftung ist ausgeschlossen, wenn das Produkt länger als zehn Jahre auf dem Markt verkauft wird. Allerdings ist auch ausgeschlossen, dass die Produkthaftung vertraglich beschränkt wird. Hier greift der Staat durch die Gesetzgebung lenkend in die Vertragsfreiheit ein, um wie auch beim Verbrauchsgüterkauf die schwächere Vertragspartei besonders zu schützen.

AUFGABE 1

a) Erläutern Sie, was man unter einer Marke versteht.

b) Beschreiben Sie fünf Vorteile, die man mit Markenprodukten verbindet.

AUFGABE 2

Viele Unternehmen vollziehen im Rahmen ihrer Sortimentspolitik eine Produktdiversifikation.

a) Erläutern Sie kurz, was unter „Produktdiversifikation“ zu verstehen ist.

b) Unterscheiden Sie anhand von selbst gewählten Beispielen zwischen zwei Arten von Produktdiversifikation.

c) Nennen Sie fünf Zielsetzungen, die ein Industrieunternehmen mit der Umsetzung einer Produktdiversifikation verfolgt.

AUFGABE 3

Beschreiben Sie kurz folgende produktpolitischen Maßnahmen und geben Sie jeweils ein konkretes Beispiel an:

a) Produktinnovation,
b) Produktdifferenzierung,
c) Produktvariation,
d) Produktdiversifikation,
e) Produktelimination,
f) Produktgestaltung.

AUFGABE 4

Ordnen Sie den Phasen des Produktlebenszyklus geeignete produktpolitische Maßnahmen zu.

AUFGABE 5

Sammeln Sie Gründe für die Produktvariation und die Produktelimination eines Produktes aus dem Absatzprogramm eines Unternehmens.

AUFGABE 6

Unterscheiden Sie anhand von Beispielen zwischen Grundnutzen und Zusatznutzen und grenzen Sie davon den Begriff „Zusatzleistung" ab.

AUFGABE 7

Ein Büromöbelhersteller verkauft seit zwölf Jahren einen luftdruckgefederten Bürostuhl unter dem Markennamen *real-soft*. Trotz umgesetzter Marketingmaßnahmen ist der Marktanteil von 10 % auf nur noch 4 % gefallen, der Umsatz ist sehr stark zurückgegangen. Ein in der Forschung und Entwicklung weiterentwickelter Nachfolgestuhl wird bereits auf dem Markt angeboten und hat einen Marktanteil von 1,5 % erreicht. Zurzeit zögert die Produktmanagerin noch mit der Herausnahme des *real-soft* aus dem Produktions- und Absatzprogramm des Unternehmens.

a) Erläutern Sie zwei Gründe, warum die Produktmanagerin noch mit der Produktelimination zögert.

b) Beschreiben Sie Anzeichen, die grundsätzlich eine Produktelimination nahelegen.

c) Erläutern Sie einen Nachteil, der aufgrund einer verfrühten Produktelimination für das Unternehmen entstehen könnte.

d) Benennen Sie die Produktlebenszyklusphase, in der sich der Bürostuhl *real-soft* derzeit befindet. Begründen Sie.

AUFGABE 8

Viele Hersteller vertreiben ihre Produkte als Marke im Fachhandel und als No-Name-Artikel bei einem Discounter. Scannen Sie die QR-Codes und verschaffen Sie sich einen Überblick auf den verlinkten Internetseiten:

a) Welche Vor- und Nachteile haben Unternehmen durch eine derartige Markenpolitik?

b) Welche Vor- und Nachteile haben Verbraucherinnen und Verbraucher durch eine derartige Markenpolitik?

2.2 Preis- und Konditionenpolitik

2.2.1 Ansätze der Verkaufspreisbildung

Preis- und Konditionenpolitik

Im Rahmen der **Preis- und Konditionenpolitik** geht es insbesondere um die Festlegung des Verkaufspreises und der Verkaufskonditionen für die am Markt angebotenen Leistungen. Eine hohe Preissetzung mit dem Ziel, die Umsatzerlöse und damit die Gewinne zu steigern, kann dazu führen, dass die Kunden die Produkte nicht mehr kaufen und zu den Wettbewerbern „überlaufen". Dies kann einen Imageverlust und einen Wettbewerbsnachteil auslösen, der schwierig zu beheben ist. Liegt der Preis sehr niedrig, sind möglicherweise die Kosten nicht mehr gedeckt. Niedrige Preise werden häufig mit minderwertiger Qualität[1] verbunden, was ebenso zu einem Imageschaden führen kann.

Die Entscheidungen im Rahmen der Preis- und Konditionenpolitik sollten in Kenntnis der eigenen Kosten und Marktverhältnisse getroffen werden, um langfristig einen möglichst hohen Gewinn zu erzielen.

Nachfragesituation

- Elastizität der Nachfrage
- Größe der Nachfrage

Kostensituation

- fixe Kosten
- variable Kosten
- Gewinnzuschlag
- Gesamtkosten in Abhängigkeit von der Absatzmenge
- Selbstkosten

Konkurrenzsituation

- Preise der Konkurrenten
- Preis des Marktführers

Zielsetzung des Unternehmens

- Gewinne bzw. Zuschlag

Bei der Preisbildung müssen die verschiedenen Einflussfaktoren gemeinsam berücksichtigt werden.

Methoden der Preisbildung

Die einzelnen **Methoden der Preisbildung** können wie folgt beschrieben werden:

I. Kostenorientierte Preissetzung

Preissetzung auf Vollkostenbasis

In diesem Fall orientiert sich die Preissetzung an den Selbstkosten je Verkaufseinheit, die in der Kostenträgerrechnung auf Vollkostenbasis ermittelt werden. Die Selbstkosten umfassen alle bis zum Verkauf anfallenden Kosten. Sie werden als „langfristige Preisuntergrenze" bezeichnet und bilden die Ausgangsgröße der Verkaufskalkulation. Mithilfe der Verkaufskalkulation werden zuzüglich zu den Selbstkosten ein Gewinnzuschlag und mögliche kundenabhängige Verkaufskonditionen berücksichtigt. Fraglich ist häufig, ob die aktuelle Marktlage die Durchsetzung des so ermittelten Preises zulässt.

1 „Was nichts kostet, taugt auch nichts!" (= „Billigware")

BEISPIEL

Verkaufskalkulation der Heidtkötter KG für den *communicTable:*

Das Ergebnis der Kostenträgerrechnung ergibt Selbstkosten in Höhe von 3.960,00 €. Die Geschäftsführung gibt folgende Kalkulationsgrößen vor:

Gewinnzuschlag: 12 %, Kundenskonto: 3 %, Kundenrabatt: 5 %.

Da die technische Neuerung *communicTable* einer Kundeneinführung bedarf, erfolgt der Vertrieb zunächst über Reisende, die eine Provision von 5 % vom Zielverkaufspreis (ZVP) erhalten. Die Verkaufskalkulation hat folgendes Aussehen:

	Selbstkosten (SK)	3.960,00 €
+	Gewinnzuschlag	475,20 €
=	**Barverkaufspreis (BVP)**	4.435,20 €
+	Kundenskonto	144,63 €
+	Vertriebsprovision	241,04 €
=	**Zielverkaufspreis (ZVP)**	4.820,87 €
+	Kundenrabatt	253,73 €
=	**Listenverkaufspreis** = **Angebotspreis**	5.074,60 €

Eine kostenorientierte Preissetzung führt zu einem Listenverkaufspreis von 5.074,60 € pro Tisch.

Zwei Aspekte sind nun zu hinterfragen:

1. Sind die Nachfrager bereit, diesen Preis zu zahlen?
2. Wie hoch sind die Preise der Konkurrenzprodukte mit ähnlichem Nutzen?

Preissetzung auf Teilkostenbasis

Bei der Preisfestlegung auf Teilkostenbasis wird zwischen variablen und fixen Kosten unterschieden. **Kurzfristig**, d. h. in vorübergehend absatzschwachen Zeiten, müssen zumindest die **variablen Kosten** gedeckt sein. Daher werden die variablen Kosten auch als „kurzfristige Preisuntergrenze“ bezeichnet:

$(k_v = p \rightarrow db = p - k_v = 0)$.

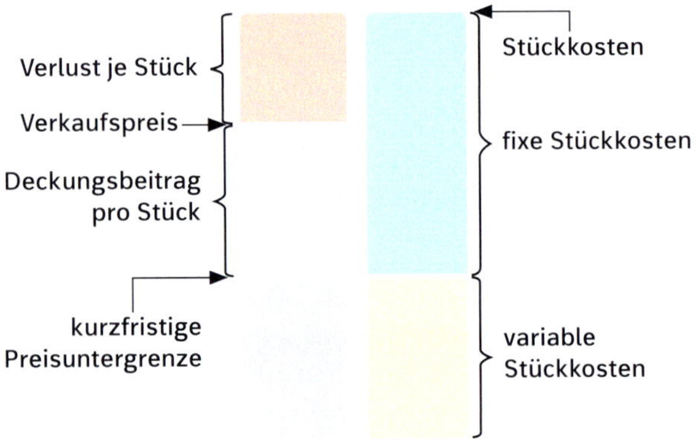

Bei jedem Preis oberhalb der variablen Kosten werden zumindest kleine Teile der fixen Kosten gedeckt (= positiver Deckungsbeitrag).

Langfristig sollten durch den am Markt erzielten Preis die **Selbstkosten** gedeckt sein. Ist dies der Fall, erwirtschaftet das Unternehmen zwar keinen Gewinn, aber zumindest können die zurechenbaren variablen und fixen Kosten gedeckt werden.

In der Praxis finden sich häufig sogenannte Mischkalkulationen, bei denen sich die unterschiedlichen Preissetzungen bei verschiedenen Produkten bzw. Leistungen ausgleichen.

II. Konkurrenzorientierte Preissetzung

Das Verhalten der Konkurrenten beeinflusst die eigene Preissetzung je nach Marktstellung des eigenen Unternehmens unterschiedlich stark:

- Bei einer großen Marktmacht kann der Preis selbst gesetzt werden und die Konkurrenten müssen sich an dieser Preissetzung orientieren.
- Liegt jedoch der häufigere Fall vor, dass die eigene Marktmacht eher gering ist, muss sich ein Unternehmen unter Umständen an der Preissetzung der Konkurrenten orientieren. Eine eigene, unabhängige Preisbildung ist dann nicht möglich. Das Unternehmen muss bei Preissenkungen der Konkurrenten mitziehen, da ansonsten die Kunden zu den preiswerteren Anbietern abwandern.

Die Bedingungen für eine konkurrenzorientierte Preissetzung sind insbesondere dann gegeben, wenn die Nachfrager wegen nur weniger Anbieter und Produkte eine sehr gute Markttransparenz besitzen.

Preissetzung mit Durchschnittspreisen

Orientierung am Marktführer

unabhängige Preissetzung

Grundsätzlich bestehen verschiedene Möglichkeiten, die eigene Preisfestlegung an den Preisen der Konkurrenz zu orientieren: Im einfachsten Fall wird ein **Durchschnittspreis** aus den Preisen der Konkurrenten ermittelt und für die eigene Preissetzung übernommen. Es besteht aber auch die Möglichkeit, sich am **Preis des Marktführers** auszurichten. Dieser hat einen angemessen kalkulierten und im Markt akzeptierten Preis für das Produkt gefunden. Je nach Zielsetzung und Positionierung im Markt kann man den Marktführer unterbieten, um Marktanteile zu gewinnen oder um Qualitäts- oder Imagenachteile des eigenen Produktes zu berücksichtigen. Umgekehrt kann man den Markt- und Preisführer konsequent überbieten, um sich von ihm mit dem eigenen Produkt abzuheben.

Preissetzung mit Target Costing

Eine derartige Orientierung am Marktpreis hat Konsequenzen für die Verkaufskalkulation im Unternehmen mithilfe der Kostenrechnung. Ausgehend vom Zielpreis muss die Kostenrechnung ermitteln, welche Kosten anfallen dürfen, damit der Marktpreis angeboten werden kann. Zur Ermittlung der *Allowable Costs* (erlaubte Kosten) wird das **Target Costing (Zielkostenrechnung)** eingesetzt: Vom angestrebten Verkaufspreis wird ein angemessener Gewinnanteil abgezogen, sodass sich die *Allowable Costs* ergeben, die aufgrund interner/externer Einflüsse prozentual korrigiert werden. Das Ergebnis sind dann die *Target Costs* (Zielkosten). Die Zielkosten werden den in der Vergangenheit erreichten *Drifting Costs* (Produktstandardkosten) gegenübergestellt. Die resultierende Abweichung, die sich häufig dadurch charakterisieren lässt, dass die *Drifting Costs* die *Target Costs* übersteigen, wird als *Target Gap* (Ziellücke) bezeichnet.

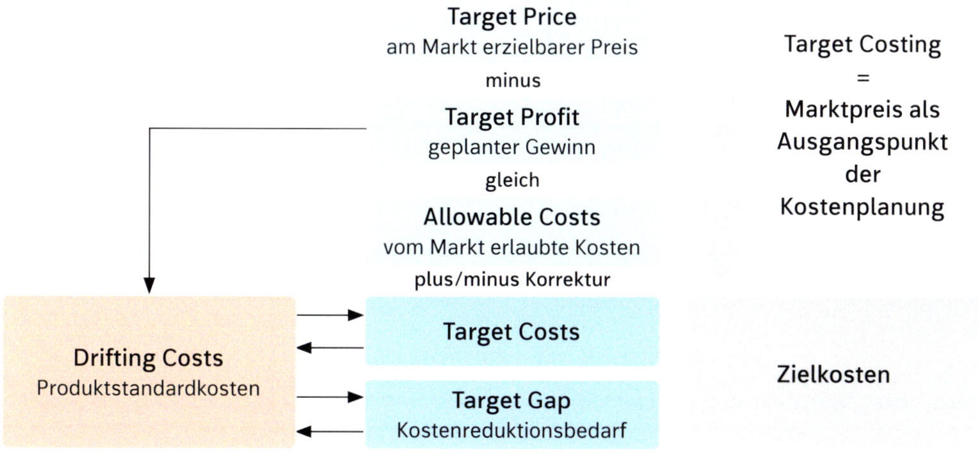

Ist der am Marktpreis orientierte Preis aufgrund der Kostensituation nicht zu erreichen, müssen die Kosten oder der gewünschte Gewinnzuschlag oder auch beide gesenkt werden. Bestehen keine Kostensenkungspotenziale und ist eine Senkung des Gewinnzuschlags keine akzeptable Strategie, wird das Produkt erst gar nicht auf den Markt gebracht bzw. es wird vom Markt genommen.

III. Nachfrageorientierte Preissetzung

Akzeptanz des Preises durch die Kunden

Entscheidend ist letztlich die Frage, ob ein an den Kosten oder der Konkurrenz orientierter Verkaufspreis von den Kunden akzeptiert wird. So könnte der Preis, den die Kunden zu zahlen bereit sind, als Preisobergrenze festgelegt werden. Aufgrund der starken Marktmacht preisbewusster Verbraucherinnen und Verbraucher kann sich die Preissetzung an deren Nachfragereaktionen auf Preissetzungen oder Preisänderungen orientieren. In der Regel ist die Nachfrage (bei normalem Käuferverhalten) bei Preissenkungen steigend, bei Preiserhöhungen rückläufig.

Preiselastizität der Nachfrage

Die **Preiselastizität der Nachfrage** gibt an, wie stark die Nachfrage nach einem Produkt auf eine Preisänderung reagiert. Sie ist definiert als Absolutbetrag der prozentualen (= relativen) Veränderung der nachgefragten Menge eines Produktes im Verhältnis zur prozentualen (= relativen) Veränderung des Preises dieses Produktes:

$$\textbf{Preiselastizität } (\eta_{x,p}) = \left| \frac{\frac{(M2 - M1) \cdot 100}{M1}}{\frac{(P2 - P1) \cdot 100}{P1}} \right| = \left| \frac{\text{relative Mengenänderung in \%}}{\text{relative Preisänderung in \%}} \right| \frac{\text{Wirkung}}{\text{Ursache}}$$

M1 = Menge vor der Preisänderung
M2 = Menge nach der Preisänderung

P1 = Preis vor der Preisänderung
P2 = Preis nach der Preisänderung

Für die Preiselastizität wird der Betrag des Quotienten genommen, die Elastizität ist also immer positiv.

	Preis-Absatz-Funktion
$\eta_{x,p}$ > **1**, so ist die Nachfrage **elastisch**; eine Preisänderung um einen bestimmten Prozentsatz bewirkt eine prozentual größere Mengenänderung. • Bei normalem Kaufverhalten bewirken steigende Preise stärker (überproportional) fallende Absatzmengen. • Fallende Preise bewirken stärker (überproportional) steigende Absatzmengen. • Die prozentuale Mengenänderung ist größer als die prozentuale Preisänderung.	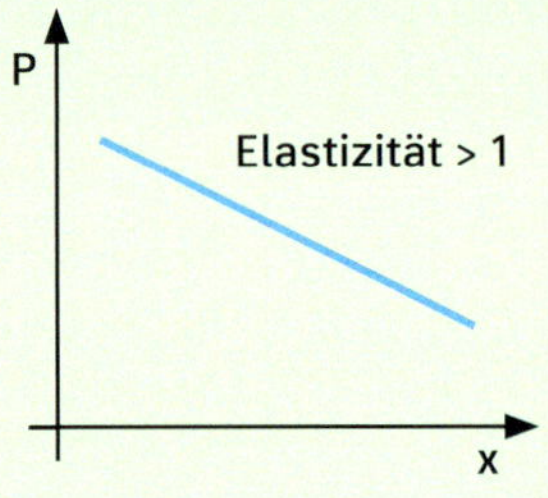
$\eta_{x,p}$ = **1**, so ist die Nachfrage **isoelastisch**; eine einprozentige Preisänderung bewirkt eine einprozentige Mengenänderung. • Die prozentuale Mengenänderung ist gleich der prozentualen Preisänderung.	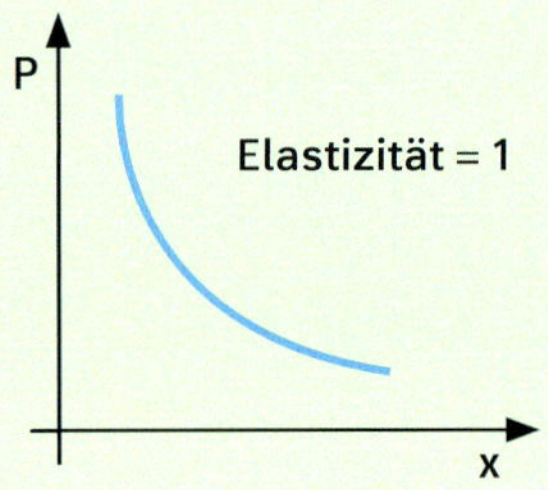

	Preis-Absatz-Funktion
$\eta_{x,p}$ < **1**, so ist die Nachfrage **unelastisch**; eine Preisänderung um einen bestimmten Prozentsatz bewirkt eine Mengenänderung um einen geringeren Prozentsatz. • Steigende Preise bewirken geringer (unterproportional) steigende oder fallende Absatzmengen. • Fallende Preise bewirken geringer (unterproportional) steigende oder fallende Absatzmengen. • Die prozentuale Mengenänderung ist kleiner als die prozentuale Preisänderung.	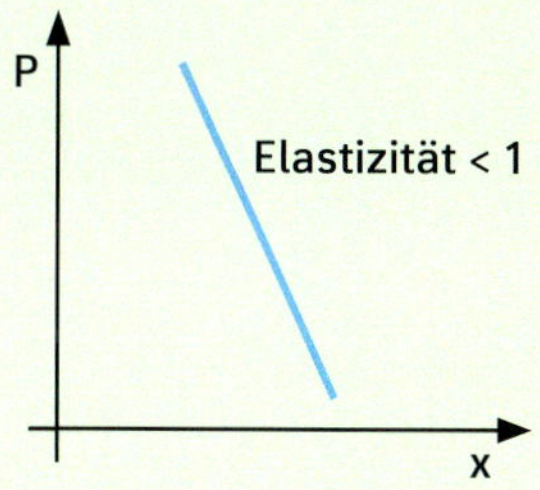
$\eta_{x,p}$ = **0**, so ist die Nachfrage vollkommen **unelastisch**; eine Preisänderung hat keine Mengenänderung zur Folge; die Nachfrager reagieren überhaupt nicht auf eine Preisänderung.	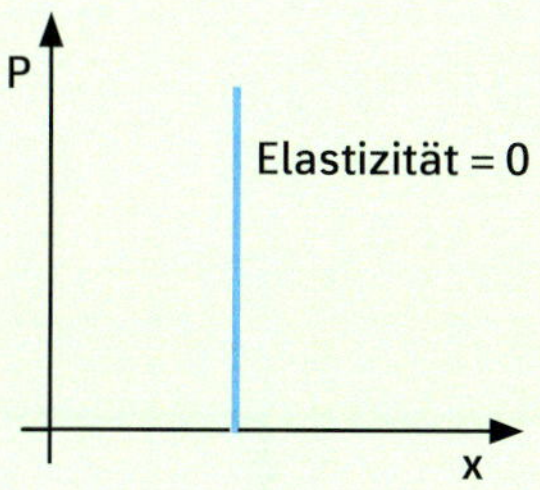

BEISPIEL

Der Verkaufspreis eines Produktes steigt von p1 = 50,00 € auf p2 = 55,00 €. Diese Preissteigerung um 5,00 € (10 %) bewirkt einen Nachfragerückgang von M1 = 150 Stück auf M2 = 120 Stück. Dieser Rückgang beträgt folglich 30 Stück (20 %).

Die Preiselastizität für dieses Beispiel ist elastisch:

$$\textbf{Preiselastizität} = \left| \frac{\frac{120-150}{150}}{\frac{55-50}{50}} \right| \quad \text{oder} \quad = \left| \frac{-20\,\%}{10\,\%} \right| = 2$$

Bei Kenntnis der Art und Stärke der Preiselastizität der Nachfrage eines Produkts kann das Unternehmen die Konsequenzen von Preisveränderungen für die Nachfrageentwicklung abschätzen und Preisänderungen gezielt einsetzen.

Aufgrund von fehlender Markttransparenz, bestehender Kundenpräferenzen, Kundenbindung, räumlicher Entfernung zu Konkurrenten oder bestehender Heterogenität von Konkurrenzprodukten gibt es ein bestimmtes Preisintervall, in dem der Verkäufer den Preis variieren kann, ohne dass eine große Veränderung in der Absatzmenge zu spüren ist. Dieses Phänomen führt zu einer **doppelt geknickten Preis-Absatz-Funktion**[1] die sich in drei Bereiche aufteilt. Es gibt in dieser Funktion einen mittleren, „monopolistischen" Bereich, in dem Preisveränderungen kaum zu Absatzmengenveränderungen führen[2], sowie einen oberen und unteren „polypolistischen" Bereich, in dem jeweils schon geringe Preisveränderungen große, spürbare Veränderungen der Absatzmenge verursachen. Der mittlere, monopolistische Bereich wird eingefasst von einer Preisober- bzw. Preisuntergrenze, bei deren Überschreiten überproportional viele Kunden zur Konkurrenz abwandern (Preis hoch) oder bei deren Unterschreiten Kunden von der Konkurrenz kommen (Preis niedrig).

1 Die Preis-Absatz-Funktion zeigt an, welche Menge eines Produktes das anbietende Unternehmen in Abhängigkeit vom Verkaufspreis absetzen kann.
2 Hier besteht eine unelastische Reaktion der Nachfrage auf Preisveränderungen.

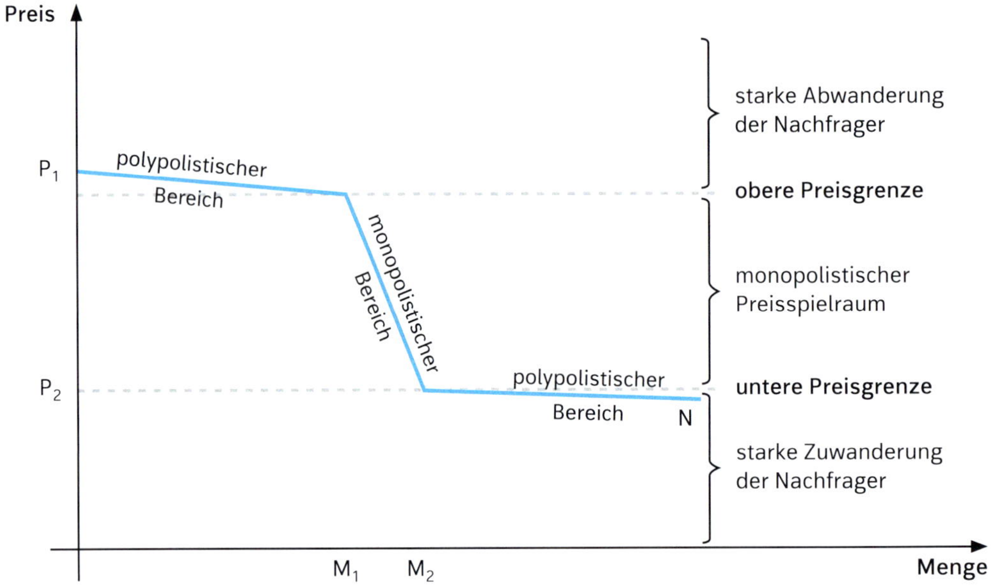

BEISPIEL Ein treuer Stammkunde, der bisher vereinzelte Preiserhöhungen akzeptiert hat, wandert ab einem bestimmten Verkaufspreis zur Konkurrenz ab.

Problematisch ist die empirische Feststellung von Preisober- bzw. Preisuntergrenzen. Denn wenn Kunden abgewandert sind, kann das nicht immer nur allein auf die Preissetzung zurückgeführt werden.

Preisdifferenzierung

Der Preis, der für ein Produkt verlangt wird, muss nicht immer und überall gleich sein. Zerlegt man den Gesamtmarkt eines Produktes in Teilmärkte, können auf diesen Teilmärkten **die gleichen Produkte bzw. Leistungen zu unterschiedlichen Preisen** angeboten werden (**Preisdifferenzierung**).

Folgende Übersicht zeigt unterschiedliche Arten von Preisdifferenzierung:

Arten der Preisdifferenzierung

zeitliche Preisdifferenzierung	räumliche Preisdifferenzierung	persönliche Preisdifferenzierung	sachliche Preisdifferenzierung
• Ein Produkt wird zu verschiedenen Zeiten mit unterschiedlichen Preisen angeboten. Beispiele: Saisonpreise, Telefontarife, Tag-/Nachtstrom	• Ein Produkt wird an verschiedenen Orten zu unterschiedlichen Preisen angeboten. Beispiele: Tankstellen, Hotels, Restaurants, Wohnungsmieten (jeweils der gleiche Anbieter)	• Ein Produkt wird verschiedenen Kundengruppen zu unterschiedlichen Preisen angeboten. Beispiele: Stammkunden, Deutsche Bahn AG, Schüler-/Studentenpreis	• Ein Produkt wird in verschiedenen Aufmachungen (Namen, Verpackungen) zu unterschiedlichen Preisen angeboten. Beispiele: Waschmittel, Lebensmittel (No-Name-Produkte)

Folgende Grafik fasst die **Faktoren der Preisbildung** nochmals zusammen:

Preisbildung/Preissetzung

kostenorientiert

- Vollkostenrechnung
- Teilkostenrechnung
- Zielkostenrechnung (Target Costing)

konkurrenzorientiert

- Orientierung am Durchschnittspreis der Konkurrenten
- Orientierung am Preis des Marktführers
- von der Konkurrenz unabhängige, eigene Preise

nachfrageorientiert

Orientierung an Nachfragereaktionen und Berücksichtigung der **Preiselastizität und Preisdifferenzierung**

Preisstrategien in Abhängigkeit von der Unternehmensstrategie 2.2.2

Preisstrategien

Insbesondere durch die verfolgte Unternehmensstrategie (u. a. auch bei der Einführung neuer Produkte auf bestimmten Teilmärkten) bestehen unterschiedliche Strategien zur Festlegung der Preise.

Hochpreisstrategie

Bei der **Hochpreisstrategie** (Premiumstrategie) werden hohe Preise festgelegt, die vom Abnehmer mit einem hohen Nutzen verbunden werden. Der hohe Nutzen kann sich in der Produktqualität, dem Image oder anderen Faktoren zeigen und rechtfertigt den hohen Preis. Markenprodukte (Herstellermarken) sind typische Produkte, die sich im Hochpreissegment befinden.

BEISPIEL

	Branche		Branche
Apple	Kommunikations- und Unterhaltungselektronik	*BMW*	Fahrzeugbau
		First-Class-Angebote	Luftfahrt
Miele	Haushaltsgeräte	*Lloyd*	Schuhe

Niedrigpreisstrategie

Typisch für die **Niedrigpreisstrategie** ist, dass die eigenen Verkaufspreise immer etwas niedriger liegen als die Preise der anderen Anbieter. Manchmal wird dieser Eindruck durch die Werbung nur hervorgerufen, obwohl nicht für alle Produkte eines Unternehmens eine Niedrigpreisstrategie verfolgt wird. Der Preis ist hierbei das wichtigste Verkaufsargument und die Kunden kaufen mit einer diesem niedrigen Preis entsprechenden Erwartungshaltung. Der niedrige Preis wird durch verschiedene Maßnahmen möglich: Produktion in Niedriglohnländern, Kosteneinsparungen bei Service- und Beratungsleistungen oder Einsparungen durch Nutzung günstiger Materialien.

BEISPIEL

	Branche		Branche
Medion	Kommunikations- und Unterhaltungselektronik	*Dacia*	Fahrzeugbau
		Economy-Class-Angebote	Luftfahrt
Severin	Haushaltsgeräte	*Venice*	Schuhe

Marktabschöpfungsstrategie

Bei der **Marktabschöpfungsstrategie (Skimmingstrategie)** wird ein Produkt zunächst mit einem hohen Preis am Markt eingeführt. Dieser wird dann im Zeitverlauf schrittweise gesenkt, um weitere Käuferschichten zu erschließen. Diese Strategie wird häufig bei technischen Neuerungen durchgeführt, für die sich zunächst nur eine kleine Käuferschicht interessiert, die auch bereit ist, den anfänglich hohen Preis zu zahlen. Eine breitere Masse an Käufern wird erst durch sukzessive[1] Preissenkungen erreicht. Der Vorteil der Strategie liegt darin, dass mit dem hohen Einstiegspreis die Innovationskosten des Produktes schnell wieder hereingeholt werden können. Allerdings besteht die Gefahr, dass der hohe Preis die Konkurrenz anlockt und zur günstigeren Nachahmung anregt. Ist das Produkt rechtlich geschützt, so ist dieses Risiko geringer.[2]

BEISPIEL

Nach der Einführung technischer Neuerungen kommen Smartphones zunächst zu einem hohen Preis auf den Markt. Sobald Konkurrenzprodukte oder nachfolgende Modelle des eigenen Herstellers mit neuen Entwicklungen ausgestattet werden, sinken die Preise der vorherigen Smartphone-Generation, um diese trotz der aufgetretenen Konkurrenzsituation auf dem veränderten Markt zu halten. Diese Strategie ist seit Langem auf dem Smartphone-Markt zu beobachten.

Vgl. De Grazia, Julia: Skimming-Strategie: Definition, Beispiele & Vor- und Nachteile für dein Unternehmen. In: www.acquisa.de/magazin/skimming-strategie [01.04.2025].

Marktdurchdringungsstrategie

Die **Marktdurchdringungsstrategie (Penetrationsstrategie)** eignet sich insbesondere dann, wenn man rasch Marktanteile erobern und einen großen Kundenstamm ansprechen möchte. Das Produkt wird bewusst mit einem niedrigen Preis in den Markt eingeführt. Eine Kostendegression wird aufgrund der hohen Absatzmenge schnell ermöglicht. Der niedrige Preis kann im Laufe der Zeit erhöht werden, wenn Marktanteile gewonnen und gesichert sind, und es die Konkurrenzsituation zulässt.

Problematisch kann sich die Wirkung dieser Strategie erweisen, wenn der niedrige Einführungspreis aus Kundensicht auf eine geringe Qualität der Ware oder „zweite Wahl" schließen lässt. Sollten diese Probleme auftreten, können die Investitionskosten nur langsam amortisiert und der Markt nur in kleinen Schritten erschlossen werden.

BEISPIEL

Produktinnovationen von Salzgebäckherstellern werden häufig über die Penetrationsstrategie zum „Probierpreis" am Markt etabliert.

2.2.3 Konditionenpolitik

Konditionenpolitik

Im Rahmen der Konditionenpolitik geht es um die Festlegung der **Verkaufsbedingungen**, die das Nachfrageverhalten nachhaltig beeinflussen können. Mögliche Konditionen bestehen in der Gewährung von Preisnachlässen (Rabatte, mengenabhängige Rabattstaffeln, Skonti, Boni) und Zahlungszielen (Lieferantenkredite), der Übernahme von Kosten (für Verpackung, Beförderung, Versicherung), der zusätzlichen Leistung von Wartungsarbeiten oder Garantieleistungen und der Festlegung von Mindestabnahmemengen und Mindermengenzuschlägen.

1 Sukzessive = schrittweise, allmählich
2 Siehe Lernfeld 6, Kapitel 1.3.2.

BEISPIEL

Auszug aus den AGB der Büromarkt Bartsch KG in Braunschweig zu den Versandkosten:

Die Lieferung erfolgt grundsätzlich frei Haus.
Folgende Kosten fallen pro Auftrag und Lieferadresse außerhalb von Braunschweig an:

	ohne MwSt.	inkl. MwSt.
Verpackungspauschale	2,99 €	3,56 €

Folgende Kosten können optional je nach Auftrag anfallen:

	ohne MwSt.	inkl. MwSt.
Mindermengenzuschlag für Aufträge unter 30,00 € ohne USt/35,70 € mit USt	4,00 €	4,76 €
Nachnahmegebühr pro Auftrag	8,99 €	10,70 €
Inselzuschlag pro Paket bei folgenden PLZ-Gebieten: 18565, 25849, 25863, 25869, 25938, 25939, 25946, 25980–25999, 26465, 26474, 26486, 26548, 26571, 26579, 26757, 27498, 27499	9,99 €	11,89 €
Treppentransporte separat auf Anfrage		

AUFGABE 1

Ergänzen Sie folgenden Satzanfang:

Die Preiselastizität der Nachfrage ergibt sich aus

a) dem Verhältnis der relativen Veränderung der Nachfragemenge zur relativen Preisänderung.

b) der absoluten Mengenänderung dividiert durch die absolute Preisänderung.

c) der Summe der relativen Preisänderung plus der relativen Mengenänderung.

d) der prozentualen Mengenänderung dividiert durch die prozentuale Preisänderung.

e) der Division der prozentualen Preisänderung durch die prozentuale Änderung der Nachfragemenge.

f) dem Umkehrbruch von Preisänderung und Änderung der Nachfragemenge.

AUFGABE 2

a) Berechnen Sie die Preiselastizität der Nachfrage für folgendes Beispiel:
Der Verkaufspreis eines Päckchens Kaugummi steigt von 2,00 € auf 2,20 €. Dies hat zur Folge, dass die nachgefragte Menge von zehn auf acht Päckchen zurückgeht.

b) Welche der folgenden Aussagen sind (bezogen auf das Beispiel) richtig?
1. Die Preiselastizität ist elastisch.
2. Die Preiselastizität ist unelastisch.
3. Die prozentuale Mengenänderung ist kleiner als die prozentuale Preisänderung.
4. Die prozentuale Mengenänderung ist größer als die prozentuale Preisänderung.

5. Eine Preisänderung von 1 % verringert die Nachfragemenge um 2 %.
6. Eine Preisänderung von 2 % reduziert die nachgefragte Menge um 1 %.
7. Die Nachfragemenge reagiert relativ stark auf die Preisänderung.
8. Die Nachfragemenge reagiert nicht sehr stark auf die Preisänderung.

AUFGABE 3

Die Fertigung eines Markenartikels verursacht folgende Kosten:

variable Stückkosten: 6,50 €; anteilige Fixkosten: 5,5 Mio. € pro Jahr.
Bei einem Stückpreis von 15,50 € können im Jahr 650 000 Stück verkauft werden.

a) Ermitteln Sie den Jahresgewinn.

Die Verkaufsleitung denkt darüber nach, den Verkaufspreis um 8 % zu senken.

b) Wie viel Stück müssen verkauft werden, um einen Jahresgewinn von 420.000,00 € zu erwirtschaften?

c) Erläutern Sie drei Argumente, die gegen die vorgesehene Preissenkung sprechen.

AUFGABE 4

Beschreiben Sie das Verfahren des *Target Costing*, indem Sie Einsatzgebiete (Marktsituation) und wesentliche Merkmale beschreiben und die Zusammenhänge zwischen Marktpreis, *Allowable Costs, Drifting Costs* und Kostenreduzierungsbedarf grafisch darstellen.

AUFGABE 5

Erläutern Sie die Bedeutung der Zielkosten und führen Sie drei Maßnahmen der Leistungserstellung an, durch die die Zielkosten erreicht werden können.

AUFGABE 6

Formulieren Sie für die Heidtkötter KG jeweils ein konkretes Beispiel für die verschiedenen Arten der Preisdifferenzierung.

AUFGABE 7

Bei der Einführung eines neuen Produkts stellt sich für die Stahl AG die Frage nach einer optimalen Preisstrategie. Nennen Sie je drei Gründe, die für eine Niedrigpreisstrategie und für eine Hochpreisstrategie sprechen.

AUFGABE 8

Eine aktuelle Marktstudie hat ergeben, dass der Markt für die Markteinführung eines Konferenzstuhls lediglich einen Angebotspreis von 450,00 € (netto) je Stück zulässt.

Folgende Rahmendaten stellt die Controlling-Abteilung bereit:
3 % Skonto, 15 % Rabatt, 4 % Vertriebsprovision, 15 % Gewinnzuschlag.

a) Ermitteln Sie ausgehend vom Angebotspreis (netto) die zulässigen Selbstkosten für den Konferenzstuhl. (Bitte geben Sie die Rechenwege an.)

b) Machen Sie konkrete Vorschläge, wie die Heidtkötter KG den zulässigen Angebotspreis anbieten kann, wenn die Selbstkosten nicht unter 320,00 € liegen können.

c) Begründen Sie, welcher Vorschlag aus Sicht des Marketings am geeignetsten erscheint.

AUFGABE 9

Ein Unternehmen hat den Listenverkaufspreis eines Artikels mit netto 22,08 € neu ausgezeichnet, nachdem der bisherige Listenverkaufspreis um einen Teuerungszuschlag von 5 % angehoben wurde. Wie viel Euro betrug der Verkaufspreis vor der Preiserhöhung?

AUFGABE 10

Ein Waschmaschinenhersteller kann eine neue Waschmaschine aus Konkurrenzgründen höchstens für 976,75 € auf den Markt bringen. Die Kalkulationssätze lauten: Gewinn 16,67 %, Skonto 2,5 %, Rabatt 14 %, Vertreterprovision 7 %.

a) Wie hoch dürfen die Selbstkosten je Waschmaschine maximal sein, damit die Gewinnvorgaben eingehalten werden können?

b) Wie hoch dürfen die Selbstkosten maximal sein, wenn zusätzlich 2 % Skonto und 10 % Einführungsrabatt gewährt werden?

AUFGABE 11

Ein Hersteller von Warenkörben kann aufgrund der Marktsituation seinen Warenkorb *Deluxe* für 148,00 € (LVP) anbieten. Bislang war es üblich, bei der Kalkulation der zulässigen Selbstkosten von 15 % Gewinn, 3 % Skonto, 10 % Rabatt, 7 % Vertreterprovision auszugehen.

Berechnen Sie die Selbstkosten je Warenkorb *Deluxe*.

AUFGABE 12

Der Absatz eines Rasierapparates, der zum Preis von 124,00 € verkauft wird, ist erheblich zurückgegangen. Es wird überlegt, ob der Preis um 25,00 € gesenkt werden sollte. Infolgedessen wird mit einer Mengenzunahme von 50 % gerechnet.

Es gelten folgende weitere Daten: bisheriger Absatz 250 000 Stück, variable Kosten 90,00 €/Stück, fixe Kosten 2.500.000,00 €, geplanter Gewinn = 10 %.

a) Weisen Sie anhand der Berechnung der Preiselastizität der Nachfrage nach, dass die Nachfrager preiselastisch reagieren.

b) Ermitteln Sie den Gewinn vor und nach der Preissenkung und begründen Sie, ob die Preissenkung sinnvoll ist.

c) Wie würden Sie entscheiden, wenn die Absatzzunahme unter sonst gleichen Bedingungen (Preissenkung um 25,00 €) bei 25 % liegen würde?

AUFGABE 13

Unternehmungen differenzieren ihre Preise häufig. Ordnen Sie nachfolgende Beispiele den Arten der Preisdifferenzierung zu.

a) Studierende erhalten Rabatt bei Theaterkarten.

b) Sommerkleidung wird im September günstiger.

c) Der gleiche Burger einer Fast-Food-Kette kostet in China weniger als in Deutschland.

d) Markenhersteller bieten ihre Produkte auch als No-Name-Produkte beim Discounter an.

AUFGABE 14

Ein Betrieb setzt monatlich 2000 Stück eines Produktes zu einem Preis von 12.000,00 € je Stück ab. Nach einer Preissenkung um 20 % steigt der Absatz auf monatlich 3000 Stück. Die variablen Stückkosten betragen 5.000,00 €/Stück.

a) Ermitteln Sie die Preiselastizität der Nachfrage und ordnen Sie zu, ob es sich um eine elastische oder um eine unelastische Nachfrage handelt.

b) Berechnen Sie die Höhe der variablen Stückkosten, bei der sich die obige Preissenkung lohnen würde und begründen Sie, ob für die vorliegende Situation die Preissenkung durchgeführt werden sollte.

AUFGABE 15

In Verkaufsverhandlungen mit einem Großabnehmer für die Produkte 1 und 2 hat sich herausgestellt, dass für das Produkt 1 nur ein Nettoverkaufserlös von 1.500,00 € erzielt werden kann.

Vorkalkulation	Produkt 1
Nettoverkaufspreis	2.000,00 €
variable Stückkosten	1.700,00 €
Gesamtkosten pro Stück	2.000,00 €

Begründen Sie, ob der Auftrag des Großabnehmers angenommen werden sollte.

AUFGABE 16

Die Hartz AG plant die Neueinführung eines energiesparsamen Kaffeevollautomaten. Im Rahmen der kostenorientierten Preispolitik soll der Listenverkaufspreis kalkuliert werden.

Folgende Angaben sind gegeben:

- Selbstkosten: 570,00 €
- Kundenskonto: 3 %
- Kundenrabatt: 15 %
- Gewinnzuschlag: 10 %
- Vertreterprovision: 3 %

a) Berechnen Sie unter Verwendung des Kalkulationsschemas den Netto-Listenverkaufspreis.

b) Erläutern Sie, bei welchem Preis die langfristige Preisuntergrenze liegt.

AUFGABE 17

Eine Industrieunternehmung bietet ein Produkt zu 80,00 € je Stück an. Die variablen Kosten betragen 53,00 €. Zu diesem Preis werden pro Monat 170 Stück verkauft. Nach einer Preissenkung von 20 % erwartet das Unternehmen eine Absatzsteigerung um 85 Stück je Monat.

a) Berechnen Sie die Preiselastizität.

b) Ermitteln Sie die Veränderung des Deckungsbeitrages insgesamt in Euro.

c) Erläutern Sie zwei mögliche Reaktionen der Mitbewerber unter der Voraussetzung, dass ein Angebotsoligopol mit relativ homogener Produktstruktur vorliegt.

AUFGABE 18

Eine Unternehmung beabsichtigt, ein System zeitlicher Preisdifferenzierung einzuführen.

Erläutern Sie

a) diese Maßnahme anhand eines Beispiels,

b) drei Ziele einer zeitlichen Preisdifferenzierung.

Distributionspolitik

2.3

Distributionspolitik

Distribution beinhaltet alle Absatzprozesse, die zwischen einem Hersteller und den Handelsunternehmen bis zu den Endabnehmerinnen und Endabnehmern stattfinden. Im Rahmen der **Distributionspolitik** wird festgelegt, wie und durch wen, also über welche Absatz-/Distributionswege und welche Absatzmittler und Absatzhelfer die Produkte bzw. Leistungen zum Käufer gelangen. Die Qualität dieser Entscheidungen hat u.a. Konsequenzen für die entstehenden Vertriebskosten sowie auf die Zufriedenheit der Kunden.

Absatzwege

Bei der rechtlichen Organisation der Güterverteilung kann grundsätzlich zwischen direktem und indirektem **Absatzweg** unterschieden werden:

- Beim direkten (werkseigenen) Absatzweg übernimmt das Unternehmen selbst die Verteilung der Produkte.
- Beim indirekten Absatzweg werden zur Distribution der Leistungen selbstständige Kaufleute zwischengeschaltet. Diese organisieren dann die Verteilung der Produkte anstelle des Verkäufers.

Direkter Absatz

2.3.1

direkter Absatz

Der **direkte Absatz** kann über eigene Vertriebsmitarbeiterinnen und -mitarbeiter bzw. Verkäuferinnen und Verkäufer, Verkaufsniederlassungen oder Handlungsreisende erfolgen. Verkaufsniederlassungen bieten den Vorteil, sowohl mit Mitarbeitenden als auch mit den Produkten selbst beim Käufer vor Ort präsent zu sein. Alternativ lässt sich die Kundennähe durch Mitarbeiterinnen und Mitarbeiter im Außendienst herstellen. Diese fest angestellten Mitarbeiterinnen und Mitarbeiter, auch als **Handlungsreisende** (Reisende) bezeichnet (vgl. § 54 ff. HGB), sind auf Grundlage eines Arbeits- oder Dienstvertrages zu folgenden Handlungen verpflichtet:

Handlungsreisende

Pflichten/Rechte

- **Vermittlungsvollmacht:** Kaufverträge für den Arbeitgeber vermitteln;
- **Abschlussvollmacht:** Kaufverträge für den Arbeitgeber abschließen; die oder der Reisende schließt die Verträge in fremdem Namen für fremde Rechnung;
- **Bemühungspflicht:** permanent um Vertragsabschlüsse bemühen;
- **Benachrichtigungspflicht:** den Arbeitgeber über die Vertragsabschlüsse informieren;
- **Verschwiegenheitspflicht:** den Unternehmensdaten an unberechtigte Dritte weitergeben;
- **Wettbewerbsverbot:** nicht für andere Unternehmen der gleichen Branche Konkurrenzangebote unterbreiten;
- **Kundenbetreuung:** sich um die anvertrauten Kunden bemühen, die Kreditwürdigkeit überwachen, bei Streitigkeiten vermitteln, Markt und Konkurrenz beobachten, Mängelrügen und bei vorliegender Inkassovollmacht Zahlungen entgegennehmen;
- **Dokumentation:** in kurzen Zeitabständen Reiseberichte schreiben, die wesentliche Erfahrungen und Beobachtungen wiedergeben.

Reisende haben das Recht auf die Überlassung notwendiger Unterlagen sowie ein Benachrichtigungsrecht bei Annahme, Änderung oder Ablehnung vermittelter Geschäfte. Als Vergütungsansprüche bestehen ein monatliches Fixum, die Vergütung der ausgelegten Spesen (Nachweise), eine Vermittlungs-/Abschlussprovision sowie evtl. eine Inkassoprovision[1].

1 Die Inkassoberechtigung gewährt eine Vollmacht für den Einzug von Forderungen.

BEISPIEL

Vergütung einer Handlungsreisenden

monatliches Fixum:	2.500,00 €;
Vermittlungs-/Abschlussprovision:	5 % vom Monatsumsatz
Umsatz für den Monat Mai:	40.000,00 €

Entgelt für den Monat Mai: 2.500,00 € + (40.000,00 € · 0,05) = 4.500,00 €

Folgende Grafiken veranschaulichen die Distribution von Leistungen über Handlungsreisende:

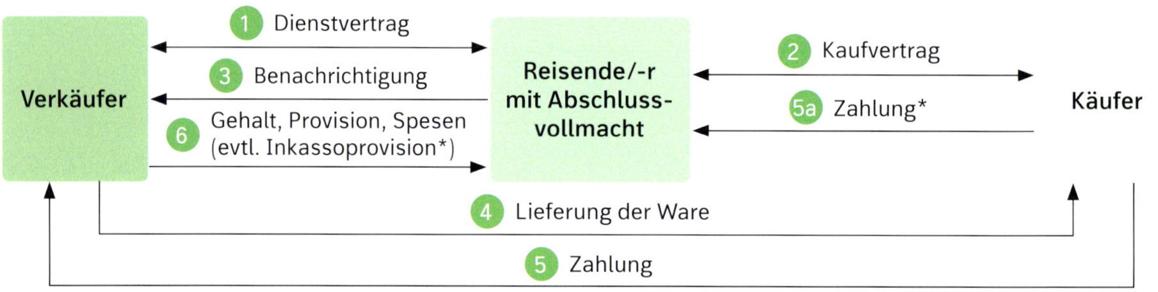

* Die Zahlung an die Reisende bzw. den Reisenden 5a sowie die Zahlung einer Inkassoprovision an die Reisende bzw. den Reisenden erfolgt in dieser Weise nur bei vorhandener Inkassovollmacht.

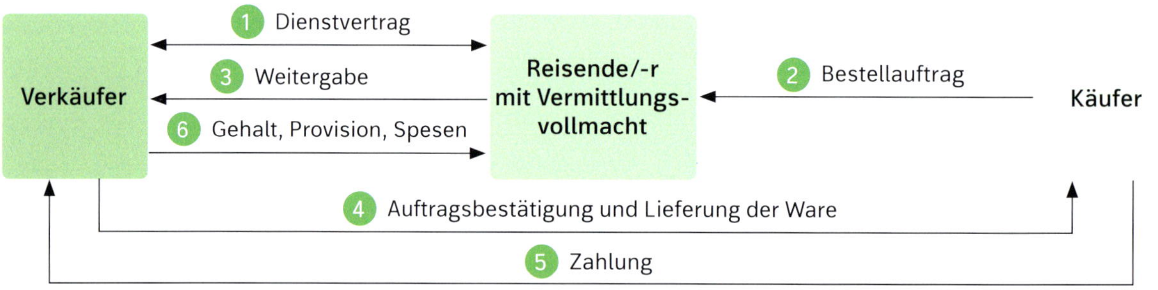

Vorteile/Nachteil von Handlungsreisenden

Vorteile und Nachteil der Distribution über Handlungsreisende aus Sicht des Unternehmens sind:

Vorteile für das Unternehmen	Nachteil für das Unternehmen
• sehr enger, direkter Kontakt zu den Kunden • Konzentration der Tätigkeit auf den Absatz eines Unternehmens • hohe Identifikation mit dem Unternehmen • weisungsgebunden und daher flexibel einsetzbar • entwickeln aufgrund eigener Erfahrungen hervorragende Markt- und Produktkenntnisse • Erstellung einer internen Datenbank aufgrund qualitativ guter Reiseberichte möglich	• insbesondere bei geringerer Zahl von Abschlüssen sehr teuer (wegen des monatlichen Fixums)

Die direkten Absatzwege haben den Vorteil, dass die Handelsspanne[1] im Unternehmen verbleibt und der Stückgewinn höher ist, bzw. die Produkte zu einem geringeren Preis verkauft werden können.

1 Die Handelsspanne ist der Unterschied zwischen dem Listenverkaufspreis (LVP) und dem Einstandspreis (EP) im Verhältnis zum Listenverkaufspreis in Prozent: Handelsspanne (%) = (LVP – EP) · 100 % / LVP

Die unternehmenseigenen Absatzorgane sind fest in die Unternehmensorganisation eingebunden, unterliegen den Weisungen der Unternehmensleitung und sind rechtlich sowie wirtschaftlich vom Unternehmen abhängig.

Entscheidungsfaktoren bezüglich der Wahl des Vertriebswegs

Die Entscheidung für den einen oder den anderen Vertriebsweg und die damit verbundenen Konsequenzen (z. B. Kosten, Notwendigkeit von Schulungen, rechtliche Bestimmungen) ist von vielen Faktoren abhängig und erfordert eine Antwort u. a. auf folgende **Fragestellungen**:

- Welche Produkte müssen verteilt werden?
- Sind diese Produkte in ihrem Ge- und Verbrauch erklärungsbedürftig?
- Gibt es konkrete mediale Hilfestellungen für die Ingebrauchnahme?
- Gibt es bei der Nutzung bestimmte Risiken, auf die geachtet werden muss?
- Wie hoch ist die Zahl der potenziellen Kunden?
- Auf welchen räumlichen Bereich verteilen sich diese Kunden?
- Welche Konkurrenten sind am Markt tätig?
- Welche Produkte werden von den Konkurrenten am Markt angeboten?
- Welche rechtlichen Bestimmungen müssen beim Einsatz indirekter Absatzwege beachtet werden?
- ...

E-Commerce

Viele Industriebetriebe unterhalten eine Verkaufsplattform im Internet – die Grundlage für Electronic Commerce.[1] **E-Commerce** bedeutet, dass Handel zwischen zwei räumlich getrennten Vertragsparteien mithilfe elektronischer Kommunikation, insbesondere über das Internet, betrieben wird. E-Commerce lässt sich **nach der Art der Vertragsparteien** in verschiedene **Bereiche** gliedern:

Bereiche des E-Commerce

B2C = Business-to-Consumer	**Unternehmen** verkaufen an **Verbraucher/-innen.** (einseitiger Handelskauf; Verbrauchsgüterkauf)
B2B = Business-to-Business	**Unternehmen** verkaufen an **Unternehmen.** (zweiseitiger Handelskauf)
C2C = Consumer-to-Consumer	**Verbraucher/-innen** verkaufen an **Verbraucher/-innen.** (bürgerlicher Kauf)

Bezieht man die öffentliche Verwaltung mit ein, ergeben sich weitere Bereiche:

- **B2A = Business-to-Administration** → **Unternehmen** an **öffentliche Verwaltung** oder
- **A2B = Administration-to-Business** → **öffentliche Verwaltung** an **Unternehmen**,

wobei A2B die **Ausschreibung von Aufträgen der öffentlichen Hand im Internet** meint. Auf diese Aufträge können Unternehmen ihre Angebote abgeben und die Verwaltung entscheidet, welches Unternehmen den Auftrag erhält. Spezielle Anbieter stellen im Internet Plattformen in der Organisationsform eines Marktplatzes zur Verfügung. Hier können Aufträge von Anbietern eingestellt und von Nachfragern recherchiert werden (z. B. www.subreport.de).

Im Bereich C2C laufen die meisten Onlinegeschäfte nicht auf privaten Internetseiten der Verbraucherinnen und Verbraucher ab, sondern auf Versteigerungsplattformen (z. B. www.ebay.de). Daneben gibt es Onlinemarktplätze, auf denen über Kleinanzeigen Angebot und Nachfrage zueinander finden können (z. B. www.autoscout24.de).

Im Bereich B2C und B2B ist der Onlineshop als Internetpräsenz eines Unternehmens eine häufig gewählte Verkaufsplattform. Das Warenangebot kann hier aufgeführt werden, der Einkauf erfolgt per Mausklick über einen virtuellen Warenkorb. Der Internetbestellung folgt dann eine

1 Dieses Thema wird auch in Band 1, Lernfeld 4 behandelt. E-Commerce betrifft sowohl den Absatz- als auch den Beschaffungsbereich. Weitere Informationen zur Bedeutung des E-Commerce in der Materialwirtschaft siehe Band 1, Lernfeld 4, Kapitel 1.4.1 und 1.4.2.

Auftragsbestätigung per E-Mail. Somit sind die zwei erforderlichen übereinstimmenden Willenserklärungen zum Vertragsabschluss abgegeben. Es folgt die physische Abwicklung des Geschäfts durch Warentransport und -übergabe und die Zahlung des Kaufpreises über die für Onlinegeschäfte typischen Zahlungssysteme wie PayPal, Wero oder Klarna, Zahlung per Überweisung nach Rechnungsstellung sowie die Kreditkartenzahlung.[1]

Vor-/Nachteile des E-Commerce

Insgesamt bieten Onlinegeschäfte für den Käufer und für den Verkäufer eine Reihe von Vorteilen und Nachteilen:

	Verkäufer	Käufer
Vorteile	• Umsatzsteigerung durch zusätzlichen Vertriebskanal • Gewinnung neuer Kundenschichten • Senkung von Reisekosten, Transaktionskosten • zusätzliche, neue Kommunikation mit Kunden • Verbesserung des Firmenimages • kein realer Verkaufsraum notwendig, Produkte können im Onlineshop betrachtet werden • Verkauf „rund um die Uhr" möglich	• Einkaufen unabhängig von Öffnungszeiten möglich • Einkaufen unabhängig vom Standort des Verkäufers • einfacher Vergleich von Preisen und Warenangeboten • Zeitersparnis durch Zustellung der Ware
Nachteile	• je nach Vertragsvereinbarung besteht Unsicherheit im Hinblick auf die Bezahlung, insbesondere bei Neukunden • Kosten durch Aufbau einer Internetpräsenz und entsprechender Vertriebsstrukturen im Unternehmen • kann zu Umsatzeinbußen beim physischen Handel, z. B. dem Filialgeschäft, führen • Rücknahmepflicht innerhalb von 14 Tagen, da der Käufer die Ware prüfen darf. Die Kosten der Rücksendung sind vom Käufer zu tragen, wenn der Verkäufer rechtzeitig vor Vertragsabschluss darauf hingewiesen hat. Fehlt dieser Hinweis, trägt der Verkäufer die Kosten der Rücksendung.	• fehlende Möglichkeit zur Begutachtung (Qualitätsüberprüfung) • Unsicherheit bei Bezahlung (Ausspionieren von Bank- und Kreditkartendaten) • Unsicherheit bezüglich der Qualität der Ware • Unsicherheit bei der Zustellung der Ware • Versand erhöht die Kosten der Ware • geringere Beratung aufgrund der eingeschränkten Kommunikationsmöglichkeiten

Sicherheit bei E-Commerce

Das Thema Sicherheit spielt beim Internethandel für beide Vertragsparteien eine große Rolle. Hier sind die Bezahlung der Ware durch den Kunden und die mangelfreie Lieferung durch den Verkäufer die wichtigsten Aspekte. Um Qualitätsstandards und auch Transparenz zu gewährleisten, werden vertrauenswürdige Onlineshops mit Gütesiegeln[2] ausgezeichnet.

Fernabsatzrecht

Daneben hat der Gesetzgeber die Verbraucherinnen und Verbraucher beim sogenannten Fernabsatz, wozu E-Commerce auch gehört, durch das **Fernabsatzrecht** des Bürgerlichen Gesetzbuches besonders geschützt. Der Vertragsschluss muss unter ausschließlicher Verwendung von Fernkommunikationsmitteln zustande gekommen sein. Dies sind alle Kommunikationsmittel, die zum Abschluss eines Vertrages ohne gleichzeitige Anwesenheit der Vertragsparteien eingesetzt werden (E-Mail, Telefonanruf, Fax, Brief, Katalog).

Wichtig ist, dass sich Mitarbeitende des Unternehmens und die Verbraucherin bzw. der Verbraucher bis zum Zeitpunkt des Vertragsschlusses nicht persönlich begegnen dürfen. Sowohl die Vertragsanbahnung als auch der Vertragsschluss müssen ausschließlich über Mittel der Fernkommunikationstechnik erfolgen. Ferner gelten die die Verbraucherinnen und Verbraucher schützenden Regelungen des BGB nur, wenn das Unternehmen ein für den Fernabsatz organisiertes Vertriebssystem unterhält, d. h., wenn Ware regelmäßig mittels Fernabsatz vertrieben wird.

1 Zu weiteren Zahlungsarten im E-Commerce siehe www.fuer-gruender.de/wissen/unternehmen-fuehren/e-commerce/zahlungsarten-online.

2 Weitere Gütesiegel und entsprechende Informationen finden Sie unter https://initiatived21.de/arbeitsgruppen-initiativen/projektarchiv/guetesiegelboard.

Einige wichtige Punkte des Fernabsatzrechtes sind im Folgenden aufgeführt:

- Es gilt nur für Verträge zwischen Unternehmen und Verbraucherinnen bzw. Verbrauchern.
- Es gilt nicht für regelmäßige Lieferungen von Lebensmitteln und Gütern des täglichen Bedarfs.
- Verbraucherinnen und Verbraucher haben ein Widerrufsrecht, alternativ kann ein Rückgaberecht eingeräumt werden.
- Ein Widerruf muss innerhalb von zwei Wochen erklärt werden, es genügt die rechtzeitige Absendung.
- Der Widerruf ist ohne Angabe von Gründen möglich, muss schriftlich erfolgen und kann durch Rücksendung der Sache ausgedrückt werden.
- Die Widerruffrist beginnt frühestens mit Bekanntgabe des Widerrufsrechts.
- Kosten und Gefahr einer Rücksendung liegen beim Unternehmen. Dies kann vertraglich anders gestaltet werden.
- Ein Widerruf ist bei kundenspezifischen Waren, Zeitungen und Zeitschriften, bei entsiegelten Datenträgern und bei Versteigerungen nicht möglich.

Factory-Outlet-Center

Eine weitere Vertriebsform des direkten Absatzes ist der Verkauf in sogenannten Factory-Outlets („Fabrikverkauf", ein Hersteller als Anbieter) bzw. **Factory-Outlet-Centern (FOC)**[1], bei der mehrere Hersteller ihre Markenartikel im Schnitt 30 % bis 50 % unter den normalen Verkaufspreisen an einer gemeinsamen Verkaufsstätte direkt an Endverbraucherinnen und Endverbraucher verkaufen. FOC werden von einem Betreiber geplant, verwirklicht, organisiert und verwaltet. FOC verfügen über eine Verkaufsfläche von 5000 bis 10 000 m². Im Durchschnitt enthält ein FOC ca. 70 verschiedene Anbieter aus unterschiedlichen Branchen, insbesondere Bekleidung, Schuhe, Lederwaren, technische Waren, Sportartikel sowie Uhren/Schmuck. Dienstleistungen wie z. B. Gastronomie, Spielplätze oder Kinderbetreuung ergänzen das Angebot, um den Aufenthalt so angenehm wie möglich zu gestalten.

Die Hersteller, die am häufigsten in europäischen FOC auftreten, sind u. a. Nike, Puma, Adidas, Benetton, Timberland, Mexx, Levi Strauss oder Calvin Klein. Die Hersteller können ihre Waren unter Ladenpreis anbieten, da der Zwischenhandel wegfällt und aufgrund der häufig räumlichen Nähe nur geringe Transportkosten anfallen. Teilweise werden Artikel mit Produktionsfehlern, Überschussware oder Auslaufmodelle angeboten, um Lagerbestände abzubauen.

BEISPIEL

EUROPAS GRÖSSTES OUTLET NACH VERKAUFSFLÄCHE

In der Outletcity Metzingen, die nur 30 Minuten von Stuttgart trennt, gibt es über 170 Premium- und Luxusmarken wie Burberry, Gucci, MCM, Michael Kors, Nike, Prada, Polo Ralph Lauren, Tommy Hilfiger sowie das weltweit größte BOSS Outlet. Exklusive Preisvorteile von bis zu 70 % (gegenüber der unverbindlichen Preisempfehlung der Hersteller, soweit es eine solche gibt) machen hier den Traum vom Shopping Deluxe wahr. [...] Unter den Dächern preisgekrönter Architektur überzeugen namhafte Designgrößen in Atmosphäre, Auswahl und Angebot.

Die Outletcity Metzingen ist Erlebnis- und Shopping-Destination in einem: Neben ganzjährigen Reduzierungen zeichnet sie sich durch ihr abwechslungsreiches Rahmenprogramm aus, das sie jährlich zum beliebten Place-to-be von vier Millionen Menschen aus der ganzen Welt macht.

1 Fabrikverkaufszentrum, Herstellerdirektverkaufszentrum, Fabrikabsatzzentrum

Stilvolle Premium-Produkte für jeden Lifestyle

Die umfassende Produktvielfalt im Designer Outlet, die von Luxus über Premium, Business, Casual, Sport bis hin zu Outdoor reicht, verspricht für jeden das Passende, ohne dabei Mainstream zu sein. Mit den Enzian Höfen ist darüber hinaus ein Areal entstanden, das nicht nur zum Verweilen einlädt. Die Bereiche Beauty, Home & Living sowie Uhren und Schmuck erweitern das Angebotsportfolio unseres Outlets und bieten ein noch vielfältigeres Einkaufserlebnis – ein Highlight für alle, die über Designermode hinaus exklusive Kollektionen und eine erlesene Auswahl an hochwertigen Artikeln zu reduzierten Preisen lieben, welche weder Wohn- noch Wellnesswünsche offenlassen. Das Sortiment des Areals erfüllt damit den Anspruch an Lifestyle-übergreifendes Outlet Shopping und bietet alles, was das eigene Zuhause stilvoll, den Look perfekt und den Shopping-Trip unvergesslich machen. [...] Das Zusammenspiel aus Mode, Beauty, Interior, Architektur, Spielespaß und Genuss schätzen kleine wie große Besucher. Zudem gibt es mehrmals im Jahr spezielle Events wie das Late Night Shopping und den verkaufsoffenen Sonntag.

*Quelle: OUTLETCITY AG: Europas größtes** Outlet im Portrait. In: www.outletcity.com/de/metzingen [01.04.2025]. (verändert)*

Shopping-Kanäle

Eine weitere Form, die eigenen Leistungen direkt an Endverbraucherinnen und Endverbraucher zu verkaufen, läuft über Werbeveranstaltungen auf privaten Fernsehsendern.[1] Dort wird das Produkt vorgestellt und die Telefonnummer eingeblendet, unter der man das jeweilige Produkt kaufen kann. Zudem erfolgt der Hinweis, dass dieses Produkt nicht im freien Handel erhältlich ist.

2.3.2 Indirekter Absatz

indirekter Absatz

Der indirekte Absatz erfolgt über **zwischengeschaltete Distributionsorgane**: die Absatzmittler oder die Absatzhelfer.

Absatzmittler

Absatzmittler sind wirtschaftlich und rechtlich selbstständige Unternehmen, die in der Absatzkette des indirekten Vertriebes die Mittlerrolle zwischen Hersteller und Endverbraucherinnen und Endverbrauchern einnehmen. Sie kaufen die Ware vom Hersteller ein und verkaufen sie anschließend weiter an ihre Abnehmer. Die beiden großen Institutionen im Bereich Absatzmittler sind der Großhandel und der Einzelhandel.

Großhandel

- **Großhändler** kaufen Ware in der Regel direkt beim Hersteller in großen Mengen und verkaufen sie an Wiederverkäufer oder an Unternehmen, die die Ware zur Weiterverarbeitung benötigen. Die Hauptaufgaben des Großhandels bestehen darin, Räume durch Warentransport und Zeit durch Warenlagerung zu überbrücken, einen Mengenausgleich zwischen Hersteller und Abnehmer vorzunehmen und auch Märkte zu erschließen.

BEISPIEL

Metro ist ein führender Großhändler für den Selbstbedienungsgroßhandel.
Eisenvater ist ein bekannter Fachgroßhändler für Haustechnik.

1 Beispielsweise QVC, HSE, 123tv, Juwelo, sonnenklar.TV, Channel 21

Einzelhandel

- Der **Einzelhandel** ist in der Kette des indirekten Absatzes der Vertragspartner für Endverbraucherinnen und Endverbraucher. Diese können sich in den Geschäften des Einzelhandels die Ware ansehen, ausprobieren, sich beraten lassen und Produkte und Preise miteinander vergleichen. Der Einzelhandel lagert die Ware, stellt unterschiedliche Waren zu einem profitablen Sortiment zusammen und präsentiert sich in verschiedenen Betriebsformen[1], vom Fachhandel, Kaufhaus über den Supermarkt bis hin zum Discounter oder Versandhandel.

BEISPIEL

Galeria Karstadt Kaufhof ist ein Warenhaus, *Aldi Nord* ist ein Lebensmitteldiscounter und *Porta* ist ein Möbelhaus für Endverbraucherinnen und Endverbraucher.

Vertragshändler

- Eine besondere Form des Einzelhandels bilden die **Vertragshändler**, denn diese sind vertraglich an einen bestimmten Hersteller gebunden und bieten ausschließlich dessen Produkte an. Trotz dieser langfristigen, engen Bindung und der damit verbundenen Kontrolle durch den Hersteller haben auch Vertragshändler Vorteile, da das Bewerben der Marke vom Hersteller übernommen wird, sie nur für ihre Region mit verkaufsfördernden Maßnahmen aktiv werden müssen und häufig vom Hersteller ein Gebietsschutz (Garantie für den Alleinvertrieb) in einer bestimmten Region gewährt wird.

BEISPIEL

Häufig vertreiben Küchenhersteller ihre Küchen zusammen mit Haushaltsgeräten als Vertragshändler nur eines Haushaltsgeräteherstellers. Das *Falke Küchenstudio* in Kiel verkauft Küchen exklusiv nur mit Haushaltsgeräten von *Miele*.

Franchising

Franchisegeber

- Eine weitere Form des indirekten Absatzes ist das 1863 bei Singer-Nähmaschinen entwickelte **Franchising**. Franchising ist ein organisiertes Absatzsystem rechtlich selbstständiger Unternehmen auf der Basis eines vertraglichen Dauerschuldverhältnisses. Die Leistung des Franchisegebers ist das sogenannte Franchisepaket. Es besteht aus einem Beschaffungs-, Absatz- und Organisationskonzept, der Gewährung von Schutzrechten und Gebietsschutz, der Ausbildung und Schulung des Franchisenehmers, evtl. einer kompletten Geschäftsausstattung, der Durchführung von Absatzwerbung, Public Relations sowie der Verpflichtung, den Franchisenehmer ständig zu unterstützen und das Konzept weiterzuentwickeln. Weiterhin stellt der Franchisegeber seine Firma, sein Logo sowie insbesondere seine Produktidee und sein vorhandenes Know-how zur Verfügung.

BEISPIEL

Bekannte Franchisekettensind z. B. *TUI, OBI, McDonald's, Tchibo, Kamps, Schülerhilfe, Vodafone*. Weitere Informationen zum Franchising finde Sie auf der Website des Deutschen Franchiseverbands www.franchiseverband.com.

Franchisenehmer

Der Franchisenehmer arbeitet im eigenen Namen, für eigene Rechnung und trägt somit das geschäftliche Risiko. Er hat das Recht und die Pflicht, das vertraglich festgelegte Franchisepaket gegen Entgelt zu nutzen. Er lässt Kontrollen zu und verpflichtet sich zur Zahlung einer einmaligen Eintrittsgebühr, laufender Abgaben (prozentual vom Umsatz) und eventueller Werbegebühren (in der Regel auch prozentual vom Umsatz). Eine Ausschließlichkeitsbindung an den Franchisegeber ist rechtlich zulässig. Der Franchisegeber darf keine konkreten Preisvorgaben machen, wohl aber Richtpreise angeben.

Vor-/Nachteile des Franchisings

Der große Vorteil des Franchisings liegt in der positiven Wirkung des Zusammenschlusses der beiden Franchisepartner (Nutzung von Synergieeffekten).

1 Betriebsformen sind Klassifikationsmöglichkeiten für Einzelhandelsbetriebe nach unterschiedlichen Kriterien (z. B. Sortiment, Branche, Bedienungsform).

	Franchisegeber	Franchisenehmer
Vorteile	• schnelle Expansion möglich • Finanzierungsvorteile: weniger Eigenkapital als z. B. bei Bildung einer Filiale erforderlich • Risikostreuung • Erhöhung des Bekanntheitsgrades • Multiplizierung des Verkaufskonzepts und schnellere Marktdurchdringung • esserer Kundenservice durch die jeweilige Eigeninitiative der Franchisepartner • Wachstum des Vertriebssystems durch vereintes Kapital	• Finanzierungsvorteil: Unterstützung durch den Franchisegeber • Kreditinstitute sind aufgrund des bestehenden Konzepts eher zur Kreditvergabe bereit • Teilnahme an Know-how, Markenimage, Werbung, Betreuung des Franchisegebers • Entlastung bei Entscheidungen bezüglich der Produkt-, Sortiments- und Kommunikationspolitik • häufig wird Gebietsschutz garantiert • großer Wirkungsgrad im Markt durch Expertenwissen von Franchisegeber und -nehmer
Nachteile	• Risiken bei der Partnerwahl, muss auf die Arbeit des Franchisenehmers bauen • bei unzureichender Arbeit oder sogar finanziellen Problemen des Franchisenehmers evtl. Folgen für das Image des Franchisegebers, muss alles kontrollieren	• trägt das komplette Risiko • ist unflexibel, hat keinen Einfluss auf Produktprogramm bzw. Sortiment

Absatzhelfer

Absatzhelfer sind – wie die Absatzmittler – selbstständig im rechtlichen und im wirtschaftlichen Sinne. Im Gegensatz zu Absatzmittlern kaufen Absatzhelfer die Ware, die sie vertreiben, nicht vom Hersteller ein. Das Eigentum an der Ware geht bei Geschäften, die über Absatzhelfer laufen, direkt von den Verkäufern (Hersteller) auf die Käufer über. Die wichtigsten Absatzhelfer sind Handelsvertreterinnen und Handelsvertreter, Handelsmaklerinnen und Handelsmakler sowie Kommissionäre.

Handelsvertreter/-in

Pflichten/Rechte

Handelsvertreterinnen und Handelsvertreter (siehe § 84 ff. HGB) sind selbstständige Gewerbetreibende und aufgrund eines Agenturvertrags (Vertretervertrag) beauftragt, für ein Unternehmen in fremdem Namen und für fremde Rechnung Geschäfte zu vermitteln (Vermittlungsvollmacht) oder abzuschließen (Abschlussvollmacht). Für sie bestehen die gleichen Pflichten wie für Handlungsreisende. Auch wenn das Wettbewerbsverbot im HGB nicht explizit dargestellt wird, besteht es trotzdem für den Fall, dass durch die Vertretung von Konkurrenten das Interesse des Unternehmens leiden sollte. Neben dem Recht auf Überlassung benötigter Geschäftsunterlagen und dem Benachrichtigungsrecht können Handelsvertreterinnen und Handelsvertreter innerhalb eines Jahres nach Beendigung des Vertragsverhältnisses einen finanziellen Ausgleich dafür verlangen, dass das Unternehmen weiterhin mit den von ihnen geworbenen Kunden Geschäfte tätigt (Ausgleichsrecht). Diese Abfindung beträgt höchstens eine Jahresprovision aus dem Durchschnitt der letzten fünf Jahre. Als Entgelt erhalten sie eine Vermittlungs-/Abschlussprovision, evtl. eine Inkassoprovision[1] und bei Übernahme der Haftung für die Eingänge der Zahlungen eine Delkredereprovision[2].

BEISPIEL

Vergütung eines Handelsvertreters

Vermittlungs-/Abschlussprovision:	11 % vom Monatsumsatz	
Umsatz für den Monat Mai:	40.000,00 €	
Entgelt für den Monat Mai:	40.000,00 € · 0,11	= 4.400,00 €

1 Die Inkassoberechtigung gewährt eine Vollmacht für den Einzug von Forderungen.
2 Provision für die Übernahme der Haftung für den Zahlungseingang (= Risikoprovision); das Delkredere ist eine Garantie für die Zahlungsfähigkeit eines Geldschuldners.

Folgende Grafiken veranschaulichen die Distribution von Leistungen über Handelsvertreterinnen und Handelsvertreter:

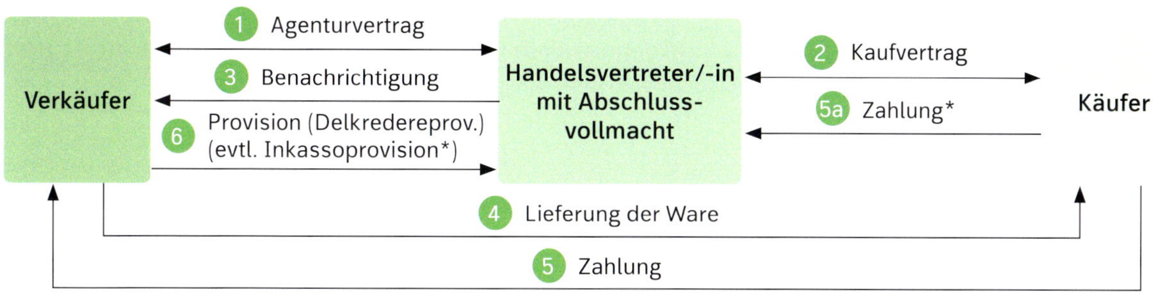

* Die Zahlung 5a erfolgt in dieser Weise nur bei vorhandener Inkassovollmacht.

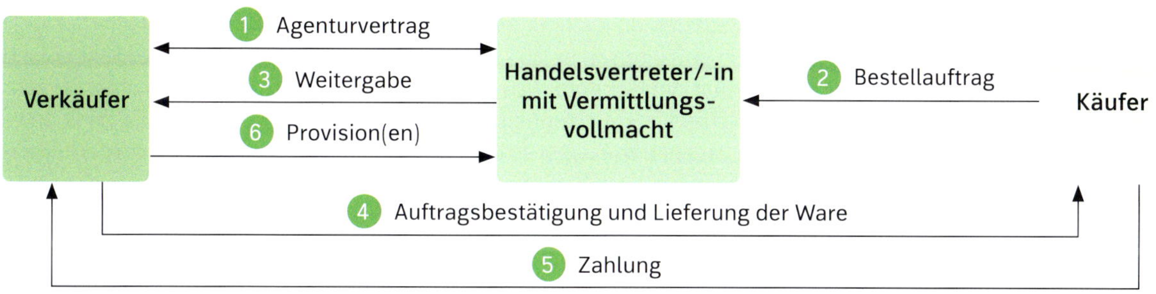

Die Vor- und Nachteile der Distribution über Handelsvertreterinnen und Handelsvertreter können Sie folgender Tabelle entnehmen: Vorteile/Nachteile

Vorteile für das Unternehmen	Nachteile für das Unternehmen
• preiswert, da die Handelsvertreter/-innen auf Erfolgsbasis tätig sind • die Handelsvertreter/-innen besitzen in der Regel sehr gute Marktkenntnisse, insbesondere bezogen auf ihr Absatzgebiet	• ein Teil der Arbeitskraft wird in der Regel für andere Unternehmen eingesetzt • als selbstständige Kaufleute können Handelsvertreter/-innen ihre Tätigkeit und Arbeitszeit frei bestimmen

Der **Kommissionär** (siehe § 383 ff. HGB) ist im indirekten Vertriebsweg ständig oder von Fall zu Fall tätig. Er ist selbstständiger Gewerbetreibender und aufgrund eines Kommissionsvertrags beauftragt, für ein Unternehmen (Kommittent) in eigenem Namen und für fremde Rechnung Waren zu kaufen oder zu verkaufen. Der Auftraggeber stellt dem Kommissionär Waren zur Verfügung, die in einem vom Auftraggeber zur Verfügung gestellten Lager (Kommissionslager) eingelagert werden. Kommissionär Kommissionslager

Folgende Grafik veranschaulicht die Distribution von Leistungen über den Kommissionär:

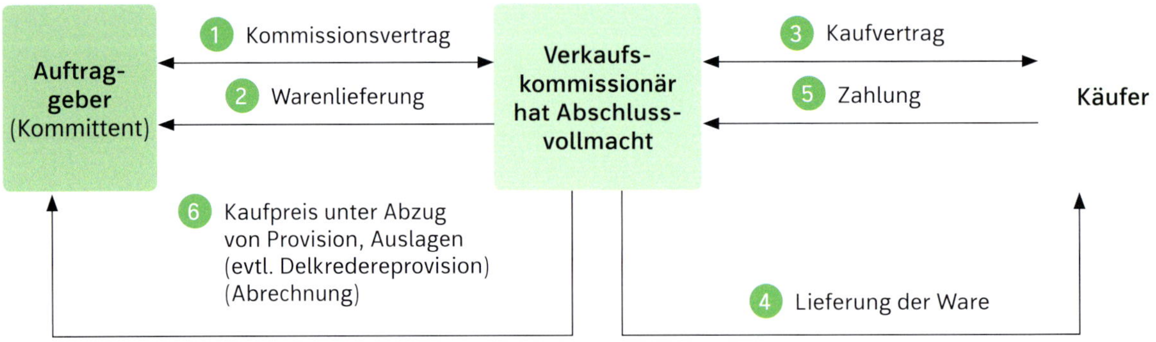

Pflichten/Rechte

Der Kommissionär wird Besitzer, der Kommittent bleibt bis zur Übergabe an einen Käufer der Eigentümer der Ware. In dieser Zeit trägt der Kommissionär die Gefahr der Verschlechterung der Kommissionsware. Da der Kommissionär eine Abschlussvollmacht besitzt, verkauft er die Ware in eigenem Namen, aber auf fremde Rechnung an einen Käufer. Dabei muss er jedoch den Weisungen des Kommittenten (z. B. Preislimits) folgen (Gehorsamspflicht). Er liefert die Ware an den Käufer aus und dieser zahlt den Kaufpreis an ihn. Jedes Kommissionsgeschäft muss korrekt abgerechnet werden. Bei einer Verkaufskommission wird dem Auftraggeber der Kaufpreis unter Abzug der Provision, der eigenen Auslagen sowie einer evtl. bei Haftungsübernahme anfallenden Delkredereprovision übermittelt. Der Kommissionär kann die Waren, sofern sie einen Marktpreis haben, selbst kaufen (Selbsteintrittsrecht) und evtl. ausstehende Forderungen durch ein gesetzliches Pfandrecht sichern.

Der Kommissionär muss für die Ware, die er anbietet, erst dann zahlen, wenn er sie verkauft und den Gegenwert dafür erhalten hat. Somit kann er ohne große Beschaffungskosten ein breites und/oder tiefes Sortiment anbieten. Letztlich ist damit aber auch ein Nachteil für den Kommissionär verbunden, da er einen größeren Gewinnanteil aus dem Geschäft ziehen könnte, wenn er die Ware als Eigentümer verkaufen würde. Verkauft er allerdings nicht den vollständigen Warenbestand, kann er die nicht verkaufte Ware an den Kommittenten zurückgeben.

Vorteile/Nachteile

Vor- und Nachteile der Distribution per Kommissionär aus Sicht des Unternehmens (Kommittent) sind:

Vorteile für das Unternehmen	Nachteile für das Unternehmen
• sehr gute Marktkenntnisse des Kommissionärs • Übernahme der Lagerung und des Risikos durch den Kommissionär	• sehr teuer, da der Kommittent alle Kosten trägt • ebenso trägt der Kommittent das Warenrisiko, da er nicht verkaufte Ware zurücknehmen muss

Handelsmakler/-in

Handelsmaklerinnen und Handelsmakler sind im Gegensatz zu Handelsvertreterinnen und Handelsvertretern nur von Fall zu Fall tätig: Im Mittelpunkt des Verhältnisses beauftragender Unternehmen zu Handelsmaklerinnen und Handelsmaklern steht das einzelne Geschäft und nicht der Vertretungsvertrag, der sich auf einen Zeitraum bezieht. Maklerinnen und Makler bringen in der Regel einmalig Angebot und Nachfrage zusammen. Damit ist ihre Aufgabe erledigt. Geschäftsgegenstand sind Versicherungen, Waren, Dienstleistungen oder Aktien. Maklerinnen und Makler haften gegenüber beiden Parteien, die den Vertrag eingegangen sind, für durch ihr Verschulden entstandene Schäden. Sie können von beiden Vertragsparteien eine Provision für die Vermittlung verlangen. Je nach Ausgestaltung des Maklervertrages kann aber auch lediglich eine Käufer- oder eine Verkäuferprovision anfallen.

Key-Account-Manager/-in

Eine besondere Bedeutung, sowohl im direkten als auch im indirekten Absatz, kommt **Key-Account-Managerinnen und Key-Account-Managern** zu. Ihre Aufgabe ist die intensive Betreuung von Großkunden, die den wesentlichen Anteil des Umsatzes eines Unternehmens generieren. Die Auswahl dieser Großkunden (Key Accounts) erfolgt häufig mithilfe einer Kunden-ABC-Analyse. Die Zufriedenheit der Key Accounts ist die Voraussetzung für das Bestehen langfristiger Geschäftsbeziehungen. Key-Account-Managerinnen und Key-Account-Manager bilden die Schnittstelle zwischen Kunden und Unternehmen und verfolgen u. a. folgende Zielsetzungen:

- Identifizierung von Großkunden/Key Accounts,
- Vertretung der spezifischen Interessen und Anforderungen des Kunden im eigenen Unternehmen,
- Vermeidung atmosphärischer Probleme und Reibungsverluste durch die Festlegung klarer Zuständigkeiten,
- Intensivierung sowie Bewertung der Geschäftsbeziehungen,
- Pflege der Kommunikationsbeziehungen durch den regelmäßigen Austausch erforderlicher und hilfreicher Informationen,
- Entwicklung kundenspezifischer Marketingmaßnahmen (z. B. Schulungen),
- Verbesserung der Wettbewerbssituation des eigenen Unternehmens, insbesondere beim Key Account,
- Kontrolle der Verkaufserlöse.[1]

Folgende Grafik fasst nochmals die direkten und indirekten Absatzwege und deren Absatzorgane als unterschiedliche Entscheidungsfelder der Distributionspolitik übersichtlich zusammen:

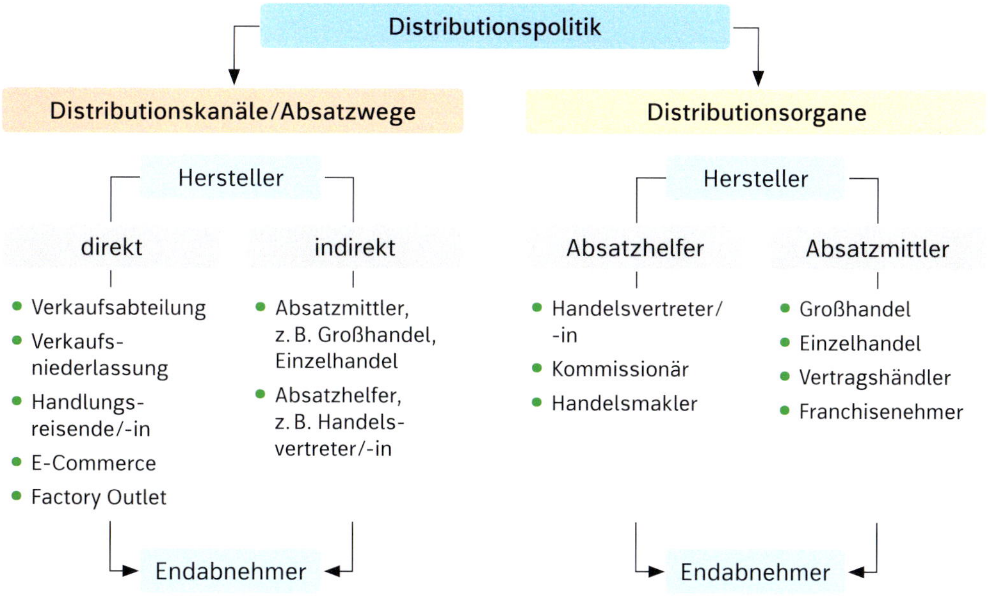

1 Weitere Informationen zum Key-Account-Management finden Sie unter www.salespotentials.com/vertriebslexikon/key-account-manager.

AUFGABE 1

Viele Industrieunternehmen der Konsumgüterbranche verkaufen ihre Produkte zusätzlich in Factory-Outlets an die Konsumentinnen und Konsumenten.

a) Nennen Sie drei Gründe, die für diesen Fabrikverkauf sprechen.

b) Beschreiben Sie drei Risiken, die sich aus der Umsetzung des Factory-Outlets ergeben.

c) Wie wird dieser Vertriebsweg bezeichnet?

AUFGABE 2

Ein Industrieunternehmen, das auf die Herstellung von Kaffeevollautomaten spezialisiert ist, setzt auf den Vertrieb der Produkte über den Großhandel sowie über Handelsvertreterinnen und Handelsvertreter im In- und Ausland. Begründen Sie, warum das Industrieunternehmen eine derartige Mehrwegdistribution einsetzt und welche Risiken damit einhergehen.

AUFGABE 3

Ein Kosmetikartikelhersteller plant für die hochpreisige, stark rückläufige Produktgruppe *Anti-Stress-Cremes* die Einführung eines Exklusivvertriebs über Apotheken. Bislang erfolgte ein Vertrieb über Drogerieketten. Beurteilen Sie die Erfolgsaussichten für den geplanten Vertriebsweg.

AUFGABE 4

Ein Hersteller von Staubsaugern vertreibt seine Produkte bislang über Reisende, die durchschnittlich einen Monatsumsatz von 30.000,00 € erzielen. Aufgrund der schwierigen Lage auf überwiegend gesättigten Absatzmärkten wird nun erwogen, auf Handelsvertreterinnen und Handelsvertreter umzusteigen. Es gelten folgende Daten:

- Reisende: 1.800,00 € Fixum pro Monat, 4 % Umsatzprovision
- Handelsvertreter/-innen: 8 % Umsatzprovision

a) Ermitteln Sie den kritischen Monatsumsatz und sprechen Sie eine Empfehlung aus, ob das Unternehmen aus Kostensicht Handelsvertreterinnen und Handelsvertreter als Vertriebsweg wählen sollte.

b) Nennen Sie drei Vorteile von Reisenden gegenüber Handelsvertreterinnen und Handelsvertretern.

c) Führen Sie drei Probleme an, durch die bei Reisenden ein höherer Umsatz verhindert wird.

AUFGABE 5

Ein Armaturenhersteller (Küche und Bad) hat durch Marktforschung herausgefunden, dass die Kunden zunehmend auf hochwertiges Design und hochwertige Materialeigenschaften (z. B. Lotuseffekt) setzen. Daher hat das Unternehmen nun eine völlig neuartige Badarmatur entwickelt, die entweder über den Handel (Händler als Kommissionäre) oder über Sanitärinstallationsbetriebe als Franchisepartner vertrieben werden sollen.

a) Begründen Sie, wieso sich das Unternehmen für den Handel als Kommissionäre entscheiden sollte.

b) Erläutern Sie Vorteile des Vertriebs über Franchisepartner.

AUFGABE 6

Ein Industrieunternehmen möchte seine Produkte auch über das Internet B2B und B2C verkaufen.

a) Erläutern Sie die beiden Abkürzungen.

b) Erläutern Sie zwei Vor- und zwei Nachteile des Vertriebs über das Internet gegenüber dem Vertrieb über den Fachhandel aus der Sicht des Industrieunternehmens.

AUFGABE 7

Erläutern Sie den Ablauf eines Geschäfts mittels Kommissionär. Welche Rechte und welche Pflichten hat der Kommissionär gegenüber dem Kommittenten?

2.4 Kommunikationspolitik

Kommunikationspolitik

Die **Kommunikationspolitik** hat die Aufgabe, den Verkauf der angebotenen Leistungen zu unterstützen, indem sie den potenziellen Kunden gezielte Informationen über die Produkte oder das Unternehmen bereitstellt.

Zielsetzungen

Folgende **Zielsetzungen** werden dabei verfolgt:

- den potenziellen Käufer auf das Leistungsangebot des Unternehmens aufmerksam machen,
- den potenziellen Käufer positiv beeinflussen und ein Bedürfnis nach der angebotenen Leistung wecken; d. h. Bedürfnisse aus dem Unterbewusstsein ins Bewusstsein bringen,
- den potenziellen Käufer in seiner Kaufentscheidung beeinflussen,
- die Markteinführung neuer Produkte ermöglichen bzw. unterstützen,
- viele Kunden an die Leistungen des Unternehmens binden (Stammkunden).

Zur Erreichung dieser Zielsetzungen bedient sich die Kommunikationspolitik folgender **Instrumente**, die auf den nächsten Seiten näher beschrieben werden:

Instrumente der Kommunikationspolitik

- Direktmarketing
- Verkaufsförderung (Salespromotion)
- Öffentlichkeitsarbeit (Public Relations)
- Sponsoring
- Absatzwerbung

Direktmarketing

Direktmarketing

Hier steht das Bestreben im Vordergrund, die eigenen Leistungen einer ausgesuchten Zielgruppe direkt anzubieten. Dies geschieht häufig über Mailings, Werbebriefe oder Telefonanrufe.

Gut gemachtes Direktmarketing kann von den Kunden aufgrund der persönlichen Ansprache als angenehm empfunden werden. Tritt Direktmarketing massenhaft auf, kann es aber auch zur Ablehnung führen.

Bei der Neukundengewinnung gelten gesetzliche Einschränkungen. So ist z. B. die Kaltakquise (Kontaktaufnahme mit Personen, mit denen man bisher in keiner geschäftlichen Beziehung steht) bei Privatpersonen verboten (§ 7 UWG).

Verkaufsförderung (Salespromotion)

Salespromotion

Verkaufsförderung beinhaltet unterschiedliche, meist kurzfristige Maßnahmen, die auf bestimmte Zielgruppen (eigene Vertriebsmitarbeiterinnen und -mitarbeiter, selbstständige Absatzmittler, Handelsbetriebe oder Endverbraucherinnen und Endverbraucher) zugeschnitten sind und das Ziel verfolgen, den Absatz eines bestimmten Produkts kurzfristig stark zu erhöhen.

Sie wird genutzt, um beispielsweise ein bestimmtes Produktangebot für eine gewisse Zeit zu fördern oder um dem Absatzrückgang eines Produktes entgegenzuwirken. Dieses Instrument ist nur für einen kurzfristigen Einsatz mit entsprechend vorübergehender Wirkung geeignet.

Denkbare Maßnahmen im Bereich Verkaufsförderung für unterschiedliche Zielgruppen	
eigene Vertriebs-mitarbeiter/-innen	Aus- und Weiterbildung, gezielte Schulungen, Prämien und Provisionen, Lehrfilme, Modelle und Muster, technische Unterlagen und Handbücher, Brainstormings, Informations- und Argumentationshilfen, Verkaufstraining
selbstständige Absatz-mittler/-helfer sowie Handelsbetriebe	Schulungen des Personals, Prospekte und Muster, Informations- und Argumentationshilfen, Ausstellungshilfen, Verkaufswettbewerbe und -prämien, Fachtagungen, Schaufensterdekoration, Sonder- und Aktionsstände, Gestaltung der Verkaufsbereiche
Endverbraucher/-innen	kostenlose Warenproben, Informationsbroschüren, Gewinnspiele, Gutscheine, Vorführungen im Verkaufsraum, Einführungspreise, Mindestgebote für die Inzahlungnahme gebrauchter Produkte (Pkw, Kochtöpfe), Finanzierungsangebote

Public Relations

Öffentlichkeitsarbeit (Public Relations)

Öffentlichkeitsarbeit soll indirekt wirken. Imageaufbau und -pflege, Kundenpflege und die Steigerung des Bekanntheitsgrades sind die wichtigsten Ziele der Öffentlichkeitsarbeit. Sie ist gerade für Unternehmen in der Gründungsphase wichtig, da diese neu in den Markt eintreten, in der Öffentlichkeit noch relativ unbekannt sind und sich so einen entsprechenden Bekanntheitsgrad aufbauen müssen.

Eine erfolgreiche Öffentlichkeitsarbeit muss langfristig und systematisch geplant sowie kontinuierlich durchgeführt werden. Die Unternehmen sollten jede Gelegenheit nutzen, nicht in Vergessenheit zu geraten und bei den (potenziellen) Kunden „im Gespräch" zu bleiben. Public Relations ist nicht direkt auf den Absatz betrieblicher Leistungen gerichtet, sondern auf die Förderung eines positiven Images[1] des Unternehmens. Über das Vorhandensein eines positiven Images wirken auch die anderen Marketingmaßnahmen des Unternehmens glaubwürdig und authentisch.

Maßnahmen der Öffentlichkeitsarbeit sind z. B.:

- Durchführung von Betriebsbesichtigungen oder eines Tags der offenen Tür
- Herausgabe von Werks- oder Kundenzeitschriften
- Presseberichte über soziales und kulturelles Engagement
- Förderung von Wissenschaft, Kultur, Umweltschutz
- Förderung regionaler Feste (Brauchtum) und Vereine
- Unterstützung sozial Benachteiligter
- Veröffentlichung von Geschäftsberichten

BEISPIEL

Tag der offenen Tür – 31. Mai 20..

BEI FRANZ KNIEP AUF ENTDECKUNGSREISE GEHEN

In Nachrodt-Wiblingwerde kann man am Tag der offenen Tür bei Franz Kniep auf Entdeckungsreise gehen.

Am letzten Sonnabend im Mai sind alle interessierten Besucherinnen und Besucher eingeladen, auf einem spannenden Rundgang durch das Unternehmen Hightech live zu erleben.

Es wird gezeigt, wie sich Wissenschaft und Industrie gegenseitig voranbringen – und das seit über 160 Jahren.

An über 30 Stationen sind alle Gäste eingeladen, Neues zu erfahren und auch selbst aktiv zu werden.

1 Image = Ansehen einer Person oder Organisation in der Öffentlichkeit

Alle Maßnahmen der Öffentlichkeitsarbeit erfordern einen guten Kontakt zur (regionalen) Presse, zu Rundfunk und Fernsehen. In vielen Fällen gleicht ein positives Image, z. B. im Zusammenhang mit der Förderung Benachteiligter oder der Unterstützung regionaler Bürgeraktivitäten, eine höhere Preissetzung oder eine unvermeidbare Belästigung von Anwohnerinnen und Anwohnern aus.

Sponsoring

Sponsoring

Im Rahmen des **Sponsorings** stellt ein Unternehmen einer Person oder Institution Geld, Sachmittel oder Dienstleistungen zur Verfügung. Als Gegenleistung erbringt der Gesponserte Werbeleistungen wie z. B. Trikotwerbung, Aufstellen von Werbebanden bei Sportveranstaltungen, Abspielen von Werbespots in Spielunterbrechungen, Namen von Sportarenen. Die Ziele des Sponsors (= Förderer) sind insbesondere Imagepflege, Erhöhung des Bekanntheitsgrades, Kontaktpflege sowie die öffentliche Demonstration gesellschaftlicher und sozialer Verantwortung sowie die Identifikation der Beschäftigten mit dem Unternehmen. Gesponsert werden vor allem die Bereiche Sport, Kultur, Umwelt und Soziales. Ferner wird angestrebt, dass Betrachterinnen und Betrachter der Werbebotschaft das positive gesellschaftliche Image des Gesponserten auf den Sponsor übertragen.

BEISPIEL

Der Onlinehändler für Badprodukte Reuter ist der Hauptsponsor der Profimannschaft von Borussia Mönchengladbach. Stand: 16.12.2024

Absatzwerbung (Werbung)

Werbung

Unter (Absatz-)Werbung versteht man die Information über Produkte sowie die geplante, direkte Beeinflussung von Einstellungen und Verhaltensweisen potenzieller Kunden zur Erreichung absatzpolitischer Zielsetzungen. Werbung dient also dem Hervorrufen bisher verborgener Bedürfnisse, der Gewinnung neuer Käufer, der Markteinführung neuer Produkte, der Erschließung neuer Märkte sowie der Bindung bisheriger Kunden an das Unternehmen mithilfe klar herausgestellter Identifikationsmöglichkeiten.

AIDCAS-Konzept[1]

Werbung soll ...		
... Aufmerksamkeit erregen,	A	Attention
... Interesse an den Produkten/Leistungen wecken,	I	Interest
... einen Kaufwunsch erzeugen,	D	Desire
... ein Produkt unterstützen, gegenüber anderen Produkten zu überzeugen,	C	Conviction
... eine konkrete Nachfragereaktion (Kaufaktion) bewirken,	A	Action
... zur Bedürfnisbefriedigung beim Kunden nach dem Kauf beitragen.	S	Satisfaction

Werbung soll den einzigartigen Vorteil eines Produktes/einer Dienstleistung in eindrucksvoller und einprägsamer Weise mit den richtigen Mitteln (Werbemittel) in der richtigen Häufigkeit (Werbetiming) zum richtigen Zeitpunkt (Werbezeit) bei vertretbaren Kosten (Werbeetat) hervorheben. Dabei sind die Grundsätze der Wirksamkeit, der Wirtschaftlichkeit, der Wahrheit sowie der Originalität und Einprägsamkeit (Klarheit) zu berücksichtigen.

Grundsätze der Werbung

1 Das ursprüngliche AIDA-Konzept wurde um zwei weitere Aspekte (conviction und satisfaction) erweitert.

Grundsätze der Werbung			
Wirksamkeit	**Wirtschaftlichkeit**	**Wahrheit**	**Originalität und Einprägsamkeit**
Die mit der Werbung angestrebten Zielsetzungen müssen auch tatsächlich erreicht werden. Werbeziel, Zielgruppe, Streugebiet, Werbeträger und -mittel müssen genau aufeinander abgestimmt sein, damit sie wirksam sind.	Der angestrebte Werbeerfolg und die dafür aufgewendeten finanziellen Mittel müssen in einem „vernünftigen" Verhältnis stehen. Die ökonomischen Prinzipien müssen beachtet werden.	Es müssen sachlich richtige, nicht irreführende sowie den gesetzlichen Bestimmungen entsprechende Aussagen verwendet werden. Gegebene Versprechungen müssen gehalten werden, sonst kann ein Imageverlust entstehen.	Sowohl die Ziele als auch die verwendeten Werbeaussagen müssen klar und verständlich formuliert sein. Die Werbemaßnahme soll so originell sein, dass sie sich von anderen unterscheidet, und so einprägsam sein, dass sie im Gedächtnis haften bleibt.

Werbeplanung

Im Rahmen einer sorgfältig durchzuführenden **Werbeplanung**, welche die oben aufgeführten Grundsätze der Werbung berücksichtigen sollte, sind folgende Elemente zu beachten, die in einem sogenannten **Werbeplan** zusammengefasst werden können. Dabei ist zunächst grundsätzlich festzulegen, ob die geplante Werbekampagne für ein bestimmtes Produkt oder für das Unternehmensimage durchgeführt werden soll.

Inhalte des Werbeplans

Werbeziele: Festlegung konkreter Zielsetzungen bezogen auf die Werbemaßnahme.

- **Zielgruppe (Streukreis):** Welche Zielgruppe soll angesprochen werden, welche Bedürfnisse hat diese Zielgruppe und wann, wie und wo können wir die Zielgruppe am besten erreichen?
- **Werbesubjekt:** Es muss Klarheit darüber herrschen, wer die Werbeaktion(en) in Auftrag gibt. Denkbar wäre eine gemeinsame Werbeaktion zusammen mit anderen Unternehmen (Gemeinschaftswerbung).
- **Werbeobjekt:** Hier muss festgelegt werden, ob ein bestimmtes Produkt oder eine Dienstleistung, die Unternehmung oder die Gesamtheit der betrieblichen Leistungen im Mittelpunkt der Werbeaktion stehen soll.
- **Werbebotschaft/Werbeinhalt:** Hier geht es um die Konkretisierung der in der Werbeaktion zu vermittelnden Inhalte. Dies können sachliche Informationen über das Produkt oder die Unternehmung sein, aber auch Inhalte, die die Gefühle eines Menschen ansprechen (Freiheit, traumhaft, ... → Suggestivwerbung), sollen das Verhalten der potenziellen Kundin bzw. des potenziellen Kunden beeinflussen.
- **Werbezeit (Streuzeit):** Weiterhin ist festzulegen, zu welchem Zeitpunkt und wie oft die Werbeaktion erfolgen soll. Dies ist sowohl abhängig von der Zielgruppe (Werbung mit Kindern als Zielgruppe am späten Abend scheint unsinnig) als auch von der Lebensphase des Produkts (Werbung zur Einführung eines Produkts sollte häufig und wuchtig auftreten, Erinnerungswerbung dagegen eher gezielt und vereinzelt).
- **Streugebiet:** Hier erfolgt die Festlegung des geografischen Schwerpunkts der Werbeaktion. So wird z. B. die Heidtkötter KG ihre Werbemaßnahmen primär in der Region Westfalen oder ganz Nordrhein-Westfalen durchführen.
- **Streuweg (Werbeträger und Werbemittel):** Die Ausdrucks- und Darstellungsformen, mit denen die Werbebotschaft über die oben aufgeführten Werbeträger an die Zielgruppe gelangt, werden als **Werbemittel** bezeichnet. Werbemittel können u. a. Gespräche, Spots im Rundfunk, Fernsehen und Kino, Anzeigen, Schaufensterauslagen, Prospekte, Plakate, Verkaufsverpackungen, Werbebriefe, Internetseiten, Pop-ups usw. sein.

Zu jedem Werbemittel gehört ein Werbeträger. Die Kommunikationsmittel oder Medien, mit denen die Werbebotschaft die Zielgruppe erreichen soll, werden als **Werbeträger** bezeichnet. Zur Verfügung stehen u. a. Tageszeitungen, Internet, Zeitschriften, Fernseh- und Rundfunkanstalten, Personen, Plakatsäulen/-wände, Banden in Sportstätten, Straßenbahnen und Busse, Heißluftballone usw.

- **Werbebudget (Werbeetat):** Die für die Werbeaktion zur Verfügung stehenden finanziellen Mittel. Eine Möglichkeit zur Festlegung der Höhe des Werbebudgets besteht darin, einen bestimmten Prozentsatz des Umsatzes für Werbezwecke einzuplanen.

Werbung wird für die Unternehmen immer wichtiger, um sich von Konkurrenten abzugrenzen, um die Aufmerksamkeit potenzieller Kunden auf sich zu lenken und insbesondere zur Markteinführung neuer Produkte oder zur Erschließung neuer Märkte.

Die Entscheidungen – bezogen auf die verschiedenen Elemente der Werbeplanung – können nicht losgelöst voneinander getroffen werden. Im Gegenteil: Die getroffenen Entscheidungen bedingen sich gegenseitig und sollten daher in Abhängigkeit voneinander in einem **Werbeplan** festgelegt werden.

BEISPIEL

Der Werbeplan der Lego-Werbung mit Thomas Müller könnte u. a. folgende Planungskriterien enthalten:

Werbeplan			
Fragen	**Lego-Werbung**	**Werbebegriff**	**Konkretisierung**
Wer wirbt?	Spielzeughersteller Lego	Werbesubjekt/ Werbender	Einzelwerbung
Wofür wird geworben?	Spielerlebnis mit Legoteilen	Werbeobjekt	Produktwerbung
Was wird gesagt?	Was heißt Spielspaß? Freudentränen, Gänsehaut und viel Kreativität.	Werbebotschaft	emotionale Information u. a. zu Möglichkeiten, den Spielspaß mit Legoteilen zu genießen
Wem wird etwas gesagt?	Familien mit Kindern	Streukreis (Zielgruppe)	bestimmte Zielgruppe, die sich jedoch aus unterschiedlichen, individuellen Interessen zusammensetzt
Wann wird geworben?	das ganze Jahr über	Streuzeit	(Vor)Abendprogramm; durchgehend
Wo wird geworben?	bundesweit	Streugebiet	evtl. auch deutschsprachiges Ausland
Womit wird geworben?	Fernsehspot Fernsehanstalten/ Thomas Müller	Streuweg: Werbemittel → Ausdrucks-/Darstellungsform der Werbebotschaft (wirkt auf die Sinneseindrücke) Werbeträger → Medien, die die Informationen übermitteln (Sachen + Personen)	Werbemittel → gesprochenes Wort verbunden mit einer Handlung Werbeträger → Fernsehen und eine bekannte Persönlichkeit

Werbeplan			
Fragen	**Lego-Werbung**	**Werbebegriff**	**Konkretisierung**
Warum wird geworben? (Zielsetzung)	Festlegung einer konkreten Zielsetzung (evtl. darstellbar in Zahlen), um einen Werbeerfolg auch tatsächlich nachzuweisen, z. B. Erhöhung des Umsatzes bei Reisebuchungen um 12,5 %		
Wie viel Geld wird ausgegeben?	Festlegung eines Werbeetats, der zur Verfügung steht (Werbebudget) → **prozyklisch:** bei aktuell hohen Gewinnen → hohe Werbeausgaben **antizyklisch:** bei aktuell niedrigen Gewinnen → hohe Werbeausgaben		

Die Vielzahl möglicher Werbemittel und Werbeträger erschwert die Entscheidungen der Werbeplanerinnen und Werbeplaner. Die Zielsetzung besteht darin, mit dem zur Verfügung stehenden Werbebudget eine möglichst effektive Werbekampagne umzusetzen.

Tausend-Kontakte-Preis

Der sogenannte **Tausend-Kontakte-Preis** (TKP)[1] ermöglicht es, die Werbekosten und die mit der Werbung erreichte Personenzahl zu einer Maßzahl in Beziehung zu setzen. Er gibt an, wie viel Geld eingesetzt werden muss, um 1000 Kontakte oder Nutzerinnen und Nutzer[2] eines bestimmten Werbeträgers zu erreichen.

$$\textbf{Tausend-Kontakte-Preis (TKP)} = \frac{\text{Preis der Werbekampagne} \cdot 1000}{\text{Reichweite}}$$

Reichweite = Anzahl der erreichten Nutzerinnen und Nutzer oder Kontakte

BEISPIEL

Eine ganzseitige, mehrfarbig gestaltete Anzeige im *Kölner Stadtanzeiger* kostete im letzten Jahr 56.683,00 €. Der *Kölner Stadtanzeiger* erreichte täglich 776 000 Leserinnen und Leser.

$$\textbf{TKP} = \frac{56.683{,}00 \cdot 1000}{776\,000} = 73{,}05\ €$$

Es kostete 73,05 €, 1000 Leserinnen und Leser mit dieser Anzeige zu erreichen.

Durch den Tausend-Kontakte-Preis werden die Kosten verschiedener Medien vergleichbar. Allerdings sagt er nichts darüber aus, wie effektiv der Kontakt mit den Beworbenen über das Medium war. Wer beispielsweise eine ganzseitige Werbeanzeige in der Zeitung einfach überblättert, kommt mit der Werbung nicht in Kontakt.

Dennoch investieren Unternehmen viel Geld in die Werbung, insbesondere bei der Einführung neuer Produkte am Markt. Die folgende Grafik zeigt, wie sich in Deutschland 2022 und 2023 die Werbeeinnahmen auf die verschiedenen Werbeträger verteilten.[3]

1 „Tausenderpreis"
2 Je nach Werbeträger: Zuschauerinnen und Zuschauer, Zuhörerinnen und Zuhörer, Leserinnen und Leser
3 Weitere Informationen zu Werbeumsätzen sowie zu Studien zur Wirkung von Werbekampagnen finden Sie hier: www.zaw.de, www.die-zeitungen.de, www.ard.de, www.ad-alliance.de.

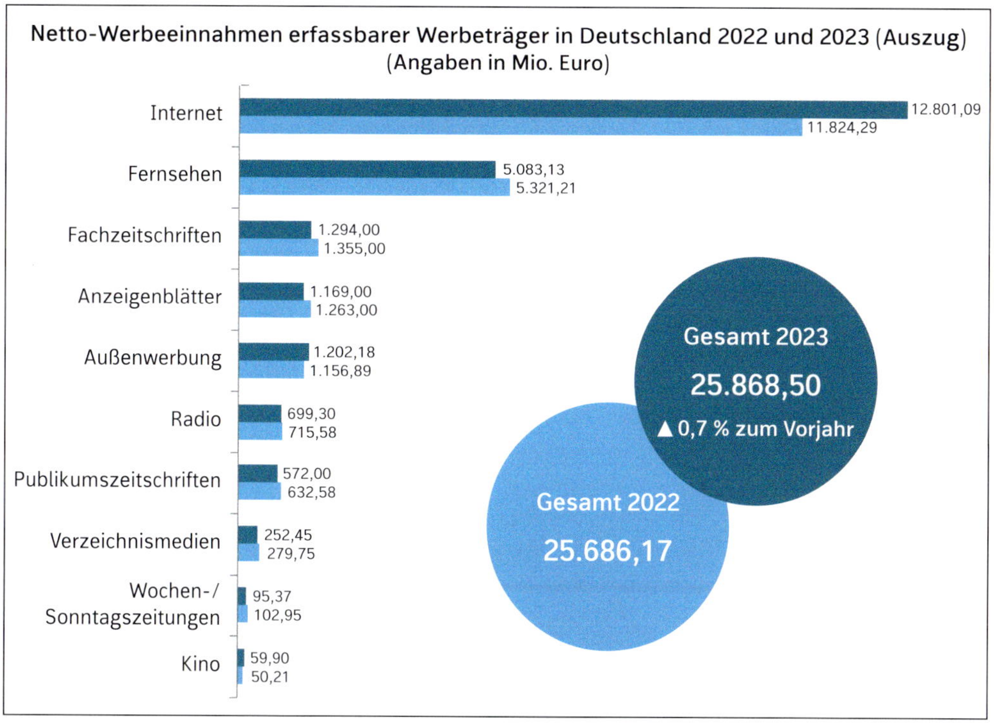

Eigene Darstellung, Zahlen entnommen aus: Zentralverband der deutschen Werbewirtschaft ZAW e. V.: Werbemarkt nach Medien. In: https://zaw.de/branchendaten/werbemarkt-nach-medien [13.12.2024].

Eine weitere Möglichkeit der Absatzwerbung besteht im sogenannten **Product-Placement**. Dabei werden Produkte bewusst in Fernsehsendungen, Spielfilmszenen oder Bühnenstücken so platziert, dass das Publikum sie bewusst oder unbewusst wahrnimmt.

Product-Placement

BEISPIEL

In amerikanischen Serien und Spielfilmen sind häufig Firmen oder Marken „zufällig" zu sehen. Beispiele für Product-Placement finden Sie im Internet unter:

www.moviepilot.de/liste/product-placement-schleichwerbung-und-co-in-filmen-andy-the-x

Die unentgeltliche Überlassung von Produkten zur filmischen Nutzung ist in Deutschland erlaubt. Allerdings darf die Grenze zur verbotenen **Schleichwerbung** nicht überschritten werden. Jede Werbemaßnahme muss so beschaffen sein, dass ihr werbender Charakter erkannt wird. Das ist nicht der Fall, wenn ein Produkt innerhalb einer Fernsehsendung besonders herausgestellt oder für die Einblendung bezahlt wird. Diese Regelung ergibt sich allein aus den deutschen Rechtsnormen, eine europaweite einheitliche Regelung steht noch aus.

Schleichwerbung

Der Staat macht inhaltliche Vorgaben durch das Gesetz gegen den unlauteren Wettbewerb (UWG), indem er unlautere Werbemethoden verbietet. Die Zielsetzung ist in § 1 UWG beschrieben:

Gesetz gegen den unlauteren Wettbewerb

§§

UWG

§ 1 [Zweck des Gesetzes; Anwendungsbereich]
(1) Dieses Gesetz dient dem Schutz der Mitbewerber, der Verbraucher sowie der sonstigen Marktteilnehmer vor unlauteren geschäftlichen Handlungen. Es schützt zugleich das Interesse der Allgemeinheit an einem unverfälschten Wettbewerb. [...]

Gesetz gegen den unlauteren Wettbewerb (UWG)		
§ 5 Irreführende Werbung	**§ 6 Vergleichende Werbung**	**§ 7 Unzumutbare Werbung**
Irreführende Angaben können sich beziehen auf: • die Merkmale der Leistungen (z. B. Art, Beschaffenheit, Menge, Produktionsverfahren, Verfügbarkeit, Verwendungsmöglichkeit, Herkunft), • den Preis sowie den Verkaufsanlass, • die geschäftlichen Verhältnisse des werbenden Unternehmens.	Vergleichende Angaben: • müssen sich auf Produkte für den gleichen Zweck beziehen, • müssen sich auf überprüfbare Eigenschaften oder den Preis beziehen, • dürfen Leistungen und Wertschätzung des Mitbewerbers nicht abwerten, • dürfen nicht zu einer Verwechslung zwischen Werbendem und Mitbewerber oder deren Leistungen führen.	Unzumutbare Belästigungen liegen vor, wenn: • der Empfänger die Werbung erkennbar nicht wünscht, • der Empfänger Werbung per Telefonanruf, E-Mail oder Fax nicht zustimmt, • der Absender elektronischer Werbung nicht erkennbar ist.

Medienstaatsvertrag

Der **Medienstaatsvertrag** (MStV), der sich auf Rundfunk und Telemedien bezieht, enthält inhaltliche Beschränkungen zum Schutze von Kindern und Jugendlichen, die sich insbesondere auf zeitliche Vorgaben von Werbung sowie die Trennung zwischen Programm und Werbung auswirken.

Verstöße gegen das UWG sowie den MStV können durch die gerichtliche Anordnung von Beseitigung und Unterlassung der Werbung, Ordnungsstrafen, Schadenersatz oder Gewinneinzug geahndet werden.

Diese gesetzlichen Vorgaben können aber die Bürgerinnen und Bürger nicht in allen Lebensbereichen vor Diskriminierung, sexueller Gewalt und Aggressionen in der Werbung schützen. Verbraucherinnen und Verbraucher sollen sich auch gegen Werbemethoden und -botschaften wehren können, die den gesetzlichen Vorgaben entsprechen, aber dennoch als kritikwürdig empfunden werden. Die Konfliktregelung in solchen Fällen verfolgt der Deutsche Werberat.

Exkurs: Was ist erlaubt? Die Grenzen der Werbung

Grenzen der Werbefreiheit

Werbung kann menschliches Verhalten beeinflussen und manipulieren, Trends setzen, zu Wettbewerbsverzerrungen führen, falsche Vorstellungen erzeugen oder sogar beleidigen. Es gibt vielfältige Gründe, der Werbefreiheit Grenzen zu setzen und die in der heutigen Zeit auf uns einprasselnde Werbung in ihren möglichen Auswirkungen zu beobachten, zu kontrollieren und ggf. abzustellen.

Werbung unterliegt in Deutschland gesetzlichen und darüber hinaus von der Werbewirtschaft selbst freiwillig festgelegten Regelungen, um eine Akzeptanz bei Unternehmen sowie Verbraucherinnen und Verbrauchern, einen fairen Wettbewerb und den Schutz der Endverbraucherinnen und Endverbraucher zu erreichen. Der Deutsche Werberat hat sich zur Aufgabe gemacht, Werbung auf Inhalte, Aussagen und Gestaltung zu prüfen sowie Missstände aufzudecken und abzustellen.

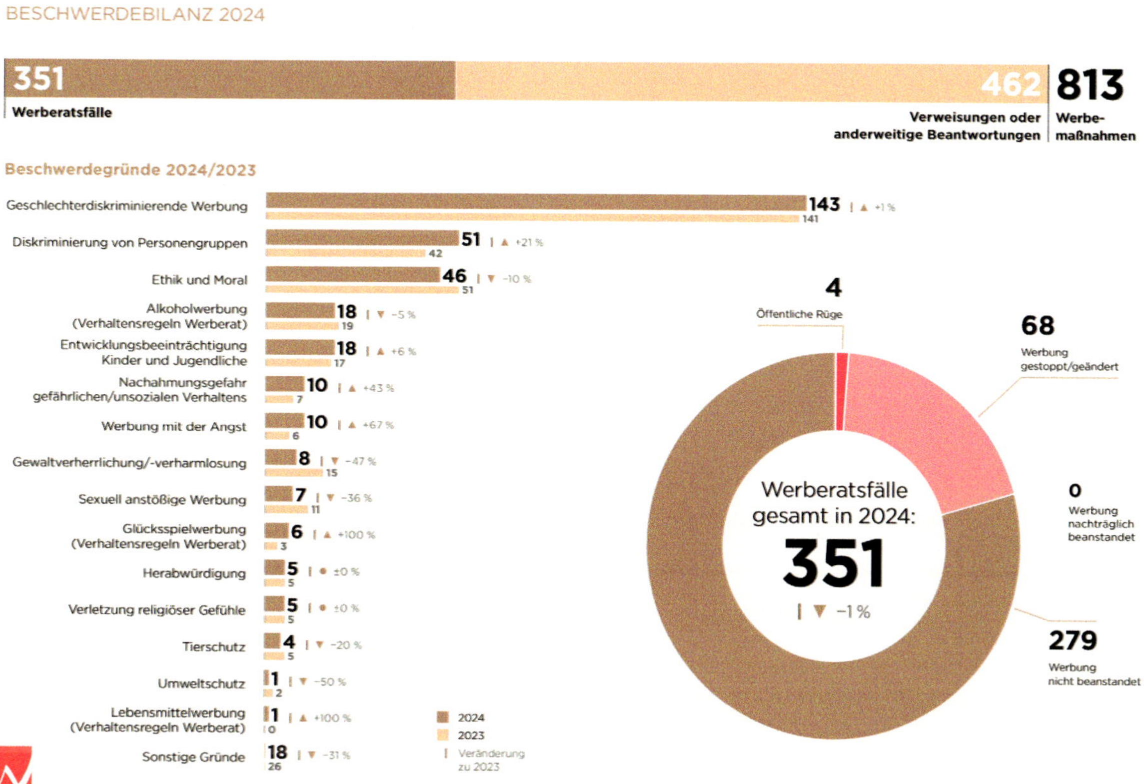

Der Deutsche Werberat besteht aus mindestens zehn Mitgliedern, die vom Präsidium des Zentralverbandes der deutschen Werbewirtschaft (ZAW) alle drei Jahre neu gewählt werden. Er hat u.a. Leitlinien entwickelt, die festlegen, was Werbung darf und was nicht. Weiterhin strebt er eine Selbstregulierung der Werbewirtschaft durch unbürokratische, kostenlose, schnelle und flexible Konfliktlösungen für alle Werbestreitfälle[1] an. Im Jahr 2024 wurden gegen 813 Kampagnen Beschwerden eingereicht. In 351 Fällen teilte der Deutsche Werberat die Kritik und wurde, wie oben stehende Tabelle zeigt, entsprechend aktiv.

Deutscher Werberat

Onlinemarketing

Onlinemarketing ist eine Marketingdisziplin, die im Gegensatz zur klassischen Werbung ausschließlich auf das Medium Internet setzt. Es handelt sich um einen Wachstumsmarkt, in dem digitale Werbung für die meisten Unternehmen längst zur Selbstverständlichkeit geworden ist. Ein entscheidender Vorteil gegenüber klassischer Werbung liegt in der direkten Messbarkeit von Onlinemarketing-Maßnahmen. Zudem bietet das Internet Unternehmen eine Fülle an Marketingkanälen, die gezielt genutzt werden können.

Onlinemarketing

Die Voraussetzung für ein zielgruppengerechtes Onlinemarketing sind Kenntnisse über Verhaltensweisen und Erwartungen der Kundschaft, denn diese haben sich durch die Digitalisierung stark verändert. Laut der IHK München müssen Unternehmen auf diese Entwicklung gezielt reagieren:

1 Zu Fallbeispielen siehe www.werberat.de.

- **Kunden und Kundinnen müssen überall und jederzeit bedient werden.**
  Um wahrgenommen zu werden, müssen die Kunden und Kundinnen überall und jederzeit bedient werden, und das mit allen Marketingmöglichkeiten, also klassisch oder online. Die Kunst liegt also darin, zur richtigen Zeit, am richtigen Ort zu sein. Egal ob mobile oder PC, egal ob im Onlineshop oder Newsletter, in Form eines Briefs oder im Laden vor Ort. Dabei gilt, dass **jeder Kontakt zu Ihrem Produkt Einfluss hat auf die Entscheidung des Kunden und der Kundin für Ihr Produkt oder Ihre Dienstleistung**. Mögliche Kontakte hierbei sind z. B. Website, Blog, Social Media oder klassische Marketingkanäle. Aber auch Informationen, die Sie nicht beeinflussen können. Dazu zählen direkte Erfahrungen (beispielsweise das Produkt bei Freunden und Freundinnen auszuprobieren), Bewertungen im Internet, Influencer und Influencerinnen, Online-Foren usw.
- **Lernen Sie die Customer Journey (Reise des Kunden und der Kundin) kennen.**
  Um ihre Kunden und Kundinnen immer und jederzeit bedienen zu können, müssen zunächst die Kontaktpunkte ermittelt werden. Unternehmen können diese herausfinden, indem sie die sogenannte „Customer Journey“ ihrer Kunden und Kundinnen festlegen.
- **Auf die Mischung kommt es an: Onlinemarketing und klassisches Marketing.**
  Haben Sie alle Kontaktmöglichkeiten zum Kunden und zur Kundin ermittelt, stellt sich in der Regel heraus, dass sich Gründer und Gründerinnen sowie Kleinunternehmen nicht nur auf das Onlinemarketing beschränken sollten. Es kommt auf die richtige Mischung der Kanäle an, um die eigene Zielgruppe möglichst umfassend zu erreichen.
- **Nichtsdestotrotz: Über das Onlinemarketing erhalten Sie die Möglichkeit, viele Kontaktpunkte zu schaffen, deren Aussage und Wirkung Sie kontrollieren.** Mit einer geschickten, zu Ihrem Angebot passenden Auswahl der Marketingkanäle verbessern Sie gezielt die Abschlussrate und verhindern, dass bereits interessierte potenzielle Käufer und Käuferinnen im Laufe ihrer „Customer Journey“ wieder abspringen.

Quelle: Industrie- und Handelskammer für München und Oberbayern: Online-Marketing: Im Netz werben und Kunden und Kundinnen gewinnen. In: www.ihk-muenchen.de/de/Service/Marketing-Vertrieb/onlinemarketing [02.04.2025]. (verändert)

Ziele des Onlinemarketings

Neben den klassischen Marketingzielen wie der Erhöhung der Marken- und Produktbekanntheit, Neukundengewinnung, Kundenbindung, Imageverbesserung und Absatzsteigerung verfolgen Unternehmen im Onlinemarketing weitere spezifische Ziele, darunter:

Ziele des Onlinemarketings

- Steigerung der Zugriffszahlen auf die Website (Traffic),
- bessere Platzierung in Suchmaschinen wie Google,
- Erhöhung der Registrierungen und Interaktionen in sozialen Netzwerken wie Instagram oder TikTok.

Instrumente des Onlinemarketings

Zur Umsetzung dieser Ziele stehen verschiedene Instrumente zur Verfügung, darunter:

- Suchmaschinenmarketing
- Bannerwerbung
- E-Mail-Marketing
- Affiliate-Marketing
- Social-Media-Marketing

Der Einsatz des jeweiligen Instruments hängt von der jeweiligen Strategie und Zielsetzung des Unternehmens ab.

Instrumente des Onlinemarketings

Suchmaschinen-marketing	Suchmaschinenmarketing gliedert sich in die Bereiche Suchmaschinenoptimierung (**S**earch **E**ngine **O**ptimization) und Suchmaschinenwerbung (**S**earch **E**ngine **A**dvertising). Alle Maßnahmen des Suchmaschinenmarketings zielen darauf ab, eine bessere Sichtbarkeit in den Suchergebnislisten von Google und anderen Suchmaschinen zu erreichen. Durch SEO wird ein besseres Ranking in den organischen Suchtreffern angestrebt. Für eine gute Platzierung in den Suchergebnislisten ist vor allem die Qualität des Contents auf einer Website entscheidend. Dabei ist es wichtig, dass die Inhalte der Website einzigartig sind. Letztlich sind die genauen Kriterien für ein hohes Ranking nicht final bekannt, da Suchmaschinenbetreiber ihre Bewertungsalgorithmen nicht vollständig offenlegen. Durch SEA werden in den Suchergebnislisten bezahlte Werbeanzeigen zu bestimmten Keywords geschaltet (Keyword Advertising). Um eine gute Platzierung der eigenen Werbeanzeigen bei den Suchmaschinen zu erreichen, müssen die erwarteten Suchbegriffe potenzieller Kunden zu den eigenen Angeboten getroffen werden.
Social-Media-Marketing	Social-Media-Marketing umfasst Werbemaßnahmen über soziale Netzwerke wie Instagram, TikTok, Facebook und andere Plattformen. Dazu gehören z. B. bezahlte Werbeanzeigen und der Betrieb einer unternehmenseigenen Fanpage. Ein wesentlicher Vorteil des Social-Media-Marketings liegt in der Möglichkeit, Werbung passgenau auf die jeweilige Zielgruppe abzustimmen. Zudem können Unternehmensinhalte im Social Web viral verbreitet werden, was die Reichweite enorm steigert. Inwiefern Social-Media-Marketing tatsächlich zum Unternehmenserfolg beiträgt, hängt von einer durchdachten Strategie und einer konsequenten Überwachung aller Social-Media-Aktivitäten ab.
Bannerwerbung	Bannerwerbung (Display Advertising) ist eine grafische Werbeform, bei der Anzeigen auf Websites geschaltet und üblicherweise auf eine eigene Landingpage oder die Website des Unternehmens verlinkt werden. Unternehmen setzen Bannerwerbung vor allem im Rahmen von Branding-Kampagnen ein, um die eigene Marke bekannter zu machen oder sie in Erinnerung zu rufen. Der Erfolg solcher Kampagnen mit Bannern wird anhand der sogenannten Click-Through-Rate gemessen, also der Anzahl der Nutzerinnen und Nutzer, die auf das Werbemittel geklickt haben. Allerdings stehen Unternehmen bei Bannerwerbung vor zwei Herausforderungen: Einerseits können Nutzerinnen und Nutzer durch sogenannte Adblocker die Anzeige von Bannerwerbung verhindern, andererseits nehmen viele Nutzerinnen und Nutzer Werbeanzeigen aufgrund der Vielzahl an Bannerwerbung auf ihrem Bildschirm kaum noch wahr.
Affiliate-Marketing	Bei diesem Vermarktungsprinzip wirbt ein Partner (Affiliate) auf seiner Website für die Produkte oder Dienstleistungen eines fremden Unternehmens (Merchant). Im Gegenzug erhält der Affiliate eine Provision. Die Vergütung kann auf verschiedenen Modellen basieren, darunter: • Pay per Click (Bezahlung pro Klick auf das Werbemittel) • Pay per Lead (Bezahlung pro Kontakt des potenziellen Kunden) • Pay per Sale (Bezahlung je abgeschlossenen Verkauf)

E-Mail-Marketing	E-Mail-Marketing bezeichnet den Versand von Werbebotschaften per E-Mail, z. B. in Form von Angeboten, Rabattaktionen oder Newslettern. Da viele Nutzerinnen und Nutzer täglich eine Flut an Werbemails erhalten, stößt diese Marketingmaßnahme zunehmend auf Ablehnung. Dennoch unterstreichen Trends wie die interaktive Einbindung in soziale Netzwerke und Videos die Berechtigung dieses Onlinemarketing-Instruments. Der Erfolg einer Werbe-E-Mail hängt maßgeblich von Inhalt und Länge der Betreffzeile, dem richtigen Adressverteiler sowie der Gestaltung des Werbemittels ab.

AUFGABE 1

Erläutern Sie fünf Kriterien, die ein Industrieunternehmen bei der Festlegung der Höhe des Werbeetats berücksichtigen sollte.

AUFGABE 2

Welche Art der Kommunikationspolitik wird in den folgenden Beispielen jeweils angesprochen?

a) In einer Fernsehserie fährt der Hauptdarsteller einen Mercedes S-Klasse. Das Produkt wird dabei öfter deutlich in Szene gesetzt.

b) Eine Mitarbeiterin der Ambra-Cosmetics verteilt am Marktplatz eines größeren Ortes kostenlose Proben des neuen Rasierwassers Dino.

c) Mehrere Installationsbetriebe vermarkten in Lokal-Radiosendungen ihr Hauptprodukt gemeinsam.

d) Ein Internetprovider wirbt für seine Produkte, indem er lokalen Sportclubs Trainingsanzüge mit werbendem Aufdruck schenkt. Die Vereine erhalten zusätzlich relativ hohe Geldsummen.

AUFGABE 3

Die Messebau AG kann mit verschiedenen Fachzeitschriften (A bis F) die Zielgruppe der Fahrzeugbauer erreichen. Als Kriterium für die Verteilung des Werbeetats kann der Preis für 1000 Kontakte (Tausend-Kontakte-Preis) herangezogen werden. Der Tausend-Kontakte-Preis ergibt sich in diesem Fall wie folgt:

$$\textbf{Tausend-Kontakte-Preis} = \frac{\text{Preis je Anzeigenseite} \cdot 1000}{\text{Leser/-innen pro Nummer}}$$

Für Zeitschriften, die infrage kommen, ergeben sich folgende Daten:

Zeitschrift	Preis für 1/1-Seite	Tausender-Preis	Anteil Fertigungstechniker
A	24.000,00 €	32,00 €	80 %
B	28.000,00 €	28,00 €	60 %
C	32.000,00 €	35,00 €	70 %
D	30.000,00 €	30,00 €	80 %
E	40.000,00 €	26,00 €	70 %
F	29.000,00 €	29,00 €	60 %

Sollen von der Zielgruppe der Fahrzeugbauer z. B. nur Fertigungstechniker erreicht werden, muss der Anzeigenpreis zielgruppenspezifisch gewichtet werden. Der Preis pro Anzeigenseite wird dann nur auf die Fertigungstechniker bezogen.

a) Welche (zwei) Zeitschriften würden Sie wie oft belegen, wenn Sie vom ungewichteten Preis (keine Zielgruppenorientierung) pro 1000 Leserinnen und Leser ausgehen und insgesamt ein Etat von 250.000,00 € zur Verfügung steht? Wie viele Zielpersonen können Sie bei einmaliger Belegung erreichen?

b) Welche (zwei) Zeitschriften würden Sie wählen, wenn Sie vom zielgruppenspezifischen Preis von 1000 Leserinnen und Lesern (Fertigungstechniker) ausgehen? Wie viele Fertigungstechniker können Sie bei einmaliger Belegung erreichen?

AUFGABE 4

Erläutern Sie die Zielsetzungen der Werbung, die durch die AIDCAS-Formel ausgedrückt werden.

AUFGABE 5

Beschreiben Sie die nachfolgend genannten kommunikationspolitischen Instrumente und geben Sie jeweils ein Beispiel für einen Süßwarenhersteller an: Salespromotion, Public Relations und Product-Placement.

AUFGABE 6

Industrieunternehmen nutzen zunehmend die Möglichkeiten des Onlinemarketings.

a) Welche Gründe bewirken, dass die Unternehmen zunehmend auf die Möglichkeiten des Internets bei der Vermarktung ihrer Produkte zurückgreifen?

b) Das Internetmarketing wird häufig mit der Einrichtung eines Onlineshops verknüpft. Erklären Sie Merkmale, durch die der Onlineshop wiederholt aufgerufen wird.

AUFGABE 7

Ein Maschinenbauunternehmen führt bei der Einführung eines neuen Produktes eine intensive Anzeigenkampagne in den beiden führenden Fachzeitschriften durch. Begründen Sie, warum das Unternehmen Fachzeitschriften dem Fernsehen vorzieht.

AUFGABE 8

Nennen Sie vier wichtige Werbemittel für Industrieunternehmen.

AUFGABE 9

Was verstehen Sie unter Absatzwerbung und welches vorrangige Ziel wird mit Absatzwerbung verfolgt?

AUFGABE 10

› Recherche

Unterscheiden Sie Zielsetzungen von Einführungs-, Expansions- und Erinnerungswerbung und geben Sie für die Heidtkötter KG jeweils ein mögliches Beispiel an.

AUFGABE 11

› Recherche

Erkundigen Sie sich in Ihrem Ausbildungsbetrieb über den Einsatz absatzpolitischer Instrumente. Erstellen Sie einen Kurzvortrag, in dem Sie die von Ihrem Betrieb eingesetzten absatzpolitischen Instrumente erläutern und anhand von Beispielen veranschaulichen.

AUFGABE 12

Der Deutsche Werberat hat auf seiner Website folgende beiden Einzelfälle aus dem Jahr 2024 veröffentlicht:

ZWEI RÜGEN WEGEN SEXISTISCHER DARSTELLUNGEN

BERLIN, 19. Dezember 2024 (dwr) – Zum Ende des Jahres rügt der Deutsche Werberat zum zweiten Mal in 2024 und spricht erneut zwei Öffentliche Rügen wegen herabwürdigender und sexistischer Darstellungen aus.

Die erste Rüge des Werberats richtet sich an die Spedition ERNST FRANKE Güternah- und Fernverkehr – Baustoffgroß- und Einzelhandel e. K. aus Hannover. Die Firma zeigt seitlich auf einem ihrer Fahrzeuge eine in schwarzer Unterwäsche bekleidete Frau, die auf dem Rücken posiert und in die Kamera blickt. Die Darstellung und der gewählte Kamerawinkel rücken das Dekolleté der Frau in den Fokus. Die Inszenierung des leicht bekleideten Körpers der Frau dient ausschließlich dazu, Aufmerksamkeit zu erregen und steht in keinem Zusammenhang mit der angebotenen Dienstleistung. Die abgebildete Frau wird also auf ihre Sexualität reduziert. Damit liegt laut dem Gremium des Deutschen Werberats eine herabwürdigende und sexistische Darstellung vor. [Verstoß gegen Ziffer 4 und 5 der Verhaltensregeln des Deutschen Werberats gegen Herabwürdigung und Diskriminierung von Personen]

Die zweite Rüge betrifft das Unternehmen Michael Gaar Landtechnik aus Höhenkirchen-Siegertsbrunn. In einer Werbeanzeige im Gemeindeblatt bewirbt der Betrieb seine Produkte mit einer Abbildung, die eine junge Frau in einem langen Sommerkleid auf einer Rasenfläche von hinten zeigt. Ihr Rock wird von einem Laubbläser außerhalb ihres Sichtfeldes von unten hochgeblasen, sodass die Oberschenkel der Frau bis zum Beinansatz sichtbar werden. In Verbindung mit dem Text „Die schönste Seite des Herbstes. Erleben Sie sie mit Echo Laubsaugern und -bläsern. Wir finden auch für Sie das passende Gerät." wird suggeriert, es sei ein Spaß, Frauen mit einem Laubbläser zu belästigen und ohne ihr Wissen unter den Rock zu blasen. Neben der Darstellung als Objekt werde die abgebildete Frau auf ihre Sexualität reduziert. Deshalb bildet das Werbemotiv eine Herabwürdigung und Diskriminierung von Frauen ab. [Verstoß gegen Ziffer 5 der Verhaltensregeln des Deutschen Werberats gegen Herabwürdigung und Diskriminierung von Personen]

Der Werberat spricht Rügen grundsätzlich nur in Ausnahmefällen aus, da fast alle Unternehmen ihre vom Werberat beanstandeten Motive oder Spots zeitnah zurückziehen. Auch in diesem Jahr liegt die Durchsetzungsquote wieder klar über 90 Prozent. Das bedeutet: Sobald der Deutsche Werberat auf Unternehmen zugeht, zu deren Werbemaßnahmen Beschwerden vorliegen, ändert ein Großteil der Unternehmen die Maßnahme ab oder ziehen sie komplett zurück.

Das Team der Geschäftsstelle des Werberats ist sowohl mit den Beschwerdeführern als auch mit den betroffenen Unternehmen im intensiven Austausch und schafft es zumeist auch ohne das letzte Mittel – der Öffentlichen Rüge – problematische Werbemaßnahmen zu stoppen. Dabei zeigt sich die Geschäftsstelle stets dialogbereit und ist in der Lage, auf die jeweiligen Einzelfälle angemessen – und gleichzeitig dem Regelwerk verpflichtet – zu reagieren. Nicht zuletzt diesem Engagement ist es geschuldet, dass Rügen des Werberats selten bleiben. Insgesamt ist die Sensibilität von werbenden Unternehmen dadurch gestiegen und im Beschwerdefall sind die meisten Firmen aufgeschlossen und agieren lösungsorientiert. Bei kleineren Handwerks- oder Dienstleistungsbetrieben wird Werbung allerdings nicht immer professionell begleitet, weshalb es hier öfter zu Beschwerden kommt und entsprechend auch Rügen vergleichsweise häufiger vom Werberat ausgesprochen werden.

Hinweis
Die Angaben hinsichtlich der Gestaltung der jeweiligen Werbemaßnahme sowie des verantwortlichen Unternehmens beziehen sich auf den für das Beschwerdeverfahren maßgeblichen Zeitpunkt. Die aktuelle Gestaltung der Werbemaßnahme und das heute hierfür verantwortlich zeichnende Unternehmen können daher von den damaligen Gegebenheiten abweichen.

Quelle: Deutscher Werberat: Zwei Rügen wegen sexistischer Darstellungen, veröffentlicht am 19.12.2024. In: https://werberat.de/allgemein/zwei-ruegen-wegen-sexistischer-darstellungen [01.04.2025]. (verändert)

Beschreiben Sie die beiden Fälle mit eigenen Worten und erklären Sie die Hauptaufgaben des Deutschen Werberates.

Recherchieren Sie dazu auch auf der Website: www.werberat.de.

› Recherche

AUFGABE 13

Eine Unternehmensberatung schlägt vor, die Markteinführung eines neuen Produktes mit Einführungswerbung zu unterstützen. Erklären Sie vier Aspekte der Werbeplanung, die für den Erfolg der Werbung besonders wichtig sind.

AUFGABE 14

Erläutern Sie, warum ein zielgruppengerechtes Onlinemarketing für Unternehmen an Bedeutung gewonnen hat.

AUFGABE 15

Nennen Sie vier Ziele, die ein Unternehmen mit Onlinemarketing verfolgt.

AUFGABE 16

Erklären Sie folgende Instrumente des Onlinemarketings:

a) Suchmaschinenmarketing

b) Social-Media-Marketing

c) E-Mail-Marketing

d) Bannerwerbung

e) Affiliate-Marketing

2.5 Servicepolitik

Der Verkaufserfolg hängt in vielen Fällen nicht nur vom Preis und der Qualität der angebotenen Produkte ab. Insbesondere aufgrund der zunehmenden Homogenität der angebotenen Produkte, hoher Markttransparenz sowie eines in vielen Teilmärkten vorzufindenden Käufermarktes hängt die Zufriedenheit der Kunden in hohem Maße von den Dienstleistungen/Nebenleistungen ab, die häufig kostenlos angeboten werden. Alle **Serviceleistungen**, die eine kontinuierliche Inanspruchnahme des Produktnutzens fördern, erhöhen die Kundenzufriedenheit und sind in der Lage, treue Stammkundschaft zu gewinnen und ein positives Image zu bewirken.

Serviceleistungen

BEISPIEL

Zu diesen Serviceleistungen gehören u. a.:

- ausführliche, verlässliche und leicht verständliche Produktinformationen
- Wartungsdienst, Reparaturdienst, Ersatzteildienst
- nachvollziehbare Gebrauchsanleitungen, Montageanleitungen
- preiswerte Durchführung von Inspektionen und Funktionsüberprüfungen
- Lehrfilme über den speziellen Nutzen oder die spezielle Art der Inanspruchnahme
- produkt- und prozessbezogene Personalschulungen
- organisatorische Erleichterungen beim Kauf (Kundenkarte, ausreichend Parkplatz, Cafeteria, Kinderbetreuung, Restaurant, Ruhezonen usw.)
- Zustellung von Informations-/Beratungsmaterial
- Erstellung von Finanzierungsalternativen, Ratenkauf, Inzahlungnahme
- regelmäßige Kundenbesuche
- Erweiterung gesetzlich vorgeschriebener Gewährleistungsansprüche
- ein faires, kundenorientiertes Verhalten bei Vertragsstörungen
- Beratungsleistungen
- Leasingangebote
- Versicherung
- Servicehotline
- Rücknahme und Entsorgung von Altgeräten

Aftersales-Leistungen

Häufig ergibt sich gerade aus den **Aftersales-Leistungen**[1] eine ergänzende Wertschöpfungsquelle, etwa durch das Abschließen von Wartungsverträgen, den Verkauf von Ersatzteilen oder durch die Schulung der Mitarbeiterinnen und Mitarbeiter des Kundenunternehmens. Insbesondere Vertragshändler in der Automobilbranche erwirtschaften mit Aftersales-Serviceleistungen einen höheren Umsatz als durch den Verkauf der Kraftfahrzeuge.

BEISPIEL

Der Automobilhersteller BMW bietet eine Serviceflatrate an:

DIE SERVICEFLATRATE FÜR ALLE, DIE WEITER DENKEN.

Mit BMW Service Inclusive verschwenden Sie keine Gedanken mehr an die Frage nach den Wartungskosten: Sie zahlen einmalig einen Festbetrag und haben innerhalb der gewählten Laufzeit bzw. Laufleistung Anspruch auf alle Serviceleistungen des Pakets. Ganz gleich, wie oft Sie diese Leistungen in Anspruch nehmen müssen: Alle regulären Wartungsarbeiten Ihrer Wahl sind abgedeckt. Und das mit einem erheblichen Preisvorteil gegenüber einzeln bezahlten Leistungen.

Attraktives Angebot für Gebrauchtwagen.

Sie besitzen einen BMW Gebrauchtwagen oder planen den Erwerb? Mit dem Einstiegspaket von BMW Service Inclusive profitieren Sie von vielen Vorteilen und umfangreichen Serviceleistungen.

Und das zu Top-Konditionen:
- Alle regulären Wartungsarbeiten im Paket enthalten
- Bis zu 30 % Preisersparnis* gegenüber einzeln bezahlten Services
- Start automatisch am Tag des nächsten fälligen Service
- Laufzeit 3 Jahre/bis zu 40.000 km Laufleistung ab Paketstart

Genießen Sie uneingeschränkte Fahrfreude und sichern Sie sich Ihr Einstiegspaket.

* Preisersparnis bei Erwerb des Service Inclusive Pakets für Gebrauchtwagen 3 Jahre/40.000 km im Vergleich zu den regulären Einzelpreisen der im Paket enthaltenen Einzelleistungen auf Basis der unverbindlichen Preisempfehlung für Original-Ersatzteile sowie der durchschnittlichen Servicekosten (Kosten und Dauer der Arbeitsleistung, Kosten der Öle etc.) der BMW München (Stand Juni 2020). Die tatsächliche Ersparnis variiert je nach Fahrzeugmodell.

Quelle: BMW AG: BMW Service Inclusive. Einmal zahlen langfristig sparen. In: www.bmw-muenchen.de/de/service-zubehoer/zusatzleistungen/bmw-service-inclusive [01.04.2025].

Presales-Leistungen

Eine besondere Stellung unter den **Presales-Leistungen**[2] nehmen die ausführliche Beratung, die Ausarbeitung individueller Vorschläge, das Finanzierungsangebot und die Zahlungsbedingungen eines Unternehmens ein. Hiermit soll potenziellen Kunden der Kauf des Produktes schmackhaft gemacht, erleichtert bzw. erst ermöglicht werden.

BEISPIEL

Automobilhersteller bieten auf ihren Websites sogenannte Konfiguratoren an, damit sich die Kunden individuell ihr Wunschfahrzeug vorab zusammenstellen und anschauen können. Ebenso bieten sie dort Werkzeuge zur Berechnung von Finanzierungsangeboten an (siehe etwa unter www.skoda-auto.de den Reiter „Angebote & Finanzierung“).

AUFGABE 1

Erläutern Sie, warum die Bedeutung servicepolitischer Maßnahmen in den letzten Jahren zugenommen hat, und beschreiben Sie fünf Leistungen eines Industrieunternehmens, die diesen Maßnahmen zuzuordnen sind.

1 Dienstleistungen nach dem Kauf
2 Dienstleistungen vor dem Kauf

AUFGABE 2

Beschreiben Sie, wie Digitalisierung den Aftersales-Service eines Automobilherstellers optimieren kann. Nennen Sie anschließend Beispiele Ihres Ausbildungsbetriebes für Aftersales-Services.

AUFGABE 3

Unterscheiden Sie zwischen Presales-Leistungen und Aftersales-Leistungen. Geben Sie jeweils Beispiele an.

AUFGABE 4

Die Knowlex GmbH hat Marcus Flader zum neuen Geschäftsführer ernannt. Daher steht ihm ein Dienstwagen bis zu einem Gesamtbetrag von 85.000,00 € zu. Er entscheidet sich für einen BMW iX mit Elektroantrieb und Zubehör. Zur Finanzierung des Fahrzeugs legt der BMW-Vertragshändler folgendes Angebot vor:

Fahrzeugpreis gesamt	80.490,00 €	**Laufzeit**	36 Monate
Anzahlung	20.000,00 €	**Soll-Zinssatz (gebunden)**	2,95 %
Nettodarlehensbetrag	60.490,00 €	**Laufende monatliche Rate**	1.850,00 €

a) Berechnen Sie die gesamten Kosten für das Fahrzeug und für die Finanzierung.

b) Berechnen Sie den effektiven Jahreszinssatz (= Gesamtkosten der Finanzierung bezogen auf den Finanzierungsbetrag).

2.6 Marketingmix

Jedes Unternehmen muss darüber entscheiden, wann welche absatzpolitischen Instrumente in welcher Kombination eingesetzt werden, um die an den Unternehmenszielen ausgerichteten Marketingziele zu erreichen.

› Kapitel 1.1 Marketingziele

Dies kann man sich am einfachsten bei einer Produktinnovation vorstellen. Die Neueinführung eines Produktes ist natürlich mit einer festzulegenden Preisstrategie verknüpft. Es müssen Entscheidungen bezüglich des Vertriebsweges und eine schlüssige Kommunikationsstrategie festgelegt werden. Diese Kombination aus Marketinginstrumenten, die eingesetzt werden, um ein bestimmtes Marketingziel zu erreichen, nennt man **Marketingmix**.

Marketingmix

Neben diesem Mix der Marketinginstrumente gibt es innerhalb der einzelnen Bereiche ebenso die Möglichkeit, verschiedene Maßnahmen zu kombinieren:

Kommunikationsmix	Kombination von Werbung, Verkaufsförderung, Öffentlichkeitsarbeit und Sponsoring
Distributionsmix	Kombination verschiedener Absatzwege, Vertriebsarten, Factory-Outlet oder den Einsatz elektronischer Hilfsmittel (Internet)
Produktmix	Produktinnovation, Produktvariation, Produktdiversifikation, Sortimentserweiterung, Produkt als Marken- und No-Name-Produkt anbieten
Servicemix	Wartungsdienst, Reparaturdienst, Ersatzteildienst, Inspektionen und Funktionsüberprüfungen, Servicehotline, kulantes und kundenorientiertes Verhalten bei Vertragsstörungen

Es stellt sich natürlich die Frage, wie die verschiedenen Marketinginstrumente miteinander zu kombinieren sind, um die angestrebten Marketingziele zu erreichen. Zwei Hilfsmittel zur Beantwortung dieser Frage, den Produktlebenszyklus sowie die Portfoliomatrix, haben Sie bereits in den Kapiteln 1.3.1 und 1.3.2 kennengelernt. Im Folgenden finden Sie zwei Beispiele, wie mit diesen Hilfsmitteln der ideale Einsatz der Marketinginstrumente annäherungsweise festgelegt werden kann.

BEISPIEL 1

Marketingmaßnahmen und Portfoliomatrix

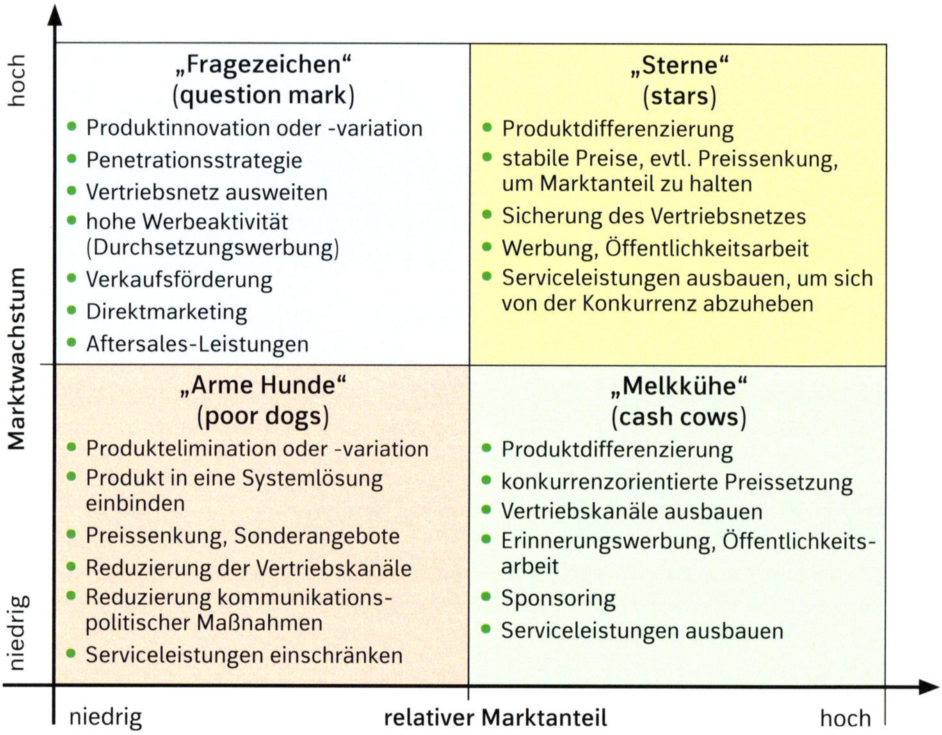

BEISPIEL 2

Marketingmaßnahmen und Produktlebenszyklus

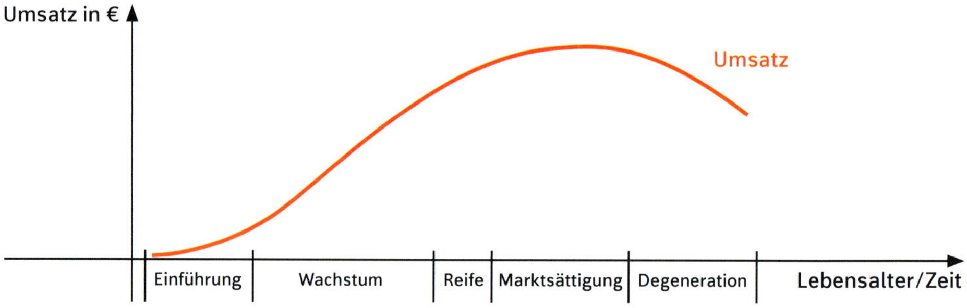

Marketingbereich	Einführungsphase	Wachstumsphase	Reife- und Sättigungsphase	Degenerationsphase
Produktpolitik	**Produktinnovation**		**Produktdifferenzierung**	**Produktvariation, -elimination**
Preispolitik	Preisstrategie festlegen, z. B. Penetrationsstrategie	abhängig von der festgelegten Strategie, evtl. Preise erhöhen, um Umsätze zu steigern	konkurrenzorientierte Preissetzung, um weitere Kunden zu erreichen	Preise reduzieren, Sonderaktionspreise, um Lagerbestände abzubauen
Distributionspolitik	Vertriebswege je nach Produkt und Marktsegment festlegen	Festlegung überprüfen und Nachfragebedürfnisse sicherstellen, Vertriebswege im indirekten Bereich erweitern	Vertriebswege evtl. erweitern und auf Kundenbetreuung fokussieren	Vertrieb auf direkte Vertriebswege oder Discounter reduzieren
Kommunikationspolitik	Einführungswerbung, Verkaufsförderung (Produkt für Erstkäufer bekannt machen)	intensive Durchsetzungswerbung (Produkt für die breite Masse bekannt machen)	Öffentlichkeitsarbeit, Verkaufsförderung, Erinnerungswerbung, Direktmarketing	Maßnahmen auf ein Minimum reduzieren (evtl. Erinnerungswerbung)
Servicepolitik	Serviceangebot festlegen	Festlegung überprüfen und evtl. erweitern	Serviceleistungen erweitern, um sich von der Konkurrenz abzuheben	Leistungen auf ein Minimum reduzieren

Der Einsatz der zur Verfügung stehenden Instrumente sollte bezüglich ihres Einsatzzeitpunktes, ihrer Intensität und Schwerpunktsetzung variiert werden, um sich den ständigen Marktveränderungen anzupassen. Wichtig ist, dass die eingesetzten Instrumente sich hinsichtlich ihrer Wirkung auf die entsprechenden Zielsetzungen nicht widersprechen, sondern ergänzen. Wichtig ist ebenso, dass die (potenziellen) Käufer eine Kontinuität und Stringenz in den Verhaltensweisen, den Marketingtätigkeiten und der Unternehmenspräsentation feststellen und nachvollziehen können.

Marketingstrategie

Der Einsatz des Marketingmix ist in eine vom Unternehmen entwickelte Marketingstrategie zu integrieren. **Marketingstrategien** sind grundsätzliche, langfristig angelegte Konzepte des Unternehmens, die festlegen, auf welchen Absatzmärkten es auf welche Art und Weise mit welchen Leistungen und Zielsetzungen tätig sein will. Sie hat also unmittelbaren Einfluss auf das Produktions- und Absatzprogramm des Unternehmens.

Die Entscheidungen bezüglich des Einsatzes zur Verfügung stehender Marketinginstrumente sind u. a. abhängig von der aktuellen Marktsituation (Nachfrageverhalten, Konkurrenzsituation), den angebotenen Produkten bzw. Leistungen sowie der Finanzkraft des Unternehmens.

BEISPIEL

Unterschiedliche Schwerpunktbildung

- *Aldi:* Schwerpunkt in der Niedrigpreissetzung und Bewerbung von teilweise saisonabhängigen Randsortimenten (z. B. im Frühsommer: Gartenartikel oder Urlaubsartikel; im Sommer: Schreibwarenartikel für das neue Schuljahr; über das ganze Jahr: Schuhe, Kinderkleidung, aber alles im Niedrigpreissegment).
- *Apple:* Hard- und Software im Hochpreissegment, um die Produktqualität hervorzuheben; Herausstellen der besonders einfachen Bedienbarkeit; iPhone im Gegensatz zu anderen Smartphones positiv hervorheben.

- *Amazon:* Schwerpunkt der Marketingstrategie liegt im Bereich der Distributionspolitik; innerhalb sehr kurzer Zeit kann *alles* per Internet bestellt und anschließend geliefert werden; kostenlose Premiumlieferung bei Zahlung eines festen Jahresbetrags; Service: vom Kunden selbst erstellte Geschenklisten, die online gepflegt werden können.

› Kapitel 1.3

Hilfsmittel für das Treffen einer Entscheidung zur Marketingstrategie können der Produktlebenszyklus, die Portfoliomatrix, die SWOT-Analyse, die Potenzialanalyse sowie die Positionsanalyse sein.

erste Ausrichtung des Marketings (Massenmarketing)

Die Aufgaben und Zielsetzungen des Marketings unterliegen einem ständigen Wandel, abhängig von den jeweils aktuell anzutreffenden Gegebenheiten der Absatzmärkte (Globalisierung) und der Kundenbedürfnisse. Die ersten Ausrichtungen des Marketings waren auf das Produkt/die Leistung eines Unternehmens bezogen. Das Ziel bestand darin, ein einzigartiges Produkt zu entwickeln, möglichst mit geringen Stückkosten zu fertigen (Massenproduktion) und unter Anwendung einer Massenwerbung an eine möglichst große Kundenzahl zu verkaufen (**Massenmarketing**).

BEISPIEL

VW Golf, Persil, Meister Proper

Segmentierung (Segmentmarketing)

› Kapitel 1.1

Aufgrund einer höheren Markttransparenz sowie einer spürbaren Sättigung der Nachfrage wurde vielfach eine Segmentierung des Gesamtmarktes in Teilmärkte erforderlich und von den Unternehmen durchgeführt. Zielsetzung dieser Segmentierung war es, die unterschiedlichen Marktsegmente mit speziellen Leistungen zu bedienen und sich somit besser auf spezielle Kundengruppen einzustellen. Die umgesetzten Marketingaktivitäten wurden spezifischer auf die jeweiligen Segmentgegebenheiten abgestimmt (**Segmentmarketing**).

BEISPIEL

Der Mobilfunkanbieter *O*$_2$ setzt je nach Zielgruppe (z. B. Selbstständige, junge Leute) einen unterschiedlichen Marketingmix ein, der sich in der Art der Werbung, der Art der Produkt- und Preispolitik zeigt.

Kundenorientierung mittels CRM

Heutzutage liegt das Hauptaugenmerk des Marketings auf dem einzelnen Kunden und seinen individuellen Bedürfnissen. Der Kunde bestimmt die Tätigkeiten eines sogenannten **Customer-Relationship-Managements (CRM)**, das die langfristige Bindung des Kunden an das Unternehmen anstrebt.

BEISPIEL

Eine Baumarktkette vergibt Kundenkarten. Dadurch werden persönliche Daten und die getätigten Einkäufe erfasst. Aufgrund einer intensiven Interpretation der erhobenen Daten können die Kundinnen und Kunden so gezielt nach Produktgruppen durch Mailings und Aktionen angesprochen werden (z. B.: Kunde A erwirbt nur Gartenzubehör, Kundin B erwirbt nur Sanitärartikel. Bei dem Kunden A wird im Mailing auf besondere Angebote für Gartenzubehör hingewiesen. Kundin B erhält spezielle Angebote zum Sanitärbereich).

AUFGABE 1

Welche der folgenden Hilfsmittel dienen einem effektiven Einsatz der zur Verfügung stehenden Marketinginstrumente?

a) Produktlebenszyklus
b) Potenzialanalyse
c) ABC-Analyse
d) SWOT-Analyse
e) Programmablaufanalyse
f) Nutzwertanalyse
g) BCG-Matrix
h) Marketinganalyse
i) Kostenanalyse

AUFGABE 2

Ein Marketingmix ist die Kombination aus Instrumenten

a) der Wirtschaftspolitik.
b) der Preispolitik und der Kommunikationspolitik.
c) der Marktforschung.
d) der Informationstechnik.

AUFGABE 3

Ordnen Sie folgende Aussagen dem Massenmarketing (1) oder dem CRM (2) zu.

a) Der Verkauf ist der Beginn einer Kundenbeziehung.
b) Der Fokus aller Bemühungen ist auf die Kundenakquisition gerichtet.
c) Die Leistungen bestehen aus einer Integration von innovativen Produkten und Dienstleistungen.
d) Verkaufspreise werden auf der Basis der Kundentreue differenziert.
e) Die Zielsetzung liegt primär in der Generierung von Umsätzen.
f) Diese Marketingausrichtung erfordert die Hilfe moderner Kommunikations- und Informationssysteme.
g) Das vollzogene Verkaufsgeschäft schließt die Kundenbeziehung erfolgreich ab.
h) Die Marketingaktivitäten werden primär durch die Beziehungen zum Kunden bestimmt.
i) Die Marketingaktivitäten richten sich primär nach den angebotenen Leistungen und Ressourcen.

AUFGABE 4

Im Rahmen einer Abteilungssitzung der Hausrat GmbH soll das aktuelle Marketingkonzept analysiert werden. Es liegt folgende Portfoliomatrix eines unabhängigen Marktforschungsunternehmens für das Jahr 01 vor:

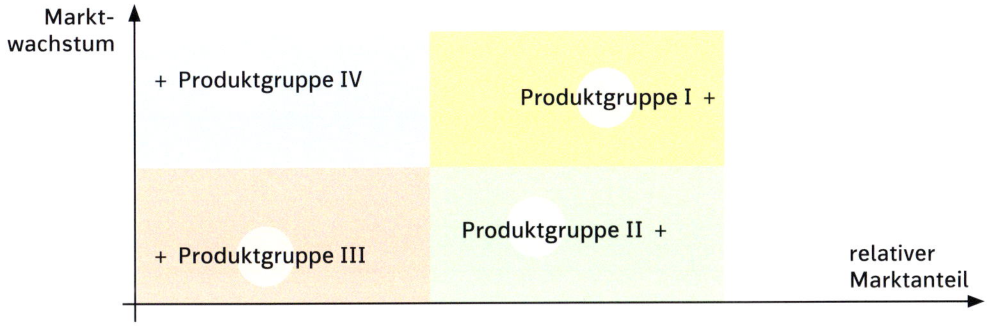

a) Erklären Sie das Instrument Portfolioanalyse und nennen Sie für die einzelnen Produktgruppen der Hausrat GmbH das jeweils aktuelle Feld der Portfoliomatrix.

b) Erläutern Sie für jedes Feld eine konkrete Marketingmaßnahme, die zur Erhaltung oder Verbesserung der Situation eingesetzt werden kann.

c) Ordnen Sie die Phasen des Produktlebenszyklus den Feldern der Portfoliomatrix zu.

d) Beschreiben Sie drei Unterschiede zwischen dem Konzept des Produktlebenszyklus und dem Konzept der Portfoliomatrix.

e) Erläutern Sie, welche produktpolitischen und kommunikationspolitischen Maßnahmen die Hausrat GmbH aufgrund der vorliegenden Situation für die Produktgruppen ergreifen sollte.

Absatzprozesse steuern 3

Eine Auswirkung effektiver Marketingaktivitäten sollte darin bestehen, dass eine erhöhte Anzahl Kundenanfragen, evtl. gefolgt von Kundenaufträgen, im Unternehmen eingehen.

Kundenanfragen lösen eine Vielzahl von funktionsübergreifenden Prozessen und unternehmensexternen Tätigkeiten aus, die eine optimale, reibungslose Kundenauftragsbearbeitung als Zielsetzung haben. Der Abschluss aller Auftragsprozesse sind die Buchung des Zahlungseingangs sowie die sich anschließenden (Aftersales-)Leistungen des Kundenmanagements zur Erhaltung und Intensivierung der Geschäftsbeziehungen. In diesem Zusammenhang sind die teilweise schon im Rahmen der Kundenakquisition eingesetzten absatzpolitischen Instrumente erforderlich, um aus gewonnenen Neukunden langfristig treue Stammkunden zu machen und somit einen Kundenwert für das Unternehmen zu schaffen.

BEISPIEL

Auch bei der Heidtkötter KG wird zunächst stets geprüft, ob der anfragende Kunde bereits bekannt ist, ob die Heidtkötter KG die angefragten Leistungen im Absatzprogramm führt, ob Lagerbestände vorhanden sind usw. Anschließend nimmt die Heidtkötter KG Kontakt mit dem (potenziellen) Kunden auf und führt die erforderlichen Prozesse aus, um ein Geschäft erfolgreich zustande zu bringen. Dabei wird die Heidtkötter KG versuchen, alle Kunden durch eine intensive Betreuung und Unterstützung vor dem Zustandekommen des Vertrages und auch insbesondere im Anschluss an das Entstehen der Geschäftsbeziehung an sich zu binden. Aktuell ist man dabei, ein effektives Customer-Relationship-Management einzurichten.

Alle Tätigkeiten im Rahmen der Auftragsabwicklung laufen intern in den unterschiedlichen Funktionsbereichen und entlang der Supply Chain ab. Die ohne Störung ablaufende Auftragsabwicklung schließt vorerst mit der Buchung der eingegangenen Zahlung des Kunden ab. Aufgrund der Globalisierung spielt die Zahlungssicherung im Außenhandel eine immer größere Rolle.

Nicht weniger wichtig ist, dass die physische Organisation der Güterverteilung im Zuge der Auftragsabwicklung sichergestellt ist. Diese Aufgabe übernimmt die Distributionslogistik. Aufgrund sich verschärfender gesetzlicher Vorgaben und des gestiegenen Umweltbewusstseins der Kunden gewinnt in diesem Zusammenhang auch die Entsorgungslogistik zunehmend an Bedeutung.

Auftragsabwicklung 3.1

Stellt ein potenzieller Neukunde eine Anfrage bezüglich eines Bürostuhls an die Heidtkötter KG, löst dies eine Vielzahl von Prozessen aus, die nun teilweise im Folgenden beschrieben werden.

Zunächst wird eine Kundenüberprüfung durchgeführt, indem die Heidtkötter KG mithilfe externer Auskunfteien[1] die Bonität, das betriebliche Umfeld oder auch die Kundenstruktur des eventuellen Neukunden überprüft. Weiterhin wird geprüft, ob die Heidtkötter KG den angefragten Bürostuhl in ihrem Absatzprogramm führt, selbst herstellt und Lagerbestände vorrätig sind. Sollte die Heidtkötter KG diese Bürostühle selbst fertigen, müssen die Auslastung der zur Verfügung stehenden Kapazitäten, die Fertigungsdauer sowie die Beschaffungsdauer erforderlicher Rohstoffe und Montageteile geprüft werden. Je nach Ergebnis dieser Überprüfungen

1 Auskunfteien sind Unternehmen, die gegen ein Entgelt Informationen (z. B. ein Bonitätsrating) über Unternehmen zur Verfügung stellen; z. B.: SCHUFA (Vereinigung der Schutzgemeinschaft für allgemeine Kreditsicherung), Creditreform.

wird dem Kunden eine Absage oder ein konkretes Angebot unterbreitet, das die angefragten Informationen wie z. B. Preis, Preisnachlässe, Lieferbedingungen und Liefertermin beinhaltet. Die nun anfallenden Tätigkeiten, die auch von den konkreten Vertragsvereinbarungen abhängen, können Sie der folgenden Grafik[1] entnehmen. Für die Heidtkötter KG ist nun wichtig, den zugesagten Liefertermin sowie den Zahlungseingang zu überwachen.

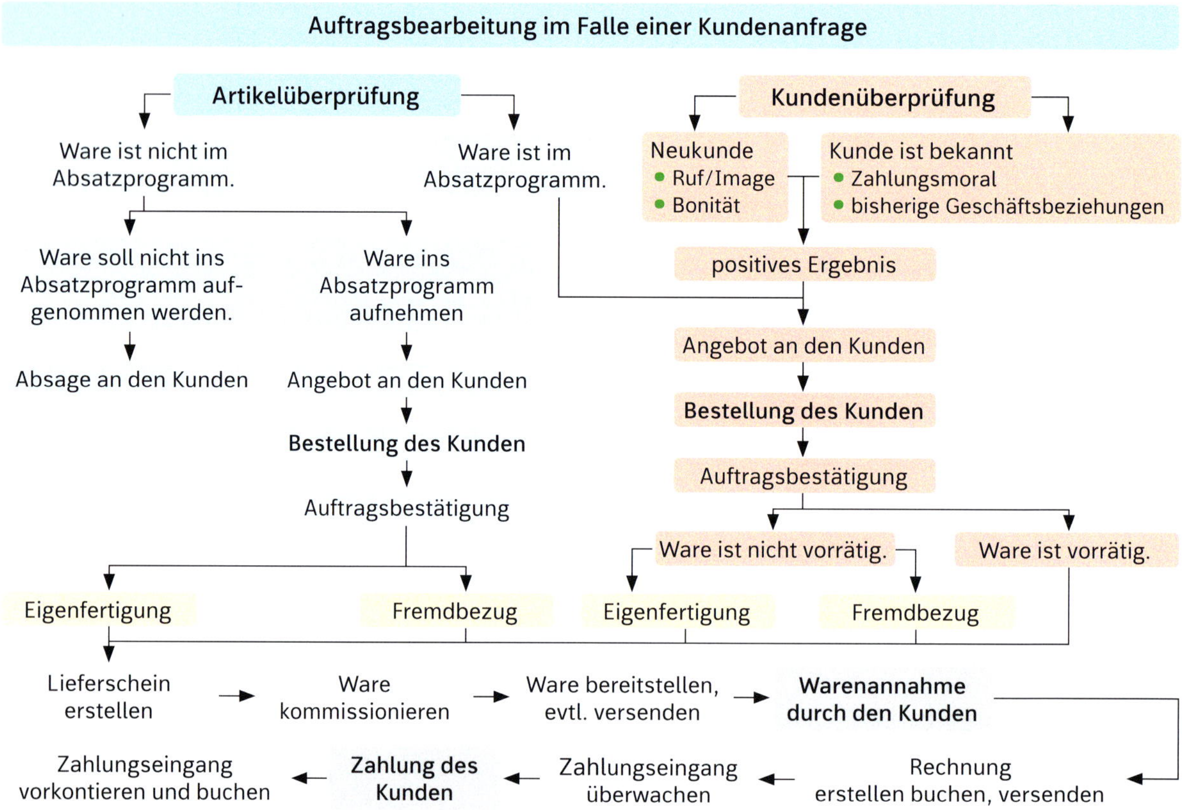

AUFGABE 1

Erläutern Sie wesentliche Tätigkeiten der Auftragsabwicklung vom Auftragseingang bis zur Auslieferung der Produkte in einer sinnvollen Reihenfolge. Differenzieren Sie dabei zwischen der Bearbeitung bei Neukunden und bei Stammkunden.

AUFGABE 2

› Recherche

Erstellen Sie für den Prozess der Auftragsabwicklung Ihres Ausbildungsbetriebes eine ereignisgesteuerte Prozesskette (EPK). Vergleichen Sie anschließend Ihre Ergebnisse mit Ihrer Tischnachbarin bzw. Ihrem Tischnachbarn und stellen Sie Gemeinsamkeiten und Unterschiede heraus.

AUFGABE 3

› Recherche

Nennen Sie die Dokumente, die im Rahmen der Auftragsabwicklung (von der Anfrage bis zur Buchung der Ausgangsrechnung) erforderlich sind, und erläutern Sie jeweils deren Zweck. Vergleichen Sie Ihre Nennungen mit den in Ihrem Ausbildungsbetrieb eingesetzten Dokumenten.

AUFGABE 4

› Recherche

Listen Sie alle Informationen auf, die in Ihrem Ausbildungsbetrieb für die Auftragsabwicklung erfasst und benötigt werden. Tauschen Sie sich anschließend im Klassenverband darüber aus.

1 Diese Grafik erhebt keinen Anspruch auf Vollständigkeit.

Möglichkeiten der Zahlungssicherung im Außenhandel 3.2

Unter anderem aufgrund der Globalisierung der Märkte wird der **Außenhandel** für Deutschland immer wichtiger:

Anteil am BIP	2015	2020	2023
Exportquote = (Export/BIP) · 100	42,6 %	39,2 %	43,4 %
Importquote = (Import/BIP) · 100	35,2 %	33,8 %	39,4 %

Vgl. Statistisches Bundesamt: Außenwirtschaft. In: www.destatis.de/DE/Themen/Wirtschaft/Globalisierungsindikatoren/aussenwirtschaft [01.04.2025].

Bedeutung des Außenhandels

Die **Exportquote** Deutschlands lag nach Angaben des Statistischen Bundesamtes in Wiesbaden im Jahr 2023 bei 43,4 %. Sie ist damit seit dem Jahr 2015 um 1,88 Prozentpunkte gestiegen. Die **Importquote** Deutschlands lag im Jahr 2023 bei 39,4 %. Auch sie ist im Vergleich zum Jahr 2015 deutlich (um 11,93 Prozentpunkte) gestiegen. Diese Aufwärtsbewegung außenwirtschaftlicher Verflechtungen bringt für die heimischen Unternehmen neue Herausforderungen mit sich, die sich insbesondere in der vertraglichen Gestaltung der Außenhandelsgeschäfte niederschlagen. Denn die besondere Herausforderung dieser Außenhandelsgeschäfte ist die vertragliche Absicherung der Zahlungsrisiken. Dabei sind das **Dokumenteninkasso** und das **Dokumentenakkreditiv** bewährte **Sicherungsinstrumente im Außenhandel**, die im Folgenden erläutert werden.

Dokumenteninkasso 3.2.1

Verkäufer (Exporteur) und der im Ausland ansässige Käufer (Importeur) vereinbaren in ihrem Kaufvertrag, dass die Ware durch den Spediteur/Verfrachter oder durch ein Zolllager nur gegen die Vorlage vertraglich festgelegter Dokumente ausgegeben werden darf. Diese Dokumente beweisen, dass die Ware ordnungsgemäß einem Verfrachter übergeben wurde (Konnossement[1]) und dieser über einen ausreichenden Transportversicherungsschutz verfügt (Versicherungszertifikat). Der Käufer erhält die Dokumente erst von seiner Bank, wenn die Zahlung des Kaufpreises erfolgt ist.

Zahlung mit Dokumenteninkasso

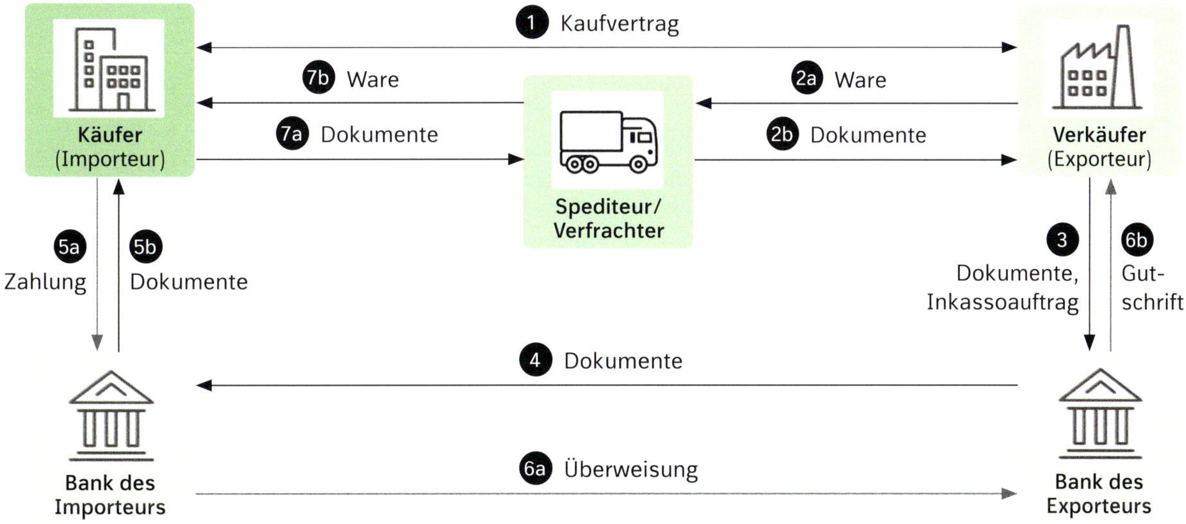

1 Das Konnossement ist ein Warenwertpapier und verbrieft das Eigentum an den im Konnossement aufgeführten Waren.

Ablauf Dokumenteninkasso

❶ Verkäufer und Käufer schließen einen Kaufvertrag mit der vertraglichen Festlegung auf die Zahlung mit Dokumenteninkasso *documents against payment (D/P)*, „Zahlung gegen Aushändigung der Dokumente". Die Art der Dokumente wird im Kaufvertrag exakt bestimmt.
❷ Der Exporteur liefert die Ware an den Spediteur aus und erhält dafür die Transportdokumente (z. B. Konnossement *[bill of lading]*).
❸ Der Exporteur gibt die Dokumente zusammen mit einem Inkassoauftrag an seine Hausbank.
❹ Die Hausbank des Exporteurs sendet die Dokumente an die Bank des Importeurs. Die Dokumente werden von der Bank nicht überprüft.
❺ Nachdem der Importeur gezahlt hat, übergibt ihm seine Bank die Dokumente.
❻ Die Bank des Importeurs überweist den Kaufpreis an die Hausbank des Exporteurs, die wiederum den Zahlungseingang dem Exporteur auf seinem Konto gutschreibt.
❼ Gegen die Vorlage der Dokumente übergibt der Verfrachter die Ware an den Importeur.

Die Zahlung des Importeurs 5a erfolgt sofort (Dokumente gegen Zahlung [D/P = *documents against payment]*), wenn die Dokumente der Bank vorliegen. Die Ausgabe der Dokumente erfolgt Zug um Zug nach Zahlung des Kaufpreises. Der Importeur hat also die Ware bezahlt, bevor er sie gegen Vorlage der Dokumente erhalten hat.

Die Zahlung 5a kann auch durch Akzeptierung eines Wechsels (Tratte) (Dokumente gegen Akzept [D/A = *documents against acceptance]*) erfolgen. In diesem Fall gewährt der Exporteur ein Zahlungsziel.

Vorteil/Nachteile Dokumenteninkasso

Vorteil	Nachteile
• Der Exporteur bleibt Eigentümer seiner Ware, falls der Importeur nicht bezahlt (keine Aushändigung der Dokumente → keine Aushändigung der Ware).	• Falls der Importeur nicht zahlt und die Ware im Ausland angekommen ist, muss der Exporteur die nicht bezahlte Ware auf eigene Kosten einlagern, verkaufen oder zurücktransportieren. • Bei Herausgabe der Dokumente gegen einen akzeptierten Wechsel besteht das Risiko, dass der Wechsel nicht am Fälligkeitstag eingelöst wird und der Importeur die Ware bereits verwertet oder verkauft hat.

Aufgrund der beschriebenen Risiken (siehe Nachteile) sollte das Dokumenteninkasso nur verwendet werden, wenn

- langfristige, gute Geschäftsbeziehungen zum Käufer im Ausland bestehen,
- die Zahlungsfähigkeit des Käufers gesichert ist sowie
- die wirtschaftlichen und politischen Verhältnisse im Ausland sicher sind.

3.2.2 Dokumentenakkreditiv

Auch beim Dokumentenakkreditiv vereinbaren Verkäufer (Exporteur) und der im Ausland ansässige Käufer (Importeur) in ihrem Kaufvertrag, dass die Ware durch den Spediteur/Verfrachter oder durch ein Zolllager nur gegen Vorlage vertraglich festgelegter Dokumente ausgegeben wird. In diesem Fall verspricht die Bank des Importeurs, im Auftrag und für Rechnung des Käufers nach Vorlage und Übergabe vertraglich festgelegter Dokumente (in der Regel Konnossement, Rechnung des Verkäufers, Versicherungszertifikat) an den Verkäufer/Exporteur den vereinbarten Kaufpreis zu zahlen. Die (eröffnende) Bank des Importeurs geht gegenüber dem Verkäufer ein abstraktes, bedingtes Schuldversprechen ein. „Abstrakt" heißt, dass die eröffnende Bank ein einseitig verpflichtendes, vom Warengeschäft losgelöstes Leistungsversprechen gegenüber dem Exporteur eingeht. „Bedingt" bedeutet, dass die Bank zahlen muss, wenn der Exporteur seinen Verpflichtungen aus dem Akkreditiv nachkommt.

Bei einem bestätigten Akkreditiv[1] übernimmt die Hausbank des Verkäufers zusätzlich eine Leistungsverpflichtung.

Zahlung mit Dokumentenakkreditiv

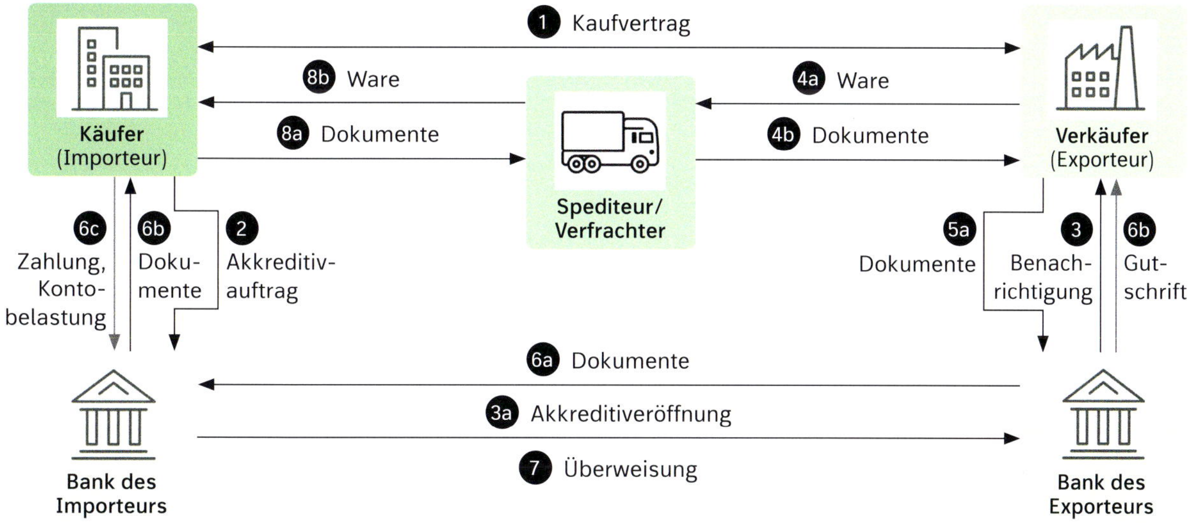

Ablauf Dokumentenakkreditiv

1. Verkäufer und Käufer schließen einen Kaufvertrag mit der vertraglichen Festlegung auf die Zahlung mit Dokumentenakkreditiv. Die Art der Dokumente wird im Kaufvertrag exakt bestimmt.
2. Der Importeur erstellt einen Auftrag zur Akkreditiveröffnung an seine Bank und stellt das Geld zum Rechnungsausgleich bereit.
3. Nach Prüfung des Akkreditivauftrags informiert die Bank des Importeurs die Hausbank des Exporteurs über die Akkreditiveröffnung. Diese benachrichtigt den Exporteur über das eröffnete Akkreditiv.
4. Der Exporteur übergibt die Ware an den Spediteur/Verfrachter und erhält die erforderlichen Dokumente (Konnossement, Rechnung des Verkäufers, Versicherungszertifikat), die den Versand der Ware beweisen.
5. Nach Abgabe der Dokumente bei seiner Hausbank wird dem Exporteur der Kaufpreis auf seinem Konto gutgeschrieben.
6. Die Hausbank des Exporteurs leitet die Dokumente an die Bank des Importeurs. Diese gibt die Dokumente an den Importeur weiter und belastet sein Konto.
7. Nach Abgabe der Dokumente überweist die Bank des Importeurs den Kaufpreis an die Hausbank des Exporteurs.
8. Der Importeur übergibt die Dokumente an den Verfrachter und erhält die Ware.

Vorteil/Nachteile Dokumentenakkreditiv

Vorteil	Nachteile
• Es besteht Zahlungssicherheit für den Exporteur, da ein Zahlungsversprechen der Bank des Importeurs (unbestätigtes Akkreditiv) und ggf. sogar der Bank des Exporteurs (bestätigtes Akkreditiv) vorliegt.	• Der Importeur zahlt erst nach Erhalt der Dokumente. • Die Ware kann nicht vor Zahlung des Kaufpreises geprüft werden. • Bei Herausgabe der Dokumente gegen einen akzeptierten Wechsel besteht das Risiko, dass der Wechsel nicht am Fälligkeitstag eingelöst wird und der Importeur die Ware bereits verwertet oder verkauft hat.

1 Gegen Zahlung einer Bestätigungsprovision

Das Dokumentenakkreditiv ist eine sehr sichere Zahlungsbedingung und wird häufig bei ersten Geschäften mit neuen, wenig bekannten Kunden im Ausland verwendet.

Folgende Tabelle fasst einige **Zahlungsbedingungen im Außenhandel** zusammen:

	Vorauszahlung	Anzahlung	Dokumentenakkreditiv	Kasse gegen Ware	Dokumenteninkasso		Zielverkauf
					Dokumente gegen Zahlung	Dokumente gegen Akzept	
englische Bezeichnung	*cash in advance* oder *cash before delivery*	*down payment*	*letter of credit*	*cash on delivery*	*documents against payment*	*documents against acceptance*	*sale on deferred terms* oder *purchase on account*
Kürzel	(CIA) oder (CBD)		(L/C)	(COD)	(D/P)	(D/A)	
Beschreibung	Der komplette Kaufpreis wird vor der Lieferung gezahlt.	Vereinbarte Teilzahlungen erfolgen vor Lieferung.	Der Importeur beauftragt seine Bank bei Erfüllung der Akkreditivbedingungen (u. a. Vorlage der vereinbarten Dokumente) den Kaufpreis zu zahlen (Zahlungsversprechen der Bank des Importeurs).	Die Zahlung erfolgt bei Lieferung Zug um Zug per Nachnahme über eingeschaltete Vertrauenspersonen (Bank, Spediteur, Lagerhalter).	Der Exporteur beauftragt seine Hausbank, den Kaufpreis gegen Abgabe vereinbarter Dokumente einzuziehen.	Der Exporteur beauftragt seine Hausbank, den Kaufpreis gegen Abgabe vereinbarter Dokumente einzuziehen. Die Zahlung erfolgt durch Akzeptierung eines Wechsels.	Der Importeur erhält die Ware auf Rechnung mit einem Zahlungsziel, ohne weitere Absicherung.
Anwendung und Bewertung	bei Ausfuhr in politisch/wirtschaftlich unsichere Länder bei neuen, problematischen Kunden	bei neuen Kunden bei kapitalintensiven Großaufträgen Abnahme der Lieferung wird gesichert	bei neuen, nicht gut bekannten Kunden Sicherung des Waren- und Zahlungseingangs Zahlungsversprechen der Bank des Kunden sowie der eigenen Bank (bestätigter Akkreditiv)	Vertrauensverhältnis bei Nachnahme erforderlich Risiko, dass der Importeur die Ware verspätet oder gar nicht annimmt besonders innerhalb der EU	bei Kunden mit länger bestehenden Geschäftsbeziehungen Risiko, dass der Kunde die Dokumente nicht oder verspätet annimmt besonders innerhalb der EU	bei guten Kunden mit länger bestehenden Geschäftsbeziehugen Exporteur gewährt ein durch ein Wechselgeschäft gesichertes Zahlungsziel besonders innerhalb der EU	erfordert ein sehr großes Vertrauensverhältnis nur Kunden mit langjähriger Geschäftsbeziehung besonders innerhalb der EU
Sicherheit	← **sicher**			für den Exporteur			**unsicher** →

Über das Zahlungsrisiko hinaus beinhalten Außenhandelsgeschäfte noch weitere Risiken, gegen die sich der Exporteur mithilfe vertraglicher Vereinbarungen absichern kann:

weitere Risiken

- **Transportrisiko:** Abschluss von Transportversicherungen; genaue Festlegung des Gefahrenübergangs durch die Festlegung von Incoterms®
- **Wechselkursrisiko:** Fakturierung der Ausgangsrechnungen in Euro

› Kapitel 3.2.3 Incoterms®

Incoterms® im Außenhandel

3.2.3

Incoterms®

Für den **internationalen Warenhandel** (Außenhandel) hat die Internationale Handelskammer in Paris (ICC)[1] ein international gültiges Regelwerk über Vertrags- und Lieferbedingungen veröffentlicht. Die weltweite Akzeptanz dieser Incoterms®[2] (International Commercial Terms = Internationale Handelsklauseln) ist dadurch gegeben, dass durch den Bezug auf eine dieser elf Regeln die Bedingungen und Regeln für die technische Durchführung der Beförderung auf sehr einfache Weise festgelegt und jeweils von den nationalen Gerichten akzeptiert wird. Geregelt werden die Pflichten, Kosten und Risiken im internationalen Warenverkehr, indem die Incoterms® als Bestandteile des Kaufvertrags aufgenommen werden. Rechtsprobleme wie z. B. der Vertragsabschluss, die Eigentumsübertragung, die Zahlungsabwicklung oder die Rechtsfolgen von Vertragsbrüchen werden hingegen nicht geregelt.

Seit dem 1. Januar 2020 sind die neuen Incoterms® 2020[3] in Kraft, welche die früheren Regelungen (Incoterms® 2010) ablösen. Als eine wesentliche Änderung wurde die Klausel DAT durch die Klausel DPU ersetzt. In der folgenden Tabelle sind abhängig von den Pflichten der Vertragspartner die elf Klauseln in vier Gruppen aufgeteilt und kurz beschrieben. Von oben nach unten nehmen die Pflichten und Risiken für den Verkäufer zu, für den Käufer entsprechend ab.

Gruppe	Klausel	Beschreibung	Transportart
E	**EXW** (ex works)	Der Verkäufer (VK) erfüllt seine Lieferverpflichtung bereits dann, wenn er die Ware dem Käufer (K) zur vereinbarten Zeit beim VK oder an einem anderen benannten Ort (z. B. ab Werk, Fabrik, Lager etc.) zur Abholung bereitstellt. Der VK trägt die Kosten für Verpackung und Warenprüfung. Der Transport erfolgt komplett auf Kosten und Gefahr des K.	alle
F	**FCA** (free carrier)	Der VK ist verpflichtet, die Ware auf eigene Rechnung und eigenes Risiko an einem vereinbarten Ort (Abgangsort) einem benannten Frachtführer zu übergeben. Abhängig vom ausgewählten Ort der Lieferung muss der VK außerdem beladen. Ab diesem Zeitpunkt und Ort trägt der K die Transportkosten sowie das Transportrisiko.	alle

1 Mehr Informationen zur ICC unter folgender Internetadresse: www.iccgermany.de
2 „Incoterms®" ist eine eingetragene Marke der Internationalen Handelskammer (ICC). Incoterms®2020 ist einschließlich aller seiner Teile urheberrechtlich geschützt. Die ICC ist Inhaberin der Urheberrechte an den Incoterms®2020. Bei den vorliegenden Ausführungen handelt es sich um inhaltliche Interpretationen zu den von der ICC herausgegebenen Lieferbedingungen durch die Autoren. Diese sind für den Inhalt, Formulierungen und Grafiken in dieser Veröffentlichung verantwortlich. Für die Nutzung der Incoterms® in einem Vertrag empfiehlt sich die Bezugnahme auf den Originaltext des Regelwerks. Dieser kann über ICC Germany unter www.iccgermany.de und www.incoterms2020.de bezogen werden.
3 In den zuletzt gültigen Regelungen wurde die Klausel DAT durch die Klausel DPU ersetzt. Zudem änderten sich Vorgaben zum Abschluss von Transportversicherungen.

Gruppe	Klausel	Beschreibung	Transportart
F	**FAS** (free along-side ship)	Der VK hat seine Pflichten erfüllt, wenn er die Ware in dem vom K benannten Verschiffungshafen bis an die Längsseite des vom K benannten Schiffes verbracht hat. Gegebenenfalls hat der VK die Ausfuhrgenehmigung und/oder andere behördliche Genehmigungen zu beschaffen sowie alle Zollformalitäten für die Ausfuhrabfertigung zu erledigen. Ab diesem Zeitpunkt trägt der K die weiteren Transportkosten und das Transportrisiko.	Schiff
	FOB (free on board)	Nach Verladen der Ware auf das vom K benannte Schiff im Verschiffungshafen gehen an der Schiffsreling die Transportkosten sowie -risiken vom VK auf den K über. Der VK muss die Ware für den Export freimachen, ggf. die Ausfuhrgenehmigung und/oder andere behördliche Genehmigungen beschaffen und alle Zollformalitäten erledigen. Der VK ist jedoch nicht zur Erledigung der Einfuhrformalitäten sowie zur Zahlung der Einfuhrabgaben verpflichtet.	Schiff
C	**CFR** (cost and freight)	Der VK trägt die Kosten bis zum Bestimmungshafen und macht die Ware für die Ausfuhr frei. Die Transportrisiken gehen aber bereits im Verschiffungshafen an der Ladekante des Schiffes (Schiffsreling) auf den K über (siehe FOB).	Schiff
	CIF (cost insurance and freight)	Der VK trägt die Frachtkosten zwischen Verschiffungs- und Bestimmungshafen, muss aber zusätzlich auf eigene Rechnung eine Transportversicherung zugunsten des K abschließen. Das Transportrisiko geht auf den K über, wenn die Ware auf das von ihm benannte Schiff verladen wurde (siehe CFR/FOB).	Schiff
	CPT (carriage paid to)	Das Transportrisiko der Warensendung verbleibt beim VK, bis er die Ware zum von ihm bestimmten ersten Frachtführer gebracht hat. Der Kostenübergang auf den K erfolgt erst, wenn die Ware am Bestimmungsort angekommen ist. Daher muss der VK einen Beförderungsvertrag zum vereinbarten Bestimmungsort abgeschlossen und dessen Kosten übernommen haben. Zudem hat er ggf. die Ausfuhrgenehmigung und alle Zollformalitäten für die Ausfuhrabfertigung zu erledigen.	alle
	CIP (carriage and insurance paid to)	Der Gefahrübergang auf den K erfolgt wie bei CPT zum Zeitpunkt der Übergabe der Ware an den ersten Frachtführer. Der Kostenübergang auf den K erfolgt erst, wenn die Ware am Bestimmungsort angekommen ist. Im Unterschied zur CPT-Klausel muss der VK zusätzlich auf seine Kosten eine Transportversicherung zugunsten des K abschließen.	alle

Gruppe	Klausel	Beschreibung	Transportart
D	**DAP** (delivered at place)	Der VK erfüllt seine Lieferpflicht, wenn er die Ware dem K am vereinbarten Bestimmungsort entladebereit zur Verfügung stellt. Erst zu diesem Zeitpunkt finden der Kosten- und Gefahrübergang auf den K statt.	alle
	DPU (delivered at place unloaded)	Der VK trägt alle Transportkosten und -gefahren, bis die Ware vom ankommenden Transportmittel entladen wurde und dem K am benannten Bestimmungsort zur Verfügung gestellt wird. Gegenüber DAP übernimmt der VK zusätzlich Kosten und Risiko des Entladens.	alle
	DDP (delivered duty paid)	Der VK ist verpflichtet, die zur Einfuhr freigemachte Ware dem K auf dem ankommenden Beförderungsmittel entladebereit am vereinbarten Bestimmungsort zur Verfügung zu stellen. Gefahr- und Kostenübergang erfolgen erst am Bestimmungsort beim K. Der K trägt lediglich die Kosten und die Verantwortung für das Entladen des Transportfahrzeugs (Maximalverpflichtung des VK).	alle

Die Gruppen E, F und D sind sogenannte Ein-Punkt-Klauseln, da die Gefahr und die Kosten am gleichen Ort auf den Käufer übergehen. Bei den C-Klauseln (Zwei-Punkt-Klauseln) erfolgen der Kosten- und der Gefahrübergang an unterschiedlichen Orten.

Vier Klauseln sind speziell nur für den See- und Binnenschifftransport einsetzbar, alle anderen (multimodale Klauseln) eignen sich für alle Transportarten (See-/Binnenschifffahrt, Flugzeug, Bahn, Lkw).

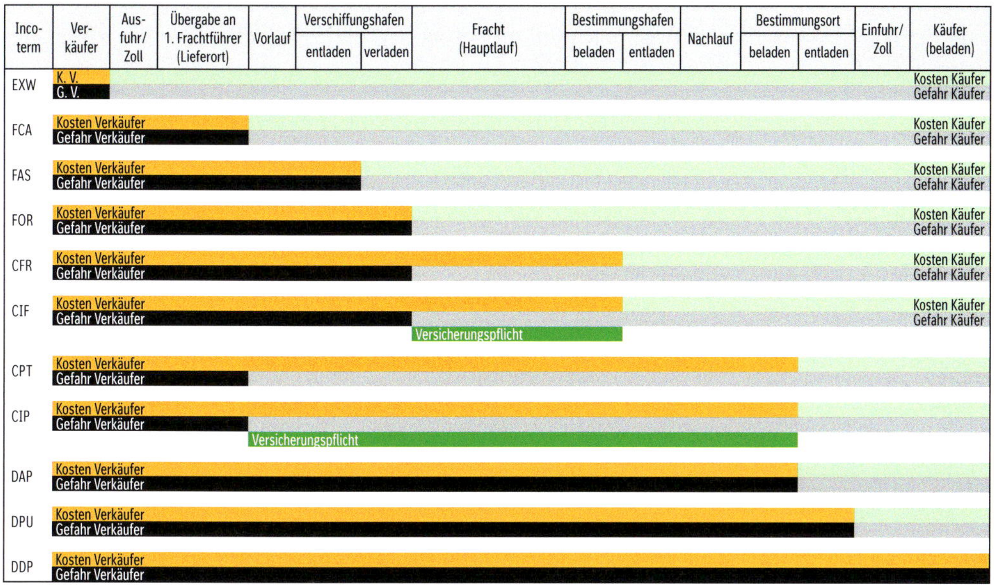

Die Incoterms® 2020 im Überblick (vereinfachte Darstellung)

1 Der Buchstabe „I" in der Klausel steht für Insurance = Versicherung.

Eine weitere wesentliche Neuerung betrifft den Abschluss der Transportversicherung in den beiden Klauseln CIF und CIP[1]. Gemäß den Incoterms® 2000 genügte der Abschluss einer Warentransportversicherung mit Mindestdeckung entsprechend der von der International Underwriting Association of London (ILJA) herausgegebenen Versicherungsbedingungen (Institute Cargo Clauses), die primär Seetransport-, aber zunehmend auch Landtransportrisiken betreffen. Folgende Gefahrenliste wurde von der ILJA herausgegeben:

Terminkauf

- 1: Feuer und Explosion
- 2: Stranden, Aufgrundlaufen, Kentern
- 3: Überschlagen und Entgleisen von Landtransportmitteln
- 4: Kollision oder Berühren des Transportmittels mit anderen Gegenständen, ausgenommen Wasser
- 5: Entladen von Gütern in einem Nothafen
- 6: Aufopferung und Seewurf (Überbordwerfen von Ladung) bei der Großen Haverei
- 7: Beiträge zur Großen Haverei und Bergungskosten
- 8–11: umfassen z. B. Überbordspülen, Erdbeben, Vulkanausbruch, Blitzschlag sowie Eindringen von See- und Flusswasser in das Transportmittel, den Container oder den Lagerplatz.

Die von der ILJA herausgegebenen Institute Cargo Clauses (ICC) unterscheiden folgende drei Versicherungsklauseln.[2]

- ICC A: bietet den höchsten Versicherungsschutz (Allgefahrenversicherung)
- ICC B: bietet eine Deckung für ausdrücklich im Vertrag genannte Risiken (Named-Peril-Prinzip) (Gefahren 1–11 der ICC)
- ICC C: bietet einen Mindestversicherungsschutz gegen ausdrücklich genannte Schadensereignisse, wie z. B. Große Havarie, Feuer, Strandung, Transportmittelunfall, Seebeben usw. (Gefahren 1–7 nach der Gefahrenliste der ICC)

Bei CIF genügt auch nach den Incoterms® 2020 weiterhin eine Mindestdeckung gemäß Institute Cargo Clauses (ICC) Klausel C. Bei der Klausel CIP hingegen ist der Verkäufer von nun an zum Abschluss einer Warentransportversicherung entsprechend ICC Klausel A verpflichtet. Bei beiden Klauseln können die Vertragspartner eine geringere bzw. eine höhere Versicherungsdeckung vereinbaren.

Die neuen Incoterms® 2020 ersetzen nicht die Incoterms® 2010, sodass bei einer vertraglichen Vereinbarung die jeweils vereinbarte Fassung sowie eine genaue Ortsbezeichnung angegeben werden muss (z. B. FCA Gütersloher Str. 111, 33647 Bielefeld, Deutschland; ICC-Incoterms® 2010). Bei der vertraglichen Vereinbarung von Zwei-Punkt-Klauseln (C-Klauseln) sollten stets zwei Ortsangaben gemacht werden (z. B. CPT Downingstreet No. 11, London, England ab Gütersloher Str. 111, 33647 Bielefeld, Deutschland; ICC-Incoterms® 2020)

1 Siehe auch Karsten Beck, Wiesenttal; Michael Wachtler, Fürth: Die Incoterms® 2020 in Die Industriekaufleute 02/2020; S. 6
2 Nachdem die Internationale Handelskammer (ICC) bereits 1936 Regeln zur verbindlichen, einheitlichen Auslegung handelsüblicher Vertragsklauseln festgelegt hat, befinden sich die aktuellen Vereinbarungen (Incoterms® 2020) in der achten Revision.

AUFGABE 1

Die folgende Grafik zeigt den Verlauf der Zahlung eines Exportgeschäftes per Dokumenteninkasso. Übernehmen Sie die Abbildung und beschriften Sie die Pfeile, indem Sie die Zahlen den unten aufgeführten Aspekten zuordnen.

Zahlung mit Dokumenteninkasso

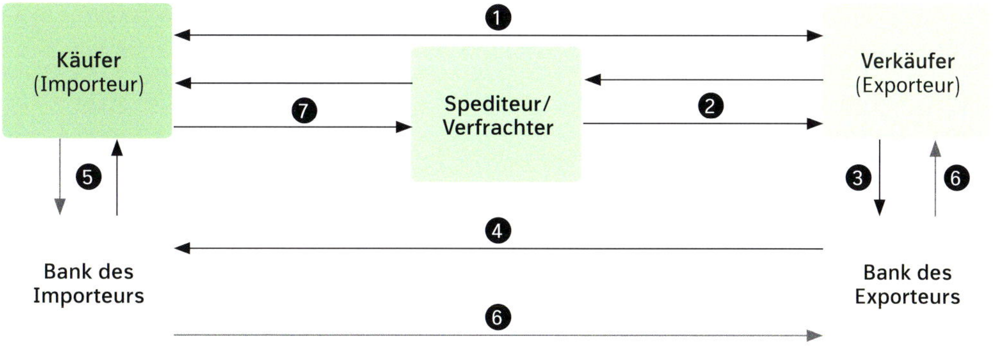

a) Weitergabe der Dokumente an die Bank des Importeurs

b) Überweisung des Kaufpreises an die Bank des Exporteurs, die den Betrag auf dem Konto des Verkäufers gutschreibt

c) Bei Lastschrift des Kaufpreises erhält der Käufer die Dokumente von seiner Bank.

d) Weitergabe der Dokumente und eines Inkassoauftrags an die Hausbank

e) Kaufvertrag

f) Vorlage der Dokumente beim Spediteur, der die Ware herausgibt

g) Verkäufer liefert Ware an den Spediteur aus und erhält die Dokumente.

AUFGABE 2

Die folgende Grafik zeigt den Verlauf der Zahlung eines Exportgeschäftes per Dokumentenakkreditiv. Übernehmen Sie die Abbildung und beschriften Sie die Pfeile, indem Sie die Zahlen den unten aufgeführten Aspekten zuordnen.

Zahlung mit Dokumentenakkreditiv

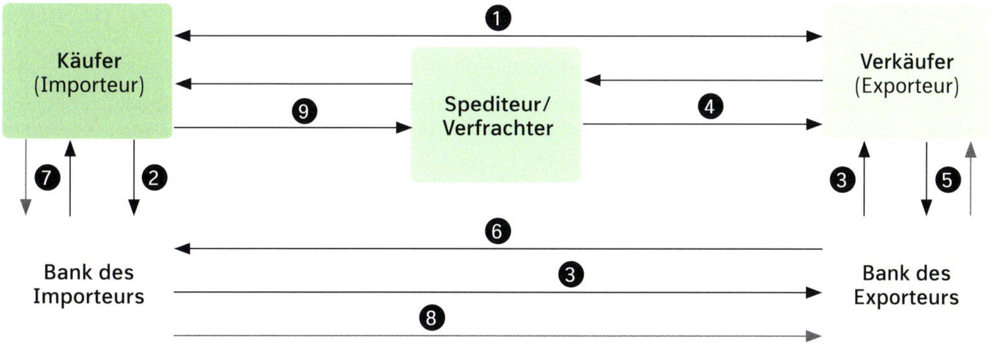

a) Der Importeur übergibt die Dokumente an den Verfrachter und erhält die Ware.

b) Auftrag zur Akkreditiveröffnung und Bereitstellung des Kaufpreises

c) Übergabe der Ware an den Verfrachter, der die Dokumente als Nachweis für den Versand herausgibt

d) Verkäufer und Käufer schließen einen Kaufvertrag mit der vertraglichen Festlegung auf die Zahlung mit Dokumentenakkreditiv.

e) Weitergabe der Dokumente an den Importeur, verbunden mit der Belastung seines Kontos

f) Information über die Akkreditiveröffnung und Benachrichtigung des Verkäufers

g) Weitergabe der Dokumente an die Hausbank des Importeurs

h) Überweisung des Rechnungsbetrages an die Bank des Exporteurs

i) Weitergabe der Dokumente an die Hausbank, die den Rechnungsbetrag gutschreibt

AUFGABE 3

Erläutern Sie den wesentlichen Unterschied zwischen einem Dokumenteninkasso und einem Dokumentenakkreditiv.

AUFGABE 4

Beschreiben Sie zwei weitere Risiken, die neben dem Zahlungsrisiko für deutsche Unternehmen im Außenhandelsgeschäft mit asiatischen Importeuren bestehen könnten. Beschreiben Sie jeweils eine entsprechende Form der Risikovermeidung.

AUFGABE 5

Welche der folgenden Aussagen zum Dokumentenakkreditiv ist zutreffend?

a) Das Dokumenteninkasso ist gegenüber dem Dokumentenakkreditiv die sicherere Zahlungsart.

b) Für den Importeur besteht beim Dokumentenakkreditiv das Risiko, dass der Exporteur qualitätsmäßig minderwertige Ware liefert oder mit gefälschten Dokumenten den Anschein vertragsgemäßer Lieferung erweckt.

c) Das Dokumentenakkreditiv kommt den Interessen des Importeurs stärker entgegen als das Dokumenteninkasso.

d) Bei einem unbestätigten Dokumentenakkreditiv besteht zwischen der avisierenden Bank (Bank des Exporteurs) und dem Exporteur ein Zahlungsversprechen.

e) Beim Dokumentenakkreditiv gibt die eröffnende Bank ein bedingtes, abstraktes Schuldversprechen gegenüber dem Importeur ab.

AUFGABE 6

Erklären Sie den Begriff „Incoterms®“ und beschreiben Sie, welche Regelungen sich hinter den folgenden Abkürzungen verbergen:

a) EXW, b) FOB und c) CIF.

3.3 Kundenmanagement

Kundenmanagement

Das Objekt der Begierde eines jeden auf wirtschaftliche Erfolge ausgerichteten Unternehmens ist der Kunde. Aufgrund seiner im Käufermarkt bestehenden Marktmacht bestimmt der Käufer häufig die im Unternehmen anstehenden Entscheidungen. Fast alle Tätigkeiten des Unternehmens sind darauf ausgerichtet, bei potenziellen Kunden (neue) Bedürfnisse zu erzeugen, bestehende Bedürfnisse zu erfüllen, sich von Konkurrenten positiv abzuheben, neue Kunden zu gewinnen[1] und diese so zu „bedienen“, dass sie zu treuen Stammkunden werden. Dieses Bestreben ist insbesondere in der Automobilindustrie spürbar. Die Spannbreite angebotener

1 Kundenakquisition (Kundengewinnung, Kundenakquise)

Extras (z. B. Head-up-Display, Memory-Funktion bei Sitzeinstellung, Müdigkeitserkennung, Einparkassistent, zeitnahe Werkstatttermine, Ausleihe von Fahrrädern im Falle von Reparaturdiensten usw.) wird immer breiter und soll zu Zufriedenheit und Anschlusskäufen führen. Diese Zielsetzung verfolgt das **Kundenmanagement** bzw. **Customer-Relationship-Management (CRM)**. Es umfasst alle unter Zuhilfenahme moderner Informations- und Kommunikationstechnologien geeigneten Maßnahmen, um die Entstehung, Intensivierung und Verlängerung von Kundenbeziehungen auf- und auszubauen und den entstehenden Kundenbeziehungs-Lebenszyklus langfristig zu beeinflussen. Diese Kundenausrichtung hat zur Folge, dass der **Kunde als „Wertanlage"** betrachtet wird und erfordert eine kundenorientierte Unternehmensstrategie sowie eine Ausrichtung aller Marketingaktivitäten auf den Kunden.

betriebswirtschaftliche Komponente

Dies wird dann gut möglich sein, wenn die Organisation/Struktur des Unternehmens nicht mehr funktionsorientiert ist, sondern sich an den Geschäftsprozessen mit den jeweiligen Kunden orientiert und somit prozessorientiert ausgerichtet ist. Es geht darum, die aktuellen Wünsche eines Kunden zu erfüllen sowie die zukünftigen Bedürfnisse im Voraus zu erahnen, sie dann zufriedenzustellen und den Kunden als einen langfristigen Stammkunden zu halten.

technische Komponente

Customer-Relationship-Management

Neben diesen betriebswirtschaftlichen Aspekten ist die Nutzung aktueller, moderner Informationstechnologien unabdingbar. Eine prozessorientierte Struktur kann durch den **Aufbau eines kundenorientierten Informationssystems** unterstützt werden. Der ständige, zeitlich nahe und schnelle Kontakt zum Kunden wird durch den Einsatz dieser Informationssysteme teilweise erst möglich. Das **CRM** ist demnach ein Managementsystem, das mithilfe moderner Kommunikations- und Informationssysteme durch eine enge Zusammenarbeit und die Umsetzung kundenorientierter Geschäftsprozesse beabsichtigt, Kunden auf lange Zeitdauer als treue Stammkunden an das Unternehmen zu binden.

Zielsetzungen

Die Aufgaben der Kundenbindung dienen der Aufrechterhaltung und Intensivierung bestehender Geschäftsbeziehungen und verfolgen die Erfüllung folgender **Werte bzw. Ansprüche beim Kunden**:

- **Zufriedenheit** (z. B. durch hohen Grund-/Zusatznutzen, Qualität der Leistungen und Serviceleistungen)
- **Kulanz** (z. B. Entgegenkommen bei Vertragsverhandlungen oder auftretenden Vertragsstörungen)
- **Vertrauen/Zuverlässigkeit** (z. B. Pünktlichkeit der Lieferung, Vertrauen in die Qualität der Leistungen)
- **Hilfsbereitschaft** (z. B. bei kurzfristigen Bestellungen, Systemlösungen, speziellen Leistungsanforderungen)
- **Zusammenarbeit** (z. B. in der Forschung und Entwicklung, gemeinsame Marketingaktionen, Ergänzung in den jeweils eigenen Leistungen für Dritte oder bei entsprechenden Zielsetzungen)

Erst wenn das Unternehmen mit seinen Leistungen einen Kundennutzen stiftet, der den Kundenbedürfnissen entspricht, kann es eine Kundenzufriedenheit und eine dauerhafte Kundenbindung erreichen. Diese Kundenbindung schafft einen Kundenwert (Kundenumsatz) für das Unternehmen, der wiederum den Unternehmenswert steigert.

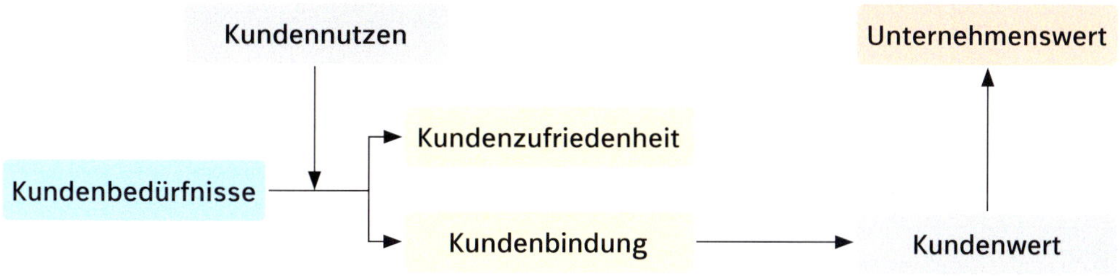

Maßnahmen

Zur Pflege und Bindung der Kunden, deren Bedürfnisse ganz unterschiedlich sind und sich ständig verändern, kann das Kundenmanagement eines Unternehmens eine Vielzahl von Maßnahmen ergreifen:

- Anbieten von individuellen Systemlösungen,
- Integration des Kunden (der Kundenwünsche) bei internen Entscheidungen und Zielsetzungen,
- gemeinsame Tätigkeiten im Rahmen der Forschung und Entwicklung,
- Gewährung umsatzabhängiger Bonus- und Rabattstaffeln,
- Abhängigkeit eines gewährten Kundenskontos von der Intensität der Geschäftsbeziehungen,
- umfangreiches Angebot im Bereich der Aftersales-Leistungen und im Bereich der Servicepolitik,
- intensive und regelmäßige Kommunikation, die auch das Interesse an einer wirtschaftlichen Entwicklung des Kunden zeigt,
- computergestützte Kommunikation, die Prozesse in der Auftragsabwicklung beschleunigt und gegenseitiges Vertrauen schafft,
- computergestützter Kontakt „rund um die Uhr" (z. B. Hotline, Vertragsabschluss über Internet),
- intensiver und entgegenkommender Umgang mit Kundenunzufriedenheit (Beschwerdemanagement).

Die Anzahl und Intensität des Einsatzes dieser Maßnahmen sind sehr kostenintensiv und unterscheiden sich je nach Kunde. Daher führen viele Unternehmen zur Schwerpunktsetzung ihrer Bemühungen eine ABC-Analyse durch. Der Löwenanteil der Kundenmanagementaktivitäten liegt auf den A-Kunden[1], die die umsatzstärksten und langfristigsten Geschäftsbeziehungen zum Unternehmen unterhalten. Insbesondere prozessorientiert organisierte Unternehmen benennen sogenannte Key-Account-Managerinnen und Key-Account-Manager, die diese Kunden in allen Bereichen der Auftragsabwicklung, der Beratung, einer möglichen Finanzierung bis zu den Aftersales-Leistungen betreuen.

Die Kundenpflege bzw. -bindung ist häufig einfacher und kostengünstiger als eine Kundengewinnung oder -rückgewinnung. Die Kundenrückgewinnung ist auch daher sehr schwierig, weil sich unzufriedene Kunden nicht mehr beschweren und den Grund ihrer Unzufriedenheit nicht mehr mitteilen, sondern aufgrund der vorherrschenden Markttransparenz sofort den Anbieter wechseln.

AUFGABE 1

Führen Sie Gründe an, warum ein Industrieunternehmen einen Auftrag ablehnt.

AUFGABE 2

Ein systematisches Beschwerdemanagement gilt als zentraler Erfolgsfaktor für dauerhafte Kundenbindung.

a) Beschreiben Sie zentrale Elemente eines systematischen Beschwerdemanagements.

b) Begründen Sie, warum ein systematisches Beschwerdemanagement die Kundenbindung unterstützt.

AUFGABE 3

Führen Sie Gründe aus Sicht des Unternehmens an, warum Kundenbindung wichtig ist.

1 Premiumkunden, Key-Account-Kunden, Großkunden

AUFGABE 4

› Recherche

Sammeln Sie Beispiele für Kundenmanagementprozesse in Ihrem Ausbildungsbetrieb.

AUFGABE 5

Stellen Sie die Begriffe „Kundenbedürfnisse“, „Kundennutzen“, „Kundenzufriedenheit“ und „Kundenwert“ so in einen Zusammenhang, dass die Aufgaben und Ziele des Kundenmanagements deutlich werden.

AUFGABE 6

Nennen Sie Ziele und Instrumente des CRM.

AUFGABE 7

Nennen Sie Beispiele dafür, wo Sie als Kundin oder Kunde mit Kundenmanagementsystemen bzw. CRM in Berührung kommen.

4 Marketingkontrolle

Die Marketingkontrolle beinhaltet eine andauernde, systematische Überwachung und Überprüfung der Marketingzielsetzungen, der Marketingstrategien sowie die operative Umsetzung der konkreten Marketinginstrumente im Marketingmix. Grundlage dieses Prozesses ist der Management-Regelkreis: Durch einen Soll-Ist-Vergleich mit anschließender Abweichungsanalyse wird überprüft, ob die angestrebten Zielvorgaben erreicht wurden oder ggf. der Einsatz der Instrumente korrigiert werden muss.

BEISPIEL

Im Qualitätshandbuch der Marketingabteilung der Heidtkötter KG ist der Kontrollprozess des eingesetzten Marketinginstrumentariums wie folgt dokumentiert:

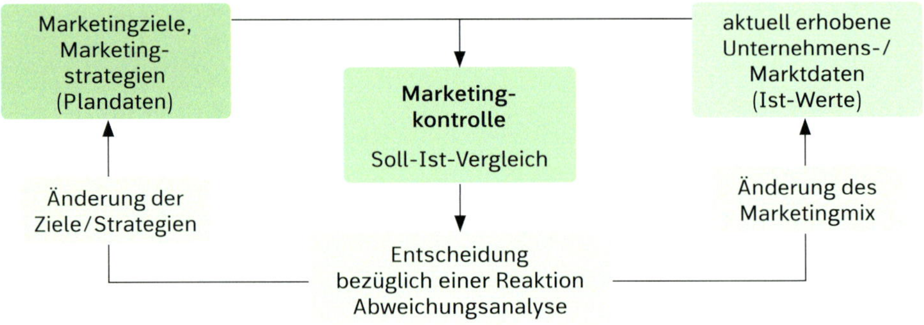

Die folgenden Ausführungen unterscheiden zwischen einer kurzfristig (operativen) und einer langfristig angelegten (strategischen) Marketingkontrolle und bieten eine kurze Übersicht über gängige Messgrößen.

4.1 Operative Marketingkontrolle

Die operative **Marketingkontrolle** umfasst die Überprüfung des Instrumenteneinsatzes sowie der kurzfristig orientierten Marketingziele. Den Erfolg von konkreten Marketingaktionen festzustellen, ist schwierig, da viele andere Faktoren (Konjunktur, Mode, Trends, technische Entwicklungen, Veränderung der Einkommensverhältnisse) Einfluss auf das Kundenverhalten ausüben. Da der Kauf eines Produktes also nicht nur von Werbeaktionen abhängt, ist der Erfolg oder auch Misserfolg nicht alleine nur auf den Einsatz absatzpolitischer Instrumente zurückzuführen.

ökonomischer Erfolg

Dennoch könnte man davon ausgehen, dass eine Werbeaktion dann erfolgreich war, wenn sich anschließend der Umsatz und/oder der eigene Marktanteil erhöht haben. Dieser **ökonomische Erfolg** kann anhand folgender Instrumente der **kurzfristigen Marketingkontrolle**, auch in Form von Kennziffern, in Zahlenwerten dokumentiert werden:

Umsatzrechnung

- Bei der **Umsatzrechnung** werden die Umsatzerlöse vor und nach dem Einsatz von Marketinginstrumenten miteinander verglichen. Zu beachten ist, dass sich der Umsatz aus der Multiplikation von Preis und Menge ergibt. Eine Abweichung der Soll- und der Ist-Werte kann also durch eine Mengenänderung, durch eine Preisänderung oder durch beides begründet sein. Dies muss genau ermittelt werden.

BEISPIEL

Die Heidtkötter KG hat für die Bürostuhlserie ongis im abgelaufenen Geschäftsjahr eine Jubiläumskampagne durchgeführt, die von einem intensiven Marketingmix begleitet wurde. Motto: „10 Jahre *ongis*", was bedeutet, dass es ein Jahr lang 10 % Rabatt gibt.

Nach Ablauf des Geschäftsjahres soll mithilfe der Umsatzrechnung der Erfolg der Jubiläumskampagne überprüft werden. Folgende Daten sind gegeben:

	Verkaufspreis (pro Stück)	Absatzmenge (Stück)	Umsatz
Vorjahr	190,00 €	10 000	190,00 € · 10 000 = 1.900.000,00 €
Kampagnenjahr	171,00 €	13 000	171,00 € · 13 000 = 2.223.000,00 €

Der Umsatz konnte im Kampagnenjahr um 323.000,00 € trotz der zehnprozentigen Preissenkung gesteigert werden. Dies ist auf den Absatzmengenzuwachs von 30 % zurückzuführen. Offenbar hat sich die Jubiläumskampagne gelohnt.

- Die Wirtschaftlichkeit einer Werbeaktion kann wie folgt ermittelt werden:

Wirtschaftlichkeit der Werbung

$$\textbf{Wirtschaftlichkeit der Werbung (Werberendite)} = \frac{\text{Umsatzzuwachs} \cdot 100}{\text{Werbeaufwand}}$$

BEISPIEL

Die Heidtkötter KG hat für die Jubiläumskampagne für die Bürostuhlserie *ongis* insgesamt 180.000,00 € für Werbung aufgewendet. Die Entwicklung der Umsatzzahlen ist dem Beispiel zuvor zu entnehmen.

$$\textbf{Wirtschaftlichkeit der Werbung (Werberendite)} = \frac{2.223.000{,}00 - 1.900.000{,}00 \cdot 100}{180.000{,}00} = 179{,}44\ \%$$

Der Umsatzzuwachs lag im Verhältnis zum Werbeaufwand um 179,44 % höher. Da der Umsatzzuwachs den zusätzlichen Werbeaufwand damit deutlich übersteigt, hat sich die Werbekampagne gelohnt.

- Ebenso können die jeweils vor und nach der Werbeaktion ermittelten **Marktanteilswerte** verglichen werden. Dies ermöglicht Rückschlüsse auf den Erfolg der durchgeführten Werbeaktion.

Marktanteil

$$\textbf{Marktanteil} = \frac{\text{Umsatz des eigenen Produktes}}{\text{Gesamtumsatz des Marktes}}$$

Dieser Anteil am Gesamtmarkt kann verändert werden, indem man gezielt Marketing betreibt. Eine Erhöhung des Marktanteils führt dazu, dass sich das Unternehmen in einer stärkeren Wettbewerbsposition befindet.

- Ebenso kann bezüglich der **Deckungsbeiträge** ein **Soll-Ist-Vergleich** angestellt werden. Zugrunde gelegt wird ein zukünftiger Plandeckungsbeitrag eines Produktes. Dieser wird dann mit dem erreichten Deckungsbeitrag verglichen. Er zeigt an, wie viel ein Produkt zur Deckung der fixen Kosten beiträgt. Durch eine Erhöhung der Umsätze kann bei gleicher Kostenstruktur ein höherer Deckungsbeitrag erzielt werden. Ist der Deckungsbeitrag zu niedrig oder gar unter Null, sind weitere Entscheidungen (z. B. die Entscheidung zu einer Produktelimination) erforderlich. Bei der Überprüfung der Marketingaktivitäten mithilfe der Deckungsbeitragsrechnung sollte eine intensive Abstimmung mit der Produktionsplanung erfolgen. Denn unter Berücksichtigung der Fertigungskapazitäten kann es sinnvoll sein, ein Produkt stärker am Markt zu positionieren, das nicht die höchsten absoluten, sondern die höchsten relativen Deckungsbeiträge aufweist.

Deckungsbeitragsrechnung

› LF 6, Kapitel 3.3 optimales Fertigungsprogramm

weitere Kennzahlen

Weitere ökonomische Kennzahlen zur Beurteilung der Wirtschaftlichkeit von einzelnen Tätigkeiten oder Bereichen im Rahmen des Marketing können ermittelt werden. Die erzielten Umsatzerlöse werden ins Verhältnis gesetzt zu den entsprechenden Aufwendungen, die aufgrund der Tätigkeiten in den einzelnen Bereichen angefallen sind. Diese von Zeit zu Zeit ermittelten Werte müssen anschließend miteinander verglichen werden.

BEISPIEL

$$\frac{\text{Umsatzerlöse}}{\text{Vertriebskosten}} \qquad \frac{\text{Umsatzerlöse}}{\text{Anzahl der Vertriebsmitarbeiter/-innen}}$$

$$\frac{\text{Umsatzerlöse}}{\text{Anzahl der Werbeaktionen}} \qquad \frac{\text{Umsatzerlöse}}{\text{Anzahl der Kundenbesuche}}$$

Weitere Kennzahlen der Marketingkontrolle sind hier beispielhaft aufgezählt:

- Vertriebskosten im Verhältnis zum Umsatz je Kundenbesuch
- Gesamtentwicklung des (Teil-)Marktes
- Kundenstruktur, z. B. Neukunden im Verhältnis zum Gesamtkundenstamm
- Anzahl der Angebote zur Anzahl der eingegangenen Aufträge

außerökonomischer Erfolg

Wenn wir uns noch einmal die psychografischen Zielsetzungen[1] des Marketings ins Gedächtnis rufen, wird sehr schnell deutlich, dass ebenso **außerökonomische Indikatoren** für erfolgreiche Werbung eine große Rolle spielen.

Zur Kontrolle des Marketingerfolges können folgende außerökonomische Indikatoren überprüft werden:

- angestrebte Kundenzufriedenheit,
- Imagesteigerung für das Produkt und/oder das Unternehmen,
- Erhöhung des Bekanntheitsgrades des Unternehmens,
- verändertes Kaufverhalten der (potenziellen) Kunden,
- Wecken neuer Bedürfnisstrukturen,
- verbesserte Kundeneinstellung zu bestimmten Unternehmensaktivitäten,
- Kundenwahrnehmung der verbesserten Umweltorientierung des Unternehmens.

Probleme

Die Informationsbeschaffung zu diesen außerökonomischen Indikatoren ist problematisch. In diesem Zusammenhang wird erneut deutlich, wie wichtig ein aktueller, unternehmensinterner Informationsbestand sowie eine effektive, ergiebige und kontinuierliche Arbeit der Primärforschung[2] zur Erhebung aktueller Daten für Unternehmensentscheidungen im Bereich Marketing sind.

Im Rahmen der Auswertung von Informationen werden wissenschaftliche Erklärungsansätze für menschliches Verhalten benötigt, um die psychische Wirkung der Marketinginstrumente zu analysieren und eigene Verhaltensstrategien abzuleiten.

AUFGABE 1

Die Unternehmensleitung eines Industrieunternehmens erwartet, dass im Rahmen eines Marketingkonzepts konkrete Kennzahlen angegeben werden, mit deren Hilfe durch Soll-Ist-Vergleiche der Erfolg durchgeführter Marketingmaßnahmen gemessen und kontrolliert werden können. Beschreiben Sie vier Kennzahlen, die diese Erwartungen erfüllen.

1 Siehe Kapitel 1.1.
2 siehe Lernfeld 9, Kapitel 1.2.1

AUFGABE 2

Im Bereich Marketingkontrolle wurde festgestellt, dass sich die Kundenbesuchszahlen der betriebseigenen Außendienstmitarbeiterinnen und -mitarbeiter im letzten Halbjahr um 15 % verringert haben. Beschreiben Sie fünf Maßnahmen, wie die Vertriebsleitung auf diesen Rückgang reagieren könnte.

AUFGABE 3

Eine Industrieunternehmung möchte den Erfolg einer durchgeführten Werbekampagne ermitteln. Folgende Daten sind nach Abwicklung der Werbekampagne gegeben:

- Werbekosten: 2,5 Mio. €
- Umsatzerlöse: 150 Mio. €
  (20 % Umsatzanstieg seit Beginn der Werbekampagne)
- Gesamtumsatz des Marktes: 1 Mrd. €
  (25 % Marktwachstum seit der Werbekampagne)

a) Ermitteln Sie geeignete Kennzahlen zur Bestimmung des Werbeerfolgs.

b) Interpretieren Sie Ihre Ergebnisse und nehmen Sie hinsichtlich der Aussagekraft Stellung.

AUFGABE 4

Die Heidtkötter KG bietet den Bürotisch *Konferenz* an. Die geschätzte Aufnahmefähigkeit des Marktes für dieses Produkt beträgt 10000 Stück pro Geschäftsjahr. Zum Bürotisch *Konferenz* liegen folgende Angaben für das abgelaufene Geschäftsjahr vor:

Unternehmen	Absatz	Umsatz
Dose KG	1500 Stück	900.000,00 €
Giese e. K.	2000 Stück	1.100.000,00 €
Heidtkötter KG	4000 Stück	2.000.000,00 €

a) Ermitteln Sie für den Bürotisch den mengenmäßigen Sättigungsgrad des Marktes im abgelaufenen Geschäftsjahr in Prozent und den durchschnittlichen Verkaufspreis nach dem Verfahren des gewogenen Durchschnitts.

b) Ermitteln Sie, um wie viel Prozent der Verkaufspreis der Heidtkötter KG niedriger war als der von Ihnen in a) ermittelte durchschnittliche Verkaufspreis (bitte auf zwei Stellen nach dem Komma runden).

AUFGABE 5

Der Seifenhersteller Flartz GmbH will den Erfolg einer Jubiläumswerbung „50 Jahre seifen mit Flartz" analysieren. Folgende Daten werden hierzu berücksichtigt:

	Vorjahr		Jubiläumsjahr	
Kosten (in €)	Gesamtkosten	5.500.000,00	Gesamtkosten Kosten der Jubiläumswerbung	6.500.000,00 270.000,00
Verkaufszahlen	Absatzmenge (Liter) Ø Verkaufspreis (€/l)	850 000 6,50	Absatzmenge (Liter) Ø Verkaufspreis (€/l)	1 100 000 5,95

Berechnen Sie die Werberendite der Jubiläumswerbung für das Jubiläumsjahr und beurteilen Sie kritisch den Erfolg der Werbemaßnahme

4.2 Strategische Marketingkontrolle

Gegenstand der strategischen Kontrolle sind

- die langfristigen Zielsetzungen,
- die Marketingstrategien sowie
- das Produktions-/Absatzprogramm.

Marketing-Audit

Ein Instrument der langfristigen **Marketingkontrolle** ist das **Marketing-Audit**.

Während die operativen Instrumente der Marketingkontrolle sich eher an den Ergebnissen eingesetzter Marketingmaßnahmen orientieren, ist das Marketing-Audit durch eine systematische, kritische Analyse aller Marketingtätigkeiten gekennzeichnet.

Das Marketing-Audit ist die systematische, zukunftsorientierte Untersuchung und Überprüfung der Marketingplanung und Marketingdurchführung, die auch das Umfeld des Unternehmens miteinbezieht. So sollen die Marketingziele, die Strategien und die einzusetzenden Instrumente andauernd den Umweltveränderungen angepasst werden. Bei stetigem Einsatz dient das Marketing-Audit praktisch als „Frühwarnsystem" für strategisch angelegte Entscheidungen.

Elemente

Ein Marketing-Audit besteht aus folgenden Elementen:

Ein Marketing-Audit wird nicht nur mit den Fachkräften innerhalb des Unternehmens durchgeführt, vielmehr wird auch externe Hilfe in Form eines Marketing-Auditors in Anspruch genommen. Dies verhindert Betriebsblindheit beim Audit und ermöglicht eine andere, zusätzliche Betrachtungsweise des Marketingbereiches.

Das Ergebnis eines Audits ist eine bewertende Bestandsaufnahme sowie Empfehlungen für kurzfristig greifende, insbesondere aber auch für langfristige Maßnahmen im Bereich des Marketings.

Weitere Instrumente, die sich der strategischen Marketingkontrolle zuordnen lassen, kennen Sie aus anderen Zusammenhängen:

- SWOT-Analyse (siehe Kapitel 1.3.3)
- Benchmarking (siehe Lernfeld 6, Kapitel 5.3)
- Portfolioanalyse (siehe Kapitel 1.3.2) und Produktlebenszyklus (siehe Kapitel 1.3.1)

AUFGABE 1

Die strategische Marketingkontrolle nutzt verschiedene Kennzahlen zur Optimierung langfristiger Marketingstrategien. Ordnen Sie den folgenden Kennzahlen jeweils zu, ob sie zur **strategischen** (1) oder **operativen** (9) Kontrolle gehören:

a) Marktanteil

b) Klickrate einer Werbeanzeige

c) Bekanntheitsgrad des Unternehmens

AUFGABE 2

Ein Hersteller von Büromöbel setzt im Marketingmix verstärkt auf Preisnachlässe (Preispolitik) und die Teilnahme an Messen (Kommunikationspolitik). Trotz dieser Marketingmaßnahmen stagnieren die Umsatzzahlen.

a) Welche Elemente des Marketingmix sollten gezielt kontrolliert werden?

b) Welche Zielsetzung könnte durch diese umfassendere Kontrolle erreicht werden?

AUFGABE 3

Ein Unternehmen nutzt die Primärforschung als Marketinginformationssystem, um hilfreiche Entscheidungen auf Basis aktueller Daten zu treffen.

Nennen Sie zwei Arten von Informationen, die aus dem Marketinginformationssystem für die **strategische Marketingkontrolle** nützlich sind und erklären Sie kurz den grundlegenden Nutzen des Marketinginformationssystem.

Übergreifende Aufgaben

Aufgabe 1: Um welche konkrete Methode und welche Art der Marktforschung handelt es sich in den folgenden Fällen?

a) In einem Supermarkt wird beobachtet, wie die Kundschaft auf eine neue Getränkeverpackung reagiert.
b) Ein Industrieunternehmen wertet seine Gewinn- und Verlustrechnung aus.
c) Mitarbeitende eines Marktforschungsbüros befragen Passantinnen und Passanten zu der nun abgeschlossenen Neugestaltung der Einkaufszone und zu den dort ansässigen Einzelhandelsgeschäften.
d) Mitarbeitende eines Marktforschungsbüros befragen im Auftrag eines Einkaufscenters alle drei Monate die gleichen Haushalte nach ihren Einkaufsgewohnheiten.
e) Auf einem Testmarkt wird Personen ein (neues) Produkt zur Verfügung gestellt und es wird nach ihren Einschätzungen zu unterschiedlichen Aspekten (Qualität, Nutzen, Geschmack, Preis, Verpackung) gefragt.
f) Ein Büromöbelhersteller informiert sich in einer Fachzeitschrift über Testergebnisse zu unterschiedlichen Schreibtischstühlen. Die Ergebnisse wurden von einer unabhängigen Institution ermittelt.

Aufgabe 2: Handelt es sich bei den folgenden Beispielen um betriebsinterne oder um betriebsexterne Daten?

a) Bericht einer Außendienstmitarbeiterin
b) Materialverbrauchsstatistik
c) IHK-Berichte zur Ausbildungssituation bei Industriekaufleuten
d) Umweltbilanz des Unternehmens
e) Katalog eines Mitbewerbers
f) Umsatzstatistiken

Aufgabe 3: Erläutern Sie drei Funktionen des Marketings.

Aufgabe 4: Ordnen Sie unten stehenden Zielsetzungen folgenden Zielkategorien zu:

(1) Sachziele, (2) ökonomische Ziele, (3) psychografische Ziele.

a) Angebot von Garantieleistungen
b) Verbesserung des Unternehmensimages
c) Erschließung neuer Märkte
d) Gewinn von Marktanteilen
e) Intensivierung der Kundenbetreuung
f) Reduzierung der Vertriebskosten um 8 %
g) Erreichen vorgegebener Absatzmengen
h) Verbesserung erforderlicher Gebrauchsanweisungen
i) Verbesserung der Kundenkommunikation
j) Erweiterung des Produktnutzens durch Materialveränderungen am Produkt

Aufgabe 5:

a) Erläutern Sie, warum ein Unternehmen, das aufgrund zunehmender Globalisierung Umsatzeinbußen auf dem Gesamtmarkt hinnehmen muss, mithilfe einer betriebsintern festgelegten Marktsegmentierung wieder zu wirtschaftlicher Stabilität gelangen könnte.
b) Welche Kriterien könnte das Unternehmen zur Segmentierung des Gesamtmarktes heranziehen?
c) Welche Informationen sind erforderlich, um eine bestimmte Segmentierung vorzunehmen?

Aufgabe 6:

Was versteht man genau unter dem Begriff Marketing?

a) eine stark an Hierarchien orientierte Unternehmensführung
b) die Bereitstellung der Materialien für die Fertigung
c) eine marktorientierte Führung des Unternehmens
d) die Ausrichtung der Unternehmensaktivitäten auf die Vorgaben des Staates

Aufgabe 7:

Die Heidtkötter KG führt eine einmalige Kundenbefragung durch, um die Bedürfnisse und Kaufgewohnheiten bezüglich einfacher Schreibtischausrüstungen zu ermitteln.

Es handelt sich hier um

a) eine Marktanalyse.
b) eine Marktbeobachtung.
c) eine Marktprognose.
d) eine Aufgabe der Marktforschung.
e) einen Tätigkeitsbereich der Kommunikationspolitik.

Aufgabe 8:

Die Marktbeobachtung ist

a) zeitpunktbezogen.
b) zeitraumbezogen.
c) zukunftsbezogen.
d) vergangenheitsbezogen.

Aufgabe 9:

Die Heidtkötter KG konnte im letzten Geschäftsjahr 7800 Schreibtische verkaufen. Der größte Konkurrent, die Tom Bartels Büroausstattung GmbH, hat im gleichen Geschäftsjahr 11 700 Tische abgesetzt. Das Marktvolumen betrug 39 000 Tische. Im kommenden Jahr wird damit gerechnet, dass das Marktvolumen auf 43 000 Tische steigen wird.

a) Ermitteln Sie den Marktanteil der Heidtkötter KG.
b) Ermitteln Sie den Marktanteil der Tom Bartels Büroausstattung GmbH.
c) Ermitteln Sie das prognostizierte Marktwachstum.

Aufgabe 10:

Ein Büromöbelhersteller konnte im letzten Jahr 7500 Bürostühle in der Region Köln/Düsseldorf absetzen. Der größte Konkurrent hatte einen Absatz von 10 200 Bürostühlen. Die restlichen Mitbewerber verkauften zusammen 18 900 Bürostühle. Insgesamt hätte dieser Regionalmarkt noch 12 % mehr Bürostühle aufnehmen können.

a) Berechnen Sie das Marktvolumen in Stück.
b) Wie hoch ist der Marktanteil der Heidtkötter KG?
c) Ermitteln Sie das Marktpotenzial in Stück.

Aufgabe 11:

Die FuE-Abteilung eines Industrieunternehmens hat ein neuartiges Produkt entwickelt, mit dem neue Kunden gewonnen und ein neues Marktsegment erschlossen werden kann.

a) Vor der Entwicklung des Produkts wurde eine Marktsegmentierung vorgenommen. Erläutern Sie drei Zielsetzungen, die damit verfolgt werden.
b) Nennen Sie sechs Marketingzielsetzungen, die bei dieser Sortimentserweiterung angestrebt werden.

Aufgabe 12:

In einem Industriebetrieb liegen für ein bestimmtes Produkt folgende Angaben vor:

		Jahr 01	Jahr 02	Abweichung
Marktdaten	**Absatzmenge** (Stück)	262 500	275 000	4,76 %
	Kundenanzahl	525	520	– 0,95 %
	Marktvolumen (Stück)	5 400 000	5 238 000	– 3,00 %
Umsatz	**Umsatz** (€)	3.281.250,00	3.217.500,00	– 1,94 %
Anteil an den Gesamtkosten	**Werbekosten**	2,0 %	2,5 %	
	Vertriebskosten	7,0 %	8,0 %	

a) Ermitteln Sie für die Jahre 01 und 02
   - den durchschnittlichen Absatz je Kunde,
   - den jeweiligen Marktanteil (in Prozent),
   - den durchschnittlichen Preis pro Stück (in Euro)

   und berechnen Sie für jede dieser drei Angaben die Abweichung in Prozent.
b) Berechnen Sie die Abweichungen der Werbe- und der Vertriebskosten in Prozent.
c) Nehmen Sie Stellung zur Entwicklung des Unternehmens am Markt.

Aufgabe 13:

Vergleichen Sie das klassische Marketing mit dem Customer-Relationship-Management (CRM) anhand folgender Merkmale: Zielsetzungen, Bedeutung/Rolle des Kunden, Informationen über den Kunden, Art der Produkte/Leistungen, Kommunikationsbeziehungen, Marktverhalten, Art des Vertriebs der Leistungen sowie Verkaufskonditionen.

Aufgabe 14:

Die Stahl AG hat einen Ersatzstoff entwickelt, der technische und ökologische Vorteile gegenüber dem bisherigen Produkt hat. Die Selbstkosten würden bei ca. 3.000,00 € je Tonne liegen. Die Kalkulation basiert auf einer Jahresproduktion von mindestens 85 t.

a) Erläutern Sie drei Marktinformationen, die die Stahl AG vor der Einführung des neuen Produktes mithilfe der Marktforschung einholen sollte.
b) Bei der Einführung des neuen Produkts stellt sich für die Stahl AG die Frage nach einer optimalen Preisstrategie. Nennen Sie je drei Gründe, die für eine Niedrigpreisstrategie und eine Hochpreisstrategie sprechen.
c) Es wird erwogen, bereits bei der Produkteinführung Marktsegmentierung zu betreiben. Erläutern Sie das Prinzip und zwei Möglichkeiten der Marktsegmentierung.

Aufgabe 15:

Die Heidtkötter KG erwägt aufgrund der Ergebnisse der Marktforschung, das Produkt „Stehtische" zu unterschiedlichen Preisen anzubieten. Während der Gebietsleiter Süd eine Hochpreispolitik bevorzugt, fordert der Gebietsleiter Ost eine Niedrigpreispolitik.

a) Erklären Sie die genannten Preisstrategien anhand von zwei Merkmalen.
b) Beschreiben Sie, was betriebswirtschaftlich unter der Konsumentenrente verstanden wird, und nennen Sie zwei Maßnahmen, wie die Konsumentenrente preispolitisch ausgenutzt werden kann.

Aufgabe 16:

Kunden gelten als die wichtigsten Orientierungspunkte für ein erfolgreiches Marketing. Daher werden im Zuge eines Customer-Relationship-Managements (CRM) Kundendaten erhoben. Erläutern Sie das Prinzip und die Ziele des CRM.

Aufgabe 17:

Nennen Sie zwei wesentliche Ziele einer Marketingkonzeption und beschreiben Sie kurz die Instrumente, die innerhalb der Marketingkonzeption Anwendung finden.

Aufgabe 18:

Pressemeldung in der Fachzeitschrift HGV-News (Hausgerätevertrieb-News):

> Gemäß Informationen aus Unternehmenskreisen hat die siegburgische Franz Kniep GmbH den spanischen Hausgerätehersteller TRASTO übernommen. Das Traditionsunternehmen aus Santander ist Marktführer in Spanien und Südamerika. Die Europäische Kommission sowie das Bundeskartellamt werden kein Ermittlungsverfahren anstrengen und somit dem Vorhaben zustimmen. Durch die Übernahme steigt Kniep in die Top 10 der Welthersteller von Hausgeräten auf.
>
> Geschäftsführer Franz Kniep war noch zu keiner Stellungnahme bereit, jedoch hatte Vertriebsleiter Gerd Albrecht in unserer vergangenen Ausgabe verdeutlicht, dass TRASTO ein geeigneter Partner sei, um sich in Zeiten der Globalisierung und wachsenden Konkurrenzdrucks aus Asien am Weltmarkt zu behaupten. Albrecht ließ verlauten, dass den Absatzwegen im Rahmen der Absatzorganisation eine Schlüsselrolle bei einem möglichen Zusammenschluss zukomme. TRASTO vertreibt die Produkte bislang ausschließlich über eigene Verkaufsabteilungen und -niederlassungen. Die Franz Kniep GmbH setzt hingegen auf indirekte Absatzwege über den Groß- und Einzelhandel.

a) Stellen Sie direkte (indirekte) Absatzwege vor, indem Sie wesentliche Aspekte erklären und Beispiele anführen.
b) Beurteilen Sie die Eignung der direkten und der indirekten Absatzwege für die Franz Kniep GmbH nach dem Zusammenschluss mit TRASTO, indem Sie Vor- und Nachteile für die Franz Kniep GmbH sowie für die Endverbraucherinnen und Endverbraucher formulieren.

Aufgabe 19:

Erläutern Sie, was Sie unter Marketing-Audit als Instrument der strategischen Marketingkontrolle verstehen. Beschreiben Sie Zielsetzungen und Vorteile der Durchführung eines Marketing-Audits.

Aufgabe 20: Ein Kaffeehersteller hat bezüglich einer bestimmten Kaffeesorte eine Befragung durchgeführt. Folgende Ergebnisse wurden ermittelt:

Befragungsmerkmal	Gesamt	Männer	Frauen
Bekanntheit der Kaffeesorte	85 %	55 %	77 %
Sympathie/Vorliebe	35 %	38 %	33 %
Kaufbereitschaft	17 %	16 %	28 %
Kauf	12 %	9 %	22 %

a) Beschreiben Sie vier Erkenntnisse, die aus dem Ergebnis der Befragung abgeleitet werden können.

Die Vorliebe für die Kaffeesorte soll durch eine Werbekampagne gefördert werden.

b) Nennen Sie zwei Merkmale, an denen der Erfolg der Kampagne gemessen werden kann.

c) Beschreiben Sie zwei Maßnahmen, mit denen die Kaufbereitschaft an den Verkaufsstellen gesteigert werden kann.

Lernfeld 11:

Geschäftsprozesse an gesamtwirtschaftlichen Rahmenbedingungen ausrichten

In Lernfeld 11 der Industriekaufleute stehen volkswirtschaftliche Grundlagen im Mittelpunkt, die für das Verständnis gesamtwirtschaftlicher Prozesse essenziell sind. Ausgangspunkt ist der **Wirtschaftskreislauf**, der die Wechselbeziehungen zwischen Haushalten, Unternehmen, Staat und Ausland abbildet. Diese Interaktionen werden in der **volkswirtschaftlichen Gesamtrechnung** quantifiziert, um zentrale Größen wie das Bruttoinlandsprodukt (BIP) zu ermitteln.

Ein weiterer Schwerpunkt ist die **Preisbildung auf Märkten**. Während auf **vollkommenen Märkten** Angebot und Nachfrage zu einem Gleichgewichtspreis führen, beeinflussen auf **unvollkommenen Märkten** Faktoren wie Marktmacht oder staatliche Eingriffe die Preisentstehung. Die Rahmenbedingungen hierfür setzt die **Wirtschaftsordnung**, die in Deutschland als soziale Marktwirtschaft einen **Ordnungsrahmen für die Wirtschaft** vorgibt.

Die **Wirtschaftspolitik** gestaltet diesen Rahmen aktiv, etwa durch Konjunktur- oder Wettbewerbspolitik. Gleichzeitig prägen **Internationalisierung und Globalisierung** die Volkswirtschaften, indem sie Märkte verknüpfen, aber auch neue Herausforderungen schaffen. Damit vermittelt Lernfeld 11 ein umfassendes Verständnis dafür, wie wirtschaftliche Entscheidungen auf Makroebene Unternehmen und Gesellschaft beeinflussen.

Geschäftsprozesse an gesamtwirtschaftlichen Rahmenbedingungen ausrichten

1 Grundlagen und Fragestellungen der Volkswirtschaftslehre

Die Volkswirtschaftslehre bündelt verschiedene Bereiche der **Wirtschaftswissenschaften**, die jeweils verschiedene Erkenntnisinteressen verfolgen. So beschäftigt sich beispielsweise die Preistheorie u. a. mit der Frage, zu welchem Preis und in welcher Menge Güter und Dienstleistungen angeboten und nachgefragt werden. Die Konjunkturtheorie geht Fragen zur wirtschaftlichen Entwicklung oder auch zum Wirtschaftswachstum nach. Diese Aufzählung ließe sich noch um etliche Fragestellungen ergänzen. Der deutsche Ökonom Walter Eucken[1] hat bereits früh die Frage nach den Problemen, mit denen sich die VWL beschäftigt, so zusammengefasst:

Was wird wofür, wann, wie und wo produziert?

Dass auch diese Frage die Erkenntnisinteressen der VWL nur unzureichend beschreibt, liegt sicherlich an der hohen Komplexität und den intensiven Wechselbeziehungen, die allen wirtschaftlichen Vorgängen innewohnen. Letztlich lassen sich zu den meisten Begebenheiten unserer sozialen Wirklichkeit volkswirtschaftliche Bezüge herstellen.

Da die VWL viele für Sie neue Begrifflichkeiten und Denkmodelle verwendet, werden diese zunächst in einem angemessenen Umfang erläutert. Es soll ein Grundlagenwissen vermittelt werden, indem Ihnen die wichtigsten Begriffe – vergleichbar den Vokabeln in einer Fremdsprache – und auch typische methodische Vorgehensweisen – vergleichbar den Gesetzen der Mathematik – vertraut werden.

1.1 Grundlegende Begriffe der VWL

1.1.1 Die Wirtschaftssubjekte einer Volkswirtschaft

In Deutschland, wie in anderen Volkswirtschaften auch, gibt es eine Vielzahl von Einzelpersonen bzw. von einzelnen Haushalten und einzelnen Unternehmen unterschiedlicher Größe, die jeweils wirtschaftlich unterschiedliche Ziele verfolgen. Die Volkswirtschaftslehre betrachtet diese **Wirtschaftssubjekte** und versucht, deren Entscheidungen zu erläutern. Zudem versucht sie auch, Aussagen darüber zu treffen, wie Gruppen von Wirtschaftssubjekten, die wirtschaftliche Entscheidungen treffen, sich verhalten. Im Gegensatz dazu untersucht die Betriebswirtschaftslehre (BWL) insbesondere das Wirtschaften der einzelnen Betriebe in einer Volkswirtschaft.

Mikroökonomie

In der Mikroökonomie, einer Teildisziplin der Volkswirtschaftslehre, stehen die Interaktion bzw. die Verhaltensweisen einzelner Wirtschaftssubjekte (private Haushalte, Unternehmen, Staat, Kapitalsammelstellen, Ausland) in unterschiedlichen Marktformen im Mittelpunkt.

- Alle privaten Einzelpersonen, die Güter und Dienstleistungen nachfragen und ihre Arbeitskraft anbieten, werden zum Wirtschaftssubjekt **private Haushalte** zusammengefasst. Es werden nicht die Wünsche und Interessen einer Einzelperson betrachtet.
- Alle einzelnen Unternehmen, die Güter und/oder Dienstleistungen sowohl produzieren als auch anbieten und nachfragen, werden in der gesamtwirtschaftlichen Betrachtungsweise zum Wirtschaftssubjekt **Unternehmen** aggregiert.

1 Vordenker der sozialen Marktwirtschaft , * 17.01.1891 in Jena; † 20.03.1950 in London

Staat

- Auch der **Staat** bietet an und fragt nach. In ihm werden alle öffentlichen Gebietskörperschaften (Bund, Länder und Gemeinden) und auch die Sozialversicherungsträger zusammengefasst.

Neben diesen dreien gibt es weitere Wirtschaftssubjekte:

Kapital-sammelstellen

- Im Inland kommt den Banken und Finanzdienstleistern eine besondere Rolle zu. Sie werden aggregiert als Kapitalsammelstellen bezeichnet. Damit sind alle Kreditinstitute bzw. Finanzdienstleister bezeichnet. Ihnen kommt in einer Volkswirtschaft eine besondere Funktion zu (siehe Seite 382).

Ausland

- Als fünftes Wirtschaftssubjekt kommt das Ausland hinzu. Es tritt vielfältig zu unserer heimischen Volkswirtschaft in Beziehung, indem aus dem Ausland Güter und Dienstleistungen nachgefragt und angeboten werden. Grenzgängerinnen und Grenzgänger, die im Ausland wohnen, aber in Deutschland arbeiten (und umgekehrt), spielen dabei ebenfalls eine Rolle.[1]

Makroökonomie

Die Makroökonomie betrachtet gesamtwirtschaftliche Phänomene, wie beispielsweise Konjunktur, Zinsniveau oder Beschäftigung, und versucht insbesondere, den Einfluss der Wirtschaftspolitik auf die gesamtwirtschaftlichen Faktoren zu analysieren.

1.1.2 Bedarf, Bedürfnisse und Nachfrage

Ausgangspunkt volkswirtschaftlicher Überlegungen ist das wirtschaftliche Handeln Einzelner oder das von Gruppen. Die Antriebsfeder für das wirtschaftliche Handeln der Wirtschaftssubjekte liegt zumeist in der Empfindung eines Mangels begründet. Diese Empfindung wird auch **Bedürfnis** genannt. Bedürfnisse sind begleitet von dem Streben, sie zu befriedigen, also den Mangel zu beseitigen.

Abraham Maslow

Der amerikanische Psychologe Abraham Maslow (1908–1970) hat 1958 folgende Kategorisierung der Bedürfnisse in Form einer Pyramide vorgeschlagen:

Die Kategorisierung der Bedürfnisse

1 Das Zusammenwirken der Wirtschaftssubjekte begegnet Ihnen in Kapitel 2 „Wirtschaftskreislauf und volkswirtschaftliche Gesamtrechnung“.

Dringlichkeit von Bedürfnissen

Gemäß Maslows Theorie versuchen die Menschen, zuerst die Bedürfnisse der niedrigeren Stufen zu befriedigen, bevor sie die jeweils nächsthöheren Stufen anstreben. In ihrer einfachsten Form handelt es sich dabei um physiologische Bedürfnisse wie Nahrung und Schlaf, die auch **Existenzbedürfnisse** genannt werden, da sie die Voraussetzung zur Lebenserhaltung des Menschen sind. Bedürfnisse wie Bildung, eine saubere Umwelt oder Gesundheit werden auch **Grundbedürfnisse** genannt. Sie sind weniger dringlich und spiegeln sich bei Maslow in den drei unteren Stufen wider. Darüber hinaus gehen die **Luxusbedürfnisse**, wie ein Sportwagen oder andere luxuriöse Güter. Was Luxus ist, hängt aber sehr stark von gesellschaftlichen Umständen ab, so gilt ein Fernseher in Deutschland als Grundbedürfnis und darf nicht gepfändet werden, in anderen Gesellschaften kann dies durchaus anders sein.

Neben der Unterscheidung nach der Dringlichkeit kann nach der Art der Befriedigung in **Individual-** und **Kollektivbedürfnisse** unterschieden werden. Während das Bedürfnis nach einem kulturellen Angebot individuell sehr unterschiedlich sein kann, wird das Bedürfnis nach einer Gesundheitsfürsorge eher kollektiv ähnlich wahrgenommen.

Bewusstheit von Bedürfnissen

Maslows Theorie beschreibt Bedürfnisse als die den Handlungen zugrunde liegenden Motivationen der Menschen. Anwendung findet diese Theorie vor allem in der Verkaufspsychologie, die beschreibt, wie man aus den Bedürfnissen der Menschen heraus ihre Kaufentscheidungen beeinflussen kann. Dies trifft insbesondere auf die **offenen** Bedürfnisse zu. Das Bedürfnis, etwas zu essen, entsteht beim Menschen durch den Hunger, den er verspürt. Das Bedürfnis ist ihm bewusst. Gegenüber diesen sogenannten offenen Bedürfnissen gibt es auch **latente** Bedürfnisse. Dabei handelt es sich um Bedürfnisse, die eher unterschwellig oder unbewusst vorhanden sind und die erst durch Werbung geweckt werden. So kann beispielsweise der Wunsch nach einer Kreuzfahrt erst durch einen entsprechenden Werbespot geweckt werden.

Konkretheit von Bedürfnissen

Zusätzlich werden Bedürfnisse auch gemäß ihrer Konkretheit in **materielle** Bedürfnisse, wie beispielsweise ein Auto, und **immaterielle** Bedürfnisse (z. B. Ansehen, Gerechtigkeit) unterschieden.

Bedarf

Nachfrage

Einzelne Bedürfnisse eines Menschen konkretisieren sich in seinem Bedarf nach einem bestimmten Gut. Ist Kaufkraft vorhanden, also Geld, um tatsächlich ein Gut oder eine Dienstleistung käuflich zu erwerben, mündet ein Teil des Bedarfs in die tatsächliche Nachfrage eines Gutes. Diese Kaufentscheidung soll dann der Bedürfnisbefriedigung dienen.

BEISPIEL

Das Gefühl von Durst ist ein Mangelgefühl und daher ein Bedürfnis. Dieses Bedürfnis kann sich im Bedarf nach einer Flasche Mineralwasser konkretisieren. Wenn genügend Geld da ist, stellt der Kauf der Flasche die Nachfrage dar. Der tatsächliche Konsum des Wassers dient dann der Bedarfsdeckung bzw. der Bedürfnisbefriedigung.

Während Bedürfnisse oft unbegrenzt und manchmal auch unbestimmt sind, ist der Bedarf schon konkreter, wenngleich die finanziellen Mittel häufig nicht reichen werden, den eigenen Bedarf auch vollständig nachzufragen.

BEISPIEL

Möchte man sich ein Kleidungsstück eines angesagten Modelabels leisten, ist ein Bedürfnis vorhanden, das womöglich noch unbegrenzt und evtl. auch unbestimmt ist. Macht man sich auf die Suche, kann deutlich werden, dass man Bedarf an Kleidungsstücken verschiedener Modelabel hat. In der Regel kann man sich aber nicht alle Kleidungsstücke, an denen man einen Bedarf hat, auch tatsächlich leisten. Daher ist man gezwungen, eine Auswahl zu treffen, die sich in der konkreten Nachfrage zeigt.

Güter

Die Mittel, die dazu dienen, Bedürfnisse zu befriedigen, nennt man Güter. Dabei kann es sich um alle Sachgüter, Dienstleistungen und Nutzungsrechte handeln. Genau wie die Bedürfnisse sind auch die Güterarten nach dem jeweils gewählten Unterscheidungsmerkmal sehr verschieden.

Unterscheidungs- merkmal	Güterart	Beschreibung der Güterart
Knappheitsgrad	freie Güter	Freie Güter, wie Atemluft, stehen fast unbegrenzt zur Verfügung und sind in der Regel kostenfrei.
	ökonomische oder wirtschaftliche Güter bzw. knappe Güter	Wirtschaftliche Güter stehen begrenzt zur Verfügung und haben einen Preis. Die Atemluft, die man beim Tauchen benötigt, wird in Kompressionsflaschen zum Verkauf angeboten.
Verwendung in der Produktion	Produktionsgüter	Produktionsgüter dienen den Unternehmen zur Herstellung von Gütern bzw. Dienstleistungen.
	Konsumgüter	Konsumgüter sind das Ergebnis eines Produktionsprozesses und dienen den Haushalten unmittelbar zur Bedürfnisbefriedigung.
Nutzungszeitraum	Gebrauchsgüter	Gebrauchsgüter wie beispielsweise Maschinen im Unternehmen oder ein Kühlschrank im Haushalt unterliegen einem längeren Abnutzungszeitraum.
	Verbrauchsgüter	Verbrauchsgüter werden bei der Produktion im Unternehmen oder bei der Nutzung im Haushalt unmittelbar aufgebraucht.
Beziehung zwischen den Gütern	Komplementärgüter	Komplementärgüter sind Güter, die sich gegenseitig ergänzen bzw. einander bedürfen. Ein Beispiel hierfür sind Schraubenzieher und Schrauben.
	Substitutionsgüter	Substitutionsgüter ersetzen einander. So kann der Schraubenzieher durch einen Akkuschrauber, Butter durch Margarine ersetzt werden.
Vergleichbarkeit	homogene Güter	Homogene Güter sind gleichartige Güter. Dieselkraftstoffe von unterschiedlichen Tankstellen sind immer homogen.
	heterogene Güter	Heterogene Güter sind Güter, die nicht gleichartig sind. Beispielsweise sind Kaffeesorten von unterschiedlichen Anbietern nie gleich, sie unterscheiden sich in Mischung und Geschmack, sind also heterogen.
Qualität	inferiore Güter/ superiore Güter	Inferiore Güter sind Güter von minderwertiger Qualität und daher immer im Vergleich zu superioren Gütern zu sehen. So ist ein Polyesterpullover im Vergleich zu einem Kaschmirpullover ein inferiores, der Kaschmirpullover das superiore, also das höherwertige Gut.
Konkretheit	materielle Güter/ immaterielle Güter	Materielle Güter sind stofflicher Natur, während immaterielle Güter abstrakt bzw. nicht physisch sind. Ein Smartphone ist ein materielles Gut, die Netzlizenz ist immateriell.

AUFGABE 1

Entscheiden Sie, welche Stufe der Bedürfnispyramide nach Maslow jeweils angesprochen ist.

a) Kinobesuch

b) Abendessen im Restaurant

c) Eigentumswohnung

d) Beförderung zur Abteilungsleiterin

AUFGABE 2

Entscheiden Sie jeweils, ob es sich im Folgenden um ein Konsumgut in Form eines Verbrauchs- oder Gebrauchsgutes oder um ein Produktionsgut in Form eines Verbrauchs- oder Gebrauchsgutes handelt.

a) Verpackungsmaschine in der Versandabteilung
b) Kaffeemaschine in der Werkskantine
c) Schrauben in der Produktion
d) Kühlschrank im Privathaushalt
e) Firmenwagen eines Außendienstmitarbeiters
f) Zahnpasta im Privathaushalt

AUFGABE 3

Beschreiben Sie, in welchem Beziehungszusammenhang die genannten Güter jeweils stehen.

a) Kaminofen und Feuerholz
b) eine Tafel Schokolade und Pralinen
c) Zucker und Süßstoff
d) Superbenzin (E5) von Aral und Superbenzin (E5) von Shell
e) Blu-ray-Disc und Blu-ray-Player

1.2 Das ökonomische Prinzip

Empfindet man einen Mangel und möchte das dahinterliegende Bedürfnis befriedigen, ist häufig ein planvolles Handeln und ein sorgsamer Umgang mit den eigenen Ressourcen erforderlich, da die meisten Güter, die man zur Bedürfnisbefriedigung braucht, knapp sind. Dies ist insbesondere deshalb wichtig, weil den Wirtschaftssubjekten meist nur beschränkte finanzielle Mittel zur Verfügung stehen. Dementsprechend sind sie bestrebt, die Befriedigung ihrer Bedürfnisse möglichst effizient zu gestalten.

BEISPIELE

- Die Unternehmen streben in der Regel danach, ihren Gewinn zu maximieren bzw. beständig ihre Kosten zu reduzieren.
- Den Haushalten geht es darum, mit ihrem jeweiligen Einkommen einen größtmöglichen Nutzen zu erzielen bzw. ihre Haushaltsausgaben gering zu halten.

In diesen Zielen der Wirtschaftssubjekte zeigt sich ihr rationales bzw. wirtschaftliches Verhalten. Dementsprechend wird die zugrunde liegende Handlungsmaxime der Wirtschaftssubjekte auch als **ökonomisches Prinzip** bzw. Wirtschaftlichkeitsprinzip oder Rationalprinzip bezeichnet. Dieses Prinzip zeigt sich in zwei Ausprägungen, dem Maximal- und dem Minimalprinzip.

Maximalprinzip (Mit gegebenen Mitteln soll ein größtmöglicher Erfolg erzielt werden.)	
Private Haushalte	**Unternehmen**
Ein privater Haushalt bezahlt den Einkauf von Lebensmitteln mit 150,00 € (gegebene Mittel) pro Woche. Unter Ausnutzung von Sonderangeboten wird versucht, eine möglichst große Menge an Lebensmitteln (größtmöglicher Erfolg) einzukaufen.	Ein Unternehmen setzt die vorhandenen Ressourcen, wie Produktionsanlagen und Rohstoffe (gegebene Mittel) so ein, dass über den Verkauf der produzierten Waren ein möglichst hoher Gewinn (größtmöglicher Erfolg) erzielt wird.
Der private Haushalt verhält sich in diesem Fall wie ein **Nutzenmaximierer**.	Das Unternehmen verhält sich in diesem Fall wie ein **Gewinnmaximierer**.

Minimalprinzip (Mit möglichst geringem Einsatz an Mitteln soll ein vorgegebener Erfolg erzielt werden.)	
Private Haushalte	**Unternehmen**
Auf ihrer Urlaubsreise mit dem Pkw versucht eine Familie (privater Haushalt), durch eine sparsame Fahrweise wenig Benzin (geringer Mitteleinsatz) zu verbrauchen, um das Urlaubsziel zu erreichen (vorgegebener Erfolg).	Durch die Gewinnung eines neuen Zulieferers, der die erforderlichen Rohstoffe günstiger verkauft, entstehen einem Unternehmen weniger Kosten (geringer Mitteleinsatz), um wie bisher einen bestimmten Output (vorgegebener Erfolg) zu erzielen.
Der private Haushalt verhält sich in diesem Fall wie ein **Ausgabenminimierer**.	Das Unternehmen verhält sich in diesem Fall wie ein **Kostenminimierer**.

Zu versuchen, mit möglichst wenig Benzin möglichst weit zu fahren, ist irrational.

Neben dem ökonomischen Prinzip wird immer häufiger auch das **ökologische Prinzip** diskutiert. Es besagt, dass private Haushalte und Unternehmen in ihren wirtschaftlichen Handlungen versuchen sollten, die Umweltbelastungen so gering wie möglich zu halten. Da die Maßnahmen für einen effektiveren Umweltschutz häufig mit höheren Kosten verbunden sind, ist die Umsetzung des ökologischen Prinzips nicht selbstverständlich. Daher nehmen die Europäische Union und der Staat über Umweltschutzgesetze Einfluss auf die ökologischen Handlungsweisen von privaten Haushalten und Unternehmen. So sind beispielsweise herkömmliche Glühlampen aus unserem Alltag verschwunden, weil sie nicht energieeffizient sind.

AUFGABE

Die Geschäftsleitung hat sich mehrere Maßnahmen überlegt, die die Wettbewerbsposition des Unternehmens stärken sollen. Entscheiden Sie jeweils, ob die Maßnahme sich am Maximalprinzip (1), am Minimalprinzip (2) oder an keinem der beiden Prinzipien (3) orientiert.

a) Durch einen Anbietervergleich gelingt es, einen Zulieferer zu finden, der die benötigten Rohstoffe zu einem günstigeren Preis liefert.

b) Dadurch, dass die Werbeanzeigen nun bei einer anderen Zeitung geschaltet werden, erhöht sich die Reichweite der Werbemaßnahme. Die Kosten bleiben konstant.

c) Ein Mitarbeiter verlässt das Unternehmen auf eigenen Wunsch. Für das gleiche Gehalt gelingt die Einstellung einer Mitarbeiterin mit umfangreicheren Fähigkeiten.

d) Aufgrund einer Umweltrichtlinie wird ein Produktionsverfahren ausbringungs- und kostenneutral umgestellt.

1.3 Volkswirtschaftliche Produktionsfaktoren

Der Aussagegehalt des ökonomischen Prinzips, also die Notwendigkeit zu wirtschaftlich effizientem Handeln, gilt nicht nur für einzelne Wirtschaftssubjekte, sondern auch für die gesamte Volkswirtschaft. Dieser Umstand wird nicht allein an der Knappheit der Güter deutlich. Auch die Produktionsfaktoren in einer Volkswirtschaft sind begrenzt und zwingen die Wirtschaftssubjekte zum sorgsamen Wirtschaften. Wenn es darum geht, knappe Ressourcen möglichen Nutzern zuzuteilen, spricht man auch von einer **Allokation** der Güter bzw. von volkswirtschaftlichen Produktionsfaktoren. Bei den Produktionsfaktoren handelt es sich um die Mittel, die eingesetzt werden, um Güter und Leistungen zu erstellen. Die Knappheit der Produktionsfaktoren wird an den Allokation ursprünglichen Produktionsfaktoren Boden und Arbeit deutlich. Sie gelten als ursprüngliche Faktoren, weil sie zur Produktion benötigt werden, ohne dass sie selbst produziert werden können. Bei dem Produktionsfaktor Boden handelt es sich um ganz unterschiedlich genutzte Bodenflächen.

Produktionsfaktor Boden

Dass die Menge des Produktionsfaktors Boden endlich ist, wird nicht zuletzt am Abbau fossiler Brennstoffe deutlich, bei dem es immer wieder unterschiedliche Schätzungen darüber gibt, wann ihr Vorrat erschöpft sein wird (z. B. bei Ölvorkommen). Auch als Standortboden steht der Produktionsfaktor Boden nicht unbegrenzt zur Verfügung bzw. hat in begehrten Lagen einen sehr hohen Preis.

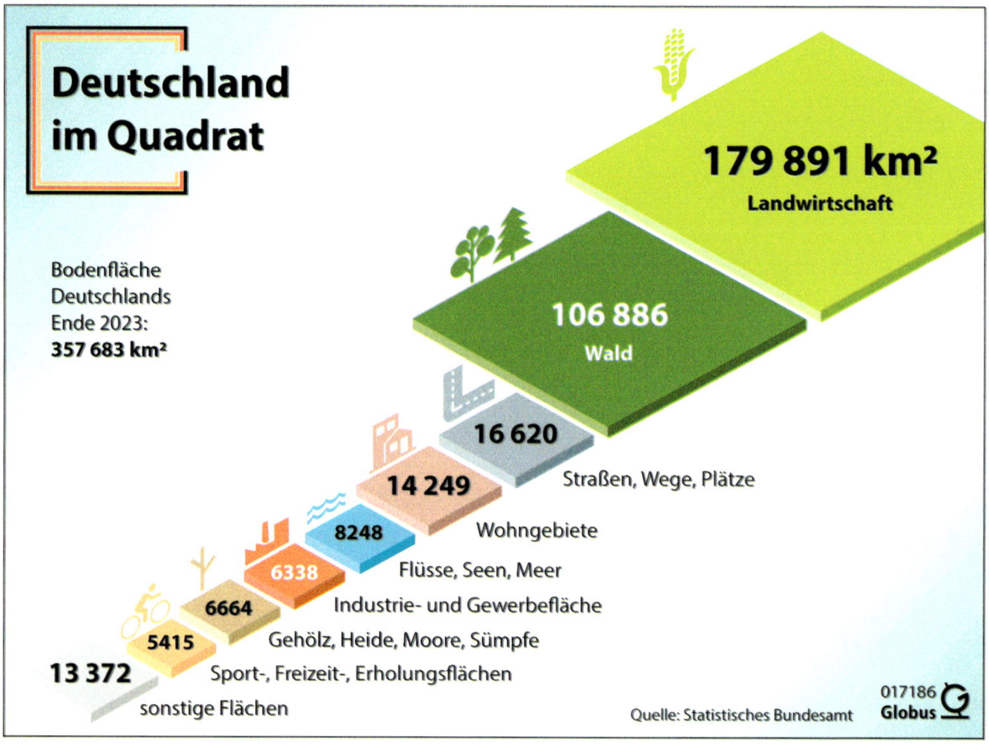

Produktionsfaktor Arbeit

Auch im Hinblick auf den Produktionsfaktor Arbeit wird die Endlichkeit deutlich, wenn in Deutschland zunehmend der Mangel an Fachkräften angemahnt wird. Aus ökonomischen Überlegungen heraus wird die Arbeit unter den Menschen seit jeher aufgeteilt. Dies geschah zunächst eher aufgrund physischer Voraussetzungen (z. B. physisch stärkere Menschen hatten ggf. besondere Aufgaben bei der Jagd), zunehmend erwarben die Menschen aber auch besondere Kenntnisse und Fertigkeiten. Auf diese Weise entstanden so die ersten Berufe und dann auch weitere Spezialisierungen innerhalb eines Berufsfeldes. Im Rahmen der industriellen Revolution und der damit einhergehenden Massenproduktion kam es sogar zu einer Zerlegung der Arbeit in einzelne Arbeitsschritte bei der Fließbandproduktion. Die Entwicklung der Arbeitsteilung (vgl. dazu auch die internationale Arbeitsteilung auf Seite 473) führte zur Notwendigkeit des Tauschhandels und wurde insbesondere aus Produktivitätsüberlegungen immer weiter vorangetrieben.

Arbeitsteilung

Produktionsfaktor Kapital

Der Faktor Kapital wird auch als derivativ (abgeleitet) bezeichnet, da er erst durch die Kombination der Produktionsfaktoren **Boden** und **Arbeit** entsteht.

Humankapital

Manchmal wird auch das sogenannte Humankapital als eigener volkswirtschaftlicher Produktionsfaktor angesehen. Dabei handelt es sich um die in der Vergangenheit vorgenommenen Investitionen in die Erziehung bzw. Ausbildung und das dadurch entstandene Wissen bzw. um entwickelte Fähigkeiten. Das Humankapital kann sich auch in dem technologischen Wissen einer Volkswirtschaft ausdrücken, also in dem Wissen darum, wie Produktionsprozesse optimal gestaltet werden können. So stellt z. B. das Wissen der Ingenieurinnen und Ingenieure in der Automobilindustrie Humankapital dar. Aber auch soziale Kompetenzen wie Kollegialität bzw. Teamfähigkeit gelten als Humankapital.

Volkswirtschaftliche Produktionsfaktoren		
Boden (Natur)	**Arbeit**	**Kapital[1]**
• Anbauboden, z. B. landwirtschaftliche Nutzfläche • Abbauboden für Bodenschätze • Standortboden für Betriebe/Infrastruktur	• ausführende Arbeit, z. B. Fabrikarbeiterinnen und Fabrikarbeiter • leitende Arbeit, z. B. Ingenieurinnen und Ingenieure	• bereits produzierte Produktionsmittel wie Maschinen oder Fahrzeuge (Sachkapital) • Geld wird erst durch die Investition zu Kapital.

In der Betriebswirtschaftslehre werden die Produktionsfaktoren nach Gutenberg wie folgt unterschieden:

Produktionsfaktoren					
Elementarfaktoren			**Dispositive Faktoren**		
menschliche Arbeitsleistung	Betriebsmittel	Werkstoffe	Geschäftsleitung	Planung	Organisation
originäre Faktoren				**derivative Faktoren**	

1 Während in der VWL mit dem Begriff „Kapital“ alle Produktionsmittel gemeint sind, findet sich in der BWL der Kapitalbegriff u. a. in der bilanziellen Darstellung wieder. Auf der Passivseite der Bilanz zeigt sich das Kapital als Summe aller Mittel, die von unterschiedlichen Kapitalgebern zur Verfügung gestellt wurden. Darüber hinaus gibt es in der BWL auch einen monetären Kapitalbegriff, gemeint sind dann Geldmittel.

Minimalkosten-kombination

Im Rahmen des Einsatzes der Produktionsfaktoren der VWL ist oftmals eine gewünschte Produktionsmenge vorgegeben, die durch eine **Kombination der Produktionsfaktoren** produziert werden soll und dabei die geringsten Kosten verursacht. Diese Vorgehensweise erfasst das Minimalprinzip bzw. die Suche nach der sogenannten Minimalkostenkombination (MMK). Die MMK beschreibt den Einsatz bzw. die Kombination der Produktionsfaktoren und Güter mit den geringsten Kosten: ein vorgegebener Erfolg soll mit einem geringen Einsatz von Mitteln erreicht werden.

Eine wesentliche Voraussetzung bei der Suche nach der Minimalkostenkombination ist, dass sich Produktionsfaktoren zumindest teilweise durch andere ersetzen lassen. Die Produktionsfaktoren müssen **substitutional** (austauschbar) sein. Ist dies bezogen auf das gleiche Ziel nicht möglich, spricht man von einem **limitationalen** (nicht austauschbaren) Verhältnis der Produktionsfaktoren zueinander.

BEISPIEL

Limitationales Verhältnis von Produktionsfaktoren

Ein Reiseunternehmen, das Busreisen nach Spanien anbietet, muss jeden Reisebus mit zwei Fahrerinnen bzw. Fahrern besetzen. Einer Einheit des Faktors Kapital (ein Reisebus) stehen immer zwei Einheiten des Faktors Arbeit (zwei Fahrerinnen bzw. Fahrer) gegenüber. Dabei ist es in diesem Beispiel nicht möglich, eine Einheit des Faktors Arbeit zu substituieren.

BEISPIEL

Subtitutionales Verhältnis von Produktionsfaktoren und die Ermittlung der Minimalkostenkombination

In einem Metall verarbeitenden Betrieb werden täglich 2000 Maschinenteile gestanzt, geschliffen und lackiert. Insbesondere bei Schleif- und Lackierarbeiten ist es möglich, die Maschinenteile sehr intensiv von Hand, also durch menschliche Arbeitskraft, bearbeiten zu lassen. Alternativ ist auch eine fast ausschließlich maschinelle Bearbeitung möglich. Zwischen diesen beiden Möglichkeiten gibt es weitere Kombinationen der Produktionsfaktoren Arbeit und Kapital, die entweder arbeits- oder kapitalintensiver sind. Jede der möglichen Kombinationen (I–V) erbringt die gleiche Produktionsmenge von 2000 Stück.

Faktorkombination	Faktoreinsatz Arbeit (Zahl der Arbeitskräfte)	Faktoreinsatz Kapital (Zahl der Maschinen)
I	3	12
II	4	10
III	7	9
IV	10	6
V	15	2

Die Wahl der kostengünstigsten Faktorkombination ist abhängig von den täglichen Kosten pro eingesetzter Arbeitskraft, die je 120,00 € betragen, bzw. von den täglichen Kosten pro Maschine, die sich auf je 95,00 € belaufen.

Dementsprechend ergeben sich für die Faktorkombinationen folgende Gesamtkosten:

Faktorkombination	I	II	III	IV	V
Gesamtkosten in €	1.500,00	1.430,00	1.695,00	1.770,00	1.990,00

Aus reinen Kostenerwägungen heraus ist hier also die Faktorkombination II die günstigste Variante ($4 \cdot 120{,}00$ € + $10 \cdot 95{,}00$ € = 1.430,00 €).

Wirtschaftsbereiche

Durch die Kombination der Produktionsfaktoren werden Sachgüter oder Dienstleistungen hergestellt. Die Produktion vollzieht sich dabei in den drei Wirtschaftsbereichen Urproduktion, produzierendes Gewerbe und Dienstleistungen.

Primärer Sektor Urproduktion	Sekundärer Sektor Sachgüterproduktion	Tertiärer Sektor Dienstleistungen
Land- und Forstwirtschaft, Fischerei	Industrie, Baugewerbe, Energieversorgung	Handel, Banken, Versicherungen, Verkehr, Gastgewerbe, medizinische Bereiche, Medien

Während vor ca. 55 Jahren noch über die Hälfte aller Beschäftigten im primären und sekundären Sektor beschäftigt war, hat sich ein sehr deutlicher Wandel hin zu einer Dienstleistungsgesellschaft vollzogen. So verdient heute nur noch ein Viertel der Arbeitnehmerinnen und Arbeitnehmer Geld in Industrie, Bergbau und Energiewirtschaft. Auch der Anteil der Beschäftigten in der Land- und Forstwirtschaft sowie der Fischerei ist immer weiter zurückgegangen, sodass fast drei Viertel aller Arbeitnehmerinnen und Arbeitnehmer in Unternehmen des Bereichs Dienstleistungen beschäftigt sind.

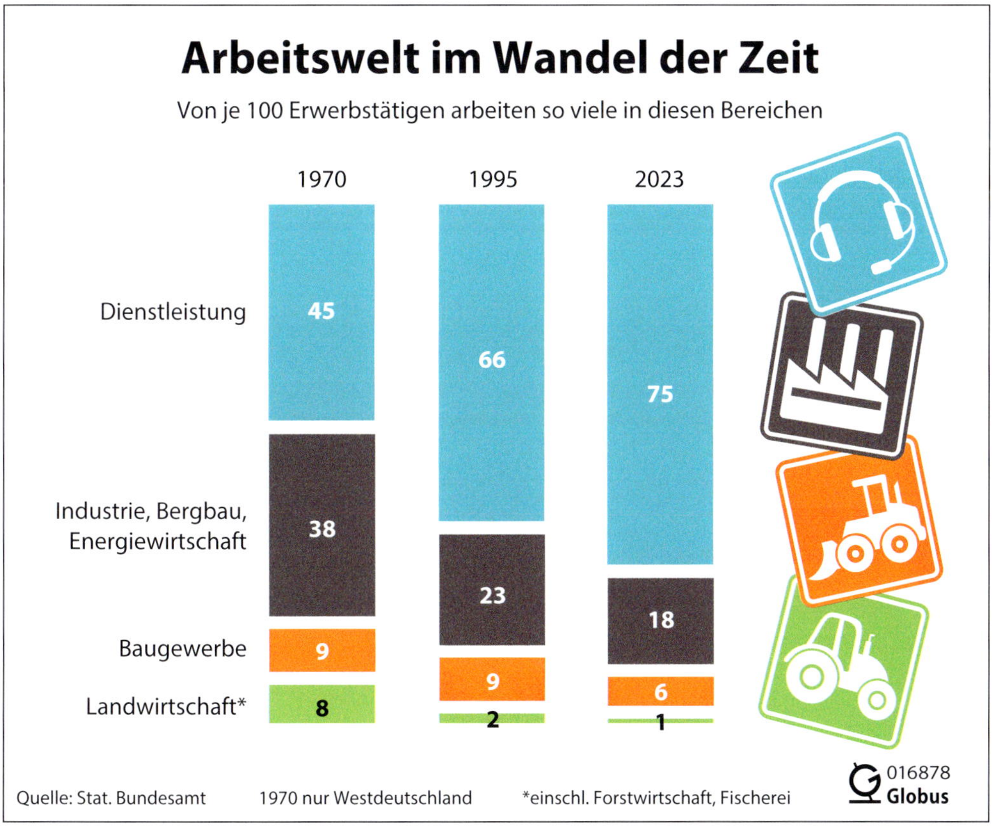

Während in offiziellen Statistiken immer nur von drei Sektoren die Rede ist, wird manchmal aber auch der **quartäre Sektor** erwähnt. Hierunter fasst man alle Branchen, die sich mit der Erstellung, Verarbeitung und dem Verkauf von Informationen befassen. In diesem Zusammenhang wird auch von einer Entwicklung von einer Dienstleistungsgesellschaft hin zu einer Informationsgesellschaft gesprochen.

AUFGABE 1

Entscheiden Sie jeweils, welchem Sektor die nachfolgenden Unternehmen zuzuordnen sind:

(1) dem primären Sektor, **(2)** dem sekundären Sektor, **(3)** dem tertiären Sektor.

a) Deutsche Telekom AG

b) Yello Strom GmbH

c) Kraus Stahlhandel

d) thyssenkrupp AG

e) Zahnarztpraxis Dr. Schrage

f) Landwirtschaftsbetrieb Harms

g) Landgasthaus „Kleins Wiese“

h) Fischereibetrieb Petzold

AUFGABE 2

Welche Aussagen zu den drei Wirtschaftsbereichen primärer, sekundärer und tertiärer Sektor sind wahr (w), welche sind falsch (f)?

a) Im primären und im sekundären Sektor sind ebenso viele Arbeitnehmerinnen und Arbeitnehmer beschäftigt wie im tertiären Sektor.

b) Der primäre Sektor wird auch als Urproduktion bezeichnet.

c) Zum tertiären Sektor gehört auch das Gastgewerbe.

d) Im Jahr 2023 waren 25 % der Beschäftigten im primären und sekundären Sektor beschäftigt.

e) Die Energieversorgung gehört zum primären Sektor.

f) Die Medienbranche gehört zum sekundären Sektor.

Wirtschaftskreislauf und volkswirtschaftliche Gesamtrechnung 2

Die Volkswirtschaft Deutschland ist ein extrem komplexes Gebilde, da in ihr eine hohe Zahl von Unternehmen und Haushalten interagieren. Unternehmen produzieren und fragen zu diesem Zweck die Arbeitskraft der Haushalte nach, diese wiederum erwerben die von den Unternehmen produzierten Güter und Dienstleistungen. Um diese vielfachen wirtschaftlichen Beziehungen abbilden zu können, bedient sich die VWL des Wirtschaftskreislaufs als Modell. Dieses Modell bildet auch die Grundlage, um die Einkommen und Ausgaben einer Volkswirtschaft zu verdeutlichen. Die Geld- und Warenströme, die zwischen den Haushalten und den Unternehmen fließen, bilden die Gesamtausgaben für die nachgefragten Waren und Dienstleistungen sowie damit auch das Gesamteinkommen bzw. Bruttoinlandsprodukt (BIP) ab. Die volkswirtschaftliche Gesamtrechnung geht der Frage nach, wo das BIP entsteht, wie es verwendet wird und auf welche Faktoreinkommen es sich verteilt.

Der Wirtschaftskreislauf – mit einem Modell die Volkswirtschaft veranschaulichen 2.1

Das erste Modell eines Wirtschaftskreislaufes wurde bereits im 18. Jahrhundert von dem Franzosen François Quesnay (1694–1774) entwickelt. Er übertrug darin die Vorstellung des Blutkreislaufs auf die Zusammenhänge in der Wirtschaft.

François Quesnay

- **Einfacher Wirtschaftskreislauf einer stationären Volkswirtschaft**
  In seiner einfachsten Form stellt ein Wirtschaftskreislauf die aggregierten Wirtschaftssubjekte Haushalte und Unternehmen in ihren gegenseitigen Abhängigkeiten dar. Diese werden durch zwei gegenläufige Stromgrößen gekennzeichnet: einen Güter- und einen Geldstrom. Die Haushalte stellen den Unternehmen den Produktionsfaktor Arbeit zur Verfügung und erhalten im Gegenzug dafür ein Einkommen. Dieses Einkommen verwenden sie, um Konsumausgaben zu tätigen, für die sie Konsumgüter von den Unternehmen erhalten.

einfacher Wirtschaftskreislauf einer stationären Volkswirtschaft

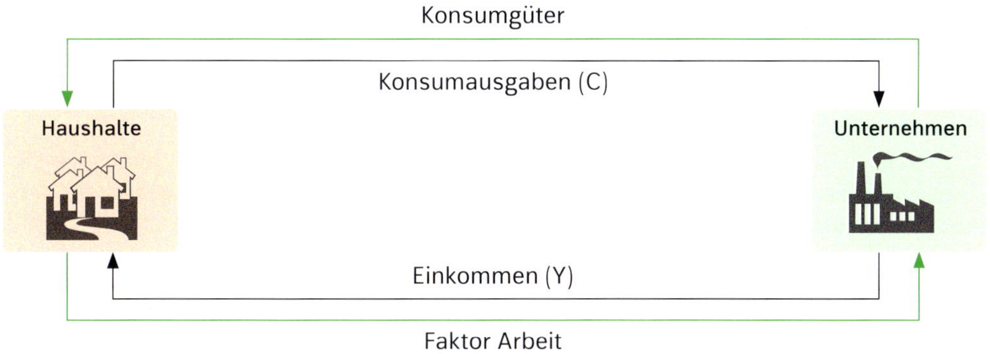

Dieses einfache Modell geht davon aus, dass die Haushalte nicht sparen, sondern ihr gesamtes Einkommen für den Konsum verwenden. Die Unternehmen sind ausschließlich in der Lage, Ersatzinvestitionen vorzunehmen. Dies bedeutet, dass die Maschinen oder andere Teile des Anlagevermögens, die sich im Zeitablauf abnutzen, wieder ersetzt werden, um eine konstante Produktionskapazität aufrechtzuerhalten. Die Mittel, die für die Ersatzinvestitionen benötigt werden, werden in die Absatzpreise einkalkuliert. Die Abnutzung der Anlagen wird durch Abschreibungen erfasst.

Ein Wirtschaftswachstum gibt es so allerdings nicht. Die Wirtschaft ist **stationär**.

In einer stationären Volkswirtschaft gilt: **Y = C**

Diese Gleichung gibt an, dass die Einkommen der Haushalte vollständig für den Konsum verwendet werden. Das **Y** (yield = Einkommen, Ertrag) steht zum einen für die Summe aller Einkommen, die für den Faktor Arbeit gezahlt werden, und damit für das **Volkseinkommen**. Gleichzeitig entspricht Y auch dem Wert der in der Volkswirtschaft produzierten Güter und damit der sogenannten **Wertschöpfung**. Das **C** (consumption = Konsum) entspricht dem Wert der konsumierten Güter.

- **Einfacher Wirtschaftskreislauf einer evolutorischen Volkswirtschaft**
Eine Erweiterung des Modells geht davon aus, dass die Volkswirtschaft evolutorisch ist, d. h. durch Investitionstätigkeiten wächst. Die privaten Haushalte haben neben dem Konsum auch die Möglichkeit zu sparen, also Konsumverzicht zu üben. Das bedeutet, dass nicht die gesamte Produktionskapazität der Unternehmen zur Produktion von Konsumgütern dient, sondern dass auch Produktionsmittel (= Maschinen, Bauten, Vorräte) gebildet werden können. Diese Produktionsmittel werden aus volkswirtschaftlicher Sicht als **Kapital** (siehe Seite 377) bezeichnet.

Die Ersparnisse der Haushalte werden von **Kapitalsammelstellen** aufgenommen. Dabei handelt es sich um Banken und sonstige Finanzdienstleister, die zwar auch zu den Unternehmen zählen, in diesem Modell aber eine besondere Funktion übernehmen, weil sie das Sparen ermöglichen und den Unternehmen Kredite zu Investitionszwecken zur Verfügung stellen. Die Unternehmen sind dadurch in der Lage, über die Ersatzinvestitionen hinaus Nettoinvestitionen zu tätigen, durch die sich das Produktionspotenzial erhöht.

einfacher Wirtschaftskreislauf einer evolutorischen Volkswirtschaft[1]

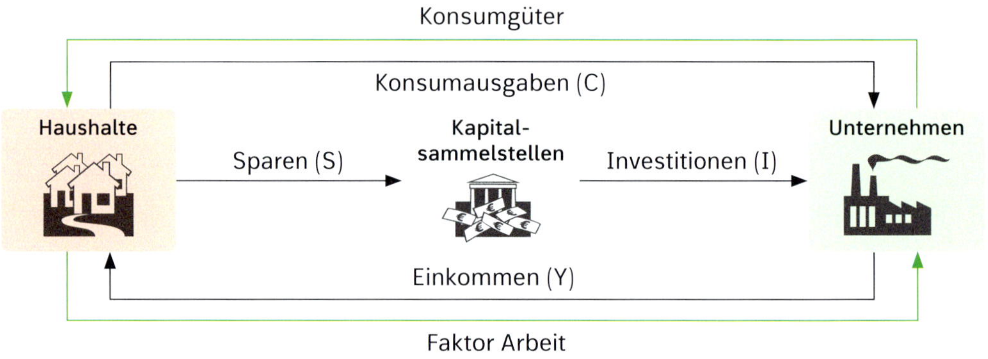

Die Volkswirtschaft entwickelt sich jedoch nur, wenn die Nettoinvestitionen positiv sind, also nicht lediglich die Bestände an Roh-, Hilfs- und Betriebsstoffen, unfertigen und fertigen Erzeugnissen oder Handelswaren verbraucht werden. Die Volkswirtschaft entwickelt sich, d. h., sie ist **evolutorisch**.

1 Im weiteren Verlauf werden in den Wirtschaftskreisläufen aus Gründen der besseren Übersichtlichkeit nur die Geldströme eingezeichnet.

Investitionsarten

Die folgende Tabelle ist eine Übersicht über die unterschiedlichen Investitionsarten und zeigt, dass eine Volkswirtschaft durch Erweiterungsinvestitionen wächst.

Bruttoinvestitionen		
Anlageinvestitionen		
Ersatzinvestition • ersetzt den durch Abnutzung im Produktionsprozess entstehenden Substanzverlust, • wird im Rechnungswesen durch Abschreibungen erfasst; die in den Marktpreisen einkalkulierten Abschreibungsbeträge stellen das erforderliche Geldkapital zu Investitionen bereit.	**Erweiterungsinvestition** • erweitert das Produktionspotenzial einer Volkswirtschaft.	**Vorrats-(Lager-)investitionen** • Veränderungen der Bestände (Zu- und Abnahmen) an Roh-, Hilfs- und Betriebsstoffen, unfertigen und fertigen Erzeugnissen sowie Handelswaren.
	Nettoinvestitionen • verändern den Bestand an Sachkapital.	
Ersatzinvestitionen sind in der Regel auch Erweiterungsinvestitionen, z. B., wenn eine neue Anlage eine höhere Produktivität aufweist als die ersetzte Anlage.		

Einkommensverwendungsgleichung

Einkommensentstehungsgleichung

Drückt man die Zusammenhänge in einer Gleichung aus, ergibt sich

- aus Sicht der Haushalte die Einkommensverwendungsgleichung:
  $Y = C + S$
- aus Sicht der Unternehmen die Einkommensentstehungsgleichung:
  $Y = C + I$

Aus der Einkommensverwendungs- und der Einkommensentstehungsgleichung ergibt sich zwangsläufig, dass Sparen und Investieren im Nachhinein, also beispielsweise am Ende eines Jahres, gleich sind. Da die Haushalte sparen, können in Höhe dieser Sparleistung keine Konsumgüter erworben werden. Die bis dahin nicht abgesetzten Güter erhöhen damit die Anlage- und/oder Lagerinvestitionen der Unternehmen.

Spar- und Investitionsentscheidungen werden von verschiedenen Wirtschaftssubjekten aus unterschiedlichen Motiven getroffen. Die Investitionsentscheidungen der Unternehmen können naturgemäß immer nur *ex ante* (im Voraus) getroffen werden. Sie hängen von der Auftragslage und den Absatzerwartungen ab.

Auch die Entscheidungen der Haushalte darüber, wie viel gespart werden soll, sind im Voraus nicht genau planbar. Zudem wäre es eher ein Zufall, wenn die geplanten Investitionen der Unternehmen tatsächlich genau dem geplanten Sparen der Haushalte entsprechen würden.

Es lassen sich die folgenden Fälle unterscheiden:

Ex-ante-Betrachtung (Planung zu Beginn einer Wirtschaftsperiode)	$S_{geplant} > I_{geplant}$ Es werden mehr Konsumgüter produziert als nachgefragt, die Haushalte sparen also mehr als von den Unternehmen erwartet.	$S_{geplant} < I_{geplant}$ Es werden weniger Konsumgüter produziert als nachgefragt, die Haushalte sparen also weniger als von den Unternehmen erwartet.
Kurzfristiger Anpassungsprozess	Der nicht absetzbare Teil der Konsumgüterproduktion führt zu einer ungeplanten Erhöhung der Lagerbestände (= ungeplante Lagerinvestition) oder die Unternehmen reagieren mit Preissenkungen, um nicht auf der Ware sitzen zu bleiben.	Der Nachfrageüberhang führt zu Lieferfristen, sofern keine Lagerbestände aus Vorperioden vorhanden sind, oder zu Preissteigerungen. Die Verbraucherinnen und Verbraucher müssen unfreiwillig Konsumverzicht leisten oder erhalten für den zu Konsumzwecken eingeplanten Betrag weniger Güter (Zwangssparen).
Ergebnis am Ende der Wirtschaftsperiode	$I_{geplant} + I_{ungeplant} = S_{geplant}$	$I_{geplant} = S_{geplant} + S_{ungeplant}$
Auswirkung auf die Produktion in der nächsten Wirtschaftsperiode	Die Unternehmen werden weniger Güter herstellen bzw. die Zahl der Anbieter wird infolge der Preisreduzierung sinken. Das bedeutet Rückgang von Produktion und Beschäftigung und dadurch ein geringeres Volkseinkommen.	Bei den Unternehmen fiel die ungeplante Ersparnis der Haushalte in Form höherer Gewinne an. Die Unternehmen werden ihre Produktion ausdehnen bzw. die Zahl der Anbieter wird infolge des Preisanstiegs steigen. Das bedeutet eine Erhöhung von Produktion und Beschäftigung und dadurch ein höheres Volkseinkommen.

- **Erweiterter Wirtschaftskreislauf mit staatlicher Aktivität**
  Eine Erweiterung erfährt der Wirtschaftskreislauf einer evolutorischen Volkswirtschaft durch das Einbeziehen des Staates. Von den Haushalten und den Unternehmen erhält der Staat insbesondere **Steuern** (= Zwangsabgaben ohne Anspruch auf Gegenleistungen), **Gebühren** (= Entgelt für bestimmte Leistungen, z. B. Müllgebühren) und **Beiträge** (= Zahlungen zur Finanzierung öffentlicher Leistungen, z. B. Anliegerbeiträge für eine Kanalsanierung). An die Unternehmen zahlt der Staat **Subventionen** und an die privaten Haushalte fließen **Löhne und Transferzahlungen**. Letztere dienen insbesondere einem Ausgleich in der Einkommensverteilung und umfassen beispielsweise Renten und Pensionen, Sozialhilfe, Kranken-, Arbeitslosen-, Kinder- und Wohngeld. Den Transferzahlungen stehen keine direkten bzw. unmittelbaren Gegenleistungen gegenüber.

- **Erweiterter Wirtschaftskreislauf in einer offenen Volkswirtschaft mit staatlicher Aktivität**
  In einer offenen Volkswirtschaft werden zusätzlich die Wirtschaftsbeziehungen zum Ausland betrachtet. Export und Import beeinflussen die im Inland zur Verfügung stehende Gütermenge und die inländische Beschäftigung.

  Ist der **Außenbeitrag** (Export – Import) positiv (Export > Import), dann stehen im Inland weniger Güter, als produziert werden, für den Konsum und Investitionen zur Verfügung. Gleichzeitig erhöhen die Exporterlöse den inländischen Geldkreislauf. Kommt es durch geldpolitische Maßnahmen nicht zu einer Abschöpfung des Geldes, wären Preissteigerungen die Folge. Die Auswirkungen auf die Beschäftigung wären positiv.

  Bei einem negativen Außenbeitrag stehen im Inland mehr Güter für Konsum und Investitionen zur Verfügung, als im Inland produziert werden. Das größere Angebot hätte Preisrückgänge und schließlich eine negative Beschäftigungswirkung zur Folge.

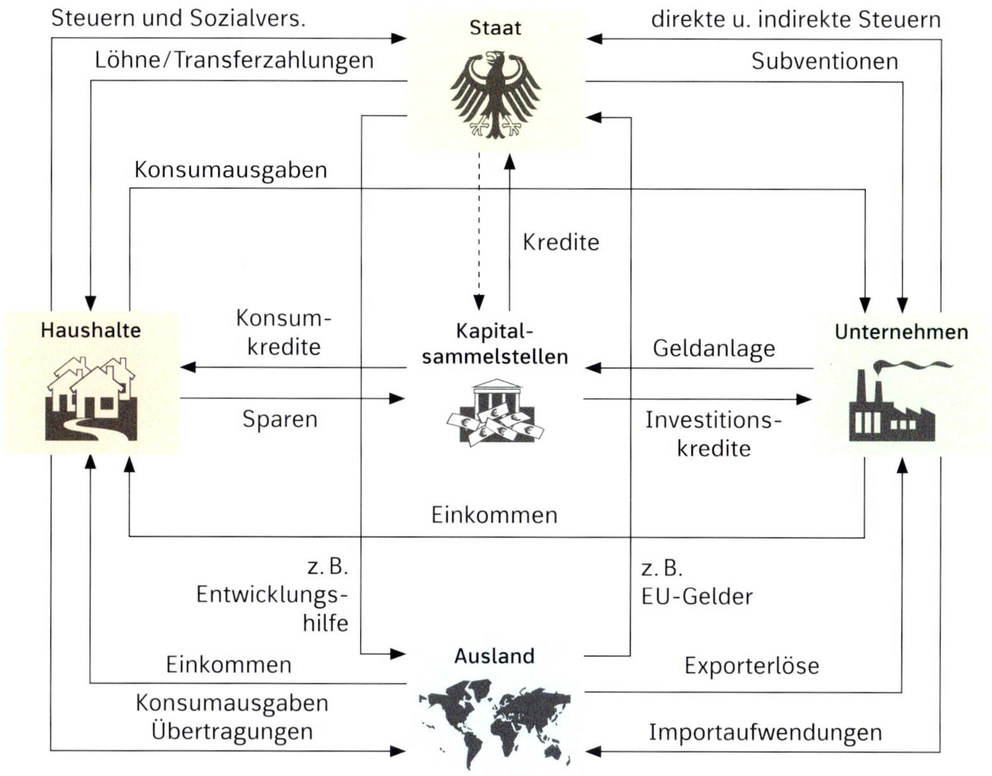

Wirtschaftskreislauf einer offenen evolutorischen Volkswirtschaft mit staatlicher Aktivität

Kritik

Das Modell des Wirtschaftskreislaufs dient dazu, allgemeine Aussagen über die Beziehungen der Wirtschaftssubjekte zueinander und zum Ausland zuzulassen. Aufgrund der Allgemeinheit der Aussagen werden dabei Annahmen getroffen, die nicht immer realistisch sind. So ist beispielsweise nicht davon auszugehen, dass die privaten Haushalte immer so viel sparen, wie die Unternehmen zu Investitionszwecken benötigen. Auch ist nicht davon auszugehen, dass die privaten Haushalte immer so viele Güter und Dienstleistungen nachfragen wollen und können, wie die Unternehmen jeweils produzieren.

AUFGABE

Gehen Sie von den folgenden Transaktionen in einer geschlossenen Volkswirtschaft aus und ermitteln Sie auf der Grundlage des Modells des Wirtschaftskreislaufes jeweils den Wert für

a) das verfügbare Einkommen der privaten Haushalte,

b) die Transferleistungen des Staates an die Unternehmen,

c) die Kreditaufnahme der Unternehmen bei den Kreditinstituten.

Transaktionen	Höhe in Mio. €
Lohnzahlungen des Staates an die privaten Haushalte	110,0
Transferzahlungen des Staates an die privaten Haushalte	140,0
Kreditaufnahme des Staates bei Kreditinstituten	70,0
Lohnzahlungen der Unternehmen an die privaten Haushalte	920,0
Steuerzahlungen der Unternehmen	210,0
Konsumausgaben der privaten Haushalte	760,0
Steuerzahlungen der privaten Haushalte	190,0
Sparleistungen der privaten Haushalte an Kreditinstitute	160,0

2.2 Volkswirtschaftliche Gesamtrechnung

Bruttoinlandsprodukt

Das Bruttoinlandsprodukt (BIP) ist die wichtigste Größe der volkswirtschaftlichen Gesamtrechnungen (VGR). In der VGR sollen die wirtschaftlichen Leistungen und damit in erster Linie das BIP einer Volkswirtschaft für einen bestimmten Zeitraum, in der Regel ein Jahr erfasst werden. Das BIP misst den Wert der im Inland hergestellten Waren und Dienstleistungen. Nicht berücksichtigt werden bei der Berechnung Vorleistungen, die für die Produktion anderer Waren und Dienstleistungen verwendet werden. Wie genau das BIP berechnet werden kann, soll im Weiteren näher erläutert werden.

Für das Verständnis der unterschiedlichen Berechnungsmethoden ist es zunächst wichtig, dass die jeweiligen Ergebnisse zwangsläufig übereinstimmen müssen, egal auf welcher Zahlenbasis mit der Berechnung begonnen wird. Es ergeben sich demnach für das BIP dieselben Werte, unabhängig davon, ob es mit der Entstehungs-, Verwendungs- oder Verteilungsrechnung ermittelt wird. Gleiches gilt für die Errechnung des **Bruttonationaleinkommens**.

BEISPIEL

Ein Industrieunternehmen verlangt für ein produziertes Gut einen Preis von 1.000,00 €. Für die darin verarbeiteten Materialien, wie beispielsweise Stahl und Kunststoff, hat es selbst zuvor 550,00 € bezahlt. Dieser Betrag gilt als Vorleistung. In das BIP geht das Gut mit einem Wert von 450,00 € ein.

Im BIP sind aber natürlich auch die 550,00 € enthalten. Bei der Produktion des Kunststoffes bzw. des Stahls gehen die produzierten Werte bereits in das BIP ein.

Grundsätzlich gibt es drei Berechnungsmethoden.

Entstehungsrechnung

In der Entstehungsrechnung wird der Frage nachgegangen: Wo ist das BIP entstanden bzw. welche Wirtschaftsbereiche haben zu dem gesamtwirtschaftlichen Ergebnis beigetragen?

Die Frage, welche **Zahlenbasis** verwendet wird, richtet sich in der Praxis vielmehr daran aus, welche Zahlen verfügbar sind. Das Statistische Bundesamt kann hierbei auf unterschiedliche Daten zurückgreifen.

In der **Entstehungsrechnung** werden einzelne Wirtschaftsbereiche aufgeführt, die zur Entstehung des BIP beitragen:

Entstehung des BIP in Deutschland 2023 (Angaben in Mrd. Euro)	
Land- und Forstwirtschaft, Fischerei	35,2
+ produzierendes Gewerbe (ohne Bau)	918,5
+ Baugewerbe	205,0
+ Handel, Gastgewerbe und Verkehr	632,7
+ Information und Kommunikation	182,0
+ Finanz- und Versicherungsdienstleister	142,4
+ Grundstücks- und Wohnungswesen	374,7
+ Unternehmensdienstleister	462,3
+ öffentliche Dienstleister, Erziehung und Gesundheit	742,9
+ sonstige Dienstleister	128,9
= Bruttowertschöpfung	**3.824,6**
+ Gütersteuern abzüglich Gütersubventionen	361,0
= Bruttoinlandsprodukt	**4.185,6**

Quelle: Statistisches Bundesamt: Volkswirtschaftliche Gesamtrechnungen. Inlandsproduktberechnung. Detaillierte Jahresergebnisse, erschienen am 16.09.2024. In: www.destatis.de/DE/Themen/Wirtschaft/Volkswirtschaftliche-Gesamtrechnungen-Inlandsprodukt/Publikationen/Downloads-Inlandsprodukt/inlandsprodukt-endgueltig-xlsx-2180140.html [27.02.2025].

Die Bruttowertschöpfung entspricht dem Produktionswert abzüglich der Vorleistungen. Dies soll an einem Beispiel verdeutlicht werden.

Bruttowertschöpfung

BEISPIEL

Ein Eisenerz förderndes Bergwerk fördert und verkauft Eisenerz im Wert von 100.000,00 € an ein Hüttenwerk. Die Verhüttung zu Stahl hebt den Produktionswert dieses Stahls auf 220.000,00 € an. In dieser Summe sind aber 100.000,00 € an Vorleistungen enthalten. Die Bruttowertschöpfung auf der Stufe des Hüttenwerks beläuft sich also auf 120.000,00 €. Im Weiteren wird der Stahl zum Produktionswert an ein Industrieunternehmen verkauft, das Maschinenteile mit einem Produktionswert von 360.000,00 € fertigt. Die Bruttowertschöpfung des Industrieunternehmens beträgt 140.000,00 €.

	Vorleistungen	Bruttowertschöpfung	Produktionswert
Bergwerk	–	100.000,00 €	100.000,00 €
Hüttenwerk	100.000,00 €	120.000,00 €	220.000,00 €
Industrieunternehmen	220.000,00 €	140.000,00 €	360.000,00 €

Gütersteuern sind alle Steuern, die für ein Produkt anfallen und die seitens des Unternehmens in den Preis einkalkuliert werden und diesen somit erhöhen. Da es diese Beträge ebenfalls erwirtschaften muss, werden Gütersteuern in der volkswirtschaftlichen Gesamtrechnung zum BIP hinzuaddiert.

Gütersteuern und Gütersubventionen

Die einem Produkt zurechenbaren Subventionen dagegen fließen dem Unternehmen zu und verringern wiederum den Verkaufspreis. Daher werden sie in der Gesamtrechnung abgezogen.

Die **Verwendungsrechnung** gibt Auskunft darüber, von welchen Wirtschaftsbereichen des Wirtschaftskreislaufes die produzierten Güter beansprucht werden. Folgende Verwendungen lagen für das Jahr 2023 vor:

Verwendungsrechnung

Verwendung des BIP in Deutschland 2023 (Angaben in Mrd. Euro)	
private Konsumausgaben	2.205,6
+ Konsumausgaben des Staates	905,2
+ Bruttoinvestitionen	907,1
+ Außenbeitrag	167,7
= Bruttoinlandsprodukt	**4.185,6**

Quelle: Statistisches Bundesamt: Volkswirtschaftliche Gesamtrechnungen. Inlandsproduktberechnung. Detaillierte Jahresergebnisse, erschienen am 16.09.2024. In: www.destatis.de/DE/Themen/Wirtschaft/Volkswirtschaftliche-Gesamtrechnungen-Inlandsprodukt/Publikationen/Downloads-Inlandsprodukt/inlandsprodukt-endgueltig-xlsx-2180140.html [27.02.2025], Tabellenblatt 3.3.1.

Die Bruttoinvestitionen umfassen die gesamte Erhöhung an Anlagen und Vorräten. Für das Jahr 2023 setzten sich die Bruttoinvestitionen von 907,1 Mrd. € wie folgt zusammen:

Bruttoinvestitionen

Bruttoinvestitionen			907,1 Mrd. €
Bruttoanlageinvestition		899,9 Mrd. €	Vorratsveränderungen 7,2 Mrd. €
Ersatzinvestitionen 858,0 Mrd. €	Nettoanlageinvestition	41,9 Mrd. €	
	Nettoinvestition		49,1 Mrd. €

Quelle: Statistisches Bundesamt: Volkswirtschaftliche Gesamtrechnungen. Inlandsproduktberechnung. Detaillierte Jahresergebnisse, erschienen am 16.09.2024. In: www.destatis.de/DE/Themen/Wirtschaft/Volkswirtschaftliche-Gesamtrechnungen-Inlandsprodukt/Publikationen/Downloads-Inlandsprodukt/inlandsprodukt-endgueltig-xlsx-2180140.html [27.02.2025].

Außenbeitrag

Die Differenz zwischen den Exporten und den Importen wird als Außenbeitrag bezeichnet.

Verteilungsrechnung

In der **Verteilungsrechnung** wird gezeigt, wie sich aus den Arbeitnehmerentgelten (enthalten sind hier die Bruttolöhne bzw. -gehälter zuzüglich der Lohnnebenkosten wie die Arbeitgeberanteile zur Sozialversicherung) und den Unternehmens- und Vermögenseinkommen das sogenannte Volkseinkommen zusammensetzt. Die Berechnung des BIP über die Verteilungsseite ist in Deutschland allerdings wegen fehlender Basisdaten über die Unternehmens- und Vermögenseinkommen nicht genau möglich. Diese ergeben sich nur als abgeleitete Restgröße in der volkswirtschaftlichen Gesamtrechnung.

Ausgehend vom Volkseinkommen kann das BIP folgendermaßen berechnet werden.

Verteilung des BIP in Deutschland 2023 (Angaben in Mrd. Euro)	
Arbeitnehmerentgelte	2.229,1
+ Unternehmens- und Vermögenseinkommen	905,4
= Volkseinkommen	**3.134,5**
+ Produktions- und Importabgaben (424,3) abzüglich Subventionen (84,6)	339,7
= Nettonationaleinkommen	**3.474,2**
+ Abschreibungen	858,0
= Bruttonationaleinkommen	**4.332,2**
– Saldo der Primäreinkommen mit der übrigen Welt	146,6
= Bruttoinlandsprodukt (BIP)	**4.185,6**

Quelle: Statistisches Bundesamt: Volkswirtschaftliche Gesamtrechnungen. Inlandsproduktberechnung. Detaillierte Jahresergebnisse, erschienen am 16.09.2024. In: www.destatis.de/DE/Themen/Wirtschaft/Volkswirtschaftliche-Gesamtrechnungen-Inlandsprodukt/Publikationen/Downloads-Inlandsprodukt/inlandsprodukt-endgueltig-xlsx-2180140.html [27.02.2025].

Volkseinkommen

Die Kosten der Produktionsfaktoren Arbeit, Boden und Kapital finden sich in den Arbeitnehmerentgelten und den Unternehmens- und Vermögenseinkommen wieder. In der Addition ergibt sich das Volkseinkommen. Die relativen Anteile der Arbeitnehmerentgelte bzw. der Unternehmens- und Vermögenseinkommen am Volkseinkommen kann man in der Lohn- und Gewinnquote ausdrücken:

Lohnquote = Arbeitnehmerentgelte · 100 : Volkseinkommen
Gewinnquote = Unternehmens- und Vermögenseinkommen · 100 : Volkseinkommen

In der Addition ergeben Lohn- und Gewinnquote immer 100 %.

Verteilung des Volkseinkommens in Deutschland 2023		
	in Mrd. Euro	**in Prozent**
Arbeitnehmerentgelte	2.229,1	Lohnquote = **71,1**
+ Unternehmens- und Vermögenseinkommen	905,4	Gewinnquote = **28,9**
= Volkseinkommen	**3.134,5**	**100,0**

Quelle: Statistisches Bundesamt: Volkswirtschaftliche Gesamtrechnungen. Inlandsproduktberechnung. Detaillierte Jahresergebnisse, erschienen am 16.09.2024. In: www.destatis.de/DE/Themen/Wirtschaft/Volkswirtschaftliche-Gesamtrechnungen-Inlandsprodukt/Publikationen/Downloads-Inlandsprodukt/inlandsprodukt-endgueltig-xlsx-2180140.html [27.02.2025], Tabellenblatt 2.1.3.

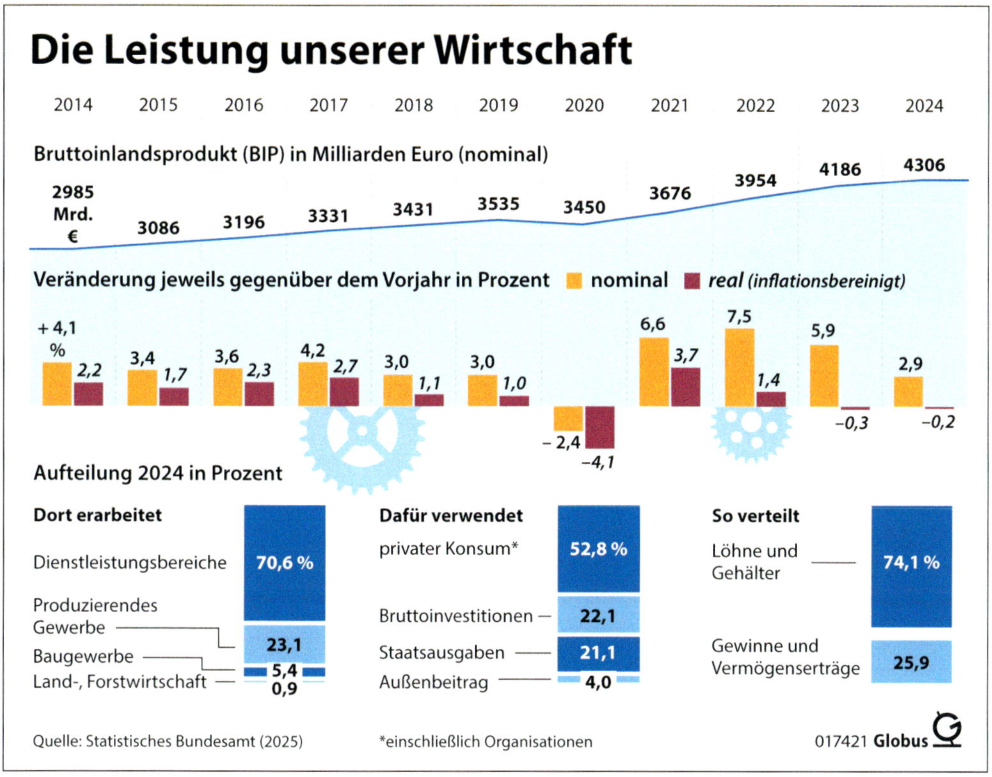

Bewertet man die Güter und Dienstleistungen eines Jahres ausschließlich zu den Kosten der Produktionsfaktoren, die zu ihrer Produktion eingesetzt wurden, erhält man das Volkseinkommen. Die Produktions- und Importabgaben machen ein Produkt teurer und werden daher addiert. Aufgrund der vom Staat gewährten Subventionen können die Unternehmen, die diese Subventionen empfangen haben, ihre Produkte günstiger anbieten. Die Subventionen werden also abgezogen.

Produktions- und Importabgaben und Subventionen

Der Wert der Abschreibungen dient der Erhaltung des in einer Volkswirtschaft vorhandenen Sachkapitals. Damit entspricht der Wert der Abschreibungen dem Wert der Ersatzinvestitionen. Das Nettonationaleinkommen repräsentiert lediglich die neu geschaffene Produktionsleistung, nicht aber die gesamte Produktionsleistung. Addiert man also die Abschreibungen, gelangt man vom Nettowert zu einem umfassenderen Bruttowert.

Abschreibungen

Das Bruttoinlandsprodukt ist ein sogenanntes Inlandkonzept. Es werden Leistungen, die innerhalb Deutschlands erbracht werden, berücksichtigt. Primäreinkommen, die von Ausländerinnen und Ausländern, die im Inland leben, erzielt werden, zählen dazu, Primäreinkommen von Inländerinnen und Inländern, die im Ausland erzielt werden, dagegen nicht.

Bruttoinlandsprodukt

Aus dem **Volkseinkommen** kann das insgesamt verfügbare Einkommen der Haushalte ermittelt werden. Es lässt Aussagen über die insgesamt mögliche Konsumgüternachfrage in einer Volkswirtschaft zu. Die Berechnung des verfügbaren Einkommens erfolgt folgendermaßen:

  Volkseinkommen
+ direkte Steuern (Lohn-/Einkommensteuer)
+ Sozialabgaben
+ Transferzahlungen (z. B. Renten, Arbeitslosengeld, Kindergeld usw.)
= verfügbares Einkommen

Errechnung des BIP anhand des Wirtschaftskreislaufs[1]

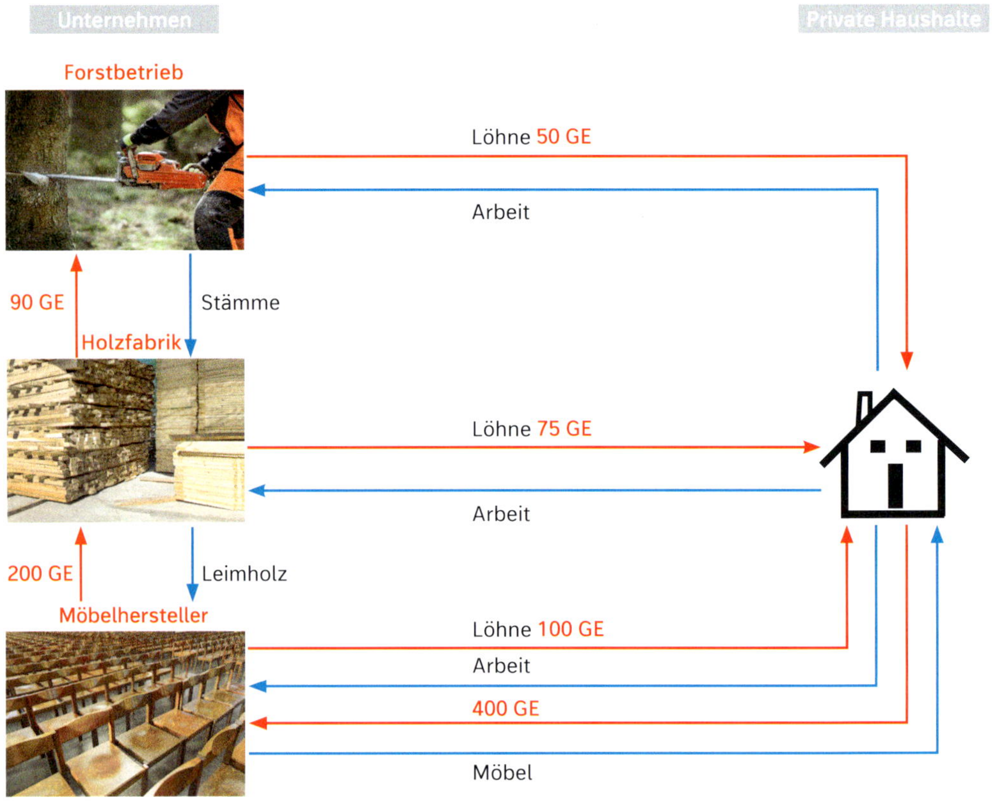

Errechnung des BIP in Form der T-Konten-Darstellung:

Produktionskonto Forstwirtschaft

Gehälter/Löhne	50 GE	**Erlöse**	90 GE
Pacht	7 GE		
Zinszahlung	3 GE		
Gewinn	30 GE		

Produktionskonto Holzfabrik

Vorleistungen	90 GE	**Erlöse**	200 GE
Gehälter/Löhne	75 GE		
Pacht	5 GE		
Zinszahlung	5 GE		
Gewinn	25 GE		

1 Die Grafik kann nur einen Ausschnitt des in den T-Konten beschriebenen Kreislaufs zur Ermittlung des BIP darstellen.

Produktionskonto Möbelhersteller			
Vorleistungen	200 GE	**Erlöse**	400 GE
Gehälter/Löhne	100 GE		
Pacht	10 GE		
Zinszahlung	10 GE		
Gewinn	80 GE		

Einkommen der privaten Haushalte			
Gehälter/Löhne	300 GE	Konsumausgaben	400 GE
Kredit	105 GE	**Zinsen**	5 GE

nationales Produktionskonto			
Vorleistungen	290 GE	**Verkaufserlöse (Bruttoproduktionswert)**	690 GE
Gehälter/Löhne	225 GE		
Pacht	22 GE		
Zinszahlung	18 GE		
Gewinn	135 GE		

AUFGABE 1

Definieren Sie die folgenden Begriffe und setzen Sie sie zueinander in Beziehung: Bruttowertschöpfung, Bruttoinlandsprodukt, Außenbeitrag, Abschreibung.

AUFGABE 2

Das Bruttoinlandsprodukt einer Volkswirtschaft beträgt für ein Jahr 4.650 Mrd. €. Legen Sie die Verwendungsrechnung zugrunde und ermitteln Sie die Konsumausgaben des Staates. Ihnen liegen folgende Werte als Hilfe vor:

- Export: 1.430,0 Mrd. €
- Import: 1.010,0 Mrd. €
- Bruttoinvestitionen: 950 Mrd. €
- private Konsumausgaben: 980 Mrd. €

AUFGABE 3

Welche Leistungen werden im Bruttoinlandsprodukt nicht erfasst?

a) Eine 52-jährige Frau erledigt Einkäufe für eine kranke Nachbarin.

b) Herr Fanroth hilft dreimal in der Woche bei der Braunschweiger Tafel mit.

c) Herr Adler baut ein Einfamilienhaus für sich und seine Familie. Für den Rohbau beauftragt er die Petzi GmbH, die Elektroinstallation nimmt er selbst vor.

d) Frau Rotert betreibt einen Partyservice. Ihr Freund, Herr Schneider, hilft unentgeltlich mit.

e) Niklas verkauft auf dem Schulhof seine Sticker-Sammlung an Amir.

AUFGABE 4

Grenzen Sie die Begriffe „verfügbares Einkommen“ und „Volkseinkommen“ voneinander ab.

AUFGABE 5

Wodurch unterscheiden sich nominales und reales Bruttoinlandsprodukt?

AUFGABE 6

Welche der folgenden Aspekte ordnen Sie dem Volkseinkommen zu?

a) Lottogewinn über 25.000,00 €

b) Einnahmen aus der Vermietung einer Garage

c) Dividende aus einem Aktiendepot

d) Monatsgehalt eines 33-jährigen kaufmännischen Angestellten

e) Konzertgage einer Oboistin

f) Verkauf einer Hörspielsammlung auf dem Flohmarkt

Preisbildung auf vollkommenen Märkten 3

Die Heidtkötter KG ist, wie Unternehmen im Allgemeinen, darauf angewiesen, Materialien und Rohstoffe zu kaufen und ihre eigenen Produkte zu verkaufen. Aus dieser Notwendigkeit heraus resultieren jeweils Handelsgeschäfte, in denen die Heidtkötter KG sowohl als Nachfrager als auch als Anbieter auftritt.

Schaut man darauf, welche Preise die Heidtkötter KG verlangen kann bzw. bezahlen muss, dann ist ein naheliegender Gedanken, dass sie die Preise für die eigenen Produkte selbst festlegt und die Preise für die Beschaffungsprodukte durch die verkaufenden Unternehmen bestimmt werden. Dies ist eine eher betriebswirtschaftliche Sichtweise, gemäß der insbesondere die Kostensituationen der jeweiligen Anbieter eine zentrale Rolle spielen. Die Absatzpreise sollen in der Regel kostendeckend kalkuliert sein, evtl. aber auch einen Gewinnanteil enthalten.

BEISPIEL

Heidtkötter KG: Kauf von Stahl zur Produktion von Büromöbeln

Zur Herstellung der verschiedensten Möbel benötigt die Heidtkötter KG auch Edelstahl. Dieser Stahl kann von Stahlhändlern erworben werden, die ihrerseits auf Grundlage ihrer Beschaffungskosten einen Preis festlegen. Bei der Heidtkötter KG ist es ähnlich: Der Preis, der für den Edelstahl bezahlt werden muss, stellt u. a. eine Kalkulationsgrundlage für den späteren Verkaufspreis ihrer Büromöbel dar. Eine Alternative zur Beschaffung des Stahls über einen Stahlhändler sind Onlineauktionen, bei denen die Heidtkötter KG die Möglichkeit hat, den benötigten Stahl zu erwerben. In den AGB einer Auktionsplattform heißt es: „Ihr Gebot wird als neues Höchstgebot angezeigt." Für Verkäufer gilt: „Sie können einen Mindestpreis pro Mengeneinheit festlegen. Liegt das Höchstgebot am Ende der Auktion unter dem Mindestpreis, ist der Anbieter nicht verpflichtet, die Ware zu diesem Preis zu verkaufen."

Dieses Beispiel zeigt, dass Preise nicht ausschließlich – aber auch – durch die Kostensituation der Unternehmen bestimmt werden. Es gibt zahlreiche weitere Einflussfaktoren, z. B. das Verhalten der Konkurrenz oder auch die Zahlungsfähigkeit und -bereitschaft der Nachfrager. Auch der Staat kann in die Preisbildung eingreifen (vgl. Seite 407 f.). Ein Beispiel hierfür stellt die Mietpreisbindung im sozialen Wohnungsbau dar. Hier dürfen die Preise je Quadratmeter Wohnraum eine bestimmte Preisgrenze nicht überschreiten. Diese Faktoren spielen im Gegensatz zu einer betriebswirtschaftlichen Sicht auf die Preisgestaltung in der VWL eine bedeutende Rolle, die im Folgenden näher betrachtet werden soll. Dabei geht es auch darum, Verallgemeinerungen zu treffen, um so einen Mechanismus der Preisbildung in einer Volkswirtschaft schematisch abzubilden. Dazu wird zunächst das Verhalten der Anbieter und Nachfrager untersucht, um auf dieser Grundlage Aussagen über die Preisbildung im Modell zu treffen. Zuerst wird daher das Verhalten der Marktteilnehmer auf einem vollkommenen Markt beleuchtet. In dem sich anschließenden Kapitel 4 wird untersucht, wie sich die Preisbildung gestaltet, wenn Märkte nicht vollkommen sind.

3.1 Das Verhalten der Nachfrager

Das Nachfrageverhalten ist von einer Reihe von Faktoren abhängig:

- Wie hoch sind die verfügbaren Geldmittel bzw. das Einkommen? Sind die Geldmittel bzw. das Einkommen eines Haushaltes knapp, muss auf Konsum verzichtet werden oder es werden preisgünstigere Güter nachgefragt.
- Wie hoch ist der Preis des Gutes, das erworben werden soll? Wird der Preis eines Gutes als zu hoch eingeschätzt, wird es tendenziell weniger nachgefragt.
- Wie hoch ist der Preis von Substitutionsgütern? Erscheint der Preis von Butter zu hoch, fragen private Haushalte evtl. verstärkt Margarine (Substitutionsgut) nach.
- Wie hoch ist der Preis von Komplementärgütern? Ist der Preis für einen Gartentisch zu hoch, werden auch die dazu passenden Gartenstühle (Komplementärgut) weniger stark nachgefragt.
- Wie sind die Zukunftserwartungen? Erwartet man konjunkturell schwierige Zeiten, werden Luxusgüter tendenziell weniger stark nachgefragt, dafür aber Güter, die Existenzbedürfnisse befriedigen.
- Wie dringlich wird ein Gut benötigt? Je weniger sich eine Konsumentscheidung aufschieben lässt, desto eher wird ein Gut nachgefragt.
- Wie hoch ist die Anzahl der Anbieter bzw. die Angebotsmenge? Ein breit gefächertes Angebot weckt Bedürfnisse.
- Gibt es Modetrends oder technische Neuentwicklungen? Technische Neuheiten z. B. lösen Bedürfnisse aus. Im Rahmen der finanziellen Möglichkeiten entwickelt sich Nachfrage.

Gesetz der Nachfrage

Neben diesen zahlreichen Einflussfaktoren ist grundsätzlich der **Preis** die wesentliche Bestimmungsgröße für das Verhalten von Nachfragern. Dies drückt sich auch im Verlauf der Nachfragekurve aus. Steigt beispielsweise der Preis für einen Bürostuhl von P_1 auf P_2, wird die nachgefragte Menge an Bürostühlen aller Wahrscheinlichkeit nach von M_1 auf M_2 zurückgehen. Bei Preisänderungen vollzieht sich eine Bewegung auf der **Nachfragekurve**. Dem nun höheren Preis P_2 ist die nun geringere Menge M_2 zugeordnet.

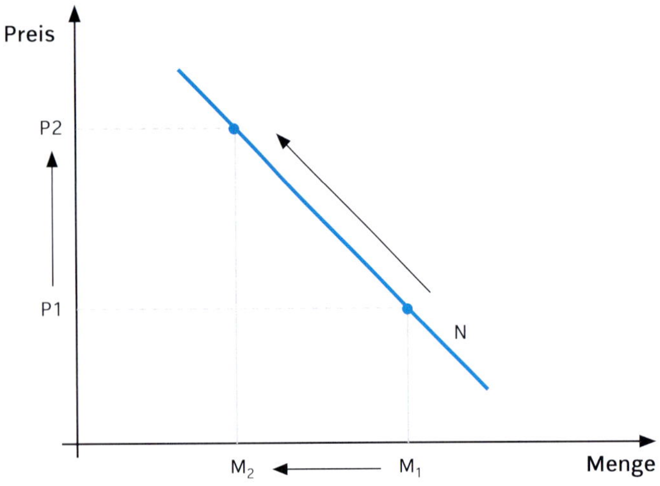

Dieser Zusammenhang wird auch oft als Gesetz der Nachfrage bezeichnet:

Bei steigenden Preisen sinkt die Nachfrage nach einem Gut und bei sinkenden Preisen steigt die Nachfrage nach einem Gut tendenziell.

Ein Automatismus kann allerdings nicht unterstellt werden, da es auch denkbar ist, dass ein Gut stärker nachgefragt wird, obwohl sein Preis steigt. Dies kann beispielsweise für Luxusgüter gelten, deren Käufer sie nur dann nachfragen, wenn aufgrund des höheren Preises eine gewisse Exklusivität gewährleistet bleibt. Man spricht in diesem Zusammenhang auch von einem „Snobeffekt".

Wirkt einer der eingangs genannten Faktoren außer dem Preis auf die Nachfrage (N), steht den Haushalten beispielsweise über eine Einkommenserhöhung mehr Kaufkraft zur Verfügung, sind tendenziell mehr Nachfrager bereit sich das Gut zu „leisten“, die nachgefragte Menge steigt von M_1 auf M_2, obwohl der Preis (P_1) sich nicht verändert hat. Diese Nachfragesteigerung drückt sich in einer Rechtsverschiebung der Nachfragekurve von N_1 zu N_2 aus.

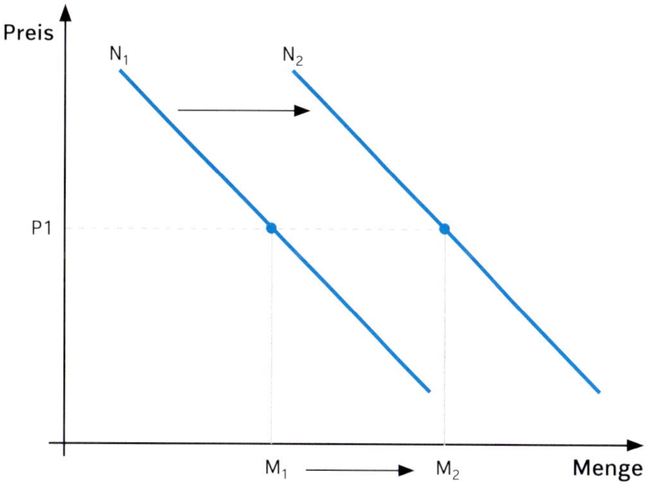

AUFGABE 1

Es gelten folgende individuelle Nachfragefunktionen der Haushalte A und B:

- Haushalt A: nachgefragte Menge $X_A = 8 - p$ p = Preis
- Haushalt B: nachgefragte Menge $X_B = 11 - 2p$

a) Vervollständigen Sie die nachfolgende Tabelle und ermitteln Sie die aggregierte Nachfrage X_{Ges}.

Preis	0	1	2	3	4	5	6	7	8
X_A									
X_B									
X_{Ges}									

b) Stellen Sie Ihre Ergebnisse aus der Tabelle grafisch dar, indem Sie zunächst die individuelle und dann die Gesamtnachfragekurve in ein Koordinatensystem einzeichnen.

c) Erläutern Sie, was eine Bewegung auf der Nachfragekurve auslöst.

AUFGABE 2

Welche der folgenden Sachverhalte führen in der Regel zu einem Nachfragerückgang nach einem gängigen Konsumgut, wenn von einem typischen Nachfrageverhalten ausgegangen werden kann? (2 Lösungen)

1. Der Preis für ein Komplementärgut steigt.
2. Die privaten Haushalte verfügen über höhere Einkommen.
3. Der Bedarf an diesem Gut steigt deutlich an.
4. Die Unternehmen sehen konjunkturell besseren Zeiten entgegen.
5. Der Preis für ein Substitutionsgut steigt.
6. Das Gut entspricht nicht mehr den technischen Standards.

3.2 Die Elastizität der Nachfrage

Die Veränderung der Menge als Reaktion auf eine Änderung des Preises fällt nicht immer gleich aus. So ist es denkbar, dass die Nachfrager auf eine kleine Preisänderung sehr sensibel reagieren und das im Preis gestiegene Produkt deutlich weniger nachfragen. Dies ist häufig der Fall, wenn die Nachfrager in hoher Zahl auf ein Konkurrenzprodukt oder ein Substitutionsprodukt ausweichen. Es kann aber auch daran liegen, dass die Nachfrager einfach verstärkt auf den Konsum dieses Produktes verzichten. Auch die umgekehrte Reaktion der Nachfrager ist denkbar. Obwohl der Preis deutlich steigt, geht die nachgefragte Menge nur unwesentlich zurück. Dies kann der Fall sein, wenn das Gut ein Existenzbedürfnis befriedigt oder es keine Produkte gibt, auf die man ausweichen könnte. Welche Mengenänderung letztlich aufgrund einer Preisänderung zu beobachten ist, wird durch die Elastizität der Nachfrage beschrieben. Diese soll im Folgenden anhand von vier Beispielen genauer verdeutlicht werden:

Elastizität der Nachfrage

BEISPIEL A

Erhöhung des Preises einer Tafel Vollmilchschokolade bei Überschreiten der „magischen" Preisgrenze von 0,99 €

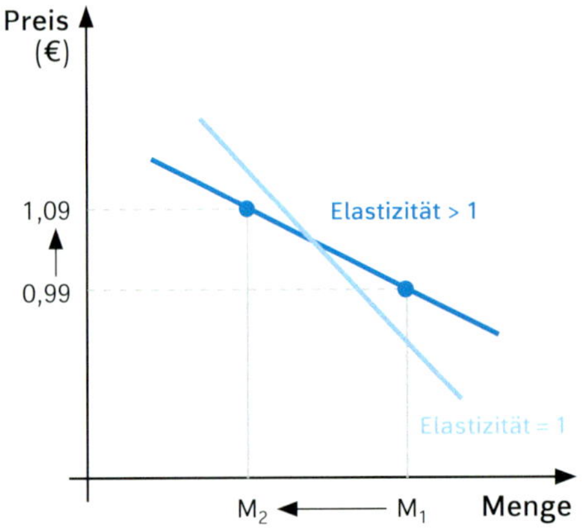

Die Nachfragekurve nach Schokolade verläuft relativ flach. Die Nachfrager reagieren auf die Preisänderung bei der Vollmilchschokolade von 0,99 € auf 1,09 € sehr sensibel. Dies zeigt sich deutlich an dem großen Mengenrückgang von M_1, der nachgefragten Menge bei einem Preis von 0,99 €, hin zu der wesentlich geringeren Menge M_2, die bei einem Preis von 1,09 € nachgefragt würde.

In diesem Zusammenhang spricht man von einer sehr **elastischen** Nachfrage.

BEISPIEL B

Preissteigerung bis 0,05 € pro Liter Benzin

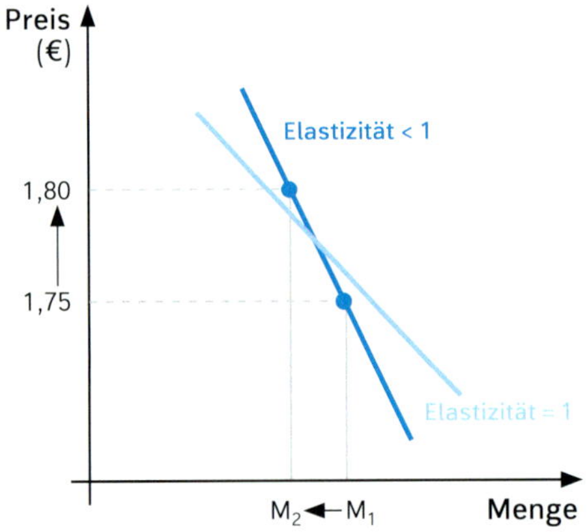

Im Vergleich zur Erhöhung des Preises um 0,05 € fällt der Rückgang der nachgefragten Menge von M_1 bei einem Preis von 1,75 € hin zu der Menge M_2 bei einem Preis von 1,80 € verhältnismäßig gering aus. Die Nachfragekurve verläuft dementsprechend relativ steil.

Man spricht davon, dass die Nachfrage auf die Preisänderung sehr **unelastisch** reagiert.

BEISPIEL C

Nachfrage nach Rundfunk und Fernsehen bei konstantem Preis

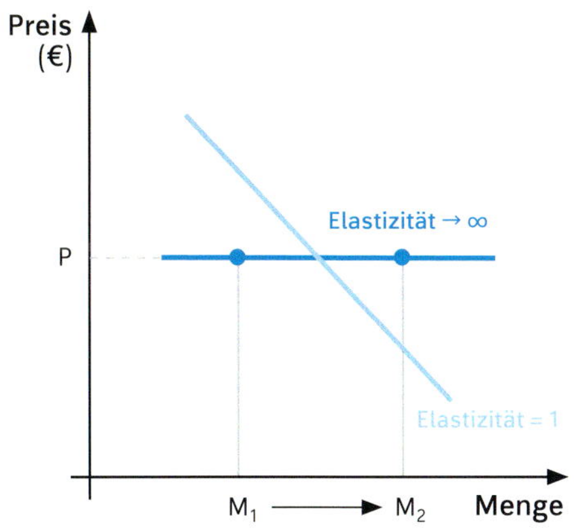

Obwohl Rundfunk und Fernsehen seit Jahrzehnten von einer steigenden Teilnehmerzahl genutzt werden, die Nachfrage also von M_1 auf M_2 gestiegen ist, ist der Preis für dieses Angebot relativ konstant geblieben.

Man spricht in diesem Fall von einer **vollkommen elastischen** Nachfrage.

BEISPIEL D

Nachfrage nach Insulin bei schwankendem Preis

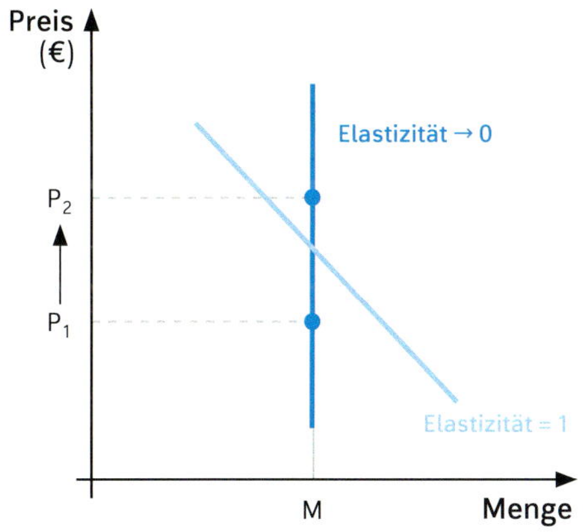

Obwohl wie hier angezeigt der Preis für Insulin von P_1 auf P_2 steigt, verändert sich die Nachfrage nach diesem Hormon nicht. Es wird als lebensnotwendiges Hormon in gleicher Menge wie vor der Preiserhöhung benötigt. Die Nachfragekurve verläuft dementsprechend vertikal.

Man spricht davon, dass die Nachfrage auf die Preisänderung **vollkommen unelastisch** reagiert.

Die Preiselastizität der Nachfrage, oder auch Nachfrageelastizität genannt, misst die Reaktion der Nachfrager auf Preisänderungen, dabei wird sie folgendermaßen berechnet:

$$\textbf{Preiselastizität der Nachfrage} = \frac{\text{prozentuale Änderung der Nachfragemenge}}{\text{Änderung des Preises in Prozent}}$$

Steigt, wie in Beispiel B gezeigt, der Benzinpreis von 1,75 € auf 1,80 €, bedeutet dies eine prozentuale Steigerung um 2,86 %. Fällt der Verbrauch von 10000 Litern auf 9900 Liter Benzin, entspricht dies einer Mengenänderung von 1 %.

Die Nachfrageelastizität berechnet sich wie folgt:

$$\textbf{Preiselastizität der Nachfrage} = \frac{1}{2{,}86} = 0{,}35$$

Fällt der Preis in diesem Beispiel, wird aufgrund der Betragszeichen nicht mit einem negativen Wert gerechnet.

Es gelten folgende Elastizitätsbereiche (wobei absolute Zahlen betrachtet werden):

Elastische Nachfrage	Unelastische Nachfrage	Vollkommen elastische Nachfrage	Vollkommen unelastische Nachfrage
PE d. N > 1	PE d. N < 1	PE d. N $\rightarrow \infty$	PE d. N $\rightarrow 0$
Beispiel A	**Beispiel B**	**Beispiel C**	**Beispiel D**

AUFGABE 1

Stellen Sie jeweils fest, ob die Aussage richtig oder falsch ist, und begründen Sie Ihre Antwort.

a) Die Nachfrage bei Gütern, die durch Substitutionsgüter ersetzt werden können, ist eher unelastisch.

b) Wenn sich die Nachfrage trotz einer Preisänderung nicht ändert, ist die Elastizität gleich null.

c) Die Kenntnis dieser Nachfrageelastizität ist nur für den Nachfrager, nicht aber für den Anbieter interessant.

d) Die Elastizität für Nahrungsmittel des täglichen Bedarfs ist in der Regel niedriger als für Arzneimittel.

AUFGABE 2

Ermitteln Sie für die folgenden Fälle die Preiselastizität der Nachfrage beim Übergang von p_1 auf p_2.

a) (p = Preis, m = Menge)
$p_1 = 8{,}00$ € $p_2 = 10{,}00$ €
$m_1 = 6$ ME $m_2 = 3$ ME

b)
$p_1 = 8{,}00$ € $p_2 = 4{,}00$ €
$m_1 = 6$ ME $m_2 = 7{,}5$ ME

3.3 Das Verhalten der Anbieter

Anbieter

Ähnlich wie bei der Nachfrage gibt es auch zahlreiche Faktoren, die das Angebot von Gütern bestimmen:

- Wie hoch kann der Preis des Gutes, das angeboten werden soll, angesetzt werden? Ist zu erwarten, dass der erzielbare Preis für ein bestimmtes Gut relativ hoch sein wird, werden auch mehr Anbieter versuchen, dieses Produkt auf den Markt zu bringen.
- Wie hoch sind die Kosten für ein Gut, die in der Produktion anfallen? Wenn die Heidtkötter KG davon ausgehen muss, dass die Herstellungskosten für den Bürostuhl *ongis* wesentlich höher ausfallen als zunächst erwartet, wird auch der Preis dieses Stuhls höher sein, damit keine negativen Deckungsbeiträge erwirtschaftet werden. Höhere Preise können auch dann zustande kommen, wenn einzelne Produktionsfaktoren schwierig zu beschaffen sind und daher Mehrkosten verursachen.
- Wie stellt sich die Konkurrenz- bzw. Marktsituation für ein bestimmtes Gut dar? Je mehr Konkurrenten ein gleiches oder sehr ähnliches Produkt anbieten, desto höher ist die Wahrscheinlichkeit, dass sie sich gegenseitig im Preis unterbieten. Teilweise versuchen Anbieter daher Preisabsprachen zu treffen, um nicht in einen Preiskampf zu geraten. Dies ist allerdings gesetzlich verboten (siehe Seite 442).
- Wie wird sich ein Absatzmarkt in Zukunft entwickeln? Anbieter versuchen immer auch, über Produktneuentwicklungen Produkte am Markt zu platzieren, die gegenüber vergleichbaren Produkten deutliche Zusatznutzen enthalten oder die neue Trends setzen. Für derartige Produkte lassen sich häufig höhere Preise erzielen.

Gesetz des Angebotes

Wie bei der Nachfrage auch, ist der Preis der bestimmende Faktor für das Verhalten der Anbieter. Je höher der für ein Gut erzielbare Preis ist, desto höher wird tendenziell die angebotene Menge der Unternehmen sein, da diese auf einen höheren Umsatz und Gewinn hoffen. Steigt also der Preis (von P_1 auf P_2), der für ein Gut erzielbar ist, werden die Anbieter wahrscheinlich auch ihre Angebotsmenge erhöhen (von M_1 auf M_2). Verändert sich der Preis, so ist auch ein verändertes Angebotsverhalten zu erwarten, das sich durch eine Bewegung auf der **Angebotskurve** ausdrückt.

Dieser Zusammenhang wird auch als Gesetz des Angebots bezeichnet:

Bei steigenden Preisen steigt das Angebot eines Gutes und bei sinkenden Preisen sinkt das Angebot eines Gutes tendenziell.

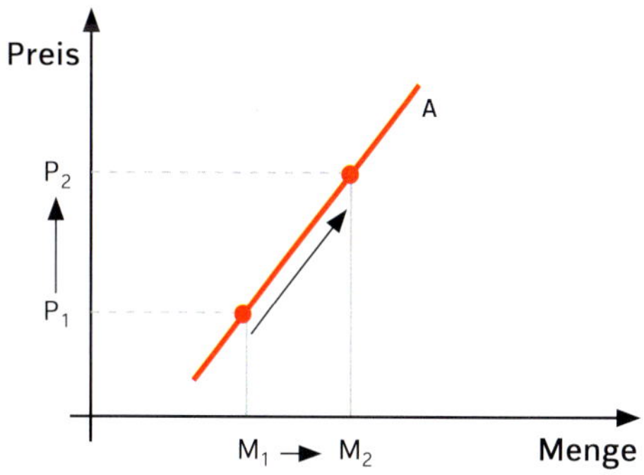

Ändert sich ein anderer Bestimmungsfaktor des Angebots, sinken beispielsweise die Kosten, die für die Produktion eines Gutes generell anfallen, dann wird sich das Gesamtangebot aller Anbieter erhöhen. Die Folge ist eine Rechtsverschiebung der Angebotskurve. Die angebotene Menge des betrachteten Gutes steigt von M_1 auf M_2, während der Preis zunächst konstant bei P_1 bleibt. Die gleiche Situation einer Rechtsverschiebung der Angebotskurve würde sich auch ergeben, wenn sich durch neue Marktteilnehmer bzw. Konkurrenten, die das gleiche Gut anbieten, das Gesamtangebot erhöhen würde.

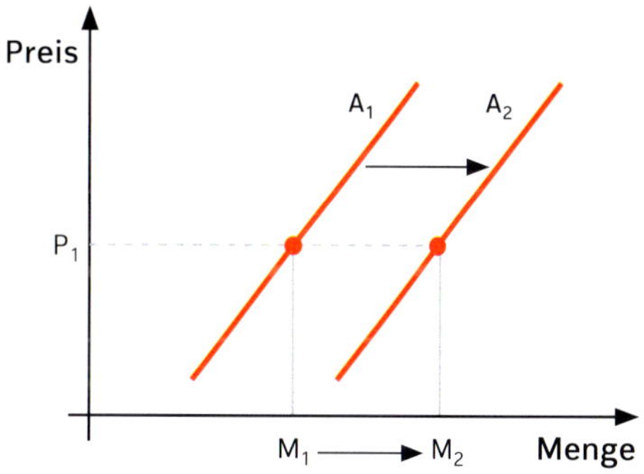

Zudem lässt sich die Angebotskurve auch über eine Betrachtung der Erlös- und Kostensituation ableiten. Dieser Umstand soll an der folgenden Situation und den inhaltlichen Erläuterungen deutlich gemacht werden:

BEISPIEL

Die sieben Unternehmen A–G fertigen in industrieller Produktion Leiterplatten, die dann in nachgelagerten Produktionsstufen anderer Betriebe in elektronischen Geräten verbaut werden. Die Kostensituation in den sieben Unternehmen stellt sich wie folgt dar:

Unternehmen	A	B	C	D	E	F	G
Maximale Produktionsmenge in Stück	1 Mio.	1 Mio.	1 Mio.	1 Mio.	1 Mio.	1 Mio.	1 Mio.
Fixkosten K_f in €	20.000,00	20.000,00	20.000,00	30.000,00	20.000,00	30.000,00	30.000,00
Var. Kosten/Stück (k_v) in €	0,03	0,04	0,05	0,05	0,07	0,07	0,08

Aufgrund der unterschiedlichen Kostensituationen in den einzelnen Unternehmen sind diese gezwungen, ihr Produkt zu einem unterschiedlichen Verkaufspreis anzubieten, um kostendeckend zu wirtschaften. Zudem werden die folgenden Annahmen getroffen:

$$\underbrace{G}_{G} = \underbrace{p \cdot x - (k_v \cdot x + K_f)}_{E \quad - \quad K}$$

Gewinn = Erlös minus Kosten

Die folgende Übersicht zeigt die unterschiedlichen Gesamtkosten pro Stück in Euro der einzelnen Anbieter.

Unternehmen	A	B	C	D	E	F	G
Kapazitätsgrenze in Stück	1 Mio.	1 Mio.	1 Mio.	1 Mio.	1 Mio.	1 Mio.	1 Mio.
Fixkosten K_f in €	20.000,00	20.000,00	20.000,00	30.000,00	20.000,00	30.000,00	30.000,00
Fixe Kosten/Stück (k_f) bei Kap.-Auslastung	0,02	0,02	0,02	0,03	0,02	0,03	0,03
Var. Kosten/Stück (k_v)	0,03	0,04	0,05	0,05	0,07	0,07	0,08
Gesamtkosten/Stück (k)	0,05	0,06	0,07	0,08	0,09	0,10	0,11

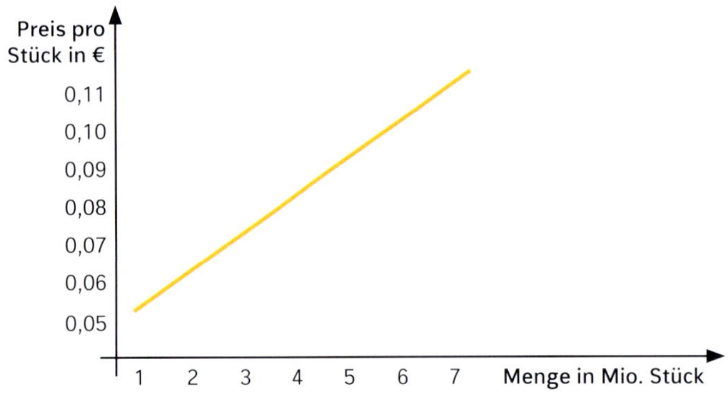

Die Gesamtangebotskurve gibt Aufschluss darüber, wie hoch die angebotene Menge bei unterschiedlichen Preisen jeweils ist. Die tatsächliche Absatzmenge richtet sich aber danach, wie viel tatsächlich nachgefragt wird. Bei einem Preis unterhalb von 0,05 €/Stück wird auf dem Markt kein Angebot vorliegen. Bei einem Preis von 0,05 €/Stück wird nur der Anbieter A mit einer Angebotsmenge von 1 Mio. Stück auf dem Markt vertreten sein. Bei einem Preis von 0,06 €/Stück wird auch der Anbieter B anbieten, die gesamte Angebotsmenge liegt dann bei 2 Mio. Stück. Bei einem Preis von 0,11 €/Stück werden alle Anbieter anbieten, das Gesamtangebot liegt dann bei 7 Mio. Stück. Sollte ein noch höherer Preis am Markt erzielbar sein, wird sich die Zahl der Anbieter evtl. erhöhen. Anbieter, deren Stückkosten gerade noch gedeckt sind, werden auch Grenzanbieter genannt. So ist beispielsweise Anbieter E bei einem Preis von 0,09 €/Stück ein Grenzanbieter. Ein Grenzanbieter wird vom Markt verdrängt, wenn der Preis langfristig unter die von ihm realisierbaren Stückkosten fällt. Fällt also der Preis auf 0,08 €/Stück, kann sich der Anbieter E nicht mehr lange auf diesem Markt halten und wird von ihm verdrängt.

AUFGABE

Entscheiden Sie jeweils, ob sich die Angebots- oder Nachfragekurve nach links oder rechts verschiebt oder ob die Lage beider Kurven sich nicht verändert. Begründen Sie Ihre Antwort jeweils kurz.

a) Durch Öffnung der Grenzen kommen neue ausländische Anbieter auf den Markt.

b) Durch Rationalisierungsmaßnahmen gelingt es, die Produktionskosten zu senken.

c) Die Preise für Substitutionsgüter sinken.

d) Die Preise für Komplementärgüter steigen.

e) Die Tarifvertragsparteien vereinbaren eine Erhöhung der Tariflöhne und -gehälter.

f) Die Mehrwertsteuer steigt um 2 Prozentpunkte.

g) Ein homogenes Gut wird zu einem vergleichbaren Preis neu am Markt eingeführt.

h) Eine umfangreiche Werbemaßnahme für das Gut stößt auf eine positive Resonanz.

Die Elastizität des Angebots 3.4

Wie Nachfrager reagieren auch Anbieter unterschiedlich auf Preisänderungen. Ist ein Preisanstieg für ein bestimmtes Gut beobachtbar, ist es wahrscheinlich, dass einige Unternehmen von diesen höheren Preisen profitieren wollen, indem sie ihr Angebot an dem Produkt deutlich ausweiten. Das Angebot reagiert in diesem Fall preiselastisch. Einer relativ kleinen Preisänderung steht eine relativ hohe Mengenänderung gegenüber:

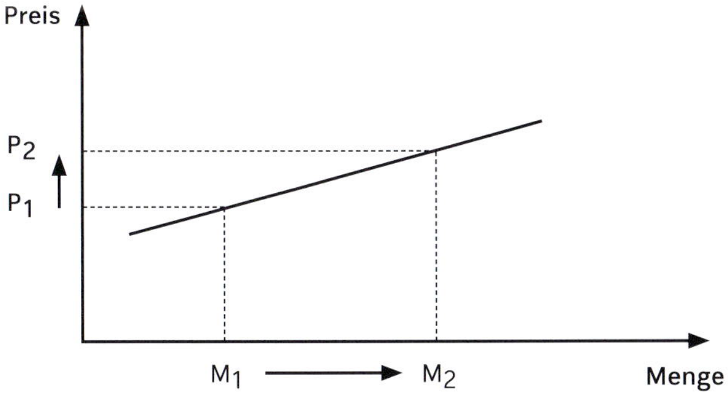

Es ist auch denkbar, dass trotz einer steigenden Preisentwicklung das Angebot konstant bleibt oder nicht erhöht werden kann. Man spricht dann von einem preisunelastischen bzw. starren Angebot. Dies kann der Fall sein, wenn die Produktionskapazitäten bereits ausgeschöpft sind oder weitere Produktionsfaktoren nicht beschafft werden können.

AUFGABE 1

Was beschreibt die Elastizität des Angebots?

a) die Reaktion der Nachfrage auf Preisänderungen

b) die Fähigkeit der Anbieter, auf Preisänderungen zu reagieren

c) die Veränderung der Produktionskosten bei steigender Nachfrage

d) die Menge an Gütern, die zu einem bestimmten Preis nachgefragt wird

AUFGABE 2

Welche der folgenden Aussagen beschreibt eine Situation mit elastischem Angebot?

a) Ein plötzlicher Anstieg der Nachfrage führt zu einer schnellen Erhöhung der Produktionsmenge.

b) Die Anbieter können die Produktionsmenge nur langsam anpassen, selbst wenn die Preise steigen.

c) Die Produktionskosten steigen stark, wenn die Menge erhöht wird.

d) Die Anbieter sind nicht in der Lage, ihre Produktion kurzfristig zu ändern.

Marktpreisbildung im Modell des vollkommenen Marktes 3.5

Aus volkswirtschaftlicher Sicht bilden sich Preise auf Märkten, auf denen das Angebot und die Nachfrage nach einem Gut aufeinandertreffen. Geschieht dies auf einem Markt ohne Wettbewerbsbeschränkungen, spricht man von einem **vollkommenen Markt**. Dieser existiert nicht in der wirtschaftlichen Realität und dient lediglich als Modell, an dem die Preisbildung aus volkswirtschaftlicher Sicht erklärt werden kann.

Auf dem **vollkommenen Markt** gibt es eine Reihe von Voraussetzungen, die erfüllt sein müssen, damit seine Funktionsweise nicht beeinträchtigt ist.

polypolistische Konkurrenz

Die Anzahl der Marktteilnehmer, also der Anbieter und Nachfrager, ist so groß, dass niemand allein den Marktpreis beeinflussen kann. Würde ein einzelner Anbieter den Preis heraufsetzen, würden die Nachfrager auf andere Anbieter ausweichen. Würde er den Preis herabsetzen, würde er die komplette Nachfrage des ganzen Marktes auf sich ziehen, die zu bedienen er nicht in der Lage ist.

Homogenität der Güter

Die auf dem Markt gehandelten Güter sind in jeglicher Hinsicht gleichartig.

Fehlen persönlicher und zeitlicher Präferenzen

Anbieter und Nachfrager haben **keinerlei persönliche Präferenzen**. Es gibt keine Bevorzugung eines Geschäftspartners, die in seiner Person begründet liegt. Sie haben keine räumlichen Präferenzen, d. h., Angebot und Nachfrage treffen an einem bestimmten Ort zusammen. Sie haben **keine zeitlichen Präferenzen**, d. h., Angebot und Nachfrage treffen zeitgleich aufeinander.

rationales Verhalten

Die Anbieter streben nach Gewinnmaximierung und die Nachfrager nach Nutzenmaximierung. In ihrem Verhalten sind sie rational.

vollständige Markttransparenz

Es herrscht eine vollständige Markttransparenz der Marktteilnehmer. Die Anbieter wissen genau, welche Mengen die Nachfrager zu welchen Preisen kaufen wollen, und die Nachfrager wissen, welche Mengen die Anbieter zu welchen Preisen verkaufen wollen.

sofortige Reaktion

Anbieter und Nachfrager sind in der Lage, auf Preisänderungen sofort zu reagieren.

Zwar existieren in der Realität keine vollkommenen Märkte, aber **Börsen** kommen ihnen sehr nahe.

An Börsen werden zum Zweck der Preisfeststellung das Angebot und die Nachfrage nach einem Gut zusammengeführt und ein sogenannter Gleichgewichtspreis ermittelt. Bei diesem Gleichgewichtspreis kommen alle Anbieter zum Zuge, die bereit sind, das Gut zum Gleichgewichtspreis oder günstiger anzubieten, und alle Nachfrager, die bereit sind, das Gut zum Gleichgewichtspreis oder teurer zu erwerben.

BEISPIEL

An einer Stahlbörse, an der auch die Heidtkötter KG Rohstahl ersteigert, werden die Regeln für die Ermittlung des Gleichgewichtspreises wie folgt beschrieben:

REGELN ZUR ERMITTLUNG DES GLEICHGEWICHTSPREISES

Regeln für Anbieter

Unternehmen, die eine bestimmte Menge Rohstahl verkaufen möchten, geben die gewünschte Tonnage sowie die spezifische Qualität (z. B. Legierungszusammensetzung) an. Die Handelsplattform rechnet die Menge auf einen standardisierten Basiswert (z. B. reines Eisen) um. Der angegebene Preis ist der Mindestpreis, den der Anbieter pro Tonne Rohstahl (bezogen auf den Standardwert) erzielen möchte.

Regeln für Nachfrager

Unternehmen, die Rohstahl kaufen möchten, geben die gewünschte Tonnage (bezogen auf den Standardwert) und den maximalen Preis an, den sie pro Tonne zu zahlen bereit sind. Als Sicherheit muss eine bankverbürgte Garantie über den Gesamtwert des Gebots (= Menge · Preis) hinterlegt werden.

Bildung des Gleichgewichtspreises

Die Handelsplattform erfasst alle zugelassenen Angebote und Nachfragegebote in festgelegten Preisstufen (z. B. in 10-Euro-Schritten pro Tonne). Die Angebote werden ab dem niedrigsten Preis aufsteigend, die Nachfrage ab dem höchsten Preis absteigend summiert. Der Gleichgewichtspreis bildet sich dort, wo Angebots- und Nachfragemenge übereinstimmen oder die kleinste Differenz aufweisen.

Grafisch stellt sich ein Gleichgewichtspreis in der Regel wie in der Abbildung links dar. Anhand dieser Abbildung lässt sich gut zeigen, dass auf Märkten mit einer polypolistischen Struktur, also mit vielen Anbietern und Nachfragern, eine Tendenz zum Gleichgewichtspreis besteht. Geht man nämlich von einem Preis (P_1) oberhalb des Gleichgewichtspreises (P) und damit von einem Angebotsüberhang bzw. einer Nachfragelücke aus, herrscht eine Situation vor, in der die Anbieter des betrachteten Gutes feststellen, dass nur wenige Nachfrager bereit sind, den geforderten Preis zu zahlen. Nur eine Preissenkung würde dazu führen, den Absatz zu erhöhen. Nach und nach würden diejenigen Anbieter, für die der geringere Preis nicht mehr kostendeckend ist, aus dem Marktgeschehen ausscheiden. Der Marktpreis bewegt sich dementsprechend auf den Gleichgewichtspreis zu.

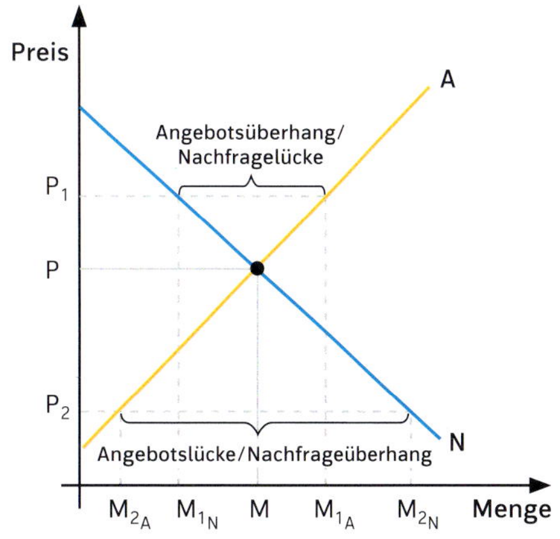

Liegt der Marktpreis (P_2) unterhalb des Gleichgewichtspreises, besteht ein Nachfrageüberhang bzw. eine Angebotslücke. In dieser Situation sind nur sehr wenige Anbieter in der Lage, kostengünstig zu dem Preis von P_1 zu produzieren. Die Anbieter werden feststellen, dass zu diesem Preis die Nachfrage weitaus höher ist als das Angebot auf dem Markt. Die Folge ist ein Preisanstieg, der zudem neue Anbieter dazu bewegen wird, das Gut anzubieten. Der Preis und die angebotene Menge werden also bis zum Erreichen des Gleichgewichtspreises steigen.

Produzenten- und Konsumentenrente

Die Anbieter, die aufgrund der Kostenstrukturen bei der Produktion des Gutes gerade noch zum Gleichgewichtspreis P anbieten können, werden Grenzanbieter genannt. Alle Anbieter, die nur bei einem höheren Preis anbieten würden, kommen an diesem Markt nicht zum Zuge. Die Anbieter hingegen, die auch zu einem günstigeren Preis anbieten könnten, erzielen beim Verkauf zum Gleichgewichtspreis einen Geldvorteil, die sogenannte **Produzentenrente**. Diese ist in der nebenstehenden Abbildung orange schraffiert.

Analog dazu sind die Grenznachfrager diejenigen Nachfrager, die gerade noch bereit und in der Lage sind, das Gut zum Gleichgewichtspreis nachzufragen. Die Nachfrager, die nur einen geringeren Preis zahlen können, kommen nicht zum Zuge. Diejenigen Nachfrager, die auch bereit wären, einen höheren Preis zu zahlen, erzielen einen Geldvorteil dadurch, dass sie „nur" den Gleichgewichtspreis zahlen. In diesem Zusammenhang spricht man von der **Konsumentenrente**. Sie ist in der Abbildung blau schraffiert.

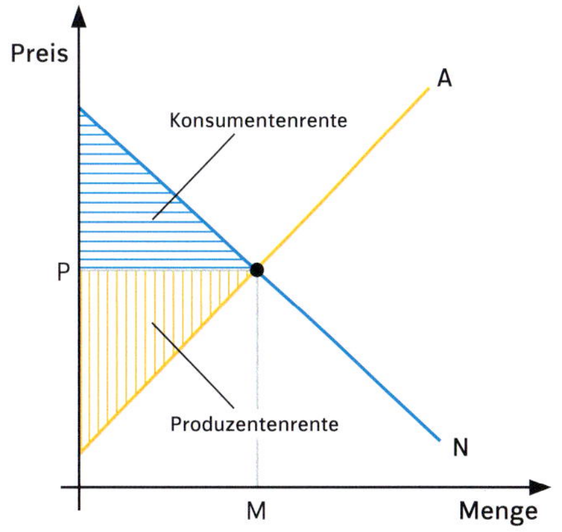

Preisfunktionen

In Märkten mit einem funktionierenden bzw. wenig reguliertem Wettbewerb wirkt der Preismechanismus annähernd wie beschrieben und der Preis erfüllt dabei unterschiedliche volkswirtschaftliche Funktionen.

Funktion	Ausprägung der Funktion
Allokationsfunktion	Preise lenken die Produktionsfaktoren dorthin, wo sie am dringendsten benötigt werden bzw. wo sie den höchsten Preis erzielen können.
Anreizfunktion	Der zu zahlende Preis setzt Anreize, mit knappen Gütern sparsam umzugehen.
Ausgleichsfunktion	Über den Preis werden Angebot und Nachfrage zum Ausgleich gebracht.
Selektionsfunktion	Anbieter, die nicht wettbewerbsfähig sind und nicht zum Marktpreis anbieten können, müssen aus dem Markt ausscheiden. Nachfrager, die den jeweiligen Marktpreis nicht zahlen können, kommen am Markt nicht zum Zug.
Signalfunktion	Steigende Marktpreise signalisieren die Knappheit eines Gutes.

AUFGABE 1

Welche der folgenden Aussagen zur Preisbildung auf einem vollkommenen Markt sind zutreffend? (2 Lösungen)

a) Der einzelne Anbieter kann aktiv Preispolitik betreiben. Aufgrund fehlender Markttransparenz bilden sich unterschiedliche Marktpreise.

b) Die Preise lenken die Produktionsfaktoren dorthin, wo sie am dringendsten benötigt werden (Allokationsfunktion).

c) Anbieter reagieren auf Preissenkungen ebenfalls mit Preissenkungen.

d) Die Marktteilnehmer sind vollständig über das Marktgeschehen informiert.

e) Die Anbieter haben unterschiedliche Kostenstrukturen und verlangen daher unterschiedliche Preise.

AUFGABE 2

Ermitteln Sie unter Anwendung der Regeln der Stahlbörse (siehe Seite 402 f.) und den nachfolgenden Angeboten und Nachfragegeboten den Gleichgewichtspreis für eine Tonne Rohstahl und stellen Sie Ihre Lösung auch grafisch in einem Koordinatensystem dar.

Preis in €/Tonne	Angebot in Tonnen	Angebot, aufsummiert	Nachfrage in Tonnen	Nachfrage, aufsummiert	Differenz
330,00	3300	↓	4000		
340,00	3600		3800		
350,00	3900		3600	↑	
360,00	4200		3400		
370,00	4500		3200		
380,00	4800		3000		
390,00	5100		2800		
400,00	5400		2600		

AUFGABE 3

Beschreiben Sie, welche Voraussetzungen des vollkommenen Marktes auf die Stahlbörse zutreffen.

Eingriffe in die Preisbildung – Schutz für Anbieter sowie für Verbraucherinnen und Verbraucher 3.6

Marktinkonforme Eingriffe in die Preisbildung 3.6.1

In vollkommenen Märkten bildet sich der Marktpreis durch den Ausgleich von Angebot und Nachfrage. Aus wirtschafts- oder sozialpolitischen Erwägungen heraus können die sich frei bildenden Marktpreise entweder zu hoch oder zu niedrig sein.

Die Folge sind Eingriffe in die Preisbildung, die in den beiden folgenden Beispielen **marktinkonform** genannt werden, weil der Markt-Preis-Mechanismus außer Kraft gesetzt wird.

Zuweilen werden Preise staatlicherseits oder wie im Beispiel 1 von Nachfragegruppen gesetzt. Dann wird das Modell der Preisbildung außer Kraft gesetzt. Auch betriebswirtschaftliche Überlegungen oder Fragen des Wettbewerbs spielen dann nur eine untergeordnete Rolle.

BEISPIEL 1

FAIRTRADE ERHÖHT DEN MINDESTPREIS FÜR KAFFEE

Gute Nachrichten für Kaffeebäuer:innen: Fairtrade erhöht den Mindestpreis für Kaffee, der im Ursprung an die Kooperativen gezahlt wird. Klimakrise, Inflation, Preisschwankungen – Kaffeebäuer:innen stehen vor vielfachen Herausforderungen. Für mehr Investitions- und Planungssicherheit und um sie besser gegen Krisen zu wappnen, erhöht Fairtrade den Mindestpreis für Arabica-Kaffee um 29 %, den Preis für Robusta um 19 %. Die Änderungen treten ab August 2023 in Kraft.

Höhere Preise für mehr Planungssicherheit und Zukunftsperspektive
Der neue Fairtrade-Mindestpreis für gewaschene Arabica-Bohnen – die mehr als 80 Prozent des gesamten verkauften Fairtrade-Kaffees ausmachen – beträgt künftig 1,80 US-Dollar pro Pfund (lb), eine Erhöhung um 40 Cent gegenüber dem bisherigen Preis. [...]

Quelle: Fairtrade: Fairtrade erhöht den Mindestpreis für Kaffee, erschienen am 30.03.2023. In: www.fairtrademaxhavelaar.ch/newsroom/news/details/fairtrade-erhoeht-den-mindestpreis-fuer-kaffee-1-10850 [28.02.2025].

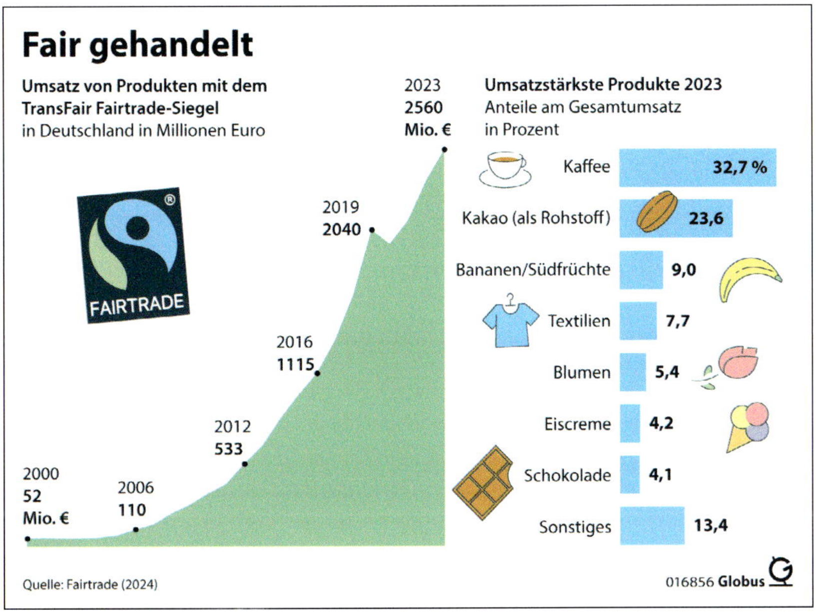

Mindestpreis

In dem vorliegenden Beispiel liegt der Weltmarktpreis unterhalb des von Fairtrade angebotenen Preises von 1,80 USD (1,65 USD + 0,15 USD) pro englischem Pfund Arabica-Kaffee. Man spricht in diesem Zusammenhang auch von einem Mindestpreis, den Fairtrade zahlt, da dies der Preis ist, der mindestens gezahlt werden soll.

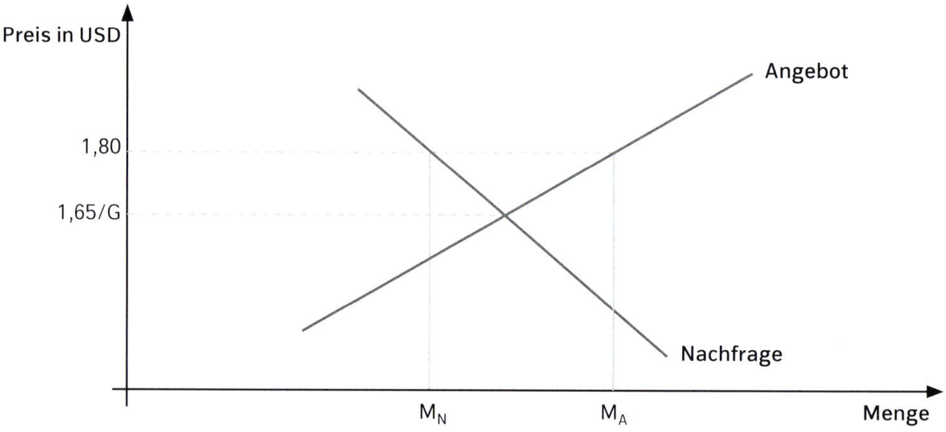

Wenn der Mindestpreis wirksam sein soll, muss er über dem Gleichgewichtspreis (G) liegen. Ein Mindestpreis soll die Anbieter schützen, die sonst evtl. zum Gleichgewichtspreis verkaufen müssten. Dieser Gleichgewichtspreis deckt aber vielleicht ihre Selbstkosten nicht, stellt also ein defizitäres Geschäft für die Anbieter dar. Eine Verschuldung der Kaffeebäuerinnen und Kaffeebauern ist eine mögliche Folge des Verkaufs zum Gleichgewichtspreis. Der Mindestpreis dagegen sichert eher ihre Existenz.

Bei dem Mindestpreis von 1,80 USD pro Pfund ist die angebotene Menge M_A größer als die Menge M_N, die zu diesem Preis nachgefragt würde. Es besteht also ein Angebotsüberhang. Dieses Überangebot ist häufig die Folge von Mindestpreisen. Die Bäuerinnen und Bauern in den Kaffeeanbaugebieten werden auf ihren landwirtschaftlich nutzbaren Flächen wahrscheinlich vermehrt Kaffeepflanzen anbauen, um einen ihre Existenz sichernden Preis für ihre Agrarprodukte zu erzielen. Eine Folge könnte also die Monokultur und damit verbunden ein weiteres Ansteigen der angebotenen Kaffeemenge sein. Dies kann dazu führen, dass der Mindestpreis gesenkt werden muss oder dass es zu Kontingentierungen, also mengenmäßigen Beschränkungen bei der Abnahme von Kaffee kommt. Trotz der guten Absichten von Fairtrade beim Handel mit Kaffee könnte es dementsprechend aber auch zu ungewollten negativen Konsequenzen kommen.

BEISPIEL 2

In vielen Städten ist bezahlbarer Wohnraum knapp. Damit die Mieten dort nicht weiter in astronomische Höhen steigen, wurde zum 1. Juni 2015 die sogenannte Mietpreisbremse eingeführt. Sie bewirkt, dass bei der Wiedervermietung von Bestandswohnungen in Gebieten mit angespanntem Wohnungsmarkt die Miete höchstens 10 % über der ortsüblichen Vergleichsmiete liegen darf. Liegt also die ortsübliche Vergleichsmiete in einem Ort bei 12,00 € pro Quadratmeter, darf die die Miete höchstens 13,20 € pro Quadratmeter betragen. Dies gilt auch, wenn die Vermieterin bzw. der Vermieter einen höheren Preis erzielen könnte.

Höchstpreis

In Beispiel 2 würde sich über den Ausgleich von Angebot und Nachfrage ein Gleichgewichtspreis von 17,00 € pro Quadratmeter bilden. Aufgrund der Regulierung des Marktes durch die Mietpreisbremse sollen Mieterinnen und Mieter höchstens eine Miete von 13,20 € pro Quadratmeter zahlen. Man spricht hier von einem Höchstpreis, der unterhalb des Gleichgewichtspreises liegt.

Der deutsche Staat versteht sich hier als Wettbewerbshüter, der die Nachfrager vor überhöhten Mieten, gegen die sich diese kaum wehren können, schützen möchte. Gleichzeitig wendet sich der deutsche Staat gegen die Anbieter von Wohnraum, die stark überhöhte Preise verlangen und dadurch unverhältnismäßig hohe Gewinne zulasten der Verbraucherinnen und Verbraucher erzielen.

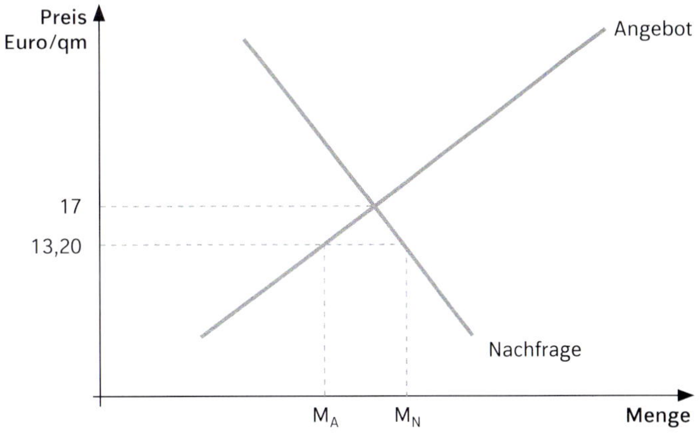

Ein bindender Höchstpreis verringert evtl. das Angebot bzw. erhöht die Nachfrage und verursacht somit einen Nachfrageüberschuss nach einem Gut. Fraglich ist in diesem Fall, ob die Anbieter von Wohnraum einen Mietpreis von 13,20 € pro Quadratmeter als rentabel empfinden. Die Anbieter könnten dann damit reagieren, das Produkt „Wohnraum" qualitativ schlechter zu gestalten, indem sie einen geringeren Service bei Beschwerden der Mieterinnen und Mieter anbieten. Man sieht hier, dass es zu einem Nachfrageüberhang kommt, die nachgefragte Menge an Wohnraum (M_N) ist größer als die angebotene Menge an Wohnraum (M_A). Die Vermieterinnen und Vermieter werden also tendenziell weniger bereit sein, zu dem Höchstpreis Wohnraum anzubieten.

Da die marktinkonformen Eingriffe aber zumeist mit einer Reihe nachteiliger Folgen für die Anbieter oder Nachfrager einhergehen, sind sogenannte **marktkonforme** Eingriffe üblich, bei denen die Funktionen der freien Marktpreisbildung erhalten bleiben. Zu diesem Zweck werden die Angebots- und/oder Nachfragebedingungen verändert.

Marktkonforme Eingriffe in die Preisbildung 3.6.2

Transferzahlungen

Die Nachfragebedingungen für einkommensschwache Haushalte werden häufig durch Transferzahlungen verbessert. Ein Beispiel hierfür ist das Wohngeld, das es den Beziehern niedrigerer Einkommen ermöglicht, Wohnraum zu mieten, der sonst für sie zu teuer wäre. Durch die Zahlung des Wohngeldes verschiebt sich die Nachfragekurve nach rechts und der Gleichgewichtspreis ist auf einem für den Anbieter akzeptablen Niveau. Die Vermieterinnen und Vermieter erhalten so die am Markt übliche Miete, sodass weiterhin der Anreiz besteht, Wohnraum durch Baumaßnahmen zu schaffen. Ein Höchstpreis würde dazu führen, dass sich das Angebot an Mietwohnungen verknappen würde, da die Vermieterinnen und Vermieter keinen kostendeckenden Mietpreis mehr verlangen könnten.

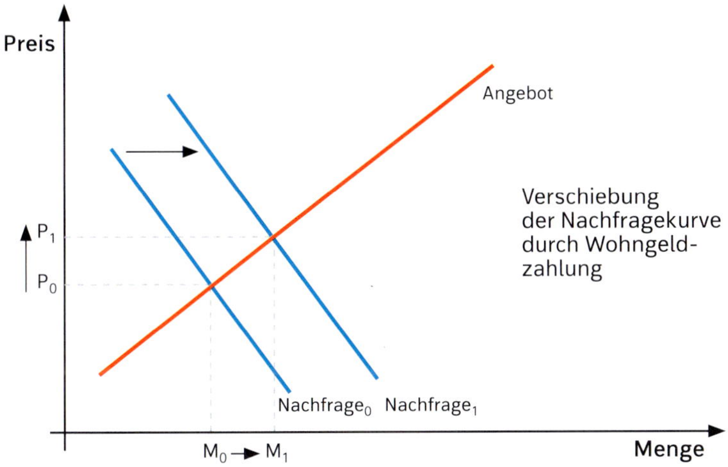

Subventionszahlungen

Um zu hohen Preisen entgegenzuwirken, werden häufig Unternehmen bestimmter Branchen Subventionen gezahlt. Die Unternehmen erfahren so eine Verbesserung ihrer Kostensituation, die sie über niedrigere Preise an die Nachfrager weitergeben können. Dies geschieht beispielsweise in der deutschen Landwirtschaft, die durch Subventionen wettbewerbsfähig gehalten wird. Diese Subventionen führen zu einer Rechtsverschiebung der Angebotskurve.

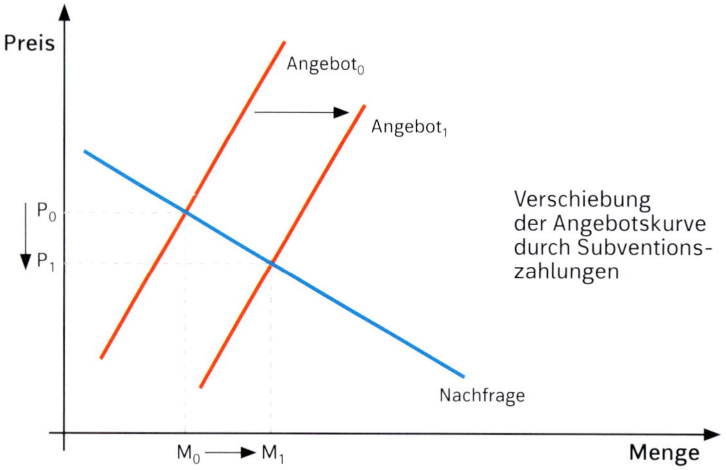

Beide Beispiele zeigen auch jeweils eine Erhöhung der auf dem Markt nachgefragten Menge von M_0 auf M_1. Dies bedeutet, dass sich die Marktversorgung in beiden Fällen verbessert hat.

Zudem kann der Staat in die Preisbildung eingreifen, indem er selbst als Nachfrager auftritt und durch Stützungskäufe den Preis beeinflusst. Auch Steuererleichterungen bzw. -belastungen stellen einen marktkonformen Eingriff in die Marktpreisbildung dar.

In der folgenden Tabelle sind die Eingriffe des Staates in die Preisbildung noch einmal zusammengefasst:

Marktinkonforme bzw. direkte Eingriffe	Marktkonforme bzw. indirekte Eingriffe
Höchstpreise Mindestpreise Festpreise Importbeschränkungen Exportbeschränkungen	Transferzahlungen Subventionszahlungen Auftreten des Staates als Nachfrager (Stützungskäufe) Auftreten als Anbieter Steuererleichterungen/-belastungen Staatskredite

AUFGABE 1

Im Rahmen der Mietpreisbindung legt der Staat eine Obergrenze für die Kaltmiete pro Quadratmeter fest. Diese Festlegung gilt für Wohngebäude, die im Rahmen der sozialen Wohnungsbaupolitik gefördert wurden. Als Höchstmiete für einen Quadratmeter Wohnfläche wird für ein Projekt des sozialen Wohnungsbaus 8,50 € als Mietpreis von staatlicher Seite festgelegt. Das Wohnhaus liegt in zentraler Lage. Vergleichbare Wohnungen erzielen einen Mietpreis von 15,00 € pro Quadratmeter.

a) Zeichnen Sie die vorliegende Situation in ein Markt-Preis-Schema ein.

b) Welche Absicht verbindet der Staat mit der Einrichtung der Höchstmiete?

c) Welche Konsequenzen können sich für die Anbieter von Wohnraum und für den Staat aus der Höchstmiete ergeben?

AUFGABE 2

Erläutern Sie für die nachfolgenden Aussagen a) bis f) jeweils, ob sie für Höchst- und/oder Mindestpreise bzw. weder für Höchst- noch für Mindestpreise zutreffen.

a) Staatliche Maßnahmen zur Mengenregulierung sind in der Regel die Folge dieses staatlichen Eingriffs.

b) Dieser staatliche Eingriff dient dem Schutz der Konsumentinnen und Konsumenten.

c) Dieser staatliche Eingriff lässt die Notwendigkeit einer Rationierung entstehen.

d) Die Ausschaltungsfunktion des Marktpreises wird durch diesen staatlichen Eingriff beeinträchtigt.

e) Es handelt sich um einen marktkonformen Eingriff des Staates.

f) Unrentabel arbeitende Unternehmen werden durch diesen Eingriff geschützt.

4 Preisbildung auf unvollkommenen Märkten

Die Voraussetzungen des vollkommenen Marktes in der Realität anzutreffen, ist mehr als unwahrscheinlich. So finden wir beispielsweise häufig nur eine sehr begrenzte Anzahl von Anbietern auf den Märkten vor, die zudem versuchen, sich über unterschiedliche Produkte bzw. weitere Zusatznutzen, wie einen bestimmten Service, von der Konkurrenz abzuheben. Darüber hinaus entwickeln die Nachfrager häufig Präferenzen für den einen oder anderen Anbieter und lassen sich in ihren Kaufentscheidungen von ihrem Gefühl leiten, verhalten sich also wenig rational. Über Internetrecherchen können sich die Marktteilnehmer eine relativ gute Transparenz über das Marktgeschehen verschaffen, allerdings ist es dennoch kaum möglich, sämtliche Anbieter auf einem Markt für ein bestimmtes Gut ausfindig zu machen. Selbst wenn dies gelingen sollte, ist es nicht möglich, mit einer unendlich schnellen Reaktionsgeschwindigkeit zu agieren. Dementsprechend sind Märkte nicht vollkommen. Aber auch auf unvollkommenen Märkten lassen sich – wie im folgenden Kapitel gezeigt wird – Gesetzmäßigkeiten im Hinblick auf die Preisbildung feststellen.

4.1 Marktformen

Die Stahlbörse, an der die Heidtkötter KG Edelstahl kauft, ist einem vollkommenen Markt schon sehr ähnlich, aber letztlich sind seine Voraussetzungen nicht vollständig erfüllt. Insbesondere die Voraussetzung der polypolistischen Konkurrenz ist in der Regel auf keinem Markt – selbst an Börsen – vollständig gegeben. Vielen Märkten bzw. Marktformen ist es zwar gemeinsam, dass es jeweils eine Vielzahl von Nachfragern gibt. Dies gilt insbesondere für Güter des täglichen Bedarfs, wie Lebensmittel, Elektrogeräte, Medikamente, Benzin, oder auch für Dienstleistungen, wie z. B. einen Haarschnitt. Sehr häufig variiert lediglich die Zahl der Anbieter. Es gibt eine Vielzahl von Apotheken und Friseursalons, aber nur relativ wenige große Lebensmittelketten, Mineralölkonzerne oder Elektrofachmärkte. Im Hinblick auf Materialien und Rohstoffe ist die Heidtkötter KG auf wenige Lieferanten, im Hinblick auf Spezialmaschinen für die Produktion evtl. sogar auf einzelne Anbieter angewiesen. Entsprechend diesen Überlegungen dominieren in der Realität sogenannte Angebotsoligopole und Polypole.

Aufgrund der Unterschiedlichkeiten im Hinblick auf die Zahl der Anbieter und Nachfrager ist es in der Volkswirtschaftslehre üblich, Märkte nach der Anzahl der Marktteilnehmer, also der Anzahl von Anbietern und Nachfragern, zu systematisieren. Dabei geht man jeweils davon aus, dass es einen, wenige oder viele Anbieter bzw. Nachfrager gibt.

Marktformenschema

Marktformenschema

Anbieter / Nachfrager	Viele	Wenige	Einer
Viele	Polypol/ vollständige Konkurrenz	Angebotsoligopol	Angebotsmonopol
Wenige	Nachfrageoligopol	zweiseitiges Oligopol	beschränktes Angebotsmonopol
Einer	Nachfragemonopol	beschränktes Nachfragemonopol	zweiseitiges Monopol

Diese Unterscheidung wurde auch gewählt, weil die Anzahl von Anbietern und Nachfragern von wesentlicher Bedeutung für ihr Verhalten am Markt ist. So wird sich ein alleiniger Anbieter auf einem Markt in seinem Verhalten deutlich von einem Anbieter unterscheiden, dessen Konkurrenz sehr groß ist. Im Rahmen der Preisbildung muss er sich beispielsweise nicht an den Preisen der Mitanbieter orientieren.

Im Weiteren soll nun untersucht werden, wie sich die Preisbildung auf diesen unvollkommenen Märkten vollzieht. Die Überlegungen sollen sich allerdings nicht auf alle neun Marktformen erstrecken, sondern in erster Linie auf die in der Realität häufiger vorkommenden Marktformen, also das Polypol und das Angebotsoligopol. Das es manchen Anbietern auch immer wieder gelingt, für einzelne Produkte kurzfristig ein Alleinstellungsmerkmal und damit eine monopolähnliche Stellung zu erlangen, wird auch das Angebotsmonopol in die Betrachtung einbezogen.

AUFGABE 1

Welche der folgenden Marktformen ist durch viele Anbieter und viele Nachfrager gekennzeichnet, wobei die Produkte homogen sind?

a) Monopol

b) Oligopol

c) vollständige Konkurrenz

d) Angebotsmonopol

AUFGABE 2

In welcher Marktform hat ein einzelner Anbieter die Kontrolle über den Preis und es gibt keine direkten Substitute für das Produkt?

a) Oligopol

b) vollständige Konkurrenz

c) Monopol

d) Nachfragemonopol

4.2 Preisbildung im Polypol

Polypol

Ein Polypol ist gekennzeichnet durch eine Vielzahl von Anbietern und Nachfragern. Im Folgenden sollen als Nachfrager die privaten Haushalte und als Anbieter Tankstellen betrachtet werden. Zwar gibt es nur wenige Mineralölgesellschaften, sodass streng genommen ein Oligopol vorliegt. Die Realität zeigt aber, dass nicht alle Tankstellen einer Gesellschaft jeweils den gleichen Preis für einen Liter Kraftstoff verlangen.

BEISPIEL

Sehr häufig agieren Tankstellenpächter als selbstständige Kaufleute bzw. Franchisenehmer, wodurch sich für sie ein kleiner Preisgestaltungsspielraum ergibt. Legt man diese Betrachtungsweise zugrunde, kann man die Anzahl der einzelnen Tankstellen als eigenständige Anbieter auffassen und so von einer hohen Zahl an Anbietern ausgehen. Da es auch viele Nachfrager gibt, liegt dementsprechend ein Polypol vor. Das betrachtete Gut soll ein Liter Superbenzin (E10) sein. In der wirtschaftlichen Realität eines unvollkommenen Marktes gibt es für dieses Produkt unterschiedliche Preise, die in Hamburg zu Beginn des Mai 2024 von 1,79 € bei freien Tankstellen bis zu 2,11 € bei Tankstellen auf der Autobahn reichten.

Betrachtet man nun einen einzelnen Anbieter, einen Tankstellenpächter, der eine Tankstelle im Franchiseverfahren betreibt, so ist es für ihn nicht realistisch, die in Hamburg verlangte Preisunter- oder -obergrenze von seiner Kundschaft zu verlangen. Trotzdem hat er gewisse preispolitische Freiheiten. Für ihn hat es sich bewährt, in einem Preiskorridor zu agieren, der 4 Cent über dem niedrigsten in Hamburg verlangten Preis liegt. Sein persönlicher Preisspielraum zu dem betrachteten Zeitpunkt liegt also bei 1,83 € bis 1,87 €.

In der Vergangenheit hat der Tankstellenpächter festgestellt, dass die Nachfrage seiner Kundschaft in dem beschriebenen Preiskorridor relativ konstant verläuft. Bewegt er sich zur unteren Grenze, also in diesem Fall zu 1,83 € hin, geht sein Absatz nur leicht in die Höhe. Sollte er seinen Preis aber weiter erhöhen, so hat er in der Vergangenheit festgestellt, dass sein Absatz durch diese Maßnahme relativ stark beeinträchtigt wird.

Im Hinblick auf die Elastizität der Nachfrage bedeutet dies, dass die Nachfragekurve oberhalb von 1,87 € elastisch und damit flach verläuft. Unterhalb von 1,87 € ist die Nachfrage eher unelastisch und damit verläuft die Nachfragekurve steiler.

BEISPIEL

Bewegt der Tankstellenpächter sich zur unteren Preisgrenze von 1,83 € hin, so hatte er in der Vergangenheit erfahrungsgemäß nur geringe Absatzzuwächse erzielt. Der Verlauf der Nachfragekurve gestaltet sich in diesem Bereich also eher unelastisch. Gehörte er aber zu den günstigsten Anbietern in Hamburg, so gingen zwar die Absatzzahlen in die Höhe, aber es bildeten sich an seiner Tankstelle lange Schlangen. Er musste zudem feststellen, dass Stammkunden aufgrund der längeren Wartezeiten auf die Konkurrenz ausweichen. Der Verlauf der Nachfragekurve ist bei einem Preis unterhalb von 1,83 € dementsprechend wieder elastisch.

Die individuelle Nachfragekurve gestaltet sich für den Tankstellenpächter folgendermaßen:

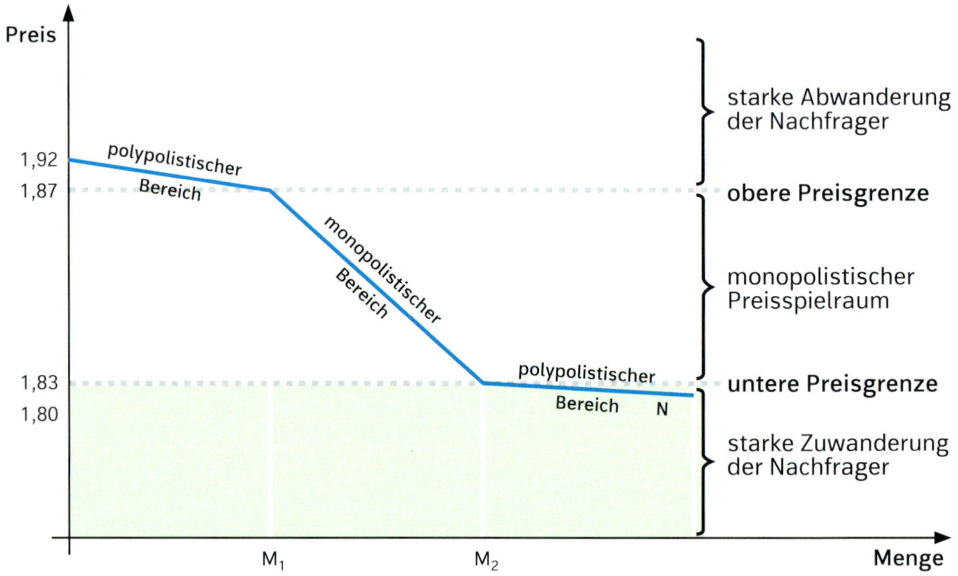

Diese Form der Nachfragekurve wird auch „doppelt geknickte Preis-Absatz-Funktion“ genannt.

Im Bereich zwischen 1,83 € und 1,87 € liegt der sogenannte **monopolistische Bereich**. In diesem Bereich kann der Anbieter eine aktive Preispolitik betreiben, ohne Gefahr zu laufen, hohe Absatzeinbußen hinzunehmen, aber es besteht auch nicht die Möglichkeit, große Zuwächse im Absatz zu erreichen. Bewegt sich der Anbieter in seiner Preispolitik auf die Preise 1,80 € oder 1,92 € hin, die Unter- bzw. Obergrenze der Preise auf dem Gesamtmarkt darstellen, reagiert die Nachfrage elastisch, das bedeutet, dass es entweder zu großen Absatzzuwächsen oder großen Absatzeinbrüchen kommt.

monopolistischer Bereich

AUFGABE

Die doppelt geknickte Preis-Absatz-Funktion dient häufig dazu, die Preisbildung im Polypol nachvollziehbar zu machen. Ordnen Sie die unten stehenden Aussagen a) bis f) den Bereichen I, II und/oder III in folgendem Schaubild zu. Erläutern Sie Ihre Antwort jeweils.

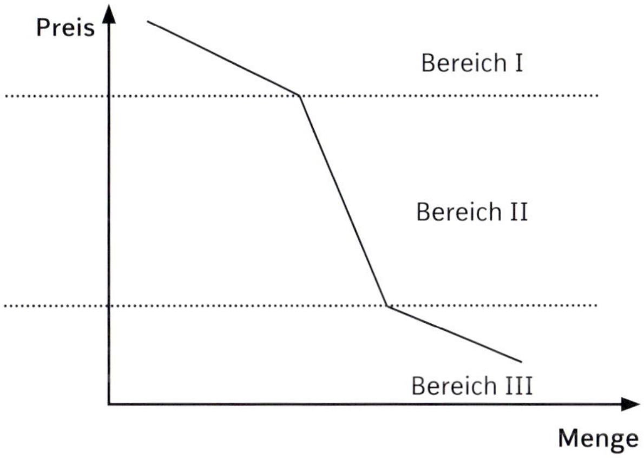

a) Geringfügige Preiserhöhungen des Anbieters lösen eine starke Kundenabwanderung zur Konkurrenz aus.

b) Der Preiseffekt ist stärker als der Mengeneffekt.

c) Der Mengeneffekt ist stärker als der Preiseffekt.

d) Je stärker die Präferenzen der Nachfrager sind und je unvollständiger die Markttransparenz ist, desto ausgeprägter ist dieser Bereich.

e) Ziel ist es, in diesem Bereich die Preis-Absatz-Funktion nach rechts zu verschieben.

f) Man spricht vom Bereich vollständiger Zuwanderung aller Nachfrager.

4.3 Preisbildung im Angebotsoligopol

Angebotsoligopol

Im Angebotsoligopol stehen wenige Anbieter mit großen Marktanteilen vielen Nachfragern mit jeweils nur einer geringen Marktmacht gegenüber.

BEISPIEL

Eine derartige Situation gilt für das Angebot von Zigaretten. In Deutschland beherrschten im Jahr 2024 drei große internationale Konzerne – Philip Morris (Marlboro, L&M), Reemtsma (West, Gauloises) und British-American Tobacco (HB, Lucky Strike) – als Oligopol über 80 % des deutschen Zigarettenmarktes.[1]

Im Rahmen ihrer Preispolitik müssen die Anbieter insbesondere ihre Konkurrenten im Blick behalten. Senkt ein Anbieter ausgehend vom Preis P_0 seinen Preis, werden die anderen Anbieter nachziehen, um keine Marktanteile zu verlieren. So ist es für den einzelnen Anbieter kaum möglich, den Absatz durch eine Preissenkung bedeutend zu steigern. Die Preis-Absatz-Kurve verläuft tendenziell unelastisch. Eine Preiserhöhung eines einzelnen Anbieters dürfte dazu führen, dass dieser deutliche Absatzrückgänge zu verzeichnen haben wird, da aufgrund der herrschenden Markttransparenz die Nachfrager leicht auf günstigere Zigarettenmarken umsteigen können. Die Preis-Absatz-Kurve verläuft dann elastisch. Es ergibt sich das Bild einer geknickten Preis-Absatz-Kurve.

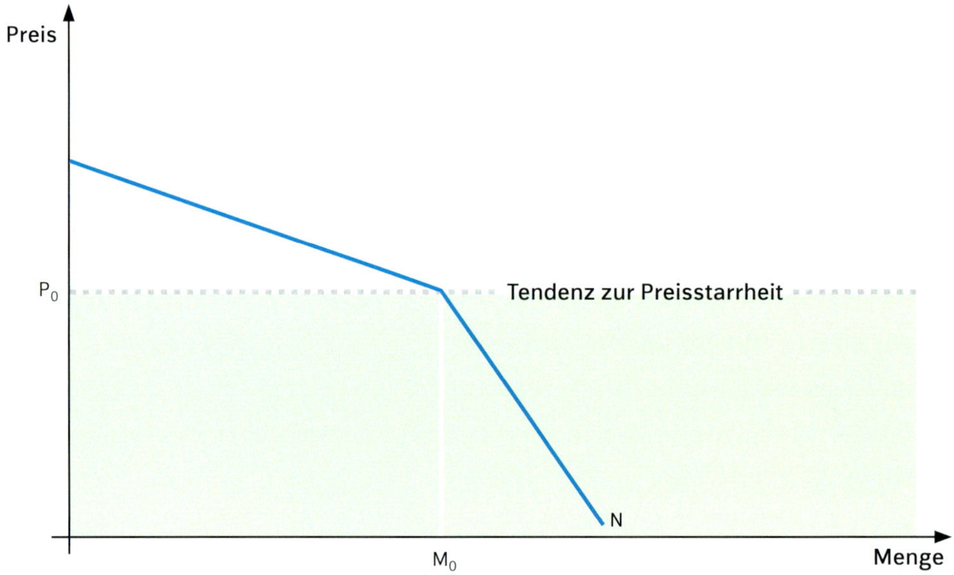

Im Angebotsoligopol gibt es allgemein eine Tendenz zur Preisstarrheit mit dem Preis P_0, da aus einer Preisänderung keine Vorteile für den einzelnen Anbieter resultieren. Allerdings wird der Anbieter mit dem größten Marktanteil häufig von den übrigen Oligopolisten als Marktführer akzeptiert. Ändert der Preisführer seinen Preis, ziehen die übrigen Anbieter nach und der Preis pendelt sich erneut – zumeist auf einem höheren Niveau – ein.

1 Vgl. DZV Deutscher Zigarettenverband e. V.: Kennzahlen der Zigarettenindustrie. In: www.zigarettenverband.de/themen/zahlen-und-fakten/kennzahlen [12.03.2025].

In Angebotsoligopolen kann auch ein Verdrängungswettbewerb stattfinden, wenn ein Anbieter durch ständige Preisunterbietungen versucht, die Konkurrenz vom Markt zu verdrängen. In diesem Zusammenhang spricht man von ruinöser Konkurrenz. Allerdings läuft dieser Anbieter Gefahr, den starken finanziellen Belastungen nicht gewachsen zu sein. Der Lohn für einen erfolgreichen Verdrängungswettbewerb ist wiederum eine Monopolstellung (vgl. Kapitel 4.4) und damit eine relative Freiheit in der Preisgestaltung.

AUFGABE

Gibt es auf einem Markt nur wenige Anbieter, denen viele Nachfrager gegenüberstehen, liegt ein Angebotsoligopol vor. Es handelt sich hierbei um eine der am häufigsten anzutreffenden Marktformen. Die Verhaltensweisen der Oligopolisten sind einerseits vom Nachfrager, aber auch andererseits von Mitkonkurrenten abhängig. Beantworten Sie in diesem Zusammenhang folgende Fragen, indem Sie die Verhaltensweisen der Oligopolisten (A–D) den Aussagen (I–V) zuordnen und Ihre Antwort jeweils begründen.

A Preisstarrheit

B Preisführerschaft

C Preisabsprachen

D Verdrängungswettbewerb (ruinöse Konkurrenz)

I Diese Verhaltensweise zählt zu den nicht kooperativen Verhaltensarten.

II Ein Anbieter verändert den Preis und gibt damit den übrigen ein Signal, ihrerseits ebenfalls die Preise zu verändern (Parallelverhalten).

III Da mit preispolitischen Maßnahmen erhebliche Risiken einhergehen, sind lange stabile Preise festzustellen.

IV Bei nur sehr geringer Zahl an Anbietern besteht die Möglichkeit, sich untereinander darüber einig zu sein, mit welchen Preisen man in Zukunft dem Nachfrager begegnen will.

V Jeder Anbieter will seine Absatzmengen durch eine aggressive Preispolitik zulasten des Marktanteils des Konkurrenten ausdehnen.

4.4 Preisbildung im Angebotsmonopol

Angebotsmonopol

Da der Angebotsmonopolist keine Konkurrenz auf dem Markt hat, kann er den Preis unabhängig von seinen Mitbewerbern festsetzen und verfügt so über eine erhebliche Marktmacht. Allerdings muss er natürlich die Kunden und deren Bereitschaft, für das angebotene Produkt zu bezahlen, im Blick behalten. Daher kann er den Preis nicht zu hoch ansetzen, da sonst nur ein sehr geringer Absatz zu erwarten wäre. Eine möglichst genaue Kenntnis der Nachfrage und auch der Nachfrageelastizität hilft dem Angebotsmonopolisten einzuschätzen, wie viele potenzielle Kunden bereit sind, für das Produkt zu bezahlen, und wie empfindlich diese auf Preisänderungen reagieren. In seiner Preisfestsetzung wird der Angebotsmonopolist versuchen, den Preis so festzulegen, dass sich ein maximaler Gewinn ergibt, dass also die Differenz aus Erlösen und Kosten maximiert wird.

BEISPIEL

Die Heidtkötter KG hat von dem finnischen Möbeldesigner Aris Hautamäki einen einfachen Sitzhocker entwerfen lassen und möchte diesen als limitierte und signierte Edition von mindestens 20000 und maximal 80000 handgefertigten Stücken auf den Markt bringen. Natürlich besteht kein wirkliches Monopol, aber da die Heidtkötter KG als einziges Unternehmen in der Lage ist, genau diesen exklusiv entworfenen Hocker anzubieten, liegt eine monopolähnliche Situation vor. Marktforschungsergebnissen zur Folge könnte sich der Absatz des Hockers für die Heidtkötter KG folgendermaßen gestalten:

Preis pro Stuhl in €	100,00	90,00	80,00	70,00	60,00	50,00	40,00
Erwartete Absatzmenge	20000	30000	40000	50000	60000	70000	80000

Bei der Produktion fallen pro Stuhl variable Kosten in Höhe von 20,00 € und Fixkosten in Höhe von 500.000,00 € an. Dementsprechend ergibt sich für die möglichen unterschiedlichen Absatzmengen folgendes Bild:

Preis pro Stück in €	Absatzmenge	Umsatz in €	Fixkosten (gesamt) in €	Variable Kosten (gesamt) in €	Gesamtkosten in €	Gewinn/Verlust in €
100,00	20000	2.000.000,00	500.000,00	400.000,00	900.000,00	1.100.000,00
90,00	30000	2.700.000,00	500.000,00	600.000,00	1.100.000,00	1.600.000,00
80,00	40000	3.200.000,00	500.000,00	800.000,00	1.300.000,00	1.900.000,00
70,00	50000	3.500.000,00	500.000,00	1.000.000,00	1.400.000,00	2.100.000,00
60,00	60000	3.600.000,00	500.000,00	1.200.000,00	1.600.000,00	2.000.000,00
50,00	70000	3.500.000,00	500.000,00	1.400.000,00	1.800.000,00	1.700.000,00
40,00	80000	3.200.000,00	500.000,00	1.600.000,00	2.000.000,00	1.200.000,00

Der Tabelle zufolge ergibt sich das **Gewinnmaximum** beim Verkauf einer Menge von 50000 Hockern. Ob dieses Ergebnis auch der tatsächlichen gewinnmaximalen Menge entspricht, kann mathematisch überprüft werden.

Dazu wird zunächst die Preis-Absatz-Funktion aufgestellt, die der Nachfragefunktion entspricht und durch die Daten der Maktforschung so aussieht:

Absatzfunktion: $p(x) = -0{,}001\,x + 120$

Diese Funktion verläuft nur in dem von der Heidtkötter KG gewünschten Definitionsbereich von 20000 bis 80000 Stück. Für eine Menge von 20000 Stück ergibt sich beispielsweise ein Absatzpreis von 100,00 €.

$(p\,(20000) = -0{,}001 \cdot 20000 + 120 = 100)$

Multipliziert man den Preis bzw. p(x) mit der Menge x, erhält man die **Erlösfunktion:**

$\mathbf{E(x)} = x \cdot (-0{,}001x + 120) = -0{,}001x^2 + 120x$

Die **Gesamtkostenfunktion** K(x) ergibt sich unter Einbeziehung der variablen und fixen Kosten: **K(x) = 20x + 500.000,00**

Wenn man die Kosten vom Erlös subtrahiert, erhält man den Gewinn bzw. die **Gewinnfunktion:**

$$G(x) = E(x) - K(x) = -0{,}001x^2 + 120x - (20x + 500.000{,}00)$$
$$-0{,}001x^2 + 100x - 500.000{,}00$$

Um jetzt die gewinnmaximale Menge zu ermitteln, muss die erste Ableitung der Gewinnfunktion mit 0 gleichgesetzt und nach x aufgelöst werden:

$$G'(x) = -0{,}002x + 100$$
$$-0{,}002x + 100 = 0$$
$$x = 50\,000$$

Die gewinnmaximale Menge entspricht also tatsächlich 50 000 Hockern. Setzt man diese Menge in die Preis-Absatz-Funktion ein, erhält man den zugehörigen Preis:

$$p(50\,000) = -0{,}001 \cdot 50\,000 + 120 = 70$$

Cournotscher Punkt

Der Preis, zu dem die 50 000 Hocker verkauft werden sollten, beträgt also 70,00 €. Der zugehörige Punkt im Koordinatensystem wird auch Cournotscher Punkt (C) genannt. Dieser gibt die gewinnmaximale Menge und den gewinnmaximalen Preis an.

Grafisch stellt sich die Situation folgendermaßen dar:

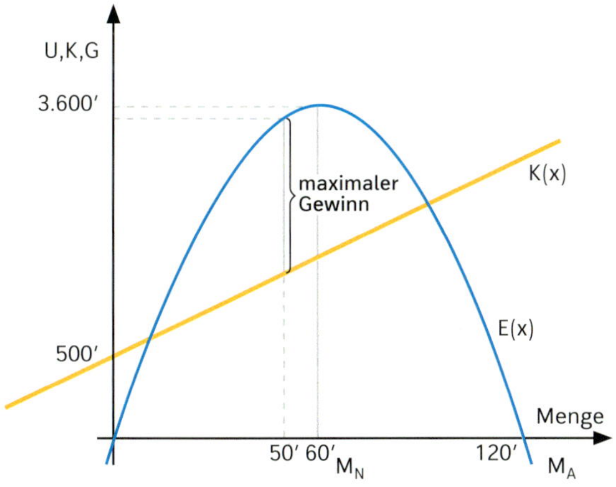

Obwohl die Heidtkötter KG auch mehr Stühle absetzen könnte, wird sie sich für eine Angebotsmenge von 50 000 Stück und einen Verkaufspreis von 70,00 € entscheiden, da sie so einen höchstmöglichen Gewinn realisieren kann. Angebotsmonopolisten achten in ihrem Angebotsverhalten also nicht auf eine bestmögliche Versorgung des Marktes, sondern darauf, ihren Gewinn zu maximieren.

Dass ein Anbieter ein Monopol besitzt, ist selten und kommt meist vor, wenn er den alleinigen Zugriff auf bestimmte Ressourcen oder Technologien hat. Ein Beispiel hierfür ist (mit Einschränkungen, da es auch lokale Anbieter gibt) das **Netzmonopol** der **Bahn**. In diesem Zusammenhang spricht man auch von einem **natürlichen Monopol**, zumal auch die Markteintrittsbarrieren für potenzielle Konkurrenten zu hoch sind. Allerdings resultierte das Netzmonopol aus einem **staatlich organisierten Monopol** bzw. **rechtlichen Monopol**. Entstehen Monopole durch den Zusammenschluss von Anbietern des gleichen Gutes, spricht man von einem **Kollek-**

tivmonopol bzw. einem **vertraglichen Monopol**. Allerdings verbietet das Gesetz gegen Wettbewerbsbeschränkungen ein derartiges Monopol. Hat ein Anbieter in einem Oligopol eine marktbeherrschende Stellung und sehr starke Wettbewerbsvorteile gegenüber den anderen Anbietern, liegt ein Quasi-Monopol vor. Ein Beispiel hierfür ist das Unternehmen Microsoft im Hinblick auf PC-Betriebssysteme.

AUFGABE

Für einen Stuhl, bei dessen Angebot die Heidtkötter KG eine monopolähnliche Stellung innehat, ergeben sich folgende erwartete Absatzmengen in Abhängigkeit von dem jeweiligen Preis:

Preis pro Stuhl in €	460,00	470,00	480,00	490,00	500,00	510,00	520,00	530,00	540,00
Erwartete Absatzmenge	40 000	37 500	35 000	32 500	30 000	27 500	25 000	22 500	20 000

Die entsprechende Nachfragefunktion lautet: $p(x) = -0{,}004x + 620$

Bei der Produktion fallen pro Stuhl variable Kosten in Höhe von 400,00 € und Fixkosten in Höhe von 2.500.000,00 € an.

Preis pro Stück in €	Absatzmenge	Umsatz in €	Fixkosten (gesamt) in €	Variable Kosten (gesamt) in €	Gesamtkosten in €	Gewinn/ Verlust in €
460,00	40 000					
470,00	37 500					
480,00	35 000					
490,00	32 500					
500,00	30 000					
510,00	27 500					
520,00	25 000					
530,00	22 500					
540,00	20 000					

Übertragen Sie die Tabelle in ein Heft und füllen Sie sie aus.

Wirtschaftsordnungen 5

Mit der sozialen Marktwirtschaft als Wirtschaftsordnung entstand in Deutschland nach dem Zweiten Weltkrieg ein wirtschaftspolitisches Konzept, das die Vorteile des freien Marktes mit sozialem Ausgleich verbinden sollte. Vor dem Hintergrund von Krieg, Zerstörung und Hunger wurde ein neuer Ordnungsrahmen gesucht, der sowohl wirtschaftlichen Wiederaufbau als auch soziale Stabilität gewährleisten konnte.

Ludwig Erhard, später Wirtschaftsminister und Bundeskanzler, setzte die Ideen von Wirtschaftswissenschaftlern um Walter Eucken in die Praxis um. Mit der Währungsreform 1948 und der Aufhebung vieler Preisbindungen leitete er die marktwirtschaftliche Wende in Westdeutschland ein.

Trotz anfänglicher Proteste führte diese Politik zu einem raschen wirtschaftlichen Aufschwung, dem sogenannten Wirtschaftswunder. Die soziale Komponente – etwa durch Mitbestimmung, Sozialversicherung und progressive Steuerpolitik – sollte sicherstellen, dass der Wohlstand breiten Bevölkerungsschichten zugutekam. Die soziale Marktwirtschaft wurde damit zum Fundament der Wirtschaftsordnung der Bundesrepublik Deutschland.

Eine in einem Staat geltende Wirtschaftsordnung soll dafür Sorge tragen, dass

- deutlich ist, wann, wo, für wen und wie Güter und Dienstleistungen produziert werden,
- wirtschaftliche und wirtschaftspolitische Aktivitäten koordiniert werden,
- Ressourcen dorthin gelenkt werden, wo sie benötigt werden und
- gesellschaftspolitische Ziele (Wohlstand, Sicherheit, ...) realisiert werden.

BEISPIELE

Die folgenden Schlagzeilen aus verschiedenen Zeitungen sind in der jüngeren Vergangenheit ähnlich in verschiedenen Print- und Onlinemedien erschienen. Hier werden sie dementsprechend nur sinngemäß wiedergegeben:

(1) „Soziale Marktwirtschaft unter Druck: Brauchen wir eine Reform?“

Experten streiten über die Zukunft des deutschen Wirtschaftsmodells angesichts globaler Krisen.

(2) „Planwirtschaft im 21. Jahrhundert? Venezuelas gescheiterter Weg“

Staatskontrollen und Mangelwirtschaft – ein Blick auf die Folgen zentraler Steuerung.

(3) „Freie Marktwirtschaft auf dem Prüfstand: Gewinner und Verlierer“

Neue Studie zeigt wachsende Ungleichheit – fordert der Kapitalismus mehr Regulierung?

(4) „Zentrale Marktwirtschaft: Chinas erfolgreicher Sonderweg?“

Staat und Markt in Einklang – wie Peking Wirtschaftswachstum und Kontrolle vereint.

(5) „Wirtschaftsordnung im Wandel: Welches Modell überlebt?“

Von Sozialer Marktwirtschaft bis zu radikalem Laissez-faire – ein Vergleich der Systeme.

Realtypen

Idealtypen

Diese Schlagzeilen beziehungsweise Auszüge aus Zeitungsartikeln zeigen, dass die oben genannten Ziele in unterschiedlichen Wirtschaftssystemen durch sehr verschiedene Wirtschaftsordnungen realisiert werden sollen. Alle diese Wirtschaftsordnungen stellen Realtypen dar, da sie in der wirtschaftlichen Realität vorfindbar sind. So herrscht in Nordkorea und in Kuba eine sozialistische Planwirtschaft vor. China ist von einer sozialistischen Marktwirtschaft geprägt. Die Wirtschaftsordnung der USA kommt der freien Marktwirtschaft nahe und in Deutschland ist die Marktwirtschaft sozial geprägt. Alle diese Wirtschaftsordnungen befinden sich auf einem Kontinuum zwischen den beiden Idealtypen Zentralverwaltungswirtschaft und freier Marktwirtschaft. Diese beiden Formen sind Idealtypen, die so in der wirtschaftlichen Realität in ihrer reinsten Ausprägung nicht existieren. Im Folgenden sollen beide Idealtypen in ihrer geschichtlichen Entwicklung und ihren Ausprägungen beschrieben werden. Anschließend soll ein genauerer Blick auf die soziale Marktwirtschaft deutscher Prägung geworfen werden.

5.1 Idealtypen von Wirtschaftsordnungen – die freie Marktwirtschaft und die Zentralverwaltungswirtschaft

freie Marktwirtschaft

Die freie Marktwirtschaft geht auf den schottischen Nationalökonomen Adam Smith (1723–1790) zurück. Dieser gilt vielen als Begründer der Volkswirtschaftslehre. Er hat in seinen Werken eine Wirtschaftsordnung beschrieben, die auf dem Marktmechanismus basiert. Dieser Mechanismus soll Angebot und Nachfrage auf den Märkten koordinieren. Dabei betont Smith die Vorstellung des Individualismus, wonach die Freiheit der einzelnen Person der oberste Grundsatz ist. Die Verfolgung der Einzelinteressen bewirkt gleichzeitig auch ein größeres Allgemeinwohl.

Adam Smith

„Da nun jedermann nach Kräften sucht, sein Kapital in der heimischen Erwerbstätigkeit [...] so zu leiten, dass ihr Erzeugnis den größten Wert erhält, so arbeitet auch jeder notwendig dahin, das jährliche Einkommen der Gesellschaft so groß zu machen, als er kann. Allerdings strebt er in der Regel nicht danach, das allgemeine Wohl zu fördern, und weiß auch nicht, um wie viel er es fördert. Indem er seine Erwerbstätigkeit so leitet, dass ihr Produkt den größten Wert erhalte, verfolgt er lediglich seinen eigenen Gewinn und wird [...] von einer unsichtbaren Hand geleitet, einen Zweck zu fördern, den er in keiner Weise beabsichtigt hatte."

Quelle: Smith, Adam: Eine Untersuchung über Wesen und Ursachen des Volkswohlstandes, Band 2, Jena: Verlag von Gustav Fischer 1923, S. 235.

Die Selbststeuerung der Wirtschaft erfolgt also dezentral durch eine „unsichtbare Hand" nach Maßgabe individueller Wirtschaftspläne, die ungewollt gleichzeitig dem Allgemeinwohl dienen. Wesentliche Aufgabe des Staates ist es dabei, die Eigentumsrechte der einzelnen Person zu schützen.

Zentralverwaltungswirtschaft

Eine völlig andere Auffassung der Rolle des Staates findet sich in der Zentralverwaltungswirtschaft wieder. Dieses Modell einer Wirtschaftsordnung mit zentraler Planung wurde maßgeblich von den Gedanken Karl Marx (1818–1883) beeinflusst.

Seine sozialistische Gesellschaftstheorie ist eine Antwort auf den Liberalismus der Industrialisierung im 19. Jahrhundert. Marx prophezeite in einer sich weiter industrialistisch entwickelnden Gesellschaft eine Konzentration des Kapitals, eine Einschränkung des Wettbewerbs, sich wiederholende Wirtschaftskrisen und die Entfremdung der Arbeiterschaft und ihre zunehmende Verelendung. Dieser Entwicklung stellte er seine Vorstellung vom kollektiven Eigentum der Produktionsmittel in einer klassenlosen Gesellschaft gegenüber. Der Kollektivismus, in dem das Gesamtinteresse die Einzelinteressen dominieren sollte, war damit ein Gegenentwurf zum Individualismus bei Adam Smith.

Karl Marx

In der folgenden Tabelle wird dargestellt, wie sich die Ordnungsmerkmale in der freien Marktwirtschaft, die im Kern Gewinnmaximierung und Wirtschaftswachstum zum Ziel hat, und der Zentralverwaltungswirtschaft, die sich die Bedarfsdeckung und eine Vollbeschäftigung zum Ziel setzt, in ihrer konsequenten Ausprägung gestalten würden:

Freie Marktwirtschaft	Ordnungsmerkmal	Zentralverwaltungswirtschaft
Alle Preise bilden sich ohne Einschränkungen durch Angebot und Nachfrage.	**Preisbildung**	Die Preise orientieren sich an der Bedarfssituation (z. B. geringe Preise für Lebensmittel) oder an den tatsächlichen Kosten.
Es herrschen keinerlei Wettbewerbsbeschränkungen vor.	**Wettbewerb**	Es gibt keinen Wettbewerb, da kein individueller Vorteil aus einer Konkurrenzsituation gezogen werden kann.
Das Eigentum ist grundsätzlich privater Natur.	**Eigentumsordnung**	Das Eigentum an den Produktionsmitteln liegt stets beim Kollektiv, ist also sozialisiert.
Die Vertragsfreiheit ist gewährleistet.	**Vertragsfreiheit**	Verträge müssen dem Gemeinwohl dienen.
Unternehmerinnen und Unternehmer haben die freie Entscheidung im Hinblick auf die Produktion bzw. das ausgeübte Gewerbe.	**Produktions- und Gewerbefreiheit**	Planvorgaben und Bestimmungen regeln die Produktion und Ausübung der Gewerbe.
Es kann alles konsumiert werden, was produziert wird. Die Unternehmen produzieren, was die Masse nachfragt, um einen Gewinn zu erwirtschaften.	**Konsumfreiheit**	Es kann alles konsumiert werden, was laut Planvorgabe produziert worden ist. Dies muss nicht immer mit den Wünschen der Konsumentinnen und Konsumenten übereinstimmen.
Die Arbeitnehmerinnen und Arbeitnehmer haben die freie Entscheidung im Hinblick auf den ausgeübten Beruf.	**freie Wahl von Beruf und Arbeitsplatz**	Planvorgaben und Bestimmungen regeln die Ausübung von Berufen.
Arbeitgeber und Arbeitnehmerinnen bzw. Arbeitnehmer handeln individuell die Bedingungen der Arbeitsverträge aus.	**Koalitionsfreiheit und Tarifautonomie**	Beide sind unnötig, da alle dieselben Ziele verfolgen.

In eher sozialistisch geprägten Staaten gab und gibt es seit dem Zusammenbruch der Sowjetunion eine Tendenz dahin gehend, zunehmend mehr Marktwirtschaft zuzulassen. Diese Entwicklung basiert auch auf der Erfahrung damit, dass in Zentralverwaltungswirtschaften nur eine geringe Flexibilität im Hinblick auf unternehmerische Entscheidungsspielräume besteht. Staatliche Planvorgaben sind häufig zu rigide und beschränken somit die Dynamik und Innovationsfähigkeit einer Wirtschaft. Zudem können die Planenden in einer Zentralverwaltungswirtschaft nicht immer über alle Einflussfaktoren auf das wirtschaftliche Geschehen informiert sein. Daher können sie ihre Entscheidungen oft nur unter Unsicherheit treffen, zumal Planvorgaben häufig einige Jahre in die Zukunft reichen.

Auch Formen einer völlig freien Marktwirtschaft gibt es in der Realität nicht, da in ihnen die Gefahr besteht, dass Eigeninteresse und Gewinnstreben so stark in den Vordergrund treten, dass das Gemeinwohl und damit insbesondere die sozial Schwächeren vernachlässigt bzw. zunehmend benachteiligt würden. In diesem Zusammenhang kann sich die Einkommens- und Vermögensverteilung derart gestalten, dass sich die Schere zwischen Arm und Reich immer weiter öffnet. Die Konsequenz kann eine sehr instabile innenpolitische Lage sein. Die Gefahren einer sehr freien Marktwirtschaft sind insbesondere in der Finanzmarktkrise im Herbst 2008 deutlich geworden. Die sehr stark liberalisierten Geld- und Kapitalmärkte standen kurz vor einem Kollaps und die zum Teil dramatischen Entwicklungen an den Märkten führten weltweit zu einer stärkeren Regulierung.

Je freier und deregulierter eine Marktwirtschaft ist, desto stärker ist auch die Tendenz zur Bildung von Kartellen (siehe Seite 440 ff.) und Monopolen (siehe Seite 415 ff.). Es besteht die Gefahr, dass wirtschaftliche Macht und Kapital auf Dauer in den Händen einiger Weniger konzentriert wird und so zunehmend weniger Wettbewerb stattfindet.

AUFGABE

Welche der folgenden Aussagen unterscheiden zwischen freier Marktwirtschaft und Zentralverwaltungswirtschaft? Wählen Sie zwei richtige Antworten aus.

a) In der freien Marktwirtschaft werden Preise durch Angebot und Nachfrage bestimmt.

b) In der Zentralverwaltungswirtschaft entscheidet der Staat über Produktion und Verteilung von Gütern.

c) Die freie Marktwirtschaft fördert die Gleichheit der Einkommen und Vermögen.

d) In der Zentralverwaltungswirtschaft haben die Verbraucherinnen und Verbraucher eine große Auswahl an Produkten.

e) Die freie Marktwirtschaft kann zu monopolistischen Strukturen führen.

f) In der Zentralverwaltungswirtschaft gibt es keinen Wettbewerb zwischen den Unternehmen.

Die soziale Marktwirtschaft in Deutschland 5.2

Nach Ende des Zweiten Weltkrieges war es Ziel und Wunsch von liberalen Vertretern aus Wissenschaft und Theologie, den Mitgliedern der sogenannten Freiburger Schule, der Bundesrepublik Deutschland eine Wirtschaftsordnung zu geben, die auf einer marktwirtschaftlichen Ordnung basieren und gleichzeitig auch sozialen Gesichtspunkten Rechnung tragen sollte. Von **Alfred Müller-Armack** (1901–1978), einem Staatssekretär im Wirtschaftsministerium von **Ludwig Erhard** (1897–1977, erster Wirtschaftsminister der BRD und Bundeskanzler von 1963 bis 1966) und Professor für Volkswirtschaftslehre, wurde der Begriff „soziale Marktwirtschaft" geprägt. Müller-Armack beschrieb die Idee der sozialen Marktwirtschaft so:

Alfred Müller-Armack

„Der Begriff der sozialen Marktwirtschaft kann [...] als eine ordnungspolitische Idee definiert werden, deren Ziel es ist, auf der Basis der Wettbewerbswirtschaft die freie Initiative mit einem gerade durch die marktwirtschaftliche Leistung gesicherten sozialen Fortschritt zu verbinden. Sinn der sozialen Marktwirtschaft ist es, das Prinzip der Freiheit auf dem Markte mit dem des sozialen Ausgleichs zu verbinden."

Quelle: Müller-Armack, Alfred: Soziale Marktwirtschaft. In: Handwörterbuch der Sozialwissenschaften, Band 9, hrsg. von Erwin von Beckerath, Hermann Bente, Carl Brinkmann et al., Stuttgart: Gustav Fischer Verlag 1956, S. 390.

In einem Zitat von **Ludwig Erhard** finden sich viele der Ordnungsmerkmale der sozialen Marktwirtschaft wieder.

Ludwig Erhard

„Das Wesen dieser Marktwirtschaft besteht hauptsächlich darin, dass der Wirtschaftsprozess, d. h. Produktions-, Güter- und Einkommensverteilung, nicht durch obrigkeitlichen Zwang gelenkt, sondern innerhalb eines wirtschaftspolitisch gesetzten Ordnungsrahmens durch die Funktion freier Preise und den Motor eines freien Leistungswettbewerbs selbstständig gesteuert wird. Freiheit, Selbstverantwortung und persönliche Initiative bei der Berufswahl, Erwerbstätigkeit und dem Konsum, die jedem als Produzenten und Verbraucher die Wahrnehmung der wirtschaftlichen Chancen eröffnen, sowie eine leistungsbedingte Einkommensverteilung sind die Antriebskräfte, die in der Marktwirtschaft zu einem Höchstmaß an Produktion und Steigerung des Wohlstandes der gesamten Bevölkerung führen. Die Marktwirtschaft ist damit diejenige Wirtschaftsordnung, die ein Maximum an Produktivität, Wohlstandsmehrung und persönlicher Freiheit verbindet."

Quelle: Erhard, Ludwig: Deutsche Wirtschaftspolitik. Der Weg der Sozialen Marktwirtschaft, Düsseldorf: Econ-Verlag 1962, S. 27.

Der Zusammenhang zwischen der von Erhard beschriebenen Wirtschaftsverfassung der Bundesrepublik Deutschland und den von ihm beschriebenen Freiheitsrechten spiegelt sich im Grundgesetz der Bundesrepublik Deutschland wider. Das Grundgesetz gibt zwar keine konkrete Wirtschaftsordnung vor, es beschreibt aber eine Wirtschaftsordnung, die die Grundgedanken der sozialen Marktwirtschaft zum Ausdruck bringt.

Artikel des Grundgesetzes (GG)	Bedeutung für die soziale Marktwirtschaft
Artikel 2 [Allgemeine Handlungsfreiheit] *(1) Jeder hat das Recht auf die freie Entfaltung seiner Persönlichkeit, soweit er nicht die Rechte anderer verletzt und nicht gegen die verfassungsmäßige Ordnung oder das Sittengesetz verstößt.*	Dieser Artikel des Grundgesetzes sichert das Recht auf freie Entfaltung der Persönlichkeit zu. Mit der Verwirklichung dieses Rechts gehen auch die Konsumfreiheit sowie die Produktions- und Gewerbefreiheit einher. Zudem impliziert dieser Artikel die Wettbewerbsfreiheit, also das Bemühen, im Wettbewerb mit anderen das gleiche Ziel zu verfolgen.
Artikel 9 [Vereinigungs-, Koalitionsfreiheit] *(1) Alle Deutschen haben das Recht, Vereine und Gesellschaften zu bilden.*	Dieser Artikel lässt vor allem die Freiheit der Arbeitnehmerinnen und Arbeitnehmer zu, sich gewerkschaftlich zu organisieren. Gleichermaßen gilt das Recht auch für die Arbeitgeber, sich in Verbänden zusammenzuschließen.
Artikel 12 [Berufsfreiheit; Verbot der Zwangsarbeit] *(1) Alle Deutschen haben das Recht, Beruf, Arbeitsplatz und Ausbildungsstätte frei zu wählen. Die Berufsausübung kann durch Gesetz oder auf Grund eines Gesetzes geregelt werden.*	Dieser Artikel sichert jeder Person das Recht zu, ihren Beruf und Arbeitsplatz frei zu wählen. Gleichzeitig macht der Artikel aber auch Einschränkungen.
Artikel 14 [Eigentum; Erbrecht; Enteignung] *(1) Das Eigentum und das Erbrecht werden gewährleistet. Inhalt und Schranken werden durch die Gesetze bestimmt.* *(2) Eigentum verpflichtet. Sein Gebrauch soll zugleich dem Wohle der Allgemeinheit dienen.* *(3) Eine Enteignung ist nur zum Wohle der Allgemeinheit zulässig. Sie darf nur durch Gesetz oder auf Grund eines Gesetzes erfolgen, das Art und Ausmaß der Entschädigung regelt. Die Entschädigung ist unter gerechter Abwägung der Interessen der Allgemeinheit und der Beteiligten zu bestimmen. Wegen der Höhe der Entschädigung steht im Streitfalle der Rechtsweg vor den ordentlichen Gerichten offen.*	Dieser Artikel regelt die Eigentumsordnung, die grundsätzlich Privateigentum vorsieht. Eigentum verpflichtet und soll auch dem Allgemeinwohl dienen. Es besteht aber die Möglichkeit, Privateigentum gegen eine Entschädigung zu enteignen.
Artikel 20 *(1) Die Bundesrepublik Deutschland ist ein demokratischer und sozialer Bundesstaat.*	Das soziale Element ist explizit im Grundgesetz festgeschrieben.

Während das Grundgesetz die soziale Marktwirtschaft nicht zwingend vorschreibt, sprechen doch viele Artikel des Grundgesetzes in ihrer Auslegung für eine derartige Wirtschaftsordnung.

Im Rahmen der Wiedervereinigung wurde erstmals 1990 im Vertrag zur Währungs-, Wirtschafts- und Sozialunion zwischen der Bundesrepublik Deutschland und der Deutschen Demokratischen Republik eine rechtsverbindliche Festlegung des Begriffs „soziale Marktwirtschaft" vorgenommen. In diesem Vertrag werden auch wieder die wesentlichen Ordnungsmerkmale, die maßgeblich für die soziale Marktwirtschaft sind, genannt:

Auszug aus Artikel 1 des Vertrags über die Schaffung einer Währungs-, Wirtschafts- und Sozialunion zwischen der Bundesrepublik Deutschland und der Deutschen Demokratischen Republik vom 18. Mai 1990

(3) Grundlage der Wirtschaftsunion ist die Soziale Marktwirtschaft als gemeinsame Wirtschaftsordnung beider Vertragsparteien. Sie wird insbesondere bestimmt durch Privateigentum, Leistungswettbewerb, freie Preisbildung und grundsätzlich volle Freizügigkeit von Arbeit, Kapital, Gütern und Dienstleistungen; […] Sie trägt den Erfordernissen des Umweltschutzes Rechnung.

(4) Die Sozialunion bildet mit der Währungs- und Wirtschaftsunion eine Einheit. Sie wird insbesondere bestimmt durch eine der Sozialen Marktwirtschaft entsprechende Arbeitsrechtsordnung und ein auf den Prinzipien der Leistungsgerechtigkeit und des sozialen Ausgleichs beruhendes umfassendes System der sozialen Sicherung.

AUFGABE

Welche der folgenden Aussagen beschreiben korrekt Merkmale der sozialen Marktwirtschaft? Wählen Sie zwei richtige Antworten aus.

a) Die soziale Marktwirtschaft kombiniert Elemente der freien Marktwirtschaft mit sozialpolitischen Maßnahmen.

b) In der sozialen Marktwirtschaft hält sich der Staat vollständig aus der Wirtschaftssteuerung heraus.

c) Wettbewerb und Preisbildung erfolgen ausschließlich durch staatliche Vorgaben.

d) Die soziale Marktwirtschaft zielt darauf ab, soziale Sicherheit und Chancengleichheit zu fördern.

e) In der sozialen Marktwirtschaft sind Monopole und Oligopole ausdrücklich erlaubt und fördern den Wettbewerb.

f) Die soziale Marktwirtschaft erfordert einen aktiven Staat, der regulierend in den Markt eingreift.

6 Ordnungsrahmen für die Wirtschaft in Deutschland

In einer Volkswirtschaft treffen viele unterschiedliche Interessen aufeinander. Unternehmen streben z. B. nach hohen Preisen, einer großen Marktmacht sowie niedrigen Löhnen und Gehältern. Ihnen gegenüber stehen z. B. die Nachfrager, die sich niedrige Preise wünschen, Konkurrenten, die keine Marktanteile verlieren wollen, sowie Arbeitnehmerinnen und Arbeitnehmer, die hohe Einkommen durchsetzen wollen.

In der sozialen Marktwirtschaft übernimmt der Staat Verantwortung. Er schafft für diese Interessenkonflikte einen Ordnungsrahmen, indem er Eigeninitiative und Leistung fördert und Bürgerinnen und Bürger sowie Unternehmen vor einengenden Regulierungen schützt, andererseits jedoch Machtkonzentrationen verhindert und wirtschaftlichen Wettbewerb sicherstellt.

6.1 Soziale Rahmenbedingungen

soziale Marktwirtschaft

Wie bereits auf Seite 423 ff. ausgeführt wurde, ist die Wirtschaftsordnung in Deutschland von der sozialen Marktwirtschaft geprägt. Dabei bezieht sich der Begriff „sozial“ auf das Zusammenleben der Menschen in der Gesellschaft und zielt auf die Förderung des Gemeinwohls sowie auf den Schutz der Schwächeren innerhalb der Gesellschaft.

Sozialpolitik

Dies ist auch Ziel der Sozialpolitik. Der Staat soll die wirtschaftliche und soziale Situation Benachteiligter verbessern. Damit ist jedoch nicht gemeint, dass Bürgerinnen und Bürger es sich in der „sozialen Hängematte“ gemütlich machen können.

Subsidiaritätsprinzip

Vielmehr gilt das Prinzip der Subsidiarität. Danach steht die Eigenleistung der einzelnen Person im Vordergrund. Der Staat greift nur dann unterstützend ein, wenn das Individuum die erforderliche Leistung nicht mehr erbringen kann.

Der hohe Stellenwert der Sozialpolitik wird deutlich, wenn man den Bundeshaushalt für das Jahr 2025 betrachtet. Danach sind für die soziale Sicherung Ausgaben in Höhe von rund 179 Mrd. € und damit mehr als ein Drittel der Gesamtausgaben eingeplant.

Die wichtigsten Einzelausgaben im Bereich der sozialen Sicherung sind:

- Arbeitsmarkt (im Posten „Arbeit und Soziales“ enthalten) 43,3 Mrd. €
- Rentenversicherungsleistungen (im Posten „Arbeit und Soziales“ enthalten) 117,0 Mrd. €
- familienpolitische Leistungen (im Posten „Familie, Senioren, Frauen und Jugend“ enthalten) 12,5 Mrd. €
- Wohngeld (im Posten „Wohnen, Stadtentwicklung, Bauwesen“ zu finden) 2,1 Mrd. €
- gesetzliche Krankenversicherung (im Posten „Arbeit und Soziales“ enthalten) 14,5 Mrd. €
- Grundsicherung im Alter (im Posten „Arbeit und Soziales“ enthalten) 10,0 Mrd. €

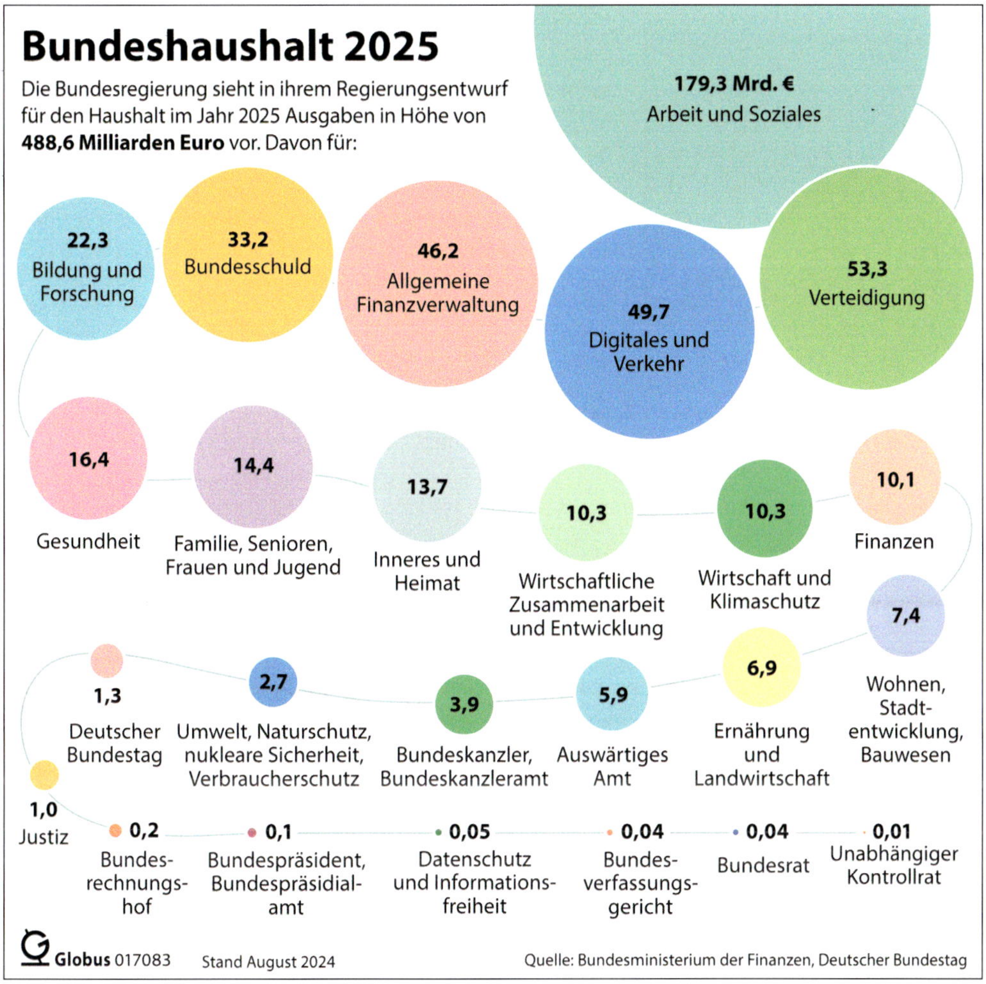

Der Überblick über alle Leistungen fällt selbst Expertinnen und Experten mittlerweile schwer, dicht gewebt ist das soziale Netz. Zu den Kernbereichen der Sozialpolitik zählen vor allem die gesetzlichen Sozialversicherungen mit einer Absicherung gegen Krankheit, Pflegebedürftigkeit, Alter, Unfall und Arbeitslosigkeit. Hinzu kommen vielerlei Maßnahmen, die den sozialen Ausgleich etwa durch Kindergeld, Elterngeld, Betreuungsgeld, Sozialhilfe oder Wohngeld herstellen sollen. Außerdem gehören auch Leistungen z. B. des Arbeitsschutzes (vgl. Seite 558), des Mieterschutzes oder der Sozialfürsorge zu den Säulen der Sozialpolitik.

Kernbereiche der Sozialpolitik

Gesetzliche Sozialversicherungen 6.1.1

Bei einer schweren Krankheit wäre die einzelne Person finanziell schnell überfordert. Operationen kosten zumeist mehrere Tausend Euro, Medikamente für chronisch Kranke sind häufig sehr teuer, die finanziellen Folgen beispielsweise einer Querschnittslähmung unüberschaubar.

Deshalb wurden für die wesentlichen Risiken gesetzliche Sozialversicherungen gegründet, die nach dem Solidarprinzip funktionieren. Das bedeutet, dass viele Menschen Beiträge in eine gemeinsame Kasse einzahlen und aus dieser diejenigen, die einen Schaden erleiden, unterstützt werden. Unabhängig von der Höhe des Risikos, zu Schaden zu kommen, soll also jedes Mitglied der Solidargemeinschaft die notwendige und sinnvolle Hilfe erhalten.

Solidarprinzip

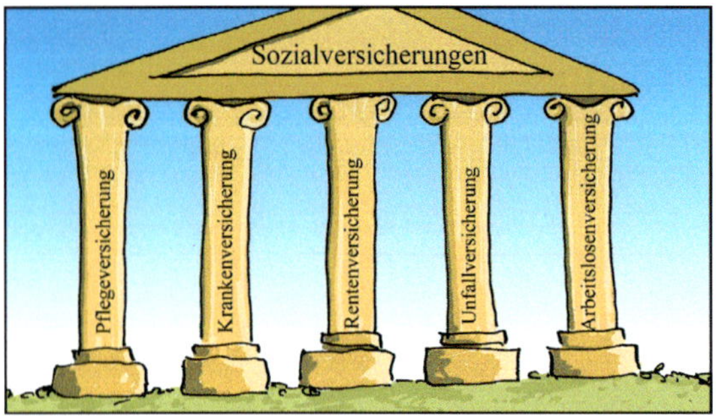

Die fünf Säulen der Sozialversicherung

Für das Funktionieren dieser Solidargemeinschaften ist eine große Zahl von Mitgliedern notwendig. Deshalb besteht bis auf wenige Ausnahmen für alle Arbeitnehmerinnen und Arbeitnehmer, Auszubildenden, Praktikantinnen und Praktikanten, Rentnerinnen und Rentner, Studierenden, Arbeitslosen, selbstständigen Landwirtinnen und Landwirte sowie Handwerkerinnen und Handwerker **Versicherungspflicht**.

Dennoch sind die Ausgaben der Sozialversicherungen mittlerweile häufig nicht mehr durch die Beitragszahlungen gedeckt, sodass zunehmend der Staat die Sozialkassen bezuschussen muss (Bundeshaushalt, siehe oben).

Beitragsbemessungsgrenze

Der monatliche Beitrag ist in allen gesetzlichen Sozialversicherungen begrenzt. Liegt die versicherte Person mit ihrem Bruttoeinkommen oberhalb der Beitragsbemessungsgrenze, so bleibt der die Beitragsbemessungsgrenze übersteigende Teil des Bruttoeinkommens bei der Beitragsberechnung unberücksichtigt.

Krankenversicherung

gesetzliche Krankenversicherung

Seit 1. Januar 2009 zahlen alle Mitglieder der gesetzlichen Krankenkassen, Arbeitgeber, Sozialversicherungsträger sowie der Staat in einen **Gesundheitsfonds** ein. Aus diesem erhält jede Krankenkasse pro Mitglied einen Pauschalbetrag sowie – je nach Alter, Geschlecht und Krankheit ihrer Versicherten – ergänzende Zu- und Abschläge. Kommt die Krankenkasse mit dem ihr zugeteilten Geld nicht aus, kann sie einen Zusatzbeitrag einfordern. Umgekehrt kann sie – wenn am Jahresende noch Geld übrig ist – ihren Versicherten auch einen Teil ihrer Beiträge zurückerstatten.

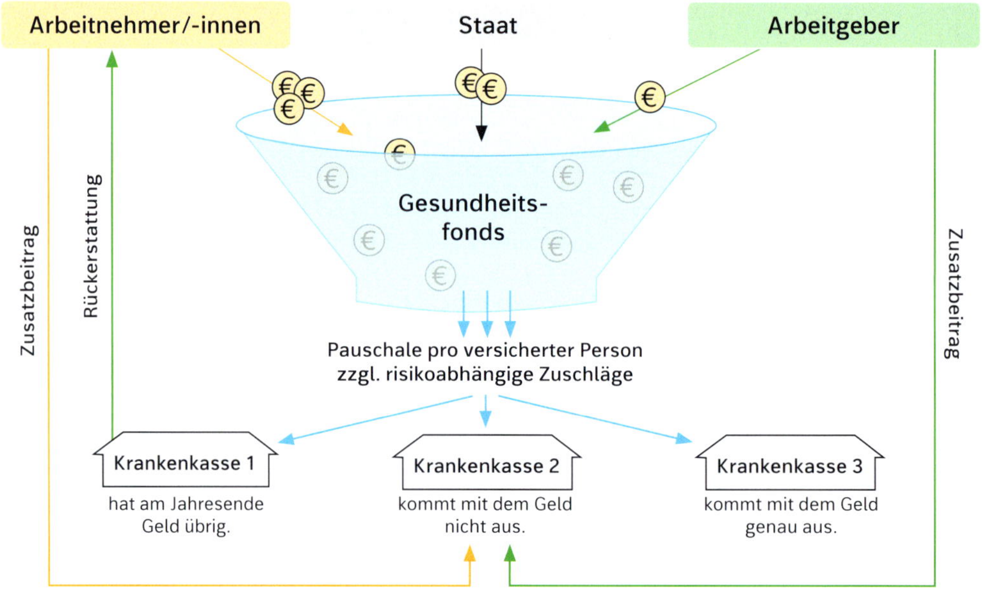

Vgl. unique relations GmbH: Gesundheitsfonds. In: www.unique-relations.de/bilder/Gesundheitsfonds.jpg [11.03.2025].

freie Wahl der Krankenkasse

Grundsätzlich haben alle Versicherungspflichtigen das Recht, frei zu wählen, bei welcher gesetzlichen Krankenkasse sie versichert sein möchten. Mittlerweile sind auch die meisten Betriebskrankenkassen und Innungskrankenkassen für alle Versicherten geöffnet. Ausschlaggebend für die Wahl kann – neben möglichen Zusatzleistungen – die Höhe der Zusatzbeiträge bzw. Beitragsrückerstattungen sein.

Sowohl für die gesetzliche Kranken- als auch für die Pflegeversicherung gilt die kostenfreie Familienversicherung. Dies bedeutet, dass Familienangehörige wie nicht selbst versicherte Ehepartner und Kinder (auch im Studium bis zum 25. Lebensjahr) beitragsfrei mitversichert sind.

Familienversicherung

Krankenversicherung (Stand: 2025)

1. **Träger**
   - Ersatzkassen (z. B. Barmer, DAK, TK)
   - Allgemeine Ortskrankenkassen (AOK)
   - Betriebskrankenkassen (BKK, z. B. Daimler BKK, energie-BKK)
   - Innungskrankenkassen[1] (IKK, z. B. IKK Nord, IKK classic)
   - Landwirtschaftliche Krankenkassen (LKK) für Landwirtinnen und Landwirte sowie ihre Familien
   - Knappschaft (KBS), ursprünglich nur für Arbeitnehmerinnen und Arbeitnehmer des Bergbaus
2. **Beitragssatz**
   14,6 %, davon Arbeitnehmeranteil 7,3 %, Arbeitgeberanteil 7,3 %; zuzüglich Zusatzbeitrag von durchschnittlich 1,7 %, der vom Arbeitgeber und der Arbeitnehmerin bzw. dem Arbeitnehmer hälftig getragen wird
3. **Beitragsbemessungsgrenze**
   5.512,50 € pro Monat
4. **Versicherungspflichtgrenze**
   Verdient eine Arbeitnehmerin bzw. ein Arbeitnehmer mindestens ein Jahr lang mehr als 6.150,00 € pro Monat, so erlischt die Versicherungspflicht in der GKV und sie bzw. er muss sich freiwillig in der GKV oder in einer privaten Krankenversicherung versichern.
5. **Leistungen**
   - Verhütung von Krankheiten (z. B. Vorsorgeuntersuchungen, zahnärztliche Prophylaxe bei Kindern)
   - Früherkennung von Krankheiten (Gesundheitsuntersuchungen)
   - Behandlung von Krankheiten (z. B. ärztliche Behandlung, medizinische Rehabilitation, Arzneimittel, Psychotherapie)
   - Krankengeld (Entgeltersatzleistung, wenn die erkrankte Person länger als sechs Wochen arbeitsunfähig ist)
   - Schwangerschaft und Mutterschaft (z. B. ärztliche Behandlung, Hebamme, Entbindung)

Pflegeversicherung

Die Einführung der Pflegeversicherung 1995 hatte ihren Grund in der steigenden Lebenserwartung. Diese führt nämlich zu einer Zunahme der **Pflegebedürftigkeit**. Da die Langzeitpflege sehr teuer ist und deshalb immer mehr Pflegebedürftige Sozialhilfe in Anspruch nehmen mussten, wurde die Pflegeversicherung als Pflichtversicherung gegründet.

gesetzliche Pflegeversicherung

Die Pflegeversicherung greift in dem Fall, dass die versicherte Person pflegebedürftig wird, d.h. nicht mehr in der Lage ist, vollständig eigenständig und ohne fremde Hilfe oder ohne Hilfe durch Familienangehörige zu leben.

Die **Pflegegrade** reichen von relativ leichten Einschränkungen der eigenständigen Lebensführung bis hin zur stationären Pflege in einer Senioren- oder Pflegeeinrichtung.

1 Innungen sind Fachorganisationen für Handwerkerinnen und Handwerker.

Maßgebend für die Einstufung der **Pflegebedürftigkeit** ist die Frage, in welchem Umfang die alltäglich anfallenden Arbeiten wie z. B. Waschen, Toilettengang, Anziehen, Essen, Einkaufen, Putzen, Wäschewaschen usw. alleine bewältigt werden können oder einer Unterstützung bedürfen. Hinzu kommen demenzbedingte Einschränkungen des normalen Tagesablaufs.

Die **Feststellung der Pflegebedürftigkeit** erfolgt durch den Medizinischen Dienst der Krankenkassen – kurz **MDK**. Der MDK ermittelt bei einem Besuch, welche Aktivitäten des täglichen Lebens die pflegebedürftige Person selbstständig erledigen kann und in welchen Bereichen Hilfebedarf besteht. Außerdem stellt er fest, ob bestimmte Maßnahmen wie Rehabilitation oder technische Hilfen notwendig und geeignet sind. Wenn die Pflege zu Hause durch Angehörige übernommen wird, hat die pflegebedürftige Person Anspruch auf **Pflegegeld**. Andernfalls kann aber auch ein ambulanter **Pflegedienst** mit der Übernahme der nötigen Pflegeleistungen beauftragt werden. Je nach festgestellter Einschränkung kann auch eine vollstationäre Pflege in einem **Pflegeheim** in Betracht kommen.

Pflegeversicherung (Stand: 2025)

1. **Träger**
   Pflegekassen der gesetzlichen Krankenkassen
2. **Beitragssatz**
   3,6 %, davon Arbeitnehmeranteil 1,8 % und Arbeitgeberanteil 1,8 %. Für kinderlose Versicherte ab dem 24. Lebensjahr gilt ein Zusatzbeitrag von 0,6 %, während Eltern pro Kind um 0,25 % entlastet werden.
3. **Beitragsbemessungsgrenze**
   5.512,50 € pro Monat
4. **Leistungen**
   - Pflegegeld in der häuslichen Pflege (z. B. für die versorgende Person)
   - ambulante Pflege durch einen Pflegedienst
   - teil- oder vollstationäre Versorgung in einem Pflegeheim

   Die Höhe der Leistung ist abhängig von dem festgestellten Pflegegrad.

Rentenversicherung

Die gesetzliche Rentenversicherung wird nach dem **Umlageverfahren** finanziert. Das bedeutet, dass die von den jetzigen Arbeitnehmerinnen und Arbeitnehmern eingezahlten Beiträge unmittelbar zur Zahlung der jetzigen Renten herangezogen werden.[1] Die Beitragszahlerinnen und Beitragszahler sparen also keine persönliche Rente an, sondern erwerben lediglich das Recht, später Rente zu beziehen, die dann von den späteren Beitragszahlerinnen und Beitragszahlern aufzubringen ist.

gesetzliche Rentenversicherung

Die Beiträge der Versicherten werden ergänzt durch einen Bundeszuschuss, der den größten Posten des gesamten Bundeshaushaltes ausmacht (siehe Seite 427).

Anspruch auf Rente wegen Alters haben alle Versicherten, die die Altersgrenze erreicht haben und mindestens fünf Jahre lang Beiträge in die Rentenkasse eingezahlt haben. Die Altersgrenze liegt bei 65 Jahren und steigt stufenweise auf 67 Jahre an. Versicherte mit 45 Beitragsjahren dürfen bereits mit 65 Jahren in Rente gehen.

Altersrente

Die Höhe der Rente ist vor allem abhängig von der Einkommenshöhe während des Arbeitslebens und der Dauer der Beitragszahlung. Außerdem werden die Entwicklung der Bruttolöhne und -gehälter sowie demografische Veränderungen berücksichtigt. Bei stark steigenden Arbeitsentgelten steigen also auch die Renten stark an, während steigende Lebenserwartung und sinkende Geburtenrate den Anstieg der Renten bremsen, um die Rentenkasse nicht zu stark zu belasten.

Wer schon vor Erreichen der Altersgrenze in Rente geht, verliert pro Monat 0,3 % des Rentenanspruchs.

Die durchschnittliche Altersrente liegt derzeit bei 1.543,00 € pro Monat.

Wer mindestens 33 Jahre an Grundrentenzeiten (dazu zählen vor allem rentenversicherungspflichtige Berufstätigkeit, Kindererziehungszeiten und Pflegezeiten) vorweisen kann, dabei jedoch unterdurchschnittlich verdient hat (weniger als 80 % des Durchschnittsverdienstes), erhält zusätzlich zum Rentenanspruch eine **Grundrente**. Damit soll sichergestellt werden, dass diese Rentnerinnen und Rentner aufgrund ihrer Lebensarbeitsleistung mehr erhalten als die Grundsicherung. Der Grundrentenzuschlag wird sich voraussichtlich im Schnitt auf rund 86,00 € monatlich belaufen.

Rentenversicherung (Stand: 2025)

1. **Träger**
   - Deutsche Rentenversicherung Bund
   - Deutsche Rentenversicherung Knappschaft-Bahn-See
   - 16 Rentenversicherungen der Länder
2. **Beitragssatz**
   18,6 %, davon Arbeitnehmeranteil 9,3 % und Arbeitgeberanteil 9,3 %
3. **Beitragsbemessungsgrenze**
   8.050,00 € pro Monat
4. **Leistungen**
   - Altersrente
   - Rente wegen verminderter Erwerbsfähigkeit (aufgrund von Krankheit oder Behinderung)
   - Witwen- und Waisenrente
   - Rehabilitation bei chronischen Erkrankungen (medizinische Leistung, Umschulung und Unterstützung bei der Wiedereingliederung in das Erwerbsleben)

1 Private Altersvorsorge funktioniert dagegen nach dem Kapitaldeckungsverfahren. Hier werden die Beiträge angespart und verzinst, um bei Eintritt in den Ruhestand ausgezahlt zu werden. Die versicherte Person spart also für ihre eigene Rente.

Arbeitslosenversicherung

gesetzliche Arbeitslosenversicherung

Die Arbeitslosenversicherung hat zwei wesentliche Aufgaben. Zum einen sollen arbeitslos gewordene oder von Arbeitslosigkeit bedrohte Personen im Erwerbsprozess gehalten oder möglichst schnell und dauerhaft in den Erwerbsprozess integriert werden. Dazu berät die Bundesagentur für Arbeit bei Fragen zur Berufswahl, unterstützt bei der Suche nach einer Arbeitsstelle, hilft bei der Existenzgründung und leistet finanzielle Hilfe bei Weiterbildung und Umschulung.[1]

Arbeitsförderung

Entgeltersatzleistungen

Zum anderen soll die Arbeitslosenversicherung die finanziellen Folgen von Arbeitslosigkeit abfangen.

Arbeitslosengeld

Arbeitslosengeld wird normalerweise für bis zu ein Jahr gezahlt, bei älteren Arbeitslosen auch für bis zu zwei Jahre. Voraussetzung ist allerdings, dass man in den letzten 30 Monaten mindestens zwölf Monate sozialversicherungspflichtig beschäftigt war.[2] Die Höhe des Arbeitslosengeldes beträgt 60 % (bzw. 67 % mit Kind) des sozialversicherungspflichtigen Bruttoeinkommens der letzten zwölf Monate. Davon werden eine Sozialversicherungspauschale von 20 % sowie Lohnsteuer und Solidaritätszuschlag abgezogen.

Bürgergeld

Das Bürgergeld ersetzt seit 2023 das Arbeitslosengeld II und ist eine unbefristete Leistung, die der Grundsicherung von Arbeitsuchenden und Arbeitenden dient und damit die Existenzsicherung ermöglicht. Es wird gezahlt, wenn das Arbeitslosengeld ausgelaufen ist, wenn aufgrund zu kurzer Anwartschaft kein Anspruch auf Arbeitslosengeld besteht oder wenn bei einer nicht arbeitslosen Person das vorhandene Einkommen bzw. Vermögen nicht zur Deckung des Existenzminimums ausreicht (sogenannte Aufstocker). Das Bürgergeld wird zwar vom Jobcenter ausgezahlt, jedoch aus Steuergeldern finanziert.

Die Höhe des Bürgergeldes richtet sich nach der Bedürftigkeit der Antragstellerin oder des Antragstellers. Es setzt sich zusammen aus dem Regelbedarf, eventuellem Mehrbedarf sowie Leistungen für Unterkunft und Heizung.

Der Regelbedarf beträgt 563,00 € (bzw. 506,00 €, falls die Antragstellerin oder der Antragsteller in einer Ehe oder Lebenspartnerschaft lebt) pro Monat zuzüglich 357,00 € bis 471,00 € pro Kind.

Ein Mehrbedarf wird für Schwangere, Behinderte, Alleinerziehende oder schwer Erkrankte gewährt. Er beträgt zwischen 12 % und 60 %.[3]

Weiterhin werden die tatsächlichen Kosten der Unterkunft und Heizung übernommen. Dabei richtet sich die Arbeitsagentur allerdings nach einer angemessenen Wohnungsgröße und einfachem Wohnungsstandard. So liegt bei einem Einpersonenhaushalt z. B. die angemessene Größe bei 50 m^2, bei einem Vierpersonenhaushalt bei 90 m^2.

Außerdem können einmalige Leistungen z. B. für die Erstausstattung von Bekleidung bei Schwangerschaften und Geburt gewährt werden.

Im Koalitionsvertrag der neuen Bundesregierung aus Union und SPD wurde eine Reform des Bürgergeldes vereinbart. Im Fokus der geplanten „Grundsicherung für Arbeitssuchende“ stehen vor allem eine Verschärfung von Mitwirkungspflichten, eine Stärkung von Vermittlungsaktivitäten sowie die Bekämpfung von Schwarzarbeit.

Kurzarbeitergeld

Kurzarbeitergeld wird durch die Bundesagentur für Arbeit ausgezahlt, wenn entweder aus konjunkturellen Gründen die Arbeitszeit vorübergehend verkürzt wird oder wenn aufgrund saisonaler Gründe (z. B. schlechtes Wetter beim Baugewerbe) weniger gearbeitet wird. Es beträgt 60 % (bzw. 67 % mit Kind) des ausgefallenen Nettoentgeltes. Mit der Gewährung des Kurzarbeitergeldes sollen Kündigungen vermieden und damit die Beschäftigungsverhältnisse stabilisiert werden.

1 Eine Weiterbildung führt in der Regel zu einem neuen Abschluss innerhalb des bisherigen Berufsfeldes (z. B. von einer Kfz-Gesellin zur Kfz-Meisterin). Von einer Umschulung spricht man, wenn man in einem neuen Berufsfeld ausgebildet wird (z. B. vom Bergmann zum Industriekaufmann).
2 Auch Auszubildende sind demnach, wenn sie nach der Ausbildung keine Arbeitsstelle finden, anspruchsberechtigt.
3 Alle Zahlen: Stand 2025

Insolvenzgeld wird geleistet, wenn aufgrund einer Zahlungsunfähigkeit des Arbeitgebers die Arbeitnehmerinnen und Arbeitnehmer in den letzten drei Monaten vor Eröffnung des Insolvenzverfahrens weniger oder gar kein Gehalt erhalten haben. Es wird in Höhe des Nettoentgeltes gewährt.

Insolvenzgeld

Arbeitslosenversicherung (Stand: 2025)

1. **Träger**
   Bundesagentur für Arbeit
2. **Beitragssatz**
   2,6 %, davon Arbeitnehmeranteil 1,3 % und Arbeitgeberanteil 1,3 %
3. **Beitragsbemessungsgrenze**
   8.050,00 € pro Monat
4. **Leistungen**
   - Arbeitsförderung (z. B. Berufsberatung, Ausbildungs- und Arbeitsvermittlung, Berufsorientierungsmaßnahmen, Übernahme von Weiterbildungs- und Umschulungskosten, Gründungszuschüsse)
   - Entgeltersatzleistungen (z. B. Arbeitslosengeld, Kurzarbeitergeld, Insolvenzgeld)

Unfallversicherung

Die Berufsgenossenschaften als Träger der Unfallversicherung haben zum einen die Aufgabe, Arbeitsunfälle und Berufskrankheiten mit allen geeigneten Mitteln zu verhindern. Dazu werden die Unternehmen in allen Fragen der Sicherheit und Gesundheit beraten und zum Thema Arbeitsschutz informiert.

gesetzliche Unfallversicherung

Prävention

Zum anderen kommt die Unfallversicherung für die Folgen von Arbeitsunfällen und Berufskrankheiten auf. Sie kommt für eine umfassende Heilbehandlung auf und sorgt bei Arbeitsunfähigkeit oder sogar Tod für Geldleistungen an Versicherte und Hinterbliebene.

Wiederherstellung der Gesundheit und Leistungsfähigkeit

Versichert sind im Übrigen auch Wegeunfälle, die Beschäftigte auf dem Weg zu oder von der Arbeit erleiden. Dabei sind auch Umwege versichert, die beispielsweise nötig werden, um Kinder während der Arbeitszeit unterzubringen, bei Fahrgemeinschaften oder bei Umleitungen oder weil der Arbeitsplatz über einen längeren Weg schneller erreicht werden kann.

Wegeunfälle

Neben allen Arbeitnehmerinnen und Arbeitnehmern, die von ihrem Arbeitgeber versichert werden müssen, sind z. B. auch Ersthelferinnen und Ersthelfer am Unfallort, ehrenamtliche Mitarbeiterinnen und Mitarbeiter der freiwilligen Feuerwehr, Schülerinnen und Schüler, Studierende sowie Kinder in Kindertageseinrichtungen unfallversichert.

Unfallversicherung (Stand: 2025)

1. **Träger**
   - gewerbliche Berufsgenossenschaften
   - landwirtschaftliche Berufsgenossenschaften
   - Unfallkassen der öffentlichen Hand
2. **Beitragssatz**
   Abhängig von der Unfallgefahr im Betrieb und der Lohnsumme der Versicherten. Beiträge werden komplett vom Arbeitgeber getragen.
3. **Leistungen**
   - Zur Prävention: Maßnahmen zur Verhütung von Arbeitsunfällen und Berufskrankheiten
   - bei Arbeitsunfällen, Berufskrankheiten und Wegeunfällen (auf dem Weg zur und von der Arbeit)
   - ärztliche Behandlung
   - Rehabilitation, Umschulung
   - Lohnersatz- bzw. Entschädigungsleistungen (z. B. Verletztengeld, Verletztenrente, Hinterbliebenenrente, Sterbegeld)

6.1.2 Sonstige Instrumente der Sozialpolitik

Neben der Absicherung von Risiken durch die Solidargemeinschaften der Sozialversicherungen unterstützt der Staat die Bürgerinnen und Bürger mit einer Vielzahl weiterer sozialpolitischer Instrumente. Zielsetzung ist dabei jedoch nicht nur, Menschen in Not zu helfen, sondern beispielsweise auch Lebenschancen anzugleichen, Familien oder die Integration zu fördern. Unsere Darstellung beschränkt sich stellvertretend auf einige wichtige Instrumente.

Sozialhilfe

Die Sozialhilfe hat die Funktion einer Grundsicherung. Sie soll denjenigen, die nicht (mehr) erwerbsfähig sind, beispielsweise wegen Alters oder wegen voller Erwerbsminderung, ein Leben in Würde ermöglichen.

Die Leistungen der Sozialhilfe setzen sich zusammen aus

- Beratung und Unterstützung, z. B. bei der Wohnungssuche,
- Geldleistungen sowie
- Sachleistungen, z. B. bei der Erstanschaffung von Haushaltsgeräten.

Der Regelbedarf liegt (je nach Alter) bei bis zu 563,00 € pro Monat[1], bestimmten Personengruppen wie Alleinerziehenden oder Menschen mit Behinderung wird ein Mehrbedarf zugestanden. Außerdem werden Unterkunftskosten und Heizkosten in tatsächlicher Höhe übernommen.

Sozialhilfe wird jedoch nur dann gewährt, wenn der Lebensunterhalt nicht durch Einkommen (z. B. Arbeitseinkommen, Zinseinkünfte) oder Vermögen (z. B. eigene Immobilie) sichergestellt werden kann.

Wohngeld

Das Wohngeld ist ein Mietzuschuss für alle Bürgerinnen und Bürger, die über ein zu geringes monatliches Einkommen verfügen. Es wird denjenigen bewilligt, deren Einkommen den Regelbedarf zuzüglich Mehrbedarf und Warmmiete (siehe Sozialhilfe und Bürgergeld) unterschreitet.

Die Kosten betragen etwa 2,1 Mrd. € im Jahr.

Kinderbetreuung

In Deutschland besteht seit 1. August 2013 ein Rechtsanspruch auf Kinderbetreuung für unter dreijährige Kinder. Damit sollen zum einen die Bildungschancen der Kinder erhöht werden, während zum anderen den Eltern ermöglicht werden soll, Familie und Beruf besser zu vereinbaren.

Kindergeld

Das Kindergeld ist eine der wichtigsten Säulen in der deutschen Familienpolitik. Es soll die finanziellen Belastungen für Familien verringern und die Geburtenrate in Deutschland erhöhen. Das Kindergeld beträgt 255,00 € monatlich je Kind. Es wird gewährt bis zum 18. Lebensjahr und – wenn das Kind noch in der Ausbildung ist – sogar bis zum 25. Lebensjahr.[2]

AUFGABE 1

Berechnen Sie, wie hoch die monatlichen Arbeitnehmerbeiträge zur Krankenversicherung, Pflegeversicherung, Rentenversicherung und Arbeitslosenversicherung maximal sein können.

AUFGABE 2

Ermitteln Sie, auf welchen Betrag die durchschnittliche Rentenzahlung sinkt, wenn man drei Jahre vor dem gesetzlichen Renteneintrittsalter in Rente geht.

AUFGABE 3

Begründen Sie den Zusatzbeitrag für Kinderlose sowie die Entlastung für Eltern in der gesetzlichen Pflegeversicherung.

1 Stand 2025
2 Stand 2025

AUFGABE 4

Begründen Sie, warum den Krankenkassen das Recht eingeräumt wird, Zusatzbeiträge einzufordern und Rückerstattungen vorzunehmen.

AUFGABE 5

Erläutern Sie, warum die Beiträge zur Unfallversicherung – im Gegensatz zu den anderen vier Sozialversicherungen – vom Arbeitgeber allein getragen werden.

AUFGABE 6

Erläutern Sie, was man unter einem „Aufstocker" versteht und welche Ansprüche dieser hat.

6.2 Steuerliche Rahmenbedingungen

In Kapitel 5.2 wurde bereits das Wirtschaftssystem der Bundesrepublik Deutschland, die soziale Marktwirtschaft, näher erläutert. Wie bereits angesprochen, besteht die soziale Komponente dieses Systems auch in der Umverteilung von Vermögensbestandteilen zwischen unterschiedlichen Beteiligten des Wirtschaftssystems oder auch des Wirtschaftskreislaufs des Landes.

Diese Umverteilung wird durch staatliche Eingriffe in die Geldströme der freien Marktwirtschaft erreicht.[1] Um diese Umverteilung transparent und für alle Beteiligten nachvollziehbar zu machen, verwendet der Staat einen Teil seiner freiheitlich verfassten Rechtsordnung, das Steuerrecht.[2]

Das deutsche Steuerrecht ist die Gesamtheit aller Rechtsnormen, die Rechte und Pflichten im **Steuerrechtsverhältnis**[3] regeln. Diese wiederum sind eng mit anderen Rechtsgebieten wie beispielsweise dem Strafrecht, Umweltrecht, Sozialrecht und dem Zivilrecht verbunden. Besonders bedeutsam ist hier nach herrschender wissenschaftlicher Meinung die Anknüpfung an wirtschaftliche Fragen des Zivilrechts, da die Besteuerung ihrerseits immer der wirtschaftlichen Leistungsfähigkeit der zu Besteuernden folgt und demnach wirtschaftliche Vorgänge oder Zustände besteuert werden.

Das deutsche Steuersystem lässt sich durch folgende Prinzipien kennzeichnen:

- Gleichmäßigkeit der Besteuerung (Art. 3 Abs. 1 GG)
- Gesetzmäßigkeit der Besteuerung (Art. 2 Abs. 1, Art. 14 Abs. 1 und 3, Art. 20 Abs. 3 GG, § 3 Abs. 1 AO)
- sozialstaatlich gerechte Besteuerung (Art. 20 Abs. 1, Art. 28 Abs. 1 GG)
- Beschränkung der Besteuerung zum Schutz der Menschenwürde und des allgemeinen Persönlichkeitsrechts (Art. 1 und 2 GG)

Die **Steuerertragshoheit**[4] regelt, wer letztlich über welchen Anteil der erhobenen Steuern verfügen kann. Hier sieht die deutsche Wirtschaftsordnung eine Dreiteilung zwischen Bund, Ländern und Kommunen vor. Für das Jahr 2023 wurde eine Gesamtsumme an Steuereinnahmen von 915,8 Mrd. € ermittelt, von der der Bund demnach 356,0 Mrd. € vereinnahmt, wohingegen die Länder 382,6 Mrd. € und die Gemeinden 143,5 Mrd. € erhalten haben. An die Europäische Union wurden 35,4 Mrd. € der Steuereinnahmen abgeführt.

1 Vgl. hierzu Kapitel 5.2.
2 Das Steuerrecht ist Teil des Abgabenrechts, welches seinerseits Teil des öffentlichen Finanzrechts ist. Gleichzeitig gehört es zur Gruppe des Verwaltungsrechts, was besonders dadurch zum Ausdruck kommt, dass die Finanzbehörden den Steuerpflichtigen im Wege des Verwaltungsaktes bestimmte Pflichten wie beispielsweise die Geldleistungspflicht oder Mitwirkungspflicht im Steuerverfahren auferlegen.
3 Das Steuerrechtsverhältnis ist in die Bereiche Verfahrenspflichtverhältnis (formal) und Steuerschuldverhältnis (materiell, siehe § 37 AO) aufgeteilt.
4 Vgl. Art. 106 GG.

Um regionale Unterschiede ausgleichen zu können, wird zudem ein **Finanzausgleich** zwischen geografischen Regionen des Landes vorgenommen. Hierbei wird zwischen dem horizontalen und vertikalen Finanzausgleich unterschieden, wobei der horizontale Ausgleich zwischen einzelnen Bundesländern stattfindet und der vertikale Ausgleich eine zusätzliche Verteilung vom Bund zu den jeweiligen Ländern vorsieht.

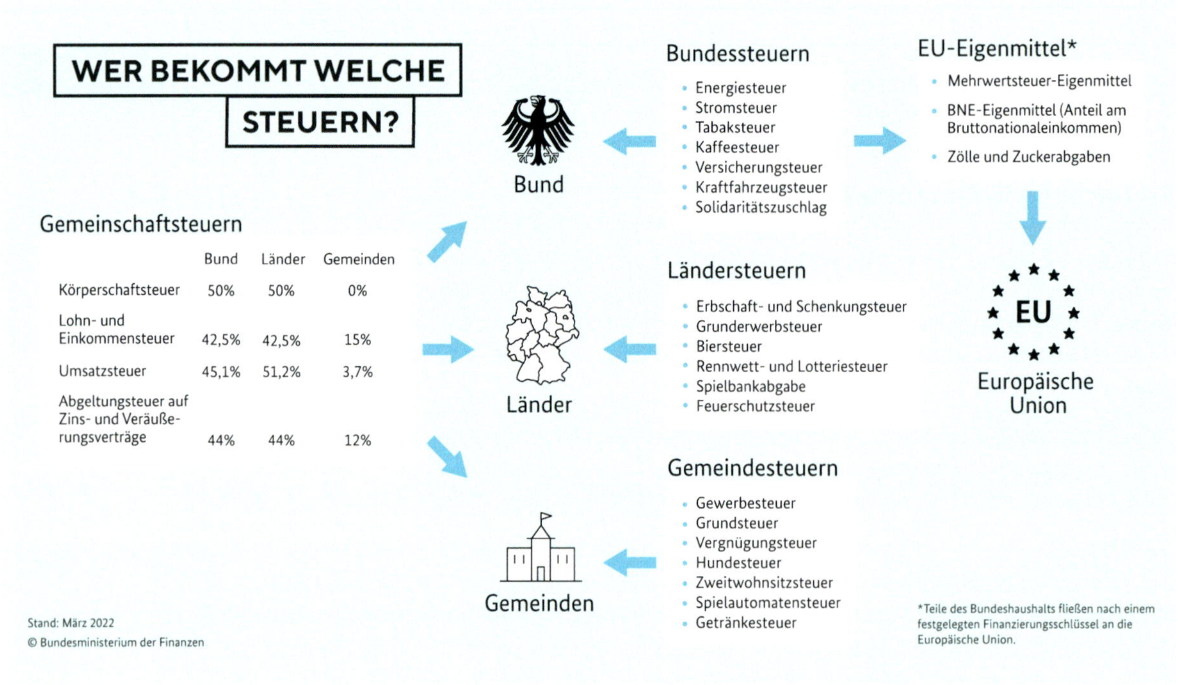

Das Steuerrecht ist ein sehr komplexes Gebilde, welches in zwei grundlegende Bereiche, das allgemeine und das besondere Steuerrecht, eingeteilt werden kann. Der Themenkomplex des besonderen Steuerrechts wird in Kapitel 7.2 näher erläutert.

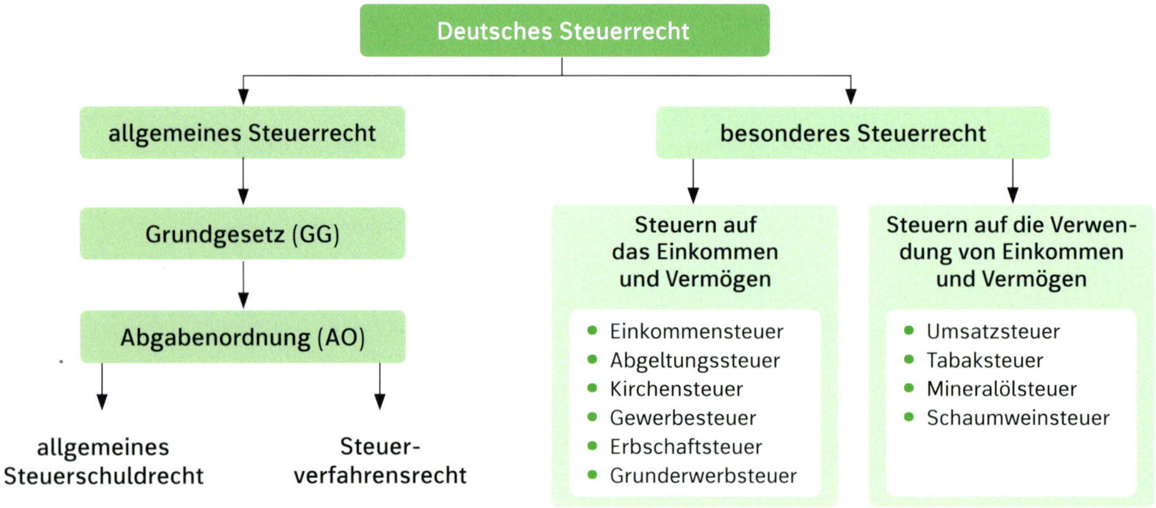

Betrachtet man das allgemeine deutsche Steuerrecht näher, kann neben dem Grundgesetz, wie schon bei den Prinzipien kurz dargestellt, die Abgabenordnung (AO)[1] als Grundlage des deutschen Steuerrechts bezeichnet werden. Sie enthält grundlegende Regelungen, die für alle Steuerarten des besonderen Steuerrechts gleichermaßen gelten.

Die AO ist in folgende Teile gegliedert:

- Einleitende Vorschriften
- Steuerschuldrecht
- Allgemeine Verfahrensvorschriften
- Durchführung der Besteuerung
- Erhebungsverfahren
- Vollstreckung
- Außergerichtliches Rechtsbehelfsverfahren
- Straf- und Bußgeldvorschriften, Straf- und Bußgeldverfahren
- Schlussvorschriften

Bei näherer Betrachtung der einzelnen Teile der AO kann ihr allgemeinverbindlicher Charakter gut nachvollzogen werden. So beinhaltet der erste Teil in den §§ 3–15 AO beispielsweise eine Reihe von Definitionen, in denen zunächst grundlegende Begrifflichkeiten erläutert werden, z. B. Wohnsitz (§ 8), gewöhnlicher Aufenthalt (§ 9), Geschäftsleitung (§ 10), Sitz (§ 11), Betriebsstätte (§ 12), ständiger Vertreter (§ 13), wirtschaftlicher Geschäftsbetrieb (§ 14) oder Angehörige (§ 15).

Darüber hinaus werden aber auch grundlegende Informationen zu Steuerfragen geklärt. So heißt es beispielsweise in § 3 Abs. 1 AO:

§§

§ 3 AO
(1) Steuern sind Geldleistungen, die nicht eine Gegenleistung für eine besondere Leistung darstellen und von einem öffentlich-rechtlichen Gemeinwesen zur Erzielung von Einnahmen allen auferlegt werden, bei denen der Tatbestand zutrifft, an den das Gesetz die Leistungspflicht knüpft; die Erzielung von Einnahmen kann Nebenzweck sein.

Demnach sind Steuern eine staatlich auferlegte, verpflichtende Summe, die ohne eine Gegenleistung zur Deckung des allgemeinen Finanzbedarfs zu leisten ist. Durch die Erhebung von Steuern werden öffentliche Aufgaben wie beispielsweise die Sicherung der öffentlichen Ordnung durch Polizei und Militär, Verwaltungsbetriebe oder auch Bildungssysteme finanziert.

Im zweiten Teil zum Steuerschuldrecht werden daraufhin genauere Informationen zum Steuerschuldverhältnis vermittelt. So wird z. B. erläutert, wer überhaupt steuerpflichtig ist, was das Steuerschuldverhältnis charakterisiert und welche Zwecke steuerbegünstigt sind. Auch die schon angesprochene Frage des Verwaltungsaktes wird hier näher betrachtet.

Bei der im vierten Teil beschriebenen Durchführung der Besteuerung wird beispielsweise im zweiten Abschnitt die Mitwirkungspflicht der Steuerpflichtigen detailliert erläutert. Hierunter fallen zum einen die Verpflichtung zur Buchführung, die ja handelsrechtlich auch in den GOB verankert ist, zum anderen wird hier auch die Aufzeichnungspflicht für Warenein- und Warenausgang genau definiert.

Aber auch die Vollstreckungsmöglichkeiten bei säumigen Steuerschuldnern können hier detailliert nachvollzogen werden.

Im achten Teil werden die denkbaren Steuerstraftaten näher erläutert. So können unterschiedliche Tatbestände der Steuerhinterziehung und Fragen zur Selbstanzeige (§ 371 AO) nachvollzogen werden.

1 Der vollständige Text der AO kann im Internet eingesehen werden unter: www.gesetze-im-internet.de/ao_1977/index.html

AUFGABE 1

Erläutern Sie die vier Prinzipien, durch die das deutsche Steuerrecht gekennzeichnet ist. Finden Sie für jedes Prinzip ein praktisches Beispiel.

AUFGABE 2

Das deutsche Steuerrecht gehört zur Gruppe des Verwaltungsrechts. Erläutern Sie diesen Begriff und schildern Sie mögliche Auswirkungen, die sich aus diesem Tatbestand herleiten lassen.

AUFGABE 3

Erläutern Sie den Begriff „Steuerertragshoheit“.

AUFGABE 4

Berechnen Sie die prozentualen Anteile der Gemeindesteuern vor und nach der Umverteilung für das Jahr 2023.

AUFGABE 5

Welches Ziel verfolgt der Steuerfinanzausgleich?

AUFGABE 6

Wie ist die Abgabenordnung in das System des deutschen Steuerrechts eingegliedert?

AUFGABE 7

Recherchieren Sie im Internet nach der aktuellen Version der Abgabenordnung und ermitteln Sie die grundsätzliche Struktur und die wesentlichen Inhalte der AO.

6.3 Wettbewerbsrechtliche Rahmenbedingungen

Im Rahmen der Beschaffung ihrer Roh- und Hilfsstoffe ist die Heidtkötter KG, wie alle anderen Produzenten von Büromöbeln auch, darauf angewiesen, marktgerechte Preise zu bezahlen, um im nationalen und internationalen Wettbewerb konkurrenzfähig zu sein. Die Anbieter dieser Roh- und Hilfsstoffe sind natürlich daran interessiert, für ihre Produkte möglichst hohe Preise zu erzielen. Ein funktionierender Wettbewerb sorgt dafür, dass das Angebot und die Nachfrage sich ausgleichen und zur Bildung eines Gleichgewichtspreises führen, bei dem außerdem eine bestmögliche mengenmäßige Marktversorgung gewährleistet ist. Um ihre wirtschaftlichen Interessen durchzusetzen, versuchen die Marktteilnehmer immer wieder, diesen funktionierenden Wettbewerb auszuhebeln, um sich Wettbewerbsvorteile zu verschaffen.

42 MIO. EURO KARTELLSTRAFE FÜR VIER SPANPLATTENHERSTELLER

Das Bundeskartellamt hat Bußgelder in Höhe von rund 42 Mio. Euro gegen vier Hersteller von Spanplatten, OSB und anderen Holzwerkstoffen sowie gegen zehn verantwortliche Personen wegen verbotener Preisabsprachen verhängt. [...]

Laut Bundeskartellamt umfasste ein erster Kartellkreis die Produkte rohe und beschichtete Spanplatten, MDF- und HDF-Platten (mittel- und hochverdichtete Faserplatten) sowie Nut- und Federverlegespanplatten, die an Industrie und Handel geliefert wurden. Im Zeitraum [...] trafen sich verantwortliche Vertreter der Unternehmen [...], um Preiserhöhungen, Preisuntergrenzen, einzelne Verarbeitungszuschläge und teilweise auch kundenbezogene Preise miteinander abzusprechen. Wegen der Teilnahme an diesem Kartell wurden Geldbußen von insgesamt 32 Mio. Euro verhängt. [...]

Die Mehrzahl der beteiligten Unternehmen und Personen haben Kronzeugenanträge nach der Bonusregelung des Bundeskartellamtes gestellt und Geständnisse abgelegt. Für den jeweiligen Aufklärungsbeitrag wurden Abschläge auf die Bußgelder gewährt. Darüber hinaus konnte mit der Mehrzahl der Unternehmen eine einvernehmliche Verfahrensbeendigung (sog. Settlement) erzielt werden, welche ebenfalls zu einer Absenkung der jeweiligen Geldbußen führte. [...]

Quelle: Verlag Matthias Ritthammer GmbH: 42 Mio. Euro Kartellstrafe für vier Spanplattenhersteller, veröffentlicht am 22.09.2011. In: www.moebelmarkt.de/beitrag/id-42-mio-euro-kartellstrafe-fuer-vier-spanplattenhersteller [11.03.2025].

Das Beispiel zeigt, dass wahrscheinlich auch die Heidtkötter KG, als Käuferin von Spanplatten, von diesen Preisabsprachen betroffen gewesen sein könnte. In der Vergangenheit hatten mehrere Unternehmen, die mit Spanplatten handeln, ihr Verhalten untereinander abgestimmt. Immer wenn dies geschieht, spricht man von einem Kartell. Kartell

Die Absprachen beziehen sich im vorliegenden Fall in erster Linie auf die Preise. Unternehmen versuchen häufig, wenn die Kostensituation dies zulässt, sich im Preis zu unterbieten, um Kunden für sich zu gewinnen. Wenn sie jedoch einen gemeinsamen Absatzpreis vereinbaren, können alle Anbieter ihre Produkte teurer verkaufen, weil es keine Konkurrenz mehr gibt, die günstiger verkaufen würde. In diesem Zusammenhang spricht man von einem **Preiskartell** (siehe Übersicht auf Seite 442).

Durch Preiskartelle kommt es neben den Preiserhöhungen auch zu einer Marktunterversorgung. Die Ursache hierfür liegt in einer künstlichen **Verknappung des Angebots**. Dies entspricht einer Linksverschiebung der Angebotskurve (siehe Seite 398 f.). Der letztlich zu zahlende Preis entspricht nicht dem Marktgleichgewicht, sondern bildet sich oberhalb des eigentlichen **Gleichgewichtspreises**.

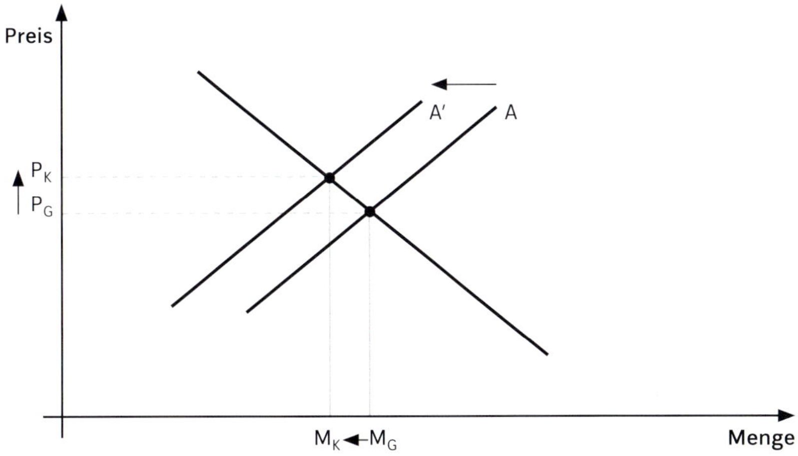

Durch die Verknappung des Angebots, die durch die Linksverschiebung der Angebotskurve von A zu A' dargestellt wird, steigt der Gleichgewichtspreis (P_G) auf den vom Kartell geforderten Preis (P_K). Die Marktversorgung verschlechtert sich von der Gleichgewichtsmenge (M_G) hin zur geringeren Versorgung durch das Kartell (M_K).

Ein derartiges Vorgehen ist weder gesellschaftlich noch politisch akzeptiert oder gar gewollt, da die Funktionsfähigkeit des Marktes nicht mehr gegeben ist. Daher gibt es im Rahmen staatlicher Wettbewerbskontrolle einige gesetzlichen Vorgaben, durch die ein funktionierender Wettbewerb gewährleistet werden soll.

Maßnahmen staatlicher Wettbewerbspolitik

Gesetz gegen Wettbewerbsbeschränkungen (GWB)/ Europäisches Wettbewerbsrecht
- Kartellverbot
- Missbrauchsaufsicht
- Fusionskontrolle
- Vergaberechtsschutz

Gesetz gegen den unlauteren Wettbewerb (UWG)
- irreführendes Verhalten
- sittenwidriges Verhalten
- vergleichende Werbung

Verbraucherschutz (BGB)
- Verbraucherschutzgesetze
- Verbraucherinformation und -beratung

Gemeinsam ist allen gesetzlichen Grundlagen, dass sie dazu beitragen, einen funktionsfähigen Wettbewerb zu gewährleisten. Zudem sollen insbesondere private und betriebliche Konsumenten geschützt werden. Die Schutzbedürftigkeit ist geboten, da der Wunsch nach einer stärkeren Marktposition häufig zu Unternehmenszusammenschlüssen führt und dazu, dass Unternehmen die verschiedensten Absprachen untereinander treffen, um sich Wettbewerbsvorteile zu verschaffen.

6.3.1 Unternehmenszusammenschlüsse

Um ihre Wettbewerbsfähigkeit zu erhöhen, können sich Unternehmen zusammenschließen. Die Ziele, die sie damit verbinden, sind vielfältig:

- **Erhöhung der Marktmacht**
  Treten mehrere Unternehmen gemeinsam als Nachfrager von Roh- und Hilfsstoffen auf, wird es ihnen leichter fallen, für sie günstige Beschaffungskonditionen durchzusetzen. Auch beim Absatz können Konditionen des Verkaufs abgestimmt werden.
- **Kostensenkungen**
  Durch das gemeinsame Auftreten auf Absatz- und/oder Beschaffungsmärkten lassen sich die jeweiligen Kosten senken. Die Kostensenkungen können auch aufgrund von Rationalisierungen in der Produktion, durch Verwaltungsvereinfachungen oder durch einen geringeren Personalaufwand erfolgen.
- **Verteilung und Minderung des Risikos**
  Durch einen Zusammenschluss mit wichtigen Lieferanten oder Abnehmern reduziert sich das unternehmerische Risiko.
- **Gemeinsame Forschung und Entwicklung**
  Durch gemeinsame Forschungs- und Entwicklungsaktivitäten ist eine höhere Effizienz zu erwarten.
- **Vergrößerung der Kapitalgrundlage**
  Für Investitionen und/oder Kreditnachfragen steht ggf. eine größere Eigenkapitalbasis zur Verfügung.

Um diese Ziele zu erreichen, sind verschiedene Formen von Unternehmenszusammenschlüssen im Hinblick auf den Unternehmensgegenstand denkbar.

Unterscheidung von Unternehmenszusammenschlüssen nach den beteiligten Wirtschaftsstufen		
Horizontal	**Vertikal**	**Diagonal/anorganisch**
Zwei Unternehmen der Automobilindustrie bilden eine Arbeitsgemeinschaft im Hinblick auf gemeinsame Forschungs- und Entwicklungsaktivitäten.	Ein Unternehmen der stahlproduzierenden Industrie und ein Unternehmen der stahlverarbeitenden Industrie bilden eine Interessengemeinschaft.	Ein Unternehmen der Automobilindustrie und ein Unternehmen der Touristikbranche bilden zusammen einen Konzern.

Wenn Unternehmen sich zusammenschließen und dabei ihre rechtliche Selbstständigkeit behalten und es auch keine Kapitalbeteiligung gibt, spricht man von einer **Kooperation**. Kommt es zu einer Kapitalbeteiligung, spricht man von **Konzentration**. Dabei kann die rechtliche Selbstständigkeit erhalten bleiben (Konzern, siehe Kapitel 6.3.3) oder verloren gehen (Fusion, siehe Kapitel 6.3.3).

Kooperationsformen 6.3.2

Es gibt viele verschiedene Kooperationsformen.

Unternehmensverbände

Bei Unternehmensverbänden handelt es sich häufig um eine Vereinigung von Unternehmen desselben Wirtschaftszweigs. Sie dienen einem gemeinsamen wirtschaftlichen Interesse der organisierten Unternehmen und vertreten diese auch zum Teil gegenüber der Öffentlichkeit.

BEISPIEL

Der Unternehmensverband „Aktive Unternehmen im Westmünsterland e. V." (AIW) initiiert vorrangig die Kommunikation zwischen den Mitgliedern sowie politischen, wirtschaftlichen und öffentlichen Gremien.

Interessengemeinschaft

Unternehmen schließen sich zu Interessengemeinschaften zusammen, um einen gemeinsamen Zweck zu verfolgen.

BEISPIEL

Das Ziel der Interessengemeinschaft Leichtbau e. V. (igeL) ist die ideelle und materielle Förderung der Leichtbaukonstruktion im Möbelbau.

Konsortium

Unternehmen schließen sich zu Konsortien zusammen, um eine genau definierte Aufgabe zu erledigen. Häufig handelt es sich dabei um Großprojekte.

BEISPIEL

Das RFID Konsortium (radio-frequency identification = automatische Identifizierung und Lokalisierung von Gegenständen über elektromagnetische Wellen) möchte u. a. den Einsatz von Auto-ID in der Möbelbranche fördern, um so die Wettbewerbsfähigkeit der heimischen Möbelindustrie zu stärken.

Arbeitsgemeinschaft (ARGE)

Rechtlich selbstständige Unternehmen schließen sich zur Durchführung eines gemeinsamen Projektes – häufig in Form einer BGB-Gesellschaft – zu Arbeitsgemeinschaften zusammen. Arbeitsgemeinschaften finden sich häufig im Baugewerbe. Die Abgrenzung zum Konsortium ist schwierig.

Syndikat

Die an einem Syndikat beteiligten Unternehmen bilden eine Absatzgesellschaft, die die von den Beteiligten produzierten Güter vertreibt.

Kartell Die an einem Kartell beteiligten Unternehmen einer Branche treffen Absprachen oder verpflichten sich vertraglich zu bestimmten Verhaltensweisen, durch die der Wettbewerb begrenzt oder eingeschränkt wird.

Exportkartell	Vereinbarungen im Hinblick auf Auslandsmärkte bzw. Ländergruppen über Absatzquoten, Preise und Konditionen
Gebietskartell	Vereinbarungen über die Aufteilung von Absatzgebieten, z. B. um Transportkosten einzusparen
Importkartell	Vereinbarungen über den gemeinsamen Kauf ausländischer Güter zur Erzielung günstigerer Importkonditionen
Konditionenkartell	Vereinbarungen über Geschäfts-, Liefer- und Zahlungsbedingungen
Mittelstandskartell	Vereinbarungen zwischen kleinen und mittleren Unternehmen, z. B. über den gemeinsamen Einkauf von Waren zur Verbesserung der Wettbewerbsfähigkeit
Normen-, Typenkartell	Vereinbarungen zur Festlegung einheitlicher Beschaffenheit von Waren hinsichtlich der Materialverwendung und Baumustern
Preiskartell	Vereinbarungen über einheitliche Preise
Quotenkartell	Vereinbarungen über Kontingente bzw. mengenmäßige Vorgaben
Rabattkartell	Vereinbarungen zu einheitlichen Rabatten bzw. Rabattsystemen
Submissionskartell	Vereinbarungen über Angebotspreise und -bedingungen im Rahmen öffentlicher Ausschreibungen
Spezialisierungskartell	Vereinbarungen über die meist arbeitsteilige Produktion bestimmter Güter bzw. die Erbringung bestimmter Dienstleistungen

Im Grundsatz sind Kartelle in Deutschland verboten.

§§

§ 1 GWB Verbot wettbewerbsbeschränkender Vereinbarungen

Vereinbarungen zwischen Unternehmen, Beschlüsse von Unternehmensvereinigungen und aufeinander abgestimmte Verhaltensweisen, die eine Verhinderung, Einschränkung oder Verfälschung des Wettbewerbs bezwecken oder bewirken, sind verboten.

Von diesem grundsätzlichen Kartellverbot gibt es aber auch einige Ausnahmen:

§§

§ 2 GWB Freigestellte Vereinbarungen

(1) Vom Verbot des § 1 freigestellt sind Vereinbarungen zwischen Unternehmen, Beschlüsse von Unternehmensvereinigungen oder aufeinander abgestimmte Verhaltensweisen, die unter angemessener Beteiligung der Verbraucher an dem entstehenden Gewinn zur Verbesserung der Warenerzeugung oder -verteilung oder zur Förderung des technischen oder wirtschaftlichen Fortschritts beitragen, ohne dass den beteiligten Unternehmen

1. *Beschränkungen auferlegt werden, die für die Verwirklichung dieser Ziele nicht unerlässlich sind, oder*
2. *Möglichkeiten eröffnet werden, für einen wesentlichen Teil der betreffenden Waren den Wettbewerb auszuschalten.*

Legalausnahme

Der § 2 GWB beschreibt die Legalausnahme. Dementsprechend gilt eine Freistellung vom Kartellverbot, wenn die folgenden Voraussetzungen alle gegeben sind.

Legalausnahme
Voraussetzungen für die Freistellung vom Kartellverbot

- Beteiligung der Verbraucherinnen und Verbraucher am Gewinn
- Verbesserung der Warenerzeugung oder -verteilung
- Förderung des technischen oder wirtschaftlichen Fortschritts
- Unerlässlichkeit = Auferlegung unnötiger Beschränkungen
- keine Ausschaltung des Wettbewerbs

Mittelstandskartelle

§ 3 GWB Mittelstandskartelle

Vereinbarungen zwischen miteinander im Wettbewerb stehenden Unternehmen und Beschlüsse von Unternehmensvereinigungen, die die Rationalisierung wirtschaftlicher Vorgänge durch zwischenbetriebliche Zusammenarbeit zum Gegenstand haben, erfüllen die Voraussetzungen des § 2 Absatz 1, wenn

1. *dadurch der Wettbewerb auf dem Markt nicht wesentlich beeinträchtigt wird und*
2. *die Vereinbarung oder der Beschluss dazu dient, die Wettbewerbsfähigkeit kleiner oder mittlerer Unternehmen zu verbessern.*

Dieser Paragraf dient der Förderung der Wettbewerbsfähigkeit von kleineren und mittleren Unternehmen (bis zu 250 Mitarbeiterinnen und Mitarbeiter, bis zu 50 Mio. € Jahresumsatz und bis zu 43 Mio. € Bilanzsumme). Bilden diese Unternehmen Kartelle, besteht ein Anspruch auf einen Bescheid durch das Bundeskartellamt, dass kein Anlass zum Verbot bzw. von Beschränkungen besteht.

landwirtschaftliche Erzeugnisse

Gemäß § 28 GWB besteht kein Kartellverbot für die Erzeugung oder den Absatz landwirtschaftlicher Erzeugnisse oder die Benutzung gemeinschaftlicher Einrichtungen für die Lagerung, Be- oder Verarbeitung landwirtschaftlicher Erzeugnisse.

Zeitungen und Zeitschriften

Gemäß § 30 GWB besteht kein Kartellverbot vertikaler Preisbindungen für Unternehmen, die Zeitungen oder Zeitschriften herstellen.

6.3.3 Konzentrationsformen

Konzern

Ein Konzern ist ein Zusammenschluss von Unternehmen unter gemeinsamer Leitung. Dabei bleibt die rechtliche Selbstständigkeit der Unternehmen erhalten und die wirtschaftliche Selbstständigkeit geht aufgrund von Kapitalverflechtungen verloren.

In einem **Unterordnungskonzern** hat eine **Konzernmutter** entscheidenden Einfluss auf die Tochter. Dabei kann es sich um eine Sperrminorität (25 % Kapitalanteil + 1 Stimme), eine absolute Mehrheit (50 % Kapitalanteil + 1 Stimme) oder eine satzungsändernde Stimme (75 % Kapitalanteil + 1 Stimme) handeln.

Bei **Gleichordnungskonzernen** liegt ein gleichmäßiger Austausch von Kapitalbeteiligungen unter den sogenannten **Schwestergesellschaften** vor.

Fusion

Bei einer Fusion durch Aufnahme wird ein Unternehmen mit seinem gesamten Vermögen vollständig in ein anderes Unternehmen aufgenommen und hört damit auf zu existieren.

Bei einer Fusion durch Neugründung wird aus mindestens zwei Unternehmen, die dann ihre rechtliche und wirtschaftliche Selbstständigkeit verlieren, ein eigenständiges neues Unternehmen.

Holding

Bei einer Holding handelt es sich um die Dachgesellschaft eines Konzerns, die vorrangig mit Verwaltungsaufgaben betraut ist. Die beteiligten Unternehmen einer Holding sind in der Regel rechtlich selbstständig.

6.3.4 Staatliche Wettbewerbspolitik gemäß GWB

Neben dem Kartellverbot gibt es im GWB mit der Missbrauchsaufsicht, der Fusionskontrolle und dem Vergaberechtsschutz drei weitere Instrumente, über die das Bundeskartellamt den Wettbewerb schützt.

Missbrauchsaufsicht

Unternehmen mit einer großen Marktmacht oder ehemalige Monopolisten, die eine marktbeherrschende Position haben, sollen diese nicht missbräuchlich ausnutzen bzw. andere Unternehmen in ihrem Wettbewerb behindern. Haben Unternehmen bereits eine marktbeherrschende Stellung, ist es ihnen untersagt, diese Marktmacht zu missbrauchen bzw. ein wettbewerbsbeschränkendes Verhalten an den Tag zu legen.

Ein Unternehmen ist marktbeherrschend, wenn es laut § 18 Abs. 1 GWB

- „ohne Wettbewerber ist" oder „keinem wesentlichen Wettbewerb ausgesetzt ist" oder
- „eine im Verhältnis zu seinen Wettbewerbern überragende Marktstellung hat".

Eine marktbeherrschende Stellung eines Unternehmens wird vermutet, „wenn es einen Marktanteil von mindestens 40 Prozent hat" (§ 18 Abs. 4 GWB).

Für eine Gesamtheit aus mehreren Unternehmen wird eine marktbeherrschende Stellung vermutet, wenn sie gemäß § 18 Abs. 6 GWB

- „aus drei oder weniger Unternehmen besteht, die zusammen einen Marktanteil von 50 Prozent erreichen" oder
- „aus fünf oder weniger Unternehmen besteht, die zusammen einen Marktanteil von zwei Dritteln erreichen".

Wann ein missbräuchliches Verhalten vorliegt, ist in § 19 GWB geregelt:

§§

§ 19 GWB Verbotenes Verhalten von marktbeherrschenden Unternehmen

(1) Der Missbrauch einer marktbeherrschenden Stellung durch ein oder mehrere Unternehmen ist verboten.

(2) Ein Missbrauch liegt insbesondere vor, wenn ein marktbeherrschendes Unternehmen als Anbieter oder Nachfrager einer bestimmten Art von Waren oder gewerblichen Leistungen
1. *ein anderes Unternehmen unmittelbar oder mittelbar unbillig behindert oder ohne sachlich gerechtfertigten Grund unmittelbar oder mittelbar anders behandelt als gleichartige Unternehmen;*
2. *Entgelte oder sonstige Geschäftsbedingungen fordert, die von denjenigen abweichen, die sich bei wirksamem Wettbewerb mit hoher Wahrscheinlichkeit ergeben würden; hierbei sind insbesondere die Verhaltensweisen von Unternehmen auf vergleichbaren Märkten mit wirksamem Wettbewerb zu berücksichtigen;*

3. ungünstigere Entgelte oder sonstige Geschäftsbedingungen fordert, als sie das marktbeherrschende Unternehmen selbst auf vergleichbaren Märkten von gleichartigen Abnehmern fordert, es sei denn, dass der Unterschied sachlich gerechtfertigt ist;
4. sich weigert, ein anderes Unternehmen gegen angemessenes Entgelt mit einer solchen Ware oder gewerblichen Leistung zu beliefern, insbesondere ihm Zugang zu Daten, zu Netzen oder anderen Infrastruktureinrichtungen zu gewähren, und die Belieferung oder die Gewährung des Zugangs objektiv notwendig ist, um auf einem vor- oder nachgelagerten Markt tätig zu sein und die Weigerung den wirksamen Wettbewerb auf diesem Markt auszuschalten droht, es sei denn, die Weigerung ist sachlich gerechtfertigt;
5. andere Unternehmen dazu auffordert, ihm ohne sachlich gerechtfertigten Grund Vorteile zu gewähren; hierbei ist insbesondere zu berücksichtigen, ob die Aufforderung für das andere Unternehmen nachvollziehbar begründet ist und ob der geforderte Vorteil in einem angemessenen Verhältnis zum Grund der Forderung steht.

Neben den in §§ 19 und 20 vorgesehenen Vorschriften zum verbotenen Verhalten marktbeherrschender Unternehmen, wie unbilliger Behinderung, gehören zur Missbrauchsaufsicht zudem das Boykottverbot und das Verbot sonstigen wettbewerbsbeschränkenden Verhaltens (§ 21 GWB). Gemäß § 21 GWB dürfen marktbeherrschende Unternehmen ein anderes Unternehmen nicht zu Liefer- oder Bezugssperren aufrufen. Zudem ist es verboten, „einem Anderen wirtschaftlichen Nachteil zuzufügen, weil dieser ein Einschreiten der Kartellbehörde beantragt oder angeregt hat“ (§ 21 GWB).

Fusionskontrolle

Das Bundeskartellamt prüft die Zusammenschlüsse von Unternehmen. Zusammenschlüsse von Unternehmen gleicher Branche müssen beim Bundeskartellamt angemeldet werden.

Wenn durch die Fusion eine marktbeherrschende Stellung entstehen kann, so ist sie genehmigungspflichtig.

Sie wird gemäß § 36 GWB untersagt oder nur unter bestimmten Auflagen gestattet, wenn nach Einschätzung durch das Kartellamt eine marktbeherrschende Stellung entsteht oder verstärkt wird.

Die Voraussetzungen für einen Zusammenschluss sind gegeben, wenn:

§§

§ 37 GWB Zusammenschluss

(1) Ein Zusammenschluss liegt in folgenden Fällen vor:
1. Erwerb des Vermögens eines anderen Unternehmens ganz oder zu einem wesentlichen Teil; [...]
2. Erwerb der unmittelbaren oder mittelbaren Kontrolle durch ein oder mehrere Unternehmen über die Gesamtheit oder Teile eines oder mehrerer anderer Unternehmen. Die Kontrolle wird durch Rechte, Verträge oder andere Mittel begründet, die einzeln oder zusammen unter Berücksichtigung aller tatsächlichen und rechtlichen Umstände die Möglichkeit gewähren, einen bestimmenden Einfluss auf die Tätigkeit eines Unternehmens auszuüben, insbesondere durch
   a) Eigentums- oder Nutzungsrechte an einer Gesamtheit oder an Teilen des Vermögens des Unternehmens,
   b) Rechte oder Verträge, die einen bestimmenden Einfluss auf die Zusammensetzung, die Beratungen oder Beschlüsse der Organe des Unternehmens gewähren; [...]
3. Erwerb von Anteilen an einem anderen Unternehmen, wenn die Anteile allein oder zusammen mit sonstigen, dem Unternehmen bereits gehörenden Anteilen
   a) 50 vom Hundert oder

b) 25 vom Hundert
des Kapitals oder der Stimmrechte des anderen Unternehmens erreichen. Zu den Anteilen, die dem Unternehmen gehören, rechnen auch die Anteile, die einem anderen für Rechnung dieses Unternehmens gehören und, wenn der Inhaber des Unternehmens ein Einzelkaufmann ist, auch die Anteile, die sonstiges Vermögen des Inhabers sind. Erwerben mehrere Unternehmen gleichzeitig oder nacheinander Anteile im vorbezeichneten Umfang an einem anderen Unternehmen, gilt dies hinsichtlich der Märkte, auf denen das andere Unternehmen tätig ist, auch als Zusammenschluss der sich beteiligenden Unternehmen untereinander;

4. *jede sonstige Verbindung von Unternehmen, auf Grund deren ein oder mehrere Unternehmen unmittelbar oder mittelbar einen wettbewerblich erheblichen Einfluss auf ein anderes Unternehmen ausüben können.*

(2) Ein Zusammenschluss liegt auch dann vor, wenn die beteiligten Unternehmen bereits vorher zusammengeschlossen waren, es sei denn, der Zusammenschluss führt nicht zu einer wesentlichen Verstärkung der bestehenden Unternehmensverbindung.
[...]

Vergaberechtsschutz

Nimmt die Heidtkötter KG an einer öffentlichen Ausschreibung zur Ausstattung von Büros mit Büromöbeln teil, muss sichergestellt sein, dass die Vergabe transparent und diskriminierungsfrei abläuft.

Auf der Grundlage von § 97 ff. GWB werden oberhalb bestimmter, durch europäisches Gemeinschaftsrecht vorgegebene Auftragswerte (Schwellenwerte) Prüfungen zur Vergabe öffentlicher Aufträge durchgeführt.

6.3.5 Europäisches Wettbewerbsrecht

Subsidiaritätsprinzip

Gemäß dem Subsidiaritätsprinzip sind die nationalen Behörden innerhalb der EU dazu angehalten, die gültigen Wettbewerbsbestimmungen eigenverantwortlich umzusetzen. Erst wenn der Wettbewerb innerhalb der Europäischen Union nicht mehr funktionsfähig ist, greift das europäische Wettbewerbsrecht.

Laut dem am 01.12.2009 in Kraft getretenen Vertrag von Lissabon sind die Grundsätze des europäischen Wettbewerbsrechts im Vertrag über die Arbeitsweise der Europäischen Union (AEUV) festgehalten.

Kartellverbot

Entsprechend den nationalen Bestimmungen des GWB gelten gemäß Artikel 101 AEUV (ehemals Artikel 81 des Vertrags zur Gründung der europäischen Gemeinschaft, EGV) die folgenden Bestimmungen zu kartellrechtlichen Fragestellungen:

§§

Artikel 101 AEUV

(1) Mit dem Binnenmarkt unvereinbar und verboten sind alle Vereinbarungen zwischen Unternehmen, Beschlüsse von Unternehmensvereinigungen und aufeinander abgestimmte Verhaltensweisen, welche den Handel zwischen Mitgliedstaaten zu beeinträchtigen geeignet sind und eine Verhinderung, Einschränkung oder Verfälschung des Wettbewerbs innerhalb des Binnenmarkts bezwecken oder bewirken, insbesondere

a) die unmittelbare oder mittelbare Festsetzung der An- oder Verkaufspreise oder sonstiger Geschäftsbedingungen;

b) die Einschränkung oder Kontrolle der Erzeugung, des Absatzes, der technischen Entwicklung oder der Investitionen;

c) die Aufteilung der Märkte oder Versorgungsquellen;
d) die Anwendung unterschiedlicher Bedingungen bei gleichwertigen Leistungen gegenüber Handelspartnern, wodurch diese im Wettbewerb benachteiligt werden;
e) die an den Abschluss von Verträgen geknüpfte Bedingung, dass die Vertragspartner zusätzliche Leistungen annehmen, die weder sachlich noch nach Handelsbrauch in Beziehung zum Vertragsgegenstand stehen.

Die Missbrauchsaufsicht ist analog in Artikel 102 AEUV (ehemals Artikel 82 EGV) geregelt:

Missbrauchsaufsicht

§§

Artikel 102 AEUV

Mit dem Binnenmarkt unvereinbar und verboten ist die missbräuchliche Ausnutzung einer beherrschenden Stellung auf dem Binnenmarkt oder auf einem wesentlichen Teil desselben durch ein oder mehrere Unternehmen, soweit dies dazu führen kann, den Handel zwischen Mitgliedstaaten zu beeinträchtigen.

Dieser Missbrauch kann insbesondere in Folgendem bestehen:
a) der unmittelbaren oder mittelbaren Erzwingung von unangemessenen Einkaufs- oder Verkaufspreisen oder sonstigen Geschäftsbedingungen;
b) der Einschränkung der Erzeugung, des Absatzes oder der technischen Entwicklung zum Schaden der Verbraucher;
c) der Anwendung unterschiedlicher Bedingungen bei gleichwertigen Leistungen gegenüber Handelspartnern, wodurch diese im Wettbewerb benachteiligt werden;
d) der an den Abschluss von Verträgen geknüpften Bedingung, dass die Vertragspartner zusätzliche Leistungen annehmen, die weder sachlich noch nach Handelsbrauch in Beziehung zum Vertragsgegenstand stehen.

Fusionskontrolle

Auf europäischer Ebene erfolgt eine Fusionskontrolle insbesondere auf Grundlage der EG-Fusionskontrollverordnung. Zur Fusionskontrolle kommt es, wenn kumulativ folgende Voraussetzungen erfüllt sind: Alle beteiligten Unternehmen erzielen weltweit einen Umsatz von mehr als 2,5 Mrd. €, mindestens drei beteiligte Unternehmen erzielen einen gemeinschaftsweiten Umsatz von mehr als 100 Mio. €, von mindesten zwei beteiligten Unternehmen wird jeweils ein Gesamtumsatz in drei Mitgliedsstaaten von mehr als 25 Mio. € erzielt und die Beteiligten erzielen nicht jeweils mehr als zwei Drittel ihres gemeinschaftlichen Gesamtumsatzes in ein und demselben Mitgliedsstaat.

Vergaberechtsschutz

Der Europäische Rat für das Vergaberecht hat entsprechende Richtlinien erlassen, um einen Vergaberechtsschutz innerhalb der EU zu gewährleisten.

6.3.6 Gesetz gegen den unlauteren Wettbewerb

Das Gesetz gegen den unlauteren Wettbewerb (UWG) dient dem Schutz von Konsumentinnen und Konsumenten sowie von Mitbewerbern vor unfairen Wettbewerbspraktiken. Dabei verbietet der § 3 UWG als Generalklausel alle „unlauteren geschäftlichen Handlungen". Welche geschäftlichen Handlungen als unlauter gelten, wird in den folgenden Paragrafen beschrieben.

Tatbestand laut § 3a UWG	Beispiel
Rechtsbruch	Verschafft sich ein Möbelhaus einen wettbewerblichen Vorteil durch Nichtbeachtung des Ladenschlussgesetzes (LadSchlG) oder der Preisangabenverordnung (PAngV), handelt es sich um einen Rechtsbruch und ist nicht zulässig.

Tatbestände laut § 4 UWG	Beispiele
Herabsetzung des Konkurrenten (Anschwärzung)	„Wenn sie sich mit Möbel Richter einlassen, sitzen Sie vielleicht länger als Ihnen lieb ist“ (dazu die Abbildung einer Gefängniszelle). Hierbei handelt es sich um eine Verunglimpfung der Konkurrenz ohne sachliche Grundlage.
ergänzender Leistungsschutz	BoConcept ist ein Handelsunternehmen für Designmöbel, das Franchising anbietet. Will nun ein Franchisenehmer aus dem Franchisevertrag aussteigen, aber weiterhin das nach dem Franchisesystem geführte Unternehmen fortführen, wobei z. B. nur der Firmenname geändert wird, ist dies wettbewerbsrechtlich nicht zulässig.

Tatbestände laut § 4a UWG	Beispiele
unsachliche Beeinflussung	„Beim Kauf eines Schreibtischs bekommen Sie einen Schreibtischstuhl geschenkt!“ Hier handelt es sich um Kundenfang durch unangemessenen Einfluss. Die Kaufentscheidung wird aufgrund des Geschenks getroffen. Unsachliche Beeinflussung liegt auch vor, wenn Kundinnen und Kunden unter psychologischen Kaufzwang geraten.
Ausnutzung einer geschäftlichen Zwangslage	Ein Abschleppunternehmen wirbt am Unfallort.
Ausnutzung von Unerfahrenheit	Mit einem Analphabeten kommt es zum Abschluss eines nachteiligen Ratenkreditvertrags.

Tatbestände laut § 5a UWG	Beispiele
getarnte Werbung (Schleichwerbung)	Durch ein scheinbar wissenschaftliches Gutachten wird die ergonomische Vorteilhaftigkeit der neuen Sitzmöbel bescheinigt.
irreführende Werbung	Ein Möbelhaus wirbt mit „radikal gesenkten Preisen“, wobei allerdings lediglich branchenübliche Preisnachlässe gewährt werden. Ein Möbelhaus wirbt mit „unvergleichlichem Sitzkomfort der neuen Schreibtischstühle“, hier wird ein Alleinstellungsmerkmal suggeriert, das so nicht gewährleistet werden kann.

Tatbestand laut § 6 UWG	Beispiel
vergleichende Werbung	In Anspielung auf den IKEA-Slogan „Wohnst Du noch oder lebst Du schon?“ textete das kleine Münchner Einrichtungshaus Kare: „Schraubst Du noch oder wohnst Du schon?“ und bildete zudem noch einen durchgestrichenen Imbusschlüssel ab. IKEA antwortete mit einer erfolgreichen Unterlassungsklage.[1]

Tatbestand laut § 7 UWG	Beispiele
unzumutbare Belästigung	(1) Ein Möbelhaus sendet potenziellen Kunden unbestellte Ware zu. (2) Ein Einrichtungshaus belästigt ehemalige Kunden mit zahlreichen unerwünschten Anrufen.

1 Vgl. Verlag Matthias Ritthammer GmbH: „Schraubst Du noch oder wohnst Du schon?“, veröffentlicht am 17.04.2003. In: www.moebelmarkt.de/beitrag/kare-contra-ikea-schraubst-du-noch-oder-wohnst-du-schon [22.04.2025].

Verbraucherschutz (BGB)

6.3.7

rechtliche Grundlagen der Wettbewerbs-politik

Durch jegliche Form von Unternehmenszusammenschlüssen kommt es zu einer Konzentration von Marktmacht, dabei liegt es im staatlichen Interesse, die Funktionsfähigkeit des Marktes bzw. einen funktionierenden Wettbewerb aufrechtzuerhalten. Zudem achtet der Staat darauf, dass die vorherrschenden Wettbewerbspraktiken fair sind. Daher reguliert der Staat im Rahmen seiner staatlichen Wettbewerbspolitik den Wettbewerb über gesetzliche Vorgaben. Dies geschieht vorrangig, um betriebliche und private Nachfrager zu schützen. So profitiert auch die Heidtkötter KG, indem sie wie im Eingangsbeispiel beschrieben davor bewahrt wird, zu hohe Preise für die von ihr benötigten Spanplatten zu zahlen.

AUFGABE 1

Entscheiden Sie jeweils, welche Form der Kooperation bzw. Konzentration vorliegt.

a) Die Automobilfirmen VW, Audi, Skoda und Seat haben sich unter gemeinsamer Leitung zusammengeschlossen.

b) Das belgische Brauereiimperium Inbev hat die US-amerikanische Brauerei Anheuser und Busch gekauft.

c) Verschiedene Unternehmen schließen sich zusammen, um in der Öffentlichkeit die gemeinsamen sozialpolitischen Interessen gegenüber Politik, Behörden, Gewerkschaften und anderen Organisationen zu vertreten.

d) Obstbauern schließen sich zusammen, um gemeinsam Obst zu kaufen und zu verkaufen.

e) Mehrere Banken schließen sich zusammen, um ein Wertpapier an der Börse zu platzieren.

f) Weinbauern einer Region schließen sich zusammen, um ihre Produkte gemeinsam zu bewerben.

g) Drei Bauunternehmen schließen sich zusammen, um gemeinsam den Bau einer Autobahnbrücke zu planen und durchzuführen.

h) Zwei Industrieunternehmen teilen sich Absatzgebiete auf, um eine Konkurrenz in den jeweiligen Regionen zu vermeiden.

i) In Zeiten einer für eine Branche kritischen wirtschaftlichen Lage sprechen sich die betroffenen Unternehmen hinsichtlich ihrer Produktionskapazitäten ab.

AUFGABE 2

Um welche Art von Kartell handelt es sich jeweils?

a) Bei einer Ausschreibung für den Bau einer Straßenbahn sprechen sich drei Unternehmen ab.

b) Fünf Hersteller von Papier sprechen sich im Hinblick auf die geplanten Produktionsmengen ab.

c) Hersteller von Transistoren weisen sich bestimmte Absatzgebiete zu, um gegenseitige Konkurrenz zu vermeiden.

d) Hersteller von Unterhaltungselektronik sprechen untereinander die Preise ab.

e) Sieben Maschinenbauunternehmen vereinbaren gemeinsame Liefer- und Zahlungsbedingungen.

f) Um Synergieeffekte zu nutzen bzw. Produktionskosten zu verringern, sprechen sich drei Unternehmen ab.

AUFGABE 3

Zwei große deutsche Möbelproduzenten mit einem gemeinsamen Marktanteil von 54 % beschließen zu fusionieren. Welche rechtliche Konsequenz ist zu erwarten?

a) Es bestehen keine Bedenken, da der Wettbewerb aufgrund der Größe der Konkurrenz erhalten bleibt.

b) Solange Mitbewerber keinen Widerspruch einlegen, ist die Fusion unbedenklich.

c) Die Fusion wird untersagt, wenn das Bundeskartellamt Preisabsprachen der beiden Unternehmen befürchtet.

d) Die Fusion wird untersagt, weil eine marktbeherrschende Stellung der Unternehmen zu erwarten ist.

AUFGABE 4

In welcher Situation ist von einem nicht mehr funktionsfähigen Wettbewerb auszugehen, bei dem es rechtlicher Konsequenzen bedürfte?

a) Einige Unternehmen in der Möbelbranche zahlen übertarifliche Löhne.

b) Die Gewerbesteuersätze in einigen Gemeinden werden erhöht.

c) In strukturschwachen Gebieten werden mittelständische Unternehmen subventioniert.

d) Die Stadtwerke Duisburg setzen den Strompreis für ihre Kunden herab.

e) Es kommt zu Vereinbarungen über Angebotspreise und -bedingungen im Rahmen öffentlicher Ausschreibungen.

AUFGABE 5

Welche beiden der folgenden Aussagen zu Fusionen sind zutreffend?

a) Sollte das Bundeskartellamt Fusionen untersagen, kann das Bundesministerium für Wirtschaft und Klimaschutz dieses Verbot nicht aufheben.

b) Fusionen sind grundsätzlich verboten, da sie immer eine Einschränkung des Wettbewerbs verursachen.

c) Fusionen können dann von der Kartellbehörde untersagt werden, wenn eine marktbeherrschende Stellung entsteht.

d) Fusionen sind grundsätzlich zulässig, müssen jedoch beim Bundeskartellamt genehmigt werden.

e) Auf europäischer Ebene kann es zum Verbot von Fusionen kommen, wenn die beteiligten Unternehmen mehr als 2,5 Mrd. € Umsatz machen.

AUFGABE 6

Welche der folgenden Aussagen über Kartelle ist nach dem deutschen Kartellrecht richtig?

a) Ein abgestimmtes Verhalten von Großunternehmen auf einem Markt, das den Wettbewerb verhindert, kann genehmigt werden.

b) Die gemeinschaftliche Verarbeitung von Produkten durch landwirtschaftliche Unternehmen ist kartellrechtlich verboten.

c) Jede Vereinbarung zwischen Unternehmen, die miteinander im Wettbewerb stehen, ist kartellrechtlich verboten.

d) Sind Kartelle von Kleinunternehmen vorteilhaft für die Konsumentinnen und Konsumenten, sind sie nicht unbedingt verboten.

e) Konditionenkartelle beeinträchtigen den Wettbewerb nur unwesentlich und sind daher nicht verboten.

AUFGABE 7

Welche Aussagen im Hinblick auf die Voraussetzungen für die Erlaubnis von Kartellen im Rahmen der Legalausnahme sind richtig?

a) Absprachen, die zum technischen Fortschritt beitragen, sind kartellrechtlich nicht zwangsläufig verboten.
b) Preisabsprachen schaffen Markttransparenz und können daher auch erlaubt sein.
c) Maßnahmen, die für eine Beteiligung der Verbraucherinnen und Verbraucher am Gewinn sorgen, können zu einer Erlaubnis von Kartellen führen.
d) Führt die Aufteilung von Absatzgebieten zu einer besseren Marktversorgung, sind Gebietskartelle erlaubt.
e) Vereinbarungen über den gemeinsamen Kauf ausländischer Güter zur Erzielung günstigerer Importkonditionen führen zur Freistellung vom Kartellverbot.

AUFGABE 8

Die Möbelhäuser Grosser AG und und Wegkämper AG planen die Gründung eines Konzerns.

Welche der folgenden Aussagen zur Konzernbildung ist richtig?

a) Durch diese Konzernbildung entsteht ein neues Unternehmen.
b) Bei einer Konzernbildung wird ein Unternehmen mit seinem gesamten Vermögen vollständig in ein anderes Unternehmen aufgenommen und hört damit auf zu existieren.
c) Der Konzern entsteht durch die Absprache über die Gestaltung von Preisen und Konditionen sowie weiterer betrieblicher Vereinbarungen.
d) Die Grosser AG und und die Wegkämper AG bleiben weiterhin rechtlich selbstständig.
e) Beide Möbelhäuser behalten sowohl ihre rechtliche als auch ihre wirtschaftliche Selbstständigkeit.
f) Die Aktionäre der beiden Möbelhäuser müssen der Konzernbildung zustimmen.

AUFGABE 9

Welche der folgenden Aussagen zur Konzentration in der Wirtschaft sind richtig?

a) Übertragen die beteiligten Unternehmen ihre Aktien auf eine Dachgesellschaft, so entsteht ein Unterordnungskonzern.
b) Beim Gleichordnungskonzern liegt ein gleichmäßiger, gegenseitiger Austausch von Kapitalbeteiligungen unter den Schwestergesellschaften vor.
c) Beim Unterordnungskonzern erwirbt die Konzernmutter mindestens 25 % + 1 Stimme der Anteile am Tochterunternehmen.
d) Bei der Verschmelzung im Wege der Neugründung wird das Vermögen mehrerer Unternehmen als Ganzes auf das übernehmende Unternehmen übertragen.
e) Beim Unterordnungskonzern verlieren alle beteiligten Unternehmen ausschließlich die wirtschaftliche Selbstständigkeit.

AUFGABE 10

Im Rahmen gemeinsamer Vereinbarungen bzw. von Zusammenschlüssen wird in Kartelle, Konzerne und Fusionen unterschieden.
Ordnen Sie die folgenden Formen von Kooperationen bzw. Konzentrationen den Aussagen a) bis e) zu.

Unternehmenszusammenschlüsse

1 Kartell
2 Konzern
3 Fusion
4 Kartell, Konzern und Fusion
5 Keine Lösung ist zutreffend.

Aussagen

a) Sechs Büromöbelhersteller sprechen ihre Angebote bei einer öffentlichen Ausschreibung zur Ausstattung von Gebäuden der öffentlichen Verwaltung untereinander ab.

b) Die Aktienmehrheit eines Unternehmens wird von einem anderen Unternehmen erworben.

c) Ein Zusammenschluss zeitigt weder einen Einfluss auf die rechtliche noch auf die wirtschaftliche Selbstständigkeit der beiden beteiligten Unternehmen.

d) Bei einem Zusammenschluss von zwei Unternehmen bleibt die rechtliche Selbstständigkeit der Unternehmen erhalten und die wirtschaftliche Selbstständigkeit geht verloren.

e) Drei Unternehmen treffen Vereinbarungen hinsichtlich gemeinsamer Absatz- und Beschaffungsmärkte. Die rechtliche und wirtschaftliche Selbstständigkeit bleibt erhalten.

AUFGABE 11

Entscheiden Sie im Folgenden, um welche Art der Gesetzesnorm aus dem UWG es sich jeweils handelt.

1 Rechtsbruch
2 Herabsetzung eines Konkurrenten
3 getarnte Werbung
4 irreführende Werbung
5 vergleichende Werbung
9 keine der genannten Lösungen

a) In einer Samstagabendunterhaltungssendung werden Leckereien eines bekannten Süßwarenherstellers gereicht.

b) Möbel Richter wirbt mit dem Slogan: „Jetzt jeden zweiten Sonntag für Sie geöffnet!“

c) Ein Büromöbelhersteller wirbt mit dem Slogan: „Die Eisenzeit ist vorbei. Setzen Sie auf Holzmöbel aus nachhaltiger Produktion!“

d) Der Büromöbelhersteller Lisst wirbt mit dem Slogan: „Möbel von Gudert = Möbel aus (Dieb-)Stahl!“

e) Ein Möbelhaus wirbt mit dem Slogan: „Die Konkurrenz kann nur billig.“

f) Ein Möbelhaus wirbt mit dem Slogan: „Unsere Preise: 30 % günstiger als die Konkurrenz!“

g) Ein Möbelhaus wirbt mit dem Slogan: „Eine Studie belegt: Unsere Möbel halten doppelt so lange!“

6.4 Tarifrecht

Koalitionsfreiheit

In der Regel besteht in Arbeitsvertragsverhandlungen keine Machtbalance zwischen der einzelnen Arbeitnehmerin bzw. dem einzelnen Arbeitnehmer und dem Arbeitgeber. Um insbesondere Arbeitnehmerinnen und Arbeitnehmer, die sich zumeist in der schwächeren Verhandlungsposition befinden, zu schützen, räumt das Grundgesetz in Artikel 9 den Vertragsparteien das Recht ein, sich zu Koalitionen, also Interessenbündnissen, zusammenzuschließen und somit eine bessere Verhandlungsposition zu erlangen.

Tarifvertragsparteien

Arbeitnehmerinnen und Arbeitnehmer können sich deshalb **Gewerkschaften** anschließen und ihre Interessen vertreten lassen. Arbeitgeber hingegen können sich zu **Arbeitgeberverbänden** zusammenschließen. Besonders große Unternehmen verhandeln teilweise auch direkt mit den Gewerkschaften.

Arbeitgeberverbände		Gewerkschaften
Bundesvereinigung der Deutschen Arbeitgeberverbände (BDA), Mitglieder sind z. B.:		Deutscher Gewerkschaftsbund (DGB), Mitglieder sind z. B.:
Gesamtmetall	⟷	IG Metall
Bundesarbeitgeberverband Chemie e. V.	⟷	IG Bergbau, Chemie, Energie
Hauptverband der Deutschen Bauindustrie e. V.	⟷	IG Bauen-Agrar-Umwelt
Vereinigung der kommunalen Arbeitgeberverbände	⟷	ver.di
Arbeitgeberverband Stahl e. V.	⟷	IG Metall
Mineralölkonzerne	⟷	IG Bergbau, Chemie, Energie

Tarifautonomie

Diesen Tarifvertragsparteien räumt das Tarifvertragsgesetz (TVG) eine Tarifautonomie ein. Damit ist gemeint, dass die Tarifvertragsparteien Vereinbarungen frei von staatlichen Eingriffen über Arbeits- und Wirtschaftsbedingungen, insbesondere Tarifverträge, abschließen und in diesem Zusammenhang auch Arbeitskampfmaßnahmen ergreifen dürfen. Eine Einflussnahme durch den Staat ist also nicht zulässig. Die Gewerkschaften und Arbeitgeberverbände sind nämlich in der Regel schneller und flexibler, als dies unter Beteiligung des Staats möglich wäre. Der Erfolg der Tarifautonomie zeigt sich insbesondere in der im Weltmaßstab vergleichbar geringen Anzahl von Streiks.

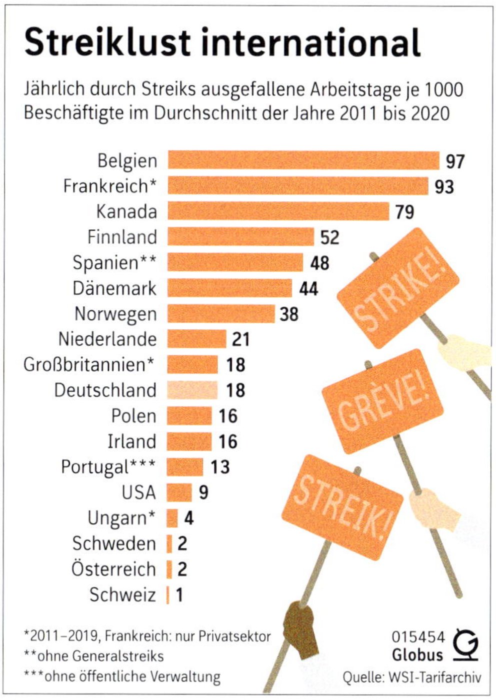

Die Tarifautonomie entspricht dem Prinzip der Subsidiarität. Das bedeutet, dass Problemlösungen so weit wie möglich selbstbestimmt und eigenverantwortlich unternommen werden und nur bei erheblichen Problemen eine höhere Ebene, also z. B. der Staat, eingreifen darf.

BEISPIEL

Dieser Mindestlohn gilt 2021 und 2022 in Deutschland

„MEHR ALS NUR EINE LOHNUNTERGRENZE: WIE DER MINDESTLOHN DEN ARBEITSMARKT VERÄNDERT HAT“

Der gesetzliche Mindestlohn ist seit fast einem Jahrzehnt ein fester Bestandteil der deutschen Arbeitsmarktpolitik. Eingeführt wurde er am 1. Januar 2015, nachdem jahrelang in Politik und Gesellschaft über die Notwendigkeit einer Lohnuntergrenze gestritten worden war. Ziel war es, Beschäftigte vor unangemessen niedriger Bezahlung zu schützen, sogenannte „Armutslohnverhältnisse“ zu bekämpfen und Lohndumping zu verhindern. Insbesondere in Branchen mit geringer Tarifbindung und vielen geringqualifizierten Arbeitnehmerinnen und Arbeitnehmern waren zuvor Stundenlöhne gezahlt worden, die kaum zum Leben reichten. Mit dem Mindestlohngesetz wurde erstmals ein flächendeckender Anspruch auf eine gesetzlich festgelegte Lohnuntergrenze geschaffen – unabhängig von Branche oder Qualifikation.

Der ursprünglich bei 8,50 Euro brutto pro Stunde angesetzte Mindestlohn wurde seither mehrfach angehoben. Bereits 2017 stieg er auf 8,84 Euro, später folgten Erhöhungen auf 9,19 Euro (2019), 9,35 Euro (2020) und schließlich 9,60 beziehungsweise 9,82 Euro im Jahr 2021. Zum 1. Januar 2022 wurde der Satz auf 10,45 Euro erhöht. Besonders viel Aufmerksamkeit erhielt die politische Entscheidung der Ampel-Koalition, den Mindestlohn zum 1. Oktober 2022 per Gesetz auf 12 Euro anzuheben – unabhängig vom üblichen Anpassungsverfahren. Seit dem 1. Januar 2025 beträgt der Mindestlohn 12,82 Euro.

Für die regelmäßige Anpassung des Mindestlohns ist in der Regel die sogenannte Mindestlohnkommission zuständig. Dieses Gremium setzt sich aus Vertreterinnen und Vertretern der Arbeitgeber- und Arbeitnehmerseite sowie einem unabhängigen Vorsitz zusammen. Alle zwei Jahre spricht die Kommission eine Empfehlung zur Anpassung des Mindestlohns aus, wobei sie neben der gesamtwirtschaftlichen Lage auch die Entwicklung der Tariflöhne und der Produktivität berücksichtigt. In der Praxis folgt die Bundesregierung diesen Empfehlungen meist, kann in besonderen Fällen jedoch – wie 2022 geschehen – selbst gesetzgeberisch eingreifen.

Der Mindestlohn ist eng mit dem Tarifsystem in Deutschland verknüpft. Während in vielen tarifgebundenen Branchen Löhne gezahlt werden, die deutlich über der gesetzlichen Untergrenze liegen, dient der Mindestlohn als unterstes Auffangnetz in Bereichen ohne Tarifverträge. Dort ersetzt er gewissermaßen den Schutz durch eine tarifliche Entlohnung. Die Mindestlohnkommission orientiert sich ausdrücklich an der Entwicklung der tariflichen Löhne, was verdeutlicht, dass der gesetzliche Mindestlohn nicht als Ersatz, sondern als Ergänzung zum Tarifvertragssystem gedacht ist. In bestimmten Branchen – etwa in der Pflege oder im Baugewerbe – gelten zudem durch das Arbeitnehmer-Entsendegesetz für allgemeinverbindlich erklärte Tarifverträge. Diese schreiben eigene Mindestlöhne vor, die häufig deutlich über dem gesetzlichen Niveau liegen und auch für nicht tarifgebundene Betriebe verbindlich sind.

Trotz breiter Zustimmung bleibt der Mindestlohn politisch umstritten. Arbeitgeberverbände warnen regelmäßig vor steigenden Lohnkosten und möglichen Risiken für kleinere Betriebe. Auch Ökonomen debattieren darüber, ob hohe Mindestlöhne Beschäftigungseffekte nach sich ziehen könnten – insbesondere im Niedriglohnbereich. Die bislang verfügbaren Studien zeigen allerdings keine flächendeckenden Arbeitsplatzverluste infolge der Mindestlohneinführung.

Unbestritten ist jedoch, dass der Mindestlohn die Lebenssituation vieler Menschen verbessert hat, die zuvor mit sehr niedrigen Löhnen auskommen mussten. Er hat geholfen, das Lohnniveau in schlecht bezahlten Bereichen anzuheben, die Einkommensschere etwas zu schließen und soziale Gerechtigkeit zu fördern. Gleichwohl bleibt die Herausforderung bestehen, das Zusammenspiel zwischen gesetzlichem Mindestlohn und Tarifvertragssystem sinnvoll zu gestalten. Denn nur dort, wo Tarifverträge greifen, können differenzierte, branchenspezifische und leistungsbezogene Lohnstrukturen nachhaltig erhalten bleiben. Der Mindestlohn ist damit nicht nur ein Instrument der Sicherung, sondern auch ein Gradmesser für den Zustand des deutschen Arbeitsmarktes – und für die Frage, wie viel uns faire Arbeit tatsächlich wert ist.

(M. Lehmkuhl)

Mindestlohn

Durch die Einführung des gesetzlichen Mindestlohnes 2015 wurde die Tarifautonomie eingeschränkt. Dabei wurde vereinbart, dass die Höhe des allgemein verbindlichen Mindestlohns in regelmäßigen Abständen von einer Kommission der Tarifpartner überprüft, ggf. angepasst und anschließend allgemein verbindlich erklärt wird.

Seit Anfang 2025 beträgt er 12,82 €. Bei einer Fünftagewoche mit 40 Stunden wären das bei durchschnittlich 21 Tagen pro Monat 2.153,76 € brutto. Viele Arbeitnehmerinnen und Arbeitnehmer erhalten dennoch oftmals weniger, indem beispielsweise Überstunden nicht bezahlt werden.

Expertinnen und Experten sehen einen Mindestlohn, der unter 60 % des mittleren Lohns eines Landes liegt, als armutsgefährdend an. Würde man die 60-Prozent-Grenze berücksichtigen, müsste der Mindestlohn mindestens 13,20 € betragen.

Vom Mindestlohn ausgenommen sind u. a. Jugendliche unter 18 Jahren ohne abgeschlossene Berufsausbildung, Auszubildende im Rahmen der Berufsausbildung, Langzeitarbeitslose während der ersten sechs Monate ihrer Beschäftigung nach Beendigung der Arbeitslosigkeit, Praktikantinnen und Praktikanten, sofern das Praktikum verpflichtend im Rahmen einer schulischen oder hochschulischen Ausbildung stattfindet, sowie ehrenamtlich tätige Personen.

Tarifvertrag

Die Tarifvertragsparteien, also die Arbeitgeberverbände und Gewerkschaften, schließen Tarifverträge ab, die Rechtsnormen enthalten, die den Inhalt, den Abschluss und die Beendigung von Arbeitsverhältnissen sowie betriebliche und betriebsverfassungsrechtliche Fragen regeln und die Rechte und Pflichten der Tarifvertragsparteien festlegen.

Dabei unterscheidet man verschiedene Arten von Tarifverträgen.

Arten von Tarifverträgen	
Unterscheidung nach der Gültigkeit	
Branchen-, Verbands- oder Flächentarifvertrag	Er gilt für ganze Branchen innerhalb eines bestimmten regionalen Bereiches, z. B. für die Metall- und Elektroindustrie in NRW.
Firmen- oder Haustarifvertrag	Er gilt nur für einzelne Unternehmen, z. B. VW oder Lufthansa.
Unterscheidung nach dem Inhalt	
Lohn- und Gehaltstarifvertrag	Er regelt die Höhe des Arbeitsentgelts in den einzelnen Entgeltgruppen, Ausbildungsvergütungen sowie Akkord- und Leistungslohnregelungen. Die Laufzeit dieses Vertrages ist typischerweise relativ kurz (in der Regel etwa ein Jahr).
Manteltarifvertrag	Er regelt alle weitergehenden Arbeitsbedingungen, z. B. Urlaub und Kündigungsfristen. Die Laufzeit von Manteltarifverträgen ist in der Regel entweder sehr lang (in der Regel mehrere Jahre) oder unbegrenzt und es bedarf einer Kündigung, um den Vertrag neu zu verhandeln.

Die verschiedenen Arten der Tarifverträge gelten zwingend für die Mitglieder der Tarifparteien, also für alle Mitgliedsunternehmen des jeweiligen Arbeitgeberverbandes sowie für alle Mitarbeiterinnen und Mitarbeiter, die in diesem Betrieb gewerkschaftlich organisiert sind.

Ein Tarifvertrag endet mit Ablauf der vereinbarten Zeit. Er kann auch von den Parteien des Tarifvertrags aufgehoben oder durch einen neuen Tarifvertrag ersetzt werden. Viele Tarifverträge sehen die Möglichkeit einer befristeten Kündigung vor.

Allgemeinverbindlichkeitserklärung

Neben dem gesetzlichen Mindestlohn gibt es eine weitere Einschränkung der Tarifautonomie. So kann auf Antrag einer Tarifvertragspartei das Bundesministerium für Arbeit und Soziales einen Tarifvertrag für allgemein verbindlich erklären. Dies bedeutet dann, dass die Vereinbarungen des Tarifvertrags für alle nicht tarifgebundenen Arbeitgeber (d. h. auch für die Arbeitgeber, die keinem Arbeitgeberverband angehören) und für alle Beschäftigten des tariflichen Geltungsbereichs gelten. Dies betrifft zurzeit allerdings weniger als 1 % aller registrierten Tarifverträge.

Tarifverhandlungen

Während der Laufzeit eines Tarifvertrags besteht **Friedenspflicht** zwischen den Tarifvertragsparteien. Dies bedeutet, dass während dieser Zeit keine Kampfmaßnahmen durchgeführt werden. Zumeist endet die Friedenspflicht vier Wochen nach Ablauf des Tarifvertrages.

Mit Ablauf eines Tarifvertrags treffen Vertreterinnen und Vertreter des Arbeitgeberverbandes und der Gewerkschaft zusammen, um über einen neuen Tarifvertrag zu verhandeln. Das weitere Vorgehen bei einer solchen Tarifverhandlung wird im folgenden Schaubild verdeutlicht.

Arbeitgeberverband und Gewerkschaft treffen sich zu Tarifverhandlungen

Verhandlungen bleiben ergebnislos.
↓
Unabhängiger Schlichter[1] versucht, einen Kompromiss auszuhandeln.
↓
evtl. Warnstreik[2] durch Gewerkschaft
↓
Schlichtungsverhandlungen werden für gescheitert erklärt.
↓
Gewerkschaft stimmt in Urabstimmung über Streik ab.
↓
bei mindestens 75 % Zustimmung Streik[3]
↓
Arbeitgeber reagieren evtl. mit Aussperrung.[4]
↓
neue Verhandlungen
↓
Urabstimmung über Verhandlungsergebnis

bei mindestens 25 % Zustimmung

Tarifvertragsparteien einigen sich auf neuen Tarifvertrag.
↓
Neuer Tarifvertrag wird geschlossen.

AUFGABE 1

Wenngleich nur Arbeitnehmerinnen und Arbeitnehmer, die auch Mitglied in der Gewerkschaft sind, Anspruch auf die Vereinbarungen im Tarifvertrag (z. B. Gehalt, Urlaub) haben, behandeln die Arbeitgeber in der Regel alle Arbeitnehmerinnen und Arbeitnehmer eines Betriebes unabhängig von deren tatsächlicher Tarifbindung nach den Regeln des Tarifvertrags.

Welchen Zweck verfolgen die Arbeitgeber damit?

1 Ein Schlichter ist ein neutraler Vermittler.
2 Ein Warnstreik ist eine kurze Arbeitsniederlegung, die auch ohne Urabstimmung durchgeführt werden kann, um Druck auf den Arbeitgeberverband auszuüben.
3 Beim Streik dürfen alle Arbeitnehmerinnen und Arbeitnehmer, ob gewerkschaftlich organisiert oder nicht, die Arbeit niederlegen. Das Arbeitsverhältnis ruht dann, sodass auch kein Anspruch auf Arbeitsentgelt besteht. In den Zeiten des Streiks werden die organisierten Arbeitnehmerinnen und Arbeitnehmer aus den Gewerkschaftskassen finanziell unterstützt. Ein Streik, der nicht von einer Gewerkschaft durchgeführt wird, wird auch „wilder Streik“ genannt. Er kann als Kündigungsgrund dienen.
4 Bei der Aussperrung verweigert der Arbeitgeberverband – auch den nicht streikenden – Arbeitnehmerinnen und Arbeitnehmern Zutritt zur Arbeitsstätte sowie das Arbeitsentgelt. In den letzten Jahren wurde in Deutschland keine Aussperrung mehr durchgeführt.

AUFGABE 2

Erläutern Sie, welche Argumente für einen flächendeckenden Mindestlohn sprechen und was für Ausnahmeregelungen vom Mindestlohn spricht. Nehmen Sie dabei auch Bezug zum Artikel **„Mehr als nur eine Lohnuntergrenze: Wie der Mindestlohn den Arbeitsmarkt verändert hat“** (siehe Seite 453 f.).

AUFGABE 3

Führen Sie Gründe an, aus denen das Bundesministerium für Arbeit und Soziales einen Tarifvertrag für allgemein verbindlich erklären kann.

AUFGABE 4

Recherchieren Sie, wie hoch die Beiträge in der für Sie zuständigen Gewerkschaft sind und welche Leistungen die Gewerkschaft bietet.

AUFGABE 5

Erläutern Sie, warum die Arbeitgeberverbände in Deutschland auf das Instrument der Aussperrung weitestgehend verzichten.

AUFGABE 6

Erläutern Sie, warum es für die Gewerkschaften sinnvoll sein kann, Zulieferer zu bestreiken.

WARNSTREIKS BEI ZULIEFERERN LEGEN PRODUKTION IN SAARLOUIS UND LUDWIGSFELDE LAHM

Im Automobilzulieferer-Sektor sorgt der Arbeitskampf weiter für Turbulenzen. Am 1. Februar 2024 rief die IG Metall rund 200 Beschäftigte von Rhenus Automotive im Supplier Park Saarlouis zu einem Warnstreik auf. Hintergrund sind die anhaltenden Verhandlungen um einen Sozialplan im Zusammenhang mit dem geplanten Produktionsende des Ford Focus in Saarlouis. Die Unternehmensleitung hatte bislang Gespräche verweigert – ein Umstand, der die Belegschaft zu dem Arbeitskampf bewegte.

Die Folgen des Warnstreiks blieben nicht auf das Zulieferunternehmen beschränkt: Da Rhenus ein wichtiger Partner für die Fahrzeugmontage ist, fiel laut IG Metall etwa die Hälfte der geplanten Tagesproduktion im angrenzenden Ford-Werk aus. Der Streik ist Teil einer Reihe von Protestaktionen im Saarlouiser Zuliefererpark, die auf die Unsicherheit und Ängste der Beschäftigten angesichts der bevorstehenden Werksschließung reagieren.

Auch am 11. November 2024 kam es bei einem weiteren Zulieferer zu einem bedeutenden Warnstreik. Die Belegschaft von Gestamp in Ludwigsfelde (Brandenburg) legte gemeinsam mit den Mitarbeitenden von Mercedes-Benz und MTU die Arbeit nieder. Anlass war die laufende Tarifrunde der Metall- und Elektroindustrie, bei der die IG Metall eine Entgelterhöhung von 7 Prozent sowie eine Anhebung der Ausbildungsvergütungen um 170 Euro fordert. Mit den Warnstreiks machen die Beschäftigten Druck, um bessere Löhne und Arbeitsbedingungen durchzusetzen.

Die Arbeitskampfmaßnahmen bei den Zulieferern zeigen, wie angespannt die Lage in der Automobilindustrie weiterhin ist. Besonders in Zeiten von Umstrukturierungen und Standortschließungen wächst der Unmut unter den Beschäftigten, die um ihre Zukunft bangen.

(M. Lehmkuhl)

7 Wirtschaftspolitik

Wirtschaftspolitik

Wirtschaftspolitik ist die Gesamtheit aller Bestrebungen, Handlungen und Maßnahmen, die darauf abzielen, den Ablauf des Wirtschaftsgeschehens in einem Gebiet oder Bereich zu ordnen, zu beeinflussen oder unmittelbar festzulegen.

Alle wirtschaftspolitischen Maßnahmen haben das gemeinsame Ziel, der Förderung des Wohlstands zu dienen. Diese Wohlstandssteigerung ist ihrerseits wiederum ein Mittel zur Verwirklichung übergeordneter gesellschaftlicher Ziele wie z. B. Freiheit, Gerechtigkeit und Sicherheit. Aus volkswirtschaftlicher Sicht sind vier bzw. sechs Zielperspektiven zu unterscheiden. Diese werden im „magischen Viereck“ bzw. „magischen Sechseck“ dargestellt.

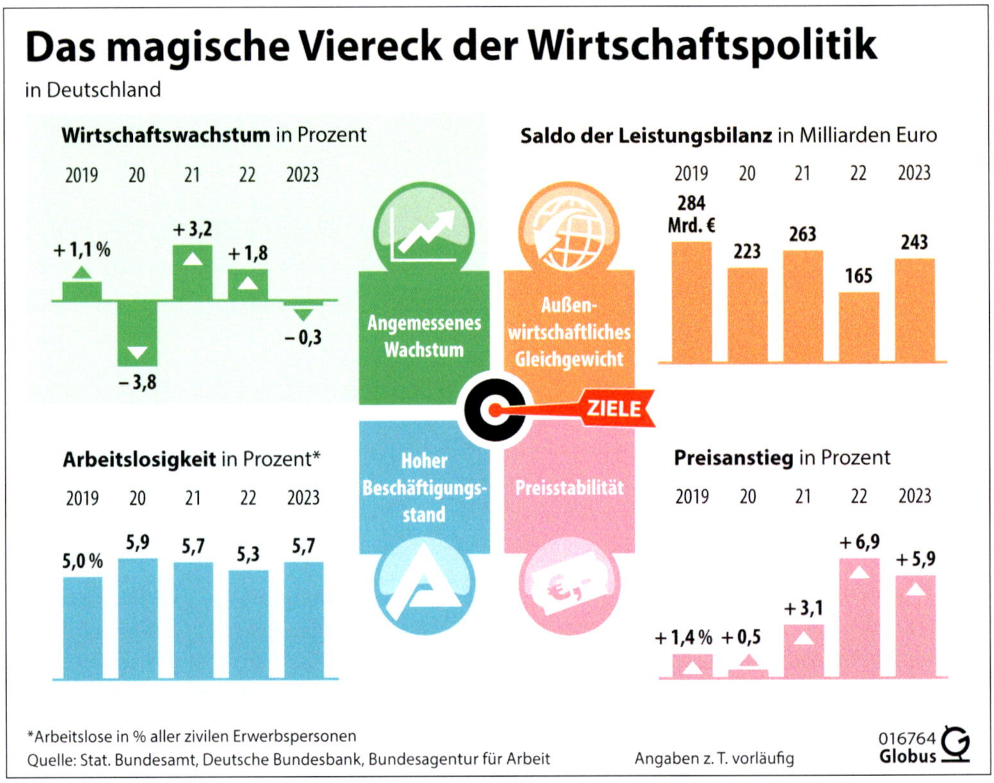

7.1 Wirtschaftspolitische Ziele – das magische Viereck

Wirtschaftliche Fehlentwicklungen gibt es in nahezu allen Wirtschaftsformen, so haben beispielsweise freiere Wirtschaftsformen Probleme mit der Versorgung sozial schwächer gestellter Bevölkerungsschichten, wohingegen in Formen mit zentralen Steuerungsorganen Fehlplanungen zu Versorgungsmängeln führen.

Daraus lässt sich ableiten, dass wirtschaftlicher Wohlstand in einem Land nicht automatisch durch den unkontrollierten Marktmechanismus entsteht. Vielmehr sind dazu häufig auch ergänzende Eingriffe des Staates und anderer Institutionen (z. B. Zentralbank, Tarifpartner) in das Wirtschaftsgeschehen nötig.

BEISPIEL

So wurde beispielsweise im Januar 2010 die Umsatzsteuer für das Hotel- und Gaststättengewerbe gesenkt. Seither müssen Übernachtungen nur noch mit dem verminderten Umsatzsteuersatz von 7 % berechnet werden. Bei anderen Leistungen wie Gastronomie oder dem Verkauf von Dienstleistungen etc. wird hingegen der reguläre Steuersatz von 19 % angewendet.

Im Zuge des Corona-Soforthilfe-Gesetzes wurde jedoch auch hier eine Ausnahme gesetzlich geregelt. Für die Übergangszeit vom 01.07.2020 bis 31.12.2020 wurde der Steuersatz auf 5 % und im Anschluss vom 01.01.2021 bis 30.06.2021 auf dann 7 % gesenkt. Seit dem 01.01.2024 gilt wieder der sonst übliche Steuersatz von 19 %. Ab 2026 soll jedoch wieder der Satz von 7 % für die Gastronomie angewendet werden.

Entsteht hierbei zunächst der Eindruck, solche Maßnahmen hätten keinen Einfluss auf die einzelnen Hotels und Gaststätten, da es sich bei der Umsatzsteuer um einen „durchlaufenden Posten" handelt, war doch zu beobachten, dass der Gesamtbuchungsumfang, aufgrund der gesunkenen Bruttopreise für die Buchenden, als relevant charakterisiert werden muss.

In den Jahren 2020 und 2021 hatten die Übernachtungszahlen pandemiebedingt bei knapp über 300 Millionen und damit um mehr als ein Drittel niedriger als 2023 gelegen. Im Dezember 2023 verbuchten die Betriebe der Branche 9,2 % mehr Gästeübernachtungen als im Dezember 2022. Im Jahr 2023 lag die Anzahl der Gästeübernachtungen in deutschen Beherbergungsbetrieben insgesamt bei 487,2 Millionen.

Stabilitätsgesetz

Mit dem 1967 erlassenen Gesetz zur Förderung der Stabilität und des Wachstums der Wirtschaft vollzog sich ein Wandel von der bis dahin vorherrschenden Ordnungspolitik zu größerer direkter Einflussnahme des Staates auf das Wirtschaftsgeschehen. Das äußerte sich u. a. in einer aktiven staatlichen Konjunkturpolitik (Fiskalpolitik). Im **Stabilitätsgesetz** sind die Ziele der Fiskalpolitik umrissen. Durch

- die Stabilität des Preisniveaus,
- einen hohen Beschäftigungsgrad,
- ein außenwirtschaftliches Gleichgewicht und
- stetiges und angemessenes Wirtschaftswachstum

soll ein gesamtwirtschaftliches Gleichgewicht hergestellt werden.

Um im Weiteren klären zu können, ob die Ziele erreicht werden, muss jedes Ziel konkretisiert werden, indem das Ziel durch die Zuordnung eines Indikators messbar gemacht, die gewünschte Ausprägung des Indikators vorab formuliert und ein Zeitraum festgelegt wird, in dem das Ziel erreicht werden soll.

In den letzten Jahren hat sich die Erreichung dieser Ziele überwiegend positiv entwickelt – obwohl teilweise in Konkurrenz zueinander stehend, ist doch bei der Mehrzahl der vier Ziele eine positive Entwicklung zu sehen.

Was Schwankungen positiver oder negativer Art für die Ziele der Wirtschaftspolitik bedeuten und wie die Zusammenhänge der Ziele im magischen Viereck zueinander sind, soll in diesem Kapitel angesprochen werden.

7.1.1 Angemessenes und stetiges Wirtschaftswachstum

In der volkswirtschaftlichen Gesamtrechnung VGR werden die wirtschaftlichen Leistungen eines Landes für einen bestimmten Zeitraum, im Regelfall vom 1. Januar bis zum 31. Dezember eines Jahres, erfasst. Von Wirtschaftswachstum spricht man, wenn die wirtschaftlichen Leistungen des aktuell betrachteten Zeitraums höher sind als die des gleichen Zeitraums aus einem vorangegangenen Jahr.

Was unter angemessenem Wirtschaftswachstum zu verstehen ist, ist schwer zu definieren. In den 1970er-Jahren galten jährliche Wachstumsraten von 4 % als angemessen. Heute erscheinen schon allein aus beschäftigungspolitischen Gründen mindestens 2,5 % bis 3 % als nötig, aber kaum erreichbar.

Um das Wachstum aus dem **BIP** ermitteln zu können, wird die Veränderung zwischen zwei betrachteten Perioden verglichen, es wird die Änderungsrate berechnet. Diese Rate kann aus unterschiedlichen Vergleichen ermittelt werden. Standardmäßig wird zwischen drei Vergleichsmöglichkeiten unterschieden:

- aktueller Monat zum Vormonat
- aktueller Monat zum selben Monat des Vorjahres
- aktueller Monat zum selben Monat des Basisjahres[1]

Eine weitere wichtige Unterscheidung der berechneten Werte ergibt sich aus der Tatsache, ob das nominale oder reale Wachstum ermittelt werden soll.

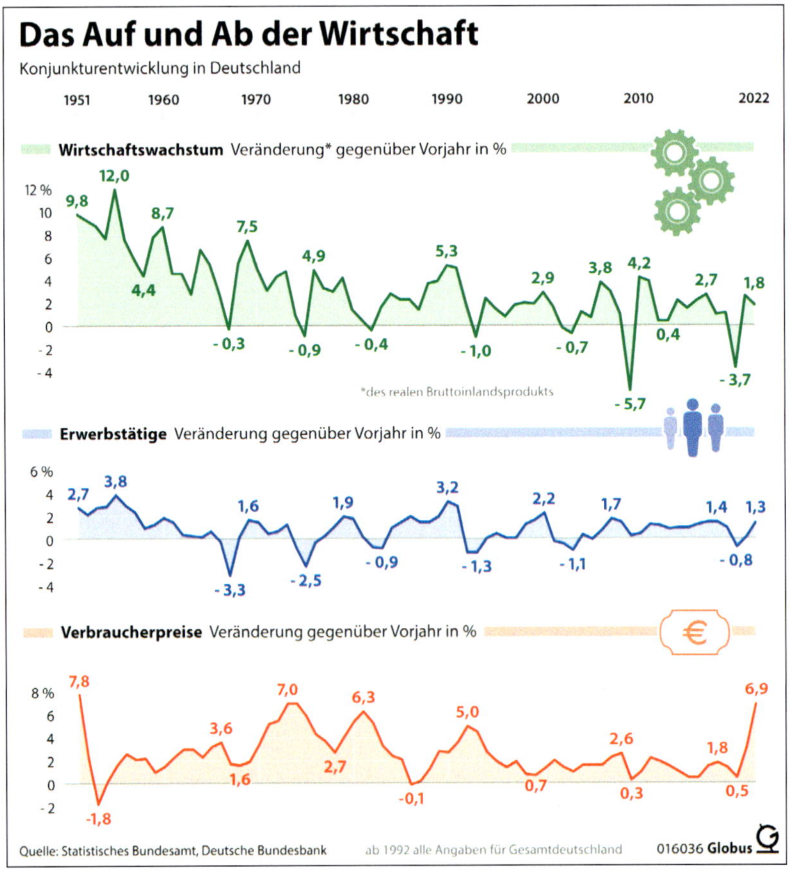

1 Aktuelles Basisjahr ist 2021, vgl. hierzu Statistisches Bundesamt: Erzeugerpreisindex gewerblicher Produkte. In: www.destatis.de/DE/Themen/Wirtschaft/Preise/Erzeugerpreisindex-gewerbliche-Produkte/_inhalt.html?templateQueryString=erzeugerpreisindex (Stand: 22.04.2025).

Vom **nominalen Wachstum** wird gesprochen, wenn das BIP zu Marktpreisen der jeweiligen Periode als Basis der Berechnung dient. Die Aussagekraft dieses Ergebnisses ist jedoch dadurch stark gemindert, dass die Preisveränderungen für die Ergebnisse eine entscheidende Rolle spielen.

Wenn dieser Fehler vermieden werden soll, wird das **reale Wachstum** als Kennziffer verwendet. Hierbei wird die Veränderung des realen BIP anhand der Preise des Basisjahres bestimmt.

Konjunkturzyklen

Stetiges und angemessenes Wirtschaftswachstum ist ein Ziel, das auch in der Vergangenheit bisher so nicht erreicht wurde. Die Leistung der Wirtschaft – gemessen als reales BIP – unterliegt Schwankungen. Phasen steigenden Wohlstands werden regelmäßig abgelöst durch kleinere oder größere Wirtschaftskrisen. Solche kurzfristig (d. h. innerhalb von ein paar Jahren) zu beobachtenden Verläufe nennt man **Konjunktur** oder **Konjunkturzyklen**.

Obwohl in der Realität keine strenge Abfolge der konjunkturellen Schwankungen feststellbar ist, wird in der Konjunkturtheorie häufig von einem idealtypischen Konjunkturzyklus ausgegangen, der aus folgenden vier Konjunkturphasen besteht:

Boom (Hochkonjunktur)

In der Boomphase läuft die Produktion auf Hochtouren, die Kapazitäten sind weitestgehend ausgelastet. Auch die Arbeitskräfte sind fast alle beschäftigt. Die Löhne steigen. Die Nachfrage ist hoch, die Lager leer und deshalb steigen die Preise. Die Zinsen sind hoch, um die Investitionsfreudigkeit nicht noch mehr anzuheizen.

Rezession (Abschwung)

Zunehmende Verunsicherung bei den Konsumentinnen und Konsumenten führt bei noch immer hohen Preisen zu Nachfragerückgängen. Das veranlasst die Unternehmen, weniger zu investieren. Die Umsätze sinken, die Zinsen werden gesenkt, um Investitionsanreize zu setzen. Die Beschäftigung sinkt, Kurzarbeit und Entlassungen stehen an, es gibt keine oder nur geringe Lohnerhöhungen.

Depression (Tiefstand)

Die Nachfrage ist sehr stark gesunken. Kurzarbeit reicht nicht mehr aus, um den Beschäftigungsrückgang aufzufangen, es kommt zum Abbau von Arbeitsplätzen. Die Nachfrage ist auf niedrigem Niveau, Zinsen, Preise und Löhne auch. Vermehrt kommt es zu Insolvenzen von Unternehmen.

Expansion (Aufschwung)

Die vorhandenen Kapazitäten werden zunehmend besser ausgelastet. Investitionen steigen und in der Folge auch die Zinsen. Die Stimmung bei den Konsumentinnen und Konsumenten bessert sich und allmählich auch die Nachfrage. Das bringt höhere Beschäftigung und die Einstellung neuer Arbeitskräfte mit sich. Optimismus breitet sich aus. Preise und Löhne steigen wieder.

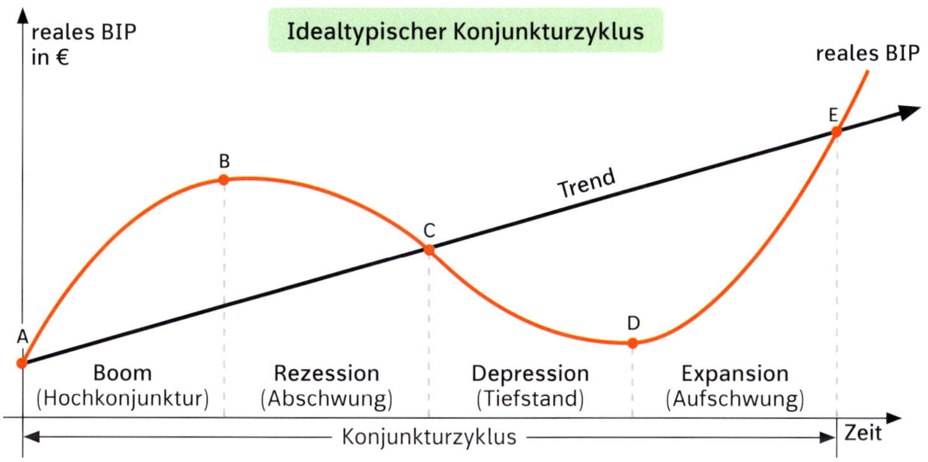

Die Konjunkturforschung sowie Wirtschaftspolitikerinnen und Wirtschaftspolitiker sind daran interessiert, die jeweils aktuelle Phase des Konjunkturverlaufs zu bestimmen, um Vorhersagen über eine zu erwartende Entwicklung machen zu können. Solche Prognosen werden auf der Grundlage eines Systems verschiedener Konjunkturindikatoren vorgenommen. Man unterscheidet drei Gruppen:

- Auf Grundlage der Ausprägung von **Frühindikatoren** kann eine Prognose über die konjunkturelle Entwicklung gemacht werden. Zu den Frühindikatoren gehören beispielsweise die Auftragseingänge in der Industrie, die Konsumbereitschaft, der Geschäftsklimaindex, die Lagerhaltung der Unternehmen, die Umsätze im Einzelhandel, die Zinsstruktur und die Veränderungen der Geldmenge.
- **Präsens-/Gegenwartsindikatoren** reagieren ohne zeitliche Verzögerungen auf Konjunkturänderungen. Zu ihnen gehören z. B. das BIP, die Kapazitätsauslastung und die Nachfrage nach Krediten.
- **Spätindikatoren** folgen konjunkturellen Veränderungen mit einer gewissen zeitlichen Verzögerung. So ändert sich die Arbeitslosenquote nicht sofort bei einem konjunkturellen Abschwung, die ersten Arbeitsverhältnisse werden erst nach einigen Wochen oder Monaten gelöst. Weitere Spätindikatoren sind die Zahl der offenen Stellen, die Löhne und die Insolvenzzahl.

In den 1920er-Jahren hat der russische Wissenschaftler Kondratjew gezeigt, dass die wirtschaftliche Entwicklung Westeuropas und der USA nicht nur durch kurze und mittlere Konjunkturschwankungen geprägt ist. Er wies lange Phasen von Wachstum und Rezession nach. Diese langen Wellen der Weltkonjunktur werden als „Kondratjew-Zyklen" bezeichnet. Sie haben eine Dauer von 45 bis 60 Jahren und werden durch Basisinnovationen (siehe Abbildung) ausgelöst. Diese lösen grundlegende Änderungen in der Organisation der Arbeit und in der gesellschaftlichen Ordnung aus, was wiederum einen immensen Aufschwung und Wohlstandsschub ermöglicht.

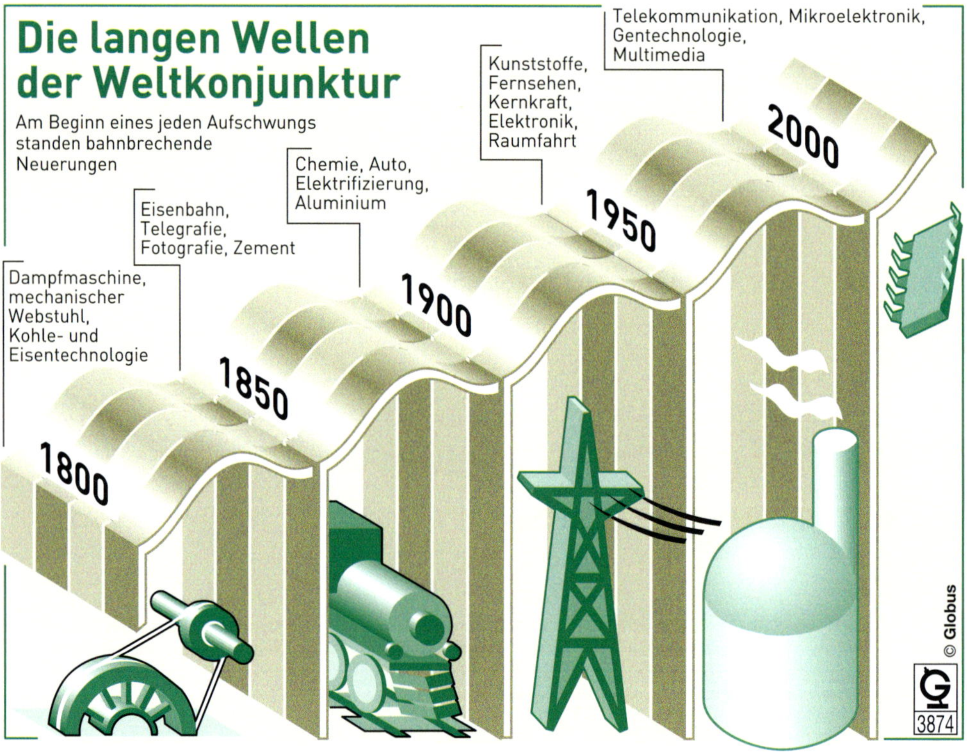

Hoher Beschäftigungsstand

7.1.2

Ein hoher Beschäftigungsstand ist aus verschiedenen Gründen erstrebenswert: Eine hohe Arbeitslosenzahl verursacht hohe Kosten für die Gesellschaft durch Transferzahlung an Arbeitslose und den Ausfall an Steuereinnahmen. Außerdem werden durch einen hohen Beschäftigungsstand psychische und persönliche Nachteile aufgrund von Arbeitslosigkeit vermieden.

Zur Beurteilung des Beschäftigungsstandes kann beispielsweise die Zahl der Arbeitslosen oder die sich hieraus ergebende Arbeitslosenquote herangezogen werden. Zur Ermittlung dieser Quote wird die Zahl der bei der Bundesagentur für Arbeit gemeldeten Arbeitslosen zur Zahl der Erwerbspersonen in Beziehung gesetzt.

$$\textbf{Arbeitslosenquote} = \frac{\text{Zahl der Arbeitslosen} \cdot 100}{\text{Zahl der abhängigen Erwerbspersonen}}$$

Arbeitslos sind nach dem Sozialgesetzbuch Personen, die vorübergehend nicht in einem Beschäftigungsverhältnis stehen, das 15 Wochenstunden und mehr umfasst, eine versicherungspflichtige Beschäftigung von mindestens 15 Wochenstunden suchen und dabei den Vermittlungsbemühungen der Agenturen für Arbeit bzw. dem Träger der Grundsicherung zur Verfügung stehen und sich dort persönlich arbeitsuchend gemeldet haben.

Inländerkonzept

Erwerbspersonen[1] sind Personen mit Wohnsitz im Bundesgebiet, die eine unmittelbar oder mittelbar auf Erwerb gerichtete Tätigkeit ausüben oder suchen (Selbstständige, mithelfende Familienangehörige, abhängig Beschäftigte), unabhängig von der Bedeutung des Ertrages dieser Tätigkeit für ihren Lebensunterhalt und ohne Rücksicht auf die tatsächlich geleistete oder vertragsmäßig zu leistende Arbeitszeit.

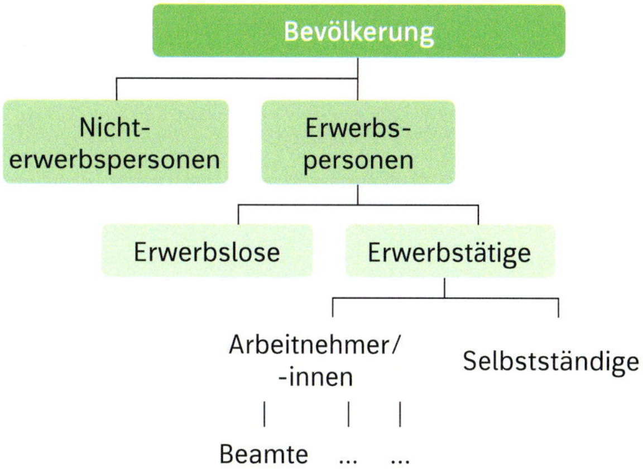

In der amtlichen Statistik sind Personen enthalten, die nur arbeitslos gemeldet sind, weil sie Anspruch auf Leistungen haben, aber keine Arbeit suchen. Andererseits sind Personen, die Arbeit suchen, aber nicht arbeitslos gemeldet sind, weil sie ohnehin keine Leistungen erhalten, nicht erfasst.

Diese Zahlen sind deswegen für internationale Vergleiche nicht geeignet. Deshalb erhebt das Statistische Bundesamt mithilfe einer Befragung im Mikrozensus 810000 Personen. Anhand dieser repräsentativen Mitbürgerinnen und Mitbürger wird die Erwerbslosenquote nach der Definition der ILO[2] errechnet. Als erwerbslos gilt im Sinne der durch die EU konkretisierten ILO-Abgrenzung jede Person im Alter von 15 bis 74 Jahren, die nicht erwerbstätig ist, aber in den letzten vier Wochen vor der Befragung aktiv nach einer Tätigkeit gesucht hat. (Dabei gilt jede Person als erwerbstätig, die innerhalb einer Woche mindestens eine Stunde gearbeitet hat.) Auf den zeitlichen Umfang der gesuchten Tätigkeit kommt es nicht an. Eine neue Arbeit muss innerhalb von zwei Wochen aufgenommen werden können. Die Einschaltung der Agentur für Arbeit oder eines kommunalen Trägers in die Suchbemühungen ist nicht erforderlich. Personen im erwerbsfähigen Alter, die weder erwerbstätig noch erwerbslos sind, gelten als Nichterwerbspersonen.

1 Die Zahl der Erwerbspersonen sowie andere Bezugsgrößen für die Ermittlung der Arbeitslosenquote werden üblicherweise einmal jährlich aktualisiert. Dies geschieht regional gegliedert und findet standardmäßig in den Berichtsmonaten April oder Mai statt.
2 ILO: International Labour Organization ist eine Sonderorganisation der Vereinten Nationen und hat ihren Sitz in Genf.

Erwerbslosenquote

Merkmale	Februar 2025[3]	Vormonat		Vorjahresmonat	
		Januar 2025[3]	Veränderung	Februar 2024[3]	Veränderung
Originalwerte	Anteile in%		%	Anteile in%	%
Erwerbslosenquote[4]	3,6	3,7	−0,6	3,6	1,9
Erwerbstätigenquote[5]	67,8	69,7	−2,7	67,6	0,3
Bereinigte Ergebnisse[6]	Anteile in%		in Prozentpunkten	Anteile in%	in Prozentpunkten
Erwerbslosenquote[4]	3,5	3,5	0,0	3,3	0,2
Männer	3.7	3.7	0,0	3,5	0,2
Frauen	3,2	3,2	0,0	3,0	0,2
Personen unter 25 Jahren	6,3	6,4	−0,1	6,4	−0,1
Personen 25 bis 74 Jahren	3,2	3,1	0,0	2,9	0,2
Erwerbstätigenquote[5]	68,3	68,3	0,0	67,8	0,5

1: Personen in Privathaushalten im Alter von 15 bis 74 Jahren.
2: Aufgrund der Darstellung der Ergebnisse in gerundeter Form kann es zu Rundungsdifferenzen kommen.
3: Ergebnisse auf Basis Arbeitskräfteerhebung, vorläufig.
4: Anteil der Erwerbslosen an den Erwerbspersonen (Erwerbstätige und Erwerbslose) im Alter von 15 bis 74 Jahren.
5: Anteil der Erwerbstätigen an allen Personen im Alter von 15 bis 74 Jahren.
6: Trend-Konjunktur-Komponente (Verfahren X13-ARIMA unter JDemetra+, Berechnung: Eurostat).

Quelle: Statistisches Bundesamt: Erwerbslose und Erwerbstätige, Stand: 28. März 2025. In: www.destatis.de/DE/Themen/Arbeit/Arbeitsmarkt/Erwerbslosigkeit/Tabellen/erwerbslose.html#129240 [22.04.2025].

Damit sind in der ILO-Statistik Personen nicht enthalten, die arbeitslos sind, Leistungen beziehen und innerhalb der erlaubten Grenzen trotzdem arbeiten; gleichzeitig sind Personen enthalten, die nicht arbeitslos gemeldet sind, weil sie keinen Anspruch auf Leistungen haben. Die ILO-Erwerbslosenquote ist regelmäßig niedriger als die offizielle Arbeitslosenquote der Agentur für Arbeit. So lag sie im Februar 2025 bei 3,6 %, während die Arbeitslosenquote zur selben Zeit 6,4 % betrug.

Arten und Ursachen der Arbeitslosigkeit

Arbeitslosigkeit kann verschiedene Ursachen haben und dementsprechend auch von kürzerer oder längerer Dauer sein. Man unterscheidet nach den Ursachen die folgenden verschiedenen Arten von Arbeitslosigkeit:

- Friktionelle Arbeitslosigkeit liegt vor, wenn zwischen der Aufgabe der alten und der Aufnahme der neuen Tätigkeit eine kurze arbeitslose Phase liegt.
- Saisonale Arbeitslosigkeit entsteht durch wetterbedingte Schwankungen des Arbeitsbedarfs in bestimmten Branchen, z. B. im Tourismus oder im Baugewerbe.
- Konjunkturelle Arbeitslosigkeit entsteht durch einen Konjunkturabschwung, in dem Unternehmen aufgrund rückläufiger Absatzzahlen Arbeitsplätze abbauen, z. B. in der Luftfahrtbranche aufgrund der Corona-Pandemie 2020.
- Strukturelle Arbeitslosigkeit wird durch die Aufgabe oder Umgestaltung bestimmter Wirtschaftszweige herbeigeführt. Beispiel ist der Steinkohlebergbau im Ruhrgebiet. Zu der strukturellen Arbeitslosigkeit zählt neben der regionalen Arbeitslosigkeit, die sich auf ganz bestimmte Regionen eines Landes bezieht (vorrangig in strukturschwachen Regionen Ostdeutschlands, im Ruhrgebiet oder im ländlichen Raum Norddeutschlands) auch die sektorale Arbeitslosigkeit, von der bestimmte Wirtschaftssektoren, z. B. die Steinkohlebranche, betroffen sind.

- Wachstumsdefizitäre Formen der Arbeitslosigkeit sind z. B. die stagnative Arbeitslosigkeit aufgrund zu geringen Wirtschaftswachstums, die technologische Arbeitslosigkeit aufgrund von Rationalisierung und Automatisierung sowie die demografische Arbeitslosigkeit bei zunehmender Anzahl Arbeitsuchender.
- Institutionelle Arbeitslosigkeit resultiert aus der Änderung von gesetzlichen Vorgaben. Lockert der Gesetzgeber die rechtlichen Vorschriften zum Kündigungsschutz, führt dies unter Umständen zu Entlassungen. Die Erhöhung des Mindestlohnes erhöht evtl. die Lohnkosten eines Unternehmens, und so setzt es möglicherweise Personal frei.

Arbeitslosigkeit wird auch nach ihrer Dauer eingeteilt in kurz-, mittel- und langfristig. Die kurzfristigen Formen der Arbeitslosigkeit sind erfahrungsgemäß eher unproblematisch für die Betroffenen. Dazu gehören die friktionelle und die saisonale Arbeitslosigkeit. Eine mittelfristigere Form der Arbeitslosigkeit resultiert aus der konjunkturellen Situation einer Region, Branche oder Volkswirtschaft. Zu den langfristigen Varianten der Arbeitslosigkeit gehören die strukturellen und wachstumsdefizitären Formen ebenso wie die institutionelle Arbeitslosigkeit.

Folgen der Arbeitslosigkeit

Bei der Betrachtung der Auswirkungen von Arbeitslosigkeit lassen sich zwei unterschiedliche Perspektiven einnehmen: die individuelle Sicht der Betroffenen und die kollektive einer Region oder Volkswirtschaft.

Für die einzelne Person ist Arbeitslosigkeit zunächst einmal mit finanziellen Einbußen verbunden. Für einen gewissen Zeitraum, der vom Alter und davon abhängt, wie lange in den vergangenen fünf Jahren Beiträge zur Arbeitslosenversicherung bezahlt wurden, wird Arbeitslosengeld (ALG) gezahlt. Die Zahlungsdauer liegt zurzeit zwischen drei und 24 Monaten, die Höhe des Leistungssatzes beträgt 67 % bzw. 60 % des pauschalierten Nettoentgeltes, das auch als Leistungsentgelt bezeichnet wird. Ein erhöhter Leistungssatz von 67 % wird gewährt, wenn die bezugsberechtigte Person und ihr nicht dauernd getrennt lebender Ehegatte oder Lebenspartner, der ebenfalls unbeschränkt einkommensteuerpflichtig ist, ein Kind haben. Ist dieBezugsdauer zwischen drei und 24 Monaten für Arbeitslosengeld abgelaufen, erhält die oder der Betroffene eine Grundsicherung für Arbeitsuchende (vormals Bürgergeld).

Häufig sind mit den finanziellen Auswirkungen der Arbeitslosigkeit auch weitergehende Folgen für die betroffene Person verbunden. In der Regel betreffen sie das soziale Umfeld der oder des Arbeitslosen. Neben dem Kontaktverlust zu den bisherigen Kolleginnen und Kollegen ist auch der gesellschaftliche Kontakt, häufig auch aufgrund verminderter finanzieller Mittel, betroffen. Die Verwirklichung der persönlichen Ziele der arbeitslosen Person wird durch mangelnde finanzielle Möglichkeiten zum Teil eingeschränkt.

In einer Region oder Volkswirtschaft fällt durch Arbeitslosigkeit Wertschöpfung weg. Auch der Verlust von Kaufkraft, vor allem bei struktureller Arbeitslosigkeit, kann zu einer Kettenreaktion führen, die dann auch andere Branchen erfassen kann. Die Zulieferer der Automobilindustrie trifft ein stagnierender Absatz der Automobilkonzerne nahezu gleichermaßen wie die Konzerne selbst; kompensieren können viele kleine und mittelständische Unternehmen Auftragsrückgänge nicht ohne Weiteres.

Der Bedarf an finanzieller Unterstützung schlägt negativ zu Buche. Die fehlenden Sozialversicherungsbeiträge müssen vom Staat und den verbliebenen Beschäftigten aufgebracht werden.

Arbeitsmarktpolitik

Was tut der Staat, um das Geschehen am Arbeitsmarkt im Sinne der beiden Zielvorstellungen hoher Beschäftigungsstand und angemessene Beschäftigung zu beeinflussen? Die Regelungen zur Arbeitsförderung sind im Sozialgesetzbuch III (SGB III) verankert. Die Bundesagentur für Arbeit setzt die Arbeitsmarktpolitik der Bundesregierung durch verschiedene Maßnahmen um:

- Beraten und Vermitteln: Offene Stellen werden von den jeweiligen Arbeitgebern der zuständigen Filiale der Arbeitsagentur gemeldet und im bundesweiten Intranet der Agentur zur Verfügung gestellt. Neben dem Vermittlungsauftrag gehört vor allem auch die Beratung von Arbeitsuchenden und von Arbeitgebern zu den Aufgaben der Arbeitsagentur, aber auch zu denen privater Agenturen.
- Qualifizierung: Die Bundesagentur fördert die Weiterbildung und Qualifizierung. Dies geschieht beispielsweise durch Umschulungen außerbetrieblich.
- Wiedereingliederung: Der Staat fördert durch Zuschüsse an den Arbeitgeber die Einstellung von Arbeitslosen, meist Langzeitarbeitslosen.
- Arbeitsplatzerhaltung: In diesem Tätigkeitsfeld versucht die Agentur für Arbeit, in saisonal geprägten Berufsbildern Anreize zu schaffen, die Arbeitnehmerinnen und Arbeitnehmer im Beschäftigungsverhältnis zu halten. Zum Beispiel wird in der Bauindustrie in den auftragsschwächeren Monaten Saison-Kurzarbeitergeld gezahlt.

Aber auch indirekte Möglichkeiten des Eingriffs in den Arbeitsmarkt sind denkbar. So kann der Staat beispielsweise über Subventionen für die Schaffung neuer Arbeitsplätze oder deren Kürzung Einfluss auf die Verfügbarkeit von Arbeitsplätzen nehmen. Die Subventionierung des Steinkohlebergbaus in den 1980er-Jahren über den sogenannten „Kohlepfennig" ist ein Beispiel dafür. Hier sollte erreicht werden, dass die Stromerzeuger die teurere deutsche Kohle anstatt billigerer Importkohle verwenden, um so die Arbeitsplätze im deutschen Bergbau zu sichern.

Neue Regelungen zur Arbeitszeit, arbeits- und sozialrechtliche Vorschriften, die Einführung eines Niedriglohnsektors u. Ä. dienen der Flexibilisierung des Arbeitsmarktes. Sie sollen für die Arbeitgeber Anreiz sein, neue Arbeitsplätze zu schaffen.

Neben der Politik können vor allem auch die Tarifparteien durch entsprechende Vereinbarungen neue Arbeitsplätze schaffen bzw. bestehende erhalten. Lohnverzicht oder unentgeltliche Mehrarbeit waren in der Vergangenheit häufig die Gegenleistung für eine Arbeitsplatzgarantie der Arbeitgeberseite. Im sogenannten „Bündnis für Arbeit" verabredeten die Bundesregierung sowie die Spitzenvertreter der Arbeitgeberverbände und der Gewerkschaften nach dem Regierungswechsel 1998 Maßnahmen zur Erhöhung der Beschäftigung, die auch eine Flexibilisierung des Arbeitsmarktes zum Inhalt hatten.

Stabilität des Preisniveaus

7.1.3

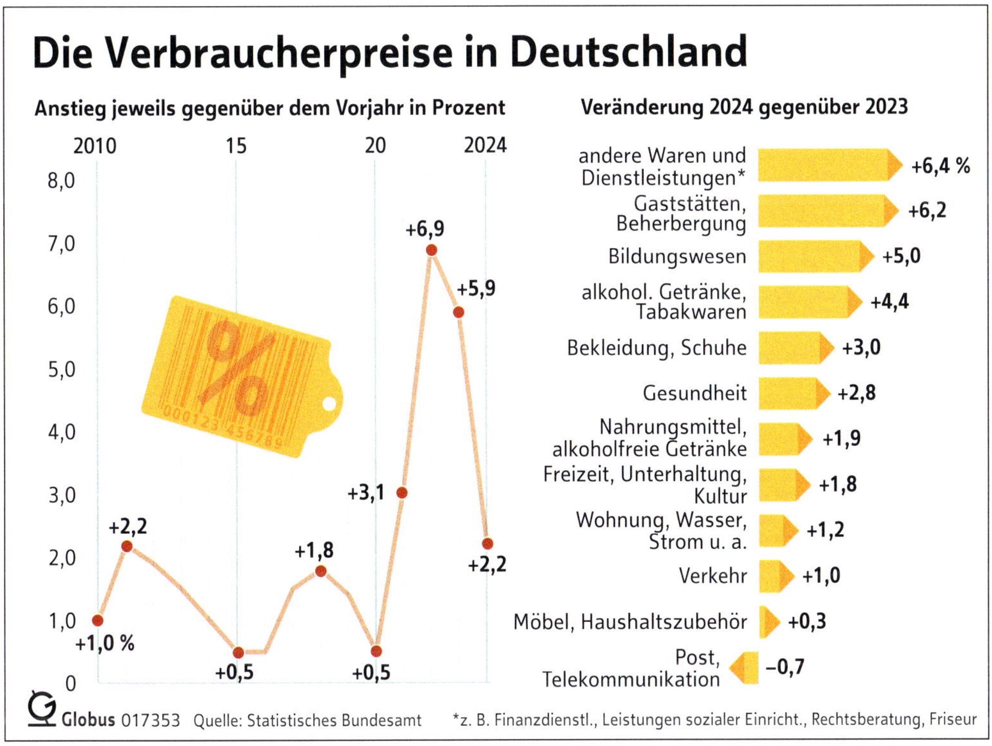

Ein stabiles Preisniveau ist erstrebenswert, da Preissteigerungen einer Geldentwertung gleichzusetzen sind. Benachteiligte Gruppen bei einer Inflation sind z. B.:

- Arbeitnehmerinnen und Arbeitnehmer, da sie mit dem ihnen zur Verfügung stehenden Einkommen (= Nominaleinkommen) weniger erwerben können (= Realeinkommen),
- Bezieherinnen und Bezieher von Transfereinkommen, da staatliche Transferleistungen nicht oder nur verspätet angepasst werden,
- Sparerinnen und Sparer, da der reale Rückzahlungswert ihrer Ersparnisse sinkt, und
- Steuerzahlerinnen und Steuerzahler, da ein höheres Einkommen, das zur Deckung der höheren Kosten dient, mit einem höheren Steuersatz belegt wird.

Messbarkeit eines Preisniveaus

Aufgrund der Vielzahl von Waren und Dienstleistungen, die in Deutschland angeboten werden, ist es unmöglich, die Preise aller Güter für die Ermittlung des Preisniveaus zu berücksichtigen. Das Statistische Bundesamt ermittelt daher Preisveränderungen für bestimmte Gütergruppen mithilfe von Preisindizes.

Die wirtschaftspolitisch wichtigste Kennzahl zur Messung der durchschnittlichen Preisveränderungen ist der **Verbraucherpreisindex**. Bei der Ermittlung dieses Index, der auch Warenkorb genannt wird, werden die Güter einbezogen, die ein Durchschnittshaushalt üblicherweise nachfragt.

Betrachten wir den Warenkorb und seine Funktion näher: Er repräsentiert die Verbrauchsgewohnheiten der privaten Haushalte und enthält derzeit etwa 700 Güter und Dienstleistungen, die zwölf Hauptgruppen zugeteilt sind. Die zwölf Gruppen werden entsprechend dem Verbrauchsverhalten gewichtet. Insbesondere die Gewichtung der einzelnen Warengruppen hat entscheidenden Einfluss auf den Preisindex und wird daher in gewissen Abständen (alle fünf Jahre) geprüft und ggf. angepasst. Die letzte Neuausrichtung erfolgte mit dem Basisjahr 2020.

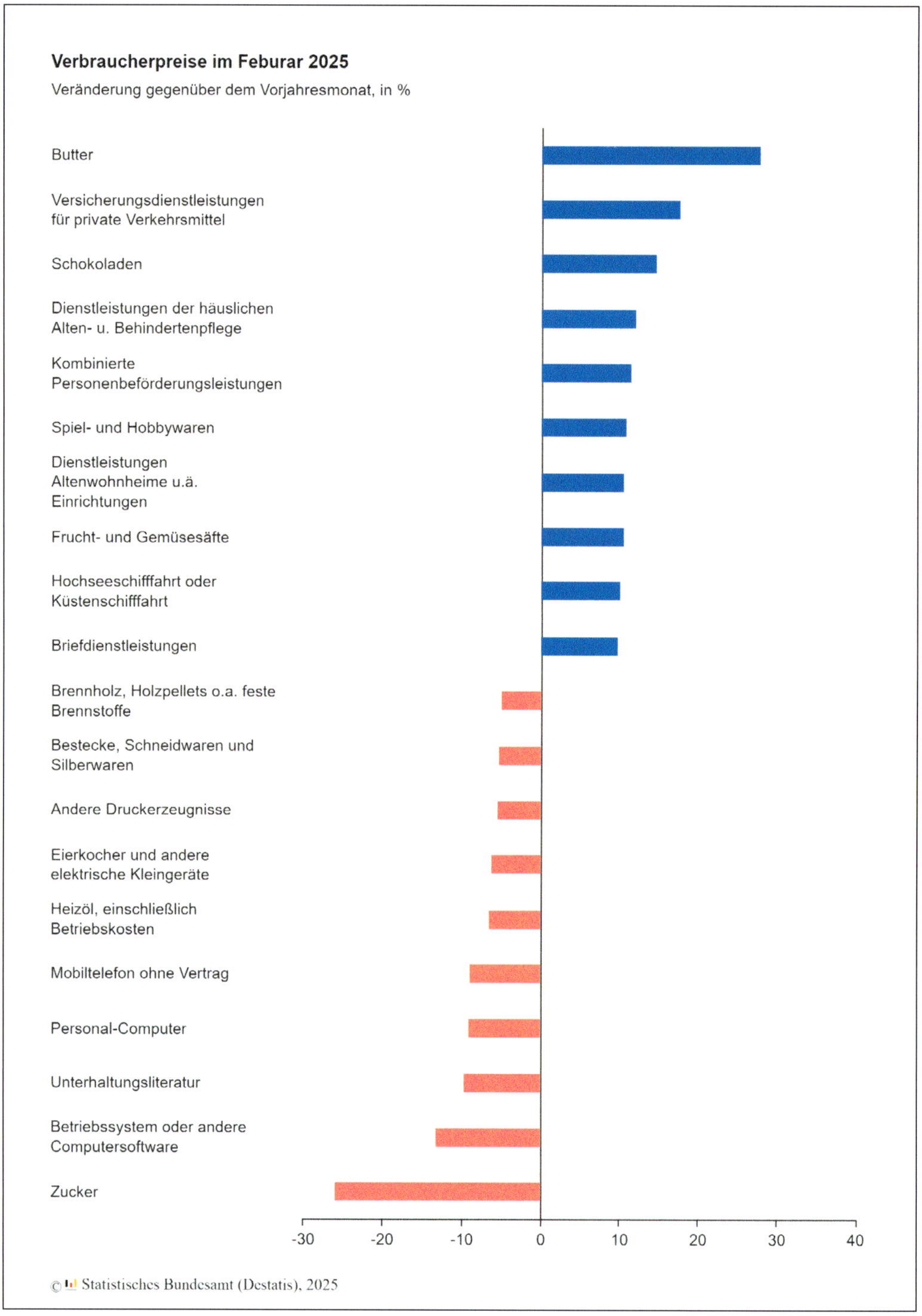

Für jede Güterart – also z. B. für Speisesalz, Kinokarten oder für Benzin – wird die Preisentwicklung berechnet. Der gesamte Verbraucherpreisindex ist dann ein gewichteter Mittelwert aus der Preisentwicklung aller betrachteten Güterarten.

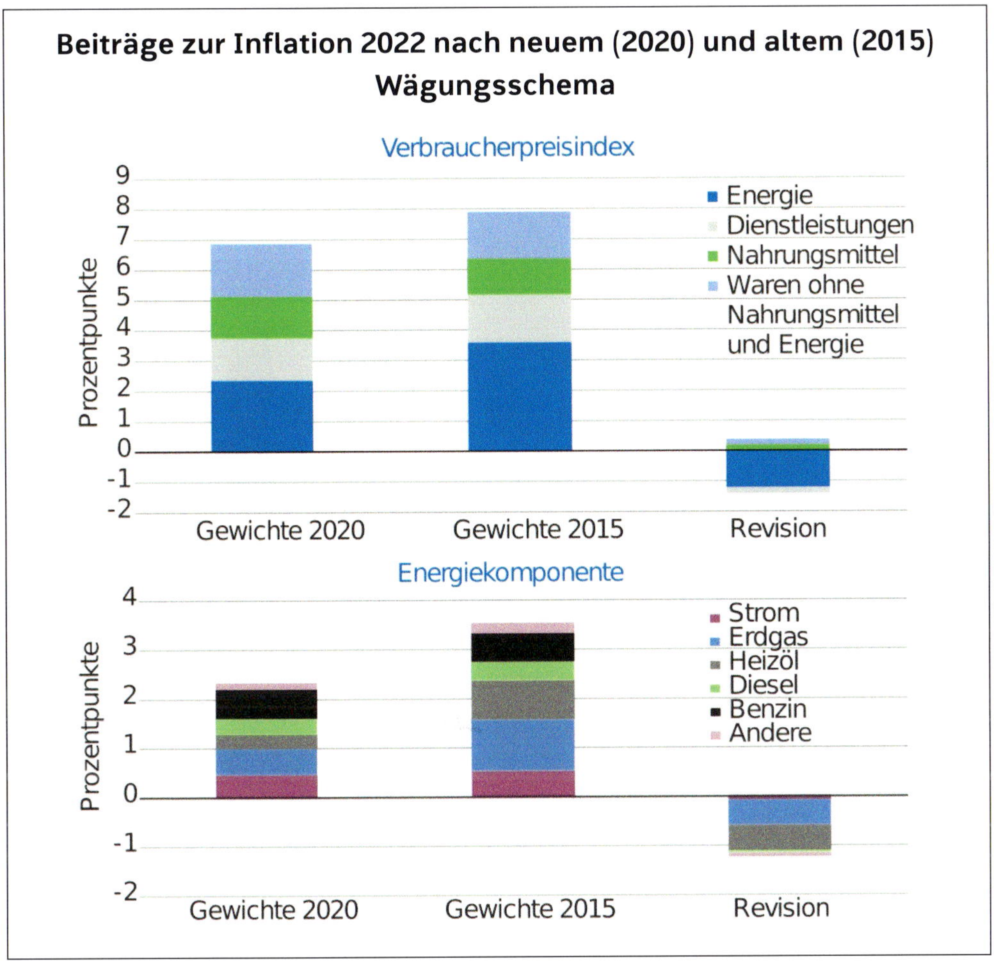

Die Teuerungsrate oder auch **Inflationsrate** hängt daher nicht nur davon ab, wie sich die einzelnen Preise verändern. Viel wichtiger als die Auswahl der einzelnen Preisrepräsentanten, also die Festlegung des Warenkorbs, ist die Bestimmung der Gewichtung, mit der die Preisentwicklung einzelner Preisrepräsentanten in die Gesamtindizes eingeht.

Damit misst der Verbraucherpreisindex auf der Grundlage des Warenkorbs nicht die Preisniveaustabilität im eigentlichen Sinne, sondern er misst die Kaufkraft des Geldes – auf der Basis der festgelegten 700 Güter des Warenkorbs in der dort festgelegten Mengenrelation.

Um auf europäischer Ebene zwischenstaatliche Vergleiche anstellen zu können, berechnet das Statistische Bundesamt zusätzlich zum Verbraucherpreisindex für Deutschland (VPI) seit 1997 auch einen Harmonisierten Verbraucherpreisindex (HVPI) für Deutschland. Der **HVPI** wird zur Inflationsmessung in internationalen, meist innereuropäischen Vergleichen herangezogen.

Daneben werden weitere Preisindizes erhoben, z. B. der Index der Einzelhandelspreise, der Index der Erzeugerpreise oder der Index zu den Importpreisen. Die Abbildung zeigt die Entwicklung der Verbraucherpreise im Vergleich zum Vorjahresmonat.

Verfügbares Einkommen der privaten Haushalte und Verbraucherpreisindex in Deutschland
Veränderung gegenüber dem Vorjahr in %

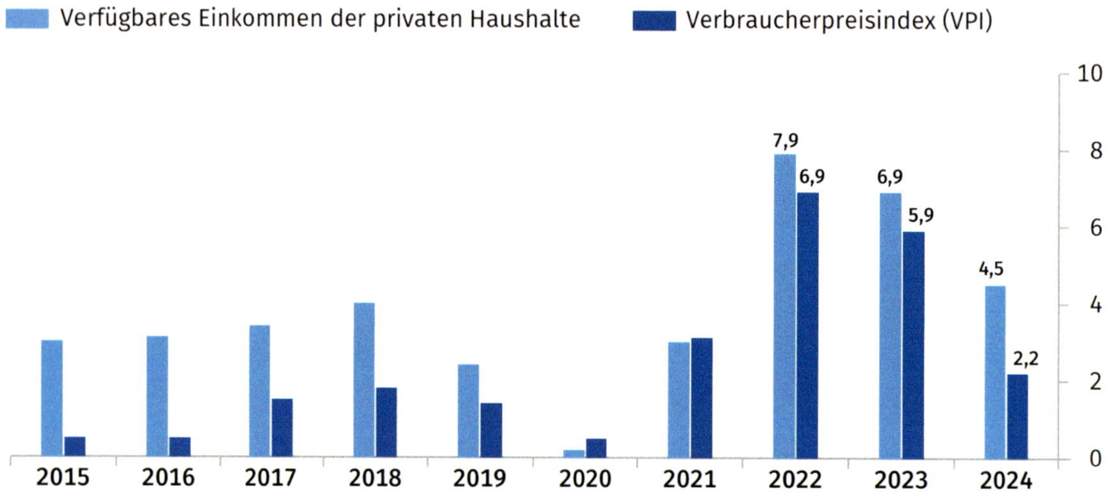

© Statistisches Bundesamt (Destatis), 2025

Indizes der Erzeugerpreise (2021 = 100)
Veränderung gegenüber dem Vorjahresmonat, in %

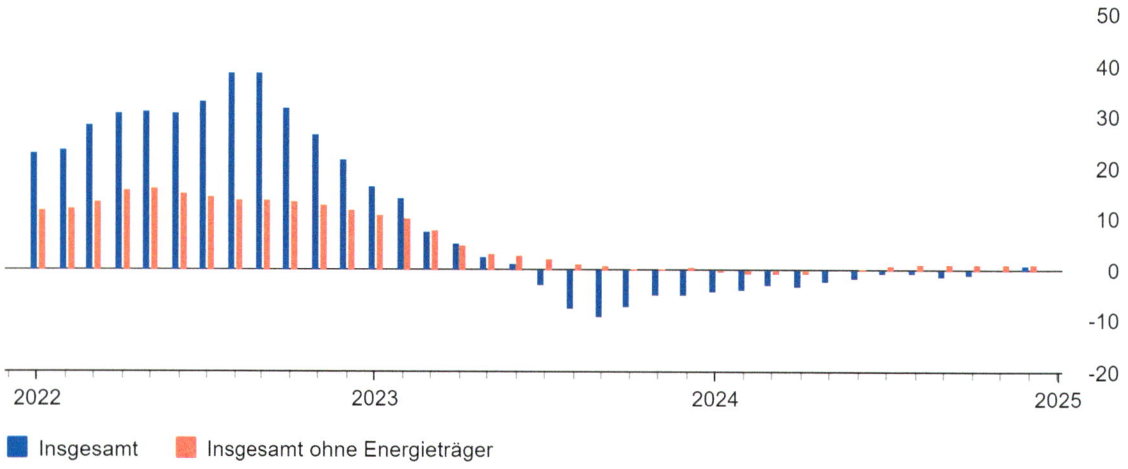

© Statistisches Bundesamt (Destatis), 2025

Der ebenfalls abgebildete Index der Erzeugerpreise[1] misst die Preisentwicklung für die in Deutschland erzeugten und im Inland verkauften Produkte.

1 Erzeugerpreise gewerblicher Produkte; die Erzeugerpreise landwirtschaftlicher Produkte werden separat erfasst.

Index der Erzeugerpreise gewerblicher Produkte (Inlandsabsatz)

Jahr/Monat		2021 = 100	Veränderung in % gegenüber	
			Vorjahresmonat	Vormonat
2022	JD	129,8	29,8	...
2023	JD	130,1	0,2	...
2024	JD	127,7	−1,8	...
2023	Dezember	127,3	−5,1	−0,8
2024	Januar	127,6	−4,4	0,2
	Februar	127,1	−4,1	−0,4
	März	127,3	−2,9	0,2
	April	127,5	−3,3	0,2
	Mai	127,5	−2,2	0,0
	Juni	127,7	−1,6	0,2
	Juli	127,9	−0,8	0,2
	August	128,2	−0,8	0,2
	September	127,5	−1,4	−0,5
	Oktober	127,7	−1,1	0,2
	November	128,4	0,1	0,5
	Dezember	128,3	0,8	−0,1
	davon:			
	Vorleistungsgüter	116,0	0,1	−0,1
	Investitionsgüter	116,2	1,8	0,0
	Gebrauchsgüter	118,3	1,0	0,1
	Verbrauchsgüter	127,6	2,6	0,2
	Energie	155,5	−0,2	−0,4

Quelle: Statistisches Bundesamt: Erzeugerpreise Dezember 2024: +0,8 % gegenüber Dezember 2023, Pressemitteilung Nr. 025 vom 20. Januar 2025. In: www.destatis.de/DE/Presse/Pressemitteilungen/2025/01/PD25_025_61241.html [10.03.2025].

Inflation

Mit Inflation bezeichnet man eine wirtschaftliche Situation, in der die in einer Volkswirtschaft vorhandene Geldmenge das Angebot an Waren und Dienstleistungen übersteigt. Das führt zu steigenden Preisen und damit sinkt die Kaufkraft des Geldes.

Unterschieden werden:

- Nachfrageinflation entsteht, wenn die Haushalte mehr Güter nachfragen, als sie mit dem ihnen zur Verfügung stehenden Geld beziehen können, und diese Nachfrage z. B. durch Kreditaufnahme finanzieren.
- Angebotsinflation entsteht, wenn die Preise erhöht werden, z. B. weil die Produktionskosten gestiegen sind oder weil die Gewinne erhöht werden sollen.
- Importierte Inflation: Ausländische inflationäre Entwicklungen werden ins Inland übertragen, z. B. durch steigende Öl- und Gaspreise verursacht.

Eine Inflation verläuft nicht immer gleich. Man unterscheidet je nach Geschwindigkeit ihrer Entstehung:

- schleichende Inflation (Preissteigerung unter 10 % pro Jahr)
- trabende Inflation (10 % bis 50 % pro Jahr)
- galoppierende Inflation (über 50 % pro Jahr)

Als Folge der Inflation sinkt die Kaufkraft der Einkommen. Nominal bleiben die Einkünfte zwar gleich, aber wegen gestiegener Preise kann sich ein Haushalt für das gleiche Einkommen weniger kaufen bzw. leisten: Die Realeinkommen sinken. Auch der Realwert der Sparguthaben sinkt, d. h., das Geldvermögen verliert an Wert. Da auch die Schulden an Wert verlieren, gehören Schuldner zu den „Gewinnern" der Inflation.

Die Inflationsrate wird üblicherweise als Prozentsatz ausgedrückt und gibt die Preissteigerungsrate bezogen auf den gleichen Monat des Vorjahres oder den gleichen Monat des Basisjahres an. Eine Inflationsrate von unter 2 % wird heutzutage als nicht problematisch angesehen bzw. toleriert. Normalerweise tritt eine Inflation in Verbindung mit wirtschaftlichem Wachstum auf.

Stagflation

Steigen die Preise in Stillstands- oder Rezessionsphasen, so spricht man von Stagflation. Der Begriff als solcher ist eine Wortschöpfung, die sich aus den Begriffen „Stagnation" und „Inflation" zusammensetzt.

Bislang gibt es bei Stagflation noch keine brauchbaren Mittel zu ihrer Bekämpfung. Zum einen muss die Inflationstendenz beschränkt werden, was üblicherweise durch eine Verknappung der Geldmenge versucht wird, zum anderen würden dadurch die nötigen Mittel für erforderliche Investitionen fehlen, die ein Wirtschaftswachstum auslösen könnten.

Deflation

Sinkt das Preisniveau der Waren, wird dies als Deflation bezeichnet. Die Waren werden in dieser volkswirtschaftlichen Situation zwischen zwei betrachteten Zeitpunkten günstiger. Dies erscheint vielen von uns zunächst vorteilhaft, ist jedoch eine rein subjektive und nur kurzfristige Ansicht. Vergegenwärtigt man sich die weitere Entwicklung einer solchen Situation, werden die mittel- und langfristigen Auswirkungen der Deflation schnell klar: Wenn die Preise der Güter in großem Umfang sinken, führt dies unweigerlich zu sinkenden Umsätzen der produzierenden Unternehmen und daher auch zumeist zu sinkenden Unternehmensgewinnen. Dies wird von den Unternehmen zunächst dadurch kompensiert, die Preise für Güter weiter zu senken, um den Absatz zu verbessern. Ein solches Vorgehen kann jedoch nicht auf unbestimmte Zeit erfolgreich fortgesetzt werden. Wie Sie bereits aus der Betriebswirtschaft wissen, existiert eine absolute Preisuntergrenze, die zumindest nicht langfristig unterschritten werden kann. An dieser Stelle bleibt den Unternehmen nur, die Kosten zu senken. Dies wird üblicherweise durch Lohnkürzungen oder Stellenabbau versucht.

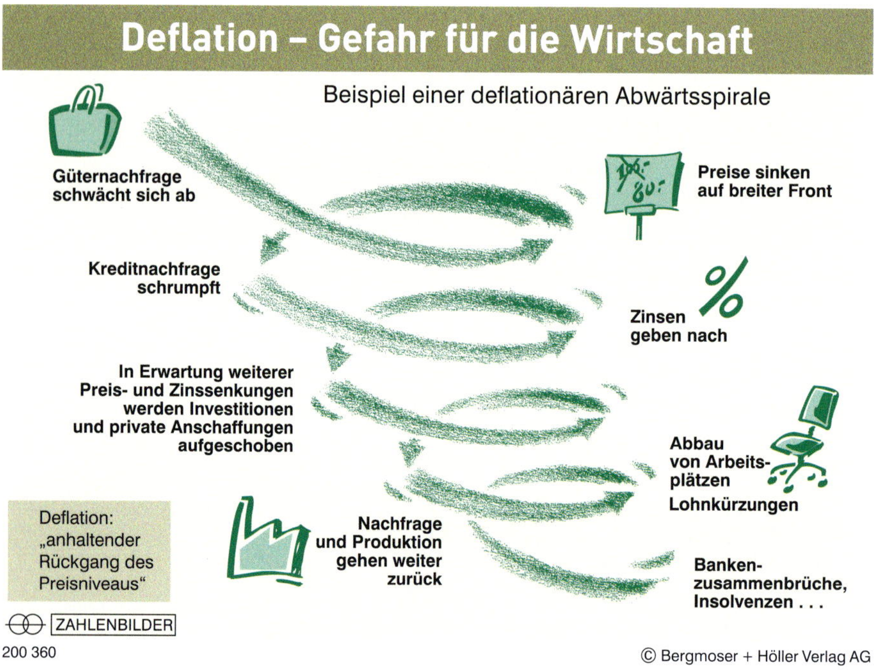

Volkswirtschaftlich betrachtet beginnt hier eine spiralförmige Abwärtsbewegung, denn die Arbeitnehmerinnen und Arbeitnehmer verfügen nun in ihrem Haushalt ebenfalls nicht mehr über genügend oder gar keine finanziellen Mittel, um den Konsum aufrechtzuerhalten oder gar zu steigern. Die Umsätze gehen weiter zurück, was zu weiteren Entlassungen führen kann. Die Volkswirtschaft gerät in einen permanenten Abwärtssog.

Auch bei der Deflation kann analog zur Inflation ein Nachfragerückgang oder ein Angebotsüberhang die Ursache sein. Die Auswirkungen auf die Vermögen sind genau umgekehrt wie bei der Inflation: Die Geldvermögen gewinnen, die Sachvermögen verlieren an Wert.

Außenwirtschaftliches Gleichgewicht 7.1.4

Die Nachteile, die durch ein starkes außenwirtschaftliches Ungleichgewicht entstehen können, sind für das Individuum weniger greifbar, da sie sich selten direkt auf die Lebensumstände (z. B. durch Verlust des Arbeitsplatzes) auswirken. Ein dauerhafter Importüberschuss bedeutet jedoch eine steigende Verschuldung bei ausländischen Unternehmen und Staaten. Bei der späteren Rückzahlung fließen Gelder aus den laufenden Nationaleinkommen ins Ausland. Diese Gelder werden demnach nicht zur Nachfrage nach inländischen Produkten aufgewendet, eine Verringerung der Kaufkraft kann die Folge sein.

komparativer Kostenvorteil

Die Voraussetzungen für das Wirtschaften und die Produktion von Gütern und Dienstleistungen sind auf der Welt nicht überall gleich. Die Güterversorgung einer Volkswirtschaft ist besonders effektiv, wenn die Volkswirtschaft den Schwerpunkt ihrer Tätigkeit dorthin legt, wo sie besonders produktiv ist. Eine Volkswirtschaft wie die der Bundesrepublik Deutschland kann aufgrund bestimmter Standortvorteile technische Produkte (z. B. durch die fachliche Qualifikation der Beschäftigten) zum Teil effizienter produzieren als andere Volkswirtschaften. Durch internationalen Handel lassen sich diese Produkte dann absetzen und Produkte aus anderen Volkswirtschaften können erworben werden, die wiederum dort kostengünstiger hergestellt werden. Der Erwerb der Güter erfolgt kostengünstiger als die Herstellung der Güter.

Das Modell des sogenannten komparativen Kostenvorteils wurde von David Ricardo (1772–1823) entwickelt. In seinem Modell, in dem zwei Länder zwei Güterarten herstellen (England und Portugal produzieren Textilien und Wein), zeigte er, dass die Gesamtproduktion erhöht werden kann, wenn jedes Land sich auf die Herstellung des Gutes spezialisiert, das es schneller und damit kostengünstiger herstellen kann als das andere Land.

David Ricardo

Im Beispiel von Ricardo würde Portugal eine bestimmte Menge Textilien in 90 Tagen herstellen, die Produktion einer bestimmten Menge Rotweins würde hingegen 80 Tage dauern. Demgegenüber würde England die gleiche Menge Textilien in 100 Tagen und die gleiche Menge Wein in 120 Tagen produzieren können.

Kostenübersicht in Arbeitstagen	England		Portugal		Gesamtkosten
	Textilien	Wein	Textilien	Wein	
Kosten ohne internationale Arbeitsteilung	100	120	90	80	390
Kosten mit internationaler Arbeitsteilung	200	0	0	160	360
Veränderung	+100	–120	–90	+80	
Anzahl benötigter Arbeitstage		–20		–10	–30

Bei internationaler Arbeitsteilung spezialisiert sich jedes der beiden Länder auf das Gut, das es effizienter herstellen kann: England verdoppelt die Produktion von Textilien, stellt aber die Produktion von Wein ein. Portugal erzeugt doppelt so viel Wein, stoppt aber die Textilproduktion. Die Gesamtmenge hat sich nicht geändert, es werden jedoch 30 Arbeitstage eingespart. Diese Zeit kann wiederum zur Produktion anderer Güter genutzt werden. Die beiden Länder treten in Handel miteinander, tauschen die Güter aus. Es kommt in beiden Ländern zu einer Steigerung des Wohlstands.

Zahlungsbilanz und ihre Bestandteile

Eine Antwort auf die Frage, inwieweit sich die internationale Arbeitsteilung bis heute weiterentwickelt hat, gibt uns die Zahlungsbilanz eines Landes. Wie im betrieblichen Rechnungswesen wird in einer Volkswirtschaft die doppelte Buchführung angewandt, nach der auch die Zahlungsbilanz auf beiden Seiten stets ausgeglichen sein muss. Die Zahlungsbilanz erfasst alle Transaktionen eines Landes mit dem Ausland. Wie aus der folgenden Abbildung hervorgeht, besteht die Zahlungsbilanz einer Volkswirtschaft aus mehreren Teilbilanzen. Die Hauptbestandteile sind die Leistungsbilanz und die Kapitalbilanz.

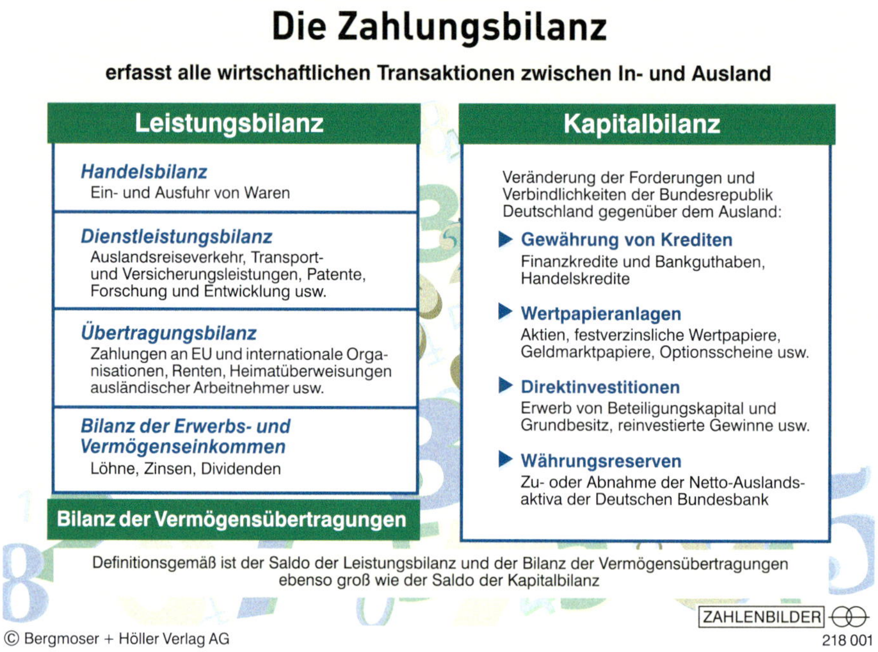

Die (Außen-)Handelsbilanz beinhaltet eine Gegenüberstellung von Warenimporten und -exporten eines Landes.

Ein Saldo auf der Haben-Seite wird auch Handelsbilanzüberschuss genannt. Der Wert der von einem Land exportierten Waren ist größer als der Wert der importierten Waren. Im Jahr 2024 ergab sich für Deutschland ein Handelsbilanzüberschuss von 239,1 Mrd. €.

Den größten Beitrag zu den globalen Ausfuhren leistet mittlerweile China, gefolgt von den klassischen Industrienationen USA und Deutschland. Gemessen an den Exporten je Einwohner stehen jedoch kleine Länder ganz oben auf der Weltrangliste.

Ein Saldo auf der „Soll"-Seite der Handelsbilanz würde dagegen zeigen, dass ein Land mehr Waren importiert als exportiert. Die USA z. B. hatten im Jahr 2011 mit 675 Mrd. USD das höchste Defizit ihrer Geschichte aufzuweisen. Ob die aktuelle Zollpolitik der USA anhält und sich daraus eine wesentliche Veränderung der aktuellen Handelsdefizite ergibt, bleibt abzuwarten.

Deutschland: Entwicklung des Außenhandels

Export, Import und Exportüberschuss in absoluten Zahlen, 1998 bis 2023

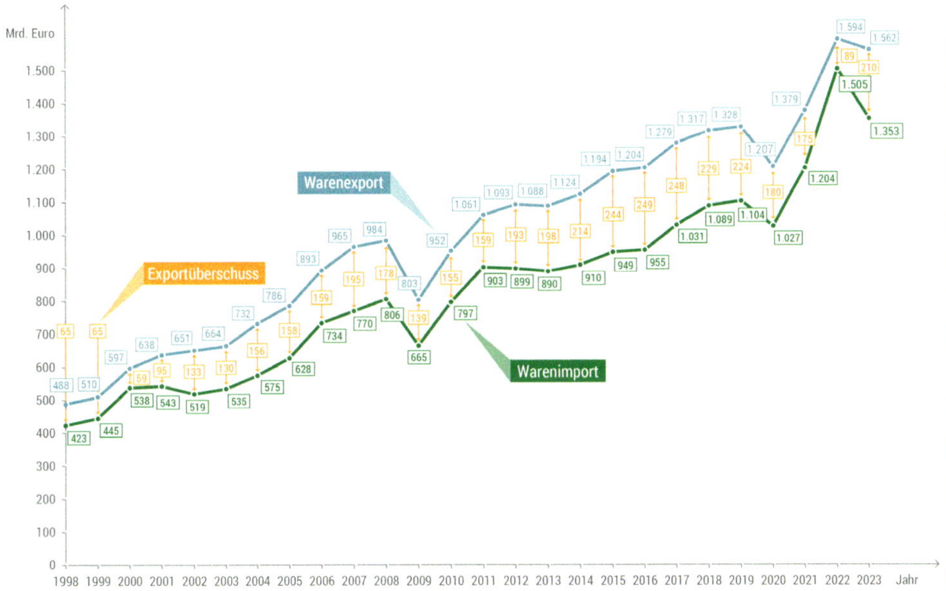

Quelle: Bundeszentrale für politische Bildung: Deutschland: Außenhandel. 28.03.2024. In: www.bpb.de/kurz-knapp/zahlen-und-fakten/globalisierung/52842/deutschland-aussenhandel [10.03.2025].

In der Dienstleistungsbilanz werden alle zwischen den Ländern ausgetauschten Leistungen erfasst, die nicht dem Warenverkehr zuzuordnen sind. Dazu zählen z. B. Dienst- und Urlaubsreisen ins Ausland. Der Saldo der deutschen Dienstleistungsbilanz ist in der Regel negativ, da deutlich mehr Deutsche ins Ausland reisen als Ausländerinnen und Ausländer nach Deutschland.

In der Übertragungsbilanz werden Leistungen an das und vom Ausland registriert, die ohne eine Gegenleistung erfolgen; z. B. Entwicklungshilfe, Überweisungen ausländischer Arbeitnehmerinnen und Arbeitnehmer in ihre Heimatländer, Renten- und Pensionszahlungen an Berechtigte, die im Ausland leben, und Beiträge an und Leistungen von internationalen Organisationen (z. B. EU).

Die Bilanz der Erwerbs- und Vermögenseinkommen erfasst die Faktoreinkommen, die Inländerinnen und Inländer im Ausland und Ausländerinnen und Ausländer im Inland erzielen. Zu den Faktoreinkommen zählen Kapitalerträge (Zinsen, Dividenden) und Einkommen aus unselbstständiger Arbeit.

Die Leistungsbilanz umfasst die vier oben genannten Bilanzen. Deutschland wies 2024 einen Leistungsbilanzüberschuss von 224 Mrd. € aus. Auskunft über die Verwendung dieses Überschusses gibt die weiter unten erläuterte Kapitalbilanz.

In der Bilanz der Vermögensübertragungen werden die unentgeltlichen Leistungen erfasst, die einmaliger Natur sind und die den Vermögensstatus der beteiligten Länder verändern. Beispiele für Vermögensübertragungen sind Schuldenerlasse, Erbschaften, Schenkungen und Vermögensmitnahmen, aber auch Investitionszuschüsse, die von internationalen Organisationen gezahlt werden.

Wichtige Posten der Zahlungsbilanz in Mrd. Euro

Position	2023	2024	2024	
	Jan/Sep	p) Jan/Sep	Aug	p) Sep
I. Leistungsbilanz	+ 171,9	+ 197,9	+ 17,1	+ 22,6
1. Warenhandel	+ 168,9	+ 203,0	+ 18,5	+ 19,6
Einnahmen	1 057,8	1 056,2	107,4	116,4
Ausgaben	888,9	853,2	88,9	96,8
nachrichtlich: Außenhandel [1]	+ 164,3	+ 197,2	+ 19,1	+ 18,5
Einnahmen	1 199,9	1 189,0	122,0	130,1
Ausgaben	1 035,6	991,8	103,0	111,6
2. Dienstleistungen	– 51,7	– 61,0	– 10,7	– 7,4
Einnahmen	297,8	305,1	33,7	35,1
Ausgaben	349,5	366,1	44,5	42,4
3. Primäreinkommen	+ 99,4	+ 98,5	+ 14,3	+ 14,3
Einnahmen	291,8	333,8	38,0	37,9
Ausgaben	192,3	235,3	23,7	23,6
4. Sekundäreinkommen	– 44,8	– 42,6	– 5,0	– 4,0
II. Vermögensänderungsbilanz	– 21,9	– 13,2	+ 0,7	– 2,1
III. Kapitalbilanz (Zunahme: +)	+ 157,1	+ 172,2	+ 8,1	+ 31,0
1. Direktinvestitionen	+ 38,9	+ 33,8	– 4,9	+ 17,2
Inländische Anlagen im Ausland	+ 40,8	+ 89,0	– 10,6	+ 33,4
Ausländische Anlagen im Inland	+ 1,9	+ 55,2	– 5,7	+ 16,2
2. Wertpapiere	– 17,5	+ 17,2	– 6,8	+ 7,7
Inländische Anlagen in Wertpapieren ausländischer Emittenten	+ 130,8	+ 175,0	+ 19,0	+ 27,3
Aktien [2]	– 5,9	+ 9,9	+ 0,4	+ 3,0
Investmentfondsanteile [3]	+ 21,0	+ 69,2	+ 9,8	+ 6,2
Kurzfristige Schuldverschreibungen [4]	+ 6,3	+ 9,0	– 1,4	+ 0,8
Langfristige Schuldverschreibungen [5]	+ 109,4	+ 86,9	+ 10,2	+ 17,3
Ausländische Anlagen im Inland	+ 148,4	+ 157,8	+ 25,8	+ 19,6
Aktien [2]	– 12,9	– 3,7	+ 0,3	+ 1,9
Investmentfondsanteile	– 1,8	+ 0,6	+ 0,6	– 1,1
Kurzfristige Schuldverschreibungen [4]	+ 10,1	– 26,8	+ 7,1	+ 9,4
Langfristige Schuldverschreibungen [5]	+ 153,0	+ 187,7	+ 17,9	+ 9,5
3. Finanzderivate [6]	+ 40,3	+ 35,1	+ 7,9	+ 4,6
4. Übriger Kapitalverkehr [7]	+ 94,9	+ 85,9	+ 12,5	+ 0,7
Monetäre Finanzinstitute [8]	+ 24,3	+ 37,3	+ 16,4	– 5,1
darunter kurzfristig	+ 52,7	+ 36,9	+ 14,1	+ 2,9
Unternehmen und Privatpersonen [9]	+ 90,2	– 20,9	– 11,0	+ 10,0
darunter kurzfristig	+ 101,9	– 13,3	– 10,4	+ 8,3
Staat	+ 1,2	– 5,7	– 1,1	+ 0,2
darunter kurzfristig	– 4,1	– 4,4	– 0,7	+ 0,4
Bundesbank	– 20,8	+ 75,2	+ 8,3	– 4,4
5. Währungsreserven	+ 0,5	+ 0,2	– 0,6	+ 0,9
IV. Statistisch nicht aufgliederbare Transaktionen [10]	+ 7,2	– 12,4	– 9,7	+ 10,5

1 Spezialhandel nach der amtlichen Außenhandelsstatistik (Quelle: Statistisches Bundesamt). **2** Einschl. Genussscheine. **3** Einschl. reinvestierter Erträge. **4** Kurzfristig: ursprüngliche Laufzeit bis zu einem Jahr. **5** Langfristig: ursprüngliche Laufzeit von mehr als einem Jahr oder keine Laufzeitbegrenzung. **6** Saldo der Transaktionen aus Optionen und Finanztermingeschäften sowie Mitarbeiteraktienoptionen. **7** Enthält insbesondere Finanz- und Handelskredite sowie Bargeld und Einlagen. **8** Ohne Bundesbank. **9** Enthält finanzielle Kapitalgesellschaften (ohne die Monetären Finanzinstitute) sowie nichtfinanzielle Kapitalgesellschaften, private Haushalte und private Organisationen ohne Erwerbszweck. **10** Statistischer Restposten, der die Differenz zwischen dem Saldo der Kapitalbilanz und den Salden der Leistungs- sowie der Vermögensänderungsbilanz abbildet. r Berichtigte Zahl. p Vorläufige Zahl. . Zahlenwert unbekannt, geheim zu halten oder nicht sinnvoll. Differenzen in den Summen durch Runden der Zahlen.

Quelle: Deutsche Bundesbank: Pressenotiz. Wichtige Posten der Zahlungsbilanz, veröffentlicht am 12.11.2024. In: www.bundesbank.de/resource/blob/943842/b2227b33ca43260768fb84220694f933/472B63F073F071307366337C94F8C870/2024-11-12-zahlungsbilanz-anlage-data.pdf [11.03.2025].

Die Kapitalbilanz erfasst alle grenzüberschreitenden Kapitalbewegungen. Sie wird von der Deutschen Bundesbank wegen der sehr unterschiedlichen Transaktionen in weitere Teilbilanzen unterteilt. Neben der Bilanz der Direktinvestitionen gibt es Teilbilanzen für Wertpapieranlagen, Finanzderivate und den Kreditverkehr. Um die Interpretation der Kapitalbilanz zu vereinfachen, werden hier nur noch die Salden der Unterbilanzen angeführt.

Der Saldo der statistisch nicht aufgegliederten Restposten umfasst ungeklärte Beträge, die durch statistische Ermittlungsfehler zustande kommen, auch durch Schätzungen der Positionen, die statistisch nicht erfasst werden (können).

Weitere wirtschaftspolitische Zielsetzungen – das magische Sechseck 7.1.5

Nicht nur das Stabilitätsgesetz gibt die Ziele der Wirtschaftspolitik vor. Das Grundgesetz formuliert seit dem 26.07.2002 den Schutz der Umwelt als weiteres Ziel:

§§

Artikel 20a GG

Der Staat schützt auch in Verantwortung für die künftigen Generationen die natürlichen Lebensgrundlagen und die Tiere im Rahmen der verfassungsmäßigen Ordnung durch die Gesetzgebung und nach Maßgabe von Gesetz und Recht durch die vollziehende Gewalt und die Rechtsprechung.

Durch die Einbeziehung des Umweltschutzes und der gerechten Einkommens- und Vermögensverteilung als weitere Ziele wird mittlerweile vom „magischen Sechseck“ gesprochen.

Umweltschutz und Nachhaltigkeit 7.1.5.1

Das politische Leitbild der **Nachhaltigkeit** hat sich seit Beginn der 1990er-Jahre als Zielsetzung etabliert, Nachhaltigkeit ist sowohl im ökologischen als auch im ökonomischen Sinne zu verstehen. Die Vereinten Nationen erklärten Nachhaltigkeit als Ziel für das 21. Jahrhundert, der Vertrag von Amsterdam nahm sie 1997 in die EU-Verträge auf.

Nachhaltige Entwicklung heißt, Umweltgesichtspunkte gleichberechtigt mit sozialen und wirtschaftlichen Gesichtspunkten zu berücksichtigen. Zukunftsfähig zu wirtschaften, bedeutet also: Wir müssen unseren Kindern und Enkelkindern ein intaktes ökologisches, soziales und ökonomisches Gefüge hinterlassen. Das eine ist ohne das andere nicht zu haben.

Der Schutz der Umwelt hat in den letzten 25 Jahren vor diesem Hintergrund zunehmende Bedeutung erlangt und im Jahr 2002 ist dieses Ziel auch im Grundgesetz verankert worden. Auch für Industriebetriebe ist der Umweltschutz von besonderer Bedeutung. Die Umweltpolitik folgt vier Prinzipien:

- Der Umweltschutz ist eine gemeinschaftliche Aufgabe der Bürgerinnen und Bürger sowie des Staates. Kooperationsprinzip
- Vorsorgende, langfristige Planung und integrierter Umweltschutz sollen die nachträgliche Beseitigung von Umweltschäden vermeiden. Vorsorgeprinzip
- Derjenige wird für die Beseitigung von Umweltschäden herangezogen, der diese verursacht hat. Verursacherprinzip
- Grundsätzlich sollte das Verursacherprinzip zur Anwendung kommen. Dass der Staat aus Steuermitteln den Umweltschutz und das Beheben von Umweltschäden finanziert und damit die Allgemeinheit mit den Umweltkosten belastet, sollte die Ausnahme sein. Gemeinlastprinzip

Ziele

Die Ziele der Umweltpolitik lassen sich unterteilen in: Gesundheitspolitik, Schutz natürlicher Ressourcen (Boden, Luft, Wasser, Pflanzen und Tierwelt) und Umweltsanierung, also die Beseitigung bestehender Umweltschäden.

Der Staat hat zum Schutz der Umwelt einige Rechtsvorschriften erlassen, z. B.:

- Abwasserabgabengesetz (AbwAG)
- Bundes-Bodenschutzgesetz (BBodSchG)
- Bundes-Immissionsschutzgesetz (BImSchG)
- Bundes-Klimaschutzgesetz (KSG)
- Bundesnaturschutzgesetz (BNatSchG)
- Chemikaliengesetz (ChemG)
- Gesetz über die Umweltverträglichkeitsprüfung (UVPG)
- Klimaanpassungsgesetz (KAnG)
- Kreislaufwirtschaftsgesetz (KrWG)
- Umweltinformationsgesetz (UIG)
- Wasserhaushaltsgesetz (WHG)

Generell werden drei mögliche Lösungsstrategien zur Vermeidung von Umweltschädigungen unterschieden:

moralische Lösungen

- nach dem Prinzip der Freiwilligkeit arbeitend, wobei versucht werden soll, durch eine vermehrte Aufklärung über die nachteiligen Auswirkungen der Umweltschädigung zu informieren,

Ordnungsmaßnahmen des Gesetzgebers

- Auflagen und Verbote zur Eindämmung der Umweltschäden,

marktwirtschaftliche Ansätze

- für die Verunreinigung der Umwelt und deren Bereinigung muss der Verursacher zahlen.

EMISSIONSHANDEL

Emissionsrechtehandel, Emissionszertifikate

ein Mittel der staatlichen Umweltpolitik [...], um klimawirksame Treibhausgase dauerhaft zu reduzieren und so den Klimaschutz zu verbessern. Energieintensive Industrieunternehmen erhalten Emissionszertifikate, die das Unternehmen berechtigen, eine bestimmte Menge Schadstoffe wie Kohlendioxid (CO_2) auszustoßen.

In der EU wurde der Emissionshandel (EU-Emissionshandelssystem, EU-Emission Trading Scheme, Abkürzung EU-ETS) für CO_2 und andere klimawirksame Gase zum 1.1.2005 eingeführt. Der EU-Emissionshandel geschieht in verschiedenen Handelsphasen: Die Pilotphase I lief von 2005 bis 2007, Phase II von 2008 bis 2012; in der Phase III (2013-20) werden die Emissionszertifikate nicht mehr national ausgegeben, sondern zentral durch die Europäische Kommission. Damit sollen die im Kyoto-Protokoll 1997 eingegangenen Verpflichtungen und in den nachfolgenden UN-Klimakonferenzen (zuletzt 2015 in Paris) beschlossenen Vereinbarungen umgesetzt werden.

Die Emissionszertifikate wurden von den einzelnen Staaten zu Beginn der ersten Phase durch Zuteilung an Unternehmen, die Treibhausgase verursachen, wie Unternehmen der Stromerzeugung, der Eisen- und Stahlverhüttung, der Glas-, Keramik-, Papier- und Zelluloseproduktion oder Raffinerien kostenlos vergeben. Ein geringerer Teil der Zertifikate konnte durch Versteigerung von den zu Beginn einbezogenen Unternehmen erworben werden. Im Jahr 2013 wurde der Emissionshandel auf weitere Industrien wie die chemische Industrie und die Unternehmen der Mineralfaserindustrie ausgedehnt. Stromerzeuger müssen ab 2013 alle Emissionszertifikate erwerben. Mit Beginn der dritten Phase werden die Emissionsrechte nicht mehr national, sondern durch die Europäische Kommission vergeben und zum größten Teil versteigert. Die Zertifikate können anschließend an elektronischen Börsen (z. B. London, Leipzig, Wien) oder direkt zwischen den Unternehmen gehandelt werden.

Quelle: Pollert, Achim; Kirchner, Bernd; Polzin, Javier Morato; Pollert, Marc Constantin: Duden Wirtschaft von A bis Z: Grundlagenwissen für Schule und Studium, Beruf und Alltag, 6. Auflage, Mannheim: Bibliographisches Institut 2016, Lizenzausgabe Bonn: Bundeszentrale für politische Bildung 2016. In: www.bpb.de/kurz-knapp/lexika/lexikon-der-wirtschaft/19127/emissionshandel [11.03.2025].

Der EU-ETS funktioniert nach dem Prinzip des „Cap & Trade", was bedeutet, dass eine Obergrenze festlegt, wie viel Treibhausgase insgesamt ausgestoßen werden dürfen. Über diese Menge werden von den Mitgliedstaaten Emissionsrechte ausgegeben. Die nicht benötigten Rechte können frei auf dem Markt gehandelt werden (Trade). Hierdurch kann an der Börse ein Preis für die ausgestoßenen Treibhausgase ermittelt werden. Die Höhe des Preises ist ein Anreiz, die eigenen Emissionen zu reduzieren.

Emission der von der UN-Klimarahmenkonvention abgedeckten Treibhausgase

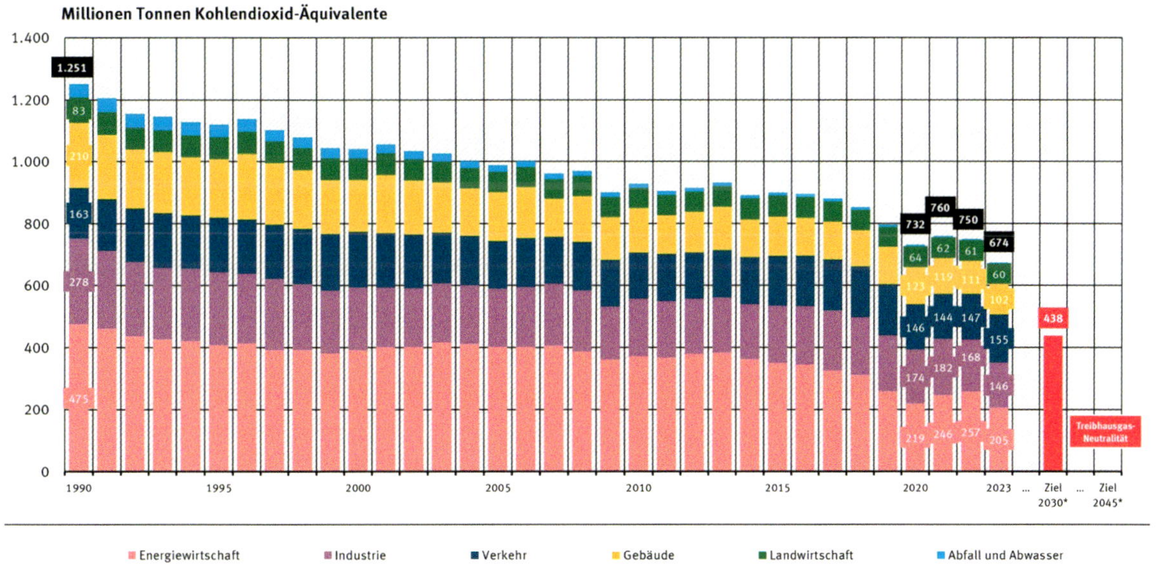

Emissionen nach Sektoren des Bundesklimaschutzgesetzes, ohne Landnutzung, Landnutzungsänderung und Forstwirtschaft
* Ziele 2030 und 2045: entsprechend der Novelle des Bundes-Klimaschutzgesetzes vom 12.05.2021

Quelle: Umweltbundesamt, Nationale Treibhausgas-Inventare 1990 bis 2022 (Stand EU-Berichterstattung 01/2024) und Vorjahresschätzung für 2023 (UBA Pressemitteilung Nr. 11/2024)

Gerechte Einkommens- und Vermögensverteilung 7.1.5.2

Will man die Frage einer gerechten Verteilung von Einkommen und Vermögen betrachten, muss man klären, nach welchem Verteilungsschlüssel eine mögliche Aufteilung überhaupt gerecht erfolgen kann. Aufteilungsschlüssel ergeben sich

- nach dem Bedarfsniveau, bei dem der Verteilungsschlüssel von der Politik festgelegt wird,
- nach dem Leistungsniveau, bei dem der persönliche Anteil am Bruttosozialprodukt zugrunde gelegt wird, oder
- man verteilt gleich, d. h., jede Person – egal wie alt und egal wie hoch der Beitrag zum Wohlergehen der Volkswirtschaft ist – bekommt den gleichen Anteil.

Einkommensverteilung (primär)

- Löhne und Gehälter
- Miete und Pacht
- Zinsen und sonstige Kapitalerträge
- Unternehmensgewinn
- sonstige Einkünfte

private Einkünfte

- Nettoeinkünfte

Staat

- Transferzahlungen
- Steuern
- Abgaben
- Gebühren

Einkommensverteilung (sekundär)

verfügbares Einkommen | **nicht verfügbares Einkommen**

Im Anschluss an die primäre Einkommensverteilung, die in Form von Löhnen und Gehältern, Mieten, Zinsen, Unternehmensgewinnen usw. erfolgt, führt der Staat eine sekundäre Einkommensverteilung durch. Durch die Festlegung unterschiedlicher Steuern und Abgaben sowie die Erstattung von Transferzahlungen kann der Staat eine (höhere) Verteilungsgerechtigkeit schaffen. Auch die gesetzliche Krankenversicherung mit der beitragsfreien Mitversicherung von Familienangehörigen ohne eigenes Einkommen leistet dazu ihren Beitrag.

Transferzahlungen ...	
... sind:	**... sind nicht:**
Arbeitslosengeld/Grundsicherung für Arbeitsuchende (vormals Bürgergeld)	Arbeitslosenversicherung
Ausbildungshilfen	Krankenversicherung (z. T.)
Elterngeld	Pflegeversicherung
Kindergeld	Rentenversicherung
Sozialhilfe	
Wohngeld	

Auch findet in Deutschland eine Umverteilung z. B. durch das Steuersystem statt: Eine progressive Lohn- und Einkommensteuer begünstigt geringe Einkommen.

AUFGABE 1

Was verstehen Sie unter dem Begriff „Wirtschaftswachstum" und woran würden Sie es messen?

AUFGABE 2

Das Bruttoinlandsprodukt einer Volkswirtschaft ist innerhalb eines Jahres gestiegen. Was können Sie allein anhand dieser Angabe über den Zustand der betreffenden Volkswirtschaft sagen? Und was nicht?

AUFGABE 3

Warum fordert das Stabilitätsgesetz ein angemessenes und stetiges Wachstum?

AUFGABE 4

Ist ein hohes Wirtschaftswachstum immer positiv zu bewerten? Unterscheiden Sie in diesem Kontext auch quantitatives und qualitatives Wachstum.

AUFGABE 5

Fertigen Sie auf Basis der Angaben eine Zeichnung an, die die Veränderung des nominalen BIP seit 2003 zeigt (siehe Tabelle aus Aufgabe 9, Seite 482). Berechnen Sie dazu in einem ersten Schritt die jährlichen Veränderungen des BIP.

AUFGABE 6

Welche Probleme bringt die Interpretation des nominalen BIP mit sich (siehe Tabelle aus Aufgabe 9, Seite 482)?

AUFGABE 7

Prognostizieren Sie die Veränderungen des BIP für die Jahre 2025 und 2026, so wie Sie die zukünftige Entwicklung für wahrscheinlich halten.

AUFGABE 8

Zweimal jährlich ermittelt die IHK den IHK-Konjunkturklimaindikator für ihren Zuständigkeitsbereich. Der Indikator setzt sich aus den Beurteilungen der Unternehmen bezüglich ihrer Geschäftslage und ihren Erwartungen hinsichtlich der weiteren Entwicklungen zusammen. Er wird mit folgender Formel berechnet:

Indikator = 100 % + Anteil positiver Antworten – Anteil negativer Antworten

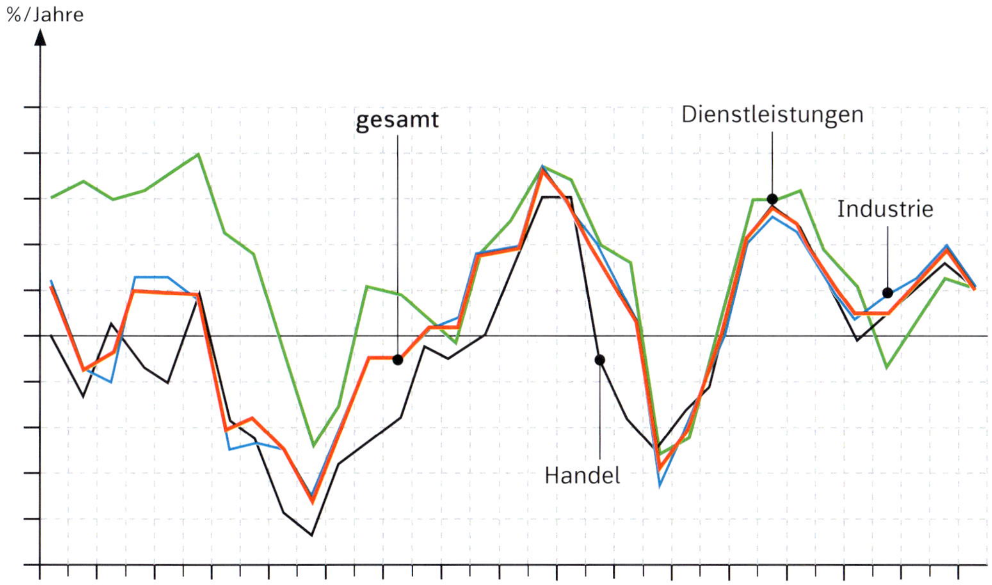

a) Was bedeutet ein Konjunkturklimaindikatorwert von 80 % was ein Wert von 60 %?

b) Was bedeutet ein Absinken des Indikators von 90 % auf 80 %? Welche Erwartungen für ihr Geschäft hat in diesem Fall die Mehrzahl der Unternehmen?

c) Besteht eine Verbindung zwischen dem Indikator und der aktuellen Wirtschaftslage?

AUFGABE 9

Benennen Sie einen Kurvenverlauf aus den verschiedenen Konjunkturphasen zwischen den Jahren 2010 und 2020.

Jahr	Nominales BIP (in Mrd. Euro)	Jährliche Preissteigerung
2003	2.163,80	1,10 %
2004	2.210,90	1,60 %
2005	2.243,20	1,60 %
2006	2.321,50	1,50 %
2007	2.422,90	2,30 %
2008	2.491,40	2,60 %
2009	2.397,10	0,30 %
2010	2.497,60	1,10 %
2011	2.609,90	2,10 %
2012	2.666,40	2,00 %
2013	2.735,80	1,50 %
2014	2.915,70	3,40 %
2015	3.032,82	3,70 %
2016	3.132,67	3,30 %
2017	3.210,99	2,50 %
2018	3.259,15	1,50 %
2019	3.278,70	0,60 %
2020	3.449,60	0,50 %
2021	3.676,50	3,10 %
2022	3.953,90	6,89 %
2023	4.185,60	5,90 %
2024	4.306,40	2,23 %

AUFGABE 10

Neben den mit den einzelnen Konjunkturzyklen einhergehenden Veränderungen volkswirtschaftlicher Größen gibt es Indikatoren, die auf konjunkturelle Entwicklungen hindeuten:

a) Aktienkursentwicklung

b) Entwicklung des Export- und des Importvolumens

c) Bestand an offenen Stellen

d) Zinsniveau

e) Wechselkurse der eigenen Währung

f) Investitionen der Unternehmen

g) Konsumklima

Beschreiben Sie die Entwicklung dieser Konjunkturindikatoren in den verschiedenen Phasen eines Konjunkturzyklus.

AUFGABE 11

Nennen Sie drei Beispiele für das Zustandekommen von Arbeitslosigkeit.

AUFGABE 12

Welche Arten von Arbeitslosigkeit werden üblicherweise unterschieden?

AUFGABE 13

Prognosen für zukünftige Entwicklungen auf dem deutschen Arbeitsmarkt gibt es viele. Ermitteln Sie mithilfe geeigneter Quellen im Internet die aktuellen Prognosen. Werten Sie diese kritisch und geben Sie im Anschluss eine eigene Prognose für die Entwicklung auf dem deutschen Arbeitsmarkt ab.

AUFGABE 14

Berechnen Sie anhand der unten stehenden Tabellen folgende Werte:

a) die prozentuale und absolute Veränderung der Arbeitslosenzahl von September 2022 zu September 2023,

b) die prozentuale und absolute Veränderung der Arbeitslosigkeit von September 2023 zu September 2024,

c) die prozentuale und absolute Veränderung der Arbeitslosigkeit zwischen März 2023 und März 2024.

d) Beurteilen Sie die Entwicklung der Arbeitslosenquote von 2022 bis 2025.

Arbeitslosenquote

Arbeitslosenquote aller Zivilen Erwerbspersonen, Originalwerte, in Prozent

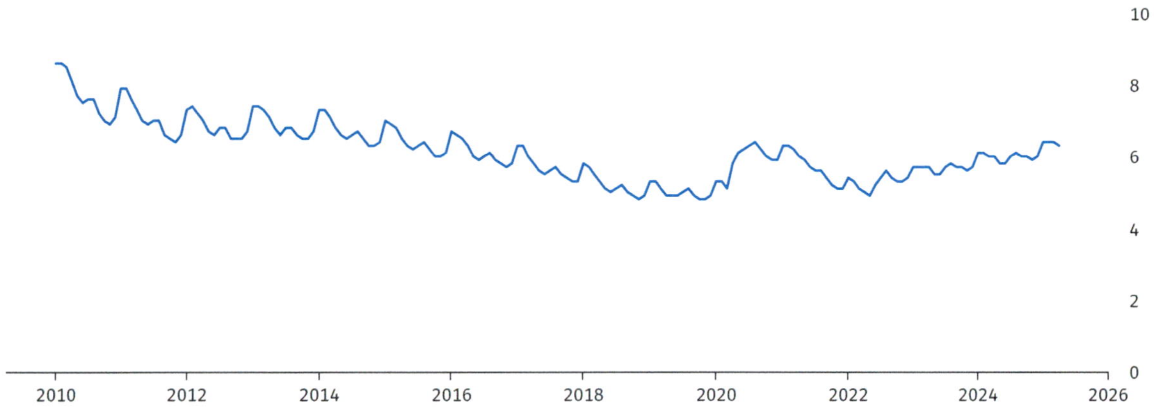

Quelle: Statistik der Bundesagentur für Arbeit.

Registrierte Arbeitslose in Deutschland (in Tausend)

Jahr, Monat		Insgesamt	Männer	Frauen	Jugendliche unter 20 Jahren	Langzeitarbeitslose
2025	Feb	2989	1673	1317	63	1018
	Jan	2993	1667	1326	62	1018
2024	Dez	2807	1552	1255	62	984
	Nov	2774	1522	1252	63	984
	Okt	2791	1524	1267	67	985
	Sep	2806	1528	1278	69	979
	Aug	2872	1558	1314	76	982
	Jul	2809	1533	1275	60	974
	Jun	2727	1499	1228	53	965
	Mai	2723	1498	1224	52	965
	Apr	2750	1513	1237	54	966
	Mär	2769	1530	1239	55	959
	Feb	2814	1557	1257	56	961
	Jan	2805	1546	1259	55	960
2023	Dez	2637	1440	1197	55	927
	Nov	2606	1410	1196	56	928
	Okt	2607	1403	1204	59	928
	Sep	2627	1408	1220	60	927
	Aug	2696	1438	1258	68	929
	Jul	2617	1407	1210	52	915
	Jun	2555	1383	1172	46	908
	Mai	2544	1380	1164	47	878
	Apr	2586	1403	1183	48	885
	Mär	2594	1417	1177	50	881
	Feb	2620	1436	1184	50	883
	Jan	2616	1425	1191	50	887
2022	Dez	2454	1323	1131	49	870
	Nov	2434	1299	1135	50	877
	Okt	2442	1293	1150	54	881
	Sep	2486	1307	1178	58	891
	Aug	2547	1333	1214	64	901
	Jul	2470	1307	1163	51	902
	Jun	2363	1271	1092	43	906
	Mai	2260	1255	1004	35	917
	Apr	2309	1287	1022	36	934
	Mär	2362	1325	1038	38	955
	Feb	2428	1368	1060	39	973
	Jan	2462	1383	1079	39	990

Quelle: Statistik der Bundesagentur für Arbeit, Stand: 28.02.2025. In: www.destatis.de/DE/Themen/Wirtschaft/Konjunkturindikatoren/Arbeitsmarkt/arb110.html#241568 [04.03.2025].

Arbeitslosenquote in Deutschland

Jahr, Monat		Arbeitslosenquote in % bezogen auf				
		Alle zivilen Erwerbspersonen				Abhängig zivile Erwerbs-personen
		Insgesamt	Männer	Frauen	Jugendliche unter 20 Jahren	
2025	Feb	6,4	6,8	6,0	4,5	7,0
	Jan	6,4	6,7	6,0	4,5	7,0
2024	Dez	6,0	6,3	5,7	4,5	6,5
	Nov	5,9	6,1	5,7	4,6	6,5
	Okt	6,0	6,2	5,8	4,8	6,5
	Sep	6,0	6,2	5,8	4,9	6,5
	Aug	6,1	6,3	6,0	5,5	6,7
	Jul	6,0	6,2	5,8	4,3	6,5
	Jun	5,8	6,1	5,6	3,8	6,3
	Mai	5,8	6,0	5,6	3,8	6,3
	Apr	6,0	6,2	5,7	4,0	6,5
	Mär	6,0	6,3	5,7	4,1	6,5
	Feb	6,1	6,4	5,8	4,2	6,6
	Jan	6,1	6,3	5,8	4,1	6,6
2023	Dez	5,7	5,9	5,5	4,1	6,2
	Nov	5,6	5,8	5,5	4,2	6,1
	Okt	5,7	5,7	5,5	4,4	6,1
	Sep	5,7	5,8	5,6	4,5	6,2
	Aug	5,8	5,9	5,8	5,1	6,4
	Jul	5,7	5,8	5,6	3,9	6,2
	Jun	5,5	5,7	5,4	3,5	6,0
	Mai	5,5	5,6	5,4	3,5	6,0
	Apr	5,7	5,8	5,5	3,9	6,2
	Mär	5,7	5,8	5,5	4,0	6,2
	Feb	5,7	5,9	5,5	4,0	6,2
	Jan	5,7	5,9	5,6	4,0	6,2
2022	Dez	5,4	5,5	5,3	4,0	5,8
	Nov	5,3	5,4	5,3	4,1	5,8
	Okt	5,3	5,3	5,4	4,3	5,8
	Sep	5,4	5,4	5,5	4,7	5,9
	Aug	5,6	5,5	5,7	5,2	6,1
	Jul	5,4	5,4	5,4	4,1	5,9
	Jun	5,2	5,2	5,1	3,5	5,6
	Mai	4,9	5,2	4,7	2,9	5,4
	Apr	5,0	5,3	4,8	2,9	5,5
	Mär	5,1	5,4	4,8	3,0	5,7
	Feb	5,3	5,6	4,9	3,1	5,8
	Jan	5,4	5,7	5,0	3,1	5,9

Quelle: Statistik der Bundesagentur für Arbeit, Stand: 28.02.2025. In: www.destatis.de/DE/Themen/Wirtschaft/Konjunkturindikatoren/Arbeitsmarkt/arb210a.html [04.03.2025].

AUFGABE 15

Warum sollte der Staat sich Ihrer Meinung nach für eine Verhinderung bzw. Verringerung von Arbeitslosigkeit einsetzen?

AUFGABE 16

Welche arbeitsmarktpolitischen Instrumente hat der Staat? Welche davon würden Sie als direkte und welche als indirekte Eingriffe einstufen?

AUFGABE 17

Im Folgenden ist eine Schlagzeile abgebildet, wie sie meist zu Beginn eines Jahres in der Presse zu finden ist:

EILMELDUNG

Der Sachverständigenrat für die gesamtwirtschaftliche Entwicklung prognostizierte in seinem Frühjahrsgutachten einen Rückgang des BIP von 6 % im Jahresdurchschnitt.

Erläutern Sie, welche Auswirkungen eine Veränderung des BIP auf die Beschäftigung hat. Besorgen Sie sich dazu die aktuellen Prognosen (z. B. das Herbst- bzw. Frühjahrsgutachten der großen Wirtschaftsforschungsinstitute) und ermitteln Sie daraus die für das laufende Jahr und das Folgejahr vorhergesagten Werte.

AUFGABE 18

Was ist ein Preisindex? Welche Aussagen lassen sich aus ihm ableiten?

AUFGABE 19

Erläutern Sie kurz, was unter dem Begriff „Basisjahr" zu verstehen ist.

AUFGABE 20

Geben Sie drei Warengruppen an, die im Basisjahr 2020 stärker gewichtet werden als im Jahr 2015, und drei, die weniger stark gewichtet werden. Erklären Sie, warum diese Änderungen in der Gewichtung erfolgt sind.

AUFGABE 21

Können Sie anhand der Verteilung in den Jahren 2015 und 2020 sowie anhand von Preistendenzen, die sich in letzter Zeit in Deutschland abzeichnen, eine Prognose für den Aufbau eines nächsten Warenkorbes abgeben?

AUFGABE 22

Recherchieren Sie im Internet, welche weiteren Preisindizes es neben dem gezeigten Verbraucherpreisindex gibt.

AUFGABE 23

Sehen Sie sich die folgende Tabelle an. Versuchen Sie, die Veränderungen der einzelnen Warengruppen zu begründen. Was können Sie über die „Preistreiber" sagen?

Verbraucherpreisindex für Deutschland (2020 = 100)

Jahr, Monat		Verbraucher-preisindex insgesamt	Nahrungs-mittel und alkoholfreie Getränke 01	Alkoholische Getränke und Tabakwaren 02	Bekleidung und Schuhe 03	Wohnung, Wasser, Strom, Gas und andere Brennstoffe 04
2025	Jan	120,3	134,2	124,6	106,6	116,7
2024	Dez	120,5	134,6	124,7	112,2	116,4
	Nov	119,9	134,4	124,4	112,7	116,3
	Okt	120,2	134,1	124,1	112,0	116,3
	Sep	119,7	133,0	122,8	110,4	116,2
	Aug	119,7	132,4	122,7	106,3	116,1
	Jul	119,8	132,5	122,2	105,8	116,2
	Jun	119,4	132,3	121,9	110,3	116,0
	Mai	119,3	132,1	121,5	111,2	115,9
	Apr	119,2	132,2	122,0	111,1	115,9
	Mär	118,6	131,7	121,2	109,8	115,3
	Feb	118,1	132,0	120,6	106,4	115,3
	Jan	117,6	132,3	120,0	103,6	115,2
2023	Dez	117,4	131,2	118,9	109,3	114,4
	Nov	117,3	131,2	119,3	109,4	114,5
	Okt	117,8	130,4	119,0	109,5	114,9
	Sep	117,8	130,3	119,0	108,1	115,0
	Aug	117,5	129,7	118,9	103,6	115,0
	Jul	117,1	130,1	118,2	101,9	114,6
	Jun	116,8	130,4	117,4	107,0	114,5
	Mai	116,5	130,5	116,8	108,2	114,5
	Apr	116,6	130,8	116,1	108,0	114,5
	Mär	116,1	131,5	115,2	106,3	114,3
	Feb	115,2	129,9	113,7	101,7	114,1
	Jan	114,3	127,0	113,0	100,6	114,0
2022	Dez	113,2	125,1	111,0	105,6	110,4
	Nov	113,7	124,0	109,9	106,8	113,1
	Okt	113,5	122,6	109,7	106,2	112,7
	Sep	112,7	121,0	109,4	104,7	111,1
	Aug	110,7	118,9	109,0	100,1	109,9
	Jul	110,3	117,3	108,4	99,1	109,1
	Jun	109,8	115,0	107,9	101,6	109,0
	Mai	109,8	114,0	107,0	103,3	108,4
	Apr	108,8	112,0	106,5	102,7	107,6
	Mär	108,1	108,5	105,7	101,8	107,3
	Feb	106,0	107,6	105,2	97,5	105,4
	Jan	105,2	106,5	104,5	97,9	104,7

Quelle: Statistisches Bundesamt: Verbraucherpreisindex für Deutschland, Stand: 13.02.2025. In: www.destatis.de/DE/Themen/Wirtschaft/Preise/Verbraucherpreisindex/Tabellen/Verbraucherpreise-12Kategorien.html#236116 [04.03.2025].

AUFGABE 24

Alternativ zu den Verbraucherpreisen existieren weitere Indizes wie beispielsweise der in folgender Tabelle abgebildete Index der Erzeugerpreise. Beschreiben Sie, worüber der Erzeugerpreisindex Auskunft gibt und warum eine Veränderung für Industriebetriebe von besonderer Relevanz ist.

Index der Erzeugerpreise gewerblicher Produkte (Inlandsabsatz) – ausgewählte Indizes (Originalwert, 2021 = 100)

Jahr	Monat	Insgesamt	Vorleistungsgüter	Investitionsgüter	Gebrauchsgüter	Verbrauchsgüter	Energie
2025	Jan	128,2	116,0	117,1	118,8	128,2	154,1
2024	Dez	128,3	116,0	116,2	118,3	127,6	155,5
	Nov	128,4	116,1	116,2	118,2	127,3	156,1
	Okt	127,7	116,4	116,2	118,2	126,8	153,3
	Sep	127,5	116,8	116,0	118,0	126,6	152,4
	Aug	128,2	117,0	116,0	118,0	126,4	154,7
	Jul	127,9	117,3	115,9	117,8	126,3	153,5
	Jun	127,7	117,1	115,9	117,8	126,4	152,8
	Mai	127,5	117,0	115,7	117,7	126,0	152,9
	Apr	127,5	116,6	115,5	117,8	125,9	153,7
	Mär	127,3	116,2	115,3	117,7	125,4	153,8
	Feb	127,1	116,1	115,1	117,6	124,6	153,8
	Jan	127,6	116,1	114,9	117,5	124,5	155,7
2023	Dez	127,3	115,9	114,1	117,1	124,4	155,8
	Nov	128,3	115,6	114,0	117,2	124,3	159,9
	Okt	129,1	115,9	113,9	117,1	124,4	162,4
	Sep	129,3	116,2	113,7	117,0	124,7	163,2
	Aug	129,2	116,2	113,7	117,0	125,1	162,2
	Jul	128,9	117,0	113,6	117,0	125,5	160,1
	Jun	129,8	118,2	113,3	117,0	125,6	162,4
	Mai	130,4	119,2	113,0	116,9	125,5	163,4
	Apr	131,8	120,3	112,8	116,6	125,5	167,5
	Mär	131,1	120,7	112,2	116,5	125,0	165,4
	Feb	132,5	120,7	112,0	115,9	124,3	171,1
	Jan	133,5	120,5	111,5	115,6	123,1	176,4
2022	Dez	134,2	119,2	109,6	113,5	121,0	183,5
	Nov	135,0	119,7	109,4	112,8	120,4	186,7
	Okt	139,3	120,4	109,1	112,4	120,0	202,4
	Sep	142,3	120,2	108,6	111,6	118,8	215,2
	Aug	139,9	120,2	108,2	111,2	117,5	207,1
	Jul	132,7	120,1	107,7	110,4	116,6	181,2
	Jun	128,2	120,5	106,6	109,6	115,0	165,7
	Mai	127,2	121,4	106,1	108,3	114,0	161,9
	Apr	125,3	119,8	105,5	107,3	112,4	158,3
	Mär	121,9	115,3	104,4	106,2	108,0	154,5
	Feb	116,3	111,6	104,0	105,3	105,3	140,1
	Jan	114,7	109,9	103,6	104,8	104,5	137,0

Quelle: Statistisches Bundesamt: Index der Erzeugerpreise gewerblicher Produkte (Inlandsabsatz) - ausgewählte Indizes, Stand: 20.02.2025. In: www.destatis.de/DE/Themen/Wirtschaft/Preise/Erzeugerpreisindex-gewerbliche-Produkte/Tabellen/Erzeugerpreise-GewProdukte-Ausgewaehlte-Indizes.html#241814 [04.03.2025].

AUFGABE 25

Ein Vergleich der Vormonate ist nicht die einzige Möglichkeit, Aussagen über die Entwicklung der Preise zu erhalten. Es kann für Unternehmen ebenfalls interessant sein, den Vergleich mit dem gleichen Monat im Vorjahr oder sogar im Basisjahr zu ziehen. Welche Gründe sprechen für einen zusätzlichen Vergleich zum Vorjahresmonat?

AUFGABE 26

Wann spricht man von Inflation? Was können die Gründe für eine Inflation sein?

AUFGABE 27

Bei einer offenen Inflation steigen die Preise für alle sichtbar. Was verstehen Sie unter einer „versteckten Inflation"?

AUFGABE 28

Als Verursacher einer Inflation kommt sowohl die Angebots- als auch die Nachfrageseite in Betracht. Was bedeutet dies? Nennen Sie je drei Beispiele für eine angebots- und eine nachfrageverursachte Inflation.

AUFGABE 29

Definieren Sie den Begriff „Stagflation". Beschreiben Sie kurz, in welchem Zustand sich die Volkswirtschaft während einer Stagflation befindet.

AUFGABE 30

Nennen Sie mindestens fünf Auswirkungen einer Deflation. Vergleichen Sie Ihre Antworten in der Klasse.

AUFGABE 31

Ermitteln Sie, ob – und wenn ja, in welchem Teil der deutschen Zahlungsbilanz – die Ausgaben, die deutsche Urlauberinnen und Urlauber im Ausland tätigen, erfasst werden. Beschreiben Sie die Auswirkungen einer solchen Erfassung auf die Zahlungsbilanz der Bundesrepublik Deutschland.

AUFGABE 32

Geben Sie Beispiele für Handelsfälle mit dem Ausland an und erklären Sie, welche Teilbilanzen durch sie beeinflusst werden.

AUFGABE 33

Auf welche Abschnitte der Zahlungsbilanz wirkt sich der Verkauf deutscher Produkte an Kunden im Ausland, insbesondere außerhalb des Euroraumes, aus? Warum ist das so? Begründen Sie Ihre Einschätzungen.

AUFGABE 34

Wo schlagen sich die Kosten eines Arbeitsaufenthalts von deutschen Mitbürgerinnen und Mitbürgern im Ausland sowie die Kosten für die Präsenz deutscher Unternehmen im Ausland in der Zahlungsbilanz nieder?

AUFGABE 35

In welche Bilanz fließen Ausgaben, die ausländische Urlauberinnen und Urlauber in Deutschland tätigen?

AUFGABE 36

Ermitteln Sie die Inhalte der Zahlungsbilanz, die für die Berechnung des Bruttoinlandsprodukts verwendet werden.

AUFGABE 37

Warum ist ein Zahlungsbilanzungleichgewicht problematisch? Wann liegt es vor? Wodurch entsteht es? Schätzen Sie die Wirkungen für die Volkswirtschaft ab, wenn ihre Zahlungsbilanz nicht ausgeglichen ist.

AUFGABE 38

Welche Umweltschutzvorschriften könnten die Beschaffungsentscheidungen eines Industriebetriebs beeinflussen? Überlegen Sie, welche der gefundenen umweltrechtlichen Regelungen eine Rolle spielen könnten.

AUFGABE 39

Nennen Sie die vier Prinzipien der Umweltpolitik und überlegen Sie jeweils, in welcher Form Sie diese in der Praxis vorfinden.

AUFGABE 40

Die Umweltpolitik hat auf globaler Ebene besonders eine Reduzierung des klimaschädlichen Treibhausgases Kohlendioxid (CO_2) zum Ziel. Erläutern Sie das Konzept der EU zur Verringerung des Ausstoßes von CO_2.

AUFGABE 41

Was verstehen Sie unter dem Begriff „nachhaltige Entwicklung“? Überlegen Sie, wo nachhaltige Entwicklung stattfindet:

a) in Ihrer direkten Umgebung,

b) in Ihrem Ausbildungsbetrieb,

c) in der Volkswirtschaft, in der Sie leben.

AUFGABE 42

Nennen Sie Argumente für und gegen eine Erhebung von Ökosteuern.

AUFGABE 43

Die folgende Grafik zeigt Ihnen Instrumente der Umweltpolitik. Nennen Sie zu jedem der sieben Unterpunkte je zwei konkrete Beispiele.

AUFGABE 44

Welche Instrumente begünstigen Industrieunternehmen, welche sind für die Unternehmen mit einem betriebswirtschaftlichen Aufwand verbunden? Nennen Sie auch hier je zwei Beispiele.

AUFGABE 45

Nachdem die IG Metall einen Tarifabschluss mit den Arbeitgebern ausgehandelt hat, bereitet sich auch der Betriebsrat auf ein Gespräch mit der Geschäftsleitung vor, um für die Mitarbeiterinnen und Mitarbeiter Lohn- und Gehaltserhöhungen auszuhandeln. Dafür informiert er sich über die Entwicklung des Unternehmensgewinns in den letzten beiden Jahren sowie über die Lohnquote. Die Argumentation des Betriebsrats ist auch durch das wirtschaftspolitische Ziel der

„gerechten Einkommensverteilung" geprägt. Der Wertschöpfungszuwachs soll nicht nur den Kapitalgebern, sondern auch der Belegschaft, die diesen Wert maßgeblich mitgeschaffen hat, zugutekommen.

Versetzen Sie sich in die Rollen der beiden Verhandlungspartner.

a) Welche Argumente könnte der Betriebsrat vorbringen, um Lohnerhöhungen zu begründen?

b) Mit welcher Begründung wird die Betriebsvertretung gegen die geforderte Erhöhung eintreten?

AUFGABE 46

Was verstehen Sie unter einer primären Einkommensverteilung, was umfasst die sekundäre Einkommensverteilung?

AUFGABE 47

Diskutieren Sie, wann eine Einkommensverteilung gerecht ist.

AUFGABE 48

In welcher Form trägt in Deutschland die sekundäre Einkommensverteilung zu einer höheren Verteilungsgerechtigkeit bei?

AUFGABE 49

Sprechen die Entwicklungen der Lohnquote und der Gewinnquote für eine gerechtere Einkommensverteilung?

AUFGABE 50

Wie interpretieren Sie die Zusammensetzung des Steueraufkommens hinsichtlich der angestrebten Verteilungsgerechtigkeit? Überlegen Sie dabei, wer die in der Steuerspirale dargestellten Steuern im Wesentlichen aufbringt.

AUFGABE 51

Wie wird Armut definiert? Was verstehen Sie unter Reichtum?

AUFGABE 52

Welche Transferzahlungen werden in Deutschland einkommensabhängig gewährt?

AUFGABE 53

Welche Elemente sekundärer Einkommensverteilung sind in den letzten fünf Jahren neu eingeführt worden und welche Ziele werden damit verfolgt?

AUFGABE 54

In welcher Hinsicht unterscheiden sich die Ziele, die im magischen Viereck beschrieben sind, von denen, die Sie als die beiden weiteren Ziele zum magischen Sechseck kennengelernt haben?

AUFGABE 55

Wiederholen Sie, über welche Indikatoren sich die sechs Ziele messen lassen. Benennen Sie auch immer kritisch die Probleme, die sich bei dem jeweiligen Instrument bzw. Indikator ergeben können.

7.2 Umsetzung der Wirtschaftspolitik in Deutschland

John Maynard Keynes
Fiskalismus

Milton Friedman
Monetarismus

Der Staat kann seine Rolle bei der Gestaltung der Wirtschaftspolitik unterschiedlich betrachten und wahrnehmen. Er kann Einfluss nehmen, um seine Ziele, z. B. niedrige Arbeitslosenzahlen oder Preisstabilität, zu erreichen – oder der Staat kann sich weitestgehend aus der Wirtschaft heraushalten und Beschäftigung sowie Inflation dem Zusammenspiel von Angebot und Nachfrage auf den Märkten überlassen. Zwei grundsätzlich unterschiedliche wirtschaftspolitische Konzepte beschreiben diese Sichtweise nachfolgend.

Der Fiskalismus – oder Keynesianismus, benannt nach seinem Begründer, dem Ökonomen John Maynard Keynes (1883–1946) – ist heute die wirtschaftspolitische Grundlage des modernen Wohlfahrtsstaates und liegt auch dem Stabilitäts- und Wachstumsgesetz von 1967 zugrunde. Keynes geht nicht davon aus, dass die Selbstregulierung des Marktes für einen hohen Beschäftigungsstand sorgt. Der Staat muss stabilisierend und vor allem antizyklisch einwirken. Das tut er z. B. durch eine Erhöhung der Ausgaben bei schwacher privatwirtschaftlicher Nachfrage und umgekehrt. Wenn der Staat also in wirtschaftlich schwächeren Zeiten mit eigener Nachfrage die Wirtschaft wieder antreiben möchte, tut er dies unter Aufnahme kurzfristiger Schulden. Diese Kreditmittel werden dann dem Markt, z. B. über staatliche Einkäufe, zugeführt: Man spricht vom sogenannten Deficit-Spending.

Der Monetarismus sieht demgegenüber keinerlei staatliche Eingriffe vor. Der Markt regelt über Angebot und Nachfrage die Produktion. Entsprechend den Schwankungen des Bruttosozialprodukts (der Produktion) haben die Zentralbanken[1] die Geldmenge anzupassen. Weitere Eingriffe des Staates, um z. B. Konjunkturschwankungen zu dämpfen, lehnen die Monetaristen grundsätzlich ab. Je weniger der Staat zur Steuerung der Konjunktur in die Wirtschaft eingreift, desto besser. Diese Theorie wurde insbesondere vertreten von Milton Friedman (1912–2006).

7.2.1 Fiskalpolitische Elemente der nationalen Wirtschaftspolitik

Für den Staat bestehen unterschiedliche Möglichkeiten, die wirtschaftliche Entwicklung im Inland zu beeinflussen. Er kann an den unterschiedlichen Bestandteilen des Vier- bzw. Sechsecks verschiedene Veränderungen vornehmen, wenn er versucht, nach dem fiskalistischen Ansatz[2] in den Markt und seine Abläufe einzugreifen.

Einflussvariante	Ursache für den Eingriff	Wirkung des Eingriffs
Steuerhöhe: → Steuersenkung → Steuererhöhung	Der Staat möchte die im Markt befindlichen Finanzen regulieren. Diese Eingriffsvariante muss, z. B. in Europa, nicht zwangsläufig zeitgleich und identisch mit dem Eingriff der EZB verlaufen, da die jeweiligen Interessen hier oft andere sind.	• Werden die Steuern gesenkt, steht allen Marktteilnehmern mehr Kapital zur freien Verfügung. Die Folge wäre eine Steigerung der Nachfrage, da jetzt mit mehr Geld auch mehr konsumiert werden kann. Dies hätte im zweiten Schritt eine Senkung der Arbeitslosigkeit und einen Anstieg der Preise zur Folge. • Bei diesem Schritt werden finanzielle Mittel abgeschöpft, woraufhin die Verkaufszahlen zurückgehen werden. Die Preise steigen. Mittelfristig führt dies zunächst zu sinkenden Preisen. Vorsicht ist hier wegen der Gefahr einer Deflation geboten.

1 Für die europäische Währungsunion steuert die EZB die Umsetzung der Geldpolitik.
2 Dies gilt nicht für den Eingriff nach dem monetaristischen Modell. Für die Beeinflussung der Geldmenge in Europa ist wie gesagt die EZB und nicht ein Parlament zuständig. Gleichwohl besteht diese Möglichkeit außerhalb der Europäischen Union für andere Regierungen schon.

Einflussvariante	Ursache für den Eingriff	Wirkung des Eingriffs
Öffentliche Nachfrage: → Senkung der öffentlichen Nachfrage → Erhöhung der öffentlichen Nachfrage	Der Staat tritt mit allen öffentlichen Haushalten (Parlamente, Behörden, Verwaltungen usw.) natürlich auch selbst als Nachfrager auf. Diese Marktnachfrage von staatlichen Stellen kann zeitlich variiert werden, wenn die zur Verfügung stehenden finanziellen Mittel der Marktteilnehmer gekürzt werden sollen. So lässt sich der Einkauf neuer Schulmöbel beispielsweise um ein halbes Jahr verschieben.	• Hält der Staat Gelder zurück, verbleiben diese in den Staatskassen, obwohl die EZB diese Gelder im Markt wähnt. Die Gelder können während des Aufschubs der Ausgabe nicht weiter für Konsum sorgen. Der Markt wird gebremst. • Eine Erhöhung wirkt genau entgegengesetzt. Der Staat erhöht seine Ausgaben zulasten einer Kreditfinanzierung. Diese Gelder werden für den direkten Konsum verwendet. Es steht mehr Geld im Markt zur Verfügung. Die Konjunktur wird belebt.
Außenhandel: → Verringerung des Außenhandels → Steigerung des Außenhandels	Häufig geht eine Veränderung der Wechselkurse damit einher, dass im Land der Kursabwertung die Waren und Dienstleistungen für das andere Land deutlich günstiger werden. Beispielsweise bedeutet eine aus europäischer Sicht verbesserte Wechselkurssituation zwischen Euro und US-Dollar, dass der Einkauf für Europäer in den USA, begünstigt durch die Wechselkursveränderung, günstiger wird.	• Möchte ein Staat den Handel mit einem anderen Staat reduzieren oder gar ganz untersagen, stehen dafür unterschiedliche Möglichkeiten zur Verfügung, z. B. die Erhebung von Zöllen oder Ähnlichem. Die Idee der Verringerung ist, dass die Volkswirtschaft das vom reduzierten Import betroffene Gut trotzdem braucht und daher mehr von einheimischen Unternehmen gekauft würde. Dies würde die einheimische Wirtschaftssituation verbessern. • Soll der Außenhandel gesteigert werden, müssen auch hier die Bedingungen verändert werden. So kann beispielsweise der Handel mit bestimmten Regionen von staatlicher Seite versichert werden. Hierbei bürgt der Staat für die Verbindlichkeiten des ausländischen Unternehmens, um die Durchführung des Geschäfts abzusichern. Hierfür steht in Deutschland beispielsweise das Instrument der Hermesbürgschaft[1] zur Verfügung.
Umweltpolitik: → Verschärfung der Umweltauflagen → Verringerung der Umweltauflagen	Der Staat möchte die Umwelt für alle Einwohnerinnen und Einwohner gleich sauber halten. Dies gilt selbstverständlich auch für die in der Gesellschaft tätigen Betriebe.	• Verschärfte Umweltauflagen, z. B. die Kontrolle und Reduktion der Feinstaubemissionen von Industriebetrieben, nützen der Sauberkeit und Reinhaltung der Umwelt. In gleichem Maße führen solche Vorschriften jedoch auch zur Förderung und Entwicklung von neuen Technologien und sichern daher den Marktanteil der jeweiligen Betriebe, die an der Entwicklung und Produktion beteiligt sind. • Verringerungen von Umweltauflagen gibt es in der heutigen Zeit nur noch sehr selten. Es kommt jedoch zum Teil zu einer staatlich beeinflussten Verlangsamung der Einführung neuer Technologien, so wurden beispielsweise die Fristen für die Einführung von emissionsreduzierten Pkw vom EU-Parlament um mehrere Jahre verschoben.

1 Die Hermesbürgschaft ist eine staatliche Bürgschaft zur Risikoabsicherung von Geschäften deutscher Unternehmen mit Partnern aus Ländern, für die es keine ausreichenden privatwirtschaftlichen Sicherheiten gibt.

Einflussvariante	Ursache für den Eingriff	Wirkung des Eingriffs
Verteilung der Einkünfte: → Verstärkung des staatlichen Eingriffs in die Verteilung → Verringerung des staatlichen Eingriffs in die Verteilung	Diese Eingriffsvariante ist in Deutschland allgegenwärtig. Fast wöchentlich werden von sämtlichen Parteien im Deutschen Bundestag neue Vorschläge zur Umverteilung der Einkünfte eingebracht. Meistens geschieht dies über die Veränderung der Einkommen- und Körperschaftsteuersätze.	• Steuererhöhungen sind ein gutes Beispiel für die Verstärkung des staatlichen Eingriffs. In den vergangenen Jahren wurde die deutsche Einkommensteuer hinsichtlich des Einstiegssteuersatzes mehrfach variiert. Neben anderen Veränderungen kam es auch zu Erhöhungen des Spitzensteuersatzes. • Steuersenkungen hat es jedoch auch gegeben. So wurde beispielsweise kürzlich der Körperschaftsteuersatz für Kapitalgesellschaften auf 15 % gesenkt, was die Steuerbelastung der betroffenen Unternehmen an den europäischen Durchschnitt annäherte.

Weitere Eingriffsmöglichkeiten bieten sich in den Bereichen Wettbewerbspolitik, Arbeitnehmermitbestimmungspolitik, Sozialpolitik, Strukturpolitik oder durch die Schaffung staatlicher Unternehmen als direkte Marktteilnehmer.

Dabei bleibt zu beachten, dass die Ziele des Vier- oder Sechsecks teilweise konkurrierend sind, sodass immer auch die Auswirkungen staatlicher Interventionen berücksichtigt werden müssen.

7.2.2 Unternehmensbesteuerung als wirtschaftspolitisches Instrument

Die betriebswirtschaftliche Steuerlehre ist ein wesentlicher Einflussfaktor bei unternehmerischen Entscheidungen. Sie untersucht unter mikroökonomischen Aspekten das jeweilige Verhalten der Wirtschaftssubjekte und den hierin beinhalteten Wunsch zur Optimierung des Verhaltens vor dem Ziel der Gewinnmaximierung. Die jeweilige Steuerbelastung wird in Abhängigkeit von betrieblichen Entscheidungen wie beispielsweise der betrieblichen Organisation, Rechtsformwahl, Standort, Beschaffung, Produktion, Absatz, Finanzierung und Investition variiert und optimiert.

Die Optimierung kann jedoch nur als ganzheitliches Konzept betrieben werden. Wie bereits in Kapitel 6.2 gezeigt, lassen sich ganz unterschiedliche Steuerarten unterscheiden. Die wohl wichtigste Steuer für den Industriebetrieb ist die Steuer auf Gewinne, d. h. bei Kapitalgesellschaften die Körperschaftsteuer[1] und bei Personengesellschaften die Einkommensteuer der beteiligten Gesellschafterinnen und Gesellschafter..

Der Grund für die in Deutschland angewandte progressive Einkommensbesteuerung liegt darin, dass jede Person gemäß ihrer Leistungsfähigkeit zum Steueraufkommen beitragen soll, Personen mit höherem Einkommen als leistungsfähiger angesehen werden und deshalb auch einen höheren Prozentsatz ihres Einkommens abgeben können.

1 Das Körperschaftsteuergesetz spricht auch bei Kapitalgesellschaften von Einkommen. Zu beachten ist hierbei, dass dieses Einkommen dem steuerpflichtigen Gewinn der Gesellschaft entspricht, der sich aus der Gewinn- und Verlustrechnung (GuV) ergibt.

Besteuerung von Gewinnen – Einkommen- und Körperschaftsteuer 7.2.3

Während die Gewinne von Unternehmen, die der Körperschaftsteuer unterliegen, unabhängig von ihrer Höhe mit einem einheitlichen Prozentsatz besteuert werden, unterliegen die Einkünfte von Personen einem **Einkommensteuersatz**, der mit der Höhe des Einkommens ansteigt. Bei Personengesellschaften werden die Gewinne des Unternehmens bei den einzelnen Gesellschafterinnen und Gesellschaftern, denen sie zugeflossen sind, als Einkommen angerechnet und unterliegen deren persönlicher Einkommensteuer.

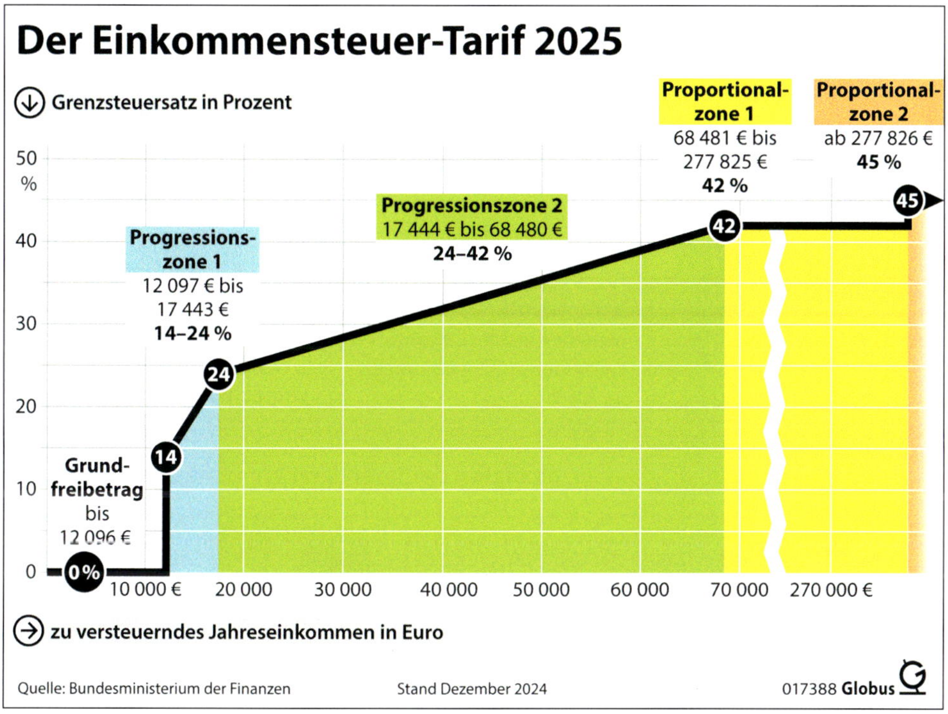

Liegt das zu versteuernde Einkommen bei Alleinstehenden oberhalb von 12.096,00 €[1], so wird zunächst jeder darüber hinausgehende Betrag mit dem **Eingangssteuersatz** von 14 % belegt. Dieser Steuersatz steigt dann bis zu einem Einkommen von 68.480,00 € auf 42 % an. Einkünfte, die oberhalb dieser Summe liegen, werden einheitlich mit 42 % besteuert. Ab einem Einkommen von 277.826,00 € erhöht sich der Steuersatz um 3 % auf 45 % (sogenannte Reichensteuer). Weil im Bereich zwischen 12.096,00 € und 68.480,00 € der Steuersatz steigt, nennt man diesen Bereich **Progressionszone**. Die Einkommensteuer ist eine progressive Steuer.

Grundfreibeträge und Progressionsstufen	2025
	alleinstehend/verheiratet
14 % ab	12.096,00 €/24.192,00 €
bis 42 % ab	68.480,00 €/136.960,00 €
45 % ab	ab 277.826,00 €: Grenzsteuersatz 45 %

Der sogenannte **Grundfreibetrag** dient der Befriedigung der Grundbedürfnisse und ist deshalb steuerfrei. Mit steigendem Einkommen muss man einen geringeren Betrag des eigenen Einkommens für die Befriedigung der Grundbedürfnisse aufwenden und kann deshalb einen höheren Teil an den Staat als Steuern abführen. Die progressive Einkommensteuer dient also auch der Umverteilung zulasten von Personen mit hohem Einkommen.

1 Für 2025

Zur Ermittlung der Einkommensteuer muss zunächst die Höhe des zu versteuernden Einkommens ermittelt werden. Es gibt eine Reihe von Einkünften, die nicht der Einkommensteuer unterliegen, wie z. B. Leistungen von Krankenversicherungen oder gesetzlichen Unfallversicherungen, Elterngeld, Beiträge für die Zukunftssicherung (Renten- oder Lebensversicherung).

Alle steuerpflichtigen Einkünfte werden gemäß **§ 8 EStG** zur Summe der Einkünfte aus den sieben Einkunftsarten addiert. Verluste aus einzelnen Einkunftsarten können bis zum jeweiligen Höchstbetrag mit positiven Einkünften verrechnet werden. Als Zwischensumme wird die Summe der Einkünfte ermittelt.

Nach weiteren Verrechnungen ergeben sich der Gesamtbetrag der Einkünfte, das Einkommen und schließlich das zu versteuernde Einkommen, das dann dem jeweiligen Einkommensteuersatz unterliegt. Wichtig für die Steuerhöhe ist letztlich noch die Frage, ob die steuerpflichtige Person verheiratet oder unverheiratet ist, da für Eheleute die sogenannte Splittingtabelle angewendet werden kann, bei der die steuerliche Gesamtbelastung in der Regel niedriger ausfällt. Bei allen übrigen steuerpflichtigen Personen findet die Steuergrundtabelle als Berechnungsgrundlage Anwendung.

Gewinneinkunftsarten			Überschusseinkunftsarten			
Land- und Forstwirtschaft	Gewerbebetrieb	selbstständige Arbeit	nichtselbstständige Arbeit	Kapitalvermögen	Vermietung und Verpachtung	sonstige

abzüglich der jeweiligen Werbungskosten

Summe der Einkünfte aus den **sieben** Einkunftsarten

–

- Alters- und Alleinerziehendenabzug

=

Gesamtbetrag der Einkünfte

–

- Verlustabzug
- Sonderausgaben
- außergewöhnliche Belastungen

=

Einkommen

–

- Kinderfreibetrag
- Haushaltsfreibetrag

=

nach der Grundtabelle für Unverheiratete → **zu versteuerndes Einkommen, das der Steuer unterliegt** ← nach der Splittingtabelle für Verheiratete

Von Bedeutung für Arbeitnehmerinnen und Arbeitnehmer sind die folgenden Möglichkeiten zur Verminderung der eigenen Steuerlast. An dieser Stelle werden die drei Hauptabzugsmöglichkeiten näher erläutert.

Werbungskosten

Werbungskosten[1] sind nach **§ 9 EStG** Aufwendungen zur Erwerbung, Sicherung und Erhaltung der Einnahmen. Sie sind bei der Einkunftsart abzuziehen, bei der sie erwachsen sind. Voraussetzung ist jeweils, dass die Werbungskosten mit der Erzielung der jeweiligen Einkünfte zwingend verbunden sind. Dies bedeutet für den Werbungskostenabzug bei den Einkünften aus nichtselbstständiger Arbeit, dass sie z. B. mit der Erhaltung des jeweiligen Berufs verknüpft sein müssen.

Es gilt bei Werbungskosten, dass nur Aufwendungen des jeweiligen Kalenderjahres abziehbar sind. Eine Ausnahme hiervon bilden die Anschaffungs- oder Herstellungskosten von Wirtschaftsgütern, die über mehrere Jahre genutzt werden können. Bei diesen Wirtschaftsgütern kann die Absetzung für Abnutzung, kurz AfA[2], geltend gemacht werden.

Zu den schon genannten Werbungskosten für den Erwerb oder Erhalt des Arbeitsplatzes zählen üblicherweise entstandene Kosten für:

- Fortbildungen, z. B. Studiengebühren für ein Aufbaustudium, Fachliteratur für Prüfungen, Veranstaltungen von Berufsverbänden oder Gewerkschaften und Studienreisen, jedoch nicht Darlehenszinsen eines für die Fortbildung aufgenommenen Darlehens
- Arbeitsmittel, z. B. Fachbücher, Fachzeitschriften, Werkzeuge usw.
- Schuldzinsen und ähnliche Leistungen, bei denen ein wirtschaftlicher Zusammenhang zu den Einkünften besteht
- Reisekosten, also Kosten wie Fahrtkosten, Verpflegungsmehraufwendungen sowie Übernachtungs- und Reisenebenkosten, wenn diese so gut wie ausschließlich durch die berufliche Tätigkeit von Arbeitnehmerinnen und Arbeitnehmern, außerhalb ihrer Wohnung und einer ortsgebundenen regelmäßigen Arbeitsstätte, veranlasst sind

sonstige Werbungskosten[2]

Anstelle der detaillierten Abrechnung der entstandenen Kosten kann alternativ ohne die Erbringung des sonst erforderlichen Einzelnachweises der sogenannte Pauschalbetrag für Werbungskosten eingesetzt werden. Dieser beträgt zurzeit für die Einnahmen aus nichtselbstständiger Arbeit 1.230,00 € je steuerpflichtiger Person. Ebenfalls können bei den sonstigen Einkünften 187,25 € monatlich (ab 2025) angesetzt werden, wenn es sich hierbei um Versorgungsbezüge handelt.

Sonderausgaben

Sonderausgaben sind nach **§ 10 EStG** Aufwendungen, die weder Betriebsausgaben noch Werbungskosten sind oder wie Betriebsausgaben oder Werbungskosten behandelt werden. Sie sind in § 10 EStG abschließend aufgezählt.

Alle Positionen, die nicht ausdrücklich genannt sind, sind keine Sonderausgaben bzw. sind keine steuerfreien Einnahmen. Ein wesentlicher Unterschied zu den Werbungskosten ist jedoch die Tatsache, dass die meisten Sonderausgaben nicht vollständig, sondern nur zu einem bestimmten prozentualen Anteil angerechnet werden können.

Zu den Sonderausgaben zählen u. a.:

- Beiträge zu Kranken-, Pflege-, Unfall- und Haftpflichtversicherungen sowie zu den gesetzlichen Rentenversicherungen (jedoch nicht Bausparzahlungen)
- Beiträge zu bestimmten Lebensversicherungen (Risikoversicherungen, Versicherungen ohne Kapitalwahlrecht, mit Wahlrecht bei einer Laufzeit von über zwölf Jahren usw.)
- zusätzliche freiwillige Pflegeversicherung
- gezahlte Kirchensteuer zu 100 %
- 80 % der Aufwendungen, höchstens 4.800,00 € je Kind, für Dienstleistungen zur Betreuung eines zum Haushalt der steuerpflichtigen Person gehörenden Kindes

1 Werbungskosten existieren nur noch für die Bereiche nichtselbstständige Arbeit und Vermietung und Verpachtung, nicht mehr für die Einnahmen aus Kapitalvermögen.
2 Dieses Thema spielt in weiteren Fachzusammenhängen der Steuerung und Kontrolle und der Geschäftsprozesse ebenfalls eine wichtige Rolle.

- Aufwendungen für die eigene Berufsausbildung bis zu 6.000,00 €[1] pro Kalenderjahr
- Gemäß § 10a EStG können ebenfalls Zahlungen für die zusätzliche Altersvorsorge, sowie nach § 10b EStG weitere Zahlungen für Spenden für kirchliche, gemeinnützige und förderungswürdige Zwecke als Sonderausgaben angerechnet werden.
- Unterhaltsleistungen an geschiedene oder dauernd getrennt lebende Ehepartnerinnen oder Ehepartner gemäß § 10 Abs. 1a EStG
- Für diejenigen, die bei den Sonderausgaben keine Angaben nachweisen können oder wollen, gilt ebenfalls ein Pauschalbetrag. Er wird gemäß § 10c EStG in Höhe von 36,00 € (bzw. 72,00 € für Verheiratete) angerechnet.

Nach **§ 33 EStG** sind außergewöhnliche Belastungen Aufwendungen, die der überwiegenden Mehrzahl der Steuerpflichtigen gleicher Einkommensverhältnisse nicht erwachsen. Der den zumutbaren Teil übersteigende Betrag wird vom Gesamtbetrag der Einkünfte abgezogen.

Körperschaftsteuer

Das Pendant zur Einkommensteuer der Personengesellschaften ist für die Kapitalgesellschaften die Körperschaftsteuer. Gemäß § 1 Körperschaftsteuergesetz (KStG) sind demnach Personenvereinigungen und Vermögensmassen, die ihre Geschäftsleitung oder ihren Sitz im Inland haben und hier näher beschrieben werden, unbeschränkt körperschaftsteuerpflichtig:

- Kapitalgesellschaften (insbesondere Europäische Gesellschaften, Aktiengesellschaften, Kommanditgesellschaften auf Aktien, Gesellschaften mit beschränkter Haftung)
- Genossenschaften einschließlich der Europäischen Genossenschaften, Versicherungs- und Pensionsfondsvereine auf Gegenseitigkeit, sonstige juristische Personen des privaten Rechts
- nicht rechtsfähige Vereine, Anstalten, Stiftungen und andere Zweckvermögen des privaten Rechts
- Betriebe gewerblicher Art von juristischen Personen des öffentlichen Rechts

Die unbeschränkte **Steuerpflicht** erstreckt sich auf alle Einkünfte der jeweiligen Gesellschaft. Wichtig in diesem Zusammenhang ist die Tatsache, dass auch die Körperschaftsteuer, wie zuvor die Einkommensteuer, eine Jahressteuer ist. Bei Steuerpflichtigen, die verpflichtet sind, Bücher nach den Vorschriften des Handelsgesetzbuches zu führen, ist der Gewinn nach dem Wirtschaftsjahr zu ermitteln, für das sie regelmäßig ihre Jahresabschlüsse machen.

Wie bei der Einkommensteuer sind jedoch auch bei der Körperschaftsteuer sogenannte Vorauszahlungen an das Finanzamt zu leisten und werden am Jahresende mit der tatsächlichen Steuerschuld verrechnet.

Bei **Kapitalgesellschaften** sind alle Einkünfte des Betriebes, egal, aus welcher Einkunftsart sie resultieren, als Einkünfte aus Gewerbebetrieb zu versteuern. Seit dem 01.01.2008 werden diese Einkünfte in Deutschland mit einer Körperschaftsteuer in Höhe von 15 % besteuert.

Ein weiterer wichtiger Unterschied für Gesellschafterinnen und Gesellschafter einer Kapitalgesellschaft: Die ausgezahlten Gewinne unterliegen – anders als bei den Gewinnen der Einzel- oder Personengesellschaft – einer weiteren Besteuerung. Diese sogenannte Abgeltungsteuer wird aufseiten der Gesellschafterinnen und Gesellschafter für alle Gewinnanteile der Kapitalgesellschaft fällig, egal, ob diese als Zinsen, Dividenden, Genuss- oder Wandelanleihen, Anleihen, Investmentanteile oder Festzinsanleihen ausgeschüttet werden oder in der Gesellschaft verbleiben. Ebenfalls nicht berücksichtigt wird die Tatsache, dass die Gewinne bereits aufseiten der Kapitalgesellschaft der Steuer unterworfen waren. Es kann hier also zu einer sogenannten Doppelbesteuerung der Gewinne für Gesellschafterinnen und Gesellschafter kommen. Allerdings ist die Summe aus Körperschaftsteuer und Abgeltungsteuer seit Inkrafttreten der Unternehmenssteuerreform mit 40 % unter dem Spitzensteuersatz von 42 %.

1 Bitte beachten Sie die aktuelle Gesetzgebung.

Gewerbesteuer

Laut Gewerbesteuergesetz (GewStG) wird diese Steuer den Städten und Gemeinden für ihre Haushaltsgestaltung zur Verfügung gestellt. Es handelt sich hierbei also gemäß **§ 1 GewStG** um eine Gemeindesteuer, was dazu führt, dass die Höhe der Steuer von jeder Gemeinde einzeln bestimmt werden kann. Dies erfolgt mithilfe des individuellen Steuerhebesatzes. Der Gewerbesteuer unterliegt gemäß **§ 2 GewStG** jeder bestehende Gewerbebetrieb, soweit er im Inland betrieben wird.

Immer als Gewerbebetrieb gelten Kapitalgesellschaften, Aktiengesellschaften, Kommanditgesellschaften auf Aktien, Gesellschaften mit beschränkter Haftung und Genossenschaften. Steuerschuldner sind die Unternehmerinnen und Unternehmer selbst, wobei gemäß **§ 5 GewStG** diejenigen als Unternehmerinnen und Unternehmer gelten, für deren Rechnung das jeweilige Gewerbe betrieben wird. Bei den Personengesellschaften ist die Gesellschaft der Steuerschuldner.

Als **Besteuerungsgrundlage** für das Unternehmen gilt der erzielte Gewerbeertrag, der nach den Vorschriften des Einkommen- und Körperschaftsteuergesetzes ermittelt wird und im Anschluss um weitere Beträge gemäß **§§ 8** und **9 GewStG** korrigiert werden kann. Aus dem so ermittelten Betrag wird unter Anwendung einer Prozentberechnung, der sogenannten **Steuermesszahl**, ein **Steuermessbetrag** ausgerechnet. Auf diesen Messbetrag wird dann der jeweilige **Steuerhebesatz** der einzelnen Gemeinde, ebenfalls ein Prozentsatz, angewendet.

sonstige Steuern

Abgeltungsteuer	Die Abgeltungsteuer wurde mit der Unternehmenssteuerreform zum 01.01.2009 zur Stärkung der Wettbewerbsfähigkeit und Attraktivität des Finanzplatzes Deutschland eingeführt. Alle Kapitalerträge, die im privaten Bereich anfallen, werden steuerlich einheitlich mit 25 % Abgeltungsteuer behandelt (Zinsen, Dividenden usw.). Hinzu kommen hier noch der Solidaritätszuschlag und ggf. die Kirchensteuer.
Einfuhrumsatzsteuer	Die Einfuhrumsatzsteuer (EUSt) wird bei der Einfuhr von Waren aus Drittländern in die Bundesrepublik Deutschland erhoben. Für die Einfuhrumsatzsteuer gelten die Vorschriften für Zölle in Zusammenhang mit dem deutschen Umsatzsteuergesetz (UStG). Die Höhe der Einfuhrumsatzsteuer kann nach folgender Vorlage ermittelt werden: Warenwert inkl. Transportkosten oder vereinfacht FOB-Wert zuzüglich Transportkosten + erhobener Zoll + erhobene Steuer + erhobene Beförderungskosten = Bemessungsgrundlage für Einfuhrumsatzsteuer (EUSt-Wert) · Steuersatz (19 % bzw. 7 %) = Einfuhrumsatzsteuer (EUSt)
Erbschaftsteuer und Schenkungsteuer	Der Erbschaftsteuer (Schenkungsteuer) unterliegen • der Erwerb von Todes wegen (z. B. Erbschaft), • die Schenkungen unter Lebenden, • die Zweckzuwendung und • zum Teil das Vermögen einer Stiftung. In bestimmten Fällen von Vererbung an Familienmitglieder und der Unternehmensfortführung werden jedoch umfangreiche Freibeträge eingeräumt.
Grunderwerbsteuer	Der Steuersatz dieser Steuer, die beim **Erwerb** eines Grundstücks erhoben wird, betrug früher in der Regel 3,5 % der Bemessungsgrundlage. Seit 2006 dürfen die Bundesländer die Höhe des Steuersatzes selbst festlegen. Abweichende Steuersätze (derzeit zwischen 5 % und 6,5 %) gelten inzwischen in allen Bundesländern. Die Grunderwerbsteuer wird von den Bundesländern vereinnahmt und an die Kommunen weitergeleitet.

Grundsteuer	Die Grundsteuer ist eine Steuer auf das **Eigentum** an Grundstücken und den hierauf befindlichen Gebäuden. Sie wird von der jeweiligen Gemeinde erhoben, in der sich das Eigentum befindet.
Kirchensteuer	Die Kirchensteuer ist eine Steuer, die nur in wenigen Ländern existiert. Sie beruht auf dem sogenannten Zehnt, der im Mittelalter von der katholischen Kirche auf die Erträge aus landwirtschaftlichen Produkten erhoben wurde.
Kraftfahrzeugsteuer	Die Kraftfahrzeugsteuer, kurz Kfz-Steuer, ist eine Steuer, die Fahrzeughalterinnen und Fahrzeughalter für auf sie angemeldete Kraftfahrzeuge zahlen müssen.
Ökosteuer	Die Ökosteuer besteuert in Deutschland den Energieverbrauch bzw. umweltschädigendes Verhalten. Das Konzept wurde während der 1980er-Jahre entwickelt und verfolgt zwei Hauptziele: • Besteuerung des knappen Gutes Energie, woraus sich eine Effizienzsteigerung für die Verwendung ergeben soll, • Unterstützung der Finanzierung der sozialen Sicherung der Bevölkerung. Ökosteuern dienen somit dazu, Steuerrecht mit Umweltpolitik zu verbinden. Daher wird in diesem Zusammenhang auch von der Ökologisierung des Steuerrechts gesprochen. Das erzielte Steueraufkommen dient zum Teil der Verringerung der Beitragssätze für die Sozialversicherungsbeiträge der Arbeitnehmerinnen und Arbeitnehmer.
Umsatzsteuer	In § 1 Umsatzsteuergesetz (UStG) steht, welche Umsätze steuerbar sind. Im Wesentlichen sind dies „die Lieferungen und sonstigen Leistungen, die ein Unternehmer im Inland gegen Entgelt im Rahmen seines Unternehmens ausführt".

AUFGABE 1

Stellen Sie die wesentlichen Gemeinsamkeiten und Unterschiede der beiden genannten wirtschaftspolitischen Grundkonzeptionen tabellarisch gegenüber.

AUFGABE 2

Informieren Sie sich über die in der Corona-Pandemie zur Stützung der Konjunktur beschlossenen Maßnahmen. Ordnen Sie sie vor dem Hintergrund des Monetarismus und des Keynesianismus ein.

AUFGABE 3

Wählen Sie zwei der Maßnahmen aus Aufgabe 2 aus. Welche Auswirkungen haben diese Maßnahmen auf

a) Ihren Ausbildungsbetrieb und die Branche, zu der er gehört, und

b) Sie selbst?

AUFGABE 4

Informieren Sie sich zunächst in geeigneten Quellen über die Besteuerung von Unternehmensgewinnen. Beschreiben Sie mithilfe dieser Informationen die Besteuerung von Gewinnen bei Personengesellschaften und Kapitalgesellschaften in Deutschland.

AUFGABE 5

Zeigen Sie die sich hieraus ergebenden Unterschiede der Besteuerung auf.

AUFGABE 6

Erläutern Sie den Aufbau des Steuersystems in Deutschland.

AUFGABE 7

Erklären Sie den Unterschied zwischen direkten und indirekten Steuern.

AUFGABE 8

Wo liegen die Unterschiede zwischen Lohnsteuer und Einkommensteuer?

AUFGABE 9

Welche Wirkung hat die Höhe der Körperschaftsteuer auf die Investitionsbereitschaft von Unternehmen

a) aus dem Inland und

b) aus dem Ausland?

AUFGABE 10

Was bedeutet die rechtliche Trennung von Gesellschafts- und Gesellschafterebene für die Frage der Besteuerung?

7.3 Das Europäische System der Zentralbanken (ESZB) und der Euro-Rettungsschirm

Im Rahmen der Finanzmarktkrise 2008/2009 und bei dem starken Anstieg der Verbraucherpreise in den Jahren 2022 und 2023 war die Europäische Zentralbank stärker denn je gefordert, aber auch die Europäische Union hat zahlreiche Maßnahmen ergriffen, um das europäische Finanzsystem und die in Schwierigkeiten geratenen Eurostaaten zu unterstützen bzw. Preisstabilität zu gewährleisten. Eine wichtige Rolle im Rahmen der Wirtschaftspolitik bzw. bezüglich der Erreichung der Ziele des magischen Vierecks auf nationaler und insbesondere auf europäischer Ebene spielt das Europäische System der Zentralbanken (ESZB). Im Rahmen der Wirtschaftskrisen rückt die Europäische Zentralbank immer häufiger in den Vordergrund. Von ihr wird erwartet und gefordert, konjunktur- und geldpolitische Signale zu senden, die einem wirtschaftlichen Aufschwung deutlich zuträglich sind. Dabei hat die EZB vielfältige Möglichkeiten, diese Erwartungen umzusetzen, wenngleich kritische Stimmen auch immer wieder anmahnen, worin die eigentliche Rolle der Zentralbank liegt.

Die Europäische Zentralbank (EZB) ist die zentrale Institution des Eurosystems und verantwortlich für die Geldpolitik im Euroraum. Ihre Hauptaufgabe ist die Sicherung der Preisstabilität, also die Kontrolle der Inflation, damit der Euro seinen Wert behält. Dazu steuert sie u. a. die Leitzinsen und beeinflusst die Geldmenge. Zudem überwacht die EZB gemeinsam mit den nationalen Zentralbanken die Stabilität des Finanzsystems. Sie ist auch für die Ausgabe von Euro-Banknoten zuständig und wirkt an der Bankenaufsicht mit. Ihr Ziel ist es, ein stabiles wirtschaftliches Umfeld in der Eurozone zu fördern.

Die Verfolgung dieses vorrangigen Ziels der Geldwert- bzw. Preisstabilität spiegelt sich auch im Vertrag über die Arbeitsweise der Europäischen Union wider:

Artikel 127 Vertrag über die Arbeitsweise der Europäischen Union

(1) Das vorrangige Ziel des Europäischen Systems der Zentralbanken […] ist es, die Preisstabilität zu gewährleisten. Soweit dies ohne Beeinträchtigung des Zieles der Preisstabilität möglich ist, unterstützt das ESZB die allgemeine Wirtschaftspolitik in der Union, […]

Weitere Ziele des ESZB, die in Artikel 2 des EG-Vertrages benannt sind, sind die Entwicklung des Wirtschaftslebens, ein hohes Beschäftigungsniveau und ein hohes Maß an sozialem Schutz, die Gleichstellung von Männern und Frauen, ein beständiges, nichtinflationäres Wachstum, ein hoher Grad von Wettbewerbsfähigkeit und Konvergenz der Wirtschaftsleistungen, ein hohes Maß an Umweltschutz und die Verbesserung der Umweltqualität, die Hebung der Lebenshaltung und der Lebensqualität, den wirtschaftlichen und sozialen Zusammenhalt und die Solidarität zwischen den Mitgliedstaaten zu fördern.

Autonomie der EZB

Bei der Verfolgung dieser Ziele ist das ESZB autonom bzw. unabhängig von jeglichen Weisungen. Daher können die Regierungen der Mitgliedstaaten der EU mithilfe des ESZB keine aktive Wirtschaftspolitik betreiben, da sie die Entscheidungen der EZB nicht direkt beeinflussen können. Gleichwohl gewinnt die Tätigkeit der EZB immer mehr an politischer Bedeutung.

§§

Artikel 130 Vertrag über die Arbeitsweise der Europäischen Union

Bei der Wahrnehmung der ihnen durch die Verträge und die Satzung des ESZB und der EZB übertragenen Befugnisse, Aufgaben und Pflichten darf weder die Europäische Zentralbank noch eine nationale Zentralbank noch ein Mitglied ihrer Beschlussorgane Weisungen von Organen, Einrichtungen oder sonstigen Stellen der Union, Regierungen der Mitgliedstaaten oder anderen Stellen einholen oder entgegennehmen. Die Organe, Einrichtungen oder sonstigen Stellen der Union sowie die Regierungen der Mitgliedstaaten verpflichten sich, diesen Grundsatz zu beachten und nicht zu versuchen, die Mitglieder der Beschlussorgane der Europäischen Zentralbank oder der nationalen Zentralbanken bei der Wahrnehmung ihrer Aufgaben zu beeinflussen.

7.3.1 Die Struktur des ESZB und seine klassischen geldpolitischen Instrumente

ESZB – EZB

Das ESZB besteht aus der Europäischen Zentralbank (EZB) in Frankfurt und den nationalen Zentralbanken (NZB) aller Mitgliedstaaten der EU, unabhängig davon, ob sie den Euro eingeführt haben oder nicht. Die EZB wird durch ein **Direktorium**, das aus der EZB-Präsidentin Christine Lagarde, dem Vizepräsidenten Luis de Guindos und vier weiteren Mitgliedern besteht, geführt. Bei der Festlegung der Geld- und Währungspolitischen Leitlinien ist der EZB-Rat das entscheidene Organ. Es besteht aus dem Direktorium und den Präsidentinnen und Präsidenten der **NZB** der Länder der Europäischen Währungsunion (EWU). Die europäischen Staaten, die den Euro noch nicht eingeführt haben, sind durch ihre Notenbankpräsidenten im erweiterten EZB-Rat vertreten und auf diese Weise in Beratungen einbezogen.

Ein wichtiger Ansatzpunkt der **Geldpolitik** der EZB ist die Steuerung der vorhandenen Geldmenge, die einen wesentlichen Einfluss auf das Preisniveau in der EWU hat. Eine sehr wichtige Steuerungsgröße ist dabei der Zins. So führen zinssenkende Maßnahmen zu einer erhöhten Kreditnachfrage bei Haushalten und Unternehmen und damit zu einer Ausweitung der Geldmenge und einer Belebung der Wirtschaft. Eine Zinserhöhung führt tendenziell zu einer sinkenden Kreditnachfrage und damit auch zu einer Beschränkung der Geldmenge. Zur Steuerung der Geldmenge bedient sich die EZB der drei folgenden geldpolitischen Instrumente: Sie führt **Offenmarktgeschäfte** durch, bietet **ständige Fazilitäten** an und verlangt, dass die Kreditinstitute eine **Mindestreserve** auf Konten bei der EZB bzw. den NZB halten.

Geldmenge

Offenmarktgeschäfte

ständige Fazilitäten

Mindestreserve

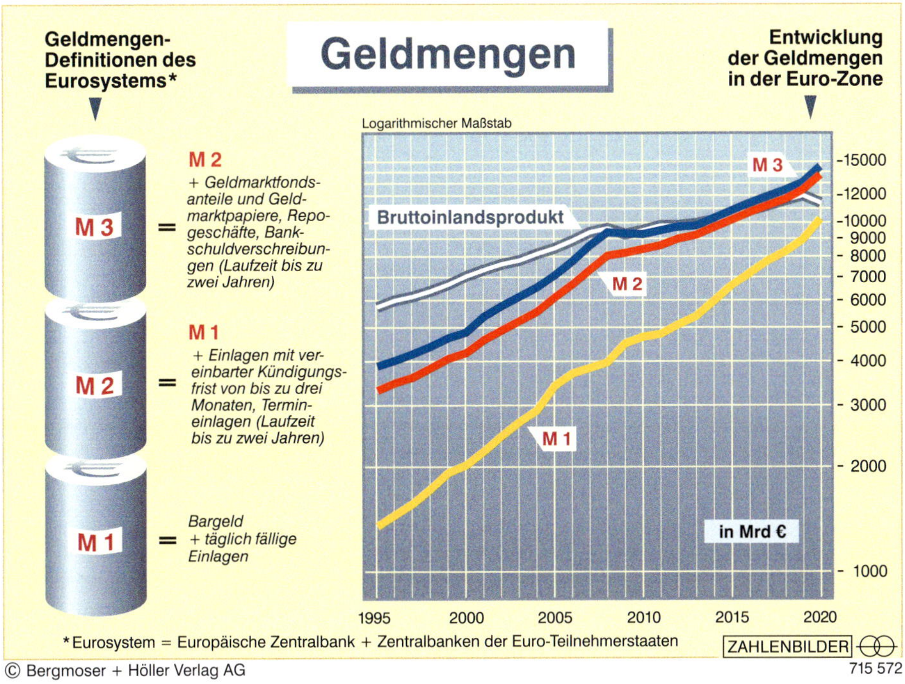

7.3.1.1 Offenmarktgeschäfte

Offenmarktgeschäfte dienen vor allem dazu, den Banken Liquidität zur Verfügung zu stellen. Sie werden zumeist als befristete Transaktionen durchgeführt. Im Rahmen dieser befristeten Transaktionen vergibt die EZB Kredite an die Geschäftsbanken, die meistens durch Wertpapiere mit sehr hoher Bonität besichert sind. In der Abwicklung der Geschäfte bevorzugt die EZB sogenannte Tenderverfahren, d. h. Ausschreibungsverfahren, in denen die Geschäftsbanken Gebote an die EZB abgeben. Die EZB versucht, über die eingehenden Gebote den genauen Liquiditätsbedarf der Banken einzuschätzen und zudem die benötigte Liquidität zu einem marktgerechten Zins anzubieten.

Im Rahmen der **Tenderverfahren** sind Mengen- und Zinstender zu unterscheiden, wobei beim Zinstender das holländische und das amerikanische Verfahren unterschieden werden können.

Mengentender

Beim Mengentender gibt die EZB einen bestimmten Zinssatz vor. Die Kreditinstitute geben Gebote ab, in denen sie den gewünschten Kreditbetrag angeben.

BEISPIEL

Festzinssatz:	0,75 % p. a.
Ausschreibungsvolumen:	45.000,00 Mio. €
Gebot Bank A:	27.000,00 Mio. €
Gebot Bank B:	20.000,00 Mio. €
Gebot Bank C:	13.000,00 Mio. €
Gesamtsumme der Gebote:	60.750,00 Mio. €
Zuteilungsquote:	45.000,00 Mio. €/60.000,00 Mio. € = 75 %
Zuteilung:	
Bank A erhält:	20.250,00 Mio. € (75 % von 27.000,00 Mio. €)
Bank B erhält:	15.000,00 Mio. € (75 % von 20.000,00 Mio. €)
Bank C erhält:	9.750,00 Mio. € (75 % von 13.000,00 Mio. €)
gesamte Zuteilung:	45.000,00 Mio. €

Zinstender

Beim Zinstenderverfahren hingegen gibt die EZB in ihren Ausschreibungen entweder keinen oder einen Mindestzinssatz vor. Die Kreditinstitute geben in ihren Geboten einen gewünschten Betrag und den Zinssatz an, den sie bereit sind, für den Kreditbetrag zu bezahlen.

Im holländischen Zinstenderverfahren erfolgt die Zuteilung zu dem Zinssatz, den das letzte im Rahmen des Ausschreibungsvolumen berücksichtigte Kreditinstitut zu zahlen hat. Im amerikanischen Zinstenderverfahren erfolgt die Zuteilung im Rahmen des Ausschreibungsvolumens zu dem Zinssatz, den die Kreditinstitute jeweils zu zahlen bereit sind.

BEISPIEL

Holländisches Verfahren

Ausschreibungsvolumen:	30.000,00 Mio. €
Mindestzinssatz:	0,8 % p. a.
Gebot Bank A:	27.000,00 Mio. € zu 0,83 % p. a.
Gebot Bank B:	20.000,00 Mio. € zu 0,81 % p. a.
Gebot Bank C:	13.000,00 Mio. € zu 0,82 % p. a.
Zuteilung:	
Bank C erhält:	13.000,00 Mio. € zu 0,81 % p. a.
Bank B erhält:	17.000,00 Mio. € zu 0,81 % p. a.
gesamte Zuteilung:	30.000,00 Mio. € zu 0,81 % p. a.
Bank A geht leer aus.	

BEISPIEL

Amerikanisches Verfahren

Ausschreibungsvolumen:	30.000,00 Mio. €
Mindestzinssatz:	0,8 % p. a.
Gebot Bank A:	27.000,00 Mio. € zu 0,83 % p. a.
Gebot Bank B:	20.000,00 Mio. € zu 0,81 % p. a.
Gebot Bank C:	13.000,00 Mio. € zu 0,82 % p. a.
Zuteilung:	
Bank C erhält:	13.000,00 Mio. € zu 0,82 % p. a.
Bank B erhält:	17.000,00 Mio. € zu 0,81 % p. a.
gesamte Zuteilung:	30.000,00 Mio. €
Bank A geht leer aus.	

Leitzins

Das **Offenmarktgeschäft,** über das den Banken der wesentliche Anteil an Liquidität zur Verfügung gestellt wird, ist das **Hauptrefinanzierungsinstrument**. Diesem Kreditgeschäft mit den Banken liegt als Zins der Hauptrefinanzierungssatz als wichtigster Leitzins der EZB zugrunde. Dieser Hauptrefinanzierungssatz gibt an, zu welchem Zinssatz sich die Banken Liquidität bei der EZB beschaffen können, wenn sie die erforderlichen Sicherheiten bereitstellen können. Ein weiterer Leitzins ist der Zins für Einlagefazilitäten. Zu diesem Zins können Banken überschüssige Liquidität über Nacht bei der EZB anlegen. Dieser Leitzins ist von Juni 2024 bis März 2025 von 3,75 % auf 2,5 % gesunken. Fachleute rechnen im Verlauf des Jahres 2025 mit weiteren Senkungen.

EZB-Zinssätze/Basiszinssätze in Prozent p. a.

EZB-Zinssätze										Basiszinssätze			
Gültig ab	Einlagefazilität	Hauptrefinanzierungsgeschäfte		Spitzenrefinanzierungsfazilität	Gültig ab	Einlagefazilität	Hauptrefinanzierungsgeschäfte		Spitzenrefinanzierungsfazilität	Gültig ab	Basiszinssatz gemäß BGB [1]	Gültig ab	Basiszinssatz gemäß BGB [1]
		Festnetzt	Mindestbietungssatz				Festnetzt	Mindestbietungssatz					
2024 12. Juni	3,75	4,25	–	4,50	2025 5. Feb.	2,75	2,90	–	3,15	2023 1. Jan.	1,62	2025 1. Jan.	2,27
18. Sep. [2]	3,50	3,65	–	3,90	12. Mär.	2,50	2,65	–	2,90	1. Juli	3,12		
23. Okt.	3,25	3,40	–	3,65									
18. Dez.	3,00	3,15	–	3,40						2024 1. Jan.	3,62		

1 Gemäß § 247 BGB.
2 Mit Wirkung zum 18. September 2024 wird die Spanne zwischen den Zinssätzen für die Hauptrefinanzierungsgeschäfte und für die Einlagefazilität auf 15 Basispunkte reduziert. Die Spanne zwischen den Zinssätzen für die Spitzenrefinanzierungsfazilität und für die Hauptrefinanzierungsgeschäfte bleibt unverändert bei 25 Basispunkten.

Quelle: Deutsche Bundesbank: EZB-Zinssätze/Basiszinssätze. In: Monatsbericht – März 2025, 77. Jahrgang, Nr. 3, Statistischer Teil, S. 43, veröffentlicht am 20.03.2025 unter https://publikationen.bundesbank.de/publikationen-de/berichte-studien/monatsberichte/monatsbericht-maerz-2025-952146 [24.04.2025].

Ständige Fazilitäten 7.3.1.2

Während die Initiative zu einem Geschäftsabschluss bei den Offenmarktgeschäften von der EZB ausgeht, bietet sie im Rahmen der ständigen Fazilitäten den Banken die Möglichkeit auf deren Initiative hin, sich mit einer **Spitzenrefinanzierungsfazilität** kurzfristig benötigte Liquidität für einen Geschäftstag zu beschaffen. Sollten die Banken überschüssige Liquidität haben, können sie diese als **Einlagefazilität** bei der EZB anlegen.

Mindestreserve 7.3.1.3

Die Kreditinstitute sind verpflichtet, einen bestimmten Prozentsatz ihrer Verbindlichkeiten, darunter fallen beispielsweise die Einlagen ihrer Kunden, als Guthaben bei der EZB bzw. ihrer zuständigen NZB zu unterhalten. Je höher die von der EZB festgesetzten Mindestreservesätze sind, desto geringer sind die Möglichkeiten für die Geschäftsbanken, Kredite zu gewähren, weil ihnen die bei der EZB zu unterhaltenden Mittel nicht zur Kreditvergabe zur Verfügung stehen. Will die EZB also die Geldmenge erhöhen, könnte sie die Mindestreservesätze senken, um so die Möglichkeiten der Kreditvergabe zu erhöhen. Umgekehrt kann sie die Mindestreservesätze verringern, um die Möglichkeiten der Kreditvergabe zu erhöhen.

BEISPIEL

Die EZB nimmt auf Spareinlagen eine Mindestreserve in Höhe von 1 %. Ein deutsches Kreditinstitut, das 450 Mio. € an Spareinlagen unterhält, ist verpflichtet, auf seinem Konto bei der Bundesbank 4,5 Mio. € als Mindestreserve zu unterhalten. Diese 4,5 Mio. € stehen also nicht für die Kreditvergabe zur Verfügung.

Der Einfluss der EZB auf Konjunktur und Preisstabilität

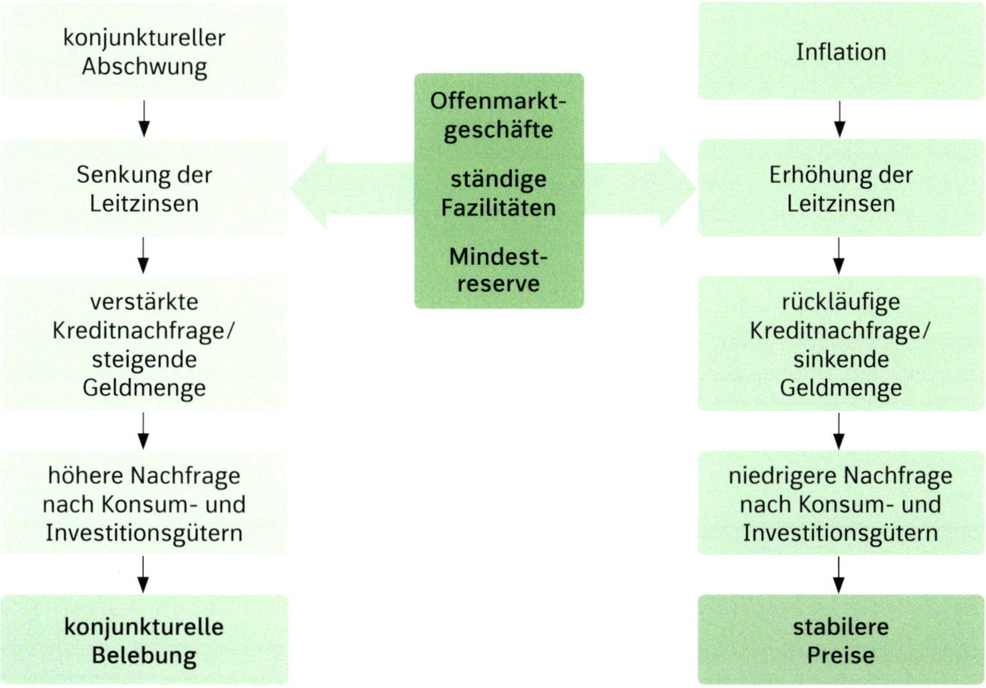

7.3.2 Ankauf von Staatsanleihen durch die EZB

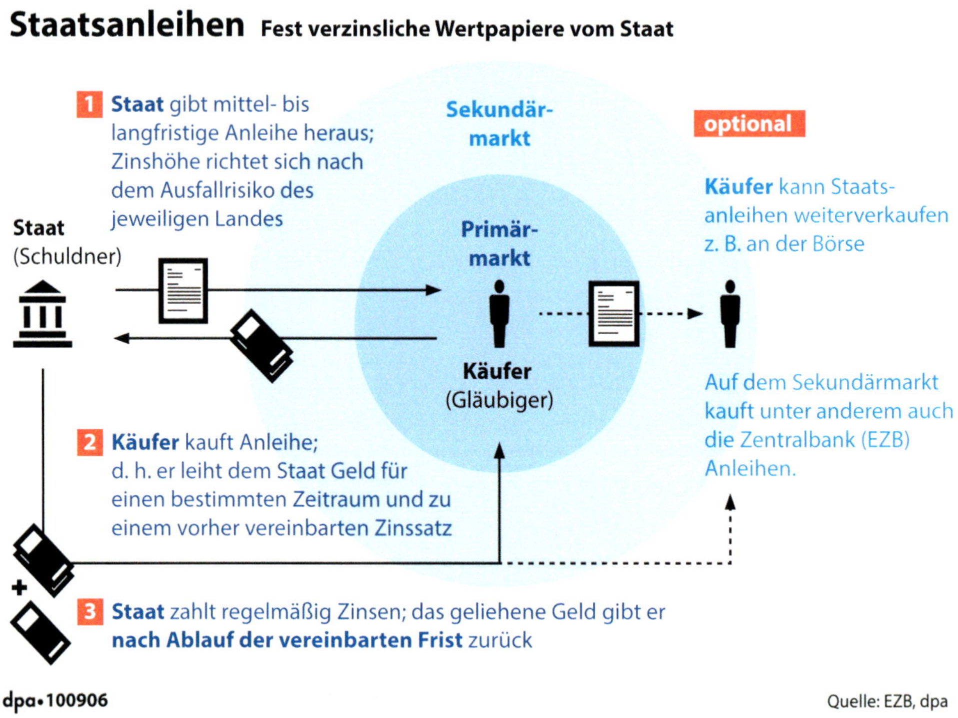

Seit 2010 hat die EZB mehrmals Staatsanleihen gekauft, um deren Kurse zu stabilisieren und vor allem um den Marktzins zu senken, zu dem sich hoch verschuldete Staaten refinanzieren bzw. Liquidität beschaffen können. Dies ist insbesondere wichtig, da Länder wie Griechenland, Portugal und Spanien höhere Zinsen bezahlen müssen, um sich über die Ausgabe von Staatsanleihen finanzielle Mittel zu beschaffen. Als Voraussetzung für den Kauf von Staatsanleihen durch die EZB muss das betroffene Land unter einem der europäischen Rettungsschirme sein und dementsprechend strenge Reformvorgaben erfüllen. Das Volumen, das die EZB zum Kauf der Anleihen vorsieht, ist theoretisch unbegrenzt, aber allein die Ankündigung von Käufen kann schon für eine Beruhigung auf den Geldmärkten und damit für fallende Zinsen sorgen. Im Zusammenhang mit dem Kauf von Staatsanleihen befürchteten Kritikerinnen und Kritiker, dass aufgrund der steigenden Geldmenge, die für den Kauf der Staatsanleihen benötigt wird, eine erhöhte **Inflationsgefahr** bestünde. Dementsprechend hat die EZB im Juni 2022 vor dem Hintergrund der stark steigenden Inflation beschlossen, ihren Bestand an Staatsanleihen nicht weiter zu erhöhen und hat ihre Kaufprogramme eingestellt.

Der Euro-Rettungsschirm 7.3.3

Die Europäische Zentralbank hat ihren Euro-Rettungsschirm erneut in den Fokus gerückt, da sich mehrere Mitgliedsstaaten mit wachsenden Schuldenständen und wirtschaftlichen Unsicherheiten konfrontiert sehen. Insbesondere nach den jüngsten politischen Turbulenzen in Italien und den konjunkturellen Herausforderungen in Frankreich hat die EZB bekräftigt, im Rahmen des Transmission Protection Instrument (TPI) notfalls einzugreifen, um übermäßige Zinsunterschiede zwischen den Euroländern zu verhindern.

Das TPI wurde 2022 eingeführt und soll sicherstellen, dass die Geldpolitik der EZB in allen Mitgliedsstaaten wirksam bleibt. Aktuell signalisiert die Notenbank ihre Bereitschaft, Staatsanleihen einzelner Länder aufzukaufen, falls es zu ungerechtfertigten Marktverwerfungen kommt.

EZB-Präsidentin Christine Lagarde betonte in einer Pressekonferenz, dass der Euro „irreversibel" sei und man alles tun werde, um die finanzielle Stabilität im Währungsraum zu sichern. Kritische Stimmen warnen jedoch vor möglichen Fehlanreizen für hochverschuldete Länder und einer langfristigen Abhängigkeit von EZB-Maßnahmen.

Die Diskussionen über Reformen der Fiskalpolitik und eine stärkere wirtschaftliche Koordination in der Eurozone gewinnen daher wieder an Bedeutung.

AUFGABE 1

Die EZB möchte das Wachstum der Geldmenge erhöhen. Welche zwei der folgenden Maßnahmen erscheinen Ihnen hierfür geeignet?

a) Die EZB verteuert die Hauptrefinanzierungsgeschäfte durch eine Anhebung der Leitzinsen.

b) Die EZB verkauft zunehmend Wertpapiere.

c) Der Mindestreservesatz wird gesenkt.

d) Der Spitzenrefinanzierungssatz wird um 25 Basispunkte angehoben.

e) Die EZB beschließt, im Mengentenderverfahren alle Gebote zu 100 % zu bedienen.

f) Die EZB berät die Geschäftsbanken dahin gehend, dem Mittelstand verstärkt Kredite zu gewähren.

AUFGABE 2

In welchen zwei Zusammenhängen ist mit einer Verringerung der Mindestreserve durch die EZB am ehesten zu rechnen?

1. Der private Konsum steigt kontinuierlich an und die Unternehmen sind zufrieden mit der hohen Zahl an Auftragseingängen.
2. Viele Unternehmen haben Schwierigkeiten, an Investitionskredite zu kommen, und die Banken beklagen Liquiditätsengpässe.
3. Das Vertrauen der Verbraucherinnen und Verbraucher ist getrübt, der Konsum ist rückläufig und die Unternehmen beklagen die hohen Lohnnebenkosten.
4. Die Verbraucherpreise ziehen an und die Wirtschaft ist mit ausreichend Liquidität versorgt.
5. Die Handelsbilanz weist einen positiven Saldo aus und auch die Binnennachfrage hat sich erholt.

AUFGABE 3

Welche der folgenden Länder sind ausschließlich Mitglied in der EWU, sodass bei einer Fakturierung kein Wechselkursrisiko besteht?

1. Schweiz, Rumänien, Portugal
2. Dänemark, Schweden, Italien
3. Niederlande, Luxemburg, Ukraine
4. Zypern, Malta, Bulgarien
5. Spanien, Ungarn, Frankreich

AUFGABE 4

Die EZB ist dazu übergegangen, Staatsanleihen zu kaufen. Welche zwei Gründe sprechen für diese Vorgehensweise?

1. Die EZB möchte überschüssige Liquidität vom Markt nehmen.
2. Hauptrefinanzierungsgeschäfte sollen nicht überstrapaziert werden, daher greift die EZB zu dieser alternativen geldpolitischen Maßnahme.
3. Einige Staaten haben aufgrund ihres schlechten Ratings Schwierigkeiten, ihre Anleihen zu verkaufen.
4. Es gibt in Europa ein zu hohes Angebot an Staatsanleihen, daher tritt die EZB als Nachfragerin auf, um diesen Angebotsüberhang abzuschöpfen.
5. Es besteht die Gefahr, dass die Refinanzierungskosten für einige Staaten zu hoch werden.

AUFGABE 5

Um der Wirtschaft Geld zuzuführen oder aber auch zu entziehen, hat die Europäische Zentralbank im Rahmen ihrer Offenmarktpolitik die Möglichkeit, verschiedene Maßnahmen zu ergreifen.

Welche der folgenden Aussagen sind in diesem Zusammenhang richtig?

1. Übersteigen bei einem angekündigten Mengentender die Einzelgebote der Kreditinstitute den vorgegebenen Kreditbetrag, so nimmt die EZB die Ausschreibung innerhalb einer Woche zurück.
2. Beim Mengentender legt die Zentralbank im Ausschreibungsverfahren den Zinssatz fest. Zurzeit teilt die EZB allen Geboten die gewünschte Liquidität zu.
3. Beim Zinstenderverfahren richtet sich die Zuteilung für das einzelne Kreditinstitut auch nach dem von dem Kreditinstitut jeweils gebotenen Zinssatz.
4. Bei den Standardtendern handelt es sich um Kredite gegen Verpfändung von bonitätsmäßig einwandfreien Sicherheiten.
5. Zinstender nach der holländischen und der amerikanischen Zuteilungsmethode unterscheiden sich nur in den jeweils zugeteilten Volumina.

AUFGABE 6

Die Deutsche Bundesbank führt ein Offenmarktgeschäft durch. Die Zuteilung erfolgt als Zinstender im amerikanischen Verfahren. Es gehen Gebote von fünf Kreditinstituten ein. Der Mindestbietungssatz beträgt 1,5 % und der Umfang des Tenders 630 Mio. €.

Die Gebote der fünf Kreditinstitute gestalten sich folgendermaßen:

	Mengen in Mio. €	Zinssätze in %
A	100	1,551
B	290	1,555
C	140	1,554
D	40	1,552
E	180	1,553

a) Ermitteln Sie jeweils in Mio. Euro die Zuteilung für das entsprechende Kreditinstitut und geben Sie auch den Zinssatz an, zu dem zugeteilt wird.
1. D **2.** E **3.** A

b) Was verändert sich, wenn das holländische Verfahren zum Zuge kommt?

c) Worin unterscheidet sich das Mengentenderverfahren grundsätzlich vom Zinstenderverfahren?

AUFGABE 7

Die Deutsche Bundesbank führt ein Offenmarktgeschäft durch. Die Zuteilung erfolgt als Mengentender. Das Ausschreibungsvolumen beläuft sich auf 7.000 Mio. €. Es sollen nicht zwangsläufig alle Gebote der Geschäftsbanken bedient werden.

Insgesamt liegen folgende Gebote der interessierten Kreditinstitute vor:

- Wupperbank 1.200 Mio. €
- Ruhrbank 6.100 Mio. €
- Lennebank 3.700 Mio. €
- Emscherbank 4.400 Mio. €
- Rheinbank 4.600 Mio. €

Berechnen Sie die Zuteilung für die Lennebank.

AUFGABE 8

Welche drei der folgenden möglichen geldpolitischen Instrumente finden im Euro-Währungsgebiet Anwendung?

1. Festsetzung eines Diskontsatzes
2. Bereitstellung eines Rediskont-Kontingents
3. Offenmarktgeschäfte
4. Haltung von Mindestreserven bei den nationalen Zentralbanken
5. Festsetzung eines Lombardsatzes
6. Anlage von Tagesgeld bei den nationalen Zentralbanken

AUFGABE 9

Welche der folgenden Aussagen zu Steuerungsmöglichkeiten im Rahmen des geldpolitischen Instrumentariums des ESZB sind zutreffend?

Geben Sie die beiden richtigen Lösungen an.

1. Offenmarktgeschäfte werden eingesetzt, um die Zinssätze und damit die Liquidität am Markt zu steuern.
2. Das Instrument der ständigen Fazilitäten steht auf Initiative der Geschäftspartner der Deutschen Bundesbank zur Geldanlage bzw. -aufnahme für einen Geschäftstag zur Verfügung.
3. Die Mindestreservevorschriften sehen vor, dass jedes inländische Kreditinstitut bei der Deutschen Bundesbank ständig einen bestimmten Betrag als Liquiditätsreserve zu halten hat.
4. Die Einlagefazilität kann von den Geschäftspartnern nur am Monatsultimo in Anspruch genommen werden, um die dann hohen Liquiditätszuflüsse zinsbringend anlegen zu können.
5. Im Rahmen einer expansiven Offenmarktpolitik steuert das ESZB die Geldmenge über eine Erhöhung des Basiszinssatzes.
6. Die Mindestreservepflicht benachteiligt die Banken, da die hinterlegten Liquiditätsreserven unverzinst zu halten sind.

Internationalisierung und Globalisierung 8

Die Weltwirtschaft verändert sich in rasendem Tempo. Die Informations-, Kommunikations- und Transporttechnologien entwickeln sich rasant, immer mehr globale Unternehmen bauen eine riesige Marktmacht auf, die Finanzmärkte wurden zunehmend internationalisiert und zentrale Dienstleistungsbereiche wie Telekommunikation, Logistik, Transport und Energie wurden dereguliert und privatisiert. Außerdem wurden Importbarrieren abgebaut und Restriktionen gegenüber ausländischen Investoren gelockert.

Diese Entwicklungen bewirken weitgehende internationale Verflechtungen und Abhängigkeiten sowohl auf kultureller und gesellschaftlicher als auch auf wirtschaftlicher Ebene. Die Welt rückt im Rahmen der Globalisierung immer enger zusammen, die internationale Arbeitsteilung ermöglicht es den einzelnen Ländern, ihre unterschiedlichen Stärken auszuspielen und dadurch Wachstum und Einkommen zu steigern (siehe Seite 458).

Die folgende Grafik verdeutlicht die Globalisierung anhand der zunehmenden Bedeutung des weltweiten Außenhandels. So haben sich alleine seit dem Jahr 2000 die weltweiten Exporte verdoppelt.

Entwicklung des grenzüberschreitenden Warenhandels
Index (1960 = 1), in konstanten Preisen, Entwicklung in Prozent, weltweit 1960 bis 2022

Quelle: Bundeszentrale für politische Bildung: Entwicklung des Warenhandels. 24.03.2025. In: www.bpb.de/kurz-knapp/zahlen-und-fakten/globalisierung/52543/entwicklung-des-warenhandels [10.03.2025].

8.1 Internationale Marktplätze – Rahmenbedingungen: Freihandel und Protektionismus

HOHE ZÖLLE AUF MILCHPRODUKTE: DIE EU UND IHRE PROTEKTIONISTISCHE POLITIK

Brüssel – Die Europäische Union (EU) erhebt seit Jahren hohe Zölle auf Milchprodukte, die in einigen Fällen bis zu 258 % betragen. Diese protektionistische Maßnahme hat weitreichende Auswirkungen auf den internationalen Handel und sorgt für Spannungen mit verschiedenen Handelspartnern.

Die EU rechtfertigt die hohen Zölle auf Milchprodukte mit dem Schutz der heimischen Landwirtschaft. Die europäische Milchindustrie ist ein bedeutender Wirtschaftszweig, der Millionen von Arbeitsplätzen sichert und zur ländlichen Entwicklung beiträgt. Durch die Zollerhebung sollen europäische Milchbauern vor der Konkurrenz aus Ländern mit niedrigeren Produktionskosten geschützt werden. Dies soll sicherstellen, dass die lokale Produktion rentabel bleibt und die Versorgungssicherheit gewährleistet ist. Außerdem sollen so die Produktqualität und die Einhaltung von Umweltstandards sichergestellt werden.

Unter den hohen Zöllen leiden vor allem Länder, die große Mengen an Milchprodukten exportieren. Dazu gehören vor allem Australien und die USA, bedeutende Exporteure von Milchprodukten. Sie sehen sich durch die EU-Zölle benachteiligt, da es die zusätzlichen Kosten schwierig machen, auf dem europäischen Markt Fuß zu fassen. So führen die Zölle auf Milchprodukte zu Spannungen im transatlantischen Handel und beeinträchtigen die Handelsbeziehungen zwischen den Wirtschaftsmächten.

Sowohl Australien als auch die USA haben ihre Exportstrategien diversifiziert, um weniger abhängig vom europäischen Markt zu sein. Sie haben neue Märkte vor allem in Asien erschlossen, um so die Auswirkungen der EU-Zölle zu mildern.

So wie im Handelsstreit zwischen der EU sowie den USA und Australien um Milchprodukte wollen die Staaten nicht immer den zunehmenden Warenaustausch fördern. Soll, wie im Beispiel, die eigene Wirtschaft vor der ausländischen Konkurrenz geschützt werden, so gibt es eine Vielzahl von protektionistischen Maßnahmen, um die negativen Folgen abzudämpfen. Dabei wird zwischen tarifären und nichttarifären Handelshemmnissen unterschieden.

Protektionismus

Protektionismus ist eine Politik der Einfuhrbeschränkungen und der Exportförderung. So soll die inländische Produktion vor der Auslandskonkurrenz geschützt werden.

Instrumente des Protektionismus	
Tarifäre Handelshemmnisse	**Nichttarifäre Handelshemmnisse**
• Import-, Export-, Durchfuhrzölle • Exportsubventionen Beispiel: Im Rahmen der Gemeinsamen Agrarpolitik (GAP) werden von der EU Einfuhrzölle auf die billigere Exportware aus dem Ausland erhoben, sodass eingeführte Produkte dadurch teilweise teurer als diejenigen aus dem Binnenmarkt sind.	• Quantitative Restriktionen: Handelskontingente, -quoten, Ein- oder Ausfuhrlizenzen, Import- oder Exportverbote • Administrative Restriktionen: Gesundheits- und Sicherheitsvorschriften, Industrienormen, bürokratische Hürden bei der Zoll- und Grenzabwicklung, Vergabeverfahren bei öffentlichen Aufträgen • Wirtschaftspolitische Maßnahmen: Steuererleichterungen, Investitionshilfen, Forschungszuwendungen Beispiel: Die EU subventioniert den Export überschüssiger Agrarprodukte.

Protektionistische Maßnahmen hatten in der Vergangenheit zwar lange an Bedeutung verloren, dominieren jedoch insbesondere seit dem zweiten Amtsantritt von US-Präsident Trump den Welthandel in noch nie dagewesener Form. Von den Gegnern des Protektionismus, beispielsweise von der EU, werden u. a. folgende Argumente für den Freihandel angeführt:

Freihandel

- Zölle führen zu Produktions- und Konsumverzerrungen und somit zu Wohlfahrtsverlusten.
- Der Freihandel hingegen erhöht die Effizienz, ein schnelleres Erreichen von optimalen Betriebsgrößen durch internationalen Wettbewerb und durch den Wettbewerb beschleunigte Innovationen.
- Jeder Hersteller kann allein auf Grundlage der Qualität und des Preises seines Produktes als Marktteilnehmer auftreten.
- Für Kunden ergeben sich eine große Produktvielfalt sowie niedrige Preise.
- Beim Freihandel werden international ungehindert Güter ausgetauscht, ohne dass er Zollschranken oder anderweitigen Behinderungen unterliegt. Der Freihandel beruht auf den Ideen des Wirtschaftsliberalismus.

USMCA

Daher wurden in der Vergangenheit Freihandelszonen gebildet und Freihandelsabkommen abgeschlossen. Die nordamerikanischen Staaten Kanada, USA und Mexiko beispielsweise gründeten 1994 die **NAFTA** (North American Free Trade Agreement), welche 2020 durch das **United States-Mexico-Canada Agreement** abgelöst wurde. Die drei Staaten schafften zahlreiche Zölle ab und machten so den ersten Schritt zur Verwirklichung eines gesamtamerikanischen Freihandelsabkommens.

TTIP

Das transatlantische Freihandelsabkommen TTIP (Transatlantic Trade and Investment Partnership) zwischen der EU und den USA wird bereits seit mehr als 20 Jahren diskutiert und seit Juli 2013 konkret verhandelt. Ziel des Abkommens ist es, das Wirtschaftswachstum zu erhöhen, die Arbeitslosigkeit zu senken und die Einkommen der Arbeitnehmer zu erhöhen. Insbesondere unter der Präsidentschaft von Donald Trump sind die Verhandlungen allerdings stark ins Stocken geraten.

Seit März 2001 räumt die EU den 49 ärmsten Entwicklungsländern weitgehende Zoll- und Quotenfreiheit für ihre Exporte ein. Einige „sensible" Produkte (z. B. Bananen, Reis und Zucker) sind allerdings vorerst ausgeklammert.

CETA

Im Oktober 2016 unterzeichneten Spitzenvertreter der EU und Kanadas das Freihandelsabkommen CETA (Comprehensive Economic and Trade Agreement) nach rund siebenjährigen Verhandlungen. Durch den Wegfall von Zöllen und anderen Handelshemmnissen soll es auf beiden Seiten des Atlantiks mehr Wachstum geben. Auch sollen Zugangsbeschränkungen bei öffentlichen Aufträgen beseitigt und Dienstleistungsmärkte geöffnet werden.

AUFGABE 1

Erläutern Sie, welche Argumente für die protektionistische Agrarpolitik der EU (GAP) sprechen.

AUFGABE 2

Stellen Sie die Argumente der Befürworter und der Gegner der Globalisierung gegenüber. Recherchieren Sie dazu im Internet.

AUFGABE 3

Erläutern Sie, welche Gründe in dem Zeitungsartikel „Hohe Zölle auf Milchprodukte: Die EU und ihre protektionistische Politik" für die Zollerhebung genannt werden. Nennen Sie die Reaktion der USA und Australien auf die Zollerhebung und erläutern Sie, welche weiteren Reaktionen denkbar wären.

8.2 Der Europäische Wirtschaftsraum

Eine besondere Rolle im Freihandel spielt der Europäische Wirtschaftsraum. Durch eine vertiefte Freihandelszone zwischen der Europäischen Union und der **EFTA** (Europäische Freihandelsassoziation) entstand 1992 die größte Wirtschaftszone der Welt. Sie umspannt insgesamt 31 Länder mit etwa 465 Mio. Einwohnerinnen und Einwohnern und ermöglicht den EFTA-Mitgliedern eine weitgehende Teilnahme am einheitlichen Binnenmarkt, ohne der EU beitreten zu müssen.

Insbesondere verpflichteten sich die EFTA-Staaten nicht nur dazu, Anpassungen an das EU-Recht vorzunehmen, sondern vor allem die Grundfreiheiten der Europäischen Union zu übernehmen. Diese vier Grundfreiheiten bilden die Grundlage des EU-Binnenmarktes.

Dabei handelt es sich um

- **freien Warenverkehr** (der Handel mit Waren ist innerhalb der EU keinerlei Beschränkungen unterworfen),
- **Personenfreizügigkeit** (alle Bürgerinnen und Bürger der EU dürfen in jedem anderen EU-Staat leben und arbeiten und dürfen dabei nicht diskriminiert werden),
- **freien Dienstleistungsverkehr** (jede Unternehmerin und jeder Unternehmer in der EU darf ihre bzw. seine Dienstleistungen in jedem EU-Staat anbieten) und
- **freien Kapital**- und **Zahlungsverkehr** (Geld und Wertpapiere dürfen zwischen allen Mitgliedstaaten frei transferiert werden).

Euro

Ein weiterer Schritt der Harmonisierung war die Einführung des Euro als gemeinsame Währung. Die Mitglieder der EU (außer Großbritannien und Dänemark) verpflichteten sich, bei Erreichen der sogenannten Konvergenzkriterien dem Euroraum beizutreten und damit die eigene nationale Währung aufzugeben. Bei diesen Konvergenzkriterien handelt es sich um

Konvergenzkriterien

- **Preisniveaustabilität:** Die Inflationsrate darf nicht mehr als 1,5 Prozentpunkte über derjenigen der drei preisstabilsten Mitgliedstaaten liegen.
- **Finanzlage der öffentlichen Hand:** Die staatlichen Schulden dürfen nicht mehr als 60 % des Bruttoinlandsprodukts betragen. Außerdem darf die jährliche Neuverschuldung nicht mehr als 3 % des Bruttoinlandsprodukts betragen.

- **Wechselkursstabilität:** Die nationale Währung des Landes darf zwei Jahre lang nur in einer bestimmten Wechselkursbandbreite (meist 15 %) vom Eurokurs abweichen.
- **langfristige Zinssätze:** Der Zinssatz langfristiger Staatsanleihen darf nicht mehr als 2 Prozentpunkte über dem Durchschnitt der drei preisstabilsten Mitgliedstaaten liegen.

Weiterhin verpflichteten sich die Staaten, auch nach Beitritt in die Eurozone das Kriterium der **Haushaltsstabilität** einzuhalten und die Geldpolitik von der Europäischen Zentralbank steuern zu lassen.

Mittlerweile gehören 20 Staaten zum **Euroraum.** Zuletzt ist Kroatien (2023) als Mitglied hinzukommen.

Größter Vorteil der gemeinsamen Währung ist der Wegfall von Wechselkursrisiken und Transaktionskosten. So müssen beim grenzüberschreitenden Handel keine Währungen mehr getauscht werden (damit entfallen Gebühren), Wechselkursschwankungen spielen bei der Kalkulation von Geschäften keine Rolle mehr, sodass der Binnenhandel im Euroraum einfacher und kostengünstiger wird. Außerdem vereinfachen sich Preisvergleiche.

Den Vorteilen stehen jedoch auch wesentliche Nachteile gegenüber. Zum einen ist eine gemeinsame Geldpolitik schwierig, da es innerhalb der Eurozone starke regionale Unterschiede beim Wirtschaftswachstum gibt. Wächst die Wirtschaft eines Staates stark, wäre eine Erhöhung des Leitzinses sinnvoll, um für Preisniveaustabilität zu sorgen. Gibt es jedoch gleichzeitig auch Staaten mit einem sehr geringen Wachstum, so wäre für diese Staaten eine Zinssenkung angebracht (vgl. Seite 502 ff.).

Zum anderen scheint es unmöglich, die Mitgliedstaaten zur Haushaltsdisziplin und damit zur Einhaltung des zweiten Konvergenzkriteriums anzuhalten. Zunächst profitieren Haushaltssünder von den haushaltspolitisch gut arbeitenden Ländern, da Inflation und Zinsen niedrig bleiben. Dauerhaft jedoch zeigt das Beispiel Griechenland, dass durch eine solche Politik die eigene Wirtschaft und im schlimmsten Fall die gesamte Eurozone gefährdet werden können.

AUFGABE 1

Welche Staaten gehören der Europäischen Union, welche der EFTA an?

AUFGABE 2

Nennen Sie die 20 Mitglieder der Eurozone.

AUFGABE 3

Erläutern Sie, warum nur die Staaten, die die Konvergenzkriterien erfüllen, in den Euroraum aufgenommen werden.

8.3 Internationale Organisationen

Insbesondere vier Organisationen spielen in der internationalen Wirtschaftswelt eine gewichtige Rolle. Sie wurden gegründet, um den zunehmenden Außenhandel zu koordinieren, die Finanzsysteme zu überwachen und wirtschaftlich schwächere Länder zu unterstützen.

Die **Welthandelsorganisation** (WTO) mit Sitz in Genf soll die internationalen Handelsbeziehungen organisieren, überwachen und in Streitfällen zwischen den Staaten schlichten. Dabei setzt sie sich insbesondere für den Freihandel, den Abbau von Handelshemmnissen, die Vereinfachung von grenzüberschreitenden Dienstleistungen und für den Schutz geistigen Eigentums ein. Sie berät Mitgliedstaaten bei deren Handelspolitik, koordiniert Verhandlungen zwischen den Staaten und nimmt dadurch sogar Einfluss auf deren nationale Gesetze. Die WTO hat 166 Mitglieder, die insgesamt mehr als 90 % des Welthandelsvolumens erwirtschaften.

Der **Internationale Währungsfonds** (IWF) überwacht weltweit die Finanzsysteme und koordiniert die Zusammenarbeit in Währungsfragen, um weltweit stabile Währungsbeziehungen zu schaffen. Dazu greift er bei Problemen wie Zahlungsschwierigkeiten von Staaten ein. Dann vergibt er unter der Bedingung der Sanierung der Staatsfinanzen Kredite. Außerdem unterstützt er Entwicklungsländer durch die Mithilfe an der Erarbeitung von Wachstumskonzepten und vergibt direkte Finanzhilfen. Auch hier ist die Unterstützung an bestimmte Bedingungen wie die Liberalisierung oder den Abbau von Korruption gekoppelt.

Der IWF ist eine Sonderorganisation der Vereinten Nationen mit Sitz in Washington D.C. und vertritt 190 Mitgliedstaaten. Er finanziert sich durch Kapitaleinlagen der Mitgliedstaaten, deren Höhe sich nach der Stärke der Volkswirtschaft bemisst.

Die **Weltbank** ist ebenfalls eine UN-Sonderorganisation mit Sitz in Washington D.C. und vertritt 189 Mitgliedsländer. Sie ist vor allem verantwortlich für die Bekämpfung der Armut in der Welt, den wirtschaftlichen Aufbau der Entwicklungs- und Schwellenländer und die Unterstützung von Unternehmen in diesen Staaten. Dazu vergibt sie langfristige Kredite zu besonders günstigen Konditionen, berät die Mitgliedsländer, hilft bei Reformprogrammen und unterstützt die privatwirtschaftliche Entwicklung, z. B. durch Beteiligungen oder die Übernahme von Garantien.

Die **Organisation für wirtschaftliche Zusammenarbeit und Entwicklung (OECD)** ist die bedeutendste Vereinigung westlicher Industrieländer. Sie setzt sich für ein nachhaltiges Wirtschaftswachstum, einen hohen Grad an Beschäftigung sowie die Steigerung des Lebensstandards ein, stärkt den weltweiten Handel und unterstützt auch Entwicklungsländer. Zunehmend engagiert sich die OECD im Bereich der Sozial- und Bildungspolitik. So zeichnet die OECD auch für den weltweit größten Schulleistungstest PISA verantwortlich.

Die OECD hat 38 Mitgliedsländer und sitzt in Paris.

BRICS ist eine Gruppe aufstrebender Volkswirtschaften, die sich zusammengeschlossen haben, um ihre wirtschaftliche und politische Zusammenarbeit zu stärken. Der Name BRICS steht für die Anfangsbuchstaben der Gründungsmitglieder: Brasilien, Russland, Indien, China und Südafrika. 2024 wurde BRICS um sechs weitere Länder (Ägypten, Äthiopien, Iran, Saudi-Arabien, die Vereinigten Arabischen Emirate und Argentinien) erweitert, weshalb die Gruppe auch als BRICS plus bezeichnet wird. BRICS positioniert sich als Gegenpol zur westlich geprägten Weltordnung und strebt eine stärkere Rolle in der globalen Wirtschafts- und Finanzarchitektur an. Dabei setzt sich BRICS vor allem zum Ziel, den Handel und die Investitionen zwischen den Mitgliedsstaaten zu fördern, die globalen Finanzinstitutionen zu reformieren, um eine gerechtere Vertretung der aufstrebenden Volkswirtschaften zu erreichen sowie die politische Zusammenarbeit zu stärken und Entwicklungsprojekte und Infrastrukturinvestitionen in den Mitgliedsländern zu fördern, um das wirtschaftliche Wachstum zu unterstützen.

AUFGABE 1

Erläutern Sie, warum sich die OECD in der Sozial- und Bildungspolitik engagiert.

AUFGABE 2

Zwischen den USA und China entstehen immer wieder große Handelskonflikte. So verhängten die USA beispielsweise 2018 Zölle auf chinesische Waren im Wert von 360 Mrd. USD, insbesondere auf Elektronik, Maschinen, Möbel und Spielzeug. China reagierte mit Zöllen auf US-Waren (vor allem landwirtschaftliche Produkte und Autos) im Wert von 110 Mrd. USD. Daraufhin wurde die WTO von beiden Staaten aufgerufen, den Konflikt zu schlichten. Recherchieren Sie, wie die WTO zur Deeskalation beigetragen hat bzw. grundsätzlich beitragen kann.

8.4 Zahlungsbilanz und Wechselkurse

Der zunehmende Außenhandel schlägt sich auch in der Zahlungsbilanz nieder. Hier werden alle außenwirtschaftlichen Transaktionen zwischen Inländerinnen bzw. Inländern (also denjenigen, die im Inland ihren festen Wohnsitz haben) und Ausländerinnen bzw. Ausländern einer Volkswirtschaft innerhalb einer Periode gegenübergestellt. Für die Bundesrepublik Deutschland wird die Zahlungsbilanz monatlich von der Bundesbank aufgestellt. Dabei unterscheidet sich die Zahlungsbilanz in ihrem Aufbau von der Bilanz im betriebswirtschaftlichen Sinne.

			+	–	Saldo 2023 (in Mrd. €)
Zahlungsbilanz	Leistungsbilanz	Handelsbilanz	Warenexporte	Warenimporte	+ 226,8
		Dienstleistungsbilanz	Einfuhr von Dienstleistungen (auch Lizenzen, Patente etc.)	Ausfuhr von Dienstleistungen	– 63,0
		Erwerbs- und Vermögensbilanz	empfangene grenzüberschreitende Einkommen (Beispiel: Ein Deutscher erhält Zinsen für Vermögen auf einem Konto in der Schweiz.)	gezahlte grenzüberschreitende Einkommen (Beispiel: Eine im französischen Grenzgebiet lebende Französin arbeitet in Deutschland.)	+ 143,9
		laufende Übertragungen (Transferbilanz)	Beispiel: Eine in Deutschland lebende US-Amerikanerin erhält eine Rente aus den USA.	Beispiel: Überweisungen von in Deutschland lebenden Migrantinnen und Migranten in ihre Herkunftsländer	– 64,6
	Vermögensübertragungen (Schenkungsbilanz)		Beispiel: Ausländisches Vermögen wird nach Deutschland vererbt.	Beispiel: Vermögen in Deutschland wird in das Ausland verschenkt.	– 27,3
	Kapitalbilanz	Kapitalverkehrsbilanz	Kapitalimporte (Zunahme der Verbindlichkeiten bzw. Abnahme der Forderungen gegenüber dem Ausland)	Kapitalexporte (Zunahme der Forderungen bzw. Abnahme der Verbindlichkeiten gegenüber dem Ausland)	+ 231,8
		Devisenbilanz	Gold- und Devisenabflüsse bei der Zentralbank	Gold- und Devisenzuflüsse bei der Zentralbank	+ 0,9
	Nicht aufgliederbare Transaktionen (Restposten)		Beispiel: illegale Ausfuhr von Bargeld	Beispiel: illegale Einfuhr von Bargeld	+ 16,7

Die beiden wesentlichen **Teilbilanzen** sind die **Leistungs**- und die **Kapitalbilanz**. Exportiert nämlich z. B. ein deutsches Unternehmen Waren in die USA, so erhöht dies zunächst den **Saldo in der Handelsbilanz** (und damit auch in der Leistungsbilanz). Gleichzeitig allerdings entsteht eine Forderung gegenüber dem ausländischen Kunden, sodass dies in der Kapitalbilanz gegengebucht wird.

Geht eine deutsche Touristin dagegen im Ausland zum Friseur, so belastet dies die Dienstleistungsbilanz, während die Auslandsverbindlichkeiten zunehmen und damit wieder in der Kapitalbilanz gegengebucht wird. Insofern wird auch hier das Prinzip der doppelten Buchführung angewendet, die Zahlungsbilanz ist also immer ausgeglichen.

Da es sich im internationalen Handel genauso wie bei herkömmlichen Einkäufen verhält, müssen Produkte, die man erwirbt, immer auch bezahlt werden. Deshalb kann der Leistungsbilanzüberschuss auch eine Rückwirkung auf den Euro-Wechselkurs haben. Da die Eurozone mehr Güter ins Ausland exportiert, steigt die Nachfrage nach dem Euro im Ausland, um die Importe aus der Eurozone bezahlen zu können. Damit wird der Euro teurer bzw. wertvoller, er wertet auf. Die Aufwertung führt zu einem Rückgang der Exporte, da europäische Produkte für Ausländerinnen und Ausländer nun teurer werden. Andererseits führt die Aufwertung dazu, dass Produkte anderer Länder für Europäerinnen und Europäer billiger werden und Europas Importe steigen.

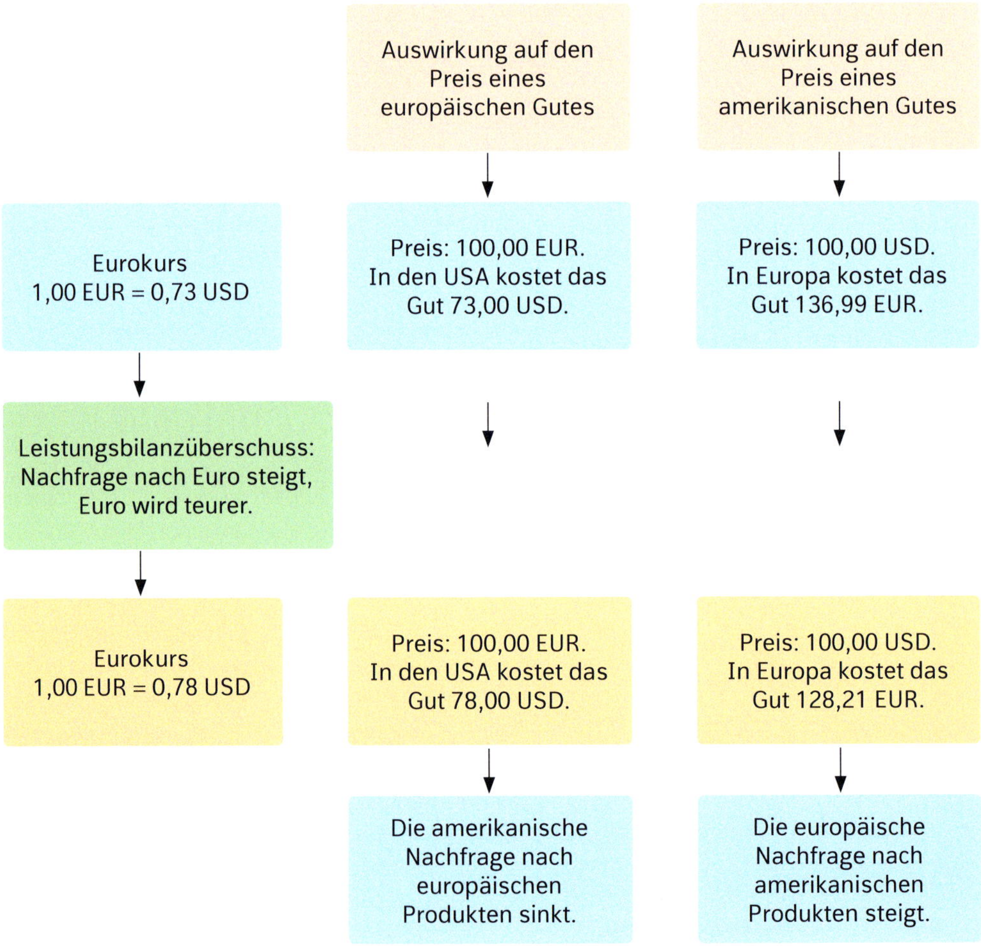

AUFGABE 1

Ermitteln Sie, welche Teilbilanzen der Zahlungsbilanz durch die folgenden Fälle beeinflusst werden. Tragen Sie die entsprechenden Werte (mit den entsprechenden Vorzeichen) in die Zahlungsbilanz ein. Ermitteln Sie danach die Salden der einzelnen Teilbilanzen und den Gesamtsaldo.

		Handelsbilanz	Fall a	Fall b	Fall c	Fall d	Saldo
Zahlungsbilanz	Leistungsbilanz	Dienstleistungsbilanz					
		Erwerbs- und Vermögensbilanz					
		Laufende Übertragungen					
	Vermögensübertragungen						
	Kapitalbilanz	Kapitalverkehrsbilanz					
		Devisenbilanz					
	Nicht aufgliederbare Transaktionen (Restposten)						
						gesamt	

a) Ein deutsches Unternehmen kauft eine Maschine in England für 20.000,00 € und nimmt dafür bei einer englischen Bank einen Kredit in gleicher Höhe auf.

b) Der Monteur eines norwegischen Unternehmens repariert eine Produktionsanlage für 4.000,00 €. Die Rechnung wird bar in Norwegischen Kronen bezahlt.

c) Ein deutsches Exportunternehmen verkauft Produkte im Wert von 15.000,00 € nach China. Dem Kunden wird ein Zahlungsziel von vier Wochen eingeräumt.

d) Eine Deutsche erhält eine Dividende durch eine Beteiligung an einem amerikanischen Unternehmen im Wert von umgerechnet 12.000,00 €.

AUFGABE 2

Welche Antworten sind richtig?

a) Welche Folgen hat eine Abwertung der eigenen Währung?
   1. Importierte Güter werden billiger.
   2. Importierte Güter werden teurer.
   3. Die Kaufkraft ausländischer Touristinnen und Touristen im Inland sinkt.
   4. Die Kaufkraft eigener Touristinnen und Touristen im Ausland steigt.

b) Welcher Vorgang führt zu einem Devisenzufluss?
   1. Ausgaben des Staates für Entwicklungshilfe im Ausland
   2. Geldüberweisung von Inländerinnen und Inländern an Verwandte im Ausland
   3. Ausgaben ausländischer Touristinnen und Touristen für Urlaub im Inland
   4. Kauf eines Betriebes im Ausland durch ein inländisches Unternehmen

c) Welche Ursache führt im System flexibler Wechselkurse langfristig zu einer Aufwertung der eigenen Währung?
   1. geringere Inflation im Inland (gegenüber der Inflation im Ausland)
   2. Erhöhung der Geldmenge durch die Notenbank
   3. Abnahme der Weltproduktion
   4. Erhöhung der Kapitalexporte

d) Welche Ursache führt zu einer Aufwertung der eigenen Währung?
   1. Abnahme der Exporte
   2. Zinserhöhung seitens der eigenen Notenbank
   3. Zunahme der Nachfrage nach Auslandsreisen
   4. Zinssenkung seitens der eigenen Notenbank

e) Welcher Vorgang führt zu einem Devisenzufluss in der Handelsbilanz?
   1. Kauf inländischer Aktien durch Investoren im Ausland
   2. Kauf ausländischer Weine durch einen inländischen Weinhandel
   3. ausländische Touristinnen und Touristen, die per Flugzeug in die Ferien im Inland fliegen
   4. Kauf eines im Inland hergestellten Gutes durch einen Käufer im Ausland

AUFGABE 3

Berechnen Sie, wie sich der Preis ändert, den Britinnen und Briten für ein europäisches Gut, Kaufpreis 1.500,00 €, zahlen müssen, wenn der Eurokurs von 0,809 GBP auf 0,815 GBP aufwertet.

AUFGABE 4

Wie ändert sich der Preis für ein japanisches Gut im Wert von 14.000,00 JPY für Europäerinnen und Europäer, wenn der Yen abwertet von 0,0072 € auf 0,0066 €?

8.5 Standortfaktoren und Standortwahl in einem komplexen Wirtschaftsraum

Innerhalb der Europäischen Union ist die Standortfrage für manche Unternehmen auf europäischer und nicht mehr auf nationaler Ebene zu stellen. Mit der Verwirklichung des Binnenmarktes Europa und seinen vier Grundfreiheiten

- freier Personenverkehr,
- freier Warenverkehr,
- freier Dienstleistungsverkehr und
- freier Kapitalverkehr

und den damit einhergehenden Möglichkeiten, wie beispielsweise die Niederlassungs- und Beschäftigungsfreiheit, wird in Zukunft möglicherweise die Diskussion um den Standort Deutschland durch eine Diskussion um den Standort Europa verdrängt. Unternehmen suchen weltweit Standorte und wandern evtl. aus Europa ab.

Die Wahl eines Standorts ist von zahlreichen Faktoren qualitativer und quantitativer Art abhängig, die jeweils seine Attraktivität prägen.

Quantitative Standortfaktoren (Beispiele)	Qualitative Standfaktoren (Beispiele)
• Arbeitskosten/Lohnniveau	• Ausbildungsniveau/-zeiten/-dauer
• Arbeitszeitregelungen	• Bildungseinrichtungen/Nähe zu Universitäten
• Aufwand für Umweltschutzmaßnahmen	• Energieversorgung
• Energiepreise	• Forschungs- und Entwicklungsmöglichkeiten
• Grundstückspreise/Mietkosten	• Image des Standortes/des Landes/der Region

Quantitative Standortfaktoren (Beispiele)	Qualitative Standfaktoren (Beispiele)
• Kaufkraft	• interkulturelle Voraussetzungen
• Kommunikationskosten	• Kommunikationsnetze
• Kontingente (Ein-/Ausfuhrbegrenzungen)	• kulturelles Angebot
• Kosten für Hilfs- und Rohstoffe	• Lebensqualität
• Lohnkosten und Lohnnebenkosten	• medizinische Versorgung
• Markteintrittsbarrieren/Wettbewerbsintensität	• Möglichkeiten zur Abfallentsorgung
• staatliche Förderung (Subventionen)	• Rechtssicherheit/politische Stabilität
• Steuern und Abgaben	• qualifiziertes Personal (Verfügbarkeit)
• Transportkosten	• Verkehrsinfrastruktur und -anbindung/ Transportmöglichkeiten
• Zölle	• Zugang zu Beschaffungs- und Absatzmärkten
• Absicherung von Wechselkursrisiken	• Kundennähe
	• Ausschaltung von Handelshemmnissen
	• Nähe zu Lieferanten

Ein ganz wesentlicher und häufig diskutierter Einflussfaktor bei der Entscheidung für oder gegen einen Standort sind die **Lohnkosten**. Dabei kommt es Unternehmen auch auf deren Entwicklung an. So nützt es einem Unternehmen nichts, wenn die Lohnkosten mittel- bis langfristig stark steigen werden und sich dem Niveau alternativer Standorte angleichen. Auch ist im Hinblick auf die Lohnkosten die Frage nach der Art der zu leistenden Arbeit zu stellen. Geht es um sehr arbeitsintensive Tätigkeiten, haben die Lohnkosten eine höhere Relevanz.

Welche weiteren Kosten für Investitionen oder für die Logistik anfallen, ist in diesem Zusammenhang eine ebenso wichtige Fragestellung wie die Möglichkeit, Steuervorteile bzw. Subventionen für sein Vorhaben nutzen zu können.

Des Weiteren sind ein ideales Werksgelände und eine insgesamt gute Infrastruktur von großer Bedeutung. Dabei geht es um die verkehrstechnische Anbindung, also darum, welche infrastrukturellen Kapazitäten vorhanden sind und wie intensiv diese genutzt werden können. Wie schnell lassen sich die Pläne zur Errichtung oder Erweiterung eines Standortes umsetzen? Wie flexibel zeigen sich hier die jeweiligen Behörden eines Landes bzw. einer Region? Flexibilität spielt auch in Zusammenarbeit mit den Arbeitnehmervertreterinnen und Arbeitnehmervertretern eine wichtige Rolle. Entscheidend ist hier, welche Maschinenlaufzeiten an einem Standort realisiert werden können oder welche Arbeitszeitregeln generell vereinbart werden können.

Sowohl das Vorhandensein als auch die Nähe zu Absatzmärkten bestimmen das Absatzpotenzial. Ähnliches gilt für die Beschaffungsmärkte. Kann z. B. in der Beschaffung ein Wechselkursrisiko ausgeschlossen werden? Besteht eine lokale Abhängigkeit von Zulieferern oder Abnehmern? Ist das Unternehmen auf bestimmte lokal vorhandene Rohstoffe angewiesen? Welche Umweltaspekte und gesellschaftlichen Einflüsse sind zu berücksichtigen?

Auch qualifiziertes Fachpersonal sollte am gewählten Standort verfügbar sein. Hilfreich kann in diesem Zusammenhang die Nähe zu wissenschaftlichem Know-how, also z. B. zu Universitäten oder Forschungseinrichtungen sein.

Letztendlich stellt sich für ein Unternehmen immer auch die Frage, ob die Standortwahl kompatibel mit der Unternehmensphilosophie bzw. mit der strategischen Ausrichtung ist.

Wenn Unternehmen nach einem geeigneten Standort suchen, spielt vor allem die Nähe zu ihren Kunden und evtl. auch zu ihren Lieferanten eine zentrale Rolle. Zudem versuchen Exporteure mehr und mehr in ihren bisherigen Exportländern zu produzieren, um Handelshemmnisse wie Zölle und Kontingentierungen zu umgehen.

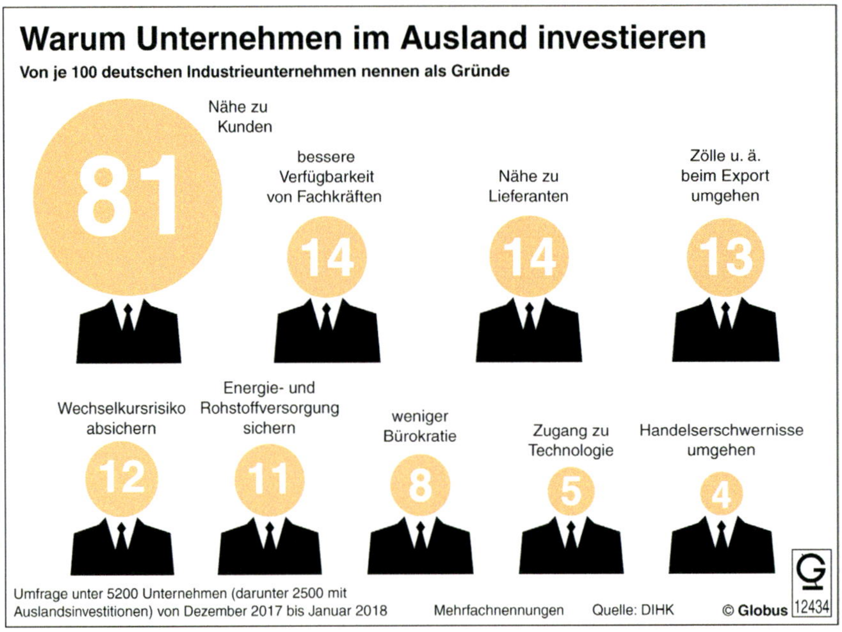

AUFGABE 1

Welche der folgenden Standortfaktoren haben für viele Unternehmerinnen und Unternehmer einen hohen qualitativen Stellenwert? (2 Lösungen)

a) Transportkosten

b) Lebensqualität

c) Subventionen

d) Grundstückspreise

e) Nähe zu Lieferanten

f) Umweltschutzaufwendungen

AUFGABE 2

Unterscheiden Sie die folgenden Standortfaktoren in quantitative (1) und qualitative (9) Faktoren.

a) Wechselkurse

b) Steuern und Abgaben

c) Kundennähe

d) Kommunikationskosten

e) Energieversorgung

f) Bürokratie

g) Ausbildungsniveau

AUFGABE 3

Welche Aussagen im Hinblick auf die folgende Grafik sind wahr (1) und welche sind falsch (9)?

a) Lohnkosten und Lohnnebenkosten werden auch als Arbeitskosten bezeichnet.

b) Unter Lohnstückkosten versteht man das Verhältnis der Lohnkosten ohne Lohnnebenkosten zur Bruttowertschöpfung.

c) Die Produktion in Belgien ist unter Lohnkostengesichtspunkten der Produktion in Schweden vorzuziehen.

d) Unternehmen entscheiden sich immer auf der Grundlage der Lohnstückkosten für einen Produktionsstandort.

e) Trotz relativ hoher Lohnstückkosten in einem Land kann die Produktion aufgrund anderer Standortfaktoren in diesem Land attraktiv für ein Unternehmen sein.

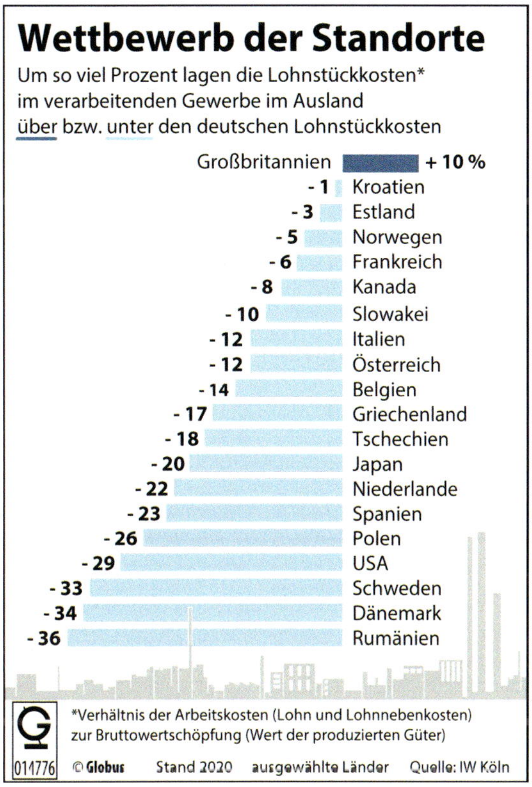

Aktuelle Entwicklungen der Globalisierung und ihre Auswirkungen 8.6

Seit der Gründung der ersten Kolonien durch europäische Staaten in Übersee wird die Welt im übertragenen Sinne kleiner. Dies geschieht einerseits dadurch, dass man größere **Distanzen** in immer **geringerer Zeit** zurücklegen kann, und andererseits dadurch, dass die Übermittlung von **Kommunikation** immer **schneller** und umfassender gelingt. Einhergehend mit diesen Entwicklungen hat sich die Welt als ein **globaler Marktplatz** etabliert, auf dem nicht nur Waren, sondern auch Dienstleistungen weltweit angeboten und nachgefragt werden. Hinzu kommt, dass aufgrund der Ausweitung der **internationalen Arbeitsteilung** Unternehmen in der Lage sind, weltweit zu produzieren. Globalisierung drückt sich aber nicht nur in weltumspannendem Handel und globaler Produktion aus. Hinzu kommen **internationale Finanztransaktionen,** z. B. Direktinvestitionen, die sich insbesondere die Möglichkeiten der Kommunikationstechnologie zunutze machen. Die Möglichkeiten des internationalen Handels, der internationalen Arbeitsteilung und der grenzüberschreitenden Finanztransaktionen sind nur aufgrund der zunehmenden Liberalisierung der Weltmärkte nutzbar. Als bestes Beispiel für den Abbau von Handels- und Wettbewerbsbeschränkungen gilt dabei sicherlich der Europäische Binnenmarkt.

Die immer schnellere und umfassendere Kommunikation hat eine rasante Entwicklung hinter sich, angefangen beim Buchdruck, über Telegrafie, Telefon, Rundfunk und Fernsehen bis hin zum Computer sowie dem Internet. Im Laufe dieser Entwicklungen zeigte sich auch schnell, dass wettbewerbsfähig nur der sein kann, der im Rahmen seines Wirtschaftens auf moderne Mittel der Datenverarbeitung und Kommunikation zurückgreift. Vielfach wird der Niedergang des Ostblocks auch mit auf die mangelnde Nutzung und Ausstattung der Informationstechnologie zurückgeführt.

Insbesondere das Internet ist mittlerweile zum Inbegriff der Globalisierung geworden. Die Möglichkeiten der weltweiten Verfügbarkeit von Informationen per Mausklick und einer extrem schnellen Reaktion auf Marktveränderungen (und damit die Erfüllung einiger wesentlichen Voraussetzungen des vollkommenen Marktes) kommen insbesondere bei Finanztransaktionen zum Tragen.

AUFGABE 1

Die Globalisierung nimmt starken Einfluss auf das weltwirtschaftliche Geschehen.

Welche der folgenden Aussagen sind in diesem Zusammenhang wahr?

a) Die Unternehmen schauen sich primär nach Produktionsmöglichkeiten im eigenen Land um.

b) Die Lohnkosten für ein Unternehmen, das die Produktion ins Ausland verlagert, werden tendenziell steigen.

c) Es müssen neue Transportkapazitäten aufgebaut werden.

d) Die Abhängigkeit einzelner Länder vom Import und Export wird steigen.

e) Im internationalen Handel spielen Handelshemmnisse kaum noch eine Rolle.

AUFGABE 2

Die folgende Grafik zeigt die Höhe von ausländischen Direktinvestitionen und auch in welchen Ländern vorwiegend investiert wurde.

Welche der folgenden Aussagen sind wahr (1), welche sind falsch (9)?

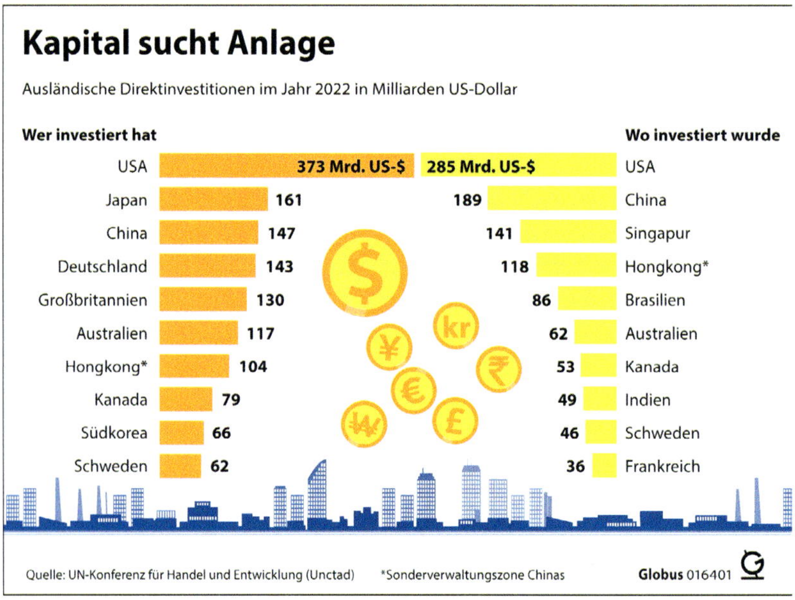

a) Deutsche Unternehmen investierten im Jahr 2022 ca. 140 Mrd. USD im Ausland.

b) Direktinvestitionen in Deutschland spielen im Jahr 2022 im weltweiten Ranking keine nennenswerte Rolle.

c) Direktinvestitionen in den USA überstiegen im Jahr 2022 das Volumen von US-amerikanischen Direktinvestitionen.

d) Frankreich ist als Zielland für Direktinvestionen attraktiver als Deutschland.

e) Japan ist das attraktivste Land für ausländische Direktinvestitionen im Jahr 2022.

AUFGABE 3

Die folgende Grafik zeigt die globalen Handelsströme im Jahr 2023 in Milliarden US-Dollar.

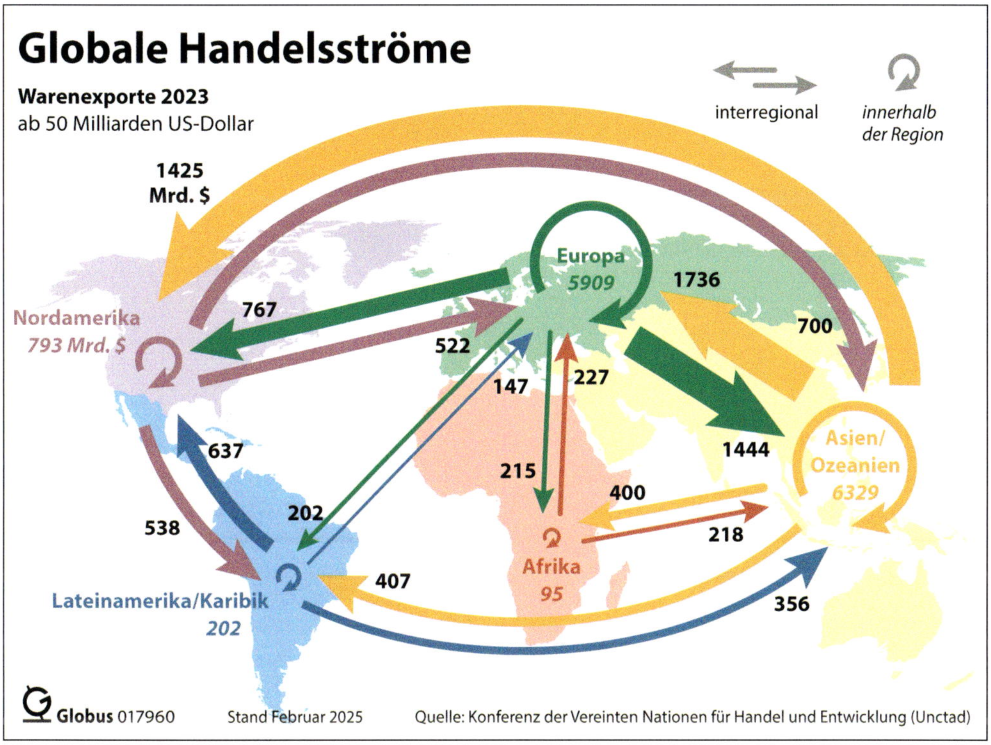

Welche der folgenden Aussagen sind wahr (1), welche sind falsch (9)?

a) Der Raum Asien/Ozeanien ist die exportstärkste Region.

b) Der Europäische Wirtschaftsraum verzeichnet den nominell höchsten Intrahandel.

c) Per Saldo übersteigen die Exporte die Importe im nordamerikanischen Wirtschaftsraum.

d) Die Exporte des Raums Asien/Ozeanien übersteigen insgesamt 3.000 Mrd. USD.

e) Der Intrahandel in Nordamerika hat ein größeres Volumen als Importe und Exporte.

Übergreifende Aufgaben

Aufgabe 1:

Ein Industrieunternehmen fertigt Maschinenbauteile in serieller Fertigung. Dabei besteht die Möglichkeit, für die Produktion von 1000 Teilen den Produktionsfaktor Arbeit (in Arbeitsstunden) und den Produktionsfaktor Kapital (in Maschinenstunden) wie in der folgenden Tabelle dargestellt zu kombinieren:

Arbeitsstunden (in 100 Einheiten)	Maschinenstunden (in 100 Einheiten)
4	1
2	3
1	5

Der Preis für eine Arbeitsstunde beträgt 54,00 € und für eine Maschinenstunde 28,00 €.

a) Ermitteln Sie die Höhe der Gesamtkosten für die kostengünstigste Kombination.
b) Wie hoch sind die Kosten für die Produktionsfaktoren Arbeit und Kapital je Maschinenbauteil, die bei der günstigsten Kostenkombination entstehen?

Aufgabe 2:

Beschreiben Sie, ob das Unternehmen nach dem Minimal- oder Maximalprinzip handelt oder ob nicht nach dem ökonomischen Prinzip gehandelt wird.

a) In der Produktion sind die Beschäftigten dazu angehalten, beim Verbrauch der vorhandenen Rohstoffe möglichst wenig Ausschuss zu produzieren.
b) Bei einer Investitionsentscheidung soll die kostengünstigste Alternative gekauft werden.
c) Die Vorarbeiterin fordert von ihren Mitarbeiterinnen und Mitarbeitern, in möglichst kurzer Zeit möglichst viel zu produzieren.
d) Der Fahrdienstleiter hält die Fahrerinnen und Fahrer dazu an, bei der Auslieferung von Waren jeweils die kürzestmögliche Fahrtroute zu wählen.

Aufgabe 3:

Welche Aktion entspricht einer Substitution von betriebswirtschaftlichen Produktionsfaktoren?

a) Um dem höheren Verpackungsbedarf gerecht zu werden, wird eine neue Verpackungsmaschine angeschafft.
b) Aufgrund des rückläufigen Auftragsvolumens wird in der Produktion auf Kurzarbeit umgestellt.
c) Aufgrund der Montage eines elektronischen Sicherheitssystems wird Personal der Werkssicherheit abgebaut.
d) Im Bereich Vertrieb wird ein neuer Mitarbeiter eingestellt, um dem Unternehmen einen neuen regionalen Markt zu erschließen.

Aufgabe 4:

Welchem Teilbereich der Volkswirtschaftslehre sind die jeweiligen Themengebiete zuzuordnen?

(1) der Mikroökonomie **(9)** der Makroökonomie

a) Außenwirtschaftstheorie
b) Staatsnachfrage
c) Arbeitsökonomik
d) Theorie des Haushalts
e) Arbeitsmarkttheorie
f) Produktionstheorie

Aufgabe 5:

Ordnen Sie die folgenden Begriffe den darunter stehenden Definitionen zu:

(1) Bedürfnis, (2) Bedarf, (3) Nachfrage, (4) Konsum.

a) Entscheidung, ein Gut bzw. eine Dienstleistung tatsächlich zu erwerben
b) Summe aller Wünsche, die mit vorhandenen Geldmitteln befriedigt werden könnte
c) Empfindung eines Mangels mit dem Wunsch, diesen zu beheben
d) Ge- und/oder Verbrauch von Gütern bzw. Dienstleistungen

Aufgabe 6:

Entscheiden Sie, ob es sich bei den folgenden Gütern in unserer westlichen Welt eher um ein

(1) Existenzbedürfnis, (2) Grundbedürfnis oder (3) Luxusbedürfnis

handelt.

a) Diamantencollier
b) Smartphone
c) Auto
d) Bewegung
e) Obst
f) Kaviar
g) Computer
h) Bett

Aufgabe 7:

Geben Sie an, von welchem Wirtschaftssubjekt zu welchem Wirtschaftssubjekt der jeweilige Zahlungsstrom verläuft:

a) Unternehmen erhalten Subventionen.
b) Beamtinnen und Beamte erhalten ihr monatliches Gehalt.
c) Haushalte kaufen Waren.
d) Unternehmen erhalten Investitionskredite.
e) Der Staat leistet Transferzahlungen.
f) Unternehmen bezahlen Importgüter.

Aufgabe 8:

Das Bruttoinlandsprodukt einer Volkswirtschaft beträgt für ein Jahr 2.870 Mrd. €. Legen Sie die Verwendungsrechnung zugrunde und ermitteln Sie die Konsumausgaben des Staates. Ihnen liegen folgende Werte als Hilfestellung vor:

- Export: 970 Mrd. €
- Import: 1.000 Mrd. €
- Bruttoinvestitionen: 730 Mrd. €
- private Konsumausgaben: 860 Mrd. €

Aufgabe 9:

Gehen Sie von den folgenden Transaktionen in einer geschlossenen Volkswirtschaft mit staatlicher Aktivität aus. Ermitteln Sie die Werte:

a) Subventionsleistungen des Staates an Unternehmen
b) Kreditaufnahme der Unternehmen bei Kreditinstituten

1.	Einzahlungen der Haushalte auf Sparkonten	300 Mio. €
2.	Lohnzahlungen der Unternehmen an Haushalte	1.800 Mio. €
3.	Unternehmen zahlen Körperschaftsteuer	200 Mio. €
4.	Steuerzahlungen der Haushalte	400 Mio. €
5.	Konsumausgaben der Haushalte	1.560 Mio. €
6.	Zinszahlungen der Kreditinstitute an Haushalte	20 Mio. €
7.	Staat nimmt bei Kreditinstituten Kredit auf	100 Mio. €
8.	Transferleistungen des Staates an Haushalte	440 Mio. €
9.	Staat zahlt Entwicklungshilfe an das Ausland	90 Mio. €

Aufgabe 10:

In einer offenen Volkswirtschaft mit staatlicher Aktivität führen verschiedene Gruppen von Wirtschaftssubjekten in einem bestimmten Zeitraum folgende wirtschaftliche Transaktionen durch:

1. Zahlung von Löhnen und Gehältern in Höhe von 1.700 Mio. € durch die Unternehmen
2. Zahlung von Löhnen und Gehältern in Höhe von 400 Mio. € durch den Staat
3. Der Staat zahlt Kindergeld in Höhe von 15 Mio. €.
4. Urlauberinnen und Urlauber geben während ihres Urlaubs auf Mallorca 25 Mio. € aus.
5. Der Staat zahlt Renten in Höhe von 100 Mio. €.
6. Die privaten Haushalte geben für ihren täglichen Bedarf 1.000 Mio. € aus.
7. Die privaten Haushalte zahlen Sozialversicherungsbeiträge in Höhe von 380 Mio. €.
8. Der Staat zahlt Arbeitslosengeld in Höhe von 60 Mio. €.
9. Private Haushalte werden mit Einkommensteuer, Solidaritätszuschlag und Kirchensteuer in Höhe von 400 Mio. € belastet.

a) Bei welchen der oben genannten Transaktionen handelt es sich um Transferzahlungen?
b) Berechnen Sie aufgrund dieser Geldströme das verfügbare Einkommen der privaten Haushalte in Mio. Euro.

Aufgabe 11:

Der Gleichgewichtspreis auf einem vollkommenen Markt liegt bei 5,00 €.

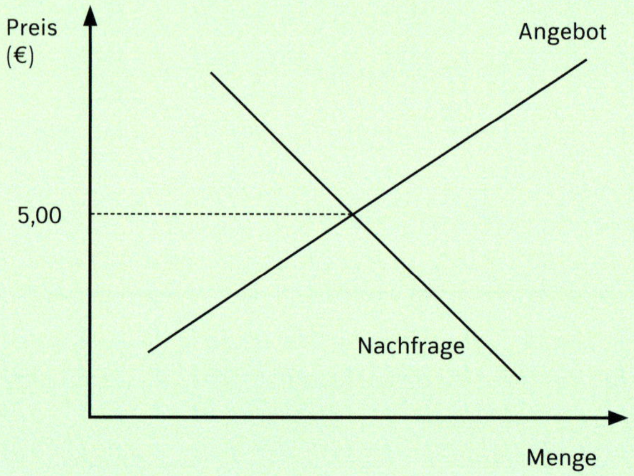

Wird der Gleichgewichtspreis tendenziell steigen,

a) wenn die Nachfrager über ein höheres Einkommen verfügen?
b) wenn die Anbieter aufgrund neuerer Produktionstechniken günstiger produzieren können?
c) wenn wichtige Produktionsfaktoren teurer werden?
d) wenn der Preis eines Substitutionsguts steigt?
e) wenn neue Wettbewerber am Markt auftreten?

Aufgabe 12:

Bei welchen der nachfolgenden Fälle kann es als Reaktion der Marktteilnehmer zur nachstehend dargestellten Rechtsverschiebung der Nachfragekurve bei einem Konsumgut kommen (siehe Abbildung)? (2 Lösungen)

a) Der Preis eines Komplementärgutes steigt.
b) Der Preis eines Substitutionsgutes steigt.
c) Die Konsumgewohnheiten der Nachfrager ändern sich aufgrund der schlechten wirtschaftlichen Situation.
d) Die Einkommenssituation der privaten Haushalte verbessert sich deutlich.
e) Die Arbeitslosenquote steigt drastisch.
f) Die Preise für Konsumgüter steigen.

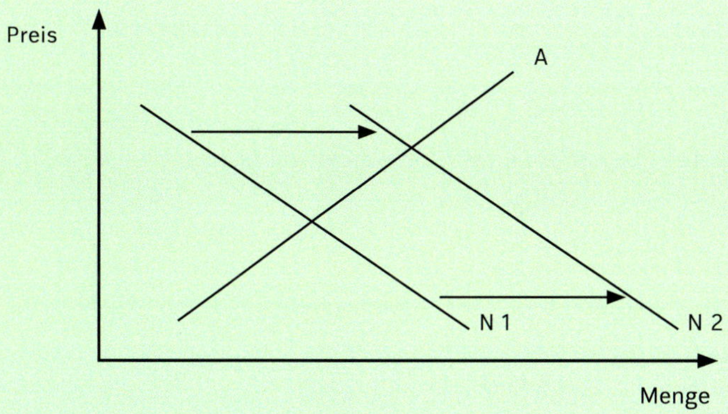

Aufgabe 13:

An einer Frankfurter Warenbörse wird gefrorener Orangensaft gehandelt. Für den 07.04.20.. liegen folgende Kauf- und Verkaufsaufträge vor:

Preis je Tonne in €	Kaufaufträge in Tonnen	Verkaufsaufträge in Tonnen
1.720,00	520	–
1.730,00	110	80
1.740,00	85	140
1.750,00	65	230
1.760,00	50	390
1.770,00	–	430

a) Ermitteln Sie den Gleichgewichtspreis.

b) Ein Anbieter hatte seinen Verkaufsauftrag von 30 Tonnen gefrorenem Orangensaft auf 1.730,00 € je Tonne limitiert. Ermitteln Sie
- den Verkaufserlös, mit dem er mindestens gerechnet hatte,
- seine Zusatzeinnahme, wenn er die 30 Tonnen Orangensaft zum Gleichgewichtspreis verkaufen kann.

Aufgabe 14:

In dem folgenden Diagramm sind die Nachfrage und das Angebot nach einem Konferenztisch der Heidtkötter KG dargestellt. Wann könnte es zu der dargestellten Linksverschiebung der Nachfragekurve kommen?

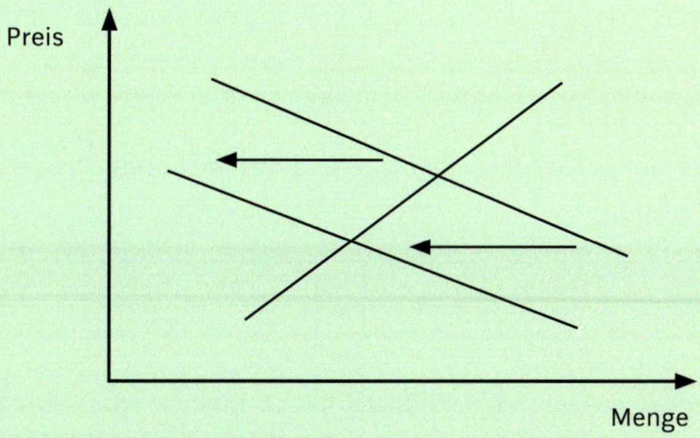

a) Aufgrund sinkender Produktionskosten kann der Konferenztisch günstiger angeboten werden.
b) Die finanziellen Mittel potenzieller Nachfrager steigen aufgrund der guten konjunkturellen Lage an.
c) Der Preis für die zu dem Konferenztisch passenden Stühle steigt deutlich.
d) Der Preis für ein vergleichbares Modell steigt.
e) In der Fachpresse kursieren Gerüchte, der Konferenztisch enthalte gesundheitsschädliche Formaldehyde.

Aufgabe 15: Die Nachfrager können auf Preisänderungen unterschiedlich reagieren. Ordnen Sie zu, in welchen der unten stehenden Reaktionen der Marktteilnehmer

a) eine elastische Nachfrage,
b) eine unelastische Nachfrage,
c) eine vollkommen elastische Nachfrage oder
d) eine vollkommen unelastische Nachfrage

vorliegt.

Reaktionen der Marktteilnehmer:

1. Die Preise für Schreibtische wurden deutlich erhöht, dennoch ist der Nachfragerückgang nur gering.
2. Die Preise für Büroschränke wurden erhöht. Die Anzahl der neu verkauften Büroschränke hat sich nicht verändert.
3. Trotz konstanter Preise für Schubladenelemente ist der Absatz deutlich zurückgegangen.
4. Aufgrund einer geringen Preissteigerung für PC-Tische geht der Absatz drastisch zurück.

Aufgabe 16: In einem Marktpreismodell ist die Angebots- bzw. die Nachfragekurve (normales Anbieter- und Nachfragerverhalten) nach Büroschreibtischen der Heidtkötter KG dargestellt. Stellen Sie in den folgenden Situationen jeweils fest, welche Auswirkungen sich auf das Angebot bzw. die Nachfrage bei der Heidtkötter KG tendenziell ergeben. Die Fälle sind unabhängig voneinander.

1. Die Angebotskurve verschiebt sich nach rechts.
2. Die Angebotskurve verschiebt sich nach links.
3. Die Nachfragekurve verschiebt sich nach rechts.
4. Die Nachfragekurve verschiebt sich nach links.

a) Ein neuer Anbieter von Büroschreibtischen hat mit seinen Modellen großen Erfolg.
b) Eine Werbekampagne der Heidtkötter KG für den Büroschreibtisch ist erfolgreich.
c) Die Produktionsfaktoren, die für die Herstellung des Büroschreibtisches benötigt werden, verteuern sich deutlich.
d) Der zu diesem Büroschreibtisch passende Bürostuhl steht in einer Sonderaktion sehr günstig zum Verkauf.
e) Die Heidtkötter KG kann aufgrund einer neuen Produktionstechnik den Büroschreibtisch mit deutlich weniger Ausschuss produzieren.
f) Ein neues staatliches Subventionsprogramm unterstützt Unternehmen bei der Neugründung finanziell.

Aufgabe 17:

Eine Börsenmaklerin sammelt alle Kauf- und Verkaufsaufträge eines Tages. Dabei geben die Käufer an, welchen Preis sie maximal für eine Aktie zahlen wollen, und die Verkäufer geben an, welchen Preis sie mindestens erzielen wollen. Ermitteln Sie den Gleichgewichtspreis.

Preis je Aktie in €	Verkaufsaufträge/Angebot in Stück	Kaufaufträge/Nachfrage in Stück	Verkaufsaufträge Angebot kumuliert	Kaufaufträge Nachfrage kumuliert	Angebotsüberhang	Nachfrageüberhang
50,00	1000	4300				
51,00	1200	3900				
52,00	1700	3700				
53,00	2100	3400				
54,00	2800	3200				
55,00	3200	2500				
56,00	3600	1900				
57,00	4300	1200				

Aufgabe 18:

Ordnen Sie den nachstehenden Aussagen die aufgeführten Begriffe von a) bis h) zu.

- Selektionsfunktion
- Grenzanbieter
- Signalfunktion
- Allokationsfunktion
- Konsumentenrente
- Grenznachfrager
- Ausgleichsfunktion
- Produzentenrente

a) Dieser Marktteilnehmer kann bei einem gewissen Preis gerade noch verkaufen.
b) Nicht wettbewerbsfähige Produzenten werden vom Markt verdrängt.
c) Ein Konzern gibt einen unrentablen Unternehmenszweig auf und investiert in eine Zukunftsbranche.
d) Solange ein Anbieter in der Lage ist, unterhalb des Marktpreises anzubieten, verfügt er über diesen Geldvorteil.
e) Steigt der Marktpreis, werden die Marktteilnehmer vom Markt verdrängt.
f) An der Börse wird der Preis dort gebildet, wo der höchste Umsatz möglich ist.
g) Der Preis für knappe Ressourcen steigt in der Regel.
h) Nachfrager, die auch bereit wären einen höheren Preis zu bezahlen, verfügen über diesen Geldvorteil.

Aufgabe 19: Die Abbildung auf dem Lösungsbogen zeigt eine doppelt geknickte Preis-Absatz-Funktion aus der Sicht eines Anbieters für sein Produkt.

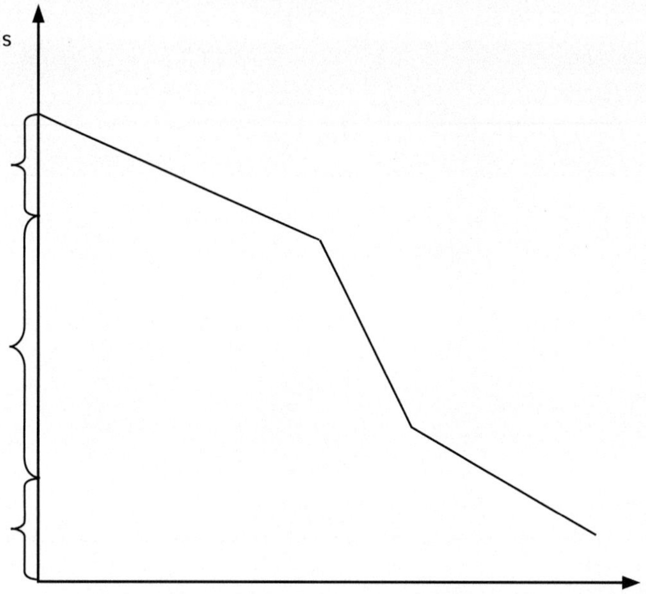

a) Tragen Sie die Bereiche ein, die zu den einzelnen Aussagen passen.
   1. Aufgrund möglicher Präferenzen der Nachfrager lassen sich die Preise bei der geringen Preiselastizität der Nachfrage relativ autonom gestalten.
   2. In diesem Bereich ist mit überproportionalen Absatzerhöhungen zu rechnen, problematisch ist das Erreichen der Kapazitätsgrenze.
   3. Nach weiteren Preiserhöhungen lässt die Wirkung der Präferenzen ab diesem Punkt nach, nun reagiert die Nachfrage wieder elastisch.
   4. Geringfügige Preiserhöhungen des Anbieters lösen eine starke Kundenabwanderung zur Konkurrenz aus.

b) Bei welcher Marktform kann die individuelle Nachfragesituation aus der Sicht des Anbieters durch oben abgebildete Preis-Absatz-Funktion beschrieben werden?
   1. beim vollkommenen Polypol
   2. beim unvollkommenen Oligopol
   3. beim unvollkommenen Monopol
   4. beim unvollkommenen Polypol

Aufgabe 20: Eine Monopolsituation ist durch folgende Funktionen bestimmt.

Preis-Absatz-Funktion: $p(x) = 3.900 - 8x$
Gesamtkostenfunktion: $K(x) = 24.000 + 700x$

Ermitteln Sie rechnerisch die gewinnmaximale Menge und den gewinnmaximalen Preis.

Aufgabe 21:

Welche der folgenden Aussagen zu den drei Bereichen einer doppelt geknickten Preis-Absatz-Funktion ist korrekt?

a) Im oberen Bereich der Funktion reagieren die Nachfrager auf Preisänderungen elastisch, d. h., kleine Preisänderungen führen zu großen Änderungen in der nachgefragten Menge.
b) Im mittleren Bereich ist die Preiselastizität der Nachfrage konstant und unabhängig von der Preisänderung.
c) Im unteren Bereich der Funktion ist die Nachfrage vollkommen unelastisch, d.h., die Nachfrager reagieren nicht auf Preisänderungen.
d) Alle drei Bereiche der Funktion weisen die gleiche Preiselastizität auf.

Aufgabe 22:

Welche der folgenden Aussagen zur einfach geknickten Preis-Absatz-Funktion ist korrekt?

a) Der Knick in der Funktion zeigt an, dass die Preiselastizität der Nachfrage konstant ist.
b) Im oberen Bereich der Funktion ist die Nachfrage elastisch, während sie im unteren Bereich unelastisch ist.
c) Der Knick in der Preis-Absatz-Funktion ist nicht relevant für die Bestimmung des Marktgleichgewichts.
d) Die Funktion zeigt immer eine positive Beziehung zwischen Preis und Menge.
e) Die Nachfrage ist im gesamten Bereich der Funktion vollkommen elastisch.

Aufgabe 23:

In einer freien Marktwirtschaft regeln die Marktkräfte das Wirtschaftsgeschehen. Welche beiden Eingriffe wären in einer reinen freien Marktwirtschaft kaum denkbar?

a) Subventionierung von landwirtschaftlichen Erzeugnissen
b) Appelle zu Unternehmensgründungen
c) steuerliche Anreize für unternehmerisches Handeln
d) weitere Privatisierungen staatlicher Unternehmen
e) Stärkung sozialer Gesundheitsfürsorge zulasten privater Krankenkassen

Aufgabe 24:

Welche staatlichen Maßnahmen wären in einer Zentralverwaltungswirtschaft systemgerecht?

a) Privatisierung von Produktionsmitteln
b) Planung von Produktionsaktivitäten über einen Zeitraum von mehreren Jahren
c) Aufhebung der Preisbindung für knappen Wohnraum
d) steuerliche Anreize für Besserverdienende
e) Verteilungsgerechtigkeit für knappe Güter

Aufgabe 25:

In welchen beiden Situationen liegt möglicherweise eine Wettbewerbsstörung in einer sozialen Marktwirtschaft vor?

a) Transferzahlungen an private Haushalte werden erhöht.
b) Unternehmen in strukturschwachen Regionen werden stärker subventioniert.
c) Durch Fusion haben drei Unternehmen eine monopolähnliche Stellung.
d) Private Krankenkassen werden verboten.
e) Absprachen zu Produktionsnormen kleinerer Unternehmen werden erlaubt.

Aufgabe 26: Welche beiden Maßnahmen des Bundes sind nicht konform mit dem System der sozialen Marktwirtschaft?

a) Der Bund legt eine einheitliche Gewinnmarge für Unternehmen fest.
b) Der Bund erleichtert die Steuerlast für Handwerksbetriebe.
c) Der Bund verschärft die Verbraucherschutzbestimmungen des BGB.
d) Der Bund hebt die Buchpreisbindung für Neuerscheinungen auf.
e) Der Bund reguliert die Geldmenge zur Vermeidung einer Inflationsgefahr.
f) Der Bund führt wieder eine erhöhte Praxisgebühr ein.

Aufgabe 27: Ordnen Sie den folgenden Aussagen die entsprechende Wirtschaftsordnung zu.

1. freie Marktwirtschaft
2. soziale Marktwirtschaft
3. sozialistische Marktwirtschaft
4. Zentralverwaltungswirtschaft

a) Der Staat überlässt die Märkte der „unsichtbaren Hand".
b) Die Märkte regeln jegliches Angebot und jegliche Nachfrage von Gütern und Dienstleistungen.
c) Privateigentum ist in stark begrenztem Umfang zugelassen.
d) Der Staat greift in die Produktionsplanung ein, gewährt aber Spielräume.
e) Geld hat kaum volkswirtschaftliche Funktionen.
f) Unternehmerische Privatinitiative ist unerwünscht.
g) Privateigentum genießt den höchsten Schutz.
h) Vertragsfreiheit ist zum Schutz des Wettbewerbs eingeschränkt.
i) Eine Devisenbewirtschaftung ist ein übliches staatliches Instrument.

Aufgabe 28: In welchen zwei Situationen liegt eine Wettbewerbsstörung der sozialen Marktwirtschaft vor?

a) Vier Unternehmen der Möbelbranche sprechen eine Preiserhöhung ihrer Produkte um 8 % ab.
b) Der Staat fördert den Kauf neuer Kühlschränke durch eine Abwrackprämie für Altgeräte.
c) Ein Angebot für einen Ratenkauf gibt keinen Aufschluss über die tatsächlichen Kosten.
d) Um bessere Konditionen zu erreichen, schließen sich landwirtschaftliche Betriebe zu einer Einkaufsgenossenschaft zusammen.
e) Im Rahmen einer Fusion vereinen drei Unternehmen 40 % der Marktanteile auf sich.

Aufgabe 29: Welche der drei Wirtschaftsordnungen

- freie Marktwirtschaft,
- soziale Marktwirtschaft,
- Zentralverwaltungswirtschaft

ist mit den folgenden Aussagen jeweils angesprochen?

a) Die Vertragsfreiheit wird durch Gesetze eingeschränkt.
b) Der Staat greift überhaupt nicht in das wirtschaftliche Geschehen ein (man spricht in diesem Zusammenhang auch von einem Nachtwächterstaat).
c) Die in der Volkswirtschaft benötigten Güter und Leistungen werden entsprechend einer längerfristigen Planung produziert bzw. bereitgestellt.
d) Privateigentum an Produktionsmitteln ist nicht vorgesehen.
e) Die Produktions-, Konsum- und Gewerbefreiheit ist durch staatlichen Einfluss eingeschränkt.
f) Dem Schutz der Konsumentinnen und Konsumenten wird gegenüber der Freiheit der Unternehmen keine Priorität eingeräumt.

Aufgabe 30:

Die Wirtschaftsordnung in Deutschland ist die soziale Marktwirtschaft. Welche der folgenden Maßnahmen sind nach der heutigen Gesetzeslage mit der sozialen Marktwirtschaft nicht vereinbar?

a) Die Bundesregierung ordnet einen Mietpreisstopp für alle Wohnungen an.
b) Das Bundeskartellamt verhängt gegen einige Unternehmen Bußgelder wegen Preisabsprachen.
c) Durch ein Bundesgesetz werden Höchstgrenzen für die Emission für die Einleitung von gefährlichen Schadstoffen in Gewässer festgelegt.
d) Die privaten Krankenversicherungen werden aufgelöst und für alle Bürgerinnen und Bürger wird eine einheitliche Krankenversicherung Pflicht.
e) Der Gesetzgeber bestimmt, dass die Prozentsätze der Einkommensteuer mit der Höhe des zu versteuernden Einkommens sinken, um verstärkte Leistungsanreize zu setzen.

Aufgabe 31:

Entscheiden Sie jeweils, welche Wirtschaftsordnung tendenziell beschrieben wird:

1. freie Marktwirtschaft
2. soziale Marktwirtschaft
3. Zentralverwaltungswirtschaft

a) Die Unternehmen treffen ihre Investitionsentscheidungen ausschließlich unter Berücksichtigung der erzielbaren Marktpreise. Eingriffe des Staates in die Preisbildung finden nicht statt.
b) Der Staat trägt durch vielfältige Maßnahmen, wie beispielsweise Transferzahlungen, dazu bei, dass ein Mindesteinkommen für die privaten Haushalte gesichert ist.
c) Für die Wirtschaftsunternehmen werden Planleistungen definiert, die innerhalb staatlich festgelegter Zeiträume zu erfüllen sind.

Aufgabe 32:

Welche der Sozialversicherungen wird allein vom Arbeitgeber getragen?

a) gesetzliche Arbeitslosenversicherung
b) gesetzliche Krankenversicherung
c) gesetzliche Unfallversicherung
d) gesetzliche Pflegeversicherung
e) gesetzliche Rentenversicherung

Aufgabe 33:

Für welche der Sozialversicherungen besteht ab einer bestimmten Einkommenshöhe keine Versicherungspflicht mehr?

a) gesetzliche Arbeitslosenversicherung
b) gesetzliche Krankenversicherung
c) gesetzliche Unfallversicherung
d) gesetzliche Pflegeversicherung
e) gesetzliche Rentenversicherung

Aufgabe 34:

Was versteht man unter der Beitragsbemessungsgrenze?

a) Ab dieser Grenze besteht keine Versicherungspflicht mehr.
b) Die Leistungen der Sozialversicherungen hängen von der Beitragshöhe ab.
c) Einkommen oberhalb der Grenze wird nicht bei der Beitragsberechnung berücksichtigt.
d) Unterhalb dieser Grenze besteht keine Beitragspflicht.
e) Die Beitragsbemessung ist nie höher als der für das Durchschnittseinkommen geltende Beitrag.

Aufgabe 35: Welche Aussagen zu den gesetzlichen Sozialversicherungen sind richtig (1) und welche sind falsch (9)?

a) Die Beitragsbemessungsgrenze ist für alle Sozialversicherungen gleich hoch.
b) Die Familienversicherung gilt nur für die Kranken- und die Pflegeversicherung.
c) Krankengeld wird von der gesetzlichen Krankenversicherung gezahlt, wenn die versicherte Person länger als sechs Wochen erkrankt ist.
d) Die Berufsgenossenschaften sind Träger der gesetzlichen Rentenversicherung.
e) Die gesetzliche Rentenversicherung wird nach dem Umlageverfahren finanziert.

Aufgabe 36: Bei der Berechnung der Leistung welcher der gesetzlichen Sozialversicherungen wird die Demografieentwicklung berücksichtigt?

a) gesetzliche Arbeitslosenversicherung
b) gesetzliche Krankenversicherung
c) gesetzliche Unfallversicherung
d) gesetzliche Pflegeversicherung
e) gesetzliche Rentenversicherung

Aufgabe 37: Ordnen Sie die Leistungen den gesetzlichen Sozialversicherungen zu:

a) ambulante Pflege
b) Ernährungsberatung
c) Rehabilitation bei chronischen Erkrankungen
d) Insolvenzgeld
e) Gründungszuschüsse
f) ärztliche Behandlung bei Wegeunfällen

Sozialversicherungen:

1. gesetzliche Krankenversicherung
2. gesetzliche Pflegeversicherung
3. gesetzliche Unfallversicherung
4. gesetzliche Rentenversicherung
5. gesetzliche Arbeitslosenversicherung

Aufgabe 38: Welche Aussagen zur gesetzlichen Arbeitslosenversicherung sind richtig (1) und welche sind falsch (9)?

a) Arbeitslosengeld wird auch als Bürgergeld bezeichnet.
b) Die Beiträge werden je zur Hälfte von den Arbeitnehmerinnen bzw. Arbeitnehmern und vom Arbeitgeber getragen.
c) Bürgergeld wird nur für einen bestimmten Zeitraum gewährt.
d) Das Kurzarbeitergeld beträgt 70 % des ausgefallenen Nettoentgeltes.
e) „Bürgergeld“ bzw. „Grundsicherung für Arbeitssuchende“ dient der finanziellen Absicherung bei Arbeitslosigkeit.
f) „Bürgergeld“ bzw. „Grundsicherung für Arbeitssuchende“ wird nur Arbeitslosen gewährt.
g) Die Höhe des Bürgergeldes bzw. der „Grundsicherung für Arbeitssuchende“ orientiert sich am letzten Nettoeinkommen.

Aufgabe 39:

Welche der folgenden Aussagen trifft auf Kartelle zu?

a) Die zusammengeschlossenen Unternehmen verfolgen das Ziel, Absatzmärkte untereinander regional aufzuteilen.
b) Drei Unternehmen geben ihre wirtschaftliche Selbstständigkeit vollständig auf, bleiben aber rechtlich selbstständig.
c) Mehrere Bauunternehmen schließen sich zur Abwicklung eines Großprojektes zusammen.
d) Durch Zusammenschluss zweier Unternehmen geht eines der beiden mit seinem gesamten Vermögen vollständig in ein anderes Unternehmen über und hört damit auf zu existieren.
e) Unternehmen arbeiten zusammen, um gemeinsam Öffentlichkeitsarbeit zu betreiben.

Aufgabe 40:

Drei Unternehmen der Möbelbranche beschließen die Bildung eines Konzerns. Welche Auswirkungen hat dieser Zusammenschluss auf die Selbstständigkeit der beteiligten Unternehmen?

a) Die drei Unternehmen geben ihre rechtliche und wirtschaftliche Selbstständigkeit vollständig auf.
b) Es gibt keine Auswirkung des Zusammenschlusses auf die Selbstständigkeit der einzelnen Unternehmen.
c) Die rechtliche und teilweise die wirtschaftliche Selbstständigkeit wird auf eine Verwaltungsgesellschaft übertragen.
d) Die drei Unternehmen behalten ihre rechtliche Selbstständigkeit und geben ihre wirtschaftliche Selbstständigkeit in weiten Teilen auf.
e) Die drei Unternehmen behalten ihre wirtschaftliche Selbstständigkeit, verlieren aber ihre rechtliche Selbstständigkeit.

Aufgabe 41:

In welchen der folgenden Situationen handelt es sich um

1. ein Gebietskartell,
2. ein Konditionenkartell?

a) Ein großes Möbelhaus verfasst für seine Geschäftsstellen eine überarbeitete Form der AGB.
b) Zwei Möbelhausketten bieten angesichts von Umsatzrückgängen ihrer Kundschaft Teilzahlungsmöglichkeiten an.
c) Drei Möbelhäuser schließen sich einem bestehenden Unternehmensverband der Möbelbranche an.
d) Hersteller von Büromöbeln nehmen zur Vermeidung einer zu starken Konkurrenzsituation eine regionale Aufteilung der Absatzmärkte vor.
e) Fünf Möbelhäuser vereinbaren gemeinsame Bedingungen für die Kosten von Warenlieferungen.

Aufgabe 42:

Welche Aussagen zum Tarifrecht sind richtig (1) und welche sind falsch (9)?

a) Die Bestimmungen des Tarifvertrages gelten zwingend für alle Mitglieder der entsprechenden Tarifvertragsparteien.
b) Der Gewerkschaftsbeitrag berechnet sich nach dem regelmäßigen monatlichen Bruttoverdienst.
c) Tarifautonomie bedeutet, dass das Bundesministerium für Wirtschaft und Klimaschutz Tarifverträge für allgemein verbindlich erklären darf.
d) Der gesetzliche Mindestlohn wurde 2021 auf 9,50 € festgelegt.
e) Der Staat darf unter bestimmten Voraussetzungen in die Tarifautonomie eingreifen.

Aufgabe 43: Welche Aussagen zu den Tarifvertragsparteien sind richtig (1) und welche sind falsch (9)?

a) Die Gewerkschaften sind den Betriebsräten übergeordnet.
b) Die Stärke der Gewerkschaften hängt von der Zahl der Mitglieder ab.
c) Das Betriebsverfassungsgesetz regelt die Rechte und Pflichten der Gewerkschaften.
d) Die IG Metall gehört der Bundesvereinigung der Deutschen Arbeitgeberverbände an.
e) Die Verhandlungen auf Arbeitgeberseite führen die jeweiligen Arbeitgeberverbände oder auch einzelne Arbeitgeber.

Aufgabe 44: Welche Aussagen zu den Tarifverhandlungen sind richtig (1) und welche sind falsch (9)?

a) Für einen Warnstreik muss die Gewerkschaft zunächst eine Urabstimmung durchführen.
b) Während der Friedenspflicht dürfen die Tarifvertragsparteien keine Arbeitskampfmaßnahmen durchführen.
c) Eine Aussperrung darf nur als Reaktion auf einen Streik erfolgen.
d) Ein Streik ohne vorherige Urabstimmung ist ein sogenannter „wilder Streik".
e) Streikkassen werden von den Arbeitgeberverbänden gebildet, um die Verluste auszugleichen, die bei Produktionsstopp aufgrund eines Streikes entstehen.

Aufgabe 45: Bringen Sie die Arbeitskampfmaßnahmen in die richtige Reihenfolge:

1. Bei der darauffolgenden Urabstimmung müssen mindestens 25 % der Gewerkschaftsmitglieder zustimmen.
2. Die Schlichtung scheitert.
3. Die Tarifvertragsparteien schließen einen neuen Tarifvertrag ab.
4. Die Arbeitnehmerinnen und Arbeitnehmer streiken.
5. Die ersten Verhandlungen scheitern.
6. Ein Schlichter versucht, zwischen den Tarifvertragsparteien zu vermitteln.
7. Arbeitgeberverband und Gewerkschaft treffen sich nach dem Auslaufen des Tarifvertrages.
8. Neue Verhandlungen werden aufgenommen.
9. Die Gewerkschaft ruft zur Urabstimmung auf, der 75 % der Gewerkschaftsmitglieder zustimmen müssen.

Aufgabe 46: Welche Aussagen zum Tarifvertrag sind richtig (1) und welche sind falsch (9)?

a) Ein Manteltarifvertrag enthält allgemeine und langfristig angelegte Regelungen, z. B. zum Urlaubsanspruch.
b) Ein Haustarifvertrag wird zwischen großen Unternehmen und deren Betriebsräten abgeschlossen.
c) Ein Manteltarifvertrag hat eine längere Laufzeit als ein Lohn- und Gehaltstarifvertrag.
d) Während der Laufzeit eines Tarifvertrages herrscht Friedenspflicht.
e) Ein Tarifvertrag gilt grundsätzlich für eine ganze Branche.

Aufgabe 47: Welche Wirkung geht von einer Verknappung der Geldmenge durch die EZB aus?

a) Es ist mit steigenden Zinsen für Investitionskredite zu rechnen.
b) Konsumentendarlehen und Dispositionskredite werden stärker nachgefragt.
c) Die Außenhandelsaktivitäten der Unternehmen werden sich intensivieren.
d) Die Nachfrage nach Konsum- und Investitionsgütern erhöht sich.
e) Das Preisniveau wird sich tendenziell stabilisieren.

Aufgabe 48:

Welche zwei der genannten Gründe könnten dazu führen, dass die EZB die Leitzinsen senkt?

a) Die Konjunktur befindet sich auf Talfahrt und die Unternehmen haben Schwierigkeiten, an Investitionsgüterkredite zu kommen.
b) Der Konsumverzicht ist hoch und die Haushalte sparen stark.
c) Die Inflation steigt aufgrund der hohen Kaufkraft stark an.
d) Die Preise für wichtige Rohstoffe sind gefallen und das Außenhandelsdefizit verringert sich.
e) Die Banken nehmen die Hauptrefinanzierungsgeschäfte kaum in Anspruch, dafür nutzen sie zunehmend die Einlagefazilität.

Aufgabe 49:

Erläutern Sie, welche Auswirkungen

a) eine Abwertung des Euro auf den Export,
b) eine Aufwertung des Euro auf den Import,
c) eine Abwertung des US-Dollar auf den Export,
d) eine Aufwertung des US-Dollar auf den Import

hat.

Aufgabe 50:

Welche Auswirkungen auf den Export hat ein Leistungsbilanzdefizit?

Aufgabe 51:

Welche Auswirkungen auf den Import hat ein Leistungsbilanzüberschuss?

Aufgabe 52:

Was sind Exportsubventionen und aus welchem Grund werden sie eingesetzt?

Aufgabe 53:

Erläutern Sie, wie sich Industrienormen auf den Außenhandel auswirken.

Aufgabe 54:

Welche vier Grundfreiheiten beschreiben den europäischen Binnenmarkt?

Aufgabe 55:

Welche der folgenden Standortfaktoren haben für viele Unternehmerinnen und Unternehmer einen hohen quantitativen Stellenwert? (2 Lösungen)

a) kulturelles Angebot
b) Zölle
c) Verfügbarkeit von qualifiziertem Personal
d) Kommunikationsnetze
e) Kosten für Hilfs- und Rohstoffe
f) politische Stabilität

Aufgabe 56: Welche Aussagen im Hinblick auf die folgende Grafik sind wahr (1) und welche sind falsch (9)?

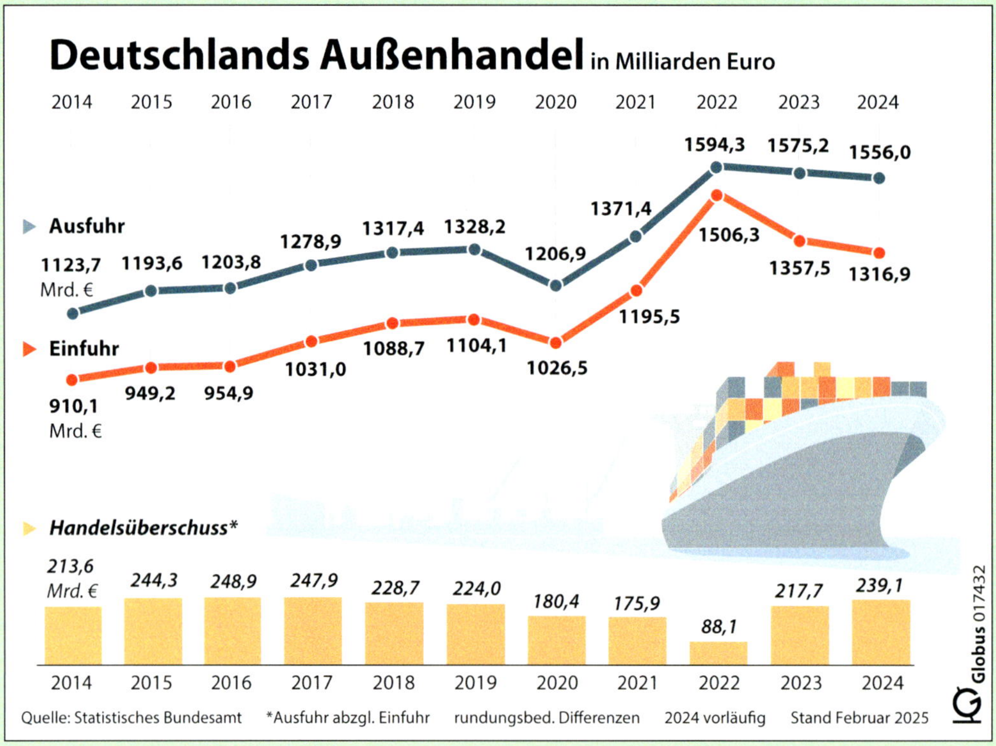

a) Die Einfuhren nach Deutschland übersteigen die Ausfuhren aus Deutschland permanent.
b) Von 2012 bis 2022 ist die Exportquote um ca. 24,7 Prozent gestiegen.
c) Der Anstieg der Exportquote von 2023 auf 2024 beträgt 1,47 %.
d) Der Anstieg der Importquote von 2022 auf 2023 beträgt –1,2 %.
e) Die deutsche Außenhandelsbilanz ist negativ.

Lernfeld 12:

Personalprozesse planen, steuern und kontrollieren

Die Hauptaufgabe von Industriebetrieben, und damit auch der Heidtkötter KG, besteht zweifellos in der Herstellung und dem Verkauf der produzierten Güter. Da dies ohne den Einsatz von qualifizierten Arbeitskräften nicht möglich ist, kommt der Personalwirtschaft eine zentrale Bedeutung zu.

Dabei geht es nicht nur um die Gewinnung geeigneter Arbeitskräfte, sondern insbesondere darum, ihnen ein gutes Arbeitsumfeld zu bieten – unter Berücksichtigung zahlreicher organisatorischer und rechtlicher Rahmenbedingungen. Dies schafft nicht nur die Grundlage für eine langfristige Betriebstreue, sondern stärkt zugleich das Selbstwertgefühl der Belegschaft.

Im Idealfall entsteht dadurch eine echte Win-win-Situation: Zufriedene Mitarbeitende gehen ihrer Arbeit engagierter und motivierter nach. Dies wirkt sich positiv auf die Qualität der Unternehmensprozesse aus und führt zugleich zu einer Reduktion der individuellen Fehlzeiten.

Das personalwirtschaftliche Geschehen im Unternehmen wird von verschiedenen Arbeitsschwerpunkten bestimmt:

Aufgaben der Personalwirtschaft

Unter anderem: • Personalplanung • Personalbeschaffung • Personaleinsatz • Personalführung • Personalentwicklung • Personalfreisetzung	Gestaltung der Arbeitsbedingungen	Umsetzung von Rechtsvorschriften und Betriebsvereinbarungen

Die folgenden Kapitel greifen die grundsätzlich für alle Unternehmen zentralen Aufgaben der Personalwirtschaft auf.

Personalprozesse planen, steuern und kontrollieren

1 Personalwirtschaft und Personalmanagement als Unterstützungsprozesse

Als Leiterin der Personalabteilung kennt Frau Peters viele Mitarbeiterinnen und Mitarbeiter persönlich und weiß um deren Stärken und Schwächen. Ihr Tätigkeitsgebiet ist trotz der Tatsache, dass die Heidtkötter KG vergleichsweise nur über rund 120 Mitarbeitende verfügt, sehr umfangreich. Zu Frau Peters Prinzipien gehört dennoch, die Tür zum Personalbüro stets für alle offen zu halten – ein Angebot, das von der Belegschaft gerne angenommen wird. Immer wieder kommen Mitarbeiterinnen und Mitarbeiter zu ihr, um ihre Anliegen vorzubringen. Auch die Geschäftsleitung schätzt das umfassende Wissen und die Expertise von Frau Peters und der gesamten Personalabteilung und greift häufig auf deren Kompetenzen zurück.

Personalwirtschaft

Die **Personalwirtschaft** umfasst alle Planungs-, Steuerungs- und Kontrollaufgaben, die die Beschäftigten und ihren Einsatz im Unternehmen betreffen. **Hauptaufgabe** der Personalwirtschaft ist es, für die Erledigung aller betrieblichen Teilaufgaben die dafür benötigten Mitarbeiterinnen und Mitarbeiter mit den jeweils erforderlichen Qualifikationen zur richtigen Zeit am richtigen Ort einzusetzen – stets im Rahmen des zur Verfügung stehenden Personalbudgets.

Aufgabengebiet

Die Aufgabengebiete in der Personalwirtschaft sind vielfältig. Sie erstrecken sich von der Suche und Einstellung neuer Mitarbeiterinnen und Mitarbeiter über die Personalbuchführung und Entgeltabrechnung bis hin zur Unterstützung von Beschäftigten bei ihrer beruflichen Weiterentwicklung innerhalb des Unternehmens.

Im Einzelnen lassen sich diese Aufgaben wie folgt beschreiben:

- **Personalbedarfsplanung** im Sinne der Ermittlung und Analyse des Personalbestands, aber auch der Planungen für evtl. nötige Personalfreisetzungen
- **Personalbeschaffung(splanung)**, d.h. die Vornahme aller Tätigkeiten im Rahmen der Beschaffung, Auswahl und Einarbeitung von Personal
- **Personaleinsatzplanung** unter Beachtung von Arbeitsrecht sowie Arbeits- und Gesundheitsschutz
- **Personalbeurteilung, Personalentwicklung und Personalführung** im Sinne der übergreifenden betrieblichen Ziele, aber auch der individuellen Voraussetzungen und Ziele der einzelnen Mitarbeiterinnen und Mitarbeiter
- **Personalentlohnung** auf der Grundlage von geltenden Tarifverträgen oder individuellen arbeitsvertraglichen Vereinbarungen
- **Personalfreisetzung** unter Beachtung aller vertragsrechtlichen und formalen Aspekte bei einer Kündigung
- **Personalverwaltung** im Sinne der Aufnahme und ständigen Fortschreibung aller persönlichen Daten der Arbeitnehmerinnen und Arbeitnehmer, die für die Umsetzung der sich aus dem Arbeitsverhältnis für Arbeitgeber oder Arbeitnehmerinnen und Arbeitnehmer ergebenden Rechte und Pflichten von Bedeutung sind oder bedeutsam sein könnten

- **Personalcontrolling** durch die Analyse von Personalkennzahlen, die aus Personalinformationssystemen abgeleitet werden können.

Ziele

Das vorrangige Ziel der Personalwirtschaft ist ein **ökonomisches Ziel**: Das Personal soll so eingestellt, eingesetzt, entwickelt und, wenn nötig, freigesetzt werden, dass das Unternehmen seine wirtschaftlichen Ziele, insbesondere die Gewinnmaximierung, bestmöglich erreicht. Da dies jedoch auch von der Einstellung, den Erwartungen und den Bedürfnissen der Mitarbeiterinnen und Mitarbeiter abhängig ist, hat die Personalwirtschaft gleichermaßen ein **soziales Ziel**: Sie umfasst auch Aspekte wie Unternehmenskultur und Betriebsklima, die Gestaltung von Arbeitsbedingungen, Motivation und Führung, Entwicklungsperspektiven, faire Entlohnung, Gesundheits- und Altersvorsorge, Arbeitsrecht sowie flexible Arbeitszeitmodelle.

Zielkonflikte

Diese beiden Ziele sind jedoch nicht immer miteinander vereinbar:

BEISPIEL

Hohe Löhne und Gehälter für die Mitarbeitenden reduzieren gleichzeitig den Gewinn des Unternehmens. Sind die Entgelte jedoch zu niedrig, wird es schwierig, qualifizierte Fachkräfte zu gewinnen und zu halten. Eine hohe Fluktuation beeinträchtigt wiederum die Qualität der Leistung und gefährdet ebenfalls den Unternehmenserfolg.

Auch Entwicklungs- und Qualifizierungsmöglichkeiten, die sämtliche Wünsche der Mitarbeitenden erfüllen, wären nicht effizient, da nicht unbegrenzt hochqualifiziertes Personal benötigt wird und solche Maßnahmen hohe Kosten verursachen.

Die eher administrativen und organisatorischen Aufgaben im Personalbereich werden in den meisten Unternehmen von der Personalabteilung übernommen. In der Personalverwaltung fallen vor allem die folgenden Tätigkeiten an:

personalwirtschaftliche Routineaufgaben

- neue Mitarbeiterinnen und Mitarbeiter erfassen (Personalakte und/oder Stammdatensatz anlegen, zur Sozialversicherung anmelden)
- Arbeitszeitkonten führen; Fehlzeiten, Krankmeldungen und Urlaubsanträge aufnehmen
- Lohn- und Gehaltsabrechnungen durchführen
- Bescheinigungen erstellen und weiterleiten
- Berechtigungen vergeben und überwachen
- Hilfestellung bei Stellenausschreibungen und im Bewerbungsverfahren geben
- Termine zu Auswahlverfahren organisieren

Personalmanagement

Neben der Personalverwaltung gewinnen Aufgaben der Personalentwicklung sowie die Unterstützung der Führungskräfte bei der Personalführung und -beurteilung zunehmend an Bedeutung. Daher wird der Begriff „Personalwirtschaft“ immer häufiger durch „Personalmanagement“ ersetzt – oft als alternative Bezeichnung für den gleichen Inhalt. Diese begriffliche Veränderung soll zum Ausdruck bringen, dass das Personalwesen über die bloße Personalplanung, -beschaffung und -verwaltung hinausgeht und Arbeit nicht nur als reiner Produktionsfaktor unter Kostenaspekten betrachtet wird, sondern besonderen Bedingungen unterliegt, die über eine rein wirtschaftliche Betrachtung hinausreichen.

Humankapital

In modernen Unternehmen wird in Bezug auf das Personal zunehmend der Begriff **„Human Resources“** verwendet, um den sozialen und menschlichen Aspekt des Personaleinsatzes stärker zu betonen. Mitarbeiterinnen und Mitarbeiter werden als Humankapital betrachtet – ein wichtiger Bestandteil des immateriellen Unternehmensvermögens, das maßgeblich zum langfristigen Erfolg des Unternehmens beiträgt.

Bedeutung des Humankapitals

Die Gesamtheit aller Maßnahmen, die darauf abzielen, Mitarbeiterinnen und Mitarbeiter nicht länger in erster Linie als Kostenfaktor zu betrachten, sondern ihnen das Gefühl zu vermitteln, dass es sich lohnt, sich mit vollem Einsatz, all ihren Fähigkeiten und Ideen aktiv in das Unternehmensgeschehen einzubringen oder einbinden zu lassen, bezeichnet man in der modernen betriebswirtschaftlichen Sprache als **Human-Resource-Management**.

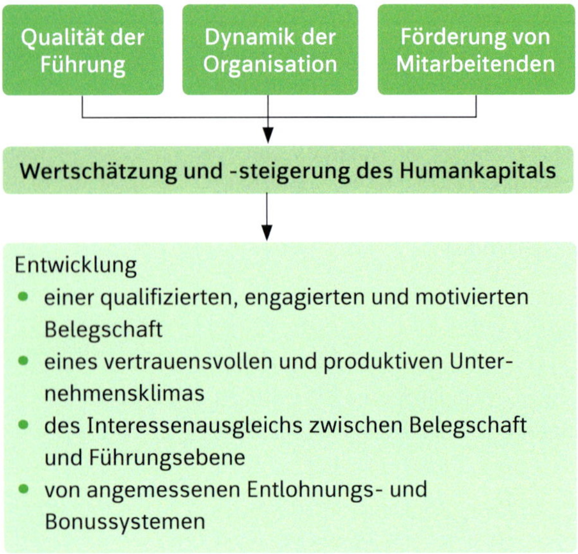

Diese Weiterentwicklung des Personalwesens hat das Ziel, sogenannte „weiche" Erfolgsfaktoren wie etwa die Qualität der Führung, die Dynamik der Organisation und die Förderung talentierter Mitarbeiterinnen und Mitarbeiter zu stärken. Dadurch wird erfolgreiches Personalmanagement zu einer Quelle ständiger Erneuerung und Innovation, von der sowohl die Beschäftigten als auch das Unternehmen profitieren.

Erfolgsfaktoren

Erfolgreiche Unternehmen

- setzen auf eine klar definierte Personalstrategie, die konkrete Handlungsimpulse für die Personalarbeit beinhaltet,
- erkennen die Personalarbeit als entscheidenden Wettbewerbsvorteil,
- fördern gezielt die Weiterentwicklung ihrer Mitarbeiterinnen und Mitarbeiter,
- beurteilen individuelle Leistungen aller Mitarbeiterinnen und Mitarbeiter,
- treffen Zielvereinbarungen mit ihren Mitarbeiterinnen und Mitarbeitern,
- verfolgen eine umfangreiche Kontrolle der Zielvereinbarungen,
- investieren kontinuierlich in eine qualitativ hochwertige Personalarbeit.

Der Fokus im Personalbereich verlagert sich von der reinen Verwaltung und Einsatzplanung der Mitarbeiterinnen und Mitarbeiter hin zu einer Einbindung in die unternehmerischen Abläufe und Prozesse. In manchen Fällen geht dies sogar so weit, dass Beschäftigte aktiv in Entscheidungsprozesse der Geschäftsleitung oder einzelner Projektleitungen eingebunden werden.

Leistung sollte nicht als Zwang empfunden werden, sondern als Ergebnis guter Zusammenarbeit, gegenseitigen Respekts und eines gemeinsamen Strebens nach Erfolg. Ob es für das Unternehmen um Gewinn, für die Beschäftigten um Lohn und Arbeitsplatzsicherheit oder schlicht um Freude an der Arbeit und persönliche Zufriedenheit geht – eine wertschätzende, motivierende Arbeitskultur bringt Vorteile für alle Beteiligten.

mitarbeiterorientiertes Personalmanagement

Auch unter Kostenaspekten ist ein mitarbeiterorientiertes Personalmanagement sinnvoll. Sinkt die durchschnittliche Zahl der krankheitsbedingten Fehltage pro Jahr um nur einen Tag pro 100 Beschäftigte, entspricht dies einer Einsparung von rund 20.000,00 € oder einem halben Jahresgehalt. Da zwischen Krankenstand und Unzufriedenheit am Arbeitsplatz ein nachgewiesener Zusammenhang besteht, zahlen sich Maßnahmen zur Steigerung der Arbeitszufriedenheit direkt aus. Nicht wenige Fehltage können auf psychische Erkrankungen zurückgeführt werden, als Auslöser werden immer wieder hohes Arbeitspensum, mangelnder Informationsfluss und fehlendes Feedback durch Vorgesetzte genannt.

Personalpolitik

Erweitert man die Ziele des Personalmanagements um die Methoden, mit denen diese Ziele erreicht werden sollen, und formuliert dies explizit, so bezeichnet man das Ergebnis als **Personalpolitik** des Unternehmens. Die Personalpolitik ist Teil der Unternehmenspolitik und sollte aus der Unternehmensphilosophie abgeleitet werden.

AUFGABE 1

Formulieren Sie in einem Satz, worin die Aufgabe der Personalwirtschaft besteht.

AUFGABE 2

Ordnen Sie die Teilaufgaben der Personalwirtschaft den Bereichen „Planung", „Steuerung" und „Kontrolle" zu.

AUFGABE 3

Wo ist die Personalverwaltung in Ihrem Ausbildungsbetrieb aus organisatorischer Sicht angesiedelt? Beschreiben Sie die verschiedenen Aufgabenbereiche, die dort von der Personalverwaltung bzw. vom Personalmanagement übernommen werden.

AUFGABE 4

Stellen Sie einen Zusammenhang zwischen Arbeitsbedingungen und Leistungsverhalten her und leiten Sie daraus Schlussfolgerungen für das Personalmanagement ab.

AUFGABE 5

Auch das Personalmanagement unterliegt wirtschaftlichen Zwängen. Erläutern Sie, was damit gemeint ist.

AUFGABE 6

Wo sehen Sie die entscheidenden Erfolgsfaktoren für eine gute Personalarbeit?

AUFGABE 7

Die Förderung und Stärkung des Humankapitals in einem Unternehmen wird zunehmend als eine der wichtigsten Zukunftsinvestitionen betrachtet, die für den Unternehmenserfolg und die langfristige Wettbewerbsfähigkeit eine ganz entscheidende Rolle spielt. Was versteht man unter Humankapital und warum kommt ihm eine so zentrale Bedeutung zu?

2 Handlungsvollmachten

Wie in Ihrem Ausbildungsbetrieb sind auch in der Heidtkötter KG nicht alle Mitarbeitenden gleichgestellt. Ihre Aufgaben, Handlungsfreiheiten und Entscheidungsbefugnisse richten sich nach den jeweiligen Stellenbeschreibungen und variieren entsprechend. Sofern keine besonderen Vertretungs- oder Handlungsvollmachten vorliegen, dürfen Stelleninhaberinnen und Stelleninhaber nur im Rahmen der üblichen Aufgaben tätig werden, die mit ihrer Position verbunden sind.

Unabhängig von Detailfragen lässt sich eine Hierarchie bereits in den Organigrammen der Aufbauorganisation der Heidtkötter KG erkennen (siehe dazu Band 1, Lernfeld 1). Während untergeordnete Stellen in der Regel lediglich ausführende Tätigkeiten ohne eigene Weisungsbefugnis übernehmen, nehmen Entscheidungs- und Handlungsfreiheiten mit steigender Position in der Unternehmenshierarchie zu.

Prokura

Die weitestgehende Vollmacht ist die **Prokura**. Wer Prokura hat, kann für Vollkaufleute (als Inhaberinnen und Inhaber) oder die Geschäftsführung/den Vorstand rechtlich gültige Willenserklärungen abgeben oder Anweisungen erteilen.

Prokuristinnen und Prokuristen als „rechte Hand" der Unternehmensführung

§ 48 HGB

Die Prokura ermächtigt zu allen Arten von Geschäften, die der Betrieb eines Handelsgewerbes mit sich bringt. **Ausgeschlossen** sind lediglich folgende Handlungen:

- Veräußerung und Belastung von Grundstücken
- Unterschrift unter Bilanzen und Steuererklärungen
- Übertragung der Prokura auf andere Personen, Erteilung oder Entzug der Prokura für andere Mitarbeiterinnen und Mitarbeiter
- Antrag auf Insolvenz
- Auflösung des Unternehmens
- Aufnahme neuer Gesellschafterinnen und Gesellschafter
- Änderung der Rechtsform des Unternehmens
- sonstige Anträge auf Änderungen im Handelsregister
- Abgabe von eidesstattlichen Erklärungen für die Inhaberin oder den Inhaber

§ 49 Abs. 2 HGB

Alle weiteren Beschränkungen der Prokura gegenüber Dritten sind unwirksam.

Eintragung in das Handelsregister § 53 HGB

Die Prokura kann nur von Vollkaufleuten, also Einzelunternehmerinnen und Einzelunternehmern, den vollhaftenden Teilhaberinnen und Teilhabern einer Personengesellschaft oder der Geschäftsführung einer GmbH bzw. dem Vorstand einer AG erteilt werden. Dies muss nur durch eine ausdrückliche Erklärung (schriftlich oder mündlich) erfolgen (§ 48 Abs. 1 HGB) und ist von den genannten Personen zur Eintragung in das Handelsregister anzumelden (§ 53 Abs. 1 HGB).

Wirkung der Eintragung § 54 Abs. 3 HGB

Die Eintragung selbst hat nur **rechtsbekundende** (deklaratorische) Wirkung. Das bedeutet, dass eine Prokura im Innenverhältnis bereits mit der Erteilung wirksam wird, im Außenverhältnis dagegen erst, wenn sie Dritten gegenüber bekannt ist oder die Prokura bereits im Handelsregister eingetragen wurde.

Prokuristinnen und Prokuristen zeichnen (unterschreiben) dann in der Weise, dass sie ihrem Namen einen Zusatz, der die Prokura andeutet, beifügen (§ 51 HGB). Üblich sind „per prokura", abgekürzt „pp." oder „ppa." § 51 HGB

Man unterscheidet folgende Arten der Prokura:

Arten der Prokura
§ 48 Abs. 2 HGB
§ 50 Abs. 3 HGB

- **Einzelprokura:** Berechtigung, die Vertretung allein auszuüben,
- **Gesamtprokura:** Berechtigung mehrerer Personen, die Firma gemeinsam zu vertreten,
- **Filialprokura:** Beschränkung der Vertretungsbefugnis auf Zweigniederlassungen, Filialprokura ist als Einzel- und Gesamtvertretungsbefugnis möglich.

Die **Prokura erlischt** im Innenverhältnis durch Widerruf, Beendigung des Arbeitsverhältnisses, durch Auflösung des Unternehmens und durch Tod der Prokuristin bzw. des Prokuristen. Sie erlischt nicht mit dem Tod der Firmeninhaberin bzw. des Firmeninhabers.

Erlöschen der Prokura
§ 52 Abs. 1 und
§ 53 Abs. 2 HGB

Im Außenverhältnis besteht die Prokura so lange, bis sie im Handelsregister gelöscht und diese Tatsache bekannt gemacht worden ist. Die Löschung hat daher im Gegensatz zur Eintragung **rechtserzeugende** (konstitutive) Wirkung. Allerdings bleibt die Möglichkeit offen, wichtige Geschäftspartner von der Beendigung einer Prokura vorab zu unterrichten.

Neben der Prokura gibt es verschiedene andere Handlungsvollmachten. Ihre Erteilung ist an keine besondere Form gebunden und die Bevollmächtigung kann sogar stillschweigend erfolgen, indem der Arbeitgeber z. B. bestimmte Handlungen seiner Angestellten ohne Widerspruch duldet. In das Handelsregister werden solche Formen der Handlungsvollmacht nicht eingetragen.

General- und Gesamthandlungsvollmacht

- Die **Generalhandlungsvollmacht** ist eine Vertretungsbefugnis, die zu allen Rechtshandlungen ermächtigt, die der Betrieb eines solchen Handelsgewerbes gewöhnlich mit sich bringt. Sie wird auch als Gesamtvollmacht oder allgemeine Handlungsvollmacht bezeichnet. Sind mehrere Generalhandlungsbevollmächtigte zur gemeinschaftlichen Vertretung berechtigt, spricht man von einer **Gesamthandlungsvollmacht.**
- **Arthandlungsvollmachten** berechtigen zur dauernden Vornahme von genau bestimmten oder abgegrenzten Tätigkeiten. In der Heidtkötter KG sind alle kaufmännischen Unterabteilungen mit dieser Vollmacht ausgestattet.
- Daneben gibt es solche Vollmachten aber auch auf den unteren Ebenen in einer auf bestimmte, immer wiederkehrende Tätigkeiten begrenzten Form. Ein Beispiel hierfür ist die Postvollmacht.
- **Spezial- und Einzelhandlungsvollmachten** ermächtigen lediglich zur Vornahme einer einzigen Rechtshandlung. Diese Art der Handlungsvollmacht ist z. B. dann gegeben, wenn Mitarbeitende auf einer Messe eine neue Software für die Lohnabrechnung beschaffen sollen oder wenn Auszubildende beauftragt werden, für ein Meeting bei einem örtlichen Blumengeschäft die nötige Tischdekoration zu besorgen.

Arthandlungsvollmacht

Spezialhandlungsvollmacht

Handlungsbevollmächtigte

- handeln im Namen der Inhaberin bzw. des Inhabers,
- werden nicht ins Handelsregister eingetragen,
- werden nur im Fall der Generalhandlungsvollmacht direkt von der Inhaberin bzw. dem Inhaber ernannt und
- können ihrerseits Untervollmachten erteilen.

besondere Ermächtigungen § 54 HGB

§ 54 Abs. 2 HGB nennt eine Reihe von Geschäften, zu denen Handlungsbevollmächtigte in jedem Fall einer besonderen Ermächtigung bedürfen. Dazu gehören:

- Grundstücksbelastung oder -verkauf
- Prozessführung für den Betrieb
- Darlehensaufnahme
- Ausstellen von Wechseln

Zeichnung der Handlungsbevollmächtigten

Liegt eine entsprechende Bevollmächtigung zur Vornahme dieser außergewöhnlichen Geschäfte nicht vor, sind sie ebenso ausgeschlossen wie die Übertragung der gleichen Vollmacht auf andere Mitarbeiterinnen und Mitarbeiter. Handlungsbevollmächtigte unterschreiben mit einem Zusatz, der die Vollmacht ausdrückt (§ 57 HGB). Die Unterschrift wird dabei unter den Namen der Firma gesetzt. **Gesamtbevollmächtigte** wählen in der Regel als Zusatz **„i. V."** (in Vollmacht). Bei der **Art- und Einzelvollmacht** ist dagegen der Zusatz **„i. A."** (im Auftrag) üblich.

Erlöschen der Vollmacht

Die Vollmacht erlischt

- bei Geschäftsauflösung oder -veräußerung,
- wenn die oder der Bevollmächtigte aus dem Unternehmen ausscheidet,
- wenn sie widerrufen wird,
- bei einer Einzelvollmacht nach Durchführung des entsprechenden Auftrages.

AUFGABE 1

Erklären Sie am Beispiel der Heidtkötter KG oder Ihres Ausbildungsbetriebs, welche Rolle eine Prokuristin bzw. ein Prokurist im Rahmen der Unternehmensführung spielt und welche Vollmachten sowie Aufgaben damit verbunden sind.

AUFGABE 2

Beschreiben Sie die unterschiedlichen Arten der Prokura und erklären Sie, welche formalen Vorschriften mit der rechtswirksamen Erteilung einer solchen Vollmacht verbunden sind.

AUFGABE 3

Nennen und beschreiben Sie die weiteren, untergeordneten Arten von Handlungsvollmachten und die damit verbundenen Rechte der Vollmachtsinhaberinnen und Vollmachtsinhaber.

Personalplanung 3

Ein reibungsloser Unternehmensablauf hängt – trotz aller Unwägbarkeiten – auch in der Heidtkötter KG direkt von den verfügbaren Mitarbeiterinnen und Mitarbeitern ab. Da sich kurzfristige Herausforderungen nicht immer vorhersehen lassen, ist es umso wichtiger, den Personalbedarf kontinuierlich im Blick zu behalten. So kann auf personelle Veränderungen zeitnah reagiert oder diese können gezielt gesteuert werden, wenn sie sich aus unternehmerischen oder produktionspo litischen Entscheidungen ergeben. Dies kann bei der Ausweitung des klassischen Produktionsprogramms, bei der Einrichtung gänzlich neuer Produktionszweige und bei Produktionsbeschränkungen oder -verlagerungen der Fall sein.

Bei personalplanerischen Maßnahmen spielen jedoch nicht nur betriebliche Faktoren eine Rolle. Auch gesetzliche Vorgaben des Arbeitsrechts, tarifvertragliche Bestimmungen sowie die individuellen Bedürfnisse der aktuellen Belegschaft und potenzieller Mitarbeiterinnen und Mitarbeiter sind entscheidende Einflussgrößen.

Analyse des Personalbestands 3.1

Im betrieblichen Ablauf sowie in den damit verbundenen technischen Produktions- und kaufmännischen Verwaltungsprozessen spielt die Verfügbarkeit qualifizierter Arbeitskräfte eine zentrale Rolle. Das Ziel der Personalplanung besteht darin, sicherzustellen, dass die Belegschaft jederzeit die notwendigen Voraussetzungen erfüllt, um den Betrieb „am Laufen“ zu halten und Kundenaufträge ordnungsgemäß und termingerecht abzuwickeln.

Zielsetzungen

Aufgaben der Personalplanung

Die Personalplanung hat dabei eine Reihe von Kernaufgaben. Entscheidend ist, dass in allen unternehmerischen Bereichen und Abteilungen das erforderliche Personal

- zum richtigen **Zeitpunkt**,
- in der notwendigen **Anzahl**,
- mit den passenden **Qualifikationen**

an den jeweiligen Arbeitsplätzen verfügbar ist.

Grundsätzlich ist zwischen sofort umzusetzenden und langfristig geplanten Maßnahmen zu unterscheiden. Während akute Personalentscheidungen oft unter unmittelbarem Handlungsdruck stehen, erstreckt sich die strategische Personalplanung über kurz-, mittel- und langfristige Zeiträume.

Planungszeiträume

Planungszeitraum		Planungsgrund
kurzfristig	umgehend	Krankheitsvertretungen
	bis ca. 1 Jahr	Urlaubsplanungen, saisonale Auftragsschwankungen
mittelfristig	ca. 1 bis 3 Jahre	Betriebsveränderungen, Planung neuer Produktionszweige oder -verlagerungen
langfristig	über 3 Jahre	Diversifizierung in völlig neue Bereiche, langfristig absehbare Personalveränderungen (Pensionierungen o. Ä.)

Je länger der Planungszeitraum ist, desto größer sind zwar die Unsicherheiten bei der Prognose zukünftiger Entwicklungen, doch gleichzeitig eröffnen sich mehr Handlungsalternativen, die in die Überlegungen einbezogen werden können.

Steuerungssystem

Eine erfolgreiche Personalplanung erfordert ein umfassendes, systematisches Steuerungssystem, mit dem man die Planung auch im Personalbereich im Sinne einer gedanklichen Vorwegnahme zukünftigen Handelns betreiben und umsetzen kann.

Einzelaufgaben

Um dieses Ziel zu erreichen, sind verschiedene Aufgaben zu erfüllen. Dazu gehört u. a., dass

- festgestellt oder prognostiziert wird, wie hoch der künftige Personalbedarf ist und über welche Qualifikationen die Arbeitskräfte verfügen sollen,
- alle notwendigen Maßnahmen getroffen werden, um sicherzustellen, dass die benötigten Arbeitskräfte zu den geplanten Zeiten zur Verfügung stehen,
- das Leistungspotenzial der vorhandenen Mitarbeiterinnen und Mitarbeiter optimal genutzt, gefördert und ausgebaut wird,
- bei absehbaren Personalfreisetzungen eine frühzeitige und flexible Anpassung an die sich abzeichnenden Gegebenheiten erfolgt,
- den Mitarbeiterinnen und Mitarbeitern bestmögliche Arbeitsbedingungen geboten werden, um ihre Leistungsmoral und Betriebsbindung zu fördern,
- soziale Konflikte nach Möglichkeit vermieden werden.

Einflussfaktoren

Einflussfaktoren

Die Personalplanung wird nicht nur von internen Faktoren bestimmt, sondern auch von externen Einflüssen, auf die ein Unternehmen nur begrenzten Einfluss hat. Dazu zählen z. B.:

- **Veränderungen am Absatzmarkt,** die insbesondere im Zeitalter der Globalisierung sehr kurzfristig zu einschneidenden Verschiebungen der Wettbewerbspositionen führen können
- **Entwicklungen auf dem Arbeitsmarkt,** wozu einerseits der Fachkräftemangel auf nationaler Ebene zählt und andererseits Möglichkeiten der Rekrutierung ausländischer Arbeitskräfte
- **weltwirtschaftliche Krisenszenarien,** die über nationale Konjunkturveränderungen hinaus teilweise weitreichende Auswirkungen auf die Konsum- und Investitionsgüternachfrage haben,
- die Folgen von **arbeitsrechtlichen Veränderungen,** einschließlich der damit zusammenhängenden Kostenstrukturen

- die **Entwicklung neuer Technologien**, die sowohl die Marktfähigkeit der gefertigten Produkte als auch den quantitativen und qualitativen Bedarf an Arbeitskräften beeinflussen
- insbesondere die Veränderungen durch die **Entwicklung künstlicher Intelligenz** mit bisher noch unvorstellbaren Übernahmen von Aufgaben in der Produktentwicklung, deren Einsatz zur effizienteren Produktfertigung beitragen wird und ggf. den Bedarf an menschlichen Arbeitskräften nachhaltig beeinflussen oder verringern könnte

Darüber hinaus besteht eine enge Wechselwirkung zwischen der Personalplanung und anderen betrieblichen Teilplänen, wie beispielsweise:

- Investitionen zur Kapazitätserweiterung
- Fragen und Entscheidungen bezüglich der Kapazitätsauslastung betrieblicher Teilbereiche
- Änderungen im Fertigungsprogramm, einschließlich Outsourcing oder Verlagerung von Betriebsstätten
- Einführung neuer Fertigungsverfahren und -technologien
- organisatorische Anpassungen im Beschaffungs-, Produktions-, Vertriebs- und Verwaltungsbereich

Kategorisierung des Personalbedarfs

Bedarfsformen

Die **Kernaufgabe der Personalwirtschaft** besteht darin, festzulegen, wie viele Arbeitskräfte mit welchen Qualifikationen zu welchem Zeitpunkt an welchem Ort zur Verfügung stehen müssen. Daraus ergeben sich folgende Personalbedarfskategorien:

- quantitativer Personalbedarf (Anzahl der benötigten Arbeitskräfte)
- qualitativer Personalbedarf (erforderliche Qualifikationen und Kompetenzen)
- zeitlicher Personalbedarf (Bedarf zu bestimmten Zeitpunkten bzw. in bestimmten Zeiträumen)
- räumlicher Personalbedarf (Verteilung des Personals an verschiedenen Standorten)

Ablauf der Personalbedarfsplanung

Brutto- und Nettopersonalbedarf

Der **Ablauf der Personalbedarfsplanung** vollzieht sich im Wesentlichen in drei Schritten:

❶ Ermittlung des Bruttopersonalbedarfs (Soll-Bestand)
❷ Prognose der Entwicklung des Personalbestands (erwartete Zu- und Abgänge)
❸ Bestimmung des Nettopersonalbedarfs (Differenz zwischen Bruttopersonalbedarf und Personalbestand)

Methoden zur Feststellung des Bruttopersonalbedarfs

Feststellungsmethoden

Unternehmen nutzen verschiedene Methoden zur Ermittlung ihres Personalbedarfs:

- **Schätzverfahren:** Die Unternehmensleitung legt die Bedarfszahlen basierend auf Erfahrungswerten fest.
- **Kennzahlenmethode:** Hierbei werden Zusammenhänge zwischen betriebswirtschaftlichen Kennzahlen (z. B. Umsatz, Auftragseingänge) und der erforderlichen Mitarbeiterzahl untersucht. Auf dieser Grundlage werden Zielsetzungen formuliert.
- **Stellenplanmethode:** Der zukünftige Personalbedarf wird aus Stellenplänen und Stellenbeschreibungen abgeleitet. Eine Stelle entspricht dabei einem definierten Aufgabenbereich, der von einer Person besetzt wird.

Arten des Personalbedarfs

Personalbedarfsarten

Der Personalbedarf lässt sich begrifflich in die folgenden Bedarfsarten unterteilen:

- **Kernbedarf:** Dies ist der Bedarf an Personal, der benötigt wird, um fortlaufend anfallende Aufgaben bewältigen zu können.
- **Neubedarf:** Es besteht Einstellungsbedarf, weil z. B. Kapazitäten erweitert werden, Zweigstellen gegründet werden usw.
- **Ersatzbedarf:** Dies ist die Differenz aus von vorhandenen Stellen abgehenden und zugehenden Beschäftigten. Die Stellen werden wiederbesetzt.
- **Reservebedarf:** Hierbei handelt es sich um Überbrückungsbedarf, der auftritt, wenn Personal infolge von Krankheit, Unfällen, Urlaub, Mutterschutz, Elternzeit usw. ausfällt.

BEISPIEL

Prognose der Personalentwicklung und Feststellung des Nettopersonalbedarfs

Berechnungsbeispiel

Die Ermittlung des Nettopersonalbedarfs basiert auf einer einfachen Rechnung: Ausgangspunkt ist der vorhandene Personalbestand, von dem alle bekannten Zu- und Abgänge abgezogen bzw. hinzugerechnet werden. Zusätzlich fließen betriebliche Planungen in diese Überlegungen ein.

Bruttopersonalbedarf	**72**
– derzeitiger Personalbestand	66
– bereits feststehende Personalzugänge	2
= akuter (sofort zu deckender) Personalbedarf	4
+ anstehende Pensionierungen	4
+ vorliegende Kündigungen	2
+ statistisch/erfahrungsgemäß unplanbare Abgänge	2
= Ersatzbedarf	12
+ Zusatzbedarf für neue Produktionslinie	8
– Freisetzung durch Rückgang bisheriger Produkte	3
= Nettopersonalbedarf	17

Nicht berücksichtigt ist in dieser Rechnung die Tatsache, dass in einem Unternehmen nie die gesamte Belegschaft zur Verfügung steht. Arbeitsausfälle aufgrund von Krankheit, Urlaub oder aus anderen Gründen sollten daher mit einem prozentualen Zuschlag in die Personalbedarfsrechnung einfließen. Die durchschnittliche Fehlquote (und damit die Zuschlagsquote) liegt statistisch bei etwa 15 % bis 20 %.

qualitative Merkmale

Der quantitative Personalbedarf ist unmittelbar mit qualitativen Anforderungen verbunden. Der **qualitative Personalbedarf** richtet sich nach den Anforderungen an die Mitarbeiterinnen und Mitarbeiter sowie deren Leistungsfähigkeit. Beides wird mithilfe von Arbeitsanalysen und Arbeitsbeschreibungen ermittelt und durch Anforderungsprofile sowie Stellenbeschreibungen definiert. Entscheidend sind hierbei alle Fähigkeiten, die eine Bewerberin bzw. ein Bewerber für eine bestimmte Position mitbringen muss.

AUFGABE 1

Nannette Peters, Personalleiterin, soll der Geschäftsleitung eine Einschätzung zur Personalentwicklung der nächsten drei Jahre in der Heidtkötter KG geben. Es geht der Geschäftsleitung darum, welcher Personalbedarf bestehen wird. Frau Peters berücksichtigt dabei die Vorgaben der Geschäftsführung sowie die Personalstatistiken der Vorjahre. Ihre Einschätzung lautet wie folgt:

	Folgejahr 1	Folgejahr 2	Folgejahr 3
Mitarbeiterbedarf (Bruttopersonalbedarf)	130	135	138
Voraussichtliche Personalabgänge:			
Einkauf	1	1	2
Produktion	3	5	3
Vertrieb	2	2	2
Rechnungswesen	3	1	2
Controlling	1	4	–
Summe der Abgänge	10	13	9

Wie groß ist der Nettopersonalbedarf für jedes der kommenden Jahre basierend auf diesen Berechnungen?

AUFGABE 2

Definieren Sie die Begriffe „Nettopersonalbedarf“ und „Ersatzbedarf“.

AUFGABE 3

Die Heidtkötter KG erzielt derzeit einen Umsatz von 25 Mio. €. Im kommenden Jahr soll er um 10 %, im darauffolgenden um 5 % und im dritten Jahr um weitere 3 % steigen. Wie wird sich im betrachteten Zeitraum unter Berücksichtigung der in Aufgabe 1 genannten personellen Planungen der Umsatz pro Mitarbeiterin bzw. Mitarbeiter absolut und prozentual verändern?

AUFGABE 4

Am 2. Januar arbeiten 118 Personen (Personalbestand) bei der Schlosser GmbH in Köln. Für das laufende Jahr sind folgende Veränderungen im Personalbestand geplant:

- Zwei Mitarbeiter sind langfristig erkrankt, ihre Rückkehr steht nicht fest.
- Zwei von vier Auszubildenden werden nach Abschluss ihrer Ausbildung eingestellt.
- Zwei Mitarbeiterinnen gehen im Laufe des Jahres in Mutterschutz.
- Ein Schlosser und eine Elektrotechnikerin scheiden aus dem Unternehmen aus.

Ermitteln Sie den zusätzlichen Personalbedarf.

AUFGABE 5

Welche Faktoren und Unwägbarkeiten erschweren eine präzise Prognose des Personalbedarfs?

AUFGABE 6

Erläutern Sie die Ihnen bekannten Verfahren zur Personalbedarfsermittlung. Welche Informationen müssen jeweils vorliegen, um ein möglichst genaues Ergebnis zu erhalten?

AUFGABE 7

Welche der folgenden Aussagen ist richtig?

a) Ist-Bestand – Soll-Bestand = Nettopersonalbedarf
b) Ist-Bestand + geplante Zugänge = Nettopersonalbedarf
c) geschätzte Abgänge + geplante Abgänge = Nettopersonalbedarf
d) Nettopersonalbedarf = prognostizierter Bruttobedarf – derzeitiger Personalbestand + Personalabgänge – feststehende Zugänge
e) Bruttopersonalbedarf + Abgänge – Zugänge = Nettopersonalbedarf
f) Soll-Bestand – Ist-Bestand = Ersatzbedarf

3.2 Einflussfaktoren bei Personalentscheidungen

3.2.1 Individual- und Kollektivarbeitsrecht

Ein Arbeitsverhältnis zwischen Arbeitgeber und Arbeitnehmerin bzw. Arbeitnehmer wird durch das individuelle Arbeitsrecht geregelt. Dabei sind sowohl individual- als auch kollektivrechtliche Vorgaben zu berücksichtigen.

Wesentliche rechtliche Vorgaben

Individualarbeitsrecht	**Kollektivarbeitsrecht**
Regelung der Beziehungen zwischen Arbeitnehmer/-in und Arbeitgeber mit Vorgaben zu: • Arbeitsverträgen • Kündigungen • Entgelt • Arbeitszeiten • Urlaub	Allgemeingültige Regeln: • Koalitionsrecht • Tarifvertragsrecht • Betriebsverfassungsrecht • Personalvertretungsrecht • Mitbestimmungsrecht • Arbeitskampfrecht

Übergeordnet gelten die allgemeinen **Vorgaben des Grundgesetzes,** insbesondere das Diskriminierungsverbot. Niemand darf aufgrund seines Geschlechts, seiner Herkunft oder seiner ethnischen Zugehörigkeit benachteiligt werden. Daher müssen alle grundsätzlich als geeignet eingestuften Bewerberinnen und Bewerber bei Personalentscheidungen gleichbehandelt werden. Die endgültige Auswahl erfolgt ausschließlich anhand folgender Kriterien:

- **Fachliche Eignung**
  Anhand von Arbeitszeugnissen, Zertifikaten und der bisherigen beruflichen Laufbahn wird überprüft, ob die erforderlichen fachlichen Qualifikationen vorliegen.
- **Persönliche Eignung**
  Erfahrungen aus bisherigen beruflichen und außerberuflichen Tätigkeiten geben Aufschluss über die persönliche Eignung. Dabei spielen insbesondere das bisherige berufliche oder private Engagement, Teamfähigkeit und soziale Kompetenz eine wichtige Rolle.
- **Unternehmenskultur**
  Hierbei wird überprüft, ob die Bewerberin bzw. der Bewerber zum Unternehmen passt und ob die Werte und Zielvorstellungen beider Seiten übereinstimmen.
- **Motivation**
  Die Gründe für die Bewerbung auf eine bestimmte Stelle und bei einem bestimmten Unternehmen liefern wertvolle Hinweise auf die Ziele und Motivation einer Bewerberin bzw. eines Bewerbers. Die persönliche Weiterentwicklung kann dabei eine entscheidende Rolle spielen.

3.2.2 Inklusion und Integration

Gleichbehandlungsgrundsatz

Der **Gleichbehandlungsgrundsatz** und das **Diskriminierungsverbot** gelten nicht nur im allgemeinen gesellschaftlichen Kontext, sondern haben auch direkte Auswirkungen auf die Einstellung und Beschäftigung von Arbeitnehmerinnen und Arbeitnehmern.

Gerade in Zeiten des viel diskutierten Fachkräftemangels sind Unternehmen aufgefordert, auch im Personalbereich neue Wege zu gehen. Konkret bedeutet dies, dass Unternehmen bei Personalengpässen nicht ausschließlich in den klassischen Bewerbergruppen suchen, sondern ihre Auswahl unabhängig von Geschlecht, Herkunft oder möglichen körperlichen Beeinträchtigungen treffen. Auch arbeitsuchende Menschen mit Behinderungen sollen die Chance erhalten, sich erfolgreich zu bewerben und in das betriebliche Arbeitsleben integriert zu werden.

Rechtliche Situation

Arbeitgeber mit mindestens 20 Beschäftigten sind gesetzlich verpflichtet, mindestens 5 % ihrer Arbeitsplätze mit schwerbehinderten Menschen zu besetzen. Die Beschäftigungszahlen müssen jährlich der zuständigen Agentur für Arbeit gemeldet werden.

Beschäftigungspflichtquote

Kommt man der Beschäftigungspflicht nicht nach, ist eine Ausgleichsabgabe zu entrichten. Diese wird auf Grundlage der durchschnittlichen jährlichen Beschäftigungsquote berechnet und richtet sich gestaffelt nach der Größe des Unternehmens. Die Einnahmen aus der Ausgleichsabgabe werden gezielt zur Förderung der Teilhabe von schwerbehinderten Menschen verwendet. Dazu gehören beispielsweise die Einrichtung behindertengerechter Arbeitsplätze oder die Unterstützung durch Eingliederungszuschüsse.

Ausgleichsabgabe

Die Ausgleichsabgabe wurde mit dem Gesetz zur Förderung eines inklusiven Arbeitsmarkts zu Beginn des Jahres 2024 erhöht. Dies betrifft Arbeitgeber, die keine schwerbehinderten Menschen beschäftigen. Je nach Betriebsgröße können monatlich bis zu 720,00 € fällig werden.

Vgl. Bundesagentur für Arbeit: Meldepflicht: Arbeitgeberinnen und Arbeitgeber mit mindestens 20 Mitarbeitern sind verpflichtet, schwerbehinderte Menschen zu beschäftigen, 06.03.2024. In: www.arbeitsagentur.de/vor-ort/oberhausen/presse/2024-12-meldepflicht-arbeitgeberinnen-und-arbeitgeber-mit-mindestens-20-mitarbeitern-sind-verpflichtet-schwerbehinderte-menschen-zu-beschaftigen [31.01.2025].

AUFGABE 1

Erläutern Sie den Zusammenhang zwischen dem allgemein geltenden Gleichbehandlungsgrundsatz und den Entscheidungsprozessen im Personalwesen.

AUFGABE 2

Die Begriffe „Inklusion“ und „Integration“ spielen auch in der Personalplanung eine wesentliche Rolle. Erklären Sie die grundlegenden Konzepte hinter beiden Begriffen und deren Bedeutung für personelle Entscheidungen – sowohl bei der Einstellung neuer Mitarbeitender als auch im betrieblichen Arbeitsalltag.

4 Personaleinsatzplanung, Arbeitsplatz- und Arbeitszeitgestaltung

Jedes Unternehmen muss davon ausgehen, dass nie die gesamte Belegschaft gleichzeitig zur Verfügung steht. Arbeitsausfälle aufgrund von Krankheit, Urlaub oder aus anderen Gründen sollten daher mit einem angemessenen prozentualen Zuschlag in die Personalbedarfsrechnung einfließen. Somit basiert die Personaleinsatzplanung, neben dem gesetzlich verankerten Recht der Arbeitnehmerinnen und Arbeitnehmer auf Freistellung von der Anwesenheit am Arbeitsplatz, auch auf schwer vorhersehbaren Faktoren.

Insbesondere im kaufmännischen Bereich bietet sich jedoch durch die Nutzung digitaler Arbeitsprozesse immer häufiger die Möglichkeit, der beruflichen Tätigkeit an anderen Orten als dem betrieblichen Arbeitsplatz nachzugehen. Gleichzeitig steht die Entwicklung neuer Arbeitsformen durch künstliche Intelligenz erst am Anfang und wird künftig weitere Veränderungen mit sich bringen.

Personaleinsatzplanung

Die Personaleinsatzplanung verfolgt das Ziel, die vorhandenen Mitarbeiterinnen und Mitarbeiter bestmöglich den Arbeitsplätzen bzw. Stellen zuzuordnen Dadurch sollen betriebliche Abläufe effizient und ohne Unterbrechungen gewährleistet werden (quantitative Einsatzplanung). Gleichzeitig stellt sie sicher, dass die Beschäftigten ihren Qualifikationen entsprechend eingesetzt werden, sodass das Anforderungsprofil jeder Stelle bestmöglich durch die Fähigkeiten der jeweiligen Mitarbeitenden erfüllt wird (qualitative Einsatzplanung). Dabei sollte auch die effiziente Nutzung der vorhandenen Betriebsmittel berücksichtigt werden.

Geplant wird der Personaleinsatz bedarfsorientiert für einen bestimmten Zeitraum. Herausforderungen entstehen insbesondere dann, wenn die Arbeitsmenge (= Personalbedarf) Schwankungen unterliegt oder unerwartete Aufträge kurzfristig bearbeitet werden müssen.

Personaleinsatzsteuerung

Die Personaleinsatzplanung unterscheidet sich von der Personaleinsatzsteuerung:

- Die **Personaleinsatzplanung** basiert auf den Ergebnissen der Personalbedarfsplanung, die sich wiederum aus der Absatz-, Produktions- und Investitionsplanung ableitet. Der Fokus liegt auf einer mittel- bis langfristigen Planung (meist über mehrere Monate oder ein Jahr hinweg), um den Personalbestand den jeweiligen Arbeitsplätzen zuzuordnen.
- Die **Personaleinsatzsteuerung** erfolgt kurzfristig und dient der bedarfsgerechten Zuordnung des Personals zu den Arbeitsplätzen. Sie erfolgt mitunter täglich, wöchentlich oder monatlich, z. B. bei unerwarteten Auftragsschwankungen, wie eiligen Fertigungsaufträgen.

Da insbesondere Industrieunternehmen ihre Leistungsprozesse jederzeit an der Nachfrage des Marktes ausrichten müssen, spielt die Arbeitszeit eine entscheidende Rolle für die Personaleinsatzplanung. Neben vorhersehbaren, gesetzlich geregelten und somit planbaren Sachverhalten gibt es jedoch auch zahlreiche personelle Unwägbarkeiten.

Obwohl für geschlechtsunabhängige oder herkunftsbezogene Beschäftigungsquoten keine vergleichbaren Rechtsvorgaben existieren, gilt dennoch das grundgesetzlich verankerte Gleichbehandlungsgebot. Eine ungerechtfertigte Ungleichbehandlung ist daher unzulässig.

4.1 Arbeitseinsatzbeschränkungen durch Schwangerschaft, Mutterschutz und Elternzeit

Für die Personalplanung ist es kaum vorhersehbar, wann Mitarbeiterinnen schwanger werden und in Mutterschutz gehen. Auch der Zeitpunkt, zu dem Eltern von der Möglichkeit der Elternzeit Gebrauch machen, ist meist erst kurzfristig absehbar. Eine Arbeitnehmerin, die in Erwartung eines Kindes ist, sollte ihren Arbeitgeber möglichst früh über ihre Schwangerschaft und den voraussichtlichen Entbindungstermin informieren. Nur so können die gesetzlichen Schutzregelungen eingehalten werden.

Pflichten des Arbeitgebers

Nach Bekanntgabe der Schwangerschaft ist der Arbeitgeber verpflichtet,

- die zuständige Aufsichtsbehörde über die Schwangerschaft zu informieren, da sie für die Überwachung der gesetzlichen Vorschriften verantwortlich ist;
- eine sofortige Beurteilung der Arbeitsbedingungen durchzuführen (Gefährdungsbeurteilung);
- Schutzmaßnahmen zu ergreifen, wenn die Gesundheit oder das Leben von Mutter oder Kind gefährdet ist.

Mutterschutz

Nach Artikel 6 des Grundgesetzes hat jede Mutter Anspruch auf Schutz und Fürsorge durch die Gemeinschaft.

Mutterschutz

Schutzfrist
6 Wochen vor bis normalerweise 8 Wochen nach der Entbindung

Gefahrenschutz
Keine Arbeiten, die die Gesundheit von Mutter und Kind gefährden

Einkommenssicherung
für Arbeitnehmerinnen
während der Schutzfrist: Arbeitgeberzuschuss zum Mutterschaftsgeld bis zur Höhe des vorherigen Nettolohns
bei sonstigem Beschäftigungsverbot: Mutterschutzlohn

Leistungen der Krankenkassen bei Schwangerschaft und Mutterschaft
Vorsorgeuntersuchungen
ärztliche Betreuung
Hebammenhilfe
stationäre Entbindung
häusliche Pflege
Mutterschaftsgeld

Kündigungsschutz
während der Schwangerschaft, bis 4 Monate nach der Entbindung und während der Elternzeit

anschließend an die Schutzfrist (auf Antrag der Eltern):
Elternzeit (Erziehungsurlaub)
Elterngeld
als Einkommensersatz während der Betreuung des Kindes

87PX

Das Mutterschutzgesetz legt hierzu Schutzfristen und Beschäftigungsverbote für Schwangere und junge Mütter fest. Es gilt für alle Frauen, die sich in einem Arbeitsverhältnis befinden. Die Mutterschutzfrist beginnt grundsätzlich sechs Wochen vor dem errechneten Geburtstermin. Die Zeiträume der Mutterschutzfrist sowie andere mutterschutzrechtliche Beschäftigungsverbote werden bei der Berechnung des Erholungsurlaubs als Beschäftigungszeiten berücksichtigt.

Beschäftigungsverbot

Nach der Entbindung gilt in den ersten acht Wochen (bei Früh- und Mehrlingsgeburten zwölf Wochen) ein absolutes Beschäftigungsverbot. Falls die Geburt vor dem errechneten Termin erfolgt, wird die ungenutzte Zeit der Schutzfrist an die Zeit nach der Geburt angehängt. Während der Schwangerschaft und bis vier Monate nach der Entbindung besteht ein gesetzlicher Kündigungsschutz. Um Eltern die Vereinbarkeit von Familie und Beruf zu erleichtern, haben Mütter und Väter zudem Anspruch auf Elterngeld und Elternzeit.

© Bergmoser + Höller Verlag AG 141 214

AUFGABE 1

Erläutern Sie, welche Auswirkungen eine Schwangerschaft auf ein Arbeitsverhältnis und den Arbeitseinsatz hat. Berücksichtigen Sie dabei verschiedene Tätigkeitsbereiche (z. B. Tätigkeit in der Verwaltung, in der Produktion, in der Telefonzentrale, im Labor, als Gabelstaplerfahrerin, als Lackiererin).

AUFGABE 2

Wie wirken sich Mutterschutz und Elternzeit auf die Personalplanung aus?

4.2 Individuelle Urlaubsansprüche

Bundesurlaubsgesetz

Die grundlegenden Bestimmungen zum Erholungsurlaub für Arbeitnehmerinnen und Arbeitnehmer finden sich im Bundesurlaubsgesetz. Dort sind u. a. der Mindestanspruch, die Berechnung des Urlaubsentgelts sowie die Bedingungen für eine Übertragung oder Abgeltung des Urlaubs festgelegt. Die folgenden Aspekte geben einen Überblick über die wesentlichen Regelungen:

- Arbeitnehmerinnen und Arbeitnehmer haben Anspruch auf eine zeitlich begrenzte, bezahlte Freistellung von der Arbeit. Laut Bundesurlaubsgesetz beträgt der Mindesturlaub 24 Werktage pro Jahr. Bei einer Fünftagewoche entspricht dies 20 Arbeitstagen. In Tarifverträgen oder individuellen Arbeitsverträgen können zwar mehr, aber nicht weniger Urlaubstage vereinbart werden.

- Der volle Urlaubsanspruch entsteht erstmals nach sechs Monaten Betriebszugehörigkeit. Unter bestimmten Voraussetzungen besteht jedoch bereits vorher ein anteiliger Anspruch: ein Zwölftel des Jahresurlaubs je vollen Monat des Arbeitsverhältnisses.
- Erkrankt eine Arbeitnehmerin bzw. ein Arbeitnehmer während des Urlaubs, werden die nachweislich durch ärztliches Attest belegten Krankheitstage nicht auf den Jahresurlaub angerechnet.
- Das Urlaubsentgelt berechnet sich auf Basis des durchschnittlichen Arbeitsverdienstes der letzten 13 Wochen vor Urlaubsbeginn. Überstundenvergütungen bleiben dabei unberücksichtigt.
- Bei der zeitlichen Festlegung des Urlaubs sind die Wünsche der Arbeitnehmerin bzw. des Arbeitnehmers zu berücksichtigen, es sei denn, betriebliche Erfordernisse oder vorrangige Urlaubsansprüche anderer Arbeitnehmerinnen und Arbeitnehmer, etwa aus sozialen Gründen, stehen dem entgegen.
- Grundsätzlich soll der Urlaub zusammenhängend gewährt werden, es sei denn, dringende betriebliche oder persönliche Gründe machen eine Teilung erforderlich.
- Der Urlaub muss im laufenden Kalenderjahr genommen werden. Eine Übertragung auf das nächste Jahr ist nur möglich, wenn dringende betriebliche oder persönliche Gründe dies rechtfertigen.
- Im Fall der Übertragung muss der Urlaub in den ersten drei Monaten des folgenden Kalenderjahrs gewährt und genommen werden. In diesem Fall muss der Urlaub innerhalb der ersten drei Monate des Folgejahres genommen werden.
- Kann der Urlaub aufgrund der Beendigung des Arbeitsverhältnisses ganz oder teilweise nicht mehr gewährt werden, ist er finanziell abzugelten.
- Während ihres Urlaubs dürfen Arbeitnehmerinnen und Arbeitnehmer keine dem Urlaubszweck widersprechende Erwerbstätigkeit leisten.

Für Jugendliche gelten besondere Bestimmungen:

Alter zu Beginn des Kalenderjahres	Urlaubsanspruch
unter 16 Jahre	30 Werktage (= 25 Arbeitstage)
16 Jahre	27 Werktage (= 23 Arbeitstage)
17 Jahre	25 Werktage (= 21 Arbeitstage)

AUFGABE 1

Erklären Sie den Begriff „Erholungsurlaub“ und erläutern Sie, wie hoch der gesetzliche Mindesturlaubsanspruch ist. Beschreiben Sie auch den Unterschied zwischen Werk- und Arbeitstagen.

AUFGABE 2

Eine Auszubildende tritt am 1. August in die Heidtkötter KG ein. Wie viele Urlaubstage stehen ihr bis zum Jahresende zu?

AUFGABE 3

Von welchen betrieblichen Faktoren hängt die Urlaubsgewährung ab?

Individuelle Modelle der Arbeitszeit 4.3

Altersteilzeit

Altersteilzeitgesetz

Das Altersteilzeitgesetz (AltTZG) ermöglicht Arbeitnehmerinnen und Arbeitnehmern ab Vollendung des 55. Lebensjahres, ihre Arbeitszeit zu halbieren, und somit einen gleitenden Übergang in die Altersrente ohne zwischenzeitliche Phasen der Arbeitslosigkeit. Das AltTZG umfasst 16 Paragrafen, in denen genau festgelegt ist, welche Möglichkeiten und Vorgehensweisen Beschäftigten und Arbeitgebern im Rahmen der Altersteilzeitarbeit zur Verfügung stehen. Kern des Modells ist, dass ältere Beschäftigte in der verbleibenden Zeit bis zur Rente (mindestens drei Jahre) ihre Arbeitszeit halbieren können. Während der gesamten Zeit erhalten sie ein Altersteilzeiteinkommen, unabhängig davon, welches Modell sie wählen.

Arbeitszeitmodelle

Man unterscheidet zwei Varianten:

- **Teilzeitmodell**
  Die Arbeitnehmerin oder der Arbeitnehmer arbeitet durchgehend die Hälfte der regulären wöchentlichen Arbeitszeit.
- **Blockmodell**
  Im Rahmen des Blockmodells wird die bis zum Renteneintritt zu erbringende Arbeitsleistung vorab in Vollzeit geleistet, anschließend erfolgt eine vollständige Freistellung. Wer beispielsweise sechs Jahre Altersteilzeit in Anspruch nimmt, arbeitet in den ersten drei Jahren in Vollzeit und ist in den letzten drei Jahren von der Arbeit freigestellt.

Teilzeitarbeit

Teilzeit

Viele Arbeitnehmerinnen und Arbeitnehmer wünschen sich aus familiären oder privaten Gründen eine Reduzierung ihrer Arbeitszeit. Die gesetzlichen Rahmenbedingungen für Teilzeitarbeit sind im Teilzeit- und Befristungsgesetz (TzBfG) festgelegt. Ziel ist es, das Potenzial von Menschen, die eine Teilzeitbeschäftigung anstreben, besser zu nutzen und zugleich die Chancengleichheit zwischen Männern und Frauen sowie die Vereinbarkeit beruflicher und familiärer Aufgaben zu verbessern.

Grundsätzlich hat jede Arbeitnehmerin und jeder Arbeitnehmer das Recht auf eine Teilzeitbeschäftigung, sofern dies mit den betrieblichen Anforderungen in Einklang zu bringen ist.

Bei starrer Teilzeitarbeit sind die Arbeitszeiten festgelegt:

- verkürzte Arbeitszeit an allen oder nur an bestimmten Arbeitstagen
- Arbeit in festgelegten Zeitabschnitten (z. B. bestimmte Tage pro Woche, Monat oder Jahr)
- festgelegte Wochen oder Monate im Jahr

Bei **flexibler Teilzeitarbeit** haben Arbeitnehmerinnen und Arbeitnehmer die Möglichkeit, innerhalb bestimmter Grenzen selbst zu entscheiden, wann sie ihre Tätigkeit ausüben.

Die wichtigsten Regelungen des Teilzeitarbeitsgesetzes

Anspruch auf Teilzeitarbeit

In Betrieben mit mehr als 15 Beschäftigten können Arbeitnehmerinnen und Arbeitnehmer eine Verringerung ihrer Arbeitszeit verlangen. Der Arbeitgeber muss der gewünschten Verkürzung und Verteilung der Arbeitszeit zustimmen, wenn nicht dringende betriebliche Gründe dagegen sprechen.
Spätestens einen Monat vor dem gewünschten Übergang zur Teilzeit hat der Arbeitgeber der oder dem Beschäftigten seine Entscheidung über die Arbeitszeitverteilung (ggf. auch eine Ablehnung) schriftlich mitzuteilen.

Ausschreibung von Teilzeitstellen

Arbeitsplätze, die sich dafür eignen, müssen auch als Teilzeitarbeitsplätze ausgeschrieben werden. Beschäftigte, die ihr Interesse an einer veränderten Arbeitszeitgestaltung angemeldet haben, müssen vom Arbeitgeber über entsprechende freie Arbeitsplätze im Unternehmen informiert werden.

Erhöhung der Arbeitszeit

Der Wunsch von Teilzeitbeschäftigten nach einer Vollzeitstelle ist bei der Neubesetzung eines entsprechenden Arbeitsplatzes bevorzugt zu behandeln.

Diskriminierungsverbot

Teilzeitbeschäftigte dürfen wegen ihrer Teilzeitarbeit nicht schlechter behandelt werden als vergleichbare Vollzeitbeschäftigte (siehe auch Allgemeines Gleichbehandlungsgesetz).

Teilzeitarbeit erhöht die Zahl der Beschäftigten und führt zu einem höheren organisatorischen Aufwand. Dadurch steigen die Kosten für die Personalführung und Einsatzplanung. Diesem Nachteil steht jedoch eine größere betriebliche Flexibilität gegenüber.

Über die dargestellten gesetzlichen Regelungen hinaus existieren in vielen Unternehmen zum Teil sehr individuelle Vereinbarungen zur Arbeitszeitgestaltung. Während Teilzeitmodelle aus familienpolitischen und sozialen Gründen wünschenswert sind, stellen sie die Personalplanung vor Herausforderungen: Vorübergehende Freistellungen führen zu personellen Lücken, die nur begrenzt durch andere Beschäftigte aufgefangen werden können.

Andererseits bieten **flexible Arbeitszeitmodelle** die Möglichkeit, erfahrene Mitarbeitende im Unternehmen zu halten, auch wenn sie nicht mehr oder nur zeitweise in vollem Umfang arbeiten möchten. Besonders bei befristeter Teilzeit kann dies für zukünftige Personalbedarfe vorteilhaft sein, da bereits qualifiziertes Personal zur Verfügung steht.

Flexible Arbeitszeitmodelle

Arbeit auf Abruf	Es gibt keine feste Arbeitszeit. Die Arbeitskraft wird je nach betrieblichem Bedarf im Rahmen der vereinbarten Wochenarbeitszeit eingesetzt und muss sich für den Abruf bereithalten.
Gleitzeit	Die tägliche Arbeitszeit kann flexibel gestaltet werden und richtet sich nach den persönlichen Bedürfnissen der Beschäftigten sowie den betrieblichen Erfordernissen. Es gibt jedoch Kernzeiten, in denen Anwesenheitspflicht besteht.
Halbtagsarbeit	Die individuelle Arbeitszeit wird auf die Hälfte der regulären Arbeitszeit reduziert. Dies ist das bekannteste Teilzeitmodell.
Individuelle Arbeitszeit	Die vertragliche Arbeitszeit wird reduziert, während weiterhin in Vollzeit gearbeitet wird. „Überschüssige" Stunden werden auf einem Arbeitszeitkonto angespart und können für freie Tage oder längere Freistellungen genutzt werden.
Jahresarbeitszeit	Die Arbeitszeit wird flexibel an den Arbeitsanfall über das gesamte Jahr hinweg angepasst. Spielraum besteht bei Tätigkeiten, die nicht unmittelbar erledigt werden müssen, sowie aufgrund von Tauschmöglichkeiten untereinander.
Jobsharing	Zwei oder mehr Arbeitnehmerinnen bzw. Arbeitnehmer teilen sich einen oder mehrere Arbeitsplätze. Die beteiligten Personen können Dauer und Lage ihrer individuellen Arbeitszeiten selbst festlegen.
Langzeitarbeitskonten	Bei diesem Modell wird die Arbeitszeit an Schwankungen im Arbeitsanfall, die über die Jahresarbeitszeit hinausgehen, angepasst. Es werden Überstunden über längere Zeiträume hinweg angespart, um in späteren Lebensphasen, in denen z. B. mehr Zeit für die Familie oder für Weiterbildung gewünscht wird, die Arbeitszeit unter Beibehaltung eines gleichmäßigen Gehalts zu reduzieren.
Modulare Arbeitszeit	Die Betriebszeit (Tag, Woche, Monat oder Jahr) wird in Zeitblöcke (Module) unterteilt. Die Beschäftigten verteilen die Module unter Einhaltung betrieblicher Vorgaben beliebig untereinander.
Vertrauensarbeitszeit	Eine klassische Zeiterfassung entfällt. Die Mitarbeiterinnen und Mitarbeiter organisieren ihre Arbeitszeit selbst, basierend auf einem Vertrauensverhältnis zum Arbeitgeber. Ziel ist es, unternehmerisch denkende Mitarbeitende zu fördern.

Rollierende Wochenarbeit	Die Arbeitnehmerinnen und Arbeitnehmer erhalten jede Woche einen wechselnden freien Tag. Dieses Modell dient in erster Linie einer gerechten Verteilung der Arbeitszeit, beispielsweise im Einzelhandel, wo auch der Samstag miteinbezogen wird.
Sabbatjahr	Beschäftigte verzichten trotz Vollzeitarbeitsplatz auf einen Teil ihres Jahresentgelts, um über einen längeren Zeitraum hinweg Freizeit anzusparen. Dies ermöglicht ihnen eine längere Auszeit in Form eines zusätzlichen Urlaubsjahres.
Teilzeitarbeit	Die Arbeitszeit wird individualvertraglich ohne Lohnausgleich gekürzt (Einzelheiten siehe oben).
Telearbeit (Homeoffice)	Die Arbeit wird vollständig oder teilweise von zu Hause aus erledigt. Eine Anwesenheitspflicht im Betrieb besteht nicht. Der Austausch mit dem Unternehmen erfolgt über digitale Kommunikationswege.
Turnusteilzeit	Die Arbeitszeit wird nach einem gewissen Arbeitszeitrhythmus verteilt. Beispielsweise kann eine Halbtagskraft eine Woche in Vollzeit arbeiten und in der darauffolgenden Woche freihaben oder es wird in den einzelnen Wochen jeweils an verschiedenen Tagen gearbeitet (z. B. in der ersten Woche Montag bis Mittwoch, zweite Woche Mittwoch bis Freitag).
Viertagewoche	Die Arbeitszeit wird gegenüber der vollen Arbeitswoche um einen Tag reduziert. Dies ist mit einem anteiligen Entgeltverzicht verbunden.
Zeitautonome Arbeitsgruppen	Die Mitglieder eines Teams organisieren ihre Arbeitszeit eigenständig unter Berücksichtigung betrieblicher Vorgaben wie Mindestpräsenzzeiten, Lieferfristen oder Durchlaufzeiten. Dieses Modell erweitert das Prinzip des Jobsharings.

Befristete Arbeitsverträge und Zeitarbeit

Zeitarbeit

Zeitarbeit ist eine weitere Möglichkeit der Personalbeschaffung, um zeitlich befristete Engpässe in der Personalversorgung zu überbrücken. Allerdings kann sie bei längerer Dauer zu einer „Zweiklassengesellschaft" im Unternehmen führen, da Zeitarbeitskräfte häufig schlechter bezahlt werden als Festangestellte. Aufgrund von EU-Vorgaben ist diese Praxis jedoch rückläufig.

AUFGABE 1

Was versteht man unter dem Begriff „Altersteilzeit"?

AUFGABE 2

Erläutern Sie die verschiedenen Modelle der Altersteilzeit.

AUFGABE 3

Prüfen Sie, ob ein Arbeitgeber dazu verpflichtet ist, einen Antrag auf Altersteilzeit zu genehmigen, oder ob er ihn auch ablehnen kann.

AUFGABE 4

Wie wirkt sich die Inanspruchnahme der Altersteilzeit auf die Personalplanung aus?

AUFGABE 5

Grenzen Sie flexible und starre Arbeitszeitmodelle voneinander ab. Wo sehen Sie jeweils Vorteile, wo Nachteile aus der Sicht des Unternehmens und aus der Sicht der Arbeitnehmerinnen und Arbeitnehmer?

AUFGABE 6

Definieren Sie die Begriffe „Kernzeit" und „Gleitzeit". Recherchieren Sie dazu ggf. in Ihrem Ausbildungsbetrieb. Beurteilen Sie das Modell „Gleitzeit" aus Sicht des Arbeitgebers.

4.4 Homeoffice als besondere Form des Arbeitsplatzes

Homeoffice als Arbeitsform ist nicht neu, nahm jedoch lange Zeit nur eine Nebenrolle ein und war hauptsächlich in Dienstleistungsbranchen verbreitet. Seit der Corona-Krise Anfang des Jahres 2020 hat sich dies aber grundlegend gewandelt.

Während Tätigkeiten in den Bereichen Lagerung, Produktion, Verladung und Versand zwangsläufig eine persönliche Anwesenheit der Mitarbeiterinnen und Mitarbeiter im Betrieb erfordern, bietet sich im Verwaltungsbereich zunehmend die Möglichkeit zur Telearbeit.

Merkmal Homeoffice

Das prägende Merkmal des Homeoffice ist, dass Arbeitnehmerinnen und Arbeitnehmer nicht mehr täglich zu festen Zeiten im Unternehmen anwesend sein müssen, sondern ihre Aufgaben am heimischen Schreibtisch erledigen können. Sie sind dann hauptsächlich über das Internet, per E-Mail oder Messender-Dienste wie WhatsApp mit ihrem Arbeitgeber verbunden.

Man unterscheidet zwei Hauptformen:

- **Heimbasierte Telearbeit:** Die Arbeit wird ausschließlich von zu Hause aus erledigt, ohne regelmäßige Präsenz im Unternehmen.
- **Alternierende Telearbeit:** Die Tätigkeit wird sowohl im Homeoffice als auch an bestimmten Tagen im Unternehmen ausgeführt. Die Anwesenheitszeiten werden im Vorfeld mit dem Arbeitgeber abgestimmt.

Homeoffice funktioniert nur dann erfolgreich, wenn eine entsprechende Vertrauensbasis auf beiden Seiten vorhanden ist.

Bewertungsaspekte aus der Sicht der Arbeitnehmerinnen und Arbeitnehmer

Arbeitnehmersicht

Vorteile	Nachteile
• flexible Arbeitszeiten • höhere Eigenverantwortung bei der Ausführung der Arbeit • besserer Work-Life-Balance • Wegfall der Anfahrt zur Arbeit • effektivere Nutzung kreativer Phasen • individuelle Gestaltung des Tagesablaufs • bessere Vereinbarkeit von Beruf und Familie • weniger Ablenkung durch Kolleginnen und Kollegen	• Einschränkung durch Kernarbeitszeiten, in denen eine Erreichbarkeit erforderlich ist • erschwerter Zugriff auf betriebliche Informationen • reduzierter kollegialer Austausch • Mangel an sozialen Kontakten • schwierige Abgrenzung zwischen Arbeitszeit und Freizeit • teilweise kein „richtiger" Feierabend – Arbeit als dauerhafter Begleiter • höhere Ablenkung durch familiäre Verpflichtungen oder Kinder • erschwerte Teamarbeit und weniger persönlicher Gedankenaustausch

Ein zentrales Merkmal des Homeoffice ist die hohe Selbstbestimmung bei der Arbeit in einer ruhigen und ungestörten Umgebung. Ohne störende Gespräche von Kolleginnen und Kollegen oder Ablenkungen durch Telefonate im Großraumbüro kann man sich prinzipiell vollständig auf die Arbeit konzentrieren. Allerdings kann die Präsenz der Familie eine Herausforderung darstellen, da sie sich nicht immer vollständig ausblenden lässt.

Bewertungsaspekte aus der Sicht des Arbeitgebers

Arbeitgebersicht

Vorteile	Nachteile
• geringerer Raumbedarf für verwaltende Tätigkeiten und Kosteneinsparungen durch den Wegfall oder die kombinierte Nutzung von Büroräumen • Stärkung der Vertrauenskultur • höhere Mitarbeiterbindung durch zufriedenere Beschäftigte • Steigerung der Motivation und Produktivität	• geringere Bindung der Mitarbeitenden an das Unternehmen • höhere Aufwendungen für IT-Infrastruktur und die Einrichtung von Homeoffice-Arbeitsplätzen • eingeschränkte Kontrollmöglichkeiten hinsichtlich der Arbeitsleistung • keine direkte Einflussnahme auf mögliche „Selbstständigkeitstendenzen“ der Mitarbeitenden • Risiko der Vermischung von beruflichen und privaten Angelegenheiten

Problemfaktoren

Eine klare Trennung zwischen Privatleben und beruflicher Tätigkeit ist im Homeoffice wichtig. Ohne ein separates Arbeitszimmer ist dies aber nur schwer umzusetzen. Diesbezüglich schreibt die Arbeitsstättenverordnung vor, dass der Arbeitgeber für die Ausstattung des Telearbeitsplatzes zuständig ist und die Kosten für alle notwendigen Einrichtungsgegenstände trägt.

Ein weiterer wichtiger Aspekt ist der **Unfallschutz**. Beschäftigte im Homeoffice sind nur dann über den Betrieb versichert, wenn ein direkter, nachweisbarer Zusammenhang zwischen dem Unfall und der beruflichen Tätigkeit besteht. Ist dieser Zusammenhang nicht offensichtlich, muss ihn die Arbeitnehmerin oder der Arbeitnehmer nachweisen. Ein typisches Beispiel ist ein Unfall beim Kaffeekochen während einer Pause. Findet der Unfall am Arbeitsplatz im Unternehmen statt, wird er als Arbeitsunfall gewertet. Passiert er hingegen im Homeoffice, stellt sich die Frage, ob es sich um ein berufliches oder privates Ereignis handelt. Ein entsprechender Nachweis kann schwierig sein. Daher ist es ratsam, eine private Unfallversicherung für das Arbeiten im Homeoffice abzuschließen.

AUFGABE

Welche Tätigkeiten können im Rahmen des Homeoffice erledigt werden? Beschreiben Sie die wesentlichen Vor- und Nachteile dieser Arbeitsform sowohl für Arbeitnehmerinnen und Arbeitnehmer als auch für Arbeitgeber.

Organisation der Verfahren zur Personalauswahl 5

Sobald die Grundsatzentscheidung über zusätzlichen Personalbedarf getroffen ist, stellt sich die Frage, wie die damit verbundenen Herausforderungen und Aufgaben effektiv umgesetzt werden können. Dabei gibt es verschiedene Möglichkeiten, geeignete Fachkräfte für die offenen Stellen zu gewinnen. Neben dem Auswahlverfahren, einschließlich der Mitwirkung des Betriebsrats, müssen bei der vertraglichen Gestaltung des Arbeitsverhältnisses zahlreiche Vorschriften beachtet werden. Nicht zuletzt spielt auch die Frage, ob die neue Mitarbeiterin oder der neue Mitarbeiter gut ins bestehende Team passt, eine entscheidende Rolle.

Personalgewinnung

Es gibt verschiedene Möglichkeiten, neues Personal zu gewinnen und zu beschaffen:

- Übernahme von Auszubildenden nach erfolgreicher Abschlussprüfung
- Einstellung von Arbeitssuchenden
- Abwerbung qualifizierter Fachkräfte aus anderen Unternehmen (z. B. durch Headhunting)
- Einstellung von Berufsrückkehrern, z. B. nach der Familienphase
- Einsatz von Zeitarbeitskräften
- Umschulungs- und interne Qualifikationsmaßnahmen

Diese Methoden schließen einander nicht aus, sondern ergänzen sich. Wie bei der Personalbeschaffung vorgegangen wird, welche Maßnahmen ergriffen werden oder als geeignet erscheinen, hängt von der jeweiligen unternehmerischen Situation ab.

Erstellung eines Stellenprofils

Um eine Stelle schnell und bedarfsgerecht besetzen zu können, müssen die damit verbundenen Aufgaben und Anforderungen eindeutig definiert werden. Jedes Unternehmen sollte daher über klar definierte **Stellenprofile** verfügen. Diese enthalten:

Stellenprofil

- die Beschreibung der Tätigkeitsbereiche
- erforderliche Qualifikationen
- Verantwortungsbereiche und Befugnisse.

Das Stellenprofil ist unabhängig von der Person, die den Arbeitsplatz besetzt, und dient als Grundlage für die Personalsuche.

Personalanforderung

Die Personalbeschaffung schließt sich unmittelbar an die Personalbedarfsermittlung sowie die Personalplanung an und erfolgt in der Regel auf Grundlage einer konkreten Personalanforderung aus der jeweiligen Abteilung, in der Personalbedarf vorhanden ist.

Personalanforderung

Eine Personalanforderung sollte schriftlich festgehalten und eindeutig formuliert sein. Wichtige Bestandteile sind:

- Name der anfordernden Abteilung (mit Datum)
- Bezeichnung der Stelle mit interner Nummer der Planstelle
- gewünschter Einstellungstermin
- Art der Anstellung (befristet/unbefristet)
- Beschäftigungsumfang (Voll-/Teilzeit)
- Begründung des Bedarfs (z. B. Ersatzbedarf, Zusatzbedarf)

- detailliertes Stellenprofil (Aufgabengebiet, Verantwortung und Befugnisse, erwartete Kenntnisse, Fähigkeiten und Kompetenzen)
- Bewerberprofil (z. B. Abschlüsse, besondere Fachkenntnisse, Berufserfahrung)

5.1 Interne Personalbeschaffung

innerbetriebliche Personalbeschaffung

Freie Stellen können innerbetrieblich durch folgende Maßnahmen besetzt werden:

- Versetzung von Mitarbeiterinnen und Mitarbeitern in eine andere Abteilung
- Beförderung mit Übernahme neuer Aufgaben
- interne Stellenausschreibung (z. B. über das Intranet, eine Mitarbeiterzeitschrift, den Newsletter oder das Schwarze Brett)

Zu beachten ist dabei, dass gemäß § 93 BetrVG eine innerbetriebliche Ausschreibung der zu besetzenden Stelle erfolgen muss, wenn der Betriebsrat dies verlangt. In Unternehmen mit mehr als 20 wahlberechtigten Mitarbeiterinnen und Mitarbeitern ist der Betriebsrat zudem über jede Einstellung, Umgruppierung oder Versetzung zu informieren und muss seine Zustimmung erteilen.

Veränderungen innerhalb des Unternehmens bringen sowohl Vorteile als auch Nachteile mit sich, die im Einzelfall abgewogen werden müssen:

Abwägung der Vor- und Nachteile

Vorteile innerbetrieblicher Personalbeschaffung	Nachteile innerbetrieblicher Personalbeschaffung
• Aufstiegschancen im Betrieb erhöhen die Bindung der Arbeitnehmer an das Unternehmen • geringere Beschaffungskosten • in aller Regel keine Probezeit • Betriebskenntnis, kurze Einarbeitungs- und Einfindungszeit • Fähigkeiten der Mitarbeiterin/des Mitarbeiters sind bekannt • Stelle kann ohne lange Suche rascher besetzt werden • ursprüngliche Position wird frei, Chance für den Nachwuchs • äußerste Transparenz der Personalpolitik	• weniger Auswahlmöglichkeiten durch geringes Kontingent an Bewerberinnen und Bewerbern • möglicherweise „Betriebsblindheit“ der Arbeitnehmerin/des Arbeitnehmers, keine Innovation von außen • innerbetriebliche Beschaffung löst den Personalbedarf rein quantitativ nicht; ein „Loch wird gestopft“, doch ein anderes aufgerissen • starke kollegiale Bindungen der Arbeitnehmerin/des Arbeitnehmers, Sachentscheidungen können dadurch beeinflusst werden • Neidfaktor bei Kolleginnen und Kollegen, die bei evtl. mit der Stellenbesetzung verbundenen Beförderungen nicht zum Zuge kommen

berufliche Weiterbildung

Wenn nötig, sollte eine innerbetriebliche Besetzung durch berufliche Weiterbildungsmaßnahmen flankiert werden. Die innerbetriebliche Besetzung freiwerdender oder neu zu schaffender Stellen wird immer dann ein vorrangiges Ziel sein, auf dem der Betriebsrat bestehen wird, wenn es an anderen Stellen im Unternehmen Freisetzungen gibt und die betroffenen Mitarbeiterinnen und Mitarbeiter grundsätzlich geeignet sind, eine andere Stelle zu besetzen.

Übernahme von Auszubildenden

Ähnliche Argumente sprechen auch für die Übernahme von Auszubildenden, die sich bewährt und ein gutes Zeugnis ihrer Leistung abgegeben haben:

- geringe Einarbeitungskosten, denn das Unternehmen, seine Abteilungen, die Kolleginnen und Kollegen sowie Abläufe und Zielsetzungen sind bekannt;
- auch die Auszubildenden sowie ihre Stärken und Schwächen sind bekannt, sie können gezielt gefördert und gefordert werden;
- die Kosten für die Suche nach externen Fachkräften entfallen.

AUFGABE

Erläutern Sie die Gründe, die für eine interne Besetzung einer freien oder frei werdenden Stelle sprechen. Gehen Sie dabei sowohl auf die Vorteile als auch auf mögliche Nachteile dieses Verfahrens ein.

5.2 Externe Personalbeschaffung

Falls eine interne Stellenbesetzung nicht möglich oder sinnvoll ist, kann die Rekrutierung über den freien Arbeitsmarkt erfolgen. Zu den gängigen Methoden zählen:

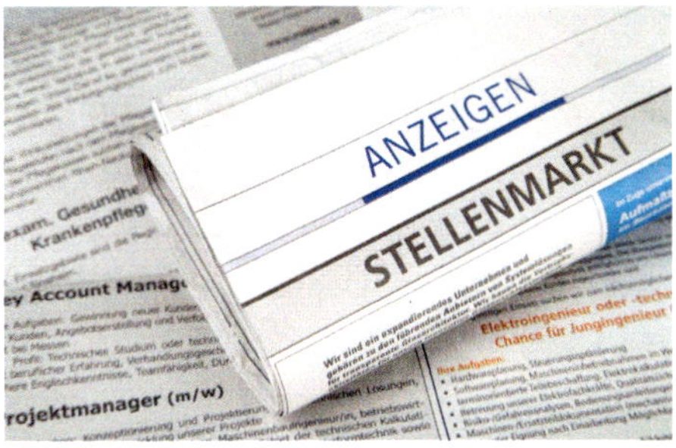

Möglichkeiten

- Meldung offener Stellen bei der Agentur für Arbeit
- Beauftragung privater Arbeitsvermittler
- Einsatz von Zeitarbeitsfirmen bei vorübergehender Personalknappheit
- Empfehlungen durch eigene Mitarbeiterinnen und Mitarbeiter
- Veröffentlichung von Stellenanzeigen in der regionalen und überregionalen Presse
- Nutzung von Onlinejobbörsen (z. B. www.stepstone.de, www.monster.de)
- Headhunting für Schlüsselpositionen

Stellenausschreibung

Eine externe Stellenbesetzung sollte in einem noch höheren Maße als eine interne Maßnahme mit einer klar formulierten **Stellenausschreibung** verbunden sein. Darin sollten folgende Aspekte enthalten sein:

- Informationen zum Unternehmen (Branche, Standort usw.)
- Begründung der Stellenausschreibung (z. B. Erweiterung eines Marktgebietes, Ausbau der Marktaktivitäten, Unterstützung der Geschäftsleitung)
- Beschreibung der Position (Aufgaben-/Unternehmensbereich, Befugnisse, Kompetenzen, Perspektiven usw.)
- Anforderungen an die Bewerberinnen und Bewerber (Abschlüsse, Berufserfahrung, Kompetenzen, Marktkenntnisse, Persönlichkeitsmerkmale usw.)
- besondere soziale Leistungen des Unternehmens (tarifliche Einstufung, übertarifliche Leistungen usw.)
- Einstellungszeitpunkt
- Arbeitszeit (Voll- oder Teilzeitstelle), Befristung
- Bewerbungsmodalitäten (Art der Bewerbung, erforderliche Unterlagen)
- Bewerbungsfrist
- Ansprechpartnerin bzw. Ansprechpartner

Vorteile außerbetrieblicher Personalbeschaffung	Nachteile außerbetrieblicher Personalbeschaffung
• breitere Auswahl an Arbeitskräften • neue Impulse und Innovation von außen • keine innerbetrieblichen Verschiebungen erforderlich • positive Erwartungshaltung gegenüber der Leistungsbereitschaft der neuen Arbeitskraft • keine negativen Reaktionen von nicht berücksichtigten internen Beschäftigten	• höhere Beschaffungskosten • hohe externe Einstellungsquote und häufiges Erscheinen auf dem Arbeitsmarkt kann dazu führen, dass die Fluktuation von Arbeitnehmern steigt • negative Einwirkungen auf das Betriebsklima durch „Beförderungsfrust" beim Stammpersonal • Einarbeitungs- oder zumindest Einführungszeit

AUFGABE

Welche besonderen Herausforderungen und Vorgehensweisen sind mit der externen Personalbeschaffung verbunden?

5.3 Personalauswahlverfahren

Nach einer Stellenausschreibung wird in der Regel eine Vorauswahl getroffen. Die Mitarbeiterinnen und Mitarbeiter der zuständigen Abteilung, die diese Aufgaben übernehmen, sollten

Bewertungskriterien

- die Bewerbungsunterlagen auf Vollständigkeit und inhaltliche Aussagekraft prüfen,
- in der Lage sein, die Bewerbungsunterlagen nach systematischen Kriterien zu sichten, zu analysieren und zu bewerten,
- bei der Auswahl ein hohes Maß an Objektivität wahren,
- alle Schritte rechtzeitig mit der zuständigen Führungskraft und ggf. mit dem Betriebsrat abstimmen.

Bewerberinnen und Bewerber, die nicht oder nur bedingt geeignet sind, erhalten die eingereichten Unterlagen mit einer kurzen Begründung der Entscheidung zurück. Die verbleibenden Bewerbungen, die in die engere Auswahl kommen, durchlaufen in der Regel ein mehrstufiges Auswahlverfahren. Der genaue Ablauf hängt nicht zuletzt davon ab, wie viele Bewerbungen eingegangen sind und ob eine Einstellung aufgrund klarer, objektiver Kriterien nicht auch ohne aufwendige Zusatzverfahren vorgenommen werden kann.

Auswahlablauf

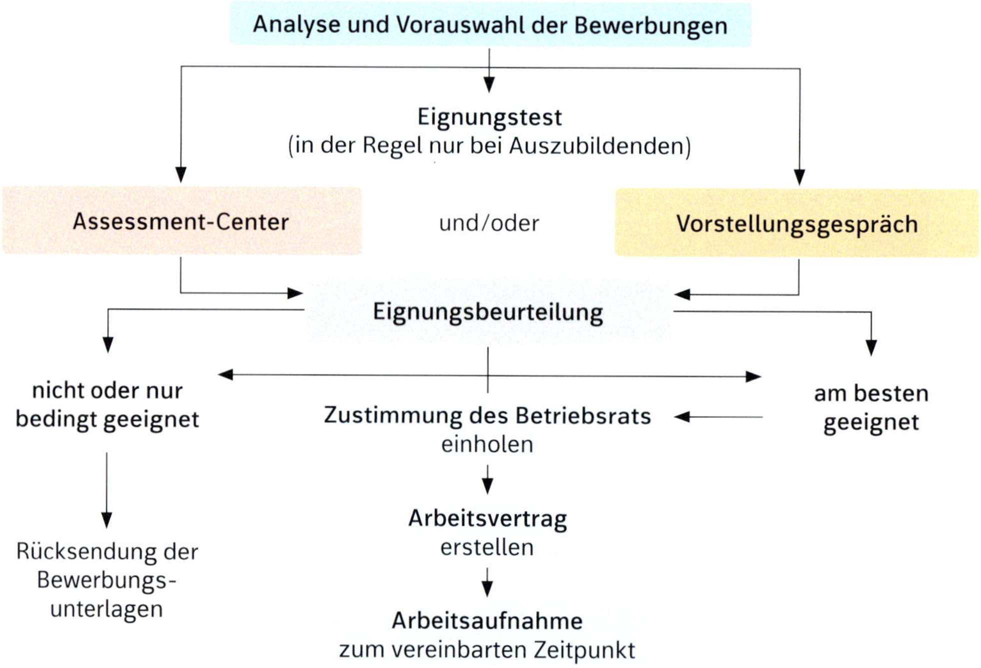

Kommt eine Bewerberin oder ein Bewerber in die engere Auswahl, geht es bei externen Bewerbungen im nächsten Schritt darum, in einem persönlichen Vorstellungsgespräch die Qualifikationen und die Eignung für die Stelle zu überprüfen. Dabei soll festgestellt werden, ob die Bewerberin bzw. der Bewerber

Soft Skills

- sympathisch wirkt,
- in das bestehende Team passt,
- Integrität und Einfühlungsvermögen besitzt,

- über ein angemessenes Maß an Selbstsicherheit verfügt und
- Begeisterungsfähigkeit, Entschlossenheit sowie Glaubwürdigkeit für die angestrebte Position mitbringt.

Im Vorstellungsgespräch stehen insbesondere folgende Aspekte im Vordergrund:

- die für die Stelle erforderlichen fachlichen Kenntnisse
- die persönlichen und charakterlichen Eigenschaften
- ein überzeugendes Auftreten und die damit verbundene Ausstrahlung
- die nötige Überzeugungskraft für inner- und außerbetriebliche Prozesse.

Gesprächsbedingungen

Ein Vorstellungsgespräch wird in der Regel als Einzelgespräch geführt. Dabei sollten folgende Rahmenbedingungen gewährleistet sein:

- ungestörte Atmosphäre
- separater, abgeschirmter Raum
- ausreichende Puffer- und Pausenzeiten
- genügend Zeit für ein strukturiertes Gespräch nach einem definierten Leitfaden
- kurze schriftliche Notizen zur späteren Auswertung

Assessment-Center

Eine weitere Möglichkeit, die Eignung einer Bewerberin oder eines Bewerbers für eine zu besetzende Stelle fundierter zu beurteilen, ist das sogenannte **Assessment-Center**. Hier haben die Bewerberinnen und Bewerber die Gelegenheit, in Rollenspielen oder Gruppendiskussionen ihre Schlüsselqualifikationen unter Beweis zu stellen. Dabei werden insbesondere folgende Aspekte geprüft:

- fachliche Kenntnisse
- Reaktions- und Entscheidungsfähigkeit
- zwischenmenschliches Verhalten
- Fähigkeit zur Zusammenarbeit im Team
- Verhalten in der Gruppe
- Kritikfähigkeit

Die Ergebnisse dieser Verfahren sind vertraulich und dürfen nicht öffentlich zugänglich sein. Im Falle einer negativen Entscheidung sind die Bewerbungsunterlagen den Kandidatinnen und Kandidaten zurückzugeben.

AUFGABE 1

Durch welche Einzelschritte ist die Auswahl von Bewerberinnen und Bewerbern für eine freie Stelle gekennzeichnet?

AUFGABE 2

Welche besondere Bedeutung hat das Vorstellungsgespräch, insbesondere bei der Bewerbung externer Kandidatinnen und Kandidaten auf eine ausgeschriebene Stelle?

AUFGABE 3

Was zeichnet ein Assessment-Center besonders aus?

5.4 Grundsätze und Beteiligungsrechte bei der Personalauswahl

Gleichbehandlungsgrundsatz

Für alle Stellenbesetzungen gilt der Grundsatz der Gleichbehandlung. Das **Allgemeine Gleichbehandlungsgesetz (AGG)** stellt sicher, dass niemand im Rahmen der Auswahlkriterien, der Einstellungsbedingungen, der Arbeitsbedingungen oder der Vergütung benachteiligt (diskriminiert) wird. Das Ziel des Gesetzes besteht darin, „Benachteiligungen aus Gründen der Rasse oder wegen der ethnischen Herkunft, des Geschlechts, der Religion oder Weltanschauung, einer Behinderung, des Alters oder der sexuellen Identität zu verhindern oder zu beseitigen" (§ 1 AGG).

keine unerlaubten Benachteiligungen

Eine **unmittelbare Benachteiligung** liegt vor, wenn eine Person aufgrund eines in § 1 AGG genannten Merkmals schlechter behandelt wird als eine andere Person in einer vergleichbaren Situation (§ 3 Abs. 1 AGG). Einer Absicht derjenigen Person, die benachteiligt, bedarf es nicht.

BEISPIEL

Unmittelbare Benachteiligungen:
- Eine Frau wird aufgrund ihrer Schwangerschaft oder Mutterschaft benachteiligt.
- Ein Bewerber wird wegen seiner Hautfarbe nicht eingestellt.
- Eine Mitarbeiterin erhält aufgrund ihrer ethnischen Herkunft keine berufliche Förderung.

Eine **mittelbare Benachteiligung** betrifft scheinbar neutrale Vorschriften, Kriterien oder Verfahren, die dennoch geeignet sind, bestimmte Personengruppen in besonderer Weise zu benachteiligen.

BEISPIEL

Mittelbare Benachteiligung:
Teilzeitarbeit wird in einem ungleich höheren Umfang von Frauen ausgeübt und ist oft mit weniger vorteilhaften Arbeitsbedingungen verbunden. Dies kann bis hin zur Benachteiligung beim Entgelt führen, insbesondere wenn die Arbeitszeiten von Teilzeitkräften im Verhältnis zur Vergütung von Vollzeitbeschäftigten gesetzt werden oder bestimmte Gehaltsbestandteile für Teilzeitbeschäftigte nicht gewährt werden.

Arbeitsplatzanforderungen

Der Arbeitgeber muss dafür sorgen, Diskriminierungen zu unterbinden, beginnend mit der Stellenausschreibung. Jede Ausschreibung, die gegen ein Benachteiligungsverbot verstößt, ist unzulässig (§ 11 AGG). Es kann jedoch zulässig sein, in einem Qualifikationsprofil anzugeben, ob eine Stelle grundsätzlich auch für Bewerberinnen und Bewerber mit Schwerbehinderungen geeignet ist, insbesondere wenn das Unternehmen die Beschäftigungspflichtquote nicht erfüllt und daher Ausgleichsabgaben zahlen muss. Falls sich schwerbehinderte Bewerberinnen und Bewerber melden, muss geprüft werden, ob die Art der Behinderung mit den betrieblichen Anforderungen vereinbar ist.

Beteiligung des Betriebsrats

Nach § 99 Abs. 1 BetrVG ist der Betriebsrat vor jeder Einstellung, Eingruppierung, Umgruppierung und Versetzung zu informieren. Der Arbeitgeber muss ihm die Bewerbungsunterlagen vorlegen und Auskunft über die beteiligte Person geben. Die Unterrichtung sollte mindestens eine Woche vor der Einstellung erfolgen, da der Betriebsrat der Einstellung zustimmen muss und ein Schweigen des Betriebsrates erst nach Ablauf einer Woche als Zustimmung angesehen wird.

Informationspflicht

Darüber hinaus hat der Arbeitgeber Auskunft über alle Personen zu geben, die innerhalb und außerhalb des Betriebes an der Einstellung beteiligt sind. Dem Betriebsrat sind sämtliche Unterlagen zur Verfügung zu stellen, die er benötigt, um sein Zustimmungsverweigerungsrecht auszuüben. Er ist demnach über die fachliche und persönliche Eignung der Bewerberinnen und Bewerber sowie die Auswirkungen der Einstellung auf den Betrieb zu informieren.

Zustimmungsverweigerung

Schließlich hat der Arbeitgeber den Betriebsrat förmlich zur Zustimmung zu der geplanten Einstellung aufzufordern. Mit dieser Aufforderung beginnt für den Betriebsrat die Frist von einer Woche, innerhalb derer er die Zustimmung zur Einstellung verweigern kann (§ 99 Abs. 2 BetrVG). Tut er dies, hat er es dem Arbeitgeber unter Angabe des Verweigerungsgrundes schriftlich mitzuteilen; ansonsten gilt die Zustimmung als erteilt (§ 99 Abs. 3 BetrVG).

Gründe für eine Zustimmungsverweigerung durch den Betriebsrat

- **Verstöße gegen Rechtsvorschriften**
  - Das Gesetz untersagt eine Beschäftigung unter bestimmten Voraussetzungen.
  - Die Einstellung erfolgt unter Diskriminierung anderer Bewerberinnen und Bewerber.
  - Die Arbeitszeit verstößt gegen gesetzliche oder tarifliche Vorgaben (z. B. Überschreitung der zulässigen Wochenarbeitszeit).
- **Formfehler in der Stellenausschreibung oder Fehlen einer Stellenausschreibung**
  - Trotz Verlangen des Betriebsrats erfolgte keine innerbetriebliche Ausschreibung.
  - Die Ausschreibung verstieß gegen das Allgemeine Gleichbehandlungsgesetz.
- **Gefährdung des Betriebsfriedens**
  Der Betriebsrat kann Einspruch erheben, wenn begründete Bedenken bestehen, dass eine Bewerberin bzw. ein Bewerber gegen betriebliche Werte oder Diskriminierungsverbote verstößt – etwa durch fremdenfeindliche Äußerungen.

Widerspruch des Arbeitgebers

Der Arbeitgeber kann bei einer Zustimmungsverweigerung des Betriebsrats das Arbeitsgericht anrufen, um die fehlende Zustimmung gerichtlich ersetzen zu lassen (§ 99 Abs. 4 BetrVG). In diesem Verfahren muss der Arbeitgeber darlegen, dass die vom Betriebsrat vorgetragenen Gründe nicht berechtigt sind.

AUFGABE 1

Nennen Sie Gründe, die der Betriebsrat anführen kann, um einer geplanten Einstellung zu widersprechen.

AUFGABE 2

Bearbeiten Sie die folgende Aufgabe in Partnerarbeit.

Die Heidtkötter KG erhält drei Bewerbungen auf eine Ausschreibung für eine Stelle als Sachbearbeiter (m/w/d) in der Lohnbuchhaltung:

- eine 25-jährige Frau, die im dritten Monat schwanger ist
- ein 35-jähriger Industriekaufmann, der in ungekündigter Stelle arbeitet
- ein 40-jähriger Arbeitsloser, der wegen eines organischen Leidens zu 50 % schwerbehindert ist

a) Recherchieren Sie im Internet zum Allgemeinen Gleichbehandlungsgesetz und fassen Sie dessen Zielsetzung zusammen.

b) Welche Auswirkungen hat die Bewerberkonstellation auf die Einstellungsentscheidung? Was muss beachtet werden, damit es nicht zu einem Verfahrensfehler kommt?

c) Welche Möglichkeiten hat der Betriebsrat, falls im Zuge der Einstellung gegen das AGG verstoßen wird?

d) Wo können bei der Stellenbesetzung Konflikte zwischen Geschäftsleitung und Betriebsrat entstehen?

e) Was bedeutet es, wenn der Betriebsrat nach einer Woche nicht auf eine Mitteilung über die Einstellung reagiert?

5.5 Arbeitsvertrag

übereinstimmende Willenserklärungen

Nach Abschluss des Bewerbungsverfahrens steht die Unterzeichnung des Arbeitsvertrages an. Ein Vertrag kommt grundsätzlich dann zustande, wenn sich zwei Vertragsparteien im Rahmen der geltenden Rechtsvorschriften einig werden.

Gesetzliche Grundlagen für Arbeitsverträge

gesetzliche Grundlagen

Zu den wichtigsten gesetzlichen Grundlagen, die bei der Erstellung eines Arbeitsvertrags zu beachten sind, gehören u. a.:

- Das **Bürgerliches Gesetzbuch** enthält allgemeine Rechtsvorschriften zur Vertragsgestaltung.
- Das **Jugendarbeitsschutzgesetz** gilt, wenn Minderjährige beschäftigt werden.
- Das **Mutterschutzgesetz** regelt Schutzmaßnahmen für Frauen vor und nach der Geburt ihres Kindes.
- Das **Bundesurlaubsgesetz** enthält Mindestregelungen zur bezahlten Freistellung von der Arbeit.
- Das **Schwerbehindertengesetz** bestimmt Mindestquoten für die Beschäftigung von Menschen mit Behinderungen und Vorgaben zur Arbeitsplatzgestaltung.
- Die **Arbeitszeitverordnung** legt die täglichen Höchstarbeitszeiten sowie die grundsätzliche Verteilung der Arbeitszeit auf die einzelnen Wochentage fest.
- Das **Kündigungsschutzgesetz** regelt die Bedingungen für die Auflösung von Arbeitsverhältnissen sowie die einzuhaltenden Fristen.
- Das **Allgemeine Gleichbehandlungsgesetz** verbietet Diskriminierung aufgrund des Geschlechts, der Herkunft oder sonstiger Merkmale, die nichts mit der Kernaufgabe der zu leistenden Arbeit zu tun haben.

Darüber hinaus gelten sowohl die Vorschriften des Betriebsverfassungsgesetzes sowie der Mantel- und Lohntarifverträge als auch Regelungen, die im Rahmen von Betriebsvereinbarungen getroffen wurden.

Nachweisgesetz

Durch das Gesetz über den Nachweis der für ein Arbeitsverhältnis geltenden wesentlichen Bedingungen (NachwG) soll Arbeitnehmerinnen und Arbeitnehmern, sofern kein schriftlicher Arbeitsvertrag vorliegt, der Nachweis bei strittigen Fragen aus dem Arbeitsverhältnis erleichtert werden. Deswegen wird verlangt, dass der Arbeitgeber spätestens einen Monat nach dem vereinbarten Beginn des Arbeitsverhältnisses die wesentlichen Vertragsbedingungen schriftlich niederlegen muss, wenn kein schriftlicher Arbeitsvertrag geschlossen wurde.

Niederschriftspflicht

In die Niederschrift sind mindestens aufzunehmen:

- Name und Anschrift beider Vertragsparteien
- Beginn des Arbeitsverhältnisses
- Dauer des Arbeitsverhältnisses bei Befristungen
- Arbeitsort oder Hinweis auf wechselnde Einsatzorte
- Kurzbeschreibung der Tätigkeit
- Zusammensetzung und Höhe des Arbeitsentgelts einschließlich Zuschlägen, Zulagen, Prämien, Sonderzahlungen und anderer Bestandteile des Arbeitsentgelts sowie deren Fälligkeit
- vereinbarte Arbeitszeit
- Dauer des jährlichen Erholungsurlaubs
- Kündigungsfristen
- Hinweis auf anwendbare Tarifverträge, Betriebs- oder Dienstvereinbarungen

Rechte und Pflichten der Vertragsparteien

Mit der Unterzeichnung des Arbeitsvertrags verpflichten sich beide Parteien, die vertraglich vereinbarten Regelungen einzuhalten. Die Arbeitnehmerin bzw. der Arbeitnehmer bestätigt per Unterschrift die Pflicht, für den Arbeitgeber zu arbeiten, also eine Dienstleistung gegen Entgelt (Vergütung) zu erbringen. Der Arbeitgeber unterliegt einer Fürsorgepflicht, die vor allem Maßnahmen zum Schutz des Lebens und der Gesundheit der Arbeitnehmerin bzw. des Arbeitnehmers umfasst. Umgekehrt haben Arbeitnehmerinnen und Arbeitnehmer neben der Erbringung der Arbeitsleistung weitere Pflichten, z. B. das Ansehen des Arbeitgebers in der Öffentlichkeit zu wahren und die Schweigepflicht in Bezug auf Betriebsgeheimnisse einzuhalten.

Neben der Schweigepflicht im weiteren Sinne gehört auch das **Wettbewerbsverbot** zu den Nebenpflichten.

Wettbewerbsverbot

Es untersagt Arbeitnehmerinnen und Arbeitnehmern,

- dem Arbeitgeber durch ein eigenes Handelsgewerbe im selben Geschäftszweig Konkurrenz zu machen,
- nach dem Ausscheiden aus dem Unternehmen einen Gewerbebetrieb im gleichen Geschäftszweig oder der gleichen Branche zu eröffnen oder
- als Handlungsreisende nach ihrem Ausscheiden aus dem Unternehmen für eine befristete Zeit ehemalige Kunden abzuwerben.

Das Wettbewerbsverbot

- muss durch ein berechtigtes geschäftliches Interesse des Arbeitgebers begründet sein,
- bedarf einer schriftlichen Vereinbarung, wenn es über das Vertragsende hinaus gelten soll,
- darf eine Dauer von maximal zwei Jahren nicht überschreiten und
- erfordert eine Ausgleichszahlung des Arbeitgebers, falls es über das Arbeitsverhältnis hinaus wirksam bleibt.

AUFGABE 1

Unter der Führung von Anton Heidtkötter, dem Vater des jetzigen Geschäftsführers, galt ein Handschlag als bindendes Einverständnis bei Vertragshandlungen.

a) Welche formalen Vorschriften müssen heutzutage bei Arbeitsverträgen beachtet werden?

b) Welche Inhalte müssen in einem Arbeitsvertrag für beide Parteien festgehalten werden?

AUFGABE 2

Durch welche Regelungen wird die Gestaltungsfreiheit bei Arbeitsverträgen eingeschränkt?

AUFGABE 3

Fassen Sie die Pflichten von Arbeitgebern sowie Arbeitnehmerinnen und Arbeitnehmern, die sich aus dem Abschluss eines Arbeitsvertrages ergeben, in einer Übersicht zusammen. Erläutern Sie dabei, warum jede einzelne Pflicht wichtig für die Dauer des Vertragsverhältnisses und ggf. darüber hinaus ist.

5.6 Inhalt von Personalakten

Für jede Mitarbeiterin und jeden Mitarbeiter wird eine Personalakte angelegt, in der die wichtigsten persönlichen Daten festgehalten werden:

- Geburtsdatum
- Familienstand
- Berufsausbildung
- Gesundheitszustand
- Gehaltseinstufung
- Religionszugehörigkeit
- sonstige persönliche Besonderheiten

Datenschutzregelungen

Die Aufnahme weiterführender Informationen unterliegt klaren Datenschutzregelungen. Der **Datenschutz ist ein verankertes Grundrecht,** das die Privatsphäre sowie personenbezogene Daten vor Missbrauch und unbefugtem Zugriff schützt. Ziel ist es, das Recht auf informationelle Selbstbestimmung zu gewährleisten.

Allerdings gibt es Ausnahmen: Bestimmte Berufsgruppen, wie Fahrerinnen und Fahrer von Geldtransporten, Lkw-Fahrerinnen und Lkw-Fahrer, Pflegekräfte oder Laborangestellte, müssen unter Umständen zusätzliche persönliche Angaben machen, die für andere Beschäftigte – etwa im Lager oder Versand – nicht erforderlich sind.

Schutz personenbezogener Daten

Bei personenbezogenen Daten handelt es sich um Einzelangaben über persönliche und sachliche Verhältnisse einer bestimmten Person.

Mitarbeiterdaten

Selbstverständlich benötigen die Geschäftsleitung sowie vorgesetzte Stellen für betriebliche Abläufe zum Teil sehr individuelle Informationen über einzelne Mitarbeitende, etwa zu Qualifikationen oder entlohnungsbezogenen Aspekten. Dennoch dürfen personenbezogene Daten ausschließlich für den Zweck verarbeitet und genutzt werden, für den sie erhoben wurden. Die Beschäftigten müssen sich darauf verlassen können, dass ihre Daten nicht zweckentfremdet werden.

Recht auf Löschung

Gleichzeitig sind die Rechte der betroffenen Personen zu wahren. Dazu gehören insbesondere:

- das Recht auf Auskunft über gespeicherte Daten
- das Recht auf Berichtigung fehlerhafter Daten,
- das Recht auf Löschung unter bestimmten Bedingungen.

Diese Rechte ermöglichen es jeder Person, eigenverantwortlich darüber zu entscheiden, welche Informationen sie zu welchem Zeitpunkt, für welche Zwecke und gegenüber wem offenlegt. Dies ist nur dann nicht der Fall, wenn übergeordnete Interessen oder gesetzliche Erfordernisse eine Offenlegung verlangen. Beispielsweise kann die Personalabteilung im Rahmen polizeilicher Ermittlungen zur Aufklärung einer Straftat verpflichtet sein, Auskunft über die Arbeitszeiten eines Mitarbeitenden zu geben.

Datenschutz-Grundverordnung

Darüber hinaus ist Datenschutz ein weitreichendes Konzept, das alle Gesetze, Verordnungen und Richtlinien umfasst, die strikt befolgt werden müssen, um personenbezogene Daten vor unberechtigtem Zugriff zu schützen. Die dazu erforderlichen betrieblichen Maßnahmen sind in Art. 32 DSGVO geregelt und lassen sich in folgenden Punkten zusammenfassen:

Datenschutzkontrollen

1. **Zutrittskontrolle**
   Festlegung, welche Räume oder Etagen besonders zu sichern sind und welche Personen Zugang zu welchen Räumen bzw. Abteilungen haben

2. **Zugangskontrolle**
   Festlegung, wie sich Mitarbeiterinnen und Mitarbeiter, ggf. durch ein Passwort, authentifizieren müssen um, in gesicherte Räumlichkeiten zu gelangen

3. **Zugriffskontrolle**
   Sicherstellung, dass zugangsberechtigte Personen nicht die Möglichkeit haben, über ihre Berechtigungen hinaus auf Daten zuzugreifen

4. **Weitergabekontrolle**
   Verhinderung, dass personenbezogene Daten auf externe Datenträger wie z. B. USB-Sticks kopiert werden können

5. **Eingabekontrolle**
   Anhand von Protokollen muss jederzeit überprüfbar sein, von wen Daten in Programmen zur Erfassung von personenbezogenen Daten oder Zugangsberechtigungen geändert oder gelöscht wurden.

Datenschutzbeauftragter

Wenn ein Unternehmen mehr als 20 Mitarbeiterinnen und Mitarbeiter beschäftigt, die ständig an der automatisierten Erhebung und Nutzung personenbezogener Daten beteiligt sind, muss es eine **Datenschutzbeauftragte** bzw. einen **Datenschutzbeauftragten** ernennen. Diese Verpflichtung gilt auch für freie Mitarbeiterinnen und Mitarbeiter, Auszubildende, Praktikantinnen und Praktikanten sowie Zeitarbeitskräfte.

AUFGABE 1

Was versteht man unter einer Personalakte, warum wird sie geführt und welche Informationen werden in ihr festgehalten?

AUFGABE 2

Durch welche Maßnahmen werden die in Personalakten gespeicherten Daten der Mitarbeiterinnen und Mitarbeiter im Sinne der DSGVO gegen unerlaubten Zugriff gesichert?

6 Verfahren der Arbeitsbewertung

Es bedarf keiner besonderen Begründung, dass alle Mitarbeitenden eines Unternehmens für die Umsetzung der betrieblichen Ziele erforderlich sind und ihren Beitrag dazu leisten. Das bedeutet jedoch nicht, dass alle den gleichen Lohn erhalten. Dies gilt sowohl für die Heidtkötter KG als auch für Ihren Ausbildungsbetrieb.

Es gibt nicht nur verschiedene Lohn- und Gehaltsformen, sondern auch unterschiedliche Ansätze zur Bewertung der Voraussetzungen für die Leistungserbringung, da keine allgemeingültigen, objektiven Maßstäbe dafür existieren. Nach dem Prinzip „Gleiches Geld für gleiche Arbeit“ soll eine gerechte Entlohnung sichergestellt werden – basierend auf den erforderlichen Qualifikationen sowie der individuellen Arbeitsleistung.

6.1 Arbeitswertstudien und Lohngruppen

Die Entlohnung stellt für Arbeitnehmerinnen und Arbeitnehmer ein Einkommen, für Arbeitgeber jedoch einen wesentlichen Kostenfaktor dar. Während Arbeitnehmerinnen und Arbeitnehmer ein möglichst hohes Arbeitsentgelt anstreben, versuchen Arbeitgeber, die Lohnkosten (= Aufwendungen) für eine bestimmte Leistung so gering wie möglich zu halten.

Herausforderung

Entscheidend ist, ob der gezahlte bzw. zu zahlende Lohn als angemessen, gerecht und wirtschaftlich tragbar empfunden wird. Zwischen Lohn und Leistung sollte ein ausgewogenes Verhältnis bestehen, wobei die Gesamtkosten für Löhne und Gehälter den Erfolg und Fortbestand des Unternehmens nicht gefährden dürfen.

Bewertungsverfahren

Da nicht alle Arbeitsplätze im Unternehmen die gleichen Anforderungen an die Mitarbeitenden stellen, stellt sich die zentrale Frage: **Welche Arbeit ist wie viel wert?** Diese Frage lässt sich, wenn überhaupt, nur beantworten, wenn man sich mit den Grundlagen der Arbeitsbewertung auseinandersetzt.

Arbeitswertstudien	
Alle Maßnahmen, die darauf abzielen, dass eine Arbeitsstelle in ihren Anforderungsmerkmalen möglichst genau beschrieben und im Hinblick auf die damit verbundene Entlohnung charakterisiert und eingeordnet wird. Die Bewertung bezieht sich auf die Stelle, nicht aber auf die Person, die sie besetzt oder besetzen soll!	
Analytische Verfahren	Während Stellen im kaufmännischen Bereich fast ausschließlich nach der summarischen Methode bewertet werden, dominiert im gewerblichen Bereich die analytische Vorgehensweise. Dabei wird eine Stelle detailliert in ihren einzelnen Anforderungskategorien untersucht und anschließend bewertet. Ein häufig angewandtes Verfahren ist das **Genfer Schema,** das vier Anforderungsgruppen unterscheidet, die teilweise miteinander verzahnt sind: **1. Können** Welche Fähigkeiten muss eine Arbeitnehmerin bzw. ein Arbeitnehmer mitbringen, um die mit ihrer bzw. seiner Stelle verbundenen Anforderungen zu bewältigen? Dazu gehören u. a. folgende Fragen:

<table>
<tr><th colspan="2">Arbeitswertstudien</th></tr>
<tr><td>Analytische Verfahren</td><td>• Welche Ausbildung ist erforderlich?
• Über welche Kenntnisse und Erfahrungen muss die Person verfügen?
• In welchem Umfang sind eigenständiges Denken und Problemlösungskompetenz gefragt?
• Welche körperliche Geschicklichkeit ist bei handwerklichen Tätigkeiten erforderlich?

2. Verantwortung
Arbeitet eine Arbeitnehmerin bzw. ein Arbeitnehmer nur auf Anweisung oder umfasst das Tätigkeitsfeld auch eigenständige Entscheidungen? Das Spektrum der Verantwortung kann dabei sehr breit gefächert sein und erstreckt sich u. a. auf
• den reibungslosen Ablauf von Geschäftsprozessen,
• die technische Sicherheit beim Einsatz von Maschinen,
• die Gewährleistung der Gesundheit und Sicherheit von Mitarbeitenden,
• die Sicherstellung qualitativ einwandfreier und fehlerfreier Produkte,
• die ordnungsgemäße Umsetzung kaufmännischer Aufgaben.

3. Belastung
Verstand man unter diesem Begriff früher fast ausschließlich körperliche oder geistige Anstrengungen, die mit der Arbeit verbunden waren, umfasst er heute zunehmend auch psychosoziale Belastungsfaktoren. An erster Stelle steht hierbei der arbeitsbedingte Stress, der mit herkömmlichen Methoden kaum messbar ist und sich daher einer objektiven Bewertung weitgehend entzieht.

4. Arbeitsbedingungen
Zu den Arbeitsbedingungen zählen alle Faktoren, die mehr oder weniger unveränderbar vorgegeben sind und sich der Einflussnahme der einzelnen Mitarbeiterin bzw. des einzelnen Mitarbeiters entziehen. Dazu gehören insbesondere bei gewerblichen Tätigkeiten die Umgebungseinflüsse.

Bewertungsverfahren:
• Rangreihenverfahren (auch „Genfer Schema“)
Bei diesem Verfahren erfolgt die Bewertung anhand von Höchstzahlen in verschiedenen Merkmalsgruppen. Die Gesamtpunktzahl kann dabei zur Einordnung in eine bestimmte Lohngruppe führen.
• Stufenwertzahlverfahren
Zusätzlich zum Rangreihenverfahren wird jede einzelne Anforderungsart nochmals nach ihrem zeitlichen Anteil und ihrer Intensität im Tagesablauf gewichtet.</td></tr>
<tr><td>Summarische Verfahren</td><td>Eine Stelle wird in der Gesamtheit ihrer Herausforderungen betrachtet und bewertet. Das Ergebnis ist eine pauschale Einteilung oder die Erstellung einer Rangfolge. Die Methoden zur Einstufung von Stellenanforderungen sind unterschiedlich. Exemplarisch werden hier das Lohngruppenverfahren sowie das Rangfolgeverfahren dargestellt. Beide verzichten auf die gesonderte Betrachtung einzelner Faktoren und bewerten den Arbeitsplatz als Ganzes. Ein zentrales Problem dabei ist die eingeschränkte Objektivität, da die Bewertung nur schwer nachvollziehbar ist.

Rangfolgeverfahren
Alle Arbeitsplätze werden nach ihrem Schwierigkeitsgrad geordnet und in eine Rangfolge gebracht – von der anspruchsvollsten bis zur einfachsten Stelle.

Lohngruppen- oder Katalogverfahren
Innerbetriebliche Tätigkeitsverzeichnisse werden in Bezug zu tarifvertraglichen Lohngruppen gesetzt. Diese bauen aufeinander auf, wobei der Ecklohn als Referenzwert dient, an dem sich die übrigen Lohngruppen prozentual orientieren.</td></tr>
</table>

Lohngruppe

Lohn- und Gehaltsgruppen werden zwischen den Tarifparteien vereinbart und mit meist langfristiger Dauer in Tarifverträgen festgelegt. In jeder Gruppe werden Tätigkeiten zusammengefasst, die von der erforderlichen Ausbildung bzw. der erforderlichen Kompetenz vergleichbar sind.

In den Tarifverträgen gibt es unterschiedliche Festlegungen. Nachfolgend dafür ein Beispiel der Beschreibung und gehaltsbezogenen Einordnung von Lohngruppen:

Kaufmännische Arbeitnehmerinnen und Arbeitnehmer		
Lohngruppe	**Tätigkeitsmerkmal**	**Gehalt in % vom Ecklohn**
1	mechanische und schematische Tätigkeiten	70 %
2	einfache Tätigkeiten, die nach Anweisung erfolgen	80 %
3	Tätigkeiten, die nach allgemeiner Anweisung zum Teil selbstständig in einem Sachgebiet umgesetzt werden	90 %
4	schwierige Tätigkeiten, die nach Richtlinien in einem Sachgebiet umgesetzt werden	**Ecklohn 100 %**
5	schwierige Tätigkeiten, die im Rahmen allgemeiner Richtlinien im Rahmen einer begrenzten Aufsichtsbefugnis ausgeführt werden	110 %
6	selbstständige und verantwortliche Tätigkeiten, die nach allgemeinen Richtlinien ausgeführt werden und für die entweder Leitungs- oder Aufsichtsbefugnis vorausgesetzt wird oder durch spezielle Aufgaben erfüllt werden.	120 %
7	sehr schwierige Tätigkeiten, die nach allgemeinen Richtlinien selbstständig und verantwortlich ausgeführt werden und für die entweder Leitungs- oder Aufsichtsbefugnisse vorausgesetzt werden oder die in eigener Verantwortung auch Entscheidungen, die von Bedeutung für den Betriebs- oder Geschäftsablauf in einem Arbeitsbereich sind, mit einschließen	130 %
8	Tätigkeiten, die über die Anforderungen in Gruppe 7 hinausgehen	140 %

Rangfolge

Beim Rangfolgeverfahren werden die Stellen eines Unternehmens nach ihrem Schwierigkeits- bzw. Anforderungsgrad geordnet, anhand verschiedener Kriterien bewertet und in eine Rangfolge eingeteilt. Diese stellt eine Abstufung vom einfachsten zum schwierigsten Arbeitsplatz dar – je höher der Rang, desto größer die Anforderungen der Stelle.

BEISPIEL

Jede Stelle wird mit einer anderen verglichen. Die Stelle, die als anspruchsvoller eingestuft wird, erhält bis zu drei Punkte mehr als die jeweils darunter liegende.

Stelle → ↓	Personalsachbearbeiter/-in	Pförtner/-in	Bürohelfer/-in	Abteilungsleiter/-in	Prokurist/-in	Telefonist/-in	Punktwert	Rang
Personalsachbearbeiter/-in		***	**	---	---	**	7	**3**
Pförtner/-in	---		*			*	2	**5**
Bürohelfer/-in	---	**		---	---	*	3	**4**
Abteilungsleiter/-in	***	***	***		---	***	12	**2**
Prokurist/-in	***	***	***	**		***	14	**1**
Telefonist/-in	---	*	*	---	---		2	**5**

Bei der Wahl des Verfahrens der Arbeitsbewertung sind die Unternehmen frei. Oft geben aber tarifvertragliche Regelungen die Wahl vor, weil die Arbeitsbewertung direkt mit der Zuordnung von Lohn- oder Gehaltsgruppen in Verbindung steht.

AUFGABE 1

Nennen Sie Anforderungsarten, die den Schwierigkeitsgrad einer Tätigkeit bestimmen. Geben Sie zu jeder Anforderungsart zwei Beispiele an.

AUFGABE 2

Warum ermittelt man den Wert einer Arbeit? Welchen Zweck erfüllen Arbeitswertstudien?

Charakterisieren Sie dazu beispielhaft das Entgelt-Rahmenabkommen.

AUFGABE 3

Nennen Sie die wesentlichen Unterschiede zwischen summarischen und analytischen Arbeitsbewertungsverfahren.

AUFGABE 4

Hat das analytische Verfahren Vorteile gegenüber dem summarischen Verfahren?

Wenn ja, erläutern Sie diese Vorteile kurz. Falls nein, nennen Sie die Gründe dafür.

AUFGABE 5

Beschreiben Sie das Lohngruppenverfahren.

AUFGABE 6

Beschreiben Sie das Rangreihenverfahren.

AUFGABE 7

Welche Vorteile und welche Nachteile hat das Rangfolgeverfahren?

AUFGABE 8

Bringen Sie die folgenden Begriffe in eine sinnvolle Reihenfolge und definieren Sie jeden Begriff kurz:

a) Anforderungsanalyse

b) Arbeitsbewertung

c) Arbeitsbeschreibung

AUFGABE 9

Informieren Sie sich in Ihrem Ausbildungsbetrieb darüber, wie dort die Anforderungen der einzelnen Stellen bewertet werden.

a) Wie ist das Schema der Anforderungen aufgebaut und nach welchen Verfahren werden die Anforderungen quantifiziert?

b) Wie werden die Anforderungsarten gewichtet?

c) In welcher Weise wird eine ermittelte Wertkennzahl in eine Lohn- und Gehaltsstufe umgewandelt?

6.2 Grundsätze der Entlohnung

Die Höhe des Lohns bzw. Gehalts wird im jeweiligen Einzelarbeitsvertrag festgelegt, die Vergütung gemäß Lohn- und Gehaltsgruppen wird hingegen durch Betriebsvereinbarungen oder Tarifverträge bestimmt.

Arten von Tarifverträgen

Es gibt verschiedene Arten von Tarifverträgen:

- **Verbandstarife** zwischen Arbeitgeberverbänden und den entsprechenden Gewerkschaften
- **Firmen- oder Haustarife** zwischen einzelnen Unternehmen und der zuständigen Gewerkschaft
- **Branchentarife**, die überregional für einen ganzen Wirtschaftszweig gelten
- **Flächentarife**, die als Orts-, Landes- oder Bundestarife unterschiedlich weit gefasst sein können

Gruppen von Tarifverträgen

Inhaltlich unterscheidet man zwei große Gruppen von Tarifverträgen:

- **Lohn- und Gehaltstarife**, die Lohn- und Gehaltstabellen ebenso wie Regelungen zu Ausbildungsvergütungen, Überstunden-, Sonntags- und Feiertagszuschlägen enthalten. Arbeitnehmerinnen und Arbeitnehmer werden ihrer Qualifikation und ihrer Tätigkeit entsprechend bestimmten Lohn- und Gehaltsgruppen zugeordnet. Das gesamte Tarifgefüge basiert auf einem Ecklohn. Lohn- und Gehaltstarife haben in der Regel eine Laufzeit von ein bis zwei Jahren und werden dann neu verhandelt.

- **Mantel- oder Rahmentarife**, die Regelungen zu Arbeitszeiten, Urlaub, Kündigungsbedingungen und weiteren arbeitsrechtlichen Aspekten enthalten. In diesen Tarifverträgen werden auch die Eckdaten der Lohngruppen festgelegt. Ihre Laufzeit ist länger und häufig unbefristet.

Entgelt-Rahmenabkommen (ERA)

Grundlagen der Entlohnung

Der ERA-Tarifvertrag enthält

- ein **Grundentgelt**, das sich aus den Anforderungen der Arbeitsaufgabe ergibt,
- ein **Belastungsentgelt** (Belastungszulage), das sich aus der Belastungssituation ergibt, und
- ein **Leistungsentgelt,** das die persönliche Leistung im Rahmen der Tätigkeit widerspiegelt.

Die damit verbundene Arbeitsaufgabe kann sowohl eine Einzelaufgabe sein oder einen komplexen Aufgabenbereich umfassen. Entscheidend sind dabei die spezifischen betrieblichen Ausprägungen der Arbeitsorganisation und der entsprechende Zuschnitt der Aufgabenbereiche. Die wichtigste betriebliche Aufgabe besteht daher darin, die Betriebs- und Arbeitsabläufe systematisch zu analysieren.

Die Anforderungsmerkmale des ERA-Arbeitsbewertungssystems sind:

60 %
der Gesamtbewertung

- **Können**
  Dieser Begriff umfasst die Gesamtheit der erforderlichen Kenntnisse, Fähigkeiten und Fertigkeiten, über die eine Mitarbeiterin bzw. ein Mitarbeiter verfügen muss, um die Arbeitsaufgaben erfolgreich ausführen zu können. Die Bewertung des Könnens erfolgt anhand der Merkmale
  - Arbeitskenntnisse (in der Regel durch Anlernen erworben),
  - Fachkenntnisse (in der Regel durch Ausbildung erworben) und
  - Berufserfahrungen.

- **Handlungs- und Entscheidungsspielraum**
  Hiermit wird der Spielraum beschrieben, den eine Mitarbeiterin oder ein Mitarbeiter benötigt, um die Arbeitsaufgaben eigenständig zu gestalten. Es geht darum, eigene Vorgehensweisen bei der Arbeitsausführung und der Erledigung von Aufgaben zu entwickeln und umzusetzen.

20 % der Gesamtbewertung

- **Kooperation**
  Dieser Begriff umfasst die Voraussetzungen, die für eine sachgerechte Kommunikation, Zusammenarbeit und/oder die Abstimmung der eigenen Arbeit mit der Arbeit anderer erforderlich sind, um die übertragenen Arbeitsaufgaben erfolgreich zu erfüllen.

10 % der Gesamtbewertung

- **Mitarbeiterführung**
  Hier wird beschrieben, in welchem Umfang in welchem Umfang eine Mitarbeiterin oder ein Mitarbeiter andere fachlich anleitet, unterstützt oder anweist. Dazu gehört auch, in welchem Maße er oder sie die Aufgabe hat, Kooperation zu fördern, Arbeitsziele vorzugeben oder zu vereinbaren, Kolleginnen und Kollegen zur Zielerfüllung einzusetzen, sie zu fördern und zu motivieren.

10 % der Gesamtbewertung

AUFGABE 1

Beschreiben Sie die verschiedenen Geltungsbereiche von Tarifverträgen und ihre Bedeutung, insbesondere im Hinblick auf die Festlegung der Lohnhöhe.

AUFGABE 2

Worin unterscheiden sich Rahmen- bzw. Manteltarifverträge inhaltlich und hinsichtlich ihrer Laufzeit von Lohn- und Gehaltstarifverträgen?

AUFGABE 3

Der ERA-Tarifvertrag stellt eine besondere Form des Tarifvertrags dar. Welche wesentlichen Merkmale unterscheiden ihn von herkömmlichen Tarifverträgen?

6.3 Entgeltsysteme nach Arbeitszeit, quantitativer oder qualitativer Leistung

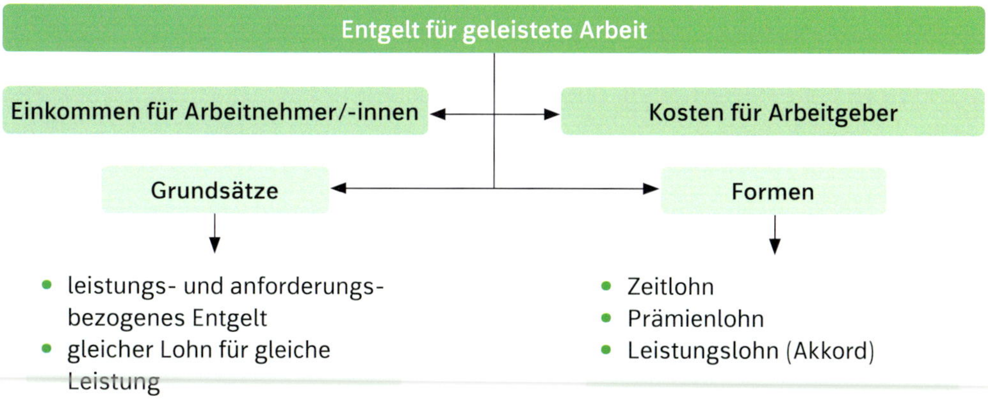

Lohnformen

Beim **Zeitlohn** ist die Höhe des Entgelts an die persönliche Anwesenheit am Arbeitsplatz gebunden, wobei die Arbeitnehmerin bzw. der Arbeitnehmer dem Betrieb ihre bzw. seine Arbeitskraft zur Verfügung stellt. Beim **Leistungslohn** hingegen hängt das Entgelt vom konkreten, in Mengeneinheiten messbaren Arbeitsergebnis ab. Beide Formen sind mit der erbrachten Leistung bzw. der Leistungsfähigkeit oder der Leistungsbereitschaft verknüpft. Diese ist jedoch nicht immer eindeutig messbar. Die Unterschiede zwischen Zeit- und Leistungslohn werden in der folgenden Übersicht deutlich:

Zeitlohn	Leistungslohn
Maßgebend ist die Dauer der Anwesenheit am Arbeitsplatz.	**Das als Menge messbare Arbeitsergebnis wird vergütet.**
Kein unmittelbarer Bezug zur quantitativen Arbeitsleistung, aber die Leistungsfähigkeit und -bereitschaft können sich in unterschiedlich hohen Stundenlöhnen oder Gehältern ausdrücken.	Je höher die erbrachte Leistung, desto höher ist der Verdienst und umgekehrt.
Zweckmäßig, wenn • der Arbeitsablauf eine bestimmte Leistung voraussetzt, die nicht eigenständig gesteuert werden kann (z. B. bei Fließbandarbeit), • die zu verrichtende Tätigkeit besonders schwierig oder gefährlich ist und daher eine große Sorgfalt voraussetzt, • der Arbeitsgang nicht in Einzelschritte zerlegbar ist.	Zweckmäßig, wenn • der Arbeitsgang in einzelne, zeitlich bewertbare Tätigkeiten oder Arbeitsgänge zerlegbar ist, • sich die Tätigkeiten oft wiederholen, sodass sich der Aufwand für die Festlegung der Arbeitszeiten für die einzelnen Tätigkeiten lohnt, • die Arbeitsgeschwindigkeit nicht fest vorgegeben, sondern individuell steuerbar ist.

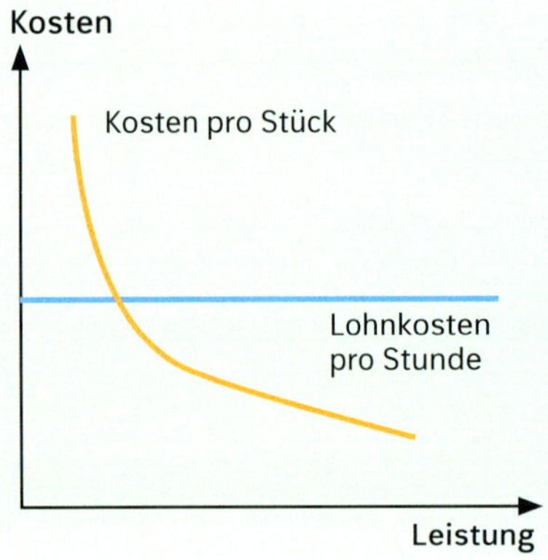

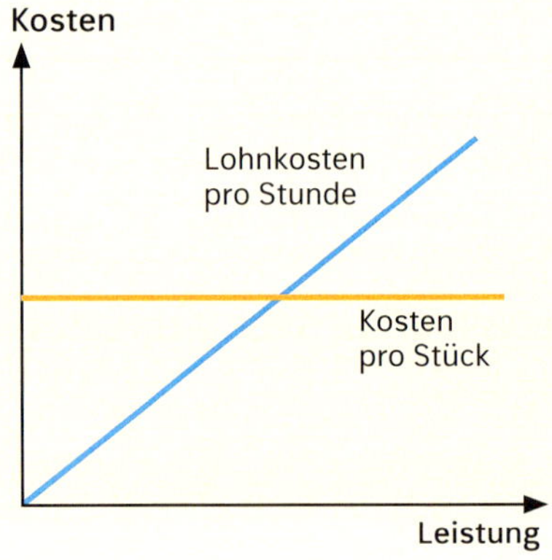

Prämienzahlung

Eine Kombination aus Zeit- und Leistungslohn ist die **Prämienzahlung**. Diese wird an Arbeitnehmerinnen und Arbeitnehmer für besondere Leistungen ausgeschüttet und soll qualitative sowie quantitative Leistungsanreize bieten. Prämien werden jedoch nur dann ausgezahlt, wenn eine bestimmte Normalleistung überschritten wird, d. h., wenn eine Arbeitnehmerin oder ein Arbeitnehmer besser oder schneller gearbeitet hat als vorgesehen.

Man unterscheidet verschiedene Prämienarten, z. B.:

- **Qualitätsleistungsprämien** (geringe Ausschussquoten, wenig Garantiefälle, keine Reklamationen usw.)
- **Ersparnisprämien** (hohe Materialausbeute, geringer Energieverbrauch, sparsamer Rohstoffeinsatz usw.)
- **Nutzungsgradprämien** (Reduzierung der Reparaturzeiten, Herabsetzung der Rüstzeiten usw.)

Weitere Gründe für Prämienzahlungen können die Einhaltung von Terminen, die vorzeitige Fertigstellung einer Aufgabe, die Entwicklung von Maßnahmen zur Unfallverhütung oder Beiträge zum betrieblichen Vorschlagswesen sein.

Zeit- und Akkordlohn – auf den Punkt gebracht

Arbeitsleistung und Lohnkosten

Zeitlohn

Die Vergütung richtet sich grundsätzlich nur nach der Anwesenheit im Betrieb, wobei die erbrachte Leistung nur eine indirekte Rolle spielt. Allerdings spiegelt sich die Leistungsfähigkeit und -bereitschaft auch in der Einordnung in die Lohngruppen wider, die mit bestimmten Anforderungen und Leistungserwartungen verbunden sind.

Anwendungssituationen:
- Tätigkeiten, die eine besondere Sorgfalt erfordern
- nicht standardisierbare kaufmännische Tätigkeiten
- Tätigkeiten auf Führungs- und Leitungsebene
- Aufgaben, die nicht in Einzelschritte zerlegt werden können

Lohnkosten:
Die Lohnkosten bleiben unabhängig von der erbrachten Leistung konstant. Im gewerblich-ausführenden Bereich steigen jedoch die Lohnkosten pro Stück, während sie bei höherer Leistung sinken.

Prämienlohn

Arbeitnehmerinnen und Arbeitnehmern werden Zuschläge für besondere Leistungen gezahlt. Prämien stellen sowohl quantitative als auch qualitative Leistungsanreize dar.

Akkordlohn (Leistungslohn)

Arbeitnehmerinnen und Arbeitnehmern wird nur die erbrachte Arbeitsmenge vergütet. Je höher die Leistung, desto höher ist das Entgelt.

Anwendungsbedingungen:
- Teilbarkeit (Zerlegbarkeit) der Arbeitsgänge in möglichst kleine Einzeltätigkeiten
- zeitliche Bewertbarkeit der Einzeltätigkeiten
- Möglichkeit zur individuellen Steuerung der Leistung bzw. der Arbeitsgeschwindigkeit
- häufige Wiederholung der Tätigkeiten

Lohnkosten:
Die insgesamt zu zahlenden Löhne steigen mit der Ausbringungsmenge, jedoch bleiben die Stückkosten pro Einheit konstant, unabhängig von der tatsächlichen Leistung.

→ **Geldakkord**

Für jeden Arbeitsgang wird ein fester Geldbetrag vergütet. Das bedeutet, dass für jede Einzeltätigkeit Lohnbeträge als Stückakkordsätze festzulegen sind:

$$\textbf{Stückakkordsatz} = \frac{\text{Akkordrichtsatz}}{\text{Normalleistung}}$$

$$\textbf{Bruttolohn} = \text{Stückakkordsatz} \cdot \text{Leistungsmenge}$$

→ **Zeitakkord**

Für jeden Arbeitsgang wird kein Stückakkordsatz vergütet, sondern eine „Zeitgutschrift“ verrechnet („verrechnete Minuten“):

$$\textbf{Bruttolohn} = \frac{\text{Akkordrichtsatz}}{60} \cdot \text{Vorgabezeit} \cdot \text{Leistungsmenge}$$

oder

$$\textbf{Bruttolohn} = \text{Minutenfaktor} \cdot \text{Vorgabezeit} \cdot \text{Leistungsmenge}$$

Akkordrichtsatz	Grundlohn im Akkord. Er liegt in der Regel um ca. 5 % höher als der entsprechende Zeitlohn. Dadurch wird den besonderen Bedingungen, die im Akkord vorherrschen, Rechnung getragen. Der Akkordrichtsatz wird gezahlt, wenn eine Akkordarbeiterin bzw. ein Akkordarbeiter genau die vorgegebene Normalzeit (Vorgabezeit) = 100 % erbringt. **Akkordrichtsatz** = Stundenlohn + Akkordzuschlag
Normalleistung	die in Arbeitszeitstudien ermittelte Leistung, die eine durchschnittliche Arbeitnehmerin bzw. ein durchschnittlicher Arbeitnehmer in einer Stunde zu erbringen hat (Soll-Leistung) **Normalleistung** $= \frac{60}{\text{Vorgabezeit}}$
Vorgabezeit	Die aus der Normalleistung ableitbare Zeit, die für die Ausführung eines einzelnen Arbeitsganges erforderlich ist (Soll-Zeit). Wird diese Zeitvorgabe genau eingehalten, liegt die Leistung bei 100 %. Eine Unterschreitung der Vorgabezeit bedeutet einen Leistungsgrad von mehr als 100 % und bei einer Überschreitung der Vorgabezeit ist die Leistung geringer als 100 %. **Vorgabezeit** $= \frac{60}{\text{Normalleistung}}$
Rüstzeit	Hinzugerechnet werden muss noch die **Rüstzeit**. Dies ist die Zeit, die für die Vorbereitung der Produktionsanlagen erforderlich ist, bevor mit der eigentlichen Arbeit begonnen werden kann.
Leistungsgrad	Verhältnis von tatsächlich erbrachter Leistung zur vorgegebenen Normalleistung oder von Vorgabezeit zur tatsächlich benötigten Zeit **Leistungsgrad** $= \frac{\text{Ist-Leistung}}{\text{Normalleistung}}$ oder $\frac{\text{Vorgabezeit}}{\text{Ist-Zeit}}$
Minutenfaktor	Wert einer Akkordminute im Zeitakkord **Minutenfaktor** $= \frac{\text{Akkordrichtsatz}}{60}$

Anwendungsbeispiele der Lohnformen in der betrieblichen Praxis

Bei der Entlohnung nach dem Geldakkord erhalten Arbeiterinnen und Arbeiter für jedes hergestellte Teil oder für jeden Arbeitsgang, der an einem Werkstück verrichtet wird, einen festen Geldbetrag. Die erwartete Normalleistung einer Arbeiterin oder eines Arbeiters wird auf Basis der vorausberechneten Zeitdauer einer Tätigkeit festgelegt und drückt sich in der Anzahl der Leistungseinheiten pro Stunde oder Arbeitstag aus.

Geldakkord

Geldakkord

Auf der Grundlage eines vorgegebenen Akkordrichtsatzes und der errechneten Normalleistung wird der Stückakkordsatz bestimmt. Dieser gibt das Entgelt pro Stück, Tätigkeit oder Arbeitsgang an.

BEISPIEL

In der Heidtkötter KG werden die Sitzflächen von Stühlen zunächst mit einer Schaumstoffauflage versehen und anschließend mit Stoff überzogen. Die Normalleistung einer Arbeiterin oder eines Arbeiters beträgt hierbei 40 Stück pro Stunde. Diese Tätigkeit wird mit einem Stundenlohn von 18,00 € bewertet.

Da es sich um Akkordarbeit handelt, wird unabhängig von der Leistung ein **Akkordzuschlag** von 10 % gezahlt, wodurch sich der **Akkordrichtsatz** auf 19,80 € erhöht. Daraus ergibt sich folgender **Stückakkordsatz**:

Stückakkordsatz

$$\textbf{Stückakkordsatz} = \frac{\text{Akkordrichtsatz}}{\text{Normalleistung}} = \frac{19{,}80\ €}{40} = 0{,}495\ € \text{ pro Stück}$$

Der Stückakkordsatz variiert je nach Tätigkeit und wird von der Arbeitsvorbereitung individuell berechnet und den Arbeiterinnen und Arbeitern mitgeteilt. Dazu muss zunächst der Zeitbedarf für die jeweilige Tätigkeit ermittelt werden. Grundsätzlich gilt: Je länger der Arbeitsvorgang dauert, desto höher ist der Stückakkordsatz (und umgekehrt).

Akkordarbeiterinnen und Akkordarbeiter können ihren Lohn unmittelbar berechnen, indem sie den Stückakkordsatz mit ihrer Arbeitsleistung multiplizieren. Bei einer Normalleistung von 100 % entspricht dies einem Stundenlohn in Höhe des Akkordrichtsatzes (hier: 19,80 €).

BEISPIEL

Eine Arbeiterin fertigt nicht 40, sondern 45 Stühle pro Stunde bzw. 360 Stühle pro Tag. Dadurch steigt ihr Lohn auf 16,236 € pro Stunde (45 Stück · 0,33 €) oder 129,88 € pro Tag bei einer Arbeitszeit von acht Stunden.

Lohnberechnung

$$\begin{aligned}\textbf{Bruttolohn} &= \text{Anzahl der Leistungseinheiten} \cdot \text{Stückakkordsatz}\\ &= 45 \cdot 0{,}495 = 22{,}275\ € \text{ pro Stunde}\end{aligned}$$

Rüstzeit

Wenn zusätzlich Rüstzeiten zu berücksichtigen sind, wird die Berechnung komplexer, da diese zunächst in Geldwerte umgerechnet werden müssen. In der Regel sind beim Leistungslohn neben den Vorgabezeiten pro Stück auch die Rüstzeiten einzubeziehen, die für die Vorbereitung des Arbeitsplatzes vor dem eigentlichen Produktionsbeginn benötigt werden.

Die Umrechnung erfolgt über den Akkordrichtsatz: Eine Minute Rüstzeit entspricht 1/60 des Akkordrichtsatzes. Im vorliegenden Fall beträgt die Rüstzeit 36 Minuten.

Jede Tätigkeit hat einen eigenen Stückakkordsatz, was die Lohnberechnung bei wechselnden Arbeitseinsätzen erschwert. Zudem müssen bei Änderungen der Entlohnungsgrundlage (z. B. durch Tariferhöhungen) sämtliche Stückakkordsätze entsprechend angepasst werden.

Zeitakkord

Zeitakkord

Im Gegensatz zum Geldakkord erhalten Arbeiterinnen und Arbeiter beim Zeitakkord für jeden abgeschlossenen Arbeitsgang keinen festen Geldbetrag (Stückakkordsatz), sondern eine festgelegte Zeitgutschrift. Jede Minute wird dabei mit einem Minutenfaktor bewertet, der sich aus dem Akkordrichtsatz ergibt.

Der Lohn berechnet sich aus der Summe der geleisteten Akkordminuten, multipliziert mit dem Minutenfaktor. Eine Akkordminute entspricht 1/60 des Akkordrichtsatzes. Diesen Wert bezeichnet man als Minutenfaktor.

BEISPIEL

Auch beim Zeitakkord wird vor Arbeitsbeginn ermittelt, welcher Zeitaufwand für eine Tätigkeit erforderlich ist. Die Vorgabezeit wird dabei in Minuten und Sekunden angegeben und durch Arbeitszeitstudien oder direkte Beobachtungen des Arbeitsablaufes am Arbeitsplatz ermittelt.

Vorgabezeit

$$\textbf{Vorgabezeit} = \frac{60}{\text{Normalleistung pro Stunde}} = \frac{60}{40} = 1{,}5 \text{ Min. pro Stück}$$

Minutenfaktor

$$\textbf{Minutenfaktor} = \frac{\text{Akkordrichtsatz}}{60} = \frac{19{,}8}{60} = 0{,}33 \text{ € pro Akkordminute}$$

Wie beim Geldakkord gibt es auch beim Zeitakkord einen Akkordrichtsatz, der als Stundenlohn für eine durchschnittliche Akkordleistung dient. Eine Leistungssteigerung hat zur Folge, dass eine Arbeiterin oder ein Arbeiter pro Stunde oder Tag mehr Stücke produziert und damit mehr Akkordminuten erbringt. Dadurch kann man den Lohn ohne größere Umrechnungen direkt aus ihrer bzw. seiner erbrachten Leistung berechnen und erkennt die unmittelbare Abhängigkeit zwischen Leistung und Entgelt.

Bei der Berechnung des Bruttolohnes pro Tag müssen neben den Leistungseinheiten und den dazugehörigen Vorgabezeiten auch die Rüstzeiten berücksichtigt werden.

Bruttolohn = (Vorgabezeit · Stückzahl) + Rüstzeit = verrechnete Minuten · Minutenfaktor

Hier:
1,5 Minuten · 360 Stück + 36 Minuten = 576 · 0,33 € = 196,02 €

Oder mit einem Leistungsgrad von 112,50 %:
1,5 Minuten · 405 Stück + 36 Minuten = 643,50 · 0,33 € = 212,355 €

Ein Vorteil des Zeitakkords besteht darin, dass bei Tarifveränderungen lediglich der Minutenfaktor angepasst werden muss, nicht jedoch die Vielzahl einzelner Stückakkordsätze. Da der Minutenfaktor für alle Tätigkeiten gleich ist, vereinfacht sich die Lohnberechnung: Die Akkordminuten werden addiert und mit dem Minutenfaktor multipliziert.

Gruppenakkord

Eine Sonderform der Akkordentlohnung ist der **Gruppenakkord**. Hierbei wird der Bruttolohn, der von den Mitgliedern der Gruppe gemeinsam erwirtschaftet wurde, nach einem vorab festgelegten Schlüssel unter den Gruppenmitgliedern aufgeteilt. Der Verteilungsschlüssel wird in der Regel anhand von Arbeitswertstudien ermittelt.

Beim Leistungslohn sind die Aufwendungen für die Lohnzahlungen abhängig von der Leistung der Arbeitnehmerinnen und Arbeitnehmer. Der Vorteil für das Unternehmen und die Kalkulation besteht jedoch darin, dass die Lohnkosten pro Einheit gleichbleiben.

Sowohl beim Geld- als auch beim Zeitakkord wird zwischen der Normalleistung und der tatsächlichen Arbeitsleistung unterschieden:

- Beim Geldakkord wird die Normalleistung durch die Vorgabe einer bestimmten Stückzahl pro Stunde festgelegt.
- Beim Zeitakkord wird nicht die Anzahl der Leistungseinheiten, sondern die Vorgabezeit als Normalleistung angegeben.

Das Verhältnis zwischen Ist- und Soll-Leistung einer Arbeiterin bzw. eines Arbeiters ergibt den Leistungsgrad (100 % = Normalleistung). Weicht der Leistungsgrad erheblich nach oben oder unten ab, sollte die vorgegebene Normalleistung überprüft und ggf. angepasst werden.

Normal- und Ist-Leistung

$$\textbf{Leistungsgrad} = \frac{\text{Ist-Leistung}}{\text{Normalleistung}} \cdot 100 = \frac{45}{40} = 112{,}50\ \%$$

Leistungsgrad

Zusätzlich kann auch das Verhältnis von Vorgabezeit zu tatsächlich benötigter Zeit berechnet werden. Das Ergebnis wird als **Zeitgrad** bezeichnet.

Sonderfall: Akkordlohn mit Mindestlohn

Um Arbeitnehmerinnen und Arbeitnehmern eine Einkommenssicherheit zu gewährleisten, z. B. wenn sie aus besonderen Gründen nicht die volle Leistung erbringen können, gibt es Modelle, die Akkordlohn mit einem garantierten Mindestlohn kombinieren.

Akkord mit Mindestlohn

BEISPIEL

Vergleich der Auswirkungen der erbrachten Arbeitsleistung auf Lohn- und Lohnkosten bei verschiedenen Entlohnungsformen

Grundlohn: 18,00 € zzgl. 10 % Akkordzuschlag = Akkordrichtsatz von 19,80 €

Normalleistung (100 %): 20 Stück

Lohn und Lohnkostenentwicklung bei verschiedenen Leistungsgraden

Leistungsgrad (in %)	Ist-Leistung (in Stück)	Stundenlohn			Lohnkosten pro Stück		
		Zeitlohn	Akkordlohn		Zeitlohn	Akkordlohn	
			Ohne Mindestlohn	Mindestlohn 80 %		Ohne Mindestlohn	Mindestlohn 80 %
50	10	18,00 €	9,90 €	15,84 €	1,80 €	0,99 €	1,58 €
60	12	18,00 €	11,88 €	15,84 €	1,50 €	0,99 €	1,32 €
70	14	18,00 €	13,91 €	15,84 €	0,75 €	0,99 €	1,13 €
80	16	18,00 €	15,84 €	15,84 €	1,13 €	0,99 €	0,99 €
90	18	18,00 €	17,82 €	17,82 €	1,00 €	0,99 €	0,99 €
100	20	18,00 €	19,80 €	19,90 €	0,90 €	0,99 €	0,99 €
150	30	18,00 €	29,70 €	29,70 €	0,60 €	0,99 €	0,99 €
200	40	18,00 €	39,60 €	39,60 €	0,45 €	0,99 €	0,99 €

Hinweis: Die Vorgabezeiten werden auf der Grundlage eines Leistungsgrades von 100 % berechnet. Eine höhere tatsächliche Leistung ist selbstverständlich möglich. Allerdings sollte die Zeitvorgabe überprüft werden, wenn der Leistungsgrad dauerhaft über 130 % liegt. Dies könnte darauf hindeuten, dass die Vorgabezeit entweder fehlerhaft berechnet oder zu großzügig bemessen wurde.

Prüfung der Vorgabezeit

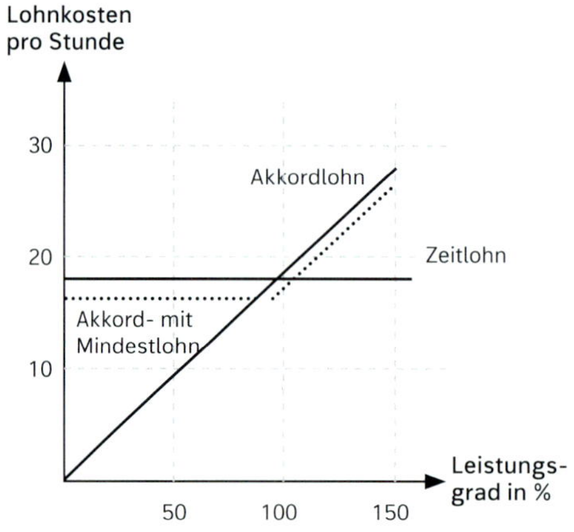

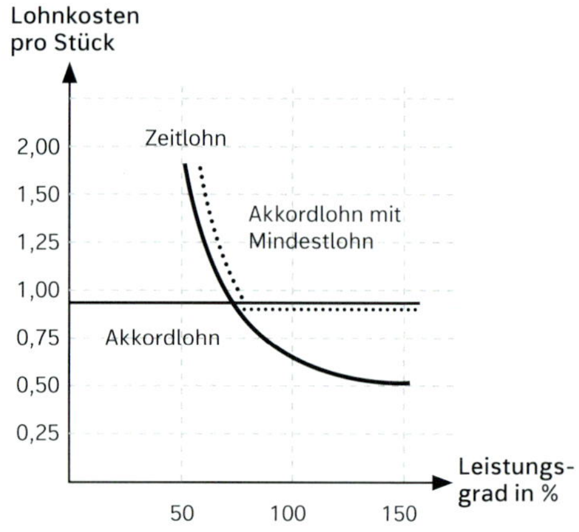

AUFGABE 1

Welche der folgenden Aussagen ist richtig?

a) Beim Zeitlohn sind die Stückkosten konstant.

b) Beim Akkordlohn wird nach der Arbeitszeit entlohnt.

c) Leistungslohn ist für alle Arbeitnehmerinnen und Arbeitnehmer gleich.

d) Beim Akkordlohn sind die Lohnkosten pro Einheit unabhängig vom Leistungsgrad.

e) Zeitlohn ist der Leistungslohn für eine Zeiteinheit.

AUFGABE 2

Welche Aussage passt zur nebenstehenden Grafik?

a) Die Funktion x zeigt, dass die Lohnkosten pro Stück im Akkord immer gleichbleiben.

b) Die Funktion y zeigt den Verlauf des leistungsunabhängigen Zeitlohnes.

c) Bei einer Leistung von 100 % sind die Lohnkosten pro Stück unabhängig von der Lohnform gleich hoch.

d) Der Akkordrichtsatz ist in dieser Lohngruppe genau so groß wie der Stundenlohn.

e) Die Leistung liegt immer bei 100 %.

f) Die degressiv verlaufende Kurve y zeigt die sinkenden Lohnstückkosten im Leistungslohn.

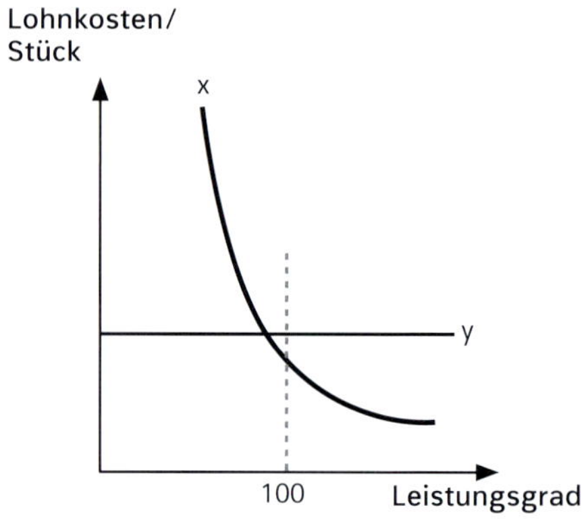

AUFGABE 3

Wie hoch sind der Lohn und der Leistungsgrad der folgenden Arbeitnehmerinnen und Arbeitnehmer bei den jeweils angegebenen Vorgabe- und Rüstzeiten, wenn der Grundlohn bei 15,00 € liegt und ein Akkordzuschlag von 10 % gewährt wird?

Name	Arbeitszeit (Stunden)	Davon Rüstzeit (Minuten)	Arbeitsleistung (Menge) im Akkord	Vorgabezeit	Verrechnete Minuten	Lohn	Leistungsgrad
Kielmann	8	20	3120	10 Sek.			
Krones	9	30	600	45 Sek.			
Baader	10	10	265	2 Min.			
Mandel	10	50	140	5 Min.			
Claussen	5	15	120	3 Min.			
	3		Zeitlohn		180		

AUFGABE 4

Eine Arbeitnehmerin erhält bei einer achtstündigen Arbeitszeit einen Bruttolohn von 148,80 €.

Dabei liegen folgende weiteren Daten vor:

- Minutenfaktor 0,31 €
- Rüstzeit 12 Minuten
- Vorgabezeit 4,5 Minuten pro Stück

Berechnen Sie,

a) wie viele Einheiten produziert wurden,

b) wie hoch der Leistungsgrad ist.

AUFGABE 5

Wie viele Einheiten muss ein Arbeiter in acht Stunden bei einem angestrebten Leistungsgrad von 110 % produzieren, wenn die Vorgabezeit 30 Sekunden beträgt und die Rüstzeit mit 30 Minuten angesetzt ist?

7 Grundlage der Lohn- und Gehaltsabrechnung

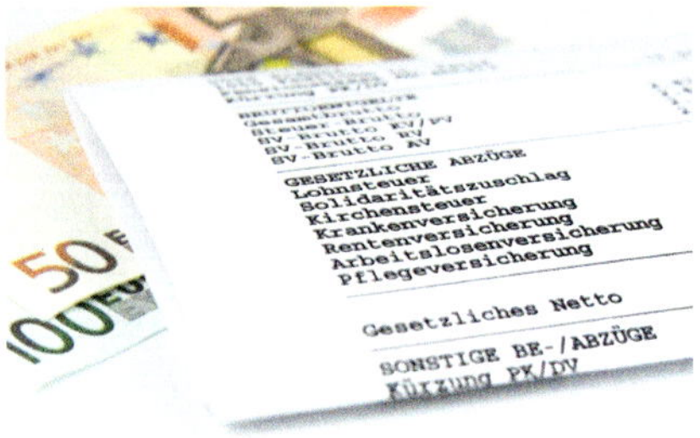

Für Arbeitnehmerinnen und Arbeitnehmer ist vor allem entscheidend, welcher Betrag am Ende des Monats auf ihrer Entgeltabrechnung steht bzw. welcher Nettolohn tatsächlich auf dem Konto eingeht. Dies ist unter anderem abhängig von den im vorherigen Kapitel behandelten Entlohnungsarten sowie der erbrachten Leistung.

Darüber hinaus können individuelle Zulagen den Bruttolohn erhöhen, während Lohnabzüge und – im Fall einer sozialversicherungspflichtigen Beschäftigung – die fälligen Arbeitnehmerbeiträge diesen verringern. Eine korrekte Lohnabrechnung und Beitragsabführung erfordern eine präzise Lohnbuchhaltung, wobei das ELStAM-Verfahren eine zentrale Rolle spielt.

7.1 Zusammensetzung der Lohnkosten

Kostenarten

Grundkosten:

- Löhne und Gehälter (tariflich festgelegt oder frei vereinbart)
- Lohnfortzahlung während des den Arbeitnehmerinnen und Arbeitnehmern zustehenden Urlaubs
- Vergütung für Überstunden sowie Nacht-, Sonntags- und Feiertagszuschläge
- Lohnzahlung an gesetzlichen Feiertagen

Gesetzliche soziale Aufwendungen:

- Arbeitgeberanteil zur gesetzlichen Kranken-, Renten-, Arbeitslosen- und Pflegeversicherung
- Beitrag zur gesetzlichen Unfallversicherung
- gesetzliche Lohnfortzahlung im Krankheitsfall bis zur sechsten Krankheitswoche
- Zuschuss zu vermögenswirksamen Leistungen

Freiwillige soziale Aufwendungen:

- Leistungen, die über die gesetzlichen oder tariflich festgelegten Pflichtanteile hinausgehen
- sonstige Zahlungen, z. B. Zuschüsse zur Kantinenverpflegung, Fahrtkostenzuschüsse, Jubiläumsprämien, Heiratszuschüsse, Geburtsbeihilfen
- Urlaubsgeld, Weihnachtsgeld und andere Zuwendungen

Sonstige Personalnebenkosten:

- gesetzlich vorgeschriebene Aufwendungen (z. B. Ausgleichsabgabe nach dem Schwerbehindertengesetz, Insolvenzgeldumlage, Zuschüsse zum Mutterschaftsgeld)
- Sach- und Fremdkosten für die berufliche Aus- und Weiterbildung
- Aufwendungen für Sozialdienste und arbeitsmedizinische Einrichtungen usw.

Die Summe dieser Leistungen stellt für Unternehmen einen buchhalterisch zu erfassenden Aufwand dar. Die Lohnkosten gehen als ein nicht unerheblicher Bestandteil in die Kalkulation der Verkaufspreise der hergestellten Produkte ein.

Neben dem Lohn bzw. dem Gehalt können auch Sachleistungen gewährt werden, z. B. ein Firmenwagen zur privaten Nutzung oder eine Werkswohnung zu niedrigeren als den ortsüblichen Mieten. Gleiches gilt für den Fall, dass im Unternehmen hergestellte Erzeugnisse an Mitarbeitende entweder kostenlos oder zu einem verbilligten Preis abgegeben werden. Diese sogenannten **geldwerten Vorteile** sind für das Unternehmen umsatzsteuerpflichtig und erhöhen das steuer- und sozialversicherungspflichtige Einkommen der Arbeitnehmerinnen und Arbeitnehmer.

vermögenswirksame Geldanlagen

Der Auszahlungsbetrag kann aus verschiedenen Gründen vom Nettogehalt bzw. Nettolohn abweichen. Dies ist beispielsweise bei gerichtlich angeordneten Lohn- und Gehaltspfändungen der Fall. In solchen Fällen wird der Lohn bzw. das Gehalt ganz oder teilweise einbehalten und an die jeweiligen Gläubiger überwiesen.

Zudem besteht die Möglichkeit, einen Teil des Einkommens über einen bestimmten Zeitraum im Rahmen einer vermögenswirksamen Geldanlage festzulegen und dafür staatliche Zuschüsse zu erhalten. Da sich die Bedingungen hierfür immer wieder ändern, ist es ratsam, aktuelle Informationen bei der eigenen Bank einzuholen. Grundsätzlich kann man sich anhand des Fünften Vermögensbildungsgesetzes (5. VermBG), insbesondere des § 2, informieren.

Zusammengefasst geht es dabei um verschiedene Geldanlagen:

- Zuwendungen zu abgeschlossenen **Bausparverträgen**
- Gewährung von **Wohnungsbauprämien**
- Investitionen in **Aktienfonds** sowie **Mitarbeiterbeteiligungen**

Die Fördermöglichkeiten variieren insbesondere hinsichtlich der Höhe des prozentualen Förderzuschusses und des maximal förderfähigen Anlagebetrags. Zudem gelten bestimmte Einkommensgrenzen, die nicht überschritten werden dürfen, um in den Genuss staatlicher Zuwendungen zu kommen.

AUFGABE 1

Aus welchen einzelnen Bestandteilen setzt sich das steuerpflichtige Einkommen zusammen?

AUFGABE 2

Erläutern Sie die einzelnen Bestandteile einer Entgeltabrechnung.

7.2 Lohn- und Einkommensteuerabzugskosten

Einkunftsarten

Im Einkommensteuergesetz werden sieben steuerpflichtige Einkunftsarten unterschieden. Diese sind Einkünfte aus

- selbstständiger Tätigkeit,
- Land- und Forstwirtschaft,
- einem Gewerbebetrieb,

} Gewinneinkünfte

- nicht selbstständiger Arbeit,
- Kapitalvermögen,
- Vermietung und Verpachtung,
- sonstigen Einnahmen.

} Überschusseinkünfte

Grundsätzlich unterliegen alle Einnahmen, die eine Arbeitnehmerin oder ein Arbeitnehmer aus einem Beschäftigungsverhältnis erzielt, der Lohnsteuerpflicht. Die Arbeitnehmerinnen und Arbeitnehmer sind **Steuerträger,** d.h. sie tragen letztlich die Steuerlast. Die Verpflichtung zum Lohnsteuerabzug und zur Abführung der Steuer an das Finanzamt liegt jedoch ausschließlich beim Arbeitgeber, der damit als **Steuerschuldner** auftritt. Bei den übrigen Einkunftsarten fallen die Begriffe „Steuerschuldner" sowie „Steuerträger" hingegen weitgehend zusammen.

Lohnsteuereinflussfaktoren

Die Höhe der Lohnsteuer richtet sich nach

- der Höhe des Arbeitsentgelts in Verbindung mit dem Einkommensteuertarif,
- der Steuerklasse,
- der Anzahl der auf die Arbeitnehmerin bzw. den Arbeitnehmer eingetragenen Kinderfreibeträge,
- weiteren möglichen Freibeträgen.

Kinderfreibetrag

Für jedes Kind erhält jeder Elternteil einen halben Kinderfreibetrag.

Nach den geltenden gesetzlichen Regelungen werden Lohn- und Einkommensteuer erst erhoben, wenn das zu versteuernde Einkommen den Betrag übersteigt, der zur Sicherung des Existenzminimums erforderlich ist. Im Jahr 2025 sind dies für ledige Arbeitnehmerinnen und Arbeitnehmer 12.096,00 € pro Jahr, also 1.008,00 € pro Monat. Bei alleinverdienenden Ehepartnern verdoppelt sich dieser Betrag. Er wird jährlich neu angepasst. Im Jahr 2026 liegt der Freibetrag bei einem Jahreseinkommen von 12.348,00 €.

Zusätzlich erhalten Arbeitnehmerinnen und Arbeitnehmer im Rahmen der sogenannten Werbungskosten, die im Zusammenhang mit dem Arbeitsverhältnis anfallen, einen Arbeitnehmer-Pauschbetrag von 1.000,00 € pro Jahr.
Dieser Betrag reduziert das steuerpflichtige Einkommen und führt somit zu einer weiteren Steuerersparnis.

Sonn-, Feiertags- und Nachtarbeit

Zusätzlich können steuerfreie Zuschläge für Sonn-, Feiertags- oder Nachtarbeit gewährt werden. Nachtarbeit umfasst dabei jede Tätigkeit, die mehr als zwei Stunden zwischen 23:00 Uhr und 06:00 Uhr geleistet wird (bei Bäckereien und Konditoreien zwischen 22:00 Uhr und 05:00 Uhr).

steuerfreie Lohnanteile

Für Sonn- und Feiertagsarbeit fallen folgende Zuschläge an:

- 5 % für Nachtarbeit zwischen 20:00 Uhr und 24:00 Uhr
- 40 % für Nachtarbeit zwischen 00:00 Uhr und 04:00 Uhr, sofern sie vor 00:00 Uhr begonnen hat
- 50 % für Sonntagsarbeit
- 125 % für Feiertagsarbeit sowie für Arbeit am 31. Dezember ab 14:00 Uhr
- 150 % für Arbeit am 24. Dezember ab 14:00 Uhr sowie am 25. und 26. Dezember und am 1. Mai

Wird an Sonn- und Feiertagen auch nachts gearbeitet, kann der **Nachtzuschlag** zusätzlich gewährt werden.

Diese Regelungen gelten jedoch nicht für sogenannte **Nachtarbeiterinnen und Nachtarbeiter,** die aufgrund ihrer Arbeitszeitgestaltung regelmäßig Nachtarbeit in Wechselschichten leisten oder an mindestens 48 Tagen im Kalenderjahr in Nachtarbeit tätig sind.

Steuerklassen

Das deutsche Steuersystem unterscheidet sechs Steuerklassen.

Steuerklasse I	Ledige, Geschiedene, dauerhaft getrenntlebende Verheiratete sowie Verwitwete, sofern die Voraussetzungen für Steuerklasse III oder IV nicht erfüllt sind und kein Anspruch auf einen Haushaltsfreibetrag besteht
Steuerklasse II	Personen aus Steuerklasse I mit Anspruch auf einen Haushaltsfreibetrag. Voraussetzung ist, dass in ihrem Haushalt mindestens ein in Deutschland gemeldetes Kind lebt, das einen Kinderfreibetrag oder Kindergeld erhält. Falls der andere Elternteil ebenfalls unbeschränkt einkommensteuerpflichtig ist, erhält die Arbeitnehmerin/der Arbeitnehmer den Haushaltsfreibetrag nur, wenn das Kind ihr/ihm zugeordnet ist. Zudem darf keine weitere erwachsene Person in der Wohnung der Arbeitnehmerin/des Arbeitnehmers gemeldet sein.
Steuerklasse III	Verheiratete Arbeitnehmerinnen und Arbeitnehmer, wenn nur ein Ehepartner Arbeitslohn bezieht oder wenn der Ehepartner in diese Klasse eingestuft wird. Voraussetzung ist weiterhin, dass sie nicht dauerhaft getrennt leben und im Inland wohnen. Verwitwete Arbeitnehmerinnen und Arbeitnehmer Steuerklasse III nutzen, sofern der Ehepartner im Vorjahr verstorben ist und beide am Todestag im Inland wohnten und nicht dauerhaft getrennt lebten.
Steuerklasse IV	Verheiratete Arbeitnehmerinnen und Arbeitnehmer, die beide unbeschränkt steuerpflichtig sind, im Inland wohnen, nicht dauerhaft getrennt leben und Arbeitslohn beziehen. Die Steuerbelastung entspricht der von Steuerklasse I.
Steuerklasse V	Verheiratete Arbeitnehmerinnen und Arbeitnehmer, die die Voraussetzungen für Steuerklasse IV erfüllen, deren Ehepartner jedoch auf Antrag in Steuerklasse III eingestuft wurde
Steuerklasse VI	Arbeitnehmerinnen und Arbeitnehmer, die gleichzeitig von mehreren Arbeitgebern Arbeitslohn beziehen, werden mit jedem weiteren Arbeitsverhältnis dieser Steuerklasse zugeordnet. In dieser Steuerklasse werden keine Freibeträge mehr berücksichtigt, da diese schon in der ersten Steuerklasse wirken.

Kirchensteuer und Solidaritätszuschlag

Die zu entrichtende Kirchensteuer beträgt in Bayern und in Baden-Württemberg 8 % und in den übrigen Bundesländern 9 % der einbehaltenen Lohn- bzw. Einkommensteuer. Der Solidaritätszuschlag liegt bei 5,5 %, wurde aber seit dem Jahr 2021 für rund 90 % der einkommensteuerpflichtigen Arbeitnehmerinnen und Arbeitnehmer abgeschafft. Erst wenn die zu entrichtende Einkommensteuer im Jahr 2025 höher als 19.950,00 € ist und im Jahr 2026 den Betrag von 20.350,00 € übersteigt, wird der Solidaritätszuschlag schrittweise wieder erhoben.

AUFGABE

Die Lohnsteuer kann bei gleichem Einkommen unterschiedlich hoch ausfallen. Ermitteln Sie mithilfe des Internets, welche Steuerklasse bei einem Bruttoeinkommen von 3.000,00 € die geringste bzw. die höchste Belastung aufweist. Versuchen Sie, eine sozialpolitische Begründung für diese Unterschiede zu finden.

7.3 Lohnkontenführungskosten

Für jede Arbeitnehmerin und jeden Arbeitnehmer muss ein Lohn- oder Gehaltskonto geführt werden. Bei jeder Lohnzahlung sind die an die Arbeitnehmerin bzw. den Arbeitnehmer gezahlten Bezüge, einschließlich etwaiger steuerfreier Beträge sowie der einbehaltenen und an das Finanzamt abzuführenden Lohnsteuer, im Lohnkonto festzuhalten.

Lohnkonten

Die wesentlichen Inhalte eines Lohnkontos sind:

- persönliche Daten der Arbeitnehmerin bzw. des Arbeitnehmers
- Höhe der steuerfreien Bezüge
- Tag der Lohnzahlung
- Angaben zu Zeiträumen, in denen der Arbeitnehmerin bzw. dem Arbeitnehmer kein Lohn gezahlt wurde (z. B. unbezahlter Urlaub)
- Höhe des Bruttoarbeitslohns, einschließlich eventueller geldwerter Vorteile (z. B. kostenfreie Nutzung eines Dienstwagens für private Zwecke oder Zuschüsse zum Kantinenessen)
- Höhe der abgeführten Lohn- und Kirchensteuer sowie ggf. des Solidaritätszuschlags
- steuerfreie Bezüge, wie Leistungen der Kranken- oder gesetzlichen Unfallversicherung, Arbeitslosengeld, Reisekostenerstattung, Kindergeld und Wohngeld
- Bezüge, die zur Vermeidung einer Doppelbesteuerung nicht der Lohnsteuer unterliegen (z. B. ausländische Arbeitslöhne)
- pauschal besteuerte Lohnbezüge, die z. B. bei einer Umwandlung eines Teils des Verdienstes in eine Lebensversicherung anzurechnen sind oder die bei den sogenannten Minijobs anfallen können

Lohnsteuerbescheinigung

Am Jahresende oder bei Ausscheiden von Arbeitnehmerinnen und Arbeitnehmern aus dem Unternehmen sind die Lohnkonten abzuschließen. Arbeitnehmerinnen und Arbeitnehmer erhalten eine Lohnsteuerbescheinigung und bei vorzeitigem Ausscheiden auch einen Ausdruck der elektronischen **Lohnsteuerbescheinigung** vom Arbeitgeber.

Darin sind enthalten:

- Beschäftigungsdauer
- steuerpflichtiger Bruttolohn einschließlich aller Sachbezüge
- einbehaltene steuerliche Abzüge
- die Beiträge zu Sozialversicherung
- Höhe von Kurzarbeitergeld
- evtl. steuerfreie Arbeitgeberleistungen

ELStAM-Verfahren

Steuerdatenbank

Auf der sogenannten elektronischen Lohnsteuerkarte werden die **elektronischen Lohnsteuerabzugsmerkmale (ELStAM)** in einer Datenbank der Finanzverwaltung beim Bundeszentralamt für Steuern bereitgestellt. Zu Beginn eines Arbeitsverhältnisses müssen Arbeitnehmerinnen und Arbeitnehmer dem Arbeitgeber ihre persönliche **steuerliche Identifikationsnummer** mitzuteilen. Des Weiteren ist anzugeben, ob es sich um das einzige Arbeitsverhältnis handelt oder ob weitere Arbeitsverhältnisse bestehen. Für die Lohnabrechnung und Berechnung der Kirchensteuer ist es zudem relevant, ob die Arbeitnehmerin oder der Arbeitnehmer Mitglied einer Kirchengemeinschaft ist.

Änderung von Steuerabzugsgrundlagen

Änderungen der Lohnsteuerabzugsmerkmale (z. B. Steuerklassenänderung, Eintragung von Freibeträgen) müssen sowohl dem Finanzamt als auch dem Arbeitgeber mitgeteilt werden. Änderungen der Anschrift, des Familienstands, die Geburt eines Kindes oder Kirchenein- bzw. -austritte werden hingegen direkt von der Wohnsitzgemeinde an die Finanzverwaltung übermittelt, die den Arbeitgeber entsprechend informiert.

AUFGABE 1

Die Heidtkötter KG beschäftigt den Angestellten Armin Geiger im Außendienst. Er ist 38 Jahre alt, kinderlos und in Steuerklasse I eingruppiert. Sein Tarifgehalt liegt bei 3.800,00 €. Als Sachbezug wird ihm für eine kostenlos zur Verfügung gestellte Werkswohnung mit monatlich 200,00 € angerechnet.

Zusätzlich erhält er einen steuerpflichtigen Zuschuss für Kleidung in Höhe von jährlich 600,00 €.

a) Berechnen Sie das steuerpflichtige Entgelt und entscheiden Sie, ob es bei 3.800,00 €, 4.000,00 €, 4.050,00 € oder ggf. einem anderen Betrag liegt.

b) Ermitteln Sie, wie hoch die Sozialversicherungsbeiträge in den einzelnen Zweigen und insgesamt sind.

c) Der Lohnsteuerabzug für Herrn Geiger beträgt in Steuerklasse I 572,66 €. Berechnen Sie auf dieser Grundlage die gesamte Steuerlast aus Lohn- und Kirchensteuer sowie den sich aus ergebenden Nettolohn.

AUFGABE 2

Arbeitgeber sind verpflichtet, für jede Arbeitnehmerin und jeden Arbeitnehmer ein Lohnkonto zu führen.

Erläutern Sie dessen Bestandteile und begründen Sie die Notwendigkeit dieser Dokumentation.

8 Sozialversicherungszweige: Versicherungspflicht und Beitragsabzüge

Neben den steuerlichen Abgaben fallen bei nahezu allen Arbeitseinkommen – mit Ausnahme von Minijobs –nicht unerhebliche Sozialversicherungsbeiträge an. Hier unterscheidet man mit der Kranken-, Renten-, Arbeitslosen- und Pflegeversicherung vier Bereiche, in denen die einkommensabhängigen Beiträge anteilig von Arbeitgebern und Arbeitnehmerinnen bzw. Arbeitnehmern getragen werden. Die Unfallversicherung bildet den fünften Zweig der gesetzlichen Sozialversicherung. Ihre Beiträge werden allein vom Arbeitgeber aufgebracht. Eine wichtige Grundlage stellt in diesem System der Sozialversicherungsausweis dar.

Durch Schwarzarbeit, illegale Beschäftigung und missbräuchlichen Bezug von Sozialleistungen gehen den Sozialkassen in der Bundesrepublik Deutschland jährlich Milliardenbeträge verloren. Um solche Missstände zu erschweren und bessere Kontrollmöglichkeiten zu schaffen, erhalten alle Beschäftigten einen **Sozialversicherungsausweis.**

Sozialversicherungsausweis

Der Sozialversicherungsausweis

- wird bei der erstmaligen Aufnahme einer Beschäftigung vom zuständigen Rentenversicherungsträger ausgestellt,
- enthält den Namen und die Versicherungsnummer der beschäftigten Person,
- muss in bestimmten Branchen (z. B. Gebäudereinigung, Baugewerbe, Schaustellergewerbe) immer mitgeführt und bei Kontrollen vorgelegt werden (diesen Fällen muss der Ausweis zudem ein Foto der Arbeitnehmerin bzw. des Arbeitnehmers enthalten),
- dient zur Vermeidung illegaler Beschäftigung und zur Aufdeckung von Missbrauchsfällen im Sozialleistungssystem.

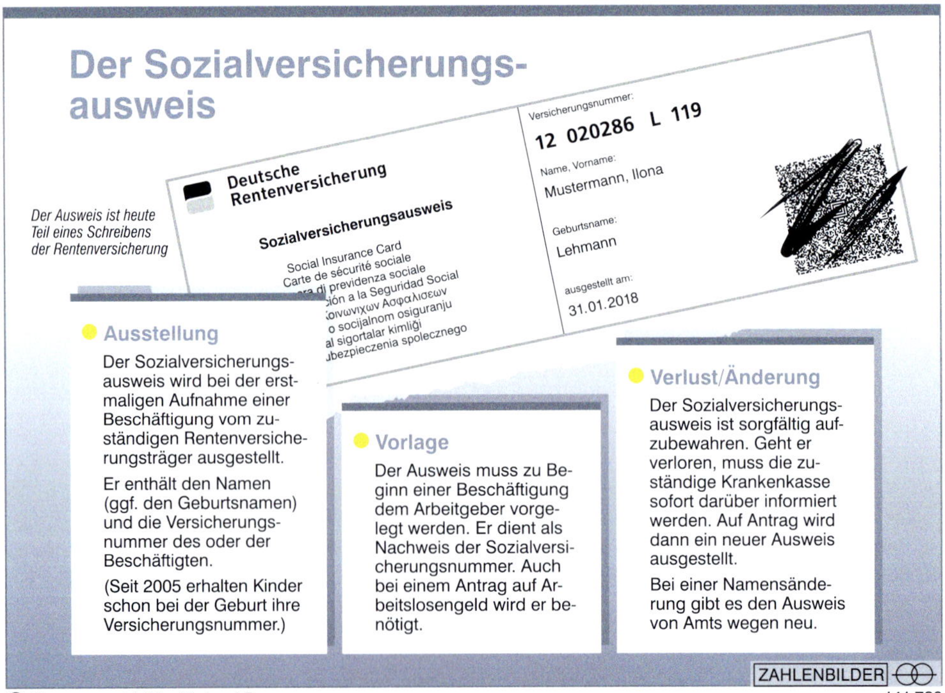

© Bergmoser + Höller Verlag AG 141 720

Der Arbeitgeber ist verpflichtet, die zuständige Krankenkasse zu informieren, wenn eine beschäftigte Person ihren Sozialversicherungsausweis nicht innerhalb von drei Tagen nach Arbeitsbeginn vorlegt.

Um zu verhindern, dass bestimmte Sozialleistungen in Anspruch genommen werden, obwohl gleichzeitig einer Beschäftigung nachgegangen wird, können die Agentur für Arbeit und die Sozialämter verlangen, dass der Sozialversicherungsausweis für die Dauer des Bezugs von Arbeitslosengeld, Arbeitslosenhilfe, Unterhaltsgeld, Sozialhilfe oder Krankengeld bei ihnen hinterlegt wird. Auch Krankenkassen haben dieses Recht. Arbeitgeber können den Ausweis während der Lohn- oder Gehaltsfortzahlung bei Krankheit einziehen.

Die soziale Sicherung ist eine der Grundsäulen eines Arbeitsverhältnisses. Grundsätzlich unterliegen alle Arbeitnehmerinnen und Arbeitnehmer in einem dauerhaften Ausbildungs-, Arbeiter- oder Angestelltenverhältnis der Sozialversicherungspflicht.

Weitere versicherungspflichtige Personengruppen sind:

- Mütter und Väter während der Kindererziehungszeiten
- Menschen mit Behinderung, die nicht am Erwerbsleben teilnehmen können
- Personen, die Unterhaltsleistungen (z. B. Kranken- oder Arbeitslosengeld) beziehen
- Schülerinnen und Schüler sowie Studierenden im Rahmen eines Nebenjobs

Beamtinnen und Beamte hingegen sind nicht sozialversicherungspflichtig, da ihr Dienstherr ihnen im Krankheitsfall Beihilfe zu Behandlungskosten gewährt, sie im Alter durch Ruhestandsbezüge abgesichert sind und während ihrer Tätigkeit unkündbar bleiben, wodurch Arbeitslosigkeit im Normalfall ausgeschlossen ist.

Sonderstatus für Beamte

Krankenversicherung 8.1

Die gesetzliche Krankenversicherung ist die älteste Form der Sozialversicherung. Eine **Pflichtmitgliedschaft** in der Krankenversicherung ergibt sich zwangsläufig aus einem Arbeitsverhältnis, wenn der Verdienst unterhalb der Versicherungspflichtgrenze liegt.

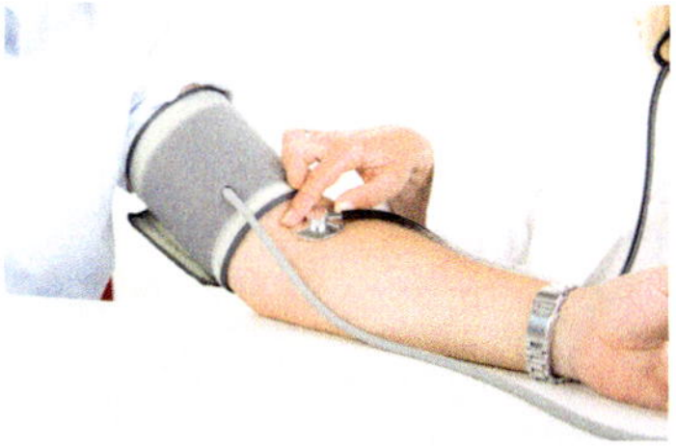

Versicherungsträger sind die Pflichtkassen (z. B. AOK) und die Ersatzkassen (z. B. DAK oder TK). Grundsätzlich können Arbeitnehmerinnen und Arbeitnehmer ihre Krankenkasse frei wählen, sofern diese nicht auf einen bestimmten Personenkreis beschränkt ist (z. B. See-Krankenkasse, Knappschaft).

In Deutschland besteht zudem eine **allgemeine Krankenversicherungspflicht.** Das bedeutet, dass sich alle Personen mit Wohnsitz in Deutschland, unabhängig von ihrem Beschäftigungsstatus, bei einer zugelassenen Krankenversicherung gegen Krankheitskosten absichern müssen. Damit sind auch sämtliche Arbeitslosen, Auszubildenden, selbstständigen Handwerkerinnen und Handwerker, Künstlerinnen und Künstler, Landwirtinnen und Landwirte, Studierende sowie Rentnerinnen und Rentner in der Regel in der gesetzlichen Krankenversicherung pflichtversichert. Ausgenommen hiervon sind nur Personen, die z. B. als Beamtinnen und Beamte Anspruch auf Beihilfe haben. Diese können sich jedoch sinnvollerweise freiwillig privat oder gesetzlich versichern, da die Beihilfe des Arbeitgebers nur einen Teil der Krankheitskosten abdeckt.

Krankenversicherungspflicht

Verdient eine Person mehr als die **Versicherungspflichtgrenze**, kann sie freiwillig in der gesetzlichen Krankenversicherung bleiben und zahlt den **Höchstbeitrag** auf Basis der Beitragsbemessungsgrenze. Es besteht aber auch die Möglichkeit, sich privat versichern zu lassen. Private Krankenversicherungen haben die Pflicht, nicht gesetzlich versicherte Personen im Rahmen eines sogenannten Basistarifs aufzunehmen.

Versicherungspflichtgrenze

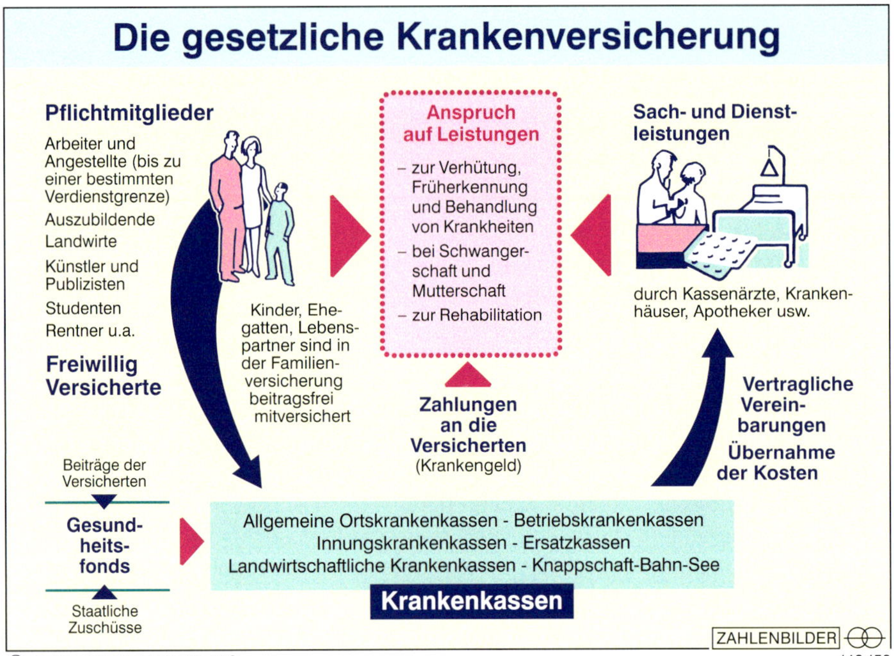

© Bergmoser + Höller Verlag AG 146 150

Die Beiträge zur Krankenversicherung betragen bei regulären Arbeitsverhältnissen 14,6 % des Bruttoeinkommens und werden zu gleichen Teilen von Arbeitgeber und Arbeitnehmer bzw. Arbeitnehmerin getragen. Zusätzlich erheben die Krankenkassen individuelle **Zusatzbeiträge**, die im Jahr 2025 durchschnittlich bei 2,5 % lagen. Auch diese werden jeweils zur Hälfte von Arbeitgeber und Arbeitnehmer bzw. Arbeitnehmerin übernommen.

AUFGABE

Erläutern Sie,

a) welche Kernaufgaben die gesetzliche Krankenversicherung hat,

b) wer zum pflichtversicherten Arbeitnehmerkreis gehört,

c) welche Leistungen die versicherten Arbeitnehmerinnen und Arbeitnehmer erwarten können.

8.2 Rentenversicherung

Generationenvertrag

Die Rentenversicherung soll eine ausreichende finanzielle Grundlage nach dem Ausscheiden aus dem Erwerbsleben sicherstellen. Sie basiert auf dem sogenannten **Generationenvertrag:** Die erwerbstätige Generation zahlt Beiträge, aus denen die Renten der älteren Generation finanziert werden. Es werden also keine individuellen Rücklagen für die jeweiligen Beitragszahlerinnen und Beitragszahler gebildet, sondern die Rentenbeiträge fließen direkt in die Rentenzahlungen der aktuellen Rentenempfängerinnen und Rentenempfänger.

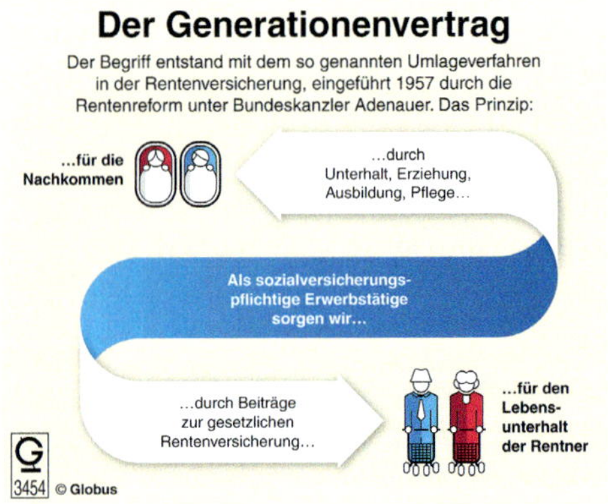

Aufgrund der heute höheren Lebenserwartung und einer sich verändernden Bevölkerungsstruktur gerät das Rentensystem zunehmend unter Druck. Die Beiträge reichen nicht mehr aus, um die Renten in vollem Umfang zu finanzieren. Deshalb sind Arbeitnehmerinnen und Arbeitnehmer zunehmend gefordert, selbst etwas für ihre Altersvorsorge zu tun, d.h. zusätzlich zur gesetzlichen Rentenversicherung private Altersvorsorgemaßnahmen zu ergreifen.

private Altersvorsorgemaßnahmen

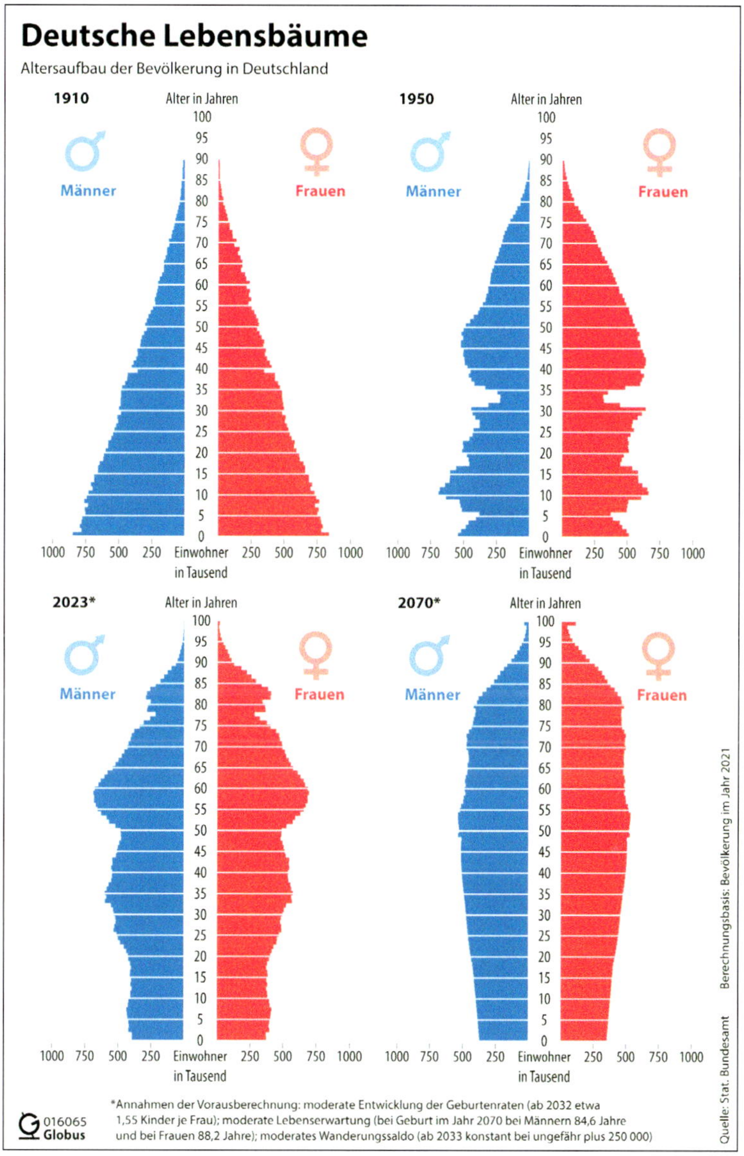

Träger der Rentenversicherung und Beitragssatz

Versicherungsträger

Es gibt zwei Träger der gesetzlichen Rentenversicherung:

- **Deutsche Rentenversicherung Bund** mit 17 untergeordneten regionalen Trägern. Die Zuordnung der Versicherten erfolgt nach dem jeweiligen Wohnort.
- **Deutsche Rentenversicherung Knappschaft-Bahn-See** für Beschäftigte bei der Bahn und in der Bergbau- und Seefahrtbranche

Der Beitragssatz zur Rentenversicherung liegt bei 18,6 % des Bruttolohns und ist jeweils zur Hälfte von der Arbeitnehmerin bzw. dem Arbeitnehmer und vom Arbeitgeber zu tragen. Die Bemessungsgrenze liegt im Jahr 2025 bei 8.050,00 €.

Rentenversicherungsnachweis

Die Rentenversicherungsnummer, die auf dem Sozialversicherungsausweis steht, dient als eindeutige Kennung für das Rentenkonto einer Arbeitnehmerin bzw. eines Arbeitnehmers. Daraus gehen neben den Beitragsjahren auch die Beitragsleistungen, also die Höhe der Einzahlungen der jeweils versicherten Person, hervor. Aus diesen beiden Faktoren leitet sich im Wesentlichen die Berechnung des späteren Rentenanspruchs ab.

Leistungen der Rentenversicherung

Die gesetzliche Rentenversicherung deckt verschiedene Leistungen ab:

Rentenarten

- **Altersrente**
  Die Rentenversicherung zahlt den Versicherten und ihren Hinterbliebenen die Altersrente, wenn bestimmte Voraussetzungen erfüllt und genügend Beitragsjahre erreicht sind. Die Höhe der Rente wird im Wesentlichen durch die persönliche Versicherungsdauer und die Höhe der geleisteten Beiträge bestimmt. Dabei werden beispielsweise auch Kindererziehungszeiten auf den Rentenanspruch angerechnet.

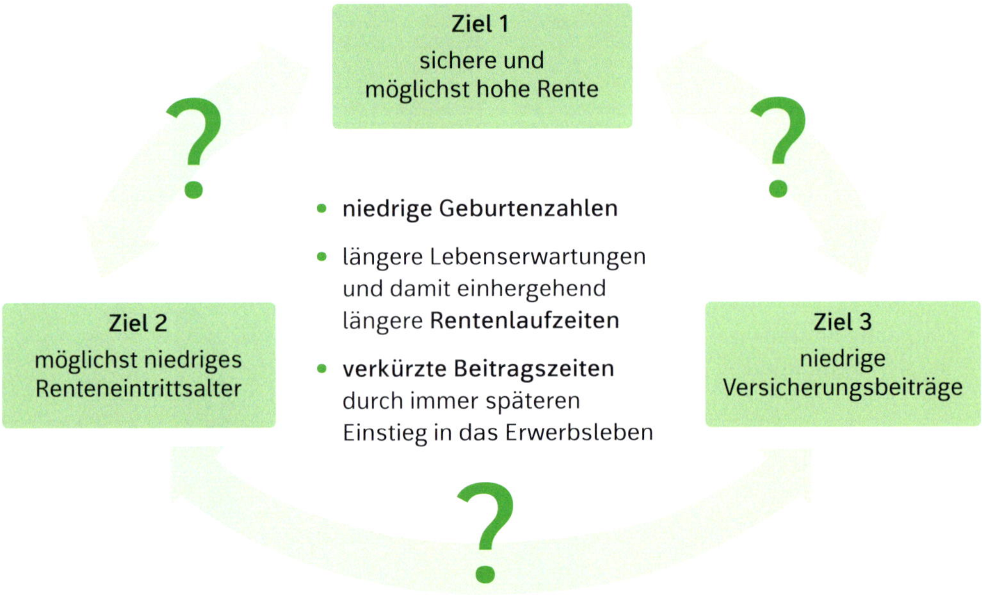

- **Witwen- oder Witwerrente**
  Nach dem Tod des Ehepartners hat der hinterbliebene Partner Anspruch auf eine Witwen- oder Witwerrente, sofern die Ehe bis zum Tod des Partners bestand, also weder rechtskräftig geschieden noch für nichtig erklärt oder aus sonstigen Gründen aufgehoben wurde.
- **Waisen- oder Halbwaisenrente**
  Eine Halbwaisenrente wird gezahlt, wenn noch ein unterhaltspflichtiger Elternteil lebt, eine Vollwaisen-Rente erhalten Kinder, deren beide Elternteile verstorben sind. Waisenrenten werden regelmäßig bis zum 18. Geburtstag gezahlt, in Ausnahmefällen (z. B. bei Ausbildung oder Studium) bis zum 27. Lebensjahr.
- **Erwerbsminderungsrente**
  Versicherte, die nur noch über eine eingeschränkte Arbeitskraft verfügen, können eine Erwerbsminderungsrente beantragen. Man unterscheidet dabei die volle und die teilweise Erwerbsminderung.
- **Erziehungsrente**
  Geschiedene Personen können eine Erziehungsrente erhalten, wenn sie ein Kind erziehen und der geschiedene Ehepartner verstirbt. Diese Rente dient als Unterhaltsersatz und soll die Erziehung der Kinder erleichtern. Voraussetzung ist, dass der geschiedene Ehepartner nicht neu geheiratet hat. Die Erziehungsrente entspricht in ihrer Höhe der Rente wegen voller Erwerbsminderung

AUFGABE 1

Welche Aufgaben hat die gesetzliche Rentenversicherung?

AUFGABE 2

Erklären Sie, wer zum pflichtversicherten Personenkreis der gesetzlichen Rentenversicherung gehört.

AUFGABE 3

Welche Leistungen erbringt die gesetzliche Rentenversicherung und wann entsteht jeweils ein Anspruch darauf?

8.3 Arbeitslosenversicherung

Anspruchsvoraussetzungen

Um Arbeitslosengeld zu erhalten, muss die so genannte **Anwartschaftszeit** erfüllt sein. Dies ist der Fall, wenn innerhalb der letzten 30 Monate vor der Arbeitslosenmeldung mindestens zwölf Monate eine Versicherungspflicht zur Arbeitslosenversicherung bestand. Der Beitrag zur Arbeitslosenversicherung liegt bei 2,6 % des Bruttoeinkommens und wird jeweils zur Hälfte von der Arbeitnehmerin bzw. dem Arbeitnehmer und vom Arbeitgeber getragen.

Grundsätzlich hat Anspruch auf Arbeitslosengeld, wer

- arbeitslos ist, also nicht in einem Beschäftigungsverhältnis steht,
- sich bei der Agentur für Arbeit arbeitslos gemeldet hat und sich aktiv um eine neue Beschäftigung bemüht (Eigenbemühungen),
- den Vermittlungsbemühungen der Agentur für Arbeit zur Verfügung steht und
- die Anwartschaftszeit erfüllt hat.

Neben der Anspruchsvoraussetzung der Arbeitslosenmeldung ist es insbesondere für Auszubildende wichtig, sich spätestens drei Monate vor dem Ende des Ausbildungsverhältnisses persönlich als arbeitssuchend zu melden.
Dies gilt ebenso für befristete Arbeitsverhältnisse.

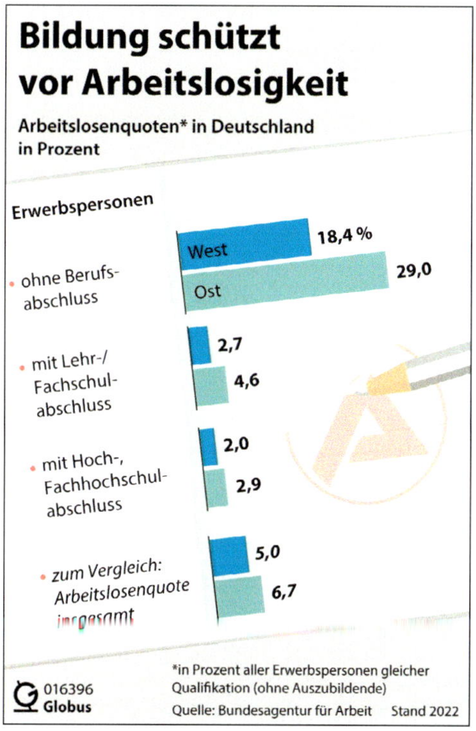

Arbeitslosengeld

Die Zahlung von Arbeitslosengeld ist zeitlich begrenzt und richtet sich u. a. nach dem Alter der Arbeitslosen.

- **Bis 49 Jahre:** Arbeitslosengeld für maximal zwölf Monate, sofern mindestens 24 Monate vorher eine versicherungspflichtige Beschäftigung bestand
- **Ab 50 Jahren:** Arbeitslosengeld für bis zu 24 Monate, sofern mindestens 48 Monate vorher eine versicherungspflichtige Beschäftigung bestand

Bürgergeld

Besteht kein Anspruch auf Arbeitslosengeld, kann unter bestimmten Voraussetzungen ein Anspruch auf **Bürgergeld** bestehen.[1]

1 Einzelheiten dazu unter www.arbeitsagentur.de/arbeitslos-arbeit-finden/buergergeld

AUFGABE

Erläutern Sie,

a) welche Hauptaufgaben die Arbeitslosenversicherung hat,

b) wer zum arbeitslosenversicherten Personenkreis gehört,

c) unter welchen Voraussetzungen ein Anspruch auf Arbeitslosengeld besteht.

8.4 Pflegeversicherung

Neben der Krankenversicherung, die im 19. Jahrhundert von Otto von Bismarck eingeführt wurde, gibt es seit 1995 auch eine gesetzliche Pflegeversicherung, in die alle gesetzlich Krankenversicherten automatisch einbezogen sind.

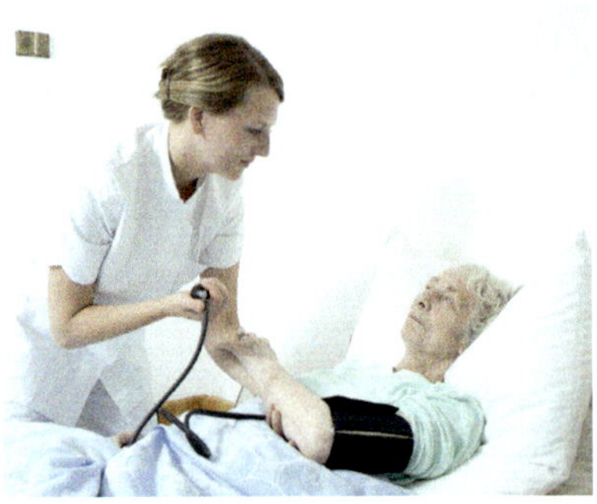

Die Beiträge zur Pflegeversicherung betragen regulär 3,6 % des Bruttoeinkommens und werden bis zur Beitragsbemessungsgrenze jeweils zur Hälfte von den Arbeitnehmerinnen und Arbeitnehmern sowie den Arbeitgebern getragen. Dabei gelten folgende Besonderheiten:

Beitragsaufteilung

- Der Arbeitgeberanteil wird durch den Wegfall des Buß- und Bettags als Feiertag kompensiert, da das Pflegerisiko nicht in direktem Zusammenhang mit der beruflichen Tätigkeit steht. Ausnahme: Im Bundesland Sachsen ist der Buß- und Bettag nach wie vor ein arbeitsfreier Feiertag. Daher ist dort der anteilige Beitragssatz der Arbeitnehmerinnen und Arbeitnehmer höher als in den übrigen Bundesländern, in denen die Kosten hälftig zwischen Arbeitgeber und Arbeitnehmer bzw. Arbeitnehmerin aufgeteilt werden.

Pflegebedürftigkeit

- Kinderlose Arbeitnehmerinnen und Arbeitnehmer ab 23 Jahren zahlen einen Zusatzbeitrag von 0,25 % auf ihren Arbeitnehmeranteil.

Die Pflegeversicherung greift, wenn eine versicherte Person pflegebedürftig wird, also nicht mehr in der Lage ist, vollständig eigenständig und Unterstützung durch Angehörige oder professionelle Pflegekräfte zu leben.

Die Pflegebedürftigkeit wird in Pflegegrade eingeteilt, die von leichten Beeinträchtigungen bis zur stationären Betreuung in einem Senioren- oder Pflegeheim reichen. Entscheidend für die Einstufung der Pflegebedürftigkeit ist, in welchem Umfang alltäglich anfallenden Aufgaben wie Waschen, Anziehen, Essen, Einkaufen, Putzen oder der Toilettengang eigenständig bewältigt werden können. Auch demenzbedingte Einschränkungen des Tagesablaufs werden berücksichtigt.

AUFGABE 1

Welche Gründe waren Ihrer Meinung nach ausschlaggebend für die Einführung der Pflegeversicherung als zusätzlichen Zweig der Sozialversicherung?

AUFGABE 2

Nennen Sie Gründe, warum der Beitragssatz zur Pflegeversicherung unter bestimmten Bedingungen davon abhängt, ob versicherungspflichtige Arbeitnehmerinnen und Arbeitnehmer Kinder haben oder nicht.

Gesetzliche Unfallversicherung 8.5

Beitrags-
bemessung

Die Beiträge für die Unfallversicherung werden vollständig vom Arbeitgeber aufgebracht und an die Berufsgenossenschaften entrichtet. Dafür besteht Versicherungsschutz für die Arbeitnehmerinnen und Arbeitnehmer bei Unfällen am Arbeitsplatz sowie bei Wegeunfällen (auf dem direkten Weg zur Arbeit und zurück). Die Beitragshöhe richtet sich zum einen nach der Gefahrenklasse des Unternehmens und zum anderen nach der Unfallhäufigkeit sowie der Lohnsumme.

Im Versicherungsfall übernimmt die Berufsgenossenschaft u. a. die Kosten für die Behandlung sowie für Rehabilitationsmaßnahmen, Umschulungen und Präventionsmaßnahmen zur Vermeidung von Arbeitsunfällen und zur Früherkennung von Berufskrankheiten.

AUFGABE

Erklären Sie, welche Risiken bzw. Schäden die gesetzliche Unfallversicherung abdeckt und worin der grundsätzliche Unterschied bezogen auf die Beitragsentrichtung im Vergleich mit den sonstigen gesetzlichen Sozialversicherungszweigen besteht.

Beitragslasten für Arbeitnehmer und Arbeitgeber 8.6

Die Sozialversicherungsbeiträge richten sich bei der Kranken-, Renten-, Arbeitslosen- und Pflegeversicherung innerhalb bestimmter Höchstgrenzen nach dem Einkommen. Aus den Beitragsbemessungsgrenzen ergeben sich für die genannten vier Sozialversicherungszweige nachfolgende Höchstbeiträge.

Tabellarische Übersicht

Rentenversicherung	
Beitragssatz 18,60 %/jeweils 9,30 % AN und AG	
• Beitragsbemessungsgrenze	8.050,00 €
• Höchstbeitrag	748,65 €
Arbeitslosenversicherung	
Beitragssatz 2,60 % jeweils 1,30 % AN und AG	
• Beitragsbemessungsgrenze	8.050,00 €
• Höchstbeitrag	194,65 €
Krankenversicherung	
Beitragssatz 14,60 % zzgl. Zusatzbeitrag von durchschnittlich 2,5 % = 17,10 % / jeweils 8,55 % AN und AG	
• Beitragsbemessungsgrenze	5.512,50 €
• Höchstbeitrag	471,31 €
• Versicherungspflichtgrenze	6.150,00 €
Pflegeversicherung	
Beitragssatz Basis 3,60 %/jeweils 1,80 % AN und AG	
• Beitragsbemessungsgrenze	6.150,00 €
• Versicherungspflichtgrenze	5.512,50 €
• Höchstbeitrag	99,23 €

Sonderregelungen AN-Beitrag ab dem 23. Lebensjahr	
– kinderlose AN:	2,4 %
– AN mit 1 Kind	1,80 %
– AN ab dem 2. Kind: minus	0,25 % pro Kind
Sonderregelung Sachsen	
– AG-Anteil generell 1,3 %	
– AN-Anteil generell 0,5 % höher als in den sonstigen Bundesländern	

AUFGABE 1

Bei welchen Zweigen der gesetzlichen Sozialversicherungen gibt es eine Versicherungspflichtgrenze und welche Auswirkungen hat diese, wenn ein/e Arbeitnehmer/in mehr verdient ?

AUFGABE 2

Was unterscheidet die Beitragsbemessungs- von der Versicherungspflichtgrenze und wie berechnen sich die Höchstbeiträge für die genannten Sozialversicherungszweige ?

AUFGABE 3

Warum gibt es bei der Pflegeversicherung für das Bundesland Sachsen für Arbeitgeber und Arbeitnehmer keine paritätische Aufteilung des Versicherungsbeitrages?

8.7 Beitragsabführung

Einzugsstelle Krankenkasse

Die Beiträge zur Kranken-, Renten-, Arbeitslosen- und Pflegeversicherung werden vom Arbeitgeber als Gesamtbeitrag an die Krankenkassen der Arbeitnehmerinnen und Arbeitnehmer überwiesen. Die Krankenkasse fungiert dabei als sogenannte **Einzugsstelle.**

Der Arbeitnehmeranteil wird, wie die Lohnsteuer, direkt vom Bruttogehalt abgezogen. Die Beiträge zur Unfallversicherung, die allein vom Arbeitgeber getragen werden, werden direkt an die zuständige Berufsgenossenschaft abgeführt.

Beitragsfälligkeit

Die Unternehmen müssen die Beiträge zur Sozialversicherung spätestens bis zum drittletzten Bankarbeitstag des Monats, in dem die Beschäftigung ausgeübt wurde, überweisen (Zahlungsfrist). Als Bankarbeitstage gelten die Wochentage Montag bis Freitag, sofern kein Feiertag vorliegt.

Beitragsschätzung

Da die endgültige Lohn- und Gehaltshöhe, insbesondere in Betrieben mit leistungsabhängigen Entgeltbestandteilen, zum geforderten Zeitpunkt oft noch nicht feststeht, müssen die Beiträge zunächst vorab „gewissenhaft geschätzt“ werden. Die endgültige Abrechnung erfolgt dann zusammen mit der Schätzung für den Folgemonat. Dabei werden eventuelle Differenzen verrechnet.

Meldepflicht

Der Arbeitgeber hat den Beginn und das Ende eines Arbeitsverhältnisses, aber auch Unterbrechungen der Beschäftigung sowie sonstige Änderungen zu melden. Er ist darüber hinaus verpflichtet, am Jahresende eine Entgeltbescheinigung auszustellen und bei der zuständigen Krankenkasse einzureichen. Die Meldung eines neuen Beschäftigungsverhältnisses erfolgt über das Formular „Meldung an die Sozialversicherung“ und muss innerhalb von zwei Wochen nach Arbeitsbeginn bei der Krankenkasse des Arbeitnehmers eingehen.

AUFGABE

Wer ist für die Beitragsabführung der einzelnen Sozialversicherungszweige verantwortlich und an wen werden diese entrichtet?

Sonderfall: Geringfügige Beschäftigungsverhältnisse 8.8

In Deutschland gibt es knapp 7 Mio. Arbeitnehmerinnen und Arbeitnehmer, die keine Vollerwerbstätigkeit im engeren Sinne ausüben, sondern in einem Minijob arbeiten. Dabei handelt es sich um Arbeitsplätze, bei denen das monatliche Einkommen 556,00 € nicht überschreitet.

Sozialabgaben und Steuern

Minijob

Bei Minijobs fallen keine Steuern oder Sozialabgaben für Arbeitnehmerinnen und Arbeitnehmer an, sie erhalten ihren Bruttolohn netto ausgezahlt. Dies gilt jedoch nicht für Arbeitgeber. Hier wird bezüglich der von Arbeitgeberseite zu zahlenden Sozialversicherungsbeitrage unterschieden, ob der Minijob in „herkömmlichen" Unternehmen oder in Privathaushalten ausgeführt wird.

Bei geringfügig entlohnten Beschäftigungen in Privathaushalten gelten für Arbeitgeber niedrigere Sozialversicherungsbeiträge als bei gewerblichen Beschäftigungen. Die geringfügig entlohnte Beschäftigung wird der Minijob-Zentrale zudem in einem zu diesem Zweck vereinfachten Verfahren gemeldet, dem sogenannten **Haushaltsscheckverfahren.**

Haushaltsscheckverfahren

Minijob bis 556,00 €		
Abgabeart	Beitragshöhe Arbeitgeber	
	Unternehmen	Privathaushalte
• Krankenversicherung	13 %	5 %
• Rentenversicherung	15 %	5 %
• Pflegeversicherung	---	---
• Arbeitslosenversicherung	---	---
• Unfallversicherung	betriebsspezifisch	1,60 %
Summe I	**28 %**	**11,60 %**
Beiträge weitere „Sozialfälle" mit Durchschnittssätzen der KV		
• U1 (Entgeltfortzahlung im Krankheitsfall)	1,10 %	1,10 %
• U2 (Mutterschutz)	0,22 %	0,22 %
• Insolvenzfall	0,15 %	–
• Pauschalsteuer	2,00 %	2,00 %
Summe II	**31,47 %**	**14,92 %**

Die bei der Bundesknappschaft eingerichtete Minijob-Zentrale zieht die Beiträge halbjährlich am 15. Juli und am 15. Januar vom Arbeitgeber per Haushaltsscheckverfahren ein.

Für Arbeitnehmerinnen und Arbeitnehmer besteht die Möglichkeit, den Pauschalbeitrag des Arbeitgebers zur Rentenversicherung von 15 % (bei Minijobs in Unternehmen) freiwillig aus eigenen Mitteln aufzustocken, um höhere Ansprüche in der gesetzlichen Rentenversicherung zu erwerben.

Zusammenrechnung von Einkünften bei mehreren Minijobs

Übt eine Arbeitnehmerin oder ein Arbeitnehmer neben einem rentenversicherungspflichtigen Hauptberuf nur einen einzigen Nebenjob aus, werden die Verdienste aus dem Hauptberuf und der Nebenbeschäftigung nicht zusammengerechnet. Anders verhält es sich, wenn mehrere Minijobs ausgeübt werden und dadurch die 556-Euro-Grenze überschritten wird. In diesem Fall erfolgt eine Zusammenrechnung der Verdienste und die Nebenbeschäftigung ist voll sozialversicherungspflichtig.

Geringverdienergrenze Auszubildende

Für Auszubildende liegt die Geringverdienergrenze bei 325,00 €.

Unabhängig von diesen Minijob-Regelungen gibt es die Kurzzeitbeschäftigung (z. B. Saisonarbeit, Ferienjob). Diese ist auf zwei Monate oder 50 Arbeitstage pro Jahr begrenzt und versicherungsfrei, auch wenn das monatliche Einkommen über 556,00 €.

Was geschieht, wenn mehr verdient wird?

Übergangsbereich

Sobald die Grenze von 556,00 € überschritten wird, entsteht für Arbeitnehmerinnen und Arbeitnehmer eine Beitragspflicht zur Sozialversicherung. Diese entwickelt sich jedoch gleitend: Erst ab einem monatlichen Verdienst von 2.000,00 € werden die Beiträge zur Sozialversicherung jeweils zur Hälfte von Arbeitgeber und Arbeitnehmer bzw. Arbeitnehmerin aufgebracht.

AUFGABE 1

Beschreiben Sie, welcher Personenkreis der Sozialversicherungspflicht unterliegt, und nennen Sie Gründe, warum es diese Versicherungspflicht in Deutschland gibt – eine Regelung, die nicht in allen Ländern selbstverständlich ist.

AUFGABE 2

Erläutern Sie in maximal 20 Worten, welche Funktion der Sozialversicherungsausweis hat.

AUFGABE 3

Welche Krankenversicherungsträger gibt es und welche Wahlmöglichkeiten haben versicherungspflichtige Arbeitnehmerinnen und Arbeitnehmer?

AUFGABE 4

Was versteht man unter dem Generationenvertrag in der gesetzlichen Rentenversicherung? Wovon hängt seine Funktionsfähigkeit ab?

AUFGABE 5

Beschreiben Sie die Voraussetzungen, die erfüllt sein müssen, um im Bedarfsfall Arbeitslosengeld zu beantragen.

AUFGABE 6

Erläutern Sie den Unterschied zwischen „Mini- und Midijobs“ und veranschaulichen Sie, was es unter Einbeziehung der sogenannten Gleitzone für die Beitragsleistungen bedeutet, wenn die 556-Euro-Grenze überschritten wird.

Personalführung, -entwicklung und -controlling 9

Auch wenn sich beim Einsatz der Produktionsfaktoren im betrieblichen Bereich durch Automatisierung und Digitalisierung in den letzten Jahren vieles verändert hat und die Auswirkungen der künstlichen Intelligenz noch nicht absehbar sind, bleibt menschliche Arbeit auch in Zukunft unersetzlich.

Umso wichtiger ist es, diesem zentralen Erfolgsfaktor für betriebliche Prozesse den gebührenden Stellenwert einzuräumen und damit die Voraussetzungen für eine positive Arbeitsatmosphäre zu schaffen, die sich nachhaltig auf den Unternehmenserfolg auswirkt. Maßgeblich dafür ist die gelebte Unternehmensphilosophie, die den Arbeitnehmerinnen und Arbeitnehmern ihre angemessene Rolle zugesteht. Besonders entscheidend ist dabei, wie die Führungsebene mit den nachgeordneten Stellen zusammenarbeitet und welche Unternehmenskultur dadurch geprägt wird.

Unternehmenskultur und Unternehmensleitbild 9.1

Der Erfolg eines Unternehmens ist nicht allein das Ergebnis einer geschickten Beschaffungs-, Produktions- und Marketingstrategie, sondern wird ebenso von einer starken Unternehmenskultur beeinflusst. Diese Kultur wird sowohl nach innen als auch nach außen durch das Unternehmensleitbild sichtbar gemacht.

Unternehmensleitbild

Das Leitbild dient als Grundlage der Unternehmensführung und gibt den Mitarbeiterinnen und Mitarbeitern Hauptziele und Rahmenbedingungen für das gesamte Unternehmensgeschehen vor. Es stellt gewissermaßen eine Klammer für den unternehmerischen Handlungsrahmen dar und beantwortet die Frage: **Wer wollen wir sein?** Als schriftlicher Ausdruck des Unternehmensselbstverständnisses definiert es die Ziele, Werte und Prinzipien, die das Unternehmen prägen.

Leitbilder erfüllen in der Praxis sehr unterschiedliche Ansprüche. Ein Unternehmensleitbild muss nicht nur formuliert und dokumentiert sein, sondern auch erkennbar gelebt und durch konkrete Maßnahmen mit Inhalt gefüllt werden.

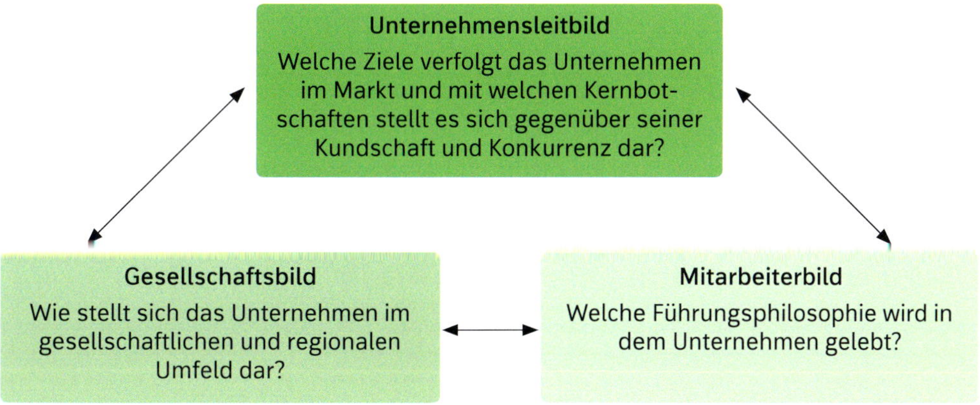

Eine Voraussetzung für die Umsetzung des Unternehmensleitbilds ist das Verhalten der Führungskräfte. Sie müssen vorleben, dass die definierten Werte im Arbeitsalltag umsetzbar sind. Durch die Einbindung der Mitarbeiterinnen und Mitarbeiter in die Geschäftsprozesse wird die Unternehmenskultur aktiv gestaltet und nicht nur passiv vermittelt.

Unternehmen, die mitarbeiterorientiert handeln, berücksichtigen zudem die persönlichen Belange ihrer Beschäftigten.

Ein wirksames Leitbild sollte daher das Ergebnis eines längeren Prozesses sein, an dem alle Leitungsebenen sowie der Betriebsrat beteiligt sind. Es darf nicht einfach von oben verordnet werden.

Es sollte

- eine einheitliche Unternehmensphilosophie vorhanden sein, die von der Führungsebene spürbar vorgelebt und umgesetzt wird,
- sichergestellt werden, dass Mitarbeiterinnen und Mitarbeiter ihre Ideen einbringen können,
- ein funktionierendes Vorschlagswesen geben,
- ein kooperativer Führungsstil angewendet werden, der das Vertrauen der Beschäftigten sicherstellt,
- regelmäßige Mitarbeitergespräche und nicht nur formelle Betriebsversammlungen geben,
- dafür Sorge getragen werden, dass es Personalentwicklungskonzepte gibt, die Perspektiven für die Mitarbeitenden eröffnen,
- eine umfassende und offene Informationspolitik gegeben sein.

Von einer mitarbeiterorientierten Unternehmenskultur wird erwartet, dass

- die Motivation der Mitarbeiterinnen und Mitarbeiter für ihre zu leistende Arbeit gestärkt wird,
- sich ein Zusammengehörigkeitsgefühl entwickelt,
- Identifikationsmöglichkeiten mit dem Unternehmen entstehen oder gestärkt werden,
- sich die Einstellung zu den Produkten und Arbeitsprozessen verbessert.

AUFGABE 1

Was versteht man unter einem Unternehmensleitbild? Welche Bedingungen und Anforderungen sollten erfüllt sein, damit es im Sinne des Win-win-Prinzips erfolgreich umgesetzt wird?

AUFGABE 2

Erläutern Sie, warum die Formulierung klarer Unternehmensziele sowohl für die Beschäftigten der Heidtkötter KG als auch für andere Unternehmen von Bedeutung ist – insbesondere für Sie als Auszubildende bzw. Auszubildender in Ihrem Betrieb.

AUFGABE 3

Die wirtschaftlichen Ziele der Führungsebene stimmen nicht immer mit den Interessen der Belegschaft überein.

Nennen Sie Beispiele für solche Zielkonflikte und zeigen Sie sowohl die damit verbundenen Herausforderungen als auch mögliche Lösungsansätze im Sinne einer gemeinsamen Zielverfolgung (Corporate Identity) auf.

Führungsmethoden 9.2

Der Begriff „Führungsmethoden" umfasst verschiedene Ansätze, die die Zusammenarbeit zwischen der Unternehmensleitung und den nachgeordneten Ebenen prägen. So kann sich je nach Methode stark unterscheiden, wie Entscheidungen getroffen, Aufgaben delegiert und Unternehmensziele umgesetzt werden.

Nachfolgend sind die wichtigsten Führungsmethoden kurz beschrieben:

Managementprinzipien

- **Management by Objectives** (Führung durch Zielvereinbarungen): Ausgehend von den übergeordneten Unternehmenszielen, die die Unternehmensleitung formuliert, setzen Führungskräfte diese Ziele gemeinsam mit ihren Mitarbeiterinnen und Mitarbeitern in deren Arbeitsbereichen um. Aufgaben werden für einzelne Stellen festgelegt, wobei die Mitarbeiterinnen und Mitarbeiter an der Aufgabenerstellung beteiligt sind. Dadurch steigt die Motivation, diese Aufgaben erfolgreich zu bewältigen.
- **Management by Delegation** (Führung durch Übertragung von Verantwortung und Entscheidungsbefugnis): Mitarbeiterinnen und Mitarbeiter dürfen innerhalb ihres Aufgabenbereiches selbstständig Entscheidungen treffen. Die Entscheidungen unterliegen zwar der Kontrolle der Führungskraft, diese greift jedoch nur dann ein, wenn Fehlentwicklungen vermieden werden müssen. Diese Methode basiert auf einem kooperativen Führungsstil.
- **Management by Exception** (Führung nach dem Ausnahmeprinzip): Routineentscheidungen werden von den zuständigen Stellen selbstständig getroffen. Die Vorgesetzten greifen nur dann ein, wenn außergewöhnliche oder kritische Entscheidungen erforderlich sind. Diese Führungsmethode entlastet die Unternehmensleitung, die sich somit auf übergeordnete Aufgaben konzentrieren kann.
- **Management by Systems** (Führung durch Systemsteuerung): Diese Methode basiert auf computergestützten Informations- und Steuerungssystemen. Entscheidungen und Regelungen erfolgen weitgehend selbstständig – ähnlich dem Prinzip des Management by Objectives.

Die Führungsmethoden werden durch Führungsinstrumente ergänzt. Diese dienen dazu, gemeinsame Ziele zu definieren, Vertrauen aufzubauen und die Umsetzung von Aufgaben zu kontrollieren.

Mitarbeitergespräch

Ein wesentliches Instrument sind **Mitarbeitergespräche,** die dazu beitragen, die Vertrauensbasis zwischen Mitarbeitenden und Vorgesetzten zu stärken.

Zielsetzungen	Voraussetzungen
• Angleichung des Informationstands von Mitarbeitenden und Vorgesetzten (gleicher Stand zu Arbeitsfortschritten und Problemen) • Erfassung des Ist-Stands bezogen auf die Aufgabenbereiche der Mitarbeiterin/des Mitarbeiters (Rückblick auf erledigte Aufgaben, Möglichkeit zu Lob und Kritik) • Einbringen von Ideen der Mitarbeitenden • evtl. Aufstiegsmöglichkeiten bzw. Erweiterungen des Aufgabengebiets besprechen • auch Vereinbarung von Reduzierung der Aufgaben möglich	• offene Atmosphäre • Bereitschaft zum strukturierten Gespräch und zum gegenseitigen Zuhören • Einhalten von Grenzen (Vorgesetzte bleiben Vorgesetzte!) • Konzentration auf Schwerpunkte (Es geht nur um den Aufgabenbereich der Mitarbeiterin/des Mitarbeiters; eine rechtzeitige Ankündigung erleichtert die Vorbereitung.)

Zielvereinbarung

Ein Ergebnis von Mitarbeitergesprächen kann eine **Zielvereinbarung** sein.

Zielsetzungen	Voraussetzungen
• Festlegung konkreter Aufgabenschwerpunkte und messbarer Ziele (strategische oder operative, mit unterschiedlicher zeitlicher Dimension meist über ein Jahr oder die Dauer eines Projekts, bezogen auf ein Umsatzziel usw.) • Motivationsschub durch Anreize für die Mitarbeiterinnen und Mitarbeiter	• Das zu erreichende Ziel muss messbar sein. • Die Zielsetzung sollte realistisch sein, die Voraussetzungen für die zielgerichtete Arbeit der Mitarbeiterin/des Mitarbeiters müssen gegeben sein. • Als Zusatz zum Arbeitsvertrag sollte die Zielvereinbarung mit diesem und den anderen Aufgaben der Mitarbeiterin/des Mitarbeiters vereinbar sein. • Eine Fokussierung auf das gesetzte Ziel darf nicht zu Egoismus führen und das Gesamtziel gefährden. • Vorgesetzte müssen die Möglichkeit zur Kontrolle und zum Eingreifen behalten.

AUFGABE

Erläutern Sie,

a) was man unter dem Begriff „Führungsmethoden“ versteht,

b) wodurch sich die beschriebenen Arten grundsätzlich unterscheiden,

c) wie Sie die in Ihrem Ausbildungsbetrieb erkennbare Führungsmethode einstufen würden.

9.3 Führungsstile

Der Führungsstil ist eng mit der Führungsmethode verbunden und beschreibt die persönliche Art und Weise, in der eine Führungskraft ihre Weisungsbefugnis ausübt. Eine erfolgreiche Führung hängt von der Bereitschaft ab, soziale Beziehungen zu erkennen, aufzubauen und zu analysieren.

Eine gute Führungskraft sollte insbesondere folgende Eigenschaften aufweisen:

soziale Aspekte

- **Empathie** (Gespür für die Bedürfnisse und Probleme einer Person oder Gruppe)
- **Flexibilität** (Fähigkeit, das eigene Verhalten an veränderte Situationen anzupassen)
- **Verantwortungsbewusstsein** (Bereitschaft zur Übernahme von Verantwortung)

Gerade diese drei Eigenschaften müssen stets im Kontext der Gruppe, ihrer Aktivitäten, Ziele und Konflikte betrachtet und angewendet werden.

Die gängigsten Führungsstile im Überblick

Führungsstile

- Der **autoritäre bzw. autokratische Führungsstil** lässt den Mitarbeiterinnen und Mitarbeitern keine oder nur wenig Entscheidungsfreiheit. Meist erhalten sie nur die Informationen, die sie für ihre Aufgabe benötigen. Die Kontrolle durch die Führungskraft ist sehr stark ausgeprägt, die Führung straff und hierarchisch organisiert, sodass Eigeninitiativen der Mitarbeiterinnen und Mitarbeiter kaum oder gar nicht zum Tragen kommen.

- Der **demokratische oder kooperative Führungsstil** stellt das Gegenstück zur autoritären Führung dar. Er orientiert sich an den Bedürfnissen der Mitarbeiterinnen und Mitarbeiter und der sozialen Struktur des Unternehmens. Durch kollegiales Verhalten der Führungsebene wird die Zusammenarbeit gefördert. Die Mitarbeiterinnen und Mitarbeiter werden gut informiert und in Entscheidungsprozesse eingebunden. Konstruktive Kritik und gegenseitiges Vertrauen bilden die Basis der Zusammenarbeit.
- Beim **Laissez-faire-Stil** bestimmen die Mitarbeiterinnen und Mitarbeiter ihre Aufgaben und organisieren sich weitgehend eigenständig. Sie sind nicht an Anweisungen gebunden und treffen Entscheidungen selbst. In seiner Reinform hat dieser Führungsstil im Unternehmenskontext kaum Bedeutung, da fehlende Führung oft zu Ineffizienz oder Orientierungslosigkeit führt.

AUFGABE 1

Erläutern Sie anhand eines oder mehrerer Beispiele den Unterschied zwischen den im vorherigen Kapitel beschriebenen Führungsmethoden und den damit verbundenen Führungsstilen.

AUFGABE 2

Vergleichen Sie den autoritären und den kooperativen Führungsstil anhand folgender Kriterien:

- Perspektive der beteiligten Personen,
- Eignung in bestimmten Situationen und bei bestimmten Aufgaben,
- Anforderungen an die Organisationsstruktur.

AUFGABE 3

Welche Faktoren beeinflussen den Führungsstil einer Führungskraft?

AUFGABE 4

Welche Eigenschaften oder Kompetenzen sollte eine gute Führungskraft Ihrer Ansicht nach haben?

Nennen Sie mindestens fünf Eigenschaften bzw. Kompetenzen und vergleichen Sie Ihre Ergebnisse mit denen Ihrer Mitschülerinnen und Mitschüler.

AUFGABE 5

Autoritäre Führung gilt zwar als nicht mehr zeitgemäß, kann jedoch in bestimmten Situationen notwendig sein und Vorteile mit sich bringen. Nennen Sie Beispiele, in denen klare Anweisungen unverzichtbar sind, auch wenn sie als autoritär empfunden werden.

AUFGABE 6

Der Sachbearbeiter Herr Kreuter hat ein Problem bei der Bearbeitung einer Akte und wendet sich an seine Vorgesetzte. Diese antwortet:

a) „Ich habe mir gleich gedacht, dass Sie das nicht schaffen. Da kann und will ich Ihnen jetzt auch nicht helfen!"

b) „Gut, dass Sie fragen, Herr Kreuter. Versuchen Sie, die Akte so weit wie möglich zu bearbeiten. Offene Fragen klären wir gemeinsam am Nachmittag."

c) „Herr Kreuter, das macht doch nichts. Lassen Sie mir die Akte gleich hier, ich erledige das schon allein!"

d) „Das ist mal wieder typisch! Für das nächste Mal merken Sie sich bitte die richtige Vorgehensweise: Zunächst vergleichen Sie die beiden Formulare, dann ..."

Lesen Sie die Aussagen a) bis d) kritisch: Worin unterscheiden sich die Reaktionen der Vorgesetzten? Welcher Führungsstil verbirgt sich hinter den Aussagen?

9.4 Personalcontrolling

Personaldaten

Unternehmen führen Personalakten sowohl in physischer als auch in digitaler Form. Darin sind sämtliche Unterlagen über die dienstlichen und die persönlichen Verhältnisse der Mitarbeiterinnen und Mitarbeiter enthalten, sofern sie in einem direkten Zusammenhang mit dem Arbeitsverhältnis stehen (siehe dazu auch Kapitel 5.6).

Personalcontrolling

Ein nicht unwesentlicher Bestandteil des Personalwesens ist das Personalcontrolling. Dabei werden relevante Daten aus dem Personalbereich systematisch erfasst, um daraus fundierte Erkenntnisse und Entscheidungsgrundlagen für das Unternehmen abzuleiten.

Personalinformationssysteme

Personalinformationssystem

Personalinformationssysteme (PIS) sind in der Regel computergestützte Systeme, die Mitarbeiterdaten in Personaldateien erfassen, speichern, bearbeiten und für unterschiedliche betriebliche Zwecke bereitstellen. PIS gehen weit über die Funktionen einfacher Lohn- und Gehaltsabrechnungssysteme hinaus: Sie dienen der Erfassung und Sicherung von Arbeitsplatz- und Personaleinsatzdaten. Aus diesen Daten lassen sich Erkenntnisse für die Personalplanung und das Personalcontrolling ableiten.

Einsatzbereiche von PIS

PIS können eingesetzt werden im Rahmen

- der **Personalbedarfsplanung** (z. B. bei hohen Fehlzeiten oder bei der Planung von Produktionserweiterungen),
- der **Personalbeschaffung** (z. B. zur Auswertung der Bewerberanzahl auf eine Stellenausschreibung),
- des **Personaleinsatzes** (z. B. zur Beurteilung des Aufkommens von Überstunden),
- der **Personalentwicklung** (z. B. zur Erfassung der Teilnahme an Weiterbildungen),
- des **Personalabbaus.**

Berichtssysteme — **Personalstatistik** — **Entscheidungssysteme**

Berichtssysteme liefern auf der Grundlage vorhandener Daten eine Basis für statistische Auswertungen, z. B.:

Fehlzeitenquote →	$\frac{\text{Fehlzeiten in Stunden}}{\text{Soll-Arbeitszeit}}$
Fluktuationsquote →	$\frac{\text{personelle Abgänge}}{\text{durchschnittlicher Personalbestand}}$
Einstellungsquote →	$\frac{\text{Zahl der Einstellungen}}{\text{Anzahl der Bewerbungen}}$
Personalabdeckung →	$\frac{\text{Ist-Bestand}}{\text{planmäßiger Personalbedarf}}$
Mehrarbeitsquote →	$\frac{\text{Ist-Arbeitsstunden}}{\text{planmäßige Arbeitsstunden}}$
Beschäftigungspflichtquote →	$\frac{\text{AN mit mind. 50 \% Schwerbehinderung}}{\text{Gesamtbelegschaft}}$
Auszubildendenquote →	$\frac{\text{Zahl der Auszubildenden}}{\text{Gesamtbelegschaft}}$

Die dargestellten Berichtsdaten haben eher statistischen Charakter und unterliegen oft kurzfristigen Schwankungen, wie dies etwa bei der Fehlzeitenquote der Fall ist.

Ihnen gegenüber stehen langfristige Kennzahlen, die für strategische Entscheidungen in der Personalwirtschaft relevant sind. Dazu zählen insbesondere:

Personalintensität → $\frac{\text{Personalkosten}}{\text{Umsatz}}$

Umsatz je Mitarbeiter/-in → $\frac{\text{Gesamtumsatz}}{\text{Mitarbeiterzahl}}$

Diese beiden Kennzahlen sind besonders wichtig für den Wettbewerbsvergleich (sofern entsprechende Daten der Konkurrenz bekannt sind).

Je geringer die Personalkosten im Verhältnis zum Umsatz oder je höher der Umsatz pro Mitarbeiter/-in im Vergleich zur Konkurrenz, desto größer sind die Kalkulationsspielräume eines Unternehmens.

In der Personalverwaltung unterstützen PIS insbesondere die Stammdatenverwaltung. Häufig ist die Arbeitszeiterfassung mit dem PIS verbunden, sodass beispielsweise Entgeltabrechnungen automatisch generiert werden können. Mit ihren vielfältigen Auswertungsmöglichkeiten sind PIS eine wertvolle Grundlage für die Personalplanung.

PIS

quantitativ erfassbare Werte

Personalstatistik

Eine solche Personalstatistik ist ein zentrales Instrument der Personalverwaltung und erfüllt schwerpunktmäßig folgende Aufgaben:

- **Information:** Durch direkten Zugriff haben die Geschäftsleitung oder andere befugte Personen die Möglichkeit, Kenntnisse über alle jeweils wichtigen Daten des Personalbereichs zu erlangen.
- **Entscheidungshilfe:** Daten der Personalstatistik unterstützen bestimmte Personalentscheidungen, z. B. Personalbeschaffungen, verstärkte Maßnahmen zur Personalförderung oder ein notwendiger Personalabbau.
- **Dokumentation:** Die Personalstatistik hält Daten fest, deren Beobachtung für einen längeren Zeitraum sinnvoll ist. So können z. B. Fehl- oder Arbeitsausfallzeiten über mehrere Jahre verfolgt und innerbetrieblich zwischen Abteilungen sowie extern mit anderen Unternehmen verglichen werden, um die Ursachen im eigenen Unternehmen besser zu verstehen.
- **Kontrolle:** Eng verbunden mit den vorausgehenden Aufgaben ist die Kontrolle der Umsetzung personalwirtschaftlicher Entscheidungen auf mittel- und langfristige Sicht. Dies gilt umso mehr, da der Personalbereich aufgrund des relativ hohen Lohnkostenanteils in einem hohen Maße zu der Wettbewerbsfähigkeit eines Unternehmens beiträgt.

Gemäß § 154 SGB IX müssen Unternehmen mit mehr als 20 Arbeitsplätzen mindestens fünf Prozent davon mit schwerbehinderten oder ihnen gleichgestellten Arbeitnehmern besetzen. Als schwerbehindert gelten Menschen mit einem Grad der Behinderung (GdB) von mindestens 50.

Für Unternehmen mit mehr als 20 Arbeitsplätzen gelten besondere Vorschriften für die Beschäftigung von schwerbehinderten Arbeitnehmerinnen und Arbeitnehmen.

Nach den Vorgaben des § 154 des SGB (Schwerbehindertengesetz) muss der Anteil von schwerbehinderten Menschen mit einem festgestellten Behinderungsgrad von mindestens 50 % mindestens 5% betragen.

Ist dies nicht der Fall, werden Ausgleichsabgaben fällig, welche sich nach dem Anteil der nicht mir Schwer-behinderten besetzten Arbeitskräfte richten:

Beschäftigungsquote Behinderter Arbeitnehmer/innen	Ausgleichsabgabe pro unbesetztem Arbeitsplatz
0 %	815,00 €
bis 2 %	405,00 €
bis 3%	275,00 €
bis 5 %	155,00 €

Quantitative Daten

Je nachdem, welche Sachverhalte im Personalwesen erfasst und ausgewertet werden, unterscheidet man verschiedene Bereiche des Personalcontrollings. Das **operative Personalcontrolling** ist kurz- bis mittelfristig ausgerichtet und konzentriert sich auf „harte" Kennzahlen wie z. B.:

- Mitarbeiterzahl
- Altersstruktur im Unternehmen
- Kosten- und Ertragsstruktur im Personalbereich

Qualitative Daten

Das strategische Personalcontrolling betrachtet mittel- bis langfristige Entwicklungen und konzentriert sich auf „weiche" Kennzahlen, die einem oben beschriebenen PIS nur bedingt zu entnehmen sind. Dazu gehören z. B.:

- Motivation der Mitarbeiterinnen und Mitarbeiter
- individuelle Ziele der Mitarbeiterinnen und Mitarbeiter
- Fähigkeiten und Potenziale der Mitarbeiterinnen und Mitarbeiter
- Weiterbildung und Weiterentwicklung des Personals

Leistungsstärke

Ziel des strategischen Personalcontrollings ist es, die Personalentwicklung entsprechend der Unternehmensstrategie zu steuern, indem Mitarbeiterinnen und Mitarbeiter hinsichtlich ihrer Stärken und der zukünftigen Anforderungen, die sich aus der Unternehmensstrategie und ihren persönlichen Zielen ergeben, gefördert und weiterentwickelt werden. Leistungsstarke Mitarbeiterinnen und Mitarbeiter werden unter Umständen stärker gefördert, wobei dies gemäß ihrem Entwicklungspotenzial erfolgen sollte und nicht zu Überforderungen führen darf. Leistungsschwächere Beschäftigte werden entweder gefördert oder in andere Bereiche versetzt, ggf. sogar freigesetzt.

AUFGABE 1

Welche Ziele werden mit dem Einsatz eines Personalinformationssystems verfolgt und worin liegen die Vorteile von Datenbanken im Vergleich zu physischen Personalakten?

AUFGABE 2

Worin unterscheiden sich Berichts- und Entscheidungssysteme im Bereich der Personalwirtschaft?

AUFGABE 3

Personalwirtschaftliche Entscheidungen werden in der Regel auf der Grundlage geeigneter Kennzahlen getroffen, u. a. der

- Personaldeckungsquote,
- Mehrarbeitsquote,
- Fehlzeitenquote,
- Fluktuationsquote,
- Einstellungsquote,
- Beschäftigungspflichtquote
- Auszubildendenquote.

a) Welche Aussagekraft haben die genannten Kennzahlen und wie werden sie berechnet?

b) Welche Kennzahl könnte in einem Bericht an die Geschäftsleitung von besonderer Bedeutung sein?

c) Um welche Kennzahlen könnte man die Auflistung ggf. erweitern?

AUFGABE 4

Inwiefern dienen Personalstatistiken als Informationssystem für die Managementebene in einem Unternehmen? Nennen Sie Beispiele.

AUFGABE 5

Was steht in einer Personalakte und wer darf Einblick in sie nehmen?

AUFGABE 6

Nennen Sie Beispiele für Informationen über Mitarbeiterinnen und Mitarbeiter, die nicht in Personalstatistiken oder Personalakten geführt werden dürfen.

AUFGABE 7

Unterscheiden Sie zwischen dem kurzfristigen und dem langfristigen Personalcontrolling.

Nennen Sie dabei die jeweiligen Zielsetzungen.

AUFGABE 8

Nennen Sie drei Kennzahlen des operativen Personalcontrollings. Welche Informationen liefern diese Kennzahlen?

AUFGABE 9

Welche externen Stellen benötigen welche Personaldaten aus einem Unternehmen?

Beendigung eines Arbeitsverhältnisses 10

Arbeitsverhältnisse bestehen – abgesehen vom Beamtentum – nur in seltenen Fällen vom Berufseinstieg bis zum Renteneintritt mit ein und demselben Unternehmen. Sowohl auf Arbeitnehmer- als auch auf Arbeitgeberseite gibt es immer wieder unterschiedliche Gründe dafür, ein Arbeitsverhältnis zu beenden. In vielen Fällen erfolgt dies durch eine Kündigung.

Besonders bei einer Kündigung durch den Arbeitgeber müssen nachweisbare Gründe für die Beendigung des Beschäftigungsverhältnisses vorliegen. Zudem sind neben weiteren gesetzlichen Vorgaben in der Regel Kündigungsfristen einzuhalten.

Die Kündigung ist eine **einseitige, empfangsbedürftige Willenserklärung** zur Beendigung eines Arbeitsverhältnisses. Liegt ein wichtiger Grund vor, kann sie mit sofortiger Wirkung ausgesprochen werden **(fristlose Kündigung)**. In allen anderen Fällen wird sie erst nach Ablauf einer gesetzlichen oder vertraglichen Kündigungsfrist wirksam.

Eine Kündigung wird rechtlich wirksam, wenn

- sie formgerecht erfolgt,
- der Betriebsrat (falls vorhanden) ordnungsgemäß angehört wurde und
- nicht innerhalb von drei Wochen ab Zugang von der Arbeitnehmerin bzw. dem Arbeitnehmer vor dem Arbeitsgericht eine Kündigungsschutzklage erhoben wird (Ausschlussfrist).

Kündigungsgründe

Kündigungen können aus personenbedingten, verhaltensbedingten oder betriebsbedingten Gründen erfolgen:

- Eine **personenbedingte Kündigung** erfolgt insbesondere, wenn eine Arbeitnehmerin bzw. ein Arbeitnehmer dauerhaft nicht in der Lage ist, die arbeitsvertraglichen Pflichten zu erfüllen, z. B. aufgrund von Krankheit, fehlender Eignung oder Qualifikation für die Tätigkeit, fehlender Arbeitserlaubnis oder ggf. auch infolge einer Alkohol- oder Drogenabhängigkeit.
- Gründe für eine **verhaltensbedingte Kündigung** können sein: Verletzung von Vertragspflichten, Selbstbeurlaubung (unerlaubtes Fernbleiben von der Arbeit), Missachtung betrieblicher Vorschriften, z. B. Rauch- und Alkoholverbote, wiederholtes unentschuldigtes Fehlen, Arbeitsverweigerung und sonstige, mit der Tätigkeit nicht zu vereinbarende Verhaltensweisen der Arbeitnehmerin bzw. des Arbeitnehmers.

In vielen Fällen dient eine Abmahnung als letztes Mittel, um auf ein unangemessenes oder vertragswidriges Verhalten hinzuweisen und die möglichen Konsequenzen, bis hin zur Kündigung, deutlich zu machen. Damit gibt die Arbeitgeberseite der betroffenen Arbeitnehmerin oder dem betroffenen Arbeitnehmer die Chance, durch eine nachhaltige Verhaltensänderung den Arbeitsplatz im Unternehmen zu behalten. Aus Gründen der Beweisbarkeit sollte eine Abmahnung nicht nur mündlich ausgesprochen werden, sondern schriftlich erfolgen.

- Eine **betriebsbedingte Kündigung** kann sich aus innerbetrieblichen Umständen (z. B. Rationalisierungsmaßnahmen, Einstellung oder Einschränkung der Produktion) oder aus außerbetrieblichen Umständen (z. B. Auftragsmangel, Umsatzrückgang) ergeben. Sie ist aus innerbetrieblichen Gründen gerechtfertigt, wenn sich der Arbeitgeber im Unternehmensbereich zu einer organisatorischen Maßnahme entschließt, in deren Folge die Weiterbeschäftigung einer/eines oder mehrerer Arbeitnehmerinnen und Arbeitnehmer auf Dauer entfällt. Der Arbeitgeber ist nicht verpflichtet, für freigestellte Arbeitnehmerinnen und Arbeitnehmer neue Arbeitsplätze zu schaffen. Er muss jedoch prüfen, ob ein gleichwertiger oder zumutbarer alternativer Arbeitsplatz nicht nur im betroffenen Betrieb, sondern im gesamten Unternehmen vorhanden ist.

  sozial ungerechtfertigt

  Nach § 1 Abs. 3 Kündigungsschutzgesetz (KSchG) ist trotz Vorliegens dringender betrieblicher Gründe eine betriebsbedingte Kündigung sozial ungerechtfertigt, wenn der Arbeitgeber bei der Auswahl der Arbeitnehmerinnen und Arbeitnehmer die Dauer der Betriebszugehörigkeit, das Lebensalter, die Unterhaltspflichten und eine ggf. vorhandene Schwerbehinderung der Arbeitnehmerin bzw. des Arbeitnehmers nicht oder nicht ausreichend berücksichtigt hat.

Anhörung/Mitwirkung des Betriebsrats

Vor jeder Kündigung durch den Arbeitgeber muss der Betriebsrat, sofern vorhanden, informiert werden. Dieser hat die Möglichkeit, innerhalb einer Woche dazu Stellung zu nehmen und ggf. zu einer Beratung mit der Geschäftsleitung zusammenzutreffen.

Der Betriebsrat kann gegen eine Kündigung Bedenken äußern und hat diese im Falle einer ordentlichen Kündigung unter Angabe der Gründe spätestens innerhalb einer Woche dem Arbeitgeber schriftlich mitzuteilen. Bei einer außerordentlichen Kündigung verkürzt sich diese Frist auf drei Tage. Eine Kündigung ohne vorherige Anhörung des Betriebsrats ist unwirksam.

Kündigungsarten und Ablauf der Kündigung

ordentliche Kündigung

Im Arbeitsrecht wird zwischen ordentlicher und außerordentlicher Kündigung unterschieden.

Ordentliche (fristgerechte) Kündigung

Die ordentliche Kündigung bedeutet eine geregelte Auflösung des Arbeitsverhältnisses unter Einhaltung der vertraglich vereinbarten oder gesetzlichen Kündigungsfristen.

Ablauf einer ordentlichen Kündigung:

1. Prüfung von Kündigungsverboten (z. B. bei Betriebsratsmitgliedern)
2. Berücksichtigung besonderer Kündigungsausschlüsse (z. B. für Auszubildende)
3. Einhaltung der Kündigungsfristen und Beachtung des Kündigungsschutzes
4. soziale Rechtfertigung der Kündigung
5. Prüfung von Weiterbeschäftigungsmöglichkeiten
6. Klärung der Kündigungsgründe (personen-, verhaltens- oder betriebsbedingt)
7. Abmahnung (insbesondere bei verhaltensbedingter Kündigung)

8. soziale Auswahl (bei betriebsbedingten Kündigungen)
9. Anhörung des Betriebsrats (falls vorhanden)
10. Abgabe und Zugang einer Kündigungserklärung
11. Kündigungsschutzklage binnen drei Wochen nach Zugang der Kündigung möglich

Außerordentliche (fristlose) Kündigung

außerordentliche Kündigung

Die außerordentliche Kündigung beendet das Arbeitsverhältnis sofort und ohne Einhaltung einer Frist. Sie ist jedoch nur zulässig, wenn ein wichtiger Grund vorliegt und die Aufrechterhaltung des Arbeitsverhältnisses für den Arbeitgeber nicht weiter zumutbar ist (§ 626 BGB), z. B infolge von Straftaten, Beleidigungen, Arbeitsverweigerung oder Verletzungen der Verschwiegenheitspflicht.

Ablauf einer außerordentlichen Kündigung:

1. Prüfung von Kündigungsverboten (z. B. bei Betriebsratsmitgliedern)
2. Berücksichtigung besonderer Kündigungsausschlüsse (z. B. für Auszubildenden)
3. Einhaltung der Kündigungsfristen und Beachtung des Kündigungsschutzes:
   - Die Kündigung muss innerhalb von zwei Wochen nach Bekanntwerden des Kündigungsgrundes ausgesprochen werden.
   - Es erfolgt eine Interessenabwägung, ob eine Fortsetzung des Arbeitsverhältnisses bis zum Ablauf der regulären Kündigungsfrist vertretbar wäre.
4. Anhörung des Betriebsrates (falls vorhanden)
5. Abgabe und Zugang einer Kündigungserklärung
6. Kündigungsschutzklage binnen drei Wochen nach Zugang der Kündigung möglich

Gesetzliche Kündigungsfristen für Arbeitgeber

Kündigungsfristen für Arbeitgeber

§ 622 BGB schreibt eine gesetzliche Mindestkündigungsfrist vor. Sie beträgt vier Wochen zum 15. oder zum Ende eines Kalendermonats. Während der Probezeit verkürzt sich die Kündigungsfrist auf zwei Wochen. In diesem Fall muss nicht zwingend ein Kündigungsgrund angeben werden.

Bei ordentlichen, also fristgerechten Kündigungen bestimmt die Dauer der Betriebszugehörigkeit einer Arbeitnehmerin oder eines Arbeitnehmers die gesetzliche Kündigungsfrist:

Betriebszugehörigkeit	weniger als 2 Jahre	ab 2 Jahren	ab 5 Jahren	ab 8 Jahren	ab 10 Jahren	ab 12 Jahren	ab 15 Jahren	ab 20 Jahren
Kündigungsfrist	4 Wochen zum 15. des Monats oder zum Monatsende	1 Monat	2 Monate	3 Monate	4 Monate	5 Monate	6 Monate	7 Monate
		jeweils zum Ende des Kalendermonats						

Eine Verlängerung der Kündigungsfristen über die gesetzlichen Vorschriften hinaus kann in Tarifverträgen oder individuellen Arbeitsverträgen vereinbart werden. Eine Verkürzung ist hingegen nur in eng begrenzten Ausnahmefällen zulässig:

- bei befristeter Aushilfstätigkeit, wenn das Arbeitsverhältnis nicht länger als drei Monate dauert
- in Kleinbetrieben mit maximal 20 Arbeitnehmerinnen und Arbeitnehmern (inkl. Auszubildenden), sofern die Kündigungsfrist vier Wochen nicht unterschreitet

Kündigungsfristen für Arbeitnehmerinnen und Arbeitnehmer

Kündigungsfristen für Arbeitnehmer/-innen

Auch Arbeitnehmerinnen und Arbeitnehmer müssen bei einer Kündigung eine Frist einhalten. Diese kann vertraglich festgelegt werden, darf jedoch nicht länger sein als die Kündigungsfrist für Arbeitgeber.

Häufige Gründe für eine ordentliche Kündigung seitens der Arbeitnehmerinnen und Arbeitnehmer sind:

- örtliche Veränderungen (z. B. Umzug)
- veränderte familiäre Situation
- Wechsel in ein anderes Unternehmen mit besseren Verdienst- oder Aufstiegsmöglichkeiten
- Unzufriedenheit mit der Arbeitssituation

In manchen Fällen kann es auch für Arbeitnehmerinnen und Arbeitnehmer unzumutbar sein, das Arbeitsverhältnis bis zum Ablauf der Kündigungsfrist fortzusetzen. Dann kann eine außerordentliche Kündigung von Arbeitnehmerseite mit einer Frist von zwei Wochen erfolgen. Im Gegensatz zur Kündigung durch den Arbeitgeber müssen Arbeitnehmerinnen und Arbeitnehmer keine besonderen Gründe angeben und sind niemandem gegenüber Rechenschaft schuldig.

Aufhebungsvertrag

Statt durch eine einseitige Kündigung kann ein Arbeitsverhältnis auch in gegenseitigem Einvernehmen beendet werden. Eine solche gütliche Lösung ist oft vorzuziehen, da eine Kündigung nie ganz frei von Konsequenzen ist.

In diesem Fall werden die Bedingungen der Beendigung in einem **Aufhebungsvertrag** oder **Auflösungsvertrag** schriftlich festgehalten.

Formale Vorschriften

Eine Kündigung ist eine **empfangsbedürftige Willenserklärung** und muss der anderen Vertragspartei **schriftlich** zugehen. Die Kündigung ist nur wirksam, wenn sie in schriftlicher Form mit Originalunterschrift zugestellt oder persönlich ausgehändigt wurde.

Grundsätzlich müssen keine Gründe für die Kündigung genannt werden. Eine Ausnahme ist jedoch die fristlose Kündigung, bei der eine Begründung gemäß Kündigungsschutzgesetz erforderlich ist. Damit wird dem Umstand Rechnung getragen, dass die Interessen beider Parteien abgewogen werden müssen.

Wichtig ist, dass die Kündigungsfrist korrekt ermittelt und die Kündigung fristgerecht zugestellt wurde. Die kündigende Partei muss im Zweifel den Nachweis erbringen, dass das Kündigungsschreiben zugegangen ist. Als geeignete Zustellmethoden gelten die persönliche Übergabe des Kündigungsschreibens vor Zeugen und die Zustellung per Einschreiben.

Kündigungsschutz

Kündigungsschutz

Beim Kündigungsschutz ist zwischen dem allgemeinen und dem besonderen Kündigungsschutz zu unterscheiden. Die Vorschriften des **allgemeinen Kündigungsschutzes** gelten für alle Arbeitnehmerinnen und Arbeitnehmer, deren Arbeitsverhältnis länger als sechs Monate besteht. Er findet Anwendung in Betrieben mit mehr als zehn ständig beschäftigten Arbeitnehmerinnen und Arbeitnehmern, wobei Auszubildende nicht dazuzählen und Teilzeitbeschäftigte nur anteilig berücksichtigt werden.

Für bestimmte Arbeitnehmergruppen gelten **besondere Kündigungsschutzvorschriften:**

- **Werdende Mütter:** Kündigungsschutz besteht während der Schwangerschaft, sofern sie dem Arbeitgeber bekannt ist bzw. nach einer Kündigung bekannt wird, sowie bis vier Monate nach der Entbindung und während der Elternzeit, also maximal drei Jahre.
- **Auszubildende:** Nach der Probezeit ist eine Kündigung während der Ausbildungszeit grundsätzlich ausgeschlossen.

- **Mitglieder des Betriebsrats und der Jugend- und Auszubildendenvertretung:** Kündigungsschutz besteht während der Amtszeit sowie bis ein Jahr danach.
- **Schwerbehinderte (mindestens 50 % Erwerbsminderung):** Eine Kündigung ist nur mit behördlicher Zustimmung möglich, wobei die Kündigungsfrist vier Wochen beträgt.

Ebenso ist die Kündigung von Mitarbeiterinnen und Mitarbeitern, die mit dem Unternehmen ein Altersteilzeitmodell vereinbart haben, im Normalfall ausgeschlossen.

Sozialauswahl

Sozialauswahl

Bei betriebsbedingten Kündigungen muss eine soziale Auswahl unter Arbeitnehmerinnen und Arbeitnehmern mit vergleichbaren Arbeitsplätzen auf derselben Hierarchieebene (horizontale Vergleichbarkeit) vorgenommen werden. Vergleichbarkeit bedeutet in diesem Zusammenhang eine Austauschbarkeit (ohne längere Einarbeitungszeit) der Arbeitnehmerinnen und Arbeitnehmer.

Ziel der Sozialauswahl ist es, diejenigen Arbeitnehmerinnen und Arbeitnehmer zu identifizieren, für die eine Kündigung die **geringste soziale Härte** darstellt. Dabei dürfen die heranzuziehenden Faktoren gewichtet werden, beispielsweise können die Betriebszugehörigkeit und die Unterhaltspflichten einer Person eine größere Bedeutung haben als ihr Alter.

Der Arbeitgeber kann Mitarbeiterinnen und Mitarbeiter, die aufgrund besonderer Fähigkeiten oder Kenntnisse für das Unternehmer unverzichtbar sind, von der Sozialauswahl freistellen. Wenn eine Sozialauswahl unzureichend durchgeführt oder schlichtweg unterlassen wurde, kann der Betriebsrat Widerspruch gegen eine Kündigung einlegen.

Anhörung des Betriebsrats

Der Betriebsrat muss vor jeder Kündigung angehört werden. Das bedeutet nicht, dass er mitbestimmen kann, jedoch hat er das Recht, einer Kündigung zu widersprechen, wenn sie

- nicht gerechtfertigt ist oder
- nicht den Grundsätzen der Sozialauswahl entspricht.

Die Information muss schriftlich erfolgen. Wenn eine Auswahl unter mehreren Arbeitnehmerinnen und Arbeitnehmern getroffen wurde, müssen die angewendeten Kriterien offengelegt werden. Eine Kündigung ohne vorherige Anhörung des Betriebsrates ist unwirksam. Die gesetzliche Grundlage für diese Mitwirkung findet sich im Betriebsverfassungsgesetz.

Sind von betriebsbedingten Kündigungen mehrere oder sogar eine Vielzahl von Mitarbeiterinnen und Mitarbeitern betroffen, so wird mit dem Betriebsrat eine Betriebsvereinbarung ausgehandelt. Diese umfasst einen Sozialplan, der Maßnahmen zur Milderung der Nachteile für die betroffenen Mitarbeiterinnen und Mitarbeiter regelt – insbesondere Abfindungen im Falle einer Entlassung.

Kündigungsschutzklage

Kündigungsschutzklage

Gekündigte Mitarbeiterinnen und Mitarbeiter hab das Recht, innerhalb von drei Wochen nach Zugang der Kündigung eine Kündigungsschutzklage beim zuständigen Arbeitsgericht einzureichen. Örtlich zuständig ist das Gericht am Wohnsitz des Beklagten oder an dem Ort, an dem die Verpflichtungen aus dem Arbeitsvertrag zu erfüllen waren.

Wurde Kündigungsschutzklage eingereicht, hat die Arbeitnehmerin oder der Arbeitnehmer bis zum Abschluss des Verfahrens das Recht auf Weiterbeschäftigung. Der Arbeitgeber kann die Arbeitnehmerin bzw. den Arbeitnehmer jedoch unter Fortzahlung des Arbeitsentgelts von der Arbeit freistellen, bis eine endgültige Entscheidung vorliegt.

Ausscheiden aus dem Unternehmen

Wird eine Kündigung rechtskräftig oder haben sich beide Parteien auf einen Auflösungsvertrag verständigt, sind

beim Ausscheiden der Mitarbeiterin oder des Mitarbeiters einige Formalitäten zu beachten. Vor dem letzten Arbeitstag sollten der Arbeitnehmerin oder dem Arbeitnehmer die folgenden Arbeitspapiere ausgehändigt werden:

Bescheinigungen

- Urlaubsbescheinigung (gibt Auskunft über bereits genommenen Urlaub)
- Arbeitsbescheinigung (dokumentiert den Grund für die Beendigung des Vertragsverhältnisses und dient u. a. der Beantragung von Arbeitslosengeld)
- Lohnsteuerbescheinigung (Nachweis über die im laufenden Jahr abgeführte Lohn- und Kirchensteuer sowie ggf. den Solidaritätszuschlag)
- Sozialversicherungsnachweis (Bescheinigung über die im laufenden Jahr abgeführten Beiträge und die Abmeldung des Beschäftigungsverhältnisses bei der gesetzlichen Sozialversicherung)

Arbeitnehmerinnen und Arbeitnehmer sind selbst dafür verantwortlich, ihre Arbeitspapiere beim Arbeitgeber abzuholen. Der Arbeitgeber darf sie nicht zurückbehalten.

Arbeitszeugnis

Zeugnisarten

Arbeitnehmerinnen und Arbeitnehmer haben das Recht auf ein Arbeitszeugnis, wenn sie ihren Arbeitsplatz verlieren oder wechseln. Das Arbeitszeugnis kann entweder in Form eines **einfachen Zeugnisses** ausgestellt werden, in dem lediglich der Zeitraum und die Art der Tätigkeit bescheinigt werden, oder als **qualifiziertes Zeugnis**, das zusätzlich Angaben zur Qualität der Arbeit (Leistung und Verhalten) enthält.

keine Negativaussagen

Der Inhalt eines Arbeitszeugnisses muss der **Wahrheit** entsprechen, es dürfen aber keine Informationen enthalten sein, die das berufliche Fortkommen einer Arbeitnehmerin bzw. eines Arbeitnehmers unnötig oder unangemessen erschweren. Dies hat dazu geführt, dass sich in Arbeitszeugnissen einer „Geheimsprache" bedient wird, bei der die Bewertungen zwar positiv klingen, aber unterschwellig eine andere Bedeutung vermitteln sollen.

BEISPIEL

beispielhafte Formulierungen

So ist beispielsweise die Formulierung „Er hat stets versucht, seinen Pflichten in dem erforderlichen Maß nachzukommen" nichts anderes, als mit positiven Worten zum Ausdruck zu bringen, dass der Mitarbeiter die Anforderungen nicht erfüllt hat (denn er hat dies nur versucht) und von ihm offenbar über die Pflichterfüllung hinaus nicht viel mehr zu erwarten ist. Ähnlich ist die Bemerkung zu bewerten, dass eine Arbeitnehmerin „stets pünktlich" war, womit gemeint ist, dass sie sich zwar exakt an die Arbeitszeiten hielt, aber nicht oder nur begrenzt bereit war, bei Bedarf Überstunden zu leisten.

Da diese „geheimen Zensuren" mittlerweile weniger geheim sind, werden sie auch immer weniger verwendet. Einfacher ist es für Arbeitgeber, zu Sachverhalten, die man in einem qualifizierten Zeugnis erwartet, gar nichts auszusagen. Eine solche Lücke ist für erfahrene Gutachterinnen und Gutachter Hinweis genug.

AUFGABE 1

Wie können Arbeitsverhältnisse beendet werden?

AUFGABE 2

Grenzen Sie die ordentliche von der außerordentlichen Kündigung in mindestens drei Punkten ab.

AUFGABE 3

Bei ordentlichen Kündigungen spricht man davon, dass sie sozial gerechtfertigt sein müssen. Was bedeutet das konkret?

AUFGABE 4

Eine Mitarbeiterin der Versandabteilung hat in der Frühstückspause privat im Internet gesurft. Wie stehen Sie zu der Frage, ob dies ein rechtlich haltbarer Kündigungsgrund ist?

AUFGABE 5

Nennen Sie Beispiele für Verstöße eines Arbeitnehmers gegen seine arbeitsvertraglichen Pflichten.

AUFGABE 6

Patricia Johann ist seit 19 Jahren bei der Heidtkötter KG beschäftigt. Mit welcher Frist kann ihr ordentlich gekündigt werden und welche Frist würde bei einer Kündigung ihrerseits gelten?

AUFGABE 7

Jens Dost hat vor drei Wochen seine Tätigkeit in der Buschfeld GmbH aufgenommen. Heute Vormittag wurde er mit einer Flasche hochprozentigem Alkohol hinter einer Druckmaschine erwischt. Wie und mit welcher Frist kann die Buschfeld GmbH das Arbeitsverhältnis beenden?

AUFGABE 8

Herr Posipal möchte sich beruflich verändern, da er bei der Franz Kniep GmbH keine Aufstiegschancen sieht. Er reicht seine Kündigung am 07.02. bei der Personalabteilung ein. Herr Posipal ist 32 Jahre alt und seit vier Jahren bei der Franz Kniep GmbH beschäftigt. Wann endet das Arbeitsverhältnis von Herrn Posipal bei der Franz Kniep GmbH frühestens?

AUFGABE 9

In einem konkreten Fall geht es um eine Entscheidung, für welche bzw. welchen der folgenden Arbeitnehmerinnen und Arbeitnehmer eine betriebsbedingte Kündigung unter Berücksichtigung sozialer Aspekte am ehesten gerechtfertigt wäre:

a) Karl Kunze, 42 Jahre alt, seit 25 Jahren im Unternehmen, verheiratet, Ehefrau nicht berufstätig

b) Carmen Hiller, 34 Jahre, seit vier Jahren im Unternehmen, verwitwet, alleinerziehend, zwei Kinder im schulpflichtigen Alter

c) Heiko Mosbach, 58 Jahre, seit der Ausbildung im Unternehmen, ledig, Altersteilzeit nach dem Blockmodell beantragt (Beginn im nächsten Jahr)

d) Sandra Jakob, 39 Jahre, seit zwölf Jahren im Unternehmen, ein behindertes Kind, Ehemann selbstständiger Versicherungskaufmann

Wie würden Sie entscheiden und warum?

AUFGABE 10

Wann ist der letzte Arbeitstag in den folgenden Fällen?

a) Eine Arbeitnehmerin, die seit 19 Jahren im Betrieb beschäftigt ist, möchte eine neue Stelle antreten und kündigt am 16. Februar.

b) Wegen wiederholten Alkoholgenusses am Arbeitsplatz erhält Maurice Kottmann nach einer vorausgegangenen Abmahnung am 28. Juni seine Kündigung.

c) Wegen starker Auftragseinbrüche wird einer seit drei Jahren in der Heidtkötter KG arbeitenden 29-jährigen Lackiererin am 3. September mitgeteilt, dass sie nicht mehr weiterbeschäftigt werden kann.

AUFGABE 11

Unter welchen Umständen kann der Betriebsrat Widerspruch gegen eine ausgesprochene Kündigung einlegen?

AUFGABE 12

Welche der folgenden Aussagen ist/sind richtig?

a) Gegen eine ungerechtfertigte Kündigung kann man innerhalb von vier Wochen vorgehen.

b) Eine Kündigungsschutzklage ist nur bei ordentlichen Kündigungen möglich.

c) Kündigungsschutzklagen werden vor dem Arbeitsgericht verhandelt.

d) Einem mehr als zehn Jahre beschäftigten Arbeitnehmer kann nicht mehr gekündigt werden.

AUFGABE 13

Nennen Sie die Grundsätze für die Erstellung und die Inhalte von Arbeitszeugnissen.

Übergreifende Aufgaben

Aufgabe 1:

Stellen Sie dar, aus welchen Gründen und mit welchen Zielsetzungen eine Personalplanung betrieben wird.

Aufgabe 2:

Nennen Sie beispielhaft fünf Einflussgrößen, von denen die Personalplanung der Heidtkötter KG abhängt.

Aufgabe 3:

Berechnen Sie den Nettopersonalbedarf auf der Grundlage folgender Angaben.

- derzeitiger Personalbestand: 416
- voraussichtlicher Bruttopersonalbedarf nach einer Produktionserweiterung: 444
- Auszubildende, die übernommen werden sollen: 10
- anstehende Pensionierungen: 15
- vorliegende Kündigungen: 9

Aufgabe 4:

Worin sehen Sie die eigentliche Aufgabe des Modells zur Berechnung des Nettopersonalbedarfs und was kann ein solches Modell nicht leisten?

Aufgabe 5:

Als Sachbearbeiterin bzw. Sachbearbeiter in der Personalabteilung wurden Sie im Januar dieses Jahres von der Personalleiterin beauftragt, festzustellen, welche personellen Veränderungen im laufenden Jahr bei der Personalplanung berücksichtigt werden müssen.

Ihre Überprüfung hat ergeben, dass folgende Stellen kurzfristig frei werden:

- Manfred Herbst, gewerblicher Mitarbeiter an den Furnierpressen, Termin: 31. Juli in diesem Jahr (Altersrente)
- Doris Schilling, Sachbearbeiterin im Einkauf, Termin: 31. August in diesem Jahr (Eintritt in die Ruhephase der Altersteilzeit)
- Giovanni Varese, Sachbearbeiter in der Finanzbuchhaltung, Termin: 30. September in diesem Jahr (vorgezogene Altersrente)
- Alejandra Mellmann, Sachbearbeiterin im Vertrieb, ist schwanger und hat ihrer Vorgesetzten mitgeteilt, dass sie im Anschluss an den Mutterschutz drei Jahre Elternzeit beantragen wird und nach Ablauf der Elternzeit wieder in Vollzeit arbeiten möchte
- Dr. Ingo Cassack, Leiter der Finanzbuchhaltung, wird in drei Jahren in den Ruhestand gehen
- Can Küçük, Auszubildender zum Industriekaufmann, wird im Juni dieses Jahres seine Abschlussprüfung ablegen.

a) Worin unterscheiden sich die dargestellten Fälle hinsichtlich der Konsequenzen für die Personalplanung?
b) Stellen Sie fest, für welche Stelle Can Küçük nach seiner Abschlussprüfung am besten geeignet wäre? Begründen Sie Ihre Meinung.

Aufgabe 6:

a) Was genau muss die quantitative Personalbedarfsplanung leisten?
b) Charakterisieren Sie die Aufgaben der qualitativen Personaleinsatzplanung.

Aufgabe 7: Welche Arbeitszeitmodelle gibt es in Ihrem Ausbildungsbetrieb? Stellen Sie eine Übersicht zusammen und erläutern Sie diese Ihren Mitschülerinnen und Mitschülern.

Aufgabe 8: Welche Arbeitszeitmodelle sind geeignet, zusätzliche Arbeitsplätze zu schaffen?

Aufgabe 9: Nennen Sie die Unterschiede zwischen der Stellenplanmethode und der Kennzahlenmethode.

Aufgabe 10: Nennen Sie die besonderen Rahmenbedingungen der Arbeit im Homeoffice und erläutern Sie, für welche Tätigkeitsbereiche sich diese Arbeitsform grundsätzlich anbietet und welche Tätigkeitsbereiche ausgeschlossen sind.

Aufgabe 11: Welche Gründe führen dazu, dass die Arbeit im Homeoffice zunehmend an Bedeutung gewinnt, und welche Voraussetzungen müssen gegeben sein, damit dies auch wirklich funktioniert?

Aufgabe 12: Erklären Sie den Unterschied zwischen Zeitlohn und Leistungslohn.

Aufgabe 13: Im Metallwerk Hein e. K. treten vermehrt Fehler beim Lackieren der Stahlblechgehäuse auf. Die aufgrund arbeitstechnischer Vorgänge oberste Toleranzschwelle liegt bei einer Ausschuss- oder Nachbesserungsquote von 5 %. Um die Qualität weiter zu erhöhen, plant die technische Leitung die Einführung von Prämien für fehlerfreie Lackierungen. Dabei sind die Zuschläge progressiv wie folgt gestaffelt:

Fehlerquote in Prozent	Prämie pro Stück
0	0,41 €
1	0,35 €
2	0,29 €
3	0,24 €
4	0,20 €
5	-----

Berechnen Sie die Höhe des Lohnes einschließlich der Prämie, die der Arbeiter Gerhard Hofsommer im März auf folgender Grundlage erhält:

- 1050 Gehäuse
- Akkordrichtsatz: 18,00 €
- Normalleistung: 40 Gehäuselackierungen pro Tag bei achtstündiger Arbeitszeit
- 21 Arbeitstage
- Ist-Leistung fehlerfrei: 1020 Stück

Aufgabe 14: Beschreiben Sie den Begriff der Pflegebedürftigkeit unter Berücksichtigung der Pflegegrade.

Aufgabe 15: Die Beiträge zur Sozialversicherung richten sich in erster Linie nach der Höhe des Bruttolohns. Wie hoch ist der prozentuale Gesamtanteil der Sozialversicherungsabgaben, den Arbeitnehmerinnen und Arbeitnehmer tragen?

Aufgabe 16: Für welchen der fünf Sozialversicherungszweige übernimmt der Arbeitgeber die Beiträge allein? Wovon hängt die Beitragshöhe hier u. a. ab?

Aufgabe 17: Bis wann und an welche Stelle muss der Arbeitgeber die Sozialabgaben überweisen?

Aufgabe 18: Erklären Sie den Begriff „Minijob“ und erläutern Sie, wie er im Hinblick auf die Sozialabgaben behandelt wird.

Aufgabe 19: Ein Minijob bietet den Vorteil, dass die Arbeitnehmerin oder der Arbeitnehmer keine Sozialabgaben zu leisten hat. Welche langfristigen Nachteile kann es jedoch haben, ausschließlich als Minijobberin oder Minijobber tätig zu sein?

Aufgabe 20: Beschreiben Sie die sogenannte Gleitzone im Hinblick auf die zu leistenden Sozialabgaben, wenn der monatliche Verdienst die Grenze von 556,00 € überschreitet.

Aufgabe 21: Erika Mandel erhält Leistungslohn mit einem Minutenfaktor von 0,30 €. An einem Arbeitstag ist sie sie ausschließlich mit dem Nähen von Sitzstoffen beschäftigt. Dafür stehen ihr 20 Minuten Rüstzeit zur Verfügung, während die Vorgabezeit pro Arbeitsgang sechs Minuten beträgt. Am Tagesende rechnet sie beim Ausfüllen des Arbeitsbelegs aus, dass sie in acht Stunden brutto 136,80 € verdient hat.

Wie viel Stück hat sie demzufolge produziert und wie hoch war ihr Leistungsgrad?

Aufgabe 22: Der Schreiner Peter Heldmann erhält für den Zusammenbau genormter Regalteile eine Vorgabezeit von sechs Stunden. Sein Akkordrichtsatz liegt bei 25,00 €. Peter Heldmann ist nach fünf Stunden mit der Arbeit fertig.

Berechnen Sie, mit welchem Leistungsgrad er gearbeitet hat und wie hoch sein Bruttoverdienst für die geleistete Arbeit ist.

Aufgabe 23: Der Grundlohn der Betriebsmaurerin Ina Briller beträgt 18,00 € pro Stunde. Sie wird jedoch gelegentlich in anderen Bereichen eingesetzt, in denen Akkordlohn gezahlt wird. Der Akkordzuschlag liegt bei 10 %.

Berechnen Sie den Bruttoverdienst, wenn Ina Briller nach einem achtstündigen Arbeitstag folgenden Arbeitsnachweis vorlegt:

- Tätigkeit im Zeitlohn: drei Stunden
- Rest im Leistungslohn, Normalleistung pro Stunde: 20 Stück
- Ist-Leistung: 120 Stück

Aufgabe 24: Das deutsche Einkommensteuersystem gilt als kompliziert.

a) Nach welchen Gesichtspunkten ist das Einkommensteuersystem in seiner Gesamtheit und im Besonderen die Einteilung der Steuerklassen aufgebaut?
b) Welche Argumente sprechen für und welche gegen die Einführung eines einheitlichen Steuersatzes von beispielsweise 20 % für alle Einkommen – unabhängig von deren Höhe und den familiären Verhältnissen?

Aufgabe 25: Unterscheiden Sie die einzelnen Träger der gesetzlichen Sozialversicherung nach ihren jeweiligen Zuständigkeitsbereichen.

Aufgabe 26: In Bezug auf die gesetzliche Sozialversicherung spricht man auch oft vom Solidarprinzip. Erläutern Sie, was damit gemeint sein kann.

Aufgabe 27: In der Krankenversicherung gibt es die sogenannte Versicherungspflichtgrenze. Erläutern Sie deren Bedeutung.

Aufgabe 28: Im Zusammenhang mit der Rentenversicherung wird häufig vom Generationenvertrag gesprochen. Erklären Sie, was mit diesem Begriff gemeint ist und auf welchen Grundlagen die Funktionsfähigkeit dieses Systems beruht.

Aufgabe 29: Finden Sie jeweils überzeugende Argumente für und gegen die folgenden Regelungen:

a) die Pflicht zur Sozialversicherung für einen erheblichen Teil der Arbeitnehmerinnen und Arbeitnehmer
b) die Begrenzung der Beiträge zu den einzelnen Sozialversicherungszweigen durch Höchstbeträge, sodass die Beiträge nicht proportional mit dem Einkommen steigen
c) der Zusatzbeitrag in der Pflegeversicherung für kinderlose Arbeitnehmerinnen und Arbeitnehmer ab dem 23. Lebensjahr

Aufgabe 30: In Deutschland gibt es rund 7 Mio. Minijobs.

a) Beschreiben Sie in maximal 20 Worten, was man unter einem geringfügigen Beschäftigungsverhältnis versteht.
b) Erklären Sie den Unterschied zwischen Minijobs und regulären Arbeitsverhältnissen im Hinblick auf die zu leistenden Sozialabgaben.
c) Nennen Sie jeweils zwei Gründe aus Arbeitgeber- und Arbeitnehmersicht, warum ein solches Arbeitsverhältnis eingegangen wird.

Aufgabe 31: Die leitende Angestellte Sarah-Lucia Runkel bezieht ein monatliches Gehalt in Höhe von 5.200,00 €. Berechnen Sie ihren Krankenversicherungsbeitrag, wenn ihre Krankenkasse einen Zusatzbeitrag von 1,2 % erhebt.

Aufgabe 32:

Nora, die Schwester von Sarah-Lucia Runkel, behauptet, Sarah-Lucia sei aufgrund ihres Einkommensnicht mehr krankenversicherungspflichtig und könne daher „einfach austreten".

Liegt Nora damit richtig oder beurteilen Sie diese Situation anders?

Aufgabe 33:

Welche Arten von Kündigungen gibt es, und wie unterscheiden sie sich?

Aufgabe 34:

Nennen Sie für jede Kündigungsart mindestens drei mögliche Gründe.

Aufgabe 35:

Eine kaufmännische Angestellte der Heidtkötter KG mit gesetzlicher Kündigungsfrist möchte ihren Arbeitsvertrag zum 30.09. beenden. Bis wann muss die Kündigung eingereicht werden?

Aufgabe 36:

Die Heidtkötter KG möchte Jochen Olsen, 24 Jahre alt und seit zwei Jahren im Unternehmen, fristgerecht kündigen. Wann muss die Heidtkötter KG die Kündigung aussprechen, um die gesetzliche Frist einzuhalten?

Aufgabe 37:

Welche Arbeitnehmerinnen und Arbeitnehmer genießen einen besonderen Kündigungsschutz? Nennen Sie die relevanten Gruppen und erläutern Sie die jeweiligen Schutzbestimmungen.

Aufgabe 38:

Grenzen Sie die Begriffe „Personalfreisetzung" und „Kündigung" voneinander ab und nennen Sie Beispiele für Personalfreisetzungen.

Aufgabe 39:

Gabi ist sich sicher, dass sie sich gut mit ihrer Chefin versteht. Während eines Meetings kommt es jedoch zu einer Meinungsverschiedenheit über eine neue Strategie. Nach längerer Diskussion sagt Gabi scherzhaft in die Runde: „So können wir nicht mehr zusammenarbeiten!" Zwei Tage später erhält sie die Kündigung.

War diese Kündigung gerechtfertigt? Begründen Sie Ihre Einschätzung.

Aufgabe 40:

Einem Mitarbeiter soll gekündigt werden, weil sich die Auftragslage verschlechtert hat. Welche Fragen müssen geklärt werden, bevor die Kündigung ausgesprochen wird?

Aufgabe 41:

Was kann ggf. zu einer verhaltensbedingten Kündigung führen?

a) nötige Rationalisierungsmaßnahmen
b) Teilnahme an einem gewerkschaftlichen Streik
c) Kandidatur auf einer Parteiliste
d) Besuch eines Schwimmbads während einer krankheitsbedingten Abwesenheit

Aufgabe 42:

Bei betriebsbedingten Kündigungen sind bestimmte Fristen einzuhalten. Welche sind dies bei

a) einem seit zwei Jahren im Unternehmen tätigen 23-jahrigen Mitarbeiter,
b) einer 32-jährigen Angestellten, die seit ihrem 20. Lebensjahr im Unternehmen arbeitet,
c) einem 45-jahrigen Monteur, der eine Betriebszugehörigkeit von 18 Jahren hat?

Lernfeld 13:

Betriebliche Problemlösungsprozesse innovativ durchführen

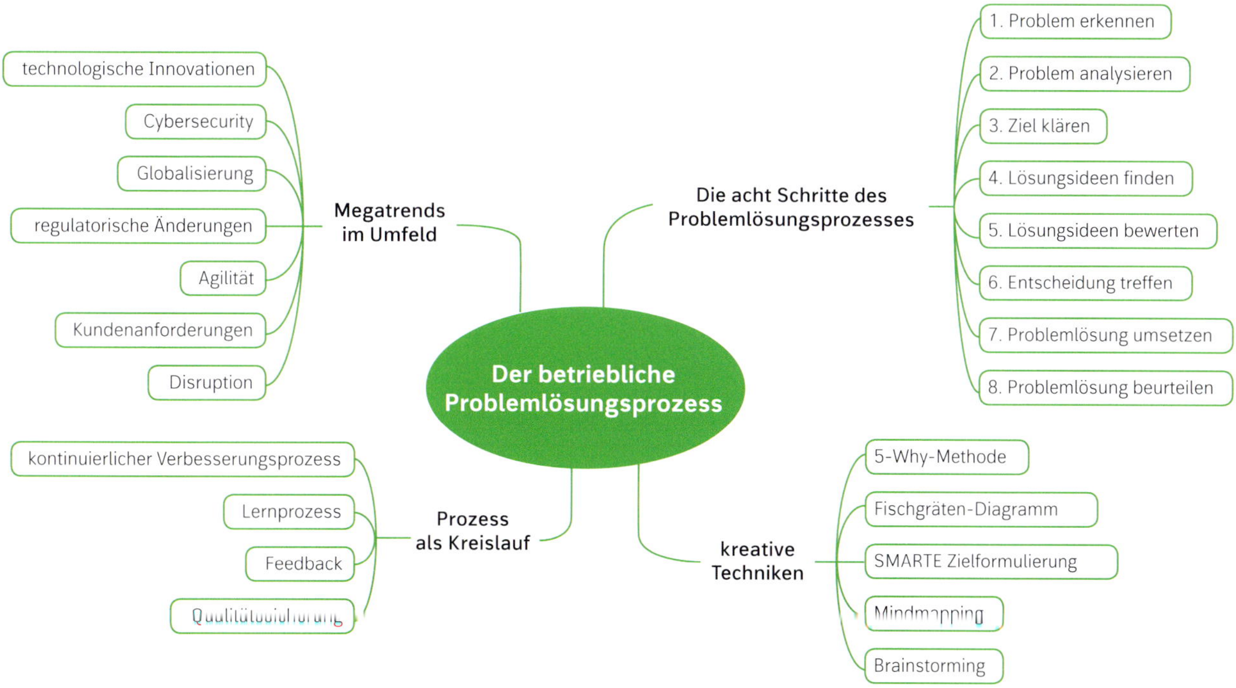

Betriebliche Problemlösungsprozesse innovativ durchführen

1 Wege zur effektiven Lösung betrieblicher Probleme finden

Industriekaufleute spielen eine zentrale Rolle bei der Problemlösung in Unternehmen. Ihre Aufgaben haben sich von rein administrativen Tätigkeiten zu strategischen und innovativen Rollen entwickelt, da Schlüsselfaktoren zu tiefgreifenden Veränderungen im Umfeld von Industriebetrieben führen. Heute sind Industriekaufleute nicht mehr nur Problemlöser, sondern auch Impulsgeber für Wandel und Innovationen im Unternehmen. Ihr Aufgabenfeld umfasst eine Vielzahl von Tätigkeiten, die entscheidend dazu beitragen, betriebliche Herausforderungen effizient und kreativ zu meistern.

Das Umfeld von Industrieunternehmen ist heute von ständigen Veränderungen und Unsicherheiten geprägt. Zu den zentralen Einflussfaktoren zählen:

- **Technologischer Fortschritt:** Neue Technologien wie künstliche Intelligenz (KI), das Internet der Dinge (engl. Internet of Things, kurz: IoT) und Blockchain verändern Geschäftsprozesse und -modelle grundlegend.
- **Cybersecurity:** Mit der fortschreitenden Digitalisierung gewinnt der Schutz von Systemen und Daten vor Cyberbedrohungen immer mehr an Bedeutung.
- **Globalisierung:** Weltweite Märkte und Lieferketten eröffnen neue Chancen, bringen jedoch auch erhebliche Herausforderungen mit sich.
- **Regulatorische Änderungen:** Neue Gesetze und Vorschriften, insbesondere in den Bereichen Datenschutz und Nachhaltigkeit, erfordern kontinuierliche Anpassungen.
- **Agilität:** Agile Methoden und flexible Arbeitsmodelle ermöglichen es Unternehmen, schneller auf Veränderungen zu reagieren und innovative Lösungen zu entwickeln.
- **Kundenanforderungen:** Kunden erwarten zunehmend maßgeschneiderte und nachhaltige Produkte sowie Dienstleistungen.
- **Disruption der Industrie:** Neue Technologien und Geschäftsmodelle stellen traditionelle Industrien vor grundlegende Veränderungen.

Problemlösungsprozess

An diese neuen Gegebenheiten müssen sich Unternehmen kontinuierlich anpassen, um wettbewerbsfähig zu bleiben. Industriekaufleute stehen somit vor der Herausforderung, bei auftretenden betrieblichen Problemen den Problemlösungsprozess nicht nur effizient, sondern auch innovativ zu gestalten.

kontinuierliche Verbesserung

Ein strukturiertes Vorgehen ist dabei der Schlüssel zum Erfolg. Es schafft Klarheit, steigert die Effizienz, gewährleistet Nachvollziehbarkeit und ermöglicht eine kontinuierliche Verbesserung. Gleichzeitig hilft es, Risiken zu minimieren, die Motivation der Mitarbeiterinnen und Mitarbeiter zu stärken und die Qualität nachhaltig zu sichern.

AUFGABE 1

Erläutern Sie, inwieweit die genannten Trends das Umfeld Ihres Ausbildungsbetriebes wesentlich beeinflussen.

AUFGABE 2

Nennen Sie weitere Veränderungsprozesse, die für Ihren Ausbildungsbetrieb relevant sind.

Der Problemlösungsprozess als Kreislauf 2

In einer dynamischen Geschäftswelt, die von rasantem technologischen Fortschritt, globalen Marktveränderungen und steigenden Kundenanforderungen geprägt ist, müssen Unternehmen flexibel und anpassungsfähig bleiben. Daher ist in Industriebetrieben eine Kultur der ständigen Verbesserung gefordert, die langfristig zur Wettbewerbsfähigkeit und zum Unternehmenserfolg beiträgt.

Problemlösungsprozess

Der Problemlösungsprozess ist kontinuierlich und zyklisch, d. h., er endet nicht mit der Lösung eines einzelnen Problems, sondern wird fortlaufend angewendet.

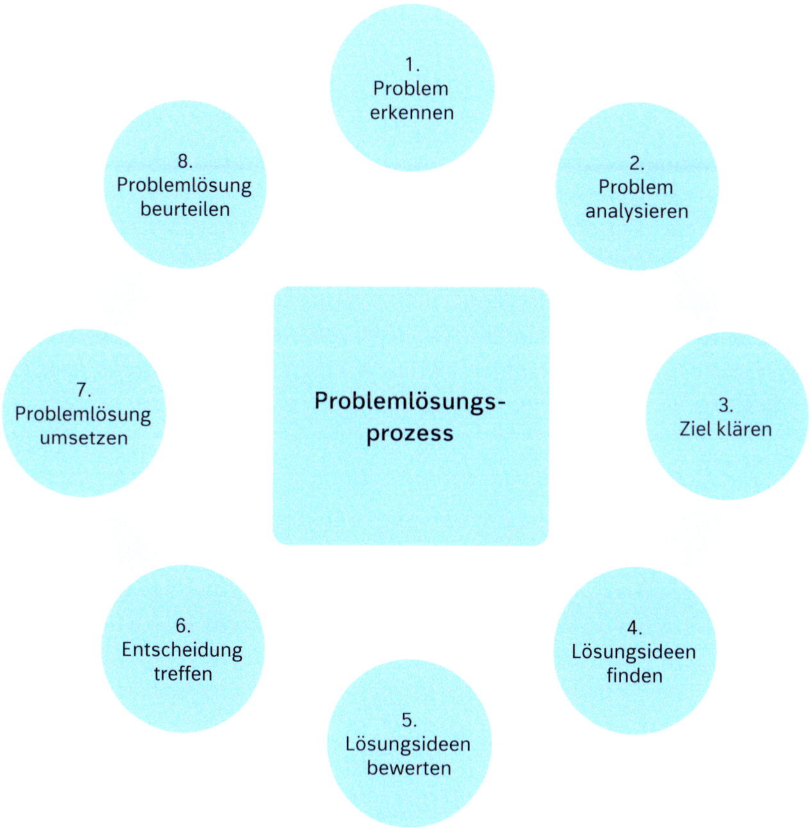

ständige Weiterentwicklung

Der Problemlösungsprozess als Kreislauf stellt sicher, dass Industrieunternehmen nicht nur aktuelle Herausforderungen bewältigen, sondern sich auch kontinuierlich verbessern und flexibel auf neue Anforderungen reagieren können. Dadurch wird eine Kultur der ständigen Weiterentwicklung gefördert, die langfristig zur Sicherung von Erfolg und Wettbewerbsfähigkeit beiträgt.

Konkret bietet der kreisförmige Problemlösungsprozess folgende Vorteile:

1. **Kontinuierliche Verbesserung**
   Nach der Lösung eines Problems ist es wichtig, die Ergebnisse und Prozesse zu bewerten und zu analysieren. Diese Bewertung kann weitere Probleme oder Optimierungspotenziale aufdecken, die einen neuen Problemlösungszyklus auslösen. Dies entspricht dem Prinzip des kontinuierlichen Verbesserungsprozesses.

2. **Lernprozess**
   Jeder Durchlauf des Problemlösungsprozesses bietet die Möglichkeit, wertvolle Erfahrungen zu sammeln. Die daraus gewonnenen Erkenntnisse und Best Practices werden dokumentiert und in zukünftigen Problemlösungszyklen angewendet. Dies fördert eine Kultur des Lernens und der kontinuierlichen Verbesserung.

3. **Anpassung an Veränderungen**
   Angesichts eines dynamischen betrieblichen Umfelds, das ständigen Veränderungen unterliegt, erlaubt ein kreisförmiger Problemlösungsprozess Unternehmen, flexibel auf neue Herausforderungen und Veränderungen zu reagieren. Nach der Lösung eines Problems können sich neue Rahmenbedingungen ergeben, die eine erneute Analyse und Anpassung erforderlich machen.

Feedback

4. **Feedback-Schleifen**
   Ein wesentlicher Bestandteil des Problemlösungsprozesses ist das Einholen von Feedback. Dieses Feedback wird genutzt, um die Wirksamkeit der umgesetzten Lösungen zu überprüfen und bei Bedarf Anpassungen vorzunehmen. Diese Rückkopplungsschleifen sind entscheidend, um nachhaltige und effektive Lösungen sicherzustellen.

5. **Qualitätssicherung**
   Durch die regelmäßige Anwendung des Problemlösungsprozesses wird die Qualität der Lösungen kontinuierlich überprüft und verbessert. So wird erreicht, dass die Lösungen den Anforderungen entsprechen und langfristig erfolgreich sind.

6. **Risikomanagement**
   Der kreisförmige Ansatz hilft dabei, potenzielle Risiken frühzeitig zu erkennen und ihnen entgegenzuwirken. Durch kontinuierliche Überwachung und Bewertung können Probleme aktiv angegangen und deren Auswirkungen minimiert werden.

AUFGABE

Erläutern Sie die besondere Bedeutung des letzten Schrittes des betrieblichen Problemlösungsprozesses.

Die acht Schritte des Problemlösungsprozesses 3

Ein effektiver Problemlösungsprozess ist entscheidend für den Erfolg eines Unternehmens. Um betriebliche Herausforderungen systematisch und nachhaltig zu bewältigen, ist ein klar strukturierter Ansatz unerlässlich. Der Problemlösungsprozess lässt sich in acht wesentliche Schritte unterteilen, die von der Identifikation des Problems bis zur Bewertung der umgesetzten Lösung reichen. Jeder dieser Schritte erfüllt eine entscheidende Funktion und trägt dazu bei, nicht nur bestehende Probleme zu lösen, sondern auch zukünftige Herausforderungen aktiv anzugehen.

1. Problem erkennen

Der erste Schritt besteht darin, das Problem zu identifizieren. Dies kann durch verschiedene Quellen erfolgen, wie etwa Kundenfeedback, interne Audits, Qualitätskontrollen oder Berichte von Mitarbeitenden. Es ist wichtig, das Problem präzise und eindeutig zu beschreiben, um Missverständnisse zu vermeiden und gezielte Lösungen zu entwickeln.

BEISPIEL

Ein Automobilzulieferer stellt fest, dass die Lieferzeiten für bestimmte Bauteile regelmäßig überschritten werden.

2. Problem analysieren

Ursachenanalyse

Nachdem das Problem identifiziert wurde, ist es notwendig, die zugrunde liegenden Ursachen zu analysieren. Dabei können Techniken wie die 5-Why-Methode oder das Ishikawa-Diagramm (auch bekannt als Fischgräten- oder Ursache-Wirkungs-Diagramm) wertvolle Unterstützung leisten, um die Hauptursachen des Problems zu erkennen und zu verstehen.

5-Why-Methode und Ishikawa-Diagramm

Die 5-Why-Methode und das Ishikawa-Diagramm

Wurde ein Problem erkannt, gilt es, die Kernursachen dieses Problems zu ermitteln. Mit der 5-Why-Methode wird durch wiederholte Warum-Fragen (nicht zwingend fünfmal) die Ursache-Wirkungs-Kette des Problems aufgedeckt.

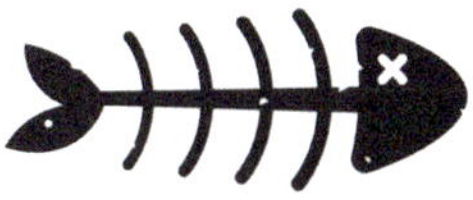

Beispiel:
- Warum werden die Bauteile nicht rechtzeitig geliefert?
- Weil der Zulieferer häufig Produktionsverzögerungen hat.
- Warum hat der Zulieferer Produktionsverzögerungen?
- Weil es oft zu Maschinenausfällen in der Produktion des Zulieferers kommt.
- Warum kommt es zu häufigen Maschinenausfällen?
- Weil die Maschinen des Zulieferers nicht regelmäßig gewartet werden.
- Warum werden die Maschinen nicht regelmäßig gewartet?
- Weil der Zulieferer keinen präventiven Wartungsplan hat.

Damit ist die Hauptursache für das Problem der Lieferverzögerungen identifiziert.

Dies kann nun mithilfe eines Ishikawa-Diagramms visualisiert werden. Dabei wird **der zentrale Problempfeil** um schräg angeordnete **„Trägt dazu bei"-Pfeile** ergänzt, die die **Haupteinflussgrößen** darstellen. Nun können die potenziellen **Ursachen in Form von kleineren Pfeilen** hinzugefügt werden. Diese Form der Visualisierung erleichtert oft die Entdeckung zusätzlicher Ursachen.

Beispiel:

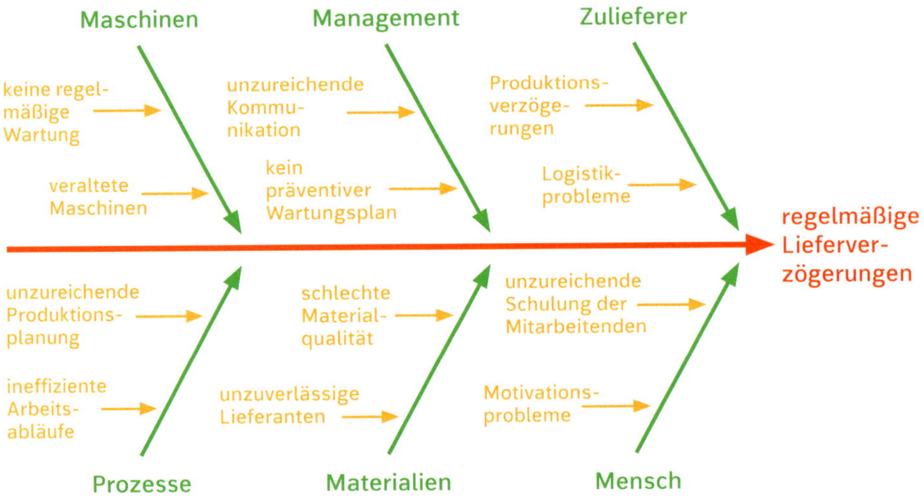

Datenanalyse

Um das Problem besser zu verstehen und fundierte Entscheidungen treffen zu können, müssen relevante Daten gesammelt und ausgewertet werden. Dies kann die Analyse von Produktionsdaten, Kundenbeschwerden oder anderen relevanten Informationen umfassen.

BEISPIEL

Der Automobilzulieferer untersucht die Lieferkette und stellt fest, dass Verzögerungen bei einem bestimmten Zulieferer die Hauptursache sind.

3. Ziel klären

Es werden klare, messbare Ziele festgelegt, um das Problem zu beheben. Diese Ziele sollten spezifisch, messbar, erreichbar, relevant und zeitgebunden (SMART) sein. Eine präzise Zielsetzung trägt dazu bei, den Fokus aufrechtzuerhalten und den Erfolg der Problemlösung zu messen.

SMART-Methode

SMART-Methode

Ziele sollten stets nach der SMART-Methode formuliert werden, um Klarheit zu schaffen, ihre Erreichbarkeit zu gewährleisten und den Fortschritt messbar zu machen. SMART steht dabei für:

Spezifisch	Messbar	Attraktiv Ansprechend	Realistisch	Terminiert
Das Ziel ist möglichst konkret.	Es kann qualitativ und quantitativ beurteilt werden.	Alle Beteiligten haben Lust darauf.	Das Ziel ist mit den vorhandenen Mitteln erreichbar.	Das Ziel ist bis zu einem bestimmten Zeitpunkt umsetzbar.

BEISPIEL

- **Spezifisch:** Reduktion der Lieferzeiten für das Bauteil X
- **Messbar:** Reduktion der durchschnittlichen Lieferzeit um 30 %
- **Attraktiv:** Die Verbesserung der Lieferzeiten ist entscheidend für die Kundenzufriedenheit und die Wettbewerbsfähigkeit des Unternehmens.
- **Realistisch:** Die Projektgruppe ist ausreichend groß, um die Zielerreichung umsetzen zu können.
- **Terminiert:** Zielerreichung innerhalb der nächsten sechs Monate

4. Lösungsideen finden

Kreativtechniken

Kreative Techniken wie Brainstorming, Mindmapping oder Design Thinking werden eingesetzt, um mögliche Lösungen zu entwickeln. Dabei ist es wichtig, eine Vielzahl von Ideen zu generieren, ohne diese zunächst zu bewerten, um innovative und unkonventionelle Ansätze zu fördern.

Mindmapping

Mindmapping

Mindmapping ist eine Kreativitätstechnik, bei der komplexe Informationen, Ideen und Zusammenhänge grafisch abgebildet werden. Vom **zentralen Thema** ausgehend, verzweigen sich Hauptäste mit den assoziierten **Hauptthemen**, die wiederum Unteräste mit **detaillierteren Aspekten** bilden. Man startet also im Zentrum mit allgemeinen Ideen und geht nach außen hin immer weiter ins Detail. Dabei gibt es keine Begrenzung für die Unterverzweigungen. Am Ende können die Äste priorisiert oder entfernt werden, je nach Relevanz.

BEISPIEL

Der Automobilzulieferer sammelt Ideen wie die Diversifizierung der Zulieferer oder die Einführung eines Just-in-time-Liefermanagements.

5. Lösungsideen bewerten

Die vorgeschlagenen Lösungen werden hinsichtlich ihrer Machbarkeit, ihrer Kosten und ihres Nutzens bewertet. Methoden wie die Nutzwertanalyse (siehe Band 1, Lernfeld 4, Kapitel 2.5) oder die Kosten-Nutzen-Analyse können dabei helfen, die besten Lösungen zu identifizieren. Dabei werden Kriterien wie Implementierungskosten, erwartete Zeitersparnis und langfristige Vorteile berücksichtigt.

BEISPIEL

Nutzwertanalyse zu den gefundenen Lösungsideen:

Lösungsidee	Kosten	Umsetzbarkeit	Zeitaufwand	Langfristiger Nutzen	Nutzwert
Gewichtung	**25 %**	**25 %**	**20 %**	**30 %**	
Investition in neue Maschinen	2	3	2	5	3,15
präventiver Wartungsplan	4	5	3	5	4,35
Kommunikationsstrategie verbessern	4	5	4	4	4,25
Ressourcenplanung optimieren	3	4	3	4	3,55
Schulung der Mitarbeitenden	4	5	4	5	4,55
Motivationsprogramme einführen	3	4	3	4	3,55

Lösungsidee	Kosten	Umsetzbarkeit	Zeitaufwand	Langfristiger Nutzen	Nutzwert
Zusammenarbeit mit Zulieferern verbessern	4	5	4	5	4,55
alternative Zulieferer finden	5	5	5	5	5,00
Just-in-time-Konzept einführen	5	5	5	4	4,70
Produktionsplanung optimieren	4	5	4	5	4,55
Arbeitsabläufe effizienter gestalten	4	5	4	5	4,55
Lieferantenbewertung einführen	3	4	3	4	3,55
Materialqualität verbessern	3	4	3	4	3,55

6. Entscheidung für eine Lösungsidee treffen

Auf Grundlage der Bewertung wird die beste Lösung oder eine Kombination mehrerer Lösungen ausgewählt. Diese Entscheidung sollte sich auf fundierte Analysen und die zuvor definierten Ziele stützen. Es ist wichtig, alle relevanten Stakeholder in den Entscheidungsprozess einzubeziehen.

Stakeholder

Stakeholder

Stakeholder sind Personen oder Gruppen, die

- ein Interesse an einem Projekt oder dessen Ergebnis haben,
- vom Projekt direkt oder indirekt betroffen sind,
- einen Anspruch darauf haben, Einfluss auf das Projekt zu nehmen.

Da eine gegenseitige Abhängigkeit zwischen dem Projekt und den Stakeholdern besteht, ist es wichtig, möglichst alle Stakeholder des Projekts zu identifizieren. Deren Ziele sollten erfasst, Unterstützer gewonnen und potenzielle Gegner sowie Widerstände frühzeitig erkannt werden.

Stakeholder könnten in unserem Beispiel sein:

1. **Interne Stakeholder**
   - **Geschäftsführung:** Sie ist verantwortlich für die strategische Ausrichtung und die Genehmigung von Investitionen. Ihre Unterstützung ist entscheidend für die erfolgreiche Umsetzung der Lösung.
   - **Produktionsleitung:** Sie ist direkt betroffen von Änderungen in den Produktionsprozessen. Ihre Expertise und Zustimmung sind notwendig, um praktikable Lösungen zu gewährleisten.
   - **Qualitätsmanagement:** Dieser Bereich ist verantwortlich für die Produktqualität. Seine Einbindung stellt sicher, dass die Lösung keine negativen Auswirkungen auf die Qualität hat.
   - **Einkaufsabteilung:** Sie ist zuständig für die Beschaffung von Materialien und Komponenten. Ihre Beteiligung hilft, Störungen in der Lieferkette zu vermeiden.
   - **IT-Abteilung:** Bei Lösungen, die technologische Änderungen beinhalten, ist die IT-Abteilung für die Implementierung und Wartung der Systeme verantwortlich.
   - **Mitarbeitende und Betriebsrat:** Die Mitarbeitenden, die direkt von den Änderungen betroffen sind, sowie der Betriebsrat sollten einbezogen werden, um Akzeptanz und Unterstützung sicherzustellen.
2. **Externe Stakeholder**
   - **Kunden:** Die Kunden des Automobilzulieferers sind direkt von der Produktqualität und den Lieferzeiten betroffen. Ihre Anforderungen und Erwartungen sollten berücksichtigt werden.
   - **Zulieferer:** Die Unternehmen, die Materialien und Komponenten liefern, sind wichtige Partner. Ihre Zusammenarbeit und Zuverlässigkeit sind entscheidend für die erfolgreiche Umsetzung der Lösung.
   - **Investorinnen und Investoren sowie Aktionärinnen und Aktionäre:** Diese Gruppe hat ein finanzielles Interesse am Erfolg des Unternehmens. Ihre Unterstützung kann notwendig sein, insbesondere bei größeren Investitionen.
   - **Regulierungsbehörden:** Änderungen, die regulatorische Anforderungen betreffen, erfordern die Einbindung entsprechender Behörden, um die Einhaltung aller Vorschriften sicherzustellen.
   - **Logistikdienstleister:** Externe Unternehmen, die den Transport der Produkte übernehmen, sollten einbezogen werden, um Unterbrechungen in der Lieferkette zu vermeiden.

Auf Basis der Stakeholder-Analyse können die priorisierten Stakeholder gezielt in den Entscheidungsprozess eingebunden werden.

- Ein Kommunikationsplan stellt sicher, dass alle Stakeholder regelmäßig informiert werden.
- Workshops und Meetings bieten die Möglichkeit, Rückmeldungen einzuholen und Unterstützung von den Stakeholdern zu gewinnen.
- Feedback-Schleifen in allen Projektphasen gewährleisten, dass die entwickelte Lösung den Anforderungen und Erwartungen der Stakeholder entspricht.

BEISPIEL

Der Automobilzulieferer entscheidet sich für die Diversifizierung der Zulieferer.

7. Problemlösung umsetzen

Planung der Umsetzung

Ein detaillierter Umsetzungsplan wird erstellt, der die notwendigen Schritte, Verantwortlichkeiten sowie einen Zeitplan umfasst. Dies gewährleistet eine systematische und koordinierte Umsetzung der Lösung.

Ein solcher Plan könnte beispielsweise wie folgt aussehen:

Phase	Dauer	Verantwortung
Projektvorbereitung • Projektteam zusammenstellen • Projektleitung ernennen • Kick-off-Meeting	2 Wochen	Projektleitung
Detaillierte Planung • Zeitplan erstellen • Ressourcenplanung • Kommunikationsplan	3 Wochen	Projektteam
Analyse der Lieferkette • Bewertung der bestehenden Zulieferer • Identifikation von Schwachstellen	4 Wochen	Einkaufsabteilung
Suche nach neuen Zulieferern • Marktforschung • Angebotseinholung • Bewertung der neuen Zulieferer	6 Wochen	Einkaufsabteilung
Vertragsverhandlungen • Auswahl der Zulieferer • Vertragsabschluss	4 Wochen	Einkaufsabteilung
Implementierung der Diversifizierung • Integration der neuen Zulieferer • Schulung und Kommunikation • Pilotphase	8 Wochen	Einkaufsabteilung
Überwachung und Kontrolle • Monitoring • Meilensteine überprüfen • Feedback einholen	6 Monate	Projektleitung
Abschluss und Bewertung • Ergebnisanalyse • Dokumentation • Abschlussbericht	2 Wochen	Projektleitung
Kontinuierliche Verbesserung • Lernprozess • Optimierungspotenziale identifizieren	fortlaufend	alle Abteilungen

Durchführung

Die gewählte Lösung wird implementiert, was je nach Situation Maßnahmen wie die Einführung neuer Prozesse, Schulungen für Mitarbeitende oder die Anschaffung zusätzlicher Ressourcen umfassen kann. Eine sorgfältige Überwachung der Umsetzung ist entscheidend, um Fortschritte zu kontrollieren und bei Bedarf Anpassungen vorzunehmen.

BEISPIEL Der Automobilzulieferer schließt Verträge mit neuen Zulieferern ab.

8. Problemlösung beurteilen

Ergebnisanalyse

Nach der Umsetzung der Lösung wird der Erfolg der Maßnahmen bewertet. Dabei wird überprüft,

- ob die definierten Ziele erreicht wurden,
- welche Auswirkungen die Lösung auf das Unternehmen hatte,
- ob die eingesetzten Ressourcen (Zeit, Geld, Personal) effizient genutzt wurden,
- ob die Lösung langfristig tragfähig ist und nicht nur eine kurzfristige Verbesserung darstellt.

BEISPIEL

Der Automobilzulieferer analysiert die Lieferzeiten nach der Diversifizierung der Zulieferer und stellt fest, dass diese um 25 % verkürzt wurden. Das Ziel wurde also noch nicht erreicht, mit der Folge, dass die rechtzeitige Belieferung der Kunden noch nicht stattfindet.

Feedback und Optimierung

Best Practice

Nach Abschluss des Problemlösungsprozesses wird Feedback von den beteiligten Stakeholdern eingeholt, um den Ablauf zu bewerten und Verbesserungspotenziale zu identifizieren. Die dabei gewonnenen Erkenntnisse werden dokumentiert und als Best Practices für zukünftige Problemlösungsprozesse festgehalten. Dies ermöglicht die Identifikation von Schwachstellen und fördert eine kontinuierliche Optimierung des Prozesses, um zukünftige Herausforderungen noch effektiver zu bewältigen.

BEISPIEL

Weitere Maßnahmen zur Optimierung werden ermittelt und umgesetzt.

- **Regelmäßige Audits:** Durchführung intensiver und häufiger Audits bei neuen und bestehenden Zulieferern, um deren Leistungsfähigkeit und Zuverlässigkeit kontinuierlich zu bewerten
- **Erweiterte Bewertungskriterien:** Ergänzung der Bewertungskriterien um Aspekte wie Reaktionszeit bei Problemen und Flexibilität bei kurzfristigen Änderungen
- **Automatisierung:** Einführung eines modernen, automatisierten Bestellsystems, das Bestellungen auf der Grundlage von Echtzeitdaten und Bedarfsprognosen auslöst
- **Regelmäßige Meetings:** Etablierung wöchentlicher Meetings mit Zulieferern, um aktuelle Herausforderungen zu besprechen und gemeinsam Lösungen zu entwickeln

Ein strukturierter Problemlösungsprozess in diesen acht Schritten hilft Unternehmen, Probleme systematisch und effizient zu lösen. Durch die klare Definition von Problemen, die gründliche Analyse der Ursachen, die kreative Entwicklung und Bewertung von Lösungen sowie die sorgfältige Umsetzung und Bewertung der Maßnahmen können Unternehmen ihre Effizienz steigern und kontinuierliche Verbesserungen erzielen.

AUFGABE 1

Beschreiben Sie ein konkretes Problem, das in Ihrem Ausbildungsunternehmen auftritt oder auftreten könnte. Achten Sie darauf, die Symptome des Problems klar zu benennen und mögliche Ursachen zu identifizieren.

AUFGABE 2

Die Lichtdesign GmbH, ein Unternehmen, das hochwertige Beleuchtungssysteme für private und gewerbliche Kunden herstellt, hat in den letzten Monaten einen deutlichen Rückgang der Produktqualität festgestellt. Als mögliche Ursachen gelten:

- mangelhafte Rohmaterialien
- Fehler in der Produktionslinie
- unzureichende Qualitätskontrollen
- unzureichend geschultes Personal

Analysieren Sie dieses Problem mithilfe eines Ishikawa-Diagramms. Verwenden Sie die folgenden Haupteinflussgrößen:

- Material
- Maschine
- Prozesse
- Mensch

AUFGABE 3

Formulieren Sie ein konkretes Ziel zur Lösung des in Aufgabe 2 beschriebenen Problems. Achten Sie darauf, dass Ihr Ziel nach dem SMART-Prinzip formuliert ist.

AUFGABE 4

Entwickeln Sie mindestens drei verschiedene Lösungsideen für das in Aufgabe 2 beschriebene Problem. Bewerten Sie jede Idee anhand der Kriterien Kosten, Machbarkeit und potenzieller Nutzen. Erstellen Sie eine Bewertungsmatrix, um die besten Lösungsideen zu identifizieren, und begründen Sie Ihre jeweilige Punktevergabe.

AUFGABE 5

Die Weber OHG ist ein mittelständisches Unternehmen, das Druckbegrenzungsventile für den industriellen Einsatz produziert. Diese Ventile sind essenziell für die Sicherheit und Effizienz in Branchen wie der Chemieindustrie, der Öl- und Gasindustrie sowie dem Maschinenbau.

Die Weber OHG steht vor mehreren Herausforderungen:

1. **Globalisierung:** Ein neuer Wettbewerber aus Asien bietet ähnliche Druckbegrenzungsventile zu deutlich niedrigeren Preisen an. Dies führt zu einem erheblichen Preisdruck und einem Rückgang der Marktanteile der Weber OHG.
2. **Technologische Disruption:** Fortschritte in der Sensorik und Digitalisierung ermöglichen es Wettbewerbern, intelligente Druckbegrenzungsventile anzubieten, die in Echtzeit überwacht und gesteuert werden können. Die Weber OHG hat bisher keine vergleichbaren Produkte im Portfolio.

Skizzieren Sie den betrieblichen Problemlösungsprozess, den die Weber OHG zur Bewältigung dieser Herausforderungen durchlaufen könnte. Gehen Sie dabei konkret auf jeden einzelnen Schritt des betrieblichen Problemlösungsprozesses ein.

Übergreifende Aufgaben

Aufgabe 1:

Definieren Sie den Begriff „Problemlösungsprozess“.

Aufgabe 2:

Erläutern Sie, was man unter dem kontinuierlichen Verbesserungsprozess (KVP) versteht.

Aufgabe 3:

Erklären Sie den Begriff „Agilität“ im Unternehmenskontext.

Aufgabe 4:

Beschreiben Sie, wie Industriekaufleute bei der Problemerkennung vorgehen.

Aufgabe 5:

Recherchieren Sie das Vorgehen und den Anwendungsbereich der Kreativtechnik „Design Thinking“.

Aufgabe 6:

Erläutern Sie, wie Feedback-Schleifen zur Qualitätssicherung beitragen.

Aufgabe 7:

Ein Industriebetrieb möchte künstliche Intelligenz zur Optimierung seiner Produktionsprozesse einführen.

Skizzieren Sie eine Strategie zur Integration der KI in den Problemlösungsprozess.

Aufgabe 8:

Ein Unternehmen hat Schwierigkeiten, die Lieferkettenstörungen aufgrund internationaler Handelskonflikte zu bewältigen.

Bewerten Sie die Auswirkungen der Globalisierung auf den Problemlösungsprozess.

Aufgabe 9:

Ein Industriebetrieb stellt fest, dass seine Mitarbeiterinnen und Mitarbeiter zögerlich sind, neue Ideen vorzuschlagen, und möchte dies ändern.

Skizzieren Sie ein Konzept zur Förderung einer Innovationskultur in diesem Unternehmen.

Aufgabe 10:

Ein Industriebetrieb hat wiederholt Produktionsausfälle aufgrund von Maschinenausfällen und möchte diese Risiken minimieren.

Entwickeln Sie einen Plan zur Risikominimierung im Problemlösungsprozess.

Aufgabe 11:

Ein Unternehmen erhält vermehrt Kundenbeschwerden über die Qualität seiner Produkte und muss darauf reagieren.

Analysieren Sie die Bedeutung der Kundenorientierung im Problemlösungsprozess.

Aufgabe 12: Ein Industriebetrieb erwägt die Anschaffung neuer Maschinen zur Steigerung der Produktionseffizienz und muss die Kosten und den Nutzen abwägen.

Erläutern Sie, welche Aspekte in der Kosten-Nutzen-Analyse berücksichtigt werden müssen.

Aufgabe 13: Ein Unternehmen muss sicherstellen, dass seine Datenverarbeitungsprozesse den neuen Datenschutzbestimmungen entsprechen.

Erläutern Sie, wie Industriebetriebe sicherstellen können, dass regulatorische Anforderungen im Problemlösungsprozess eingehalten werden.

Aufgabe 14: Ein Industriebetrieb stellt fest, dass seine Mitarbeitenden Schwierigkeiten haben, komplexe Probleme eigenständig zu lösen, und möchte ihre Fähigkeiten verbessern.

Entwickeln Sie konkrete Ideen für ein Schulungsprogramm für Mitarbeitende zur Verbesserung ihrer Problemlösungsfähigkeiten.

Aufgabe 15: Ein Unternehmen möchte die Effizienz seiner Produktionsprozesse langfristig steigern und plant die Einführung eines kontinuierlichen Verbesserungsprozesses.

Bewerten Sie die langfristigen Auswirkungen eines kontinuierlichen Verbesserungsprozesses auf das Unternehmen.

Sachwortverzeichnis

Q

R

Bildquellenverzeichnis

|**ABUS:** ABUS August Bremicker Söhne KG, Wetter 27.1.

|**acquisa GmbH – www.acquisa.de, Gräfelfing:** CC-BY 154.1.

|**ADAC e.V., München:** 293.3.

|**Alamy Stock Photo, Abingdon/Oxfordshire:** GRANGER – Historical Picture Archive 371.4; Rabia Elif Aksoy 236.1.

|**Alamy Stock Photo (RMB), Abingdon/Oxfordshire:** Pictorial Press Ltd 420.1; The Granger Collection 421.1.

|**Allianz pro Schiene, Berlin:** 220.1.

|**Berghahn, Matthias, Bielefeld:** 208.4, 215.2.

|**Bitkom e.V., Berlin:** 273.1.

|**Bundesministerium der Finanzen, Berlin:** 436.1.

|**Bundesministerium für Digitales und Verkehr, Berlin:** 255.2, 255.3, 255.4, 255.5, 255.6, 255.7, 255.8, 255.9, 255.10, 255.11, 255.12, 255.13, 255.14, 255.15, 255.16, 255.17, 255.18, 255.19, 255.20, 255.21, 255.22, 255.23, 255.24, 255.25, 255.26, 255.27, 255.28.

|**Columbus McKinnon Industrial Products GmbH, Wuppertal:** 215.1.

|**Confiserie Coppeneur et Compagnon GmbH, Bad Honnef:** 230.1, 230.2, 230.3, 240.1.

|**Daimler AG, Stuttgart:** 293.1.

|**Deutscher Werberat, Berlin:** 329.1.

|**DIN Media GmbH, Berlin:** 256.1, 256.2, 256.3, 256.4, 256.5, 256.6, 256.7, 256.8, 256.9, 256.10, 256.11, 256.12, 256.13, 256.14, 256.15, 257.1, 257.2, 257.3, 257.4, 257.5, 257.6, 257.7, 257.8, 257.9, 257.10, 258.1, 258.2, 258.3, 258.4, 258.5.

|**Festo SE & Co. KG, Esslingen:** 642.1.

|**fotolia.com, New York:** .shock 65.2; Adam Gregor 571.1; Albachiaraa 268.1; Andreas P 560.2; beermedia 28.2; Bobo 267.1; Boehmer, Oliver 269.1; CHW 604.1; cirquedesprit 121.1; Creatix 79.1; Doc Rabe Media 635.1; dondoc-foto 168.1; eschwarzer 621.1; Fotimmz 287.1; fotomek 592.1; Gina Sanders 156.2; imaGo Martin R 371.6; industrieblick 38.1, 170.1; JiSign 567.1; Kathrin39 261.1; Kautz15 576.1; khunaspix 390.2; Kneschke, Robert 227.4; Kybele 157.1; Kzenon 51.1, 62.1; lightpixel 18.1; Luftbildfotograf 393.1; M&S Fotodesign 617.1; Marco2811 276.1; mik ivan 598.1; Photo-K 141.1, 147.1; Picture-Factory 599.1; Rawpixel 558.1; reeel 518.4; Reicher 319.1; rupbilder 144.1; shooterg03 183.1; Spectral-Design 80.1; Tatty 198.1; THesIMPLIFY 272.1; thingamajiggs 281.2, 282.1, 282.2, 282.3, 282.4; topae 214.2; Visual Concepts 27.2; VRD 305.1; vvoe 233.1.

|**Getty Images (RF), München:** mikimad 1.1.

|**Hild, Claudia, Angelburg:** 16.1, 85.1, 85.2, 85.3, 207.2, 208.3, 209.2, 209.4, 229.1.

|**HMH Holding GmbH, Rüthen:** rolltainer® 682 1460 FV, HMH Holding GmbH, Hankerfeld 8, 59602 Rüthen (www.hmh.eu) 214.3.

|**IfW Kiel, Kiel:** Kiel Institut für Weltwirtschaft, Kiel Trade Indicator (September 2023) 215.4.

|**Imago Editorial, Berlin:** imago stock&people 160.1.

|**Industrie- und Handelskammer für München und Oberbayern, München:** Bayerisches Staatsministerium für Umwelt und Verbraucherschutz, München 31.1.

|**iStockphoto.com, Calgary:** -VICTOR- 345.1, 345.2, 345.4, 345.5, 347.1, 347.2, 347.4, 347.5; 3DFOX 199.1; ALotOfPeople 637.1; alvarez 67.1; appleuzr 441.3; Babayeva, Fidan 180.2; Basharova, Nina 198.2; bombuscreative 227.1; Chun han 199.2; da-vooda 441.5; dannikonov 227.3; Eric Yang 215.3; Fertnig 566.1; georgeclerk 227.2; gorodenkoff 358.1; Gudella 390.3; Purnomo, Andi 635.2; realstockvector 240.2; yotto 180.1, 441.1, 441.2, 441.4, 441.6.

|**Jungheinrich AG, Hamburg:** 209.1, 209.5.

|**Karl H. Bartels GmbH, Horst:** 208.5.

|**laif, Köln:** Zenit/ Langrock, Paul 23.1.

|**Linde Material Handling GmbH, Aschaffenburg:** 208.1.

|**Margarete Steiff GmbH, Giengen/Brenz:** 28.4.

|**Picture-Alliance GmbH, Frankfurt a.M.:** akg images 473.1; akg-images 492.1; dpa-infografik 71.1, 376.1, 379.1, 389.1, 405.1, 427.1, 453.1, 462.1, 474.2, 508.1, 516.1, 517.1, 524.1, 525.1, 526.1, 527.1, 542.1, 600.2, 603.1, 617.2; dpa-infografik GmbH 145.1, 377.1, 458.1, 460.1, 467.1, 495.1, 601.1; dpa/ Seeger, Patrick 28.3; dpa/Gerhard Heisler 423.2; dpa/ Rohwedder 423.1; DUMONT Bildarchiv/Gerald Haenel 209.3; Jens Wolf 12.7; KPA/TopFoto 381.1; United Archives/TopFoto 492.2; Xinhua/Photoshot 65.1; ZB/Jan-Peter Kasper 10.1, 16.2.

|**Ringhut, Daniela, Dreieich:** 64.1, 156.1, 159.1, 182.1, 370.1, 370.2, 371.1, 371.2, 371.3, 381.2, 381.3, 382.1, 382.2, 382.3, 385.1, 385.2, 385.3, 385.4, 385.5.

|**Shutterstock.com, New York:** 360b 518.3; CL-Medien 595.1; Giacomo Pratellesi 81.1; Kinga 544.1; Mr Twister 12.6; Photohub Moscow 53.1; Poetra.RH 518.2; Popov, Andrey 605.1; ppart 236.2; Swat, Piotr 518.1; tcly 352.1; Toome, Maksim 371.5; TR STOK 31.2.

|**stock.adobe.com, Dublin:** Africa Studio 281.1; Alterfalter 94.1, 109.1; Bartussek, Ingo 602.1; blende11.photo 574.1; Bojan 321.1; Butch 548.1; candyhalls 165.1; Dietl, Jeanette 609.1; Dron 214.1; Ernst, Daniel 569.1; fotomek 632.1; Fotowerk/drubig-photo 559.1; froto 359.1; ii-graphics 345.3, 347.3; itchaznong Titel; jannoon028 28.1; jd-photodesign 16.5; Kadmy 164.1; Karin & Uwe Annas 390.1; kikimor 87.1; Kneschke, Robert 16.3, 612.1; lassedesignen 16.4; Lund, Jacob 16.6; Malinowski, Thorsten 578.1; Mediteraneo 313.1; mpanch 516.2; nsdpower 1.2; Photocreo Bednarek 45.1; Raths, Alexander 551.1; rolfo brenner/EyeEm 116.1; samopauser 255.1; Selina 111.1; Sinuswelle 16.7; Soppelsa, Moreno 249.1; Sundry Photography 238.1; suradech_k 306.1; Taras, Prilutschny 231.1; thanipat 264.1; v.poth 593.1; velimir 343.1; Wagner, Frank 203.1; XtravaganT 283.1; zapp2photo 71.2.

|**Trusted Shops SE, Köln:** 312.1.

|**TÜV NORD CERT GmbH, Essen:** 38.2.

|**Umweltbundesamt, Dessau-Roßlau:** 479.1.

|**Volkswagen Aktiengesellschaft, Wolfsburg:** 290.1, 290.2, 290.3, 293.2.

|**WFB Wirtschaftsförderung Bremen GmbH, Bremen:** Studio B, Bremen 224.1.

|**Wilkhahn, Bad Münder: Bürostuhl AT, Design:** Wilkhahn 11.1, 11.2; Bürostuhl ON, Design: wiege / Tischprogramm Occo, Design: jehs & laub 365.1; Confair-Falttisch, Design: Andreas Störiko, Sessel Versal, Design: wiege, Klaus Franck, Werner Sauer 12.5; Freischwinger Metrik, Design: WhiteID 12.1; Sondertisch InteracTable, Design: wiege, Andreas Störiko 12.4; Sondertisch InteracTable, Design: wiege, Andreas Störiko/ Stehhilfe Stitz, Design: ProduktEntwicklung Roericht 12.3; Tisch- und Sesselprogramm Graph, Design: jehs&laub 361.1; Tischprogramm Versa, Design: Wolfgang C.R.Mezger 11.4, 12.2; Tischprogramm Versa, Design: Wolfgang C.R.Mezger / Sessel Graph, Design: jehs & laub 11.3.

|**Wolters-Design, Braunschweig:** 428.1.

|**Zahlenbilder, Bergmoser + Höller Verlag AG, Aachen:** 430.1, 472.1, 474.1, 503.1, 503.2, 559.2, 500.1, 590.2, 600.1.

|**ZBW – Leibniz-Informationszentrum Wirtschaft, Hamburg:** 469.1.

|**© Bundeszentrale für politische Bildung/www.bpb.de, Bonn:** 475.1, 513.1.

|**© Europäische Union, Brüssel:** 39.1.

|**© Statistisches Bundesamt (Destatis), Wiesbaden:** 468.1, 470.1, 470.2, 483.1.

|**©SSI SCHÄFER, Neunkirchen:** 207.1, 208.2.